自衛官

国際法小六法

平成30年版

学陽書房

はしがき

自衛隊は、我が国の平和と独立を守り、国の安全を保つため、我が国を防衛することを主たる任務とする。自衛隊法第88条は、この場合の武力の行使に際しては、国際の法規及び慣例によるべき場合にあってはこれを遵守し、かつ、事態に応じ合理的に必要と判断される限度をこえてはならないものとする、と規定している。また、自衛隊の国際的な諸活動においても、国際の法規及び慣例に関する知識は、不可欠なものとして、その修得が強く要請されている。

自衛隊の行動等においては、国際社会における条約と国内における関連法令は、一体不可分の関係にあり、等しく部隊等及び隊員の行動を律するものである。したがって、本書においても、初版以降、国際条約と関連する国内法とを分野別に配慮を加えて編集し、最適の業務資料としての使用上の便宜を図っているところである。

この自衛官国際法小六法は、自衛隊の任務完遂のため、日夜の別なく演習、教育、訓練や警備等に励んでいる自衛隊員の実務に資することを主眼としている。さらに学習や研究の資料としても十分に役立つように関係法令を広く調査し、収集し、分析し、検討し、編集したものである。今回の平成30年版に当たっても最新の条約や関連する法令を収録するとともに、掲載済分については、部内の公報をはじめ、官報や法令全書との照合を厳密に行った。また、改正等に伴う加除修正に当たっては、正確性に留意し、迅速な編集に努めた。

おわりに、もと防衛庁の法規専門官で、陸上自衛隊幹部学校の戦時国際法の教官等を歴任され、現在、防衛法学会顧問として後進の指導に当たるとともに、著述・翻訳・編集や教育・講演等を通じて鋭意活躍中の軍事法制専門家の眞邉正行氏には、本書の創刊時から内容と構成等について、各種の有意義な助言、指導、翻訳及び校閲等をしていただいている。今回出版の平成30年版についても、新規収録の国際条約や国内関係法令の改正全般並びに個別の加除修正条項の細部について、専門的な立場からの援助を賜った。引き続きのご協力に対して感謝の言葉を申し上げる。

平成30年1月

編　者

自衛官国際法小六法（平成30年版）の活用上の参考事項

今回、平成30年版では、生起する国際問題の理解に資するため、次のとおり内容の増補をはかった。

第１　収録条約の内容充実

１　国際連合憲章の全文収録に努めた。

具体的には、「第９章　経済的及び社会的国際協力」から「第19章　批准及び署名」までを完全収録した。

２　国際司法裁判所規程を全条文収録した。

具体的には、「第１章　裁判所の構成」から「第５章　改正」までの全70条である。

第２　国内法令の補備修正等

具体的には、該当法令の改正沿革に記載しているので、細部は省略する。

凡　　例

1　本書の目的

自衛隊員（自衛官、事務官、技官、教官、学生等）が、国際法（国際人道法・武力紛争法等）を学習し、研究する際に、必要不可欠な国際条約及び関連する国内法を一体的に収録して、隊務の運用及び諸業務の処理をはじめ、国際貢献、共同訓練等の演習訓練、学校等における教育訓練さらに各種受験勉強に役立つように配慮して編集した。

2　条約及び法律等の題名

条約や法令の名称（題名という。）は、正式のものによるが、略称や通称のあるものについては、括弧（　）で示した。

例：第1ジュネーヴ条約、陸戦法規、日米地位協定など

3　内容現在

平成30年1月17日現在

4　公布・改正沿革

条約や法令の公布日及び番号並びに改正については、題名の下に統一記述した。条約には西暦を、日本国内での公布年は、元号（明治・大正・昭和・平成）を用いた。この場合、法律を「法」、内閣府令を「府令」と略して用いた。

5　法令の抜粋

全文掲載ではなく、必要部分の掲載にとどめた法令については、題名の下又は次に（抄）と表示した。

6　条文の見出し

戦前の条約には、条文に見出しが付いていないため、内容の一覧把握に資する目的で、編集者が独自に見出しを付した。この場合、〔　〕の括弧記号を用いた。なお、戦後の条約や法令には、制定時から一般に条文見出しが（　）の括弧記号で付されている。

例：陸戦ノ法規慣例ニ関スル規則

〔交戦資格ー軍・民兵・義勇兵〕　⇦　**編集者が独自に付けた条文見出し**

第1条　戦争ノ法規及権利義務ハ単ニ之ヲ軍ニ適用スルノミナラス左ノ条件ヲ具備スル民兵及義勇兵団ニモ亦之ヲ適用ス・・・

7　表記の異なる同義語

⑴　「捕虜」と「俘虜」

現行の「陸戦ノ法規慣例ニ関スル規則」では『俘虜』（フリョ）の用語が使用されている。他方、第3ジュネーヴ条約（捕虜条約）では、『捕虜』の用語が用いられている。これらはともにPrisoners of Warの訳語であるが、同じ意味であり、ひとしく現行法上の用語である。戦後の法令では、『捕虜』が統一して使用

されている。

⑵「ハーグ」と「ヘーグ」

オランダの国際政治都市のハーグ Hague は、数多くの国際会議が開かれ、この名を記念して「ハーグ」の名称が付された国際条約が多い。たとえば「ハーグ平和会議」や「ヘーグ陸戦規則」などがある。英語名では「ヘーグ」であるため、「ハーグ」と「ヘーグ」の二通りの読み方が、混在している。したがって、無理に統一することなく、一般の用法に従い、条約名や法令名の題名をそのまま使用した。最近では、一般に「ハーグ」の読み方が定着している。

⑶「ジュネーヴ」と「ジュネーブ」

スイス南西部、レマン湖畔の世界的な観光地。しばしば国際諸会議の開催地とされ、その名を冠したジュネーヴ会議、ジュネーヴ議定書、ジュネーヴ軍縮委員会、ジュネーヴ軍縮会議、ジュネーヴ諸条約などがある。また、国連難民高等弁務官事務所、世界保健機関、国際労働機関、国際赤十字など各種の国際機関の本部が置かれている。地名の「ジュネーヴ」は、英語では「ジェネヴァ又はヂニーヴァ Geneva」、ドイツ語では「ゲンフ Genf」と呼称される。日本語では、条約や法令の正式の名称（題名）としては、『ジュネーヴ』と定められている。しかし、日常的には「ジュネーヴ」と「ジュネーブ」が混用されており、各種辞典や地図も統一されていない現状にある。類似の例として「ヴァイオリン」と「バイオリン」、「ヴァイキング」と「バイキング」などがある。

国際法や国内法を学ぶ者としては、条約や法令の題名を正しく用いることが望ましい。なお、表記法の細部については、「外来語の表記（内閣告示　平成3年6月28日）」を参照されたい。

自衛官 国際法小六法《平成30年版》 総目次

V 武器等の禁止・制限に関する条約

VI 中立等に関する条約

VII 国際組織等に関する条約

◆ 第2　2国間条約

Ⅷ 日米安全保障条約

【国内法編】

（巻末から掲載）

Ⅸ 関連防衛法令

〔条約を実施するための国内法的処置〕

〔日米共同等〕

●解説にかえて・・・本書の利用法の一例

1　国際法（武力紛争法）の歴史的鳥瞰図

(1)　国際法は、歴史的には戦争（戦闘）を律する法（武力紛争法）として発展して来た。平時国際法、戦時国際法の法概念が定着したのは20世紀初めである。そして、第2次大戦後は、戦時国際法は、戦闘手段等を律するハーグ条約系列の「武力紛争法」と戦争犠牲者の保護を目的とするジュネーヴ条約系列の「国際人道法」の二つの分野として論じられることが多い。

(2)　次の表は、南北戦争以降の大きな事件と近代における武力紛争法の発展とを概観したものである。

この表の注目点は、

①　西南戦役（1877）（日本赤十字社設立の基になった佐野常民の戦闘傷病者救護で有名）は、国際法の視点から言えば、第1回赤十字条約（1864）等、当時「万国公法」といわれた博愛・騎士道精神等の国際条約化の世界史的流れの中で戦われたこと。

②　日清・日露戦争は、戦時国際法の条約化（法典化）の世界史的気運の中での国際紛争であったこと。

特に、日露戦争は、第1回ヘーグ平和会議で締結をみた諸条約がいかに遵守されるのか各国注視の下に行われた戦争であった。

したがって、日露戦争は、戦時国際法が戦場を律した戦例として、又、軍事的合理性と国際法的合法性及び政治目的の節調とバランスという視点から好例の戦史とも言われている。

③　第1次世界大戦は、第2回赤十字条約（1906）、第2回ヘーグ平和会議（1907）での法規慣例等の条約化が一応の整備をみた後の国際紛争であった。

しかし、戦時国際法の各条約の「総加入条項」（非加盟国が1国でも参戦すれば、その時点から交戦中の条約加盟国も条約が適用されなくなる趣旨の条項）のために、非加盟国も参戦した第1次世界大戦では、これらの条約は慣習法規の部分は遵守するが、その他の部分は適用がないものとみられたこと（第2次世界大戦後に締結されたこの種の国際条約には総加入条項はない。）。

④　第2次世界大戦後は、複雑多様化する紛争に対応していわゆる国際人道法の発展が顕著であること。

等々が注視点であろう。

国際法（武力紛争法）の歴史的鳥瞰図

1861　南北戦争（米国）
1864　第1回赤十字条約『戦地軍隊における傷者病者の状態改善に関する条約』
1877　西南戦役
1894～1895　日清戦争
1899　第1回ヘーグ平和会議（26箇国）
　『陸戦の法規慣例に関する条約』
　『「ジュネヴァ」条約の原則を海戦に応用する条約』
　『空中より爆弾投下を禁止する条約』
　『ダムダム弾の禁止に関するヘーグ宣言』
1904～1905　日露戦争
1906　第2回赤十字条約『戦地軍隊における傷者病者の状態改善に関する条約』
1907　第2回ヘーグ平和会議（44箇国⇦当時のほぼすべての国）
　『国際紛争平和的処理条約』
　『契約上の債務回収のためにする兵力使用の制限に関する条約』
　『開戦に関する条約』
　『陸戦の法規慣例に関する条約』
　『陸戦の場合における中立国及び中立人の権利義務に関する条約』
　『開戦の際における敵の商船取扱に関する条約』
　『商船を軍艦に変更することに関する条約』
　『自動触発海底水雷の敷設に関する条約』
　『戦時海軍力をもってする砲撃に関する条約』
　『ジュネーヴ条約の原則を海戦に応用する条約』
　『海戦における捕獲権行使の制限に関する条約』
　『海戦の場合における中立国の権利義務に関する条約』
1914～1918　第1次世界大戦
1925　『毒ガス等使用禁止に関するジュネーヴ議定書』
1928　『不戦条約（戦争放棄に関する条約）』
1929　第3回赤十字条約『戦地軍隊における傷者病者の状態改善に関する条約』
　『捕虜の状態改善に関するジュネーヴ条約』
1931　満州事変
1937　日華事変
1939～1945　第2次世界大戦
1945　国際連合の成立　『国際連合憲章』
1949　『ジュネーヴ第1条約（傷病者保護条約）』
　『ジュネーヴ第2条約（海上の傷病者保護条約）』

『ジュネーヴ第３条約（捕虜条約）』
『ジュネーヴ第４条約（文民条約）』
1950～1953　朝鮮動乱
1951　『旧日米安全保障条約』
1958　『領海及び接続水域に関する条約』
1960　『日米安全保障条約』『在日米軍地位協定』
1965～　ベトナムへの北爆開始（米国）
1972　沖縄返還
『生物兵器禁止条約』
1977　『ジュネーヴ条約の第１追加議定書』
『ジュネーヴ条約の第２追加議定書』
『環境改変技術敵対的使用禁止条約』
1980　『特定通常兵器使用禁止制限条約』
1982　フォークランド紛争
1991　ペルシャ湾に掃海艇派遣（日本）
1992　カンボジア暫定統治機構（ＵＮＴＡＣ）に自衛隊ＰＫＯ派遣
1993　国連モザンビーク活動（ＯＮＵＭＯＺ）に自衛隊ＰＫＯ派遣
『化学兵器禁止条約』
1994　ルワンダ難民救済に自衛隊ＰＫＯ派遣
『国連要員等安全条約』
1996　ゴラン高原に自衛隊ＰＫＯ派遣
1997　『対人地雷禁止条約』
1999　国連東チモール暫定行政機構の設置
2001　アメリカ同時多発テロ、「テロ対策特別措置法」（日本）、英米軍アフガニスタンに進駐
2002　国連東チモール暫定行政機構（ＵＮＴＡＥＴ）・国連東チモール支援団（ＵＮＭＩＳＥＴ）に自衛隊ＰＫＯ派遣
国際刑事裁判所設立条約発効
2003　英米軍イラクに進駐
「武力攻撃事態等対処法」等いわゆる有事関連３法の制定・改正（日本）
2004　イラク人道復興支援法に基づく自衛隊のイラクへの派遣
「捕虜等の取扱いに関する法律」等有事関連７法の制定・改正（日本）
2005　『ジュネーヴ条約追加議定書』日本国について効力発生
2007　『国際刑事裁判所に関するローマ規程』、『武力紛争の際の文化財の保護に関する条約』及び『核によるテロリズムの行為の防止に関する国際条約』
2009　『クラスター弾条約』、「クラスター弾等の製造の禁止及び所持の規制等に関する法律」及び「海賊行為の処罰及び海賊行為への対処に関する法

律」等
2012　『サイバー犯罪に関する条約』
2014　『武器貿易条約』
2015　「自衛隊法等の改正」
以下総目次を参照

1949年8月12日のジュネーヴ諸条約

I

第1ジュネーヴ条約（傷病者保護条約）

第2ジュネーヴ条約（海上の傷病者保護条約）

第3ジュネーヴ条約（捕虜条約）

昭和61年外務省告示第312号

第4ジュネーヴ条約（文民条約）

1　戦地にある軍隊の傷者及び病者の状態の改善に関する1949年８月12日のジュネーヴ条約

（第１ジュネーヴ条約）（第１条約）
（傷病者保護条約）

1949年８月12日ジュネーヴで署名
1950年10月21日効力発生

昭和28年４月21日加入通告
昭和28年10月21日効力発生
昭和28年10月21日公布（条約第23号）

〔前文〕 戦地軍隊における傷者及び病者の状態改善に関する1929年７月27日のジュネーヴ条約を改正するために1949年４月21日から同年８月12日までジュネーヴで開催された外交会議に代表された政府の全権委員たる下名は、次のとおり協定した。

第１章　総則

〔条約の尊重義務〕

第１条　締約国は、すべての場合において、この条約を尊重し、且つ、この条約の尊重を確保することを約束する。

〔本条約の適用範囲〕

第２条　平時に実施すべき規定の外、この条約は、二以上の締約国の間に生ずるすべての宣言された戦争又はその他の武力紛争の場合について、当該締約国の一が戦争状態を承認するとしないとを問わず、適用する。

②　この条約は、また、一締約国の領域の一部又は全部が占領されたすべての場合について、その占領が武力抵抗を受けると受けないとを問わず、適用する。

③　紛争当事国の一がこの条約の締約国でない場合にも、締約国たる諸国は、その相互の関係においては、この条約によつて拘束されるものとする。更に、それらの諸国は、締約国でない紛争当事国がこの条約の規定を受諾し、且つ、適用するときは、その国との関係においても、この条約によつて拘束されるものとする。

〔国内の武力紛争にも適用〕

第３条　締約国の一の領域内に生ずる国際的性質を有しない武力紛争の場合には、

GENEVA CONVENTION FOR THE AMELIORATION OF THE CONDITION OF THE WOUNDED AND SICK IN ARMED FORCES IN THE FIELD OF AUGUST 12 1949.

Signed at Geneva, August 12, 1949.
Entered into force, October 21, 1950.

Notified the accession, April 21, 1953.
Entered into force, October 21, 1953.
Promulgated, October 21, 1953.

The undersigned Plenipotentiarise of the Governments represented at the Diplomatic Conference held at Geneva from April 21 to August 12, 1949, for the purpose of revising the Geneva Convention for the Relief of the Wounded and Sick in Armies in the Field of July 27, 1929, have agreed as follows:

CHAPTER 1 GENERAL PROVISIONS

ARTICLE 1

The High Contracting Parties undertake to respect and to ensure respect for the present Convention in all circumstances.

ARTICLE 2

In addition to the provisions which shall be implemented in peacetime, the present Convention shall apply to all cases of declared war or of any other armed conflict which may arise between two or more of the High Contracting Parties, even if the state of war is not recognized by one of them.

The Convention shall also apply to all cases of partial or total occupation of the territory of a High Contracting Party, even if the said occupation meets with no armed resistance:

Although one of the Powers in conflict may not be a party to the present Convention, the Powers who are parties thereto shall remain bound by it in their mutual relations. They shall furthermore be bound by the Convention in relation to the said Power, if the latter accepts and applies the provisions thereof.

ARTICLE 3

In the case of armed conflict not of an international character occurring

各紛争当事者は、少くとも次の規定を適用しなければならない。

(1)　敵対行為に直接に参加しない者（武器を放棄した軍隊の構成員及び病気、負傷、抑留その他の事由により戦闘外に置かれた者を含む。）は、すべての場合において、人種、色、宗教若しくは信条、性別、門地若しくは貧富又はその他類似の基準による不利な差別をしないで人道的に待遇しなければならない。

このため、次の行為は、前記の者については、いかなる場合にも、また、いかなる場所でも禁止する。

(a)　生命及び身体に対する暴行、特に、あらゆる種類の殺人、傷害、虐待及び拷問

(b)　人質

(c)　個人の尊厳に対する侵害、特に、侮辱的で体面を汚す待遇

(d)　正規に構成された裁判所で文明国民が不可欠と認めるすべての裁判上の保障を与えるものの裁判によらない判決の言渡及び刑の執行

(2)　傷者及び病者は、収容して看護しなければならない。

②　赤十字国際委員会のような公平な人道的機関は、その役務を紛争当事者に提供することができる。

③　紛争当事者は、また、特別の協定によつて、この条約の他の規定の全部又は一部を実施することに努めなければならない。

④　前記の規定の適用は、紛争当事者の法的地位に影響を及ぼすものではない。

〔中立国の本条約準用義務〕

第４条　中立国は、その領域内に収容し、又は抑留した紛争当事国の軍隊の傷者、病者、衛生要員及び宗教要員並びにその領域内に収容した死者に対し、この条約の規定を準用しなければならない。

〔本条約適用の終期〕

第５条　この条約によつて保護される者で敵の権力内に陥つたものについては、この条約は、それらの者の送還が完全に終了する時まで適用があるものとする。

〔特別協定の締結〕

第６条　締約国は、第10条、第15条、第23条、第28条、第31条、第36条、第37条及び第52条に明文で規定する協定の外、別個に規定を設けることを適当と認めるすべての事項について、他の特別協定を締結することができる。いかなる特別協定も、この条約で定める傷者、病者、衛生要員及び宗教要員の地位に不利な影響を

in the territory of one of the high Contracting Parties, each Party to the conflict shall be bound to apply, as a minimum, the following provisions:

(1) Persons taking no active part in the hostilities, including members of armed forces who have laid down their arms and those placed *hors de combat* by sickness, wounds, detention, or any other cause, shall in all circumstances be treated humanely, without any adverse distinction founded on race, colour, religion or faith, sex, birth or wealth, or any other similar criteria.

To this end, the following acts are and shall remain prohibited at any time and in any place whatsoever with respect to the above-mentioned persons:

(a) violence to life and person, in particular murder of all kinds, mutilation, cruel treatment and torture;

(b) taking of hostages;

(c) outrages upon personal dignity, in particular humiliating and degrading treatment;

(d) the passing of sentences and the carrying out of executions without previous judgment pronounced by a regularly constituted court, affording all the judicial guarantees which are recognized as indispensable by civilized peoples.

(2) The wounded and sick shall be collected and cared for.

An impartial humanitarian body, such as the International Committee of the Red Cross, may offer its services to the Parties to the conflict.

The Parties to the conflict should further endeavour to bring into force, by means of special agreements, all or part of the other provisions of the present Convention.

The application of the preceding provisions shall not affect the legal status of the Parties to the conflict.

ARTICLE 4

Neutral Powers shall apply by analogy the provisions of the present Convention to the wounded and sick, and to members of the medical personnel and to chaplains of the armed forces of the Parties to the conflict, received or interned in their territory, as well as to dead persons found.

ARTICLE 5

For the protected persons who have fallen into the hands of the enemy, the present Convention shall apply until their final repatriation.

ARTICLE 6

In addition to the agreements expressly provided for in Articles 10, 15, 23, 28, 31, 36, 37, and 52, the High Contracting Parties may conclude other special agreements for all matters concerning which they may deem it suitable to make separate provision. No special agreement shall adversely affect the

及ぼし、又はこの条約でそれらの者に与える権利を制限するものであつてはならない。

② 傷者、病者、衛生要員及び宗教要員は、この条約の適用を受ける間は、前記の協定の利益を引き続き享有する。但し、それらの協定に反対の明文規定がある場合又は紛争当事国の一方若しくは他方がそれらの者について一層有利な措置を執つた場合は、この限りでない。

〔権利放棄の禁止〕

第７条　傷者、病者、衛生要員及び宗教要員は、いかなる場合にも、この条約及び、前条に掲げる特別協定があるときは、その協定により保障される権利を部分的にも又は全面的にも放棄することができない。

〔利益保護国の協力〕

第８条　この条約は、紛争当事国の利益の保護を任務とする利益保護国の協力により、及びその監視の下に適用されるものとする。このため、利益保護国は、その外交職員又は領事職員の外、自国の国民又は他の中立国の国民の中から代表を任命することができる。それらの代表は、任務を遂行すべき国の承認を得なければならない。

② 紛争当事国は、利益保護国の代表者又は代表の職務の遂行をできる限り容易にしなければならない。

③ 利益保護国の代表者又は代表は、いかなる場合にも、この条約に基く自己の使命の範囲をこえてはならない。それらの者は、特に、任務を遂行する国の安全上絶対的に必要なことには考慮を払わなければならない。それらの者の活動は、絶対的な軍事上の必要がある場合に限り、例外的且つ一時的措置として制限することができる。

〔赤十字国際委員会等の人道的活動〕

第９条　この条約の規定は、赤十字国際委員会その他の公平な人道的団体が傷者、病者、衛生要員及び宗教要員の保護及び救済のため関係紛争当事国の同意を得て行う人道的活動を妨げるものではない。

〔利益・保護の確保〕

第10条　締約国は、公平及び有効性についてすべての保障をする団体に対し、いつでも、この条約に基く利益保護国の任務を委任することに同意することができる。

situation of the wounded and sick, of members of the medical personnel or of chaplains, as defined by the present Convention, nor restrict the rights which it confers upon them.

Wounded and sick, as well as medical personnel and chaplains, shall continue to have the benefit of such agreements as long as the Convention is applicable to them, except where express provisions to the contrary are contained in the aforesaid or in subsequent agreements, or where more favourable measures have been taken with regard to them by one or other of the Parties to the conflict.

ARTICLE 7

Wounded and sick, as well members of the medical personnel and chaplains, may in no circumstances renounce in part or in entirety the rights secured to them by the present Convention, and by the special agreements referred to in the foregoing Article, if such there be.

ARTICLE 8

The present Convention shall be applied with the cooperation and under the scrutiny of the Protecting Powers whose duty it is to safeguard the interests of the Parties to the conflict. For this purpose, the Protecting Powers may appoint, apart from their diplomatic or consular staff, delegates from amongst their own nationals or the nationals of other neutral Powers. The said delegates shall be subject to the approval of the Power with which they are to carry out their duties.

The Parties to the conflict shall facilitate to the greatest extent possible, the task of the representatives or delegates of the Protecting Powers.

The representatives or delegates of the Protecting Powers shall not in any case exceed their mission nuder the present Convention. They shall, in particular, take account of the imperative necessities of security of the State wherein they carry out their duties. Their activities shall only be restricted as an exceptional and temporary measure when this is rendered necessary by imperative military necessities.

ARTICLE 9

The provisions of the present Convention constitute no obstacle to the humanitarian activities which the International Committee of the Red Cross or any other impartial humanitarian organization may, subject to the consent of the Parties to the conflict concerned, undertake for the protection of wounded and sick, medical personnel and chaplains, and for their relief.

ARTICLE 10

The High Contracting Parties may at any time agree to entrust to an organization which offers all guarantees of impartiality and efficacy the duties

②　傷者、病者、衛生要員及び宗教要員が、理由のいかんを問わず、利益保護国若しくは前項に規定するいずれかの団体の活動による利益を受けない場合又はその利益を受けなくなつた場合には、抑留国は、中立国又は同項に規定するいずれかの団体に対し、紛争当事国により指定された利益保護国がこの条約に基いて行う任務を引き受けるように要請しなければならない。

③　保護が前項により確保されなかつたときは、抑留国は、赤十字国際委員会のような人道的団体に対し、利益保護国がこの条約に基いて行う人道的任務を引き受けるように要請し、又は、本条の規定を留保して、その団体による役務の提供の申出を承諾しなければならない。

④　前記の目的のため当該国の要請を受け、又は役務の提供を申し出る中立国又は団体は、この条約によつて保護される者が属する紛争当事国に対する責任を自覚して行動することを要求され、また、その任務を引き受けて公平にこれを果す能力があることについて充分な保障を与えることを要求されるものとする。

⑤　軍事的事件、特に、領域の全部又は主要な部分が占領されたことにより、一時的にでも相手国又はその同盟国と交渉する自由を制限された一国を含む諸国間の特別協定は、前記の規定とてい触するものであつてはならない。

⑥　この条約において利益保護国とは、本条にいう団体をも意味するものとする。

〔利益保護国による紛議の仲介〕

第11条　利益保護国は、この条約によつて保護される者の利益のために望ましいと認める場合、特に、この条約の規定の適用又は解釈に関して紛争当事国の間に紛議がある場合には、その紛議を解決するために仲介をしなければならない。

②　このため、各利益保護国は、紛争当事国の一の要請又は自国の発意により、紛争当事国に対し、それぞれの代表者、特に、傷者、病者、衛生要員及び宗教要員について責任を負う当局ができれば適当に選ばれた中立の地域で会合するように提案することができる。紛争当事国は、自国に対するこのための提案に従わなければならない。利益保護国は、必要がある場合には、紛争当事国に対し、その承認を求めるため、中立国に属する者又は赤十字国際委員会の委任を受けた者で前記の会合に参加するように招請されるものの氏名を提出することができる。

incumbent on the Protecting Powers by virtue of the present Convention.

When wounded and sick, or medical personnel and chaplains do not benefit or cease to benefit, no matter for what reason, by the activities of a Protecting Power or of an organization provided for in the first paragraph above, the Detaining Power shall request a neutral State, or such an organization, to undertake the functions performed under the present Convention by a Protecting Power designated by the Parties to a conflict.

If protection cannot be arranged accordingly, the Detaining Power shall request or shall accept, subject to the provisions of this Article, the offer of the services of a humanitarian organization, such as the International Committee of the Red Cross, to assume the humanitarian functions performed by Protecting Powers under the present Convention.

Any neutral Power, or any organization invited by the Power concerned or offering itself for these purposes, shall be required to act with a sense of responsibility towards the Party to the conflict on which persons protected by the present Convention depend, and shall be required to furnish sufficient assurances that it is in a position to undertake the appropriate functions and to discharge them impartially.

No derogation from the preceding provisions shall be made by special agreements between Powers one of which is restricted, even temporarily, in its freedom to negotiate with the other Power or its allies by reason of military events, more particularly where the whole, or a substantial part, of the territory of the said Power is occupied.

Whenever, in the present Convention, mention is made of a Protecting Power, such mention also applies to substitute organizations in the sense of the present Article.

ARTICLE 11

In cases where they deem it advisable in the interest of protected persons, particularly in cases of disagreement between the Parties to the conflict as to the application or interpretation of the provisions of the present Convention, the Protecting Powers shall lend their good offices with a view to settling the disagreement.

For this purpose, each of the Protecting Powers may, either at the invitation of one Party or on its own initiative, propose to the Parties to the conflict a meeting of their representatives, in particular of the authorities responsible for the wounded and sick, members of medical personnel and chaplains, possibly on neutral territory suitably chosen. The Parties to the conflict shall be bound to give effect to the proposals made to them for this purpose. The Protecting Powers may, if necessary, propose for approval by the Parties to the conflict, a person belonging to a neutral Power or delegated by the

第2章　傷者及び病者

〔傷病者の保護〕

第12条　次条に掲げる軍隊の構成員及びその他の者で、傷者又は病者であるものは、すべての場合において、尊重し、且つ、保護しなければならない。

②　それらの者をその権力内に有する紛争当事国は、それらの者を性別、人種、国籍、宗教、政治的意見又はその他類似の基準による差別をしないで人道的に待遇し、且つ、看護しなければならない。それらの者の生命又は身体に対する暴行は、厳重に禁止する。特に、それらの者は、殺害し、みな殺しにし、拷問に付し、又は生物学的実験に供してはならない。それらの者は、治療及び看護をしないで故意に遺棄してはならず、また、伝染又は感染の危険にさらしてはならない。

③　治療の順序における優先権は、緊急な医療上の理由がある場合に限り、認められる。

④　女子は、女性に対して払うべきすべての考慮をもつて待遇しなければならない。

⑤　紛争当事国は、傷者又は病者を敵側に遺棄することを余儀なくされた場合には、軍事上の事情が許す限り、それらの者の看護を援助するためにその衛生要員及び衛生材料の一部をそれらの者に残さなければならない。

〔本条約の適用を受ける傷病者の範囲〕

第13条　この条約は、次の部類に属する傷者及び病者に適用する。

(1)　紛争当事国の軍隊の構成員及びその軍隊の一部をなす民兵隊又は義勇隊の構成員

(2)　紛争当事国に属するその他の民兵隊及び義勇隊の構成員（組織的抵抗運動団体の構成員を含む。）で、その領域が占領されているかどうかを問わず、その領域の内外で行動するもの。但し、それらの民兵隊又は義勇隊（組織的抵抗運動団体を含む。）は、次の条件を満たすものでなければならない。

(a)　部下について責任を負う一人の者が指揮していること。

(b)　遠方から認識することができる固着の特殊標章を有すること。

(c)　公然と武器を携行していること。

(d)　戦争の法規及び慣例に従つて行動していること。

(3)　正規の軍隊の構成員で、抑留国が承認していない政府又は当局に忠誠を誓つたもの

(4)　実際には軍隊の構成員でないが軍隊に随伴する者、たとえば、文民たる軍用航空機の乗組員、従軍記者、需品供給者、労務隊員又は軍隊の福利機関の構成

International Committee of the Red Cross, who shall be invited to take part in such a meeting.

CHAPTER 2　WOUNDED AND SICK

ARTICLE 12

Members of the armed forces and other persons mentioned in the following Article, who are wounded or sick, shall be respected and protected in all circumstances.

They shall be treated humanely and cared for by the Party to the conflict in whose power they may be, without any adverse distinction founded on sex, race, nationality, religion, political opinions, or any other similar criteria. Any attempts upon their lives, or violence to their persons, shall be strictly prohibited; in particular, they shall not be murdered or exterminated, subjected to torture or to biological experiments; they shall not wilfully be left without medical assistance and care, nor shall conditions exposing them to contagion or infection be created.

Only urgent medical reasons will authorize priority in the order of treatment to be administered.

Women shall be treated with all consideration due to their sex.

The Party to the conflict which is compelled to abandon wounded or sick to the enemy shall, as far as military considerations permit, leave with them a part of its medical personnel and material to assist in their care.

ARTICLE 13

The present Convention shall apply to the wounded and sick belonging to the following categories:

(1) Members of the armed forces of a Party to the conflict, as well as members of militias or volunteer corps forming part of such armed forces.

(2) Members of other militias and members of other volunteer corps, including those of organized resistance movements, belonging to a Party to the conflict and operating in or outside their own territory, even if this territory is occupied, provided that such militias or volunteer cops, including such organized resistance movements, fulfil the follwing conditions:

(a) that of being commanded by a person responsible for his subordinates;

(b) that of having a fixed distinctive sign recognizable at a distance;

(c) that of carrying arms openly;

(d) that of conducting their operations in accordance with the laws and customs of war.

(3) Members of regular armed forces who profess allegiance to a Government or an authority not recognized by the Detaining Power.

(4) Persons who accompany the armed forces without actually being members

員等。但し、それらの者がその随伴する軍隊の認可を受けている場合に限る。

⑸　紛争当事国の商船の乗組員（船長、水先人及び見習員を含む。）及び民間航空機の乗組員で、国際法の他のいかなる規定によつても一層有利な待遇の利益を享有することがないもの

⑹　占領されていない領域の住民で、敵の接近に当り、正規の軍隊を編成する時日がなく、侵入する軍隊に抵抗するために自発的に武器を執るもの。但し、それらの者が公然と武器を携行し、且つ、戦争の法規及び慣例を尊重する場合に限る。

〔捕虜条約の適用〕

第14条　第12条の規定に従うことを条件として、交戦国の傷者及び病者で敵の権力内に陥つたものは、捕虜となるものとし、また、捕虜に関する国際法の規定が、それらの者に適用される。

〔傷病者の収容〕

第15条　紛争当事国は、常に、特に交戦の後に、傷者及び病者を捜索し、及び収容し、それらの者をりやく奪及び虐待から保護し、それらの者に充分な看護を確保し、並びに死者を捜索し、及び死者がはく奪を受けることを防止するため、遅滞なくすべての可能な措置を執らなければならない。

②　事情が許すときは、いつでも、戦場に残された傷者の収容、交換及び輸送を可能にするため、休戦、戦闘停止又は現地取極について合意しなければならない。

③　同様に、攻囲され、又は包囲された地域にある傷者及び病者の収容又は交換並びにそれらの地域へ向う衛生要員、宗教要員及び衛生材料の通過に関し、紛争当事国相互間で現地取極を結ぶことができる。

〔敵国の傷病者・死者名簿の記録、送付〕

第16条　紛争当事国は、その権力内に陥つた敵国の傷者、病者及び死者に関し、それらの者の識別に役立つ明細をできる限りすみやかに記録しなければならない。

それらの記録は、できる限り次の事項を含むものでなければならない。

(a)　その者が属する国

(b)　軍の名称、連隊の名称、個人番号又は登録番号

(c)　姓

(d)　名

(e)　生年月日

(f)　身分証明書又は識別票に掲げるその他の明細

thereof, such as civil members of military aircraft crews, war correspondents, supply contractors, members of labour units or of services responsible for the welfare of the armed forces, provided that they have received authorization from the armed forces which they accompany.

(5) Members of crews, including masters, pilots and apprentices, of the merchant marine and the crews of civil aircraft of the Parties to the conflict, who do not benefit by more favourable treatment under any other provisions in international law.

(6) Inhabitants of a non-occupied territory who, on the approach of the enemy, spontaneously take up arms to resist the invading forces, without having had time to form themselves into regular armed units, provided they carry arms openly and respect the laws and customs of war.

ARTICLE 14

Subject to the provisions of Article 12, the wounded and sick of a belligerent who fall into enemy hands shall be prisoners of war, and the provisions of international law concerning prisoners of war shall apply to them.

ARTICLE 15

At all times, and particularly after an engagement, Parties to the conflict shall, without delay, take all possible measures to search for and collect the wounded and sick, to protect them against pillage and ill-treatment, to ensure their adequate care, and to search for the dead and prevent their being despoiled.

Whenever circumstances permit, an armistice or a suspension of fire shall be arranged, or local arrangements made, to permit the removal, exchange and transport of the wounded left on the battlefield.

Likewise, local arrangements may be concluded between Parties to the conflict for the removal or exchange of wounded and sick from a besieged or encircled area, and for the passage of medical and religious personnel and equipment on their way to that area.

ARTICLE 16

Parties to the conflict shall record as soon as possible, in respect of each wounded, sick or dead person of the adverse Party falling into their hands, any particulars which may assist in his identification.

These records should if possible include:

(a) designation of the Power on which he depends;
(b) army, regimental, personal or serial number;
(c) surname;
(d) first name or names;
(e) date of birth;
(f) any other particulars shown on his identity card or disc;

(g)　捕虜とされた年月日及び場所又は死亡の年月日及び場所

(h)　負傷若しくは疾病に関する明細又は死亡の原因

②　前記の情報は、捕虜の待遇に関する1949年８月12日のジュネーヴ条約第122条に掲げる捕虜情報局にできる限りすみやかに送付しなければならない。捕虜情報局は、利益保護国及び中央捕虜情報局の仲介により、それらの者が属する国にその情報を伝達しなければならない。

③　紛争当事国は、死亡証明書又は正当に認証された死者名簿を作成し、且つ、捕虜情報局を通じて相互にこれを送付しなければならない。紛争当事国は、同様に、死者について発見された複式の識別票の一片、遺書その他近親者にとつて重要な書類、金銭及び一般に内在的価値又は感情的価値のあるすべての物品を取り集め、且つ、捕虜情報局を通じて相互にこれらを送付しなければならない。それらの物品は、所属不明の物品とともに、封印した小包で送らなければならない。それらの小包には、死亡した所有者の識別に必要なすべての明細を記載した記述書及び小包の内容を完全に示す表を附さなければならない。

〔死者の取扱い〕

第17条　紛争当事国は、死亡を確認すること、死者を識別すること及び報告書の作成を可能にすることを目的として、事情が許す限り各別に行われる死者の土葬又は火葬を行う前に、死体の綿密な検査、できれば医学的検査を行うことを確保しなければならない。複式の識別票の一片又は、単式の識別票の場合には、識別票は、死体に残さなければならない。

②　死体は、衛生上絶対に必要とされる場合及び死者の宗教に基く場合を除く外、火葬に付してはならない。火葬に付した場合には、死亡証明書又は正当に認証された死者名簿に火葬の事情及び理由を詳細に記載しなければならない。

③　紛争当事国は、更に、死者をできる限りその属する宗教の儀式に従つて丁重に埋葬すること並びにその死者の墓が尊重され、できればその国籍に従つて区分され、適当に維持され、及びいつでも見出されるように標示されることを確保しなければならない。このため、紛争当事国は、敵対行為の開始の際、埋葬後の発掘を可能にし、並びに墓が所在する場所のいかんを問わず死体の識別及び本国へのその輸送を確保するため、公の墳墓登録機関を設置しなければならない。これらの規定は、本国の希望に従つて適当な措置が執られるまで墳墓登録機関が保管しなければならない遺骨に対しても、同様に適用する。

④　前記の墳墓登録機関は、事情が許す限りすみやかに、遅くとも敵対行為の終了の際、第16条第２項に掲げる捕虜情報局を通じて、墓の正確な所在地及び標示並びにそこに埋葬されている死者に関する明細を示す表を交換しなければならない。

(g) date and place of capture or death;
(h) particulars concerning wounds or illness, or cause of death.

As soon as possible the above mentioned information shall be forwarded to the Information Bureau described in Article 122 of the Geneva Convention relative to the Treatment of Prisoners of War of August 12, 1949, which shall transmit this information to the Power on which these persons depend through the intermediary of the Protecting Power and of the Central Prisoners of War Agency.

Parties to the conflict shall prepare and forward to each other through the same bureau, certificates of death or duly authenticated lists of the dead. They shall likewise collect and forward through the same bureau one half of a double identity disc, last wills or other documents of importance to the next of kin, money and in general all articles of an intrinsic or sentimental value, which are found on the dead. These articles, together with unidentified articles, shall be sent in sealed packets, accompanied by statements giving all particulars necessary for the identification of the deceased owners, as well as by a complete list of the contents of the parcel.

ARTICLE 17

Parties to the conflict shall ensure that burial or cremation of the dead, carried out individually as far as circumstances permit, is preceded by a careful examination, if possible by a medical examination, of the bodies, with a view to confirming death, establishing identity and enabling a report to be made. One half of the double identity disc, or the identity disc itself if it is a single disc, should remain on the body.

Bodies shall not be cremated except for imperative reasons of hygiene or for motives based on the religion of the deceased. In case of cremation, the circumstances and reasons for cremation shall be stated in detail in the death certificate or on the authenticated list of the dead.

They shall further ensure that the dead are honourably interred, if possible according to the rites of the religion to which they belonged, that their graves are respected, grouped if possible according to the nationality of the deceased, properly maintained and marked so that they may always be found. For this purpose, they shall organize at the commencement of hostilities an Official Graves Registration Service, to allow subsequent exhumations and to ensure the identification of bodies, whatever the site of the graves, and the possible transportation to the home country. These provisions shall likewise apply to the ashes, which shall be kept by the Graves Registration Service until proper disposal thereof in accordance with the wishes of the home country.

As soon as circumstances permit, and at latest at the end of hostilities,

〔住民による看護協力〕

第18条　軍当局は、住民に対し、軍当局の指示の下に自発的に傷者及び病者を収容し、且つ、看護するように、その慈善心に訴えることができる。軍当局は、この要請に応じた者に対して必要な保護及び便益を与えるものとする。敵国がその地域の支配権を掌握し、又は奪還するに至つた場合には、その敵国は、同様に、それらの者に同一の保護及び便益を与えなければならない。

② 軍当局は、侵略され、又は占領された地域においても、住民及び救済団体に対し、自発的に傷者又は病者をその国籍のいかんを問わず収容し、且つ、看護することを許さなければならない。文民たる住民は、これらの傷者及び病者を尊重しなければならず、特に、それらの者に対して暴行を加えないようにしなければならない。

③ いかなる者も、傷者又は病者を看護したことを理由としてこれを迫害し、又は有罪としてはならない。

④ 本条の規定は、傷者及び病者に衛生上及び精神上の看護を与える義務を占領国に対して免除するものではない。

第3章　衛生部隊及び衛生施設

〔衛生機関・衛生部隊の保護〕

第19条　紛争当事国は、いかなる場合にも、衛生機関の固定施設及び移動衛生部隊を攻撃してはならず、常にこれを尊重し、且つ、保護しなければならない。それらの固定施設及び移動衛生部隊が敵国の権力内に陥つた場合には、それらの施設及び部隊の要員は、抑留国がそれらの施設及び部隊の中にある傷者及び病者に必要な看護を自ら確保しない限り、自由にその任務を行うことができる。

② 責任のある当局は、前記の施設及び部隊が、できる限り、軍事目標に対する攻撃によつてその安全を危くされることのないような位置に置かれることを確保しなければならない。

〔病院船の保護〕

第20条　海上にある軍隊の傷者、病者及び難船者の状態の改善に関する1949年8月12日のジュネーヴ条約の保護を受ける権利を有する病院船は、陸上から攻撃してはならない。

〔保護が消滅する場合〕

第21条　衛生機関の固定施設及び移動衛生部隊が享有することができる保護は、そ

these Services shall exchange, through the Information Bureau mentioned in the second paragraph of Article 16, lists showing the exact location and markings of the graves, together with particulars of the dead interred therein.

ARTICLE 18

The military authorities may appeal to the charity of the inhabitants voluntarily to collect and care for, under their direction, the wounded and sick, granting persons who have responded to this appeal the necessary protection and facilities. Should the adverse Party take or retake control of the area, ha shall likewise grant these persons the same protection and the same facilities.

The military authorities shall permit the inhabitants and relief societies, even in invaded or occupied areas, spontaneously to collect and care for wounded or sick of whatever nationality. The civilian population shall respect these wounded and sick, and in particular abstain from offering them violence.

No one may ever be molested or convicted for 1aving nursed the wounded or sick.

The provisions of the present Article do not relieve the occupying Power of its obligation to give both physical and moral care to the wounded and sick.

CHAPTER 3　MEDICAL UNITS AND ESTABLISHMENTS

ARTICLE 19

Fixed establishments and mobile medical units of the Medical Service may in no circumstances be attacked, but shall at all times be respected and protected by the Parties to the conflict. Should they fall into the hands of the adverse Party, their personnel shall be free to pursue their duties, as long as the capturing Power has not itself ensured the necessary care of the wounded and sick found in such establishments and units.

The responsible authorities shall ensure that the said medical establishments and units are, as far as possible, situated in such a manner that attacks against military objectives cannot imperil their safety.

ARTICLE 20

Hospital ships entitled to the protection of the Geneva Convention for the Amelioration of the Condition of Wounded, Sick and Shipwrecked Members of Armed Forces at Sea of August 12, 1949, shall not be attacked from the land.

ARTICLE 21

The protection to which fixed establishments and mobile medical units

れらの施設及び部隊がその人道的任務から逸脱して敵に有害な行為を行うために使用された場合を除く外、消滅しないものとする。但し、その保護は、すべての適当な場合に合理的な期限を定めた警告が発せられ、且つ、その警告が無視された後でなければ、消滅させることができない。

〔保護される場合〕

第22条　次の事実は、第19条により保障される保護を衛生部隊又は衛生施設からはく奪する理由としてはならない。

(1)　当該部隊又は施設の要員が武装しており、且つ、自衛又はその責任の下にある傷者及び病者の防衛のために武器を使用すること。

(2)　武装した衛生兵がいないために当該部隊又は施設が監視兵、しよう兵又は護衛兵によつて保護されていること。

(3)　傷者及び病者から取り上げた小武器及び弾薬でまだ適当な機関に引き渡されていないものが当該部隊又は施設内にあること。

(4)　獣医機関の要員及び材料が当該部隊又は施設内にあること。但し、当該部隊又は施設の不可欠な一部分を構成しない場合に限る。

(5)　当該部隊及び施設又はそれらの要員の人道的活動が文民たる傷者及び病者の看護に及んでいること。

〔病院地帯〕

第23条　締約国は平時において、紛争当事国は敵対行為の開始の時以後、自国の領域及び必要がある場合には占領地区において、傷者及び病者を戦争の影響から保護するために組織される病院地帯及び病院地区を設定し、並びにそれらの地帯及び地区の組織及び管理並びにそれらの中に収容される者の看護の責任を負う要員を定めることができる。

②　関係当事国は、敵対行為の開始に当り、及び敵対行為の期間中、それらが設定した病院地帯及び病院地区を相互に承認するための協定を締結することができる。このため、関係当事国は、必要と認める修正を加えて、この条約に附属する協定案の規定を実施することができる。

③　利益保護国及び赤十字国際委員会は、これらの病院地帯及び病院地区の設定及び承認を容易にするために仲介を行うよう勧誘される。

第４章　要員

〔衛生要員、宗教要員の保護〕

第24条　傷者若しくは病者の捜索、収容、輸送若しくは治療又は疾病の予防にもつぱら従事する衛生要員、衛生部隊及び衛生施設の管理にもつぱら従事する職員並

of the Medical Service are entitled shall not cease unless they are used to commit, outside their humanitarian duties acts harmful to the enemy. Protection may, however, cease only after a due warning has been given, naming, in all appropriate cases, a reasonable time limit, and after such warning has remained unheeded.

ARTICLE 22

The following conditions shall not be considered as depriving a medical unit or establishment of the protection guaranteed by Article 19:

(1) That the personnel of the unit or establishment are armed, and that they use the arms in their own defence, or in that of the wounded and sick in their charge.

(2) That in the absence of armed orderlies, the unit or establishment is protected by a picket or by sentries or by an escort.

(3) That small arms and ammunition taken from the wounded and sick and not yet handed to the proper service, are found in the unit or establishment.

(4) That personnel and material of the veterinary service are found in the unit or establishment, without forming an integral part thereof.

(5) That the humanitarian activities of medical units and establishments or of their personnel extend to the care of civilian wounded or sick.

ARTICLE 23

In time of peace, the High Contracting Parties and, after the outbreak of hostilities, the Parties thereto, may establish in their own territory and, if the need arises, in occupied areas, hospital zones and localities so organized as to protect the wounded and sick from the effects of war, as well as the personnel entrusted with the organization and administration of these zones and localities and with the care of the persons therein assembled.

Upon the outbreak and during the course of hostilities, the Parties concerned may conclude agreements on mutual recognition of the hospital zones and localities they have created. They may for this purpose implement the provisions of the Draft Agreement annexed to the present Convention, with such amendments as they may consider necessary.

The Protecting Powers and the International Committee of the Red Cross are invited to lend their good offices in order to facilitate the institution and recognition of these hospital zones and localities.

CHAPTER 4 PERSONNEL

ARTICLE 24

Medical personnel exclusively engaged in the search for, or the collection transport or treatment of the wounded or sick, or in the prevention of disease,

びに軍隊に随伴する宗教要員は、すべての場合において、尊重し、且つ、保護しなければならない。

〔補助衛生要員の保護〕

第25条　必要が生じた場合に衛生兵、看護婦又は補助担架手として傷者及び病者の収容、輸送又は治療に当るために特別に訓練された軍隊の構成員も、これらの任務を遂行しつつある時に敵と接触し、又は敵国の権力内に陥るに至つた場合には、同様に尊重し、且つ、保護しなければならない。

〔各国赤十字社職員等の保護〕

第26条　各国赤十字社及びその他の篤志救済団体でその本国政府が正当に認めたものの職員のうち第24条に掲げる要員と同一の任務に当るものは、同条に掲げる要員と同一の地位に置かれるものとする。但し、それらの団体の職員は、軍法に従わなければならない。

②　各締約国は、平時において又は敵対行為の開始の際若しくは敵対行為が行われている間に、自国の軍隊の正規の衛生機関に援助を与えることを自国の責任で認めた団体の名称を他の締約国に通告しなければならない。但し、その通告は、いかなる場合にも、当該団体を実際に使用する前に行わなければならない。

〔中立国救済団体職員の保護〕

第27条　中立国の承認された団体は、あらかじめ自国政府の同意及び関係紛争当事国の承認を得た場合に限り、その衛生要員及び衛生部隊による援助を紛争当事国に与えることができる。それらの要員及び部隊は、当該紛争当事国の管理の下に置かれるものとする。

②　中立国政府は、そのような援助を受ける国の敵国に前記の同意を通告しなければならない。そのような援助を受ける紛争当事国は、援助を受ける前にその旨を敵国に通告しなければならない。

③　いかなる場合にも、この援助は、紛争への介入と認めてはならない。

④　第１項に掲げる要員に対しては、それらの者が属する中立国を離れる前に、第40条に定める身分証明書を正式に与えなければならない。

〔抑留された衛生要員の待遇〕

第28条　第24条及び第26条に掲げる要員で敵国の権力内に陥つたものは、捕虜の健

staff exclusively engaged in the administration of medical units and establishments, as well as chaplains attached to the armed forces, shall be respected and protected in all circumstances.

ARTICLE 25

Members of the armed forces specially trained for employment, should the need arise, as hospital orderlies, nurses or auxiliary stretcher-bearers, in the search for or the collection, transport or treatment of the wounded and sick shall likewise be respected and protected if they are carrying out these duties at the time when they come into contact with the enemy or fall into his hands.

ARTICLE 26

The staff of National Red Cross Societies and that of other Voluntary Aid Societies, duly recognized and authorized by their Governments, who may be employed on the same duties as the personnel named in Article 24, are placed on the same footing as the personnel named in the said Article, provided that the staff of such societies are subject to military laws and regulations.

Each High Contracting Party shall notify to the other, either in time of peace, or at the commencement of or during hostilities, but in any case before actually employing them, the names of the societies which it has authorized, under its responsibility, to render assistance to the regular medical service of its armed forces.

ARTICLE 27

A recognized Society of a neutral country can only lend the assistance of its medical personnel and units to a Party to the conflict with the previous consent of its own Government and the authorization of the Party to the conflict concerned. That personnel and those units shall be placed under the control of that Party to the conflict.

The neutral Government shall notify this consent to the adversary of the State which accepts such assistance. The Party to the conflict who accepts such assistance is bound to notify the adverse Party thereof before making any use of it.

In no circumstances shall this assistance be considered as interference in the conflict.

The members of the personnel named in the first paragraph shall be duly furnished with the identity cards provided for in Article 40 before leaving the neutral country to which they belong.

ARTICLE 28

Personnel designated in Articles 24 and 26 who fall into the hands of

康状態、宗教上の要求及び人数により必要とされる限度をこえて抑留してはならない。

② こうして抑留された要員は、捕虜と認めてはならない。但し、それらの要員は、少くとも捕虜の待遇に関する1949年8月12日のジュネーヴ条約のすべての規定による利益を享有する。それらの要員は、抑留国の軍法の範囲内で、抑留国の権限のある機関の管理の下に、その職業的良心に従つて、捕虜、特に、自己の所属する軍隊の捕虜に対する医療上及び宗教上の任務を引き続き遂行しなければならない。それらの要員は、更に、その医療上又は宗教上の任務の遂行のため、次の便益を享有する。

(a) それらの要員は、収容所外にある労働分遣所又は病院にいる捕虜を定期的に訪問することを許される。抑留国は、それらの要員に対し、必要な輸送手段を自由に使用させなければならない。

(b) 各収容所においては、先任軍医たる衛生要員は、抑留されている衛生要員の職業的活動について、収容所の軍当局に対して責任を負う。このため、紛争当事国は、敵対行為の開始の時から、自国の衛生要員（第26条に掲げる団体の衛生要員を含む。）の相互に相当する階級に関して合意しなければならない。この先任軍医及び宗教要員は、その任務から生ずるすべての問題について、収容所の軍当局及び医療当局と直接に交渉することができる。それらの当局は、これらの者に対し、それらの問題に関する通信のためにそれらの者が必要とする便益を与えなければならない。

(c) 収容所内に抑留された要員は、収容所の内部の紀律に従わなければならないが、その医療上又は宗教上の任務以外の労働を行うことを要求されないものとする。

③ 紛争当事国は、敵対行為の継続中に、抑留された要員を可能な場合に交替するための取極をし、及びその交替の手続を定めなければならない。

④ 前記の規定は、抑留国に対し、捕虜の医療上及び宗教上の福祉に関して抑留国に課せられる義務を免除するものではない。

〔補助衛生要員は捕虜として待遇〕

第29条　第25条に掲げる要員で敵の権力内に陥つたものは、捕虜となるものとする。但し、必要がある場合には、医療上の任務に使用されるものとする。

〔抑留された衛生要員の帰還〕

第30条　第28条の規定により抑留を必要としない要員は、その帰路が開かれ、且つ、軍事上の要求が許すときは、直ちにそれらの要員が属する紛争当事国に帰還させ

the adverse Party, shall be retained only in so far as the state of health, the spiritual needs and the number of prisoners of war require.

Personnel thus retained shall not be deemed prisoners of war. Nevertheless they shall at least benefit by all the provisions of the Geneva Convention relative to the Treatment of Prisoners of War of August 12, 1949. Within the framework of the military laws and regulations of the Detaining Power, and under the authority of its competent service, they shall continue to carry out, in accordance with their professional ethics, their medical and spiritual duties on behalf of prisoners of war, preferably those of the armed forces to which they themselves belong. They shall further enjoy the following facilities for carrying out their medical or spiritual duties:

(a) They shall be authorized to visit periodically the prisoners of war in labour units or hospitals outside the camp. The Detaining Power shall put at their disposal the means of transport required.

(b) In each camp the senior medical officer of the highest rank shall be responsible to the military authorities of the camp for the professional activity of the retained medical personnel. For this purpose, from the outbreak of hostilities, the Parties to the conflict shall agree regarding the corresponding seniority of the ranks of their medical personnel, including those of the societies designated in Article 26. In all questions arising out of their duties, this medical officer, and the chaplains, shall have direct access to the military and medical authorities of the camp who shall grant them the facilities they may require for correspondence relating to these questions.

(c) Although retained personnel in a camp shall be subject to its internal discipline, they shall not, however, be required to perform any work outside their medical or religious duties.

During hostilities the Parties to the conflict shall make arrangements for relieving where possible retained personnel, and shall settle the procedure of such relief.

None of the preceding provisions shall relieve the Detaining Power of the obligations imposed upon it with regard to the medical and spiritual welfare of the prisoners of war.

ARTICLE 29

Members of the personnel designated in Article 25 who have fallen into the hands of the enemy, shall be prisoners of war, but shall be employed on their medical duties in so far as the need arises.

ARTICLE 30

Personnel whose retention is not indispensable by virtue of the provisions of Article 28 shall be returned to the Party to the conflict to whom they

なければならない。

② それらの要員は、帰還するまでの間、捕虜と認めてはならない。但し、それらの要員は、少くとも、捕虜の待遇に関する1949年8月12日のジュネーヴ条約のすべての規定による利益を享有する。それらの要員は、敵国の命令の下に自己の任務を引き続き遂行し、且つ、なるべく自己の属する紛争当事国の傷者及び病者の看護に従事しなければならない。

③ それらの要員は、出発の際、その所有に属する個人用品、有価物及び器具を持ち去るものとする。

〔帰還要員の選択〕

第31条　第30条に基いて帰還させる要員の選択は、その人種、宗教又は政治的意見のいかんを問わず、なるべくそれらの要員が捕えられた順序及びそれらの要員の健康状態に従つて行わなければならない。

② 紛争当事国は、敵対行為の開始の時から、特別協定により、捕虜の人数に比例して抑留すべき要員の割合及び収容所におけるそれらの要員の配置を定めることができる。

〔敵の権力内にある中立国救済団体職員の取扱〕

第32条　第27条に掲げる者で敵国の権力内に陥つたものは、抑留してはならない。

② 反対の合意がない限り、それらの者は、その帰路が開かれ、且つ、軍事上の要求が許すときは、直ちに自国へ帰還することを許されるものとし、自国への帰還が不可能な場合には、それらの者が勤務した機関の属する紛争当事国の領域へ帰還することを許されるものとする。

③ それらの者は、解放されるまでの間、敵国の指揮の下に引き続き自己の任務を遂行しなければならない。それらの者は、なるべく、それらの者が勤務した機関の属する紛争当事国の傷者及び病者の看護に従事しなければならない。

④ それらの者は、出発の際、自己の所有に属する個人用品、有価物、器具、武器及びできれば輸送手段を持ち去るものとする。

⑤ 紛争当事国は、それらの要員がその権力内にある間、それらの要員に相当する自国軍隊の要員に与えられているものと同様の食糧、宿舎、手当及び給与をそれらの要員のために確保しなければならない。食糧は、いかなる場合にも、その量、質及び種類において、それらの要員が通常の健康状態を維持するのに充分なものでなければならない。

belong, as soon as a road is open for their return and military requirements permit.

Pending their return, they shall not be deemed prisoners of war. Nevertheless they shall at least benefit by all the provisions of the Geneva Convention relative to the Treatment of Prisoners of War of August 12, 1949. They shall continue to fulfil their duties under the orders of the adverse Party and shall preferable be engaged in the care of the wounded and sick of the Party to the conflict to which they themselves belong.

On their departure, they shall take with them the effects, personal belongings valuables and instruments belonging to them.

ARTICLE 31

The selection of personnel for return under Article 30 shall be made irrespective of any consideration of race, religion or political opinion, but preferably according to the chronological order of their capture and their state of health.

As from the outbreak of hostilities, Parties to the conflict may determine by special agreement the percentage of personnel to be retained, in proportion to the number of prisoners and the distribution of the said personnel in the camps.

ARTICLE 32

Persons designated in Article 27 who have fallen into the hands of the adverse Party may not be detained.

Unless otherwise agreed, they shall have permission to return to their country, or if this is not possible, to the territory of the Party to the conflict in whose service they were, as soon as a route for their return is open and military considerations permit.

Pending their release, they shall continue their work under the direction of the adverse Party; they shall preferably be engaged in the care of the wounded and sick of the Party to the conflict in whose service they were.

On their departure, they shall take with them their effects, personal articles and valuables and the instruments, arms and if possible the means of transport belonging to them.

The Parties to the conflict shall secure to this personnel, while in their power, the same food, lodging, allowances and pay as are granted to the corresponding personnel of their armed forces. The food shall in any case be sufficient as regards quantity, quality and variety to keep the said personnel in a normal state of health.

第５章　建物及び材料

〔敵の権力内に陥った衛生部隊等の取扱〕

第33条　敵の権力内に陥つた軍隊の移動衛生部隊の材料は、傷者及び病者の看護のために保留されるものとする。

②　軍隊の固定衛生施設の建物、材料及び貯蔵品は、引き続き戦争法規の適用を受けるものとする。但し、それらの建物、材料及び貯蔵品は、傷者及び病者の看護のために必要とされる限り、その使用目的を変更してはならない。もつとも、戦地にある軍隊の指揮官は、緊急な軍事上の必要がある場合には、前記の施設内で看護される傷者及び病者の福祉のためにあらかじめ措置を執ることを条件として、それらの建物、材料及び貯蔵品を使用することができる。

③　本条に掲げる材料及び貯蔵品は、故意に破壊してはならない。

〔救済団体の財産の保護〕

第34条　この条約による特権を与えられる救済団体の不動産及び動産は、私有財産と認める。

②　戦争の法規及び慣例によつて交戦国に認められる徴発権は、緊急の必要がある場合において、傷者及び病者の福祉が確保されたときを除く外、行使してはならない。

第６章　衛生上の輸送手段

〔衛生上の輸送手段の保護〕

第35条　傷者及び病者又は衛生材料の輸送手段は、移動衛生部隊と同様に尊重し、且つ、保護しなければならない。

②　それらの輸送手段、すなわち、車両は、敵国の権力内に陥つた場合には、それらを捕獲した紛争当事国がすべての場合においてそれらの中にある傷者及び病者の看護を確保することを条件として、戦争法規の適用を受けるものとする。

③　徴発によつて得た文民たる要員及びすべての輸送手段は、国際法の一般原則の適用を受けるものとする。

〔衛生航空機〕

第36条　交戦国は、衛生航空機、すなわち、もつぱら傷者及び病者の収容並びに衛生要員及び衛生材料の輸送に使用される航空機を、それらの航空機が関係交戦国の間で特別に合意された高度、時刻及び路線に従つて飛行している間、攻撃してはならず、尊重しなければならない。

②　衛生航空機は、その下面、上面及び側面に、第38条に定める特殊標章を自国の国旗とともに明白に表示しなければならない。衛生航空機は、敵対行為の開始の

CHAPTER 5　BUILDINGS AND MATERIAL

ARTICLE 33

The material of mobile medical units of the armed forces which fall into the hands of the enemy, shall be reserved for the care of wounded and sick.

The buildings, material and stores of fixed medical establishments of the armed forces shall remain subject to the laws of war, but may not be diverted from their purpose as long as they are required for the care of wounded and sick. Nevertheless, the commanders of forces in the field may make use of them, in case of urgent military necessity, provided that they make previous arrangements for the welfare of the wounded and sick who are nursed in them.

The material and stores defined in the present Article shall not be intentionally destroyed.

ARTICLE 34

The real and personal property of aid societies which are admitted to the privileges of the Convention shall be regarded as private property.

The right of requisition recognized for belligerents by the laws and customs of war shall not be exercised except in case of urgent necessity, and only after the welfare of the wounded and sick has been ensured.

CHAPTER 6　MEDICAL TRANSPORTS

ARTICLE 35

Transports of wounded and sick or of medical equipment shall be respected and protected in the same way as mobile medical units.

Should such transports or vehicles fall into the hands of the adverse Party, they shall be subject to the laws of war, on condition that the Party to the conflict who captures them shall in all cases ensure the care of the wounded and sick they contain.

The civilian personnel and all means of transport obtained by requisition shall be subject to the general rules of international law.

ARTICLE 36

Medical aircraft, that is to say, aircraft exclusively employed for the removal of wounded and sick and for the transport of medical personnel and equipment, shall not be attacked, but shall be respected by the belligerents, while flying at heights, times and on routes specifically agreed upon between the belligerents concerned.

They shall bear, clearly marked, the distinctive emblem prescribed in Article 38, together with their national colours, on their lower, upper and

際又は敵対行為が行われている間に交戦国の間で合意される他の標識又は識別の手段となるものを付さなければならない。

③　反対の合意がない限り、敵の領域又は占領地域の上空の飛行は、禁止する。

④　衛生航空機は、すべての着陸要求に従わなければならない。この要求によつて着陸した場合には、航空機及びその乗員は、検査があるときはそれを受けた後、飛行を継続することができる。

⑤　傷者及び病者並びに衛生航空機の乗員は、敵の領域又は占領地域内に不時着した場合には、捕虜となるものとする。衛生要員は、第24条以下の規定に従つて待遇されるものとする。

〔衛生航空機の中立国通過〕

第37条　紛争当事国の衛生航空機は、第２項の規定に従うことを条件として、中立国の領域の上空を飛行し、必要がある場合にはその領域に着陸し、又はその領域を寄航地として使用することができる。それらの衛生航空機は、当該領域の上空の通過を事前に中立国に通告し、且つ、着陸又は着水のすべての要求に従わなければならない。それらの衛生航空機は、紛争当事国と関係中立国との間で特別に合意された路線、高度及び時刻に従つて飛行している場合に限り、攻撃を免かれるものとする。

②　もつとも、中立国は、衛生航空機が自国の領域の上空を飛行すること又は自国の領域内に着陸することに関し、条件又は制限を附することができる。それらの条件又は制限は、すべての紛争当事国に対して平等に適用しなければならない。

③　中立国と紛争当事国との間に反対の合意がない限り、現地当局の同意を得て衛生航空機が中立地域に積み卸す傷者及び病者は、国際法上必要がある場合には、軍事行動に再び参加することができないように中立国が抑留するものとする。それらの者の入院及び収容のための費用は、それらの者が属する国が負担しなければならない。

第７章　特殊標章

〔赤十字標章〕

第38条　スイスに敬意を表するため、スイス連邦の国旗の配色を転倒して作成した白地に赤十字の紋章は、軍隊の衛生機関の標章及び特殊記章として維持されるものとする。

②　もつとも、赤十字の代りに白地に赤新月又は赤のライオン及び太陽を標章として既に使用している国については、それらの標章は、この条約において同様に認められるものとする。

lateral surfaces. They shall be provided with any other markings or means of identification that may be agreed upon between the belligerents upon the outbreak or during the course of hostilities.

Unless agreed otherwise, flights over enemy or enemy-occupied territory are prohibited.

Medical aircraft shall obey every summons to land. In the event of a landing thus imposed, the aircraft with its occupants may continue its flight after examination, if any.

In the event of an involuntary landing in enemy or enemy-occupied territory, the wounded and sick, as well as the crew of the aircraft shall be prisoners of war. The medical personnel shall be treated according to Article 24 and the Articles following.

ARTICLE 37

Subject to the provisions of the second paragraph medical aircraft of Parties to the conflict may fly over the territory of neutral Powers, land on it in case of necessity, or use it as a port of call. They shall give the neutral Powers previous notice of their passage over the said territory and obey all summons to alight, on land or water. They will be immune from attack only when flying on routes, at heights and at times specifically agreed upon between the Parties to the conflict and the neutral Power concerned.

The neutral Powers may, however, place conditions or restrictions on the passage or landing of medical aircraft on their territory. Such possible conditions or restrictions shall be applied equally to all Parties to the conflict.

Unless agreed otherwise between the neutral Power and the Parties to the conflict, the wounded and sick who are disembarked, with the consent of the local authorities, on neutral territory by medical aircraft, shall be detained by the neutral Power, where so required by international law, in such a manner that they cannot again take part in operations of war. The cost of their accommodation and internment shall be borne by the Power on which they depend.

CHAPTER 7 THE DISTINCTIVE EMBLEM

ARTICLE 38

As a compliment to Switzerland, the heraldic emblem of the red cross on a white ground, formed by reversing the Federal colours, is retained as the emblem and distinctive sign of the Medical Service of armed forces.

Nevertheless, in the case of countries which already use as emblem, in place of the red cross, the red crescent or the red lion and sun on a white ground, those emblems are also recognized by the terms of the present Convention.

〔標章の表示義務〕

第39条　標章は、権限のある軍当局の指示に基き、衛生機関が使用する旗、腕章及びすべての材料に表示しなければならない。

〔衛生要員の標章着用、身分証明書の携帯義務〕

第40条　第24条、第26条及び第27条に掲げる要員は、特殊標章を付した防水性の腕章で軍当局が発給し、且つ、その印章を押したものを左腕につけなければならない。

②　前記の要員は、第16条に掲げる身分証明書の外、特殊標章を付した特別の身分証明書を携帯しなければならない。この証明書は、防水性で、且つ、ポケットに入る大きさのものでなければならない。この証明書は、自国語で書かれていなければならず、また、この証明書には、少くとも所持者の氏名、生年月日、階級及び番号が示され、且つ、その者がいかなる資格においてこの条約の保護を受ける権利を有するかが記載されていなければならない。この証明書には、所持者の写真及び署名若しくは指紋又はそれらの双方を附さなければならない。この証明書には、軍当局の印章を浮出しにして押さなければならない。

③　身分証明書は、同一の軍隊を通じて同一の型式のものであり、且つ、できる限りすべての締約国の軍隊を通じて類似の型式のものでなければならない。紛争当事国は、この条約に例として附属するひな型にならうことができる。紛争当事国は、敵対行為の開始の際、その使用する身分証明書のひな型を相互に通報しなければならない。身分証明書は、できれば少くとも2通作成しなければならず、その1通は、本国が保管しなければならない。

④　いかなる場合にも、前記の要員は、その記章又は身分証明書を奪われないものとし、また、腕章をつける権利をはく奪されないものとする。それらの要員は、身分証明書又は記章を紛失した場合には、身分証明書の複本を受領し、又は新たに記章の交付を受ける権利を有する。

〔補助衛生要員の腕章着用、身分証明書の携帯義務〕

第41条　第25条に掲げる要員は、衛生上の任務の遂行中に限り、中心に小型の特殊記章を付した白色の腕章をつけるものとする。その腕章は、軍当局が発給し、且つ、その印章を押したものでなければならない。

②　それらの要員が携帯すべき軍の身分証明書類には、それらの要員が受けた特別訓練の内容、それらの要員が従事している任務が一時的な性質のものであること及びそれらの要員が腕章をつける権利を有することを明記しなければならない。

〔赤十字旗の使用〕

第42条　この条約で定める特殊の旗は、この条約に基いて尊重される権利を有する衛生部隊及び衛生施設で軍当局の同意を得たものに限り、掲揚するものとする。

②　移動部隊及び固定施設においては、それらの部隊又は施設が属する紛争当事国

ARTICLE 39

Under the direction of the competent military authority, the emblem shall be displayed on the flags, armlets and on all equipment employed in the Medical Service.

ARTICLE 40

The personnel designated in Article 24 and in Articles 26 and 27 shall wear, affixed to the left arm, a water-resistant armlet bearing the distinctive emblem, issued and stamped by the military authority.

Such personnel, in addition to wearing the identity disc mentioned in Article 16, shall also carry a special identity card bearing the distinctive emblem. This card shall be water-resistant and of such size that it can be carried in the pocket. It shall be worded in the national language, shall mention at least the surname and first names, the date of birth, the rank and the service number of the bearer, and shall state in what capacity he is entitled to the protection of the present Convention. The card shall bear the photograph of the owner and also either his signature or his finger-prints or both. It shall be embossed with the stamp of the military authority.

The identity card shall be nuiform throughout the same armed forces and, as far as possible, of a similar type in the armed forces of the High Contracting Parties. The Parties to the conflict may be guided by the model which is annexed, by way of example, to the present Convention. They shall inform each other, at the outbreak of hostilities, of the model they are using. Identity cards should be made out, if possible, at least in duplicate, one copy being kept by the home country.

In no circumstances may the said personnel be deprived of their insignia or identity cards nor of the right to wear the armlet. In case of loss, they shall be entitled to receive duplicates of the cards and to have the insignia replaced.

ARTICLE 41

The personnel designated in Article 25 shall wear, but only while carrying out medical duties, a white armlet bearing in its centre the distinctive sign in miniature; the armlet shall be issued and stamped by the military authority.

Military identity documents to be carried by this type of personnel shall specify what special training they have received, the temporary character of the duties they are engaged upon, and their authority for wearing the armlet.

ARTICLE 42

The distinctive flag of the Convention shall be hoisted only over such medical units and establishments as are entitled to be respected under the Convention, and only with the consent of the military authorities.

の国旗を前記の旗とともに掲揚することができる。

③　もつとも、敵の権力内に陥つた衛生部隊は、この条約で定める旗以外の旗を掲揚してはならない。

④　紛争当事国は、軍事上の事情が許す限り、敵対的行為が行われる可能性を除くため、敵の陸軍、空軍又は海軍が衛生部隊及び衛生施設を表示する特殊標章を明白に識別することができるようにするために必要な措置を執らなければならない。

〔中立国の衛生部隊と赤十字旗〕

第43条　中立国の衛生部隊で、第27条に定める条件に基いて交戦国に役務を提供することを認められたものは、その交戦国が第42条によつて与えられる権利を行使するときは、いつでも、その交戦国の国旗をこの条約で定める旗とともに掲揚しなければならない。

②　それらの衛生部隊は、責任のある軍当局の反対の命令がない限り、すべての場合（敵国の権力内に陥つた場合を含む。）に自国の国旗を掲揚することができる。

〔赤十字標章の使用制限〕

第44条　本条の次項以下の項に掲げる場合を除く外、白地に赤十字の標章及び「赤十字」又は「ジュネーヴ十字」という語は、平時であると戦時であるとを問わず、この条約及びこの条約と同様な事項について定める他の条約によつて保護される衛生部隊、衛生施設、要員及び材料を表示し、又は保護するためでなければ、使用してはならない。第38条第２項に掲げる標章に関しても、それらを使用する国に対しては同様である。各国赤十字社及び第26条に掲げるその他の団体は、この条約の保護を与える特殊標章を本項の範囲内でのみ使用する権利を有する。

②　更に、各国赤十字社（赤新月社又は赤のライオン及び太陽社）は、平時において、自国の国内法令に従い、赤十字国際会議が定める原則に適合する自己のその他の活動のために赤十字の名称及び標章を使用することができる。それらの活動が戦時に行われるときは、標章は、その使用によりこの条約の保護が与えられると認められる虞がないような条件で使用しなければならない。すなわち、この標章は、比較的小型のものでなければならず、また、腕章又は建物の屋根に付してはならない。

③　赤十字国際機関及び正当に権限を与えられたその職員は、いつでも白地に赤十字の標章を使用することを許される。

④　例外的措置として、この条約で定める標章は、国内法令に従い、且つ、各国赤十字社（赤新月社又は赤のライオン及び太陽社）の一から明示の許可を受けて、

In mobile units, as in fixed establishments, it may be accompanied by the national flag of the Party to the conflict to which the unit or establishment belongs.

Nevertheless, medical units which have fallen into the hands of the enemy shall not fly any flag other than that of the Convention.

Parties to the conflict shall take the necessary steps, in so far as military considerations permit, to make the distinctive emblems indicating medical units and establishments clearly visible to the enemy land, air or naval forces, in order to obviate the possibility of any hostile action.

ARTICLE 43

The medical units belonging to neutral countries, which may have been authorized to lend their services to a belligerent under the conditions laid down in Article 27, shall fly, along with the flag of the Convention, the national flag of that belligerent, wherever the latter makes use of the faculty conferred on him by Article 42.

Subject to orders to the contrary by the responsible military authorities, they may, on all occasions, fly their national flag, even if they fall into the hands of the adverse Party.

ARTICLE 44

With the exception of the cases mentioned in the following paragraphs of the present Article, the emblem of the Red Cross on a white ground and the words "Red Cross", or "Geneva Cross" may not be employed, either in time of peace or in time of war, except to indicate or to protect the medical units and establishments, the personnel and material protected by the present Convention and other Conventions dealing with similar matters. The same shall apply to the emblems mentioned in Article 38, second paragraph, in respect of the countries which use them. The National Red Cross Societies and other Societies designated in Article 26 shall have the right to use the distinctive emblem conferring the protection of the Convention only within the framework of the present paragraph.

Furthermore, National Red Cross (Red Crescent, Red Lion and Sun) Societies may, in time of peace, in accordance with their national legislation, make use of the name and emblem of the Red Cross for their other activities which are in conformity with the principles laid down by the International Red Cross Conferences. When those activities are carried out in time of war, the conditions for the use of the emblem shall be such that it cannot be considered as conferring the protection of the Convention; the emblem shall be comparatively small in size and may not be placed on armlets or on the roofs of buildings.

救急車として使用される車両を識別するため、及び傷者又は病者に無償で治療を行うためにもつぱら充てられる救護所の位置を表示するため、平時において使用することができる。

第8章　条約の実施

〔条約実施の確保〕

第45条　各紛争当事国は、その総指揮官を通じ、この条約の一般原則に従い、前各条の細目にわたる実施を確保し、且つ、この条約の予見しない事件に備えなければならない。

〔報復的措置の禁止〕

第46条　この条約によつて保護される傷者、病者、要員、建物又は材料に対する報復的措置は、禁止する。

〔条約の普及・教育義務〕

第47条　締約国は、この条約の原則を自国のすべての住民、特に、戦闘部隊、衛生要員及び宗教要員に知らせるため、平時であると戦時であるとを問わず、自国においてこの条約の本文をできる限り普及させること、特に、軍事教育及びできれば非軍事教育の課目中にこの条約の研究を含ませることを約束する。

〔条約の訳文及び関係国内法の相互通知〕

第48条　締約国は、スイス連邦政府を通じて、また、敵対行為が行われている間は利益保護国を通じて、この条約の公の訳文及び締約国がこの条約の適用を確保するために制定する法令を相互に通知しなければならない。

第9章　濫用及び違反の防止

〔条約違反者処罰規定の制定義務〕

第49条　締約国は、次条に定義するこの条約に対する重大な違反行為の一を行い、又は行うことを命じた者に対する有効な刑罰を定めるため必要な立法を行うことを約束する。

②　各締約国は、前記の重大な違反行為を行い、又は行うことを命じた疑のある者

The international Red Cross organizations and their duly authorized personnel shall be permitted to make use, at all times, of the emblem of the Red Cross on a white ground.

As an exceptional measure, in conformity with national legislation and with the express permission of one of the National Red Cross (Red Crescent, Red Lion and Sun) Societies, the emblem of the Convention may be employed in time of peace to identify vehicles used as ambulances and to mark the position of aid stations exclusively assigned to the purpose of giving free treatment to the wounded or sick.

CHAPTER 8 EXECUTION OF THE CONVENTION

ARTICLE 45

Each Pary to the conflict, acting through its commanders-in-chief, shall ensure the detailed execution of the preceding Articles and provide for unforeseen cases, in conformity with the general principles of the present Convention.

ARTICLE 46

Reprisals against the wounded, sick, personnel, buildings or equipment protected by the Convention are prohibited.

ARTICLE 47

The High Contracting Parties undertake, in time of peace as in time of war, to disseminate the text of the present Convention as widely as possible in their respective countries, and, in particular, to include the study thereof in their programmes of military and, if possible, civil instruction, so that the principles thereof may become known to the entire population, in particular to the armed fighting forces, the medical personnel and the chaplains.

ARTICLE 48

The High Contracting Parties shall communicate to one another through the Swiss Federal Council and, during hostilities, through the Protecting Powers, the official translations of the present Convention, as well as the laws and regulations which they may adopt to ensure the application thereof.

CHAPTER 9 REPRESSION OF ABUSES AND INFRACTIONS

ARTICLE 49

The High Contracting Parties undertake to enact any legislation necessary to provide effective penal sanctions for persons committing, or ordering to be committed, any of the grave breaches of the present Convention defined in the following Article.

を捜査する義務を負うものとし、また、その者の国籍のいかんを問わず、自国の裁判所に対して公訴を提起しなければならない。各締約国は、また、希望する場合には、自国の法令の規定に従つて、その者を他の関係締約国に裁判のため引き渡すことができる。但し、前記の関係締約国が事件について一応充分な証拠を示した場合に限る。

③　各締約国は、この条約の規定に違反する行為で次条に定義する重大な違反行為以外のものを防止するため必要な措置を執らなければならない。

④　被告人は、すべての場合において、捕虜の待遇に関する1949年8月12日のジュネーヴ条約第105条以下に定めるところよりも不利でない正当な裁判及び防ぎよの保障を享有する。

〔重大な違反行為の意味〕

第50条　前条にいう重大な違反行為とは、この条約が保護する人又は物に対して行われる次の行為、すなわち、殺人、拷問若しくは非人道的待遇（生物学的実験を含む。）、身体若しくは健康に対して故意に重い苦痛を与え、若しくは重大な傷害を加えること又は軍事上の必要によつて正当化されない不法且つし意的な財産の広はんな破壊若しくは徴発を行うことをいう。

〔締約国の責任〕

第51条　締約国は、前条に掲げる違反行為に関し、自国が負うべき責任を免かれ、又は他の締約国をしてその国が負うべき責任から免かれさせてはならない。

〔違反行為についての調査〕

第52条　この条約の違反の容疑に関しては、紛争当事国の要請により、関係国の間で定める方法で調査を行わなければならない。

②　調査の手続について合意が成立しなかつた場合には、前記の関係国は、その手続を決定する審判者の選任について合意しなければならない。

③　違反行為が確認されたときは、紛争当事国は、できる限りすみやかに、違反行為を終止させ、且つ、これに対して処置しなければならない。

〔赤十字標章の濫用禁止〕

第53条　公のものであると私のものであるとを問わず、個人、団体、商社又は会社でこの条約に基いて使用の権利を与えられていないものが、「赤十字」若しくは「ジュネーヴ十字」の標章若しくは名称又はそれを模倣した記章若しくは名称を

Each High Contracting Party shall be under the obligation to search for persons alleged to have committed, or to have ordered to be committed, such grave breaches, and shall bring such persons, regardless of their nationality, before its own courts. It may also, if it prefers, and in accordance with the provisions of its own legislation, hand such persons over for trial to another High Contracting Party concerned, provided such High Contracting Party has made out a *prima facie* case.

Each High Contracting Party shall take measures necessary for the suppression of all acts contrary to the provisions of the present Convention other than the grave breaches defined in the following Article.

In all circumstances, the accused persons shall benefit by safeguards of proper trial and defence, which shall not be less favourable than those provided by Article 105 and those following of the Geneva Convention relative to the Treatment of Prisoners of War of August 12, 1949.

ARTICLE 50

Grave breaches to which the preceding Article relates shall be those involving any of the following acts, if committed against persons or property protected by the Convention: wilful killing, torture or inhuman treatment, including biological experiments, wilfully causing great suffering or serious injury to body or health, and extensive destruction and appropriation of property, not justified by military necessity and carried out unlawfully and wantonly.

ARTICLE 51

No High Contracting Party shall be allowed to absolve itself or any other High Contracting Party of any liability incurred by itself or by another High Contracting Party in respect of breaches referred to in the preceding Article.

ARTICLE 52

At the request of a Party to the conflict, an enquiry shall be instituted, in a manner to be decided between the interested Parties, concerning any alleged violation of the Convention.

If agreement has not been reached concerning the procedure for the enquiry, the Parties should agree on the choice of an umpire who will decide upon the procedure to be followed.

Once the violation has been established, the Parties to the conflict shall put an end to it and shall repress it with the least possible delay.

ARTICLE 53

The use by individuals, societies, firms or companies either public or private, other than those entitled thereto under the present Convention, of the emblem or the designation 〝Red Cross〟 or 〝Geneva Cross〟, or any sign

使用することは、その使用の目的及び採用の日付のいかんを問わず、常に禁止する。

② スイス連邦の国旗の配色を転倒して作成した紋章の採用により同国に対して払われる敬意並びにスイスの紋章及びこの条約の特殊標章との間に生ずることのある混同を考慮して、商標としてであると又はその一部としてであるとを問わず、商業上の道徳に反する目的で又はスイス人の国民感情を害する虞のある状態で私人、団体又は商社がスイス連邦の紋章又はこれを模倣した記章を使用することは、常に禁止する。

③ もつとも、この条約の締約国で1929年7月27日のジュネーヴ条約の締約国でなかつたものは、第1項に掲げる標章、名称又は記章を既に使用していた者に対し、その使用をやめさせるため、この条約の効力発生の時から3年をこえない猶予期間を与えることができる。但し、その使用が戦時においてこの条約の保護を与えるものと認められる虞がある場合は、この限りでない。

④ 本条第1項に定める禁止は、第38条第2項に掲げる標章及び記章に対しても、適用する。但し、従前からの使用により取得されている権利に影響を及ぼさないものとする。

〔締約国の濫用防止の措置義務〕

第54条　締約国は、自国の法令が充分なものでないときは、第53条に掲げる濫用を常に防止し、且つ、抑止するため必要な措置を執らなければならない。

最終規定

〔正文、訳文〕

第55条　この条約は、英語及びフランス語で作成する。両本文は、ひとしく正文とする。

② スイス連邦政府は、この条約のロシア語及びスペイン語による公の訳文が作成されるように取り計らわなければならない。

〔署名〕

第56条　本日の日付を有するこの条約は、1949年4月21日にジュネーヴで開かれた会議に代表者を出した国並びに同会議に代表者を出さなかつた戦地軍隊における傷者及び病者の状態改善に関する1864年、1906年又は1929年の条約の締約国に対し、1950年2月12日までその署名のため開放される。

or designation constituting an imitation thereof, whatever the object of such use, and irrespective of the date of its adoption, shall be prohibited at all times.

By reason of the tribute paid to Switzerland by the adoption of the reversed Federal colours, and of the confusion which may arise between the arms of Switzerland and the distinctive emblem of the Convention, the use by private individuals, societies or firms, of the arms of the Swiss Confederation, or of marks constituting an imitation thereof, whether as trade-marks or commercial marks, or as parts of such marks, or for a purpose contrary to commercial honesty, or in circumstances capable of wounding Swiss national sentiment, shall be prohibited at all times.

Nevertheless, such High Contracting Parties as were not party to the Geneva Convention of July 27, 1929, may grant to prior users of the emblems, designations, signs or marks designated in the first paragraph, a time limit not to exceed three years from the coming into force of the present Convention to discontinue such use, provided that the said use shall not be such as would appear, in time of war, to confer the protection of the Convention.

The prohibition laid down in the first paragraph of the present Article shall also apply, without effect on any rights acquired through prior use, to the emblems and marks mentioned in the second paragraph of Article 38.

ARTICLE 54

The High Contracting Parties shall, if their legislation is not already adequate, take measures necessary for the prevention and repression, at all times, of the abuses referred to under Article 53.

FINAL PROVISIONS

ARTICLE 55

The present Convention is established in English and in French. Both texts are equally authentic.

The Swiss Federal Council shall arrange for official translations of the Convention to be made in the Russian and Spanish languages.

ARTICLE 56

The present Convention, which bears the date of this day, is open to signature until February 12, 1950, in the name of the Powers represented at the Conference which opened at Geneva on April 21, 1949; furthermore, by Powers not represented at that Conference, but which are parties to the Geneva Conventions of 1864, 1906 or 1929 for the Relief of the Wounded and Sick in Armies in the Field.

〔批准〕

第57条 この条約は、できる限りすみやかに批准されなければならない。批准書は、ベルヌに寄託しなければならない。

② スイス連邦政府は、各批准書の寄託について調書を作成し、その認証謄本をこの条約に署名したすべての国又は加入を通告したすべての国に伝達しなければならない。

〔発効〕

第58条 この条約は、2以上の批准書が寄託された後6箇月で効力を生ずる。

② その後は、この条約は、各締約国についてその批准書の寄託の後6箇月で効力を生ずる。

〔旧条約との関係〕

第59条 この条約は、締約国間の関係においては、1864年8月22日、1906年7月6日及び1929年7月27日の条約に代るものとする。

〔加入〕

第60条 この条約は、その効力発生の日から、この条約に署名しなかつたすべての国に対し、その加入のため開放される。

〔加入手続〕

第61条 加入は、書面でスイス連邦政府に通告され、且つ、その書面が受領された日の後6箇月で効力を生ずる。

② スイス連邦政府は、この条約に署名したすべての国及び加入を通告したすべての国にこの加入を通知しなければならない。

〔紛争当事国についての発効〕

第62条 第2条及び第3条に定める状態は、紛争当事国が敵対行為又は占領の開始前又は開始後に行つた批准又は加入に対し、直ちに効力を与えるものとする。スイス連邦政府は、紛争当事国から受領した批准書又は加入通告書について最もすみやかな方法で通知しなければならない。

〔廃棄〕

第63条 各締約国は、この条約を自由に廃棄することができる。

② 廃棄は、書面でスイス連邦政府に通告しなければならず、スイス連邦政府は、その通告をすべての締約国の政府に伝達しなければならない。

③ 廃棄は、スイス連邦政府にその通告した後1年で効力を生ずる。但し、廃棄す

ARTICLE 57

The present Convention shall be ratified as soon as possible and the ratifications shall be deposited at Berne.

A record shall be drawn up of the deposit of each instrument of ratification and certified copies of this record shall be transmitted by the Swiss Federal Council to all the Powers in whose name the Convention has been signed, or whose accession has been notified.

ARTICLE 58

The present Convention shall come into force six months after not less than two instruments of ratification have been deposited.

Thereafter, it shall come into force for each High Contracting Party six months after the deposit of the instrument of ratification.

ARTICLE 59

The present Convention replaces the Conventions of August 22, 1864, July 6, 1906, and July 27, 1929, in relations between the High Contracting Parties.

ARTICLE 60

From the date of its coming into force, it shall be open to any Power in whose name the present Convention has not been signed, to accede to this Convention.

ARTICLE 61

Accessions shall be notified in writing to the Swiss Federal Council, and shall take effect six months after the date on which they are received.

The Swiss Federal Council shall communicate the accessions to all the Powers in whose name the Convention has been signed, or whose accession has been notified.

ARTICLE 62

The situations provided for in Articles 2 and 3 shall give immediate effect to ratifications deposited and accessions notified by the Parties to the conflict before or after the beginning of hostilities or occupation. The Swiss Federal Council shall communicate by the quickest method any ratifications or accessions received from Parties to the conflict.

ARTICLE 63

Each of the High Contracting Parties shall be at liberty to denounce the present Convention.

The denunciation shall be notified in writing to the Swiss Federal Council, which shall transmit it to the Governments of all the High Contracting Parties.

る国が紛争に加わつている時に通告された廃棄は、平和条約が締結され、且つ、この条約によつて保護される者の解放及び送還に関連する業務が終了するまでは、効力を生じない。

④　廃棄は、廃棄する国についてのみ効力を生ずる。廃棄は、文明国民の間で確立している慣行、人道の法則、公衆の良心の命ずるところ等に由来する国際法の原則に基いて紛争当事国が引き続き履行しなければならない義務を害するものではない。

〔国連への登録〕

第64条　スイス連邦政府は、この条約を国際連合事務局に登録しなければならない。スイス連邦政府は、また、この条約に関連して同政府が受領するすべての批准書、加入通告書及び廃棄通告書について国際連合に通知しなければならない。

以上の証拠として、下名は、それぞれの全権委任状を寄託してこの条約に署名した。

1949年８月12日にジュネーヴで英語及びフランス語により作成した。原本は、スイス連邦の記録に寄託する。スイス連邦政府は、その認証謄本を各署名国及び各加入国に送付しなければならない。

第１附属書

病院地帯及び病院地区に関する協定書（略）

The denunciation shall take effect one year after the notification thereof has been made to the Swiss Federal Council. However, a denunciation of which notification has been made at a time when the denouncing Power is involved in a conflict shall not take effect until peace has been concluded, and until after operations connected with the release and repatriation of the persons protected by the present Convention have been terminated.

The denunciation shall have effect only in respect of the denouncing Power. It shall in no way impair the obligations which the Parties to the conflict shall remain bound to fulfil by virtue of the principles of the law of nations, as they result from the usages established among civilized peoples, from the laws of humanity and the dictates of the public conscience.

ARTICLE 64

The Swiss Federal Council shall register the present Convention with the Secretariat of the United Nations. The Swiss Federal Council shall also inform the Secretariat of the United Nations of all ratifications, accessions and denunciations received by it with respect to the present Convention.

IN WITNESS WHEREOF the undersigned, having deposited their respective full powers, have signed the present Convention.

DONE at Geneva this twelfth day of August, 1949, in the English and French languages. The original shall be deposited in the Archives of the Swiss Confederation. The Swiss Federal Council shall transmit certified copies thereof to each of the signatory and acceding States.

第2附属書

〔軍隊に随伴する衛生要員及び宗教要員用の身分証明書〕

表面

（この証明書を発給する国及び軍当局の名を記載するための余白）

身　分　証　明　書

軍隊に随伴する衛生要員及び宗教要員用

姓……………………………………

名……………………………………

生年月日……………………………

階級…………………………………

軍の番号……………………………

この証明書の所持者は、次の資格において、戦地にある軍隊の傷者及び病者の状態の改善に関する千九百四十九年八月十二日のジュネーヴ条約により保護される。

……………………………………

発給年月日　　　　　証明書番号

…………………　　…………………

裏面

所持者の写真

この証明書を発給する軍当局の浮出印

署名若しくは指紋又はその双方

身長	眼の色	頭髪の色

その他の特徴

……………………………………

……………………………………

……………………………………

……………………………………

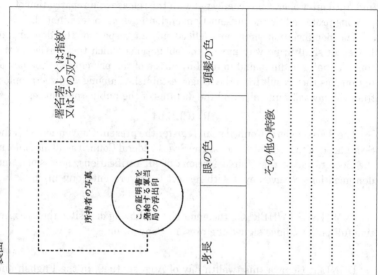

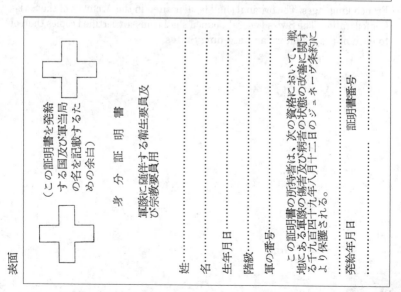

ANNEX Ⅱ

Front

(Space reserved for the name of the country and military authority issuing this card).

IDENTITY CARD

for members of medical and religious personnel attached to the armed forces

Surname ……………………………………
First names ……………………………………
Date of Birth ……………………………………
Rank ……………………………………
Army Number ……………………………………

The bearer of this card is protected by the Geneva Convention for the Amelioration of the Condition of the Wounded and Sick in Armed Forces in the Field of August 12, 1949, in his capacity as

……………………………………

Date of issue …………………… **Number of Card** ……………………

Reverse Side

Photo of bearer

Embossed stamp of military authority issuing card

Signature of bearer or fingerprints or both

Height	**Eyes**	**Hair**
……………	……………	……………

Other distinguishing marks ……………………………………

……………………………………

……………………………………

……………………………………

……………………………………

2　海上にある軍隊の傷者、病者及び難船者の状態の改善に関する1949年８月12日のジュネーヴ条約

（第２ジュネーヴ条約）（第２条約）
（海上の傷病者保護条約）

1949年８月12日ジュネーヴで署名
1950年10月21日効力発生

昭和28年４月21日加入通告
昭和28年10月21日効力発生
昭和28年10月21日公布（条約第24号）

〔前文〕1906年のジュネーヴ条約の原則を海戦に応用するための1907年10月18日の第10ヘーグ条約を改正するために1949年４月21日から同年８月12日までジュネーヴで開催された外交会議に代表された政府の全権委員たる下名は、次のとおり協定した。

第１章　総則

第１条〔条約の尊重義務〕
第２条〔本条約の適用範囲〕
第３条〔国内の武力紛争にも適用〕
（第１条〜第３条）第１条約の第１条〜第３条と同文

〔陸海軍間に紛争があった場合の適用〕
第４条　紛争当事国の陸軍と海軍との間の敵対行為の場合には、この条約の規定は、船内の軍隊にのみ適用する。
②　上陸した軍隊は、直ちに、戦地にある軍隊の傷者及び病者の状態の改善に関する1949年８月12日のジュネーヴ条約の規定の適用を受けるものとする。

〔中立国の本条約準用義務〕
第５条　中立国は、その領域内に収容し、又は抑留した紛争当事国の軍隊の傷者、病者、難船者、衛生要員及び宗教要員並びにその領域内に収容した死者に対し、この条約の規定を準用しなければならない。

GENEVA CONVENTION FOR THE AMELIORATION OF THE CONDITION OF WOUNDED SICK AND SHIPWRECKED MEMBERS OF ARMED FORCES AT SEA OF AUGUST 12, 1949

Signed at Geneva, August 12, 1949.
Entered into force, October 21, 1950.

Notified the accession, April 21, 1953.
Entered into force, October 21, 1953.
Promulgated, October 21, 1953

The undersigned Plenipotentiaries of the Governments represented at the Diplomatic Conference held at Geneva from April 21 to August 12, 1949, for the purpose of revising the Xth Hague Convention of October 18, 1907, for the Adaptation to Maritime Warfare of the Principles of the Geneva Convention of 1906, have agreed as follows:

CHAPTER 1　GENERAL PROVISIONS

ARTICLE 1
ARTICLE 2 （略）
ARTICLE 3

ARTICLE 4

In cace of hostilities between land and naval forces of Parties to the conflict, the provisions of the present Convention shall apply only to forces on board ship.

Forces put ashore shall immediately become subject to the provisions of the Geneva Convention for the Amelioration of the Condition of the Wounded and Sick in Armed Forces in the Field of August 12, 1949.

ARTICLE 5

Neutral Powers shall apply by analogy the provisions of the present Convention to the wounded, sick and shipwrecked, and to members of the medical personnel and to chaplains of the armed forces of the Parties to the conflict received or interned in their territory, as well as to dead persons found.

〔特別協定の締結〕

第6条　締約国は、第10条、第18条、第31条、第38条、第39条、第40条、第43条及び第53条に明文で規定する協定の外、別個に規定を設けることを適当と認めるすべての事項について、他の特別協定を締結することができる。いかなる特別協定も、この条約で定める傷者、病者、難船者、衛生要員及び宗教要員の地位に不利な影響を及ぼし、又はこの条約でそれらの者に与える権利を制限するものであつてはならない。

②　傷者、病者、難船者、衛生要員及び宗教要員は、この条約の適用を受ける間は、前記の協定の利益を引き続き享有する。但し、それらの協定に反対の明文規定がある場合又は紛争当事国の一方若しくは他方がそれらの者について一層有利な措置を執つた場合は、この限りでない。

第7条〔権利放棄の禁止〕 **第8条**〔利益保護国の協力〕 **第9条**〔赤十字国際委員会等の人道的活動〕 **第10条**〔利益・保護の確保〕 **第11条**〔利益保護国による紛議の仲介〕	第1条約の第7条～第11条と同文

第2章　傷者、病者及び難船者

〔海上の傷病者の保護〕

第12条　次条に掲げる軍隊の構成員及びその他の者で、海上にあり、且つ、傷者、病者又は難船者であるものは、すべての場合において、尊重し、且つ、保護しなければならない。この場合において、「難船」とは、原因のいかんを問わず、あらゆる難船をいい、航空機による又は航空機からの海上への不時着を含むものとする。

②　それらの者をその権力内に有する紛争当事国は、それらの者を性別、人種、国籍、宗教、政治的意見又はその他類似の基準による差別をしないで人道的に待遇し、且つ、看護しなければならない。それらの者の生命又は身体に対する暴行は、厳重に禁止する。特に、それらの者は、殺害し、みな殺しにし、拷問に付し、又は生物学的実験に供してはならない。それらの者は、治療及び看護をしないで故意に遺棄してはならず、また、伝染又は感染の危険にさらしてはならない。

③　治療の順序における優先権は、緊急な医療上の理由がある場合に限り、認められる。

④　女子は、女性に対して払うべきすべての考慮をもつて待遇しなければならない。

ARTICLE 6

In addition to the agreements expressly provided for in Articles 10, 18, 31, 38, 39, 40, 43 and 53, the High Contracting Parties may conclude other special agreements for all matters concerning which they may deem it suitable to make separate provision. No special agreement shall adversely affect the situation of wounded, sick and shipwrecked persons, of members of the medical personnel or of chaplains, as defined by the present Convention, nor restrict the rights which it confers upon them.

Wounded, sick and shipwrecked persons, as well as medical personnel and chaplains, shall continue to have the benefit of such agreements as long as the Convention is applicable to them, except where express provisions to the contrary are contained in the aforesaid or in subsequent agreements, or where more favourable measures have been taken with regard to them by one or other of the Parties to the conflict.

ARTICLE 7
ARTICLE 8
ARTICLE 9 （略）
ARTICLE 10
ARTICLE 11

CHAPTER 2 WOUNDED, SICK AND SHIPWRECKED

ARTICLE 12

Members of the armed forces and other persons mentioned in the following Article, who are at sea and who are wounded, sick or shipwrecked, shall be respected and protected in all circumstances, it being nuderstood that the term “shipwreck” means shipwreck from any cause and includes forced landings at sea by or from aircraft.

Such persons shall be treated humanely and cared for by the Parties to the conflict in whose power they may be, without any adverse distinction founded on sex, race, nationality, religion, political opinions, or any other similar criteria. Any attempts upon their lives, or violence to their persons, shall be strictly prohibited; in particular, they shall not be murdered or exterminated, subjected to torture or to biological experiments; they shall not wilfully be left without medical assistance and care, nor shall conditions exposing them to contagion or infection be created.

Only urgent medical reasons will authorize priority in the order of treatment to be administered.

Women shall be treated with all consideration due to their sex.

〔本条約の適用を受ける傷病者の範囲〕

第13条 この条約は、海上にある傷者、病者及び難船者で次の部類に属するものに適用する。

(1) 紛争当事国の軍隊の構成員及びその軍隊の一部をなす民兵隊又は義勇隊の構成員

(2) 紛争当事国に属するその他の民兵隊及び義勇隊の構成員（組織的抵抗運動団体の構成員を含む。）で、その領域が占領されているかどうかを問わず、その領域の内外で行動するもの。但し、それらの民兵隊又は義勇隊（組織的抵抗運動団体を含む。）は、次の条件を満たすものでなければならない。

(a) 部下について責任を負う１人の者が指揮していること。

(b) 遠方から認識することができる固着の特殊標章を有すること。

(c) 公然と武器を携行していること。

(d) 戦争の法規及び慣例に従つて行動していること。

(3) 正規の軍隊の構成員で、抑留国が承認していない政府又は当局に忠誠を誓つたもの

(4) 実際には軍隊の構成員でないが軍隊に随伴する者、たとえば、文民たる軍用航空機の乗組員、従軍記者、需品供給者、労務隊員又は軍隊の福利機関の構成員等。但し、それらの者がその随伴する軍隊の認可を受けている場合に限る。

(5) 紛争当事国の商船の乗組員（船長、水先人及び見習員を含む。）及び民間航空機の乗組員で、国際法の他のいかなる規定によつても一層有利な待遇の利益を享有することがないもの

(6) 占領されていない領域の住民で、敵の接近に当り、正規の軍隊を編成する時日がなく、侵入する軍隊に抵抗するために自発的に武器を執るもの。但し、それらの者が公然と武器を携行し、且つ、戦争の法規及び慣例を尊重する場合に限る。

〔交戦国軍艦の傷病者引渡要求権〕

第14条 一交戦国のすべての軍艦は、船舶又は舟艇の国籍のいかんを問わず、軍用病院船、救済団体又は私人に属する病院船、商船、ヨット及びその他の舟艇内の傷者、病者及び難船者の引渡を要求する権利を有する。但し、傷者及び病者が移動することができる状態にあり、且つ、当該軍艦が必要な医療上の手当を行うのに充分な便益を提供することができる場合に限る。

〔中立国軍艦等に収容された傷病者〕

第15条 傷者、病者又は難船者が中立国の軍艦又は軍用航空機に収容された場合において、国際法上の要求があるときは、それらの者が軍事行動に再び参加するこ

ARTICLE 13

The present Convention shall apply to the wounded, sick and shipwrecked at sea belonging to the following categories:

(1) Members of the armed forces of a Party to the conflict, as well as members of militias or volunteer corps forming part of such armed forces.

(2) Members of other militias and members of other volunteer corps, including those of organized resistance movements, belonging to a Party to the conflict and operating in or outside their own territory, even if this territory is occupied, provided that such militias or volunteer corps, including such organized resistance movements, fulfil the following conditions:

(a) that of being commanded by a person responsible for his subordinates;

(b) that of having a fixed distinctive sign recognizable at a distance;

(c) that of carrying arms openly;

(d) that of conducting their operations in accordance with the laws and customs of war.

(3) Members of regular armed forces who profess allegiance to a Government or an authority not recognized by the Detaining Power.

(4) Persons who accompany the armed forces without actually being members thereof, such as civilian members of military aircraft crews, war correspondents, supply contractors, members of labour units or of services responsible for the welfare of the armed forces, provided that they have received authorization from the armed forces which they accompany.

(5) Members of crews, including masters, pilots and apprentices, of the merchant marine and the crews of civil aircraft of the Parties to the conflict, who do not benefit by more favourable treatment under any other provisions of international law.

(6) Inhabitants of a non-occupied territory who, on the approach of the enemy, spontaneously take up arms to resist the invading forces, without having had time to form themselves into regular armed units, provided they carry arms openly and respect the laws and customs of war.

ARTICLE 14

All warships of a belligerent Party shall have the right to demand that the wounded, sick or shipwrecked on board military hospital ships, and hospital ships belonging to relief societies or to private individuals, as well as merchant vessels, yachts and other craft shall be surrendered, whatever their nationality, provided that the wounded and sick are in a fit state to be moved and that the warship can provide adequate facilities for necessary medical treatment.

ARTICLE 15

If wounded, sick or shipwrecked persons are taken on board a neutral warship or a neutral military aircraft, it shall be ensured, where so required

とができないようにしなければならない。

〔捕虜条約の適用〕

第16条　第12条の規定に従うことを条件として、交戦国の傷者、病者及び難船者で敵の権力内に陥つたものは、捕虜となるものとし、捕虜に関する国際法の規定が、それらの者に適用される。それらの者を捕虜とした者は、それらの捕虜を抑留すべきか又は自国の港、中立国の港若しくは敵国の領域内の港に送るべきかを事情に応じて決定することができる。この最後の場合には、本国に送還された捕虜は、戦争の継続中、軍務に服してはならない。

〔中立港に上陸した傷病者等の取扱〕

第17条　現地当局の同意を得て中立国の港に上陸する傷者、病者及び難船者は、国際法上の要求があるときは、中立国と交戦国との間に反対の取極がない限り、軍事行動に再び参加することができないように中立国が監視しなければならない。

②　それらの者の入院及び抑留の費用は、傷者、病者及び難船者が属する国が負担する。

〔交戦後の傷病者等の収容〕

第18条　紛争当事国は、交戦の後には、傷者、病者及び難船者を捜索し、及び収容し、それらの者をりやく奪及び虐待から保護し、それらの者に対する充分な看護を確保し、並びに死者を捜索し、及び死者がはく奪を受けることを防止するため、遅滞なくすべての可能な措置を執らなければならない。

②　事情が許すときはいつでも、攻囲され、又は包囲された地域にある傷者及び病者の海路による収容並びにそれらの地域へ向う衛生要員、宗教要員及び衛生材料の通過に関し、紛争当事国相互間で現地取極を結ぶことができる。

〔敵国の傷病者・死者名簿の記録、送付〕

第19条　紛争当事国は、その権力内に陥つた敵国の傷者、病者、難船者及び死者に関し、それらの者の識別に役立つ明細をできる限りすみやかに記録しなければならない。

それらの記録は、できる限り次の事項を含むものでなければならない。

(a)　その者が属する国

(b)　軍の名称、連隊の名称、個人番号又は登録番号

(c)　姓

(d)　名

(e)　生年月日

by international law, that they can take no further part in operations of war.

ARTICLE 16

Subject to the provisions of Article 12, the wounded, sick and shipwrecked of a belligerent who fall into enemy hands shall be prisoners of war, and the provisions of international law concerning prisoners of war shall apply to them. The captor may decide, according to circumstances, whether it is expedient to hold them, or to convey them to a port in the captor's own country, to a neutral port or even to a port in enemy territory. In the last case, prisoners of war thus returned to their home country may not serve for the duration of the war.

ARTICLE 17

Wounded, sick or shipwrecked persons who are landed in neutral ports with the consent of the local authorities, shall, failing arrangements to the contrary between the neutral and the belligerent Powers, be so guarded by the neutral Power, where so required by international law, that the said persons cannot again take part in operations of war.

The costs of hospital accommodation and internment shall be borne by the Power on whom the wounded, sick or shipwrecked persons depend.

ARTICLE 18

After each engagement, Parties to the conflict shall, without delay, take all possible measures to search for and collect the shipwrecked, wounded and sick, to protect them against pillage and ill-treatment, to ensure their adequate care, and to search for the dead and prevent their being despoiled.

Whenever circumstances permit, the Parties to the conflict shall conclude local arrangements for the removal of the wounded and sick by sea from a besieged or encircled area and for the passage of medical and religious personnel and equipment on their way to that area.

ARTICLE 19

The Parties to the conflict shall record as soon as possible, in respect of each shipwrecked, wounded, sick or dead person of the adverse Party falling into their hands, any particulars which may assist in his identification. These records should if possible include:

(a) designation of the Power on which he depends;
(b) army, regimental, personal or serial number;
(c) surname;
(d) first name or names;
(e) date of birth;
(f) any other particulars shown on his identity card or disc;

(f)　身分証明書又は識別票に掲げるその他の明細
(g)　捕虜とされた年月日及び場所又は死亡の年月日及び場所
(h)　負傷若しくは疾病に関する明細又は死亡の原因

②　前記の情報は、捕虜の待遇に関する1949年8月12日のジュネーヴ条約第122条に掲げる捕虜情報局にできる限りすみやかに送付しなければならない。捕虜情報局は、利益保護国及び中央捕虜情報局の仲介により、それらの者が属する国にその情報を伝達しなければならない。

③　紛争当事国は、死亡証明書又は正当に認証された死者名簿を作成し、且つ、捕虜情報局を通じて相互にこれを送付しなければならない。紛争当事国は、同様に、死者について発見された複式の識別票の一片又は、単式の識別票の場合には、識別票、遺書その他近親者にとつて重要な書類、金銭及び一般に内在的価値又は感情的価値のあるすべての物品を取り集め、且つ、捕虜情報局を通じて相互にこれらを送付しなければならない。それらの物品は、所属不明の物品とともに封印して小包で送らなければならない。それらの小包には、死亡した所有者の識別に必要なすべての明細を記載した記述書及び小包の内容を完全に示す表を附さなければならない。

〔死者の識別資料確保と死者の取扱〕

第20条　紛争当事国は、死亡を確認すること、死者を識別すること及び報告書の作成を可能にすることを目的として、事情が許す限り各別に行われる死者の水葬を行う前に、死体の綿密な検査、できれば医学的検査を行うことを確保しなければならない。複式の識別票が使用されている場合には、その一片は、死体に残さなければならない。

②　死者は、陸に移された後は、戦地にある軍隊の傷者及び病者の状態の改善に関する1949年8月12日のジュネーヴ条約の規定の適用を受けるものとする。

〔中立国商船等による救護〕

第21条　紛争当事国は、中立国の商船、ヨット又はその他の舟艇の船長に対し、傷者、病者及び難船者を船内に収容し、且つ、看護し、並びに死者を船内に収容するように、その慈善心に訴えることができる。

②　この要請に応じたすべての種類の船舶及び傷者、病者又は難船者を自発的に収容した船舶は、それらの援助を行うために特別の保護及び便益を享有する。

③　それらの船舶は、いかなる場合にも、そのような輸送を理由としては捕獲されないものとする。但し、反対の約束がない限り、中立違反の行為があつた場合には、そのため捕獲されるものとする。

(g) date and place of capture or death;

(h) particulars concerning wounds or illness, or cause of death.

As soon as possible the above-mentioned information shall be forwarded to the information bureau described in Article 122 of the Geneva Convention relative to the Treatment of Prisoners of War of August 12, 1949, which shall transmit this information to the Power on which these persons depend through the intermediary of the Protecting Power and of the Central Prisoners of War Agency.

Parties to the conflict shall prepare and forward to each other through the same bureau, certificates of death or duly authenticated lists of the dead. They shall likewise collect and forward through the same bureau one half of the double identity disc, or the identity disc itself if it is a single disc, last wills or other documents of importance to the next of kin, money and in general all articles of an intrinsic or sentimental value, which are found on the dead. These articles, together with unidentified articles, shall be sent in sealed packets, accompanied by statements giving all particulars necessary for the identification of the deceased owners, as well as by a complete list of the contents of the parcel.

ARTICLE 20

Parties to the conflict shall ensure that burial at sea of the dead, carried out individually as far as circumstances permit, is preceded by a careful examination, if possible by a medical examination, of the bodies, with a view to confirming death, establishing identity and enabling a report to be made. Where a double identity disc is used, one half of the disc should remain on the body.

If dead persons are landed, the provisions of the Geneva Convention for the Amelioration of the Condition of the Wounded and Sick in Armed Forces in the Field of August 12, 1949, shall be applicable.

ARTICLE 21

The Parties to the conflict may appeal to the charity of commanders of neutral merchant vessels, yachts or other craft, to take on board and care for wounded, sick or shipwrecked persons, and to collect the dead.

Vessels of any kind responding to this appeal, and those having of their own accord collected wounded, sick or shipwrecked persons, shall enjoy special protection and facilities to carry out such assistance.

They may, in no case, be captured on account of any such transport; but, in the absence of any promise to the contrary, they shall remain liable to capture for any violations of neutrality they may have committed.

第3章　病院船

〔軍用病院船〕

第22条　軍用病院船、すなわち、傷者、病者及び難船者に援助を与え、それらの者を治療し、並びにそれらの者を輸送することを唯一の目的として国が特別に建造し、又は設備した船舶は、いかなる場合にも、攻撃し、又は捕獲してはならないものとし、また、それらの船舶が使用される10日前にその船名及び細目が紛争当事国に通告されることを条件として、常に尊重し、且つ、保護しなければならない。

②　前記の通告において掲げる細目は、登録総トン数、船首から船尾までの長さ並びにマスト及び煙突の数を含むものでなければならない。

〔海上攻撃から保護すべき海岸衛生施設〕

第23条　戦地にある軍隊の傷者及び病者の状態の改善に関する1949年8月12日のジュネーヴ条約の保護を受ける権利を有する海岸施設は、海上からの砲撃又は攻撃から保護しなければならない。

〔民間病院船〕

第24条　各国赤十字社、公に承認された救済団体又は私人により使用される病院船は、それらが属する紛争当事国により公の使命を与えられ、且つ、第22条に定める通告が行われた場合には、軍用病院船と同一の保護を受けるものとし、また、捕獲されないものとする。

②　これらの船舶は、責任のある当局が発給した証明書でそれらの船舶がぎ装中及び発航の際その監督下にあつた旨を記載するものを備えなければならない。

〔中立国の民間病院船〕

第25条　中立国の赤十字社、公に承認された救済団体又は私人により使用される病院船は、あらかじめ自国政府の同意及び関係紛争当事国の認可を得て紛争当事国の一の管理の下にあることを条件として、第22条に定める通告が行われた場合に限り、軍用病院船と同一の保護を受けるものとし、また、捕獲されないものとする。

〔病院船等に対する保護の適用〕

第26条　第22条、第24条及び第25条に掲げる保護は、いかなるトン数の病院船及びその救命艇についても、それらが作業を行つている場所のいかんを問わず、適用する。紛争当事国は、安楽及び安全を最大限に確保するため、公海における遠距

CHAPTER 3 HOSPITAL SHIPS

ARTICLE 22

Military hospital ships, that is to say, ships built or equipped by the Powers specially and solely with a view to assisting the wounded, sick and shipwrecked, to treating them and to transporting them, may in no circumstances be attacked or captured, but shall at all times be respected and protected, on condition that their names and descriptions have been notified to the Parties to the conflict ten days before those ships are employed.

The characteristics which must appear in the notification shall include registered gross tonnage, the length from stem to stern and the number of masts and funnels.

ARTICLE 23

Establishments ashore entitled to the protection of the Geneva Convention for the Amelioration of the Condition of the Wounded and Sick in Armed Forces in the Field of August 12, 1949, shall be protected from bombardment or attack from the sea.

ARTICLE 24

Hospital ships utilized by National Red Cross Societies, by officially recognized relief societies or by private persons shall have the same protection as military hospital ships and shall be exempt from capture, if the Party to the conflict on which they depend has given them an official commission and in so far as the provisions of Article 22 concerning notification have been complied with.

These ships must be provided with certificates from the responsible authorities, stating that the vessels have been under their control while fitting out and on departure.

ARTICLE 25

Hospital ships utilized by National Red Cross Societies, officially recognized relief societies, or private persons of neutral countries shall have the same protection as military hospital ships and shall be exempt from capture, on condition that they have placed themselves under the control of one of the Parties to the conflict, with the previous consent of their own governments and with the authorization of the Party to the conflict concerned, in so far as the provisions of Article 22 concerning notification have been complied with.

ARTICLE 26

The protection mentioned in Articles 22, 24 and 25 shall apply to hospital ships of any tonnage and to their lifeboats, wherever they are operating. Nevertheless, to ensure the maximum comfort and security, the Parties to

離にわたる傷者、病者及び難船者の輸送には、総トン数2000トン以上の病院船のみを使用するように努めなければならない。

〔沿岸救助に従事する小舟艇の保護〕

第27条　沿岸救助作業のため国又は公に承認された救助団体により使用される小舟艇は、第22条及び第24条に定める条件と同様の条件で、作戦上の要求が許す限り、同様に尊重し、且つ、保護しなければならない。

②　前項の規定は、人道的使命のためもつぱらそれらの小舟艇が使用する沿岸固定施設についても、できる限り適用する。

〔軍艦内の病室の保護〕

第28条　軍艦内で戦闘が行われる場合には、できる限り病室を尊重し、且つ、これに対する攻撃を差し控えなければならない。それらの病室及びその設備は、引き続き戦争法規の適用を受けるものとする。但し、傷者及び病者のため必要とされる限り、その使用目的を変更してはならない。もつとも、それらの病室及び設備をその権力内に有するに至つた指揮官は、緊急な軍事上の必要がある場合には、それらの病室の中に収容されている傷者及び病者に対する適当な看護を確保した後、それらの病室及び設備を他の目的に使用することができる。

〔敵の占領港にある病院船〕

第29条　敵の権力内に陥つた港にある病院船は、その港から出港することを許される。

〔病院船等の救護、軍事目的使用の禁止〕

第30条　第22条、第24条、第25条及び第27条に掲げる船舶及び小舟艇は、傷者、病者及び難船者に対し、その国籍のいかんを問わず、救済及び援助を与えなければならない。

②　締約国は、それらの船舶及び小舟艇をいかなる軍事目的のためにも使用しないことを約束する。

③　それらの船舶及び小舟艇は、いかなる方法によつても、戦闘員の行動を妨げてはならない。

④　戦闘の間であると戦闘の後であるとを問わず、それらの船舶及び小舟艇は、自己の危険において行動するものとする。

〔紛争当事国による病院船の監督〕

第31条　紛争当事国は、第22条、第24条、第25条及び第27条に掲げる船舶及び小舟艇を監督し、及び臨検捜索する権利を有する。紛争当事国は、それらの船舶及び小舟艇からの援助を拒否し、それらに退去することを命じ、その航行すべき方向を指定し、その無線電信その他の通信手段の使用を監督し、並びに、重大な事情により必要がある場合には、停船を命じた時から７日をこえない期間それらを抑

the conflict shall endeavour to utilize, for the transport of wounded, sick and shipwrecked over long distances and on the high seas, only hospital ships of over 2,000 tons gross.

ARTICLE 27

Under the same conditions as those provided for in Articles 22 and 24, small craft employed by the State or by the officially recognized lifeboat institutions for coastal rescue operations, shall also be respected and protected, so far as operational requirements permit.

The same shall apply so far as possible to fixed coastal installations used exclusively by these craft for their humanitarian missions.

ARTICLE 28

Should fighting occur on board a warship, the sick-bays shall be respected and spared as far as possible. Sick-bays and their equipment shall remain subject to the laws of warfare, but may not be diverted from their purpose so long as they are required for the wounded and sick. Nevertheless, the commander into whose power they have fallen may, after ensuring the proper care of the wounded and sick who are accommodated therein, apply them to other purposes in case of urgent military necessity.

ARTICLE 29

Any hospital ship in a port which falls into the hands of the enemy shall be authorized to leave the said port.

ARTICLE 30

The vessels described in Articles 22, 24, 25 and 27 shall afford relief and assistance to the wounded, sick and shipwrecked without distinction of nationality.

The High Contracting Parties undertake not to use these vessels for any military purpose.

Such vessels shall in no wise hamper the movements of the combatants.

During and after an engagement, they will act at their own risk.

ARTICLE 31

The Parties to the conflict shall have the right to control and search the vessels mentioned in Articles 22, 24, 25 and 27. They can refuse assistance from these vessels, order them off, make them take a certain course, control the use of their wireless and other means of communication, and even detain them for a period not exceeding seven days from the time of interception,

留することができる。

② 紛争当事国は、船内に１人の監督官を臨時に乗り込ませることができる。その監督官は、前項の規定に従つて与えられる命令が遂行されることを唯一の任務とする。

③ 紛争当事国は、できる限り、病院船の船長に与えた命令を当該船長が理解する言語で病院船の航海日誌に記入しなければならない。

④ 紛争当事国は、この条約の規定の厳格な遵守を証明させるため、一方的に又は特別の合意により中立国のオブザーヴァーを病院船に乗り込ませることができる。

〔病院船の中立港碇泊〕

第32条　第22条、第24条、第25条及び第27条に掲げる船舶及び小舟艇は、中立国の港におけるてい泊に関しては、軍艦と同一視されることはないものとする。

〔病院船に改装された商船〕

第33条　病院船に改装された商船は、敵対行為が継続する期間を通じ、他のいかなる使用にも充ててはならない。

〔保護が消滅する場合〕

第34条　病院船及び軍艦内の病室が享有することができる保護は、それらが人道的任務から逸脱して敵に有害な行為を行うために使用された場合を除く外、消滅しないものとする。但し、その保護は、すべての適当な場合に合理的な期限を定めた警告が発せられ、且つ、その警告が無視された後でなければ、消滅させることができない。

② 病院船は、特に、その無線電信その他の通信手段のために暗号を所持し、又は使用してはならない。

〔保護される場合〕

第35条　次の事実は、病院船又は軍艦内の病室に与えられる保護をはく奪する理由としてはならない。

(1) 当該病院船又は軍艦内の病室の乗組員が秩序の維持並びに自衛又は傷者及び病者の防衛のために武装していること。

(2) もつぱら航海又は通信を容易にするための装置が船内にあること。

(3) 傷者、病者及び難船者から取り上げた携帯用武器及び弾薬でまだ適当な機関に引き渡されていないものが当該病院船又は軍艦内の病室にあること。

(4) 当該病院船及び軍艦内の病室又はそれらの乗組員の人道的活動が文民たる傷者、病者又は難船者の看護に及んでいること。

(5) 当該病院船がもつぱら衛生上の任務に充てられる設備及び要員を通常の必要以上に輸送していること。

if the gravity of the circumstances so reqires.

They may put a commissioner temporarily on board whose sole task shall be to see that orders given in virtue of the provisions of the preceding paragraph are carried out.

As far as possible, the Parties to the conflict shall enter in the log of the hospital ship, in a language he can understand, the orders they have given the captain of the vessel.

Parties to the conflict may, either unilaterally or by particular agreements, put on board their ships neutral observers who shall verify the strict observation of the provisions contained in the present Convention.

ARTICLE 32

Vessels described in Articles 22, 24, 25 and 27 are not classed as warships as regards their stay in a neutral port.

ARTICLE 33

Merchant vessels which have been transformed into hospital ships cannot be put to any other use throughout the duration of hostilities.

ARTICLE 34

The protection to which hospital ships and sick-bays are entitled shall not cease unless they are used to commit, outside their humanitarian duties, acts harmful to the enemy. Protection may, however, cease only after due warning has been given, naming in all appropriate cases a reasonable time limit, and after such warning has remained unheeded.

In particular, hospital ships may not possess or use a secret code for their wireless or other means of communication.

ARTICLE 35

The following conditions shall not be considered as depriving hospital ships or sick-bays of vessels of the protection due to them:

(1) The fact that the crews of ships or sick-bays are armed for the maintenance of order, for their own defence or that of the sick and wounded.

(2) The presence on board of apparatus exclusively intended to facilitate navigation or communication.

(3) The discovery on board hospital ships or in sick-bays of portable arms and ammunition taken from the wounded, sick and shipwrecked and not yet handed to the proper service.

(4) The fact that the humanitarian activities of hospital ships and sick-bays of vessels or of the crews extend to the care of wounded, sick or shipwrecked civilians.

(5) The transport of equipment and of personnel intended exclusively for medical duties, over and above the normal requirements.

第4章　要員

〔宗教要員、衛生要員、看護員の保護〕

第36条　病院船の宗教要員、衛生要員及び看護員並びにその乗組員は、尊重し、且つ、保護しなければならない。それらの者は、病院船で勤務している間は、船内に傷者及び病者がいるといないとを問わず、捕えてはならない。

〔抑留された衛生要員等の取扱〕

第37条　第12条及び第13条に掲げる者の衛生上又は精神上の看護に従事する宗教要員、衛生要員及び看護員は、敵の権力内に陥つた場合においても、尊重され、且つ、保護されるものとする。それらの要員は、傷者及び病者の看護のために必要である限り、その任務を引き続き行うことができる。それらの要員は、それらの者をその権限の下に置く総指揮官が可能と認めるときは、直ちに送還されるものとする。それらの要員は、船舶を離れるに当つては、その私有の財産を持ち去ることができる。

②　もつとも、捕虜の衛生上又は精神上の要求により前記の要員の一部を抑留することが必要である場合には、できる限りすみやかにそれらの要員を下船させるため、あらゆる措置を執らなければならない。

③　抑留された要員は、下船と同時に、戦地にある軍隊の傷者及び病者の状態の改善に関する1949年8月12日のジュネーヴ条約の規定の適用を受けるものとする。

第5章　衛生上の輸送手段

〔衛生用輸送船の取扱〕

第38条　衛生上の輸送の目的のためによう船された船舶は、その航海に関する明細が敵国に通告され、且つ、敵国によつて承認されていることを条件として、もつぱら軍隊の傷者及び病者の治療又は疾病の予防のために充てられる設備を輸送することを許される。敵国は、輸送船を臨検する権利を有する。但し、それらを捕獲し、又はそれらが輸送中の設備を押収する権利は、有しない。

②　紛争当事国間の合意により、輸送中の設備の検査証明に当らせるため、前記の船舶に中立国のオブザーヴァーを乗り込ませることができる。このため、そのオブザーヴァーは、それらの設備を自由に検査することができる

〔衛生航空機〕

第39条　紛争当事国は、衛生航空機、すなわち、もつぱら傷者、病者及び難船者の収容並びに衛生要員及び衛生材料の輸送に使用される航空機を、それらの航空機が関係紛争当事国の間で特別に合意された高度、時刻及び路線に従つて飛行している間、攻撃の対象としてはならず、尊重しなければならない。

②　衛生航空機は、その下面、上面及び側面に、第41条に定める特殊標章を自国の

CHAPTER 4　PERSONNEL

ARTICLE 36

The religious, medical and hospital personnel of hospital ships and their crews shall be respected and protected; they may not be captured during the time they are in the service of the hospital ship, whether or not there are wounded and sick on board.

ARTICLE 37

The religious, medical and hospital personnel assigned to the medical or spiritual care of the persons designated in Articles 12 and 13 shall, if they fall into the hands of the enemy, be respected and protected; they may continue to carry out their duties as long as this is necessary for the care of the wounded and sick. They shall afterwards be sent back as soon as the Commander-in-Chief, under whose authority they are, considers it practicable. They may take with them, on leaving the ship, their personal property.

If, however, it prove necessary to retain some of this personnel owing to the medical or spiritual needs of prisoners of war, everything possible shall be done for their earliest possible landing.

Retained personnel shall be subject, on landing, to the provisions of the Geneva Convention for the Amelioration of the Condition of the Wounded and Sick in Armed Forces in the Field of August 12, 1949.

CHAPTER 5　MEDICAL TRANSPORTS

ARTICLE 38

Ships chartered for that purpose shall be authorized to transport equipment exclusively intended for the treatment of wounded and sick members of armed forces or for the prevention of disease, provided that the particulars regarding their voyage have been notified to the adverse Power and approved by the latter. The adverse Power shall preserve the right to board the carrier ships, but not to capture them or seize the equipment carried.

By agreement amongst the Parties to the conflict, neutral observers may be placed on board such ships to verify the equipment carried. For this purpose, free access to the equipment shall be given.

ARTICLE 39

Medical aircraft, that is to say, aircraft exclusively employed for the removal of the wounded, sick and shipwrecked, and for the transport of medical personnel and equipment, may not be the object of attack, but shall be respected by the Parties to the conflict, while flying at heights, at times and on routes specifically agreed upon between the Parties to the conflict

国旗とともに明白に表示しなければならない。衛生航空機は、敵対行為の開始の際又は敵対行為が行われている間に交戦国の間で合意される他の標識又は識別の手段となるものを付さなければならない。

③　反対の合意がない限り、敵の領域又は占領地域の上空の飛行は、禁止する。

④　衛生航空機は、着陸又は着水を要求された場合には、その要求に従わなければならない。こうして着陸を強制された場合には、航空機及びその要員は、検査があるときはそれを受けた後、飛行を継続することができる。

⑤　傷者、病者及び難船者並びに衛生航空機の乗員は、敵の領域又は占領地域内に不時着陸又は不時着水した場合には、捕虜となるものとする。衛生要員は、第36条及び第37条の規定に従つて待遇されるものとする。

〔衛生航空機の中立国上空の飛行〕

第40条　紛争当事国の衛生航空機は、第２項の規定に従うことを条件として、中立国の領域の上空を飛行し、必要がある場合にはその領域に着陸し、又はその領域を寄航地として使用することができる。それらの衛生航空機は、当該領域の上空の通過を事前に中立国に通告し、且つ、着陸又は着水のすべての要求に従わなければならない。それらの衛生航空機は、紛争当事国と関係中立国との間で特別に合意された路線、高度及び時刻に従つて飛行している場合に限り、攻撃を免かれるものとする。

②　もつとも、中立国は、衛生航空機が自国の領域の上空を飛行すること又は自国の領域内に着陸することに関し、条件又は制限を附することができる。それらの条件又は制限は、すべての紛争当事国に対して平等に適用しなければならない。

③　中立国と紛争当事国との間に反対の合意がない限り、現地当局の同意を得て衛生航空機が中立地域に積み卸す傷者、病者及び難船者は、国際法上必要がある場合には、軍事行動に再び参加することができないように中立国が抑留するものとする。それらの者の入院及び収容のための費用は、それらの者が属する国が負担しなければならない。

第６章　特殊標章

〔赤十字標章の表示義務〕

第41条　白地に赤十字の紋章は、権限のある軍当局の指示に基き、衛生機関が使用する旗、腕章及びすべての材料に表示しなければならない。

②　もつとも、赤十字の代りに白地に赤新月又は赤のライオン及び太陽を特殊標章として既に使用している国については、それらの標章は、この条約において同様

concerned.

They shall be clearly marked with the distinctive emblem prescribed in Article 41, together their national colours, on their lower, upper and lateral surfaces. They shall be provided with any other markings or means of identification which may be agreed upon between the Parties of the conflict upon the outbreak or during the course of hostilities.

Unless agreed otherwise, flights over enemy or enemy-occupied territory are prohibited.

Medical aircraft shall obey every summons to alight on land or water. In the event of having thus to alight, the aircraft with its occupants may continue its flight after examination, if any.

In the event of alighting involuntarily on land or water in enemy or enemy-occupied territory, the wounded, sick and shipwrecked, as well as the crew of the aircraft shall be prisoners of war. The medical personnel shall be treated according to Articles 36 and 37.

ARTICLE 40

Subject to the provisions of the second paragraph, medical aircraft of Parties to the conflict may fly over the territory of neutral Powers, land thereon in case of necessity, or use it as a port of call. They shall give neutral Powers prior notice of their passage over the said territory, and obey every summons to alight, on land or water. They will be immune from attack only when flying on routes, at heights and at times specifically agreed upon between the Parties to the conflict and the neutral Power concerned.

The neutral Powers may, however, place conditions or restrictions on the passage or landing of medical aircraft on their territory. Such possible conditions or restrictions shall be applied equally to all Parties to the conflict.

Unless otherwise agreed between the neutral Powers and the Parties to the conflict, the wounded, sick or shipwrecked who are disembarked with the consent of the local authorities on neutral territory by medical aircraft shall be detained by the neutral Power, where so required by international law, in such a manner that they cannot again take part in operations of war. The cost of their accommodation and internment shall be borne by the Power on which they depend.

CHAPTER 6 THE DISTINCTIVE EMBLEM

ARTICLE 41

Under the direction of the competent military authority, the emblem of the red cross on a white ground shall be displayed on the flags, armlets and on all equipment employed in the Medical Service.

Nevertheless, in the case of countries which already use as emblem, in

に認められるものとする。

〔衛生要員の腕章着用及び身分証明書の携行義務〕

第42条　第36条及び第37条に掲げる要員は、特殊標章を付した防水性の腕章で軍当局が発給し、且つ、その印章を押したものを左腕につけなければならない。

②　前記の要員は、第19条に掲げる身分証明書の外、特殊標章を付した特別の身分証明書を携帯しなければならない。この証明書は、防水性で、且つ、ポケットに入る大きさのものでなければならない。この証明書は、自国語で書かれていなければならず、また、この証明書には、所持者の氏名、生年月日、階級及び番号が示され、且つ、その者がいかなる資格においてこの条約の保護を受ける権利を有するかが記載されていなければならない。この証明書には、所持者の写真及び署名若しくは指紋又はそれらの双方を附さなければならない。この証明書には、軍当局の印章を浮出しにして押さなければならない。

③　身分証明書は、同一の軍隊を通じて同一の型式のものであり、且つ、できる限りすべての締約国の軍隊を通じて類似の型式のものでなければならない。紛争当事国は、この条約に例として附属するひな型にならうことができる。紛争当事国は、敵対行為の開始の際、その使用する身分証明書のひな型を相互に通報しなければならない。身分証明書は、できれば少くとも２通作成しなければならず、その１通は、本国が保管しなければならない。

④　いかなる場合にも、前記の要員は、その記章又は身分証明書を奪われないものとし、また、腕章をつける権利をはく奪されないものとする。それらの要員は、身分証明書又は記章を紛失した場合には、身分証明書の複本を受領し、又は新たに記章の交付を受ける権利を有する。

〔病院船の特別の表示〕

第43条　第22条、第24条、第25条及び第27条に掲げる船舶及び小舟艇は、次のように特別の表示をしなければならない。

(a)　すべての外面は、白色とする。

(b)　海上及び空中からの最大限の可視度を確保するように、できる限り大きい１又は２以上の濃色の赤十字を船体の各側面及び水平面に塗つて表示するものとする。

②　すべての病院船は、その国旗を掲げることによつて識別されるものとし、また、それらの病院船が中立国に属している場合には、その外にそれらの病院船が指揮を受ける紛争当事国の国旗を掲げることによつて識別されるものとする。メイン・マストには、白地に赤十字の旗をできる限り高く掲げなければならない。

③　病院船の救命艇、沿岸救命艇及び衛生機関により使用されるすべての小舟艇は、

place of the red cross, the red crescent or the red lion and sun on a white ground, these emblems are also recognized by the terms of the present Convention.

ARTICLE 42

The personnel designated in Articles 36 and 37 shall wear, affixed to the left arm, a water-resistant armlet bearing the distinctive emblem, issued and stamped by the military authority.

Such personnel, in addition to wearing the identity disc mentioned in Article 19, shall also carry a special identity card bearing the distinctive emblem. This card shall be water-resistant and of such size that it can be carried in the pocket. It shall be worded in the national language, shall mention at least surname and first names, the date of birth, the rank and the service number of the bearer, and shall state in what capacity he is entitled to the protection of the present Convention. The card shall bear the photograph of the owner and also either his signature or his fingerprints or both. It shall be embossed with the stamp of the military authority.

The identity card shall be uniform throughout the same armed forces and, as far as possible, of a similar type in the armed forces of the High Contracting Parties. The Parties to the conflict may be guided by the model which is annexed, by way of example, to the present Convention. They shall inform each other, at the outbreak of hostilities, of the model they are using. Identity cards should be made out, if possible, at least in duplicate, one copy being kept by the home country.

In no circumstances may the said personnel be deprived of their insignia or identity cards nor of the right to wear the armlet. In case of loss they shall be entitled to receive duplicates of the cards and to have the insignia replaced.

ARTICLE 43

The ships designated in Articles 22, 24, 25 and 27 shall be distinctively marked as follows:

(a) All exterior surfaces shall be white.

(b) One or more dark red crosses, as large as possible, shall be painted and displayed on each side of the hull and on the horizontal surfaces, so placed as to afford the greatest possible visibility from the sea and from the air.

All hospital ships shall make themselves known by hoisting their national flag and further, if they belong to a neutral state, the flag of the Party to the conflict whose direction they have accepted. A white flag with a red cross shall be flown at the mainmast as high as possible.

Lifeboats of hospital ships, coastal lifeboats and all small craft used by

白色に塗り、且つ、明白な濃色の赤十字を表示するものとし、また、一般に、病院船のための前記の識別方法に従うものとする。

④　前記の船舶及び小舟艇で、それらが受ける権利がある保護を夜間及び可視度が減少したときに確保することを希望するものは、それらをその権限の下に置く紛争当事国の同意を条件として、その塗装及び特殊標章を充分に明白にするため必要な措置を執らなければならない。

⑤　第31条に従つて一時的に敵国により抑留された病院船は、それらが属する紛争当事国又はそれらが指揮を受ける紛争当事国の国旗をおろさなければならない。

⑥　沿岸救命艇は、占領された基地から占領国の同意を得て引き続き作業する場合には、すべての関係紛争当事国に対して予告することを条件として、基地を離れている間、白地に赤十字を付した旗とともに自国の国旗を掲げることを許される。

⑦　赤十字の標章に関する本条のすべての規定は、第41条に掲げるその他の標章についても、ひとしく適用する。

⑧　紛争当事国は、病院船の識別を容易にするための最新式の方法を使用するため、相互に協定を締結するように常に努力しなければならない。

〔標章の使用制限〕

第44条　第43条に掲げる識別用の標章は、他のいずれかの国際条約又はすべての関係紛争当事国間の協定に規定する場合を除く外、平時であると戦時であるとを問わず、同条に掲げる船舶の標識又は保護のためにのみ使用することができる。

〔標章の濫用防止〕

第45条　締約国は、自国の法令が充分なものでないときは、第43条に定める識別用の標章の濫用を常に防止し、且つ、抑止するため必要な措置を執らなければならない。

第７章　条約の実施

〔条約実施の確保〕

第46条　各紛争当事国は、その総指揮官を通じ、この条約の一般原則に従い、前各条の細目にわたる実施を確保し、且つ、この条約の予見しない事件に備えなければならない。

〔報復的措置の禁止〕

第47条　この条約によつて保護される傷者、病者、難船者、要員、船舶、小舟艇又

the Medical Service shall be painted white with dark red crosses prominently displayed and shall, in general, comply with the identification system prescribed above for hospital ships.

The above-mentioned ships and craft, which may wish to ensure by night and in times of reduced visibility the protection to which they are entitled, must, subject to the assent of the Party to the conflict under whose power they are, take the necessary measures to render their painting and distinctive emblems sufficiently apparent.

Hospital ships which, in accordance with Article 31, are provisionally detained by the enemy, must haul down the flag of the Party to the conflict in whose service they are or whose direction they have accepted.

Coastal lifeboats, if they continue to operate with the consent of the Occupying Power from a base which is occupied, may be allowed, when away from their base, to continue to fly their own national colours along with a flag carrying a red cross on a white ground, subject to prior notification to all the Parties to the conflict concerned.

All the provisions in this Article relating to the red cross shall apply equally to the other emblems mentioned in Article 41.

Parties to the conflict shall at all times endeavour to conclude mutual agreements in order to use the most modern methods available to facilitate the identification of hospital ships.

ARTICLE 44

The distinguishing signs referred to in Article 43 can only be used, whether in time of peace or war, for indicating or protecting the ships therein mentioned, except as may be provided in any other international Convention or by agreement between all the Parties to the conflict concerned.

ARTICLE 45

The High Contracting Parties shall, if their legislation is not already adequate, take the measures necessary for the prevention and repression, at all times, of any abuse of the distinctive signs provided for under Article 43.

CHAPTER 7 EXECUTION OF THE CONVENTION

ARTICLE 46

Each Party to the conflict, acting through its Commanders-in-Chief, shall ensure the detailed execution of the preceding Articles and provide for unforeseen cases, in conformity with the general principles of the present Convention.

ARTICLE 47

Reprisals against the wounded, sick and shipwrecked persons, the person-

は材料に対する報復的措置は、禁止する。

第48条〔条約の普及・教育義務〕（第１条約の第47条と同文）

第49条〔条約の訳文及び関係国内法の相互通知〕（第１条約の第48条と同文）

第８章　濫用及び違反の防止

第50条〔条約違反者処罰規定の制定義務〕
第51条〔重大な違反行為の意味〕
第52条〔締約国の責任〕
第53条〔違反行為についての調査〕
（以上）第１条約の第49条～第52条と同文

最終規定

第54条〔正文・訳文〕（第１条約の第55条と同文）

〔署名〕

第55条　本日の日付を有するこの条約は、1949年４月21日にジュネーヴで開かれた会議に代表者を出した国及び同会議に代表者を出さなかつた国で、1906年のジュネーヴ条約の原則を海戦に応用するための1907年10月18日の第10ヘーグ条約又は戦地軍隊における傷者及び病者の状態改善に関する1864年、1906年若しくは1929年のジュネーヴ条約の締約国であるものに対し、1950年２月12日までその署名のため開放される。

第56条〔批准〕（第１条約の第57条と同文）

第57条〔発効〕（第１条約の第58条と同文）

〔旧条約との関係〕

第58条　この条約は、締約国間の関係においては、1906年のジュネーヴ条約の原則を海戦に応用するための1907年10月18日の第10ヘーグ条約に代るものとする。

第59条〔加入〕
第60条〔加入手続〕
第61条〔紛争当事国についての発効〕
第62条〔廃棄〕
第63条〔国連への登録〕
（以上）第１条約の第60条～第64条と同文

nel, the vessels or the equipment protected by the Convention are prohibited.

ARTICLE 48
ARTICLE 49 （略）

CHAPTER 8 REPRESSION OF ABUSES AND INFRACTIONS

ARTICLE 50
ARTICLE 51
ARTICLE 52
ARTICLE 53 （略）

FINAL PROVISIONS

ARTICLE 54 （略）

ARTICLE 55

The present Convention, which bears the date of this day, is open to signature until February 12, 1950, in the name of the Powers represented at the Conference which opened at Geneva on April 21, 1949; furthermore, by Powers not represented at that Conference, but which are parties to the Xth Hague Convention of October 18, 1907, for the adaptation to Maritime Warfare of the principles of the Geneva Convention of 1906, or to the Geneva Conventions of 1864, 1906 or 1929 for the Relief of the Wounded and Sick in Armies in the Field.

ARTICLE 56
ARTICLE 57 （略）

ARTICLE 58

The present Convention replaces the Xth Hague Convention of October 18, 1907, for the adaptation to Maritime Warfare of the principles of the Geneva Convention of 1906, in relations between the High Contracting Parties.

ARTICLE 59
ARTICLE 60
ARTICLE 61
ARTICLE 62
ARTICLE 63 （略）

附属書

〔海上にある軍隊に随伴する衛生要員及び宗教要員用の身分証明書〕

表面

（この証明書を発給する国及び軍当局の名を記載するための余白）

身　分　証　明　書

海上にある軍隊に随伴する衛生要員及び宗教要員用

姓……………………………

名……………………………

生年月日……………………

階級…………………………

軍の番号……………………

この証明書の所持者は，次の資格において，海上にある軍隊の傷者，病者及び難船者の状態の改善に関する千九百四十九年八月十二日のジュネーヴ条約により保護される。

………………………………

発給年月日	証明書番号
……………	……………

裏面

所持者の写真

この証明書を発給する軍当局の浮出印

署名若しくは指紋又はその双方

身長	眼の色	頭髪の色

その他の特徴

…………………………………

…………………………………

…………………………………

…………………………………

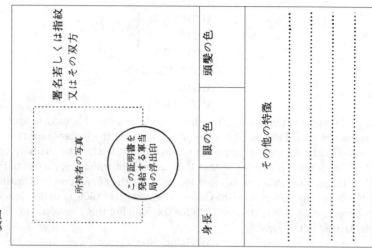

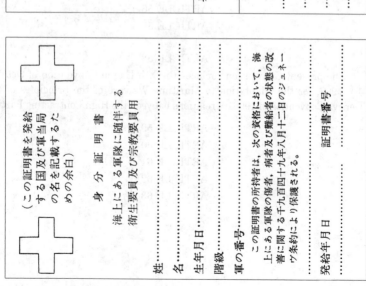

ANNEX

Front

(Space reserved for the name of the country and military authority issuing this card)

IDENTITY CARD

for members of medical and religious personnel attached to the armed forces at sea

Surname ....

First names ....

Date of Birth ....

Rank ....

Army Number ....

The bearer of this card is protected by the Geneva Convention for the Amelioration of the Condition of the Wounded, Sick and Shipwrecked Members of Armed Forces at Sea of August 12, 1949, in his capacity as

....

Date of issue	Number of Card
....	....

Reverse Side

Photo of bearer

Embossed stamp of military authority issuing card

Signature of bearer or fingerprints or both

Height	Eyes	Hair
....	....	....

Other distinguishing marks

....

....

....

....

....

3　捕虜の待遇に関する1949年8月12日のジュネーヴ条約

（第3ジュネーヴ条約）（第3条約）
（捕虜条約）

1949年8月12日ジュネーヴで署名

昭和28年4月21日加入通告
昭和28年10月21日公布（条約第25号）
昭和28年10月21日効力発生

〔**前文**〕1929年7月27日にジュネーヴで締結された捕虜の待遇に関する条約を改正するために1949年4月21日から同年8月12日までジュネーヴで開催された外交会議に代表された政府の全権委員たる下名は、次のとおり協定した。

第1編　総則

第1条〔条約の尊重義務〕
第2条〔本条約の適用範囲〕　第1条約の第1条～第3条と同文
第3条〔国内の武力紛争にも適用〕

〔捕虜の定義〕
第4条

A　この条約において捕虜とは、次の部類の一に属する者で敵の権力内に陥つたものをいう。

(1)　紛争当事国の軍隊の構成員及びその軍隊の一部をなす民兵隊又は義勇隊の構成員

(2)　紛争当事国に属するその他の民兵隊及び義勇隊の構成員（組織的抵抗運動団体の構成員を含む。）で、その領域が占領されているかどうかを問わず、その領域の内外で行動するもの。但し、それらの民兵隊又は義勇隊（組織的抵抗運動団体を含む。）は、次の条件を満たすものでなければならない。

(a)　部下について責任を負う1人の者が指揮していること。
(b)　遠方から認識することができる固着の特殊標章を有すること。
(c)　公然と武器を携行していること。
(d)　戦争の法規及び慣例に従つて行動していること。

(3)　正規の軍隊の構成員で、抑留国が承認していない政府又は当局に忠誠を誓つたもの

GENEVA CONVENTION RELATIVE TO THE TREATMENT OF PRISONERS OF WAR OF AUGUST 12, 1949

Signed at Geneva, August 12, 1949.

Notified the accession, April 21, 1953.
Entered into force, October 21, 1953.
Promulgated, October 21, 1953.

The undersigned Plenipotentiaries of the Governments represented at the Diplomatic Conference held at Geneva from April 21 to August 12, 1949, for the purpose of revising the Convention concluded at Geneva on July 27, 1929, relative to the Treatment of Prisoners of War, have agreed as follows:

PART I GENERAL PROVISIONS

ARTICLE 1
ARTICLE 2 （略）
ARTICLE 3

ARTICLE 4

A. Prisoners of war, in the sense of the present Convention, are persons belonging to one of the following categories, who have fallen into the power of the enemy:

(1) Members of the armed forces of a Party to the conflict, as well as members of militias or volunteer corps forming part of such armed forces.

(2) Members of other militias and members of other volunteer corps, including those of organized resistance movements, belonging to a Party to the conflict and operating in or outside their own territory, even if this territory is occupied, provided that such militias or volunteer corps, including such organized resistance movements, fulfil the following conditions:

(a) that of being commanded by a person responsible for his subordinates;
(b) that of having a fixed distinctive sign recognizable at a distance;
(c) that of carrying arms openly;
(d) that of conducting their operations in accordance with the laws and customs of war.

(3) Members of regular armed forces who profess allegiance to a govern-

(4) 実際には軍隊の構成員でないが軍隊に随伴する者、たとえば、文民たる軍用航空機の乗組員、従軍記者、需品供給者、労務隊員又は軍隊の福利機関の構成員等。但し、それらの者がその随伴する軍隊の認可を受けている場合に限る。このため、当該軍隊は、それらの者に附属書のひな型と同様の身分証明書を発給しなければならない。

(5) 紛争当事国の商船の乗組員（船長、水先人及び見習員を含む。）及び民間航空機の乗組員で、国際法の他のいかなる規定によつても一層有利な待遇の利益を享有することがないもの

(6) 占領されていない領域の住民で、敵の接近に当り、正規の軍隊を編成する時日がなく、侵入する軍隊に抵抗するために自発的に武器を執るもの。但し、それらの者が公然と武器を携行し、且つ、戦争の法規及び慣例を尊重する場合に限る。

B 次の者も、また、この条約に基いて捕虜として待遇しなければならない。

(1) 被占領国の軍隊に所属する者又は当該軍隊に所属していた者で、特に戦闘に従事している所属軍隊に復帰しようとして失敗した場合又は抑留の目的でされる召喚に応じなかつた場合に当該軍隊への所属を理由として占領国が抑留することを必要と認めるもの。その占領国が、その者を捕虜とした後、その占領する領域外で敵対行為が行われていた間にその者を解放したかどうかを問わない。

(2) 本条に掲げる部類の一に属する者で、中立国又は非交戦国が自国の領域内に収容しており　且つ、その国が国際法に基いて抑留することを要求されるもの。但し、それらの者に対しては、その国がそれらの者に与えることを適当と認める一層有利な待遇を与えることを妨げるものではなく、また、第8条、第10条、第15条、第30条第5項、第58条から第67条まで、第92条及び第126条の規定並びに、紛争当事国と前記の中立国又は非交戦国との間に外交関係があるときは、この条約の利益保護国に関する規定を適用しないものとする。前記の外交関係がある場合には、それらの者が属する紛争当事国は、それらの者に対し、この条約で規定する利益保護国の任務を行うことを認められる。但し、当該紛争当事国が外交上及び領事業務上の慣習及び条約に従つて通常行う任務を行うことを妨げない。

C 本条は、この条約の第33条に規定する衛生要員及び宗教要員の地位に何らの影響を及ぼすものではない。

ment or an authority not recognized by the Detaining Power.

(4) Persons who accompany the armed forces without actually being members thereof, such as civilian members of military aircraft crews, war correspondents, supply contractors, members of labour units or of services responsible for the welfare of the armed forces, provided that they have received authorization from the armed forces which they accompany, who shall provide them for that purpose with an identity card similar to the annexed model.

(5) Members of crews, including masters, pilots and apprentices, of the merchant marine and the crews of civil aircraft of the Parties to the conflict, who do not benefit by more favourable treatment under any other provisions of international law.

(6) Inhabitants of a non-occupied territory, who on the approach of the enemy spontaneously take up arms to resist the invading forces, without having had time to form themselves into regular armed units, provided they carry arms openly and respect the laws and customs of war.

B. The following shall likewise be treated as prisoners of war under the present Convention:

(1) Persons belonging, or having belonged, to the armed forces of the occupied country, if the occupying Power considers it necessary by reason of such allegiance to intern them, even though it has originally liberated them while hostilities were going on outside the territory it occupies, in particular where such persons have made an unsuccessful attempt to rejoin the armed forces to which they belong and which are engaged in combat, or where they fail to comply with a summons made to them with a view to internment.

(2) The persons belonging to one of the categories enumerated in the present Article, who have been received by neutral or non-belligerent Powers on their territory and whom these Powers are required to intern under international law, without prejudice to any more favourable treatment which these Powers may choose to give and with the exception of Articles 8, 10, 15, 30, fifth paragraph, 58-67, 92, 126 and, where diplomatic relations exist between the Parties to the conflict and the neutral or non-belligerent Power concerned, those Articles concerning the Protecting Power. Where such diplomatic relations exist, the Parties to a conflict on whom these persons depend shall be allowed to perform towards them the functions of a Protecting Power as provided in the present Convention, without prejudice to the functions which these Parties normally exercise in conformity with diplomatic and consular usage and treaties.

C. This Article shall in no way affect the status of medical personnel and

〔捕虜への条約適用期間〕

第５条　この条約は、第４条に掲げる者に対し、それらの者が敵の権力内に陥つた時から最終的に解放され、且つ、送還される時までの間、適用する。

②　交戦行為を行つて敵の権力内に陥つた者が第４条に掲げる部類の一に属するかどうかについて疑が生じた場合には、その者は、その地位が権限のある裁判所によつて決定されるまでの間、この条約の保護を享有する。

〔特別協定〕

第６条　締約国は、第10条、第23条、第28条、第33条、第60条、第65条、第66条、第67条、第72条、第73条、第75条、第109条、第110条、第118条、第119条、第122条及び第132条に明文で規定する協定の外、別個に規定を設けることを適当と認めるすべての事項について、他の特別協定を締結することができる。いかなる特別協定も、この条約で定める捕虜の地位に不利な影響を及ぼし、又はこの条約で捕虜に与える権利を制限するものであつてはならない。

②　捕虜は、この条約の適用を受ける間は、前記の協定の利益を引き続き享有する。但し、それらの協定に反対の明文規定がある場合又は紛争当事国の一方若しくは他方が捕虜について一層有利な措置を執つた場合は、この限りでない。

〔権利放棄の禁止〕

第７条　捕虜は、いかなる場合にも、この条約及び、前条に掲げる特別協定があるときは、その協定により保障される権利を部分的にも又は全面的にも放棄することができない。

〔利益保護国の協力〕

第８条　この条約は、紛争当事国の利益の保護を任務とする利益保護国の協力により、及びその監視の下に適用されるものとする。このため、利益保護国は、その外交職員又は領事職員の外、自国の国民又は他の中立国の国民の中から代表を任命することができる。それらの代表は、任務を遂行すべき国の承認を得なければならない。

②　紛争当事国は、利益保護国の代表者又は代表の職務の遂行をできる限り容易にしなければならない。

③　利益保護国の代表者又は代表は、いかなる場合にも、この条約に基く自己の使命の範囲をこえてはならない。それらの者は、特に、任務を遂行する国の安全上絶対的に必要なことには考慮を払わなければならない。

chaplains as provided for in Article 33 of the present Convention.

ARTICLE 5

The present Convention shall apply to the persons referred to in Article 4 from the time they fall into the power of the enemy and until their final release and repatriation.

Should any doubt arise as to whether persons, having committed a belligerent act and having fallen into the hands of the enemy, belong to any of the categories enumerated in Article 4, such persons shall enjoy the protection of the present Convention until such time as their status has been determined by a competent tribunal.

ARTICLE 6

In addition to the agreements expressly provided for in Articles 10, 23, 28, 33, 60, 65, 66, 67, 72, 73, 75, 109, 110, 118, 119, 122 and 132, the High Contracting Parties may conclude other special agreements for all matters concerning which they may deem it suitable to make separate provision. No special agreement shall adversely affect the situation of prisoners of war, as defined by the present Convention, nor restrict the rights which it confers upon them.

Prisoners of war shall continue to have the benefit of such agreements as long as the Convention is applicable to them, except where express provisions to the contrary are contained in the aforesaid or in subsequent agreements, or where more favourable measures have been taken with regard to them by one or other of the parties to the conflict.

ARTICLE 7

Prisoners of war may in no circumstances renounce in part or in entirety the rights secured to them by the present Convention, and by the special agreements referred to in the foregoing Article, if such there be.

ARTICLE 8

The present Convention shall be applied with the cooperation and under the scrutiny of the Protecting Powers whose duty it is to safeguard the interests of the Parties to the conflict. For this purpose, the Protecting Powers may appoint, apart from their diplomatic or consular staff, delegates from amongst their own nationals or the nationals of other neutral Powers. The said delegates shall be subject to the approval of the Power with which they are to carry out their duties.

The Parties to the conflict shall facilitate to the greatest extent possible the task of the representatives or delegates of the Protecting Powers.

The representatives or delegates of the Protecting Powers shall not in any case exceed their mission under the present Convention. They shall, in particular, take account of the imperative necessities of security of the State

〔赤十字国際委員会等の人道的活動〕

第9条　この条約の規定は、赤十字国際委員会その他の公平な人道的団体が捕虜の保護及び救済のため関係紛争当事国の同意を得て行う人道的活動を妨げるものではない。

〔利益保護の確保〕

第10条　締約国は　公平及び有効性についてすべての保障をする団体に対し、いつでも、この条約に基く利益保護国の任務を委任することに同意することができる。

②　捕虜が、理由のいかんを問わず、利益保護国若しくは前項に規定するいずれかの団体の活動による利益を受けない場合又はその利益を受けなくなつた場合には、抑留国は、中立国又は同項に規定するいずれかの団体に対し、紛争当事国により指定された利益保護国がこの条約に基いて行う任務を引き受けるように要請しなければならない。

③　保護が前項により確保されなかつたときは、抑留国は、赤十字国際委員会のような人道的団体に対し、利益保護国がこの条約に基いて行う人道的任務を引き受けるように要請し、又は、本条の規定を留保して、その団体による役務の提供の申出を承諾しなければならない。

④　前記の目的のため当該国の要請を受け、又は役務の提供を申し出る中立国又は団体は、この条約によつて保護される者が属する紛争当事国に対する責任を自覚して行動することを要求され、また、その任務を引き受けて公平にこれを果す能力があることについて充分な保障を与えることを要求されるものとする。

⑤　軍事的事件、特に、領域の全部又は主要な部分が占領されたことにより、一時的にでも相手国又はその同盟国と交渉する自由を制限された1国を含む諸国間の特別協定は、前記の規定とてい触するものであつてはならない。

⑥　この条約において利益保護国とは、本条にいう団体をも意味するものとする。

〔利益保護国による紛議の仲介〕

第11条　利益保護国は、この条約によつて保護される者の利益のために望ましいと認める場合、特に、この条約の規定の適用又は解釈に関して紛争当事国の間に紛議がある場合には、その紛議を解決するために仲介をしなければならない。

wherein they carry out their duties.

ARTICLE 9

The provisions of the present Convention constitute no obstacle to the humanitarian activities which the International Committee of the Red Cross or any other impartial humanitarian organization may, subject to the consent of the Parties to the conflict concerned, undertake for the protection of prisoners of war and for their relief.

ARTICLE 10

The High Contracting Parties may at any time agree to entrust to an organization which offers all guarantees of impartiality and efficacy the duties incumbent on the Protecting Powers by virtue of the present Convention.

When prisoners of war do not benefit or cease to benefit, no matter for what reason, by the activities of a Protecting Power or of an organization provided for in the first paragraph above, the Detaining Power shall request a neutral State, or such an organization, to undertake the functions performed under the present Convention by a Protecting Power designated by the Parties to a conflict.

If protection cannot be arranged accordingly, the Detaining Power shall request or shall accept, subject to the provisions of this Article, the offer of the services of a humanitarian organization, such as the International Committee of the Red Cross, to assume the humanitarian functions performed by Protecting Powers under the present Convention.

Any neutral Power or any organization invited by the Power concerned or offering itself for these purposes, shall be required to act with a sense of responsibility towards the Party to the conflict on which persons protected by the present Convention depend, and shall be required to furnish sufficient assurances that it is in a position to undertake the appropriate functions and to discharge them impartially.

No derogation from the preceding provisions shall be made by special agreements between Powers one of which is restricted, even temporarily, in its freedom to negotiate with the other Power or its allies by reason of military events, more particularly where the whole, or a substantial part, of the territory of the said Power is occupied.

Whenever in the present Convention mention is made of a Protecting Power, such mention applies to substitute organizations in the sense of the present Article.

ARTICLE 11

In cases where they deem it advisable in the interest of protected persons particularly in cases of disagreement between the Parties to the conflict as to the application or interpretation of the provisions of the present Conven-

② このため、各利益保護国は、紛争当事国の1の要請又は自国の発意により、紛争当事国に対し、それぞれの代表者、特に、捕虜について責任を負う当局ができれば適当に選ばれた中立の地域で会合するように提案することができる。紛争当事国は、自国に対するこのための提案に従わなければならない。利益保護国は、必要がある場合には、紛争当事国に対し、その承認を求めるため、中立国に属する者又は赤十字国際委員会の委任を受けた者で前記の会合に参加するように招請されるものの氏名を提出することができる。

第2編　捕虜の一般的保護

〔捕虜待遇の責任〕

第12条　捕虜は、敵国の権力内にあるものとし、これを捕えた個人又は部隊の権力内にあるものではない。抑留国は、個人の責任があるかどうかを問わず、捕虜に与える待遇について責任を負う。

② 捕虜は、抑留国が、この条約の締約国に対し、当該締約国がこの条約を適用する意思及び能力を有することを確認した後にのみ、移送することができる。捕虜が前記により移送されたときは、捕虜を受け入れた国は、捕虜を自国に抑留している間、この条約を適用する責任を負う。

③ もつとも、捕虜を受け入れた国がいずれかの重要な点についてこの条約の規定を実施しなかつた場合には、捕虜を移送した国は、利益保護国の通告に基いて、その状態を改善するために有効な措置を執り、又は捕虜の返還を要請しなければならない。この要請には、従わなければならない。

〔捕虜の人道的待遇〕

第13条　捕虜は、常に人道的に待遇しなければならない。抑留国の不法の作為又は不作為で、抑留している捕虜を死に至らしめ、又はその健康に重大な危険を及ぼすものは、禁止し、且つ、この条約の重大な違反と認める。特に、捕虜に対しては、身体の切断又はあらゆる種類の医学的若しくは科学的実験で、その者の医療上正当と認められず、且つ、その者の利益のために行われるものでないものを行つてはならない。

② また、捕虜は、常に保護しなければならず、特に、暴行又は脅迫並びに侮辱及び公衆の好奇心から保護しなければならない。

tion, the Protecting Powers shall lend their good offices with a view to settling the disagreement.

For this purpose, each of the Protecting Powers may, either at the invitation of one Party or on its own initiative, propose to the Parties to the conflict a meeting of their representatives, and in particular of the authorities responsible for prisoners of war, possibly on neutral territory suitably chosen. The Parties to the conflict shall be bound to give effect to the proposals made to them for this purpose. The Protecting Powers may, if necessary, propose for approval by the Parties to the conflict a person belonging to a neutral Power, or delegated by the International Committee of the Red Cross, who shall be invited to take part in such a meeting.

PART II GENERAL PROTECTION OF PRISONERS OF WAR

ARTICLE 12

Prisoners of war are in the hands of the enemy Power, but not of the individuals or military units who have captured them. Irrespective of the individual responsibilities that may exist, the Detaining Power is responsible for the treatment given them.

Prisoners of war may only be transferred by the Detaining Power to a Power which is a party to the Convention and after the Detaining Power has satisfied itself of the willingness and ability of such transferee Power to apply the Convention. When prisoners of war are transferred under such circumstances, responsibility for the application of the Convention rests on the Power accepting them while they are in its custody.

Nevertheless, if that Power fails to carry out the provisions of the Convention in any important respect, the Power by whom the prisoners of war were transferred shall, upon being notified by the Protecting Power, take effective measures to correct the situation or shall request the return of the prisoners of war. Such requests must be complied with.

ARTICLE 13

Prisoners of war must at all times be humanely treated. Any unlawful act or omission by the Detaining Power, causing death or seriously endangering the health of a prisoner of war in its custody is prohibited, and will be regarded as a serious breach of the present Convention. In particular, no prisoner of war may be subjected to physical mutilation or to medical or scientific experiments of any kind which are not justified by the medical, dental or hospital treatment of the prisoner concerned and carried out in his interest.

Likewise, prisoners of war must at all times be protected, particularly

③　捕虜に対する報復措置は、禁止する。

〔捕虜の身体・名誉の尊重〕

第14条　捕虜は、すべての場合において、その身体及び名誉を尊重される権利を有する。

②　女子は、女性に対して払うべきすべての考慮をもつて待遇されるものとし、いかなる場合にも、男子に与える待遇と同等に有利な待遇の利益を受けるものとする。

③　捕虜は、捕虜とされた時に有していた完全な私法上の行為能力を保持する。抑留国は、捕虜たる身分のためやむを得ない場合を除く外、当該国の領域の内外においてその行為能力に基く権利の行使を制限してはならない。

〔給養・医療の無償提供〕

第15条　捕虜を抑留する国は、無償で、捕虜を給養し、及びその健康状態に必要な医療を提供しなければならない。

〔捕虜の均等待遇〕

第16条　階級及び性別に関するこの条約の規定に考慮を払い、また、健康状態、年齢又は職業上の能力を理由として与えられる有利な待遇を留保して、捕虜は、すべて、抑留国が人種、国籍、宗教的信条若しくは政治的意見に基く差別又はこれらに類する基準によるその他の差別をしないで均等に待遇しなければならない。

第３編　捕虜たる身分

第１部　捕虜たる身分の開始

〔捕虜の尋問〕

第17条　各捕虜は、尋問を受けた場合には、その氏名、階級及び生年月日並びに軍の番号、連隊の番号、個人番号又は登録番号（それらの番号がないときは、それに相当する事項）については答えなければならない。

②　捕虜は、故意に前記の規定に違反したときは、その階級又は地位に応じて与えられる特権に制限を受けることがあるものとする。

③　各紛争当事国は、その管轄の下にある者で捕虜となることがあるもののすべてに対し、その氏名、階級、軍の番号、連隊の番号、個人番号若しくは登録番号又はそれらの番号に相当する事項及び生年月日を示す身分証明書を発給しなければならない。身分証明書には、更に、本人の署名若しくは指紋又はその双方及び紛争当事国が自国の軍隊に属する者に関し追加することを希望するその他の事項を

against acts of violence or intimidation and against insults and public curiosity.

Measures of reprisal against prisoners of war are prohibited.

ARTICLE 14

Prisoners of war are entitled in all circumstances to respect for their persons and their honour.

Women shall be treated with all the regard due to their sex and shall in all cases benefit by treatment as favourable as that granted to men.

Prisoners of war shall retain the full civil capacity which they enjoyed at the time of their capture. The Detaining Power may not restrict the exercise, either within or without its own territory, of the rights such capacity confers except in so far as the captivity requires.

ARTICLE 15

The Power detaining prisoners of war shall be bound to provide free of charge for their maintenance and for the medical attention required by their state of health.

ARTICLE 16

Taking into consideration the provisions of the present Convention relation to rank and sex, and subject to any privileged treatment which may be accorded to them by reason of their state of health, age or professional qualifications, all prisoners of war shall be treated alike by the Detaining Power, without any adverse distinction based on race, nationality, religious belief or political opinions, or any other distinction founded on similar criteria.

PART III CAPTIVITY

SECTION I BEGINNING OF CAPTIVITY

ARTICLE 17

Every prisoner of war, when questioned on the subject, is bound to give only his surname, first names and rank, date of birth, and army, regimental, personal or serial number, or failing this, equivalent information.

If he wilfully infringes this rule, he may render himself liable to a restriction of the privileges accorded to his rank or status.

Each Party to a conflict is required to furnish the persons under its jurisdiction who are liable to become prisoners of war, with an identity card showing the owner's surname, first names, rank, army, regimental, personal or serial number or equivalent information, and date of birth. The identity card may, furthermore, bear the signature or the fingerprints, or both, of the owner, and may bear, as well, any other information the Party to the conflict

掲げることができる。身分証明書は、できる限り、縦横がそれぞれ6.5センチメートル及び10センチメートルの規格で2部作成するものとする。捕虜は、要求があつた場合には、身分証明書を呈示しなければならない。但し、身分証明書は、いかなる場合にも、取り上げてはならない。

④ 捕虜からいかなる種類の情報を得るためにも、これに肉体的又は精神的拷問その他の強制を加えてはならない。回答を拒む捕虜に対しては、脅迫し、侮辱し、又は種類のいかんを問わず不快若しくは不利益な待遇を与えてはならない。

⑤ 肉体的又は精神的状態によつて自己が何者であるかを述べることができない捕虜は、衛生機関に引き渡さなければならない。それらの捕虜が何者であるかは、前項の規定に従うことを留保して、すべての可能な方法によつて識別して置かなければならない。

⑥ 捕虜に対する尋問は、その者が理解する言語で行わなければならない。

〔捕虜の個人用品等の取扱〕

第18条 すべての個人用品（武器、馬、軍用装具及び軍用書類を除く。）及び金属かぶと、防毒面その他の身体の防護のために交付されている物品は、捕虜が引き続いて所持するものとする。捕虜の衣食のために用いられる物品も、それが正規の軍用装具に属するかどうかを問わず、捕虜が引き続いて所持するものとする。

② 捕虜は、常に身分証明書を携帯しなければならない。抑留国は、身分証明書を所持していない捕虜に対しては、これを与えなければならない。

③ 階級及び国籍を示す記章、勲章並びに主として個人的又は感情的価値のみを有する物品は、捕虜から取り上げてはならない。

④ 捕虜が所持する金銭は、将校の命令によつてでなければ、且つ、金額及び所持者の詳細を特別の帳簿に記入し、並びに受領証発行人の氏名、階級及び部隊を読みやすく記載した詳細な受領証を発給した後でなければ、取り上げてはならない。抑留国の通貨で有する額又は捕虜の要請により抑留国の通貨に両替した額は、第64条に定めるところにより、捕虜の勘定に貸記しなければならない。

⑤ 抑留国は、安全を理由とする場合にのみ、捕虜から有価物を取り上げることができる。有価物を取り上げる場合には、金銭を取り上げる場合について定める手続と同一の手続を適用しなければならない。

⑥ 前記の有価物は、捕虜から取り上げた金銭で抑留国の通貨でなく、且つ、所持者からその両替を要請されなかつたものとともに、抑留国が保管し、及び捕虜たる身分の終了の際原状で捕虜に返還しなければならない。

may wish to add concerning persons belonging to its armed forces. As far as possible the card shall measure 6.5 × 10 cm. and shall be issued in duplicate. The identity card shall be shown by the prisoner of war upon demand, but may in no case be taken away from him.

No physical or mental torture, nor any other form of coercion, may be inflicted on prisoners of war to secure from them information of any kind whatever. Prisoners of war who refuse to answer may not be threatened, insulted, or exposed to unpleasant or disadvantageous treatment of any kind.

Prisoners of war who, owing to their physical or mental condition, are unable to state their identity, shall be handed over to the medical service. The identity of such prisoners shall be established by all possible means, subject to the provisions of the preceding paragraph.

The questioning of prisoners of war shall be carried out in a language which they understand.

ARTICLE 18

All effects and articles of personal use, except arms, horses, military equipment and military documents, shall remain in the possession of prisoners of war, likewise their metal helmets and gas masks and like articles issued for personal protection. Effects and articles used for their clothing or feeding shall likewise remain in their possession, even if such effects and articles belong to their regulation military equipment.

At no time should prisoners of war be without identity documents. The Detaining Power shall supply such documents to prisoners of war who possess none.

Badges of rank and nationality, decorations and articles having above all a personal or sentimental value may not be taken from prisoners of war.

Sums of money carried by prisoners of war may not be taken away from them except by order of an officer, and after the amount and particulars of the owner have been recorded in a special register and an itemized receipt has been given, legibly inscribed with the name, rank and unit of the person issuing the said receipt. Sums in the currency of the Detaining Power, or which are changed into such currency at the prisoner's request, shall be placed to the credit of the prisoner's account as provided in Article 64.

The Detaining Power may withdraw articles of value from prisoners of war only for reasons of security, when such articles are withdrawn, the procedure laid down for sums of money impounded shall apply.

Such objects, likewise sums taken away in any currency other than that of the Detaining Power and the conversion of which has not been asked for by the owners, shall be kept in the custody of the Detaining Power and shall be returned in their initial shape to prisoners of war at the end of their captivity.

〔危険地域からの後送〕

第19条　捕虜は、捕虜とされた後できる限りすみやかに、戦闘地域から充分に離れた危険の圏外にある地域の収容所に後送しなければならない。

② 負傷又は病気のため、後送すれば現在地にとどめるよりも大きな危険にさらすこととなる捕虜に限り、これを一時的に危険地帯にとどめることができる。

③ 捕虜は、戦闘地域から後送するまでの間に、不必要に危険にさらしてはならない。

〔後送中の措置〕

第20条　捕虜の後送は、常に、人道的に、且つ、抑留国の軍隊の移駐の場合に適用される条件と同様の条件で行わなければならない。

② 抑留国は、後送中の捕虜に対し、食糧及び飲料水を充分に供給し、且つ、必要な被服及び医療上の手当を与えなければならない。抑留国は、捕虜の後送中その安全を確保するために適当なすべての予防措置を執り、且つ、後送される捕虜の名簿をできる限りすみやかに作成しなければならない。

③ 捕虜が後送中に通過収容所を経由しなければならない場合には、その収容所における捕虜の滞在は、できる限り短期間のものとしなければならない。

第2部　捕虜の抑留

第1章　総則

〔捕虜の抑留、宣誓解放〕

第21条　抑留国は、捕虜を抑留して置くことができる。抑留国は、捕虜に対し、抑留されている収容所から一定の限界をこえて離れない義務又は、その収容所にさくをめぐらしてある場合には、そのさくの外に出ない義務を課することができる。刑罰及び懲戒罰に関するこの条約の規定を留保し、捕虜は、衛生上の保護のために必要な場合を除く外、拘禁してはならない。この拘禁は、その時の状況により必要とされる期間をこえてはならない。

② 捕虜は、その属する国の法令により許される限り、宣誓又は約束に基いて不完全又は完全に解放することができる。この措置は、特に、捕虜の健康状態を改善するために役立つ場合に執るものとする。捕虜に対しては、宣誓又は約束に基く解放を受諾することを強制してはならない。

③ 各紛争当事国は、敵対行為が始まつたときは、自国民が宣誓又は約束に基いて解放されることを受諾することを許可し、又は禁止する法令を敵国に通告しなければならない。こうして通告された法令に従つて宣誓又は約束をした捕虜は、その個人的名誉に基いて、その者が属する国及びその者を捕虜とした国に対して宣

ARTICLE 19

Prisoners of war shall be evacuated, as soon as possible after their capture, to camps situated in an area far enough from the combat zone for them to be out of danger.

Only those prisoners of war who, owing to wounds or sickness, would run greater risks by being evacuated than by remaining where they are, may be temporarily kept back in a danger zone.

Prisoners of war shall not be unnecessarily exposed to danger while awaiting evacuation from a fighting zone.

ARTICLE 20

The evacuation of prisoners of war shall always be effected humanely and in conditions similar to those for the forces of the Detaining Power in their changes of station.

The Detaining Power shall supply prisoners of war who are being evacuated with sufficent food and potable water, and with the necessary clothing and medical attention. The Detaining Power shall take all suitable precautions to ensure their safuty during evacuation, and shall establish as soon as possible a list of the prisoners of war who are evacuated.

If prisoners of war must, during evacuation, pass through transit camps, their stay in such camps shall be as brief as possible.

SECTION II　INTERNMENT OF PRISONERS OF WAR

CHAPTER I　GENERAL OBSERVATIONS

ARTICLE 21

The Detaining Power may subject prisoners of war to internment. It may impose on them the obligation of not leaving, beyond certain limits, the camp where they are interned, or if the said camp is fenced in, of not going outside its perimeter. Subject to the provisions of the present Convention relative to penal and disciplinary sanctions, prisoners of war may not be held in close confinement except where necessary to safeguard their health and then only during the continuation of the circumstances which make such confinement necessary.

Prisoners of war may be partially or wholly released on parole or promise, in so far as is allowed by the laws of the Power on which they depend. Such measures shall be taken particularly in cases where this may contribute to the improvement of their state of health. No prisoner of war shall be compelled to accept liberty on parole or promise.

Upon the outbreak of hostilities, each Party to the conflict shall notify the adverse Party of the laws and regulations allowing or forbidding its own nationals to accept liberty on parole or promise. Prisoners of war who are

誓及び約束に係る約定を果す義務を負う。この場合には、その者が属する国は、宣誓又は約束に反する役務をその者に要求し、また、その者から受けてはならない。

〔捕虜の抑留場所〕

第22条　捕虜は、衛生上及び保健上のすべての保障を与える地上の建物にのみ抑留することができる。捕虜は、捕虜自身の利益になると認められる特別の場合を除く外、懲治所に抑留してはならない。

②　不健康な地域又は気候が捕虜にとつて有害である地域に抑留されている捕虜は、できる限りすみやかに一層気候の良い地域に移さなければならない。

③　抑留国は、捕虜の国籍、言語及び習慣に応じて、捕虜を2以上の収容所又は収容所内の区画に分類収容しなければならない。但し、捕虜が同意しない限り、その者が捕虜となつた時に勤務していた軍隊に属する捕虜と分離してはならない。

〔戦闘の危険からの離隔〕

第23条　捕虜は、いかなる場合にも、戦闘地域の砲火にさらされる虞のある地域に送り、又は抑留してはならず、捕虜の所在は、特定の地点又は区域が軍事行動の対象とならないようにするために利用してはならない。

②　捕虜は、現地の住民と同じ程度に空襲その他の戦争の危険に対する避難所を利用する権利を有する。捕虜は、前記の危険からその営舎を防護する作業に従事する者を除く外、警報があつた後できる限りすみやかに避難所に入ることができる。住民のために執るその他の防護措置は、捕虜にも適用しなければならない。

③　抑留国は、利益保護国の仲介により、関係国に対し、捕虜収容所の地理的位置に関するすべての有益な情報を提供しなければならない。

④　捕虜収容所は、軍事上許される場合にはいつでも、昼間は、空中から明白に識別することができるPW又はPGという文字によつて表示しなければならない。但し、関係国は、その他の表示の方法についても合意することができる。それらの表示は、捕虜収容所のみに使用するものとする。

〔常設通過（審査）収容所〕

第24条　通過又は審査のための常設的性質を有する収容所には、この部に定める条

paroled or who have given their promise in conformity with the laws and regulations so notified, are bound on their personal honour scrupulously to fulfil, both towards the Power on which they depend and towards the Power which has captured them, the engagements of their paroles or promises. In such cases, the Power on which they depend is bound neither to require nor to accept from them any service incompatible with the parole or promise given.

ARTICLE 22

Prisoners of war may be interned only in premises located on land and affording every guarantee of hygiene and healthfulness. Except in particular cases which are justified by the interest of the prisoners themselves, they shall not be interned in penitentiaries.

Prisoners of war interned in unhealthy areas, or where the climate is injurious for them, shall be removed as soon as possible to a more favourable climate.

The Detaining Power shall assemble prisoners of war in camps or camp compounds according to their nationalty, language and customs, provided that such prisoners shall not be separated from prisoners of war belonging to the armed forces with which they were serving at the time of their capture, except with their consent.

ARTICLE 23

No prisoner of war may at any time be sent to, or detained in areas where he may be exposed to the fire of the combat zone, nor may his presence be used to render certain points or areas immune from military operations.

Prisoners of war shall have shelters against air bombardment and other hazards of war, to the same extent as the local civilian population. With the exception of those engaged in the protection of their quarters against the aforesaid hazards, they may enter such shelters as soon as possible after the giving of the alarm. Any other protective measure taken in favour of the population shall also apply to them.

Detaining Powers shall give the Powers concerned, through the intermediary of the Protecting Powers, all useful information regarding the geographical location of prisoner of war camps.

Whenever military considerations permit, prisoner of war camps shall be indicated in the day-time by the letters PW or PG, placed so as to be clearly visible from the air. The Powers concerned may, however, agree upon any other system of marking. Only prisoner of war camps shall be marked as such.

ARTICLE 24

Transit or screening camps of a permanent kind shall be fitted out under

件と同様の条件で設備を施さなければならず、それらの収容所にある捕虜は、他の収容所にある場合と同一の待遇を受けるものとする。

第2章　捕虜の営舎、食糧及び被服

〔捕虜の宿営条件〕

第25条　捕虜の宿営条件は、同一の地域に宿営する抑留国の軍隊についての宿営条件と同様に良好なものでなければならない。この条件は、捕虜の風俗及び習慣を考慮に入れたものでなければならず、いかなる場合にも、捕虜の健康に有害なものであつてはならない。

②　前項の規定は、特に捕虜の寝室に対し、その総面積及び最少限度の空間並びに一般的設備、寝具及び毛布について適用があるものとする。

③　捕虜の個人的又は集団的使用に供する建物は、完全に湿気を防止し、並びに充分に保温し、及び点燈しなければならない。特に、日没から消燈時までの間は、点燈しなければならない。火災の危険に対しては、万全の予防措置を執らなければならない。

④　女子の捕虜が男子の捕虜とともに宿泊する収容所においては、女子のために分離した寝室を設けなければならない。

〔捕虜の食糧〕

第26条　毎日の食糧の基準配給の量、質及び種類は、捕虜を良好な健康状態に維持し、且つ、体重の減少又は栄養不良を防止するのに充分なものでなければならない。捕虜の食習慣も、また、考慮に入れなければならない。

②　抑留国は、労働する捕虜に対し、その者が従事する労働に必要な食糧の増配をしなければならない。

③　捕虜に対しては、飲料水を充分に供給しなければならない。喫煙は、許さなければならない。

④　捕虜は、できる限り、その食事の調理に参加させなければならない。このため、捕虜は、炊事場で使用することができる。捕虜に対しては、また、その所持する別の食糧を自ら調理する手段を与えなければならない。

⑤　捕虜に食堂として使用させるため、適当な場所を提供しなければならない。

⑥　食糧に影響を及ぼす集団的の懲戒は、禁止する。

〔捕虜の被服〕

第27条　抑留国は、捕虜が抑留されている地域の気候に考慮を払い、捕虜に被服、下着及びはき物を充分に供給しなければならない。抑留国が獲得した敵の軍隊の制服は、気候に適する場合には、捕虜の被服としてその用に供しなければならない。

②　抑留国は、前記の物品の交換及び修繕を規則的に行わなければならない。更に、

conditions similar to those described in the present Section, and the prisoners therein shall have the same treatment as in other camps.

CHAPTER II QUARTERS, FOOD AND CLOTHING OF PRISONERS OF WAR

ARTICLE 25

Prisoners of war shall be quartered under conditions as favourable as those for the forces of the Detaining Power who are billeted in the same area. The said conditions shall make allowance for the habits and customs of the prisoners and shall in no case be prejudicial to their health.

The foregoing provisions shall apply in particular to the dormitories of prisoners of war as regards both total surface and minimum cubic space, and the general installations, bedding and blankets.

The premises provided for the use of prisoners of war individually or collectively, shall be entirely protected from dampness and adequately heated and lighted, in particular between dusk and lights out. All precautions must be taken against the danger of fire.

In any camps in which women prisoners of war, as well as men, are accommodated, separate dormitories shall be provided for them.

ARTICLE 26

The basic daily food rations shall be sufficient in quantity, quality and variety to keep prisoners of war in good health and to prevent loss of weight or the development nutritional deficiencies. Account shall also be taken of the habitual diet of the prisoners.

The Detaining Power shall supply prisoners of war who work with such additional rations as are necessary for the labour on which they are employed.

Sufficient drinking water shall be supplied to prisoners of war. The use of tobacco shall be permitted.

Prisoners of war shall, as far as possible, be associated with the preparation of their meals: they may be employed for that purpose in the kitchens. Furthermore, they shall be given the means of preparing, themselves, the additional food in their possession.

Adequate premises shall be provided for messing.

Collective disciplinary measures affecting food are prohibited.

ARTICLE 27

Clothing, underwear and footwear shall be supplied to prisoners of war in sufficient quantities by the Detaining Power, which shall make allowance for the climate of the region where the prisoners are detained. Uniforms of enemy armed forces captured by the Detaining Power should, if suitable for the climate, be made available to clothe prisoners of war.

労働する捕虜に対しては、労働の性質上必要な場合には、適当な被服を支給しなければならない。

〔捕虜のための売店〕

第28条　すべての収容所には、捕虜が食糧、石けん及びたばこ並びに通常の日用品を買うことができる酒保を設備しなければならない。それらの価額は、現地の市場価額をこえるものであつてはならない。

②　収容所の酒保が得た益金は、捕虜のために用いなければならない。このため、特別の基金を設けなければならない。捕虜代表は、酒保及びその基金の運営に協力する権利を有する。

③　収容所が閉鎖された場合には、前記の特別の基金の残額は、その基金を積み立てた捕虜と同一の国籍を有する捕虜のために用いられるように、人道的な国際機関に引き渡さなければならない。全般的の送還の場合には、関係国間に反対の協定がない限り、前記の益金は、抑留国に残されるものとする。

第3章　衛生及び医療

〔衛生上の措置をとる義務〕

第29条　抑留国は、収容所の清潔及び衛生の確保並びに伝染病の防止のために必要なすべての衛生上の措置を執らなければならない。

②　捕虜に対しては、日夜、衛生上の原則に合致する設備で常に清潔な状態に維持されるものをその用に供しなければならない。女子の捕虜が宿営している収容所においては、女子のために分離した設備を設けなければならない。

③　また、捕虜に対しては、収容所に設備することを必要とする浴場及びシャワーの外、身体の清潔及び被服の洗たくのために水及び石けんを充分に供給しなければならない。このため、捕虜に対しては、必要な設備、便益及び時間を与えなければならない。

〔必要な治療の実施等〕

第30条　各収容所には、捕虜がその必要とする治療及び適当な食事を受けることができる適当な病舎を備えなければならない。必要がある場合には、伝染病及び精神病にかかつた患者のために隔離室を設けなければならない。

②　重病の捕虜又は特別の治療、外科手術若しくは入院を必要とする状態にある捕虜は、その送還が近い将来に予定されている場合にも、適当な処置をする能力がある軍又は軍以外の医療施設に収容しなければならない。身体障害者、特に、盲者に与えるべき救護及びその更生については、その者の送還までの間、特別の便

The regular replacement and repair of the above articles shall be assured by the Detaining Power. In addition, prisoners of war who work shall receive appropriate clothing, wherever the nature of the work demands.

ARTICLE 28

Canteens shall be installed in all camps, where prisoners of war may procure foodstuffs, soap and tobacco and ordinary articles in daily use. The tariff shall never be in excess of local market prices.

The profits made by camp canteens shall be used for the benefit of the prisoners; a special fund shall be created for this purpose. The prisoners representative shall have the right to collaborate in the management of the canteen and of this fund.

When a camp is closed down, the credit balance of the special fund shall be handed to an international welfare organization, to be employed for the benefit of prisoners of war of the same nationality as those who have contributed to the fund. In case of a general repatriation, such Profits shall be kept by the Detaining Power, subject to any agreement to the contrary between the Powers concerned.

CHAPTER III HYGIENE AND MEDICAL ATTENTION

ARTICLE 29

The Detaining Power shall be bound to take all sanitary measures necessary to ensure the cleanliness and healthfulness of camps and to prevent epidemics.

Prisoners of war shall have for their use, day and night, conveniences which conform to the rules of hygiene and are maintained in a constant state of cleanliness. In any camps in which women prisoners of war are accommodated, separate conveniences shall be provided for them.

Also, apart from the baths and showers with which the camps shall be furnished prisoners of war shall be provided with sufficient water and soap for their personal toilet and for washing their personal laundry, the necessary installations, facilities and time shall be granted them for that purpose.

ARTICLE 30

Every camp shall have an adequate infirmary where prisoners of war may have the attention they require, as well as appropriate diet. Isolation wards shall, if necessary, be set aside for cases of contagious or mental disease.

Prisoners of war suffering from serious disease, or whose condition necessitates special treatment, a surgical operation or hospital care, must be admitted to any military or civilian medical unit where such treatment can be given even if their repatriation is contemplated in the near future. Special facilities shall be afforded for the care to be given to the disabled, in particular to

益を与えなければならない。

③　捕虜は、なるべくその属する国の衛生要員、できれば自己と同一の国籍を有する衛生要員によつて治療を受けるものとする。

④　捕虜に対しては、診察を受けるために医療当局に出頭することを妨げてはならない。抑留国の当局は、要請があつたときは、治療を受けた各捕虜に対し、その病気又は負傷の性質並びに治療の期間及び種類を記載した公の証明書を発給しなければならない。その証明書の写1通は、中央捕虜情報局に送付しなければならない。

⑤　治療の費用（捕虜を良好な健康状態に保つために必要なすべての器具、特に、義歯その他の補装具及びめがねの費用を含む。）は、抑留国が負担しなければならない。

〔健康診断の実施〕

第31条　捕虜の身体検査は、少くとも月に1回行わなければならない。その検査は、各捕虜の体重の測定及び記録を含むものでなければならない。その検査は、特に、捕虜の健康、栄養及び清潔状態の一般的状態を監視し、並びに伝染病、特に結核、マラリヤ及び性病を検出することを目的としなければならない。このため、結核の早期検出のためのエックス線による集団的な小型写真の定期的撮影等利用可能な最も有効な方法を用いなければならない。

〔捕虜たる医師・看護婦等の医療業務〕

第32条　抑留国は、軍隊の衛生機関に属さない捕虜で医師、歯科医師、看護婦又は看護員であるものに対し、同一の国に属する捕虜のために医療上の業務に従事することを要求することができる。この場合には、その者は、引き続き捕虜とされるが、抑留国が抑留する同階級の衛生要員の待遇に相当する待遇を受けるものとする。その者は、第49条に基く他の労働を免除される。

第4章　捕虜を援助するため抑留される衛生要員及び宗教要員

〔衛生要員、宗教要員に与えられる便益〕

第33条　抑留国が捕虜を援助するため抑留する衛生要員及び宗教要員は、捕虜と認めてはならない。但し、それらの要員は、少くともこの条約の利益及び保護を受けるものとし、また、捕虜に対して医療上の看護及び宗教上の役務を提供するため必要なすべての便益を与えられるものとする。

②　それらの要員は、抑留国の軍法の範囲内で、抑留国の権限のある機関の管理の下に、職業的良心に従つて、捕虜、特に自己が属する軍隊に属する捕虜の利益の

the blind, and for their rehabilitation, pending repatriation.

Prisoners of war shall have the attention, preferably of medical personnel of the Power on which they depend and, if possible, of their nationality.

Prisoners of war may not be prevented from presenting themselves to the medical authorities for examination. The detaining authorities shall, upon request, issue to every prisoner who has undergone treatment, an official certificate indicating the nature of his illness or injury, and the duration and kind of treatment received. A duplicate of this certificate shall be forwarded to the Central Prisoners of War Agency.

The costs of treatment, including those of any apparatus necessary for the maintenance of prisoners of war in good health, particularly dentures and other artificial appliances, and spectacles, shall be borne by the Detaining Power.

ARTICLE 31

Medical inspections of prisoners of war shall be held at least once a month. They shall include the checking and the recording of the weight of each prisoner of war. Their purpose shall be, in particular, to supervise the general state of health, nutrition and cleanliness of prisoners and to detect contagious diseases, especially tuberculosis, malaria and venereal disease. For this purpose the most efficient methods available shall be employed, e.g. periodac mass miniature radiography for the early detection of tuberculosis.

ARTICLE 32

Prisoners of war who, though not attached to the medical service of their armed forces, are physicians, surgeons, dentists, nurses or medical orderlies, may be required by the Detaining Power to exercise their medical functions in the interests of prisoners of war dependent on the same Power. In that case they shall continue to be prisoners of war, but shall receive the same treatment as corresponding medical personnel retained by the Detaining Power. They shall be exempted from any other work under Article 49.

CHAPTER IV　MEDICAL PERSONNEL AND CHAPLAINS RETAINED TO ASSIST PRISONERS OF WAR

ARTICLE 33

Members of the medical personnel and chaplains while retained by the Detaining Power with a view to assisting prisoners of war, shall not be considered as prisoners of war. They shall, however, receive as a minimum the benefits and protection of the present Convention, and shall also be granted all facilities necessary to provide for the medical care of, and religious ministration to prisoners of war.

They shall continue to exercise their medical and spiritual functions for

ために医療又は宗教に関する任務を引き続き遂行しなければならない。それらの要員は、また、医療上又は宗教上の任務を遂行するため、次の便益を与えられるものとする。

(a)　それらの要員は、収容所外にある労働分遣所又は病院にいる捕虜を定期的に訪問することを許される。このため、抑留国は、それらの要員に対し、必要な輸送手段を自由に使用させなければならない。

(b)　各収容所の先任軍医たる衛生要員は、抑留されている衛生要員の活動に関連するすべての事項について、収容所の軍当局に対して責任を負う。このため、紛争当事国は、敵対行為の開始の際、衛生要員（戦地にある軍隊の傷者及び病者の状態の改善に関する1949年８月12日のジュネーヴ条約第26条に掲げる団体の衛生要員を含む。）の相互に相当する階級に関して合意しなければならない。この先任軍医及び宗教要員は、その任務に関するすべての事項について、収容所の権限のある当局と直接に交渉する権利を有する。その当局は、それらの者に対し、それらの事項に関する通信のため必要なすべての便益を与えなければならない。

(c)　それらの要員は、抑留されている収容所の内部の紀律に従わなければならないが、その医療上又は宗教上の任務に関係がない労働を強制されないものとする。

③　紛争当事国は、敵対行為の継続中に、前記の抑留された要員について行うことがある交替に関して合意し、及びその手続を定めなければならない。

④　前記の規定は、捕虜に関する医療又は宗教の分野における抑留国の義務を免除するものではない。

第５章　宗教的、知的及び肉体的活動

〔宗教の自由〕

第34条　捕虜は、軍当局が定める日常の紀律に従うことを条件として、自己の宗教上の義務の履行（自己の宗教の儀式に出席することを含む。）について完全な自由を享有する。

②　捕虜に対しては、宗教的儀式を行う適当な場所を提供しなければならない。

the benefit of prisoners of war, preferably those belonging to the armed forces upon which they depend within the scope of the military laws and regulations of the Detaining Power and under the control of its competent services, in accordance with their professional etiquette. They shall also benefit by the following facilities in the exercise of their medical or spiritual functions:

(a) They shall be authorized to visit periodically prisoners of war situated in working detachments or in hospitals outside the camp. For this purpose, the Detaining Power shall place at their disposal the necessary means of transport.

(b) The senior medical officer in each camp shall be responsible to the camp military authorities for everything connected with the activities of retained medical personnel. For this purpose, Parties to the conflict shall agree at the outbreak of hostilities on the subject of the corresponding ranks of the medical personnel, including that of societies mentioned in Article 26 of the Geneva Convention for the Amelioration of the Condition of the Wounded and Sick in Armed Forces in the Field of August 12, 1949. This senior medical officer, as well as chaplains, shall have the right to deal with the competent authorities of the camp on all questions relating to their duties. Such authorities shall afford them all necessary facilities for correspondence relating to these questions.

(c) Although they shall be subject to the internal discipline of the camp in which they are retained, such personnel may not be compelled to carry out any work other than that concerned with their medical or religious duties.

During hostilities, the Parties to the conflict shall agree concerning the possible relief of retained personnel and shall settle the procedure to be followed.

None of the preceding provisions shall relieve the Detaining Power of its obligations with regard to prisoners of war from the medical or spiritual point of view.

CHAPTER V　RELIGIOUS, INTELLECTUAL AND PHYSICAL ACTIVITIES

ARTICLE 34

Prisoners of war shall enjoy complete latitude in the exercise of their religious duties, including attendance at the service of their faith, on condition that they comply with the disciplinary routine prescribed by the military authorities.

Adequate premises shall be provided where religious services may be held.

〔宗教要員に与えられる便益〕

第35条　敵の権力内に陥つた宗教要員で、捕虜を援助するために残留し、又は抑留されているものは、その宗教的良心に従つて捕虜に対して宗教上の任務を行うこと及び同一の宗教に属する捕虜に対して自由に自己の聖職を行うことを許さなければならない。それらの要員は、同一の軍隊に属し、同一の言語を話し、又は同一の宗教に属する捕虜がいる各種の収容所及び労働分遣所に配属しなければならない。それらの要員は、所属する収容所外にある捕虜を訪問するため必要な便益（第33条に規定する輸送手段を含む。）を享有する。それらの要員は、検閲を受けることを条件として、その宗教上の任務に関する事項について抑留国の宗教機関及び国際的宗教団体と通信する自由を有する。それらの要員がこのために発送する手紙及び葉書は、第71条に規定する割当外のものとする。

〔聖職者たる捕虜の待遇〕

第36条　聖職者たる捕虜でその属する軍隊の宗教要員となつていないものは、宗派のいかんを問わず、同一の宗派に属する者に対して自由に宗教上の任務を行うことを許される。このため、その者は、抑留国が抑留する宗教要員と同様の待遇を受けるものとする。その者は、他のいかなる労働も強制されないものとする。

〔捕虜に対する宗教的援助〕

第37条　捕虜が、抑留された宗教要員又は自己の宗派に属する聖職者たる捕虜の援助を受けない場合には、その捕虜の宗派その他これに類する宗派に属する聖職者又は、その聖職者がないときは、宗教的見地から可能であれば資格がある非聖職者が、当該捕虜の要請に応じて援助の任務を果すために指名されなければならない。この指名は、抑留国の承認を条件として、当該捕虜及び、必要があるときは、同一の宗教の現地の宗教機関の同意を得て行わなければならない。こうして指名された者は、抑留国が紀律及び軍事上の安全のために設ける規制に服さなければならない。

〔知的・娯楽的活動や運動競技の奨励〕

第38条　抑留国は、各捕虜の個人的趣味を尊重して、捕虜の知的、教育的及び娯楽的活動並びに運動競技を奨励しなければならない。抑留国は、捕虜に適当な場所及び必要な設備を提供して、捕虜がそれらの活動をするため必要な措置を執らなければならない。

②　捕虜に対しては、身体の運動（運動競技を含む。）をする機会及び戸外にいる機会を与えなければならない。このため、すべての収容所で充分な空地を提供しなければならない。

ARTICLE 35

Chaplains who fall into the hands of the enemy Power and who remain or are retained with a view to assisting prisoners of war, shall be allowed to minister to them and to exercise freely their ministry amongst prisoners of war of the same religion, in accordance with their religious conscience. They shall be allocated among the various camps and labour detachments containing prisoners of war belonging to the same forces, speaking the same language or practising the same religion. They shall enjoy the necessary facilities, including the means of transport provided for in Article 33, for visiting the prisoners of war outside their camp. They shall be free to correspond, subject to censorship, on matters concerning their religious duties with the ecclesiastical authorities in the country of detention and with international religious organizations. Letters and cards which they may send for this purpose shall be in addition to the quota provided for in Article 71.

ARTICLE 36

Prisoners of war who are ministers of religion, without having officiated as chaplains to their own forces, shall be at liberty, whatever their denomination, to minister freely to the members of their community. For this purpose, they shall receive the same treatment as the chaplains retained by the Detaining Power. They shall not be obliged to do any other work.

ARTICLE 37

When prisoners of war have not the assistance of a retained chaplain or of a prisoner of war minister of their faith, a minister belonging to the prisoners' or a similar denomination, or in his absence a qualified layman, if such a course is feasible from a confessional point of view, shall be appointed, at the request of the prisoners concerned, to fill this office. This appointment, subject to the approval of the Detaining Power, shall take place with the agreement of the community of prisoners concerned and, wherever necessary, with the approval of the local religious authorities of the same faith. The person thus appointed shall comply with all regulations established by the Detaining Power in the interests of discipline and military security.

ARTICLE 38

While respecting the individual preferences of every prisoner, the Detaining Power shall encourage the practice of intellectual, educational, and recreational pursuits, sports and games amongst prisoners, and shall take the measures necessary to ensure the exercise thereof by providing them with adequate premises and necessary equipment.

Prisoners shall have opportunities for taking physical exercise, including sports and games, and for being out of doors. Sufficient open spaces shall be provided for this purpose in all camps.

第6章　紀律

〔捕虜収容所内の礼式〕

第39条　各捕虜収容所は、抑留国の正規の軍隊に属する責任のある将校の直接の指揮下に置かなければならない。その将校は、この条約の謄本を所持し、収容所職員及び警備員がこの条約の規定を確実に知つているようにし、並びに自国の政府の指示の下でこの条約の適用について責任を負わなければならない。

②　捕虜（将校を除く。）は、抑留国のすべての将校に対し、敬礼をし、及び自国の軍隊で適用する規則に定める敬意の表示をしなければならない。

③　将校たる捕虜は、抑留国の上級の将校に対してのみ敬礼をするものとする。但し、収容所長に対しては、その階級のいかんを問わず、敬礼をしなければならない。

〔階級章等の着用〕

第40条　階級及び国籍を示す記章並びに勲章の着用は、許さなければならない。

〔収容所内の本条約・各種規則の掲示〕

第41条　各収容所には、この条約及びその附属書の本文並びに第6条に規定するすべての特別協定の内容を、捕虜の用いる言語により、すべての捕虜が読むことができる場所に掲示して置かなければならない。この掲示の写は、掲示に接する機会がない捕虜に対しては、その請求があつたときに与えなければならない。

②　捕虜の行動に関する各種の規則、命令、通告及び公示は、捕虜が理解する言語によつて伝えなければならない。それらの規則、命令、通告及び公示は、前項に定める方法で掲示しなければならず、その写は、捕虜代表に交付しなければならない。捕虜に対して個人的に発する命令及び指令も、当該捕虜が理解する言語によらなければならない。

〔逃走する捕虜に対する武器使用〕

第42条　捕虜、特に、逃走し、又は逃走を企てる捕虜に対する武器の使用は、最後の手段とし、それに先だつて時宜に適した警告を必ず与えなければならない。

第7章　捕虜の階級

〔紛争当事国による階級等の相互通知〕

第43条　紛争当事国は、敵対行為の開始の際、同等の階級に属する捕虜の間における待遇の平等を確保するため、この条約の第4条に掲げるすべての者の組織上の

CHAPTER VI DISCIPLINE

ARTICLE 39

Every prisoner of war camp shall be put under the immediate authority of a responsible commissioned officer belonging to the regular armed forces of the Detaining Power. Such officer shall have in his possession a copy of the present Convention; he shall ensure that its provisions are known to the camp staff and the guard and shall be responsible, under the direction of his government, for its application.

Prisoners of war, with the exception of officers, must salute and show to all officers of the Detaining Power the external marks of respect provided for by the regulations applying in their own forces.

Officer prisoners of war are bound to salute only officers of a higher rank of the Detaining Power; they must, however, salute the camp commander regardless of his rank.

ARTICLE 40

The wearing of badges of rank and nationality, as well as of decorations, shall be permitted.

ARTICLE 41

In every camp the text of the present Convention and its Annexes and the contents of any special agreement provided for in Article 6, shall be posted, in the prisoners' own language, in places where all may read them. Copies shall be supplied, on request, to the prisoners who cannot have access to the copy which has been posted.

Regulations, orders, notices and publications of every kind relating to the conduct of prisoners of war shall be issued to them in a language which they understand. Such regulations, orders and publications shall be posted in the manner described above and copies shall be handed to the prisoners' representative. Every order and command addressed to prisoners of war individually must likewise be given in a language which they understand.

ARTICLE 42

The use of weapons against prisoners of war, especially against those who are escaping or attempting to escape, shall constitute an extreme measure, which shall always be preceded by warnings appropriate to the circumstances.

CHAPTER VII RANK OF PRISONERS OF WAR

ARTICLE 43

Upon the outbreak of hostilities, the Parties to the conflict shall communicate to one another the titles and ranks of all the persons mentioned

名称及び階級を相互に通知しなければならない。その後に設けた組織上の名称及び階級も、同様に通知しなければならない。

② 抑留国は、捕虜が属する国によつて正規に通告された捕虜の階級の昇進を承認しなければならない。

〔将校たる捕虜の待遇〕

第44条 将校たる捕虜及び将校に相当する地位の捕虜は、その階級及び年令に適当な考慮を払つて待遇しなければならない。

② 将校収容所における役務を確保するため、同一軍隊の兵たる捕虜でできる限り同一の言語を話すものが、将校たる捕虜及び将校に相当する地位の捕虜の階級を考慮して、充分な人数だけ同収容所に派遣されなければならない。それらの兵に対しては、他のいかなる労働も要求してはならない。

③ 将校自身による食事の管理に対しては、すべての方法で便益を与えなければならない。

〔将校以外の捕虜の待遇〕

第45条 将校たる捕虜及び将校に相当する地位の捕虜以外の捕虜は、その階級及び年令に適当な考慮を払つて待遇しなければならない。

② それらの捕虜自身による食事の管理に対しては、すべての方法で便益を与えなければならない。

第8章　収容所に到着した後の捕虜の移動

〔移動の条件〕

第46条 抑留国は、捕虜の移動を決定するに当つては、捕虜自身の利益について、特に、捕虜の送還を一層困難にしないことについて考慮しなければならない。

② 捕虜の移動は、常に、人道的に、且つ、抑留国の軍隊の移動の条件よりも不利でない条件で行わなければならない。捕虜の移動については、常に、捕虜が慣れている気候条件を考慮しなければならず、移動の条件は、いかなる場合にも、捕虜の健康を害するものであつてはならない。

③ 抑留国は、移動中の捕虜に対し、その健康を維持するために充分な食糧及び飲料水並びに必要な被服、宿舎及び医療上の手当を供与しなければならない。抑留国は、特に、海上又は空中の輸送の場合には、移動中の捕虜の安全を確保するため、適当な予防措置を執らなければならない。抑留国は、移動される捕虜の完全な名簿をその出発前に作成しなければならない。

in Article 4 of the present Convention, in order to ensure equality of treatment between prisoners of equivalent rank. Titles and ranks which are subsequently created shall form the subject of similar communications.

The Detaining Power shall recognize promotions in rank which have been accorded to prisoners of war and which have been duly notified by the Power on which these prisoners depend.

ARTICLE 44

Officers and prisoners of equivalent status shall be treated with the regard due to their rank and age.

In order to ensure service in officers' camps, other ranks of the same armed forces who, as far as possible, speak the same language, shall be assigned in sufficient numbers, account being taken of the rank of officers and prisoners of equivalent status. Such orderlies shall not be required to perform any other work.

Supervision of the mess by the officers themselves shall be facilitated in every way.

ARTICLE 45

Prisoners of war other than officers and prisoners of equivalent status shall be treated with the regard due to their rank and age.

Supervision of the mess by the prisoners themselves shall be facilitated in every way.

CHAPTER VIII TRANSFER OF PRISONERS OF WAR AFTER THEIR ARRIVAL IN CAMP

ARTICLE 46

The Detaining Power, when deciding upon the transfer of prisoners of war, shall take into account the interests of the prisoners themselves, more especially so as not to increase the difficulty of their repatriation.

The transfer of prisoners of war shall always be effected humanely and in conditions not less favourable than those under which the forces of the Detaining Power are transferred. Account shall always be taken of the climatic conditions to which the prisoners of war are accustomed and the conditions of transfer shall in no case be prejudicial to their health.

The Detaining Power shall supply prisoners of war during transfer with sufficient food and drinking water to keep them in good health, likewise with the necessary clothing, shelter and medical attention. The Detaining Power shall take adequate precautions especially in case of transport by sea or by air, to ensure their safety during transfer, and shall draw up a complete list of all transferred prisoners before their departure.

〔傷病者たる捕虜の移動〕

第47条　傷者又は病者たる捕虜は、移動によつて回復を妨げられる虞がある間は、移動してはならない。但し、それらの者の安全のために絶対に移動を必要とする場合は、この限りでない。

②　戦線が収容所に接近した場合には、その収容所の捕虜は、移動を充分に安全な条件で行うことができるとき、又は捕虜を現地にとどめれば移動した場合におけるよりも一層大きな危険にさらすこととなるときを除く外、移動してはならない。

〔移動に関する措置〕

第48条　移動の場合には、捕虜に対し、その出発及び新たな郵便用あて名について正式に通知しなければならない。その通知は、捕虜がその荷物を準備し、及びその家族に通報することができるように、充分に早く与えなければならない。

②　捕虜に対しては、その個人用品並びに受領した通信及び小包を携帯することを許さなければならない。それらの物品の重量は、移動の条件により必要とされるときは、各捕虜が運ぶことができる適当な重量に制限することができる。その重量は、いかなる場合にも、捕虜1人について25キログラムをこえてはならない。

③　旧収容所にあてられた通信及び小包は、遅滞なく捕虜に転送しなければならない。収容所長は、捕虜代表と協議して、捕虜の共有物及び本条第2項に基いて課せられる制限により捕虜が携帯することができない荷物の輸送を確保するため必要な措置を執らなければならない。

④　移動の費用は、抑留国が負担しなければならない。

第3部　捕虜の労働

〔捕虜の階級・身体的適性等と労働〕

第49条　抑留国は、特に捕虜の身体的及び精神的健康状態を良好にして置くため、捕虜の年令、性別、階級及び身体的適性を考慮して、健康な捕虜を労働者として使用することができる。

②　下士官たる捕虜に対しては、監督者としての労働のみを要求することができる。その要求を受けなかつた下士官たる捕虜は、自己に適する他の労働を求めることができる。この労働は、できる限り、それらの者に与えなければならない。

③　将校又はこれに相当する地位の者が自己に適する労働を求めたときは、その労働は、できる限り、それらの者に与えなければならない。但し、それらの者に対しては、いかなる場合にも、労働を強制してはならない。

〔強制することができる労働〕

第50条　捕虜に対しては、収容所の管理、営繕又は維持に関連する労働の外、次の種類に含まれる労働に限り、これに従事することを強制することができる。

ARTICLE 47

Sick or wounded prisoners of war shall not be transferred as long as their recovery may be endangered by the journey, unless their safety imperatively demands it.

If the combat zone draws closer to a camp, the prisoners of war in the said camp shall not be transferred unless their transfer can be carried out in adequate conditions of safety, or unless they are exposed to greater risks by remaining on the spot than by being transferred.

ARTICLE 48

In the event of transfer, prisoners of war shall be officially advised of their departure and of their new postal address. Such notifications shall be given in time for them to pack their luggage and inform their next of kin.

They shall be allowed to take with them their personal effects, and the correspondence and parcels which have arrived for them. The weight of such baggage may be limited, if the conditions of transfer so require, to what each prisoner can reasonably carry, which shall in no case be more than twenty-five kilograms per head.

Mail and parcels addressed to their former camp shall be forwarded to them without delay. The camp commander shall take, in agreement with the prisoners' representative, any measures needed to ensure the transport of the prisoners' community property and of the luggage they are unable to take with them in consequence of restrictions imposed by virtue of the second paragraph of this Article.

The costs of transfers shall be borne by the Detaining Power.

SECTION III LABOUR OF PRISONERS OF WAR

ARTICLE 49

The Detaining Power may utilize the labour of prisoners of war who are physically fit, taking into account their age, sex, rank and physical aptitude, and with a view particularly to maintaining them in a good state of physical and mental health.

Non-commissioned officers who are prisoners of war shall only be required to do supervisory work. Those not so required may ask for other suitable work which shall, so far as possible, be found for them.

If officers or persons of equivalent status ask for suitable work, it shall be found for them, so far as possible, but they may in no circumstances be compelled to work.

ARTICLE 50

Besides work connected with camp administration, installation or maintenance, prisoners of war may be compelled to do only such work as is included

(a) 農業

(b) 原料の生産又は採取に関連する産業、製造工業（や金業、機械工業及び化学工業を除く。）並びに軍事的性質又は軍事的目的を有しない土木業及び建築業

(c) 軍事的性質又は軍事的目的を有しない運送業及び倉庫業

(d) 商業並びに芸術及び工芸

(e) 家内労働

(f) 軍事的性質又は軍事的目的を有しない公益事業

② 前項の規定に対する違反があつた場合には、捕虜は、第78条に従つて、苦情を申し立てる権利を行使することができる。

〔労働の条件〕

第51条 捕虜に対しては、特に宿営、食糧、被服及び器具に関し、適当な労働条件を与えなければならない。その条件は、類似の労働に従事する抑留国の国民が享有する条件よりも低い条件であつてはならない。また、気候条件も、考慮しなければならない。

② 抑留国は、捕虜を労働者として使用するに当つては、捕虜が労働する地域において、労働の保護に関する国内法令、特に、労働者の安全に関する法令を正当に適用することを確保しなければならない。

③ 捕虜に対しては、作業訓練をしなければならず、また、捕虜が従事すべき労働に適した保護のための用具で抑留国の国民に与える保護のための用具と同様のものを与えなければならない。第52条の規定を留保して、文民たる労働者が負担する通常の危険は、捕虜にも負担させることができる。

④ 労働条件は、いかなる場合にも、懲戒の方法によつて一層苦しいものとしてはならない。

〔禁止すべき労働〕

第52条 捕虜は、自ら希望しない限り、不健康又は危険な労働に使用してはならない。

② 捕虜は、抑留国の軍隊の構成員にとつても屈辱的であると認められる労働には使用してはならない。

③ 機雷、地雷その他これらに類する機器の除去は、危険な労働と認める。

〔労働時間と休養〕

第53条 捕虜の毎日の労働時間（往復に要する時間を含む。）は、過度であつてはならず、いかなる場合にも、抑留国の国民で同一の労働に使用される当該地方の

in the following classes:
(a) agriculture;
(b) industries connected with the production or the extraction of raw materials, and manufacturing industries, with the exception of metallurgical, machinery and chemical industries, public works and building operations which have no military character or purpose;
(c) transport and handling of stores which are not military in character or purpose;
(d) commercial business, and arts and crafts;
(e) domestic service;
(f) public utility services having no military character or purpose.

Should the above provisions be infringed, prisoners of war shall be allowed to exercise their right of complaint, in conformity with Article 78.

ARTICLE 51

Prisoners of war must be granted suitable working conditions, especially as regards accommodation, food, clothing and equipment, such conditions shall not be inferior to those enjoyed by nationals of the Detaining Power employed in similar work, account shall also be taken of climatic conditions.

The Detaining Power, in utilizing the labour of prisoners of war, shall ensure that in areas in which such prisoners are employed, the national legislation concerning the protection of labour, and, more particularly, the regulations for the safety of workers, are duly applied.

Prisoners of war shall receive training and be provided with the means of protection suitable to the work they will have to do and similar to those accorded to the nationals of the Detaining Power. Subject to the provisions of Article 52, prisoners may be submitted to the normal risks run by these civilian workers.

Conditions of labour shall in no case be renderd more arduous by disciplinary measures.

ARTICLE 52

Unless he be a volunteer, no prisoner of war may be employed on labour which is of an unhealthy or dangerous nature.

No prisoner of war shall be assigned to labour which would be looked upon as humiliating for a member of the Detaining Power's own forces.

The removal of mines or similar devices shall be considered as dangerous labour.

ARTICLE 53

The duration of the daily labour of prisoners of war, including the time of the journey to and fro, shall not be excessive, and must in no case exceed

文民たる労働者について許される労働時間をこえてはならない。

② 捕虜に対しては、毎日の労働の中間において少くとも１時間の休憩時間を与えなければならない。この休憩時間は、抑留国の労働者が一層長い休憩時間を与えられる場合には、その休憩時間と同一のものとする。この休憩時間の外、なるべく日曜日又は出身国における休日に、１週間について連続24時間の休暇を与えなければならない。更に、１年間労働に従事した捕虜に対しては、連続８日間の有給休暇を与えなければならない。

③ 出来高払の労働のような労働の方法が採用されるときは、それによつて労働時間を過度にすることがあつてはならない。

〔労働賃金、労働災害の取扱〕

第54条　捕虜に支払うべき労働賃金は、この条約の第62条の規定に従つて定める。

② 労働災害を被つた捕虜又は労働の際若しくは労働の結果疾病にかかつた捕虜に対しては、その者の状態により必要とされるすべての看護を施さなければならない。更に、抑留国は、当該捕虜に対し、その者が属する国に請求をすることができるように診断書を発給し、また、その診断書の写１通を第123条に定める中央捕虜情報局に送付しなければならない。

〔労働適性確認のための身体検査〕

第55条　捕虜の労働上の適性は、少くとも毎月１回、身体検査によつて定期的に確かめなければならない。その検査においては、捕虜に対して要求する労働の性質を特に考慮しなければならない。

② 捕虜は、労働することができないと自ら認めたときは、その収容所の医療当局に出頭することを許される。医師は、労働することができないと自ら認めた捕虜が労働を免除されるように勧告することができる。

〔労働分遣所の組織等〕

第56条　労働分遣所の組織及び管理は、捕虜収容所の組織及び管理と同様のものでなければならない。

② 各労働分遣所は、捕虜収容所の一の監督の下に置かれ、管理上その一部とされる。当該収容所の軍当局及び所長は、自国の政府の指示の下で、当該労働分遣所におけるこの条約の規定の遵守について責任を負う。

③ 収容所長は、その収容所に所属する労働分遣所の最新の記録を保管し、また、その収容所を訪問することがある利益保護国、赤十字国際委員会又は捕虜に援助

that permitted for civilian workers in the district, who are nationals of the Detaining Power and employed on the same work.

Prisoners of war must be allowed, in the middle of the day's work, a rest of not less than one hour. This rest will be the same as that to which workers of the Detaining Power are entitled, if the latter is of longer duration. They shall be allowed in addition a rest of twenty-four consecutive hours every week, preferably on Sunday or the day of rest in their country of origin. Furthermore, every prisoner who has worked for one year shall be granted a rest of eight consecutive days, during which his working pay shall be paid him.

If methods of labour such as piece work are employed, the length of the working period shall not be rendered excessive thereby.

ARTICLE 54

The working pay due to prisoners of war shall be fixed in accordance with the provisions of Article 62 of the present Convention.

Prisoners of war who sustain accidents in connection with work, or who contract a disease in the course, or in consequence of their work, shall receive all the care their condition may require. The Detaining Power shall furthermore deliver to such prisoners of war a medical certificate enabling them to submit their claims to the Power on which they depend, and shall send a duplicate to the Central Prisoners of War Agency provided for in Article 123.

ARTICLE 55

The fitness of prisoners of war for work shall be periodically verified by medical examinations at least once a month. The examinations shall have particular regard to the nature of the work which prisoners of war are required to do.

If any prisoner of war considers himself incapable of working, he shall be permitted to appear before the medical authorities of his camp. Physicians or surgeons may recommend that the prisoners who are, in their opinion, unfit for work, be exempted therefrom.

ARTICLE 56

The organization and administration of labour detachments shall be similar to those of prisoner of war camps.

Every labour detachment shall remain under the control of and administratively part of a prisoner of war camp. The military authorities and the commander of the said camp shall be responsible, under the direction of their government, for the observance of the provisions of the present Convention in labour detachments.

The camp commander shall keep an up-to-date record of the labour

を与えるその他の団体の代表に対してその記録を送付しなければならない。

〔私人のための労働〕

第57条　私人のために労働する捕虜の待遇は、その私人がその捕虜の監視及び保護について責任を負う場合にも、この条約で定める待遇よりも不利な待遇であつてはならない。抑留国並びにその捕虜が属する収容所の軍当局及び所長は、その捕虜の給養、看護、待遇及び労働賃金の支払について完全な責任を負う。

②　その捕虜は、その従属する収容所の捕虜代表と連絡を保つ権利を有する。

第４部　捕虜の金銭収入

〔捕虜の所持金〕

第58条　敵対行為が始まつたときは、抑留国は、利益保護国と取極をするまでの間、現金又はそれに類する形式で捕虜が所持することができる最高限度の額を定めることができる。捕虜の正当な所有に属するこれをこえる額で、取り上げられ、又は留置されたものは、捕虜が預託した金銭とともに捕虜の勘定に入れなければならず、また、捕虜の同意を得ないで他の通貨に両替してはならない。

②　捕虜が収容所外で役務又は物品を購入して現金を支払うことを許される場合には、その支払は、捕虜自身又は収容所の当局が行うものとし、当該捕虜の勘定に借記するものとする。抑留国は、これに関して必要な規則を定めるものとする。

〔捕虜から取り上げた通貨の勘定〕

第59条　捕虜となつた時に捕虜から第18条に従つて取り上げた抑留国の通貨たる現金は、この部の第64条の規定に従つて各捕虜の勘定に貸記しなければならない。

②　捕虜となつた時に捕虜から取り上げたその他の通貨を抑留国の通貨に両替した額も、各捕虜の勘定に貸記しなければならない。

〔捕虜に対する俸給の前払・俸給額〕

第60条　抑留国は、すべての捕虜に対し、毎月俸給を前払しなければならない。その額は、次の額を抑留国の通貨に換算した額とする。

第１類　軍曹より下の階級の捕虜　８スイス・フラン

第２類　軍曹その他の下士官又はこれに相当する階級の捕虜　12スイス・フラン

detachments dependent on his camp, and shall communicate it to the delegates of the Protecting Power, of the International Committee of the Red Cross, or of other agencies giving relief to prisoners of war, who may visit the camp.

ARTICLE 57

The treatment of prisoners of war who work for private persons, even if the latter are responsible for guarding and protecting them, shall not be inferior to that which is provided for by the present Convention. The Detaining Power, the military authoritiee aed the commander of the camp to which such prisoners belong shall be entirely responsible for the maintenance, care, treatment, and payment of the working pay of such prisoners of war.

Such prisoners of war shall have the right to remain in communication with the prisoners' representatives in the camps on which they depend.

SECTION IV FINANCIAL RESOURCES OF PRISONERS OF WAR

ARTICLE 58

Upon the outbreak of hostilities, and pending an arrangement on this matter with the Protecting Power, the Detaining Power may determine the maximum amount of money in cash or in any similar form, that prisoners may have in their possession. Any amount in excess, which was properly in their possession and which has been taken or withheld from them, shall be placed to their account, together with any monies deposited by them, and shall not be converted into any other currency without their consent.

If prisoners of war are permitted to purchase services or commodities outside the camp against payment in cash, such payments shall be made by the prisoner himself or by the camp administration who will charge them to the accounts of the prisoners concerned. The Detaining Power will establish the necessary rules in this respect.

ARTICLE 59

Cash which was taken from prisoners of war, in accordance with Article 18, at the time of their capture, and which is in the currency of the Detaining Power, shall be placed to their separate accounts, in accordance with the provisions of Article 64 of the present Section.

The amounts, in the currency of the Detaining Power, due to the conversion of sums in other currencies that are taken from the prisoners of war at the same time, shall also be credited to their separate accounts.

ARTICLE 60

The Detaining Power shall grant all prisoners of war a monthly advance of pay, the amount of which shall be fixed by conversion, into the currency of the said Power, of the following amounts:

Category Ⅰ: Prisoners ranking below sergeants: eight Swiss francs.

第3類　准士官及び少佐より下の階級の将校又はこれらに相当する階級の捕虜　50スイス・フラン

第4類　少佐、中佐及び大佐又はこれらに相当する階級の捕虜　60スイス・フラン

第5類　将官又はこれに相当する階級の捕虜　75スイス・フラン

② もつとも、関係紛争当事国は、特別協定によつて、前記の各類の捕虜に対して支払うべき前払の額を改訂することができる。

③ また、前記の第1項に定める額が、抑留国の軍隊の俸給に比べて不当に高額である場合又は何らかの理由により抑留国に重大な支障を与える場合には、抑留国は、前記の支払額の改訂のために捕虜が属する国と特別協定を締結するまでの間、

(a) 前記の第1項に定める額を引き続き捕虜の勘定に貸記しなければならず、

(b) 前払の俸給中捕虜の使用に供する額を合理的な額に臨時に制限することができる。但し、その額は、第1類に関しては、抑留国が自国の軍隊の構成員に支給する額よりも低額であつてはならない。

④ 前記の制限の理由は、遅滞なく利益保護国に通知するものとする。

〔追加給与〕

第61条　抑留国は、捕虜が属する国が捕虜に送付する額を捕虜に対する追加給与として分配することを受諾しなければならない。但し、分配される額が、同一の類の各捕虜について同額であり、当該国に属する同一の類のすべての捕虜に分配され、且つ、できる限りすみやかに第64条の規定に従つて各捕虜の勘定に貸記される場合に限る。その追加給与は、抑留国に対し、この条約に基く義務を免除するものではない。

〔捕虜に対する労働賃金の支払〕

第62条　捕虜に対しては、抑留当局が直接に公正な労働賃金を支払わなければならない。その賃金は、抑留当局が定めるが、いかなる場合にも、1労働日に対し4分の1スイス・フラン未満であつてはならない。抑留国は、自国が定めた日給の額を捕虜及び、利益保護国の仲介によつて、捕虜が属する国に通知しなければならない。

② 労働賃金は、収容所の管理、営繕又は維持に関連する任務又は熟練労働若しく

Category Ⅱ: Sergeants and other non-commissioned officers, or prisoners of equivalent rank: twelve Swiss francs.

Category Ⅲ: Warrant officers and commissioned officers below the rank of major or prisoners of equivalent rank: fifty Swiss francs.

Category Ⅳ: Majors, lieutenant-colonels, colonels or prisoners of equivalent rank: sixty Swiss francs.

Category Ⅴ: General officers or prisoners of war of equivalent rank: seventy-five Swiss francs.

However, the Parties to the conflict concerned may by special agreement modify the amount of advances of pay due to prisoners of the preceding categories.

Furthermore, if the amounts indicated in the first paragraph above would be unduly high compared with the pay of the Detaining Power's armed forces or would, for any reason, seriously embarrass the Detaining Power, then, pending the conclusion of a special agreement with the Power on which the prisoners depend to vary the amounts indicated above, the Detaining Power:

(a) shall continue to credit the accounts of the prisoners with the amounts indicated in the first paragraph above;

(b) may temporarily limit the amount made available from these advances of pay to prisoners of war for their own use, to sums which are reasonable, but which, for Category Ⅰ, shall never be inferior to the amount that the Detaining Power gives to the members of its own armed forces.

The reasons for any limitations will be given without delay to the Protecting Power.

ARTICLE 61

The Detaining Power shall accept for distribution as supplementary pay to prisoners of war sums which the Power on which the prisoners depend may forward to them, on condition that the sums to be paid shall be the same for each prisoner of the same category, shall be payable to all prisoners of that category depending on that Power, and shall be placed in their separate accounts, at the earliest opportunity, in accordance with the provisions of Article 64. Such supplementary pay shall not relieve the Detaining Power of any obligation under this Convention.

ARTICLE 62

Prisoners of war shall be paid a fair working rate of pay by the detaining authorities direct. The rate shall be fixed by the said authorities, but shall at no time be less than one-fourth of one Swiss franc for a full working day. The Detaining Power shall inform prisoners of war, as well as the Power on which they depend, through the intermediary of the Protecting Power, of the rate of daily working pay that it has fixed.

Working pay shall likewise be paid by the detaining authorities to prison-

は半熟練労働を恒常的に割り当てられている捕虜及び捕虜のための宗教上又は医療上の任務の遂行を要求される捕虜に対し、抑留当局が、同様に支払わなければならない。

③　捕虜代表並びにその顧問及び補助者の労働賃金は、酒保の利益で維持する基金から支払わなければならない。その賃金の額は、捕虜代表が定め、且つ、収容所長の承認を得なければならない。前記の基金がない場合には、抑留当局は、これらの捕虜に公正な労働賃金を支払わなければならない。

〔金銭の受払〕

第63条　捕虜に対しては、個人的又は集団的に当該捕虜にあてて送付された金銭を受領することを許さなければならない。

②　各捕虜は、抑留国が定める範囲内において、次条に規定する自己の勘定の貸方残高を処分することができるものとし、抑留国は、要請があつた支払をしなければならない。捕虜は、また、抑留国が肝要と認める財政上又は通貨上の制限に従うことを条件として、外国へ向けた支払をすることができる。この場合には、抑留国は、捕虜が被扶養者にあてる支払に対して優先権を与えなければならない。

③　捕虜は、いかなる場合にも、その属する国の同意があつたときは、次のようにして自国へ向けた支払をすることができる。すなわち、抑留国は、捕虜が属する国に対し、利益保護国を通じ、捕虜、受領者及び抑留国の通貨で表示した支払額に関するすべての必要な細目を記載した通告書を送付する。その通告書には、当該捕虜が署名し、且つ、収容所長が副署する。抑留国は、前記の額を捕虜の勘定に借記し、こうして借記された額は、抑留国が、捕虜が属する国の勘定に貸記する。

④　抑留国は、前記の規定を適用するため、この条約の第5附属書に掲げるひな型規則を有効に利用することができる。

〔捕虜の勘定の設定〕

第64条　抑留国は、各捕虜について、少くとも次の事項を示す勘定を設けなければならない。

(1)　捕虜に支払うべき額、捕虜が俸給の前払若しくは労働賃金として得た額又はその他の源泉から得た額、捕虜から取り上げた抑留国の通貨の額及び捕虜から取り上げた金銭でその要請によつて抑留国の通貨に両替したものの額

(2)　現金その他これに類する形式で捕虜に支払われた額、捕虜のためにその要請によつて支払われた額及び前条第3項に基いて振り替えられた額

ers of war permanently detailed to duties or to a skilled or semi-skilled occupation in connection with the administration, installation or maintenance of camps, and to the prisoners who are required to carry out spiritual or medical duties on behalf of their comrades.

The working pay of the prisoners' representative, of his advisers, if any, and of his assistants, shall be paid out of the fund maintained by canteen profits. The scale of this working pay shall be fixed by the prisoners' representative and approved by the camp commander. If there is no such fund, the detaining authorities shall pay these prisoners a fair working rate of pay.

ARTICLE 63

Prisoners of war shall be permitted to receive remittances of money addressed to them individually or collectively.

Every prisoner of war shall have at his disposal the credit balance of his account as provided for in the following Article, within the limits fixed by the Detaining Power, which shall make such payments as are requested. Subject to financial or monetary restrictions which the Detaining Power regards as essential, prisoners of war may also have payments made abroad. In this case payments addressed by prisoners of war to dependents shall be given priority.

In any event, and subject to the consent of the Power on which they depend, prisoners may have payments made in their own country as follows: the Detaining Power shall send to the aforesaid Power through the Protecting Power, a notification giving all the necessary particulars concerning the prisoners of war, the beneficiaries of the payments, and the amount of the sums to be paid, expressed in the Detaining Power's currency. The said notification shall be signed by the prisoners and countersigned by the camp commander. The Detaining Power shall debit the prisoners' account by a corresponding amount; the sums thus debited shall be placed by it to the credit of the Power on which the prisoners depend.

To apply the foregoing provisions, the Detaining Power may usefully consult the Model Regulations in Annex Ⅴ of the present Convention.

ARTICLE 64

The Detaining Power shall hold an account for each prisoner of war, showing at least the following:

(1) The amounts due to the prisoner or received by him as advances of pay, as working pay or derived from any other source, the sums in the currency of the Detaining Power which were taken from him, the sums taken from him and converted at his request into the currency of the said Power.

(2) The payments made to the prisoner in cash, or in any other similar form; the payments made on his behalf and at his request, the sums transferred

〔捕虜の勘定の管理〕

第65条　捕虜の勘定に記入された各事項については、当該捕虜又はその代理をする捕虜代表が、副署又はかしら字署名をしなければならない。

②　捕虜に対しては、いつでも、その勘定を閲覧し、及びその写を入手する適当な便益を与えなければならない。その勘定は、利益保護国の代表者が、収容所を訪問した際検査することができる。

③　捕虜を一収容所から他の収容所に移動する場合には、その捕虜の勘定は、その捕虜とともに移転するものとする。捕虜を一抑留国から他の抑留国に移送する場合には、その捕虜の財産たる金銭で前抑留国の通貨でないものは、その捕虜とともに移転するものとする。その捕虜に対しては、その勘定に貸記されている他のすべての金銭の額について証明書を発給しなければならない。

④　関係紛争当事国は、利益保護国を通じて定期的に捕虜の勘定の額を相互に通告するため、協定することができる。

〔捕虜の勘定の決済〕

第66条　捕虜たる身分が解放又は送還によつて終了したときは、抑留国は、捕虜たる身分が終了した時における捕虜の貸方残高を示す証明書で抑留国の権限のある将校が署名したものを捕虜に交付しなければならない。抑留国は、また、捕虜が属する国に対し、利益保護国を通じ、送還、解放、逃走、死亡その他の事由で捕虜たる身分が終了したすべての捕虜に関するすべての適当な細目及びそれらの捕虜の貸方残高を示す表を送付しなければならない。その表は、1枚ごとに抑留国の権限のある代表者が証明しなければならない。

②　本条の前記の規定は、紛争当事国間の相互の協定で変更することができる。

③　捕虜が属する国は、捕虜たる身分が終了した時に抑留国から捕虜に支払うべき貸方残高を当該捕虜に対して決済する責任を負う。

〔捕虜への支払についての取極〕

第67条　第60条に従つて捕虜に支給される俸給の前払は、捕虜が属する国に代つてされる前払と認める。その俸給の前払並びに第63条第3項及び第68条に基いて当該国が行つたすべての支払は、敵対行為の終了の際、関係国の間の取極の対象としなければならない。

under Article 63, third paragraph.

ARTICLE 65

Every item entered in the account of a prisoner of war shall be countersigned or initialled by him, or by the prisoners' representative acting on his behalf.

Prisoners of war shall at all times be afforded reasonable facilities for consulting and obtaining copies of their accounts, which may likewise be inspected by the representatives of the Protecting Powers at the time of visits to the camp.

When prisoners of war are transferred from one camp to another, their personal accounts will follow them. In case of transfer from one Detaining Power to another, the monies which are their property and are not in the currency of the Detaining Power will follow them. They shall be given certificates for any other monies standing to the credit of their accounts.

The Parties to the conflict concerned may agree to notify to each other at specific intervals through the Protecting Power, the amount of the accounts of the prisoners of war.

ARTICLE 66

On the termination of captivity, through the release of a prisoner of war or his repatriation, the Detaining Power shall give him a statement, signed by an authorized officer of that Power, showing the credit balance then due to him. The Detaining Power shall also send through the Protecting Power to the government upon which the prisoner of war depends, lists giving all appropriate particulars of all prisoners of war whose captivity has been terminated by repatriation, release, escape, death or any other means, and showing the amount of their credit balances. Such lists shall be certified on each sheet by an authorized representative of the Detaining Power.

Any of the above provisions of this Article may be varied by mutual agreement between any two Parties to the conflict.

The Power on which the prisoner of war depends shall be responsible for settling with him any credit balance due to him from the Detaining Power on the termination of his captivity.

ARTICLE 67

Advances of pay, issued to prisoners of war in conformity with Article 60, shall be considered as made on behalf of the Power on which they depend. Such advances of pay, as well as all payments made by the said Power under Article 63, third paragraph, and Article 68, shall form the subject of arrangements between the Powers concerned, at the close of hostilities.

〔補償の請求権〕

第68条　労働による負傷又はその他の身体障害に関する捕虜の補償の請求は、利益保護国を通じ、捕虜が属する国に対してしなければならない。抑留国は、第54条に従つて、いかなる場合にも、負傷又は身体障害について、その性質、それが生じた事情及びそれに与えた医療上の又は病院における処置に関する細目を示す証明書を当該捕虜に交付するものとする。この証明書には、抑留国の責任のある将校が署名し、医療の細目は、軍医が証明するものとする。

②　第18条に基いて抑留国が取り上げた個人用品、金銭及び有価物で送還の際返還されなかつたもの並びに捕虜が被つた損害で抑留国又はその機関の責に帰すべき事由によると認められるものに関する捕虜の補償の請求も、捕虜が属する国に対してしなければならない。但し、前記の個人用品で捕虜が捕虜たる身分にある間その使用を必要とするものについては、抑留国がその費用で現物補償しなければならない。抑留国は、いかなる場合にも、前記の個人用品、金銭又は有価物が捕虜に返還されなかつた理由に関する入手可能なすべての情報を示す証明書で責任のある将校が署名したものを捕虜に交付するものとする。この証明書の写１通は、第123条に定める中央捕虜情報局を通じ、捕虜が属する国に送付するものとする。

第５部　捕虜と外部との関係

〔捕虜の本国に対する通知〕

第69条　抑留国は、捕虜がその権力内に陥つたときは、直ちに、捕虜及び、利益保護国を通じ、捕虜が属する国に対し、この部の規定を実施するために執る措置を通知しなければならない。抑留国は、その措置が後に変更されたときは、その変更についても同様に前記の関係者に通知しなければならない。

〔家族及び中央捕虜情報局への通知〕

第70条　各捕虜に対しては、その者が、捕虜となつた時直ちに、又は収容所（通過収容所を含む。）に到着した後１週間以内に、また、病気になつた場合又は病院若しくは他の収容所に移動された場合にもその後１週間以内に、その家族及び第123条に定める中央捕虜情報局に対し、捕虜となつた事実、あて名及び健康状態を通知する通知票を直接に送付することができるようにしなければならない。その通知票は、なるべくこの条約の附属のひな型と同様の形式のものでなければならない。その通知票は、できる限りすみやかに送付するものとし、いかなる場合にも、遅延することがあつてはならない。

ARTICLE 68

Any claim by a prisoner of war for compensation in respect of any injury or other disability arising out of work shall be referred to the Power on which he depends, through the Protecting Power. In accordance with Article 54, the Detaining Power will, in all cases, provide the prisoner of war concerned with a statement showing the nature of the injury or disability, the circumstances in which it arose and particulars of medical or hospital treatment given for it. This statement will be signed by a responsible officer of the Detaining Power and the medical particulars certified by a medical officer.

Any claim by a prisoner of war for compensation in respect of personal effects, monies or valuables impounded by the Detaining Power under Article 18 and not forthcoming on his repatriation, or in respect of loss alleged to be due to the fault of the Detaining Power or any of its servants, shall likewise be referred to the Power on which he depends. Nevertheless, any such personal effects required for use by the prisoners of war whilst in captivity shall be replaced at the expense of the Detaining Power. The Detaining Power will, in all cases, provide the prisoner of war with a statement, signed by a responsible officer, showing all available information regarding the reasons why such effects, monies or valuables have not been restored to him. A copy of this statement will be forwarded to the Power on which he depends through the Central Prisoners of War Agency provided for in Article 123.

SECTION V RELATIONS OF PRISONERS OF WAR WITH THE EXTERIOR

ARTICLE 69

Immediately upon prisoners of war falling into its power, the Detaining Power shall inform them and the Powers on which they depend, through the Protecting Power, of the measures taken to carry out the provisions of the present Section. They shall likewise inform the parties concerned of any subsequent modifications of such measures.

ARTICLE 70

Immediately upon capture, or not more than one week after arrival at a camp, even if it is a transit camp, likewise in case of sickness or transfer to hospital or to another camp, every prisoner of war shall be enabled to write direct to his family, on the one hand, and to the Central Prisoners of War Agency provided for in Article 123, on the other hand, a card similar, if possible, to the model annexed to the present Convention, informing his relatives of his capture, address and state of health. The said cards shall be forwarded as rapidly as possible and may not be delayed in any manner.

〔手紙及び葉書の送付・受領〕

第71条　捕虜に対しては、手紙及び葉書を送付し、及び受領することを許さなければならない。抑留国が各捕虜の発送する手紙及び葉書の数を制限することを必要と認めた場合には、その数は、毎月、手紙２通及び葉書（第70条に定める通知票を除く。）４通より少いものであつてはならない。それらの手紙及び葉書は、できる限りこの条約の附属のひな型と同様の形式のものでなければならない。その他の制限は、抑留国が必要な検閲の実施上有能な翻訳者を充分に得ることができないために翻訳に困難をきたし、従つて、当該制限を課することが捕虜の利益であると利益保護国が認める場合に限り、課することができる。捕虜にあてた通信が制限されなければならない場合には、その制限は、通常抑留国の要請に基いて、捕虜が属する国のみが命ずることができる。前記の手紙及び葉書は、抑留国が用いることができる最もすみやかな方法で送付するものとし、懲戒の理由で、遅延させ、又は留置してはならない。

② 長期にわたり家族から消息を得ない捕虜又は家族との間で通常の郵便路線により相互に消息を伝えることができない捕虜及び家族から著しく遠い場所にいる捕虜に対しては、電報を発信することを許さなければならない。その料金は、抑留国における捕虜の勘定に借記し、又は捕虜が処分することができる通貨で支払うものとする。捕虜は、緊急の場合にも、この措置による利益を受けるものとする。

③ 捕虜の通信は、原則として、母国語で書かなければならない。紛争当事国は、その他の言語で通信することを許すことができる。

④ 捕虜の郵便を入れる郵袋は、確実に封印し、且つ、その内容を明示する札を附した上で、名あて郵便局に送付しなければならない。

〔郵便荷物の受領〕

第72条　捕虜に対しては、特に、食糧、被服、医療品及び捕虜の必要を満たす宗教、教育又は娯楽用物品（図書、宗教用品、科学用品、試験用紙、楽器、運動具及び捕虜がその研究又は文化活動をすることを可能にする用品を含む。）を内容とする個人又は集団あての荷物を郵便その他の径路により受領することを許さなければならない。

② それらの荷物は、抑留国に対し、この条約で抑留国に課せられる義務を免除するものではない。

③ 前記の荷物に対して課することができる唯一の制限は、利益保護国が捕虜自身の利益のために提案する制限又は赤十字国際委員会その他捕虜に援助を与える団体が運送上の異常な混雑を理由として当該団体自身の荷物に関してのみ提案する

ARTICLE 71

Prisoners of war shall be allowed to send and receive letters and cards. If the Detaining Power deems it necessary to limit the number of letters and cards sent by each prisoner of war, the said number shall not be less than two letters and four cards monthly, exclusive of the capture cards provided for in Article 70, and conforming as closely as possible to the models annexed to the present Convention. Further limitations may be imposed only if the Protecting Power is satisfied that it would be in the interests of the prisoners of war concerned to do so owing to difficulties of translation caused by the Detaining Power's inability to find sufficient qualified linguists to carry out the necessary censorship. If limitations must be placed on the correspondence addressed to prisoners of war, they may be ordered only by the Power on which the prisoners depend, possibly at the request of the Detaining Power. Such letters and cards must be conveyed by the most rapid method at the disposal of the Detaining Power; they may not be delayed or retained for disciplinary reasons.

Prisoners of war who have been without news for a long period, or who are unable to receive news from their next of kin or to give them news by the ordinary postal route, as well as those who are at a great distance from their homes, shall be permitted to send telegrams, the fees being charged against the prisoners of war's accounts with the Detaining Power or paid in the currency at their disposal. They shall likewise benefit by this measure in cases of urgency.

As a general rule, the correspondence of prisoners of war shall be written in their native language. The Parties to the conflict may allow correspondence in other languages.

Sacks containing prisoner of war mail must be securely sealed and labelled so as clearly to indicate their contents, and must be addressed to offices of destination.

ARTICLE 72

Prisoners of war shall be allowed to receive by post or by any other means individual parcels or collective shipments containing, in particular, foodstuffs, clothing, medical supplies and articles of a religious, educational or recreational character which may meet their needs, including books, devotional articles, scientific equipment, examination papers, musical instruments, sports outfits and materials allowing prisoners of war to pursue their studies or their cultural activities.

Such shipments shall in no way free the Detaining Power from the obligations imposed upon it by virtue of the present Convention.

The only limits which may be placed on these shipments shall be those proposed by the Protecting Power in the interest of the prisoners themselves,

制限とする。

④　個人又は集団あての荷物の発送に関する条件は、必要があるときは、関係国間の特別協定の対象としなければならない。関係国は、いかなる場合にも、捕虜による救済品の受領を遅延させてはならない。図書は、被服又は食糧の荷物の中に入れてはならない。医療品は、原則として、集団あての荷物として送付しなければならない。

〔集団あての救済品についての特別協定〕

第73条　集団あての救済品の受領及び分配の条件に関して関係国間に特別協定がない場合には、この条約に附属する集団的救済に関する規則を適用しなければならない。

②　前記の特別協定は、いかなる場合にも、捕虜代表が捕虜にあてられた集団的救済品を保有し、分配し、及び捕虜の利益となるように処分する権利を制限するものであつてはならない。

③　前記の特別協定は、また、利益保護国、赤十字国際委員会又は捕虜に援助を与えるその他の団体で集団あての荷物の伝達について責任を負うものの代表者が受取人に対する当該荷物の分配を監督する権利を制限するものであつてはならない。

〔救済品の課徴金の免除〕

第74条　捕虜のためのすべての救済品は、輸入税、税関手数料その他の課徴金を免除される。

②　捕虜にあてられ、又は捕虜が発送する通信、救済品及び認められた送金で郵便によるものは、直接に送付されると第122条に定める捕虜情報局及び第123条に定める中央捕虜情報局を通じて送付されるとを問わず、差出国、名あて国及び仲介国において郵便料金を免除される。

③　捕虜にあてられた救済品が重量その他の理由により郵便で送付することができない場合には、その輸送費は、抑留国の管理の下にあるすべての地域においては、抑留国が負担しなければならない。この条約のその他の締約国は、それぞれの領域における輸送費を負担しなければならない。

④　関係国間に特別協定がない場合には、前記の救済品の輸送に関連する費用（前記により免除される費用を除く。）は、発送人が負担しなければならない。

⑤　締約国は、捕虜が発信し、又は捕虜にあてられる電報の料金をできる限り低額にするように努めなければならない。

or by the International Committee of the Red Cross or any other organization giving assistance to the prisoners, in respect of their own shipments only, on account of exceptional strain on transport or communications.

The conditions for the sending of individual parcels and collective relief shall, if necessary, be the subject of special agreements between the Powers concerned, which may in no case delay the receipt by the prisoners of relief supplies. Books may not be included in parcels of clothing and foodstuffs. Medical supplies shall, as a rule, be sent in collective parcels.

ARTICLE 73

In the absence of special agreements between the Powers concerned on the conditions for the receipt and distribution of collective relief shipments, the rules and regulations concerning collective shipments, which are annexed to the present Convention, shall be applied.

The special agreements referred to above shall in no case restrict the right of prisoners representatives to take possession of collective relief shipments intended for prisoners of war, to proceed to their distribution or to dispose of them in the interest of the prisoners.

Nor shall such agreements restrict the right of representatives of the Protecting Power, the International Committee of the Red Cross or any other organization giving assistance to prisoners of war and responsible for the forwarding of collective shipments, to supervise their distribution to the recipients.

ARTICLE 74

All relief shipments for prisoners of war shall be exempt from import, customs and other dues.

Correspondence, relief shipments and authorized remittances of money addressed to prisoners of war or despatched by them through the post office, either direct or through the Information Bureaux provided for in Article 122 and the Central Prisoners of War Agency provided for in Article 123, shall be exempt from any postal dues, both in the countries of origin and destination, and in intermediate countries.

If relief shipments intended for prisoners of war cannot be sent through the post office by reason of weight or for any other cause, the cost of transportation shall be borne by the Detaining Power in all the territories under its control. The other Powers party to the Convention shall bear the cost of transport in their respective territories.

In the absence of special agreements between the Parties concerned, the costs connected with transport of such shipments, other than costs covered by the above exemption, shall be charged to the senders.

The High Contracting Parties shall endeavour to reduce, so far as possible,

〔送付品の輸送手段の確保〕

第75条　軍事行動のため、関係国が第70条、第71条、第72条及び第77条に定める送付品の輸送を確保する義務を遂行することができなかつた場合には、関係利益保護国、赤十字国際委員会又は紛争当事国が正当に承認したその他の団体は、適当な輸送手段（鉄道車両、自動車、船舶、航空機等）によりその送付品を伝達することを確保するように企画することができる。このため、締約国は、それらのものに前記の輸送手段を提供することに努め、且つ、特に、必要な安導券を与えて輸送手段の使用を許さなければならない。

②　前記の輸送手段は、次のものの輸送のためにも使用することができる。

(a)　第123条に定める中央捕虜情報局と第122条に定める各国の捕虜情報局との間で交換される通信、名簿及び報告書

(b)　利益保護国、赤十字国際委員会又は捕虜に援助を与えるその他の団体がその代表又は紛争当事国との間で交換する捕虜に関する通信及び報告書

③　前記の規定は、紛争当事国が希望した場合に他の輸送手段について取極をする権利を制限するものではなく、また、安導券が相互に同意された条件でその輸送手段に関して与えられることを排除するものでもない。

④　特別協定がない場合には、輸送手段の使用に要する費用は、それによつて利益を得る者の国籍が属する紛争当事国が、あん分して負担しなければならない。

〔捕虜あての通信等の検閲〕

第76条　捕虜にあてられ、又は捕虜が発送する通信の検閲は、できる限りすみやかに行わなければならない。その通信は、差出国及び名あて国のみがそれぞれ１回に限り検閲することができる。

②　捕虜にあてられた荷物の検査は、その中の物品をそこなう虞のある条件の下で行つてはならない。その検査は、文書又は印刷物の場合を除く外、名あて人又は名あて人が正当に委任した捕虜の立会の下に行わなければならない。捕虜に対する個人又は集団あての荷物の引渡は、検査の困難を理由として遅滞することがあつてはならない。

③　紛争当事国が命ずる通信の禁止は、軍事的理由によるものであると政治的理由によるものであるとを問わず、一時的のものでなければならず、その禁止の期間は、できる限り短いものでなければならない。

the rates charged for telegrams sent by prisoners of war, or addressed to them.

ARTICLE 75

Should military operations prevent the Powers concerned from fulfilling their obligation to assure the transport of the shipments referred to in Articles 70, 71, 72 and 77, the Protecting Powers concerned, the International Committee of the Red Cross or any other organization duly approved by the Parties to the conflict may undertake to ensure the conveyance of such shipments by suitable means (railway wagons, motor vehicles, vessels or aircraft; etc.). For this purpose, the High Contracting Parties shall endeavour to supply them with such transport and to allow its circulation, especially by granting the necessary safe-conducts.

Such transport may also be used to convey:

(a) correspondence, lists and reports exchanged between the Central Information Agency referred to in Article 123 and the National Bureaux referred to in Article 122.

(b) correspondence and reports relating to prisoners of war which the Protecting Powers, the International Committee of the Red Cross or any other body assisting the prisoners, exchange either with their own delegates of with the Parties to the conflict.

These provisions in no way detract from the right of any Party to the conflict to arrange other means of transport, if it should so prefer, nor preclude the granting of safe-conducts, under mutually agreed conditions, to such means of transport.

In the absence of special agreements, the costs occasioned by the use of such means of transport shall be borne proportionally by the Parties to the conflict whose nationals are benefited thereby.

ARTICLE 76

The censoring of correspondence addressed to prisoners of war or despatched by them shall be done as quickly as possible. Mail shall be censored only by the despatching State and the receiving State, and once only by each.

The examination of consignments intended for prisoners of war shall not be carried out under conditions that will expose the goods contained in them to deterioration; except in the case of written or printed matter, it shall be done in the presence of the addressee, or of a fellow-prisoner duly delegated by him. The delivery to prisoners of individual or collective consignments shall not be delayed under the pretext of difficulties of censorship.

Any prohibition of correspondence ordered by Parties to the conflict, either for military or political reasons, shall be only temporary and its duration shall be as short as possible.

〔文書の伝達・作成についての便益の提供〕

第77条　抑留国は、捕虜にあてられ、又は捕虜が発送する証書、文書及び記録、特に、委任状及び遺言状が利益保護国又は第123条に定める中央捕虜情報局を通じて伝達されるように、すべての便益を提供しなければならない。

②　抑留国は、いかなる場合にも、前記の書類の作成について捕虜に便益を与えなければならない。特に、抑留国は、捕虜が法律家に依頼することを許さなければならず、また、捕虜の署名の認証のため必要な措置を執らなければならない。

第6部　捕虜と当局との関係

第1章　抑留条件に関する捕虜の苦情

〔抑留条件申立の権利〕

第78条　捕虜は、自己を権力内に有する軍当局に対し、抑留条件に関する要請を申し立てる権利を有する。

②　捕虜は、また、その抑留条件に関して苦情を申し立てようとする事項に対して利益保護国の代表者の注意を喚起するため、捕虜代表を通じ、又は必要と認めるときは直接に、利益保護国の代表者に対して申入れをする権利を無制限に有する。

③　前記の要請及び苦情は、制限してはならず、また、第71条に定める通信の割当数の一部を構成するものと認めてはならない。この要請及び苦情は、直ちに伝達しなければならない。この要請及び苦情は、理由がないと認められた場合にも、処罰の理由としてはならない。

④　捕虜代表は、利益保護国の代表者に対し、収容所の状態及び捕虜の要請に関する定期的報告をすることができる。

第2章　捕虜代表

〔捕虜代表の選出〕

第79条　捕虜は、捕虜が収容されているすべての場所（将校が収容されている場所を除く。）において、軍当局、利益保護国、赤十字国際委員会及び捕虜を援助するその他の団体に対して捕虜を代表することを委任される捕虜代表を、6箇月ごとに及び欠員を生じたつど、自由に秘密投票で選挙しなければならない。この捕虜代表は、再選されることができる。

②　将校及びこれに相当する者の収容所又は混合収容所では、捕虜中の先任将校をその収容所の捕虜代表と認める。将校の収容所では、捕虜代表は、将校により選

ARTICLE 77

The Detaining Powers shall provide all facilities for the transmission, through the Protecting Power or the Central Prisoners of War Agency provided for in Article 123, of instruments, papers or documents intended for prisoners of war or despatched by them, especially powers of attorney and wills.

In all cases they shall facilitate the preparation and execution of such documents on behalf of prisoners of war; in particular, they shall allow them to consult a lawyer and shall take what measures are necessary for the authentication of their signatures.

SECTION VI RELATIONS BETWEEN PRISONERS OF WAR AND THE AUTHORITIES

CHAPTER I COMPLAINTS OF PRISONERS OF WAR RESPECTING THE CONDITIONS OF CAPTIVITY

ARTICLE 78

Prisoners of war shall have the right to make known to the military authorities in whose power they are, their requests regarding the conditions of captivity to which they are subjected.

They shall also have the unrestricted right to apply to the representatives of the Protecting Powers either through their prisoners' representative or, if they consider it necessary, direct, in order to draw their attention to any points on which they may have complaints to make regarding their conditions of captivity.

These requests and complaints shall not be limited nor considered to be a part of the correspondence quota referred to in Article 71. They must be transmitted immediately. Even if they are recognized to be unfounded, they may not give rise to any punishment.

Prisoners' representatives may send periodic reports on the situation in the camps and the needs of the prisoners of war to the representatives of the Protecting Powers.

CHAPTER II PRISONER OF WAR REPRESENTATIVES

ARTICLE 79

In all places where there are prisoners of war, except in those where there are officers, the prisoners shall freely elect by secret ballot, every six months, and also in case of vacancies, prisoners' representatives entrusted with representing them before the military authorities, the Protecting Powers, the International Committee of the Red Cross and any other organization which may assist them. These prisoners' representatives shall be eligible for re-election.

In camps for officers and persons of equivalent status or in mixed camps,

ばれた1人又は2人以上の顧問によつて補助されるものとする。混合収容所では、捕虜代表の補助者は、将校でない捕虜の中から選ばなければならず、また、将校でない捕虜によつて選挙されたものでなければならない。

③　収容所の管理に関する任務で捕虜が責任を負うものを遂行するため、捕虜の労働収容所には、同一の国籍を有する捕虜たる将校を置かなければならない。これらの将校は、本条第1項に基いて捕虜代表として選挙されることができる。この場合には、捕虜代表の補助者は、将校でない捕虜の中から選ばなければならない。

④　選挙された捕虜代表は、すべて、その任務につく前に抑留国の承認を得なければならない。抑留国は、捕虜により選挙された捕虜代表について承認を拒否したときは、その拒否の理由を利益保護国に通知しなければならない。

⑤　捕虜代表は、いかなる場合にも、自己が代表する捕虜と同一の国籍、言語及び慣習の者でなければならない。国籍、言語及び慣習に従つて収容所の異なる区画に収容された捕虜は、こうして、前各項に従つて各区画ごとにそれぞれの捕虜代表を有するものとする。

〔捕虜代表の任務〕

第80条　捕虜代表は、捕虜の肉体的、精神的及び知的福祉のために貢献しなければならない。

②　特に、捕虜がその相互の間で相互扶助の制度を組織することに決定した場合には、この組織は、この条約の他の規定によつて捕虜代表に委任される特別の任務とは別に、捕虜代表の権限に属するものとする。

③　捕虜代表は、その任務のみを理由としては、捕虜が犯した罪について責任を負うものではない。

〔捕虜代表に与えられる便益〕

第81条　捕虜代表に対しては、その任務の遂行が他の労働によつて一層困難となるときは、他の労働を強制してはならない。

②　捕虜代表は、その必要とする補助者を捕虜の中から指名することができる。捕虜代表に対しては、すべての物質的便益、特に、その任務の達成のために必要なある程度の行動の自由（労働分遣所の訪問、需品の受領等）を許さなければならない。

③　捕虜代表に対しては、捕虜が抑留されている施設を訪問することを許さなければならない。各捕虜は、その捕虜代表と自由に協議する権利を有する。

the senior officer among the prisoners of war shall be recognized as the camp prisoners' representative. In camps for officers, he shall be assisted by one or more advisers chosen by the officers; in mixed camps, his assistants shall be chosen from among the prisoners of war who are not officers and shall be elected by them.

Officer prisoners of war of the same nationality shall be stationed in labour camps for prisoners of war, for the purpose of carrying out the camp administration duties for which the prisoners of war are responsible. These officers may be elected as prisoners' representatives under the first paragraph of this Article. In such a case the assistants to the prisoners' representatives shall be chosen from among those prisoners of war who are not officers.

Every representative elected must be approved by the Detaining Power before he has the right to commence his duties. Where the Detaining Power refuses to approve a prisoner of war elected by his fellow prisoners of war, it must inform the Protecting Power of the reason for such refusal.

In all cases the prisoners' representative must have the same nationality, language and customs as the prisoners of war whom he represents. Thus, prisoners of war distributed in different sections of a camp, according to their nationality, language or customs, shall have for each section their own prisoners' representative, in accordance with the foregoing paragraphs.

ARTICLE 80

Prisoners' representatives shall further the physical, spiritual and intellectual well-being of prisoners of war.

In particular, where the prisoners decide to organize amongst themselves a system of mutual assistance, this organization will be within the province of the prisoners' representative, in addition to the special duties entrusted to him by other provisions of the present Conventon.

Prisoners' representatives shall not be held responsible, simply by reason of their duties, for any offences committed by prisoners of war.

ARTICLE 81

Prisoners' representatives shall not be required to perform any other work, if the accomplishment of their duties is thereby made more difficult.

Prisoners' representatives may appoint from amongst the prisoners such assistants as they may require. All material facilities shall be granted them, particularly a certain freedom of movement necessary for the accomplishment of their duties (inspection of labour detachments, receipt of supplies, etc.).

Prisoners' representatives shall be permitted to visit premises where prisoners of war are detained, and every prisoner of war shall have the right to consult freely his prisoners' representative.

④　捕虜代表に対しては、また、抑留国の当局、利益保護国及び赤十字国際委員会並びにそれらの代表、混成医療委員会並びに捕虜を援助する団体と郵便及び電信で通信するためのすべての便益を与えなければならない。労働分遣所の捕虜代表は、主たる収容所の捕虜代表と通信するため、同一の便益を享有する。この通信は、制限してはならず、また、第71条に定める割当数の一部を構成するものと認めてはならない。

⑤　移動される捕虜代表に対しては、その事務を後任者に引き継ぐための充分な時間を与えなければならない。

⑥　捕虜代表が解任された場合には、その理由は、利益保護国に通知しなければならない。

第3章　刑罰及び懲戒罰

Ⅰ　総則

〔服従の義務〕

第82条　捕虜は、抑留国の軍隊に適用される法律、規則及び命令に服さなければならない。抑留国は、その法律、規則及び命令に対する捕虜の違反行為について司法上又は懲戒上の措置を執ることができる。但し、その手続又は処罰は、本章の規定に反するものであつてはならない。

②　抑留国の法律、規則又は命令が、捕虜が行つた一定の行為について処罰すべきものと定めている場合において、抑留国の軍隊の構成員が行つた同一の行為については処罰すべきものでないときは、その行為については、懲戒罰のみを科することができる。

〔司法措置より懲戒措置の優先〕

第83条　抑留国は、捕虜が行つたと認められる違反行為に対する処罰が司法上又は懲戒上の手続のいずれによるべきかを決定するに当つては、権限のある当局が最大の寛容を示し、且つ、できる限り司法上の措置よりも懲戒上の措置を執ることを確保しなければならない。

〔管轄裁判所（軍事裁判所）〕

第84条　捕虜は、軍事裁判所のみが裁判することができる。但し、非軍事裁判所が、捕虜が犯したと主張されている当該違反行為と同一の行為に関して抑留国の軍隊の構成員を裁判することが抑留国の現行の法令によつて明白に認められている場合は、この限りでない。

②　捕虜は、いかなる場合にも、裁判所のいかんを問わず、一般に認められた独立及び公平についての不可欠の保障を与えない裁判所、特に、その手続が第105条

All facilities shall likewise be accorded to the prisoners' representatives for communication by post and telegraph with the detaining authorities, the Protecting Powers, the International Committee of the Red Cross and their delegates, the Mixed Medical Commissions and the bodies which give assistance to prisoners of war. Prisoners' representatives of labour detachments shall enjoy the same facilities for communication with the prisoners' representatives of the principal camp. Such communications shall not be restricted, nor considered as forming a part of the quota mentioned in Article 71.

Prisoners' representatives who are transferred shall be allowed a reasonable time to acquaint their successors with current affairs.

In case of dismissal, the reasons therefor shall be communicated to the Protecting Power.

CHAPTER III PENAL AND DISCIPLINARY SANCTIONS

I. General Provisions

ARTICLE 82

A prisoner of war shall be subject to the laws, regulations and orders in force in the armed forces of the Detaining Power; the Detaining Power shall be justified in taking judicial or disciplinary measures in respect of any offence committed by a prisoner of war against such laws, regulations or orders. However, no proceedings or punishments contrary to the provisions of this Chapter shall be allowed.

If any law, regulation or order of the Detaining Power shall declare acts committed by a prisoner of war to be punishable, whereas the same acts would not be punishable if committed by a member of the forces of the Detaining Power, such acts shall entail disciplinary punishments only.

ARTICLE 83

In deciding whether proceedings in respect of an offence alleged to have been committed by a prisoner of war shall be judicial or disciplinary, the Detaining Power shall ensure that the competent authorities exercise the greatest leniency and adopt, wherever possible, disciplinary rather than judicial measures.

ARTICLE 84

A prisoner of war shall be tried only by a military court, unless the existing laws of the Detaining Power expressly permit the civil courts to try a member of the armed forces of the Detaining Power in respect of the particular offence alleged to have been committed by the prisoner of war.

In no circumstances whatever shall a prisoner of war be tried by a court of any kind which does not offer the essential guarantees of independence and impartiality as generally recognized, and, in particular, the procedure of

に定める防ぎよの権利及び手段を被告人に与えない裁判所では、裁判してはならない。

〔捕虜になる前の行為の訴追〕

第85条　捕虜とされる前に行つた行為について抑留国の法令に従つて訴追された捕虜は、この条約の利益を引き続き享有する。有罪の判決を受けても、同様である。

〔重複処罰の禁止〕

第86条　捕虜は、同一の行為又は同一の犯罪事実については、重ねて処罰することができない。

〔捕虜に対する刑罰〕

第87条　抑留国の軍当局及び裁判所は、捕虜に対しては、同一の行為を行つた抑留国の軍隊の構成員に関して規定された刑罰以外の刑罰を科してはならない。

②　抑留国の裁判所又は当局は、刑罰を決定するに当つては、被告人が抑留国の国民ではなくて同国に対し忠誠の義務を負わない事実及び被告人がその意思に関係のない事情によつて抑留国の権力内にある事実をできる限り考慮に入れなければならない。前記の裁判所又は当局は、捕虜が訴追された違反行為に関して定める刑罰を自由に減軽することができるものとし、従つて、このためには、所定の最も軽い刑罰にかかわりなく刑罰を科することができる。

③　個人の行為に関して集団に科する刑罰、肉体に加える刑罰、日光が入らない場所における拘禁及び一般にあらゆる種類の拷問又は残虐行為は、禁止する。

④　抑留国は、捕虜の階級を奪つてはならず、また、捕虜の階級章の着用を妨げてはならない。

〔服役〕

第88条　懲戒罰又は刑罰に服する捕虜たる将校、下士官及び兵に対しては、同一の罰に関して抑留国の軍隊の同等の階級に属する構成員に適用される待遇よりもきびしい待遇を与えてはならない。

②　女子の捕虜に対しては、抑留国の軍隊の構成員たる女子が同様の違反行為について受けるところよりも、きびしい罰を科してはならず、又はきびしい待遇を罰に服する間与えてはならない。

③　女子の捕虜に対しては、いかなる場合にも、抑留国の軍隊の構成員たる男子が同様の違反行為について受けるところよりも、きびしい罰を科してはならず、又はきびしい待遇を罰に服する間与えてはならない。

④　捕虜は、懲戒罰又は刑罰に服した後は、他の捕虜と差別して待遇してはならな

which does not afford the accused the rights and means of defence provided for in Article 105.

ARTICLE 85

Prisoners of war prosecuted under the laws of the Detaining Power for acts committed prior to capture shall retain, even if convicted the benefits of the present Convention.

ARTICLE 86

No prisoner of war may be punished more than once for the same act or on the same charge.

ARTICLE 87

Prisoners of war may not be sentenced by the military authorities and courts of the Detaining Power to any penalties except those provided for in respect of members of the armed forces of the said Power who have committed the same acts.

When fixing the penalty, the courts or authorities of the Detaining Power shall take into consideration, to the widest extent possible, the fact that the accused, not being a national of the Detaining Power, is not bound to it by any duty of allegiance, and that he is in its power as the result of circumstances independent of his own will. The said courts or authorities shall be at liberty to reduce the penalty provided for the violation of which the prisoner of war is accused, and shall therefore not be bound to apply the minimum penalty prescribed.

Collective punishment for individual acts, corporal punishment, imprisonment in premises without daylight and, in general, any form of torture or cruelty, are forbidden.

No prisoner of war may be deprived of his rank by the Detaining Power, or prevented from wearing his badges.

ARTICLE 88

Officers, non-commissioned officers and men who are prisoners of war undergoing a disciplinary or judicial punishment, shall not be subjected to more severe treatment than that applied in respect of the same punishment to members of the armed forces of the Detaining Power of equivalent rank.

A woman prisoner of war shall not be awarded or sentenced to a punishment more severe, or treated whilst undergoing punishment more severely, than a woman member of the armed forces of the Detaining Power dealt with for a similar offence.

In no case may a woman prisoner of war be awarded or sentenced to a punishment more severe, or treated whilst undergoing punishment more severely, than a male member of the armed forces of the Detaining Power

い。

Ⅱ　懲戒罰

〔科すことができる懲戒罰の種類〕

第89条　捕虜に対して科することができる懲戒罰は、次のものとする。

(1)　30日以内の期間について行う、第60条及び第62条の規定に基いて捕虜が受領すべき前払の俸給及び労働賃金の100分の50以下の減給

(2)　この条約で定める待遇以外に与えられている特権の停止

(3)　1日につき2時間以内の労役

(4)　拘置

②　(3)に定める罰は、将校には科さないものとする。

③　懲戒罰は、いかなる場合にも、非人道的なもの、残虐なもの又は捕虜の健康を害するものであつてはならない。

〔懲戒罰の期間〕

第90条　一の懲戒罰の期間は、いかなる場合にも、30日をこえてはならない。紀律に対する違反行為に関する審問又は懲戒の決定があるまでの間における拘禁の期間は、捕虜に言い渡す本罰に通算しなければならない。

②　捕虜が懲戒の決定を受ける場合において、同時に2以上の行為について責任を問われているときでも、それらの行為の間に関連があるかどうかを問わず、前記の30日の最大限度は、こえてはならない。

③　懲戒の言渡と執行との間の期間は、1箇月をこえてはならない。

④　捕虜について重ねて懲戒の決定があつた場合において、いずれかの懲戒罰の期間が10日以上であるときは、いずれの2の懲戒についても、その執行の間には、少くとも3日の期間を置かなければならない。

〔捕虜の逃走の成功〕

第91条　捕虜の逃走は、次の場合には、成功したものと認める。

(1)　捕虜がその属する国又はその同盟国の軍隊に帰着した場合

(2)　捕虜が抑留国又はその同盟国の支配下にある地域を去つた場合

(3)　捕虜がその属する国又はその同盟国の国旗を掲げる船舶で抑留国の領水内にあるものに帰着した場合。但し、その船舶が抑留国の支配下にある場合を除く。

②　本条の意味における逃走に成功した後に再び捕虜とされた者に対しては、以前の逃走について罰を科してはならない。

dealt with for a similar offence.

Prisoners of war who have served disciplinary or judicial sentences may not be treated differently from other prisoners of war.

II. Disciplinary Sanctions

ARTICLE 89

The disciplinary punishments applicable to prisoners of war are the following:

(1) A fine which shall not exceed 50 per cent of the advances of pay and working pay which the prisoner of war would otherwise receive under the provisions of Articles 60 and 62 during a period of not more than thirty days.

(2) Discontinuance of privileges granted over and above the treatment provided for by the present Convention.

(3) Fatigue duties not exceeding two hours daily.

(4) Confinement.

The punishment referred to under (3) shall not be applied to officers.

In no case shall disciplinary punishments be inhuman, brutal or dangerous to the health of prisoners of war.

ARTICLE 90

The duration of any single punishment shall in no case exceed thirty days. Any period of confinement awaiting the hearing of a disciplinary offence or the award of disciplinary punishment shall be deducted from an award pronounced against a prisoner of war.

The maximum of thirty days provided above may not be exceeded, even if the prisoner of war is answerable for several acts at the same time when he is awarded punishment, whether such acts are related or not.

The period between the pronouncing of an award of disciplinary punishment and its execution shall not exceed one month.

When a prisoner of war is awarded a further disciplinary punishment, a period of at least three days shall elapse between the execution of any two of the punishments, if the duration of one of these is ten days or more.

ARTICLE 91

The escape of a prisoner of war shall be deemed to have succeeded when:

(1) he has joined the armed forces of the Power on which he depends, or those of an allied Power;

(2) he has left the territory under the control of the Detaining Power, or of an ally of the said Power;

(3) he has joined a ship flying the flag of the Power on which he depends, or of an allied Power, in the territorial waters of the Detaining Power, the said ship not being under the control of the last named Power.

〔逃走不成功の捕虜の処罰〕

第92条　逃走を企てた捕虜で第91条の意味における逃走に成功する前に再び捕虜とされたものに対しては、その行為が重ねて行われたものであるとないとを問わず、その行為については懲戒罰のみを科することができる。

②　再び捕虜とされた者は、権限のある軍当局に遅滞なく引き渡さなければならない。

③　第88条第４項の規定にかかわらず、成功しなかつた逃走の結果として処罰された捕虜は、特別の監視の下に置くことができる。その監視は、捕虜の健康状態を害するものであつてはならず、捕虜収容所内で行われるものでなければならず、また、この条約によつて捕虜に与えられる保護のいずれをも排除するものであつてはならない。

〔逃走間の犯罪行為と処罰〕

第93条　逃走又は逃走の企図は、その行為が重ねて行われたものであるとないとを問わず、捕虜が逃走中又は逃走の企図中に行つた犯罪行為について司法手続による裁判に付されたときに刑を加重する情状と認めてはならない。

②　捕虜が逃走を容易にする意思のみをもつて行つた違反行為で生命及び身体に対する暴行を伴わないもの、たとえば、公の財産に対して行つた違反行為、利得の意思を伴わない盗取、偽造文書の作成又は行使、軍服以外の被服の着用等については、第83条に掲げる原則に従つて懲戒罰のみを科することができる。

③　逃走又は逃走の企図をほう助し、又はそそのかした捕虜に対しては、その行為について懲戒罰のみを科することができる。

〔逃走捕虜の再捕の通告〕

第94条　逃走した捕虜が再び捕虜とされた場合には、その事実については、第122条に定めるところにより、捕虜が属する国に通告しなければならない。但し、その逃走が既に通告されているときに限る。

〔拘禁の期間〕

第95条　紀律に対する違反行為について責任を問われた捕虜は、抑留国の軍隊の構成員が同様の違反行為について責任を問われたとき同様に拘禁される場合又は収容所の秩序及び紀律の維持のために必要とされる場合を除く外、懲戒の決定があるまでの間、拘禁してはならない。

②　紀律に対する違反行為についての処分があるまでの間における捕虜の拘禁の期間は、最少限度としなければならず、また、14日をこえてはならない。

Prisoners of war who have made good their escape in the sense of this Article and who are recaptured, shall not be liable to any punishment in respect of their previous escape.

ARTICLE 92

A prisoner of war who attempts to escape and is recaptured before having made good his escape in the sense of Article 91 shall be liable only to a disciplinary punishment in respect of this act, even if it is a repeated offence.

A prisoner of war who is recaptured shall be handed over without delay to the competent military authority.

Article 88, fourth paragraph, notwithstanding, prisoners of war punished as a result of an unsuccessful escape may be subjected to special surveillance. Such surveillance must not affect the state of their health, must be undergone in a prisoner of war camp, and must not entail the suppression of any of the safeguards granted them by the present Convention.

ARTICLE 93

Escape or attempt to escape, even if it is a repeated offence, shall not be deemed an aggravating circumstance if the prisoner of war is subjected to trial by judicial proceedings in respect of an offence committed during his escape or attempt to escape.

In conformity with the principle stated in Article 83, offences committed by prisoners of war with the sole intention of facilitating their escape and which do not entail any violence against life or limb, such as offences against public property, theft without intention of self-enrichment, the drawing up or use of false papers, or the wearing of civilian clothing, shall occasion disciplinary punishment only.

Prisoners of war who aid or abet an escape or an attempt to escape shall be liable on this count to disciplinary punishment only.

ARTICLE 94

If an escaped prisoner of war is recaptured, the Power on which he depends shall be notified thereof in the manner defined in Article 122, provided notification of his escape has been made.

ARTICLE 95

A prisoner of war accused of an offence against discipline shall not be kept in confinement pending the hearing unless a member of the armed forces of the Detaining Power would be so kept if he were accused of a similar offence, or if it is essential in the interests of camp order and discipline.

Any period spent by a prisoner of war in confinement awaiting the disposal of an offence against discipline shall be reduced to an absolute minimum and shall not exceed fourteen days.

③　本章第97条及び第98条の規定は、紀律に対する違反行為についての処分があるまでの間に拘禁されている捕虜に適用する。

〔懲戒罰の言渡と執行〕

第96条　紀律に対する違反行為を構成する行為は、直ちに調査しなければならない。

②　懲戒罰は、収容所長の資格で懲戒権を有する将校又はその代理をし、若しくはその懲戒権を委任される責任のある将校のみが、言い渡すことができる。但し、裁判所及び上級の軍当局の権限を害するものではない。

③　懲戒権は、いかなる場合にも、捕虜に委任され、又は捕虜により行使されてはならない。

④　違反行為の責任を問われた捕虜に対しては、懲戒の決定の言渡の前に、責任を問われた違反行為に関する正確な情報を告げ、且つ、当該捕虜が自己の行為を弁明し、及び自己を防ぎよう機会を与えなければならない。その捕虜に対しては、特に、証人の喚問を求めること及び必要があるときは資格のある通訳人に通訳させることを許さなければならない。決定は、当該捕虜及び捕虜代表に対して告知しなければならない。

⑤　懲戒の記録は、収容所長が保存し、且つ、利益保護国の代表者の閲覧に供しなければならない。

〔懲戒罰を執行する場所〕

第97条　捕虜は、いかなる場合にも、懲治施設（監獄、懲治所、徒刑場等）に移動して懲戒罰に服させてはならない。

②　捕虜を懲戒罰に服させるすべての場所は、第25条に掲げる衛生上の要件を満たすものでなければならない。懲戒罰に服する捕虜については、第29条の規定に従つて、清潔な状態を保つことができるようにしなければならない。

③　将校及びこれに相当する者は、下士官又は兵と同一の場所に拘禁してはならない。

④　懲戒罰に服する女子の捕虜は、男子の捕虜と分離した場所に拘禁し、且つ、女子の直接の監視の下に置かなければならない。

〔懲戒罰に服する捕虜の取扱〕

第98条　懲戒罰として拘禁される捕虜は、拘禁された事実だけでこの条約の規定の適用が必然的に不可能となつた場合を除く外、引き続きこの条約の規定の利益を享有する。第78条及び第126条の規定の利益は、いかなる場合にも、その捕虜から奪つてはならない。

②　懲戒罰に服する捕虜からは、その階級に伴う特権を奪つてはならない。

The provisions of Articles 97 and 98 of this Chapter shall apply to prisoners of war who are in confinement awaiting the disposal of offences against discipline.

ARTICLE 96

Acts which constitute offences against discipline shall be investigated immediately.

Without prejudice to the competence of courts and superior military authorities, disciplinary punishment may be ordered only by an officer having disciplinary powers in his capacity as camp commander, or by a responsible officer who replaces him or to whom he has delegated his disciplinary powers.

In no case may such powers be delegated to a prisoner of war or be exercised by a prisoner of war.

Before any disciplinary award is pronounced, the accused shall be given precise information regarding the offences of which he is accused, and given an opportunity of explaining his conduct and of defending himself. He shall be permitted, in particular, to call witnesses and to have recourse, if necessary, to the services of a qualified interpreter. The decision shall be announced to the accused prisoner of war and to the prisoners' representative.

A record of disciplinary punishments shall be maintained by the camp commander and shall be open to inspection by representatives of the Protecting Power.

ARTICLE 97

Prisoners of war shall not in any case be transferred to penitentiary establishments (prisons, penitentiaries, convict prisons, etc.) to undergo disciplinary punishment therein.

All premises in which disciplinary punishments are undergone shall conform to the sanitary requirements set forth in Article 25. A prisoner of war undergoing punishment shall be enabled to keep himself in a state of cleanliness, in conformity with Article 29.

Officers and persons of equivalent status shall not be lodged in the same quarters as non-commissioned officers or men.

Women prisoners of war undergoing disciplinary punishment shall be confined in separate quarters from male prisoners of war and shall be under the immediate supervision of women.

ARTICLE 98

A prisoner of war undergoing confinement as a disciplinary punishment, shall continue to enjoy the benefits of the provisions of this Convention except in so far as these are necessarily rendered inapplicable by the mere fact that he is confined. In no case may he be deprived of the benefits of the provisions of Articles 78 and 126.

③　懲戒罰に服する捕虜に対しては、1日に少くとも2時間、運動し、及び戸外にあることを許さなければならない。

④　それらの捕虜に対しては、その請求があつたときは、日日の検診を受けることを許さなければならない。それらの捕虜は、その健康状態により必要とされる治療を受けるものとし、また、必要がある場合には、収容所の病室又は病院に移されるものとする。

⑤　それらの捕虜に対しては、読むこと、書くこと及び信書を発受することを許さなければならない。但し、送付を受けた小包及び金銭は、処罰が終了するまでの間、留置することができる。その間は、送付を受けた小包及び金銭は、捕虜代表に委託しなければならず、捕虜代表は、その荷物の中にある変敗しやすい物を病室に引き渡さなければならない。

Ⅲ　司法手続

〔適用法及び弁護人〕

第99条　捕虜は、実行の時に効力があつた抑留国の法令又は国際法によつて禁止されていなかつた行為については、これを裁判に付し、又はこれに刑罰を科してはならない。

②　捕虜に対しては、責任を問われた行為について有罪であると認めさせるために精神的又は肉体的強制を加えてはならない。

③　捕虜は、防ぎよ方法を提出する機会を与えられ、且つ、資格のある弁護人の援助を受けた後でなければ、これに対して有罪の判決をしてはならない。

〔死刑を科す犯罪行為〕

第100条　捕虜及び利益保護国に対しては、抑留国の法令に基いて死刑を科することができる犯罪行為について、できる限りすみやかに通知しなければならない。

②　その他の犯罪行為は、その後は、捕虜が属する国の同意を得ないでは、死刑を科することができる犯罪行為としてはならない。

③　死刑の判決は、第87条第2項に従つて、被告人が抑留国の国民ではなくて同国に対し忠誠の義務を負わない事実及び被告人がその意思に関係のない事情によつて抑留国の権力内にある事実を裁判所が特に留意した後でなければ、捕虜に言い渡してはならない。

〔死刑の執行の時期〕

第101条　捕虜に対して死刑の判決の言渡があつた場合には、その判決は、利益保護国が第107条に定める詳細な通告を指定のあて先で受領した日から少くとも6箇月の期間が経過する前に執行してはならない。

A prisoner of war awarded disciplinary punishment may not be deprived of the prerogatives attached to his rank.

Prisoners of war awarded disciplinary punishment shall be allowed to exercise and to stay in the open air at least two hours daily.

They shall be allowed, on their request, to be present at the daily medical inspections. They shall receive the attention which their state of health requires and, if necessary, shall be removed to the camp infirmary or to a hospital.

They shall have permission to read and write, likewise to send and receive letters. Parcels and remittances of money however, may be withheld from them until the completion of the punishment; they shall meanwhile be entrusted to the prisoners' representative, who will hand over to the infirmary the perishable goods contained in such parcels.

III Judicial Proceedings

ARTICLE 99

No prisoner of war may be tried or sentenced for an act which is not forbidden by the law of the Detaining Power or by international law, in force at the time the said act was committed.

No moral or physical coercion may be exerted on a prisoner of war in order to induce him to admit himself guilty of the act of which he is accused.

No prisoner of war may be convicted without having had an opportunity to present his defence and the assistance of a qualified advocate or counsel.

ARTICLE 100

Prisoners of war and the Protecting Powers shall be informed as soon as possible of the offences which are punishable by the death sentence under the laws of the Detaining Power.

Other offences shall not thereafter be made punishable by the death penalty without the concurrence of the Power on which the prisoners of war depend.

The death sentence cannot be pronounced on a prisoner of war unless the attention of the court has, in accordance with Article 87, second paragraph, been particularly called to the fact that since the accused is not a national of the Detaining Power, he is not bound to it by any duty of allegiance, and that he is in its power as the result of circumstances independent of his own will.

ARTICLE 101

If the death penalty is pronounced on a prisoner of war, the sentence shall not be executed before the expiration of a period of at least six months from the date when the Protecting Power receives, at an indicated address, the detailed communication provided for in Article 107.

〔判決手続及び効力〕

第102条　捕虜に対して言い渡された判決は、抑留国の軍隊の構成員の場合と同一の裁判所により同一の手続に従つて行われ、且つ、本章の規定が遵守された場合でなければ、効力を有しない。

〔取調・勾留期間の制限〕

第103条　捕虜に関する司法上の取調は、事情が許す限りすみやかに、且つ、裁判ができる限りすみやかに開始されるように、行わなければならない。捕虜は、抑留国の軍隊の構成員が同様の犯罪行為について責任を問われれば勾留される場合又は国の安全上その勾留を必要とする場合を除く外、裁判があるまでの間、勾留してはならない。いかなる場合にも、この勾留の期間は、3箇月をこえてはならない。

②　裁判があるまでの間に捕虜が勾留された期間は、当該捕虜に科する拘禁の本刑に通算しなければならず、また、刑の決定に当つて考慮に入れなければならない。

③　本章第97条及び第98条の規定は、裁判があるまでの間において勾留される捕虜に適用する。

〔司法手続の開始と利益保護国への通知〕

第104条　抑留国は、捕虜について司法手続を開始することに決定した場合には、利益保護国に対し、できる限りすみやかに、且つ、少くとも裁判の開始の3週間前に、その旨を通知しなければならない。この3週間の期間は、その通知が、利益保護国があらかじめ抑留国に対して指定したあて先において利益保護国に到達した日から起算する。

②　前記の通知書には、次の事項を掲げなければならない。

(1)　捕虜の氏名、階級、軍の番号、連隊の番号、個人番号又は登録番号、生年月日及び職業

(2)　抑留又は勾留の場所

(3)　捕虜に関する公訴事実の細目及び適用される法令の規定

(4)　事件を裁判する裁判所並びに裁判の開始の期日及び場所

③　抑留国は、捕虜代表に対しても同一の通知をしなければならない。

④　利益保護国、当該捕虜及び関係のある捕虜代表が裁判の開始の少くとも3週間前に前記の通知を受領した旨の証拠が裁判の開始に当つて提出されなかつた場合には、裁判は、開始してはならず、延期しなければならない。

ARTICLE 102

A prisoner of war can be validly sentenced only if the sentence has been pronounced by the same courts according to the same procedure as in the case of members of the armed forces of the Detaining Power, and if, furthermore, the provisions of the present Chapter have been observed.

ARTICLE 103

Judicial investigations relating to a prisoner of war shall be conducted as rapidly as circumstances permit and so that his trial shall take place as soon as possible. A prisoner of war shall not be confined while awaiting trial unless a member of the armed forces of the Detaining Power would be so confined if he were accused of a similar offence, or if it is essential to do so in the interests of national security. In no circumstances shall this confinement exceed three months.

Any period spent by a prisoner of war in confinement awaiting trial shall be deducted from any sentence of imprisonment passed upon him and taken into account in fixing any penalty.

The provisions of Articles 97 and 98 of this Chapter shall apply to a prisoner of war whilst in confinement awaiting trial.

ARTICLE 104

In any case in which the Detaining Power has decided to institute judicial proceedings against a prisoner of war, it shall notify the Protecting Power as soon as possible and at least three weeks before the opening of the trial. This period of three weeks shall run as from the day on which such notification reaches the Protecting Power at the address previously indicated by the latter to the Detaining Power.

The said notification shall contain the following information:

(1) Surname and first names of the prisoner of war, his rank, his army, regimental, personal or serial number, his date of birth, and his profession or trade, if any;

(2) Place of internment or confinement;

(3) Specification of the charge or charges on which the prisoner of war is to be arraigned, giving the legal provisions applicable;

(4) Designation of the court which will try the case, likewise the date and place fixed for the opening of the trial.

The same communication shall be made by the Detaining Power to the prisoners' representative.

If no evidence is submitted, at the opening of a trial, that the notification referred to above was received by the Protecting Power, by the prisoner of war and by the prisoners' representative concerned, at least three weeks before the opening of the trial, then the latter cannot take place and must

〔弁護人の選任〕

第105条　捕虜は、同僚の捕虜の1人に補佐を受け、防ぎよのため資格のある弁護人を選任し、証人の喚問を求め、及び必要と認めるときは有能な通訳人に通訳をさせる権利を有する。抑留国は、捕虜に対し、裁判の開始前の適当な時期に、これらの権利を有する旨を告げなければならない。

②　利益保護国は、捕虜が弁護人を選任しなかつた場合には、捕虜に弁護人を附さなければならない。このため、利益保護国には、少くとも1週間の猶予期間を与えなければならない。抑留国は、利益保護国の請求があつたときは、これに弁護人たる資格のある者の名簿を交付しなければならない。抑留国は、捕虜及び利益保護国が弁護人を選任しなかつた場合には、防ぎよに当らせるため、資格のある弁護人を指名しなければならない。

③　捕虜の防ぎよに当る弁護人に対しては、被告人の防ぎよの準備をさせるため、裁判の開始前に少くとも2週間の猶予期間を与え、及び必要な便益を与えなければならない。この弁護人は、特に、自由に被告人を訪問し、且つ、立会人なしで被告人と接見することができる。この弁護人は、また防ぎよのために証人（捕虜を含む。）と協議することができる。この弁護人は、不服申立又は請願の期間が満了するまでの間、前記の便益を享有する。

④　捕虜に関する起訴状及び抑留国の軍隊に適用される法令に従つて通常被告人に送達される書類は、捕虜が理解する言語で記載して、裁判の開始前に充分に早く被告人たる捕虜に送達しなければならない。捕虜の防ぎよに当る弁護人に対しても、同一の条件で同一の送達をしなければならない。

⑤　利益保護国の代表者は、事件の裁判に立ち会う権利を有する。但し、例外的に国の安全のため裁判が非公開で行われる場合は、この限りでない。この場合には、抑留国は、利益保護国にその旨を通知しなければならない。

〔判決に対する不服申立〕

第106条　各捕虜は、自己について言い渡された判決に関しては、抑留国の軍隊の構成員と同様に、判決の破棄若しくは訂正又は再審を請求するため不服を申し立て、又は請願をする権利を有する。その捕虜に対しては、不服申立又は請願の権利及びこれを行使することができる期間について完全に告げなければならない。

be adjourned.

ARTICLE 105

The prisoner of war shall be entitled to assistance by one of his prisoner comrades, to defence by a qualified advocate or counsel of his own choice, to the calling of witnesses and, if he deems necessary, to the services of a competent interpreter. He shall be advised of these rights by the Detaining Power in due time before the trial.

Failing a choice by the prisoner of war, the Protecting Power shall find him an advocate or counsel, and shall have at least one week at its disposal for the purpose. The Detaining Power shall deliver to the said Power, on request, a list of persons qualified to present the defence. Failing a choice of an advocate or counsel by the prisoner of war or the Protecting Power, the Detaining Power shall appoint a competent advocate or counsel to conduct the defence.

The advocate or counsel conducting the defence on behalf of the prisoner of war shall have at his disposal a period of two weeks at least before the opening of the trial, as well as the necessary facilities to prepare the defence of the accused. He may, in particular, freely visit the accused and interview him in private. He may also confer with any witnesses for the defence, including prisoners of war. He shall have the benefit of these facilities until the term of appeal or petition has expired.

Particulars of the charge or charges on which the prisoner of war is to be arraigned, as well as the documents which are generally communicated to the accused by virtue of the laws in force in the armed forces of the Detaining Power, shall be communicated to the accused prisoner of war in a language which he understands, and in good time before the opening of the trial. The same communication in the same circumstances shall be made to the advocate or counsel conducting the defence on behalf of the prisoner of war.

The representatives of the Protecting Power shall be entitled to attend the trial of the case, unless, exceptionally, this is held *in camer* in the interest of State security. In such a case the Detaining Power shall advise the Protecting Power accordingly.

ARTICLE 106

Every prisoner of war shall have, in the same manner as the members of the armed forces of the Detaining Power, the right of appeal or petition from any sentence pronounced upon him, with a view to the quashing or revising of the sentence or the reopening of the trial. He shall be fully informed of his right to appeal or petition and of the time limit within which he may do so.

〔判決の利益保護国への通知〕

第107条　捕虜について言い渡された判決は、その概要の通知書により、直ちに利益保護国に対して通知しなければならない。その通知書には、捕虜が判決の破棄若しくは訂正又は再審を請求するため不服を申し立て、又は請願をする権利を有するかどうかをも記載しなければならない。その通知書は、関係のある捕虜代表に対しても交付しなければならない。その通知書は、捕虜が出頭しないで判決が言い渡されたときは、被告人たる捕虜に対しても、当該捕虜が理解する言語で記載して交付しなければならない。抑留国は、また、利益保護国に対し、不服申立又は請願の権利を行使するかどうかについての捕虜の決定を直ちに通知しなければならない。

② 更に、捕虜に対する有罪の判決が確定した場合及び捕虜に対し第１審判決で死刑の言渡があつた場合には、抑留国は、利益保護国に対し、次の事項を記載する詳細な通知書をできる限りすみやかに送付しなければならない。

⑴　事実認定及び判決の正確な本文

⑵　予備的な取調及び裁判に関する概要の報告で特に訴追及び防ぎよの要点を明示するもの

⑶　必要がある場合には、刑を執行する営造物

③ 前各号に定める通知は、利益保護国があらかじめ抑留国に通知したあて名にあてて利益保護国に送付しなければならない。

〔刑の執行・受刑者の取扱〕

第108条　適法に確定した有罪の判決により捕虜に対して言い渡した刑は、抑留国の軍隊の構成員の場合と同一の営造物において同一の条件で執行しなければならない。この条件は、いかなる場合にも、衛生上及び人道上の要件を満たすものでなければならない。

② 前記の刑を言い渡された女子の捕虜は、分離した場所に拘禁し、且つ、女子の監視の下に置かなければならない。

③ 自由刑を言い渡された捕虜は、いかなる場合にも、この条約の第78条及び第126条の規定による利益を引き続いて享有する。更に、それらの捕虜は、通信を発受し、毎月少くとも１個の救済小包を受領し、規則的に戸外で運動し、並びにその健康状態により必要とされる医療及び希望する宗教上の援助を受けることを許されるものとする。それらの捕虜に科せられる刑罰は、第87条第３項の規定に従うものでなければならない。

ARTICLE 107

Any judgment and sentence pronounced upon a prisoner of war shall be immediately reported to the Protecting Power in the form of a summary communication, which shall also indicate whether he has the right of appeal with a view to the quashing of the sentence or the reopening of the trial. This communication shall likewise be sent to the prisoners representative concerned. It shall also be sent to the accused prisoner of war in a language he understands, if the sentence was not pronounced in his presence. The Detaining Power shall also immediately communicate to the Protecting Power the decision of the prisoner of war to use or to waive his right of appeal.

Furthermore, if a prisoner of war is finally convicted or if a sentence pronounced on a prisoner of war in the first instance is a death sentence, the Detaining Power shall as soon as possible address to the Protecting Power a detailed communication containing:

(1) the precise wording of the finding and sentence;

(2) a summarized report of any preliminary investigation and of the trial, emphasizing in particular the elements of the prosecution and the defence;

(3) notification, where applicable, of the establishment where the sentence will be served.

The communications provided for in the foregoing sub-paragraphs shall be sent to the Protecting Power at the address previously made known to the Detaining Power.

ARTICLE 108

Sentences pronounced on prisoners of war after a conviction has become duly enforceable, shall be served in the same establishments and under the same conditions as in the case of members of the armed forces of the Detaining Power. These conditions shall in all cases conform to the requirements of health and humanity.

A woman prisoner of war on whom such a sentence has been pronounced shall be confined in separate quarters and shall be under the supervision of women.

In any case, prisoners of war sentenced to a penalty depriving them of their liberty shall retain the benefit of the provisions of Articles 78 and 126 of the present Convention. Furthermore, they shall be entitled to receive and despatch correspondence, to receive at least one relief parcel monthly, to take regular exercise in the open air, to have the medical care required by their state of health, and the spiritual assistance they may desire. Penalties to which they may be subjected shall be in accordance with the provisions of Article 87, third paragraph.

第4編　捕虜たる身分の終了

第1部　直接送還及び中立国における入院

〔重傷病者の送還〕

第109条　本条第3項の規定を留保して、紛争当事国は、重傷及び重病の捕虜を、その数及び階級のいかんを問わず、輸送に適する状態になるまで治療した後次条第1項に従って本国に送還しなければならない。

② 紛争当事国は、敵対行為の期間を通じて、関係中立国の協力により、次条第2項に掲げる傷者又は病者たる捕虜の中立国における入院について措置を執ることに努めなければならない。更に、紛争当事国は、長期間にわたり捕虜たる身分にあつた健康な捕虜の直接送還又は中立国における抑留について協定を締結することができる。

③ 本条第1項に基いて送還の対象となる傷者又は病者たる捕虜は、敵対行為の期間中は、その意思に反して送還してはならない。

〔直接送還をする者〕

第110条　次の者は、直接に送還しなければならない。

⑴ 不治の傷者及び病者で、精神的又は肉体的機能が著しく減退したと認められるもの

⑵ 1年以内に回復する見込がないと医学的に診断される傷者及び病者で、その状態が療養を必要としており、且つ、精神的又は肉体的機能が著しく減退したと認められるもの

⑶ 回復した傷者及び病者で、精神的又は肉体的機能が著しく、且つ、永久的に減退したと認められるもの

② 次の者は、中立国において入院させることができる。

⑴ 負傷又は発病の日から1年以内に回復すると予想される傷者又は病者で、中立国で療養すれば一層確実且つ迅速に回復すると認められるもの

⑵ 引き続き捕虜たる身分にあれば精神又は肉体の健康に著しく危険があると医学的に診断される捕虜で、中立国で入院すればこの危険が除かれると認められるもの

③ 中立国で入院した捕虜が送還されるために満たすべき条件及びそれらの捕虜の地位は、関係国間の協定で定めなければならない。一般に、中立国で入院した捕

PART IV　TERMINATION OF CAPTIVITY

SECTION I　DIRECT REPATRIATION AND ACCOMMODATION IN NEUTRAL COUNTRIES

ARTICLE 109

Subject to the provisions of the third paragraph of this Article, Parties to the confict are bound to send back to their own country, regardless of number or rank, seriously wounded and seriously sick prisoners of war, after having cared for them until they are fit to travel, in accordance with the first paragraph of the following Article.

Throughout the duration of hostilities, Parties to the conflict shall endeavour, with the cooperation of the neutral Powers concerned, to make arrangements for the accommodation in neutral countries of the sick and wounded prisoners of war referred to in the second paragraph of the following Article. They may, in addition, conclude agreements with a view to the direct repatriation of internment in a neutral country of able-bodied prisoners of war who have undergone a long period of captivity.

No sick or injured prisoner of war who is eligible for repatriation under the first paragraph of this Article, may be repatriated against his will during hostilities.

ARTICLE 110

The following shall be repatriated direct:

(1) Incurably wounded and sick whose mental or physical fitness seems to have been gravely diminished.

(2) Wounded and sick who, according to medical opinion, are not likely to recover within one year, whose condition requires treatment and whose mental or physical fitness seems to have been gravely diminished.

(3) Wounded and sick who have recovered, but whose mental or physical fitness seems to have been gravely and permanently diminished.

The following may be accommodated in a neutral country:

(1) Wounded and sick whose recovery may be expected within one year of the date of the wound or the beginning of the illness, if treatment in a neutral country might increase the prospects of a more certain and speedy recovery.

(2) Prisoners of war whose mental or physical health, according to medical opinion, is seriously threatened by continued captivity, but whose accommodation in a neutral country might remove such a threat.

The conditions which prisoners of war accommodated in a neutral country must fulfil in order to permit their repatriation shall be fixed, as shall likewise

虜で次の部類に属するものは、送還しなければならない。

(1) 健康状態が直接送還について定めた条件を満たす程度に悪化した者

(2) 精神的又は肉体的機能が療養後も著しく害されている者

④ 直接送還又は中立国における入院の理由となる障害又は疾病の種類を決定するための特別協定が関係紛争当事国間に締結されていない場合には、それらの種類は、この条約に附属する傷者及び病者たる捕虜の直接送還及び中立国における入院に関するひな型協定並びに混成医療委員会に関する規則に定める原則に従つて定めなければならない。

〔中立国領域内での捕虜の抑留〕

第111条 抑留国及び捕虜が属する国並びにその2国が合意した中立国は、敵対行為が終了するまでの間その中立国の領域内に捕虜を抑留することができるようにする協定の締結に努めなければならない。

〔混成医療委員会〕

第112条 敵対行為が生じたときは、傷者及び病者たる捕虜を診察し、並びにその捕虜に関して適当なすべての決定をさせるため、混成医療委員会を任命しなければならない。混成医療委員会の任命、任務及び活動については、この条約に附属する規則で定めるところによる。

② もつとも、抑留国の医療当局が明白に重傷又は重病であると認めた捕虜は、混成医療委員会の診察を要しないで送還することができる。

〔混成医療委員会の診察を受ける権利のある者〕

第113条 抑留国の医療当局が指定した捕虜の外、次の部類に属する傷者又は病者たる捕虜は、前条に定める混成医療委員会の診察を受ける権利を有する。

(1) 同一の国籍を有する医師又は当該捕虜が属する国の同盟国たる紛争当事国の国民である医師で収容所内でその任務を行うものが指定した傷者及び病者

(2) 捕虜代表が指定した傷者及び病者

(3) その属する国又は捕虜に援助を与える団体でその国が正当に承認したものにより指定された傷者及び病者

② もつとも、前記の3部類の一に属しない捕虜も、それらの部類に属する者の診察後は、混成医療委員会の診察を受けることができる。

their status, by agreement between the Powers concerned. In general, prisoners of war who have been accommodated in a neutral country, and who belong to the following categories, should be repatriated:

(1) Those whose state of health has deteriorated so as to fulfil the conditions laid down for direct repatriation;

(2) Those whose mental or physical powers remain, even after treatment, considerably impaired.

If no special agreements are concluded between the Parties to the conflict concerned to determine the cases of disablement or sickness entailing direct repatriation or accommodation in a neutral country, such cases shall be settled in accordance with the principles laid down in the Model Agreement concerning direct repatriation and accommodation in neutral countries of wounded and sick prisoners of war and in the Regulations concerning Mixed Medical Commission annexed to the present Convention.

ARTICLE 111

The Detaining Power, the Power on which the prisoners of war depend, and a neutral Power agreed upon by these two Powers, shall endeavour to conclude agreements which will enable prisoners of war to be interned in the territory of the said neutral Power until the close of hostilities.

ARTICLE 112

Upon the outbreak of hostilities, Mixed Medical Commissions shall be appointed to examine sick and wounded prisoners of war, and to make all appropriate decisions regarding them. The appointment, duties and functioning of these Commissions shall be in conformity with the provisions of the Regulations annexed to the present Convention.

However, prisoners of war who, in the opinion of the medical authorities of the Detaining Power, are manifestly injured or seriously sick, may be repatriated without having to be examined by a Mixed Medical Commission.

ARTICLE 113

Besides those who are designated by the medical authorities of the Detaining Power, wounded or sick prisoners of war belonging to the categories listed below shall be entitled to present themselves for examination by the Mixed Medical Commissions provided for in the foregoing Article:

(1) Wounded and sick proposed by a physician or surgeon who is of the same nationality, or a national of a Party to the conflict allied with the Power on which the said prisoners depend, and who exercises his functions in the camp.

(2) Wounded and sick proposed by their prisoners' representative.

(3) Wounded and sick proposed by the Power on which they depend, or by

③　混成医療委員会の診察を受ける捕虜と同一の国籍を有する医師及び捕虜代表に対しては、その診察に立ち会うことを許さなければならない。

〔被災捕虜の送還〕

第114条　災害を被つた捕虜は、故意に傷害を受けた場合を除く外、送還又は中立国における入院に関してこの条約の規定の利益を享有する。

〔被懲罰者の送還〕

第115条　懲戒罰を科せられている捕虜で送還又は中立国における入院の条件に適合するものは、その捕虜がその罰を受け終つていないことを理由として抑留して置いてはならない。

②　訴追され、又は有罪の判決を言い渡された捕虜で送還又は中立国における入院を指定されたものは、抑留国が同意したときは、司法手続又は刑の執行を終る前の送還又は中立国における入院の利益を享有する。

③　紛争当事国は、司法手続又は刑の執行を終るまでの間抑留される捕虜の氏名を相互に通知しなければならない。

〔送還費用の負担〕

第116条　捕虜の送還又は中立国への移送の費用は、抑留国の国境からは、捕虜が属する国が負担しなければならない。

〔送還された者の兵役禁止〕

第117条　送還された者は、現役の軍務に服させてはならない。

第2部　敵対行為の終了の際における捕虜の解放及び送還

〔捕虜の解放・送還、費用負担〕

第118条　捕虜は、実際の敵対行為が終了した後遅滞なく解放し、且つ、送還しなければならない。

②　このための規定が敵対行為を終了するために紛争当事国間で締結した協定中にない場合又はそのような協定がない場合には、各抑留国は、前項に定める原則に

an organization duly recognized by the said Power and giving assistance to the prisoners.

Prisoners of war who do not belong to one of the three foregoing categories may nevertheless present themselves for examination by Mixed Medical Commissions, but shall be examined only after those belonging to the said categories.

The physician or surgeon of the same nationality as the prisoners who present themselves for examination by the Mixed Medical Commission, likewise the prisoners' representative of the said prisoners, shall have permission to be present at the examination.

ARTICLE 114

Prisoners of war who meet with accidents shall, unless the injury is self-inflicted have the benefit of the provisions of this Convention as regards repatriation or accommodation in a neutral country.

ARTICLE 115

No prisoner of war on whom a disciplinary punishment has been imposed and who is eligible for repatriation or for accommodation in a neutral country, may be kept back on the plea that he has not undergone his punishment.

Prisoners of war detained in connection with a judicial prosecution or conviction and who are designated for repatriation or accommodation in a neutral country, may benefit by such measures before the end of the proceedings or the completion of the punishment, if the Detaining Power consents.

Parties to the conflict shall communicate to each other the names of those who will be detained until the end of the proceedings or the completion of the punishment.

ARTICLE 116

The cost of repatriating prisoners of war or of transporting them to a neutral country shall be borne, from the frontiers of the Detaining Power, by the Power on which the said prisoners depend.

ARTICLE 117

No repatriated person may be employed on active military service.

SECTION II RELEASE AND REPATRIATION OF PRISONERS OR WAR AT THE CLOSE OF HOSTILITIES

ARTICLE 118

Prisoners of war shall be released and repatriated without delay after the cessation of active hostilities.

In the absence of stipulations to the above effect in any agreement concluded between the Parties to the conflict with a view to the cessation

従つて、遅滞なく送還の計画を自ら作成し、且つ、実施しなければならない。

③　前記のいずれの場合にも、採択した措置は、捕虜に知らせなければならない。

④　捕虜の送還の費用は、いかなる場合にも、抑留国及び捕虜が属する国に公平に割り当てなければならない。この割当は、次の基礎に基いて行うものとする。

(a)　両国が隣接国であるときは、捕虜が属する国は、抑留国の国境からの送還の費用を負担しなければならない。

(b)　両国が隣接国でないときは、抑留国は、自国の国境に至るまで又は捕虜が属する国の領域に最も近い自国の乗船港に至るまでの自国の領域内における捕虜の輸送の費用を負担しなければならない。関係国は、その他の送還の費用を公平に割り当てるために相互に協定しなければならない。この協定の締結は、いかなる場合にも、捕虜の送還を遅延させる理由としてはならない。

〔送還実施、捕虜の所有物の返還〕

第119条　送還は、第118条及び次項以下の規定を考慮して、捕虜の移動についてこの条約の第46条から第48条までに定める条件と同様の条件で、実施しなければならない。

②　送還に当つては、第18条の規定に基いて捕虜から取り上げた有価物及び抑留国の通貨に両替されなかつた外国通貨は、捕虜に返還しなければならない。理由のいかんを問わず送還に当つて捕虜に返還されなかつた有価物及び外国通貨は、第122条に基いて設置される捕虜情報局に引き渡さなければならない。

③　捕虜は、その個人用品並びに受領した通信及び小包を携帯することを許される。それらの物品の重量は、送還の条件により必要とされるときは、各捕虜が携帯することができる適当な重量に制限することができる。各捕虜は、いかなる場合にも、少くとも25キログラムの物品を携帯することを許される。

④　送還された捕虜のその他の個人用品は、抑留国が保管しなければならない。それらの個人用品は、抑留国が、捕虜が属する国との間で輸送条件及び輸送費用の支払を定める協定を締結した場合には、直ちに捕虜に送付しなければならない。

⑤　訴追することができる違反行為についての刑事訴訟手続がその者について進行中の捕虜は、司法手続及び必要があるときは刑の執行を終るまでの間、抑留して置くことができる。訴追することができる違反行為について既に有罪の判決を受けた捕虜についても、同様とする。

⑥　紛争当事国は、司法手続又は刑の執行を終るまでの間抑留して置く捕虜の氏名を相互に通知しなければならない。

of hostilities, or failing any such agreement, each of the Detaining Powers shall itself establish and execute without delay a plan of repatriation in conformity with the principle laid down in the foregoing paragraph.

In either case, the measures adopted shall be brought to the knowledge of the prisoners of war.

The costs of repatriation of prisoners of war shall in all cases be equitably apportioned between the Detaining Power and the Power on which the prisoners depend. This apportionment shall be carried out on the following basis:

(a) If the two Powers are contiguous, the Power on which the prisoners of war depend shall bear the costs of repatriation from the frontiers of the Detaining Power.

(b) If the two Powers are not contiguous, the Detaining Power shall bear the costs of transport of prisoners of war over its own territory as far as its frontier or its port of embarkation nearest to the territory of the Power on which the prisoners of war depend. The Parties concerned shall agree between themselves as to the equitable apportionment of the remaining costs of the repatriation. The conclusion of this agreement shall in no circumstances justify any delay in the repatriation of the prisoners of war.

ARTICLE 119

Repatriation shall be effected in conditions similar to those laid down in Articles 46 to 48 inclusive of the present Convention for the transfer of prisoners of war, having regard to the provisions of Article 118 and to those of the following paragraphs.

On repatriation, any articles of value impounded from prisoners of war under Article 18, and any foreign currency which has not been converted into the currency of the Detaining Power, shall be restored to them. Articles of value and foreign currency which, for any reason whatever, are not restored to prisoners of war on repatriation, shall be despatched to the Information Bureau set up under Article 122.

Prisoners of war shall be allowed to take with them their personal effects, and any correspondence and parcels which have arrived for them. The weight of such baggage may be limited, if the conditions of repatriation so require, to what each prisoner can reasonably carry. Each prisoner shall in all cases be authorized to carry at least twenty-five kilograms.

The other personal effects of the repatriated prisoner shall be left in the charge of the Detaining Power which shall have them forwarded to him as soon as it has concluded an agreement to this effect, regulating the conditions of transport and the payment of the costs involved, with the Power on which the prisoner depends.

Prisoners of war against whom criminal proceedings for an indictable offence are pending may be detained until the end of such proceedings, and,

⑦　紛争当事国は、離散した捕虜を捜索し、且つ、できる限り短期間内に送還することを確保するため、協定で委員会を設置しなければならない。

第３部　捕虜の死亡

〔捕虜の遺言書、死亡証明書、埋葬〕

第120条　捕虜の遺言書は、その本国法で必要とされる要件を満たすように作成しなければならない。本国は、この点に関する要件を抑留国に通知するために必要な措置を執るものとする。遺言書は、捕虜の要請があつた場合及び捕虜の死亡後はあらゆる場合に、利益保護国に遅滞なく送付し、その認証謄本は、中央捕虜情報局に送付しなければならない。

②　捕虜として死亡したすべての者については、第122条に従つて設置される捕虜情報局に対し、できる限りすみやかに、この条約に附属するひな型に合致する死亡証明書又は責任のある将校が認証した表を送付しなければならない。その証明書又は認証した表には、第17条第３項に掲げる身分証明書の細目、死亡の年月日及び場所、死因、埋葬の年月日及び場所並びに墓を識別するために必要なすべての明細を記載しなければならない。

③　捕虜の土葬又は火葬は、死亡を確認すること、報告書の作成を可能にすること及び必要があるときは死者を識別することを目的とする死体の医学的検査の後に行わなければならない。

④　抑留当局は、捕虜たる身分にある間に死亡した捕虜ができる限りその属する宗教の儀式に従つて丁重に埋葬されること並びにその墓が尊重され、適当に維持され、及びいつでも見出されるように標示されることを確保しなければならない。死亡した捕虜で同一の国に属したものは、できる限り同じ場所に埋葬しなければならない。

⑤　死亡した捕虜は、避けがたい事情によつて共同の墓を使用する必要がある場合を除く外、各別の墓に埋葬しなければならない。その死体は、衛生上絶対に必要とされる場合、死者の宗教に基く場合又は本人の明示的な希望による場合に限り、火葬に付することができる。火葬に付した場合には、捕虜の死亡証明書に火葬の事実及び理由を記載しなければならない。

⑥　埋葬及び墓に関するすべての明細は、墓をいつでも見出すことができるように、抑留国が設置する墳墓登録機関に記録しなければならない。墓の表及び墓地その他の場所に埋葬された捕虜に関する明細書は、その捕虜が属した国に送付しなけ

if necessary, until the completion of the punishment. The same shall apply to prisoners of war already convicted for an indictable offence.

Parties to the conflict shall communicate to each other the names of any prisoners of war who are detained until the end of the proceedings or until punishment has been completed.

By agreement between the Parties to the conflict, commissions shall be established for the purpose of searching for dispersed prisoners of war and of assuring their repatriation with the least possible delay.

SECTION III DEATH OF PRISONERS OF WAR

ARTICLE 120

Wills of prisoners of war shall be drawn up so as to satisfy the conditios of validity required by the legislation of their country of origin, which will take steps to inform the Detaining Power of its requirements in this respect. At the request of the prisoner of war and, in all cases, after death, the will shall be transmitted without delay to the Protecting Power; a certified copy shall be sent to the Central Agency.

Death certificates, in the form annexed to the present Convention, or lists certified by a responsible officer, of all persons who die as prisoners of war shall be forwarded as rapidly as possible to the Prisoner of War Information Bureau established in accordance with Article 122. The death certificates or certified lists shall show particulars of identity as set out in the third paragraph of Article 17, and also the date and place of death, the cause of death, the date and place of burial and all particulars necessary to identify the graves.

The burial or cremation of a prisoner of war shall be preceded by a medical examination of the body with a view to confirming death and enabling a report to be made and, where necessary, establishing identity.

The detaining authorities shall ensure that prisoners of war who have died in captivity are honourably buried, if possible according to the rites of the religion to which they belonged, and that their graves are respected, suitably maintained and marked so as to be found at any time. Wherever possible, deceased prisoners of war who depended on the same Power shall be interred in the same place.

Deceased prisoners of war shall be buried in individual graves unless unavoidable circumstances require the use of collective graves. Bodies may be cremated only for imperative reasons of hygiene, on account of the religion of the deceased or in accordance with his express wish to this effect. In case of cremation, the fact shall be stated and the reasons given in the death certificate of the deceased.

In order that graves may always be found, all particulars of burials and

ればならない。それらの墓を管理し、及び死体のその後の移動を記録する責任は、その地域を支配する国がこの条約の締約国である場合には、その国が負う。本項の規定は、本国の希望に従つてその遺骨が適当に処分されるまでの間、墳墓登録機関が保管する遺骨についても、適用する。

〔捕虜の死因の調査等〕

第121条　捕虜の死亡又は重大な傷害で衛兵、他の捕虜その他の者に起因し、又は起因した疑があるもの及び捕虜の原因不明の死亡については、抑留国は、直ちに公の調査を行わなければならない。

②　前記の事項に関する通知は、直ちに利益保護国に与えなければならない。証人、特に、捕虜たる証人からは、供述を求め、それからの供述を含む報告書を利益保護国に送付しなければならない。

③　調査によつて１人又は２人以上の者が罪を犯したと認められるときは、抑留国は、責任を負うべき者を訴追するためにすべての措置を執らなければならない。

第５編　捕虜に関する情報局及び救済団体

〔捕虜情報局の設置・任務等〕

第122条　各紛争当事国は、紛争の開始の際及び占領のあらゆる場合に、その権力内にある捕虜に関する公の情報局を設置しなければならない。第４条に掲げる部類の一に属する者を領域内に収容した中立国又は非交戦国は、それらの者に関して同一の措置を執らなければならない。それらの国は、捕虜情報局に対してその能率的な運営のため必要な建物、設備及び職員を提供することを確保しなければならない。それらの国は、この条約中の捕虜の労働に関する部に定める条件に基いて、捕虜情報局で捕虜を使用することができる。

②　各紛争当事国は、その権力内に陥つた第４条に掲げる部類の一に属する敵人に関し、本条第４項、第５項及び第６項に掲げる情報をできる限りすみやかに自国の捕虜情報局に提供しなければならない。中立国又は非交戦国は、その領域内に収容した前記の部類に属する者に関し、同様の措置を執らなければならない。

③　捕虜情報局は、利益保護国及び第123条に定める中央捕虜情報局の仲介により、関係国に対してその情報を最もすみやかな方法で直ちに通知しなければならない。

④　その情報は、関係のある近親者にすみやかに了知させることを可能にするもの

graves shall be recorded with a Graves Registration Service established by the Detaining Power. Lists of graves and particulars of the prisoners of war interred in cemeteries and elsewhere shall be transmitted to the Power on which such prisoners of war depended. Responsibility for the care of these graves and for records of any subsequent moves of the bodies shall rest on the Power controlling the territory, if a Party to the present Convention. These provisions shall also apply to the ashes, which shall be kept by the Graves Registration Service until proper disposal thereof in accordance with the wishes of the home country.

ARTICLE 121

Every death or serious injury of a prisoner of war caused or suspected to have been caused by a sentry, another prisoner of war, or any other person, as well as any death the cause of which is unknown, shall be immediately followed by an official enquiry by the Detaining Power.

A communication on this subject shall be sent immediately to the Protecting Power. Statements shall be taken from witnesses, especially from those who are prisoners of war, and a report including such statements shall be forwarded to the Protecting Power.

If the enquiry indicates the guilt of one or more persons, the Detaining Power shall take all measures for the prosecution of the person or persons responsible.

PART V INFORMATION BUREAUX AND RELIEF SOCIETIES FOR PRISONERS OF WAR

ARTICLE 122

Upon the outbreak of a conflict and in all cases of occupation, each of the Parties to the conflict shall institute an official Information Bureau for prisoners of war who are in its power. Neutral or non-belligerent Powers who may have received within their territory persons belonging to one of the categories referred to in Article 4, shall take the same action with respect to such persons. The Power concerned shall ensure that the Prisoners of War Information Bureau is provided with the necessary accommodation, equipment and staff to ensure its efficient working. It shall be at liberty to employ prisoners of war in such a Bureau under the conditions laid down in the Section of the present Convention dealing with work by prisoners of war.

Within the shortest possible period, each of the Parties to the conflict shall give its Bureau the information referred to in the fourth, fifth and sixth paragraphs of this Article regarding any enemy person belonging to one of the categories referred to in Article 4, who has fallen into its power. Neutral or non-belligerent Powers shall take the same action with regard to persons belonging to such categories whom they have received within their territory.

でなければならない。第17条の規定を留保して、その情報は、捕虜情報局にとつて入手可能である限り、各捕虜について、氏名、階級、軍の番号、連隊の番号、個人番号又は登録番号、出生地及び生年月日、その属する国、父の名及び母の旧姓、通知を受ける者の氏名及び住所並びに捕虜に対する通信を送付すべきあて名を含むものでなければならない。

⑤　捕虜情報局は、捕虜の移動、解放、送還、逃走、入院及び死亡に関する情報を各種の機関から得て、その情報を前記の第３項に定める方法で通知しなければならない。

⑥　同様に、重病又は重傷の捕虜の健康状態に関する情報も、定期的に、可能なときは毎週、提供しなければならない。

⑦　捕虜情報局は、また、捕虜（捕虜たる身分にある間に死亡した者を含む。）に関するすべての問合せに答える責任を負う。捕虜情報局は、情報を求められた場合において、その情報を有しないときは、それを入手するために必要な調査を行うものとする。

⑧　捕虜情報局のすべての通知書は、署名又は押印によつて認証しなければならない。

⑨　捕虜情報局は、更に、送還され、若しくは解放された捕虜又は逃走し、若しくは死亡した捕虜が残したすべての個人的な有価物（抑留国の通貨以外の通貨及び近親者にとつて重要な書類を含む。）を取り集めて関係国に送付しなければならない。捕虜情報局は、それらの有価物を封印袋で送付しなければならない。その封印袋には、それらの有価物を所持していた者を識別するための明確且つ完全な明細書及び内容の完全な目録を附さなければならない。前記の捕虜のその他の個人用品は、関係紛争当事国間に締結される取極に従つて送付しなければならない。

〔中央捕虜情報局の設置・任務等〕

第123条　中央捕虜情報局は、中立国に設置する。赤十字国際委員会は、必要と認める場合には、関係国に対し、中央捕虜情報局を組織することを提案しなければならない。

②　中央捕虜情報局の任務は、公的又は私的径路で入手することができる捕虜に関するすべての情報を収集し、及び捕虜の本国又は捕虜が属する国にその情報をで

The Bureau shall immediately forward such information by the most rapid means to the Powers concerned, through the intermediary of the Protecting Powers and likewise of the Central Agency provided for in Article 123.

This information shall make it possible quickly to advise the next of kin concerned. Subject to the provisions of Article 17, the information shall include, in so far as available to the Information Bureau, in respect of each prisoner of war, his surname, first names, rank, army, regimental, personal or serial number, place and full date of birth, indication of the Power on which he depends, first name of the father and maiden name of the mother, name and address of the person to be informed and the address to which correspondence for the prisoner may be sent.

The Information Bureau shall receive from the various departments concerned information regarding transfers, releases, repatriations, escapes, admissions to hospital, and deaths, and shall transmit such information in the manner described in the third paragraph above.

Likewise, information regarding the state of health of prisoners of war who are seriously ill or seriously wounded shall be supplied regularly, every week if possible.

The Information Bureau shall also be responsible for replying to all enquiries sent to it concerning prisoners of war, including those who have died in captivity; it will make any enquiries necessary to obtain the information which is asked for if this is not in its possession.

All written communications made by the Bureau shall be authenticated by a signature or a seal.

The Information Bureau shall furthermore be charged with collecting all personal valuables, including sums in currencies other than that of the Detaining Power and documents of importance to the next of kin, left by prisoners of war who have been repatriated or released, or who have escaped or died, and shall forward the said valuables to the Powers concerned. Such articles shall be sent by the Bureau in sealed packets which shall be accompanied by statements giving clear and full particulars of the identity of the person to whom the articles belonged, and by a complete list of the contents of the parcel. Other personal effects of such prisoners of war shall be transmitted under arrangements agreed upon between the Parties to the conflict concerned.

ARTICLE 123

A Central Prisoners of War Information Agency shall be created in a neutral country. The International Committee of the Red Cross shall, if it deems necessary, propose to the Powers concerned the organization of such an Agency.

The function of the Agency shall be to collect all the information it may

きる限りすみやかに伝達することとする。中央捕虜情報局は、この伝達については、紛争当事国からすべての便益を与えられるものとする。

③　締約国、特に、その国民が中央捕虜情報局の役務の利益を享有する国は、中央虜情報局に対し、その必要とする財政的援助を提供するように要請されるものとする。

④　前記の規定は、赤十字国際委員会又は第125条に定める救済団体の人道的活動を制限するものと解してはならない。

〔郵便料金等の免除、減額〕

第124条　各国の捕虜情報局及び中央捕虜情報局は、郵便料金の免除及び第74条に定めるすべての免除を受けるものとし、更に、できる限り電報料金の免除又は少くともその著しい減額を受けるものとする。

〔捕虜を援助する救護団体の取扱〕

第125条　抑留国は、その安全を保障し、又はその他合理的な必要を満たすために肝要であると認める措置を留保して、宗教団体、救済団体その他捕虜に援助を与える団体の代表者及びその正当な委任を受けた代理人に対し、捕虜の訪問、出所のいかんを問わず宗教的、教育的又は娯楽的目的に充てられる救済用の需品及び物資の捕虜に対する分配並びに収容所内における捕虜の余暇の利用の援助に関してすべての必要な便益を与えなければならない。前記の団体は、抑留国の領域内にも、また、その他の国にも設立することができる。また、前記の団体には、国際的性質をもたせることができる。

②　抑留国は、代表が抑留国の領域内で抑留国の監督の下に任務を行うことを許される団体の数を制限することができる。但し、その制限は、すべての捕虜に対する充分な救済の効果的な実施を妨げないものでなければならない。

③　この分野における赤十字国際委員会の特別の地位は、常に、認め、且つ、尊重しなければならない。

④　前記の目的に充てられる需品又は物資が捕虜に交付されたときは、直ちに又は交付の後短期間内に、捕虜代表が署名した各送付品の受領証を、その送付品を発送した救済団体その他の団体に送付しなければならない。同時に、捕虜の保護について責任を負う当局は、その送付品の受領証を送付しなければならない。

obtain through official or private channels respecting prisoners of war, and to transmit it as rapidly as possible to the country of origin of the prisoners of war or to the Power on which they depend. It shall receive from the Parties to the conflict all facilities for effecting such transmissions.

The High Contracting Parties, and in particular those whose nationals benefit by the services of the Central Agency, are requested to give the said Agency the financial aid it may require.

The foregoing provisions shall in no way be interpreted as restricting the humanitarian activities of the International Committee of the Red Cross, or of the relief societies provided for in Article 125.

ARTICLE 124

The national Information Bureaux and the Central Information Agency shall enjoy free postage for mail, likewise all the exemptions provided for in Article 74, and further, so far as possible, exemption from telegraphic charges or, at least, greatly reduced rates.

ARTICLE 125

Subject to the measures which the Detaining Powers may consider essential to ensure their security or to meet any other reasonable need, the representatives of religious organizations, relief societies, or any other organization assisting prisoners of war, shall receive from the said Powers, for themselves and their duly accredited agents, all necessary facilities for visiting the prisoners, for distributing relief supplies and material, from any source, intended for religious, educational or recreative purposes, and for assisting them in organizing their leisure time within the camps. Such societies or organizations may be constituted in the territory of the Detaining Power or in any other country, or they may have an international character.

The Detaining Power may limit the number of societies and organizations whose delegates are allowed to carry out their activities in its territory and under its supervision, on condition, however, that such limitation shall not hinder the effective operation of adequate relief to all prisoners of war.

The special position of the International Committee of the Red Cross in this field shall be recognized and respected at all times.

As soon as relief supplies or material intended for the above-mentioned purposes are handed over to prisoners of war, or very shortly afterwards, receipts for each consignment, signed by the prisoners' representative, shall be forwarded to the relief society or organization making the shipment. At the same time, receipts for these consignments shall be supplied by the administrative authorities responsible for guarding the prisoners.

第6編　条約の実施

第1部　総則

〔利益保護国代表の特権〕

第126条　利益保護国の代表者又は代表は、捕虜がいるすべての場所、特に、収容、拘禁及び労働の場所に行くことを許されるものとし、且つ、捕虜が使用するすべての施設に出入することができるものとする。それらの者は、また、移動中の捕虜の出発、通過又は到着の場所に行くことを許される。それらの者は、立会人なしで、直接に又は通訳人を通じて、捕虜、特に、捕虜代表と会見することができる。

② 利益保護国の代表者及び代表は、訪問する場所を自由に選定することができる。その訪問の期間及び回数は、制限してはならない。訪問は、絶対的な軍事上の必要を理由とする例外的且つ一時的な措置として行われる場合を除く外、禁止されないものとする。

③ 抑留国及び前記の訪問を受ける捕虜が属する国は、必要がある場合には、それらの捕虜の同国人が訪問に参加することに合意することができる。

④ 赤十字国際委員会の代表も、同一の特権を享有する。その代表の任命は、訪問を受ける捕虜を抑留している国の承認を必要とする。

〔条約の普及・教育義務〕

第127条　締約国は、この条約の原則を自国のすべての軍隊及び住民に知らせるため、平時であると戦時であるとを問わず、自国においてこの条約の本文をできる限り普及させること、特に、軍事教育及びできれば非軍事教育の課目中にこの条約の研究を含ませることを約束する。

② 戦時において捕虜について責任を負う軍当局その他の当局は、この条約の本文を所持し、及び同条約の規定について特別の教育を受けなければならない。

第128条〔条約の訳文及び関係国内法の相互通知〕（第1条約の第48条と同文）

第129条〔条約違反者処罰規定の制定義務〕（第1条約の第49条と同文）

〔重大な違反行為の意味〕

第130条　前条にいう重大な違反行為とは、この条約が保護する人又は物に対して行われる次の行為、すなわち、殺人、拷問若しくは非人道的待遇（生物学的実験を含む。）、身体若しくは健康に対して故意に重い苦痛を与え、若しくは重大な傷

PART VI EXECUTION OF THE CONVENTION

SECTION I GENERAL PROVISIONS

ARTICLE 126

Representatives or delegates of the Protecting Powers shall have permission to go to all places where prisoners of war may be, particularly to places of internment, imprisonment and labour, and shall have access to all premises occupied by prisoners of war; they shall also be allowed to go to the places of departure, passage and arrival of prisoners who are being transferred. They shall be able to interview the prisoners, and in particular the prisoners' representatives, without witnesses, either personally or through an interpreter.

Representatives and delegates of the Protecting Powers shall have full liberty to select the places they wish to visit. The duration and frequency of these visits shall not be restricted. Visits may not be prohibited except for reasons of imperative military necessity, and then only as an exceptional and temporary measure.

The Detaining Power and the Power on which the said prisoners of war depend may agree, if necessary, that compatriots of these prisoners of war be permitted to participate in the visits.

The delegates of the International Committee of the Red Cross shall enjoy the same prerogatives. The appointment of such delegates shall be submitted to the approval of the Power detaining the prisoners of war to be visited.

ARTICLE 127

The High Contracting Parties undertake, in time of peace as in time of war, to disseminate the text of the present Convention as widely as possible in their respective countries, and, in particular, to include the study thereof in their programmes of military and, if possible, civil instruction, so that the principles thereof may become known to all their armed forces and to the entire population.

Any military or other authorities, who in time of war assume responsibilities in respect of prisoners of war, must possess the text of the Convention and be specially instructed as to its provisions.

ARTICLE 128 ⎫
ARTICLE 129 ⎭ （略）

ARTICLE 130

Grave breaches to which the preceding Article relates shall be those involving any of the following acts, if committed against persons or property protected by the Convention: wilful killing, torture or inhuman treatment,

害を加えること、捕虜を強制して敵国の軍隊で服務させること又はこの条約に定める公正な正式の裁判を受ける権利を奪うことをいう。

第131条〔締約国の責任〕（第1条約の第51条と同文）
第132条〔違反行為についての調査〕（第1条約の第52条と同文）

第2部　最終規定

第133条〔正文・訳文〕（第1条約の第55条と同文）

〔旧条約との関係〕
第134条　この条約は、締約国間の関係においては、1929年7月27日の条約に代るものとする。

〔陸戦の法規慣例に関するヘーグ条約との関係〕
第135条　1899年7月29日又は1907年10月18日の陸戦の法規及び慣例に関するヘーグ条約によつて拘束されている国でこの条約の締約国であるものの間の関係においては、この条約は、それらのヘーグ条約に附属する規則の第2章を補完するものとする。

〔署名〕
第136条　本日の日付を有するこの条約は、1949年4月21日にジュネーヴで開かれた会議に代表者を出した国及び同会議に代表者を出さなかつた1929年7月27日の条約の締約国に対し、1950年2月12日までその署名のため開放される。

第137条〔批准〕
第138条〔発効〕
第139条〔加入〕
第140条〔加入手続〕
第141条〔紛争当事国についての発効〕
第142条〔廃棄〕
第143条〔国連への登録〕
（以上）第1条約の第57条～第64条と同文

以上の証拠として、下名は、それぞれの全権委任状を寄託してこの条約に署名した。

including biological experiments, wilfully causing great suffering or serious injury to body or health, compelling a prisoner of war to serve in the forces of the hostile Power, or wilfully depriving a prisoner of war of the rights of fair and regular trial prescribed in this Convention.

ARTICLE 131
ARTICLE 132 （略）

SECTION II FINAL PROVISIONS

ARTICLE 133（略）

ARTICLE 134

The present Convention replaces the Convention of July 27, 1929, in relations between the High Contracting Parties.

ARTICLE 135

In the relations between the Powers which are bound by the Hague Convention respecting the Laws and Customs of War on Land, whether that of July 29, 1899, or that of October 18, 1907, and which are parties to the present Convention, this last Convention shall be complementary to Chapter Ⅱ of the Regulations annexed to the above-mentioned Conventions of the Hague.

ARTICLE 136

The present Convention, which bears the date of this day, is open to signature until February 12, 1950, in the name of the Powers represented at the Conference which opened at Geneva on April 21, 1949; furthermore, by Powers not represented at that Conference, but which are parties to the Convention of July 27, 1929.

ARTICLE 137
ARTICLE 138
ARTICLE 139
ARTICLE 140 （略）
ARTICLE 141
ARTICLE 142
ARTICLE 143

第1附属書

傷者及び病者たる捕虜の直接送還及び中立国における入院に関するひな型協定（第110条参照）（略）

第2附属書

混成医療委員会に関する規則（第112条参照）（略）

第3附属書

集団的救済に関する規則（第73条参照）（略）

第4附属書

A 身分証明書（第4条参照）

注意

この証明書は，
軍隊に随伴する者でその軍隊の構成員でないものに対して発給する。この証明書の発給を受けた者は，常にこの証明書を携帯しなければならない。所持者が捕虜となつたときは，その身分を証明するため，この証明書を直ちに抑留当局に提出しなければならない。

血液型 ……………………

宗教 ……………………

発給当局印

指紋（任意とする）

（左示指）

（右示指）

その他の特徴 ……………………

身長	体重	眼の色	頭髪の色
…………	…………	…………	…………

所持者の写真

（この証明書を発給する国及び軍当局の名）

軍隊に随伴する者の
身分証明書

姓 ……………………

名 ……………………

生年月日及び出生地 ……………………

軍隊に……………………として随伴する。

発給年月日 ……………………

所持者の署名 ……………………

備考 このひな型は，できる限り2箇国語又は3箇国語で作成するものとし，そのうちの1は，国際的に使用されている言語でなければならない。実際の大きさは，縦13センチメートル，横10センチメートルとする。このひな型は，点線に沿って折るものとする。

ANNEX Ⅳ

A. IDENTITY CARD

(see Article 4)

NOTICE

This identity card is issued to persons who accompany the Armed Forces of
but are not part of them.
The card must be carried at all times by the person to whom it is issued. If the bearer is taken prisoner, he shall at once hand the card to the Detaining Authorities, to assist in his identification.

Religion ....

Blood type ....

Official seal imprint

Fingerprints (optional)

(Left forefinger) (Right forefinger)

Any other mark of identification ....

Height .... Weight .... Eyes .... Hair ....

(Name of the country and military authority issuing this card)

Photograph of the bearer

IDENTITY CARD

FOR A PERSON WHO ACCOMPANIES THE ARMED FORCES

Name ....

First names ....

Date and place of birth ....

Accompanies the Armed Forces as ....

Date of issue .... Signature of bearer ....

Remarks. — This card should be made out for preference in two or three languages, one of which is in international use. Actual size of the card: 13 by 10 centimetres. It should be folded along the dotted line.

第4附属書

B 捕虜通知書（第70条参照）

1 表面

捕虜郵便

郵便料金免除

捕 虜 通 知 票

注 意	
各捕虜は，捕虜とされた後直ちに，また，病院又は他の収容所への移動のためにあて名が変更したつど，この票に記入しなければならない。 この票は，各捕虜が，その近親者に送ることを許される特別の葉書とは別のものとする。	中央捕虜情報局 赤十字国際委員会 ジュネーヴ スイス

2 裏面

活字体で読みやすく
記入すること。

1. 捕虜が属する国 ....

2. 姓 .... 3. 名（完全に） .... 4. 父の名 ....
5. 生年月日 .... 6. 出生地 ....
7. 階 級 ....
8. 登録番号 ....
9. 近親者のあて名 ....

*10. 捕虜とされた日付（又は）
（第 収容所，病院等）から移動した日付
*11. (a)健康―(b)負傷していない―(c)回復した―(d)回復期にある―(e)病気中―(f)軽傷―(g)重傷―

12. 本人の現在のあて名 捕虜番号 ....
収容所の名称 ....
13. 日 付 .... 14. 署 名 ....

* 該当しない事項に×印を附すること。いかなる説明も加えないこと。
裏面の注意を参照すること。

備考 このひな型は2箇国語又は3箇国語で，特に，捕虜の自国語及び抑留国の言語で作成しなければならない。実際の大きさは，縦10．5センチメートル，横15センチメートルとする。

ANNEX Ⅳ

B. CAPTURE CARD

(see Article 70)

1. Front

PRISONER OF WAR MAIL

Postage free

CAPTURE CARD FOR PRISONER OF WAR

IMPORTANT

This card must be completed by each prisoner immediately after being taken prisoner and each time his address is changed (by reason of transfer to a hospital or to another camp).

This card is distinct from the special card which each prisoner is allowed to send to his relatives.

CENTRAL PRISONERS
OF WAR AGENCY

INTERNATIONAL COMMITTEE
OF THE RED CROSS

GENEVA
SWITZERLAND

2. Reverse side

Write legibly and in block letters

1. Power on which the prisoner depends ....

2. Name   3. First names (in full)   4. First name of father

....

5. Date of birth ....   6. Place of birth ....

7. Rank ....

8. Service number ....

9. Address of next of kin ....

*10. Taken prisoner on: (or)
Coming from (Camp No., hospital, etc.) ....

*11. *(a)* Good health—*(b)* Not wounded—*(c)* Recovered—*(d)* Convalescent—*(e)* Sick—*(f)* Slightly wounded—*(g)* Seriously wounded.

12. My present address is : Prisoner No. ....
Name of camp ....

13. Date ....   14. Signature ....

* Strike out what is not applicable—Do not add any remarks—See explanations overleaf.

Remarks.—This form should be made out in two or three languages, particularly in the prisoner's own language and in that of the Detaining Power. Actual size : 15 by 10.5 centimetres.

第4附属書

C 通信用の葉書及び手紙（第71条参照）

1 葉 書

1 表面

捕虜郵便　　　　　　　　　　　　郵便料金免除

葉　書

……………………………………殿

発　信　人	
姓名	市町村名
出生地及び生年月日	
捕虜番号	通り
収容所の名称	国
差出国	州又は地方

2 裏面

収容所の名称……………………　日 付……………

……………………………………………………………

……………………………………………………………

……………………………………………………………

……………………………………………………………

……………………………………………………………

……………………………………………………………

……………………………………………………………

必ず点線の上にできる限り読みやすく書くこと。

備考　このひな型は，２箇国語又は３箇国語で，特に，捕虜の自国語及び抑留国の言語で作成しなければならない。実際の大きさは，縦１０センチメートル，横１５センチメートルとする。

ANNEX Ⅳ

C. CORRESPONDENCE CARD AND LETTER

(see Article 71)

I. CARD.

1. Front

PRISONER OF WAR MAIL

Postage free

POST CARD

To ....

Sender:

Name and first names ....

Place and date of birth ....

Prisoner of War No. ....

Name of camp ....

Country where posted ....

....

Place of Destination ....

Street ....

Country ....

Province or Department ....

2, Reverse side.

NAME OF CAMP .... Date ....

....

....

....

....

....

....

....

....

Write on the dotted lines only and as legibly as possible.

Remarks.—This form should be made out in two or three languages, particularly in the prisoner's own language and in that of the Detaining Power. Actual size of form: 15 by 10 centimetres.

第4附属書

C　通信用の葉書及び手紙（第71条参照）

2　手　紙

捕虜郵便

郵便料金免除

…………………………………………

…………………………………………殿

市町村名＿＿＿＿＿＿＿＿＿＿

通り…………………………

国…………………………

地方又は州…………………………

- -

発信人

姓名…………………………

生年月日及び出生地…………………………

捕虜番号…………………………

収容所の名称…………………………

差出国＿＿＿＿＿＿＿＿＿＿

****

…………………………………………

備考　このひな型は，２箇国語又は３箇国語で，特に，捕虜の自国語及び抑留国の言語で作成しなければならない。このひな型は，点線に沿って折るものとし，また，端を切れ目（星印を附してある箇所）にさし込むものとする。従って，このひな型は，封筒の外観を有する。このひな型の裏面には，第４附属書C１と同様に点線を附するものとする。このひな型の裏面は，捕虜が自由に約２５０語を記入することができる余白を有する。点線に沿って折った時の実際の大きさは，縦１５センチメートル，横２９センチメートルとする。

ANNEX Ⅳ

C. CORRESPONDENCE CARD AND LETTER

(see Article 71)

2. LETTER

PRISONER OF WAR MAIL

Postage free

To ....

....

Place ....

Street ....

Country ....

Department or Province ....

Sender:

Name and first names ....

Date and place of birth ....

Prisoner of War No. ....

Name of camp ....

Country where posted ....

****

....

Remarks.—This form should be made out in two or three languages, particularly in the prisoner's own language and in that of the Detaining Power. It should be folded along the dotted line, the tab being inserted in the slit (marked by a line of asterisks); it then has the appearance of an envelope. Overleaf, it is lined like the postcard above (*Annex IV C 1*); this space can contain about 250 words which the prisoner is free to write. Actual size of the folded form: 29 by 15 centimetres.

第4附属書

D　死亡通知書（第120条参照）

死　亡　通　知　書

（責任のある当局の名称）

捕虜が属していた国……………………

姓　名……………………………………

父の名	
出生地及び生年月日	
死亡地及び死亡年月日	
階級及び登録番号（認識票に記載されたもの）	
近親者のあて名	
捕虜とされた場所及び年月日	
死亡の原因及び事情	
埋葬地	
墓が標示されているか，また，近親者がそれを発見することができるか	
死者の個人用品は，抑留国によつて保管されているか，又はこの通告書とともに送付されるか	
どの機関を通じて送付されるか	
死者をその病気中又はその最期の時に看護した者（医師，看護婦，聖職者，同僚たる捕虜等）が，死亡及び埋葬の事情について，この通告書又は添附書において簡単な説明をすることができるか	
（日付，責任のある当局の印及び署名）	2人の証人の署名及びあて先

備考　このひな型は，2箇国語又は3箇国語で，特に，捕虜の自国語及び抑留国の言語で作成しなければならない。実際の大きさは，縦30センチメートル，横21センチメートルとする。

ANNEX Ⅳ

D. NOTIFICATION OF DEATH

(see Article 120)

(Title of responsible authority)

NOTIFICATION OF DEATH

Power on which the prisoner depended ....

Name and first names ....

First name of father	....
Place and date of birth	....
Place and date of death	....
Rank and service number (as given on identity disc)	....
Address of next of kin	....
Where and when taken prisoner	....
Cause and circumstances of death	....
Place of burial	....
Is the grave marked and can it be found later by the relatives?	....
Are the personal effects of the deceased in the keeping of the Detaining Power or are they being forwarded together with this notification?	....
If forwarded, through what agency?	....
Can the person who cared for the deceased during sickness or during his last moments (doctor, nurse, minister of religion, fellow prisoner) give here or on an attached sheet a short account of the circumstances of the death and burial?	....

(Date, seal and signature of responsible authority.)

....

Signature and address of two witnesses

....

Remarks.—This form should be made out in two or three languages, particularly in the prisoner's own language and in that of the Detaining Power. Actual size of the form: 21 by 30 centimetres.

○昭和61年外務省告示第312号

昭和28年10月21日（官報号外第75号）公布条約第25号「捕虜の待遇に関する1949年８月12日のジュネーヴ条約」の日本語文の一部を次のとおり訂正する。

昭和61年９月３日

外務大臣　倉成　正

1　第17条第１項中「軍の名称、連隊の名称及び」を「軍の番号、連隊の番号、」に改め、「名称又は」を削り、同条第３項中「軍の名称、連隊の名称及び」を「軍の番号、連隊の番号、」に、「並びに」を「及び」に改め、「名称若しくは」を削る。

2　第67条中「抑留国」を「当該国」に改める。

3　第104条第２項及び第122条第４項中「名称」を「番号」に改める。

4 戦時における文民の保護に関する1949年8月12日のジュネーヴ条約

（第4ジュネーヴ条約）（第4条約）
（文民条約）

1949年8月12日ジュネーヴで署名

昭和28年4月21日加入通告
昭和28年10月21日公布（条約第26号）
昭和28年10月21日効力発生

〔**前文**〕戦時における文民の保護に関する条約を作成するために1949年4月21日から同年8月12日までジュネーヴで開催された外交会議に代表された政府の全権委員たる下名は、次のとおり協定した。

第1編　総　則

第1条〔条約の尊重義務〕
第2条〔本条約の適用範囲〕
第3条〔国内の武力紛争にも適用〕
（第1～3条）第1条約の第1条～第3条と同文

〔この条約で保護される者〕
第4条　この条約によつて保護される者は、紛争又は占領の場合において、いかなる時であると、また、いかなる形であるとを問わず、紛争当事国又は占領国の権力内にある者でその紛争当事国又は占領国の国民でないものとする。
② この条約によつて拘束されない国の国民は、この条約によつて保護されることはない。中立国の国民で交戦国の領域内にあるもの及び共同交戦国の国民は、それらの者の本国が、それらの者を権力内に有する国に通常の外交代表を駐在させている間は、被保護者と認められない。
③ もつとも、第2編の規定の適用範囲は、第13条に定めるとおり一層広いものである。
④ 戦地にある軍隊の傷者及び病者の状態の改善に関する1949年8月12日のジュネーヴ条約、海上にある軍隊の傷者、病者及び難船者の状態の改善に関する1949年8月12日のジュネーヴ条約又は捕虜の待遇に関する1949年8月12日のジュネーヴ条約によつて保護される者は、この条約における被保護者と認められない。

〔保護される者の権利〕
第5条　紛争当事国の領域内において、被保護者が個人として紛争当事国の安全に対する有害な活動を行つた明白なけん疑があること又はそのような活動に従事していることを当該紛争当事国が確認した場合には、その被保護者は、この条約に基く権利及び特権でその者のために行使されれば当該紛争当事国の安全を害するようなものを主張することができない。

② 占領地域内において、被保護者が間ちよう若しくは怠業者（サボタージュを行う者）又は個人として占領国の安全に対する有害な活動を行つた明白なけん疑がある者として抑留された場合において、軍事上の安全が絶対に必要とするときは、その被保護者は、この条約に基く通信の権利を失うものとする。

③ もつとも、いずれの場合においても、前記の者は、人道的に待遇されるものとし、また、訴追された場合には、この条約で定める公平な且つ正式の裁判を受ける権利を奪われない。それらの者は、また、それぞれ紛争当事国又は占領国の安全が許す限り、すみやかにこの条約に基く被保護者の権利及び特権を完全に許与されるものとする。

〔本条約の適用期間〕

第6条　この条約は、第2条に定める紛争又は占領の開始の時から適用する。

② この条約は、紛争当事国の領域内においては、軍事行動の全般的終了の時にその適用を終る。

③ この条約は、占領地域内においては、軍事行動の全般的終了の後1年でその適用を終る。但し、占領国は、その地域で管理を行つている限り、占領の継続期間中、この条約の第1条から第12条まで、第27条、第29条から第34条まで、第47条、第49条、第51条、第52条、第53条、第59条、第61条から第77条まで及び第143条の規定により拘束されるものとする。

④ 被保護者は、その解放、送還又は居住地の設定がそれらの期間の終了の後に行われる場合には、それまでの間、この条約による利益を引き続き受けるものとする。

〔特別協定の締結〕

第7条　締約国は、第11条、第14条、第15条、第17条、第36条、第108条、第109条、第132条、第133条及び第149条に明文で規定する協定の外、別個に規定を設けることを適当と認めるすべての事項について、他の特別協定を締結することができる。いかなる特別協定も、この条約で定める被保護者の地位に不利な影響を及ぼし、又はこの条約で被保護者に与える権利を制限するものであつてはならない。

② 被保護者は、この条約の適用を受ける間は、前記の協定の利益を引き続き享有する。但し、それらの協定に反対の明文規定がある場合又は紛争当事国の一方若しくは他方が被保護者について一層有利な措置を執つた場合は、この限りでない。

第8条〔被保護者の権利放棄の禁止〕
第9条〔利益保護国の協力〕
第10条〔赤十字国際委員会等の人道的活動〕
第11条〔利益・保護の確保〕
第12条〔利益保護国による紛議の仲介〕

（第8条～第12条）第1条約の第7条～第11条と同文

第2編　戦争の影響に対する住民の一般的保護

〔第2編の目的〕

第13条　第2編の規定は、特に人種、国籍、宗教又は政治的意見による不利な差別をしないで、紛争当事国の住民全体に適用されるものとし、また、戦争によつて生ずる苦痛を軽減することを目的とする。

〔病院・安全地帯の設定〕

第14条　締約国は平時において、紛争当事国は敵対行為の開始の時以後、自国の領域及び必要がある場合には占領地区において、傷者、病者、老者、15歳未満の児童、妊産婦及び7歳未満の幼児の母を戦争の影響から保護するために組織される病院及び安全のための地帯及び地区を設定することができる。

②　関係当事国は、敵対行為の開始に当り、及び敵対行為の期間中、それらが設定した地帯及び地区を相互に承認するための協定を締結することができる。このため、関係当事国は、必要と認める修正を加えて、この条約に附属する協定案の規定を実施することができる。

③　利益保護国及び赤十字国際委員会は、これらの地帯及び地区の設定及び承認を容易にするために仲介を行うように勧誘される。

〔中立地帯設定の提案〕

第15条　紛争当事国は、次の者を差別しないで戦争の危険から避難させるための中立地帯を戦闘が行われている地域内に設定することを、直接に又は中立国若しくは人道的団体を通じて、敵国に提案することができる。

(a)　傷者及び病者（戦闘員であると非戦闘員であるとを問わない。）

(b)　敵対行為に参加せず、且つ、その地帯に居住する間いかなる軍事的性質を有する仕事にも従事していない文民

②　関係当事国が提案された中立地帯の地理的位置、管理、食糧の補給及び監視について合意したときは、紛争当事国の代表者は、文書による協定を確定し、且つ、これに署名しなければならない。その協定は、その地帯の中立化の開始の時期及び存続期間を定めなければならない。

〔傷病者等の保護〕

第16条　傷者、病者、虚弱者及び妊産婦は、特別の保護及び尊重を受けるものとする。

②　各紛争当事国は、軍事上の事情が許す限り、死者及び傷者を捜索し、難船者その他重大な危険にさらされた者を救援し、並びにそれらの者をりやく奪及び虐待から保護するために執られる措置に便益を与えなければならない。

〔避難等のための現地協定〕

第17条　紛争当事国は、傷者、病者、虚弱者、老者、児童及び妊産婦を攻囲され、又は包囲された地域から避難させるため、並びにそれらの地域へ向うすべての宗教の聖職者、衛生要員及び衛生材料を通過させるため、現地協定を締結するように努めなければならない。

〔文民病院〕

第18条　傷者、病者、虚弱者及び妊産婦を看護するために設けられる文民病院は、いかなる場合にも、攻撃してはならず、常に紛争当事国の尊重及び保護を受けるものとする。

②　紛争当事国は、すべての文民病院に対し、それらの病院が文民病院であること及びそれらの病院が使用する建物が第19条の規定に従つて病院の保護を失うこととなるような目的に使用されていないことを示す証明書を発給しなければならない。

③　文民病院は、国の許可がある場合に限り、戦地にある軍隊の傷者及び病者の状態の改善に関する1949年8月12日のジュネーヴ条約第38条に定める標章によつて表示するものとする。

④　紛争当事国は、軍事上の事情が許す限り、敵対的行為が行われる可能性を除くため、敵の陸軍、空軍又は海軍が文民病院を表示する特殊標章を明白に識別することができるようにするために必要な措置を執らなければならない。

⑤　それらの病院は、軍事目標に近接しているためさらされる危険にかんがみ、できる限り軍事目標から離れた位置にあることが望ましい。

〔文民病院が享有できる保護〕

第19条　文民病院が享有することができる保護は、それらの病院がその人道的任務から逸脱して敵に有害な行為を行うために使用された場合を除く外、消滅しないものとする。但し、その保護は、すべての適当な場合に合理的な期限を定めた警告が発せられ、且つ、その警告が無視された後でなければ、消滅させることができない。

②　傷者若しくは病者たる軍隊の構成員がそれらの文民病院で看護を受けている事実又はそれらの戦闘員から取り上げられたがまだ正当な機関に引き渡されていない小武器及び弾薬の存在は、敵に有害な行為と認めてはならない。

〔文民病院職員の保護〕

第20条　文民病院の運営及び管理に正規にもつぱら従事する職員（傷者及び病者たる文民、虚弱者並びに妊産婦の捜索、収容、輸送及び看護に従事する者を含む。）は、尊重し、且つ、保護しなければならない。

② 前記の職員は、占領地域及び作戦地帯においては、身分を証明し、本人の写真を添附し、且つ、責任のある当局の印を浮出しにして押した身分証明書及び任務の遂行中左腕につけなければならない押印した防水性の腕章によつて識別することができるようにしなければならない。この腕章は、国が交付するものとし、且つ、この腕章には、戦地にある軍隊の傷者及び病者の状態の改善に関する1949年8月12日のジュネーヴ条約第38条に定める標章を付さなければならない。

③ 文民病院の運営及び管理に従事するその他の職員は、その任務を遂行する間、本条で定めるところにより、且つ、本条に定める条件の下に、尊重及び保護を受け、並びに腕章をつけることができる。身分証明書には、それらの職員が従事する任務を記載しなければならない。

④ 各病院の事務所は、常に、それらの職員の最新の名簿を自国又は占領軍の権限のある当局に自由に使用させるため備えて置かなければならない。

〔病院列車等の保護〕

第21条 陸上にある護送車両隊若しくは病院列車又は海上にある特別仕立の船舶で傷者及び病者たる文民、虚弱者並びに妊産婦を輸送するものは、第18条に定める病院と同様に尊重し、且つ、保護しなければならず、また、国の同意を得て、戦地にある軍隊の傷者及び病者の状態の改善に関する1949年8月12日のジュネーヴ条約第38条に定める特殊標章を掲げて表示しなければならない。

〔衛生航空機の保護〕

第22条 傷者及び病者たる文民、虚弱者並びに妊産婦の輸送又は衛生要員及び衛生材料の輸送にもつぱら使用される航空機は、すべての紛争当事国の間で特別に合意された高度、時刻及び路線に従つて飛行している間、攻撃してはならず、尊重しなければならない。

② それらの航空機は、戦地にある軍隊の傷者及び病者の状態の改善に関する1949年8月12日のジュネーヴ条約第38条に定める特殊標章で表示しなければならない。

③ 反対の合意がない限り、敵の領域又は敵の占領地域の上空の飛行は、禁止する。

④ それらの航空機は、すべての着陸要求に従わなければならない。この要求によつて着陸した場合には、航空機及びその乗員は、検査があるときはそれを受けた後、飛行を継続することができる。

〔文民のための送付品の自由通過〕

第23条 各締約国は、他の締約国（敵国である場合を含む。）の文民のみにあてられた医療品及び病院用品並びに宗教上の行事に必要な物品からなるすべての送付品の自由通過を許可しなければならない。各締約国は、また、15歳未満の児童及び妊産婦にあてられた不可欠の食糧品、被服及び栄養剤からなるすべての送付品の自由通過を許可しなければならない。

② 締約国は、次のことをおそれる重大な理由がないと認めた場合に限り、前項に掲げる送付品の自由通過を許可する義務を負う。

(a)　当該送付品についてその名あて地が変えられるかもしれないこと。
(b)　管理が有効に実施されないこと。
(c)　敵国が、当該送付品がなければ自ら供給し、若しくは生産しなければならない物品の代りにその送付品を充当することにより、又は当該送付品がなければそれらの物品の生産に必要となる原料、役務若しくは設備を使用しないですむことによつて、その軍事力又は経済に明白な利益を受けること。

③　本条第1項に掲げる送付品の通過を許可する国は、その送付品の利益を受ける者に対する分配が現地における利益保護国の監督の下に行われることをその許可の条件とすることができる。

④　前記の送付品は、できる限りすみやかに輸送しなければならず、また、送付品の自由通過を許可する国は、その通過を許可するための技術的条件を定める権利を有する。

〔児童の保護〕

第24条　紛争当事国は、戦争の結果孤児となり、又はその家族から離散した15歳未満の児童が遺棄されないこと並びにその生活、信仰の実践及び教育がすべての場合に容易にされることを確保するために必要な措置を執らなければならない。それらの者の教育は、できる限り、文化的伝統の類似する者に任せなければならない。

②　紛争当事国は、第1項に掲げる諸原則が遵守されるという適当な保障がある場合には、利益保護国があればその同意を得て、紛争が継続している間、前記の児童が中立国に収容されることを容易にしなければならない。

③　紛争当事国は、また、12歳未満のすべての児童の身元が名札その他の方法によつて識別されるように措置を執ることに努めなければならない。

〔家族との通信〕

第25条　紛争当事国の領域又はその占領地域にあるすべての者に対しては、それらの者の家族が所在する場所のいかんを問わず、厳密に私的性質を有する消息をその家族との間で相互に伝えることができるようにしなければならない。それらの通信は、すみやかに、且つ、不当に遅延させることなく送付しなければならない。

②　何らかの事情により家族との間で通常の郵便により通信を交換することが困難又は不可能となつた場合には、関係紛争当事国は、第140条に定める中央被保護者情報局のような中立の仲介機関に依頼して、その仲介機関と協議の上、特に各国赤十字社（赤新月社又は赤のライオン及び太陽社）の協力を得て、最も良い条件でその義務の遂行を確保する方法を決定しなければならない。

③　紛争当事国は、家族との間の通信を制限する必要があると認めた場合においても、自由に選択された25の単語からなる標準書式を使用させること及びその書式による通信の数を毎月1通に制限すること以上の制限を課してはならない。

〔離散家族の連絡、捜索〕

第26条　各紛争当事国は、戦争のため離散した家族が相互に連絡を回復し、できれば再会しようとする目的で行う捜索を容易にしなければならない。各紛争当事国は、特に、この事業に従事する団体が自国にとつて許容し得るものであり、且つ、その団体が自国の安全措置に従うものである限り、その団体の活動を助成しなければならない。

第3編　被保護者の地位及び取扱

第1部　紛争当事国の領域及び占領地域に共通する規定

〔被保護者の身体・信仰等の尊重〕

第27条　被保護者は、すべての場合において、その身体、名誉、家族として有する権利、信仰及び宗教上の行事並びに風俗及び習慣を尊重される権利を有する。それらの者は、常に人道的に待遇しなければならず、特に、すべての暴行又は脅迫並びに侮辱及び公衆の好奇心から保護しなければならない。

②　女子は、その名誉に対する侵害、特に、強かん、強制売いんその他あらゆる種類のわいせつ行為から特別に保護しなければならない。

③　被保護者を権力内に有する紛争当事国は、健康状態、年令及び性別に関する規定を害することなく、特に人種、宗教又は政治的意見に基く不利な差別をしないで、すべての被保護者に同一の考慮を払つてこれを待遇しなければならない。

④　もつとも、紛争当事国は、被保護者に関して、戦争の結果必要とされる統制及び安全の措置を執ることができる。

〔軍事的利用の禁止〕

第28条　被保護者の所在は、特定の地点又は区域が軍事行動の対象とならないようにするために利用してはならない。

〔被保護者の待遇についての国の責任〕

第29条　被保護者を権力内に有する紛争当事国は、その機関がそれらの被保護者に与える待遇については、個人に責任があるかどうかを問わず、自らその責任を負う。

〔申し立てのための便益〕

第30条　被保護者は、利益保護国、赤十字国際委員会、その在留する国の赤十字社（赤新月社又は赤のライオン及び太陽社）並びに被保護者に援助を与える団体に申し立てるためのあらゆる便益を有する。

②　前記の諸団体は、軍事上又は安全上の考慮によつて定められる制限の範囲内で、この目的のためのすべての便益を当局から受けるものとする。

③　抑留国又は占領国は、利益保護国及び赤十字国際委員会の代表による第143条

に定める訪問の外、被保護者に対して精神的援助又は物質的救済を与えることを目的とするその他の団体の代表者による被保護者の訪問をできる限り容易にしなければならない。

〔強制的な情報取得の禁止〕

第31条　特に被保護者又は第三者から情報を得るために、被保護者に肉体的又は精神的強制を加えてはならない。

〔残虐行為の禁止〕

第32条　締約国は、特に、その権力内にある被保護者に肉体的苦痛を与え、又はそれらの者をみな殺しにするような性質の措置を執ることを禁止することに同意する。この禁止は、被保護者の殺害、拷問、肉体に加える罰、身体の切断及びそれらの者の医療上必要でない医学的又は科学的実験に適用されるばかりでなく、文民機関によつて行われると軍事機関によつて行われるとを問わず、その他の残虐な措置にも適用される。

〔脅迫・略奪の禁止〕

第33条　被保護者は、自己が行わない違反行為のために罰せられることはない。集団に科する罰及びすべての脅迫又は恐かつによる措置は、禁止する。

② りやく奪は、禁止する。

③ 被保護者及びその財産に対する報復は、禁止する。

〔人質の禁止〕

第34条　人質は、禁止する。

第2部　紛争当事国の領域にある外国人

〔紛争当事国領域から退去する権利〕

第35条　紛争の開始に当り又はその期間中に紛争当事国の領域を去ることを希望するすべての被保護者は、その退去がその国の国家的利益に反しない限り、その領域を去る権利を有する。それらの者の退去の申請に対しては、正規に定める手続に従つて決定しなければならず、この決定は、できる限りすみやかに行わなければならない。退去を許されたそれらの者は、その旅行に必要な金銭を所持し、及び適当な量の個人用品を携帯することができる。

② 当該領域を去ることを拒否された者は、再審査のために抑留国が指定する適当な裁判所又は行政庁で、その拒否についてできる限りすみやかに再審査を受ける権利を有する。

③ 利益保護国の代表者に対しては、その要請に基き、当該領域を去る許可の申請に対する拒否の理由及び退去が拒否された者の氏名をできる限りすみやかに通知しなければならない。但し、安全上の理由がこれを妨げ、又は関係者が反対したときは、この限りでない。

〔退去の実施及び費用〕

第36条　前条に基き許される退去は、安全、衛生、保健及び食糧について満足すべき条件で実施しなければならない。それらに関するすべての費用は、抑留国の領域の出国地点からは目的国が負担し、中立国へ退去する場合には、利益を受ける者が属する国が負担するものとする。その移動の実施細目は、必要があるときは、関係国間の特別協定で定めることができる。

②　前項の規定は、紛争当事国が敵の権力内にある自国民の交換及び送還に関して特別協定を締結することを妨げるものではない。

〔拘禁中の被保護者の待遇〕

第37条　訴訟係属中拘禁されている被保護者又は自由刑に服している被保護者は、その拘禁中人道的に待遇しなければならない。

②　それらの者は、釈放されたときは、直ちに、前各条に従つて領域を去ることを要求することができる。

〔被保護者に与えられる権利〕

第38条　被保護者の地位は、この条約、特に、第27条及び第41条により認められる特別の措置を例外として、原則として平時における外国人に関する規定によつて引き続き規律されるものとする。いかなる場合にも、被保護者に対しては、次の権利を与えなければならない。

(1)　被保護者は、送付される個人又は集団あての救済品を受領することができること。

(2)　被保護者は、その健康状態により必要とされる場合には、関係国の国民が受けると同等の程度まで医療上の手当及び入院治療を受けること。

(3)　被保護者は、信仰を実践し、且つ、同一の宗派に属する聖職者から宗教上の援助を受けることを許されること。

(4)　被保護者は、戦争の危険に特にさらされている地区に居住している場合には、関係国の国民に許されると同等の程度までその地区から移転することを許されること。

(5)　15歳未満の児童、妊産婦及び7歳未満の幼児の母は、それらに該当する関係国の国民が享有する有利な待遇と同等な待遇を享有すること。

〔生活の保障〕

第39条　戦争の結果収入を得る職業を失つた被保護者に対しては、有給の職業につく機会を与えなければならない。その機会は、安全上の考慮及び第40条の規定に従うことを条件として、被保護者が在留する国の国民が享有する機会と同等のものでなければならない。

②　紛争当事国が被保護者に対し自ら生活を維持することができなくなるような統制措置を適用した場合、特に、安全上の理由により被保護者が適当な条件で有給の職業につくことを妨げられた場合には、その紛争当事国は、被保護者及びその

扶養を受ける者の生活を保障しなければならない。

③　被保護者は、いかなる場合にも、本国、利益保護国又は第30条に掲げる救済団体から手当の支給を受けることができる。

〔強制労働の禁止〕

第40条　被保護者は、その在留する紛争当事国の国民と同等の程度以上には労働を強制されないものとする。

②　被保護者が敵国の国民である場合には、それらの者は、人間としての食糧、住居、被服、輸送及び健康を確保するために通常必要な労働であつて軍事行動の遂行に直接関係がないもの以外は、強制されないものとする。

③　前2項に掲げる場合において、労働を強制された被保護者は、特に賃金、労働時間、被服及び器具、予備的作業訓練並びに業務上の災害及び疾病に対する補償に関し、在留する国の労働者と同一の労働条件及び保護の利益を享有する。

④　前記の規定に対する違反があつたときは、被保護者は、第30条に従つて苦情申立の権利を行使することを許されるものとする。

〔統制措置〕

第41条　被保護者を権力内に有する国は、この条約に掲げる統制措置が不充分と認める場合においても、第42条及び第43条の規定による住居指定又は抑留の措置以上にきびしい統制措置を執つてはならない。

②　住居を指定する決定によつて通常の住居から他の場所に移転を要求された者に対して第39条第2項の規定を適用するに当つては、抑留国は、できる限りこの条約の第3編第4部に定める福祉の基準に従わなければならない。

〔被保護者の抑留・住居指定〕

第42条　被保護者の抑留又は住居指定は、抑留国の安全がこれを絶対に必要とする場合に限り、命ずることができる。

②　利益保護国の代表者を通じて自発的に抑留を求める者があつて、その者の事情が抑留を必要とするときは、その者を権力内に有する国は、その者を抑留しなければならない。

〔抑留等に対する再審査請求〕

第43条　被保護者で抑留され、又は住居を指定されたものは、再審査のために抑留国が指定する適当な裁判所又は行政庁で、その処分についてできる限りすみやかに再審査を受ける権利を有する。抑留又は住居指定が継続される場合には、前記の裁判所又は行政庁は、事情が許すときは、原決定に対して有利な変更をするため、定期的に且つ少くとも年に2回、各事件の審査を行わなければならない。

②　抑留国は、抑留され、若しくは住居を指定され、又は抑留若しくは住居指定から解放された被保護者の氏名をできる限りすみやかに利益保護国に通知しなければならない。但し、それらの者が反対した場合は、この限りでない。本条第1項に掲げる裁判所又は行政庁の決定は、同一の条件の下に、できる限りすみやかに

利益保護国に通告しなければならない。

〔亡命者の取扱〕

第44条　抑留国は、この条約に掲げる統制措置を適用するに当つては、事実上いずれの政府の保護をも享有していない亡命者を、それらの者が法律上敵国の国籍を有するということのみに基いて敵性を有する外国人として取り扱つてはならない。

〔被保護者の移送〕

第45条　被保護者は、この条約の締約国以外の国に移送してはならない。

②　この規定は、敵対行為の終了後における被保護者の送還又はその居住国への帰還を妨げるものではない。

③　抑留国は、この条約の締約国に、当該締約国がこの条約を適用する意思及び能力を有することを確認した後にのみ、被保護者を移送することができる。被保護者が前記により移送されたときは、被保護者を受け入れた国は、被保護者がその保護の下にある間、この条約を適用する責任を負う。但し、被保護者を受け入れた国がいずれかの重要な点についてこの条約の規定を実施しなかつた場合には、被保護者を移送した国は、利益保護国の通告に基いて、その状態を改善するために有効な措置を執り、又は被保護者の返還を要請しなければならない。この要請には、従わなければならない。

④　被保護者は、いかなる場合にも、その政治的意見又は信仰のために迫害を受ける虞のある国に移送してはならない。

⑤　本条の規定は、敵対行為の開始前に締結されている犯罪人引渡条約に従つて、普通の刑法上の違反行為のために訴追されている被保護者の引渡を妨げるものではない。

〔制限的措置の廃止〕

第46条　被保護者に関して執られた制限的措置は、まだ廃止されていない限り、敵対行為の終了後できる限りすみやかに廃止しなければならない。

②　被保護者の財産に関して執られた制限的措置は、抑留国の法令に従つて、敵対行為の終了後できる限りすみやかに廃止しなければならない。

第3部　占領地域

〔条約による被保護者の利益の保障〕

第47条　占領地域にある被保護者は、いかなる場合にも及びいかなる形においても、占領の結果その地域の制度若しくは政治にもたらされる変更、占領地域の当局と占領国との間に締結される協定又は占領国による占領地域の全部若しくは一部の併合によつてこの条約の利益を奪われることはない。

〔領域からの退去権〕

第48条　領域を占領された国の国籍を有しない被保護者は、第35条の規定に従うことを条件として、その領域を去る権利を行使することができる。これに関する決定は、同条に基いて占領国が定める手続に従つて行わなければならない。

〔強制移送の禁止〕

第49条　被保護者を占領地域から占領国の領域に又は占領されていると占領されていないとを問わず他の国の領域に、個人的若しくは集団的に強制移送し、又は追放することは、その理由のいかんを問わず、禁止する。

②　もつとも、占領国は、住民の安全又は軍事上の理由のため必要とされるときは、一定の区域の全部又は一部の立ちのきを実施することができる。この立ちのきは、物的理由のためやむを得ない場合を除く外、被保護者を占領地域の境界外に移送するものであつてはならない。こうして立ちのかされた者は、当該地区における敵対行為が終了した後すみやかに、各自の家庭に送還されるものとする。

③　前記の移送又は立ちのきを実施する占領国は、できる限り、被保護者を受け入れる適当な施設を設けること、その移転が衛生、保健、安全及び給食について満足すべき条件で行われること並びに同一家族の構成員が離散しないことを確保しなければならない。

④　移送及び立ちのきを実施するときは、直ちに、利益保護国に対し、その移送及び立ちのきについて通知しなければならない。

⑤　占領国は、住民の安全又は緊急の軍事上の理由のため必要とされる場合を除く外、戦争の危険に特にさらされている地区に被保護者を抑留してはならない。

⑥　占領国は、その占領している地域へ自国の文民の一部を追放し、又は移送してはならない。

〔児童の監護・教育〕

第50条　占領国は、国又は現地の当局の協力の下に、児童の監護及び教育に充てられるすべての施設の適当な運営を容易にしなければならない。

②　占領国は、児童の身元の識別及び親子関係の登録を容易にするため必要なすべての措置を執らなければならない。占領国は、いかなる場合にも、児童の身分上の地位を変更し、又は自国に従属する団体若しくは組織にこれを編入してはならない。

③　現地の施設が適当でない場合には、占領国は、戦争の結果孤児となり、又はその両親と離別し、且つ、近親者又は友人によつて適当な監護を受けることができない児童の扶養及び教育が、できる限り、その児童と同一の国籍、言語及び宗教の者によつて行われるように措置を執らなければならない。

④　第136条に従つて設置される被保護者情報局の特別の課は、身元不明の児童を識別するため必要なすべての措置を執る責任を負う。その児童の親又は近親者に関し入手することができる明細は、常に記録しなければならない。

⑤　占領国は、食糧、医療上の手当及び戦争の影響に対する保護に関して、15歳未満の児童、妊産婦及び７歳未満の幼児の母のために占領前に採用されていた有利な措置の適用を妨げてはならない。

〔労働等の強制禁止〕

第51条　占領国は、被保護者に対し、自国の軍隊又は補助部隊において勤務することを強制してはならない。自発的志願を行わせることを目的とする圧迫又は宣伝は、禁止する。

②　占領国は、被保護者が18歳をこえている場合であつて、その者を占領軍の需要、公益事業又は被占領国の住民の給食、住居、被服、輸送若しくは健康のために必要な労働に従事させるときを除く外、被保護者に対し、労働を強制してはならない。被保護者は、軍事行動に参加する義務を負わされるような労働に従事することを強制されない。占領国は、被保護者に対し、それらの者が強制労働に服している施設の安全を強制手段を用いて確保するよう強制してはならない。

③　労働は、役務を徴発された者が所在する占領地域においてのみ行わせるものとする。それらの者は、できる限り従前の労働の場所に引き続き置かなければならない。労働者に対しては、公正な賃金を支払わなければならず、労働は、労働者の肉体的及び知的能力に相応するものでなければならない。被占領国において実施されている法令で労働条件及び保護に関するもの、特に、賃金、労働時間、設備、予備的作業訓練並びに業務上の災害及び疾病に対する補償に関するものは、本条に掲げる労働に従事する被保護者に適用される。

④　労務の徴発は、いかなる場合にも、軍事的又は準軍事的性質を有する組織の中に労働者を動員することとなつてはならない。

〔労働者の利益尊重〕

第52条　いかなる契約、協定又は規則も、労働者の自発的意志があるとないとを問わず、また、その者の在留する場所のいかんを問わず、利益保護国の介入を要請するため同国の代表者に申し立てる労働者の権利を害するものであつてはならない。

②　占領国のために労働者を働かせる目的で占領地域において失業を生じさせ、又は労働者の就職の機会を制限するためのすべての措置は、禁止する。

〔私有財産の破壊禁止〕

第53条　個人的であると共同的であるとを問わず私人に属し、又は国その他の当局、社会的団体若しくは協同団体に属する不動産又は動産の占領軍による破壊は、その破壊が軍事行動によつて絶対的に必要とされる場合を除く外、禁止する。

〔公職にある者の身分保障〕

第54条　占領国は、占領地域にある公務員又は裁判官が良心に従い自己の職務の遂行を避ける場合にも、それらの公務員若しくは裁判官の身分を変更し、又は何らかの方法でそれらの者に対して制裁を加え、若しくは強制的若しくは差別的措置を執つてはならない。

②　この禁止は、第51条第２項の適用を妨げるものではない。この禁止は、公務員の職を免ずる占領国の権利に影響を及ぼすものではない。

〔住民の食糧確保〕

第55条　占領国は、利用することができるすべての手段をもつて、住民の食糧及び医療品の供給を確保する義務を負う。特に、占領国は、占領地域の資源が不充分である場合には、必要な食糧、医療品その他の物品を輸入しなければならない。

②　占領国は、占領軍及び占領行政機関の要員の使用に充てる場合であつて、文民たる住民の要求を考慮したときを除く外、占領地域にある食糧、物品又は医療品を徴発してはならない。占領国は、他の国際条約の規定に従うことを条件として、徴発された貨物に対して公正な対価が支払われることを確保するため必要な措置を執らなければならない。

③　利益保護国は、いつでも、占領地域における食糧及び医療品の供給状態を自由に調査することができる。但し、緊急の軍事上の要求により一時的制限が必要とされる場合は、この限りでない。

〔保健衛生の確保〕

第56条　占領国は、利用することができるすべての手段をもつて、占領地域における医療上及び病院の施設及び役務並びに公衆の健康及び衛生を、国及び現地の当局の協力の下に、確保し、且つ、維持する義務を負う。占領国は、特に、伝染病及び流行病のまん延を防止するため必要な予防措置を採用し、且つ、実施しなければならない。すべての種類の衛生要員は、その任務の遂行を許されるものとする。

②　占領地域において新しい病院が設立され、且つ、被占領国の権限のある機関がその地域で活動していない場合には、占領当局は、必要があるときは、それらの病院に対して第18条に定める承認を与えなければならない。また、この場合には、占領当局は、第20条及び第21条の規定に基いて、病院の職員及び輸送車両に対しても承認を与えなければならない。

③　占領国は、健康及び衛生の措置の採用並びにその実施に当つては、占領地域の住民の道徳的及び倫理的感情を考慮しなければならない。

〔文民病院の一時的徴発〕

第57条　占領国は、軍の傷者及び病者の看護のため緊急の必要がある場合に限り、且つ、患者の看護及び療養のため並びに文民たる住民の入院に対する要求のため適当な措置が適当な時に執られることを条件として、単に一時的にのみ文民病院を徴発することができる。

②　文民病院の材料及び貯蔵品は、それらが文民たる住民の要求にとつて必要である限り、徴発することができない。

〔宗教上の援助〕

第58条　占領国は、聖職者に対し、その者と同一の宗派に属する者に宗教上の援助を与えることを許さなければならない。

②　占領国は、また、宗教上の要求から必要とされる書籍及び物品からなる送付品

を受領し、且つ、占領地域におけるそれらの送付品の分配を容易にしなければならない。

〔物資の供給〕

第59条 占領地域の住民の全部又は一部に対する物資の供給が不充分である場合には、占領国は、その住民のための救済計画に同意し、且つ、その使用することができるすべての手段によりその計画の実施を容易にしなければならない。

② 国又は赤十字国際委員会のような公平な人道的団体によつて実施される前記の計画は、特に、食糧、医療品及び被服の送付を内容とするものでなければならない。

③ すべての締約国は、それらの送付品の自由通過を許可し、且つ、それらの保護を保障しなければならない。

④ もつとも、敵国によつて占領されている地域にあてられた送付品に自由通過を許可する国は、送付品を検査し、指定する時刻及び径路による通過を規律し、並びにそれらの送付品が窮乏した住民の救済のために使用されるものであつて占領国の利益のために使用されるものでないことを利益保護国を通じて充分に確かめる権利を有する。

〔救済品の指定用途の変更禁止〕

第60条 救済品は、第55条、第56条及び第59条に基く占領国の責任を免除するものではない。占領国は、いかなる形においても、救済品の指定された用途を変更してはならない。但し、緊急の必要がある場合であつて、占領地域の住民の利益のためであり、且つ、利益保護国の同意を得たときは、この限りでない。

〔救済品の分配〕

第61条 前各条に掲げる救済品の分配は、利益保護国の協力及び監督の下に行わなければならない。この任務は、また、占領国と利益保護国との間の協定によつて、中立国、赤十字国際委員会又はその他の公平な人道的団体に委任することができる。

② 前記の救済品は、占領地域の経済のため必要である場合を除く外、その地域においてすべての課徴金、租税又は関税を免除される。占領国は、それらの救済品のすみやかな分配を容易にしなければならない。

③ すべての締約国は、占領地域にあてられたそれらの救済品の無償の通過又は輸送を許可するように努めなければならない。

〔個人あての救済品〕

第62条 占領地域にある被保護者は、緊急の安全上の考慮に従うことを条件として、個人あての救済品を受領することを許されるものとする。

〔各国赤十字社の活動〕

第63条 占領国が緊急の安全上の考慮から課する一時的且つ例外的措置に従うことを条件として、

(a)　認められた各国赤十字社（赤新月社又は赤のライオン及び太陽社）は、赤十字国際会議によつて定められた赤十字の諸原則に従つて、それぞれの活動を遂行することができる。その他の救済団体は、同様の条件で、その人道的活動を継続することを許される。

(b)　占領国は、それらの赤十字社（赤新月社又は赤のライオン及び太陽社）及び団体の職員又は組織について、前記の活動を害するような変更を要求してはならない。

②　同様の諸原則は、重要な公益事業を維持し、救済品を分配し、及び救援事業を組織化することによつて文民たる住民の生活条件を確保することを目的として既に存在し、又は将来設立される非軍事的性質を有する特別の団体の活動及び職員に対しても、適用する。

〔被占領国の刑罰法令〕

第64条　被占領国の刑罰法令は、それらの法令が占領国の安全を脅かし、又はこの条約の適用を妨げる場合において、占領国が廃止し、又は停止するときを除く外、引き続き効力を有する。占領地域の裁判所は、このことを考慮し、且つ、裁判の能率的な運営を確保する必要を認め、前記の法令で定めるすべての犯罪行為についてその任務を引き続き行わなければならない。

②　もつとも、占領国は、占領地域の住民をして、自国がこの条約に基くその義務を履行し、当該地域の秩序ある政治を維持し、且つ、占領国の安全、占領軍又は占領行政機関の構成員及び財産の安全並びにそれらが使用する施設及び通信線の安全を確保することができるようにするため必要な規定に従わせることができる。

〔占領国制定の刑罰法令〕

第65条　占領国が制定した刑罰規定は、住民の言語で公布し、且つ、住民に周知させた後でなければ、効力を生じない。それらの刑罰規定の効力は、そ及しないものとする。

〔違反行為者の裁判〕

第66条　第64条第２項に基き占領国が公布した刑罰規定に違反する行為があつた場合には、占領国は、被疑者を占領国の正当に構成された非政治的な軍事裁判所に引き渡すことができる。但し、この軍事裁判所は、被占領国で開廷しなければならない。上訴のための裁判所は、なるべく被占領国で開廷しなければならない。

〔適用する法令〕

第67条　裁判所は、犯罪行為が行われる前に適用されており、且つ、法の一般原則、特に、刑罰は犯罪行為に相応するものでなければならないという原則に合致する法令の規定のみを適用しなければならない。裁判所は、被告人が占領国の国民ではないという事実を考慮に入れなければならない。

〔刑罰〕

第68条　占領国を害する意思のみをもつて行つた犯罪行為であつて、占領軍又は占領行政機関の構成員の生命又は身体に危害を加えず、重大な集団的危険を生ぜず、且つ、占領軍若しくは占領行政機関の財産又はそれらが使用する施設に対して重大な損害を与えないものを行つた被保護者は、抑留又は単なる拘禁に処せられる。但し、その抑留又は拘禁の期間は、犯罪行為に相応するものでなければならない。また、抑留又は拘禁は、そのような犯罪行為に関し被保護者から自由を奪うために執る唯一の措置としなければならない。この条約の第66条に定める裁判所は、その裁量により、拘禁の刑を同期間の抑留の刑に変えることができる。

②　第64条及び第65条に従つて占領国が公布する刑罰規定は、被保護者が間ちようとして行つた行為、占領国の軍事施設に対して行つた重大な怠業（サボタージュ）又は１人若しくは２人以上の者を死に至らしめた故意による犯罪行為のため有罪とされた場合にのみ、その被保護者に対し死刑を科することができる。但し、占領開始前に実施されていた占領地域の法令に基いてそのような犯罪行為に死刑を科することができた場合に限る。

③　死刑の判決は、被告人が占領国の国民ではなくて同国に対し忠誠の義務を負わない事実を裁判所が特に留意した後でなければ、被保護者に言い渡してはならない。

④　死刑の判決は、いかなる場合にも、犯罪行為のあつた時に18歳未満であつた被保護者に言い渡してはならない。

〔刑期の通算〕

第69条　すべての場合において、犯罪行為について責任を問われた被保護者が裁判があるまでの間に勾留された期間は、当該被保護者に科する拘禁の本刑に通算しなければならない。

〔占領以前の犯罪行為〕

第70条　被保護者は、占領前若しくは占領の一時的中断の間に行つた行為又はそれらの期間中に発表した意見のために、占領国によつて逮捕され、訴追され、又は有罪とされることはない。但し、戦争の法規及び慣例に違反した場合は、この限りでない。

②　敵対行為の開始前に被占領国の領域内に亡命していた占領国の国民は、敵対行為の開始後に行つた犯罪行為に係る場合又は敵対行為の開始前に行つた普通法上の犯罪行為で被占領国の法令によれば平時において犯罪人引渡が行われるものに係る場合を除く外、逮捕され、訴追され、有罪とされ、又は占領地域から追放されることはない。

〔司法手続〕

第71条　占領国の権限のある裁判所は、正式の裁判を行つた後でなければ、判決を言い渡してはならない。

②　占領国により訴追された被告人は、自己が理解する言語で書かれた文書により自己に対する公訴事実の細目をすみやかに通知され、且つ、できる限りすみやか

に裁判に付されるものとする。利益保護国は、死刑又は2年以上の拘禁の刑に係る公訴事実に関し占領国が被保護者に対して開始したすべての司法手続を通知されるものとする。利益保護国は、また、それらの司法手続の状況についていつでも情報を得ることができる。利益保護国は、また、その要請により、前記の司法手続及び被保護者に対して占領国が開始したその他の司法手続のすべての細目を通知される権利を有する。

③ 利益保護国に対する前記の第2項に定める通知書は、直ちに送付され、且つ、いかなる場合にも第1回公判の期日の3週間前に到達しなければならない。裁判は、本条の規定が完全に遵守されている旨の証拠が裁判の開始に当つて提出されなかつた場合には、開始してはならない。通知書には、次の事項を記載しなければならない。

(a) 被告人の身元

(b) 居住又は抑留の場所

(c) 公訴事実の細目（訴追が行われる基礎となつた刑罰規定の記載を含む。）

(d) 事件を裁判する裁判所

(e) 第1回の公判の場所及び期日

〔弁護人の選任〕

第72条 被告人は、防ぎよのため必要な証拠を提出する権利を有し、特に、証人の喚問を求めることができる。被告人は、自ら選任した資格のある弁護人の援助を受ける権利を有し、その弁護人は、自由に被告人を訪問することができるものとし、また、防ぎよの準備のため必要な便益を享有する。

② 利益保護国は、被告人が弁護人を選任しなかつた場合には、被告人に弁護人を附することができる。被告人が重大な犯罪につき訴追を受け、且つ、利益保護国が活動していないときは、占領国は、被告人の同意を得て弁護人を附さなければならない。

③ 被告人は、通訳人の援助を受ける権利を自己の意思により放棄しない限り、予備的な取調及び裁判の間、通訳人の援助を受けるものとする。被告人は、いつでもその通訳人を忌避し、且つ、その交替を求める権利を有する。

〔判決に対する不服申立〕

第73条 有罪の判決を受けた者は、裁判所が適用する法令で定める不服申立の権利を有する。その者に対しては、不服申立又は請願の権利及びこれを行使することができる期間について完全に告げなければならない。

② この部に定める刑事手続は、不服申立があつた場合に準用するものとする。裁判所が適用する法令が不服申立について規定していない場合には、有罪の判決を受けた者は、事実認定及び判決について、占領国の権限のある当局に請願する権利を有する。

〔利益保護国の役割〕

第74条　利益保護国の代表者は、被保護者の裁判に立ち会う権利を有する。但し、例外的に占領国の安全のため裁判が非公開で行われる場合は、この限りでない。この場合には、占領国は、利益保護国にその旨を通知しなければならない。裁判の期日及び場所に関する通知書は、利益保護国に送付しなければならない。

②　死刑又は2年以上の拘禁の刑を含む判決は、理由を附してできる限りすみやかに利益保護国に通知しなければならない。その通知書には、第71条に基いて行われる通知との関係及び、拘禁の刑の場合には、刑が執行される場所を記載しなければならない。それらの判決以外の判決の記録は、裁判所が保存し、且つ、利益保護国の代表者の閲覧に供しなければならない。死刑又は2年以上の拘禁の刑を含む判決の場合において許される不服申立の期間は、利益保護国が判決の通知書を受領した時から起算する。

〔死刑の執行〕

第75条　死刑の判決を受けた者は、いかなる場合にも、特赦又は死刑の執行の停止を請願する権利を奪われないものとする。

②　いかなる死刑の判決も、死刑を確定する終局判決又は特赦若しくは死刑の執行の停止を拒否する決定の通知書を利益保護国が受領した日から少くとも6箇月の期間が経過する前に執行してはならない。

③　前項に定める6箇月の期間は、占領国又は占領軍の安全に対する組織的な脅威となる重大な緊急の事情がある場合には、個個の事件について短縮することができる。但し、利益保護国は、この期間の短縮について常に通告を受け、且つ、この死刑の判決に関して権限のある占領当局に対して申入れをするため充分な時間及び機会を与えられるものとする。

〔服役〕

第76条　犯罪行為の責任を問われた被保護者は、被占領国で勾留されるものとし、有罪の判決を受けた場合には、被占領国で刑に服するものとする。それらの者は、できる限り、勾留されている他の者から分離されなければならず、また、食糧及び衛生の条件については、良好な健康状態を保つに充分であり、且つ、被占領国の監獄で与えられる条件と少くとも同等である条件を享有する。

②　それらの者は、その健康状態により必要とされる医療を受けるものとする。

③　それらの者は、また、その要求する宗教上の援助を受ける権利を有する。

④　女子は、分離した場所に拘禁し、且つ、女子の直接の監視の下に置かなければならない。

⑤　未成年者に対する特別の待遇については、適当に考慮しなければならない。

⑥　拘禁中の被保護者は、第143条の規定に従い、利益保護国及び赤十字国際委員会の代表の訪問を受ける権利を有する。

⑦　それらの者は、毎月少くとも1個の救済小包を受領する権利を有する。

〔有罪者の引渡〕

第77条　占領地域の裁判所で犯罪行為の責任を問われ、又は有罪の判決を受けた被保護者は、占領の終了に当り、解放された地域の当局に関係記録とともに引き渡さなければならない。

〔占領国がとり得る安全措置〕

第78条　占領国は、安全上の絶対的理由のために被保護者に関して安全措置を執ることが必要であると認めた場合においても、住居指定又は抑留の措置以上の措置を執ることができない。

②　その住居指定又は抑留に関する決定は、占領国がこの条件の規定に従つて定める正規の手続に従つて行わなければならない。この手続は、関係当事者の訴願の権利を含むものとする。訴願に対しては、できる限りすみやかに決定を与えなければならない。住居指定又は抑留の決定が確認された場合には、その決定は、占領国が設置する権限のある機関によつて、定期的に、できれば６箇月ごとに、審査を受けるものとする。

③　住居指定の措置に服するため自己の住居から移転することを要求された被保護者は、この条約の第39条の利益を完全に享有する。

第４部　被抑留者の待遇に関する規則

第１章　総則

〔抑留の制限〕

第79条　紛争当事国は、第41条、第42条、第43条、第68条及び第78条の規定による場合を除く外、被保護者を抑留してはならない。

〔私法上の行為能力の保持〕

第80条　被抑留者は、完全な私法上の行為能力を保持し、且つ、その行為能力に伴う権利で被抑留者としての地位と矛盾しないものを行使するものとする。

〔給養・医療の提供〕

第81条　被保護者を抑留する紛争当事国は、無償で、それらの者を給養し、及びその健康状態に必要な医療をそれらの者に提供しなければならない。

②　被抑留者の手当、俸給又は債権の額は、前記の費用の支払に充てるために減額してはならない。

③　被抑留者の扶養を受ける者が生活を維持するための適当な手段を有しない場合又は生計を営むことができない場合には、抑留国は、それらの者の生活を支持しなければならない。

〔同一国民・家族との関係の配慮〕

第82条　抑留国は、被抑留者をできる限りその国籍、言語及び習慣に応じて収容しなければならない。同一国の国民である被抑留者は、言語が異なるという理由だけで分離してはならない。

② 同一家族の構成員、特に親子は、抑留の期間中、収容所の同一場所に居住させなければならない。但し、作業上若しくは健康上の理由のため又はこの部の第9章の規定の実施のために一時的別居が必要とされる場合は、この限りでない。被抑留者は、その監護を受けないで放置されている自己の子が自己とともに収容されるよう要請することができる。

③ 同一家族の構成員たる被抑留者は、できる限り、同一の建物内に居住させなければならず、且つ、それらの者に対しては、他の被抑留者から分離した収容施設及び正常な家庭生活を送るための便益を与えなければならない。

第２章　抑留の場所

〔収容所の場所・識別文字の表示〕

第83条　抑留国は、戦争の危険に特にさらされている地区に収容所を設けてはならない。

② 抑留国は、利益保護国の仲介により、敵国に対し、収容所の地理的位置に関するすべての有益な情報を提供しなければならない。

③ 収容所は、軍事上許される場合にはいつでも、昼間は、空中から明白に識別することができるＩＣという文字によつて表示しなければならない。但し、関係国は、その他の表示の方法についても合意することができる。それらの表示は、収容所のみに使用するものとする。

〔被抑留者の分離収容〕

第84条　被抑留者は、捕虜及び他の何らかの理由で自由を奪われている者と分離して収容し、且つ、管理しなければならない。

〔衛生・保健上の措置〕

第85条　抑留国は、被保護者を、その抑留の開始の時から、衛生上及び保健上のすべての保障を与え、且つ、気候のきびしさ及び戦争の影響に対する有効な保護を与える建物又は区画に収容することを確保するため、必要且つ可能なすべての措置を執らなければならない。いかなる場合にも、常設的な収容所は、不健康な地域又は気候が被抑留者にとつて有害である地域に設けてはならない。被保護者が一時的に抑留されている地域が不健康地であるか、又はその地域の気候がその者の健康にとつて有害である場合には、当該被保護者は、事情が許す限りすみやかに一層適当な収容所に移さなければならない。

② 建物は、完全に湿気を防止し、並びに充分に保温し、及び点燈しなければならない。特に、日没から消燈時までの間は、点燈しなければならない。寝室は、充分な広さを有するものとし、且つ、よく換気しなければならない。被抑留者に対しては、気候並びに被抑留者の年令、性別及び健康状態を考慮して、適当な寝具及び充分な毛布を与えなければならない。

③　被抑留者に対しては、日夜、衛生上の原則に合致する衛生設備で常に清潔な状態に維持されるものをその使用に供しなければならない。被抑留者に対しては、日常の身体の清潔及び被服の洗たくのために水及び石けんを充分に供給しなければならない。被抑留者に対しては、このため必要な設備及び便益を与えなければならない。被抑留者に対しては、シャワー又は浴場を利用させなければならない。それらの者に対しては、洗たく及び清掃のため必要な時間を与えなければならない。

④　例外的且つ一時的措置として、男子と同一の収容所に家族の構成員でない女子の被抑留者を収容する必要があるときは、常に、その女子の被抑留者の用に供するため、分離した寝室及び衛生設備を設けなければならない。

〔宗教儀式のための場所提供〕

第86条　抑留国は、被抑留者に対し、その宗派のいかんを問わず、宗教的儀式を行うための適当な場所を自由に使用させなければならない。

〔被抑留者のための売店〕

第87条　すべての収容所には、他の適当な便益を利用することができる場合を除く外、酒保を設備しなければならない。酒保は、被抑留者が個人的の福祉及び慰安を増進するような食糧品及び日用品（石けん及びたばこを含む。）を現地の市場価格より高くない価格で買うことができるようにすることを目的とする。

②　酒保が得た益金は、各収容所に設けられる厚生基金の勘定に貸記し、且つ、その収容所に属する被抑留者の利益のために管理しなければならない。第102条に定める被抑留者委員会は、酒保及び前記の基金の運営を監視する権利を有する。

③　収容所が閉鎖された場合には、厚生基金の残額は、同一の国籍を有する被抑留者のための収容所の厚生基金に繰り入れなければならない。そのような収容所が存在しない場合には、その残額は、引き続き抑留国の権力内にあるすべての被抑留者の利益のために管理される中央厚生基金に繰り入れなければならない。全般的の解放の場合には、前記の益金は、関係国間に反対の協定がない限り、抑留国に残されるものとする。

〔戦争の危険からの保護〕

第88条　空襲その他の戦争の危険にさらされているすべての収容所には、必要な保護を確保するため適当な数及び構造の避難所を設備しなければならない。警報があつた場合には、被抑留者は、前記の危険から宿舎を防護するために残存する者を除く外、できる限りすみやかに避難所に入ることができる。住民のために執る防護措置は、被抑留者にも適用しなければならない。

②　収容所では、火災の危険に対して適切なすべての予防措置を執らなければならない。

第3章　食糧及び被服

〔食糧の配給〕

第89条　被抑留者の毎日の食糧配給の量、質及び種類は、それらの者を良好な健康状態に維持し、且つ、栄養不良を防止するのに充分なものでなければならない。被抑留者の食習慣も、また、考慮に入れなければならない。

②　被抑留者に対しては、また、その所持する別の食糧を自ら調理する手段を与えなければならない。

③　被抑留者に対しては、飲料水を充分に供給しなければならない。喫煙は、許さなければならない。

④　労働する被抑留者に対しては、その者が従事する労働の種類に応じて、食糧の増配をしなければならない。

⑤　妊産婦及び15歳未満の児童に対しては、その生理的必要に応じて食糧の増配をしなければならない。

〔被服の供給〕

第90条　被抑留者は、抑留されたときは、必要な被服、はき物及び着替の下着を携行し、且つ、その後必要が生じた場合にそれらを入手するため、すべての便益を与えられるものとする。被抑留者が、気候に対して充分な被服を所持せず、且つ、これを入手することができない場合には、抑留国は、それらの者に被服を無償で与えなければならない。

②　抑留国が被抑留者に供給する被服及びその被服に附する外部的標識は、侮辱的なもの又は被抑留者をちよう笑にさらすようなものであつてはならない。

③　労働者に対しては、労働の性質上必要な場合には、適当な労働服（保護用の被服を含む。）を支給しなければならない。

第4章　衛生及び医療

〔衛生施設〕

第91条　各収容所には、資格のある医師の指揮の下に置かれ、且つ、被抑留者が必要とする治療及び適当な食事を受けることができる適当な病舎を備えなければならない。伝染病及び精神病にかかつた患者のために隔離室を設けなければならない。

②　妊産婦及び重病の被抑留者又は特別の治療、外科手術若しくは入院を必要とする状態にある被抑留者は、適当な処置をする能力がある施設に収容されるものとし、また、一般住民に与えられる治療より劣らない治療を受けるものとする。

③　被抑留者は、なるべく、自己と同一の国籍を有する衛生要員によつて治療を受けるものとする。

④　被抑留者に対しては、診察を受けるために医療当局に出頭することを妨げては

ならない。抑留国の医療当局は、要請があつたときは、治療を受けた各被抑留者に対し、その病気又は負傷の性質並びに治療の期間及び種類を記載した公の証明書を発給しなければならない。その証明書の写１通は、第140条に定める中央被保護者情報局に送付しなければならない。

⑤　治療（被抑留者を良好な健康状態に保つため必要なすべての器具、特に、義歯その他の補装具及びめがねの供給を含む。）は、被抑留者に対して無償とする。

〔被抑留者の健康診断〕

第92条　被抑留者の身体検査は、少くとも月に１回行わなければならない。その検査は、特に、被抑留者の健康、栄養及び清潔状態の一般的状態を監視し、並びに伝染病、特に結核、マラリア及び性病を検出することを目的としなければならない。その検査は、特に、各被抑留者の体重の測定及び少くとも年に１回のエックス線による検診を含むものとする。

第５章　宗教的、知的及び肉体的活動

〔宗教の自由〕

第93条　被抑留者は、抑留当局が定める日常の紀律に従うことを条件として、自己の宗教上の義務の履行（自己の宗教の儀式に出席することを含む。）について完全な自由を享有する。

②　抑留された聖職者は、同一の宗派に属する被抑留者に対して自由に自己の聖職を行うことを許される。このため、抑留国は、同一の言語を話し、又は同一の宗教に属する被抑留者がいる各種の収容所にそれらの聖職者が衡平に配属されることを確保しなければならない。聖職者の数がきわめて少い場合には、抑留国は、それらの者に対し、一の場所から他の場所に巡回するため必要な便益（輸送手段を含む。）を与え、且つ、入院中の被抑留者を訪問することを許さなければならない。聖職者は、自己の聖職に関する事項について抑留国の宗教機関及び、できる限り、自己の宗派に属する国際的宗教団体と通信する自由を有する。その通信は、第107条に定める割当数の一部と認めてはならない。但し、その通信については、第112条の規定に従わなければならない。

③　被抑留者がその宗派に属する聖職者の援助を受けられない場合又はそれらの聖職者の数がきわめて少ない場合には、その宗派に属する現地の宗教機関は、抑留国との合意により、当該被抑留者の宗派に属する聖職者又は、宗教的見地から可能であれば、類似の宗派に属する聖職者若しくは資格がある非聖職者を指名することができる。それらの非聖職者は、自己が引き受ける聖職に対して与えられる便益を享有する。こうして指名された者は、抑留国が紀律及び安全のため設ける規制に服さなければならない。

〔娯楽的活動・運動競技の奨励〕

第94条　抑留国は、被抑留者の知的、教育的及び娯楽的活動並びに運動競技を奨励

しなければならない。但し、それらの活動及び競技に参加するかどうかは、被抑留者の自由に任さなければならない。抑留国は、特に適当な場所を提供して、被抑留者がそれらの活動及び競技をするため可能なすべての措置を執らなければならない。

② 被抑留者に対しては、その者が研究を継続し、又は新たな研究課題に着手するため、可能なすべての便益を与えなければならない。児童及び青年の教育は、確保しなければならない。それらの者に対しては、学校が収容所の内にあると外にあるとを問わず、通学することを許さなければならない。

③ 被抑留者に対しては、身体の運動、運動競技及び戸外競技をする機会を与えなければならない。このため、すべての収容所で充分な空地を確保しなければならない。児童及び青年のために特別の運動場を確保しなければならない。

〔労働の条件〕

第95条　抑留国は、被抑留者が希望しない限り、それらの者を労働者として使用してはならない。抑留されていない被保護者に強制的に課せられればこの条約の第40条又は第51条の違反を構成するような労働及び品位を傷つけるような又は屈辱的な性質を有する労働は、いかなる場合にも、禁止する。

② 被抑留者は、６週間の労働期間の後は、８日前の予告によつて、いつでも労働をやめることができる。

③ 前記の規定は、抑留国が、抑留されている医師、歯科医師その他の衛生要員を同一の収容所に抑留されている者のためにそれらの者の職業的能力に応じて使用し、又は被抑留者を収容所の管理及び維持の労働に使用し、炊事場の労働その他の雑用に当らせ、若しくは空襲その他の戦争の危険に対する被抑留者の防護に関連がある任務に従事させるよう要求する権利を害するものではない。但し、被抑留者に対しては、医務官がその者の身体にとつて不適当と認める仕事を行うよう要求してはならない。

④ 抑留国は、すべての労働条件、医療及び賃金の支払について、並びに労働に使用されるすべての被抑留者が作業上の災害及び疾病に対して補償を受けることを確保することについて、全責任を負う。前記の労働条件及び補償を定める基準は、国内法令及び現行の慣習に合致するものでなければならない。この基準は、いかなる場合にも、同一地方の同一性質の労働について認められる基準よりも不利なものであつてはならない。労働に対する賃金は、被抑留者の生活を無償で維持し、且つ、被抑留者がその健康状態により必要とする医療を供給すべき抑留国の義務に適当な考慮を払つた上で、被抑留者と抑留国及び場合によつては抑留国以外の使用者との間の特別の合意によつて衡平に決定しなければならない。本条第３項に掲げる種類の労働に常時使用される被抑留者に対しては、抑留国が公正な賃金を支払わなければならない。その被抑留者に対する労働条件並びに作業上の災害及び疾病に対する補償の基準は、同一地方の同一性質の労働に適用される基準よ

りも不利なものであつてはならない。

〔労働分遣所〕

第96条　すべての労働分遣所は、収容所の一部とされ、且つ、これに従属するものとする。抑留国の権限のある当局及び収容所長は、当該労働分遣所におけるこの条約の規定の遵守について責任を負う。収容所長は、その収容所に所属する労働分遣所の最新の表を保管し、また、その収容所を訪問することがある利益保護国、赤十字国際委員会又はその他の人道的団体の代表にその表を送付しなければならない。

第6章　個人財産及び金銭収入

〔個人財産〕

第97条　被抑留者は、個人用品を保持することを許されるものとする。被抑留者が所持する金銭、小切手、証券等及び有価物は、正規の手続による場合を除く外、取り上げることができない。取り上げた物に対しては、詳細な受取証を発給しなければならない。

②　前記の金銭は、第98条で定めるところにより、各被抑留者の勘定に貸記しなければならない。その金銭は、その所有者が抑留されている地域で施行されている法令が要求する場合又は被抑留者が同意した場合を除く外、他の通貨に両替することができない。

③　主として個人的又は感情的価値のみを有する物品は、取り上げてはならない。

④　女子の被抑留者は、女子以外の者が捜索してはならない。

⑤　被抑留者は、解放され、又は送還されるに当つて、抑留中に取り上げられたすべての物品、金銭その他の有価物を返還されるものとし、また、第98条に従つて有する勘定の貸方残高を現金で受け取るものとする。但し、施行中の法令によつて抑留国が留置する物品又は金額は、この限りでない。被抑留者の財産がこうして留置された場合には、所有者は、詳細な受取証を受領するものとする。

⑥　被抑留者が所持する家族に関する文書又は身分証明書を取り上げるに当つては、受取証を発給しなければならない。被抑留者に対しては、常に身分証明書を携帯させなければならない。抑留当局は、身分証明書を所持していない被抑留者に対しては、特別証明書を発給しなければならない。その特別証明書は、抑留の終了の時まで、身分証明書に代るものとする。

⑦　被抑留者は、物品を購入するため、現金又は購入券で一定の金額を携帯することができる。

〔手当の支給〕

第98条　すべての被抑留者は、たばこ、化粧用品等の物品を購入するために充分な手当を定期的に支給されるものとする。その手当の支払は、勘定への貸記又は購入券の形によつて行うことができる。

② 被抑留者は、また、自己の本国、利益保護国、被抑留者を援助する団体又は自己の家族から手当を支給され、且つ、抑留国の法令に従い、自己の財産から生ずる所得を受け取ることができる。被抑留者の本国が支給する手当の額は、被抑留者の種類（虚弱者、病者、妊産婦等）について同一のものでなければならず、また、この条約の第27条で禁止されている被抑留者間の差別に基いて、被抑留者の本国が割り当て、又は抑留国が分配してはならない。

③ 抑留国は、各被抑留者について正規の勘定を開かなければならない。本条に掲げる手当、被抑留者が得た賃金及び被抑留者が受領した送金並びに被抑留者から取り上げた金額でその者が抑留されている領域に施行されている法令に基いて使用することができるものは、その勘定に貸記しなければならない。被抑留者は、その家族及びその他自己が扶養する者に送金するため、その領域に施行されている法令と矛盾しないすべての便益を与えられるものとする。被抑留者は、抑留国が定める制限内で、自己の勘定からその個人的経費のため必要な額を引き出すことができる。被抑留者は、常に、自己の勘定を調べ、又はその写を得る適当な便益を与えられるものとする。勘定の明細書は、請求があつたときは、利益保護国に与えなければならず、また、被抑留者が移動される場合には、被抑留者に携行させなければならない。

第7章　管理及び紀律

〔監督職員の教育〕

第99条　各収容所は、抑留国の正規の軍隊又は行政庁から選ばれた責任のある将校又は公務員の指揮下に置かなければならない。収容所を指揮する将校又は公務員は、自国の公用語（公用語が2以上あるときは、そのうちの1）で書かれたこの条約の謄本を所持し、且つ、この条約の適用について責任を負わなければならない。被抑留者を監督する職員は、この条約及びその適用を確保するため執られる行政措置の諸規定について教育を受けるものとする。

② この条約及びこの条約に基いて締結される特別協定の本文は、被抑留者が理解する言語により収容所の内部に掲示するか、又は被抑留者委員会に所持させなければならない。

③ 各種の規則、命令、通告及び公示は、被抑留者に通知し、且つ、被抑留者が理解する言語により収容所の内部に掲示しなければならない。

④ 被抑留者に対して個人的に発する命令及び指令も、当該被抑留者が理解する言語によらなければならない。

〔収容所の紀律〕

第100条　収容所における紀律制度は、人道の原則に合致するものでなければならず、且つ、いかなる場合にも、被抑留者に対しその健康に危険な肉体的疲労を与え、又は肉体的若しくは精神的苦痛を伴う規定を含むものであつてはならない。

入墨による識別又は身体に対する記号若しくは標示の押印による識別は、禁止する。

② 特に、長時間にわたる直立及び点呼、懲戒のための訓練、軍事的訓練及び演習並びに食糧配給量の減配は、禁止する。

〔抑留条件に対する苦情〕

第101条 被抑留者は、自己を権力内に有する当局に対し、抑留条件に関する要請を申し立てる権利を有する。

② 被抑留者は、また、抑留条件に関して苦情を申し立てようとする事項に対して利益保護国の代表者の注意を喚起するため、被抑留者委員会を通じ、又は必要と認めるときは直接に、利益保護国の代表者に対して申入れをする権利を無制限に有する。

③ 前記の要請及び苦情は、直ちに、且つ、変更を加えないで伝達しなければならず、また、その苦情は、理由がないと認められた場合にも、処罰の理由としてはならない。

④ 被抑留者委員会は、利益保護国の代表者に対し、収容所の状態及び被抑留者の要求に関する定期的報告をすることができる。

〔被抑留者委員会〕

第102条 被抑留者は、すべての収容所において、抑留国、利益保護国、赤十字国際委員会及び被抑留者を援助するその他の団体に対して被抑留者を代表する権限を与えられる被抑留者委員会の委員を、6箇月ごとに自由に秘密投票で選挙しなければならない。その被抑留者委員会の委員は、再選されることができる。

② こうして選挙された被抑留者は、その選挙について抑留当局の承認を受けた後、その任務につくものとする。承認の拒否又は免職の理由は、関係利益保護国に通知しなければならない。

〔被抑留者委員会の任務〕

第103条 被抑留者委員会は、被抑留者の肉体的、精神的及び知的福祉のために貢献しなければならない。

② 特に、被抑留者がその相互の間で相互扶助の制度を組織することに決定した場合には、この組織は、この条約の他の規定に基いて被抑留者委員会に委任される特別の任務とは別に、被抑留者委員会の権限に属するものとする。

〔委員会に与えられる便益〕

第104条 被抑留者委員会の委員に対しては、その任務の遂行が他の労働によつて一層困難となるときは、他の労働を強制してはならない。

② 被抑留者委員会の委員は、その必要とする補助者を被抑留者の中から指名することができる。被抑留者委員会の委員に対しては、すべての物質的便益、特に、その任務の達成のために必要なある程度の行動の自由（労働分遣所の訪問、需品の受領等）を許さなければならない。

③ 被抑留者委員会の委員に対しては、また、抑留国の当局、利益保護国及び赤十字国際委員会並びにそれらの代表並びに被抑留者を援助する団体と郵便及び電信で通信するためのすべての便益を与えなければならない。労働分遣所の被抑留者委員会の委員は、主たる収容所の被抑留者委員会と通信するため、同一の便益を享有する。この通信は、制限してはならず、また、第107条に定める割当数の一部を構成するものと認めてはならない。

④ 移動される被抑留者委員会の委員に対しては、その事務を後任者に引き継ぐための充分な時間を与えなければならない。

第8章　外部との関係

〔本国及び利益保護国への通知〕

第105条 抑留国は、被保護者を抑留したときは、直ちに、被保護者の本国及び利益保護国に対し、本章の規定を実施するために執る措置を通知しなければならない。抑留国は、その措置が後に変更されたときは、その変更についても同様に前記の関係者に通知しなければならない。

〔家族及び中央被保護者情報局への通知〕

第106条 各被抑留者に対しては、その者が、抑留された時直ちに、又は収容所に到着した後遅くとも1週間以内に、また、病気になつた場合又は他の収容所若しくは病院に移動された場合にもその後1週間以内に、その家族及び第140条に定める中央被保護者情報局に対し、抑留された事実、あて名及び健康状態を通知する葉書を直接に送付することができるようにしなければならない。その葉書は、なるべくこの条約の附属のひな型と同様の形式のものでなければならない。その葉書は、できる限りすみやかに送付するものとし、いかなる場合にも、遅延することがあつてはならない。

〔手紙、葉書の受領許可〕

第107条 被抑留者に対しては、手紙及び葉書を送付し、及び受領することを許さなければならない。抑留国が、各被抑留者の発送する手紙及び葉書の数を制限することを必要と認めた場合には、その数は、毎月、手紙2通及び葉書4通より少いものであつてはならない。それらの手紙及び葉書は、できる限りこの条約の附属のひな型と同様の形式で作成しなければならない。被抑留者にあてた通信が制限されなければならない場合には、その制限は、通常抑留国の要請に基いて、被抑留者の本国のみが命ずることができる。前記の手紙及び葉書は、適当な期間内に発送するものとし、懲戒の理由で、遅延させ、又は留置してはならない。

② 長期にわたり家族から消息を得ない被抑留者又は家族との間で通常の郵便路線により相互に消息を伝えることができない被抑留者及び家族から著しく遠い場所にいる被抑留者に対しては、電報を発信することを許さなければならない。その料金は、被抑留者が処分することができる通貨で支払うものとする。被抑留者は、

緊急と認められる場合にも、この規定による利益を受けるものとする。

③　被抑留者の通信は、原則として、母国語で書かなければならない。紛争当事国は、その他の言語で通信することを許すことができる。

〔個人・集団あて荷物の受領許可〕

第108条　被抑留者に対しては、特に、食糧、被服、医療品、書籍及び被抑留者の必要を満たす宗教、教育又は娯楽用物品を内容とする個人又は集団あての荷物を郵便その他の径路により受領することを許さなければならない。それらの荷物は、抑留国に対し、この条約で抑留国に課せられる義務を免除するものではない。

②　軍事上の必要から前記の荷物の数量を制限しなければならない場合には、利益保護国、赤十字国際委員会又は被抑留者に援助を与えるその他の団体で荷物の伝達について責任を負うものに対し、その制限について適当な通告を与えなければならない。

③　個人又は集団あての荷物の発送に関する条件は、必要があるときは、関係国間の特別協定の対象としなければならない。関係国は、いかなる場合にも、被抑留者による救済品の受領を遅延させてはならない。図書は、被服又は食糧の荷物の中に入れてはならない。医療救済品は、原則として、集団あての荷物として送付しなければならない。

〔集団的救済品の受領許可等〕

第109条　集団あての救済品の受領及び分配の条件に関して紛争当事国間に特別協定がない場合には、この条約に附属する集団的救済に関する規則を適用しなければならない。

②　前記の特別協定は、いかなる場合にも、被抑留者委員会が被抑留者にあてられた集団的救済品を保有し、分配し、及び受取人の利益となるように処分する権利を制限するものであつてはならない。

③　前記の特別協定は、また、利益保護国、赤十字国際委員会又は被抑留者に援助を与えるその他の団体で集団あての荷物の伝達について責任を負うものの代表者が受取人に対する当該荷物の分配を監督する権利を制限するものであつてはならない。

〔救済品の税金等免除〕

第110条　被抑留者のためのすべての救済品は、輸入税、税関手数料その他の課徴金を免除される。

②　他の国から被抑留者にあてられ、又は被抑留者が発送するすべての物品（小包郵便で発送する救済小包を含む。）及び送金で郵便によるものは、直接に送付されると第136条に定める被保護者情報局又は第140条に定める中央被保護者情報局を通じて送付されるとを問わず、差出国、名あて国及び仲介国において郵便料金を免除される。このため、特に、抑留所又は普通刑務所内に留置される敵国の文民のための1947年の万国郵便条約及び万国郵便連合の諸約定で定める免除は、こ

の条約によつて保護されるその他の被抑留者にも許与するものとする。それらの諸約定の非締約国は、同一の条件で料金の免除を許与しなければならない。
③ 被抑留者にあてられた救済品が重量その他の理由により郵便で送付することができない場合には、その輸送費は、抑留国の管理の下にあるすべての領域においては、抑留国が負担しなければならない。この条約のその他の締約国は、それぞれの領域における輸送費を負担しなければならない。
④ それらの救済品の輸送に関連する費用で前各項に規定しないものは、発送人が負担しなければならない。
⑤ 締約国は、被抑留者が発信し、又は被抑留者にあてられる電報の料金をできる限り低額にするように努めなければならない。

〔特別の輸送手段〕

第111条 軍事行動のため、関係国が第106条、第107条、第108条及び第113条に定める郵便及び救済品の輸送を確保する義務を遂行することができなかつた場合には、関係利益保護国、赤十字国際委員会又は紛争当事国が正当に承認したその他の団体は、適当な輸送手段（鉄道車両、自動車、船舶、航空機等）によりその郵便及び救済品を伝達することを確保するように企画することができる。このため、締約国は、それらのものに前記の輸送手段を提供することに努め、且つ、特に、必要な安導券を与えて輸送手段の使用を許さなければならない。
② 前記の輸送手段は、次のものの輸送のためにも使用することができる。
(a) 第140条に定める中央被保護者情報局と第136条に定める各国の被保護者情報局との間で交換される通信、名簿及び報告書
(b) 利益保護国、赤十字国際委員会又は被抑留者に援助を与えるその他の団体がその代表又は紛争当事国との間で交換する被抑留者に関する通信及び報告書
③ 前記の規定は、紛争当事国が希望した場合に他の輸送手段について取極をする権利を制限するものではなく、また、安導券が相互に同意された条件でその輸送手段に関して与えられることを排除するものでもない。
④ 輸送手段の使用に要する費用は、それによつて利益を得る者の国籍が属する紛争当事国が、荷物の重要性に応じて負担しなければならない。

〔通信文・荷物の検閲〕

第112条 被抑留者にあてられ、又は被抑留者が発送する通信の検閲は、できる限りすみやかに行わなければならない。
② 被抑留者にあてられた荷物の検査は、その中の物品をそこなう虞のある条件の下で行つてはならない。その検査は、名あて人又は名あて人が正当に委任した被抑留者の立会の下に行わなければならない。被抑留者に対する個人又は集団あての荷物の引渡は、検査の困難を理由として遅延することがあつてはならない。
③ 紛争当事国が命ずる通信の禁止は、軍事的理由によるものであると政治的理由によるものであるとを問わず、一時的なものでなければならず、その禁止の期間

は、できる限り短いものでなければならない。

〔文書の発送〕

第113条　抑留国は、被抑留者にあてられ、又は被抑留者が発送する遺言状、委任状その他の文書が利益保護国若しくは第140条に定める中央被保護者情報局を通じて又はその他必要な方法で伝達されるように、すべての適当な便益を提供しなければならない。

②　抑留国は、いかなる場合にも、前記の文書の妥当且つ適法な様式による作成及び認証について被抑留者に便益を与えなければならない。特に、抑留国は、被抑留者が法律家に依頼することを許さなければならない。

〔財産管理上の便益〕

第114条　抑留国は、被抑留者に対し、抑留条件及び適用がある法令に違反しない限り、その財産を管理することができるようにすべての便益を与えなければならない。抑留国は、このため、緊急の場合において事情が許すときは、被抑留者に収容所を離れることを許すことができる。

〔裁判上の不利益回避〕

第115条　抑留国は、被抑留者が裁判所における訴訟当事者であるすべての場合において、その者の要請があつたときは、当該裁判所にその抑留の事実を通知しなければならず、また、その被抑留者が、抑留されているという理由で、その訴訟事件の準備及び進行に関し又は裁判所の判決の執行に関して何らの不利益をも被ることがないようにするため必要なすべての措置を執ることを法令の範囲内で確保しなければならない。

〔近親者の訪問・帰宅の許可〕

第116条　各被抑留者は、定期的に、できる限りしばしば、訪問、特にその近親者の訪問を受けることを許されるものとする。

②　各被抑留者は、緊急の場合、特に、近親者が死亡したとき、又は重病のときは、できる限り帰宅を許されるものとする。

第9章　刑罰及び懲戒罰

〔適用法令〕

第117条　被抑留者が抑留されている領域内で施行されている法令は、本章の規定に従うことを条件として、抑留中に違反行為を行つた被抑留者に対して引き続き適用する。

②　一般の法律、規則又は命令が、被抑留者が行つた一定の行為について処罰すべきものと定めている場合において、被抑留者でない者が行つた同一の行為については処罰すべきものでないときは、その行為については、懲戒罰のみを科することができる。

③　被抑留者は、同一の行為又は同一の犯罪事実については、重ねて処罰すること

ができない。

〔刑罰〕

第118条 裁判所又は当局は、刑罰を決定するに当つては、被告人が抑留国の国民ではないという事実をできる限り考慮に入れなければならない。裁判所又は当局は、被抑留者が訴追された違反行為に関して定める刑罰を自由に減軽することができるものとし、従つて、このためには、所定の最も軽い刑罰にかかわりなく刑罰を科することができる。

② 日光が入らない場所における拘禁及び一般にあらゆる種類の残虐行為は、禁止する。

③ 被抑留者は、懲戒罰又は刑罰に服した後は、他の被抑留者と差別して待遇してはならない。

④ 懲戒又は裁判があるまでの間における被抑留者の拘禁又は勾留の期間は、被抑留者に言い渡す拘禁の懲戒罰又は刑罰に通算しなければならない。

⑤ 被抑留者委員会は、同委員会が代表する被抑留者に対して執られるすべての司法手続及びその結果について通知を受けるものとする。

〔科することができる懲戒罰〕

第119条 被抑留者に対して科することができる懲戒罰は、次のものとする。

(1) 30日以内の期間について行う、第95条の規定に基いて被抑留者が受領すべき賃金の100分の50以下の減給

(2) この条約で定める待遇以外に与えられている特権の停止

(3) 収容所の維持に関連する1日につき2時間以内の労役

(4) 拘置

② 懲戒罰は、いかなる場合にも、非人道的なもの、残虐なもの又は被抑留者の健康を害するものであつてはならない。被抑留者の年令、性別及び健康状態については、考慮を払わなければならない。

③ 1の懲戒罰の期間は、被抑留者が懲戒の決定を受ける場合において、2以上の紀律違反行為について責任を問われているときでも、それらの違反行為の間に関連があるかどうかを問わず、最大限連続30日をこえてはならない。

〔逃走に対する懲罰〕

第120条 逃走し、又は逃走を企てた被抑留者で再び捕えられたものに対しては、その行為が重ねて行われたものであるとないとを問わず、その行為については懲戒罰のみを科することができる。

② 第118条第3項の規定にかかわらず、逃走し、又は逃走を企てた結果として処罰された被抑留者は、特別の監視の下に置くことができる。その監視は、被抑留者の健康状態を害するものであつてはならず、収容所内で行われるものでなければならず、また、この条約によつて被抑留者に与えられる保護のいずれをも排除するものであつてはならない。

③　逃走又は逃走の企図をほう助し、又はそそのかした被抑留者に対しては、その行為について懲戒罰のみを科することができる。

〔逃走の企図〕

第121条　逃走又は逃走の企図は、その行為が重ねて行われたものであるとないとを問わず、被抑留者が逃走中に行つた犯罪行為について訴追されたときに刑を加重する情状と認めてはならない。

②　紛争当事国は、被抑留者の違反行為について、特に、逃走が成立したかどうかを問わず逃走に関連して行われた行為について、懲戒罰を科するか又は刑罰を科するかを決定するに当つては、権限のある当局が寛容を示すことを確保しなければならない。

〔違反行為の調査、拘禁期間〕

第122条　紀律に対する違反行為を構成する行為は、直ちに調査しなければならない。この規定は、特に、逃走又は逃走の企図について適用する。再び捕えられた被抑留者は、権限のある当局にできる限りすみやかに引き渡さなければならない。

②　紀律に対する違反行為の場合には、懲戒の決定があるまでの間における拘禁の期間は、すべての被抑留者について最少限度としなければならず、また、14日をこえてはならない。その期間は、いかなる場合にも、拘置の本罰に通算しなければならない。

③　第124条及び第125条の規定は、紀律に対する違反行為に関して懲戒の決定があるまでの間に拘禁されている被抑留者に準用する。

〔懲戒罰の言い渡し〕

第123条　懲戒罰は、収容所長又はその代理をし、若しくはその懲戒権を委任される責任のある将校若しくは公務員のみが、言い渡すことができる。但し、裁判所及び上級の当局の権限を害するものではない。

②　違反行為の責任を問われた被抑留者に対しては、懲戒の決定の言渡の前に、責任を問われた違反行為に関する正確な情報を告げ、且つ、当該被抑留者が自己の行為を弁明し、及び自己を防ぎよする機会を与えなければならない。その被抑留者に対しては、特に、証人の喚問を求めること及び必要があるときは資格のある通訳人に通訳させることを許さなければならない。決定は、当該被抑留者及び被抑留者委員会の委員に対して言い渡さなければならない。

③　懲戒の言渡と執行との間の期間は、１箇月をこえてはならない。

④　被抑留者について重ねて懲戒の決定があつた場合において、いずれかの懲戒罰の期間が10日以上であるときは、いずれの２の懲戒についても、その執行の間には、少くとも３日の期間を置かなければならない。

⑤　懲戒の記録は、収容所長が保存し、且つ、利益保護国の代表者の閲覧に供しなければならない。

〔懲戒に服させる場所〕

第124条 被抑留者は、いかなる場合にも、懲治施設（監獄、懲治所、徒刑場等）に移動して懲戒罰に服させてはならない。

② 被抑留者を懲戒罰に服させる場所は、衛生上の要件を満たすものでなければならず、特に、充分な寝具を備えるものでなければならない。懲戒罰に服する被抑留者については、清潔な状態を保つことができるようにしなければならない。

③ 懲戒罰に服する女子の被抑留者は、男子の被抑留者と分離した場所に拘禁し、且つ、女子の直接の監視の下に置かなければならない。

〔懲戒罰に服する者の取扱〕

第125条 懲戒罰に服する被抑留者に対しては、1日に少くとも2時間、運動し、及び戸外にあることを許さなければならない。

② それらの被抑留者に対しては、その請求があつたときは、日日の検診を受けることを許さなければならない。それらの被抑留者は、その健康状態により必要とされる治療を受けるものとし、また、必要がある場合には、収容所の病室又は病院に移されるものとする。

③ それらの被抑留者に対しては、読むこと、書くこと及び信書を発受することを許さなければならない。但し、送付を受けた小包及び金銭は、処罰が終了するまでの間、留置することができる。その間は、送付を受けた小包及び金銭は、被抑留者委員会に委託しなければならず、被抑留者委員会は、その荷物の中にある変敗しやすい物を病室に引き渡さなければならない。

④ 懲戒罰に服する被抑留者からは、この条約の第107条及び第143条の規定の利益を奪つてはならない。

〔準用規定〕

第126条 第71条から第76条までの規定は、抑留国の領域内にある被抑留者に対する司法手続に準用する。

第10章 被抑留者の移動

〔移動の条件〕

第127条 被抑留者の移動は、常に人道的に行わなければならない。その移動は、原則として、鉄道その他の輸送手段によつて、少くとも抑留国の軍隊の移駐の条件と同等の条件で行わなければならない。移動を例外的に徒歩で行わなければならない場合において、被抑留者の健康状態がその移動に適していないときは、その移動は、行つてはならず、また、いかなる場合にも、被抑留者を過度に疲労させるものであつてはならない。

② 抑留国は、移動中の被抑留者に対し、その健康を維持するために量、質及び種類において充分な飲料水及び食糧並びに必要な被服、適当な宿舎及び必要な医療上の手当を供与しなければならない。抑留国は、移動中の被抑留者の安全を確保

するため、すべての適当な予防措置を執らなければならない。抑留国は、移動される被抑留者の完全な名簿をその出発前に作成しなければならない。

③　病者、傷者又は虚弱者たる被抑留者及び妊産婦は、移動がそれらの者の健康にとつて極めて有害であるときは、移動してはならない。但し、それらの者の安全のために絶対に移動を必要とする場合は、この限りでない。

④　戦線が収容所に接近した場合には、その収容所の被抑留者は、移動を充分に安全な条件で行うことができるとき、又は被抑留者を現地にとどめれば移動した場合におけるよりも一層大きな危険にさらすこととなるときを除く外、移動してはならない。

⑤　抑留国は、被抑留者の移動を決定するに当つては、被抑留者自身の利益を考慮に入れなければならず、特に、それらの者の送還又は家庭への復帰を一層困難にするようなことをしてはならない。

〔移動に関する措置〕

第128条　移動の場合には、被抑留者に対し、その出発及び新たな郵便用あて名について正式に通知しなければならない。その通知は、被抑留者がその荷物を準備し、及びその家族に通報することができるように、充分に早く与えなければならない。

②　被抑留者に対しては、その個人用品並びに受領した通信及び小包を携帯することを許さなければならない。それらの物品の重量は、移動の条件により必要とされるときは、制限することができる。但し、いかなる場合にも、被抑留者１人について25キログラム未満に制限してはならない。

③　旧収容所にあてられた通信及び小包は、遅滞なく被抑留者に転送しなければならない。

④　収容所長は、被抑留者委員会と協議して、被抑留者の共有物及び第２項に基いて課せられる制限により被抑留者が携帯することができない荷物の輸送を確保するため必要な措置を執らなければならない。

第11章　死亡

〔遺言書、死亡証明書〕

第129条　被抑留者の遺言書は、安全に保管するため責任のある当局が受理するものとし、被抑留者が死亡した場合には、当該被抑留者があらかじめ指定した者に遅滞なく送付しなければならない。

②　被抑留者の死亡は、あらゆる場合に医師が確認しなければならない。その死亡については、死因及び死亡の状態を記載した死亡証明書を作成しなければならない。

③　正式に登録される公式の死亡記録は、収容所が存在する領域内で実施されている手続と同一の手続に従つて作成しなければならず、その認証謄本は、利益保護

国及び第140条に掲げる中央被保護者情報局に遅滞なく送付しなければならない。

〔埋葬〕

第130条　抑留当局は、抑留されている間に死亡した被抑留者ができる限りその属する宗教の儀式に従つて丁重に埋葬されること並びにその墓が尊重され、適当に維持され、及びいつでも識別することができるように標示されることを確保しなければならない。

②　死亡した被抑留者は、避けがたい事情によつて共同の墓を使用する必要がある場合を除く外、各別の墓に埋葬しなければならない。その死体は、衛生上絶対に必要とされる場合、死者の宗教に基く場合又は本人の明示的な希望による場合に限り、火葬に付することができる。火葬に付した場合には、被抑留者の死亡証明書に火葬の事実及び理由を記載しなければならない。その遺骨は、安全に保管するため抑留当局が留置し、また、その近親者の要請があればできる限りすみやかにその者に引き渡さなければならない。

③　抑留国は、事情が許す限りすみやかに、おそくとも敵対行為の終了の時までに、第136条に定める被保護者情報局を通じ、死亡した被抑留者の墓の表をそれらの者が属していた国に送付しなければならない。その表には、死亡した被抑留者を識別するために必要なすべての明細及びその墓の正確な場所を記載しなければならない。

〔死因の調査〕

第131条　被抑留者の死亡又は重大な傷害で衛兵、他の被抑留者その他の者に起因し、又は起因した疑があるもの及び被抑留者の原因不明の死亡については、抑留国は、直ちに公の調査を行わなければならない。

②　前記の事項に関する通知は、直ちに利益保護国に与えなければならない。証人からは、供述を求め、それらの供述を含む報告書を作成して利益保護国に送付しなければならない。

③　調査によつて１人又は２人以上の者が罪を犯したと認められるときは、抑留国は、責任を負うべき者を訴追するため必要なすべての措置を執らなければならない。

第12章　解放、送還及び中立国における入院

〔被抑留者の解放〕

第132条　抑留国は、各被抑留者についてその抑留を必要とする原因が存在しなくなつたときは、それらの被抑留者を直ちに解放しなければならない。

②　紛争当事国は、また、敵対行為の期間中に、特定の種類の被抑留者、特に、児童、妊産婦、幼児及び児童の母、傷者及び病者並びに長期間抑留されていた被抑留者の解放、送還、居住地への復帰又は中立国における入院のための協定を締結するように努めなければならない。

〔抑留の終止〕

第133条　抑留は、敵対行為の終了後できる限りすみやかに終止しなければならない。

②　紛争当事国の領域内にある被抑留者で、もつぱら懲戒罰のみを科することができる違反行為以外の違反行為についての刑事訴訟手続がその者について進行中のものは、その手続及び事情により必要とされるときは刑の執行を終るまでの間、拘禁して置くことができる。既に自由刑の判決を受けた被抑留者についても、同様とする。

③　抑留国及び関係国は、離散した被抑留者を捜索するため、敵対行為又は地域の占領の終了の後に、協定で委員会を設置することができる。

〔居住地への復帰の確保〕

第134条　締約国は、敵対行為又は占領の終了に当り、すべての被抑留者がその最後の居住地に復帰することを確保し、又はそれらの者の送還を容易にするように努めなければならない。

〔復帰の費用〕

第135条　抑留国は、解放された被抑留者が抑留された時に居住していた場所に復帰するための費用又は、抑留国がそれらの者を旅行中に若しくは公海で捕えた場合には、それらの者が旅行を完了し、若しくはその出発地点に復帰するための費用を負担しなければならない。

②　抑留国は、抑留前にその国に恒久的な居所を有していた者に対しその領域内に居住することを許可しない場合には、それらの被抑留者の送還の費用を支払わなければならない。但し、被抑留者が自己の責任において又は本国政府の命令に従つて帰国することを希望する場合には、抑留国は、その領域の出国地点からの旅行の費用を支払うことを要しない。抑留国は、自己の要請に基いて抑留された被抑留者の送還の費用を支払うことを要しない。

③　被抑留者が第45条に従つて移送される場合には、被抑留者の移送を行う国及びそれらの者を受け入れる国は、自国が負担する費用の割当について合意しなければならない。

④　前記の規定は、紛争当事国が敵国の権力内にある自国民の交換及び送還に関し特別協定を締結することを妨げるものではない。

第5部　被保護者情報局及び中央被保護者情報局

〔被保護者情報局の設置〕

第136条　各紛争当事国は、紛争の開始の際及び占領のあらゆる場合に、その権力内にある被保護者に関する情報の受領及び伝達について責任を負う公の情報局を設置しなければならない。

②　各紛争当事国は、２週間をこえて捕えられ、住居を指定され、又は抑留されて

いるすべての被保護者に関して執つた措置について、自国の被保護者情報局に対しできる限りすみやかに情報を提供しなければならない。各紛争当事国は、また、自国の諸関係機関に対し、被保護者に関するすべての異動（たとえば、移動、解放、送還、逃走、入院、出生、死亡等）に関する情報をすみやかに前記の被保護者情報局に提供するように要求しなければならない。

〔被保護者情報局の任務〕

第137条　各国の被保護者情報局は、利益保護国及び第140条に定める中央被保護者情報局の仲介により、被保護者の本国又はそれらの者がその領域内に居住していた国に対し、被保護者に関する情報を最もすみやかな方法で直ちに通知しなければならない。被保護者情報局は、また、被保護者に関し受領するすべての問合せに回答しなければならない。

②　被保護者情報局は、被保護者に関する情報を伝達しなければならない。但し、その伝達が本人又はその近親者にとつて有害である場合は、この限りでない。この場合においても、その情報は、中央被保護者情報局には提供しなければならない。同情報局は、その事情について通知を受けたときは、第140条に掲げる必要な措置を執るものとする。

③　被保護者情報局のすべての通知書は、署名又は押印によつて認証しなければならない。

〔情報の具備条件〕

第138条　被保護者情報局が受領し、及び伝達する情報は、被保護者の身元を正確に識別し、及び近親者にすみやかに了知させることを可能にするような性質のものでなければならない。各被保護者についての情報は、少くとも氏名、出生地及び生年月日、国籍、最後の居住地、特徴、父の名及び母の旧姓、本人に関して執られた措置の日付、場所及び性質、被抑留者に対する通信を送付すべきあて名並びに通知を受ける者の氏名及びあて名を含むものでなければならない。

②　同様に、重病又は重傷の被抑留者の健康状態に関する情報も、定期的に、可能なときは毎週、提供しなければならない。

〔遺留有価物の送付〕

第139条　各国の被保護者情報局は、更に、第136条に掲げる被保護者、特に、送還され、若しくは解放された被保護者又は逃走し、若しくは死亡した被保護者が残したすべての個人的な有価物の収集について責任を負うものとし、また、その有価物を、直接に又は必要がある場合には中央被保護者情報局を通じて、関係者に送付しなければならない。被保護者情報局は、それらの有価物を封印袋で送付しなければならない。その封印袋には、それらの有価物を所持していた者を識別するための明確且つ完全な明細書及び内容の完全な目録を附さなければならない。それらのすべての有価物の受領及び発送については、詳細に記録して置かなければならない。

〔中央被保護者情報局の設置〕

第140条　被保護者（特に、被抑留者）に関する中央被保護者情報局は、中立国に設置する。赤十字国際委員会は、必要と認める場合には、関係国に対し、中央被保護者情報局を組織することを提案しなければならない。中央被保護者情報局は、捕虜の待遇に関する1949年８月12日のジュネーヴ条約第123条に定める中央捕虜情報局と同一のものとすることができる。

②　中央被保護者情報局の任務は、第136条に定めるすべての種類の情報で公的又は私的径路で入手することができるものを収集し、及び関係者の本国又はそれらの者が住所を有する国にその情報をできる限りすみやかに伝達することとする。但し、その情報の伝達がその情報に関係がある本人又はその近親者にとつて有害である場合は、この限りでない。中央被保護者情報局は、この伝達については、紛争当事国からすべての適当な便益を与えられるものとする。

③　締約国、特に、その国民が中央被保護者情報局の役務の利益を享有する国は、中央被保護者情報局に対し、その必要とする財政的援助を提供するように要請されるものとする。

④　前記の規定は、赤十字国際委員会又は第142条に定める救済団体の人道的活動を制限するものと解してはならない。

〔郵便料金等の減免〕

第141条　各国の被保護者情報局及び中央被保護者情報局は、すべての郵便料金の免除及び第110条に定める免除を受けるものとし、更に、できる限り電報料金の免除又は少くともその著しい減額を受けるものとする。

第４編　条約の実施

第１部　総則

〔救済団体の取扱〕

第142条　抑留国は、その安全を保障し、又はその他合理的な必要を満たすために肝要であると認める措置を留保して、宗教団体、救済団体その他被保護者に援助を与える団体の代表者及びその正当な委任を受けた代理人に対し、被保護者の訪問、出所のいかんを問わず宗教的、教育的又は娯楽的目的に充てられる救済用の需品及び物資の被保護者に対する分配並びに収容所内における被保護者の余暇の利用の援助に関してすべての必要な便益を与えなければならない。前記の団体は、抑留国の領域内にも、また、その他の国にも設立することができる。また、前記の団体には、国際的性質をもたせることができる。

②　抑留国は、代表が抑留国の領域内で抑留国の監督の下に任務を行うことを許される団体の数を制限することができる。但し、その制限は、すべての被保護者に

対する充分な救済の効果的な実施を妨げないものでなければならない。
③　この分野における赤十字国際委員会の特別の地位は、常に、認め、且つ、尊重しなければならない。

〔利益保護国代表の特権〕

第143条　利益保護国の代表者又は代表は、被保護者がいるすべての場所、特に、収容、拘禁及び労働の場所に行くことを許されるものとする。
②　利益保護国の代表者又は代表は、被保護者が使用するすべての施設に出入することができるものとし、また、立会人なしで、直接に又は通訳人を通じて、被保護者と会見することができる。
③　前記の訪問は、絶対的な軍事上の必要を理由とする例外的且つ一時的な措置として行われる場合を除く外、禁止されないものとする。その訪問の期間及び回数は、制限してはならない。
④　利益保護国の代表者及び代表は、訪問する場所を自由に選定することができる。抑留国又は占領国、利益保護国及び必要がある場合には訪問を受ける者の本国は、それらの被抑留者の同国人が訪問に参加することに合意することができる。
⑤　赤十字国際委員会の代表も、同一の特権を享有する。その代表の任命は、当該代表が任務を遂行する領域を支配する国の承認を必要とする。

〔条約の普及・教育義務〕

第144条　締約国は、この条約の原則を自国のすべての住民に知らせるため、平時であると戦時であるとを問わず、自国においてこの条約の本文をできる限り普及させること、特に、軍事教育及びできれば非軍事教育の課目中にこの条約の研究を含ませることを約束する。
②　戦時において被保護者について責任を負う文民の当局、軍当局、警察当局その他の当局は、この条約の本文を所持し、及び同条約の規定について特別の教育を受けなければならない。

第145条〔条約の訳文・関係国内法の相互通知〕（第１条約の第48条と同文）

第146条〔条約違反者処罰規定の制定義務〕（第１条約の第49条と同文）

〔重大な違反行為の意味〕

第147条　前条にいう重大な違反行為とは、この条約が保護する人又は物に対して行われる次の行為、すなわち、殺人、拷問若しくは非人道的待遇（生物学的実験を含む。）、身体若しくは健康に対して故意に重い苦痛を与え、若しくは重大な傷害を加えること、被保護者を不法に追放し、移送し、若しくは拘禁すること、被保護者を強制して敵国の軍隊で服務させること、この条約に定める公正な正式の裁判を受ける権利を奪うこと、人質にとること又は軍事上の必要によつて正当化されない不法且つし意的な財産の広はんな破壊若しくは徴発を行うことをいう。

第148条〔締約国の責任〕（第１条約の第51条と同文）

第149条〔違反行為についての調査〕（第１条約の第52条と同文）

第2部　最終規定

第150条〔正文・訳文〕（第1条約の第55条と同文）

〔署名〕

第151条　本日の日付を有するこの条約は、1949年4月21日にジュネーヴで開かれた会議に代表者を出した国に対し、1950年2月12日までその署名のため開放される。

第152条〔批准〕（第1条約の第57条と同文）

第153条〔発効〕（第1条約の第58条と同文）

〔旧条約との関係〕

第154条　1899年7月29日又は1907年10月18日の陸戦の法規及び慣例に関するヘーグ条約によつて拘束されている国でこの条約の締約国であるものの間の関係においては、この条約は、それらのヘーグ条約に附属する規則の第2款及び第3款を補完するものとする。

第155条〔加入〕
第156条〔加入手続〕
第157条〔紛争当事国についての発効〕
第158条〔廃棄〕
第159条〔国連への登録〕

（第155条～第159条）第1条約の第60条～第64条と同文

第1附属書

病院及び安全のための地帯及び地区に関する協定案（略）

第2附属書

集団的救済に関する規則案（略）

第3附属書

Ⅰ　抑留葉書

1　表面

文民被抑留者郵便

郵便料金免除

郵 便 葉 書

注　意

各被抑留者は，抑留された時直ちに，また，病院又は他の収容所への移動のためにあて名が変更したつど，この葉書に記入しなければならない。

この葉書は，各被抑留者が，その近親者に送ることを許される特別の葉書とは別のものとする。

中央被保護者情報局

赤十字国際委員会

2　裏面

活字体で読みやすく記入すること。　　1　国籍

2　姓　　3　名（完全に）　　4　父の名

5　生年月日　　6　出生地

7　職業

8　抑留前のあて名

9　近親者のあて名

*10　抑留された日付

（又は）

（病院等）から移動した日付

*11　健康状態

12　現在のあて名

13　日 付　　14　署 名

*該当しない事項に×印を附すること。いかなる説明も加えないこと。

裏面の注意を参照すること。

（抑留葉書の大きさは，縦10センチメートル，横15センチメートルとする。）

第3附属書

II 手紙

文民被抑留者郵便

郵便料金免除

殿

通り及び番地

市町村名（活字体で書くこと。）

州又は地方

国（活字体で書くこと。）

発信人

姓名

出生地及び生年月日

収容所のあて名

（手紙の大きさは，縦29センチメートル，横15センチメートルとする。）

第3附属書

Ⅲ　通信用葉書

1　表面

文民被抑留者郵便

郵便料金免除

郵　便　葉　書

殿

発信人
姓名
出生地及び生年月日
収容所のあて名

通り及び番地
市町村名（活字体で書くこと。）
州又は地方
国（活字体で書くこと。）

2　裏面

日付

必ず点線の上にできる限り読みやすく書くこと。

（通信用葉書の大きさは，縦10センチメートル，横15センチメートルとする。）

II

1949年8月12日のジュネーヴ諸条約の追加議定書

第1追加議定書（議定書I）

第2追加議定書（議定書II）

平成16年外務省告示第579号・同第580号

5　1949年8月12日のジュネーヴ諸条約の国際的な武力紛争の犠牲者の保護に関する追加議定書（議定書Ⅰ）
（第1追加議定書）

署名（開放）1977年12月12日（ベルン）
効力発生　　1978年12月7日

平成16年8月31日スイス連邦政府に加入書を寄託
平成16年9月3日公布（条約第12号）
平成17年2月28日日本国について効力発生

目次

前文

締約国は、

人々の間に平和が広まることを切望することを宣明し、

国際連合憲章に基づき、各国が、その国際関係において、武力による威嚇又は武力の行使であって、いかなる国の主権、領土保全又は政治的独立に対するものも、また、国際連合の目的と両立しない他のいかなる方法によるものも慎む義務を負っていることを想起し、

それにもかかわらず、武力紛争の犠牲者を保護する諸規定を再確認し及び発展させること並びにそれらの規定の適用を強化するための措置を補完することが必要であると確信し、

この議定書又は1949年8月12日のジュネーヴ諸条約のいかなる規定も、侵略行為その他の国際連合憲章と両立しない武力の行使を正当化し又は認めるものと解してはならないとの確信を表明し、

1949年８月12日のジュネーヴ諸条約及びこの議定書が、武力紛争の性質若しくは原因又は紛争当事者が掲げ若しくは紛争当事者に帰せられる理由に基づく不利な差別をすることなく、これらの文書によって保護されているすべての者について、すべての場合において完全に適用されなければならないことを再確認して、

次のとおり協定した。

第１編　総則

第１条　一般原則及び適用範囲

1　締約国は、すべての場合において、この議定書を尊重し、かつ、この議定書の尊重を確保することを約束する。

2　文民及び戦闘員は、この議定書その他の国際取極がその対象としていない場合においても、確立された慣習、人道の諸原則及び公共の良心に由来する国際法の諸原則に基づく保護並びにこのような国際法の諸原則の支配の下に置かれる。

3　この議定書は、戦争犠牲者の保護に関する1949年８月12日のジュネーヴ諸条約を補完するものであり、同諸条約のそれぞれの第２条に共通して規定する事態について適用する。

4　３に規定する事態には、国際連合憲章並びに国際連合憲章による諸国間の友好関係及び協力についての国際法の諸原則に関する宣言にうたう人民の自決の権利の行使として人民が植民地支配及び外国による占領並びに人種差別体制に対して戦う武力紛争を含む。

第２条　定義

この議定書の適用上、

(a)　「第１条約」、「第２条約」、「第３条約」及び「第４条約」とは、それぞれ、戦地にある軍隊の傷者及び病者の状態の改善に関する1949年８月12日のジュネーヴ条約、海上にある軍隊の傷者、病者及び難船者の状態の改善に関する1949年８月12日のジュネーヴ条約、捕虜の待遇に関する1949年８月12日のジュネーヴ条約及び戦時における文民の保護に関する1949年８月12日のジュネーヴ条約をいう。「諸条約」とは、戦争犠牲者の保護に関する1949年８月12日の４のジュネーヴ条約をいう。

(b)　「武力紛争の際に適用される国際法の諸規則」とは、紛争当事者が締約国となっている国際取極に定める武力紛争の際に適用される諸規則並びに一般的に認められた国際法の諸原則及び諸規則であって武力紛争について適用されるものをいう。

(c)　「利益保護国」とは、１の紛争当事者によって指定され、かつ、敵対する紛争当事者によって承諾された中立国その他の紛争当事者でない国であって、諸条約及びこの議定書に基づいて利益保護国に与えられる任務を遂行することに同意したものをいう。

(d) 「代理」とは、第5条の規定に従い利益保護国に代わって行動する団体をいう。

第3条 適用の開始及び終了

常に適用される規定の適用を妨げることなく、

(a) 諸条約及びこの議定書は、第1条に規定する事態が生じた時から適用する。

(b) 諸条約及びこの議定書については、紛争当事者の領域においては軍事行動の全般的終了の時に、また、占領地域においては占領の終了の時に、適用を終了する。ただし、軍事行動の全般的終了又は占領の終了の後に最終的解放、送還又は居住地の設定が行われる者については、この限りでない。これらの者は、その最終的解放、送還又は居住地の設定の時まで諸条約及びこの議定書の関連規定による利益を引き続き享受する。

第4条 紛争当事者の法的地位

諸条約及びこの議定書の適用並びに諸条約及びこの議定書に規定する取極の締結は、紛争当事者の法的地位に影響を及ぼすものではない。領域の占領又は諸条約若しくはこの議定書の適用のいずれも、関係する領域の法的地位に影響を及ぼすものではない。

第5条 利益保護国及びその代理の任命

1 紛争当事者は、紛争の開始の時から、2から7までの規定に従って利益保護国の制度を適用すること（特に、利益保護国の指定及び承諾を含む。）により、諸条約及びこの議定書について監視し及びこれらを実施することを確保する義務を負う。利益保護国は、紛争当事者の利益を保護する義務を負う。

2 紛争当事者は、第1条に規定する事態が生じた時から、諸条約及びこの議定書を適用する目的で利益保護国を遅滞なく指定し、並びに同様に遅滞なく、かつ、同一の目的で、敵対する紛争当事者による指定の後に自らが承諾した利益保護国の活動を認める。

3 赤十字国際委員会は、第1条に規定する事態が生じた時から利益保護国が指定されておらず又は承諾されていない場合には、他の公平な人道的団体が同様のことを行う権利を害することなく、紛争当事者の同意する利益保護国を遅滞なく指定するために紛争当事者に対してあっせんを行う。このため、同委員会は、特に、紛争当事者に対し、当該紛争当事者が敵対する紛争当事者との関係で自らのために利益保護国として行動することを受け入れることができると認める少なくとも5の国を掲げる一覧表を同委員会に提出するよう要請し、及び敵対する紛争当事者に対し、当該敵対する紛争当事者が当該紛争当事者の利益保護国として承諾することができる少なくとも5の国を掲げる一覧表を提出するよう要請することができる。これらの一覧表は、その要請の受領の後2週間以内に同委員会に送付する。同委員会は、これらの一覧表を比較し、及び双方の一覧表に記載されたいずれかの国について合意を求める。

4　3の規定にかかわらず利益保護国がない場合には、紛争当事者は、赤十字国際委員会又は公平性及び有効性についてすべてを保障する他の団体が当該紛争当事者と十分に協議した後その協議の結果を考慮に入れて行う代理として行動する旨の申出を遅滞なく受け入れ又は承諾する。代理の任務の遂行は、紛争当事者の同意を条件とする。紛争当事者は、諸条約及びこの議定書に基づく任務の遂行における代理の活動を容易にするため、あらゆる努力を払う。

5　諸条約及びこの議定書の適用を目的とする利益保護国の指定及び承諾は、前条の規定に従い、紛争当事者の法的地位又はいずれの領域（占領された領域を含む。）の法的地位に影響を及ぼすものではない。

6　紛争当事者間に外交関係が維持されていること又は外交関係に関する国際法の諸規則に従い紛争当事者及び紛争当事者の国民の利益の保護を第三国にゆだねることは、諸条約及びこの議定書の適用を目的とする利益保護国の指定を妨げるものではない。

7　以下、この議定書における利益保護国には、代理を含む。

第6条　資格を有する者

1　締約国は、平時においても、各国の赤十字社、赤新月社又は赤のライオン及び太陽社の援助を得て、諸条約及びこの議定書の適用、特に利益保護国の活動を容易にするため、資格を有する者を養成するよう努める。

2　1の資格を有する者の採用及び養成は、国内管轄権に属する。

3　赤十字国際委員会は、締約国が作成し及び同委員会に送付した資格を有する者として養成された者の名簿を締約国の利用に供するために保管する。

4　資格を有する者の自国の領域外における使用を規律する条件は、それぞれの場合において関係締約国間の特別の合意に従う。

第7条　会議

この議定書の寄託者は、1又は2以上の締約国の要請により、かつ、締約国の過半数の承認に基づき、諸条約及びこの議定書の適用に関する一般的な問題を検討するために締約国会議を招集する。

第2編　傷者、病者及び難船者

第1部　一般的保護

第8条　用語

この議定書の適用上、

(a)　「傷者」及び「病者」とは、軍人であるか文民であるかを問わず、外傷、疾病その他の身体的又は精神的な疾患又は障害のために治療又は看護を必要とし、かつ、いかなる敵対行為も差し控える者をいう。これらの者には、産婦、新生児及び直ちに治療又は看護を必要とする者（例えば、虚弱者、妊婦）であって、いかなる敵対行為も差し控えるものを含む。

(b)　「難船者」とは、軍人であるか文民であるかを問わず、自己又は自己を輸送している船舶若しくは航空機が被った危難の結果として海その他の水域において危険にさらされており、かつ、いかなる敵対行為も差し控える者をいう。これらの者は、敵対行為を差し控えている限り、救助の間においても、諸条約又はこの議定書に基づいて他の地位を得るまで引き続き難船者とみなす。

(c)　「医療要員」とは、紛争当事者により、専ら(e)に規定する医療上の目的、医療組織の管理又は医療用輸送手段の運用若しくは管理のために配属された者をいう。その配属は、常時のものであるか臨時のものであるかを問わない。医療要員には、次の者を含む。

(i)　紛争当事者の医療要員（軍人であるか文民であるかを問わない。また、第１条約及び第２条約に規定する衛生要員並びに文民保護組織に配属された医療要員を含む。）

(ii)　各国の赤十字社、赤新月社又は赤のライオン及び太陽社及び紛争当事者が正当に認める各国のその他の篤志救済団体の医療要員

(iii)　次条２に規定する医療組織又は医療用輸送手段における医療要員

(d)　「宗教要員」とは、聖職者等専ら宗教上の任務に従事する軍人又は文民であって次のいずれかに配置されているものをいう。

(i)　紛争当事者の軍隊

(ii)　紛争当事者の医療組織又は医療用輸送手段

(iii)　次条２に規定する医療組織又は医療用輸送手段

(iv)　紛争当事者の文民保護組織

宗教要員の配置は、常時のものであるか臨時のものであるかを問わない。また、宗教要員については、(k)の規定の関連部分を準用する。

(e)　「医療組織」とは、軍のものであるか軍のもの以外のものであるかを問わず、医療上の目的、すなわち、傷者、病者及び難船者の捜索、収容、輸送、診断若しくは治療（応急治療を含む。）又は疾病の予防のために設置された施設その他の組織をいう。これらのものには、例えば、病院その他の類似の組織、輸血施設、予防医療に関する施設及び研究所、医療物資貯蔵庫並びにこれらの組織の医薬品の保管所を含む。医療組織は、固定されたものであるか移動するものであるか、また、常時のものであるか臨時のものであるかを問わない。

(f)　「医療上の輸送」とは、諸条約及びこの議定書によって保護される傷者、病者、難船者、医療要員、宗教要員、医療機器又は医療用品の陸路、水路又は空路による輸送をいう。

(g)　「医療用輸送手段」とは、軍のものであるか軍のもの以外のものであるか、また、常時のものであるか臨時のものであるかを問わず、専ら医療上の輸送に充てられ、かつ、紛争当事者の権限のある当局の監督の下にある輸送手段をいう。

(h)　「医療用車両」とは、陸路による医療用輸送手段をいう。
(i)　「医療用船舶及び医療用舟艇」とは、水路による医療用輸送手段をいう。
(j)　「医療用航空機」とは、空路による医療用輸送手段をいう。
(k)　「常時の医療要員」、「常時の医療組織」及び「常時の医療用輸送手段」とは、期間を限定することなく専ら医療目的に充てられた医療要員、医療組織及び医療用輸送手段をいう。「臨時の医療要員」、「臨時の医療組織」及び「臨時の医療用輸送手段」とは、限られた期間につきその期間を通じて専ら医療目的に充てられた医療要員、医療組織及び医療用輸送手段をいう。別段の定めがない限り、「医療要員」、「医療組織」及び「医療用輸送手段」には、それぞれ、常時のもの及び臨時のものを含む。
(l)　「特殊標章」とは、医療組織、医療用輸送手段、医療要員、医療機器、医療用品、宗教要員、宗教上の器具及び宗教上の用品の保護のために使用される場合における白地に赤十字、赤新月又は赤のライオン及び太陽から成る識別性のある標章をいう。
(m)　「特殊信号」とは、専ら医療組織又は医療用輸送手段の識別のためにこの議定書の附属書Ⅰ第3章に規定する信号又は通報をいう。

第9条　適用範囲

1　この編の規定は、傷者、病者及び難船者の状態を改善することを目的としたものであり、人種、皮膚の色、性、言語、宗教又は信条、政治的意見その他の意見、国民的又は社会的出身、貧富、出生又は他の地位その他これらに類する基準による不利な差別をすることなく、第1条に規定する事態によって影響を受けるすべての者について適用する。
2　第1条約第27条及び第32条の関連する規定は、常時の医療組織及び常時の医療用輸送手段（第2条約第25条の規定が適用される病院船を除く。）並びにこれらの要員であって、次に掲げる国又は団体が人道的目的で紛争当事者の利用に供するものについて適用する。
(a)　中立国その他の紛争当事者でない国
(b)　(a)に規定する国の認められた救済団体
(c)　公平で国際的な人道的団体

第10条　保護及び看護

1　すべての傷者、病者及び難船者は、いずれの締約国に属する者であるかを問わず、尊重され、かつ、保護される。
2　傷者、病者及び難船者は、すべての場合において、人道的に取り扱われるものとし、また、実行可能な限り、かつ、できる限り速やかに、これらの者の状態が必要とする医療上の看護及び手当を受ける。医療上の理由以外のいかなる理由によっても、これらの者の間に差別を設けてはならない。

第11条　身体の保護

1　敵対する紛争当事者の権力内にある者又は第1条に規定する事態の結果収容され、抑留され若しくは他の方法によって自由を奪われた者の心身が健康かつ健全であることを、不当な作為又は不作為によって脅かしてはならない。このため、この条に規定する者に対し、その者の健康状態が必要としない医療上の措置又はその措置をとる締約国の国民であり何ら自由を奪われていない者について類似の医学的状況の下で適用される一般に受け入れられている医療上の基準に適合しない医療上の措置をとることは、禁止する。

2　特に、1に規定する者に対し次の行為を行うこと（1に定める条件によって正当とされる場合を除く。）は、本人の同意がある場合であっても、禁止する。

(a)　身体の切断

(b)　医学的又は科学的実験

(c)　移植のための組織又は器官の除去

3　2(c)に規定する禁止に対する例外は、輸血のための献血又は移植のための皮膚の提供であって、自発的に及び強制又は誘引なしに行われ、かつ、一般に受け入れられている医療上の基準並びに提供者及び受領者双方の利益のための規制に適合する条件の下で治療を目的として行われるものについてのみ認める。

4　いかなる者についても、その者の属する締約国以外の締約国の権力内にある場合において心身が健康かつ健全であることを著しく脅かす故意の作為又は不作為であって、1及び2の禁止の規定に違反するもの又は3に定める条件に合致しないものは、この議定書の重大な違反行為とする。

5　1に規定する者は、いかなる外科手術も拒否する権利を有する。医療要員は、拒否された場合には、その旨を記載した書面であって当該者が署名し又は承認したものを取得するよう努める。

6　紛争当事者は、1に規定する者が行う輸血のための献血又は移植のための皮膚の提供が当該紛争当事者の責任の下で行われる場合には、このような献血又は皮膚の提供についての医療記録を保管する。さらに、紛争当事者は、第1条に規定する事態の結果収容され、抑留され又は他の方法によって自由を奪われた者についてとったすべての医療上の措置の記録を保管するよう努める。これらの記録は、利益保護国がいつでも検査することができるようにしておく。

第12条　医療組織の保護

1　医療組織は、常に尊重され、かつ、保護されるものとし、また、これを攻撃の対象としてはならない。

2　1の規定は、次のいずれかの場合には、軍の医療組織以外の医療組織について適用する。

(a)　紛争当事者の1に属する場合

(b)　紛争当事者の1の権限のある当局が認める場合

(c)　第9条2又は第1条約第27条の規定に基づいて承認を得た場合

3　紛争当事者は、自己の固定された医療組織の位置を相互に通報するよう求められる。通報のないことは、紛争当事者の１の規定に従う義務を免除するものではない。

4　いかなる場合にも、軍事目標を攻撃から保護することを企図して医療組織を利用してはならない。紛争当事者は、可能なときはいつでも、医療組織が軍事目標に対する攻撃によってその安全を危うくされることのないような位置に置かれることを確保する。

第13条　軍の医療組織以外の医療組織の保護の終了

1　軍の医療組織以外の医療組織が受けることのできる保護は、当該軍の医療組織以外の医療組織がその人道的任務から逸脱して敵に有害な行為を行うために使用される場合を除くほか、消滅しない。ただし、この保護は、適当な場合にはいつでも合理的な期限を定める警告が発せられ、かつ、その警告が無視された後においてのみ、消滅させることができる。

2　次のことは、敵に有害な行為と認められない。

(a)　軍の医療組織以外の医療組織の要員が自己又はその責任の下にある傷者及び病者の防護のために軽量の個人用の武器を装備していること。

(b)　軍の医療組織以外の医療組織が監視兵、歩哨《しよう》又は護衛兵によって警護されていること。

(c)　傷者及び病者から取り上げた小型武器及び弾薬であってまだ適当な機関に引き渡されていないものが軍の医療組織以外の医療組織の中にあること。

(d)　軍隊の構成員又は他の戦闘員が医療上の理由により軍の医療組織以外の医療組織の中にいること。

第14条　軍の医療組織以外の医療組織に対する徴発の制限

1　占領国は、占領地域の文民たる住民の医療上の必要が常に満たされることを確保する義務を負う。

2　占領国は、文民たる住民に対する適当な医療の提供並びに既に治療中の傷者及び病者の治療の継続に必要な限り、軍の医療組織以外の医療組織、その設備、その物品又はその要員の役務を徴発してはならない。

3　占領国は、２に定める一般的な規則が遵守されている限り、次に掲げる条件に従って２に規定する資源を徴発することができる。

(a)　当該資源が占領国の軍隊の構成員であって傷者及び病者であるもの又は捕虜の適切かつ迅速な治療のために必要であること。

(b)　徴発が(a)に規定する必要のある間に限り行われること。

(c)　文民たる住民の医療上の必要並びに徴発によって影響を受ける治療中の傷者及び病者の医療上の必要が常に満たされることを確保するため直ちに措置をとること。

第15条　軍の医療要員以外の医療要員及び軍の宗教要員以外の宗教要員の

保護

1　軍の医療要員以外の医療要員は、尊重され、かつ、保護される。

2　軍の医療要員以外の医療要員は、戦闘活動のために軍の医療活動以外の医療活動が中断されている地域において、必要なときは、すべての利用可能な援助を与えられる。

3　占領国は、占領地域の軍の医療要員以外の医療要員に対し、その軍の医療要員以外の医療要員が最善を尽くして人道的任務を遂行することができるようにするためにすべての援助を与える。占領国は、当該軍の医療要員以外の医療要員がその任務を遂行するに当たり、医療上の理由に基づく場合を除くほか、いずれかの者の治療を優先させるよう求めてはならない。軍の医療要員以外の医療要員は、その人道的使命と両立しない任務を遂行することを強要されない。

4　軍の医療要員以外の医療要員は、関係紛争当事者が必要と認める監督及び安全のための措置に従うことを条件として、当該軍の医療要員以外の医療要員の役務を必要とするいずれの場所にも立ち入ることができる。

5　軍の宗教要員以外の宗教要員は、尊重され、かつ、保護される。医療要員の保護及び識別に関する諸条約及びこの議定書の規定は、軍の宗教要員以外の宗教要員についてもひとしく適用する。

第16条　医療上の任務の一般的保護

1　いずれの者も、いかなる場合においても、医療上の倫理に合致した医療活動（その受益者のいかんを問わない。）を行ったことを理由として処罰されない。

2　医療活動に従事する者は、医療上の倫理に関する諸規則若しくは傷者及び病者のために作成された他の医療上の諸規則又は諸条約若しくはこの議定書の規定に反する行為又は作業を行うことを強要されず、また、これらの諸規則及び規定によって求められる行為又は作業を差し控えることを強要されない。

3　医療活動に従事する者は、自己が現に看護しているか又は看護していた傷者及び病者に関する情報がこれらの傷者及び病者又はその家族にとって有害となると認める場合には、自国の法律によって求められている場合を除くほか、敵対する紛争当事者又は自国のいずれかに属する者に対し当該情報を提供することを強要されない。もっとも、伝染病の義務的通報に関する諸規則は、尊重する。

第17条　文民たる住民及び救済団体の役割

1　文民たる住民は、傷者、病者及び難船者が敵対する紛争当事者に属する場合においても、これらの者を尊重し、また、これらの者に対していかなる暴力行為も行ってはならない。文民たる住民及び各国の赤十字社、赤新月社又は赤のライオン及び太陽社のような救済団体は、自発的に行う場合であっても、侵略され又は占領された地域においても、傷者、病者及び難船者を収容し及び看護することを許される。いずれの者も、このような人道的な行為を理由として危害を加えられ、訴追され、有罪とされ又は処罰されることはない。

2　紛争当事者は、1に規定する文民たる住民及び救済団体に対して、傷者、病者及び難船者を収容し及び看護し並びに死者を捜索し及びその死者の位置を報告するよう要請することができる。紛争当事者は、要請に応じた者に対し、保護及び必要な便益の双方を与える。敵対する紛争当事者は、そのような保護及び必要な便益の双方を与えられる地域を支配し又はその地域に対する支配を回復した場合には、必要な限り、同様の保護及び便益を与える。

第18条　識別

1　紛争当事者は、医療要員、宗教要員、医療組織及び医療用輸送手段が識別されることのできることを確保するよう努める。

2　紛争当事者は、また、特殊標章及び特殊信号を使用する医療組織及び医療用輸送手段の識別を可能にする方法及び手続を採用し及び実施するよう努める。

3　軍の医療要員以外の医療要員及び軍の宗教要員以外の宗教要員は、占領地域及び戦闘が現に行われ又は行われるおそれのある地域において、特殊標章及び身分証明書によって識別されることができるようにすべきである。

4　医療組織及び医療用輸送手段は、権限のある当局の同意を得て、特殊標章によって表示する。第22条に規定する船舶及び舟艇は、第2条約に従って表示する。

5　紛争当事者は、特殊標章に加え、附属書Ⅰ第3章に定めるところにより、医療組織及び医療用輸送手段を識別するために特殊信号の使用を許可することができる。同章に規定する特別の場合には、例外的に、医療用輸送手段は、特殊標章を表示することなく特殊信号を使用することができる。

6　1から5までの規定の適用は、附属書Ⅰ第1章から第3章までに定めるところによる。医療組織及び医療用輸送手段が専ら使用するために同附属書第3章に指定する信号は、同章に定める場合を除くほか、同章の医療組織及び医療用輸送手段を識別する目的以外の目的で使用してはならない。

7　この条の規定は、平時において第1条約第44条に規定する使用よりも広範な特殊標章の使用を認めるものではない。

8　特殊標章の使用についての監督並びに特殊標章の濫用の防止及び抑止に関する諸条約及びこの議定書の規定は、特殊信号について適用する。

第19条　中立国その他の紛争当事者でない国

中立国その他の紛争当事者でない国は、この編の規定によって保護される者であってこれらの国が自国の領域において受け入れ又は収容するもの及びこれらの国によって発見される紛争当事者の死者について、この議定書の関連規定を適用する。

第20条　復仇《きゅう》の禁止

この編の規定によって保護される者及び物に対する復仇《きゅう》は、禁止する。

第2部　医療上の輸送

第21条　医療用車両

医療用車両は、諸条約及びこの議定書における移動する医療組織と同様の方法により尊重され、かつ、保護される。

第22条　病院船及び沿岸救助艇

1　次の(a)から(d)までに掲げるものに関する諸条約の規定は、(a)及び(b)に規定する船舶が第2条約第13条に規定するいずれの部類にも属しない文民たる傷者、病者及び難船者を輸送する場合についても適用する。もっとも、これらの者は、自国以外の締約国に引き渡され又は海上において捕らえられない。これらの者が自国以外の紛争当事者の権力内にある場合には、これらの者は、第4条約及びこの議定書の対象となる。

(a)　第2条約第22条、第24条、第25条及び第27条に規定する船舶

(b)　(a)の船舶の救命艇及び小舟艇

(c)　(a)の船舶の要員及び乗組員

(d)　船舶上の傷者、病者及び難船者

2　第2条約第25条に規定する船舶に対し諸条約によって与えられる保護は、次の(a)及び(b)に掲げるものが人道的目的で紛争当事者の利用に供した病院船に及ぶものとする。

(a)　中立国その他の紛争当事者でない国

(b)　公平で国際的な人道的団体

ただし、いずれの場合にも、同条の要件が満たされることを条件とする。

3　第2条約第27条に規定する小舟艇は、同条に定めるところによる通告が行われなかった場合にも、保護される。もっとも、紛争当事者は、当該小舟艇の識別を容易にする要目を相互に通報するよう求められる。

第23条　他の医療用船舶及び他の医療用舟艇

1　医療用船舶及び医療用舟艇であって前条及び第2条約第38条に規定するもの以外のものは、海上であるか他の水域であるかを問わず、諸条約及びこの議定書における移動する医療組織と同様の方法により尊重され、かつ、保護される。その保護は、当該医療用船舶及び医療用舟艇が医療用船舶及び医療用舟艇として識別されることができるときにのみ実効的となるので、当該医療用船舶及び医療用舟艇は、特殊標章によって表示され、かつ、できる限り第2条約第43条第2項の規定に従うべきである。

2　1に規定する医療用船舶及び医療用舟艇は、戦争の法規の適用を受ける。自己の命令に直ちに従わせることのできる海上の軍艦は、当該医療用船舶及び医療用舟艇に対し、停船若しくは退去を命ずること又は航路を指定することができる。当該医療用船舶及び医療用舟艇は、これらのすべての命令に従う。当該医療用船舶及び医療用舟艇が船舶上にある傷者、病者及び難船者のために必要とされる限り、その医療上の任務は、他のいかなる方法によっても変更することができない。

3　1に規定する保護は、第2条約第34条及び第35条に定める条件によってのみ消

滅する。2の規定による命令に従うことを明確に拒否することは、同条約第34条に規定する敵に有害な行為とする。

4　紛争当事者は、敵対する紛争当事者に対し、1に規定する医療用船舶又は医療用舟艇（特に総トン数2000トンを超える船舶）の船名、要目、予想される出航時刻、航路及び推定速度を出航のできる限り前に通報すること並びに識別を容易にする他の情報を提供することができる。敵対する紛争当事者は、そのような情報の受領を確認する。

5　第2条約第37条の規定は、1に規定する医療用船舶又は医療用舟艇における医療要員及び宗教要員について適用する。

6　第2条約は、同条約第13条及びこの議定書の第44条に規定する部類に属する傷者、病者及び難船者であって1に規定する医療用船舶及び医療用舟艇にあるものについて適用する。第2条約第13条に規定するいずれの部類にも属しない文民たる傷者、病者及び難船者は、海上では自国以外のいずれの締約国にも引き渡されず、また、当該医療用船舶又は医療用舟艇から移動させられない。これらの者が自国以外の紛争当事者の権力内にある場合には、これらの者は、第4条約及びこの議定書の対象となる。

第24条　医療用航空機の保護

医療用航空機は、この編の規定により尊重され、かつ、保護される。

第25条　敵対する紛争当事者が支配していない区域における医療用航空機

友軍が実際に支配している地域及びその上空又は敵対する紛争当事者が実際に支配していない海域及びその上空においては、紛争当事者の医療用航空機の尊重及び保護は、敵対する紛争当事者との合意に依存しない。もっとも、そのような区域において当該医療用航空機を運航する紛争当事者は、一層の安全のため、特に当該医療用航空機が敵対する紛争当事者の地対空兵器システムの射程内を飛行するときは、第29条の規定により、敵対する紛争当事者に通報することができる。

第26条　接触地帯又は類似の地域における医療用航空機

1　接触地帯のうち友軍が実際に支配している地域及びその上空並びに実際の支配が明確に確立していない地域及びその上空においては、医療用航空機の保護は、第29条に定めるところにより、紛争当事者の権限のある軍当局の間の事前の合意によってのみ十分に実効的となる。このような合意のない場合には、医療用航空機は、自己の責任で運航されるが、医療用航空機であると識別された後は尊重される。

2　「接触地帯」とは、敵対する軍隊の前線部隊が相互に接触している地域、特に前線部隊が地上からの直接の砲火にさらされている地域をいう。

第27条　敵対する紛争当事者が支配している区域における医療用航空機

1　紛争当事者の医療用航空機は、敵対する紛争当事者が実際に支配している地域又は海域の上空を飛行している間、敵対する紛争当事者の権限のある当局からその飛行に対する事前の同意を得ていることを条件として、引き続き保護される。

2 医療用航空機であって航行上の過誤又は飛行の安全に影響を及ぼす緊急事態のため1に規定する同意なしに又は同意の条件に相違して敵対する紛争当事者が実際に支配している地域の上空を飛行するものは、自己が識別され及びその状況を敵対する紛争当事者に通報するようあらゆる努力を払う。当該敵対する紛争当事者は、当該医療用航空機を識別した場合には直ちに、第30条1に規定する着陸若しくは着水を命令し又は自国の利益を保護するための他の措置をとるよう、及びいずれの場合にも当該医療用航空機に対して攻撃を加える前にその命令又は措置に従うための時間を与えるよう、すべての合理的な努力を払う。

第28条 医療用航空機の運航の制限

1 紛争当事者が敵対する紛争当事者に対して軍事的利益を得ることを企図して自国の医療用航空機を使用することは、禁止する。医療用航空機の所在は、軍事目標が攻撃の対象とならないようにすることを企図して利用してはならない。

2 医療用航空機は、情報データを収集し又は伝達するために使用してはならず、また、このような目的に使用するための機器を備えてはならない。医療用航空機が第8条(f)の定義に該当しない者又は積荷を輸送することは、禁止する。搭乗者の手回品又は航行、通信若しくは識別を容易にすることのみを目的とした機器を搭載することは、禁止されるものと認められない。

3 医療用航空機は、機上の傷者、病者及び難船者から取り上げた小型武器及び弾薬であってまだ適当な機関に引き渡されていないもの並びに機上の医療要員が自己及びその責任の下にある傷者、病者及び難船者の防護のために必要な軽量の個人用の武器を除くほか、いかなる武器も輸送してはならない。

4 医療用航空機は、前2条に係る飛行を実施している間、敵対する紛争当事者との事前の合意による場合を除くほか、傷者、病者及び難船者を捜索するために使用してはならない。

第29条 医療用航空機に関する通報及び合意

1 第25条の規定に基づく通報又は第26条、第27条、前条4若しくは第31条の規定に基づく事前の合意のための要請については、医療用航空機の予定されている数、その飛行計画及び識別方法を明示し、並びにすべての飛行が前条の規定を遵守して実施されることを意味するものと了解する。

2 第25条の規定に基づいて行われる通報を受領した締約国は、その通報の受領を直ちに確認する。

3 第26条、第27条、前条4又は第31条の規定に基づく事前の合意のための要請を受領した締約国は、要請を行った締約国に対しできる限り速やかに次のいずれかのことを通報する。

(a) 要請に同意すること。

(b) 要請を拒否すること。

(c) 要請に対する合理的な代わりの提案。また、要請のあった飛行が実施される期間及び地域における他の飛行の禁止又は制限を提案することができる。要請を行った締約国が代わりの提案を受諾する場合には、当該要請を行った締約国は、その受諾を当該要請を受領した締約国に通報する。

4 締約国は、通報及び合意が速やかに行われることを確保するために必要な措置をとる。

5 締約国は、通報及び合意の内容を関係部隊に速やかに周知させるために必要な措置をとり、並びに医療用航空機の使用する識別方法について当該関係部隊に指示を与える。

第30条 医療用航空機の着陸及び検査

1 敵対する紛争当事者が実際に支配している地域又は実際の支配が明確に確立していない地域の上空を飛行する医療用航空機については、2から4までに定める規定に従って検査を受けるため着陸し又は着水するよう命ずることができる。医療用航空機は、その命令に従う。

2 命令によるか他の理由によるかを問わず1に規定する医療用航空機が着陸し又は着水した場合には、3及び4に規定する事項を決定するためにのみ当該医療用航空機を検査することができる。検査は、遅滞なく開始し、迅速に実施する。検査を行う締約国は、検査のために不可欠である場合を除くほか、傷者及び病者を当該医療用航空機から移動させるよう求めてはならない。当該検査を行う締約国は、いかなる場合にも、傷者及び病者の状態が検査又は移動によって不利な影響を受けないことを確保する。

3 検査によって次のすべてのことが明らかになった場合には、その検査を受けた航空機及び敵対する紛争当事者又は中立国その他の紛争当事者でない国に属する当該航空機の搭乗者は、飛行を継続することを遅滞なく認められる。

(a) 当該航空機が第8条(j)の規定の意味における医療用航空機であること。

(b) 当該航空機が第28条に定める条件に違反していないこと。

(c) 事前の合意が求められている場合に、当該航空機が当該合意なしに又は当該合意に違反して飛行していなかったこと。

4 検査によって次のいずれかのことが明らかになった場合には、その検査を受けた航空機は、捕獲することができる。当該航空機の搭乗者は、諸条約及びこの議定書の関連規定に従って取り扱われる。捕獲した航空機が常時の医療用航空機として充てられていたものである場合には、これを医療用航空機としてのみ、その後も使用することができる。

(a) 当該航空機が第8条(j)の規定の意味における医療用航空機でないこと。

(b) 当該航空機が第28条に定める条件に違反していること。

(c) 事前の合意が求められている場合に、当該航空機が当該合意なしに又は当該合意に違反して飛行していたこと。

第31条　中立国その他の紛争当事者でない国

1　医療用航空機は、事前の同意がある場合を除くほか、中立国その他の紛争当事者でない国の領域の上空を飛行し又は当該領域に着陸してはならない。医療用航空機は、同意がある場合には、その飛行中及び当該領域における寄港中、尊重される。もっとも、医療用航空機は、着陸又は着水の命令に従う。

2　医療用航空機は、航行上の過誤又は飛行の安全に影響を及ぼす緊急事態のため同意なしに又は同意の条件に相違して中立国その他の紛争当事者でない国の領域の上空を飛行する場合には、その飛行を通報し及び自己が識別されるようあらゆる努力を払う。当該中立国その他の紛争当事者でない国は、当該医療用航空機を識別した場合には直ちに、前条1に規定する着陸若しくは着水を命令し又は自国の利益を保護するための他の措置をとるよう、及びいずれの場合にも当該医療用航空機に対して攻撃を加える前にその命令又は措置に従うための時間を与えるよう、すべての合理的な努力を払う。

3　医療用航空機は、同意がある場合又は2に規定する状況において、命令によるか他の理由によるかを問わず中立国その他の紛争当事者でない国の領域に着陸し又は着水したときは、実際に医療用航空機であるか否かを決定するための検査を受ける。検査は、遅滞なく開始し、迅速に実施する。検査を行う締約国は、検査のために不可欠である場合を除くほか、当該航空機を運航している紛争当事者の傷者及び病者を航空機から移動させるよう求めてはならない。当該検査を行う締約国は、いかなる場合にも、傷者及び病者の状態が検査又は移動によって不利な影響を受けないことを確保する。検査によって当該航空機が実際に医療用航空機であることが明らかになった場合には、当該航空機は、搭乗者（武力紛争の際に適用される国際法の諸規則に従って抑留しなければならない者を除く。）とともに、飛行を再開することを認められ、飛行の継続のために合理的な便益を与えられる。検査によって当該航空機が医療用航空機でないことが明らかになった場合には、当該航空機は、捕獲され、及び当該搭乗者は、4の規定によって取り扱われる。

4　中立国その他の紛争当事者でない国は、武力紛争の際に適用される国際法の諸規則が求める場合には、自己と紛争当事者との間に別段の合意がない限り、自国の領域で現地当局の同意を得て医療用航空機から降機（一時的な場合を除く。）した傷者、病者及び難船者が敵対行為に再び参加することのできないようにそれらの者を抑留する。病院における治療及び収容の費用は、これらの者の属する国が負担する。

5　中立国その他の紛争当事者でない国は、医療用航空機が自国の領域の上空を飛行すること又は自国の領域に着陸することに関する条件及び制限をすべての紛争当事者についてひとしく適用する。

第3部　行方不明者及び死者

第32条　一般原則

締約国、紛争当事者並びに諸条約及びこの議定書に規定する国際的な人道的団体の活動は、この部の規定の実施に当たり、主として家族がその近親者の運命を知る権利に基づいて促進される。

第33条　行方不明者

1　紛争当事者は、事情が許す限り速やかに、遅くとも現実の敵対行為の終了の時から、敵対する紛争当事者により行方不明であると報告された者を捜索する。当該敵対する紛争当事者は、その捜索を容易にするため、これらの者に関するすべての関連情報を伝達する。

2　紛争当事者は、1の規定に基づき情報の収集を容易にするため、諸条約及びこの議定書に基づく一層有利な考慮が払われない者について、次のことを行う。

(a)　敵対行為又は占領の結果2週間以上抑留され、投獄され若しくは他の方法で捕らわれた場合又は捕らわれている期間中に死亡した場合には、第4条約第138条に規定する情報を記録すること。

(b)　敵対行為又は占領の結果他の状況において死亡した場合には、その者に関する情報の収集及び記録を、できる限り、容易にし及び必要な場合に行うこと。

3　1の規定に基づき行方不明であると報告された者に関する情報及びその情報についての要請は、直接に又は利益保護国、赤十字国際委員会の中央安否調査部若しくは各国の赤十字社、赤新月社若しくは赤のライオン及び太陽社を通じて伝達する。紛争当事者は、赤十字国際委員会及びその中央安否調査部を通じて情報を伝達しない場合には、当該情報を中央安否調査部に対しても提供することを確保する。

4　紛争当事者は、死者を捜索し、識別し及び戦場から収容するための調査団に関する取極（適当な場合には、敵対する紛争当事者の支配している地域において調査団がその任務を行っている間、当該敵対する紛争当事者の要員に伴われるためのものを含む。）に合意するよう努める。調査団の要員は、専らその任務を行っている間、尊重され、かつ、保護される。

第34条　遺体

1　占領に関連する理由のために死亡し又は占領若しくは敵対行為に起因して捕らわれている期間中に死亡した者及び敵対行為の結果自国以外の国で死亡した者の遺体又は墓地に対して諸条約及びこの議定書に基づく一層有利な考慮が払われない場合には、これらの者の遺体は、尊重されるものとし、また、これらの者の墓地は、第4条約第130条に定めるところにより尊重され、維持され、かつ、表示される。

2　締約国は、敵対行為の結果として又は占領中若しくは捕らわれている期間中に死亡した者の墓その他遺体のある場所が自国の領域にある場合には、事情及び敵対する紛争当事者との関係が許す限り速やかに、次のことを行うため取極を締結する。

(a) 死亡した者の近親者及び公の墳墓登録機関の代表者による墓地への立入りを容易にすること並びに当該立入りのための実際的な手続を定めること。

(b) 墓地を永続的に保護し、かつ、維持すること。

(c) 本国の要請又は本国が反対しない限り近親者の要請に基づいて遺体及び個人用品を本国へ返還することを容易にすること。

3 自国の領域に墓地のある締約国は、2(b)又は(c)の規定に係る取極のない場合及び死亡した者の本国が自国の費用で墓地の維持を行う意思を有しない場合には、本国への遺体の返還を容易にするよう提案することができる。締約国は、その提案が受諾されなかった場合には、当該提案の日から5年を経過した後に、かつ、本国への適当な通報を行った後に、墓地及び墓に関する自国の法律に定める手続をとることができる。

4 この条に規定する墓地が自国の領域にある締約国は、次のいずれかの場合にのみ、遺体を発掘することを許される。

(a) 2(c)及び3の規定による場合

(b) 発掘が優先的な公共上の必要事項である場合（衛生上及び調査上必要な場合を含む。）。締約国は、この場合において、常に遺体を尊重し、並びに遺体を発掘する意図及び再埋葬予定地の詳細を本国へ通報する。

第3編 戦闘の方法及び手段並びに戦闘員及び捕虜の地位

第1部 戦闘の方法及び手段

第35条 基本原則

1 いかなる武力紛争においても、紛争当事者が戦闘の方法及び手段を選ぶ権利は、無制限ではない。

2 過度の傷害又は無用の苦痛を与える兵器、投射物及び物質並びに戦闘の方法を用いることは、禁止する。

3 自然環境に対して広範、長期的かつ深刻な損害を与えることを目的とする又は与えることが予測される戦闘の方法及び手段を用いることは、禁止する。

第36条 新たな兵器

締約国は、新たな兵器又は戦闘の手段若しくは方法の研究、開発、取得又は採用に当たり、その使用がこの議定書又は当該締約国に適用される他の国際法の諸規則により一定の場合又はすべての場合に禁止されているか否かを決定する義務を負う。

第37条 背信行為の禁止

1 背信行為により敵を殺傷し又は捕らえることは、禁止する。武力紛争の際に適用される国際法の諸規則に基づく保護を受ける権利を有するか又は保護を与える義務があると敵が信ずるように敵の信頼を誘う行為であって敵の信頼を裏切る意図をもって行われるものは、背信行為を構成する。背信行為の例として、次の行為がある。

(a)　休戦旗を掲げて交渉の意図を装うこと、又は投降を装うこと。

(b)　負傷又は疾病による無能力を装うこと。

(c)　文民又は非戦闘員の地位を装うこと。

(d)　国際連合又は中立国その他の紛争当事者でない国の標章又は制服を使用して、保護されている地位を装うこと。

2　奇計は、禁止されない。奇計とは、敵を欺くこと又は無謀に行動させることを意図した行為であって、武力紛争の際に適用される国際法の諸規則に違反せず、かつ、そのような国際法に基づく保護に関して敵の信頼を誘うことがないために背信的ではないものをいう。奇計の例として、偽装、囮《おとり》、陽動作戦及び虚偽の情報の使用がある。

第38条　認められた標章

1　赤十字、赤新月若しくは赤のライオン及び太陽の特殊標章又は諸条約若しくはこの議定書に規定する他の標章若しくは信号を不当に使用することは、禁止する。また、休戦旗を含む国際的に認められた他の保護標章又は信号及び文化財の保護標章を武力紛争において故意に濫用することは、禁止する。

2　国際連合によって認められた場合を除くほか、国際連合の特殊標章を使用することは、禁止する。

第39条　国の標章

1　中立国その他の紛争当事者でない国の旗、軍の標章、記章又は制服を武力紛争において使用することは、禁止する。

2　攻撃を行っている間、又は軍事行動を掩《えん》護し、有利にし、保護し若しくは妨げるため、敵対する紛争当事者の旗、軍の標章、記章又は制服を使用することは、禁止する。

3　この条及び第37条１(d)の規定は、諜《ちょう》報活動又は海上の武力紛争における旗の使用に適用される現行の一般に認められた国際法の諸規則に影響を及ぼすものではない。

第40条　助命

生存者を残さないよう命令すること、そのような命令で敵を威嚇すること又はそのような方針で敵対行為を行うことは、禁止する。

第41条　戦闘外にある敵の保護

1　戦闘外にあると認められる者又はその状況において戦闘外にあると認められるべき者は、攻撃の対象としてはならない。

2　次の者は、戦闘外にある。

(a)　敵対する紛争当事者の権力内にある者

(b)　投降の意図を明確に表明する者

(c) 既に無意識状態となっており又は負傷若しくは疾病により無能力となっているため自己を防御することができない者

ただし、いずれの者も、いかなる敵対行為も差し控え、かつ、逃走を企てないことを条件とする。

3 捕虜としての保護を受ける権利を有する者が第3条約第3編第1部に規定する後送を妨げる通常と異なる戦闘の状態の下で敵対する紛争当事者の権力内に陥った場合には、そのような権利を有する者を解放し、及びその者の安全を確保するためにすべての実行可能な予防措置をとる。

第42条 航空機の搭乗者

1 遭難航空機から落下傘で降下する者は、降下中は攻撃の対象としてはならない。

2 遭難航空機から落下傘で降下した者は、敵対する紛争当事者が支配する地域に着地したときは、その者が敵対行為を行っていることが明白でない限り、攻撃の対象とされる前に投降の機会を与えられる。

3 空挺《てい》部隊は、この条の規定による保護を受けない。

第2部 戦闘員及び捕虜の地位

第43条 軍隊

1 紛争当事者の軍隊は、部下の行動について当該紛争当事者に対して責任を負う司令部の下にある組織され及び武装したすべての兵力、集団及び部隊から成る(当該紛争当事者を代表する政府又は当局が敵対する紛争当事者によって承認されているか否かを問わない。)。このような軍隊は、内部規律に関する制度、特に武力紛争の際に適用される国際法の諸規則を遵守させる内部規律に関する制度に従う。

2 紛争当事者の軍隊の構成員(第3条約第33条に規定する衛生要員及び宗教要員を除く。)は、戦闘員であり、すなわち、敵対行為に直接参加する権利を有する。

3 紛争当事者は、準軍事的な又は武装した法執行機関を自国の軍隊に編入したときは、他の紛争当事者にその旨を通報する。

第44条 戦闘員及び捕虜

1 前条に規定する戦闘員であって敵対する紛争当事者の権力内に陥ったものは、捕虜とする。

2 すべての戦闘員は、武力紛争の際に適用される国際法の諸規則を遵守する義務を負うが、これらの諸規則の違反は、3及び4に規定する場合を除くほか、戦闘員である権利又は敵対する紛争当事者の権力内に陥った場合に捕虜となる権利を戦闘員から奪うものではない。

3 戦闘員は、文民たる住民を敵対行為の影響から保護することを促進するため、攻撃又は攻撃の準備のための軍事行動を行っている間、自己と文民たる住民とを区別する義務を負う。もっとも、武装した戦闘員は、武力紛争において敵対行為の性質のため自己と文民たる住民とを区別することができない状況があると認められるので、当該状況において次に規定する間武器を公然と携行することを条件として、戦闘員としての地位を保持する。

(a)　交戦の間

(b)　自己が参加する攻撃に先立つ軍事展開中に敵に目撃されている間

この3に定める条件に合致する行為は、第37条1(c)に規定する背信行為とは認められない。

4　3中段に定める条件を満たすことなく敵対する紛争当事者の権力内に陥った戦闘員は、捕虜となる権利を失う。もっとも、第3条約及びこの議定書が捕虜に与える保護と同等のものを与えられる。この保護には、当該戦闘員が行った犯罪のため裁判され及び処罰される場合に、第3条約が捕虜に与える保護と同等のものを含む。

5　攻撃又は攻撃の準備のための軍事行動を行っていない間に敵対する紛争当事者の権力内に陥った戦闘員は、それ以前の活動を理由として戦闘員である権利及び捕虜となる権利を失うことはない。

6　この条の規定は、いずれかの者が第3条約第4条の規定に基づいて捕虜となる権利を害するものではない。

7　この条の規定は、紛争当事者の武装し、かつ、制服を着用した正規の部隊に配属された戦闘員について、その者が制服を着用することに関する各国の慣行であって一般に受け入れられているものを変更することを意図するものではない。

8　第1条約第13条及び第2条約第13条に規定する部類に属する者に加え、前条に規定する紛争当事者の軍隊のすべての構成員は、傷者若しくは病者又は海その他の水域における難船者（ただし、難船者については、第2条約に係るもの）である場合には、これらの条約に基づく保護を受ける権利を有する。

第45条　敵対行為に参加した者の保護

1　敵対行為に参加して敵対する紛争当事者の権力内に陥った者については、その者が捕虜の地位を要求した場合、その者が捕虜となる権利を有すると認められる場合又はその者が属する締約国が抑留国若しくは利益保護国に対する通告によりその者のために捕虜の地位を要求した場合には、捕虜であると推定し、第3条約に基づいて保護する。その者が捕虜となる権利を有するか否かについて疑義が生じた場合には、その者の地位が権限のある裁判所によって決定されるまでの間、引き続き捕虜の地位を有し、第3条約及びこの議定書によって保護する。

2　敵対する紛争当事者の権力内に陥った者が捕虜としては捕らえられない場合において敵対行為に係る犯罪について当該敵対する紛争当事者による裁判を受けるときは、その者は、司法裁判所において捕虜となる権利を有することを主張し及びその問題について決定を受ける権利を有する。この決定については、適用される手続に従って可能なときはいつでも、当該犯罪についての裁判の前に行う。利益保護国の代表者は、その問題が決定される手続に立ち会う権利を有する。ただし、例外的に手続が国の安全のために非公開で行われる場合は、この限りでない。この場合には、抑留国は、利益保護国にその旨を通知する。

3　敵対行為に参加した者であって、捕虜となる権利を有せず、また、第4条約に基づく一層有利な待遇を受けないものは、常にこの議定書の第75条に規定する保護を受ける権利を有する。いずれの者も、占領地域においては、間諜《ちょう》として捕らえられない限り、第4条約第5条の規定にかかわらず、同条約に基づく通信の権利を有する。

第46条　間諜《ちょう》

1　諸条約又はこの議定書の他の規定にかかわらず、紛争当事者の軍隊の構成員であって諜《ちょう》報活動を行っている間に敵対する紛争当事者の権力内に陥ったものについては、捕虜となる権利を有せず、間諜《ちょう》として取り扱うことができる。

2　紛争当事者の軍隊の構成員であって、当該紛争当事者のために及び敵対する紛争当事者が支配する地域において、情報を収集し又は収集しようとしたものは、そのような活動の間に自国の軍隊の制服を着用していた場合には、諜《ちょう》報活動を行っていたとは認められない。

3　敵対する紛争当事者が占領している地域の居住者である紛争当事者の軍隊の構成員であって、自己が属する紛争当事者のために当該地域において軍事的価値のある情報を収集し又は収集しようとしたものは、虚偽の口実に基づく行為による場合又は故意にひそかな方法で行われた場合を除くほか、諜《ちょう》報活動を行っていたとは認められない。さらに、当該居住者は、諜《ちょう》報活動を行っている間に捕らえられた場合を除くほか、捕虜となる権利を失わず、また、間諜《ちょう》として取り扱われない。

4　敵対する紛争当事者が占領している地域の居住者でない紛争当事者の軍隊の構成員であって、当該地域において諜《ちょう》報活動を行ったものは、その者の属する軍隊に復帰する前に捕らえられる場合を除くほか、捕虜となる権利を失わず、また、間諜《ちょう》として取り扱われない。

第47条　傭《よう》兵

1　傭《よう》兵は、戦闘員である権利又は捕虜となる権利を有しない。

2　傭《よう》兵とは、次のすべての条件を満たす者をいう。

(a)　武力紛争において戦うために現地又は国外で特別に採用されていること。

(b)　実際に敵対行為に直接参加していること。

(c)　主として私的な利益を得たいとの願望により敵対行為に参加し、並びに紛争当事者により又は紛争当事者の名において、当該紛争当事者の軍隊において類似の階級に属し及び類似の任務を有する戦闘員に対して約束され又は支払われる額を相当上回る物質的な報酬を実際に約束されていること。

(d)　紛争当事者の国民でなく、また、紛争当事者が支配している地域の居住者でないこと。

(e)　紛争当事者の軍隊の構成員でないこと。

(f)　紛争当事者でない国が自国の軍隊の構成員として公の任務で派遣した者でないこと。

第4編　文民たる住民

第1部　敵対行為の影響からの一般的保護

第1章　基本原則及び適用範囲

第48条　基本原則

紛争当事者は、文民たる住民及び民用物を尊重し及び保護することを確保するため、文民たる住民と戦闘員とを、また、民用物と軍事目標とを常に区別し、及び軍事目標のみを軍事行動の対象とする。

第49条　攻撃の定義及び適用範囲

1　「攻撃」とは、攻勢としてであるか防御としてであるかを問わず、敵に対する暴力行為をいう。

2　この議定書の攻撃に関する規定は、いずれの地域（紛争当事者に属する領域であるが敵対する紛争当事者の支配の下にある地域を含む。）で行われるかを問わず、すべての攻撃について適用する。

3　この部の規定は、陸上の文民たる住民、個々の文民又は民用物に影響を及ぼす陸戦、空戦又は海戦について適用するものとし、また、陸上の目標に対して海又は空から行われるすべての攻撃についても適用する。もっとも、この部の規定は、海上又は空中の武力紛争の際に適用される国際法の諸規則に影響を及ぼすものではない。

4　この部の規定は、第4条約特にその第2編及び締約国を拘束する他の国際取極に含まれる人道的保護に関する諸規則並びに陸上、海上又は空中の文民及び民用物を敵対行為の影響から保護することに関する他の国際法の諸規則に追加される。

第2章　文民及び文民たる住民

第50条　文民及び文民たる住民の定義

1　文民とは、第3条約第4条A⑴から⑶まで及び⑹並びにこの議定書の第43条に規定する部類のいずれにも属しない者をいう。いずれの者も、文民であるか否かについて疑義がある場合には、文民とみなす。

2　文民たる住民とは、文民であるすべての者から成るものをいう。

3　文民の定義に該当しない者が文民たる住民の中に存在することは、文民たる住民から文民としての性質を奪うものではない。

第51条　文民たる住民の保護

1　文民たる住民及び個々の文民は、軍事行動から生ずる危険からの一般的保護を受ける。この保護を実効的なものとするため、適用される他の国際法の諸規則に追加される２から８までに定める規則は、すべての場合において、遵守する。

2　文民たる住民それ自体及び個々の文民は、攻撃の対象としてはならない。文民たる住民の間に恐怖を広めることを主たる目的とする暴力行為又は暴力による威嚇は、禁止する。

3　文民は、敵対行為に直接参加していない限り、この部の規定によって与えられる保護を受ける。

4　無差別な攻撃は、禁止する。無差別な攻撃とは、次の攻撃であって、それぞれの場合において、軍事目標と文民又は民用物とを区別しないでこれらに打撃を与える性質を有するものをいう。

(a)　特定の軍事目標のみを対象としない攻撃

(b)　特定の軍事目標のみを対象とすることのできない戦闘の方法及び手段を用いる攻撃

(c)　この議定書で定める限度を超える影響を及ぼす戦闘の方法及び手段を用いる攻撃

5　特に、次の攻撃は、無差別なものと認められる。

(a)　都市、町村その他の文民又は民用物の集中している地域に位置する多数の軍事目標であって相互に明確に分離された別個のものを単一の軍事目標とみなす方法及び手段を用いる砲撃又は爆撃による攻撃

(b)　予期される具体的かつ直接的な軍事的利益との比較において、巻き添えによる文民の死亡、文民の傷害、民用物の損傷又はこれらの複合した事態を過度に引き起こすことが予測される攻撃

6　復仇《きゅう》の手段として文民たる住民又は個々の文民を攻撃することは、禁止する。

7　文民たる住民又は個々の文民の所在又は移動は、特定の地点又は区域が軍事行動の対象とならないようにするために、特に、軍事目標を攻撃から掩《えん》護し又は軍事行動を掩《えん》護し、有利にし若しくは妨げることを企図して利用してはならない。紛争当事者は、軍事目標を攻撃から掩《えん》護し又は軍事行動を掩《えん》護することを企図して文民たる住民又は個々の文民の移動を命じてはならない。

8　この条に規定する禁止の違反があったときにおいても、紛争当事者は、文民たる住民及び個々の文民に関する法的義務（第57条の予防措置をとる義務を含む。）を免除されない。

第３章　民用物

第52条　民用物の一般的保護

1　民用物は、攻撃又は復仇《きゅう》の対象としてはならない。民用物とは、２に規定する軍事目標以外のすべての物をいう。

2　攻撃は、厳格に軍事目標に対するものに限定する。軍事目標は、物については、その性質、位置、用途又は使用が軍事活動に効果的に資する物であってその全面的又は部分的な破壊、奪取又は無効化がその時点における状況において明確な軍

事的利益をもたらすものに限る。

3　礼拝所、家屋その他の住居、学校等通常民生の目的のために供される物が軍事活動に効果的に資するものとして使用されているか否かについて疑義がある場合には、軍事活動に効果的に資するものとして使用されていないと推定される。

第53条　文化財及び礼拝所の保護

1954年５月14日の武力紛争の際の文化財の保護に関するハーグ条約その他の関連する国際文書の規定の適用を妨げることなく、次のことは、禁止する。

(a)　国民の文化的又は精神的遺産を構成する歴史的建造物、芸術品又は礼拝所を対象とする敵対行為を行うこと。

(b)　(a)に規定する物を軍事上の努力を支援するために利用すること。

(c)　(a)に規定する物を復仇《きゅう》の対象とすること。

第54条　文民たる住民の生存に不可欠な物の保護

1　戦闘の方法として文民を飢餓の状態に置くことは、禁止する。

2　食糧、食糧生産のための農業地域、作物、家畜、飲料水の施設及び供給設備、かんがい設備等文民たる住民の生存に不可欠な物をこれらが生命を維持する手段としての価値を有するが故に文民たる住民又は敵対する紛争当事者に与えないという特定の目的のため、これらの物を攻撃し、破壊し、移動させ又は利用することができないようにすることは、文民を飢餓の状態に置き又は退去させるという動機によるかその他の動機によるかを問わず、禁止する。

3　２に規定する禁止は、２に規定する物が次の手段として敵対する紛争当事者によって利用される場合には、適用しない。

(a)　専ら当該敵対する紛争当事者の軍隊の構成員の生命を維持する手段

(b)　生命を維持する手段でないときであっても軍事行動を直接支援する手段。ただし、いかなる場合においても、２に規定する物に対し、文民たる住民の食糧又は水を十分でない状態とし、その結果当該文民たる住民を飢餓の状態に置き又はその移動を余儀なくさせることが予測される措置をとってはならない。

4　２に規定する物は、復仇《きゅう》の対象としてはならない。

5　いずれの紛争当事者にとっても侵入から自国の領域を防衛する重大な必要があることにかんがみ、紛争当事者は、絶対的な軍事上の必要によって要求される場合には、自国の支配の下にある領域において２に規定する禁止から免れることができる。

第55条　自然環境の保護

1　戦闘においては、自然環境を広範、長期的かつ深刻な損害から保護するために注意を払う。その保護には、自然環境に対してそのような損害を与え、それにより住民の健康又は生存を害することを目的とする又は害することが予測される戦闘の方法及び手段の使用の禁止を含む。

2　復仇《きゅう》の手段として自然環境を攻撃することは、禁止する。

第56条　危険な力を内蔵する工作物及び施設の保護

1　危険な力を内蔵する工作物及び施設、すなわち、ダム、堤防及び原子力発電所は、これらの物が軍事目標である場合であっても、これらを攻撃することが危険な力の放出を引き起こし、その結果文民たる住民の間に重大な損失をもたらすときは、攻撃の対象としてはならない。これらの工作物又は施設の場所又は近傍に位置する他の軍事目標は、当該他の軍事目標に対する攻撃がこれらの工作物又は施設からの危険な力の放出を引き起こし、その結果文民たる住民の間に重大な損失をもたらす場合には、攻撃の対象としてはならない。

2　１に規定する攻撃からの特別の保護は、次の場合にのみ消滅する。

(a)　ダム又は堤防については、これらが通常の機能以外の機能のために、かつ、軍事行動に対し常時の、重要なかつ直接の支援を行うために利用されており、これらに対する攻撃がそのような支援を終了させるための唯一の実行可能な方法である場合

(b)　原子力発電所については、これが軍事行動に対し常時の、重要なかつ直接の支援を行うために電力を供給しており、これに対する攻撃がそのような支援を終了させるための唯一の実行可能な方法である場合

(c)　１に規定する工作物又は施設の場所又は近傍に位置する他の軍事目標については、これらが軍事行動に対し常時の、重要なかつ直接の支援を行うために利用されており、これらに対する攻撃がそのような支援を終了させるための唯一の実行可能な方法である場合

3　文民たる住民及び個々の文民は、すべての場合において、国際法によって与えられるすべての保護（次条の予防措置による保護を含む。）を受ける権利を有する。特別の保護が消滅し、１に規定する工作物、施設又は軍事目標が攻撃される場合には、危険な力の放出を防止するためにすべての実際的な予防措置をとる。

4　１に規定する工作物、施設又は軍事目標を復仇《きゅう》の対象とすることは、禁止する。

5　紛争当事者は、１に規定する工作物又は施設の近傍にいかなる軍事目標も設けることを避けるよう努める。もっとも、保護される工作物又は施設を攻撃から防御することのみを目的として構築される施設は、許容されるものとし、攻撃の対象としてはならない。ただし、これらの構築される施設が、保護される工作物又は施設に対する攻撃に対処するために必要な防御措置のためのものである場合を除くほか、敵対行為において利用されず、かつ、これらの構築される施設の装備が保護される工作物又は施設に対する敵対行為を撃退することのみが可能な兵器に限られていることを条件とする。

6　締約国及び紛争当事者は、危険な力を内蔵する物に追加的な保護を与えるために新たな取極を締結するよう要請される。

7　紛争当事者は、この条の規定によって保護される物の識別を容易にするため、この議定書の附属書Ｉ第16条に規定する１列に並べられた３個の明るいオレンジ

色の円から成る特別の標章によってこれらの保護される物を表示することができる。その表示がないことは、この条の規定に基づく紛争当事者の義務を免除するものではない。

第４章　予防措置

第57条　攻撃の際の予防措置

1　軍事行動を行うに際しては、文民たる住民、個々の文民及び民用物に対する攻撃を差し控えるよう不断の注意を払う。

2　攻撃については、次の予防措置をとる。

(a)　攻撃を計画し又は決定する者は、次のことを行う。

(i)　攻撃の目標が文民又は民用物でなく、かつ、第52条２に規定する軍事目標であって特別の保護の対象ではないものであること及びその目標に対する攻撃がこの議定書によって禁止されていないことを確認するためのすべての実行可能なこと。

(ii)　攻撃の手段及び方法の選択に当たっては、巻き添えによる文民の死亡、文民の傷害及び民用物の損傷を防止し並びに少なくともこれらを最小限にとどめるため、すべての実行可能な予防措置をとること。

(iii)　予期される具体的かつ直接的な軍事的利益との比較において、巻き添えによる文民の死亡、文民の傷害、民用物の損傷又はこれらの複合した事態を過度に引き起こすことが予測される攻撃を行う決定を差し控えること。

(b)　攻撃については、その目標が軍事目標でないこと若しくは特別の保護の対象であること、又は当該攻撃が、予期される具体的かつ直接的な軍事的利益との比較において、巻き添えによる文民の死亡、文民の傷害、民用物の損傷若しくはこれらの複合した事態を過度に引き起こすことが予測されることが明白となった場合には、中止し又は停止する。

(c)　文民たる住民に影響を及ぼす攻撃については、効果的な事前の警告を与える。ただし、事情の許さない場合は、この限りでない。

3　同様の軍事的利益を得るため複数の軍事目標の中で選択が可能な場合には、選択する目標は、攻撃によって文民の生命及び民用物にもたらされる危険が最小であることが予測されるものでなければならない。

4　紛争当事者は、海上又は空中における軍事行動を行うに際しては、文民の死亡及び民用物の損傷を防止するため、武力紛争の際に適用される国際法の諸規則に基づく自国の権利及び義務に従いすべての合理的な予防措置をとる。

5　この条のいかなる規定も、文民たる住民、個々の文民又は民用物に対する攻撃を認めるものと解してはならない。

第58条　攻撃の影響に対する予防措置

紛争当事者は、実行可能な最大限度まで、次のことを行う。

(a)　第４条約第49条の規定の適用を妨げることなく、自国の支配の下にある文民たる住民、個々の文民及び民用物を軍事目標の近傍から移動させるよう努めること。

(b)　人口の集中している地域又はその付近に軍事目標を設けることを避けること。

(c)　自国の支配の下にある文民たる住民、個々の文民及び民用物を軍事行動から生ずる危険から保護するため、その他の必要な予防措置をとること。

第５章　特別の保護の下にある地区及び地帯

第59条　無防備地区

1　紛争当事者が無防備地区を攻撃することは、手段のいかんを問わず、禁止する。

2　紛争当事者の適当な当局は、軍隊が接触している地帯の付近又はその中にある居住地区であって敵対する紛争当事者による占領に対して開放されるものを、無防備地区として宣言することができる。無防備地区は、次のすべての条件を満たしたものとする。

(a)　すべての戦闘員が撤退しており並びにすべての移動可能な兵器及び軍用設備が撤去されていること。

(b)　固定された軍事施設の敵対的な使用が行われないこと。

(c)　当局又は住民により敵対行為が行われないこと。

(d)　軍事行動を支援する活動が行われないこと。

3　諸条約及びこの議定書によって特別に保護される者並びに法及び秩序の維持のみを目的として保持される警察が無防備地区に存在することは、２に定める条件に反するものではない。

4　２の規定に基づく宣言は、敵対する紛争当事者に対して行われ、できる限り正確に無防備地区の境界を定め及び記述したものとする。その宣言が向けられた紛争当事者は、その受領を確認し、２に定める条件が実際に満たされている限り、当該地区を無防備地区として取り扱う。条件が実際に満たされていない場合には、その旨を直ちに、宣言を行った紛争当事者に通報する。２に定める条件が満たされていない場合にも、当該地区は、この議定書の他の規定及び武力紛争の際に適用される他の国際法の諸規則に基づく保護を引き続き受ける。

5　紛争当事者は、２に定める条件を満たしていない地区であっても、当該地区を無防備地区とすることについて合意することができる。その合意は、できる限り正確に無防備地区の境界を定め及び記述したものとすべきであり、また、必要な場合には監視の方法を定めたものとすることができる。

6　５に規定する合意によって規律される地区を支配する紛争当事者は、できる限り、他の紛争当事者と合意する標章によって当該地区を表示するものとし、この標章は、明瞭《りょう》に見ることができる場所、特に当該地区の外縁及び境界並びに幹線道路に表示する。

7　２に定める条件又は５に規定する合意に定める条件を満たさなくなった地区は、無防備地区としての地位を失う。そのような場合にも、当該地区は、この議定書の他の規定及び武力紛争の際に適用される他の国際法の諸規則に基づく保護を引き続き受ける。

第60条　非武装地帯

1　紛争当事者がその合意によって非武装地帯の地位を与えた地帯に軍事行動を拡大することは、その拡大が当該合意に反する場合には、禁止する。

2　合意は、明示的に行う。合意は、直接に又は利益保護国若しくは公平な人道的団体を通じて口頭又は文書によって、また、相互的なかつ一致した宣言によって行うことができる。合意は、平時に及び敵対行為の開始後に行うことができるものとし、また、できる限り正確に非武装地帯の境界を定め及び記述したものとし並びに必要な場合には監視の方法を定めたものとすべきである。

3　合意の対象である地帯は、通常、次のすべての条件を満たしたものとする。

(a)　すべての戦闘員が撤退しており並びにすべての移動可能な兵器及び軍用設備が撤去されていること。

(b)　固定された軍事施設の敵対的な使用が行われないこと。

(c)　当局又は住民により敵対行為が行われないこと。

(d)　軍事上の努力に関連する活動が終了していること。

紛争当事者は、(d)に定める条件についての解釈及び4に規定する者以外の者であって非武装地帯に入ることを認められるものについて合意する。

4　諸条約及びこの議定書によって特別に保護される者並びに法及び秩序の維持のみを目的として保持される警察が非武装地帯に存在することは、3に定める条件に反するものではない。

5　非武装地帯を支配する紛争当事者は、できる限り、他の紛争当事者と合意する標章によって当該非武装地帯を表示するものとし、この標章は、明瞭《りょう》に見ることができる場所、特に当該非武装地帯の外縁及び境界並びに幹線道路に表示する。

6　戦闘が非武装地帯の付近に迫ってきたときであっても、紛争当事者が合意している場合には、いずれの紛争当事者も、軍事行動を行うことに関する目的のために当該非武装地帯を利用し又はその地位を一方的に取り消すことができない。

7　1の紛争当事者が3又は6の規定に対する重大な違反を行った場合には、他の紛争当事者は、非武装地帯にその地位を与えている合意に基づく義務を免除される。その場合において、当該非武装地帯は、非武装地帯としての地位を失うが、この議定書の他の規定及び武力紛争の際に適用される他の国際法の諸規則に基づく保護を引き続き受ける。

第6章　文民保護

第61条　定義及び適用範囲

この議定書の適用上、

(a)　「文民保護」とは、文民たる住民を敵対行為又は災害の危険から保護し、文民たる住民が敵対行為又は災害の直接的な影響から回復することを援助し、及び文民たる住民の生存のために必要な条件を整えるため次の人道的任務の一部又は全部を遂行することをいう。

(i)　警報の発令
(ii)　避難の実施
(iii)　避難所の管理
(iv)　灯火管制に係る措置の実施
(v)　救助
(vi)　応急医療その他の医療及び宗教上の援助
(vii)　消火
(viii)　危険地域の探知及び表示
(ix)　汚染の除去及びこれに類する防護措置の実施
(x)　緊急時の収容施設及び需品の提供
(xi)　被災地域における秩序の回復及び維持のための緊急援助
(xii)　不可欠な公益事業に係る施設の緊急の修復
(xiii)　死者の応急処理
(xiv)　生存のために重要な物の維持のための援助
(xv)　(i)から(xiv)までに掲げる任務のいずれかを遂行するために必要な補完的な活動（計画立案及び準備を含む。）

(b)　「文民保護組織」とは、(a)に規定する任務を遂行するために紛争当事者の権限のある当局によって組織され又は認められる団体その他の組織であって、専らこれらの任務に充てられ、従事するものをいう。

(c)　文民保護組織の「要員」とは、紛争当事者により専ら(a)に規定する任務を遂行することに充てられる者（当該紛争当事者の権限のある当局により専ら当該文民保護組織を運営することに充てられる者を含む。）をいう。

(d)　文民保護組織の「物品」とは、当該文民保護組織が(a)に規定する任務を遂行するために使用する機材、需品及び輸送手段をいう。

第62条　一般的保護

1　軍の文民保護組織以外の文民保護組織及びその要員は、この議定書の規定、特にこの部の規定に基づき尊重され、かつ、保護される。これらの者は、絶対的な軍事上の必要がある場合を除くほか、文民保護の任務を遂行する権利を有する。

2　１の規定は、軍の文民保護組織以外の文民保護組織の構成員ではないが、権限のある当局の要請に応じて当該権限のある当局の監督の下に文民保護の任務を遂行する文民についても適用する。

3　文民保護のために使用される建物及び物品並びに文民たる住民に提供される避難所は、第52条の規定の適用を受ける。文民保護のために使用される物は、破壊し又はその本来の使用目的を変更することができない。ただし、その物が属する締約国によって行われる場合を除く。

第63条　占領地域における文民保護

1　軍の文民保護組織以外の文民保護組織は、占領地域において、その任務の遂行に必要な便益を当局から与えられる。軍の文民保護組織以外の文民保護組織の要員は、いかなる場合においても、その任務の適正な遂行を妨げるような活動を行うことを強要されない。占領国は、軍の文民保護組織以外の文民保護組織の任務の効率的な遂行を妨げるような方法で当該軍の文民保護組織以外の文民保護組織の機構又は要員を変更してはならない。軍の文民保護組織以外の文民保護組織は、占領国の国民又は利益を優先させることを求められない。

2　占領国は、軍の文民保護組織以外の文民保護組織に対し文民たる住民の利益を害する方法でその任務を遂行することを強要し、強制し又は誘引してはならない。

3　占領国は、安全保障上の理由により文民保護の要員の武装を解除することができる。

4　占領国は、文民保護組織に属し若しくは文民保護組織が使用する建物若しくは物品の本来の使用目的を変更し又はこれらを徴発することが文民たる住民に有害であるような場合には、その変更又は徴発を行うことができない。

5　占領国は、4に定める一般的な規則が遵守されている限り、次の特別の条件に従い、4に規定する資源を徴発し又はその使用目的を変更することができる。

(a)　建物又は物品が文民たる住民の他の要求にとって必要であること。

(b)　徴発又は使用目的の変更が(a)に規定する必要のある間に限り行われること。

6　占領国は、文民たる住民の使用のために提供され又は文民たる住民が必要とする避難所の使用目的を変更し又はこれらを徴発してはならない。

第64条　軍の文民保護組織以外の文民保護組織であって中立国その他の紛争当事者でない国のもの及び国際的な調整を行う団体

1　前2条、次条及び第66条の規定は、紛争当事者の領域において、当該紛争当事者の同意を得て、かつ、その監督の下に第61条に規定する文民保護の任務を遂行する軍の文民保護組織以外の文民保護組織であって中立国その他の紛争当事者でない国のものの要員及び物品についても適用する。軍の文民保護組織以外の文民保護組織であって中立国その他の紛争当事者でない国のものによる援助については、敵対する紛争当事者に対しできる限り速やかに通報する。この活動については、いかなる場合においても、紛争への介入とみなしてはならない。もっとも、この活動については、関係紛争当事者の安全保障上の利益に妥当な考慮を払って行うべきである。

2　1に規定する援助を受ける紛争当事者及び当該援助を与える締約国は、適当な場合には、文民保護の活動の国際的な調整を容易なものとすべきである。その場合には、関連する国際的な団体は、この章の規定の適用を受ける。

3　占領国は、占領地域において、自国の資源又は当該占領地域の資源により文民保護の任務の適切な遂行を確保することができる場合にのみ、軍の文民保護組織以外の文民保護組織であって中立国その他の紛争当事者でない国のもの及び国際的な調整を行う団体の活動を排除し又は制限することができる。

第65条 保護の消滅

1 軍の文民保護組織以外の文民保護組織並びにその要員、建物、避難所及び物品が受けることのできる保護は、これらのものが本来の任務から逸脱して敵に有害な行為を行い又は行うために使用される場合を除くほか、消滅しない。ただし、この保護は、適当な場合にはいつでも合理的な期限を定める警告が発せられ、かつ、その警告が無視された後においてのみ、消滅させることができる。

2 次のことは、敵に有害な行為と認められない。

(a) 文民保護の任務が軍当局の指示又は監督の下に遂行されること。

(b) 文民保護の文民たる要員が文民保護の任務の遂行に際して軍の要員と協力すること又は軍の要員が軍の文民保護組織以外の文民保護組織に配属されること。

(c) 文民保護の任務の遂行が軍人たる犠牲者特に戦闘外にある者に付随的に利益を与えること。

3 文民保護の文民たる要員が秩序の維持又は自衛のために軽量の個人用の武器を携行することも、敵に有害な行為と認められない。もっとも、紛争当事者は、陸上における戦闘が現に行われており又は行われるおそれのある地域においては、文民保護の要員と戦闘員との区別に資するようにそのような武器をピストル又は連発けん銃のようなけん銃に制限するための適当な措置をとる。文民保護の要員は、そのような地域において他の軽量の個人用の武器を携行する場合であっても、文民保護の要員であると識別されたときは、尊重され、かつ、保護される。

4 軍の文民保護組織以外の文民保護組織において軍隊に類似した編成がとられており又は強制的な役務が課されていることは、この章の規定に基づく保護をこれらの軍の文民保護組織以外の文民保護組織から奪うものではない。

第66条 識別

1 紛争当事者は、自国の文民保護組織並びにその要員、建物及び物品が専ら文民保護の任務の遂行に充てられている間、これらのものが識別されることのできることを確保するよう努める。文民たる住民に提供される避難所も、同様に識別されることができるようにすべきである。

2 紛争当事者は、また、文民保護の国際的な特殊標章が表示される文民のための避難所並びに文民保護の要員、建物及び物品の識別を可能にする方法及び手続を採用し及び実施するよう努める。

3 文民保護の文民たる要員については、占領地域及び戦闘が現に行われており又は行われるおそれのある地域においては、文民保護の国際的な特殊標章及び身分証明書によって識別されることができるようにすべきである。

4 文民保護の国際的な特殊標章は、文民保護組織並びにその要員、建物及び物品の保護並びに文民のための避難所のために使用するときは、オレンジ色地に青色の正三角形とする。

5　紛争当事者は、特殊標章に加えて文民保護に係る識別のための特殊信号を使用することについて合意することができる。

6　1から4までの規定の適用は、この議定書の附属書Ⅰ第5章の規定によって規律される。

7　4に規定する標章は、平時において、権限のある国内当局の同意を得て、文民保護に係る識別のために使用することができる。

8　締約国及び紛争当事者は、文民保護の国際的な特殊標章の表示について監督し並びにその濫用を防止し及び抑止するために必要な措置をとる。

9　文民保護の医療要員、宗教要員、医療組織及び医療用輸送手段の識別は、第18条の規定によっても規律される。

第67条　文民保護組織に配属される軍隊の構成員及び部隊

1　文民保護組織に配属される軍隊の構成員及び部隊は、次のことを条件として、尊重され、かつ、保護される。

(a)　要員及び部隊が第61条に規定する任務のいずれかの遂行に常時充てられ、かつ、専らその遂行に従事すること。

(b)　(a)に規定する任務の遂行に充てられる要員が紛争の間他のいかなる軍事上の任務も遂行しないこと。

(c)　文民保護の国際的な特殊標章であって適当な大きさのものを明確に表示することにより、要員が他の軍隊の構成員から明瞭《りよう》に区別されることができること及び要員にこの議定書の附属書Ⅰ第5章に規定する身分証明書が与えられていること。

(d)　要員及び部隊が秩序の維持又は自衛のために軽量の個人用の武器のみを装備していること。第65条3の規定は、この場合についても準用する。

(e)　要員が敵対行為に直接参加せず、かつ、その文民保護の任務から逸脱して敵対する紛争当事者に有害な行為を行わず又は行うために使用されないこと。

(f)　要員及び部隊が文民保護の任務を自国の領域においてのみ遂行すること。

(a)及び(b)に定める条件に従う義務を負う軍隊の構成員が(e)に定める条件を遵守しないことは、禁止する。

2　文民保護組織において任務を遂行する軍の要員は、敵対する紛争当事者の権力内に陥ったときは、捕虜とする。そのような軍の要員は、占領地域においては、必要な限り、その文民たる住民の利益のためにのみ文民保護の任務に従事させることができる。ただし、この作業が危険である場合には、そのような軍の要員がその任務を自ら希望するときに限る。

3　文民保護組織に配属される部隊の建物並びに主要な設備及び輸送手段は、文民保護の国際的な特殊標章によって明確に表示する。この特殊標章は、適当な大きさのものとする。

4　文民保護組織に常時配属され、かつ、専ら文民保護の任務の遂行に従事する部隊の物品及び建物は、敵対する紛争当事者の権力内に陥ったときは、戦争の法規の適用を受ける。そのような物品及び建物については、絶対的な軍事上の必要がある場合を除くほか、文民保護の任務の遂行にとって必要とされる間、文民保護上の使用目的を変更することができない。ただし、文民たる住民の必要に適切に対応するためにあらかじめ措置がとられている場合は、この限りでない。

第２部　文民たる住民のための救済

第68条　適用範囲

この部の規定は、この議定書に定める文民たる住民について適用するものとし、また、第４条約第23条、第55条及び第59条から第62条までの規定その他の関連規定を補完する。

第69条　占領地域における基本的な必要

1　占領国は、食糧及び医療用品について第４条約第55条に定める義務のほか、利用することができるすべての手段により、かつ、不利な差別をすることなく、占領地域の文民たる住民の生存に不可欠な被服、寝具、避難のための手段その他の需品及び宗教上の行事に必要な物品の供給を確保する。

2　占領地域の文民たる住民のための救済活動については、第４条約第59条から第62条まで及び第108条から第111条までの規定並びにこの議定書の第71条の規定により規律し、かつ、遅滞なく実施する。

第70条　救済活動

1　占領地域以外の地域であって紛争当事者の支配の下にあるものの文民たる住民が前条に規定する物資を適切に供給されない場合には、性質上人道的かつ公平な救済活動であって不利な差別をすることなく行われるものが実施されるものとする。ただし、そのような救済活動については、関係締約国の同意を条件とする。そのような救済の申出は、武力紛争への介入又は非友好的な行為と認められない。救済品の分配に当たっては、第４条約又はこの議定書により有利な待遇又は特別の保護を受けることとされている児童、妊産婦等を優先させる。

2　紛争当事者及び締約国は、この部の規定に従って提供されるすべての救済品、救済設備及び救済要員の迅速な、かつ、妨げられることのない通過について、これらによる援助が敵対する紛争当事者の文民たる住民のために提供される場合においても、許可し及び容易にする。

3　２の規定に従い救済品、救済設備及び救済要員の通過を許可する紛争当事者及び締約国は、次の権利及び義務を有する。

(a)　通過を許可するための技術的条件（検査を含む。）を定める権利

(b)　援助の分配が利益保護国による現地での監督の下に行われることを許可の条件とすることができること。

(c)　関係する文民たる住民の利益のために緊急の必要がある場合を除くほか、いかなる形においても、救済品の指定された用途を変更してはならず、また、その送付を遅延させてはならないこと。

4　紛争当事者は、救済品を保護し、及びその迅速な分配を容易にする。

5　紛争当事者及び関係締約国は、１の救済活動の効果的で国際的な調整を奨励し及び容易にする。

第71条　救済活動に参加する要員

1　救済要員については、必要な場合には、特に救済品の輸送及び分配のため救済活動における援助の一部として提供することができる。救済要員の参加は、当該救済要員がその任務を遂行する領域の属する締約国の同意を条件とする。

2　救済要員は、尊重され、かつ、保護される。

3　救済品を受領する締約国は、実行可能な限り、１の救済要員が救済のための任務を遂行することを支援するものとし、絶対的な軍事上の必要がある場合に限り、救済要員の活動を制限し、又はその移動を一時的に制限することができる。

4　救済要員は、いかなる場合においても、この議定書に基づくその任務の範囲を超えることができないものとし、特に、その任務を遂行している領域の属する締約国の安全保障上の要求を考慮する。これらの条件を尊重しない救済要員の任務は、終了させることができる。

第３部　紛争当事者の権力内にある者の待遇

第１章　適用範囲並びに人及び物の保護

第72条　適用範囲

この部の規定は、第４条約特にその第１編及び第３編に定める紛争当事者の権力内にある文民及び民用物の人道上の保護に関する諸規則並びに国際的な武力紛争の際に基本的人権の保護に関して適用される他の国際法の諸規則に追加される。

第73条　難民及び無国籍者

敵対行為の開始前に、関係締約国が受諾した関連する国際文書又は避難国若しくは居住国の国内法令により無国籍者又は難民と認められていた者については、すべての場合において、かつ、不利な差別をすることなく、第４条約第１編及び第３編に定める被保護者とする。

第74条　離散した家族の再会

締約国及び紛争当事者は、武力紛争の結果離散した家族の再会をあらゆる可能な方法で容易にするものとし、また、特に、諸条約及びこの議定書の規定並びに自国の安全上の諸規則に従ってこの任務に従事する人道的団体の活動を奨励する。

第75条　基本的な保障

1　紛争当事者の権力内にある者であって諸条約又はこの議定書に基づく一層有利な待遇を受けないものは、第１条に規定する事態の影響を受ける限り、すべての場合において人道的に取り扱われるものとし、また、人種、皮膚の色、性、言語、宗教又は信条、政治的意見その他の意見、国民的又は社会的出身、貧富、出生又は他の地位その他これらに類する基準による不利な差別を受けることなく、少なくともこの条に規定する保護を受ける。紛争当事者は、これらのすべての者の身体、名誉、信条及び宗教上の実践を尊重する。

2　次の行為は、いかなる場合においても、また、いかなる場所においても、文民によるものか軍人によるものかを問わず、禁止する。

(a)　人の生命、健康又は心身の健全性に対する暴力、特に次の行為

(i)　殺人

(ii)　あらゆる種類の拷問（身体的なものであるか精神的なものであるかを問わない。）

(iii)　身体刑

(iv)　身体の切断

(b)　個人の尊厳に対する侵害、特に、侮辱的で体面を汚す待遇、強制売春及びあらゆる形態のわいせつ行為

(c)　人質をとる行為

(d)　集団に科する刑罰

(e)　(a)から(d)までに規定する行為を行うとの脅迫

3　武力紛争に関連する行為のために逮捕され、抑留され又は収容される者は、これらの措置がとられた理由をその者が理解する言語で直ちに知らされるものとする。これらの者は、犯罪を理由として逮捕され又は抑留される場合を除くほか、できる限り遅滞なく釈放されるものとし、いかなる場合においてもその逮捕、抑留又は収容を正当化する事由が消滅したときは、直ちに釈放される。

4　通常の司法手続に関する一般的に認められている諸原則を尊重する公平かつ正規に構成された裁判所が言い渡す有罪の判決によることなく、武力紛争に関連する犯罪について有罪とされる者に刑を言い渡すことはできず、また、刑を執行することはできない。これらの原則には、次のものを含む。

(a)　司法手続は、被告人が自己に対する犯罪の容疑の詳細を遅滞なく知らされることを定めるものとし、被告人に対し裁判の開始前及び裁判の期間中すべての必要な防御の権利及び手段を与える。

(b)　いずれの者も、自己の刑事責任に基づく場合を除くほか、犯罪について有罪の判決を受けない。

(c)　いずれの者も、実行の時に国内法又は国際法により犯罪を構成しなかった作為又は不作為を理由として訴追され又は有罪とされない。いずれの者も、犯罪が行われた時に適用されていた刑罰よりも重い刑罰を科されない。犯罪が行われた後に一層軽い刑罰を科する規定が法律に設けられる場合には、当該犯罪を行った者は、その利益を享受する。

(d)　罪に問われている者は、法律に基づいて有罪とされるまでは、無罪と推定される。
(e)　罪に問われている者は、自ら出席して裁判を受ける権利を有する。
(f)　いずれの者も、自己に不利益な供述又は有罪の自白を強要されない。
(g)　罪に問われている者は、自己に不利な証人を尋問し又はこれに対し尋問させる権利並びに自己に不利な証人と同じ条件での自己のための証人の出席及びこれに対する尋問を求める権利を有する。
(h)　いずれの者も、無罪又は有罪の確定判決が既に言い渡された犯罪について、同一の締約国により同一の法律及び司法手続に基づいて訴追され又は処罰されない。
(i)　訴追された者は、公開の場で判決の言渡しを受ける権利を有する。
(j)　有罪の判決を受ける者は、その判決の際に、司法上その他の救済措置及びこれらの救済措置をとることのできる期限について告知される。

5　武力紛争に関連する理由で自由を制限されている女子は、男子の区画から分離した区画に収容され、かつ、女子の直接の監視の下に置かれる。ただし、家族が抑留され又は収容される場合には、これらの者は、できる限り同一の場所に家族単位で置かれる。

6　武力紛争に関連する理由で逮捕され、抑留され又は収容される者は、武力紛争が終了した後も、その最終的解放、送還又は居住地の設定の時までこの条の規定に基づく保護を受ける。

7　戦争犯罪又は人道に対する犯罪について責任を問われる者の訴追及び裁判に関する疑義を避けるため、次の原則を適用する。
(a)　戦争犯罪又は人道に対する犯罪について責任を問われる者は、適用される国際法の諸規則に従って訴追され及び裁判に付されるべきである。
(b)　諸条約又はこの議定書に基づく一層有利な待遇を受けない者は、その責任を問われる犯罪が諸条約又はこの議定書に対する重大な違反行為であるか否かを問わず、この条の規定に基づく待遇を与えられる。

8　この条のいかなる規定も、適用される国際法の諸規則に基づき1に規定する者に対して一層厚い保護を与える他の一層有利な規定を制限し又は侵害するものと解してはならない。

第2章　女子及び児童のための措置

第76条　女子の保護

1　女子は、特別の尊重を受けるものとし、特に強姦《かん》、強制売春その他のあらゆる形態のわいせつ行為から保護される。

2　武力紛争に関連する理由で逮捕され、抑留され又は収容される妊婦及び依存する幼児を有する母については、その事案を最も優先させて審理する。

3　紛争当事者は、実行可能な限り、妊婦又は依存する幼児を有する母に対し武力紛争に関連する犯罪を理由とする死刑の判決を言い渡すことを避けるよう努める。武力紛争に関連する犯罪を理由とする死刑は、これらの女子に執行してはならない。

第77条　児童の保護

1　児童は、特別の尊重を受けるものとし、あらゆる形態のわいせつ行為から保護される。紛争当事者は、児童に対し、年齢その他の理由によって必要とされる保護及び援助を与える。

2　紛争当事者は、15歳未満の児童が敵対行為に直接参加しないようすべての実行可能な措置をとるものとし、特に、これらの児童を自国の軍隊に採用することを差し控える。紛争当事者は、15歳以上18歳未満の者の中から採用するに当たっては、最年長者を優先させるよう努める。

3　15歳未満の児童は、2の規定にかかわらず、敵対行為に直接参加して敵対する紛争当事者の権力内に陥った例外的な場合にも、これらの児童が捕虜であるか否かを問わず、この条の規定によって与えられる特別の保護を受ける。

4　児童は、武力紛争に関連する理由で逮捕され、抑留され又は収容される場合には、第75条5の規定により家族単位で置かれる場合を除くほか、成人の区画から分離した区画に置かれる。

5　武力紛争に関連する犯罪を理由とする死刑は、その犯罪を実行した時に18歳未満であった者に執行してはならない。

第78条　児童の避難

1　いかなる紛争当事者も、児童の健康若しくは治療又は児童の安全（占領地域における場合を除く。）のためやむを得ない理由で一時的に避難させる必要がある場合を除くほか、自国の国民でない児童を外国に避難させる措置をとってはならない。父母又は法定保護者を発見することができる場合には、その避難についてこれらの者の書面による同意を必要とする。これらの者を発見することができない場合には、その避難につき、法律又は慣習により児童の保護について主要な責任を有する者の書面による同意を必要とする。利益保護国は、児童の避難につき、関係締約国、すなわち、避難の措置をとる締約国、児童を受け入れる締約国及びその国民が避難させられる締約国との合意によって監視する。すべての紛争当事者は、それぞれの場合に、児童の避難が危険にさらされることを避けるためのすべての実行可能な予防措置をとる。

2　1の規定に従って避難が行われるときは、児童の教育（その父母が希望する宗教的及び道徳的教育を含む。）については、当該児童が避難させられている間、最大限可能な限り継続して与える。

3　この条の規定によって避難させられた児童がその家族の下に及び自国に帰ることを容易にするため、避難の措置をとる締約国の当局及び適当な場合には受入国の当局は、当該児童のためにその写真をはり付けたカードを作成し、赤十字国際委員会の中央安否調査部に送付する。このカードには、可能な限り、かつ、当該児童に対して害を及ぼすおそれがない限り、次の情報を記載する。
(a)　児童の姓
(b)　児童の名
(c)　児童の性別
(d)　出生地及び生年月日（生年月日が明らかでないときは、おおよその年齢）
(e)　父の氏名
(f)　母の氏名及び旧姓
(g)　児童の近親者
(h)　児童の国籍
(i)　児童の母国語及び当該児童が話すその他の言語
(j)　児童の家族の住所
(k)　児童の識別のための番号
(l)　児童の健康状態
(m)　児童の血液型
(n)　特徴
(o)　児童が発見された年月日及び場所
(p)　児童が避難の措置をとる国から出国した年月日及び場所
(q)　児童の宗教があるときはその宗教
(r)　受入国における児童の現在の住所
(s)　児童が帰国する前に死亡した場合には、死亡した年月日、場所及び状況並びに埋葬の場所

第３章　報道関係者

第79条　報道関係者のための保護措置

1　武力紛争の行われている地域において職業上の危険な任務に従事する報道関係者は、第50条１に規定する文民と認められる。
2　報道関係者は、諸条約及びこの議定書に基づき文民として保護される。ただし、その保護は、文民としての地位に不利な影響を及ぼす活動を行わないことを条件とするものとし、また、軍隊の認可を受けている従軍記者が第３条約第４条A(4)に規定する地位を与えられる権利を害するものではない。
3　報道関係者は、この議定書の附属書Ⅱのひな型と同様の身分証明書を取得することができる。この身分証明書は、報道関係者がその国籍を有し若しくはその領域に居住する国又は雇用される報道機関の所在する国の政府によって発行され、報道関係者としての地位を証明する。

第５編　諸条約及びこの議定書の実施

第１部　総則

第80条 実施のための措置

1 締約国及び紛争当事者は、諸条約及びこの議定書に基づく義務を履行するため、遅滞なくすべての必要な措置をとる。

2 締約国及び紛争当事者は、諸条約及びこの議定書の遵守を確保するために命令及び指示を与え、並びにその実施について監督する。

第81条 赤十字その他の人道的団体の活動

1 紛争当事者は、赤十字国際委員会に対し、同委員会が紛争の犠牲者に対する保護及び援助を確保するために諸条約及びこの議定書によって与えられる人道的任務を遂行することのできるよう、可能なすべての便益を与える。また、赤十字国際委員会は、関係紛争当事者の同意を得ることを条件として、紛争の犠牲者のためにその他の人道的活動を行うことができる。

2 紛争当事者は、自国の赤十字、赤新月又は赤のライオン及び太陽の団体に対し、これらの団体が諸条約及びこの議定書の規定並びに赤十字国際会議によって作成された赤十字の基本原則に従って紛争の犠牲者のための人道的活動を行うため、必要な便益を与える。

3 締約国及び紛争当事者は、赤十字、赤新月又は赤のライオン及び太陽の団体及び赤十字社連盟が諸条約及びこの議定書の規定並びに赤十字国際会議によって作成された赤十字の基本原則に従って紛争の犠牲者に与える援助を、できる限りの方法で容易にする。

4 締約国及び紛争当事者は、諸条約及びこの議定書にいう他の人道的団体であって、それぞれの紛争当事者によって正当に認められ、かつ、諸条約及びこの議定書の規定に従って人道的活動を行うものが2及び3に規定する便益と同様の便益を、できる限り、利用することのできるようにする。

第82条 軍隊における法律顧問

締約国はいつでも、また、紛争当事者は武力紛争の際に、諸条約及びこの議定書の適用並びにその適用について軍隊に与えられる適当な指示に関して軍隊の適当な地位の指揮官に助言する法律顧問を必要な場合に利用することができるようにする。

第83条 周知

1 締約国は、平時において武力紛争の際と同様に、自国において、できる限り広い範囲において諸条約及びこの議定書の周知を図ること、特に、諸条約及びこの議定書を自国の軍隊及び文民たる住民に周知させるため、軍隊の教育の課目に諸条約及びこの議定書についての学習を取り入れ並びに文民たる住民によるその学習を奨励することを約束する。

2 武力紛争の際に諸条約及びこの議定書の適用について責任を有する軍当局又は軍当局以外の当局は、諸条約及びこの議定書の内容を熟知していなければならない。

第84条 細目手続

締約国は、寄託者及び適当な場合には利益保護国を通じて、この議定書の自国の公の訳文及びその適用を確保するために自国が制定する法令をできる限り速やかに相互に通知する。

第2部　諸条約及びこの議定書に対する違反行為の防止

第85条　この議定書に対する違反行為の防止

1　この部の規定によって補完される違反行為及び重大な違反行為の防止に関する諸条約の規定は、この議定書に対する違反行為及び重大な違反行為の防止について適用する。

2　諸条約において重大な違反行為とされている行為は、敵対する紛争当事者の権力内にある者であって第44条、第45条及び第73条の規定によって保護されるもの、敵対する紛争当事者の傷者、病者及び難船者であってこの議定書によって保護されるもの又は敵対する紛争当事者の支配の下にある医療要員、宗教要員、医療組織若しくは医療用輸送手段であってこの議定書によって保護されるものに対して行われる場合には、この議定書に対する重大な違反行為とする。

3　第11条に規定する重大な違反行為のほか、次の行為は、この議定書の関連規定に違反して故意に行われ、死亡又は身体若しくは健康に対する重大な傷害を引き起こす場合には、この議定書に対する重大な違反行為とする。

(a)　文民たる住民又は個々の文民を攻撃の対象とすること。

(b)　第57条2(a)(iii)に規定する文民の過度な死亡若しくは傷害又は民用物の過度な損傷を引き起こすことを知りながら、文民たる住民又は民用物に影響を及ぼす無差別な攻撃を行うこと。

(c)　第57条2(a)(iii)に規定する文民の過度な死亡若しくは傷害又は民用物の過度な損傷を引き起こすことを知りながら、危険な力を内蔵する工作物又は施設に対する攻撃を行うこと。

(d)　無防備地区及び非武装地帯を攻撃の対象とすること。

(e)　戦闘外にある者であることを知りながら、その者を攻撃の対象とすること。

(f)　赤十字、赤新月若しくは赤のライオン及び太陽の特殊標章又は諸条約若しくはこの議定書によって認められている他の保護標章を第37条の規定に違反して背信的に使用すること。

4　2及び3並びに諸条約に定める重大な違反行為のほか、次の行為は、諸条約又はこの議定書に違反して故意に行われる場合には、この議定書に対する重大な違反行為とする。

(a)　占領国が、第4条約第49条の規定に違反して、その占領地域に自国の文民たる住民の一部を移送すること又はその占領地域の住民の全部若しくは一部を当該占領地域の内において若しくはその外に追放し若しくは移送すること。

(b)　捕虜又は文民の送還を不当に遅延させること。

(c)　アパルトヘイトの慣行その他の人種差別に基づき個人の尊厳に対する侵害をもたらす非人道的で体面を汚す慣行

(d)　明確に認められている歴史的建造物、芸術品又は礼拝所であって、国民の文化的又は精神的遺産を構成し、かつ、特別の取極（例えば、権限のある国際機関の枠内におけるもの）によって特別の保護が与えられているものについて、敵対する紛争当事者が第53条(b)の規定に違反しているという証拠がなく、かつ、これらの歴史的建造物、芸術品及び礼拝所が軍事目標に極めて近接して位置していない場合において、攻撃の対象とし、その結果広範な破壊を引き起こすこと。

(e)　諸条約によって保護される者又は２に規定する者から公正な正式の裁判を受ける権利を奪うこと。

5　諸条約及びこの議定書に対する重大な違反行為は、これらの文書の適用を妨げることなく、戦争犯罪と認める。

第86条　不作為

1　締約国及び紛争当事者は、作為義務を履行しなかったことの結果生ずる諸条約又はこの議定書に対する重大な違反行為を防止し、及び作為義務を履行しなかったことの結果生ずる諸条約又はこの議定書に対するその他のすべての違反行為を防止するために必要な措置をとる。

2　上官は、部下が諸条約若しくはこの議定書に対する違反行為を行っており若しくは行おうとしていることを知っており又はその時点における状況においてそのように結論することができる情報を有していた場合において、当該違反行為を防止し又は抑止するためにすべての実行可能な措置をとらなかったときは、当該違反行為が当該部下によって行われたという事実により場合に応じた刑事上又は懲戒上の責任を免れない。

第87条　指揮官の義務

1　締約国及び紛争当事者は、軍の指揮官に対し、その指揮の下にある軍隊の構成員及びその監督の下にあるその他の者による諸条約及びこの議定書に対する違反行為を防止するよう、並びに必要な場合にはこれらの違反行為を抑止し及び権限のある当局に報告するよう求める。

2　締約国及び紛争当事者は、違反行為を防止し及び抑止するため、指揮官に対し、その指揮の下にある軍隊の構成員が諸条約及びこの議定書に基づく自己の義務について了知していることをその責任の程度に応じて確保するよう求める。

3　締約国及び紛争当事者は、指揮官であってその部下又はその監督の下にあるその他の者が諸条約又はこの議定書に対する違反行為を行おうとしており又は行ったことを認識しているものに対し、諸条約又はこの議定書に対するそのような違反行為を防止するために必要な措置を開始するよう、及び適当な場合にはそのような違反行為を行った者に対する懲戒上又は刑事上の手続を開始するよう求める。

第88条　刑事問題に関する相互援助

1　締約国は、諸条約又はこの議定書に対する重大な違反行為についてとられる刑事訴訟手続に関し、相互に最大限の援助を与える。

2　締約国は、諸条約及び第85条1に定める権利及び義務に従うことを条件として、事情が許すときは、犯罪人引渡しに関する事項について協力する。締約国は、犯罪が行われたとされる領域の属する国の要請に妥当な考慮を払う。

3　すべての場合において、相互援助の要請を受けた締約国の法令が適用される。もっとも、1及び2の規定は、刑事問題についての相互援助に関する事項の全部又は一部を現在規律しており又は将来規律する他の2国間又は多数国間の条約に基づく義務に影響を及ぼすものではない。

第89条　協力

締約国は、諸条約又はこの議定書に対する著しい違反がある場合には、国際連合と協力して、かつ、国際連合憲章に従って、単独で又は共同して行動することを約束する。

第90条　国際事実調査委員会

1(a)　徳望が高く、かつ、公平と認められる15人の委員で構成する国際事実調査委員会（以下「委員会」という。）を設置する。

(b)　寄託者は、20以上の締約国が2の規定に従って委員会の権限を受け入れることに同意したときは、その時に及びその後5年ごとに、委員会の委員を選出するためにこれらの締約国の代表者の会議を招集する。代表者は、その会議において、これらの締約国によって指名された者（これらの締約国は、それぞれ1人を指名することができる。）の名簿の中から秘密投票により委員会の委員を選出する。

(c)　委員会の委員は、個人の資格で職務を遂行するものとし、次回の会議において新たな委員が選出されるまで在任する。

(d)　締約国は、選出に当たり、委員会に選出される者が必要な能力を個々に有していること及び委員会全体として衡平な地理的代表が保証されることを確保する。

(e)　委員会は、臨時の空席が生じたときは、(a)から(d)までの規定に妥当な考慮を払ってその空席を補充する。

(f)　寄託者は、委員会がその任務の遂行のために必要な運営上の便益を利用することのできるようにする。

2(a)　締約国は、この議定書の署名若しくは批准若しくはこれへの加入の際に又はその後いつでも、同一の義務を受諾する他の締約国との関係において、この条の規定によって認められる当該他の締約国による申立てを調査する委員会の権限について当然に、かつ、特別の合意なしに認めることを宣言することができる。

(b)　(a)に規定する宣言については、寄託者に寄託するものとし、寄託者は、その写しを締約国に送付する。

(c)　委員会は、次のことを行う権限を有する。

(i)　諸条約及びこの議定書に定める重大な違反行為その他の諸条約又はこの議定書に対する著しい違反であると申し立てられた事実を調査すること。

(ii)　あっせんにより、諸条約及びこの議定書を尊重する態度が回復されることを容易にすること。

(d)　その他の場合には、委員会は、紛争当事者の要請がある場合であって、他の関係紛争当事者の同意があるときにのみ調査を行う。

(e)　(a)から(d)までの規定に従うことを条件として、第1条約第52条、第2条約第53条、第3条約第132条及び第4条約第149条の規定は、諸条約の違反の容疑について引き続き適用するものとし、また、この議定書の違反の容疑についても適用する。

3(a)　すべての調査は、関係紛争当事者の間に別段の合意がない限り、次のとおり任命される7人の委員で構成する部が行う。

(i)　委員会の委員長が、紛争当事者と協議した後、地理的地域が衡平に代表されることを基準として任命する委員会の紛争当事者の国民でない5人の委員

(ii)　双方の紛争当事者が1人ずつ任命する紛争当事者の国民でない2人の特別の委員

(b)　委員会の委員長は、調査の要請を受けたときは、部を設置する適当な期限を定める。委員長は、特別の委員が当該期限内に任命されなかったときは、部の定数を満たすために必要な追加の委員会の委員を直ちに任命する。

4(a)　調査を行うために3の規定に従って設置される部は、紛争当事者に対し、援助及び証拠の提出を求める。また、部は、適当と認める他の証拠を求めることができるものとし、現地において状況を調査することができる。

(b)　すべての証拠は、紛争当事者に十分に開示されるものとし、当該紛争当事者は、その証拠について委員会に対して意見を述べる権利を有する。

(c)　紛争当事者は、(b)に規定する証拠について異議を申し立てる権利を有する。

5(a)　委員会は、適当と認める勧告を付して、事実関係の調査結果に関する部の報告を紛争当事者に提出する。

(b)　委員会は、部が公平な事実関係の調査結果を得るための十分な証拠を入手することのできない場合には、入手することのできない理由を明示する。

(c)　委員会は、すべての紛争当事者が要請した場合を除くほか、調査結果を公表しない。

6　委員会は、その規則（委員会の委員長及び部の長に関する規則を含む。）を定める。この規則は、委員会の委員長の任務がいつでも遂行されること及び調査の場合についてはその任務が紛争当事者の国民でない者によって遂行されることを

確保するものとする。
7　委員会の運営経費は、2の規定に基づく宣言を行った締約国からの分担金及び任意の拠出金をもって支弁する。調査を要請する紛争当事者は、部が要する費用のために必要な資金を前払し、当該費用の50パーセントを限度として申立てを受けた紛争当事者による償還を受ける。対抗する申立てが部に対して行われた場合には、それぞれの紛争当事者が必要な資金の50パーセントを前払する。

第91条　責任

諸条約又はこの議定書に違反した紛争当事者は、必要な場合には、賠償を行う責任を負う。紛争当事者は、自国の軍隊に属する者が行ったすべての行為について責任を負う。

第6編　最終規定

第92条　署名

この議定書は、最終議定書の署名の6箇月後に諸条約の締約国による署名のために開放し、その後12箇月の間開放しておく。

第93条　批准

この議定書は、できる限り速やかに批准されなければならない。批准書は、諸条約の寄託者であるスイス連邦政府に寄託する。

第94条　加入

この議定書は、これに署名しなかった諸条約の締約国による加入のために開放しておく。加入書は、寄託者に寄託する。

第95条　効力発生

1　この議定書は、この批准書又は加入書が寄託された後6箇月で効力を生ずる。
2　この議定書は、その後にこの議定書を批准し又はこれに加入する諸条約の締約国については、当該締約国による批准書又は加入書の寄託の後6箇月で効力を生ずる。

第96条　この議定書の効力発生の後の条約関係

1　諸条約は、その締約国がこの議定書の締約国である場合には、この議定書によって補完されるものとして適用する。
2　いずれか1の紛争当事者がこの議定書に拘束されていない場合にも、この議定書の締約国相互の関係においては、当該締約国は、この議定書に拘束される。さらに、当該締約国は、この議定書に拘束されない紛争当事者がこの議定書の規定を受諾し、かつ、適用するときは、当該紛争当事者との関係において、この議定書に拘束される。
3　第1条4に規定する武力紛争においていずれかの締約国と戦う人民を代表する当局は、寄託者にあてた一方的な宣言により、当該武力紛争について諸条約及びこの議定書を適用することを約束することができる。この宣言は、寄託者がこれを受領したときは、当該武力紛争に関し、次の効果を有する。

(a)　諸条約及びこの議定書は、紛争当事者としての当該当局について直ちに効力を生ずる。

(b)　当該当局は、諸条約及びこの議定書の締約国の有する権利及び義務と同一の権利及び義務を有する。

(c)　諸条約及びこの議定書は、すべての紛争当事者をひとしく拘束する。

第97条　改正

1　いずれの締約国も、この議定書の改正を提案することができる。改正案は、寄託者に通知されるものとし、寄託者は、すべての締約国及び赤十字国際委員会と協議した後、当該改正案を検討するために会議を招集すべきか否かを決定する。

2　寄託者は、すべての締約国及び諸条約の締約国（この議定書の署名国であるか否かを問わない。）を１の会議に招請する。

第98条　附属書Ⅰの改正

1　赤十字国際委員会は、この議定書の効力発生の後４年以内に、その後は４年以上の間隔を置いて、この議定書の附属書Ⅰについて締約国と協議するものとし、必要と認めるときは、同附属書を検討して望ましいと認める改正を提案するための技術専門家の会合を提案することができる。赤十字国際委員会は、締約国に対して当該会合の提案を通報した後６箇月以内に締約国の３分の１が反対しない限り、適当な国際機関のオブザーバーも招請して、当該会合を招集する。また、赤十字国際委員会は、締約国の３分の１からの要請があるときはいつでも、当該会合を招集する。

2　寄託者は、技術専門家の会合の後に赤十字国際委員会又は締約国の３分の１が要請したときは、当該会合によって提案された改正案を検討するために締約国及び諸条約の締約国の会議を招集する。

3　附属書Ⅰの改正は、２の会議において、出席しかつ投票する締約国の３分の２以上の多数による議決で採択することができる。

4　寄託者は、採択された改正を締約国及び諸条約の締約国に通報する。改正は、その通報の後１年以内に３分の１以上の締約国が寄託者に対しその改正を受諾しない旨の宣言を通知しない限り、その通報の後１年の期間が満了した時に受諾されたものとみなされる。

5　４の規定により受諾されたものとみなされる改正は、同規定により受諾しない旨の宣言を行った締約国以外のすべての締約国についてその受諾の後３箇月で効力を生ずる。受諾しない旨の宣言を行った締約国は、当該宣言をいつでも撤回することができるものとし、改正は、その撤回の後３箇月で当該締約国について効力を生ずる。

6　寄託者は、締約国及び諸条約の締約国に対し、改正の効力発生、改正に拘束される締約国、改正がそれぞれの締約国について効力を生ずる日、４の規定によって行われる受諾しない旨の宣言及びその宣言の撤回を通報する。

第99条　廃棄

1　いずれかの締約国がこの議定書を廃棄する場合には、その廃棄は、廃棄書の受領の後1年で効力を生ずる。ただし、廃棄は、廃棄を行う締約国が当該1年の期間の満了の時において第1条に規定する事態にある場合には、武力紛争又は占領の終了の時まで効力を生じず、また、いかなる場合においても、諸条約又はこの議定書によって保護されている者の最終的解放、送還又は居住地の設定に関連する活動が終了する時まで効力を生じない。

2　廃棄は、書面により寄託者に通告するものとし、寄託者は、その通告をすべての締約国に通報する。

3　廃棄は、廃棄を行う締約国についてのみ効力を有する。

4　1に規定する廃棄は、廃棄が効力を生ずる前に行われた行為について、廃棄を行う締約国がこの議定書に基づいて負っている武力紛争に係る義務に影響を及ぼすものではない。

第100条　通報

寄託者は、締約国及び諸条約の締約国（この議定書の署名国であるか否かを問わない。）に対して次の事項を通報する。

(a)　この議定書への署名並びに第93条及び第94条の規定による批准書及び加入書の寄託

(b)　第95条の規定によりこの議定書が効力を生ずる日

(c)　第84条、第90条及び第97条の規定によって受領した通知及び宣言

(d)　第96条3の規定によって受領した宣言。この宣言は、最も速やかな方法で通報されなければならない。

(e)　前条の規定による廃棄

第101条　登録

1　寄託者は、この議定書の効力発生の後、国際連合憲章第102条の規定に従い、この議定書を登録及び公表のため国際連合事務局に送付する。

2　寄託者は、また、この議定書に関して自己が受領するすべての批准書、加入書及び廃棄書について国際連合事務局に通報する。

第102条　正文

アラビア語、中国語、英語、フランス語、ロシア語及びスペイン語をひとしく正文とするこの議定書の原本は、寄託者に寄託する。寄託者は、その認証謄本を諸条約のすべての締約国に送付する。

附属書Ⅰ　識別に関する規則

第1条　総則

1　この附属書の識別に関する規則により、諸条約及びこの議定書の関連規定を実

施する。この規則は、諸条約及びこの議定書によって保護される要員、物品、組織、輸送手段及び施設の識別を容易にすることを目的とする。

2　識別に関する規則それ自体は、保護を受ける権利を設定するものではない。保護を受ける権利は、諸条約及びこの議定書の関連規定によって規律される。

3　権限のある当局は、諸条約及びこの議定書の関連規定に従うことを条件として、いつでも、特殊標章及び特殊信号の使用、表示、照明及び探知可能性について定めることができる。

4　締約国、特に紛争当事者は、いつでも、識別可能性を向上させ及びこの分野における技術の進歩を十分に利用する追加的な又は他の信号、方法又はシステムについて合意するよう求められる。

第1章　身分証明書

第2条　軍の医療要員以外の常時の医療要員及び軍の宗教要員以外の常時の宗教要員の身分証明書

1　議定書第18条3に規定する軍の医療要員以外の常時の医療要員及び軍の宗教要員以外の常時の宗教要員の身分証明書は、次の要件を満たすべきである。

(a)　特殊標章を付し、かつ、ポケットに入る大きさのものであること。

(b)　できる限り耐久性のあるものであること。

(c)　自国語又は公用語及び適当な場合には関連地域の現地の言語で書かれていること。

(d)　氏名、生年月日（生年月日が明らかでないときは、身分証明書の発給時の年齢）及び所持者の識別のための番号がある場合にはその番号が記載されていること。

(e)　所持者がいかなる資格において諸条約及びこの議定書の保護を受ける権利を有するかが記載されていること。

(f)　所持者の写真及び署名若しくは拇《ぼ》印又はその双方が付されていること。

(g)　権限のある当局の印章が押され、及び当該当局の署名が付されていること。

(h)　身分証明書の発給年月日及び有効期間の満了日が記載されていること。

(i)　可能な限り、身分証明書の裏面に所持者の血液型が記載されていること。

2　身分証明書は、締約国の領域を通じて同一の形式のものとし、また、できる限り、すべての紛争当事者について同様の形式のものとする。紛争当事者は、第1図に示す単一の言語によるひな型に倣うことができる。紛争当事者は、敵対行為の開始に際し、その使用するひな型が第1図に示すものと異なる場合には、当該ひな型の見本を相互に送付する。身分証明書は、可能な場合には、2通作成するものとし、そのうちの1通は、発給当局が保管する。当該発給当局は、発給した身分証明書の管理を行うべきである。

3　いかなる場合においても、軍の医療要員以外の常時の医療要員及び軍の宗教要員以外の常時の宗教要員は、その身分証明書を奪われない。身分証明書を紛失し

表面

（この証明書を発給する国及び当局の名を記載するための余白）

身分証明書

軍の　医療／宗教　要員以外の　常時の／臨時の　医療／宗教　要員用

氏名……………………………………………

……………………………………………

生年月日（又は年齢）……………………

識別のための番号がある場合にはその番号…………

この証明書の所持者は、次の資格において、１９４９年８月１２日のジュネーヴ諸条約及び１９４９年８月１２日のジュネーヴ諸条約の国際的な武力紛争の犠牲者の保護に関する追加議定書（議定書Ｉ）によって保護される。

……………………………………………

……………………………………………

発給年月日……………　証明書番号…………

発給当局の署名

有効期間の満了日……………………………

裏面

身長…………	眼の色…………	頭髪の色……

その他の特徴又は情報

……………………………………………

……………………………………………

……………………………………………

所持者の写真

印章	所持者の署名若しくは拇《ぼ》印又はその双方

図１　身分証明書のひな型（様式　横74ミリメートル、縦105ミリメートル）

た場合には、その複本の発給を受ける権利を有する。

第3条 軍の医療要員以外の臨時の医療要員及び軍の宗教要員以外の臨時の宗教要員の身分証明書

1 軍の医療要員以外の臨時の医療要員及び軍の宗教要員以外の臨時の宗教要員の身分証明書は、可能な限り、前条に規定する身分証明書と同様のものとすべきである。紛争当事者は、第1図に示すひな型に倣うことができる。

2 軍の医療要員以外の臨時の医療要員及び軍の宗教要員以外の臨時の宗教要員は、前条に規定する身分証明書と同様の身分証明書の発給を受けることができない場合には、これらの者が臨時の要員としての任務を遂行していることを証明し並びにその任務を遂行している期間及び特殊標章を使用する権利を可能な限り記載する証明書であって、権限のある当局が署名するものの発給を受けることができる。この証明書は、所持者の氏名、生年月日（生年月日が明らかでないときは、証明書の発給時の年齢）、任務及び識別のための番号がある場合にはその番号を記載すべきである。当該証明書には、所持者の署名若しくは拇《ぼ》印又はその双方を付する。

第2章 特殊標章

第4条 形状

特殊標章（白地に赤色）は、状況に応じて適当な大きさとする。締約国は、十字、新月又はライオン及び太陽（注）の形状について、第2図に示すひな型に倣うことができる。

第2図 白地に赤色の特殊標章

注：いずれの国も、1980年以降ライオン及び太陽の標章を使用していない。

第5条 使用

1 特殊標章は、できる限り様々な方向から及び遠方から（特に空から）識別されることができるよう、可能な限り、平面若しくは旗に又は地形に応じた他の適当な方法によって表示する。

2 夜間又は可視度が減少したときは、特殊標章は、点灯し又は照明することができる。

3 特殊標章は、探知に関する技術的な方法によってこれを識別することができるようにする材料で作ることができる。赤色の部分は、特に赤外線機器による識別を容易にするため、黒色の下塗りの上に塗るべきである。

4　戦場で任務を遂行する医療要員及び宗教要員は、特殊標章を付した帽子及び衣服をできる限り着用する。

第3章　特殊信号

第6条　使用

1　医療組織又は医療用輸送手段は、この章に規定するすべての特殊信号を使用することができる。

2　特殊信号については、専ら医療組織又は医療用輸送手段が使用することができるものとし、他のいかなる目的にも使用してはならない。ただし、発光信号の使用については、この限りでない（3参照）。

3　青色のせん光灯の使用を医療用車両並びに医療用船舶及び医療用舟艇の識別の目的に限定する紛争当事者間の特別の合意が存在しない場合には、他の車両、船舶及び舟艇は、青色のせん光灯の使用を禁止されない。

4　時間的余裕がないこと又はその特性から特殊標章を付することができない臨時の医療用航空機は、この章において認められた特殊信号を使用することができる。

第7条　発光信号

1　国際民間航空機関（ICAO）の耐空性に関する技術手引書（文書第9051号）に定義する青色のせん光灯から成る発光信号については、医療用航空機の識別に使用するために設定する。他のいかなる航空機も、この信号を使用してはならない。青色のせん光灯を使用する医療用航空機は、発光信号ができる限り様々な方向から識別されることができるよう、必要に応じてそのせん光灯を表示すべきである。

2　諸条約及びこの議定書によって保護される船舶は、国際海事機関（IMO）の国際信号書第14章4の規定に従い、あらゆる方向から識別されることができる1又は2以上の青色のせん光灯を表示すべきである。

3　医療用車両は、できる限り遠方から識別されることができる1又は2以上の青色のせん光灯を表示すべきである。他の色のせん光灯を使用する締約国、特に紛争当事者は、これを通報すべきである。

4　望ましい青色は、その色度が国際照明委員会（ICI）の色度図の次の方程式によって定義される境界の内側にあるときに得られる。

緑色の境界　$y = 0.065 + 0.805x$

白色の境界　$y = 0.400 - x$

紫色の境界　$x = 0.133 + 0.600y$

青色灯の望ましいせん光の頻度は、1分間に60回から100回までとする。

第8条　無線信号

1　無線信号は、国際電気通信連合（ITU）の無線通信規則（同規則第40条及び第N40条）に規定する緊急信号及び特殊信号から成る。

2　無線による通報は、1に規定する緊急信号及び特殊信号を前置するものとし、この目的のために無線通信規則に定める周波数により、適当な間隔を置いて、英語で送信する。無線による通報は、関係する医療用輸送手段に関する次の情報を伝達する。

(a)　呼出符号その他の認められた識別方法

(b)　位置

(c)　輸送手段の数及び種類

(d)　予定の経路

(e)　適当な場合には、予定所要時間並びに出発及び到着の予定時刻

(f)　その他の情報（例えば、飛行高度、保護無線周波数、使用言語並びに２次監視レーダーのモード及び符号）

3　締約国及び紛争当事者は、１及び２に規定する通信並びに議定書第22条、第23条及び第25条から第31条までに規定する通信を容易にするため、合意に基づき又は単独で、これらの通信のために自国が使用することを選択した周波数を国際電気通信条約に附属する無線通信規則の周波数割当て表に従って指定し、及び公表することができる。これらの周波数は、世界無線通信主管庁会議が承認する手続に従って国際電気通信連合に通報する。

第９条　電子的な識別

1　1944年12月７日の国際民間航空に関するシカゴ条約第10附属書（随時改正されたもの）に規定する２次監視レーダー・システムは、医療用航空機の進路を識別し及び追跡するために使用することができる。締約国及び紛争当事者は、合意に基づき又は単独で、国際民間航空機関が勧告する手続に従い、専ら医療用航空機による使用に限定される２次監視レーダーのモード及び符号を設定する。

2　保護される医療用輸送手段は、識別され及び自己の位置が確認されるよう、標準的な航空用のレーダー・トランスポンダ又は海上における捜索及び救助のためのレーダー・トランスポンダを使用することができる。

保護される医療用輸送手段は、当該医療用輸送手段に設置されたレーダー・トランスポンダが例えばモード３又はモードＡに対して発信する符号により、２次監視レーダーを装備する他の船舶又は航空機によって識別されるようにすべきである。

医療用輸送手段のトランスポンダが発信する符号は、権限のある当局によって当該医療用輸送手段に割り当てられるべきであり、また、すべての紛争当事者に通報されるべきである。

3　医療用輸送手段は、当該医療用輸送手段が発信する適当な水中音波信号により、潜水艦によって識別されるようにすべきである。

水中音波信号は、適当な音波周波数（例えば５キロヘルツ）のモールスで発信される単一の集合ＹＹＹを前置する船舶の呼出符号（又は医療用輸送手段のその他の認められた識別方法）から成る。

このような水中音波識別信号の使用を希望する紛争当事者は、できる限り速やかに関係締約国に対し当該水中音波識別信号を通報するものとし、病院船の使用を通報するときは、使用する周波数を確認する。

4　紛争当事者は、当該紛争当事者間の特別の合意により、医療用車両並びに医療用船舶及び医療用舟艇の識別のための同様の電子的なシステムを当該紛争当事者による使用のために設定することができる。

第4章　通信

第10条　無線通信

1　議定書第22条、第23条及び第25条から第31条までの規定に従ってとられる手続の適用に当たり、医療組織及び医療用輸送手段による適当な無線通信は、第8条に規定する緊急信号及び特殊信号を前置することができる。

2　国際電気通信連合の無線通信規則第40条（第2節第3209号）及び第N40条（第3節第3214号）に規定する医療用輸送手段は、また、移動衛星業務に関する国際電気通信連合の無線通信規則第37条、第N37条及び第59条の規定に従い、衛星システムによる通信を発信することができる。

第11条　国際的な符号の使用

医療組織及び医療用輸送手段は、また、国際電気通信連合、国際民間航空機関及び国際海事機関が定める符号及び信号を使用することができる。これらの符号及び信号は、これらの機関が定める基準、方式及び手続に従って使用される。

第12条　他の通信手段

双方向の無線通信が不可能な場合には、国際海事機関が採択した国際信号書又は1944年12月7日の国際民間航空に関するシカゴ条約の適当な附属書（随時改正されたもの）に定める信号を使用することができる。

第13条　飛行計画

議定書第29条に規定する飛行計画に関する合意及び通報は、可能な限り国際民間航空機関が定める手続に従って行われる。

第14条　医療用航空機の要撃のための信号及び手続

飛行中の医療用航空機が医療用航空機であることを確認するため又は議定書第30条及び第31条の規定に従い当該飛行中の医療用航空機に着陸するよう求めるため要撃用航空機が使用される場合には、要撃用航空機及び医療用航空機は、1944年12月7日の国際民間航空に関するシカゴ条約第2附属書（随時改正されたもの）に定める視覚又は無線による要撃のための標準的な手続を使用すべきである。

第5章　文民保護

第15条　身分証明書

1　議定書第66条3に規定する文民保護の要員の身分証明書は、この附属書の第2条の関連規定によって規律される。

2　文民保護の要員の身分証明書は、第3図に示すひな型に倣うことができる。

表面

（この証明書を発給する国及び当局の名を記載するための余白）

身分証明書

文民保護の要員用

氏名……………………………………

……………………………………………

生年月日（又は年齢）……………………

識別のための番号がある場合にはその番号…………

この証明書の所持者は、次の資格において、１９４９年８月１２日のジュネーヴ諸条約及び１９４９年８月１２日のジュネーヴ諸条約の国際的な武力紛争の犠牲者の保護に関する追加議定書（議定書Ｉ）によって保護される。

……………………………………………

……………………………………………

発給年月日……………　証明書番号…………

発給当局の署名

有効期間の満了日……………………………

裏面

身長…………	眼の色…………	頭髪の色…………

その他の特徴又は情報

……………………………………………

……………………………………………

武器……………………………………

所持者の写真

印章	所持者の署名若しくは拇《ぼ》印又はその双方

図３　文民保護の要因用の身分証明書のひな型（様式　横74ミリメートル、縦105ミリメートル）

3　文民保護の要員が軽量の個人用の武器を携行することを認められる場合には、身分証明書にその旨を記載すべきである。

第16条　国際的な特殊標章

1　議定書第66条4に規定する文民保護の国際的な特殊標章は、オレンジ色地に青色の正三角形とする。ひな型については、第4図に示す。

第4図　オレンジ色地に青色の三角形

2　文民保護の国際的な特殊標章については、次の条件を満たすことが望ましい。

(a)　青色の三角形を旗、腕章又は制服に付する場合には、その三角形の下地は、オレンジ色の旗、腕章又は制服とすること。

(b)　三角形の1の角が垂直に上を向いていること。

(c)　三角形のいずれの角もオレンジ色地の縁に接していないこと。

3　国際的な特殊標章は、状況に応じて適当な大きさとする。この特殊標章は、できる限り様々な方向から及び遠方から識別されることができるよう、可能な限り、平面又は旗に表示する。文民保護の要員は、権限のある当局の指示に従って、国際的な特殊標章を付した帽子及び衣服をできる限り着用する。夜間又は可視度が減少したときは、この特殊標章は、点灯し又は照明することができる。また、この特殊標章は、探知に関する技術的な方法によってこれを識別することができるようにする材料で作ることができる。

第6章　危険な力を内蔵する工作物及び施設

第17条　国際的な特別の標章

1　議定書第56条7に規定する危険な力を内蔵する工作物及び施設のための国際的な特別の標章は、第5図に示すように、1列に並べられた同一の大きさの3個の明るいオレンジ色の円から成るものとし、それぞれの円の間隔は、1半径とする。

2　国際的な特別の標章は、状況に応じて適当な大きさとする。広範囲の面に表示する場合には、状況に応じて適当な数だけ繰り返し表示することができる。この標章は、できる限り様々な方向から及び遠方から識別されることができるよう、可能な限り、平面又は旗に表示する。

3　国際的な特別の標章を旗に表示する場合には、標章の外縁とこれに隣接する旗の辺との間の距離は、円の1半径とする。旗は、白地の長方形とする。

4　夜間又は可視度が減少したときは、国際的な特別の標章は、点灯し又は照明することができる。また、この標章は、探知に関する技術的な方法によってこれを識別することができるようにする材料で作ることができる。

第５図　危険な力を内蔵する工作物及び施設のための国際的な特別の標章

附属書Ⅱ　職業上の危険な任務に従事する報道関係者のための身分証明書

表面

注　意 この証明書は、武力紛争の地域において職業上の危険な任務に従事する報道関係者に対して発給する。所持者は、1949年８月12日のジュネーヴ諸条約及び同諸条約の追加議定書Ｉに基づく文民として取り扱われる権利を有する。所持者は、常にこの証明書を携帯しなければならない。所持者は、捕らわれた場合には、その身分を証明するため、この証明書を直ちに抑留当局に提出しなければならない。	（この証明書を発給する国の名） 職業上の危険な任務に従事する報道関係者のための身分証明書

裏面

発給当局（権限のある当局）--------		身長--------	眼の色--------
所持者の写真	発給地-------- 発給年月日--------	体重--------	頭髪の色--------
--------（発給当局印）		血液型--------	Rh因子--------
--------（所持者の署名）		宗教（任意とする。）--------	
姓--------		指紋（任意とする。）	
名--------		（左示指）	（右示指）
出生地及び生年月日--------		特徴	
報道機関名--------		--------	
具体的な職業--------		--------	
有効期間--------		--------	

6　1949年８月12日のジュネーヴ諸条約の非国際的な武力紛争の犠牲者の保護に関する追加議定書（議定書Ⅱ）

（第２追加議定書）

署名（開放）1977年12月12日（ベルン）
効力発生　　1978年12月７日

平成16年８月31日スイス連邦政府に加入書を寄託
平成16年９月３日公布（条約第13号）
平成17年２月28日日本国について効力発生

目次

前文

締約国は、

国際的性質を有しない武力紛争の場合には、1949年８月12日のジュネーヴ諸条約のそれぞれの第３条に共通してうたう人道上の諸原則が人間に対する尊重の基礎を成すものであることを想起し、

さらに、人権に関する国際文書が人間に基本的保護を与えていることを想起し、

国際的性質を有しない武力紛争の犠牲者のためにより良い保護を確保することが必要であることを強調し、

有効な法の対象とされていない場合においても、人間が人道の諸原則及び公共の良心の保護の下に置かれていることを想起して、

次のとおり協定した。

第１編　この議定書の適用範囲

第１条　適用範囲

1　この議定書は、1949年８月12日のジュネーヴ諸条約のそれぞれの第３条に共通する規定をその現行の適用条件を変更することなく発展させかつ補完するものであり、1949年８月12日のジュネーヴ諸条約の国際的な武力紛争の犠牲者の保護に関する追加議定書（議定書Ⅰ）第１条の対象とされていない武力紛争であって、締約国の領域において、当該締約国の軍隊と反乱軍その他の組織された武装集団（持続的にかつ協同して軍事行動を行うこと及びこの議定書を実施することができるような支配を責任のある指揮の下で当該領域の一部に対して行うもの）との間に生ずるすべてのものについて適用する。

2　この議定書は、暴動、独立の又は散発的な暴力行為その他これらに類する性質の行為等国内における騒乱及び緊張の事態については、武力紛争に当たらないものとして適用しない。

第2条　人的適用範囲

1　この議定書は、人種、皮膚の色、性、言語、宗教又は信条、政治的意見その他の意見、国民的又は社会的出身、貧富、出生又は他の地位その他これらに類する基準による不利な差別（以下「不利な差別」という。）をすることなく、前条に規定する武力紛争によって影響を受けるすべての者について適用する。

2　武力紛争の終了時に武力紛争に関連する理由で自由を奪われ又は制限されているすべての者及び武力紛争の後に同様の理由で自由を奪われ又は制限されるすべての者は、その自由のはく奪又は制限が終了する時まで、第5条及び第6条に規定する保護を受ける。

第3条　不介入

1　この議定書のいかなる規定も、国の主権又は、あらゆる正当な手段によって、国の法及び秩序を維持し若しくは回復し若しくは国の統一を維持し及び領土を保全するための政府の責任に影響を及ぼすことを目的として援用してはならない。

2　この議定書のいかなる規定も、武力紛争が生じている締約国の領域における当該武力紛争又は武力紛争が生じている締約国の国内問題若しくは対外的な問題に直接又は間接に介入することを、その介入の理由のいかんを問わず、正当化するために援用してはならない。

第2編　人道的待遇

第4条　基本的な保障

1　敵対行為に直接参加せず又は敵対行為に参加しなくなったすべての者は、その自由が制限されているか否かにかかわらず、身体、名誉並びに信条及び宗教上の実践を尊重される権利を有する。これらの者は、すべての場合において、不利な差別を受けることなく、人道的に取り扱われる。生存者を残さないよう命令することは、禁止する。

2　1の原則の適用を妨げることなく、1に規定する者に対する次の行為は、いかなる場合においても、また、いかなる場所においても禁止する。

(a)　人の生命、健康又は心身の健全性に対する暴力、特に、殺人及び虐待（拷問、身体の切断、あらゆる形態の身体刑等）

(b)　集団に科する刑罰

(c)　人質をとる行為

(d)　テロリズムの行為

(e)　個人の尊厳に対する侵害、特に、侮辱的で体面を汚す待遇、強姦《かん》、強制売春及びあらゆる形態のわいせつ行為

(f)　あらゆる形態の奴隷制度及び奴隷取引

(g)　略奪

(h)　(a)から(g)までに規定する行為を行うとの脅迫

3 児童は、その必要とする保護及び援助を与えられる。特に、

(a) 児童は、その父母の希望又は父母がいない場合には児童の保護について責任を有する者の希望に沿って、教育（宗教的及び道徳的教育を含む。）を受ける。

(b) 一時的に離散した家族の再会を容易にするために、すべての適当な措置がとられなければならない。

(c) 15歳未満の児童については、軍隊又は武装した集団に採用してはならず、また、敵対行為に参加することを許してはならない。

(d) 15歳未満の児童は、(c)の規定にかかわらず敵対行為に直接参加し、捕らえられた場合には、この条の規定によって与えられる特別の保護を引き続き受ける。

(e) 児童については、必要な場合には、その父母又は法律若しくは慣習によりその保護について主要な責任を有する者の同意を可能な限り得て、敵対行為が行われている地域から国内の一層安全な地域へ一時的に移動させる措置並びにその安全及び福祉について責任を有する者の同行を確保するための措置がとられなければならない。

第5条 自由を制限されている者

1 武力紛争に関連する理由で自由を奪われた者（収容されているか抑留されているかを問わない。以下この条において「自由を奪われた者」という。）については、前条の規定のほか、少なくとも次の規定を尊重する。

(a) 傷者及び病者は、第7条の規定に従って取り扱われる。

(b) 自由を奪われた者は、地域の文民たる住民と同じ程度に、食糧及び飲料水を提供され、並びに保健上及び衛生上の保護並びに気候の厳しさ及び武力紛争の危険からの保護を与えられる。

(c) 自由を奪われた者は、個人又は集団あての救済品を受領することができる。

(d) 自由を奪われた者は、自己の宗教を実践することができるものとし、また、要請しかつ適当である場合には、聖職者等の宗教上の任務を遂行する者から宗教上の援助を受けることができる。

(e) 自由を奪われた者は、労働させられる場合には、地域の文民たる住民が享受する労働条件及び保護と同様の労働条件及び保護の利益を享受する。

2 自由を奪われた者の収容又は抑留について責任を有する者は、可能な範囲内で、自由を奪われた者に関する次の規定を尊重する。

(a) 家族である男子及び女子が共に収容される場合を除くほか、女子は、男子の区画から分離した区画に収容され、かつ、女子の直接の監視の下に置かれる。

(b) 自由を奪われた者は、手紙及び葉書を送付し及び受領することができる。権限のある当局は、必要と認める場合には、手紙及び葉書の数を制限することができる。

(c) 収容及び抑留の場所は、戦闘地帯に近接して設けてはならない。自由を奪われた者については、収容され又は抑留されている場所が特に武力紛争から生ず

る危険にさらされることとなった場合において、安全に関する適切な条件の下で避難を実施することができるときは、避難させる。
(d)　自由を奪われた者は、健康診断の利益を享受する。
(e)　自由を奪われた者の心身が健康かつ健全であることを、不当な作為又は不作為によって脅かしてはならない。このため、自由を奪われた者に対し、その者の健康状態が必要としない医療上の措置又は自由を奪われていない者について類似の医学的状況の下で適用される一般に受け入れられている医療上の基準に適合しない医療上の措置をとることは、禁止する。

3　1の規定の対象とされない者であって、武力紛争に関連する理由で何らかの方法によって自由が制限されているものは、前条並びにこの条の1(a)、(c)及び(d)並びに2(b)の規定に従って人道的に取り扱われる。

4　自由を奪われた者を解放することを決定した場合には、その決定を行った者は、当該自由を奪われた者の安全を確保するために必要な措置をとる。

第6条　刑事訴追

1　この条の規定は、武力紛争に関連する犯罪の訴追及び処罰について適用する。

2　不可欠な保障としての独立性及び公平性を有する裁判所が言い渡す有罪の判決によることなく、犯罪について有罪とされる者に刑を言い渡してはならず、また、刑を執行してはならない。特に、
(a)　司法手続は、被告人が自己に対する犯罪の容疑の詳細を遅滞なく知らされることを定めるものとし、被告人に対し裁判の開始前及び裁判の期間中すべての必要な防御の権利及び手段を与える。
(b)　いずれの者も、自己の刑事責任に基づく場合を除くほか、犯罪について有罪の判決を受けない。
(c)　いずれの者も、実行の時に法により犯罪を構成しなかった作為又は不作為を理由として有罪とされない。いずれの者も、犯罪が行われた時に適用されていた刑罰よりも重い刑罰を科されない。犯罪が行われた後に一層軽い刑罰を科する規定が法律に設けられる場合には、当該犯罪を行った者は、その利益を享受する。
(d)　罪に問われている者は、法律に基づいて有罪とされるまでは、無罪と推定される。
(e)　罪に問われている者は、自ら出席して裁判を受ける権利を有する。
(f)　いずれの者も、自己に不利益な供述又は有罪の自白を強要されない。

3　有罪の判決を受ける者は、その判決の際に、司法上その他の救済措置及びこれらの救済措置をとることのできる期限について告知される。

4　死刑の判決は、犯罪を行った時に18歳未満であった者に対して言い渡してはならない。また、死刑は、妊婦又は幼児の母に執行してはならない。

5　敵対行為の終了の際に、権限のある当局は、武力紛争に参加した者又は武力紛

争に関連する理由で自由を奪われた者（収容されているか抑留されているかを問わない。）に対して、できる限り広範な恩赦を与えるよう努力する。

第3編　傷者、病者及び難船者

第7条　保護及び看護

1　すべての傷者、病者及び難船者は、武力紛争に参加したか否かを問わず、尊重され、かつ、保護される。

2　傷者、病者及び難船者は、すべての場合において、人道的に取り扱われるものとし、また、実行可能な限り、かつ、できる限り速やかに、これらの者の状態が必要とする医療上の看護及び手当を受ける。医療上の理由以外のいかなる理由によっても、これらの者の間に差別を設けてはならない。

第8条　捜索

事情が許す場合には、特に交戦の後に、傷者、病者及び難船者を捜索し及び収容し、これらの者を略奪及び虐待から保護し、これらの者に十分な看護を確保し並びに死者を捜索し、死者がはく奪を受けることを防止し及び死者を丁重に処理するため、遅滞なくすべての可能な措置がとられなければならない。

第9条　医療要員及び宗教要員の保護

1　医療要員及び宗教要員は、尊重され、かつ、保護されるものとし、また、その任務の遂行のためすべての利用可能な援助を与えられる。これらの者は、その人道的使命と両立しない任務を遂行することを強要されない。

2　医療要員は、その任務の遂行に当たり、医療上の理由に基づく場合を除くほか、いずれかの者を優先させるよう求められない。

第10条　医療上の任務の一般的保護

1　いずれの者も、いかなる場合においても、医療上の倫理に合致した医療活動（その受益者のいかんを問わない。）を行ったことを理由として処罰されない。

2　医療活動に従事する者は、医療上の倫理に関する諸規則若しくは傷者及び病者のために作成された他の諸規則又はこの議定書に反する行為又は作業を行うことを強要されず、また、これらの諸規則又はこの議定書によって求められる行為を差し控えることを強要されない。

3　医療活動に従事する者が自己が看護している傷者及び病者について取得する情報に関して負う職業上の義務については、国内法に従うことを条件として尊重する。

4　医療活動に従事する者は、国内法に従うことを条件として、自己が現に看護しているか又は看護していた傷者及び病者に関する情報を提供することを拒否し又は提供しなかったことを理由として処罰されない。

第11条　医療組織及び医療用輸送手段の保護

1　医療組織及び医療用輸送手段は、常に尊重され、かつ、保護されるものとし、また、これらを攻撃の対象としてはならない。
2　医療組織及び医療用輸送手段が受けることのできる保護は、当該医療組織及び医療用輸送手段がその人道的任務から逸脱して敵対行為を行うために使用される場合を除くほか、消滅しない。ただし、この保護は、適当な場合にはいつでも合理的な期限を定める警告が発せられ、かつ、その警告が無視された後においてのみ、消滅させることができる。

第12条　特殊標章

医療要員及び宗教要員、医療組織並びに医療用輸送手段は、権限のある関係当局の監督の下で、白地に赤十字、赤新月又は赤のライオン及び太陽の特殊標章を表示する。特殊標章は、すべての場合において尊重するものとし、また、不当に使用してはならない。

第４編　文民たる住民

第13条　文民たる住民の保護

1　文民たる住民及び個々の文民は、軍事行動から生ずる危険からの一般的保護を受ける。この保護を実効的なものとするため、２及び３に定める規則は、すべての場合において、遵守する。
2　文民たる住民それ自体及び個々の文民は、攻撃の対象としてはならない。文民たる住民の間に恐怖を広めることを主たる目的とする暴力行為又は暴力による威嚇は、禁止する。
3　文民は、敵対行為に直接参加していない限り、この編の規定によって与えられる保護を受ける。

第14条　文民たる住民の生存に不可欠な物の保護

戦闘の方法として文民を飢餓の状態に置くことは、禁止する。したがって、食糧、食糧生産のための農業地域、作物、家畜、飲料水の施設及び供給設備、かんがい設備等文民たる住民の生存に不可欠な物を、文民を飢餓の状態に置くことを目的として攻撃し、破壊し、移動させ又は利用することができないようにすることは、禁止する。

第15条　危険な力を内蔵する工作物及び施設の保護

危険な力を内蔵する工作物及び施設、すなわち、ダム、堤防及び原子力発電所は、これらの物が軍事目標である場合であっても、これらを攻撃することが危険な力の放出を引き起こし、その結果文民たる住民の間に重大な損失をもたらすときは、攻撃の対象としてはならない。

第16条　文化財及び礼拝所の保護

1954年５月14日の武力紛争の際の文化財の保護に関するハーグ条約の規定の適用を妨げることなく、国民の文化的又は精神的遺産を構成する歴史的建造物、芸術品又は礼拝所を対象とする敵対行為を行うこと及びこれらの物を軍事上の努力を支援するために利用することは、禁止する。

第17条 文民の強制的な移動の禁止

1 文民たる住民の移動は、その文民の安全又は絶対的な軍事上の理由のために必要とされる場合を除くほか、紛争に関連する理由で命令してはならない。そのような移動を実施しなければならない場合には、文民たる住民が住居、衛生、保健、安全及び栄養について満足すべき条件で受け入れられるよう、すべての可能な措置がとられなければならない。

2 文民は、紛争に関連する理由で自国の領域を離れることを強要されない。

第18条 救済団体及び救済活動

1 赤十字、赤新月又は赤のライオン及び太陽の団体等締約国の領域にある救済団体は、武力紛争の犠牲者に関する伝統的な任務を遂行するため役務を提供することができる。文民たる住民は、傷者、病者及び難船者を収容し及び看護することを自発的に申し出ることができる。

2 文民たる住民が食糧、医療用品等生存に不可欠な物資の欠乏のため著しい苦難を被っている場合には、関係締約国の同意を条件として、専ら人道的で公平な性質を有し、かつ、不利な差別をすることなく行われる当該文民たる住民のための救済活動を実施する。

第５編 最終規定

第19条 周知

この議定書については、できる限り広い範囲において周知を図る。

第20条 署名

この議定書は、最終議定書の署名の６箇月後に諸条約の締約国による署名のために開放し、その後12箇月の間開放しておく。

第21条 批准

この議定書は、できる限り速やかに批准されなければならない。批准書は、諸条約の寄託者であるスイス連邦政府に寄託する。

第22条 加入

この議定書は、これに署名しなかった諸条約の締約国による加入のために開放しておく。加入書は、寄託者に寄託する。

第23条 効力発生

1 この議定書は、この批准書又は加入書が寄託された後６箇月で効力を生ずる。

2 この議定書は、その後にこの議定書を批准し又はこれに加入する諸条約の締約国については、当該締約国による批准書又は加入書の寄託の後６箇月で効力を生ずる。

第24条 改正

1 いずれの締約国も、この議定書の改正を提案することができる。改正案は、寄託者に通知されるものとし、寄託者は、すべての締約国及び赤十字国際委員会と協議した後、当該改正案を検討するために会議を招集すべきか否かを決定する。
2　寄託者は、すべての締約国及び諸条約の締約国（この議定書の署名国であるか否かを問わない。）を1の会議に招請する。

第25条　廃棄

1　いずれかの締約国がこの議定書を廃棄する場合には、その廃棄は、廃棄書の受領の後6箇月で効力を生ずる。ただし、廃棄は、廃棄を行う締約国が当該6箇月の期間の満了の時において第1条に規定する事態にある場合には、武力紛争の終了の時まで効力を生じない。もっとも、武力紛争に関連する理由で自由を奪われ又は制限されている者は、最終的解放の時まで、この議定書の規定による利益を引き続き享受する。
2　廃棄は、書面により寄託者に通告するものとし、寄託者は、その通告をすべての締約国に通報する。

第26条　通報

寄託者は、締約国及び諸条約の締約国（この議定書の署名国であるか否かを問わない。）に対して次の事項を通報する。
(a)　この議定書への署名並びに第21条及び第22条の規定による批准書及び加入書の寄託
(b)　第23条の規定によりこの議定書が効力を生ずる日
(c)　第24条の規定によって受領した通知及び宣言

第27条　登録

1　寄託者は、この議定書の効力発生の後、国際連合憲章第102条の規定に従い、この議定書を登録及び公表のため国際連合事務局に送付する。
2　寄託者は、また、この議定書に関して自己が受領するすべての批准書及び加入書について国際連合事務局に通報する。

第28条　正文

アラビア語、中国語、英語、フランス語、ロシア語及びスペイン語をひとしく正文とするこの議定書の原本は、寄託者に寄託する。寄託者は、その認証謄本を諸条約のすべての締約国に送付する。

◎平成16年外務省告示第579号

日本国政府は、1949年8月12日のジュネーヴ諸条約の国際的な武力紛争の犠牲者の保護に関する追加議定書（議定書I）の加入書を平成16年8月31日にスイス連邦政府に寄託した。
よって、同議定書は、その第95条2の規定に従い、平成17年2月28日に日本国について効力を生ずる。
なお、日本国政府は、同議定書の加入書の寄託に際し、同議定書第44条3中段に規定する状況は、占領地域又は同議定書第1条4に規定する武力紛争においてのみ存在し得ると理解するものであること、及び同議定書第44条3(b)の「展開」とは、攻撃が行われる場所へのあらゆる移動をいうものと解釈するものであることを宣言し、また、同議定書第90条の規定に基づき、国際事実調査委員会の権限を認める旨の宣言を行った。

同議定書の締約国は、平成16年8月1日現在次のとおりである。

アルバニア共和国、アルジェリア民主人民共和国、アンゴラ共和国、アンティグア・バーブーダ、アルゼンチン共和国、アルメニア共和国、オーストラリア連邦、オーストリア共和国、バハマ国、バーレーン王国、バングラデシュ人民共和国、バルバドス、ベラルーシ共和国、ベルギー王国、ベリーズ、ベナン共和国、ボリビア共和国、ボスニア・ヘルツェゴビナ、ボツワナ共和国、ブラジル連邦共和国、ブルネイ・ダルサラーム国、ブルガリア共和国、ブルキナファソ、ブルンジ共和国、カンボジア王国、カメルーン共和国、カナダ、カーボヴェルデ共和国、中央アフリカ共和国、チャド共和国、チリ共和国、中華人民共和国、コロンビア共和国、コモロ・イスラム連邦共和国、コンゴ民主共和国、コンゴ共和国、クック諸島、コスタリカ共和国、コートジボワール共和国、クロアチア共和国、キューバ共和国、キプロス共和国、チェコ共和国、デンマーク王国、ジブチ共和国、ドミニカ国、ドミニカ共和国、エクアドル共和国、エジプト・アラブ共和国、エルサルバドル共和国、赤道ギニア共和国、エストニア共和国、エチオピア連邦民主共和国、フィンランド共和国、フランス共和国、ガボン共和国、ガンビア共和国、グルジア、ドイツ連邦共和国、ガーナ共和国、ギリシャ共和国、グレナダ、グアテマラ共和国、ギニア共和国、ギニアビサウ共和国、ガイアナ協同共和国、ホンジュラス共和国、ハンガリー共和国、アイスランド共和国、アイルランド、イタリア共和国、ジャマイカ、ヨルダン・ハシェミット王国、カザフスタン共和国、ケニア共和国、大韓民国、クウェート国、キルギス共和国、ラオス人民民主共和国、ラトビア共和国、レバノン共和国、レソト王国、リベリア共和国、社会主義人民リビア・アラブ国、リヒテンシュタイン公国、リトアニア共和国、ルクセンブルク大公国、マケドニア旧ユーゴスラビア共和国、マダガスカル共和国、マラウイ共和国、モルディブ共和国、マリ共和国、マルタ共和国、モーリタニア・イスラム共和国、モーリシャス共和国、メキシコ合衆国、ミクロネシア連邦、モルドバ共和国、モナコ公国、モンゴル国、モザンビーク共和国、ナミビア共和国、オランダ王国、ニュージーランド、ニカラグア共和国、ニジェール共和国、ナイジェリア連邦共和国、北朝鮮、ノルウェー王国、オマーン国、パラオ共和国、パナマ共和国、パラグアイ共和国、ペルー共和国、ポーランド共和国、ポルトガル共和国、カタール国、ルーマニア、ロシア連邦、ルワンダ共和国、セントクリストファー・ネーヴィス、セントルシア、セントビンセント及びグレナディーン諸島、サモア独立国、サンマリノ共和国、サントメ・プリンシペ民主共和国、サウジアラビア王国、セネガル共和国、セルビア・モンテネグロ、セーシェル共和国、シエラレオネ共和国、スロバキア共和国、スロベニア共和国、ソロモン諸島、南アフリカ共和国、スペイン、スリナム共和国、スワジランド王国、スウェーデン王国、スイス連邦、シリア・アラブ共和国、タジキスタン共和国、タンザニア連合共和国、トーゴ共和国、トンガ王国、トリニダード・トバゴ共和国、チュニジア共和国、トルクメニスタン、ウガンダ共和国、ウクライナ、アラブ首長国連邦、グレート・ブリテン及び北アイルランド連合王国、ウルグアイ東方共和国、ウズベキスタン共和国、バヌアツ共和国、バチカン市国、ベネズエラ・ボリバル共和国、ベトナム社会主義共和国、イエメン共和国、ザンビア共和国、ジンバブエ共和国

平成16年9月3日

○平成16年外務省告示第580号

日本国政府は、1949年8月12日のジュネーヴ諸条約の非国際的な武力紛争の犠牲者の保護に関する追加議定書（議定書Ⅱ）の加入書を平成16年8月31日にスイス連邦政府に寄託した。

よって、同議定書は、その第23条2の規定に従い、平成17年2月28日に日本国について効力を生ずる。

同議定書の締約国は、平成16年8月1日現在次のとおりである。

アルバニア共和国、アルジェリア民主人民共和国、アンティグア・バーブーダ、アルゼンチン共和国、アルメニア共和国、オーストラリア連邦、オーストリア共和国、バハマ国、バーレーン王国、バングラデシュ人民共和国、バルバドス、ベラルーシ共和国、ベルギー王国、ベリーズ、ベナン共和国、ボリビア共和国、ボスニア・ヘルツェゴビナ、ボツワナ共和国、ブラジル連邦共和国、ブルネイ・ダルサラーム国、ブルガリア共和国、ブルキナファソ、ブルンジ共和国、カンボジア王国、カメルーン共和国、カナダ、カーボヴェルデ共和国、中央アフリカ共和国、チャド共和国、チリ共和国、中華人民共和国、コロンビア共和国、コモロ・イスラム連邦共和国、コンゴ民主共和国、コンゴ共和国、クック諸島、コスタリカ共和国、コートジボワール共和国、クロアチア共和国、キューバ共和国、キプロス共和国、チェコ共和国、デンマーク王国、ジブチ共和国、ドミニカ国、ドミニカ共和国、エクアドル共和国、エジプト・アラブ共和国、エルサルバドル共和国、赤道ギニア共和国、エストニア共和国、エチオピア連邦民主共和国、フィンランド共和国、フランス共和国、ガボン共和国、ガンビア共和国、グルジア、ドイツ連邦共和国、ガーナ共和国、ギリシャ共和国、グレナダ、グアテマラ共和国、ギニア共和国、ギニアビサウ共和国、ガイアナ協同共和国、ホンジュラス共和国、ハンガリー共和国、アイスランド共和国、アイルランド、イタリア共和国、ジャマイカ、ヨルダン・ハシェミット王国、カザフスタン共和国、ケニア共和国、大韓民国、クウェート国、キルギス共和国、ラオス人民民主共和国、ラトビア共和国、レバノン共和国、レソト王国、

リベリア共和国、社会主義人民リビア・アラブ国、リヒテンシュタイン公国、リトアニア共和国、ルクセンブルク大公国、マケドニア旧ユーゴスラビア共和国、マダガスカル共和国、マラウイ共和国、モルディブ共和国、マリ共和国、マルタ共和国、モーリタニア・イスラム共和国、モーリシャス共和国、ミクロネシア連邦、モルドバ共和国、モナコ公国、モンゴル国、モザンビーク共和国、ナミビア共和国、オランダ王国、ニュージーランド、ニカラグア共和国、ニジェール共和国、ナイジェリア連邦共和国、ノルウェー王国、オマーン国、パラオ共和国、パナマ共和国、パラグアイ共和国、ペルー共和国、フィリピン共和国、ポーランド共和国、ポルトガル共和国、ルーマニア、ロシア連邦、ルワンダ共和国、セントクリストファー・ネーヴィス、セントルシア、セントビンセント及びグレナディーン諸島、サモア独立国、サンマリノ共和国、サントメ・プリンシペ民主共和国、サウジアラビア王国、セネガル共和国、セルビア・モンテネグロ、セーシェル共和国、シエラレオネ共和国、スロバキア共和国、スロベニア共和国、ソロモン諸島、南アフリカ共和国、スペイン、スリナム共和国、スワジランド王国、スウェーデン王国、スイス連邦、タジキスタン共和国、タンザニア連合共和国、トーゴ共和国、トンガ王国、トリニダード・トバゴ共和国、チュニジア共和国、トルクメニスタン、ウガンダ共和国、ウクライナ、アラブ首長国連邦、グレート・ブリテン及び北アイルランド連合王国、ウルグアイ東方共和国、ウズベキスタン共和国、バヌアツ共和国、バチカン市国、ベネズエラ・ボリバル共和国、イエメン共和国、ザンビア共和国、ジンバブエ共和国

平成16年9月3日

III

武力紛争における児童の権利保護

武力紛争児童権利条約選択議定書

平成16年外務省告示第421号

平成22年外務省告示第202号

7　武力紛争における児童の関与に関する児童の権利に関する条約の選択議定書

（武力紛争児童権利条約選択議定書）

平成16年８月４日公布（条約第10号）
平成16年９月２日　日本国について効力発生

この議定書の締約国は、

児童の権利に関する条約に対して、児童の権利の促進及び保護のために努力する広範な意志を表す圧倒的な支持があることに励まされ、

児童の権利は特別な保護を必要とすることを再確認し、また、差別なく児童の状況を不断に改善すること並びに平和で安全な状況において児童が発達し及び教育を受けることを要請し、

武力紛争が児童に及ぼす有害かつ広範な影響並びにこれが永続性のある平和、安全及び発展に及ぼす長期的な影響を憂慮し、

武力紛争の状況において児童を標的とすること及び学校、病院等一般的に多数の児童が存在する場所その他の国際法に基づいて保護されている対象を直接攻撃することを非難し、

国際刑事裁判所規程が採択されたこと、特に同規程が、国際的な武力紛争及び非国際的な武力紛争の双方において、15歳未満の児童を強制的に徴集し及び志願に基づいて編入し並びに敵対行為に積極的に参加させるために使用することを戦争犯罪として規定していることに留意し、

したがって、児童の権利に関する条約において認められている権利の実現を更に強化するためには、武力紛争における関与から児童を一層保護することが必要であることを考慮し、

児童の権利に関する条約第１条が、同条約の適用上、「児童とは、18歳未満のすべての者をいう。ただし、当該児童で、その者に適用される法律によりより早く成年に達したものを除く。」と規定していることに留意し、

軍隊に採用することができる者の年齢及びこれらの者が敵対行為に参加する年齢を引き上げる選択議定書は、児童に関するすべての措置をとるに当たっては児童の最善の利益が主として考慮されるべきであるとの原則の実施に効果的に資することを確信し、

1995年12月の第26回赤十字・赤新月国際会議が、紛争当事国は18歳未満の児童を敵対行為に参加させないことを確保するためのすべての実行可能な措置をとることを特に勧告したことに留意し、

武力紛争において使用するための児童の強制的な徴集を特に禁止する最悪の形態

の児童労働の禁止及び撤廃のための即時の行動に関する国際労働機関の条約（第182号）が1999年6月に全会一致で採択されたことを歓迎し、

国の軍隊と異なる武装集団が敵対行為において国境内で又は国境を越えて児童を採用し、訓練し及び使用することを最も重大な関心をもって非難し、並びにこの点に関連して児童を採用し、訓練し及び使用するものの責任を認識し、

武力紛争の各当事者が国際人道法の規定を遵守する義務を負っていることを想起し、

この議定書が国際連合憲章（第51条等）に定める目的及び原則並びに人道法の関連する規範を害するものではないことを強調し、

同憲章に定める目的及び原則の十分な尊重並びに人権に関する適用可能な文書の遵守に基づく平和で安全な状況が、特に武力紛争及び外国による占領の期間中における児童の十分な保護に不可欠であることに留意し、

経済的若しくは社会的地位又は性別のため、この議定書に反して特に採用され又は敵対行為に使用されやすい児童についての特別な必要性を認識し、

武力紛争における児童の関与についての経済的、社会的及び政治的な根本的原因を考慮に入れる必要性に留意し、

この議定書の実施における国際協力並びに武力紛争による被害者である児童の身体的及び心理社会的なリハビリテーション並びに社会復帰における国際協力を強化する必要性を確信し、

社会、特に被害者である児童その他の児童がこの議定書の実施に関する広報及び教育に関する計画の普及に参加することを奨励して、

次のとおり協定した。

第1条

締約国は、18歳未満の自国の軍隊の構成員が敵対行為に直接参加しないことを確保するためのすべての実行可能な措置をとる。

第2条

締約国は、18歳未満の者を自国の軍隊に強制的に徴集しないことを確保する。

第3条

1　締約国は、児童の権利に関する条約第38条に定める原則を考慮し及び同条約に基づき18歳未満の者は特別な保護を受ける権利を有することを認識して、自国の軍隊に志願する者の採用についての最低年齢を同条3に定める年齢より年単位で引き上げる。

2　各締約国は、この議定書を批准し又はこれに加入する際に、自国の軍隊に志願する者の採用が認められる最低年齢を記載する拘束力のある宣言及びそのような採用が強制され又は強要されたものではないことを確保するためにとられた保障措置についての説明を寄託する。

3　自国の軍隊に志願する18歳未満の者の採用を認める締約国は、少なくとも次の

ことを確保するための保障措置を維持する。

(a)　当該採用が真に志願する者を対象とするものであること。

(b)　当該採用につき当該者の父母又は法定保護者が事情を知らされた上で同意していること。

(c)　当該者が軍務における任務につき十分な情報の提供を受けていること。

(d)　当該者が、自国の軍務に服することが認められる前に、年齢についての信頼し得る証明を提出すること。

4　各締約国は、国際連合事務総長にあてた通告により、いつでも自国の宣言の内容を拡充することができるものとし、同事務総長は、これをすべての締約国に通報する。そのような通告は、同事務総長により受領された日に効力を生ずる。

5　1に定める最低年齢を引き上げる義務は、締約国の軍隊により運営され又は管理されている学校であって、児童の権利に関する条約第28条及び第29条の規定の趣旨に沿うものについては適用されない。

第4条

1　国の軍隊と異なる武装集団は、いかなる状況においても、18歳未満の者を採用し又は敵対行為に使用すべきでない。

2　締約国は、1に規定する採用及び使用を防止するため、すべての実行可能な措置（1に規定する採用及び使用を禁止し並びにこれらの行為を犯罪とするために必要な法律上の措置を含む。）をとる。

3　この議定書におけるこの条の規定の適用は、武力紛争のいかなる当事者の法的地位にも影響を及ぼすものではない。

第5条

この議定書のいかなる規定も、児童の権利の実現に一層貢献する締約国の法律、国際文書又は国際人道法の規定の適用を妨げるものと解してはならない。

第6条

1　各締約国は、自国の管轄の下においてこの議定書の規定の効果的な実施を確保するため、すべての必要な法律上、行政上その他の措置をとる。

2　締約国は、適当な方法でこの議定書の原則及び規定を成人及び児童のいずれにも広く知らせることを約束する。

3　締約国は、自国の管轄の下にある者であってこの議定書に反して採用され又は敵対行為に使用されたものを除隊させ又は他の方法により任務から解放することを確保するため、すべての実行可能な措置をとる。締約国は、必要な場合には、これらの者に対し、その身体的及び心理的な回復並びに社会復帰のためのすべての適当な援助を与える。

第7条

1　締約国は、技術協力、財政的援助等を通じて、この議定書に反するあらゆる行為の防止、この議定書に反する行為の被害者のリハビリテーション及び社会復帰その他のこの議定書の実施について協力する。このような援助及び協力は、関係締約国及び関係国際機関と協議した上で実施する。
2　締約国は、可能な場合には、既存の多数国間、2国間その他の計画を通じ、又は国際連合総会の規則に従って設立される任意の基金を通じ、このような援助を提供する。

第8条

1　各締約国は、この議定書が自国について効力を生じた後2年以内に、参加及び採用に関する規定の実施のためにとった措置その他のこの議定書の規定の実施のためにとった措置に関する包括的な情報を提供する報告を児童の権利に関する委員会に提出する。
2　各締約国は、包括的な報告を提出した後、児童の権利に関する条約第44条の規定に従って児童の権利に関する委員会に提出する報告に、この議定書の実施に関するあらゆる追加の情報を含める。この議定書のその他の締約国は、5年ごとに報告を提出する。
3　児童の権利に関する委員会は、この議定書の実施に関連する追加の情報を締約国に要請することができる。

第9条

1　この議定書は、児童の権利に関する条約の締約国であるか又は同条約に署名したすべての国による署名のために開放しておく。
2　この議定書は、批准されなければならず、また、すべての国による加入のために開放しておく。批准書又は加入書は、国際連合事務総長に寄託する。
3　国際連合事務総長は、児童の権利に関する条約及びこの議定書の寄託者として、同条約のすべての締約国及び同条約に署名したすべての国に対し、第3条の規定に基づく宣言を通報する。

第10条

1　この議定書は、10番目の批准書又は加入書が寄託された後3箇月で効力を生ずる。
2　この議定書は、この議定書の効力発生の後に批准し又は加入する国については、その批准書又は加入書が寄託された日の後1箇月で効力を生ずる。

第11条

1　いずれの締約国も、国際連合事務総長に対して書面による通告を行うことにより、いつでもこの議定書を廃棄することができる。同事務総長は、その後、児童の権利に関する条約のその他の締約国及び同条約に署名したすべての国に対しこれを通報する。廃棄は、同事務総長がその通告を受領した日の後1年で効力を生ずる。ただし、廃棄を行う締約国が当該1年の期間の満了の時において武力紛争に巻き込まれている場合には、廃棄は、武力紛争の終了の時まで効力を生じない。
2　廃棄は、廃棄が効力を生ずる日前に発生した行為について、この議定書に基づく当該締約国の義務を免除するものではない。また、廃棄は、廃棄が効力を生ずる日前に児童の権利に関する委員会が既に検討していた問題について検討を継続することを妨げるものではない。

第12条

1　いずれの締約国も、改正を提案し及び改正案を国際連合事務総長に提出することができる。同事務総長は、直ちに、締約国に対し、その改正案を送付するものとし、締約国による改正案の審議及び投票のための締約国の会議の開催についての賛否を示すよう要請する。その送付の日から4箇月以内に締約国の3分の1以上が会議の開催に賛成する場合には、同事務総長は、国際連合の主催の下に会議を招集する。会議において出席しかつ投票する締約国の過半数によって採択された改正案は、承認のため、国際連合総会に提出する。

2　1の規定により採択された改正は、国際連合総会が承認し、かつ、締約国の3分の2以上の多数が受諾した時に、効力を生ずる。

3　改正は、効力を生じたときは、改正を受諾した締約国を拘束するものとし、他の締約国は、改正前のこの議定書の規定（受諾した従前の改正を含む。）により引き続き拘束される。

第13条

1　アラビア語、中国語、英語、フランス語、ロシア語及びスペイン語をひとしく正文とするこの議定書は、国際連合に寄託する。

2　国際連合事務総長は、この議定書の認証謄本を児童の権利に関する条約のすべての締約国及び同条約に署名したすべての国に送付する。

○平成16年外務省告示第421号

日本国政府は、平成12年5月25日にニューヨークで作成された「武力紛争における児童の関与に関する児童の権利に関する条約の選択議定書」の批准書を平成16年8月2日に国際連合事務総長に寄託した。

よって、同議定書は、その第10条2の規定に従い、平成16年9月2日に日本国について効力を生ずる。

なお、日本国政府は、批准書の寄託に際して、同議定書第3条2の規定に基づき、次の宣言及び説明を国際連合事務総長に寄託した。

我が国は、法令により、自衛隊の組織の一部である学校（本選択議定書第3条5に規定する学校に該当する。）において専ら教育訓練のみを受ける自衛官（以下「自衛隊生徒」という）を除き、18歳以上の者から自衛官を採用することとしている。

また、我が国は、自衛隊生徒の採用の最低年齢を、15歳としている。

我が国において自衛隊生徒の採用が強制され又は強要されたものではないことを確保するための保障措置は、以下のとおりである。

1　自衛隊生徒を含む自衛隊員の採用に当たっては、自衛隊法（昭和29年法律第165号）の定めるところにより、試験又は選考によるものとされており、何人も、隊員の採用を不正に実現する目的をもって、脅迫、強制その他これに類する方法を用いてはならないとされている。
2　また、自衛隊生徒を採用する場合は、自衛隊生徒の任用等に関する訓令（昭和30年防衛庁訓令第51号）により、あらかじめ次に掲げる事項を確認しなければならないこととされている。
(1)　自衛隊生徒に採用されることについて親権を行う者又は未成年後見人が同意していること。
(2)　自衛隊生徒に採用を予定されている者が自衛隊生徒が従事する業務について十分な情報の提供を受けていること。
(3)　自衛隊生徒の年齢が15歳以上であることが証明書により証明されていること。

同議定書の締約国は、平成16年７月12日現在、次のとおりである。
アフガニスタン、アンドラ公国、アルゼンチン共和国、オーストリア共和国、アゼルバイジャン共和国、バングラデシュ人民共和国、ベルギー王国、ベリーズ、ボスニア・ヘルツェゴビナ、ブラジル連邦共和国、ブルガリア共和国、カナダ、カーボヴェルデ共和国、チャド共和国、チリ共和国、コンゴ民主共和国、コスタリカ共和国、クロアチア共和国、チェコ共和国、デンマーク王国、ドミニカ国、エクアドル共和国、エルサルバドル共和国、フィンランド共和国、フランス共和国、ギリシャ共和国、グアテマラ共和国、ホンジュラス共和国、アイスランド共和国、アイルランド、イタリア共和国、ジャマイカ、カザフスタン共和国、ケニア共和国、キルギス共和国、レソト王国、リトアニア共和国、マケドニア旧ユーゴスラビア共和国、マリ共和国、マルタ共和国、メキシコ合衆国、モナコ公国、モロッコ王国、ナミビア共和国、ニュージーランド、ノルウェー王国、パナマ共和国、パラグアイ共和国、ペルー共和国、フィリピン共和国、ポルトガル共和国、カタール国、モルドバ共和国、ルーマニア、ルワンダ共和国、セネガル共和国、セルビア・モンテネグロ、シエラレオネ共和国、スペイン、スリランカ民主社会主義共和国、スウェーデン王国、スイス連邦、シリア・アラブ共和国、タジキスタン共和国、チュニジア共和国、トルコ共和国、ウガンダ共和国、グレート・ブリテン及び北アイルランド連合王国、アメリカ合衆国、ウルグアイ東方共和国、バチカン市国、ベネズエラ・ボリバル共和国、ベトナム社会主義共和国
平成16年８月４日

○平成22年外務省告示第202号

日本国政府は、平成12年５月25日にニューヨークで作成された「武力紛争における児童の関与に関する児童の権利に関する条約の選択議定書」の批准書を寄託する

際に同選択議定書第３条２の規定に基づいて宣言を付していたところ、同宣言を次のとおり修正する旨を平成22年４月１日に国際連合事務総長に通告した。

よって、同宣言の修正は、平成22年４月１日に効力を生じた。

平成22年４月９日

外務大臣　岡田　克也

本宣言を次のように改める。

我が国は、法令により、18歳以上の者から自衛官を採用することとしている。

IV

戦闘手段に関する条約

陸戦ノ法規慣例ニ関スル条約

開戦ノ際ニ於ケル敵ノ商船取扱ニ関スル条約

商船ヲ軍艦ニ変更スルコトニ関スル条約

自動触発海底水雷ノ敷設ニ関スル条約

戦時海軍力ヲ以テスル砲撃ニ関スル条約

海戦ニ於ケル捕獲権行使ノ制限ニ関スル条約

武力紛争の際の文化財保護条約

武力紛争の際の文化財保護議定書

武力紛争の際の文化財保護第２議定書

8 陸戦ノ法規慣例ニ関スル条約

(1907年の第4ヘーグ条約)(条約本文を「ヘーグ陸戦条約」、条約附属書を「ヘーグ陸戦規則」)

1907年10月18日ヘーグで署名
1910年1月26日効力発生

明治44年11月6日批准
明治44年12月13日批准書寄託
明治45年1月13日公布(条約第4号)
明治45年2月12日効力発生

朕枢密顧問ノ諮詢ヲ経テ明治40年10月18日和蘭国海牙ニ於テ第2回万国平和会議ニ賛同シタル帝国及各国全権委員ノ間ニ議定シ帝国全権委員カ第44条ヲ留保シテ署名シタル陸戦ノ法規慣例ニ関スル条約ヲ批准シ茲ニ之ヲ公布セシム

陸戦ノ法規慣例ニ関スル条約

独逸皇帝普魯西国皇帝陛下、亜米利加合衆国大統領、(以下の締約国元首名、略)ハ平和ヲ維持シ且諸国間ノ戦争ヲ防止スルノ方法ヲ講スルト同時ニ其ノ所期ニ反シ避クルコト能ハサル事件ノ為兵力ニ訴フルコトアルヘキ場合ニ付攻究ヲ為スノ必要ナルコトヲ考慮シ斯ノ如キ非常ノ場合ニ於テモ尚能ク人類ノ福利ト文明ノ駸駸トシテ止ムコトナキ要求トニ副ハムコトヲ希望シ之カ為戦争ニ関スル一般ノ法規慣例ハ一層之ヲ精確ナラシムルヲ目的トシ又ハ成ルヘク戦争ノ惨害ヲ減殺スヘキ制限ヲ設クルヲ目的トシテ之ヲ修正スルノ必要ヲ認メ1874年ノ比律悉会議ノ後ニ於テ聡明仁慈ナル生見ヨリ出テタル前記ノ思想ヲ体シテ陸戦ノ慣習ヲ制定スルヲ以テ目的トスル諸条規ヲ採用シタル第1回平和会議ノ事業ヲ或点ニ於テ補充シ且精確ニスルヲ必要ト判定セリ

締約国ノ所見ニ依レハ右条規ハ軍事上ノ必要ノ許ス限努メテ戦争ノ惨害ヲ軽減スルノ希望ヲ以テ定メラレタルモノニシテ交戦者相互間ノ関係及人民トノ関係ニ於テ交戦者ノ行動ノ一般ノ準縄タルヘキモノトス

但シ実際ニ起ル一切ノ場合ニ普ク適用スヘキ規定ハ此ノ際之ヲ協定シ置クコト能ハサリシト雖明文ナキノ故ヲ以テ規定セラレサル総テノ場合ヲ軍隊指揮者ノ擅断ニ委スルハ亦締約国ノ意思ニ非サリシナリ

一層完備シタル戦争法規ニ関スル法典ノ制定セラルルニ至ル迄ハ締約国ハ其ノ採用シタル条規ニ含マレサル場合ニ於テモ人民及交戦者カ依然文明国ノ間ニ存立スル慣習、人道ノ法則及公共良心ノ要求ヨリ生スル国際法ノ原則ノ保護及支配ノ下ニ立ツコトヲ確認スルヲ以テ適当ト認ム

締約国ハ採用セラレタル規則ノ第1条及第2条ハ特ニ右ノ趣旨ヲ以テ之ヲ解スヘキモノナルコトヲ宣言ス

締約国ハ之カ為新ナル条約ヲ締結セムコトヲ欲シ各左ノ全権委員ヲ任命セリ

独逸皇帝普魯西国皇帝陛下
国務大臣、土耳其国駐劄特命全権大使、男爵マルシヤル、ド、ビーベルスタイン（以下の締約国元首名・全権委員、略）
因テ各全権委員ハ其ノ良好妥当ナリト認メラレタル委任状ヲ寄託シタル後左ノ条項ヲ協定セリ

〔条約の周知義務〕

第1条 締約国ハ其ノ陸軍軍隊ニ対シ本条約ニ附属スル陸戦ノ法規慣例ニ関スル規則ニ適合スル訓令ヲ発スヘシ

〔条約の適用－総加入条項〕

第2条 第1条ニ掲ケタル規則及本条約ノ規定ハ交戦国カ悉ク本条約ノ当事者ナルトキニ限締約国間ニノミ之ヲ適用ス

〔条約違反の責任〕

第3条 前記規則ノ条項ニ違反シタル交戦当事者ハ損害アルトキハ之カ賠償ノ責ヲ負フヘキモノトス交戦当事者ハ其ノ軍隊ヲ組成スル人員ノ一切ノ行為ニ付責任ヲ負フ

〔1899年条約との関係〕

第4条 本条約ハ正式ニ批准セラレタル上締約国間ノ関係ニ於テハ陸戦ノ法規慣例ニ関スル1899年7月29日ノ条約ニ代ルヘキモノトス

1899年ノ条約ハ該条約ニ記名シタルモ本条約ヲ批准セサル諸国間ノ関係ニ於テハ依然効力ヲ有スルモノトス

〔批准手続〕

第5条 本条約ハ成ルヘク速ニ批准スヘシ

批准書ハ海牙ニ寄託ス

第1回ノ批准書寄託ハ之ニ加リタル諸国ノ代表者及和蘭国外務大臣ノ署名シタル調書ヲ以テ之ヲ証ス

爾後ノ批准書寄託ハ和蘭国政府ニ宛テ且批准書ヲ添附シタル通告書ヲ以テ之ヲ為ス

第1回ノ批准書寄託ニ関スル調書、前項ニ掲ケタル通告書及批准書ノ認証謄本ハ和蘭国政府ヨリ外交上ノ手続ヲ以テ直ニ之ヲ第2回平和会議ニ招請セラレタル諸国及本条約ニ加盟スル他ノ諸国ニ交付スヘシ前項ニ掲ケタル場合ニ於テハ和蘭国政府ハ同時ニ通告書ヲ接受シタル日ヲ通知スルモノトス

〔非記名国の加盟手続〕

第6条 記名国ニ非サル諸国ハ本条約ニ加盟スルコトヲ得

加盟セムト欲スル国ハ書面ヲ以テ其ノ意思ヲ和蘭国政府ニ通告シ且加盟書ヲ送付シ之ヲ和蘭国政府ノ文庫ニ寄託スヘシ

和蘭国政府ハ直ニ通告書及加盟書ノ認証謄本ヲ爾余ノ諸国ニ送付シ且右通告書ヲ接受シタル日ヲ通知スヘシ

〔本条約の効力発生時期〕

第7条　本条約ハ第1回ノ批准書寄託ニ加リタル諸国ニ対シテハ其ノ寄託ノ調書ノ日附ヨリ60日ノ後又其ノ後ニ批准シ又ハ加盟スル諸国ニ対シテハ和蘭国政府カ右批准又ハ加盟ノ通告ヲ接受シタルトキヨリ60日ノ後ニ其ノ効力ヲ生スルモノトス

〔廃棄（脱退）手続〕

第8条　締約国中本条約ヲ廃棄セムト欲スルモノアルトキハ書面ヲ以テ其ノ旨和蘭国政府ニ通告スヘシ和蘭国政府ハ直ニ通告書ノ認証謄本ヲ爾余ノ諸国ニ送付シ且右通告書ヲ接受シタル日ヲ通知スヘシ

廃棄ハ其ノ通告書カ和蘭国政府ニ到達シタルトキヨリ1年ノ後右通告ヲ為シタル国ニ対シテノミ効力ヲ生スルモノトス

〔批准書寄託の記録、閲覧〕

第9条　和蘭国外務省ハ帳簿ヲ備ヘ置キ第5条第3項及第4項ニ依リ為シタル批准書寄託ノ日並加盟（第6条第2項）又ハ廃棄（第8条第1項）ノ通告ヲ接受シタル日ヲ記入スルモノトス

各締約国ハ右帳簿ヲ閲覧シ且其ノ認証抄本ヲ請求スルコトヲ得

右証拠トシテ各全権委員本条約ニ署名ス

1907年10月18日海牙ニ於テ本書1通ヲ作リ之ヲ和蘭国政府ノ文庫ニ寄託シ其ノ認証謄本ヲ外交上ノ手続ニ依リ第2回平和会議ニ招請セラレタル諸国ニ交付スヘキモノトス

条約附属書

陸戦ノ法規慣例ニ関スル規則

第1款　交戦者

第1章　交戦者ノ資格

〔交戦資格－軍・民兵・義勇兵〕

第1条　戦争ノ法規及権利義務ハ単ニ之ヲ軍ニ適用スルノミナラス左ノ条件ヲ具備スル民兵及義勇兵団ニモ亦之ヲ適用ス

1　部下ノ為ニ責任ヲ負フ者其ノ頭ニ在ルコト

2　遠方ヨリ認識シ得ヘキ固著ノ特殊徽章ヲ有スルコト

3　公然兵器ヲ携帯スルコト

4　其ノ動作ニ付戦争ノ法規慣例ヲ遵守スルコト

民兵又ハ義勇兵団ヲ以テ軍ノ全部又ハ一部ヲ組織スル国ニ在リテハ之ヲ軍ノ名称中ニ包含ス

〔交戦資格－群民兵〕

第2条　占領セラレサル地方ノ人民ニシテ敵ノ接近スルニ当リ第1条ニ依リテ編成

ヲ為スノ遑ナク侵入軍隊ニ抗敵スル為自ラ兵器ヲ操ル者カ公然兵器ヲ携帯シ且戦争ノ法規慣例ヲ遵守スルトキハ之ヲ交戦者ト認ム

〔捕虜資格－兵力の構成員〕

第3条　交戦当事者ノ兵力ハ戦闘員及非戦闘員ヲ以テ之ヲ編成スルコトヲ得敵ニ捕ハレタル場合ニ於テハ二者均シク俘虜ノ取扱ヲ受クルノ権利ヲ有ス

第2章　俘虜

〔捕虜取扱の原則事項〕

第4条　俘虜ハ敵ノ政府ノ権内ニ属シ之ヲ捕ヘタル個人又ハ部隊ノ権内ニ属スルコトナシ

俘虜ハ人道ヲ以テ取扱ハルヘシ

俘虜ノ一身ニ属スルモノハ兵器、馬匹及軍用書類ヲ除クノ外依然其ノ所有タルヘシ

〔留置・幽閉〕

第5条　俘虜ハ一定ノ地域外ニ出テサル義務ヲ負ハシメテ之ヲ都市、城寨、陣営其ノ他ノ場所ニ留置スルコトヲ得但シ已ムヲ得サル保安手段トシテ且該手段ヲ必要トスル事情ノ継続中ニ限之ヲ幽閉スルコトヲ得

〔労務者としての使役〕

第6条　国家ハ将校ヲ除クノ外俘虜ヲ其ノ階級及技能ニ応シ労務者トシテ使役スルコトヲ得

其ノ労務ハ過度ナルヘカラス又一切作戦動作ニ関係ヲ有スヘカラス

俘虜ハ公務所、私人又ハ自己ノ為ニ労務スルコトヲ許可セラルルコトアルヘシ

国家ノ為ニスル労務ニ付テハ同一労務ニ使役スル内国陸軍軍人ニ適用スル現行定率ニ依リ支払ヲ為スヘシ右定率ナキトキハ其ノ労務ニ対スル割合ヲ以テ支払フヘシ

公務所又ハ私人ノ為ニスル労務ニ関シテハ陸軍官憲ト協議ノ上条件ヲ定ムヘシ

俘虜ノ労銀ハ其ノ境遇ノ艱苦ヲ軽減スルノ用ニ供シ剰余ハ解放ノ時給養ノ費用ヲ控除シテ之ヲ俘虜ニ交付スヘシ

〔捕虜を給養する義務〕

第7条　政府ハ其ノ権内ニ在ル俘虜ヲ給養スヘキ義務ヲ有ス

交戦者間ニ特別ノ協定ナキ場合ニ於テハ俘虜ハ糧食、寝具及被服ニ関シ之ヲ捕ヘタル政府ノ軍隊ト対等ノ取扱ヲ受クヘシ

〔服従義務違反者の処置〕

第8条　俘虜ハ之ヲ其ノ権内ニ属セシメタル国ノ陸軍現行法律、規則及命令ニ服従スヘキモノトス

総テ不従順ノ行為アルトキハ俘虜ニ対シ必要ナル厳重手段ヲ施スコトヲ得

逃走シタル俘虜ニシテ其ノ軍ニ達スル前又ハ之ヲ捕ヘタル軍ノ占領シタル地域

ヲ離ルルニ先チ再ヒ捕ヘラレタル者ハ懲罰ニ付セラルヘシ
　俘虜逃走ヲ遂ケタル後再ヒ俘虜ト為リタル者ハ前ノ逃走ニ対シテハ何等ノ罰ヲ受クルコトナシ
　〔訊問の際の階級・氏名〕
第9条　俘虜其ノ氏名及階級ニ付訊問ヲ受ケタルトキハ実ヲ以テ答フヘキモノトス若此ノ規定ニ背クトキハ同種ノ俘虜ニ与ヘラルヘキ利益ヲ減殺セラルルコトアルヘシ
　〔宣誓解放の制度〕
第10条　俘虜ハ其ノ本国ノ法律カ之ヲ許ストキハ宣誓ノ後解放セラルルコトアルヘシ此ノ場合ニ於テハ本国政府及之ヲ捕ヘタル政府ニ対シ一身ノ名誉ヲ賭シテ其ノ誓約ヲ厳密ニ履行スルノ義務ヲ有ス
　前項ノ場合ニ於テ俘虜ノ本国政府ハ之ニ対シ其ノ宣誓ニ違反スル勤務ヲ命シ又ハ之ニ服セムトノ申出ヲ受諾スヘカラサルモノトス
　〔宣誓解放の義務なし〕
第11条　俘虜ハ宣誓解放ノ受諾ヲ強制セラルルコトナク又敵ノ政府ハ宣誓解放ヲ求ムル俘虜ノ請願ニ応スルノ義務ナシ
　〔宣誓解放後再捕された者の取扱〕
第12条　宣誓解放ヲ受ケタル俘虜ニシテ其ノ名誉ヲ賭シテ誓約ヲ為シタル政府又ハ其ノ政府ノ同盟国ニ対シテ兵器ヲ操リ再ヒ捕ヘラレタル者ハ俘虜ノ取扱ヲ受クルノ権利ヲ失フヘク且裁判ニ付セラルルコトアルヘシ
　〔軍の構成員でない者の取扱〕
第13条　新聞ノ通信員及探訪者並酒保用達人等ノ如キ直接ニ軍ノ一部ヲ為ササル従軍者ニシテ敵ノ権内ニ陥リ敵ニ於テ之ヲ抑留スルヲ有益ナリト認メタル者ハ其ノ所属陸軍官憲ノ証明書ヲ携帯スル場合ニ限リ俘虜ノ取扱ヲ受クルノ権利ヲ有ス
　〔捕虜情報局の任務〕
第14条　各交戦国ハ戦争開始ノ時ヨリ又中立国ハ交戦者ヲ其ノ領土ニ収容シタル時ヨリ俘虜情報局ヲ設置ス
　情報局ハ俘虜ニ関スル一切ノ問合ニ答フルノ任務ヲ有シ俘虜ノ留置、移動、宣誓解放、交換、逃走、入院、死亡ニ関スル事項其ノ他各俘虜ニ関シ銘銘票ヲ作成補修スル為ニ必要ナル通報ヲ各当該官憲ヨリ受クルモノトス
　情報局ハ該票ニ番号、氏名、年齢、本籍地、階級、所属部隊、負傷並捕獲、留置、負傷及死亡ノ日附及場所其ノ他一切ノ備考事項ヲ記載スヘシ
　銘銘票ハ平和克復ノ後之ヲ他方交戦国ノ政府ニ交付スヘシ
　情報局ハ又宣誓解放セラレ交換セラレ逃走シ又ハ病院若ハ繃帯所ニ於テ死亡シタル俘虜ノ遺留シ並戦場ニ於テ発見セラレタル一切ノ自用品、有価物、信書等ヲ収集シテ之ヲ其ノ関係者ニ伝送スルノ任務ヲ有ス
　〔捕虜の便益のための団体〕

第15条　慈善行為ノ媒介者タル目的ヲ以テ自国ノ法律ニ従ヒ正式ニ組織セラレタル俘虜救恤協会ハ其ノ人道的事業ヲ有効ニ遂行スル為軍事上ノ必要及行政上ノ規則ニ依リテ定メラレタル範囲内ニ於テ交戦者ヨリ自己及其ノ正当ノ委任アル代表者ノ為ニ一切ノ便宜ヲ受クヘシ右協会ノ代表者ハ各自陸軍官憲ヨリ免許状ノ交付ヲ受ケ且該官憲ノ定メタル秩序及風紀ニ関スル一切ノ規律ニ服従スヘキ旨書面ヲ以テ約シタル上俘虜収容所及送還俘虜ノ途中休泊所ニ於テ救恤品ヲ分与スルコトヲ許サルヘシ

〔郵便料金の免除等〕

第16条　情報局ハ郵便料金ノ免除ヲ享ク俘虜ニ宛テ又ハ其ノ発シタル信書、郵便為替、有価物件及小包郵便物ハ差出国、各宛国及通過国ニ於テ一切ノ郵便料金ヲ免除セラルヘシ

俘虜ニ宛テタル贈与品及救恤品ハ輸入税其ノ他ノ諸税及国有鉄道ノ運賃ヲ免除セラルヘシ

〔捕虜将校の取扱〕

第17条　俘虜将校ハ其ノ抑留セラルル国ノ同一階級ノ将校カ受クルト同額ノ俸給ヲ受クヘシ右俸給ハ其ノ本国政府ヨリ償還セラルヘシ

〔宗教の自由〕

第18条　俘虜ハ陸軍官憲ノ定メタル秩序及風紀ニ関スル規律ニ服従スヘキコトヲ唯一ノ条件トシテ其ノ宗教ノ遵行ニ付一切ノ自由ヲ与ヘラレ其ノ宗教上ノ礼拝式ニ参列スルコトヲ得

〔遺言の取扱〕

第19条　俘虜ノ遺言ハ内国陸軍軍人ト同一ノ条件ヲ以テ之ヲ領置シ又ハ作成ス

俘虜ノ死亡ノ証明ニ関スル書類及埋葬ニ関シテモ亦同一ノ規則ニ遵ヒ其ノ階級及身分ニ相当スル取扱ヲ為スヘシ

〔本国への帰還〕

第20条　平和克復ノ後ハ成ルヘク速ニ俘虜ヲ其ノ本国ニ帰還セシムヘシ

第３章　病者及傷者

〔傷病者の取扱〕

第21条　病者及傷者ノ取扱ニ関スル交戦者ノ義務ハ「ジュネヴァ」条約ニ依ル

第２款　戦闘

第１章　害敵手段、攻囲及砲撃

〔害敵手段の制限〕

第22条　交戦者ハ害敵手段ノ選択ニ付無制限ノ権利ヲ有スルモノニ非ス

〔禁止行為〕

第23条　特別ノ条約ヲ以テ定メタル禁止ノ外特ニ禁止スルモノ左ノ如シ
イ　毒又ハ毒ヲ施シタル兵器ヲ使用スルコト
ロ　敵国又ハ敵軍ニ属スル者ヲ背信ノ行為ヲ以テ殺傷スルコト
ハ　兵器ヲ捨テ又ハ自衛ノ手段尽キテ降ヲ乞ヘル敵ヲ殺傷スルコト
ニ　助命セサルコトヲ宣言スルコト
ホ　不必要ノ苦痛ヲ与フヘキ兵器、投射物其ノ他ノ物質ヲ使用スルコト
ヘ　軍使旗、国旗其ノ他ノ軍用ノ標章、敵ノ制服又ハ「ジュネヴァ」条約ノ特殊徽章ヲ擅ニ使用スルコト
ト　戦争ノ必要上万已ムヲ得サル場合ヲ除クノ外敵ノ財産ヲ破壊シ又ハ押収スルコト
チ　対手当事国国民ノ権利及訴権ノ消滅、停止又ハ裁判上不受理ヲ宣言スルコト

交戦者ハ又対手当事国ノ国民ヲ強制シテ其ノ本国ニ対スル作戦動作ニ加ラシムルコトヲ得ス戦争開始前其ノ役務ニ服シタル場合ト雖亦同シ

〔奇計は適法〕

第24条　奇計並敵情及地形探知ノ為必要ナル手段ノ行使ハ適法ト認ム

〔防守していない都市の攻撃禁止〕

第25条　防守セサル都市、村落、住宅又ハ建物ハ如何ナル手段ニ依ルモ之ヲ攻撃又ハ砲撃スルコトヲ得ス

〔砲撃時の通告〕

第26条　攻撃軍隊ノ指揮官ハ強襲ノ場合ヲ除クノ外砲撃ヲ始ムルニ先チ其ノ旨官憲ニ通告スル為施シ得ヘキ一切ノ手段ヲ尽スヘキモノトス

〔文化財・病院等の保護〕

第27条　攻囲及砲撃ヲ為スニ当リテハ宗教、技芸、学術及慈善ノ用ニ供セラルル建物、歴史上ノ紀念建造物、病院並病者及傷者ノ収容所ハ同時ニ軍事上ノ目的ニ使用セラレサル限之ヲシテ成ルヘク損害ヲ免レシムル為必要ナル一切ノ手段ヲ執ルヘキモノトス

被囲者ハ看易キ特別ノ徽章ヲ以テ右建物又ハ収容所ヲ表示スルノ義務ヲ負フ右徽章ハ予メ之ヲ攻囲者ニ通告スヘシ

〔略奪の禁止〕

第28条　都市其ノ他ノ地域ハ突撃ヲ以テ攻取シタル場合ト雖之ヲ掠奪ニ委スルコトヲ得ス

第２章　間諜

〔間諜の定義〕

第29条　交戦者ノ作戦地帯内ニ於テ対手交戦者ニ通報スルノ意思ヲ以テ隠密ニ又ハ虚偽ノ口実ノ下ニ行動シテ情報ヲ蒐集シ又ハ蒐集セムトスル者ニ非サレハ之ヲ間

諜ト認ムルコトヲ得ス

故ニ変装セサル軍人ニシテ情報ヲ蒐集セムカ為敵軍ノ作戦地帯内ニ進入シタル者ハ之ヲ間諜ト認メス

又軍人タルト否トヲ問ハス自国軍又ハ敵軍ニ宛テタル通信ヲ伝達スルノ任務ヲ公然執行スル者モ亦之ヲ間諜ト認メス

通信ヲ伝達スル為及総テ軍又ハ地方ノ各部間ノ連絡ヲ通スル為軽気球ニテ派遣セラレタルモノ亦同シ

〔間諜の裁判〕

第30条　現行中捕ヘラレタル間諜ハ裁判ヲ経ルニ非サレハ之ヲ罰スルコトヲ得ス

〔前の間諜行為に対する責任〕

第31条　一旦所属軍ニ復帰シタル後ニ至リ敵ノ為ニ捕ヘラレタル間諜ハ俘虜トシテ取扱ハルヘク前ノ間諜行為ニ対シテハ何等ノ責ヲ負フコトナシ

第３章　軍使

〔軍使の不可侵権〕

第32条　交戦者ノ一方ノ命ヲ帯ヒ他ノ一方ト交渉スル為白旗ヲ掲ケテ来ル者ハ之ヲ軍使トス

軍使並之ニ随従スル喇叭手、鼓手、旗手及通訳ハ不可侵権を有ス

〔軍使の取扱〕

第33条　軍使ヲ差向ケラレタル部隊長ハ必シモ之ヲ受クルノ義務ナキモノトス

部隊長ハ軍使カ軍情ヲ探知スル為其ノ使命ヲ利用スルヲ防クニ必要ナル一切ノ手段ヲ執ルコトヲ得

濫用アリタル場合ニ於テハ部隊長ハ一時軍使ヲ抑留スルコトヲ得

〔軍使の背信行為は不可侵権を失う〕

第34条　軍使カ背信ノ行為ヲ教唆シ又ハ自ラ之ヲ行フ為其ノ特権アル地位ヲ利用シタルノ証迹明確ナルトキハ其ノ不可侵権ヲ失フ

第４章　降伏規約

〔降伏文書には軍人の名誉を考慮〕

第35条　締約当事者間ニ協定セラルル降伏規約ニハ軍人ノ名誉ニ関スル例規ヲ参酌スヘキモノトス

降伏規約一旦確定シタル上ハ当事者双方ニ於テ厳密ニ之ヲ遵守スヘキモノトス

第５章　休戦

〔休戦の定義〕

第36条　休戦ハ交戦当事者ノ合意ヲ以テ作戦動作ヲ停止ス

若其ノ期間ノ定ナキトキハ交戦当事者ハ何時ニテモ再ヒ動作ヲ開始スルコトヲ

得

但シ休戦ノ条件ニ遵依シ所定ノ時期ニ於テ其ノ旨敵ニ通告スヘキモノトス

〔全般及び部分的休戦〕

第37条 休戦ハ全般的又ハ部分的タルコトヲ得

全般的休戦ハ普ク交戦国ノ作戦動作ヲ停止シ部分的休戦ハ単ニ特定ノ地域ニ於テ交戦軍ノ或部分間ニ之ヲ停止スルモノトス

〔通告義務〕

第38条 休戦ハ正式ニ且適当ノ時期ニ於テ之ヲ当該官憲及軍隊ニ通告スヘシ

通告ノ後直ニ又ハ所定ノ時期ニ至リ戦闘ヲ停止ス

〔人民との関係〕

第39条 戦地ニ於ケル交戦者ト人民トノ間及人民相互間ノ関係ヲ休戦規約ノ条項中ニ規定スルコトハ当事者ニ一任スルモノトス

〔休戦規約違反〕

第40条 当事者ノ一方ニ於テ休戦規約ノ重大ナル違反アリタルトキハ他ノ一方ハ規約廃棄ノ権利ヲ有スルノミナラス緊急ノ場合ニ於テハ直ニ戦闘ヲ開始スルコトヲ得

〔休戦規約違反者の処罰〕

第41条 個人カ自己ノ発意ヲ以テ休戦規約ノ条項ニ違反シタルトキハ唯其ノ違反者ノ処罰ヲ要求シ且損害アリタル場合ニ賠償ヲ要求スルノ権利ヲ生スルニ止ルヘシ

第３款 敵国ノ領土ニ於ケル軍ノ権力

〔占領の定義〕

第42条 一地方ニシテ事実上敵軍ノ権力内ニ帰シタルトキハ占領セラレタルモノトス

占領ハ右権力ヲ樹立シタル且之ヲ行使シ得ル地域ヲ以テ限トス

〔占領地の法律の尊重〕

第43条 国ノ権力カ事実上占領者ノ手ニ移リタル上ハ占領者ハ絶対的ノ支障ナキ限占領地ノ現行法律ヲ尊重シテ成ルヘク公共ノ秩序及生活ヲ回復確保スル為施シ得ヘキ一切ノ手段ヲ尽スヘシ

〔人民を強制しての情報収集の禁止〕

第44条 交戦者ハ占領地ノ人民ヲ強制シテ他方ノ交戦者ノ軍又ハ其ノ防禦手段ニ付情報ヲ供与セシムルコトヲ得ス

〔宣誓の禁止〕

第45条 占領地ノ人民ハ之ヲ強制シテ其ノ敵国ニ対シ忠誠ノ誓ヲ為サシムルコトヲ得ス

〔私権の尊重〕

第46条 家ノ名誉及権利、個人ノ生命、私有財産並宗教ノ信仰及其ノ遵行ハ之ヲ尊

重スヘシ

私有財産ハ之ヲ没収スルコトヲ得ス

〔略奪の厳禁〕

第47条　掠奪ハ之ヲ厳禁ス

〔税・賦課金の徴収〕

第48条　占領者カ占領地ニ於テ国ノ為ニ定メラレタル租税、賦課金及通過税ヲ徴収スルトキハ成ルヘク現行ノ賦課規則ニ依リ之ヲ徴収スヘシ此ノ場合ニ於テハ占領者ハ国ノ政府カ支弁シタル程度ニ於テ占領地ノ行政費ヲ支弁スルノ義務アルモノトス

〔取立金の制限〕

第49条　占領者カ占領地ニ於テ前条ニ掲ケタル税金以外ノ取立金ヲ命スルハ軍又ハ占領地行政上ノ需要ニ応スル為ニスル場合ニ限ルモノトス

〔連坐罰の禁止〕

第50条　人民ニ対シテハ連帯ノ責アリト認ムヘカラサル個人ノ行為ノ為金銭上其ノ他ノ連坐罰ヲ科スルコトヲ得ス

〔取立金の徴収手法〕

第51条　取立金ハ総テ総指揮官ノ命令書ニ依リ且其ノ責任ヲ以テスルニ非サレハ之ヲ徴収スルコトヲ得ス

取立金ハ成ルヘク現行ノ租税賦課規則ニ依リ之ヲ徴収スヘシ

一切ノ取立金ニ対シテハ納付者ニ領収証ヲ交付スヘシ

〔徴発・課役の制限〕

第52条　現品徴発及課役ハ占領軍ノ需要ノ為ニスルニ非サレハ市区町村又ハ住民ニ対シテ之ヲ要求スルコトヲ得ス徴発及課役ハ地方ノ資力ニ相応シ且人民ヲシテ其ノ本国ニ対スル作戦動作ニ加ルノ義務ヲ負ハシメサル性質ノモノタルコトヲ要ス

右徴発及課役ハ占領地方ニ於ケル指揮官ノ許可ヲ得ルニ非サレハ之ヲ要求スルコトヲ得ス

現品ノ供給ニ対シテハ成ルヘク即金ニテ支払ヒ然ラサレハ領収証ヲ以テ之ヲ証明スヘク且成ルヘク速ニ之ニ対スル金額ノ支払ヲ履行スヘキモノトス

〔国有動産の取扱〕

第53条　一地方ヲ占領シタル軍ハ国ノ所有ニ属スル現金、基金及有価証券、貯蔵兵器、輸送材料、在庫品及糧秣其ノ他総テ作戦動作ニ供スルコトヲ得ヘキ国有動産ノ外之ヲ押収スルコトヲ得ス

海上法ニ依リ支配セラルル場合ヲ除クノ外陸上、海上及空中ニ於テ報道ノ伝送又ハ人若ハ物ノ輸送ノ用ニ供セラルル一切ノ機関、貯蔵兵器其ノ他各種ノ軍需品ハ私人ニ属スルモノト雖之ヲ押収スルコトヲ得但シ平和克復ニ至リ之ヲ還付シ且之カ賠償ヲ決定スヘキモノトス

〔海底電線の取扱〕

第54条　占領地ト中立地トヲ連結スル海底電線ハ絶対的ノ必要アル場合ニ非サレハ之ヲ押収シ又ハ破壊スルコトヲ得ス右電線ハ平和克復ニ至リ之ヲ還付シ且之カ賠償ヲ決定スヘキモノトス

〔国有不動産の取扱〕

第55条　占領国ハ敵国ニ属シ且占領地ニ在ル公共建物、不動産、森林及農場ニ付テハ其ノ管理者及用益権者タルニ過キサルモノナリト考慮シ右財産ノ基本ヲ保護シ且用益権ノ法則ニ依リテ之ヲ管理スヘシ

〔公共用建設物の取扱〕

第56条　市区町村ノ財産並国ニ属スルモノト雖宗教、慈善、教育、技芸及学術ノ用ニ供セラルル建設物ハ私有財産ト同様ニ之ヲ取扱フヘシ

右ノ如キ建設物、歴史上ノ記念建造物、技芸及学術上ノ製作品ヲ故意ニ押収、破壊又ハ毀損スルコトハ総テ禁セラレ且訴追セラルヘキモノトス

天佑ヲ保有シ万世一系ノ帝祚ヲ践メル日本国皇帝（御名）此ノ書ヲ見ル有衆ニ宣示ス

朕明治40年10月18日和蘭国海牙ニ於テ第２回万国平和会議ニ賛同シタル帝国及各国全権委員ノ間ニ議定シ帝国全権委員カ第44条ヲ留保シテ署名シタル陸戦ノ法規慣例ニ関スル条約ヲ閲覧点検シ其ノ留保ヲ存シテ之ヲ嘉納批准ス

神武天皇即位紀元2571年明治44年11月６日東京宮城ニ於テ親ラ名ヲ署シ璽ヲ鈐セシム

御　名　　国　璽

外務大臣　子爵　内田康哉

9 開戦ノ際ニ於ケル敵ノ商船取扱ニ関スル条約

（1907年の第６ヘーグ条約）

明治45年１月13日公布（条約第６号）

朕枢密顧問ノ諮詢ヲ経テ明治40年10月18日和蘭国海牙ニ於テ第２回万国平和会議ニ賛同シタル帝国及各国全権委員ノ間ニ議定シ帝国全権委員ノ署名シタル開戦ノ際ニ於ケル敵ノ商船取扱ニ関スル条約ヲ批准シ茲ニ之ヲ公布セシム

開戦ノ際ニ於ケル敵ノ商船取扱ニ関スル条約

独逸皇帝普魯西国皇帝陛下（以下の締約国元首・全権委員名、略）

因テ各全権委員ハ其ノ良好妥当ナリト認メラレタル委任状ヲ寄託シタル後左ノ条項ヲ協定セリ

第１条　交戦国ノ一方ニ属スル商船カ開戦ノ際敵港内ニ在ルトキハ該船舶ニ対シ即刻又ハ相当ノ恩恵期間ノ後自由ニ出港シ且通航券ヲ付与セラレタル後其ノ到達港又ハ指定セラレタル他ノ港ニ直航スルヲ許サレムコトヲ希望ス

開戦前ニ最後ノ発航港ヲ去リ戦争ヲ知ラスシテ敵港内ニ入リタル船舶ニ付亦同シ

第２条　不可抗力ニ基ク事情ノ為前条ニ掲ケタル期間内ニ敵港ヲ去ルコト能ハサリシ商船又ハ出港ヲ許サレサリシ商船ハ之ヲ没収スルコトヲ得ス

交戦者ハ単ニ戦争後賠償ナクシテ之ヲ還付スルノ義務ヲ負ヒテ該船舶ヲ抑留シ又ハ賠償ヲ払ヒテ之ヲ徴発スルコトヲ得

第３条　開戦前ニ最後ノ発航港ヲ去リ海上ニ於テ遭遇シタル際戦争ヲ知ラサリシ敵商船ハ之ヲ没収スルコトヲ得ス右商船ハ単ニ戦争後賠償ナクシテ還付スルノ義務ヲ負ヒテ之ヲ抑留シ又ハ賠償ヲ為シ且人員ノ安全及船舶書類ノ保管ヲ為スノ義務ヲ負ヒテ之ヲ徴発シ又ハ破壊スルコトヲ得

右船舶ニシテ本国港又ハ中立港ニ寄港シタル後ハ海戦ノ法規慣例ニ依ルモノトス

第４条　第１条及第２条ニ掲ケタル船舶内ニ在ル敵貨ハ又之ヲ抑留シタル上戦争後賠償ナクシテ還付シ又ハ賠償ヲ為シテ船舶ト共ニ若ハ船舶ト離シテ之ヲ徴発スルコトヲ得

第３条ニ掲ケタル船舶内ニ在ル貨物ニ付亦同シ

第５条　本条約ハ商船ニシテ其ノ構造上軍艦ニ変更セラルヘキモノナルコト明ナルモノニハ之ヲ適用セス

第６条　本条約ノ規定ハ交戦国カ悉ク本条約ノ当事者ナルトキニ限締約国間ニノミ之ヲ適用ス

第７条　本条約ハ成ルヘク速ニ批准スヘシ

批准書ハ海牙ニ寄託ス

第1回ノ批准書寄託ハ之ニ加リタル諸国ノ代表者及和蘭国外務大臣ノ署名シタル調書ヲ以テ之ヲ証ス

爾後ノ批准書寄託ハ和蘭国政府ニ宛テ且批准書ヲ添附シタル通告書ヲ以テ之ヲ為ス

第1回ノ批准書寄託ニ関スル調書、前項ニ掲ケタル通告書及批准書ノ認証謄本ハ和蘭国政府ヨリ外交上ノ手続ヲ以テ直ニ之ヲ第2回平和会議ニ招請セラレタル諸国及本条約ニ加盟スル他ノ諸国ニ交付スヘシ前項ニ掲ケタル場合ニ於テハ和蘭国政府ハ同時ニ通告書ヲ接受シタル日ヲ通知スルモノトス

第8条　記名国ニ非サル諸国ハ本条約ニ加盟スルコトヲ得

加盟セムト欲スル国ハ書面ヲ以テ其ノ意思ヲ和蘭国政府ニ通告シ且加盟書ヲ送付シ之ヲ和蘭国政府ノ文庫ニ寄託スヘシ

和蘭国政府ハ直ニ通告書及加盟書ノ認証謄本ヲ爾余ノ諸国ニ送付シ且右通告書ヲ接受シタル日ヲ通知スヘシ

第9条　本条約ハ第1回ノ批准書寄託ニ加リタル諸国ニ対シテハ其ノ寄託ノ調書ノ日附ヨリ60日ノ後又其ノ後ニ批准シ又ハ加盟スル諸国ニ対シテハ和蘭国政府カ右批准又ハ加盟ノ通告ヲ接受シタルトキヨリ60日ノ後ニ其ノ効力ヲ生スルモノトス

第10条　締約国中本条約ヲ廃棄セムト欲スルモノアルトキハ書面ヲ以テ其ノ旨和蘭国政府ニ通告スヘシ和蘭国政府ハ直ニ通告書ノ認証謄本ヲ爾余ノ諸国ニ送付シ且右通告書ヲ接受シタル日ヲ通知スヘシ

廃棄ハ其ノ通告カ和蘭国政府ニ到達シタルトキヨリ1年ノ後右通告ヲ為シタル国ニ対シテノミ効力ヲ生スルモノトス

第11条　和蘭国外務省ハ帳簿ヲ備ヘ置キ第7条第3項及第4項ニ依リ為シタル批准書寄託ノ日並加盟（第8条第2項）又ハ廃棄（第10条第1項）ノ通告ヲ接受シタル日ヲ記入スルモノトス

各締約国ハ右帳簿ヲ閲覧シ且其ノ認証抄本ヲ請求スルコトヲ得

右証拠トシテ各全権委員本条約ニ署名ス

1907年10月18日海牙ニ於テ本書1通ヲ作リ之ヲ和蘭国政府ノ文庫ニ寄託シ其ノ認証謄本ヲ外交上ノ手続ニ依リ第2回平和会議ニ招請セラレタル諸国ニ交付スヘキモノトス

10 商船ヲ軍艦ニ変更スルコトニ関スル条約
(1907年の第7ヘーグ条約)

明治45年1月13日公布（条約第7号）

朕枢密顧問ノ諮詢ヲ経テ明治40年10月18日和蘭国海牙ニ於テ第2回万国平和会議ニ賛同シタル帝国及各国全権委員ノ間ニ議定シ帝国全権委員ノ署名シタル商船ヲ軍艦ニ変更スルコトニ関スル条約ヲ批准シ茲ニ之ヲ公布セシム

商船ヲ軍艦ニ変更スルコトニ関スル条約

独逸皇帝普魯西国皇帝陛下、(以下の締約国元首・全権委員名、略)

因テ各全権委員ハ其ノ良好妥当ナリト認メラレタル委任状ヲ寄託シタル後左ノ条項ヲ協定セリ

第1条　軍艦ニ変更セラレタル商船ハ其ノ掲クル国旗ノ所属国ノ直接ノ管轄直接ノ監督及責任ノ下ニ置カルルニ非サレハ軍艦ニ属スル権利及義務ヲ有スルコトヲ得ス

第2条　軍艦ニ変更セラレタル商船ニハ其ノ国ノ軍艦ノ外部ノ特殊徽章ヲ附スルコトヲ要ス

第3条　指揮官ハ国家ノ勤務ニ服シ且当該官憲ニ依テ正式ニ任命セラレ其ノ氏名ハ艦隊ノ将校名簿中ニ記載セラルヘキモノトス

第4条　乗員ハ軍紀ニ服スヘキモノトス

第5条　軍艦ニ変更セラレタル一切ノ商船ハ其ノ行動ニ付戦争ノ法規慣例ヲ遵守スヘキモノトス

第6条　交戦者ニシテ商船ヲ軍艦ニ変更シタルモノハ成ルヘク速ニ右変更ヲ其ノ軍艦表中ニ記入スルコトヲ要ス

第7条　本条約ノ規定ハ交戦国カ悉ク本条約ノ当事者ナルトキニ限締約国間ニノミ之ヲ適用ス

第8条　本条約ハ成ルヘク速ニ批准スヘシ

批准書ハ海牙ニ寄託ス

第1回ノ批准書寄託ハ之ニ加リタル諸国ノ代表者及和蘭国外務大臣ノ署名シタル調書ヲ以テ之ヲ証ス

爾後ノ批准書寄託ハ和蘭国政府ニ宛テ且批准書ヲ添附シタル通告書ヲ以テ之ヲ為ス

第1回ノ批准書寄託ニ関スル調書、前項ニ掲ケタル通告書及批准書ノ認証謄本ハ和蘭国政府ヨリ外交上ノ手続ヲ以テ直ニ之ヲ第2回平和会議ニ招請セラレタル諸国及本条約ニ加盟スル他ノ諸国ニ交付スヘシ前項ニ掲ケタル場合ニ於テハ和蘭国政府ハ同時ニ通告書ヲ接受シタル日ヲ通知スルモノトス

第9条 記名国ニ非サル諸国ハ本条約ニ加盟スルコトヲ得
加盟セムト欲スル国ハ書面ヲ以テ其ノ意思ヲ和蘭国政府ニ通告シ且加盟書ヲ送付シ之ヲ和蘭国政府ノ文庫ニ寄託スヘシ
和蘭国政府ハ直ニ通告書及加盟書ノ認証謄本ヲ爾余ノ諸国ニ送付シ且右通告書ヲ接受シタル日ヲ通知スヘシ

第10条 本条約ハ第1回ノ批准書寄託ニ加リタル諸国ニ対シテハ其ノ寄託ノ調書ノ日附ヨリ60日ノ後又其ノ後ニ批准シ又ハ加盟スル諸国ニ対シテハ和蘭国政府カ右批准又ハ加盟ノ通告ヲ接受シタルトキヨリ60日ノ後ニ其ノ効力ヲ生スルモノトス

第11条 締約国中本条約ヲ廃棄セムト欲スルモノアルトキハ書面ヲ以テ其ノ旨和蘭国政府ニ通告スヘシ和蘭国政府ハ直ニ通告書ノ認証謄本ヲ爾余ノ諸国ニ送付シ且右通告書ヲ接受シタル日ヲ通知スヘシ
廃棄ハ其ノ通告カ和蘭国政府ニ到達シタルトキヨリ1年ノ後右通告ヲ為シタル国ニ対シテノミ其ノ効力ヲ生スルモノトス

第12条 和蘭国外務省ハ帳簿ヲ備ヘ置キ第8条第3項及第4項ニ依リ為シタル批准書寄託ノ日並加盟（第9条第2項）又ハ廃棄（第11条第1項）ノ通告ヲ接受シタル日ヲ記入スルモノトス
各締約国ハ右帳簿ヲ閲覧シ且其ノ認証抄本ヲ請求スルコトヲ得

右証拠トシテ各全権委員本条約ニ署名ス

1907年10月18日海牙ニ於テ本書1通ヲ作リ之ヲ和蘭国政府ノ文庫ニ寄託シ其ノ認証謄本ヲ外交上ノ手続ニ依リ第2回平和会議ニ招請セラレタル諸国ニ交付スヘキモノトス

11　自動触発海底水雷ノ敷設ニ関スル条約

（1907年の第8ヘーグ条約）

明治45年1月13日公布（条約第8号）

朕枢密顧問ノ諮詢ヲ経テ明治40年10月18日和蘭国海牙ニ於テ第2回万国平和会議ニ賛同シタル帝国及各国全権委員ノ間ニ議定シ帝国全権委員ノ署名シタル自動触発海底水雷ノ敷設ニ関スル条約ヲ批准シ茲ニ之ヲ公布セシム

自動触発海底水雷ノ敷設ニ関スル条約

独逸皇帝普魯西国皇帝陛下、亜米利加合衆国大統領、（以下の締約国元首名、略）ハ各国民ニ対シテ開放セラレタル海路ノ自由ノ原則ニ鑑ミ現時ノ状態ニ於テハ自動触発海底水雷ノ使用ヲ禁止スルコト能ハストスルモ戦争ノ禍害ヲ軽減シ且戦争ノ存在ニ拘ラス為シ得ル限平和的航海ニ対シテ其ノ当然主張シ得ヘキ安全ヲ付与セムカ為之カ使用ヲ制限シ且之ニ付規定ヲ設クルノ必要ナルコトヲ考慮シ本件ハ之ニ関スル利害関係ニ対シ一切ノ望マシキ保障ヲ与フル様規定スルコトハ之ヲ後日ニ期待シ之カ為条約ヲ締結スルニ決シ各左ノ全権委員ヲ任命セリ

独逸皇帝普魯西国皇帝陛下（以下の締約国全権委員名、略）

因テ各全権委員ハ其ノ良好妥当ナリト認メラレタル委任状ヲ寄託シタル後左ノ条項ヲ協定セリ

〔禁止事項〕

第1条　左ノ事項ハ之ヲ禁止ス

1　敷設者ノ監理ヲ離レテヨリ長クトモ1時間以内ニ無害ト為ルノ構造ヲ有スルモノヲ除クノ外無繋維自動触発水雷ヲ敷設スルコト

2　繋維ヲ離レタル後直ニ無害ト為ラサル繋維自動触発水雷ヲ敷設スルコト

3　命中セサル場合ニ無害ト為ラサル魚形水雷ヲ使用スルコト

〔同上〕

第2条　単ニ商業上ノ航海ヲ遮断スルノ目的ヲ以テ敵ノ沿岸及港ノ前面ニ自動触発水雷ヲ敷設スルコトヲ禁ス

〔安全の措置〕

第3条　繋維自動触発水雷ヲ使用スルトキハ平和的航海ヲ安全ナラシムル為一切ノ為シ得ヘキ予防手段ヲ執ルヘシ

交戦者ハ為シ得ル限右水雷ヲシテ一定ノ期間経過後ハ無害タラシムルノ装置ヲ施スヘキコト及右水雷ニシテ監視セラレサルニ至リタルトキハ軍事ノ必要上差支ナキ限速ニ航海者ニ対スル告示ヲ以テ其ノ危険区域ヲ指示スヘキコトヲ約定ス

右告示ハ外交上ノ手続ニ依リ之ヲ各国政府ニ通告スヘキモノトス

〔中立国の敷設〕

第4条　中立国ニシテ其ノ沿岸ノ前面ニ自動触発水雷ヲ敷設スルモノハ交戦者ト同一ノ規定ニ遵拠シ且同一ノ予防手段ヲ執ルコトヲ要ス

中立国ハ予メ告示ヲ以テ自動触発水雷ヲ敷設セムトスル区域ヲ航海者ニ知ラシムルコトヲ要ス右告示ハ外交上ノ手続ニ依リ至急之ヲ各国政府ニ通知スヘキモノトス

第5条　締約国ハ戦争終了シタルトキハ各自其ノ敷設シタル水雷ヲ引上クル為施シ得ヘキ総テノ手段ヲ尽スヘキコトヲ約定ス

交戦国ノ一方カ他ノ交戦国ノ沿岸ニ敷設シタル繋維自動触発水雷ニ関シテハ之ヲ敷設シタル国ハ其ノ敷設面ヲ他ノ国ニ通告シ各国ハ最短期限内ニ自国ノ水域中ニ在ル敷設水雷ヲ引上クルノ手段ヲ執ルヘシ

第6条　締約国ニシテ未タ本条約ニ規定スルカ如キ完全ナル敷設水雷ヲ有セス従テ現ニ第1条及第3条ニ定メタル規則ニ準拠スルコト能ハサルモノハ前記規定ニ適応セシムル為其ノ水雷材料ヲ速ニ改良スヘキコトヲ約定ス

第7条　本条約ノ規定ハ交戦国カ悉ク本条約ノ当事者ナルトキニ限締約国間ニノミ之ヲ適用ス

第8条　本条約ハ成ルヘク速ニ批准スヘシ

批准書ハ海牙ニ寄託ス

第1回ノ批准書寄託ハ之ニ加リタル諸国ノ代表者及和蘭国外務大臣ノ署名シタル調書ヲ以テ之ヲ証ス

爾後ノ批准書寄託ハ和蘭国政府ニ宛テ且批准書ヲ添附シタル通告書ヲ以テ之ヲ為ス

第1回ノ批准書寄託ニ関スル調書、前項ニ掲ケタル通告書及批准書ノ認証謄本ハ和蘭国政府ヨリ外交上ノ手続ヲ以テ直ニ之ヲ第2回平和会議ニ招請セラレタル諸国及本条約ニ加盟スル他ノ諸国ニ交付スヘシ前項ニ掲ケタル場合ニ於テハ和蘭国政府ハ同時ニ通告書ヲ接受シタル日ヲ通知スルモノトス

第9条　記名国ニ非サル諸国ハ本条約ニ加盟スルコトヲ得

加盟セムト欲スル国ハ書面ヲ以テ其ノ意思ヲ和蘭国政府ニ通告シ且加盟書ヲ送付シ之ヲ和蘭国政府ノ文庫ニ寄託スヘシ

和蘭国政府ハ直ニ通告書及加盟書ノ認証謄本ヲ爾余ノ諸国ニ送付シ且右通告書ヲ接受シタル日ヲ通知スヘシ

第10条　本条約ハ第1回ノ批准書寄託ニ加リタル諸国ニ対シテハ其ノ寄託ノ調書ノ日附ヨリ60日ノ後又其ノ後ニ批准シ又ハ加盟スル諸国ニ対シテハ和蘭国政府カ右批准又ハ加盟ノ通告ヲ接受シタルトキヨリ60日ノ後ニ其ノ効力ヲ生スヘキモノトス

第11条　本条約ハ第1回批准書寄託ノ日以後第60日ヨリ7年間有効ナルモノトス

本条約ハ廃棄アルニ非サレハ右期間満了後引続キ効力ヲ有ス

廃棄ハ書面ヲ以テ和蘭国政府ニ通告スヘシ和蘭国政府ハ直ニ通告書ノ認証謄本

ヲ爾余ノ諸国ニ送付シ且右通告書ヲ接受シタル日ヲ通知スヘシ

廃棄ハ其ノ通告カ和蘭国政府ニ到達シタルトキヨリ6月ノ後右通告ヲ為シタル国ニ対シテノミ効力ヲ生スルモノトス

第12条　締約国ハ自動触発水雷使用ノ問題カ前条第1項ノ期間満了ヨリ6月前ニ於テ第3回平和会議ニ由リテ審議決定セラレサリシ場合ニハ右6月前ニ於テ該問題ヲ審議セムコトヲ約定ス

締約国ニ於テ敷設水雷使用ニ関スル新条約ヲ締結スルトキハ本条約ハ其ノ実施ノ時ヨリ之ヲ適用セス

第13条　和蘭国外務省ハ帳簿ヲ備ヘ置キ第8条第3項及第4項ニ依リ為シタル批准書寄託ノ日並加盟（第9条第2項）又ハ廃棄（第11条第3項）ノ通告ヲ接受シタル日ヲ記入スルモノトス

各締約国ハ右帳簿ヲ閲覧シ且其ノ認証抄本ヲ請求スルコトヲ得

右証拠トシテ各全権委員本条約ニ署名ス

1907年10月18日海牙ニ於テ本書1通ヲ作リ之ヲ和蘭国政府ノ文庫ニ寄託シ其ノ認証謄本ヲ外交上ノ手続ニ依リ第2回平和会議ニ招請セラレタル諸国ニ交付スヘキモノトス

12 戦時海軍力ヲ以テスル砲撃ニ関スル条約
（1907年の第9ヘーグ条約）

明治45年1月13日公布（条約第9号）

朕枢密顧問ノ諮詢ヲ経テ明治40年10月18日和蘭国海牙ニ於テ第2回万国平和会議ニ賛同シタル帝国及各国全権委員ノ間ニ議定シ帝国全権委員カ第1条第2項ヲ留保シテ署名シタル戦時海軍力ヲ以テスル砲撃ニ関スル条約ヲ批准シ茲ニ之ヲ公布セシム

戦時海軍力ヲ以テスル砲撃ニ関スル条約

独逸皇帝普魯西国皇帝陛下、亜米利加合衆国大統領、（以下の締約国元首名、略）ハ防守セラレサル港、都市及村落ヲ海軍力ヲ以テ砲撃スルコトニ関シ第1回平和会議ノ表明シタル希望ヲ実行セムト欲シ為シ得ル限陸戦ノ法規慣例ニ関スル1899年ノ規則ノ主義ヲ海軍力ヲ以テスル砲撃ニ及ホシ以テ住民ノ権利ヲ保障シ且重要ナル建物ノ保存ヲ確実ニスヘキ一般規定ヲ右砲撃ニ適用スルノ必要ヲ考慮シ之ニ依リテ人類ノ利益ニ貢献シ戦争ノ惨害ヲ軽減セムトノ希望ヲ体シ之カ為条約ヲ締結スルニ決シ各左ノ全権委員ヲ任命セリ

独逸皇帝普魯西国皇帝陛下

独逸国駐箚代理公使ホセ、ヒル、フォルトウル（以下の全権委員名、略）

因テ各全権委員ハ其ノ良好妥当ナリト認メラレタル委任状ヲ寄託シタル後左ノ条項ヲ協定セリ

第1章 防守セラレサル港、都市、村落、住宅又ハ建物ノ砲撃

〔砲撃の禁止〕

第1条 防守セラレサル港、都市、村落、住宅又ハ建物ハ海軍力ヲ以テ之ヲ砲撃スルコトヲ禁ス

孰レノ地域ト雖其ノ港前ニ自動触発海底水雷ヲ敷設シタル事実ノミヲ以テ之ヲ砲撃スルコトヲ得サルモノトス

〔軍事目標への砲撃〕

第2条 右禁止中ニハ軍事上ノ工作物、陸海軍建設物、兵器又ハ軍用材料ノ貯蔵所、敵ノ艦隊又ハ軍隊ノ用ニ供セラルヘキ工場及設備並港内ニ在ル軍艦ヲ包含セサルモノトス

海軍指揮官ハ相当ノ期間ヲ以テ警告ヲ与ヘタル後地方官憲ニ於テ右期間内ニ之ヲ破壊スルノ措置ヲ執ラサリシ場合ニ於テ全ク他ニ手段ナキトキハ砲撃ニ依リ之ヲ破壊スルコトヲ得

此ノ場合ニ於テ右指揮官ハ砲撃ノ為ニ生スルコトアルヘキ故意ニ出テサル損害

ニ付何等責任ヲ負フコトナシ

軍事ノ必要上即時ノ行動ヲ要スル為期間ヲ与フルコトヲ得サル場合ト雖防守セラレサル都市ノ砲撃ニ関スル禁止ニ付テハ第１項ノ場合ト同一ナルヘク且指揮官ハ砲撃ノ為右都市ニ来スヘキ不便ヲ成ルヘク少ナカラシムル為一切ノ相当手段ヲ執ルヘシ

〔徴発のための砲撃とその条件〕

第３条　防守セラレサル港、都市、村落、住宅又ハ建物ハ地方官憲カ其ノ附近ニ在ル海軍ノ目前ノ需要ヲ充ス為必要ナル糧食又ハ軍需品ノ徴発ヲ正式ノ催告ニ依リ命セラレタルニ拘ラス之ニ応スルコトヲ拒ミタルトキハ明示ノ通告ヲ為シタル後之ヲ砲撃スルコトヲ得

右徴発ハ地方ノ資力ニ相応スルモノタルヘシ徴発ハ必ス該海軍指揮官ノ許可ヲ得テ之ヲ為スヘク且之レニ対シテハ成ルヘク即金ニテ支払ヒ然ラサレハ領収証ヲ以テ之ヲ証明スヘシ

〔取立金のための砲撃禁止〕

第４条　防守セラレサル港、都市、村落、住宅又ハ建物ハ取立金ヲ支払ハサルヲ理由トシテ之ヲ砲撃スルコトヲ得ス

第２章　一般ノ規定

〔文化財等の保護〕

第５条　海軍力ヲ以テ砲撃ヲ為スニ当リテハ指揮官ハ宗教、技芸、学術及慈善ノ用ニ供セラルル建物、歴史上ノ紀念建造物、病院並病者及傷者ノ収容所ハ同時ニ軍事上ノ目的ニ使用セラレサル限之ヲシテ成ルヘク損害ヲ免レシムル為必要ナル一切ノ手段ヲ執ルヘキモノトス

住民ハ看易キ徽章ヲ以テ右ノ建物、紀念建造物又ハ収容所ヲ表示スルノ義務ヲ負フ右徽章ハ堅固ナル方形ノ大板ニシテ対角線ノ一ヲ以テ上部ハ黒色下部ハ白色ノ両三角形ニ区画シタルモノナルヘシ

〔通告〕

第６条　軍事ノ必要上已ムヲ得サル場合ヲ除クノ外攻撃海軍指揮官ハ砲撃ヲ始ムル前其ノ旨官憲ニ通告スル為施シ得ヘキ一切ノ手段ヲ尽スヘキモノトス

〔略奪の禁止〕

第７条　都市其ノ他ノ地域ハ突撃ヲ以テ攻取シタル場合ト雖之ヲ掠奪ニ委スルコトヲ得ス

第３章　附則

第８条　本条約ノ規定ハ交戦国カ悉ク本条約ノ当事者ナルトキニ限締約国間ニノミ之ヲ適用ス

第９条　本条約ハ成ルヘク速ニ批准スヘシ

批准書ハ海牙ニ寄託ス

第1回ノ批准書寄託ハ之ニ加リタル諸国ノ代表者及和蘭国外務大臣ノ署名シタル調書ヲ以テ之ヲ証ス

爾後ノ批准書寄託ハ和蘭国政府ニ宛テ且批准書ヲ添附シタル通告書ヲ以テ之ヲ為ス

第1回ノ批准書寄託ニ関スル調書、前項ニ掲ケタル通告書及批准書ノ認証謄本ハ和蘭国政府ヨリ外交上ノ手続ヲ以テ直ニ之ヲ第2回平和会議ニ招請セラレタル諸国及本条約ニ加盟スル他ノ諸国ニ交付スヘシ前項ニ掲ケタル場合ニ於テハ和蘭国政府ハ同時ニ通告書ヲ接受シタル日ヲ通知スルモノトス

第10条 記名国ニ非サル諸国ハ本条約ニ加盟スルコトヲ得

加盟セムト欲スル国ハ書面ヲ以テ其ノ意思ヲ和蘭国政府ニ通告シ且加盟書ヲ送付シ之ヲ和蘭国政府ノ文庫ニ寄託スヘシ

和蘭国政府ハ直ニ通告書及加盟書ノ認証謄本ヲ爾余ノ諸国ニ送付シ且右通告書ヲ接受シタル日ヲ通知スヘシ

第11条 本条約ハ第1回ノ批准書寄託ニ加リタル諸国ニ対シテハ其ノ寄託ノ調書ノ日附ヨリ60日ノ後又其ノ後ニ批准シ又ハ加盟スル諸国ニ対シテハ和蘭国政府カ右批准又ハ加盟ノ通告ヲ接受シタルトキヨリ60日ノ後ニ其ノ効力ヲ生スルモノトス

第12条 締約国中本条約ヲ廃棄セムト欲スルモノアルトキハ書面ヲ以テ其ノ旨和蘭国政府ニ通告スヘシ和蘭国政府ハ直ニ通告書ノ認証謄本ヲ爾余ノ諸国ニ送付シ且通告書ヲ接受シタル日ヲ通知スヘシ

廃棄ハ其ノ通告カ和蘭国政府ニ到達シタルトキヨリ1年ノ後右通告ヲ為シタル国ニ対シテノミ其ノ効力ヲ生スルモノトス

第13条 和蘭国外務省ハ帳簿ヲ備ヘ置キ第9条第3項及第4項ニ依リ為シタル批准書寄託ノ日並加盟（第10条第2項）又ハ廃棄（第12条第1項）ノ通告ヲ接受シタル日ヲ記入スルモノトス

各締約国ハ右帳簿ヲ閲覧シ且其ノ認証抄本ヲ請求スルコトヲ得

右証拠トシテ各全権委員本条約ニ署名ス

1907年10月18日海牙ニ於テ本書1通ヲ作リ之ヲ和蘭国政府ノ文庫ニ寄託シ其ノ認証謄本ヲ外交上ノ手続ニ依リ第2回平和会議ニ招請セラレタル諸国ニ交付スヘキモノトス

天佑ヲ保有シ万世一系ノ帝祚ヲ践メル日本国皇帝（御名）此ノ書ヲ見ル有衆ニ宣示ス

朕明治40年10月18日和蘭国海牙ニ於テ第2回万国平和会議ニ賛同シタル帝国及各国全権委員ノ間ニ議定シ帝国全権委員カ第1条第2項ヲ留保シテ署名シタル戦時海軍力ヲ以テスル砲撃ニ関スル条約ヲ閲覧点検シ其ノ留保ヲ存シテ之ヲ嘉納批准ス

神武天皇即位紀元2571年明治44年11月6日東京宮城ニ於テ親ラ名ヲ署シ璽ヲ鈐セシ

ム

御　名　　国　璽

外務大臣　子爵　内田康哉

13　海戦ニ於ケル捕獲権行使ノ制限ニ関スル条約

（1907年の第11ヘーグ条約）（捕獲権行使制限条約）

明治45年１月13日公布（条約第11号）

朕枢密顧問ノ諮詢ヲ経テ明治40年10月18日和蘭国海牙ニ於テ第２回万国平和会議ニ賛同シタル帝国及各国全権委員ノ間ニ議定シ帝国全権委員ノ署名シタル海戦ニ於ケル捕獲権行使ノ制限ニ関スル条約ヲ批准シ茲ニ之ヲ公布セシム

海戦ニ於ケル捕獲権行使ノ制限ニ関スル条約

独逸皇帝普魯西国皇帝陛下、亜米利加合衆国大統領、（以下の締約国元首名、略）ハ戦時ニ於テ国際海上関係ニ対スル法ノ衡平ナル適用ヲ過去ニ於ケルヨリモ一層確保スルノ必要ヲ認メ右ノ目的ヲ達スルニハ区々ニ出テタル従来ノ或種ノ慣行ヲ共通利益ノ為ニ抛棄シ又ハ調和シテ平和的商業及無害的作業ニ対シテ与フヘキ保障並海上ニ於ケル敵対行為ニ関シテ共通ノ規則ノ制定ヲ企ツルノ適当ナルコト及今日迄論争ノ為不定ノ状態ニ置カレ又ハ諸国政府ノ専断ニ委セラレタル原則ヲ書面ヲ以テスル相互的約定ニ由リ確定スルノ必要ナルコト及現行法ニ牴触スルコトナクシテ其ノ規定セサル事項ニ関シ今日既ニ若干ノ規則ヲ設ケ得ルコトヲ認メ各左ノ全権委員ヲ任命セリ

独逸皇帝普魯西国皇帝陛下（以下の締約国全権委員名、略）

因テ各全権委員ハ其ノ良好妥当ナリト認メラレタル委任状ヲ寄託シタル後左ノ条項ヲ協定セリ

第１章　郵便信書

〔郵便信書の不可侵〕

第１条　海上ニ於テ中立船又ハ敵船内ニ在ル中立者又ハ交戦者ノ郵便信書ハ其ノ性質ノ公私ヲ問ハス不可侵トス

船舶ノ拿捕アリタルトキハ右信書ハ捕獲者ニ於テ為シ得ル限速ニ之ヲ発送スヘシ

前項ノ規定ハ封鎖違反ノ場合ニ於テ封鎖港ニ宛テ又ハ封鎖港ヨリ来リタル信書ニ之ヲ適用セス

第２条　郵便信書ノ不可侵ハ之カ為中立郵便船ニ対シ一般中立商船ニ関スル海戦ノ法規慣例ノ適用ヲ免除スルモノニ非ス

但シ臨検捜索ハ成ルヘク寛大且迅速ニ必要アル場合ニ限之ヲ行フコトヲ要ス

第2章　或種ノ船ニ対スル捕獲免除

〔捕獲を免除される船等〕

第3条　専ラ沿海漁業又ハ地方的小航海ニ用ヰラルル船ハ其ノ漁猟具、船具及搭載物ト共ニ捕獲ヲ免除ス

右免除ハ該船カ如何ナル方法ニ依ルヲ問ハス敵対行為ニ加ルトキヨリ其ノ適用ナキモノトス

締約国ハ前記ノ船ノ無害ナル性質ヲ利用シ其ノ平和的外観ヲ存シテ之ヲ軍事上ノ目的ニ使用セサルヘシ

〔同上〕

第4条　宗教、学術又ハ博愛ノ任務ヲ帯フル船舶モ亦捕獲ヲ免除セラルルモノトス

第3章　交戦者ノ捕獲シタル敵商船ノ乗員ノ取扱

第5条　交戦者カ敵商船ヲ捕獲シタル場合ニ於テハ中立国民タル船員ハ之ヲ俘虜ト為スコトヲ得ス

中立国民タル船長及職員ニシテ戦争継続中敵船ニ於テ勤務セサルコトヲ書面ヲ以テ正式ニ約束スル者亦同シ

第6条　敵国民タル船長、職員及船員ハ戦争継続中作戦動作ニ関係ヲ有スル何等ノ勤務ニモ服セサルコトヲ書面ヲ以テ正式ニ誓約シタルトキハ之ヲ俘虜ト為スコトヲ得ス

第7条　捕獲ヲ為シタル交戦者ハ第5条第2項及第6条ニ掲ケタル条件ヲ以テ俘虜ト為ササリシ者ノ氏名ヲ他方ノ交戦者ニ通告スヘシ後者ハ故意ニ前記ノ者ヲ使用スルコトヲ得ス

第8条　前3条ノ規定ハ敵対行為ニ加リタル船舶ニ之ヲ適用セサルモノトス

第4章　附則

第9条　本条約ノ規定ハ交戦国カ悉ク本条約ノ当事者ナルトキニ限締約国間ニノミ之ヲ適用ス

第10条　本条約ハ成ルヘク速ニ批准スヘシ

批准書ハ海牙ニ寄託ス

第1回ノ批准書寄託ハ之ニ加リタル諸国ノ代表者及和蘭国外務大臣ノ署名シタル調書ヲ以テ之ヲ証ス

爾後ノ批准書寄託ハ和蘭国政府ニ宛テ且批准書ヲ添附シタル通告書ヲ以テ之ヲ為ス

第1回ノ批准書寄託ニ関スル調書、前項ニ掲ケタル通告書及批准書ノ認証謄本ハ和蘭国政府ヨリ外交上ノ手続ヲ以テ直ニ之ヲ第2回平和会議ニ招請セラレタル諸国及本条約ニ加盟スル他ノ諸国ニ交付スヘシ前項ニ掲ケタル場合ニ於テハ和蘭

国政府ハ同時ニ通告書ヲ接受シタル日ヲ通知スヘシ

第11条　記名国ニ非サル諸国ハ本条約ニ加盟スルコトヲ得

加盟セムト欲スル国ハ書面ヲ以テ其ノ意思ヲ和蘭国政府ニ通告シ且加盟書ヲ送付シ之ヲ和蘭国政府ノ文庫ニ寄託スヘシ

和蘭国政府ハ直ニ通告書及加盟書ノ認証謄本ヲ爾余ノ諸国ニ送付シ且右通告書ヲ接受シタル日ヲ通知スヘシ

第12条　本条約ハ第１回ノ批准書寄託ニ加リタル諸国ニ対シテハ其ノ寄託ノ調書ノ日附ヨリ60日ノ後又其ノ後ニ批准シ又ハ加盟スル諸国ニ対シテハ和蘭国政府カ右批准又ハ加盟ノ通告ヲ接受シタルトキヨリ60日ノ後ニ其ノ効力ヲ生スルモノトス

第13条　締約国中本条約ヲ廃棄セムト欲スルモノアルトキハ書面ヲ以テ其ノ旨和蘭国政府ニ通告スヘシ和蘭国政府ハ直ニ通告書ノ認証謄本ヲ爾余ノ諸国ニ送付シ且右通告書ヲ接受シタル日ヲ通知スヘシ

廃棄ハ其ノ通告カ和蘭国政府ニ到達シタルトキヨリ１年ノ後右通告ヲ為シタル国ニ対シテノミ効力ヲ生スルモノトス

第14条　和蘭国外務省ハ帳簿ヲ備ヘ置キ第10条第３項及第４項ニ依リ為シタル批准書寄託ノ日並加盟（第11条第２項）又ハ廃棄（第13条第１項）ノ通告ヲ接受シタル日ヲ記入スルモノトス

各締約国ハ右帳簿ヲ閲覧シ且其ノ認証抄本ヲ請求スルコトヲ得

右証拠トシテ各全権委員本条約ニ署名ス

1907年10月18日海牙ニ於テ本書１通ヲ作リ之ヲ和蘭国政府ノ文庫ニ寄託シ其ノ認証謄本ヲ外交上ノ手続ニ依リ第２回平和会議ニ招請セラレタル諸国ニ交付スヘキモノトス

第　一　独　逸　国　マルシャル　クリーゲ

(中略)

天佑ヲ保有シ万世一系ノ帝祚ヲ践メル日本国皇帝（御名）此ノ書ヲ見ル有衆ニ宣示ス

朕明治40年10月18日和蘭国海牙ニ於テ第２回万国平和会議ニ賛同シタル帝国及各国全権委員ノ間ニ議定シ帝国全権委員ノ署名シタル海戦ニ於ケル捕獲権行使ノ制限ニ関スル条約ヲ閲覧点検シ之ヲ嘉納批准ス

神武天皇即位紀元2571年明治44年11月６日東京宮城ニ於テ親ラ名ヲ署シ璽ヲ鈐セシム

御　名　　国　璽

外務大臣　子爵　内田康哉

14 武力紛争の際の文化財の保護に関する条約

(武力紛争の際の文化財保護条約)

署　　名　1954年5月14日（ヘーグ）
効力発生　1956年8月7日
国会承認　平成19年5月25日
平成19年9月12日公布（条約第10号）
平成19年12月10日日本国について効力発生

締約国は、

文化財が近年の武力紛争において重大な損傷を受けてきたこと及び戦闘技術の発達により文化財が増大する破壊の危険にさらされていることを認識し、

各人民が世界の文化にそれぞれ寄与していることから、いずれの人民に属する文化財に対する損傷も全人類の文化遺産に対する損傷を意味するものであることを確信し、

文化遺産の保存が世界のすべての人民にとって極めて重要であること及び文化遺産が国際的な保護を受けることが重要であることを考慮し、

1899年のハーグ条約、1907年のハーグ条約及び1935年4月15日のワシントン条約に定める武力紛争の際の文化財の保護に関する諸原則に従い、

このような保護は、そのための国内的及び国際的な措置が平時においてとられない限り、効果的に行われ得ないことを認め、

文化財を保護するためにあらゆる可能な措置をとることを決意して、

次のとおり協定した。

第1章　保護に関する一般規定

第1条　文化財の定義

この条約の適用上、「文化財」とは、出所又は所有者のいかんを問わず、次に掲げるものをいう。

(a) 各人民にとってその文化遺産として極めて重要である動産又は不動産。例えば、次のものをいう。

建築学上、芸術上又は歴史上の記念工作物（宗教的なものであるか否かを問わない。）

考古学的遺跡

全体として歴史的又は芸術的な関心の対象となる建造物群

芸術品

芸術的、歴史的又は考古学的な関心の対象となる手書き文書、書籍その他のもの

学術上の収集品、書籍若しくは記録文書の重要な収集品又はこの(a)に掲げるものの複製品の重要な収集品

(b)　(a)に規定する動産の文化財を保存し、又は展示することを主要な及び実際の目的とする建造物。例えば、次のものをいう。

博物館

大規模な図書館及び記録文書の保管施設

武力紛争の際に(a)に規定する動産の文化財を収容するための避難施設

(c)　(a)及び(b)に規定する文化財が多数所在する地区（以下「記念工作物集中地区」という。）

第2条　文化財の保護

この条約の適用上、文化財の保護は、文化財の保全及び尊重から成る。

第3条　文化財の保全

締約国は、適当と認める措置をとることにより、自国の領域内に所在する文化財を武力紛争による予見可能な影響から保全することにつき、平時において準備することを約束する。

第4条　文化財の尊重

1　締約国は、自国及び他の締約国の領域内に所在する文化財、その隣接する周囲並びに当該文化財の保護のために使用されている設備を武力紛争の際に当該文化財を破壊又は損傷の危険にさらすおそれがある目的のために利用することを差し控えること並びに当該文化財に対する敵対行為を差し控えることにより、当該文化財を尊重することを約束する。

2　1に定める尊重する義務は、軍事上の必要に基づき当該義務の免除が絶対的に要請される場合に限り、免除され得る。

3　締約国は、いかなる方法により文化財を盗取し、略奪し、又は横領することも、また、いかなる行為により文化財を損壊することも禁止し、防止し、及び必要な場合には停止させることを約束する。締約国は、他の締約国の領域内に所在する動産の文化財の徴発を差し控える。

4　締約国は、復仇《きゅう》の手段として行われる文化財に対するいかなる行為も差し控える。

5　締約国は、他の締約国が前条に定める保全の措置を実施しなかったことを理由として、当該他の締約国についてこの条の規定に従って自国が負う義務を免れることはできない。

第5条　占領

1　他の締約国の領域の全部又は一部を占領しているいずれの締約国も、被占領国の文化財の保全及び保存に関し、被占領国の権限のある当局をできる限り支援する。

2　占領地域内に所在する文化財であって軍事行動により損傷を受けたものを保存

するための措置をとることが必要である場合において、被占領国の権限のある当局が当該措置をとることができないときは、占領国は、できる限り、かつ、当該当局と緊密に協力して、最も必要とされる保存のための措置をとる。

3　いずれの締約国も、その政府が抵抗運動団体の構成員により正当な政府であると認められている場合において、可能なときは、文化財の尊重に関するこの条約の規定を遵守する義務について当該抵抗運動団体の構成員の注意を喚起する。

第6条　文化財の識別のための表示

第16条の規定に従い、文化財には、その識別を容易にするために特殊標章を付することができる。

第7条　軍事的な措置

1　締約国は、平時において軍事上の規則又は命令にこの条約の遵守を確保するための規定を含めること並びに自国の軍隊の構成員についてすべての人民の文化及び文化財に対する尊重の精神を育成することを約束する。

2　締約国は、平時に、自国の軍隊において、文化財の尊重を確保すること及び文化財の保全について責任を有する軍当局以外の当局と協力することを目的とする機関若しくは専門官の設置を計画すること又はこれらを設置することを約束する。

第2章　特別の保護

第8条　特別の保護の付与

1　武力紛争の際に動産の文化財を収容するための限定された数の避難施設、限定された数の記念工作物集中地区及びその他の特に重要な不動産の文化財は、これらの避難施設等が次の(a)及び(b)の条件を満たす場合に限り、特別の保護の下に置くことができる。

(a)　大規模な工業の中心地又は攻撃を受けやすい地点となっている重要な軍事目標（飛行場、放送局、国家の防衛上の業務に使用される施設、比較的重要な港湾又は鉄道停車場、幹線道路等）から十分な距離を置いて所在すること。

(b)　軍事的目的のために利用されていないこと。

2　動産の文化財のための避難施設は、いかなる状況においても爆弾による損傷を受けることがないように建造されている場合には、その所在地のいかんを問わず、特別の保護の下に置くことができる。

3　記念工作物集中地区は、軍事上の要員又は資材の移動のために利用されている場合（通過の場合を含む。）には、軍事的目的のために利用されているものとみなす。軍事行動、軍事上の要員の駐屯又は軍需品の生産に直接関連する活動が記念工作物集中地区内で行われる場合についても、同様とする。

4　1に規定する文化財の警備について特に権限を与えられた武装した管理者が当該文化財の警備を行うこと又は公の秩序の維持について通常責任を有する警察が当該文化財の付近に所在することは、当該文化財の軍事的目的のための利用には該当しないものとする。

5　1に規定する文化財のいずれかが1に規定する重要な軍事目標の付近に所在する場合であっても、特別の保護を要請する締約国が武力紛争の際に当該軍事目標を使用しないこと及び特に港湾、鉄道停車場又は飛行場について当該港湾等を起点とするすべての運送を他に振り替えることを約束するときは、当該文化財を特別の保護の下に置くことができる。この場合においては、その振替は、平時において準備するものとする。

6　特別の保護は、文化財を「特別の保護の下にある文化財の国際登録簿」に登録することにより、当該文化財に対して与えられる。この登録は、この条約の規定に従って、かつ、この条約の施行規則に定める条件に従ってのみ行う。

第9条　特別の保護の下にある文化財に関する特別な取扱い

締約国は、前条6に規定する国際登録簿への登録の時から、特別の保護の下にある文化財に対する敵対行為を差し控えること及び同条5に規定する場合を除くほか当該文化財又はその周囲の軍事的目的のための利用を差し控えることにより、当該文化財に関する特別な取扱いを確保することを約束する。

第10条　識別及び管理

特別の保護の下にある文化財は、武力紛争の間、第16条に規定する特殊標章によって表示するものとし、この条約の施行規則に定める国際的な管理の下に置かれる。

第11条　特別な取扱いの停止

1　締約国の1が特別の保護の下にあるいずれかの文化財に関して第9条の規定に基づく義務に違反する行為を行う場合には、敵対する紛争当事国は、そのような違反行為が継続する限り、当該文化財に関する特別な取扱いを確保する義務を免れる。ただし、当該敵対する紛争当事国は、可能なときはいつでも、まず、合理的な期間内に当該違反行為を中止するよう要請するものとする。

2　1に規定する場合を除くほか、特別の保護の下にある文化財に関する特別な取扱いは、やむを得ない軍事上の必要がある例外的な場合にのみ、かつ、当該軍事上の必要が継続する間に限り、停止される。当該軍事上の必要は、師団に相当する規模の兵力又は師団よりも大きい規模の兵力の指揮官のみが認定することができる。事情が許すときはいつでも、敵対する紛争当事国は、特別な取扱いが停止される旨の決定について合理的な期間内に事前に通報を受ける。

3　特別な取扱いを停止する紛争当事国は、この条約の施行規則に規定する文化財管理官に対し、理由を明示した書面により、できる限り速やかにその旨を通報する。

第3章　文化財の輸送

第12条　特別の保護の下における輸送

1　専ら文化財の移動を行う輸送は、1の領域内で行うか又は他の領域に向けて行うかを問わず、関係締約国の要請により、この条約の施行規則に定める条件に従って特別の保護の下で行うことができる。

2　特別の保護の下における輸送については、この条約の施行規則に定める国際的な監視の下で行うものとし、第16条に規定する特殊標章を表示する。

3　締約国は、特別の保護の下における輸送に対するいかなる敵対行為も差し控える。

第13条　緊急の場合における輸送

1　締約国は、特に武力紛争が開始された時に、特定の文化財の安全のため当該文化財の移動が必要であり、かつ、事態が緊急であるために前条に定める手続をとることができないと認める場合には、当該文化財について同条に定める特別な取扱いの要請がかつて行われ、拒否されたことがない限り、当該文化財の輸送について、第16条に規定する特殊標章を表示することができる。この移動については、できる限り、敵対する紛争当事国に対して通報を行うべきである。ただし、他の国の領域への文化財の輸送については、特別な取扱いが明示的に認められていない場合には、特殊標章を表示することができない。

2　締約国は、1に規定する輸送であって特殊標章を表示しているものに対する敵対行為を避けるため、できる限り、必要な予防措置をとる。

第14条　押収、拿《だ》捕及び捕獲からの免除

1　次の(a)及び(b)については、押収、拿《だ》捕及び捕獲からの免除が与えられる。

(a)　第12条又は前条に定める保護を受ける文化財

(b)　専ら(a)に規定する文化財の移動のために用いられる輸送手段

2　この条の規定は、臨検及び捜索の権利を制限するものではない。

第4章　要員

第15条　要員

安全保障上の利益に合致する限りにおいて、文化財の保護に従事する要員は、文化財の保護のために尊重され、また、敵対する紛争当事国の支配下に置かれた場合においても、当該要員が責任を有する文化財が同様に当該敵対する紛争当事国の支配下に置かれたときは、自己の任務を引き続き遂行することが認められる。

第5章　特殊標章

第16条　条約の標章

1　この条約の特殊標章は、先端が下方に向き、かつ、青色と白色とで斜め十字に四分された盾（一角がその盾の先端を形成する紺青色の正方形、当該正方形の上方に位置する紺青色の三角形及び当該三角形の両側を占める白色の三角形から成るもの）の形をしたものとする。

2　特殊標章は、次条に定める条件に従い、1個のみで、又は3個を三角形の形

（1個の盾を下方に置く。）に並べて用いる。

第17条　標章の使用

1　3個を並べて用いる特殊標章は、次のものを識別する手段としてのみ使用することができる。

(a)　特別の保護の下にある不動産の文化財

(b)　第12条及び第13条に定める条件に従って行われる文化財の輸送

(c)　この条約の施行規則に定める条件に従って設置される臨時の避難施設

2　1個のみで用いる特殊標章は、次のものを識別する手段としてのみ使用することができる。

(a)　特別の保護の下に置かれていない文化財

(b)　この条約の施行規則に従って管理の任務について責任を有する者

(c)　文化財の保護に従事する要員

(d)　この条約の施行規則に定める身分証明書

3　武力紛争の間、特殊標章の使用は、1及び2の場合を除くほか、いかなる場合においても禁止するものとし、特殊標章に類似する標識の使用は、その目的のいかんを問わず禁止する。

4　特殊標章は、締約国の権限のある当局が正当に日付を記入し、かつ、署名した許可書が同時に表示されない限り、いかなる不動産の文化財にも付することができない。

第6章　条約の適用範囲

第18条　条約の適用

1　この条約は、平時に効力を有する規定を除くほか、2以上の締約国の間に生ずる宣言された戦争又はその他の武力紛争の場合について、当該締約国の1又は2以上が戦争状態を承認するか否かを問わず、適用する。

2　この条約は、また、締約国の領域の一部又は全部が占領されたすべての場合について、その占領が武力抵抗を受けるか否かを問わず、適用する。

3　紛争当事国の1がこの条約の締約国でない場合にも、締約国である紛争当事国は、その相互の関係においては、この条約によって引き続き拘束される。さらに、締約国である紛争当事国は、締約国でない紛争当事国がこの条約の規定を受諾する旨を宣言し、かつ、この条約の規定を適用する限り、当該締約国でない紛争当事国との関係においても、この条約によって拘束される。

第19条　国際的性質を有しない紛争

1　締約国の1の領域内に生ずる国際的性質を有しない武力紛争の場合には、各紛争当事者は、少なくとも、この条約の文化財の尊重に関する規定を適用しなければならない。

2　紛争当事者は、特別の合意により、この条約の他の規定の全部又は一部を実施するよう努める。

3　国際連合教育科学文化機関は、その役務を紛争当事者に提供することができる。

4　1から3までの規定の適用は、紛争当事者の法的地位に影響を及ぼすものではない。

第7章　条約の実施

第20条　条約の施行規則

この条約を適用するための手続は、この条約の不可分の一部を成す施行規則に定める。

第21条　利益保護国

この条約及びその施行規則は、紛争当事国の利益の保護について責任を有する利益保護国の協力を得て適用する。

第22条　調停手続

1　利益保護国は、文化財の保護のために有益と認めるすべての場合、特に、この条約又はその施行規則の適用又は解釈に関して紛争当事国たる締約国の間で意見の相違がある場合には、あっせんを行う。

2　このため、各利益保護国は、1の締約国若しくは国際連合教育科学文化機関事務局長からの要請により又は自己の発意により、紛争当事国たる締約国に対し、それぞれの代表者、特に文化財の保護について責任を有する当局が、適当と認められる場合には適切に選ばれた中立の地域において、会合するよう提案することができる。紛争当事国たる締約国は、自国に対してなされた会合の提案に従わなければならない。利益保護国は、紛争当事国たる締約国に対し、その承認を求めるため、中立国に属する者又は同事務局長から提示された者であって当該会合に議長の資格で参加するよう招請されるものを提案する。

第23条　国際連合教育科学文化機関による援助

1　締約国は、自国の文化財の保護に関する業務の遂行について、又はこの条約若しくはその施行規則の適用から生ずるその他のあらゆる問題について、国際連合教育科学文化機関に技術上の援助を要請することができる。同機関は、その計画及び資力の範囲内で当該援助を与える。

2　国際連合教育科学文化機関は、その発意により、締約国に対し1の事項に関する提案を行うことができる。

第24条　特別の協定

1　締約国は、別個に規定を設けることを適当と認めるすべての事項について、特別の協定を締結することができる。

2　この条約が文化財及びその保護に従事する要員に与える保護の程度を弱めることとなる特別の協定は、締結することができない。

第25条　条約の周知

締約国は、平時において武力紛争の際と同様に、自国において、できる限り広い範囲においてこの条約及びその施行規則の本文の周知を図ることを約束する。特に、締約国は、この条約の原則をすべての住民、特に軍隊及び文化財の保護に従事する要員に周知させるため、軍事教育及び可能な場合には非軍事教育の課目に、この条約についての学習を取り入れることを約束する。

第26条 訳文及び報告

1 締約国は、国際連合教育科学文化機関事務局長を通じて、この条約及びその施行規則の公定訳文を相互に送付する。

2 締約国は、また、この条約及びその施行規則を実施するために自国政府がとり、準備し、又は計画する措置に関する情報であって適当と認めるすべてのものを提供する報告を、少なくとも4年に1回国際連合教育科学文化機関事務局長に提出する。

第27条 会合

1 国際連合教育科学文化機関事務局長は、同機関の執行委員会の承認を得て、締約国の代表の会合を招集することができる。同事務局長は、締約国の少なくとも5分の1が要請する場合には、そのような会合を招集しなければならない。

2 この会合は、この条約及びその施行規則によって与えられる他の任務のほか、この条約及びその施行規則の適用に関する問題を研究し、並びに当該問題に関する勧告を行うことを目的とする。

3 この会合は、また、締約国の過半数が代表を出席させている場合には、第39条の規定に従い、この条約又はその施行規則の改正を行うことができる。

第28条 制裁

締約国は、この条約に違反し、又は違反するよう命じた者について、国籍のいかんを問わず、訴追し、及び刑罰又は懲戒罰を科するため、自国の通常の刑事管轄権の枠組みの中で、必要なすべての措置をとることを約束する。

最終規定

第29条 用語

1 この条約は、ひとしく正文である英語、フランス語、ロシア語及びスペイン語により作成する。

2 国際連合教育科学文化機関は、同機関の総会のその他の公用語によるこの条約の訳文を作成するための措置をとる。

第30条 署名

この条約は、1954年5月14日の日付を有するものとし、1954年4月21日から5月14日までハーグで開催された会議に招請されたすべての国による署名のために1954年12月31日まで開放しておく。

第31条 批准

1　この条約は、署名国により、それぞれ自国の憲法上の手続に従って批准されなければならない。
2　批准書は、国際連合教育科学文化機関事務局長に寄託する。

第32条　加入

この条約は、その効力発生の日から、第30条に規定する国であってこの条約に署名していないすべてのもの及び国際連合教育科学文化機関の執行委員会によりこの条約に加入するよう招請される他のすべての国による加入のために開放しておく。加入は、同機関事務局長に加入書を寄託することによって行う。

第33条　効力発生

1　この条約は、5の国の批准書が寄託された後3箇月で効力を生ずる。
2　この条約は、その後は、各締約国について、その批准書又は加入書の寄託の後3箇月で効力を生ずる。
3　第18条又は第19条に規定する事態において、紛争当事国が敵対行為又は占領の開始前又は開始後に行った批准又は加入は、直ちに効力を生ずる。この場合には、国際連合教育科学文化機関事務局長は、第38条に規定する通報を最も速やかな方法で送付する。

第34条　効果的な適用

1　この条約の効力発生の日にこの条約の締約国である国は、当該効力発生の日の後6箇月以内に、この条約の効果的な適用を確保するため必要なすべての措置をとる。
2　1に規定する期間は、この条約の効力発生の日の後に批准書又は加入書を寄託する国については、批准書又は加入書の寄託の日の後6箇月とする。

第35条　条約の適用地域

いずれの締約国も、批准若しくは加入の際に又はその後いつでも、国際連合教育科学文化機関事務局長にあてた通告により、自国が国際関係について責任を有する領域の全部又は一部にこの条約を適用することを宣言することができる。この通告は、その受領の日の後3箇月で効力を生ずる。

第36条　従前の条約との関係

1　1899年7月29日又は1907年10月18日の陸戦の法規及び慣例に関するハーグ条約（第4ハーグ条約）及び1907年10月18日の戦時海軍力をもってする砲撃に関するハーグ条約（第9ハーグ条約）によって拘束される国であってこの条約の締約国であるものの間の関係においては、この条約は、第9ハーグ条約及び第4ハーグ条約に附属する規則を補足するものとし、この条約及びその施行規則において特殊標章を使用することが定められている場合については、第16条に規定する標章をもって第9ハーグ条約第5条に規定する標章に代える。
2　1935年4月15日の芸術上及び科学上の施設並びに歴史上の記念工作物の保護に関するワシントン条約（レーリッヒ条約）によって拘束される国であってこの条

約の締約国であるものの間の関係においては、この条約は、レーリッヒ条約を補足するものとし、この条約及びその施行規則において特殊標章を使用することが定められている場合については、第16条に規定する標章をもってレーリッヒ条約第３条に規定する識別旗に代える。

第37条　廃棄

1　締約国は、自国について、又は自国が国際関係について責任を有する領域について、この条約を廃棄することができる。

2　廃棄は、国際連合教育科学文化機関事務局長に寄託する文書により通告する。

3　廃棄は、廃棄書の受領の後１年で効力を生ずる。ただし、廃棄を行う締約国がこの期間の満了の時において武力紛争に巻き込まれている場合には、廃棄は、敵対行為の終了の時又は文化財の返還に関する業務が完了する時のいずれか遅い時まで効力を生じない。

第38条　通報

国際連合教育科学文化機関事務局長は、第30条及び第32条に規定する国並びに国際連合に対し、第31条、第32条及び次条に規定するすべての批准書、加入書及び受諾書の寄託並びに第35条、前条及び次条に規定する通告及び廃棄を通報する。

第39条　条約及び施行規則の改正

1　いずれの締約国も、この条約又はその施行規則の改正を提案することができる。改正案は、国際連合教育科学文化機関事務局長に通報するものとし、同事務局長は、これを締約国に送付し、かつ、次のいずれかのことを表明する回答を４箇月以内に行うよう要請する。

(a)　改正案を審議するため会議を招集することを希望すること。

(b)　会議を開催することなく改正案を採択することに賛成すること。

(c)　会議を開催することなく改正案を拒否することに賛成すること。

2　国際連合教育科学文化機関事務局長は、１の規定により受領した回答をすべての締約国に送付する。

3　所定の期間内に国際連合教育科学文化機関事務局長に対し自国の意見を表明したすべての締約国が、１(b)の規定に従い、会議を開催することなく改正案を採択することに賛成することを同事務局長に通告する場合には、同事務局長は、前条の規定に従い、すべての締約国による採択の決定を通報する。改正は、この通報の日から90日の期間が満了した時にすべての締約国について効力を生ずる。

4　国際連合教育科学文化機関事務局長は、３分の１を超える締約国から要請があったときは、改正案を審議するための締約国会議を招集する。

5　４の規定に基づいて取り扱われるこの条約又はその施行規則の改正は、締約国会議に代表を出席させた締約国が全会一致で採択し、かつ、各締約国が受諾した後においてのみ効力を生ずる。

6　４及び５に規定する締約国会議で採択されたこの条約又はその施行規則の改正

の締約国による受諾は、正式の文書を国際連合教育科学文化機関事務局長に寄託することによって行う。

7　この条約又はその施行規則の改正が効力を生じた後は、改正された条約又は施行規則のみを批准又は加入のために開放しておく。

第40条　登録

この条約は、国際連合教育科学文化機関事務局長からの要請により、国際連合憲章第102条の規定に従って、国際連合事務局に登録する。

以上の証拠として、下名は、正当に委任を受けてこの条約に署名した。

1954年5月14日にハーグで、本書1通を作成した。本書は、国際連合教育科学文化機関に寄託するものとし、その認証謄本は、第30条及び第32条に規定するすべての国並びに国際連合に送付する。

武力紛争の際の文化財の保護に関する条約の施行規則

第1章　管理

第1条　国際的な名簿

国際連合教育科学文化機関事務局長は、この条約が効力を生じたときは、文化財管理官の任務を遂行する能力を有する者として締約国が指名するすべての者から成る国際的な名簿を作成する。この名簿は、同事務局長の発意により、締約国が行う要請に基づき定期的に改定する。

第2条　管理のための機関

いずれかの締約国が、条約第18条の規定の適用を受ける武力紛争に巻き込まれたときは、

(a)　当該締約国は、自国の領域内に所在する文化財についての代表者1人を直ちに任命するものとし、他の国の領域を占領している場合には、その占領している領域内に所在する文化財についての特別の代表者1人を直ちに任命する。

(b)　当該締約国と紛争状態にあるいずれかの国に代わって行動する利益保護国は、次条の規定に従い、当該締約国に派遣する代表を直ちに任命する。

(c)　1人の文化財管理官が、第4条の規定に従い、当該締約国のために直ちに任命される。

第3条　利益保護国の代表の任命

利益保護国は、自国の外交職員若しくは領事職員の中から又は派遣先の国の承認を得てその他の者の中から、その代表を任命する。

第4条　文化財管理官の任命

1　文化財管理官は、当該文化財管理官の派遣先の国及びこれと敵対する紛争当事

国に代わって行動する利益保護国の合意により、第1条に規定する国際的な名簿から選定する。

2　1に規定する国は、文化財管理官の選定に関する討議の開始の日から3週間以内に合意に達することができなかった場合には、国際司法裁判所長に対し文化財管理官を任命するよう要請するものとし、当該文化財管理官は、自己の派遣先の国がその任命を承認するまでは、任務を開始してはならない。

第5条　利益保護国の代表の任務

利益保護国の代表は、この条約に違反する行為に留意し、自己の派遣先の国の承認を得てそのような違反行為が行われた事情について調査し、当該違反行為の中止を確保するために現地で申入れを行い、及び必要な場合には当該違反行為について文化財管理官に通報する。利益保護国の代表は、その活動を文化財管理官に常時通報する。

第6条　文化財管理官の任務

1　文化財管理官は、自己の派遣先の国の代表者及び関係する利益保護国の代表と協力して、この条約の適用に関して付託されるすべての事項を取り扱う。

2　文化財管理官は、この施行規則に定める場合において、決定及び任命を行う権限を有する。

3　文化財管理官は、自己の派遣先の国の同意を得て、調査を命じ、又は自ら調査を行う権利を有する。

4　文化財管理官は、紛争当事国又はその利益保護国に対し、この条約の適用について有用と認める申入れを行う。

5　文化財管理官は、この条約の適用について必要な報告書を作成し、並びにこれを関係国及びその利益保護国に送付する。文化財管理官は、この報告書の写しを国際連合教育科学文化機関事務局長に送付するものとし、同事務局長は、その技術的内容のみを利用することができる。

6　文化財管理官は、利益保護国がない場合には、条約第21条及び第22条に定める利益保護国の任務を遂行する。

第7条　査察員及び専門家

1　文化財管理官は、必要と認めるときはいつでも、関係する利益保護国の代表の要請により又は当該代表との協議の後に、当該文化財管理官の派遣先の国に対し、その承認を得るため、特定の任務を有する文化財のための査察員を推薦する。査察員は、文化財管理官に対してのみ責任を負う。

2　文化財管理官、利益保護国の代表及び査察員は、専門家の役務を利用することができるものとし、当該専門家についても、1に規定する派遣先の国に対し、その承認を得るために推薦される。

第8条　管理の任務の遂行

文化財管理官、利益保護国の代表、査察員及び専門家は、いかなる場合にも、その権限を超えてはならない。特に、これらの者は、自己の派遣先の締約国の安全上の必要を考慮するものとし、また、あらゆる場合において、当該締約国が通報する軍事的状況の要請するところに従って行動する。

第9条 利益保護国の代理

紛争当事国が利益保護国の活動による利益を受けない場合又は当該利益を受けなくなった場合には、中立国は、第4条に定める手続に従って行われる文化財管理官の任命に関する利益保護国の任務を遂行するよう要請されることがある。このようにして任命された文化財管理官は、必要な場合には、この施行規則に定める利益保護国の代表の任務を査察員に委任する。

第10条 費用

文化財管理官、査察員及び専門家の報酬並びにこれらの者に係る費用については、これらの者の派遣先の国が負担する。利益保護国の代表の報酬及び当該代表に係る費用については、利益保護国と当該利益保護国が利益を保護する国との間で合意するところによる。

第2章 特別の保護

第11条 臨時の避難施設

1 いずれの締約国も、武力紛争の間において、予見されなかった事情のため臨時の避難施設を設置することとなり、かつ、当該臨時の避難施設を特別の保護の下に置くことを希望する場合には、その旨を自国に派遣された文化財管理官に直ちに通報する。

2 文化財管理官は、予見されなかった事情及び臨時の避難施設に収容される文化財の重要性によりこのような措置が正当化されると認める場合には、条約第16条に規定する特殊標章を当該臨時の避難施設に表示することを締約国に認めることができる。文化財管理官は、そのような決定を関係する利益保護国の代表に遅滞なく通報するものとし、当該代表は、特殊標章を直ちに撤去することを30日の期間内に命ずることができる。

3 文化財管理官は、臨時の避難施設が条約第8条に定める条件を満たしていると認める場合において、関係する利益保護国の代表が同意を表明したときは直ちに、又は当該代表のいずれも反対することなく2に規定する30日の期間が満了したときは、当該臨時の避難施設を特別の保護の下にある文化財の国際登録簿に登録するよう国際連合教育科学文化機関事務局長に要請する。

第12条 特別の保護の下にある文化財の国際登録簿

1 「特別の保護の下にある文化財の国際登録簿」(以下「国際登録簿」という。)を作成する。

2 国際連合教育科学文化機関事務局長は、国際登録簿を維持する。同事務局長は、その写しを国際連合事務総長及び締約国に送付する。

3　国際登録簿は、締約国の国名ごとに区分する。それぞれの区分は、「避難施設」、「記念工作物集中地区」及び「その他の不動産の文化財」の表題を付した3つの段落に細分する。国際連合教育科学文化機関事務局長は、それぞれの区分に含まれるべき内容について詳細を定める。

第13条　登録の申請

1　いずれの締約国も、国際連合教育科学文化機関事務局長に対し、自国の領域内に所在する特定の避難施設、記念工作物集中地区又はその他の不動産の文化財を国際登録簿に登録するための申請書を提出することができる。この申請書は、これらの文化財の所在地に関する記述を含むものとし、当該文化財が条約第8条の規定に合致するものであることを証明する。

2　占領が行われる場合には、占領国が1の申請を行うことができる。

3　国際連合教育科学文化機関事務局長は、遅滞なく、登録の申請書の写しを各締約国に送付する。

第14条　異議

1　いずれの締約国も、国際連合教育科学文化機関事務局長にあてた書簡により、国際登録簿への文化財の登録について異議を申し立てることができる。この書簡は、同事務局長が登録の申請書の写しを送付した日から4箇月以内に同事務局長により受領されなければならない。

2　1の異議には、その理由を明示するものとし、次の(a)又は(b)のいずれかに限り、正当な理由と認められる。

(a)　その財産が文化財でないこと。

(b)　その財産が条約第8条に定める条件を満たしていないこと。

3　国際連合教育科学文化機関事務局長は、遅滞なく、異議の書簡の写しを締約国に送付する。同事務局長は、必要な場合には、記念工作物、芸術的・歴史的遺跡及び考古学上の発掘に関する国際委員会、及び適当と認める場合には、能力を有する他の団体又は個人の助言を求める。

4　国際連合教育科学文化機関事務局長又は登録の申請を行った締約国は、異議を申し立てた締約国に対し、その異議を撤回させるため、必要と認める申入れを行うことができる。

5　平時において登録の申請を行った締約国がその登録が行われる前に武力紛争に巻き込まれた場合には、国際連合教育科学文化機関事務局長は、申し立てられることのある又は申し立てられた異議が承認され、撤回され、又は無効なものとされるまでの間有効なものとして、直ちに、当該申請に係る文化財を国際登録簿に暫定的に登録する。

6　国際連合教育科学文化機関事務局長が、異議の書簡を受領した日から6箇月の期間内に、異議を申し立てた締約国から当該異議を撤回した旨の通報を受領しない場合には、登録の申請を行った締約国は、7に定める手続に従って仲裁を要請することができる。

7　仲裁の要請は、国際連合教育科学文化機関事務局長が異議の書簡を受領した日の後1年を経過した後は、行ってはならない。双方の紛争当事国は、それぞれ1人の仲裁人を任命する。1の登録の申請に対し2以上の異議が申し立てられた場合には、異議を申し立てた締約国は、合意により、1人の仲裁人を任命する。これらの2人の仲裁人は、第1条に規定する国際的な名簿から裁判長となる仲裁人を選定する。当該2人の仲裁人が裁判長となる仲裁人の選定について合意することができないときは、裁判長となる仲裁人の任命を国際司法裁判所長に要請するものとし、この場合には、裁判長となる仲裁人は必ずしも当該国際的な名簿から選定されることを要しない。このようにして構成された仲裁裁判所は、当該仲裁裁判所の手続を自ら定める。当該仲裁裁判所が行う決定については、異議を申し立てることができない。

8　各締約国は、自国が当事者である紛争が生じたときはいつでも、7に定める仲裁手続の適用を希望しないことを宣言することができる。この場合には、登録の申請に対する異議は、国際連合教育科学文化機関事務局長により締約国に送付される。この異議は、投票する締約国が3分の2以上の多数による議決で決定する場合にのみ、承認される。投票は、同事務局長が条約第27条の規定により自己に与えられた権限に基づいて会合を招集することが不可欠であると認める場合を除くほか、通信によって行う。同事務局長は、通信による投票を行うこととする場合には、締約国に対し、封印した書簡により、同事務局長による要請が行われた日から6箇月以内に自国の票を送付するよう要請する。

第15条　登録

1　国際連合教育科学文化機関事務局長は、前条1に規定する期間内に異議を受領しなかった場合には、登録の申請が行われた文化財について、一連の番号を各物件に付して国際登録簿に登録されるようにしなければならない。

2　異議が申し立てられた場合には、前条5の規定の適用を妨げることなく、国際連合教育科学文化機関事務局長は、当該異議が撤回されたとき又は同条7若しくは8に定める手続により承認されなかったときにのみ、文化財を国際登録簿に登録する。

3　第11条3の規定を適用する場合には、国際連合教育科学文化機関事務局長は、文化財管理官の要請により、文化財を国際登録簿に登録する。

4　国際連合教育科学文化機関事務局長は、国際登録簿への各登録に係る認証謄本を、国際連合事務総長、締約国並びに登録を申請している国の要請がある場合には条約第30条及び第32条に規定する他のすべての国に遅滞なく送付する。登録は、当該認証謄本の発送の後30日で効力を生ずる。

第16条　取消し

1　国際連合教育科学文化機関事務局長は、次のいずれかの場合には、いかなる文化財の登録も取り消されるようにしなければならない。

(a)　当該文化財が領域内に所在する締約国の要請がある場合

(b)　登録を申請した締約国が条約を廃棄し、かつ、その廃棄が効力を生じた場合

(c)　第14条5に定める特別な場合において、同条7又は8に定める手続により異議が承認されたとき。

2　国際連合教育科学文化機関事務局長は、登録の取消しに係る認証謄本を国際連合事務総長及び国際登録簿への登録に係る謄本を受領したすべての国に遅滞なく送付する。登録の取消しは、当該認証謄本の発送の後30日で効力を生ずる。

第3章　文化財の輸送

第17条　特別な取扱いを受けるための手続

1　条約第12条1に規定する要請は、文化財管理官に対して行う。要請書には、要請の基礎となる理由を記載し、並びに移動する物件の概数及び重要性、要請の時点における当該物件の所在地及び当該時点において予定されている移動先、使用する輸送手段、移動の経路、移動の予定日その他の関連情報を明記する。

2　文化財管理官は、適当と認める意見を聴取した後1の移動を正当と認める場合には、当該移動を実施するために予定されている措置につき、関係する利益保護国の代表と協議する。文化財管理官は、この協議の後、関係する紛争当事国に対し、当該移動について通報（すべての有用な情報を含むもの）を行う。

3　文化財管理官は、要請書に記載された文化財のみが移動されること及び当該文化財の輸送が承認された方法によって行われ、かつ、特殊標章を表示していることを確認する1人又は2人以上の査察員を任命する。査察員は、目的地まで当該文化財に同行する。

第18条　国外への輸送

特別の保護の下における移動が他の国の領域に向けて行われる場合には、当該移動は、条約第12条の規定及び前条の規定に加え、次の(a)から(d)までの規定によっても規律される。

(a)　文化財が当該他の国の領域内に所在する間、当該他の国は、当該文化財の受寄者とするものとし、当該文化財について、同等の重要性を有する自国の文化財に対する場合と同程度の注意をもって管理を行う。

(b)　受寄者たる国は、紛争が終了した場合にのみ文化財を返還する。返還は、その返還が要請された日から6箇月以内に行う。

(c)　各種の移動の業務を行うに際し、文化財が当該他の国の領域内にある場合には、当該文化財は、寄託者及び受寄者のいずれによっても、没収され、又は処分されてはならない。ただし、当該文化財の安全のために必要とされる場合には、受寄者は、寄託者の同意を得て、この条に定める条件に従い、当該文化財を第三国の領域に輸送することができる。

(d)　特別の保護に係る要請書には、自国の領域に向けて文化財が移動される国がこの条の規定を受諾していることを明記する。

第19条　占領地域

他の締約国の領域を占領している締約国が文化財を当該領域内の他の場所にある避難施設に移動する場合には、第17条に定める手続に従うことができないときであっても、その移動は、条約第4条に規定する横領には該当しないものとする。ただし、文化財管理官が、通常の管理者と協議した後、当該移動が諸事情により必要とされていることを書面で証明することを条件とする。

第4章　特殊標章

第20条　標章の取付け

1　特殊標章の配置及び特殊標章の視認性の程度は、締約国の権限のある当局の裁量にゆだねられる。特殊標章は、旗又は腕章に表示することができ、また、物件上に描き、又は他の適切な形態で表示することができる。

2　もっとも、特殊標章は、武力紛争に際しては、条約第12条及び第13条に定める場合には、一層完全な表示を行うことを妨げることなく、昼間において上空及び地上から明確に視認することができるよう輸送車両の上に配置する。特殊標章は、次の条件を満たすものとし、地上から視認することができるものでなければならない。

(a)　特別の保護の下にある記念工作物集中地区については、その外縁を明確に示すために十分な一定の間隔で配置すること。

(b)　特別の保護の下にあるその他の不動産の文化財については、その入口に配置すること。

第21条　要員の識別

1　条約第17条2(b)及び(c)に規定する者は、権限のある当局が発給し、かつ、その印章を押した腕章であって特殊標章を表示したものを着用することができる。

2　1に規定する者は、特殊標章を表示した特別の身分証明書を携帯する。この身分証明書には、少なくとも所持者の氏名、生年月日、組織上の名称又は階級及び職務を記載する。この身分証明書には、所持者の写真及び署名若しくは指紋又はその双方を表示するものとし、権限のある当局の浮出印を押す。

3　締約国は、この施行規則に例として附属するひな型に倣って、自国の身分証明書の様式を作成する。締約国は、自国が使用する様式の見本を相互に送付する。身分証明書は、可能な場合には、少なくとも2通作成するものとし、そのうちの1通は、これを発行した国が保管する。

4　1に規定する者は、正当な理由なくして、身分証明書を奪われず、また、腕章を着用する権利をはく奪されない。

表面

身分証明書

文化財の保護に従事する要員用

姓 ＿＿＿＿＿＿＿＿＿＿

名 ＿＿＿＿＿＿＿＿＿＿

生年月日 ＿＿＿＿＿＿＿＿＿＿

組織上の名称又は階級 ＿＿＿＿＿＿＿＿＿＿

職務 ＿＿＿＿＿＿＿＿＿＿

上記の者は、１９５４年５月１４日の武力紛争の際の文化財の保護に関するハーグ条約の規定に基づき、この証明書を所持する。

発行年月日 ＿＿＿＿＿＿　　証明書番号 ＿＿＿＿＿＿

裏面

所持者の写真

所持者の署名若しくは指紋又はその双方

この証明書を発給する当局の浮出印

身長	眼の色	頭髪の色

その他の特徴

＿＿＿＿＿＿＿＿＿＿

＿＿＿＿＿＿＿＿＿＿

＿＿＿＿＿＿＿＿＿＿

＿＿＿＿＿＿＿＿＿＿

＿＿＿＿＿＿＿＿＿＿

＿＿＿＿＿＿＿＿＿＿

＿＿＿＿＿＿＿＿＿＿

15 武力紛争の際の文化財の保護に関する議定書
(武力紛争の際の文化財保護議定書)

署　　名　1954年5月14日（ヘーグ）
効力発生　1956年8月7日
国会承認　平成19年5月25日
平成19年9月12日公布（条約第11号及び外務省告示第523号）
平成19年12月10日日本国について効力発生

締約国は、次のとおり協定した。

Ⅰ

1　締約国は、1954年5月14日にハーグで署名された武力紛争の際の文化財の保護に関する条約第1条に定義する文化財が、武力紛争の際に自国が占領した地域から輸出されることを防止することを約束する。

2　締約国は、占領地域から直接又は間接に自国の領域内に輸入される文化財を管理することを約束する。この管理は、文化財が輸入された時に自動的に行い、又は自動的に行うことができない場合には当該占領地域の当局からの要請により行う。

3　締約国は、自国の領域内にある文化財であって1に定める原則に違反して輸出されたものを、敵対行為の終了の際に、従前に占領された地域の権限のある当局に返還することを約束する。このような文化財は、戦争の賠償として留置してはならない。

4　自国が占領した地域から文化財が輸出されることを防止する義務を負っていた締約国は、3の規定に従って返還されなければならない文化財の善意の所持者に対して補償を行う。

Ⅱ

5　締約国の領域を出所とする文化財であって武力紛争による危険からの保護を目的として当該締約国により他の締約国の領域内に寄託されたものは、敵対行為の終了の際に、当該他の締約国により、当該文化財の出所である領域の権限のある当局に返還される。

Ⅲ

6　この議定書は、1954年5月14日の日付を有するものとし、1954年4月21日から5月14日までハーグで開催された会議に招請されたすべての国による署名のために1954年12月31日まで開放しておく。

7 (a)　この議定書は、署名国により、それぞれ自国の憲法上の手続に従って批准されなければならない。

(b)　批准書は、国際連合教育科学文化機関事務局長に寄託する。

8　この議定書は、その効力発生の日から、6に規定する国であってこの議定書に署名していないすべてのもの及び国際連合教育科学文化機関の執行委員会によりこの議定書に加入するよう招請される他のすべての国による加入のために開放しておく。加入は、同機関事務局長に加入書を寄託することによって行う。

9　6及び8に規定する国は、署名、批准又は加入の際に、Iの規定に拘束されないこと又はIIの規定に拘束されないことを宣言することができる。

10(a)　この議定書は、5の国の批准書が寄託された後3箇月で効力を生ずる。

(b)　この議定書は、その後は、各締約国について、その批准書又は加入書の寄託の後3箇月で効力を生ずる。

(c)　1954年5月14日にハーグで署名された武力紛争の際の文化財の保護に関する条約第18条又は第19条に規定する事態において、紛争当事国が敵対行為又は占領の開始前又は開始後に行った批准又は加入は、直ちに効力を生ずる。この場合には、国際連合教育科学文化機関事務局長は、14に規定する通報を最も速やかな方法で送付する。

11(a)　この議定書の効力発生の日にこの議定書の締約国である国は、当該効力発生の日の後6箇月以内に、この議定書の効果的な適用を確保するため必要なすべての措置をとる。

(b)　(a)に規定する期間は、この議定書の効力発生の日の後に批准書又は加入書を寄託する国については、批准書又は加入書の寄託の日の後6箇月とする。

12　いずれの締約国も、批准若しくは加入の際に又はその後いつでも、国際連合教育科学文化機関事務局長にあてた通告により、自国が国際関係について責任を有する領域の全部又は一部にこの議定書を適用することを宣言することができる。この通告は、その受領の日の後3箇月で効力を生ずる。

13(a)　締約国は、自国について、又は自国が国際関係について責任を有する領域について、この議定書を廃棄することができる。

(b)　廃棄は、国際連合教育科学文化機関事務局長に寄託する文書により通告する。

(c)　廃棄は、廃棄書の受領の後1年で効力を生ずる。ただし、廃棄を行う締約国がこの期間の満了の時において武力紛争に巻き込まれている場合には、廃棄は、敵対行為の終了の時又は文化財の返還に関する業務が完了する時のいずれか遅い時まで効力を生じない。

14　国際連合教育科学文化機関事務局長は、6及び8に規定する国並びに国際連合に対し、7、8及び15に規定するすべての批准書、加入書及び受諾書の寄託並びに12及び13にそれぞれ規定する通告及び廃棄を通報する。

15(a)　この議定書は、3分の1を超える締約国から改正の要請があったときは、改正することができる。

(b)　国際連合教育科学文化機関事務局長は、(a)の目的のための会議を招集する。

(c)　この議定書の改正は、会議に代表を出席させた締約国が全会一致で採択し、かつ、各締約国が受諾した後においてのみ効力を生ずる。

(d) (b)及び(c)に規定する会議で採択されたこの議定書の改正の締約国による受諾は、正式の文書を国際連合教育科学文化機関事務局長に寄託することによって行う。

(e) この議定書の改正が効力を生じた後は、改正された議定書のみを批准又は加入のために開放しておく。

この議定書は、国際連合教育科学文化機関事務局長からの要請により、国際連合憲章第102条の規定に従って、国際連合事務局に登録する。

以上の証拠として、下名は、正当に委任を受けてこの議定書に署名した。

1954年5月14日にハーグで、ひとしく正文である英語、フランス語、ロシア語及びスペイン語により本書1通を作成した。本書は、国際連合教育科学文化機関に寄託するものとし、その認証謄本は、6及び8に規定するすべての国並びに国際連合に送付する。

16　1999年３月26日にハーグで作成された武力紛争の際の文化財の保護に関する1954年のハーグ条約の第２議定書
（武力紛争の際の文化財保護第２議定書）

採　　択　1999年３月26日（ヘーグ）
効力発生　2004年３月９日
国会承認　平成19年５月25日
平成19年９月12日公布及び告示（条約第12号及び外務省告示第524号）
平成19年12月10日日本国について効力発生

締約国は、

武力紛争の際の文化財の保護について改善し、及び特に指定された文化財の保護について強化された体制を確立する必要があることを認め、

1954年にハーグで作成された武力紛争の際の文化財の保護に関する条約の重要性を再確認し、また、その実施を強化するための措置を通じて同条約の規定を補足することの必要性を強調し、

適当な手続を定めることにより、同条約の締約国に対し、武力紛争の際の文化財の保護に一層密接に関与するための手段を提供することを希望し、

武力紛争の際の文化財の保護について規律する規則が国際法の発展を反映すべきであることを考慮し、

この議定書により規律されない問題については、引き続き国際慣習法の諸規則により規律されることを確認して、

次のとおり協定した。

第１章　序

第１条　定義

この議定書の適用上、

(a)　「締約国」とは、この議定書の締約国をいう。

(b)　「文化財」とは、条約第１条に定義する文化財をいう。

(c)　「条約」とは、1954年５月14日にハーグで作成された武力紛争の際の文化財の保護に関する条約をいう。

(d)　「条約締約国」とは、条約の締約国をいう。

(e)　「強化された保護」とは、第10条及び第11条に定める強化された保護の制度をいう。

(f)　「軍事目標」とは、その性質、位置、用途又は使用が軍事活動に効果的に資する物であって、その全面的又は部分的な破壊、奪取又は無効化がその時点に

おける状況において明確な軍事的利益をもたらすものをいう。

(g) 「不法な」とは、強制的な手段又はその他の手段により、被占領国の国内法又は国際法の適用可能な規則に違反することをいう。

(h) 「一覧表」とは、第27条1(b)の規定に従って作成される強化された保護の下にある文化財の国際的な一覧表をいう。

(i) 「事務局長」とは、国際連合教育科学文化機関事務局長をいう。

(j) 「ユネスコ」とは、国際連合教育科学文化機関をいう。

(k) 「第1議定書」とは、1954年5月14日にハーグで作成された武力紛争の際の文化財の保護に関する議定書をいう。

第2条　条約との関係

この議定書は、締約国間の関係において、条約を補足する。

第3条　適用範囲

1　この議定書は、平時に適用する規定を除くほか、条約第18条1及び2並びにこの議定書の第22条1に規定する事態について適用する。

2　紛争当事国の1がこの議定書によって拘束されない場合にも、締約国は、その相互の関係においては、この議定書によって引き続き拘束される。さらに、締約国は、この議定書によって拘束されない紛争当事国がこの議定書の規定を受諾し、かつ、適用する限り、当該紛争当事国との関係においても、この議定書によって拘束される。

第4条　第3章の規定と条約及びこの議定書の他の規定との関係

第3章の規定の適用は、次の(a)及び(b)の規定の適用を妨げるものではない。

(a) 条約第1章の規定及びこの議定書の第2章の規定

(b) 条約第2章の規定。ただし、この議定書の締約国間又はこの議定書の締約国と前条2の規定に従ってこの議定書を受諾し、かつ、適用する国との間においては、文化財に特別の保護及び強化された保護の双方が与えられている場合には、強化された保護に関する規定のみを適用する。

第2章　保護に関する一般規定

第5条　文化財の保全

条約第3条の規定に従い武力紛争による予見可能な影響から文化財を保全するために平時にとる準備措置には、適当な場合には、目録の作成、火災又は構造的崩壊から保護するための緊急措置の立案、動産の文化財を移動するため又は当該動産の文化財に対しその所在地において適当な保護を与えるための準備及び文化財の保全について責任を有する権限のある当局の指定を含める。

第6条　文化財の尊重

条約第4条の規定に従い文化財の尊重を確保することを目的として、

(a) 同条2の規定による絶対的な軍事上の必要に基づく免除は、文化財に対する敵対行為については、次の(i)および(ii)の条件が満たされる場合に限り、主張する事ができる。

(i)　当該文化財が、その機能により軍事目標となっていること。

(ii)　(i)の軍事目標に対して敵対行為を行うことによって得られる軍事的利益と同様の軍事的利益を得るために利用し得る実行可能な代替的手段がないこと。

(b)　同条2の規定による絶対的な軍事上の必要に基づく免除は、破壊又は損傷の危険にさらすおそれがある目的のための文化財の利用については、当該文化財のこのような利用と、当該利用によって得られる軍事的利益と同様の軍事的利益を得るための他の実行可能な方法との間の選択が不可能である場合に限り、主張することができる。

(c)　絶対的な軍事上の必要を主張することについての決定は、大隊に相当する規模の兵力若しくは大隊よりも大きい規模の兵力の指揮官又は状況によりやむを得ない場合には、大隊よりも小さい規模の兵力の指揮官のみが行う。

(d)　(a)の規定により行われた決定に基づき攻撃を行う場合には、事情が許すときはいつでも、効果的な事前の警告を与える。

第7条　攻撃の際の予防措置

紛争当事国たる締約国は、軍事行動を行うに際して国際人道法によって要請される他の予防措置を妨げることなく、次のことを行う。

(a)　攻撃の目標が条約第4条の規定により保護される文化財でないことを確認するためのすべての実行可能なこと。

(b)　攻撃の手段及び方法の選択に当たっては、巻き添えによる条約第4条の規定により保護される文化財の損傷を防止し、又は少なくとも最小限にとどめるため、すべての実行可能な予防措置をとること。

(c)　予期される具体的かつ直接的な軍事的利益との比較において、巻き添えによる条約第4条の規定により保護される文化財の損傷を過度に引き起こすことが予測される攻撃を行う決定を差し控えること。

(d)　次のことが明白となった場合には、攻撃を中止し、又は停止すること。

(i)　攻撃の目標が、条約第4条の規定により保護される文化財であること。

(ii)　攻撃が、予期される具体的かつ直接的な軍事利益との比較において、巻き添えによる条約第4条の規程により保護される文化財の損傷を過度に引き起こすことが予想されること。

第8条　敵対行為の影響に対する予防措置

紛争当事国たる締約国は、実行可能な最大限度まで、次のことを行う。

(a)　動産の文化財を軍事目標の付近から移動させ、又は当該動産の文化財に対しその所在地において適当な保護を与えること。

(b)　文化財の付近に軍事目標を設けることを避けること。

第9条　占領地域における文化財の保護

1　条約第４条及び第５条の規定の適用を妨げることなく、他の締約国の領域の全部又は一部を占領している締約国は、占領地域について、次の事項を禁止し、及び防止する。

(a)　文化財のあらゆる不法な輸出、その他の移動又は所有権の移転

(b)　あらゆる考古学上の発掘（文化財を保全し、記録し、又は保存するために真に必要とされる場合を除く。）

(c)　文化上、歴史上又は学術上の証拠資料を隠匿し、又は破壊することを意図する文化財のあらゆる改造又は利用の変更

2　占領地域内の文化財のいかなる考古学上の発掘、改造又は利用の変更も、状況によりやむを得ない場合を除くほか、当該占領地域の権限のある当局との緊密な協力の下に行う。

第３章　強化された保護

第10条　強化された保護

文化財は、次のすべての条件を満たす場合には、強化された保護の下に置くことができる。

(a)　当該文化財が、人類にとって最も重要な文化遺産であること。

(b)　当該文化財の文化上及び歴史上の特別の価値を認め、並びに最も高い水準の保護を確保する適当な立法上及び行政上の国内措置により当該文化財が保護されていること。

(c)　当該文化財が軍事的目的で又は軍事施設を掩《えん》護するために利用されておらず、かつ、当該文化財を管理する締約国がそのような利用を行わないことを確認する旨の宣言を行っていること。

第11条　強化された保護の付与

1　締約国は、強化された保護の付与を要請しようとする文化財を記載した表を第24条に規定する委員会に提出するものとする。

2　１に規定する文化財に対して管轄権を有し、又はこれを管理する締約国は、当該文化財を第27条１(b)の規定に従って作成される一覧表に記載することを要請することができる。この要請には、前条に定める基準に関連するすべての必要な情報を含める。第24条に規定する委員会は、締約国に対し、当該文化財が一覧表に記載されることを要請するよう促すことができる。

3　関連する専門的知識を有する他の締約国、ブルーシールド国際委員会及びその他の非政府機関は、特定の文化財を第24条に規定する委員会に推薦することができる。このような場合には、当該委員会は、締約国に対し、一覧表への当該文化財の記載を要請するよう促すことを決定することができる。

4　２以上の国が主権若しくは管轄権を主張している領域内に所在する文化財を一覧表に記載することを要請すること又は当該文化財を一覧表に記載することは、

そのような紛争の当事者の権利にいかなる影響も及ぼすものではない。

5　第24条に規定する委員会は、一覧表への記載の要請を受領したときは、当該要請をすべての締約国に通報する。締約国は、60日以内に当該委員会に対して当該要請に関する意見を提出することができる。これらの意見は、前条に定める基準に基づくものに限る。これらの意見は、具体的なものであり、かつ、事実に関するものでなければならない。当該委員会は、これらの意見について審議するものとし、当該委員会としての決定を行う前に、一覧表への記載を要請している締約国に対し、当該意見に対する見解を表明するための適当な機会を与える。当該委員会は、これらの意見について審議するに際しては、第26条の規定にかかわらず、出席し、かつ、投票する当該委員会の構成国の５分の４以上の多数による議決により、一覧表への記載を決定する。

6　第24条に規定する委員会は、一覧表への記載の要請について決定を行うに当たり、政府機関及び非政府機関並びに個人の専門家の助言を求めるものとする。

7　強化された保護を付与し、又は付与しない旨の決定は、前条に定める基準に基づいてのみ行うことができる。

8　例外的な場合には、第24条に規定する委員会は、一覧表への文化財の記載を要請している締約国が前条(b)の基準を満たしていないと判断したときであっても、その要請を行った締約国が第32条の規定に基づいて国際的援助の要請を提出することを条件として、強化された保護を付与することを決定することができる。

9　紛争当事国たる締約国は、敵対行為の開始に際し、自国が管轄権を有し、又は管理する文化財について強化された保護の付与を要請することを第24条に規定する委員会に通報することにより、強化された保護の付与を緊急に要請することができる。当該委員会は、その要請をすべての紛争当事国たる締約国に直ちに送付する。このような場合には、当該委員会は、関係締約国からの意見について迅速に審議する。暫定的な強化された保護を付与する旨の決定は、第26条の規定にかかわらず、出席し、かつ、投票する当該委員会の構成国の５分の４以上の多数による議決により、できる限り速やかに行う。当該委員会は、前条(a)及び(c)の基準が満たされているときは、強化された保護を付与するための正規の手続による結果が出るまでの間、暫定的な強化された保護を付与することができる。

10　強化された保護は、一覧表に文化財が記載された時から、第24条に規定する委員会により付与される。

11　事務局長は、国際連合事務総長及びすべての締約国に対し、第24条に規定する委員会による一覧表に文化財を記載する旨の決定の通報を遅滞なく送付する。

第12条　強化された保護の下にある文化財に関する特別な取扱い

紛争当事国たる締約国は、強化された保護の下にある文化財を攻撃の対象とすることを差し控えること及び軍事活動を支援するための当該文化財又はその隣接する周囲のいかなる利用も差し控えることにより、当該文化財に関する特別な取扱いを確保する。

第13条 強化された保護の喪失

1 強化された保護の下にある文化財は、次のいずれかの場合に限り、強化された保護を喪失する。

(a) 強化された保護が、次条の規定に基づいて停止され、又は取り消される場合

(b) 当該文化財が、その利用により軍事目標となっている場合

2 1(b)の状況においては、1の文化財は、次のすべての条件を満たす場合に限り、攻撃の対象とすることができる。

(a) 当該攻撃が、1(b)に規定する利用を終了させるための唯一の実行可能な手段であること。

(b) 攻撃の手段及び方法の選択に当たっては、1(b)に規定する利用を終了させるため、及び当該文化財の損傷を防止し、又は少なくとも最小限にとどめるため、すべての実行可能な予防措置をとること。

(c) 緊急の自衛上の必要のため状況によりやむを得ない場合を除くほか、

(i) 当該攻撃が、最も上級の作戦上の指揮機関により命令されること。

(ii) 1(b)に規定する利用を終了することを要請する効果的な事前の警告が、敵対する兵力に対して発出されること。

(iii) 事態を是正するための合理的な期間が、敵対する兵力に与えられること。

第14条 強化された保護の停止及び取消し

1 第24条に規定する委員会は、文化財が第10条に定める基準のいずれかを満たさなくなった場合には、強化された保護を停止し、又は当該文化財を一覧表から削除することによりこれを取り消すことができる。

2 第24条に規定する委員会は、強化された保護の下にある文化財に関し、軍事活動を支援するための当該文化財の利用により第12条の規定に対する著しい違反が生じている場合には、強化された保護を停止することができる。当該委員会は、当該違反が継続する場合には、例外的に、当該文化財を一覧表から削除することにより強化された保護を取り消すことができる。

3 事務局長は、国際連合事務総長及びすべての締約国に対し、第24条に規定する委員会による強化された保護を停止し、又は取り消す旨の決定の通報を遅滞なく送付する。

4 第24条に規定する委員会は、3に規定する決定を行う前に、締約国に対し、その意見を表明するための機会を与える。

第4章 刑事上の責任及び裁判権

第15条 この議定書の著しい違反

1 故意に、かつ、条約又はこの議定書に違反して行われる次のいずれの行為も、この議定書上の犯罪とする。

(a)　強化された保護の下にある文化財を攻撃の対象とすること。
(b)　強化された保護の下にある文化財又はその隣接する周囲を軍事活動を支援するために利用すること。
(c)　条約及びこの議定書により保護される文化財の広範な破壊又は徴発を行うこと。
(d)　条約及びこの議定書により保護される文化財を攻撃の対象とすること。
(e)　条約により保護される文化財を盗取し、略奪し若しくは横領し、又は損壊すること。

2　締約国は、この条に規定する犯罪を自国の国内法上の犯罪とするため、及びこのような犯罪について適当な刑罰を科することができるようにするため、必要な措置をとる。締約国は、そのような措置をとるに当たり、法の一般原則及び国際法（行為を直接に行う者以外の者に対しても個人の刑事上の責任を課する規則を含む。）に従う。

第16条　裁判権

1　２の規定の適用を妨げることなく、締約国は、次の場合において前条に規定する犯罪についての自国の裁判権を設定するため、必要な立法上の措置をとる。
(a)　犯罪が自国の領域内で行われる場合
(b)　容疑者が自国の国民である場合
(c)　同条１(a)から(c)までに規定する犯罪については、容疑者が自国の領域内に所在する場合

2　裁判権の行使に関し、条約第28条の規定の適用を妨げることなく、
(a)　この議定書は、適用可能な国内法及び国際法に基づき個人が刑事上の責任を負うこと又は裁判権が行使されることを妨げるものではなく、また、国際慣習法に基づく裁判権の行使に影響を及ぼすものでもない。
(b)　締約国でない国が第３条２の規定に従ってこの議定書の規定を受諾し、かつ、適用する場合を除くほか、締約国でない国の軍隊の構成員及び国民（締約国の軍隊において勤務する者を除く。）は、この議定書に基づき個人の刑事上の責任を負うことはなく、また、この議定書は、当該軍隊の構成員及び国民に対する裁判権を設定し、又は当該軍隊の構成員及び国民を引き渡す義務を課するものではない。

第17条　訴追

1　締約国は、第15条１(a)から(c)までに規定する犯罪の容疑者が自国の領域内に所在することが判明した場合において、当該容疑者を引き渡さないときは、いかなる例外もなしに、かつ、不当に遅滞することなく、国内法による手続又は適用可能な国際法の関連規則による手続を通じて、訴追のため自国の権限のある当局に事件を付託する。

2　適用可能な国際法の関連規則の適用を妨げることなく、自己につき条約又はこ

の議定書に関連して訴訟手続がとられているいずれの者も、当該訴訟手続のすべての段階において国内法及び国際法に従って公正な取扱い及び公正な裁判を保障され、かつ、いかなる場合においても、国際法に定める保障よりも不利な保障が与えられることはない。

第18条　犯罪人引渡し

1　第15条１(a)から(c)までに規定する犯罪は、この議定書が効力を生ずる前に締約国間に存在する犯罪人引渡条約における引渡犯罪とみなされる。締約国は、相互間でその後締結されるすべての犯罪人引渡条約にこれらの犯罪を引渡犯罪として含めることを約束する。

2　条約の存在を犯罪人引渡しの条件とする締約国は、自国との間に犯罪人引渡条約を締結していない他の締約国から犯罪人引渡しの請求を受けた場合には、随意にこの議定書を第15条１(a)から(c)までに規定する犯罪に関する犯罪人引渡しのための法的根拠とみなすことができる。

3　条約の存在を犯罪人引渡しの条件としない締約国は、犯罪人引渡しの請求を受けた締約国の法令に定める条件に従い、相互間で、第15条１(a)から(c)までに規定する犯罪を引渡犯罪と認める。

4　第15条１(a)から(c)までに規定する犯罪は、締約国間の犯罪人引渡しに関しては、必要な場合には、当該犯罪が発生した場所においてのみでなく、第16条１の規定に従って裁判権を設定した締約国の領域内においても行われたものとみなされる。

第19条　法律上の相互援助

1　締約国は、第15条に規定する犯罪について行われる捜査、刑事訴訟又は犯罪人引渡しに関する手続について、相互に最大限の援助（これらの手続に必要であり、かつ、自国が提供することのできる証拠の収集に係る援助を含む。）を与える。

2　締約国は、相互間に法律上の相互援助に関する条約又は他の取極が存在する場合には、当該条約又は他の取極に合致するように、１に定める義務を履行する。締約国は、そのような条約又は取極が存在しない場合には、国内法に従って相互に援助を与える。

第20条　拒否の理由

1　第15条１(a)から(c)までに規定する犯罪については、犯罪人引渡しに関し、また、同条に規定する犯罪については、法律上の相互援助に関し、政治犯罪、政治犯罪に関連する犯罪又は政治的な動機による犯罪とみなしてはならない。したがって、政治犯罪、政治犯罪に関連する犯罪又は政治的な動機による犯罪に関係することのみを理由として、同条１(a)から(c)までに規定する犯罪を根拠とする犯罪人引渡しの請求又は同条に規定する犯罪に関する法律上の相互援助の要請を拒否することはできない。

2　この議定書のいかなる規定も、第15条１(a)から(c)までに規定する犯罪を根拠とする犯罪人引渡しの請求又は同条に規定する犯罪に関する法律上の相互援助の要請を受けた締約国が、これらの請求若しくは要請が人種、宗教、国籍、民族的出身若しくは政治的意見を理由としてこれらの請求若しくは要請の対象となる者を訴追し若しくは処罰するために行われたと信じ、又はこれらの請求若しくは要請に応ずることによりその者の地位がこれらの理由によって害されると信ずるに足りる実質的な根拠がある場合には、引渡しを行い、又は法律上の相互援助を与える義務を課するものと解してはならない。

第21条　他の違反に関する措置

条約第28条の規定の適用を妨げることなく、締約国は、故意に行われる次の行為を抑止するために必要な立法上、行政上又は懲戒上の措置をとる。

(a)　条約又はこの議定書に違反する文化財の利用

(b)　条約又はこの議定書に違反して行われる占領地域からの文化財の不法な輸出、その他の移動又は所有権の移転

第５章　国際的性質を有しない武力紛争における文化財の保護

第22条　国際的性質を有しない武力紛争

1　この議定書は、締約国の１の領域内に生ずる国際的性質を有しない武力紛争の場合について適用する。

2　この議定書は、暴動、独立の又は散発的な暴力行為その他これらに類する性質の行為等国内における騒乱及び緊張の事態については、適用しない。

3　この議定書のいかなる規定も、国の主権又は、あらゆる正当な手段によって、国の法及び秩序を維持し若しくは回復し若しくは国の統一を維持し及び領土を保全するための政府の責任に影響を及ぼすことを目的として援用してはならない。

4　この議定書のいかなる規定も、国際的性質を有しない武力紛争が領域内で生ずる締約国の第15条に規定する違反行為に対する第一次の裁判権を害するものではない。

5　この議定書のいかなる規定も、武力紛争が生じている締約国の領域における当該武力紛争又は武力紛争が生じている締約国の国内問題若しくは対外的な問題に直接又は間接に介入することを、その介入の理由のいかんを問わず、正当化するために援用してはならない。

6　１に規定する事態へのこの議定書の適用は、紛争当事者の法的地位に影響を及ぼすものではない。

7　ユネスコは、その役務を紛争当事者に提供することができる。

第６章　組織に関する事項

第23条　締約国会議

1　締約国会議は、ユネスコの総会と同時に、かつ、条約締約国の会合が事務局長により招集された場合には当該条約締約国の会合と調整の上、開催される。

2　締約国会議は、その手続規則を採択する。
3　締約国会議は、次の任務を有する。
(a)　次条に規定する委員会の構成国を同条1の規定に従って選出すること。
(b)　次条に規定する委員会が第27条1(a)の規定に従って作成する指針を承認すること。
(c)　次条に規定する委員会による第29条に規定する基金の利用について、指針を提供し、及び監督すること。
(d)　次条に規定する委員会が第27条1(d)の規定に従って提出する報告書を審議すること。
(e)　この議定書の適用に関連するあらゆる問題を討議し、及び適当な場合には勧告を行うこと。
4　事務局長は、締約国の少なくとも5分の1の要請により、特別の締約国会議を招集する。

第24条　武力紛争の際の文化財の保護に関する委員会

1　この議定書により、武力紛争の際の文化財の保護に関する委員会（以下「委員会」という。）を設置する。委員会は、締約国会議により選出される12の締約国によって構成される。
2　委員会は、毎年1回、通常会期として会合するものとし、必要があると認めるときはいつでも、臨時会期として会合する。
3　締約国は、委員会の構成を決定するに当たり、世界の異なる地域及び文化が衡平に代表されることを確保するよう努める。
4　委員会の構成国は、自国の代表として文化遺産、国防又は国際法の分野において資格を有する者を選定するものとし、また、相互に協議の上、委員会が全体としてこれらのすべての分野における十分な専門的知識を有することを確保するよう努める。

第25条　任期

1　締約国は、4年の任期で委員会に選出されるものとし、引き続いて1回のみ再選される資格を有する。
2　1の規定にかかわらず、最初の選挙において選出された構成国の2分の1の任期は、当該選挙が行われた締約国会議の通常会期の後に開催される最初の締約国会議の通常会期の終わりに終了する。これらの構成国は、最初の選挙の後に締約国会議の議長によりくじ引で選ばれる。

第26条　手続規則

1　委員会は、その手続規則を採択する。
2　委員会の会合の定足数は、構成国の過半数とする。委員会の決定は、投票する構成国の3分の2以上の多数による議決で行う。
3　委員会の構成国は、自国が当事者である武力紛争の影響を受ける文化財に関するいかなる決定についても、投票に参加してはならない。

第27条　任務

1　委員会は、次の任務を有する。

(a)　この議定書の実施に関する指針を作成すること。

(b)　文化財に対して強化された保護を付与し、停止し、又は取り消すこと並びに強化された保護の下にある文化財の一覧表を作成し、維持し、及び周知させること。

(c)　この議定書の実施を監視し、及び監督すること並びに強化された保護の下に置かれる文化財の認定を促進すること。

(d)　締約国の報告について検討し、意見を述べ、及び必要に応じて説明を求め、並びに締約国会議に提出するためにこの議定書の実施に関する報告書を作成すること。

(e)　第32条に規定する国際的援助の要請を受領し、及び検討すること。

(f)　第29条に規定する基金の利用について決定を行うこと。

(g)　締約国会議により与えられるその他の任務を遂行すること。

2　委員会の任務は、事務局長と協力して遂行する。

3　委員会は、条約、第１議定書及びこの議定書の目的と同様の目的を有する政府間国際機関及び国際的な非政府機関並びに国内の政府機関及び非政府機関と協力する。委員会は、その任務の遂行について支援を受けるため、ユネスコと公式の関係を有する専門的機関等の著名な専門的機関（ブルーシールド国際委員会(ICBS)及びその構成機関を含む。）を顧問の資格で委員会の会合に招請することができる。また、委員会は、文化財の保存及び修復の研究のための国際センター（ローマ・センター）(ICCROM)及び赤十字国際委員会(ICRC)の代表についても、顧問の資格で出席するよう招請することができる。

第28条　事務局

委員会は、ユネスコ事務局の補佐を受けるものとし、同事務局は、委員会の書類及び会合の議事日程を作成し、並びに委員会の決定の実施について責任を有する。

第29条　武力紛争の際の文化財の保護に関する基金

1　この議定書により、次の目的のため、武力紛争の際の文化財の保護に関する基金（以下この条において「基金」という。）を設立する。

(a)　特に第５条、第10条(b)及び次条の規定に従って平時にとられる準備措置その他の措置を支援するための財政上その他の援助を提供すること。

(b)　武力紛争の期間中又は敵対行為の終了後の当面の復旧の間において特に第８条(a)の規定に従って文化財を保護するためにとられる緊急の措置、暫定的な措置その他の措置に関し、財政上その他の援助を提供すること。

2　基金は、ユネスコの財政規則に基づく信託基金とする。

3　基金から支出された資金は、委員会が第23条３(c)に規定する指針に従って決定する目的のためにのみ使用する。委員会は、特定の計画又は事業に用途を限った拠出を受けることができる。ただし、委員会が当該計画又は事業の実施を決定している場合に限る。

4　基金の資金は、次のものから成る。

(a)　締約国からの任意拠出金

(b)　次の者からの拠出金、贈与又は遺贈

(i)　締約国以外の国

(ii)　ユネスコ又は国際連合の他の機関

(iii)　他の政府機関又は非政府機関

(iv)　公私の機関又は個人

(c)　基金から生ずる利子

(d)　募金によって調達された資金及び基金のために企画された行事による収入

(e)　基金に適用される指針によって認められるその他のあらゆる資金

第７章　情報の周知及び国際的援助

第30条　周知

1　締約国は、適当な手段を用いて、特に教育及び広報に関する事業計画を通じて、自国のすべての住民が文化財を評価し、及び尊重することを強化するよう努める。

2　締約国は、平時及び武力紛争の際の双方において、できる限り広い範囲においてこの議定書の周知を図る。

3　武力紛争の際にこの議定書の適用について責任を有する軍当局及び軍当局以外の当局は、この議定書の内容を熟知していなければならない。このため、締約国は、適当な場合には、次のことを行う。

(a)　文化財の保護についての指針及び命令を自国の軍事上の規則に含めること。

(b)　ユネスコ並びに関連の政府機関及び非政府機関と協力して、平時の訓練及び教育に関する事業計画を作成し、及び実施すること。

(c)　事務局長を通じて、(a)及び(b)の規定を実施するために制定された法律及び行政規則並びに当該規定を実施するためにとられた措置に関する情報を相互に通報すること。

(d)　事務局長を通じて、できる限り速やかに、この議定書の適用を確保するために自国が制定する法律及び行政規則を相互に通報すること。

第31条　国際協力

締約国は、この議定書に対する著しい違反がある場合には、ユネスコ及び国際連合と協力して、かつ、国際連合憲章に従って、単独で又は委員会を通じて共同して行動することを約束する。

第32条　国際的援助

1　締約国は、委員会に対し、強化された保護の下にある文化財に関する国際的援

助並びに第10条の規定による法律、行政規則及び措置の立案、制定又は実施に関する援助を要請することができる。

2　この議定書の締約国でない紛争当事国であって、第3条2の規定に従ってこの議定書の規定を受諾し、かつ、適用するものは、委員会に対し、適当な国際的援助を要請することができる。

3　委員会は、国際的援助の要請の提出に関する規則を採択し、及び国際的援助の形態について定める。

4　締約国は、要請を行う締約国又は紛争当事国に対し、委員会を通じて、あらゆる種類の技術上の援助を与えることを奨励される。

第33条　ユネスコによる援助

1　締約国は、自国の文化財の保護に関する業務の遂行（文化財の保全のための準備活動、緊急事態に対する予防措置及び制度上の措置の実施、自国の文化財の目録の作成等）について、又はこの議定書の適用から生ずるその他のあらゆる問題について、ユネスコに技術上の援助を要請することができる。ユネスコは、その計画及び資力の範囲内で当該援助を与える。

2　締約国は、2国間又は多数国間で技術上の援助を与えることを奨励される。

3　ユネスコは、その発意により、締約国に対し1及び2の事項に関する提案を行うことができる。

第8章　議定書の実施

第34条　利益保護国

この議定書は、紛争当事国たる締約国の利益の保護について責任を有する利益保護国の協力を得て適用する。

第35条　調停手続

1　利益保護国は、文化財の保護のために有益と認めるすべての場合、特に、この議定書の適用又は解釈に関して紛争当事国たる締約国の間で意見の相違がある場合には、あっせんを行う。

2　このため、各利益保護国は、1の締約国若しくは事務局長からの要請により又は自己の発意により、紛争当事国たる締約国に対し、それぞれの代表者、特に文化財の保護について責任を有する当局が、適当と認められる場合には紛争当事国でない国の領域において、会合するよう提案することができる。紛争当事国たる締約国は、自国に対してなされた会合の提案に従わなければならない。利益保護国は、紛争当事国たる締約国に対し、その承認を求めるため、紛争当事国でない国に属する者又は事務局長から提示された者であって当該会合に議長の資格で参加するよう招請されるものを提案する。

第36条　利益保護国がない場合の調停

1　事務局長は、利益保護国が任命されていない場合の紛争において、意見の相違を解決するため、あっせんを行い、又はその他調停若しくは仲介の手段を用いて行動することができる。

2　委員会の議長は、1の締約国又は事務局長からの要請により、紛争当事国たる締約国に対し、それぞれの代表者、特に文化財の保護について責任を有する当局が、適当と認められる場合には紛争当事国でない国の領域において、会合するよう提案することができる。

第37条　訳文及び報告

1　締約国は、この議定書を自国の公用語に翻訳するものとし、その公定訳文を事務局長に送付する。

2　締約国は、この議定書の実施に関する報告を4年に1回委員会に提出する。

第38条　国家責任

個人の刑事上の責任に関するこの議定書の規定は、国際法に基づく国家責任（賠償を支払う義務を含む。）に影響を及ぼすものではない。

第9章　最終規定

第39条　用語

この議定書は、ひとしく正文であるアラビア語、中国語、英語、フランス語、ロシア語及びスペイン語により作成する。

第40条　署名

この議定書は、1999年3月26日の日付を有するものとし、1999年5月17日から12月31日までハーグにおいてすべての条約締約国による署名のために開放しておく。

第41条　批准、受諾又は承認

1　この議定書は、この議定書に署名した条約締約国により、それぞれ自国の憲法上の手続に従って批准され、受諾され、又は承認されなければならない。

2　批准書、受諾書又は承認書は、事務局長に寄託する。

第42条　加入

1　この議定書は、2000年1月1日以後は、他の条約締約国による加入のために開放しておく。

2　加入は、事務局長に加入書を寄託することによって行う。

第43条　効力発生

1　この議定書は、20の国の批准書、受諾書、承認書又は加入書が寄託された後3箇月で効力を生ずる。

2　この議定書は、その後は、各締約国について、その批准書、受諾書、承認書又は加入書の寄託の後3箇月で効力を生ずる。

第44条　武力紛争の事態における効力発生

条約第18条又は第19条に規定する事態において、紛争当事国が敵対行為又は占領の開始前又は開始後に行った批准、受諾、承認又は加入は、直ちに効力を生ずる。

この場合には、事務局長は、第46条に規定する通報を最も速やかな方法で送付する。

第45条　廃棄

1　締約国は、この議定書を廃棄することができる。

2　廃棄は、事務局長に寄託する文書により通告する。

3　廃棄は、廃棄書の受領の後１年で効力を生ずる。ただし、廃棄を行う締約国がこの期間の満了の時において武力紛争に巻き込まれている場合には、廃棄は、敵対行為の終了の時又は文化財の返還に関する業務が完了する時のいずれか遅い時まで効力を生じない。

第46条　通報

事務局長は、すべての条約締約国及び国際連合に対し、第41条及び第42条に規定するすべての批准書、受諾書、承認書及び加入書の寄託並びに前条に規定する廃棄を通報する。

第47条　国際連合への登録

この議定書は、事務局長からの要請により、国際連合憲章第102条の規定に従って、国際連合事務局に登録する。

以上の証拠として、下名は、正当に委任を受けてこの議定書に署名した。

1999年３月26日にハーグで、本書１通を作成した。本書は、国際連合教育科学文化機関に寄託するものとし、その認証謄本は、すべての条約締約国に送付する。

V

武器等の禁止・制限に関する条約

クラスター弾条約

平成22年岡田外務大臣談話

核によるテロ防止条約

テロリストによる爆弾使用防止条約

航空機不法奪取防止条約

サイバー犯罪条約

対人地雷禁止条約

化学兵器禁止条約

特定通常兵器使用禁止制限条約

特定通常兵器使用禁止制限条約の追加議定書

特定通常兵器使用禁止制限条約の改正議定書

環境改変技術敵対的使用禁止条約

生物毒素兵器禁止条約

毒ガス等禁止議定書

ダムダム弾禁止宣言

武器貿易条約

17 クラスター弾に関する条約

（クラスター弾条約）

平成20年５月30日ダブリンで採択

平成22年７月９日公布（条約第５号）
平成22年８月１日効力発生

この条約の締約国は、

文民たる住民及び個々の文民が引き続き武力紛争の矢面に立たされていることを深く憂慮し、

クラスター弾が使用されたとき、意図されたとおりに作動しなかったとき又は遺棄されたときにもたらす苦痛及び犠牲を永久に終止させることを決意し、

クラスター弾残存物が、女性及び児童を含む文民を殺害し、又はその身体に障害を残し、特に生活手段の喪失により経済的及び社会的な発展を妨げ、紛争後の復旧及び再建を阻害し、難民及び国内の避難民の帰還を遅らせ、又は妨げ、国内的及び国際的な平和構築及び人道的援助の努力に対して悪影響を及ぼし、並びにクラスター弾の使用後長年にわたって残存する他の深刻な結果をもたらすことを憂慮し、

作戦上の使用のために保有するクラスター弾を国が大量に貯蔵することによる危険性について深く憂慮し、また、これらのクラスター弾の迅速な廃棄を確保することを決意し、

世界各地に存在するクラスター弾残存物を除去するという課題の解決に効果的なかつ調整の図られた方法で有効に貢献し、及びこれらのクラスター弾残存物の廃棄を確保することが必要であることを信じ、

すべてのクラスター弾による被害者の権利の完全な実現を確保することを決意し、また、クラスター弾による被害者の固有の尊厳を認識し、

クラスター弾による被害者に対して医療、リハビリテーション及び心理的な支援を含む援助を提供し、並びにクラスター弾による被害者が社会的及び経済的に包容されるようにするために全力を尽くすことを決意し、

クラスター弾による被害者に対して年齢及び性別に配慮した援助を提供し、並びに弱い立場にある人々の特別なニーズに対応することが必要であることを認識し、

障害者の権利に関する条約において、特に、その締約国に対し、障害に基づくいかなる差別もなしに、すべての障害者のあらゆる人権及び基本的自由の完全な実現を確保し、及び促進することを約束することが求められていることに留意し、

各種の兵器による被害者の権利及びニーズに対応する様々な場で行われている努力を適切に調整することが必要であることに留意し、また、各種の兵器による被害者の間の差別を回避することを決意し、

文民及び戦闘員は、この条約その他の国際取極がその対象としていない場合においても、確立された慣習、人道の諸原則及び公共の良心に由来する国際法の諸原則

に基づく保護並びにこのような国際法の諸原則の支配の下に置かれることを再確認し、

国の軍隊とは別個の武装集団が、この条約の締約国に対して禁止されている活動を行うことは、いかなる場合にも許されないことを決定し、

1997年の対人地雷の使用、貯蔵、生産及び移譲の禁止並びに廃棄に関する条約にうたう対人地雷を禁止する国際的な規範に対する広範な国際的な支持を歓迎し、

過度に傷害を与え又は無差別に効果を及ぼすことがあると認められる通常兵器の使用の禁止又は制限に関する条約に附属する戦争による爆発性の残存物に関する議定書が採択され、及び2006年11月12日に効力を生じたことを歓迎し、また、紛争後の環境において、クラスター弾残存物の及ぼす影響からの文民の保護を強化することを希望し、

女性、平和及び安全に関する国際連合安全保障理事会決議第1325号及び武力紛争における児童に関する国際連合安全保障理事会決議第1612号に留意し、

クラスター弾の使用、貯蔵、生産及び移譲を禁止し、制限し、又は停止するため、近年、国内的、地域的及び世界的にとられた措置を歓迎し、

クラスター弾がもたらす文民の苦痛を終止させる世界的な要請に示された人道の諸原則の推進における公共の良心の役割を強調し、また、このために国際連合、赤十字国際委員会、クラスター弾連合その他世界各地にある多数の非政府機関が行っている努力を認識し、

クラスター弾に関するオスロ会議の宣言において、特に、各国が、クラスター弾の使用がもたらす重大な結果を認識したこと並びに文民に容認し難い害をもたらすクラスター弾の使用、生産、移譲及び貯蔵を禁止し、並びに被害者に対する治療及びリハビリテーションの適切な提供、クラスター弾汚染地域に存在するクラスター弾残存物の除去、危険の低減を目的とする教育並びに貯蔵されているクラスター弾の廃棄を確保する協力及び援助のための枠組みを定める法的拘束力のある文書を2008年までに作成するとの約束を行ったことを再確認し、

すべての国によるこの条約への参加を得ることが望ましいことを強調し、また、この条約の普遍化及び完全な実施を促進するために精力的に努力することを決意し、

国際人道法の諸原則及び諸規則、特に武力紛争の当事者が戦闘の方法及び手段を選ぶ権利は無制限ではないという原則並びに紛争の当事者が文民たる住民と戦闘員とを及び民用物と軍事目標とを常に区別し、かつ、軍事目標のみを軍事行動の対象とするという規則並びに軍事行動を行うに際しては文民たる住民、個々の文民及び民用物に対する攻撃を差し控えるよう不断の注意を払うという規則並びに文民たる住民及び個々の文民が軍事行動から生ずる危険からの一般的保護を受けるという規則に立脚して、

次のとおり協定した。

第１条　一般的義務及び適用範囲

1　締約国は、いかなる場合にも、次のことを行わないことを約束する。

(a)　クラスター弾を使用すること。

(b)　クラスター弾を開発し、生産し、生産以外の方法によって取得し、貯蔵し若しくは保有し、又はいずれかの者に対して直接若しくは間接に移譲すること。

(c)　この条約によって締約国に対して禁止されている活動を行うことにつき、いずれかの者に対して、援助し、奨励し、又は勧誘すること。

2　1の規定は、航空機に取り付けられたディスペンサーから散布され、又は投下されるよう特に設計された爆発性の小型爆弾について準用する。

3　この条約は、地雷については、適用しない。

第2条　定義

この条約の適用上、

1　「クラスター弾による被害者」とは、クラスター弾の使用によって殺害され、又は身体的若しくは心理的な傷害、経済的損失、社会的な疎外若しくは自己の権利の実現に対する著しい侵害を被ったすべての者をいい、クラスター弾により直接に被害を受けた者並びにこのような者の関係する家族及び地域社会を含む。

2　「クラスター弾」とは、それぞれの重量が20キログラム未満の爆発性の子弾を散布し、又は投下するように設計された通常の弾薬であって、これらの爆発性の子弾を内蔵するものをいう。ただし、次のものを意味するものではない。

(a)　フレア、煙、料薬火工品若しくはチャフを放出するように設計された弾薬若しくは子弾又は防空の役割のためにのみ設計された弾薬

(b)　電気的又は電子的な効果を引き起こすように設計された弾薬又は子弾

(c)　無差別かつ地域的に効果を及ぼすこと及び不発の子弾がもたらす危険を避けるため、次のすべての特性を有している弾薬

(i)　それぞれの弾薬が10未満の爆発性の子弾を内蔵していること。

(ii)　それぞれの爆発性の子弾の重量が4キログラムを超えていること。

(iii)　それぞれの爆発性の子弾が単一の攻撃目標を探知し、及び攻撃するように設計されていること。

(iv)　それぞれの爆発性の子弾が電子式の自己破壊のための装置を備えていること。

(v)　それぞれの爆発性の子弾が電子式の自己不活性化のための機能を備えていること。

3　「爆発性の子弾」とは、通常の弾薬であって、その役割を果たすため、クラスター弾から散布され、又は投下され、かつ、衝突前、衝突時又は衝突後に爆発性の炸《さく》薬を起爆させることによって機能するように設計されたものをいう。

4　「失敗したクラスター弾」とは、発射され、投下され、打ち上げられ、射出され、又は他の方法によって投射されたクラスター弾であって、爆発性の子弾を散布し、又は投下するはずであったが、散布し、又は投下することに失敗したもの

をいう。

5 「不発の子弾」とは、クラスター弾から散布され若しくは投下され、又は他の方法によってクラスター弾から分離された爆発性の子弾であって、意図されたとおりに爆発することに失敗したものをいう。

6 「遺棄されたクラスター弾」とは、使用されておらず、かつ、放置され、又は投棄されたクラスター弾又は子弾であって、これらを放置し、又は投棄した者の管理の下にないものをいい、使用のための準備が行われていたか否かを問わない。

7 「クラスター弾残存物」とは、失敗したクラスター弾、遺棄されたクラスター弾、不発の子弾及び不発の小型爆弾をいう。

8 「移譲」とは、クラスター弾が領域へ又は領域から物理的に移動し、かつ、当該クラスター弾に対する権原及び管理が移転することをいう。ただし、クラスター弾残存物の存在する領域の移転に伴って生ずるものを除く。

9 「自己破壊のための装置」とは、弾薬の主要な起爆装置のほかに当該弾薬に内蔵された自動的に機能する装置であって、当該弾薬の破壊を確保するためのものをいう。

10 「自己不活性化」とは、弾薬が機能するために不可欠な構成要素（例えば、電池）を不可逆的に消耗させる方法によって当該弾薬の機能を自動的に失わせることをいう。

11 「クラスター弾汚染地域」とは、クラスター弾残存物が存在することが知られ、又は疑われている地域をいう。

12 「地雷」とは、土地若しくは他の物の表面に又は土地若しくは他の物の表面の下方若しくは周辺に敷設されるよう及び人又は車両の存在、接近又は接触によって爆発するように設計された弾薬をいう。

13 「爆発性の小型爆弾」とは、重量が20キログラム未満の自動推進式でない通常の弾薬であって、その役割を果たすため、ディスペンサーから散布され、又は投下され、かつ、衝突前、衝突時又は衝突後に爆発性の炸《さく》薬を起爆させることによって機能するように設計されたものをいう。

14 「ディスペンサー」とは、爆発性の小型爆弾を散布し、又は投下するように設計された容器であって、その散布又は投下の時点において航空機に取り付けられているものをいう。

15 「不発の小型爆弾」とは、ディスペンサーから散布され、投下され、又は他の方法によって分離された爆発性の小型爆弾であって、意図されたとおりに爆発することに失敗したものをいう。

第3条 貯蔵されているクラスター弾の廃棄

1 締約国は、国内法令に従い、作戦上の使用のために保有する弾薬から自国の管轄及び管理の下にあるすべてのクラスター弾を区別し、かつ、当該クラスター弾に廃棄のための識別措置をとる。

2 締約国は、1に規定するすべてのクラスター弾につき、この条約が自国について効力を生じた後できる限り速やかに、遅くとも8年以内に廃棄し、又はその廃棄を確保することを約束する。締約国は、廃棄の方法が公衆の健康及び環境の保護のための適用可能な国際的な基準に適合するよう確保することを約束する。

3 締約国は、1に規定するすべてのクラスター弾につき、この条約が自国について効力を生じた後8年以内に廃棄し、又はその廃棄を確保することができないと認める場合には、当該クラスター弾の廃棄の完了の期限を最長4年までの期間延長することについて締約国会議又は検討会議に対して要請を行うことができる。締約国は、例外的な事情がある場合には、最長4年までの期間追加的な延長を要請することができる。要請する延長は、当該締約国が2の規定に基づく義務の履行を完了するために真に必要な年数を超えてはならない。

4 3に規定する延長の要請には、次に掲げるすべての事項を記載する。

(a) 延長しようとする期間

(b) 当該延長についての詳細な説明（自国が1に規定するすべてのクラスター弾を廃棄するために利用可能な又は必要とする財政的及び技術的手段並びに該当する場合には当該延長を正当化する例外的な事情を含む。）

(c) 貯蔵されているクラスター弾の廃棄を完了させる方法及び時期に関する計画

(d) この条約が自国について効力を生じた時に保管されていたクラスター弾及び爆発性の子弾並びにこの条約が自国について効力を生じた後に新たに発見されたクラスター弾又は爆発性の子弾の数量及び型式

(e) 2に規定する期間において廃棄されたクラスター弾及び爆発性の子弾の数量及び型式

(f) 延長しようとする期間において廃棄する予定の残りのクラスター弾及び爆発性の子弾の数量及び型式並びに達成が予想される年間廃棄率

5 締約国会議又は検討会議は、4に掲げる事項を考慮に入れて、延長の要請を評価し、及び出席し、かつ、投票する締約国の票の過半数による議決で当該要請を認めるか否かを決定する。これらの締約国は、要請された延長よりも短い延長を認めることを決定することができるものとし、適当な場合には、延長の基準を提案することができる。延長の要請は、当該要請が検討される締約国会議又は検討会議の少なくとも9箇月前までに行う。

6 第1条の規定にかかわらず、クラスター弾及び爆発性の子弾の探知、除去若しくは廃棄の技術の開発及び訓練のため又はクラスター弾への対抗措置の開発のための限られた数のクラスター弾及び爆発性の子弾の保有又は取得は、認められる。保有され、又は取得される爆発性の子弾の総数は、これらの目的のために絶対に必要な最小限度の数を超えてはならない。

7 第1条の規定にかかわらず、廃棄の目的及び6に規定する目的のための他の締約国へのクラスター弾の移譲は、認められる。

8　6及び7に規定する目的のためにクラスター弾又は爆発性の子弾を保有し、取得し、又は移譲する締約国は、これらのクラスター弾及び爆発性の子弾の予定する使用及び実際の使用並びにそれらの型式、数量及びロット番号に関する詳細な報告を提出する。これらの目的のためにクラスター弾又は爆発性の子弾を他の締約国に移譲する場合には、移譲を受ける国への言及を当該報告に含める。当該報告は、当該締約国がクラスター弾又は爆発性の子弾を保有し、取得し、又は移譲している間は毎年作成し、及びその翌年の4月30日までに国際連合事務総長に提出する。

第4条　クラスター弾残存物の除去及び廃棄並びに危険の低減を目的とする教育

1　締約国は、自国の管轄又は管理の下にあるクラスター弾汚染地域に存在するクラスター弾残存物につき、次の(a)から(c)までに定めるところにより、除去し、及び廃棄し、又はその除去及び廃棄を確保することを約束する。

(a)　この条約が自国について効力を生ずる日にクラスター弾残存物が自国の管轄又は管理の下にある地域に存在する場合には、できる限り速やかに、その日から遅くとも10年以内に、このような除去及び廃棄を完了する。

(b)　この条約が自国について効力を生じた後にクラスター弾が自国の管轄又は管理の下にある地域に存在するクラスター弾残存物となった場合には、できる限り速やかに、当該クラスター弾がクラスター弾残存物となった現実の敵対行為が終了した後遅くとも10年以内に、このような除去及び廃棄を完了しなければならない。

(c)　締約国は、(a)又は(b)のいずれかに規定する自国の義務を履行したときは、次回の締約国会議に対して義務を履行した旨の宣言を行う。

2　締約国は、1に規定する義務を履行するに当たり、国際的な協力及び援助に関する第6条の規定を考慮に入れて、できる限り速やかに、次の措置をとる。

(a)　自国の管轄又は管理の下にあるすべてのクラスター弾汚染地域を特定するためにあらゆる努力を払いつつ、クラスター弾残存物がもたらす脅威を調査し、評価し、及び記録すること。

(b)　標示、文民の保護、除去及び廃棄に関するニーズを評価し、並びにこれらについての優先順位を決定し、並びに適当な場合には既存の組織、経験及び方法に依拠して、これらの活動を実施するために資源を調達し、及び国の計画を作成するための措置をとること。

(c)　自国の管轄又は管理の下にあるすべてのクラスター弾汚染地域につき、囲いその他の文民を効果的に排除することを確保する手段によって、クラスター弾汚染地域の外縁を標示し、並びにクラスター弾汚染地域を監視し、及び防護することを確保するためのすべての実行可能な措置をとること。危険性が疑われている地域を標示する場合においては、関係する地域社会が容易に認識することのできる標示方法に基づく警告標識を使用すべきである。標識その他の危険な地域を示す境界の標示は、できる限り、視認及び判読が可能であり、かつ、耐久性及び環境の影響に対する耐性のあるものとすべきであり、また、標示された境界のいずれの側がクラスター弾汚染地域であると認められ、いずれの側が安全であると認められるかを明確に特定すべきである。

(d) 自国の管轄又は管理の下にある地域に存在するすべてのクラスター弾残存物を除去し、及び廃棄すること。

(e) クラスター弾汚染地域又はその周辺に居住する文民の間においてクラスター弾残存物がもたらす危険についての認識を確保するため、危険の低減を目的とする教育を行うこと。

3 締約国は、2に規定する措置をとるに当たり、「地雷対策活動に関する国際基準」(IMAS) を含む国際的な基準を考慮に入れる。

4 この4の規定は、この条約が一の締約国について効力を生ずる前に当該一の締約国によって使用され、又は遺棄されたクラスター弾が、この条約が他の締約国について効力を生ずる時に当該他の締約国の管轄又は管理の下にある地域に存在するクラスター弾残存物となった場合について適用する。

(a) このような場合において、この条約がこれらの締約国双方について効力を生じた時は、当該一の締約国は、当該他の締約国に対し、当該クラスター弾残存物の標示、除去及び廃棄を容易にするため、2国間で又は相互に合意した第三者（国際連合及びその関連機関並びに他の関連する機関を含む。）を通じて、特に、技術的、財政的、物的又は人的資源の援助を提供することを強く奨励される。

(b) このような援助には、可能な場合には、使用されたクラスター弾の型式及び数量、クラスター弾による攻撃を行った正確な位置並びにクラスター弾残存物が存在することが知られている地域についての情報を含める。

5 締約国は、1に規定するすべてのクラスター弾残存物につき、この条約が自国について効力を生じた後10年以内に除去し、及び廃棄し、又はその除去及び廃棄を確保することができないと認める場合には、当該クラスター弾残存物の除去及び廃棄の完了の期限を最長5年までの期間延長することについて締約国会議又は検討会議に対して要請を行うことができる。要請する延長は、当該締約国が1の規定に基づく義務の履行を完了するために真に必要な年数を超えてはならない。

6 5に規定する延長の要請は、当該締約国について1に定める期間が満了する前に締約国会議又は検討会議に対して行う。当該要請は、当該要請が検討される予定の締約国会議又は検討会議の少なくとも9箇月前までに行う。当該要請には、次に掲げるすべての事項を記載する。

(a) 延長しようとする期間

(b) 延長しようとする理由についての詳細な説明（延長しようとする期間におい

て自国がすべてのクラスター弾残存物を除去し、及び廃棄するために利用可能な及び必要とする財政的及び技術的手段を含む。）

(c)　将来の作業の準備並びに1に定める最初の10年間及びその後の延長において除去及び廃棄に関する国の計画に基づいて既に行われた作業の状況

(d)　この条約が自国について効力を生じた時にクラスター弾残存物が存在した地域の総面積及びこの条約が自国について効力を生じた後に新たに発見されたクラスター弾残存物が存在する地域の面積

(e)　この条約が効力を生じた後に除去されたクラスター弾残存物が存在した地域の総面積

(f)　延長しようとする期間において除去する予定の残りのクラスター弾残存物が存在する地域の総面積

(g)　1に定める最初の10年間において自国の管轄又は管理の下にある地域に存在するすべてのクラスター弾残存物を廃棄することを妨げた事情及び当該延長においてこのような廃棄を妨げる可能性のある事情

(h)　当該延長から生ずる人道上の、社会的な、経済的な及び環境上の影響

(i)　当該延長の要請に関連するその他の情報

7　締約国会議又は検討会議は、6に掲げる事項（特に、報告されたクラスター弾残存物の量を含む。）を考慮に入れて、延長の要請を評価し、及び出席し、かつ、投票する締約国の票の過半数による議決で当該要請を認めるか否かを決定する。これらの締約国は、要請された延長よりも短い延長を認めることを決定することができるものとし、適当な場合には、延長の基準を提案することができる。

8　延長は、5から7までの規定を準用して新たな要請を行うことにより最長5年までの期間更新することができる。締約国は、更なる延長を要請するに当たり、この条の規定に従って認められたその前の延長において行ったことについての追加的な関連情報を提出する。

第5条　被害者に対する援助

1　締約国は、自国の管轄又は管理の下にある地域に所在するクラスター弾による被害者について、適用可能な国際人道法及び国際人権法に従い、年齢及び性別に配慮した援助（医療、リハビリテーション及び心理的な支援を含む。）を適切に提供し、並びにクラスター弾による被害者が社会的及び経済的に包容されるようにする。締約国は、クラスター弾による被害者についての信頼し得る関連資料を収集するためにあらゆる努力を払う。

2　締約国は、1に規定する義務を履行するに当たり、次のことを行う。

(a)　クラスター弾による被害者のニーズを評価すること。

(b)　必要な政策及び国内法令を作成し、実施し、及び執行すること。

(c)　関係者の特別な役割及び貢献を尊重しつつ、障害、開発及び人権に係る自国の既存の枠組み及び仕組みにクラスター弾による被害者を組み入れるため、国

の計画及び予算（これらを実施するための時間的な枠組みを含む。）を作成すること。

(d) 国内的及び国際的な資源を調達するための措置をとること。

(e) クラスター弾による被害者に対して若しくはクラスター弾による被害者の間に又はクラスター弾による被害者と他の理由により傷害若しくは障害を被った者との間に差別を設けないこと。取扱いの差異は、医療上、リハビリテーション上、心理上又は社会経済上のニーズにのみ基づくものとすべきである。

(f) クラスター弾による被害者及びクラスター弾による被害者を代表する団体と緊密に協議し、並びにこれらを積極的に関与させること。

(g) この条の規定の実施に関する事項を調整するための政府内の中央連絡先を指定すること。

(h) 特に、医療、リハビリテーション及び心理的な支援並びに社会的及び経済的な包容の分野において、関連する指針及び良い慣行を取り入れるよう努めること。

第6条 国際的な協力及び援助

1 締約国は、この条約に基づく義務を履行するに当たり、援助を求め及び受ける権利を有する。

2 援助を提供することのできる締約国は、クラスター弾によって影響を受けた締約国に対し、この条約に基づく義務が履行されるようにするための技術的、物的及び財政的援助を提供する。このような援助は、特に、国際連合及びその関連機関、国際的な、地域的な若しくは国の機関若しくは非政府機関を通じて又は２国間で提供することができる。

3 締約国は、この条約の実施に関する装置並びに科学的な及び技術に関する情報を可能な最大限度まで交換することを容易にすることを約束するものとし、そのような交換に参加する権利を有する。締約国は、除去その他この条約の実施に関する装置及び関連する技術に関する情報の人道的目的のための提供及び受領を不当に制限してはならない。

4 援助を提供することのできる締約国は、第４条４の規定に従って負うことのある義務に加え、クラスター弾残存物の除去及び廃棄のための援助、クラスター弾の除去に関連する各種の方法及び技術に関する情報並びにクラスター弾残存物の除去及び廃棄並びに関連する活動に関する専門家、専門的な機関又は自国の連絡先の名簿を提供する。

5 援助を提供することのできる締約国は、貯蔵されているクラスター弾の廃棄のための援助を提供し、また、第４条に規定する標示、危険の低減を目的とする教育、文民の保護並びに除去及び廃棄に関するニーズ及び実行可能な措置を特定し、評価し、並びにこれらについての優先順位を決定するための援助を提供する。

6 この条約が効力を生じた後にクラスター弾が一の締約国の管轄又は管理の下に

ある地域に存在するクラスター弾残存物となった場合には、援助を提供することのできる締約国は、影響を受けた当該一の締約国に対して早急に緊急の援助を提供する。

7 援助を提供することのできる締約国は、年齢及び性別に配慮した援助（医療、リハビリテーション及び心理的支援を含む。）を適切に提供し、並びにクラスター弾による被害者が社会的及び経済的に包容されるようにするとの前条に規定する義務が履行されるようにするための援助を提供する。このような援助は、特に、国際連合及びその関連機関、国際的な、地域的な若しくは国の機関、赤十字国際委員会、各国の赤十字社及び赤新月社、国際赤十字・赤新月社連盟若しくは非政府機関を通じて又は2国間で提供することができる。

8 援助を提供することのできる締約国は、クラスター弾の使用の結果として影響を受けた締約国において必要とされる経済的及び社会的な復旧に貢献するための援助を提供する。

9 援助を提供することのできる締約国は、この条に規定する援助の提供を容易にするため、関連する信託基金に拠出することができる。

10 援助を求め及び受ける締約国は、国際的な最良の慣行を考慮に入れて、国内法令に適合する方法により、この条約の適時のかつ効果的な実施を容易にするため、すべての適当な措置（要員の出入国並びに物品及び装置の輸出入を容易にすることを含む。）をとる。

11 締約国は、国の行動計画を作成する目的をもって、国際連合及びその関連機関、地域的機関、他の締約国その他権限のある政府間機関又は非政府機関に対し、自国の当局が特に次の事項を確定するために援助を要請することができる。

(a) 自国の管轄又は管理の下にある地域に存在するクラスター弾残存物の性質及び範囲

(b) 行動計画の実施に必要となる財政的、技術的及び人的資源

(c) 自国の管轄又は管理の下にある地域に存在するすべてのクラスター弾残存物の除去及び廃棄に要すると見込まれる時間

(d) クラスター弾残存物による傷害又は死亡の発生を減少させるための危険の低減を目的とする教育計画及び啓発活動

(e) クラスター弾による被害者に対する援助

(f) 自国の政府と行動計画の実施に当たる政府機関、政府間機関又は非政府機関との関係の調整

12 この条の規定により援助を提供する締約国及び当該援助を受ける締約国は、合意された援助計画の完全かつ迅速な実施を確保するために協力する。

第7条 透明性についての措置

1 締約国は、次の事項につき、国際連合事務総長に対し、この条約が自国について効力を生じた後できる限り速やかに、遅くとも180日以内に報告する。

(a) 第9条に規定する国内の実施措置
(b) 第3条1に規定するすべてのクラスター弾（爆発性の子弾を含む。）の総数（それらの型式、型式ごとの数量及び可能な場合には型式ごとのロット番号の内訳を含む。）
(c) この条約が自国について効力を生ずる前に自国が生産したクラスター弾の各型式の技術上の特徴（判明しているものに限る。）及び合理的に可能な場合には、自国がその時点で所有し、又は占有するクラスター弾の各型式の技術上の特徴であって、クラスター弾の識別及び除去を容易にすることができるような情報を与えるもの。この情報には、少なくとも、寸法、信管、使用されている火薬及び金属、カラー写真その他の情報であってクラスター弾残存物の除去を容易にすることができるものを含める。
(d) クラスター弾の生産施設の転換又は稼働停止のための計画の状況及び進展
(e) 第3条の規定に基づくクラスター弾（爆発性の子弾を含む。）の廃棄のための計画の状況及び進展（廃棄に用いる方法、廃棄を行うすべての場所の位置並びに安全及び環境についての適用可能な基準であって廃棄に際して従う必要のあるものの詳細を含む。）
(f) 第3条の規定に従って廃棄されたクラスター弾（爆発性の子弾を含む。）の型式及び数量（廃棄に用いた方法、廃棄を行った場所の位置並びに安全及び環境についての適用可能な基準であって廃棄に際して従う必要のあるものの詳細を含む。）
(g) (e)に規定する計画の完了についての報告がなされた後に発見されたクラスター弾（爆発性の子弾を含む。）の貯蔵量及び第3条の規定に従ってこれらを廃棄するための計画
(h) 可能な場合には、自国の管轄又は管理の下にあるすべてのクラスター弾汚染地域の面積及び位置（クラスター弾汚染地域ごとのクラスター弾残存物の型式、型式ごとの数量及びクラスター弾の使用された時期に関する可能な限りの詳細を含む。）
(i) 第4条の規定に従って除去され、及び廃棄されたクラスター弾残存物のすべての型式及び数量についての除去及び廃棄のための計画の状況及び進展（クラスター弾残存物が除去されたクラスター弾汚染地域の面積及び位置並びに除去され、及び廃棄されたクラスター弾残存物の型式ごとの数量の内訳を含む。）
(j) 危険の低減を目的とする教育を提供するためにとられた措置及び特に自国の管轄又は管理の下にあるクラスター弾汚染地域に居住する文民に対する迅速かつ効果的な警告を発するためにとられた措置
(k) 年齢及び性別に配慮した援助（医療、リハビリテーション及び心理的な支援を含む。）を適切に提供し、クラスター弾による被害者が社会的及び経済的に包容されるようにし、並びにクラスター弾による被害者についての信頼し得る

関連資料を収集するとの第5条の規定に基づく義務の履行の状況及び進展

(l)　この1の規定に従って情報を提供し、及び措置をとる権限を与えられた機関の名称及び連絡先の詳細

(m)　第3条から第5条までの規定を実施するために割り当てられた国内的な資源(財政的な、物的な又は現物によるものを含む。)の量

(n)　第6条の規定に従って提供された国際的な協力及び援助の量、種類及び仕向地

2　締約国は、1の規定に従って提供する情報につき、前暦年を対象として毎年更新し、及び毎年4月30日までに国際連合事務総長に報告する。

3　国際連合事務総長は、受領した報告のすべてを全締約国に送付する。

第8条　遵守の促進及び遵守についての説明

1　締約国は、この条約の実施に関して相互に協議し、及び協力し、並びに締約国がこの条約に基づく義務を履行することを促進するために協調の精神に基づいて協働することについて合意する。

2　1又は2以上の締約国は、他の締約国によるこの条約の遵守に関する問題を明らかにし、及びその解決を求めることを希望する場合には、当該他の締約国に対し、国際連合事務総長を通じて、そのような問題についての「説明の要請」を行うことができる。この要請には、すべての適当な情報を添付する。締約国は、濫用を避けるために注意を払い、根拠のない「説明の要請」を慎まなければならない。「説明の要請」を受けた締約国は、要請を行った締約国に対し、同事務総長を通じて、当該問題を明らかにする上で有用なすべての情報を28日以内に提供する。

3　要請を行った締約国は、2に規定する期間内に国際連合事務総長を通じて回答が得られなかったとき又は「説明の要請」に対する回答が十分でないと認めたときは、同事務総長を通じて、次回の締約国会議にその問題を付託することができる。同事務総長は、すべての締約国に対し、その付託を、関連する「説明の要請」についてのすべての適当な情報とともに送付する。この情報は、要請を受けた締約国にすべて提示されるものとし、当該要請を受けた締約国は、意見を述べる権利を有する。

4　いずれの関係締約国も、次回の締約国会議が招集されるまでの間、国際連合事務総長に対し、要請された説明を促進するためのあっせんを行うよう要請することができる。

5　3の規定に従い問題が付託された場合には、締約国会議は、関係締約国が提出したすべての情報を考慮に入れて、当該問題を更に検討するか否かをまず決定する。締約国会議は、当該問題を更に検討することを決定する場合には、関係締約国に対し、検討中の問題を一層明らかにし、又は解決するための方法及び手段(国際法に適合する適当な手続の開始を含む。)を提案することができる。締約国

会議は、問題となっている事項が要請を受けた締約国にとってやむを得ない事情によるものであると認める場合には、適当な措置（第6条に規定する協力のための措置の利用を含む。）を勧告することができる。

6　2から5までに規定する手続に加え、締約国会議は、この条の規定の遵守についての説明（事実を含む。）及びこの条約に違反する事案の解決のための他の一般的な手続又は特別な仕組みであって適当と認めるものを採用することを決定することができる。

第9条　国内の実施措置

締約国は、この条約によって締約国に対して禁止されている活動であって、自国の管轄若しくは管理の下にある者によるもの又は自国の管轄若しくは管理の下にある領域におけるものを防止し、及び抑止するため、立法上、行政上その他のこの条約を実施するためのあらゆる適当な措置（罰則を設けることを含む。）をとる。

第10条　紛争の解決

1　この条約の解釈又は適用に関して2以上の締約国間で紛争が生ずる場合には、関係締約国は、交渉又は当該関係締約国が選択するその他の平和的手段（締約国会議に提起すること及び国際司法裁判所規程に従って国際司法裁判所に付託することを含む。）によって紛争を速やかに解決するため、協議する。

2　締約国会議は、適当と認める手段（あっせんを提供すること、関係締約国に対して当該関係締約国が選択する解決のための手続を開始するよう要請すること及び合意された手続に従って解決するための期限を勧告することを含む。）により、紛争の解決に貢献することができる。

第11条　締約国会議

1　締約国は、この条約の適用又は実施に関する次の事項を含む問題について検討するため及び必要な場合には決定を行うために定期的に会合する。

(a)　この条約の運用及び締結状況

(b)　この条約の規定に従って提出される報告から生ずる問題

(c)　第6条の規定に従って行われる国際的な協力及び援助

(d)　クラスター弾残存物を除去する技術の開発

(e)　第8条及び前条の規定に基づく締約国の付託

(f)　第3条及び第4条の規定に従って行われる締約国の要請

2　第1回締約国会議については、この条約が効力を生じた後1年以内に国際連合事務総長が招集する。その後の締約国会議は、第1回検討会議が開催されるまでの間においては毎年、同事務総長が招集する。

3　締約国会議には、この条約の締約国でない国並びに国際連合その他関連する国際機関、地域的機関、赤十字国際委員会、国際赤十字・赤新月社連盟及び関連する非政府機関を、合意される手続規則に従い、オブザーバーとして出席するよう招請することができる。

第12条　検討会議

1　検討会議は、この条約が効力を生じた後5年で国際連合事務総長が招集する。その後の検討会議は、1又は2以上の締約国の要請があった場合には、検討会議の間隔をいかなる場合にも5年以上とすることを条件として、同事務総長が招集する。この条約のすべての締約国は、検討会議に招請されるものとする。

2　検討会議の目的は、次のとおりとする。

(a)　この条約の運用及び締結状況を検討すること。

(b)　前条2にいう締約国会議を更に開催する必要性及び会議の間隔を検討すること。

(c)　第3条及び第4条の規定に従い締約国の要請について決定すること。

3　検討会議には、この条約の締約国でない国並びに国際連合その他関連する国際機関、地域的機関、赤十字国際委員会、国際赤十字・赤新月社連盟及び関連する非政府機関を、合意される手続規則に従い、オブザーバーとして出席するよう招請することができる。

第13条　改正

1　いずれの締約国も、この条約が効力を生じた後いつでもこの条約の改正を提案することができる。改正のための提案については、国際連合事務総長に通報するものとし、同事務総長は、当該提案をすべての締約国に通報し、当該提案を検討するために改正会議を開催すべきか否かについての締約国の見解を求める。締約国の過半数が当該提案を更に検討することを支持する旨を当該提案の通報の後90日以内に同事務総長に通報する場合には、同事務総長は、すべての締約国が招請される改正会議を招集する。

2　改正会議には、この条約の締約国でない国並びに国際連合その他関連する国際機関、地域的機関、赤十字国際委員会、国際赤十字・赤新月社連盟及び関連する非政府機関を、合意される手続規則に従い、オブザーバーとして出席するよう招請することができる。

3　改正会議は、締約国会議又は検討会議の後直ちに開催する。ただし、締約国の過半数が一層早期の開催を要請する場合は、この限りでない。

4　改正は、改正会議に出席し、かつ、投票する締約国の3分の2以上の多数による議決で採択する。寄託者は、採択された改正を締約国に通報する。

5　改正は、その改正が採択された日に締約国であった国の過半数が受諾書を寄託した日に、改正を受諾したすべての締約国について効力を生ずるものとし、その後に改正の受諾書を寄託する他の締約国については、その受諾書の寄託の日に効力を生ずる。

第14条　費用及び管理業務

1　締約国会議、検討会議及び改正会議の費用については、適切に調整された国際連合の分担率に従い、締約国及びこれらの会議に参加するこの条約の締約国でない国が負担する。

2 第7条及び第8条の規定により国際連合事務総長が要する費用は、適切に調整された国際連合の分担率に従って締約国が負担する。

3 この条約により国際連合事務総長に与えられた管理業務を同事務総長が遂行する際は、適当な国際連合の権限に従うものとする。

第15条 署名

2008年5月30日にダブリンで作成されたこの条約は、2008年12月3日にオスロにおいて、その後その効力が生ずるまでの期間はニューヨークにある国際連合本部においてすべての国による署名のために開放しておく。

第16条 批准、受諾、承認又は加入

1 この条約は、署名国によって批准され、受諾され、又は承認されなければならない。

2 この条約は、この条約に署名しなかった国による加入のために開放しておく。

3 批准書、受諾書、承認書又は加入書は、寄託者に寄託する。

第17条 効力発生

1 この条約は、30番目の批准書、受諾書、承認書又は加入書が寄託された月の後6番目の月の初日に効力を生ずる。

2 30番目の批准書、受諾書、承認書又は加入書が寄託された日の後に批准書、受諾書、承認書又は加入書を寄託する国については、この条約は、その批准書、受諾書、承認書又は加入書が寄託された日の後6番目の月の初日に効力を生ずる。

第18条 暫定的適用

いずれの国も、自国の批准、受諾、承認又は加入の時に、この条約が自国について効力を生ずるまでの間第1条の規定を暫定的に適用する旨を宣言することができる。

第19条 留保

この条約の各条の規定については、留保を付することができない。

第20条 有効期間及び脱退

1 この条約の有効期間は、無期限とする。

2 締約国は、その主権を行使してこの条約から脱退する権利を有する。この権利を行使する締約国は、他のすべての締約国、寄託者及び国際連合安全保障理事会に対してその旨を通告する。脱退の通告には、脱退しようとする理由についての十分な説明を記載する。

3 脱退は、寄託者が脱退の通告を受領した後6箇月で効力を生ずる。ただし、脱退する締約国が当該6箇月の期間の満了の時において武力紛争に巻き込まれている場合には、脱退は、武力紛争の終了の時まで効力を生じない。

第21条 この条約の締約国でない国との関係

1 締約国は、すべての国によるこの条約への参加を得ることを目標として、この

条約の締約国でない国に対し、この条約を批准し、受諾し、承認し、又はこれに加入するよう奨励する。

2　締約国は、3に規定するすべてのこの条約の締約国でない国の政府に対してこの条約に基づく自国の義務について通報し、及びこの条約が定める規範を奨励するものとし、これらの国がクラスター弾の使用を抑制するよう最善の努力を払う。

3　第1条の規定にかかわらず、及び国際法に従い、締約国又はその軍事上の要員若しくは国民は、この条約の締約国でない国であって締約国に対して禁止されている活動を行うことのあるものとの間で軍事的な協力及び軍事行動を行うことができる。

4　3の規定は、締約国に対し、次のことを行うことを認めるものではない。

(a)　クラスター弾を開発し、生産し、又は生産以外の方法によって取得すること。

(b)　自らクラスター弾を貯蔵し、又は移譲すること。

(c)　自らクラスター弾を使用すること。

(d)　使用される弾薬の選択権が専ら自国の管理の下にある場合において、クラスター弾の使用を明示的に要請すること。

第22条　寄託者

国際連合事務総長は、ここに、この条約の寄託者として指名される。

第23条　正文

この条約は、アラビア語、中国語、英語、フランス語、ロシア語及びスペイン語をひとしく正文とする。

岡田外務大臣談話

クラスター弾に関する条約の発効について

平成22年7月30日

1．8月1日（日曜日）、クラスター弾に関する条約が発効することを歓迎します。

2．我が国は、クラスター弾がもたらす人道上の懸念を深刻に受け止め、これに対処することを目的とする実効性のある条約を作り上げることに積極的に関与してきたところであり、昨年7月にこの条約を締結しました。

3．我が国政府は、これまでも地雷やクラスター弾等の不発弾の除去活動や被害者に対する支援を実施してきており、1998年以降のこれらの支援総額は、44か国・地域に対する約3億9,000万ドル（400億円）になります。我が国としては今後ともこれらの分野において積極的な役割を果たしていきたいと考えています。

4．また、我が国は、本年11月にラオスで開催予定の第1回締約国会議を重視しています。この観点から、同会議の議長国となるラオスを補佐する役割を担うとともに、この条約の未締結国に対し締結を働きかけるなど、積極的な取組を進めています。先週私がラオスを訪問した際にも、トンルン・シースリット副首相兼外相（H.E. Dr. Thongloun Sisoulith, Deputy Prime Minister and Minister of Foreign Affairs）と同会議に向けた協力について話し合い、同会議に日本政府からハイレベルを派遣する旨伝達しました。

18 核によるテロリズムの行為の防止に関する国際条約

（核によるテロ防止条約）

平成17年4月13日ニューヨークで採択

平成19年8月8日公布（条約第7号）
平成19年9月2日効力発生

この条約の締約国は、

国際の平和及び安全の維持並びに善隣主義、諸国間の友好関係及び諸国間の協力の促進に関する国際連合憲章の目的及び原則に留意し、

1995年10月24日の国際連合50周年記念宣言を想起し、平和的目的のために原子力を開発し、及び応用するすべての国の権利並びに原子力の平和的応用から得られる潜在的な利益に対するすべての国の正当な権利を認め、

1980年の核物質の防護に関する条約に留意し、

あらゆる形態のテロリズムの行為が世界的規模で増大していることを深く憂慮し、

国際連合加盟国がテロリズムのあらゆる行為、方法及び実行（諸国及び諸国民の間の友好関係を害し、並びに国の領土保全及び安全を脅かすものを含む。）を、行われた場所及び行った者のいかんを問わず、犯罪であり、かつ、正当化することができないものとして無条件に非難することを特に厳粛に再確認する1994年12月9日の国際連合総会決議第60号（第49回会期）に附属する国際的なテロリズムを根絶するための措置に関する宣言を想起し、

また、同宣言が諸国に対し、問題のすべての側面に関する包括的な法的枠組みが存在することを確保するため、あらゆる形態のテロリズムの防止、抑止及び根絶に関する既存の国際的な法規の範囲を早急に見直すことを奨励していることに留意し、

1996年12月17日の国際連合総会決議第210号（第51回会期）及び同決議に附属する1994年の国際的なテロリズムを根絶するための措置に関する宣言を補足する宣言を想起し、

また、国際連合総会決議第210号（第51回会期）に基づき、関連する既存の国際文書を補完するため、核によるテロリズムの行為の防止に関する国際条約等を作成するために特別委員会が設置されたことを想起し、

核によるテロリズムの行為が最も重大な結果をもたらすおそれがあり、並びに国際の平和及び安全を脅かすおそれがあることに留意し、

また、既存の多数国間条約の規定がこれらの攻撃について十分に対処していないことに留意し、

このようなテロリズムの行為の防止並びにこのような行為を行った者の訴追及び処罰のための効果的かつ実行可能な措置を立案し、及び講ずるに当たって諸国間の

国際協力を強化することが急務であることを確信し、

国の軍隊の活動がこの条約の枠組みの範囲外にある国際法の規則によって規律されること及びこの条約の適用範囲から一定の行為が除外されることが不法な行為を容認し、又は合法化するものではなく、かつ、他の法規によって訴追することを妨げるものではないことに留意して、

次のとおり協定した。

第１条

この条約の適用上、

1 「放射性物質」とは、核物質その他の放射線を放出する物質であって、自発的な壊変（アルファ粒子、ベータ粒子、中性子、ガンマ線等の１又は２以上の種類の電離放射線の放出を伴う作用をいう。）が起こる核種を含み、かつ、その放射線の特性又は核分裂の特性により死、身体の重大な傷害又は財産若しくは環境に対する著しい損害を引き起こし得るものをいう。

2 「核物質」とは、プルトニウム（プルトニウム238の同位体濃度が80パーセントを超えるものを除く。）、ウラン233、同位元素ウラン235又は233の濃縮ウラン、ウランの同位元素の天然の混合率から成るウラン（鉱石又は鉱石の残滓《さい》の状態のものを除く。）及びこれらの物質の１又は２以上を含有している物質をいう。

「同位元素ウラン235又は233の濃縮ウラン」とは、同位元素ウラン235若しくは233又はこれらの双方を含有しているウランであって、同位元素ウラン238に対するこれらの二同位元素の合計の含有率が、天然ウランにおける同位元素ウラン238に対する同位元素ウラン235の率より大きいものをいう。

3 「原子力施設」とは、次のものをいう。

(a) 原子炉（船舶、車両、航空機又は宇宙物体を推進するためのエネルギー源としての使用その他の目的のため、船舶、車両、航空機又は宇宙物体に設置された炉を含む。）

(b) 放射性物質の製造、貯蔵、処理又は輸送に使用されている工場又は輸送機関

4 「装置」とは、次のものをいう。

(a) 核爆発装置

(b) 放射性物質又は放射線を発散させる装置であって、その放射線の特性により、死、身体の重大な傷害又は財産若しくは環境に対する著しい損害を引き起こし得るもの

5 「国又は政府の施設」には、国の代表者、政府、立法機関若しくは司法機関の構成員、国その他公の当局若しくは団体の職員若しくは被用者又は政府間機関の被用者若しくは職員がその公務に関連して使用し、又は占有する常設又は臨時の施設及び輸送機関を含む。

6 「国の軍隊」とは、国の防衛又は安全保障を主たる目的としてその国内法に基

づいて組織され、訓練され、及び装備された国の軍隊並びにその正式な指揮、管理及び責任の下で当該軍隊を支援するために行動する者をいう。

第2条

1 不法かつ故意に行う次の行為は、この条約上の犯罪とする。

(a) 次のいずれかの意図をもって、放射性物質を所持し、又は装置を製造し若しくは所持すること。

(i) 死又は身体の重大な傷害を引き起こす意図

(ii) 財産又は環境に対する著しい損害を引き起こす意図

(b) 次のいずれかの意図をもって、放射性物質若しくは装置を使用すること（方法のいかんを問わない。）又は放射性物質を放出する方法若しくは放出するおそれのある方法で原子力施設を使用し若しくは損壊すること。

(i) 死又は身体の重大な傷害を引き起こす意図

(ii) 財産又は環境に対する著しい損害を引き起こす意図

(iii) 特定の行為を行うこと又は行わないことを自然人若しくは法人、国際機関又は国に対し強要する意図

2 次の行為も、犯罪とする。

(a) 脅迫が確かなものであることを示唆する状況の下で、1(b)に定める犯罪を行うとの脅迫をすること。

(b) 脅迫が確かなものであることを示唆する状況の下で脅迫し、又は暴行を用いて、不法かつ故意に放射性物質、装置又は原子力施設を要求すること。

3 1に定める犯罪の未遂も、犯罪とする。

4 次の行為も、犯罪とする。

(a) 1、2又は3に定める犯罪に加担する行為

(b) 1、2又は3に定める犯罪を行わせるために他の者を組織し、又は他の者に指示する行為

(c) 共通の目的をもって行動する人の集団が1、2又は3に定める犯罪の1又は2以上を実行することに対し、その他の方法で寄与する行為。ただし、故意に、かつ、当該集団の一般的な犯罪活動若しくは犯罪目的の達成を助長するため又は当該犯罪の1若しくは2以上を実行するという当該集団の意図を知りながら、寄与する場合に限る。

第3条

この条約は、犯罪が単一の国において行われ、容疑者及び被害者が当該国の国民であり、当該容疑者が当該国の領域内で発見され、かつ、他のいずれの国も第9条1又は2の規定に基づいて裁判権を行使する根拠を有しない場合には、適用しない。ただし、第7条、第12条及び第14条から第17条までの規定は、適当なときはそのような場合についても適用する。

第4条

1　この条約のいかなる規定も、国際法（特に国際連合憲章の目的及び原則並びに国際人道法）に基づいて国及び個人が有する他の権利、義務及び責任に影響を及ぼすものではない。

2　国際人道法の下で武力紛争における軍隊の活動とされている活動であって、国際人道法によって規律されるものは、この条約によって規律されない。また、国の軍隊がその公務の遂行に当たって行う活動であって、他の国際法の規則によって規律されるものは、この条約によって規律されない。

3　2の規定は、不法な行為を容認し、又は合法化するものと解してはならず、また、他の法規によって訴追することを妨げるものと解してはならない。

4　この条約は、いかなる意味においても、国による核兵器の使用又はその威嚇の合法性の問題を取り扱うものではなく、また、取り扱うものと解してはならない。

第5条

締約国は、次のことのために必要な措置を講ずる。

(a)　第2条に定める犯罪を自国の国内法上の犯罪とすること。

(b)　(a)に規定する犯罪について、その重大性を考慮した適当な刑罰を科することができるようにすること。

第6条

締約国は、この条約の適用の対象となる犯罪行為、特に一般公衆又は人若しくは特定の人の集団に恐怖の状態を引き起こすことを意図し、又は計画して行われる犯罪行為が政治的、哲学的、思想的、人種的、民族的、宗教的な考慮その他これらに類する考慮によっていかなる場合にも正当化されないこと及び当該犯罪行為についてその重大性に応じた刑罰が科されることを確保するため、必要な措置（適当な場合には、国内立法を含む。）を講ずる。

第7条

1　締約国は、次の方法により協力する。

(a)　自国の領域内又は領域外で行われる第2条に定める犯罪の自国の領域内における準備を防止し、及びこれに対処するため、必要な場合には国内法を適合させることを含むあらゆる実行可能な措置（同条に定める犯罪の実行について助長し、扇動し若しくは組織し、事情を知りながら当該犯罪の実行のために資金若しくは技術上の援助若しくは情報を提供し、又は当該犯罪を実行する個人、集団及び団体が行う不法な活動を自国の領域内において禁止する措置を含む。）を講ずること。

(b)　自国の国内法並びにこの条約に定める方法及び条件に従って正確な、かつ、確認された情報を交換すること並びに第2条に定める犯罪を探知し、防止し、抑止し、及び捜査するため並びに当該犯罪を行った疑いのある者に対して刑事訴訟手続を開始するために適宜講ずる行政上の措置その他の措置を調整すること。特に、締約国は、同条に定める犯罪が行われたこと及び自国が知った当該犯罪を行うための準備について、第9条に規定する他の国に遅滞なく通報するため及び適当な場合には国際機関に通報するため、適当な措置を講ずる。

2 締約国は、他の締約国からこの条約に基づき、又はこの条約の実施のために行われる活動に参加することにより、秘密のものとして受領する情報の秘密性を保護するため、自国の国内法に適合する範囲内で適当な措置を講ずる。締約国は、国際機関に対し情報を秘密のものとして提供する場合には、当該情報の秘密性が保護されることを確保するため、措置を講ずる。

3 締約国は、この条約により、国内法上伝達が認められていない情報及び関係国の安全保障又は核物質の防護を害する情報の提供を要求されるものではない。

4 締約国は、国際連合事務総長に対し、この条に規定する情報の送付及び受領について責任を有する自国の権限のある当局及び連絡先を通報する。同事務総長は、すべての締約国及び国際原子力機関に対し、これらの権限のある当局及び連絡先に関する情報を送付する。これらの権限のある当局及び連絡先は、常に連絡が可能でなければならない。

第8条

この条約上の犯罪を防止することを目的として、締約国は、国際原子力機関の関連する勧告及び任務を考慮しつつ、放射性物質の防護を確保するための適当な措置を講ずるためにあらゆる努力を払う。

第9条

1 締約国は、次の場合において第2条に定める犯罪についての自国の裁判権を設定するため、必要な措置を講ずる。

(a) 犯罪が自国の領域内で行われる場合

(b) 犯罪が、当該犯罪の時に自国を旗国とする船舶内又は自国の法律により登録されている航空機内で行われる場合

(c) 犯罪が自国の国民によって行われる場合

2 締約国は、次の場合には、第2条に定める犯罪について自国の裁判権を設定することができる。

(a) 犯罪が自国の国民に対して行われる場合

(b) 犯罪が国外にある自国の国又は政府の施設（大使館その他外交機関及び領事機関の公館を含む。）に対して行われる場合

(c) 犯罪が自国の領域内に常居所を有する無国籍者によって行われる場合

(d) 犯罪が、何らかの行為を行うこと又は行わないことを自国に対して強要する目的で行われる場合

(e) 犯罪が自国の政府の運航する航空機内で行われる場合

3 締約国は、この条約を批准し、受諾し若しくは承認し、又はこの条約に加入する際、自国の国内法により2の規定に従って設定した裁判権について国際連合事務総長に通報する。当該裁判権の変更を行った締約国は、その旨を同事務総長に

直ちに通報する。

4　締約国は、自国の領域内に容疑者が所在し、かつ、1又は2の規定に従って裁判権を設定したいずれの締約国に対しても当該容疑者の引渡しを行わない場合には、第2条に定める犯罪について自国の裁判権を設定するため、同様に、必要な措置を講ずる。

5　この条約は、締約国が自国の国内法に従って設定した刑事裁判権の行使を排除するものではない。

第10条

1　自国の領域内で第2条に定める犯罪が行われた若しくは行われつつあるとの情報又は当該犯罪を行った者若しくはその疑いのある者が自国の領域内に所在している可能性があるとの情報を受領した締約国は、それらの情報に含まれている事実について調査するため、自国の国内法により必要な措置を講ずる。

2　犯人又は容疑者が所在する締約国は、状況によって正当であると認める場合には、訴追又は引渡しのために当該犯人又は容疑者の所在を確実にするため、自国の国内法により適当な措置を講ずる。

3　いずれの者も、自己について2に規定する措置が講じられている場合には、次の権利を有する。

(a)　当該者の国籍国その他当該者の権利を保護する資格を有する国又は当該者が無国籍者である場合には当該者が常居所を有する国の最寄りの適当な代表と遅滞なく連絡を取る権利

(b)　(a)に規定する国の代表の訪問を受ける権利

(c)　(a)及び(b)に定める自己の権利について告げられる権利

4　3に定める権利は、犯人又は容疑者が所在する国の法令に反しないように行使する。当該法令は、3に定める権利の目的とするところを十分に達成するようなものでなければならない。

5　3及び4の規定は、前条1(c)又は2(c)の規定に従って裁判権を設定した締約国が、赤十字国際委員会に対し容疑者と連絡し、又は容疑者を訪問するよう要請する権利を害するものではない。

6　いずれの締約国も、この条の規定に基づいていずれかの者を抑留した場合には、前条1又は2の規定に従って裁判権を設定した締約国及び適当と認めるときは利害関係を有するその他の締約国に対し、直接に又は国際連合事務総長を通じて、当該者が抑留されている事実及びその抑留が正当とされる事情を直ちに通報する。1の調査を行った国は、その結果をこれらの締約国に対して速やかに通報し、かつ、自国が裁判権を行使する意図を有するか否かを明らかにする。

第11条

1　容疑者が所在する締約国は、第9条の規定が適用される場合において、当該容疑者を引き渡さないときは、犯罪が自国の領域内で行われたものであるか否かを問わず、いかなる例外もなしに、かつ、不当に遅滞することなく、自国の法令による手続を通じて訴追のため自国の権限のある当局に事件を付託する義務を負う。その当局は、自国の法令に規定する他の重大な犯罪の場合と同様の方法で決定を行う。

2　締約国は、自国の国内法が、引渡しの請求に係る裁判又は手続の結果科された刑に服するために自国民が自国に送還されるとの条件下においてのみ当該自国民の引渡しを認める場合において、当該引渡しの請求を行う国との間でそのような方法をとること及び他の適当と認める条件について合意するときは、そのような条件付の引渡しによって1に規定する義務を履行することができる。

第12条

いずれの者も、この条約に従って抑留され、又は他の措置若しくは手続がとられている場合には、公正な取扱い（当該者が所在する国の法令及び人権に関する国際法を含む国際法の関係規定に基づくすべての権利及び保障の享受を含む。）を保障される。

第13条

1　第2条に定める犯罪は、この条約が効力を生ずる前に締約国間に存在する犯罪人引渡条約における引渡犯罪とみなされる。締約国は、相互間でその後締結されるすべての犯罪人引渡条約に同条に定める犯罪を引渡犯罪として含めることを約束する。

2　条約の存在を犯罪人引渡しの条件とする締約国は、自国との間に犯罪人引渡条約を締結していない他の締約国から犯罪人引渡しの請求を受けた場合には、随意にこの条約を第2条に定める犯罪に関する犯罪人引渡しのための法的根拠とみなすことができる。この犯罪人引渡しは、請求を受けた国の法令に定める他の条件に従う。

3　条約の存在を犯罪人引渡しの条件としない締約国の相互間では、犯罪人引渡しの請求を受けた国の法令に定める条件に従い、第2条に定める犯罪を引渡犯罪と認める。

4　第2条に定める犯罪は、締約国間の犯罪人引渡しに関しては、必要な場合には、当該犯罪が発生した場所のみでなく、第9条1又は2の規定に従って裁判権を設定した国の領域内においても行われたものとみなされる。

5　締約国間のすべての犯罪人引渡条約及び犯罪人引渡取極は、第2条に定める犯罪について、この条約と両立しない限度において当該締約国間で修正されたものとみなされる。

第14条

1　締約国は、第2条に定める犯罪について行われる捜査又は刑事訴訟若しくは犯罪人引渡しに関する手続について、相互に最大限の援助（これらの手続に必要であり、かつ、自国が提供することができる証拠の収集に係る援助を含む。）を与える。

2　締約国は、相互間に法律上の相互援助に関する条約又は他の取極が存在する場合には、当該条約又は他の取極に合致するように、1に規定する義務を履行する。締約国は、そのような条約又は取極が存在しない場合には、国内法に従って相互に援助を与える。

第15条

第2条に定める犯罪は、犯罪人引渡し又は法律上の相互援助に関しては、政治犯罪、政治犯罪に関連する犯罪又は政治的な動機による犯罪とみなしてはならない。したがって、政治犯罪、政治犯罪に関連する犯罪又は政治的な動機による犯罪に関係することのみを理由として、同条に定める犯罪に関する犯罪人引渡しの請求又は法律上の相互援助の要請を拒否することはできない。

第16条

この条約のいかなる規定も、第2条に定める犯罪に関する犯罪人引渡しの請求又は法律上の相互援助の要請を受けた締約国がこれらの請求若しくは要請が人種、宗教、国籍、民族的出身若しくは政治的意見を理由としてこれらの請求若しくは要請の対象となる者を訴追し若しくは処罰するために行われたと信じ、又はこれらの請求若しくは要請に応ずることにより当該者の地位がこれらの理由によって害されると信ずるに足りる実質的な根拠がある場合には、引渡しを行い、又は法律上の相互援助を与える義務を課するものと解してはならない。

第17条

1　いずれかの締約国の領域内において抑留され、又は刑に服している者については、当該者が証言、確認その他援助であってこの条約に基づく犯罪の捜査又は訴追のための証拠の収集に係るものの提供のために他の締約国において出頭することが要請された場合において、次の条件が満たされるときは、移送することができる。

(a) 当該者が事情を知らされた上で任意に同意を与えること。

(b)　双方の国の権限のある当局がこれらの国の適当と認める条件に従って合意すること。

2　この条の規定の適用上、

(a)　1に定める者が移送された国は、当該者を移送した国が別段の要請を行わず、又は承認を与えない限り、当該者を抑留する権限を有し、及び義務を負う。

(b)　1に定める者が移送された国は、自国及び当該者を移送した国の双方の権限のある当局による事前又は別段の合意に従い、当該者をその移送した国による抑留のために送還する義務を遅滞なく履行する。

(c)　1に定める者が移送された国は、当該者を移送した国に対し、当該者の送還のために犯罪人引渡手続を開始するよう要求してはならない。

(d)　移送された者が移送された国において抑留された期間は、当該者を移送した国における当該者の刑期に算入する。

3　移送された者は、この条の規定に従って当該者を移送する締約国が同意しない限り、その国籍のいかんを問わず、当該者を移送した国の領域を出発する前の行為又は有罪判決につき、当該者が移送された国の領域内において、訴追されず若しくは抑留されず、又は身体の自由についての他のいかなる制限も課せられない。

第18条

1　締約国は、第2条に定める犯罪が行われた後に放射性物質、装置又は原子力施設を押収し、又はその他の方法で管理下に置いた場合には、これらを保有するに当たり、次のことを行う。

(a)　当該放射性物質、装置又は原子力施設を無害化するための措置を講ずること。

(b)　いかなる核物質も、適用される国際原子力機関の保障措置に従って保有されることを確保すること。

(c)　国際原子力機関が公表する核物質の防護に係る勧告並びに保健上及び安全上の基準に考慮を払うこと。

2　いかなる放射性物質、装置又は原子力施設も、関係締約国との間の協議（特に、返還及び貯蔵の方法に関するもの）を行った上で、第2条に定める犯罪に関連する手続の完了後又は国際法により必要とされる場合には当該手続の完了前に、当該放射性物質、装置若しくは原子力施設の帰属する締約国、これらを所有する自然人若しくは法人が自国の国民若しくは居住者である締約国又は自国の領域からこれらが盗取され若しくはその他の方法で不法に取得された締約国に返還される。

3(a)　締約国が放射性物質、装置若しくは原子力施設を返還すること若しくは受領することを国内法若しくは国際法によって禁止されているとき、又は関係締約国が合意するときは、(b)の規定に従うことを条件として、当該放射性物質、装置又は原子力施設を保有している締約国は、1に定める措置を講ずることを継続する。この場合には、当該放射性物質、装置又は原子力施設は、平和的目的のためにのみ使用される。

(b)　放射性物質、装置又は原子力施設を保有している締約国は、自国によるこれらの保有が合法的でない場合には、当該放射性物質、装置又は原子力施設の無害化のため、これらの保有が合法的である国であって適当なときは自国との協議により1に定める要件を満たす保証を与えたものにより、できる限り速やかにこれらが保有されることを確保する。この場合には、当該放射性物質、装置又は原子力施設は、平和的目的のためにのみ使用される。

4　1及び2に規定する放射性物質、装置又は原子力施設が、いずれの締約国若しくは締約国の国民若しくは居住者にも帰属せず若しくは締約国の領域から盗取され若しくはその他の方法で不法に取得されたものでない場合又はいずれの国もこれらを3の規定により受領する意思を有しない場合には、3(b)の規定に従うことを条件として、関係国と関係国際機関との間の協議を経て、これらの処分について別途の決定が行われる。

5　1から4までの規定の適用に当たり、放射性物質、装置又は原子力施設を保有している締約国は、他の締約国（特に、関係締約国）及び関係国際機関（特に、国際原子力機関）の援助及び協力を要請することができる。締約国及び関係国際機関は、この5の規定に従って、可能な最大限度まで援助を提供することを奨励される。

6　この条の規定に従って放射性物質、装置又は原子力施設の処分又は保有に関与した締約国は、国際原子力機関事務局長に対し、これらが処分され、又は保有された態様について通報する。同事務局長は、その情報を他の締約国に伝達する。

7　第2条に定める犯罪に関連していかなる発散が生ずる場合においても、この条の規定は、原子力損害に関する損害賠償責任について規律する国際法の規則又はその他の国際法の規則に何ら影響を及ぼすものではない。

第19条

容疑者を訴追した締約国は、自国の国内法又は関係手続に従い、訴訟手続の確定的な結果を国際連合事務総長に通報する。同事務総長は、その情報を他の締約国に伝達する。

第20条

締約国は、この条約の効果的な実施を確保するため、必要に応じて国際機関の支援を得つつ、直接に又は国際連合事務総長を通じて、相互に協議する。

第21条

締約国は、国の主権平等及び領土保全の原則並びに国内問題への不干渉の原則に反しない方法で、この条約に基づく義務を履行する。

第22条

この条約のいかなる規定も、締約国に対し、他の締約国の領域内において、当該他の締約国の当局がその国内法により専ら有する裁判権を行使する権利及び任務を遂行する権利を与えるものではない。

第23条

1　この条約の解釈又は適用に関する締約国間の紛争で合理的な期間内に交渉によって解決することができないものは、いずれかの紛争当事国の要請により、仲裁に付される。仲裁の要請の日から6箇月以内に仲裁の組織について紛争当事国が合意に達しない場合には、いずれの紛争当事国も、国際司法裁判所規程に従って請求を行うことにより、国際司法裁判所に紛争を付託することができる。

2　各国は、この条約の署名、批准、受諾若しくは承認又はこの条約への加入の際に、1の規定に拘束されない旨を宣言することができる。他の締約国は、そのような留保を付した締約国との関係において1の規定に拘束されない。

3　2の規定に基づいて留保を付したいずれの国も、国際連合事務総長に対する通告により、いつでもその留保を撤回することができる。

第24条

1　この条約は、2005年９月14日から2006年12月31日まで、ニューヨークにある国際連合本部において、すべての国による署名のために開放しておく。

2　この条約は、批准され、受諾され、又は承認されなければならない。批准書、受諾書又は承認書は、国際連合事務総長に寄託する。

3　この条約は、すべての国による加入のために開放しておく。加入書は、国際連合事務総長に寄託する。

第25条

1　この条約は、22番目の批准書、受諾書、承認書又は加入書が国際連合事務総長に寄託された日の後30日目の日に効力を生ずる。

2　22番目の批准書、受諾書、承認書又は加入書が寄託された後にこの条約を批准し、受諾し若しくは承認し、又はこれに加入する国については、この条約は、その批准書、受諾書、承認書又は加入書の寄託の後30日目の日に効力を生ずる。

第26条

1　締約国は、この条約の改正を提案することができる。改正案は、寄託者に提出するものとし、寄託者は、これをすべての締約国に対し、直ちに送付する。

2　締約国の過半数が寄託者に対し改正案の審議のための会議の招集を要請した場合には、寄託者は、当該会議に出席するようすべての締約国を招請するものとし、当該会議は、招請状の発送から３箇月以後に開催される。

3　２の会議は、改正がコンセンサス方式により採択されることを確保するため、あらゆる努力を払う。コンセンサス方式による採択が可能でない場合には、改正は、すべての締約国の３分の２以上の多数による議決で採択する。寄託者は、この会議において採択された改正をすべての締約国に対し速やかに送付する。

4　３の規定に従って採択された改正は、その批准書、受諾書、加入書又は承認書を寄託した締約国について、締約国の３分の２がこれらの文書を寄託した日の後30日目の日に効力を生ずる。その後は、改正は、これらの文書を寄託するいずれの締約国についても、その寄託の日の後30日目の日に効力を生ずる。

第27条

1　いずれの締約国も、国際連合事務総長に対して書面による通告を行うことにより、この条約を廃棄することができる。

2　廃棄は、国際連合事務総長が１の通告を受領した日の後１年で効力を生ずる。

第28条

アラビア語、中国語、英語、フランス語、ロシア語及びスペイン語をひとしく正文とするこの条約の原本は、国際連合事務総長に寄託する。同事務総長は、その認証謄本をすべての国に送付する。

以上の証拠として、下名は、各自の政府から正当に委任を受けて、2005年9月14日にニューヨークにある国際連合本部で署名のために開放されたこの条約に署名した。

19 テロリストによる爆弾使用の防止に関する国際条約

(テロリストによる爆弾使用防止条約)

平成9年12月15日ニューヨークで採択
平成13年11月21日公布（条約第10号）
平成13年12月16日効力発生

この条約の締約国は、

国際の平和及び安全の維持並びに善隣主義、諸国間の友好関係及び諸国間の協力の促進に関する国際連合憲章の目的及び原則に留意し、

あらゆる形態のテロリズムの行為が世界的規模で増大していることを深く憂慮し、

1995年10月24日の国際連合50周年記念宣言を想起し、

また、「国際連合加盟国は、テロリズムのあらゆる行為、方法及び実行（諸国及び諸国民の間の友好関係を害し並びに国の領土保全及び安全を脅かすものを含む。）を、行われた場所及び行った者のいかんを問わず、犯罪でありかつ正当化することができないものとして無条件に非難することを厳粛に再確認する」1994年12月9日の国際連合総会決議第60号（第49回会期）に附属する国際的なテロリズムを廃絶するための措置に関する宣言を想起し、

また、同宣言が諸国に対し、「この問題のすべての側面に関する包括的な法的枠組みが存在することを確保するため、あらゆる形態のテロリズムの防止、抑止及び廃絶に関する既存の国際的な法規の範囲を早急に見直す」ことを奨励していることに留意し、

さらに、1996年12月17日の国際連合総会決議第210号（第51回会期）及び同決議に附属する1994年の国際的なテロリズムを廃絶するための措置に関する宣言を補足する宣言を想起し、

また、爆発物その他の致死装置によるテロリストの攻撃が一層広範に行われるようになったことに留意し、

さらに、既存の多数国間の法規がこれらの攻撃について十分に対処していないことに留意し、

このようなテロリズムの行為の防止並びにこのような行為を行った者の訴追及び処罰のための効果的かつ実行可能な措置を立案し及びとるに当たって諸国間の国際協力を強化することが急務であることを確信し、

このような行為の発生が国際社会全体にとって重大な関心事であることを考慮し、

国の軍隊の活動がこの条約の枠組みの範囲外にある国際法の規則によって規律されること及びこの条約の適用範囲から一定の行為が除外されることが不法な行為を容認し又は合法化するものではなく、かつ、他の法規によって訴追することを妨げ

るものではないことに留意して、

次のとおり協定した。

第1条

この条約の適用上、

1　「国又は政府の施設」には、国の代表者、政府、立法機関若しくは司法機関の構成員、国その他公の当局若しくは団体の職員若しくは被用者又は政府間機関の被用者若しくは職員がその公務に関連して使用し又は占有する常設又は臨時の施設及び輸送機関を含む。

2　「基盤施設」とは、上水、下水、エネルギー、燃料、通信等に係る役務を公共の利益のために提供し又は配分する公有又は私有の施設をいう。

3　「爆発物その他の致死装置」とは、次のものをいう。

(a)　死、身体の重大な傷害若しくは著しい物的損害を引き起こすように設計され又はそのような能力を有する爆発する兵器若しくは装置又は焼夷《い》兵器若しくは焼夷《い》装置

(b)　毒性化学物質、生物剤、毒素その他これらに類するもの、放射線又は放射性物質の放出、発散又は影響によって死、身体の重大な傷害若しくは著しい物的損害を引き起こすように設計され又はそのような能力を有する兵器又は装置

4　「国の軍隊」とは、国の防衛又は安全保障を主たる目的としてその国内法に基づいて組織され、訓練され及び装備された国の軍隊並びにその正式な指揮、管理及び責任の下で当該軍隊を支援するために行動する者をいう。

5　「公共の用に供される場所」とは、建物、土地、道路、水路その他の場所のうち、継続的に、定期的に又は随時、公衆に対して利用する機会が与えられ又は開放されている部分をいい、公衆に対してそのように利用する機会が与えられ又は開放されている商業、業務、文化、歴史、教育、宗教、行政、娯楽、レクリエーションに係る場所その他これらに類する場所を含む。

6　「公共の輸送機関」とは、公有であるか私有であるかを問わず、人若しくは貨物の輸送のための役務であって公共の用に供するもののために又はそのような役務において使用されるすべての施設、輸送機関及び手段をいう。

第2条

1　次の意図をもって、公共の用に供される場所、国若しくは政府の施設、公共の輸送機関及び基盤施設の中で、これらの中に又はこれらに対して、不法かつ故意に、爆発物その他の致死装置を到達させ、設置し若しくは爆発させる行為又は爆発物その他の致死装置から発散させる行為は、この条約上の犯罪とする。

(a)　死又は身体の重大な傷害を引き起こす意図

(b)　これらの場所、施設又は機関の広範な破壊を引き起こす意図。ただし、そのような破壊が重大な経済的損失をもたらし又はもたらすおそれのある場合に限る。

2　1に定める犯罪の未遂も、犯罪とする。
3　次の行為も、犯罪とする。
(a)　1又は2に定める犯罪に加担する行為
(b)　1又は2に定める犯罪を行わせるために他の者を組織し又は他の者に指示する行為
(c)　共通の目的をもって行動する人の集団が1又は2に定める犯罪の一又は二以上を実行することに対し、その他の方法で寄与する行為。ただし、故意に、かつ、当該集団の一般的な犯罪活動若しくは犯罪目的の達成を助長するために又は当該一若しくは二以上の犯罪を実行するという当該集団の意図を知りながら、寄与する場合に限る。

第3条

この条約は、犯罪が単一の国において行われ、容疑者及び被害者が当該国の国民であり、当該容疑者が当該国の領域内で発見され、かつ、他のいずれの国も第6条1又は2の規定に基づいて裁判権を行使する根拠を有しない場合には、適用しない。ただし、第10条から第15条までの規定は、適当なときはこれらの場合についても適用する。

第4条

締約国は、次のことのために必要な措置をとる。
(a)　第2条に定める犯罪を自国の国内法上の犯罪とすること。
(b)　(a)の犯罪について、その重大性を考慮した適当な刑罰を科することができるようにすること。

第5条

締約国は、この条約の適用の対象となる犯罪行為、特に一般大衆又は人若しくは特定の人の集団に恐怖の状態を引き起こすことを意図し又は計画して行われる犯罪行為が政治的、哲学的、思想的、人種的、民族的、宗教的又は他の同様の考慮によっていかなる場合にも正当化されないこと及び当該犯罪行為についてその重大性に適合する刑罰が科されることを確保するため、必要な措置（適当な場合には、国内立法を含む。）をとる。

第6条

1　締約国は、次の場合において第2条に定める犯罪についての自国の裁判権を設定するため、必要な措置をとる。
(a)　犯罪が自国の領域内で行われる場合
(b)　犯罪が、当該犯罪の時に自国を旗国とする船舶内又は自国の法律により登録されている航空機内で行われる場合
(c)　犯罪が自国の国民によって行われる場合
2　締約国は、次の場合において第2条に定める犯罪についての自国の裁判権を設定することができる。

(a)　犯罪が自国の国民に対して行われる場合

(b)　犯罪が国外にある自国の国又は政府の施設（大使館その他外交機関及び領事機関の公館を含む。）に対して行われる場合

(c)　犯罪が自国の領域内に常居所を有する無国籍者によって行われる場合

(d)　犯罪が、何らかの行為を行うこと又は行わないことを自国に対して強要する目的で行われる場合

(e)　犯罪が自国の政府の運航する航空機内で行われる場合

3　締約国は、この条約を批准し、受諾し若しくは承認し又はこの条約に加入する際、自国の国内法により２の規定に従って設定した裁判権について国際連合事務総長に通報する。当該裁判権の変更を行った締約国は、その旨を国際連合事務総長に直ちに通報する。

4　締約国は、容疑者が自国の領域内に所在し、かつ、自国が１又は２の規定に従って裁判権を設定したいずれの締約国に対しても当該容疑者の引渡しを行わない場合において第２条に定める犯罪についての自国の裁判権を設定するため、同様に、必要な措置をとる。

5　この条約は、締約国が自国の国内法に従って設定した刑事裁判権の行使を排除するものではない。

第７条

1　第２条に定める犯罪を行った者又はその疑いのある者が自国の領域内に所在している可能性があるとの情報を受領した締約国は、その情報に含まれている事実について調査するため、自国の国内法により必要な措置をとる。

2　犯人又は容疑者が領域内に所在する締約国は、状況によって正当であると認める場合には、訴追又は引渡しのために当該犯人又は容疑者の所在を確実にするため、自国の国内法により適当な措置をとる。

3　いずれの者も、自己について２の措置がとられている場合には、次の権利を有する。

(a)　当該者の国籍国その他当該者の権利を保護する資格を有する国又は当該者が無国籍者である場合には当該者が領域内に常居所を有する国の最寄りの適当な代表と遅滞なく連絡を取る権利

(b)　(a)の国の代表の訪問を受ける権利

(c)　(a)及び(b)に定める自己の権利について告げられる権利

4　３に定める権利は、犯人又は容疑者が領域内に所在する国の法令に反しないように行使する。当該法令は、３に定める権利の目的とするところを十分に達成するようなものでなければならない。

5　３及び４の規定は、前条１(c)又は２(c)の規定に従って裁判権を設定した締約国が、赤十字国際委員会に対し容疑者と連絡を取り又は容疑者を訪問するよう要請する権利を害するものではない。

6　いずれの締約国も、この条の規定に基づいていずれかの者を抑留した場合には、前条1及び2の規定に従って裁判権を設定した締約国並びに適当と認めるときは利害関係を有するその他の締約国に対し、直接又は国際連合事務総長を通じて、当該者が抑留されている事実及びその抑留が正当とされる事情を直ちに通報する。1の調査を行った国は、その結果をこれらの締約国に対して速やかに通報し、かつ、自国が裁判権を行使する意図を有するか否かを明らかにする。

第8条

1　容疑者が領域内に所在する締約国は、第6条の規定が適用される場合において、当該容疑者を引き渡さないときは、犯罪が自国の領域内で行われたものであるか否かを問わず、いかなる例外もなしに、かつ、不当に遅滞することなく、自国の法令による手続を通じて訴追のため自国の権限のある当局に事件を付託する義務を負う。その当局は、自国の法令に規定する他の重大な犯罪の場合と同様の方法で決定を行う。

2　締約国は、自国の国内法が、引渡しの請求に係る裁判又は手続の結果科された刑に服するために自国民が自国に送還されるとの条件下においてのみ当該自国民の引渡しを認める場合において、当該引渡しの請求を行う国との間でそのような方法をとること及び他の適当と認める条件について合意するときは、そのような条件付の引渡しによって1に規定する義務を履行することができる。

第9条

1　第2条に定める犯罪は、この条約が効力を生ずる前に締約国間に存在する犯罪人引渡条約における引渡犯罪とみなされる。締約国は、相互間でその後締結されるすべての犯罪人引渡条約に同条に定める犯罪を引渡犯罪として含めることを約束する。

2　条約の存在を犯罪人引渡しの条件とする締約国は、自国との間に犯罪人引渡条約を締結していない他の締約国から犯罪人引渡しの請求を受けた場合には、随意にこの条約を第2条に定める犯罪に関する犯罪人引渡しのための法的根拠とみなすことができる。この犯罪人引渡しは、請求を受けた国の法令に定める他の条件に従う。

3　条約の存在を犯罪人引渡しの条件としない締約国は、犯罪人引渡しの請求を受けた国の法令に定める条件に従い、相互間で、第2条に定める犯罪を引渡犯罪と認める。

4　第2条に定める犯罪は、締約国間の犯罪人引渡しに関しては、必要な場合には、当該犯罪が発生した場所のみでなく、第6条1又は2の規定に従って裁判権を設定した国の領域内においても行われたものとみなされる。

5　締約国間のすべての犯罪人引渡条約及び犯罪人引渡取極は、第2条に定める犯罪について、この条約と両立しない限度において当該締約国間で修正されたものとみなされる。

第10条

1　締約国は、第2条に定める犯罪について行われる捜査、刑事訴訟又は犯罪人引渡しに関する手続について、相互に最大限の援助（これらの手続に必要であり、かつ、自国が提供することができる証拠の収集に係る援助を含む。）を与える。

2　締約国は、相互間に法律上の相互援助に関する条約又は他の取極が存在する場合には、当該条約又は他の取極に合致するように、1に規定する義務を履行する。締約国は、そのような条約又は取極が存在しない場合には、国内法に従って相互に援助を与える。

第11条

第2条に定める犯罪は、犯罪人引渡し又は法律上の相互援助に関しては、政治犯罪、政治犯罪に関連する犯罪又は政治的な動機による犯罪とみなしてはならない。したがって、政治犯罪、政治犯罪に関連する犯罪又は政治的な動機による犯罪に関係することのみを理由として、同条に定める犯罪を根拠とする犯罪人引渡しの請求又は法律上の相互援助の要請を拒否することはできない。

第12条

この条約のいかなる規定も、第2条に定める犯罪に関する犯罪人引渡しの請求又は法律上の相互援助の要請を受けた締約国がこれらの請求若しくは要請が人種、宗教、国籍、民族的出身若しくは政治的意見を理由としてこれらの請求若しくは要請の対象となる者を訴追し若しくは処罰するために行われたと信じ又はこれらの請求若しくは要請に応ずることにより当該者の地位がこれらの理由によって害されると信ずるに足りる実質的な根拠がある場合には、引渡しを行い又は法律上の相互援助を与える義務を課するものと解してはならない。

第13条

1　一の締約国の領域内において抑留され又は刑に服している者については、当該者が証言、確認その他援助であってこの条約に基づく犯罪の捜査又は訴追のための証拠の収集に係るものの提供のために他の締約国において出頭することが要請された場合において、次の条件が満たされるときは、移送することができる。

(a)　当該者が事情を知らされた上で任意に同意を与えること。

(b)　双方の国の権限のある当局がこれらの国の適当と認める条件に従って合意すること。

2　この条の規定の適用上、

(a)　1に定める者が移送された国は、当該者を移送した国が別段の要請を行わず又は承認を与えない限り、移送された当該者を抑留する権限を有し及び義務を負う。

(b)　1に定める者が移送された国は、自国及び当該者を移送した国の双方の権限のある当局による事前又は別段の合意に従い、移送された当該者をその移送した国による抑留のために送還する義務を遅滞なく履行する。

(c) 1に定める者が移送された国は、当該者を移送した国に対し、当該者の送還のために犯罪人引渡手続を開始するよう要求してはならない。
(d) 移送された者が移送された国において抑留された期間は、当該者を移送した国における当該者の刑期に算入する。

3 移送された者は、この条の規定に従って当該者を移送する締約国が同意しない限り、その国籍のいかんを問わず、当該者を移送した国の領域を出発する前の行為又は有罪判決につき、当該者が移送された国の領域内において、訴追されず若しくは抑留されず、又は身体の自由についての他のいかなる制限も課せられない。

第14条

いずれの者も、この条約に従って抑留され又は他の措置若しくは手続がとられている場合には、公正な取扱い（当該者が領域内に所在する国の法令及び人権に関する国際法を含む国際法の関係規定に基づくすべての権利及び保障の享受を含む。）を保障される。

第15条

締約国は、特に次の方法により、第2条に定める犯罪の防止について協力する。
(a) 自国の領域内又は領域外で行われる犯罪の自国の領域内における準備を防止し及びこれに対処するため、必要な場合には国内法令を適合させることを含むあらゆる実行可能な措置（同条に定める犯罪の実行について助長し、扇動し若しくは組織し、事情を知りながら当該犯罪のために資金を提供し又は当該犯罪を実行する個人、集団及び団体が行う不法な活動を自国の領域内において禁止する措置を含む。）をとること。
(b) 自国の国内法に従って正確なかつ確認された情報を交換し、かつ、同条に定める犯罪を防止するために適宜とる行政上の措置その他の措置を調整すること。
(c) 適当な場合には、死又は身体の傷害を引き起こすことができる爆発物その他の有害な物質を探知する方法を研究し及び開発し、爆発物につきその爆発後の調査においてその製造の場所を特定するためにとる識別措置に関する基準の作成について協議し、防止措置に関する情報を交換し、並びに技術、装置及び関連する物質について協力し及びこれらを移転すること。

第16条

容疑者を訴追した締約国は、自国の法令又は関係手続に従い、訴訟手続の確定的な結果を国際連合事務総長に通報する。同事務総長は、その情報を他の締約国に伝達する。

第17条

締約国は、国の主権平等及び領土保全の原則並びに国内問題への不干渉の原則に反しない方法で、この条約に基づく義務を履行する。

第18条

この条約のいかなる規定も、締約国に対し、他の締約国の領域内において、当該他の締約国の当局がその国内法により専ら有する裁判権を行使する権利及び任務を遂行する権利を与えるものではない。

第19条

1　この条約のいかなる規定も、国際法、特に国際連合憲章の目的及び原則並びに国際人道法に基づいて国及び個人が有する他の権利、義務及び責任に影響を及ぼすものではない。

2　国際人道法の下で武力紛争における軍隊の活動とされている活動であって、国際人道法によって規律されるものは、この条約によって規律されない。また、国の軍隊がその公務の遂行に当たって行う活動であって、他の国際法の規則によって規律されるものは、この条約によって規律されない。

第20条

1　この条約の解釈又は適用に関する締約国間の紛争で合理的な期間内に交渉によって解決することができないものは、いずれかの紛争当事国の要請により、仲裁に付される。仲裁の要請の日から6箇月以内に仲裁の組織について紛争当事国が合意に達しない場合には、いずれの紛争当事国も、国際司法裁判所規程に従って請求を行うことにより、国際司法裁判所に紛争を付託することができる。

2　各国は、この条約の署名、批准、受諾若しくは承認又はこの条約への加入の際に、1の規定に拘束されない旨を宣言することができる。他の締約国は、そのような留保を付した締約国との関係において1の規定に拘束されない。

3　2の規定に基づいて留保を付したいずれの国も、国際連合事務総長に対する通告により、いつでもその留保を撤回することができる。

第21条

1　この条約は、1998年1月12日から1999年12月31日まで、ニュー・ヨークにある国際連合本部において、すべての国による署名のために開放しておく。

2　この条約は、批准され、受諾され又は承認されなければならない。批准書、受諾書又は承認書は、国際連合事務総長に寄託する。

3　この条約は、すべての国による加入のために開放しておく。加入書は、国際連合事務総長に寄託する。

第22条

1　この条約は、22番目の批准書、受諾書、承認書又は加入書が国際連合事務総長に寄託された日の後30日目の日に効力を生ずる。

2　22番目の批准書、受諾書、承認書又は加入書が寄託された後にこの条約を批准し、受諾し若しくは承認し又はこれに加入する国については、この条約は、その批准書、受諾書、承認書又は加入書の寄託の後30日目の日に効力を生ずる。

第23条

1　いずれの締約国も、国際連合事務総長に対して書面による通告を行うことにより、この条約を廃棄することができる。

2　廃棄は、国際連合事務総長が1の通告を受領した日の後1年で効力を生ずる。

第24条

アラビア語、中国語、英語、フランス語、ロシア語及びスペイン語をひとしく正文とするこの条約の原本は、国際連合事務総長に寄託する。同事務総長は、その認証謄本をすべての国に送付する。

以上の証拠として、下名は、各自の政府から正当に委任を受けて、1998年1月12日にニュー・ヨークで署名のために開放されたこの条約に署名した。

内閣総理大臣　小泉純一郎
法務大臣　森山　眞弓
外務大臣　田中眞紀子

20 航空機の不法な奪取の防止に関する条約
(航空機不法奪取防止条約)

昭和45年12月16日ハーグで署名

昭和46年10月11日公布（条約第19号）
昭和46年10月14日効力発生

この条約の締約国は、

飛行中の航空機の不法な奪取又は管理の行為が人及び財産の安全を害し、航空業務の運営に深刻な影響を及ぼし、また、民間航空の安全に対する世界の諸国民の信頼をそこなうものであることを考慮し、

そのような行為の発生が重大な関心事であることを考慮し、

そのような行為を抑止する目的をもつて犯人の処罰のための適当な措置を緊急に講ずる必要があることを考慮して、

次のとおり協定した。

第1条

飛行中の航空機内における次の行為は、犯罪とする。その行為は、以下「犯罪行為」という。

(a)　暴力、暴力による脅迫その他の威嚇手段を用いて当該航空機を不法に奪取し又は管理する行為（未遂を含む。）

(b)　(a)の行為（未遂を含む。）に加担する行為

第2条

各締約国は、犯罪行為について重い刑罰を科することができるようにすることを約束する。

第3条

1　この条約の適用上、航空機は、そのすべての乗降口が乗機の後に閉ざされた時から、それらの乗降口のうちいずれか一が降機のために開かれる時まで、また、不時着の場合には、権限のある当局が当該航空機並びにその機内の人及び財産に関する責任を引き継ぐ時まで、飛行中のものとみなす。

2　この条約は、軍隊、税関又は警察の役務に使用される航空機については適用しない。

3　この条約は、機内で犯罪行為の行なわれた航空機（その飛行が国際飛行であるか国内飛行であるかを問わない。）の離陸地又は実際の着陸地が当該航空機の登録国の領域外にある場合にのみ、適用する。

4　この条約は、第5条の場合において、機内で犯罪行為の行なわれた航空機の離陸地と実際の着陸地とが同一の国の領域内にあり、かつ、その国が同条第1文の締約国のいずれか一であるときは、適用しない。

5　3及び4の規定にかかわらず、第6条から第8条まで及び第10条の規定は、犯罪行為の犯人又は容疑者が当該航空機の登録国以外の国の領域内で発見された場合には、当該航空機の離陸地又は実際の着陸地の場所のいかんを問わず適用する。

第4条

1　いずれの締約国も、次の場合には、犯罪行為及びその容疑者が犯罪行為の実行にあたり旅客又は乗組員に対して行なつたその他のすべての暴力行為につき、自国の裁判権を設定するために必要な措置をとる。

(a)　犯罪行為が当該締約国において登録された航空機内で行なわれた場合

(b)　機内で犯罪行為の行なわれた航空機が容疑者を乗せたまま当該締約国の領域内に着陸する場合

(c)　犯罪行為が、当該締約国内に主たる営業所を有する賃借人又は主たる営業所を有しないが当該締約国内に住所を有する賃借人に対して乗組員なしに賃貸された航空機内で行なわれた場合

2　犯罪行為の容疑者が領域内に所在する締約国は、1(a)、(b)又は(c)の場合に該当する他のいずれの締約国に対しても第8条の規定に従つてその容疑者を引き渡さない場合に当該犯罪行為につき自国の裁判権を設定するため、必要な措置をとる。

3　この条約は、国内法に従つて行使される刑事裁判権を排除するものではない。

第5条

共同の又は国際的な登録が行なわれている航空機を運航する共同の航空運送運営組織又は国際運営機関を設立する二以上の締約国は、適当な方法により、当該航空機のそれぞれにつきそれらの締約国のうちいずれか一国を、この条約の適用上裁判権を有しかつ登録国とみなされるものとして指定するものとし、これを国際民間航空機関に通告する。国際民間航空機関は、その通告をすべての締約国に通知する。

第6条

1　犯罪行為の犯人又は容疑者が領域内に所在する締約国は、状況によつて正当であると認める場合には、その者の所在を確実にするため抑留その他の措置をとる。この措置は、当該締約国の法令に定めるところによるものとするが、刑事訴訟手続又は犯罪人引渡手続を開始するために必要とする期間に限つて継続することができる。

2　1の措置をとつた締約国は、事実について直ちに予備調査を行なう。

3　1の規定に基づいて抑留された者は、その国籍国のもよりの適当な代表と直ちに連絡をとるための援助を与えられる。

4　いずれの国も、この条の規定に基づいていずれかの者を抑留する場合には、航空機の登録国、第4条1(c)の場合に該当する国、抑留された者の国籍国及び適当と認めるときはその他の利害関係国に対し、その者が抑留されている事実及びその抑留が正当とされる事情を直ちに通告する。2の予備調査を行なつた国は、その結果をこれらの国に対して直ちに報告するものとし、かつ、自国が裁判権を行

使する意図を有するかどうかを明示する。

第7条

犯罪行為の容疑者が領域内で発見された締約国は、その容疑者を引き渡さない場合には、その犯罪行為が自国の領域内で行なわれたものであるかどうかを問わず、いかなる例外もなしに、訴追のため自国の権限のある当局に事件を付託する義務を負う。その当局は、自国の法令に規定する通常の重大な犯罪の場合と同様の方法で決定を行なう。

第8条

1 犯罪行為は、締約国間の現行の犯罪人引渡条約における引渡犯罪とみなす。締約国は、相互間で将来締結されるすべての犯罪人引渡条約に犯罪行為を引渡犯罪として含めることを約束する。

2 条約の存在を犯罪人引渡しの条件とする締約国は、自国との間に犯罪人引渡条約を締結していない他の締約国から犯罪人引渡しの請求を受けた場合には、随意にこの条約を犯罪行為に関する犯罪人引渡しのための法的基礎とみなすことができる。その犯罪人引渡しは、その請求を受けた国の法令に定めるその他の条件に従うものとする。

3 条約の存在を犯罪人引渡しの条件としない締約国は、犯罪人引渡しの請求を受けた国の法令に定める条件に従い、相互間で、犯罪行為を引渡犯罪と認める。

4 犯罪行為は、締約国間の犯罪人引渡しに関しては、当該犯罪行為が行なわれた場所のみでなく、第4条1の規定に従つて裁判権を設定すべき国の領域内においても行なわれたものとみなす。

第9条

1 第1条(a)に規定する奪取又は管理が行なわれ又は行なわれようとしている場合には、締約国は、当該航空機の管理をその適法な機長に回復させ又は保持させるため、あらゆる適当な措置をとる。

2 1の場合において、当該航空機又はその旅客若しくは乗組員が所在する締約国は、その旅客及び乗組員ができる限りすみやかに旅行を継続することができるように便宜を与えるものとし、また、占有権を有する者に対し遅滞なく当該航空機及びその貨物を返還する。

第10条

1 締約国は、犯罪行為及び第4条1の暴力行為についてとられる刑事訴訟手続に関し、相互に最大限の援助を与える。この場合において、援助を求められた締約国の法令が適用される。

2 1の規定は、刑事問題に関する相互援助を全面的又は部分的に規定する現行の又は将来締結される二国間又は多数国間の他の条約に基づく義務に影響を及ぼすものではない。

第11条

各締約国は、国内法に従い、できる限りすみやかに、次の事項に関して有する関係情報を国際民間航空機関の理事会に通報する。
(a)　犯罪行為の状況
(b)　第9条の規定に従つてとつた措置
(c)　犯罪行為の犯人又は容疑者に対してとつた措置、特に犯罪人引渡手続その他の法的手続の帰結

第12条

1　この条約の解釈又は適用に関する締約国間の紛争で交渉によつて解決することができないものは、それらの締約国のうちいずれか一国の要請によつて仲裁に付託される。紛争当事国が仲裁の要請の日から6箇月以内に仲裁の組織について合意に達しない場合には、それらの紛争当事国のうちいずれの一国も、国際司法裁判所規程に従つて国際司法裁判所に紛争を付託することができる。
2　各国は、この条約の署名若しくは批准又はこの条約への加入の時に、1の規定に拘束されないことを宣言することができる。他の締約国は、そのような留保をした締約国との関係において1の規定に拘束されない。
3　2の規定に基づいて留保をした締約国は、寄託国政府に対する通告によつていつでもその留保を撤回することができる。

第13条

1　この条約は、1970年12月1日から16日までの間ヘーグにおいて開催された航空法に関する国際会議（以下「ヘーグ会議」という。）に参加した国による署名のため、1970年12月16日にヘーグにおいて開放するものとし、1970年12月31日後は、モスクワ、ロンドン及びワシントンにおいてすべての国による署名のため開放しておく。この条約が3の規定に従つて効力を生ずる前にこの条約に署名しない国は、いつでもこの条約に加入することができる。
2　この条約は、署名国によつて批准されなければならない。批准書及び加入書は、この条約により寄託国政府として指定されるソヴィエト社会主義共和国連邦、グレート・ブリテン及び北部アイルランド連合王国及びアメリカ合衆国の政府に寄託する。
3　この条約は、ヘーグ会議に参加した10の署名国による批准書の寄託の日の後30日で効力を生ずる。
4　この条約は、3の署名国以外の国については、3の規定によるこの条約の効力発生の日又はその批准書若しくは加入書の寄託の日の後30日目の日のいずれかおそい日に効力を生ずる。
5　寄託国政府は、すべての署名国及び加入国に対し、各署名の日、各批准書又は各加入書の寄託の日、この条約の効力発生の日及び他の通知をすみやかに通報する。
6　この条約は、その効力発生の後直ちに寄託国政府が国際連合憲章第102条及び

国際民間航空条約（1944年シカゴ）第83条の規定に従つて登録する。

第14条

1　いずれの締約国も、寄託国政府にあてた通告書によつてこの条約を廃棄することができる。

2　廃棄は、寄託国政府がその通告を受領した日の後6箇月で効力を生ずる。

以上の証拠として、下名の全権委員は、各自の政府から正当に委任を受けてこの条約に署名した。

1970年12月16日にヘーグで、それぞれが英語、フランス語、ロシア語及びスペイン語による真正な4本文から成る原本3通を作成した。

内閣総理大臣　佐藤　栄作
法務大臣　前尾繁三郎
外務大臣臨時代理
国務大臣　木村　俊夫
運輸大臣　丹羽喬四郎

21 サイバー犯罪に関する条約
（サイバー犯罪条約）

2001年11月8日採択（ストラスブール）

平成24年7月4日公布（条約第7号）
平成24年11月1日効力発生

前文

欧州評議会の加盟国及びこの条約に署名したその他の国は、

欧州評議会の目的がその加盟国の一層強化された統合を達成することであることを考慮し、

この条約の他の締約国との協力を促進することの価値を認識し、

特に適当な法令を制定し及び国際協力を促進することによって、サイバー犯罪から社会を保護することを目的とした共通の刑事政策を優先事項として追求することが必要であることを確信し、

コンピュータ・ネットワークがデジタル化され、統合され及び地球的規模で拡大し続けることによってもたらされる大きな変化を認識し、

コンピュータ・ネットワーク及び電子情報が犯罪を行うためにも利用される可能性があるという危険並びに犯罪に関する証拠がコンピュータ・ネットワークによって蔵置され及び送信される可能性があるという危険を憂慮し、

サイバー犯罪との戦いにおいて国家と民間業界との間の協力が必要であること並びに情報技術の利用及び開発において正当な利益を保護することが必要であることを認識し、

サイバー犯罪と効果的に戦うためには、刑事問題に関する国際協力を強化し、迅速に行い、かつ、十分に機能させることが必要であることを確信し、

この条約に規定する行為を犯罪として定め及びそのような犯罪と効果的に戦うための十分な権限の付与について定めること、そのような犯罪の探知、捜査及び訴追を国内的にも国際的にも促進すること並びに迅速で信頼し得る国際協力のための措置を定めることによって、コンピュータ・システム、コンピュータ・ネットワーク及びコンピュータ・データの秘密性、完全性及び利用可能性に対して向けられた行為並びにコンピュータ・システム、コンピュータ・ネットワーク及びコンピュータ・データの濫用を抑止するために、この条約が必要であることを確信し、

すべての者が有する干渉されることなく意見を持つ権利、表現の自由（国境とのかかわりなくあらゆる種類の情報及び考えを求め、受け及び伝える自由等）についての権利及びプライバシーの尊重についての権利を再確認する1950年に欧州評議会

で採択された人権及び基本的自由の保護に関する条約、1966年に国際連合で採択された市民的及び政治的権利に関する国際規約その他の適用される人権に関する国際条約にうたう法の執行の利益と基本的人権の尊重との間に適正な均衡を確保することが必要であることに留意し、

また、個人情報の保護についての権利（例えば、1981年に欧州評議会で採択された個人情報の自動処理における個人の保護に関する条約によって付与されている権利）に留意し、

1989年に国際連合で採択された児童の権利に関する条約及び1999年に国際労働機関で採択された最悪の形態の児童労働条約を考慮し、

欧州評議会で採択された刑事分野における協力に関する現行の諸条約及び欧州評議会の加盟国と他の国々との間に存在する同様の諸条約を考慮し、並びにこの条約が、コンピュータ・システム及びコンピュータ・データに関連する犯罪に関する捜査及び刑事訴訟をより効果的なものとし、かつ、犯罪に関する電子的形態の証拠の収集を可能とするために、それらの条約を補足することを目的とするものであることを強調し、

国際連合、経済協力開発機構、欧州連合及び主要８箇国（Ｇ８）の活動その他の近年の進展により、サイバー犯罪との戦いに関する国際的な理解及び協力が更に進められていることを歓迎し、

刑事問題についての相互援助に関する欧州条約の実際の適用（電気通信の傍受に係る嘱託状に関するもの）に関する閣僚委員会勧告第10号（1985年）、著作権及び著作隣接権の分野における違法な複製行為に関する同勧告第２号（1988年）、警察部門における個人情報の使用を規制する同勧告第15号（1987年）、電気通信サービス（特に電話サービス）の領域における個人情報の保護に関する同勧告第４号（1995年）、特定のコンピュータ犯罪の定義について国内の立法機関のための指針を提供するコンピュータに関連する犯罪に関する同勧告第９号（1989年）及び刑事手続法における情報技術に関連する問題に関する同勧告第13号（1995年）を想起し、

第21回欧州司法大臣会議（1997年６月10日及び11日にプラハで開催）において採択された決議第１号（国内刑事法の規定を相互に一層類似したものとし及びサイバー犯罪の捜査について効果的な手段を利用可能とするために犯罪問題に関する欧州委員会（ＣＤＰＣ）が実施するサイバー犯罪に関する作業を支持するよう閣僚委員会に勧告したもの）及び第23回欧州司法大臣会議（2000年６月８日及び９日にロンドンで開催）において採択された決議第３号（できる限り多数の国がこの条約の締約国となることができるようにするための適当な解決を見いだすために交渉当事国が努力を継続するよう奨励し、及びサイバー犯罪との戦いについての特有の要件を十分に考慮した迅速かつ効果的な国際協力体制の必要性を認めたもの）に考慮を払い、

また、第２回首脳会議（1997年10月10日及び11日にストラスブールで開催）にお

いて欧州評議会の加盟国の元首又は政府の長によって採択された行動計画（欧州評議会の基準及び価値に基づき新たな情報技術の開発に対する共通の対応を追求するためのもの）に考慮を払って、

次のとおり協定した。

第1章　用語

第1条　定義

この条約の適用上、

a　「コンピュータ・システム」とは、プログラムに従ってデータの自動処理を行う装置又は相互に接続された若しくは関連する一群の装置であってそのうちの一若しくは二以上の装置がプログラムに従ってデータの自動処理を行うものをいう。

b　「コンピュータ・データ」とは、コンピュータ・システムにおける処理に適した形式によって事実、情報又は概念を表したものをいい、コンピュータ・システムに何らかの機能を実行させるための適当なプログラムを含む。

c　「サービス・プロバイダ」とは、次のものをいう。

i　そのサービスの利用者に対しコンピュータ・システムによって通信する能力を提供する者（公私を問わない。）

ii　iに規定する通信サービス又はその利用者のために、コンピュータ・データを処理し又は蔵置するその他の者

d　「通信記録」とは、コンピュータ・システムによる通信に関するコンピュータ・データであって、通信の連鎖の一部を構成するコンピュータ・システムによって作り出され、かつ、通信の発信元、発信先、経路、時刻、日付、規模若しくは継続時間又は通信の基礎となるサービスの種類を示すものをいう。

第2章　国内的にとる措置

第1節　刑事実体法

第1款　コンピュータ・データ及びコンピュータ・システムの秘密性、完全性及び利用可能性に対する犯罪

第2条　違法なアクセス

締約国は、コンピュータ・システムの全部又は一部に対するアクセスが、権限なしに故意に行われることを自国の国内法上の犯罪とするため、必要な立法その他の措置をとる。締約国は、このようなアクセスが防護措置を侵害することによって行われること、コンピュータ・データを取得する意図その他不正な意図をもって行われること又は他のコンピュータ・システムに接続されているコンピュータ・システムに関連して行われることをこの犯罪の要件とすることができる。

第３条　違法な傍受

締約国は、コンピュータ・システムへの若しくはそこからの又はその内部におけるコンピュータ・データの非公開送信（コンピュータ・データを伝送するコンピュータ・システムからの電磁的放射を含む。）の傍受が、技術的手段によって権限なしに故意に行われることを自国の国内法上の犯罪とするため、必要な立法その他の措置をとる。締約国は、このような傍受が不正な意図をもって行われること又は他のコンピュータ・システムに接続されているコンピュータ・システムに関連して行われることをこの犯罪の要件とすることができる。

第４条　データの妨害

１　締約国は、コンピュータ・データの破損、削除、劣化、改ざん又は隠ぺいが権限なしに故意に行われることを自国の国内法上の犯罪とするため、必要な立法その他の措置をとる。

２　締約国は、１に規定する行為が重大な損害を引き起こすことをこの犯罪の要件とする権利を留保することができる。

第５条　システムの妨害

締約国は、コンピュータ・データの入力、送信、破損、削除、劣化、改ざん又は隠ぺいによりコンピュータ・システムの機能に対する重大な妨害が権限なしに故意に行われることを自国の国内法上の犯罪とするため、必要な立法その他の措置をとる。

第６条　装置の濫用

１　締約国は、権限なしに故意に行われる次の行為を自国の国内法上の犯罪とするため、必要な立法その他の措置をとる。

a　第２条から前条までの規定に従って定められる犯罪を行うために使用されることを意図して、次のものを製造し、販売し、使用のために取得し、輸入し、頒布し又はその他の方法によって利用可能とすること。

i　第２条から前条までの規定に従って定められる犯罪を主として行うために設計され又は改造された装置（コンピュータ・プログラムを含む。）

ii　コンピュータ・システムの全部又は一部にアクセス可能となるようなコンピュータ・パスワード、アクセス・コード又はこれらに類するデータ

b　第２条から前条までの規定に従って定められる犯罪を行うために使用されることを意図して、a i 又は ii に規定するものを保有すること。締約国は、自国の法令により、これらのものの一定数の保有を刑事上の責任を課するための要件とすることができる。

２　この条の規定は、１に規定する製造、販売、使用のための取得、輸入、頒布若しくはその他の方法によって利用可能とする行為又は保有が、第２条から前条までの規定に従って定められる犯罪を行うことを目的としない場合（例えば、コンピュータ・システムの正当な試験又は保護のために行われる場合）に刑事上の責

任を課するものと解してはならない。

3　締約国は、1の規定を適用しない権利を留保することができる。ただし、その留保が1aⅱに規定するものの販売、頒布又はその他の方法によって利用可能とする行為に関するものでない場合に限る。

第2款　コンピュータに関連する犯罪

第7条　コンピュータに関連する偽造

締約国は、コンピュータ・データの入力、改ざん、削除又は隠ぺいにより、真正でないコンピュータ・データ（直接読取りが可能であるか否か及び直接理解が可能であるか否かを問わない。）を生じさせる行為が、当該データが法律上真正であるとみなされ又は扱われることを意図して権限なしに故意に行われることを自国の国内法上の犯罪とするため、必要な立法その他の措置をとる。締約国は、詐取する意図又はこれに類する不正な意図を刑事上の責任を課するための要件とすることができる。

第8条　コンピュータに関連する詐欺

締約国は、自己又は他人のために権限なしに経済的利益を得るという詐欺的な又は不正な意図をもって、権限なしに故意に次の行為が行われ、他人に対し財産上の損害が加えられることを自国の国内法上の犯罪とするため、必要な立法その他の措置をとる。

a　コンピュータ・データの入力、改ざん、削除又は隠ぺい

b　コンピュータ・システムの機能に対する妨害

第3款　特定の内容に関連する犯罪

第9条　児童ポルノに関連する犯罪

1　締約国は、権限なしに故意に行われる次の行為を自国の国内法上の犯罪とするため、必要な立法その他の措置をとる。

a　コンピュータ・システムを通じて頒布するために児童ポルノを製造すること。

b　コンピュータ・システムを通じて児童ポルノの提供を申し出又はその利用を可能にすること。

c　コンピュータ・システムを通じて児童ポルノを頒布し又は送信すること。

d　自己又は他人のためにコンピュータ・システムを通じて児童ポルノを取得すること。

e　コンピュータ・システム又はコンピュータ・データ記憶媒体の内部に児童ポルノを保有すること。

2　1の規定の適用上、「児童ポルノ」とは、次のものを視覚的に描写するポルノをいう。

a　性的にあからさまな行為を行う未成年者

b　性的にあからさまな行為を行う未成年者であると外見上認められる者

c　性的にあからさまな行為を行う未成年者を表現する写実的影像

3　2の規定の適用上、「未成年者」とは、18歳未満のすべての者をいう。もっとも、締約国は、より低い年齢（16歳を下回ってはならない。）の者のみを未成年者とすることができる。

4　締約国は、1d及びe並びに2b及びcの規定の全部又は一部を適用しない権利を留保することができる。

第4款　著作権及び関連する権利の侵害に関連する犯罪

第10条　著作権及び関連する権利の侵害に関連する犯罪

1　締約国は、文学的及び美術的著作物の保護に関するベルヌ条約の1971年7月24日のパリ改正条約、知的所有権の貿易関連の側面に関する協定及び著作権に関する世界知的所有権機関条約に基づく義務に従って自国の法令に定める著作権（これらの条約によって付与された人格権を除く。）の侵害が故意に、商業的規模で、かつ、コンピュータ・システムによって行われることを自国の国内法上の犯罪とするため、必要な立法その他の措置をとる。

2　締約国は、実演家、レコード製作者及び放送機関の保護に関する国際条約（ローマ条約）、知的所有権の貿易関連の側面に関する協定及び実演及びレコードに関する世界知的所有権機関条約に基づく義務に従って自国の法令に定める関連する権利（これらの条約によって付与された人格権を除く。）の侵害が故意に、商業的規模で、かつ、コンピュータ・システムによって行われることを自国の国内法上の犯罪とするため、必要な立法その他の措置をとる。

3　締約国は、限定的な状況において、1及び2の規定に基づく刑事上の責任を課さない権利を留保することができる。ただし、他の効果的な救済手段が利用可能であり、かつ、その留保が1及び2に規定する国際文書に定める締約国の国際的義務に違反しない場合に限る。

第5款　付随的責任及び制裁

第11条　未遂及びほう助又は教唆

1　締約国は、第2条から前条までの規定に従って定められる犯罪が行われることを意図して故意にこれらの犯罪の実行をほう助し又は教唆することを自国の国内法上の犯罪とするため、必要な立法その他の措置をとる。

2　締約国は、第3条から第5条まで、第7条、第8条並びに第9条1a及びcの規定に従って定められる犯罪であって故意に行われるものの未遂を自国の国内法上の犯罪とするため、必要な立法その他の措置をとる。

3　いずれの締約国も、2の規定の全部又は一部を適用しない権利を留保することができる。

第12条　法人の責任

1　締約国は、単独で又は法人の機関の一部として活動する自然人であって当該法人内部で指導的地位にあるものが、次のいずれかの権限に基づき、かつ、当該法人の利益のためにこの条約に従って定められる犯罪を行う場合に当該犯罪についての責任を当該法人に負わせ得ることを確保するため、必要な立法その他の措置をとる。

a　法人の代表権

b　法人のために決定を行う権限

c　法人内部で管理を行う権限

2　1に規定する場合に加え、締約国は、法人の権限に基づき活動する自然人が当該法人の利益のためにこの条約に従って定められる犯罪を行う場合において、当該犯罪の実行が1に規定する自然人による監督又は管理の欠如によるものであるときは、当該法人に責任を負わせ得ることを確保するため、必要な措置をとる。

3　法人の責任は、締約国の法的原則に従って、刑事上、民事上又は行政上のものとすることができる。

4　法人の責任は、犯罪を行った自然人の刑事上の責任に影響を及ぼすものではない。

第13条　制裁及び措置

1　締約国は、第2条から第11条までの規定に従って定められる犯罪について自由のはく奪その他の制裁であって効果的な、均衡のとれたかつ抑止力のあるものが科されることを確保するため、必要な立法その他の措置をとる。

2　締約国は、前条の規定に従って責任を負う法人に対し、刑罰又は刑罰以外の制裁若しくは措置であって効果的な、均衡のとれたかつ抑止力のあるもの（金銭的制裁を含む。）が科されることを確保する。

第2節　手続法

第1款　共通規定

第14条　手続規定の適用範囲

1　締約国は、特定の捜査又は刑事訴訟のためにこの節に定める権限及び手続を設定するため、必要な立法その他の措置をとる。

2　第21条に別段の定めがある場合を除くほか、締約国は、次の事項について1に規定する権限及び手続を適用する。

a　第2条から第11条までの規定に従って定められる犯罪

b　コンピュータ・システムによって行われる他の犯罪

c　犯罪に関する電子的形態の証拠の収集

3 a　締約国は、留保において特定する犯罪又は犯罪類型についてのみ第20条に定める措置を適用する権利を留保することができる。ただし、当該犯罪又は犯罪類型の範囲が、第21条に定める措置を適用する犯罪の範囲よりも制限的とならない場合に限る。締約国は、第20条に定める措置を最も幅広く適用することができるように留保を制限することを考慮する。

b　締約国は、この条約の採択の時に有効な法令における制限により次のi及び

ⅱのシステムを有するサービス・プロバイダのコンピュータ・システムの内部における通信に第20条及び第21条に定める措置を適用することができない場合には、そのような通信にこれらの措置を適用しない権利を留保することができる。

ⅰ　閉鎖されたグループの利用者のために運営されているシステム

ⅱ　公共通信ネットワークを利用せず、かつ、他のコンピュータ・システム（公的なものであるか私的なものであるかを問わない。）に接続されていないシステム

締約国は、第20条及び第21条に定める措置を最も幅広く適用することができるように留保を制限することを考慮する。

第15条　条件及び保障措置

1　締約国は、この節に定める権限及び手続の設定、実施及び適用が、自国の国内法に定める条件及び保障措置であって、1950年に欧州評議会で採択された人権及び基本的自由の保護に関する条約、1966年に国際連合で採択された市民的及び政治的権利に関する国際規約その他の適用される人権に関する国際文書に基づく義務に従って生ずる権利その他の人権及び自由の適当な保護を規定しており、かつ、比例原則を含むものに従うことを確保する。

2　1に規定する条件及び保障措置には、該当する権限又は手続の性質にかんがみ適当な場合には、特に、司法上の又は他の独立した監督、適用を正当化する事由並びに当該権限又は手続の適用範囲及び期間に関する制限を含む。

3　締約国は、公共の利益、特に司法の健全な運営に反しない限り、この節に定める権限及び手続が第三者の権利、責任及び正当な利益に及ぼす影響を考慮する。

第2款　蔵置されたコンピュータ・データの迅速な保全

第16条　蔵置されたコンピュータ・データの迅速な保全

1　締約国は、特に、自国の権限のある当局がコンピュータ・システムによって蔵置された特定のコンピュータ・データ（通信記録を含む。）が特に滅失しやすく又は改変されやすいと信ずるに足りる理由がある場合には、当該権限のある当局が当該コンピュータ・データについて迅速な保全を命令すること又はこれに類する方法によって迅速な保全を確保することを可能にするため、必要な立法その他の措置をとる。

2　締約国は、ある者が保有し又は管理している特定の蔵置されたコンピュータ・データを保全するよう当該者に命令することによって1の規定を実施する場合には、自国の権限のある当局が当該コンピュータ・データの開示を求めることを可能にするために必要な期間（90日を限度とする。）、当該コンピュータ・データの完全性を保全し及び維持することを当該者に義務付けるため、必要な立法その他の措置をとる。締約国は、そのような命令を引き続き更新することができる旨定めることができる。

3　締約国は、コンピュータ・データを保全すべき管理者その他の者に対し、1又は2に定める手続がとられていることについて、自国の国内法に定める期間秘密のものとして取り扱うことを義務付けるため、必要な立法その他の措置をとる。
4　この条に定める権限及び手続は、前二条の規定に従うものとする。

第17条　通信記録の迅速な保全及び部分開示

1　締約国は、前条の規定に基づいて保全される通信記録について、次のことを行うため、必要な立法その他の措置をとる。
　a　通信の伝達に関与したサービス・プロバイダが一であるか二以上であるかにかかわらず、通信記録の迅速な保全が可能となることを確保すること。
　b　当該サービス・プロバイダ及び通信が伝達された経路を自国が特定することができるようにするために十分な量の通信記録が、自国の権限のある当局又は当該権限のある当局によって指名された者に対して迅速に開示されることを確保すること。
2　この条に定める権限及び手続は、第14条及び第15条の規定に従うものとする。

第3款　提出命令

第18条　提出命令

1　締約国は、自国の権限のある当局に対し次のことを行う権限を与えるため、必要な立法その他の措置をとる。
　a　自国の領域内に所在する者に対し、当該者が保有し又は管理している特定のコンピュータ・データであって、コンピュータ・システム又はコンピュータ・データ記憶媒体の内部に蔵置されたものを提出するよう命令すること。
　b　自国の領域内でサービスを提供するサービス・プロバイダに対し、当該サービス・プロバイダが保有し又は管理している当該サービスに関連する加入者情報を提出するよう命令すること。
2　この条に定める権限及び手続は、第14条及び第15条の規定に従うものとする。
3　この条の規定の適用上、「加入者情報」とは、コンピュータ・データという形式又はその他の形式による情報のうち、サービス・プロバイダが保有するサービス加入者に関連する情報（通信記録及び通信内容に関連するものを除く。）であって、それにより次のことが立証されるものをいう。
　a　利用された通信サービスの種類、当該サービスのためにとられた技術上の措置及びサービスの期間
　b　加入者の身元、郵便用あて名又は住所及び電話番号その他のアクセスのための番号並びに料金の請求及び支払に関する情報であって、サービスに関する契約又は取決めに基づいて利用可能なもの
　c　通信設備の設置場所に関するその他の情報であってサービスに関する契約又は取決めに基づいて利用可能なもの

第4款　蔵置されたコンピュータ・データの捜索及び押収

第19条　蔵置されたコンピュータ・データの捜索及び押収

1　締約国は、自国の権限のある当局に対し、自国の領域内において次のものに関し捜索又はこれに類するアクセスを行う権限を与えるため、必要な立法その他の措置をとる。

a　コンピュータ・システムの全部又は一部及びその内部に蔵置されたコンピュータ・データ

b　コンピュータ・データを蔵置することができるコンピュータ・データ記憶媒体

2　締約国は、自国の権限のある当局が１ａの規定に基づき特定のコンピュータ・システムの全部又は一部に関し捜索又はこれに類するアクセスを行う場合において、当該捜索等の対象となるデータが自国の領域内にある他のコンピュータ・システムの全部又は一部の内部に蔵置されていると信ずるに足りる理由があり、かつ、当該データが当該特定のコンピュータ・システムから合法的にアクセス可能であるか又は入手可能であるときは、当該権限のある当局が当該他のコンピュータ・システムに関し捜索又はこれに類するアクセスを速やかに行うことができることを確保するため、必要な立法その他の措置をとる。

3　締約国は、自国の権限のある当局に対し、１又は２の規定に基づきアクセスしたコンピュータ・データの押収又はこれに類する確保を行う権限を与えるため、必要な立法その他の措置をとる。これらの措置には、次のことを行う権限を与えることを含む。

a　コンピュータ・システムの全部若しくは一部又はコンピュータ・データ記憶媒体の押収又はこれに類する確保を行うこと。

b　当該コンピュータ・データの複製を作成し及び保管すること。

c　関連する蔵置されたコンピュータ・データの完全性を維持すること。

d　アクセスしたコンピュータ・システムの内部の当該コンピュータ・データにアクセスすることができないようにすること又は当該コンピュータ・データを移転すること。

4　締約国は、自国の権限のある当局に対し、１又は２に定める措置をとることを可能にするために必要な情報を合理的な範囲で提供するようコンピュータ・システムの機能又はコンピュータ・システムの内部のコンピュータ・データを保護するために適用される措置に関する知識を有する者に命令する権限を与えるため、必要な立法その他の措置をとる。

5　この条に定める権限及び手続は、第14条及び第15条の規定に従うものとする。

第５款　コンピュータ・データのリアルタイム収集

第20条　通信記録のリアルタイム収集

1　締約国は、自国の権限のある当局に対し、コンピュータ・システムによって伝達される自国の領域内における特定の通信に係る通信記録についてリアルタイムで次のことを行う権限を与えるため、必要な立法その他の措置をとる。

a　自国の領域内にある技術的手段を用いることにより、当該通信記録を収集し又は記録すること。

b　サービス・プロバイダに対し、その既存の技術的能力の範囲内で次のいずれかのことを行うよう強制すること。

i　自国の領域内にある技術的手段を用いることにより、当該通信記録を収集し又は記録すること。

ii　当該権限のある当局が当該通信記録を収集し又は記録するに当たり、これに協力し及びこれを支援すること。

2　締約国は、自国の国内法制の確立された原則により１ａに定める措置をとることができない場合には、当該措置に代えて、自国の領域内にある技術的手段を用いることにより、自国の領域内において伝達される特定の通信に係る通信記録をリアルタイムで収集し又は記録することを確保するため、必要な立法その他の措置をとることができる。

3　締約国は、サービス・プロバイダに対し、この条に定める権限の行使の事実及び当該権限の行使に関する情報について秘密のものとして取り扱うことを義務付けるため、必要な立法その他の措置をとる。

4　この条に定める権限及び手続は、第14条及び第15条の規定に従うものとする。

第21条　通信内容の傍受

1　締約国は、自国の権限のある当局に対し、自国の国内法に定める範囲の重大な犯罪に関して、コンピュータ・システムによって伝達される自国の領域内における特定の通信の通信内容についてリアルタイムで次のことを行う権限を与えるため、必要な立法その他の措置をとる。

a　自国の領域内にある技術的手段を用いることにより、当該通信内容を収集し又は記録すること。

b　サービス・プロバイダに対し、その既存の技術的能力の範囲内で次のいずれかのことを行うよう強制すること。

i　自国の領域内にある技術的手段を用いることにより、当該通信内容を収集し又は記録すること。

ii　当該権限のある当局が当該通信内容を収集し又は記録するに当たり、これに協力し及びこれを支援すること。

2　締約国は、自国の国内法制の確立された原則により１ａに定める措置をとることができない場合には、当該措置に代えて、自国の領域内にある技術的手段を用いることにより、自国の領域内における特定の通信の通信内容をリアルタイムで収集し又は記録することを確保するため、必要な立法その他の措置をとることができる。

3　締約国は、サービス・プロバイダに対し、この条に定める権限の行使の事実及び当該権限の行使に関する情報について秘密のものとして取り扱うことを義務付けるため、必要な立法その他の措置をとる。

4　この条に定める権限及び手続は、第14条及び第15条の規定に従うものとする。

第3節　裁判権

第22条　裁判権

1　締約国は、次の場合において第2条から第11条までの規定に従って定められる犯罪についての自国の裁判権を設定するため、必要な立法その他の措置をとる。

a　犯罪が自国の領域内で行われる場合

b　犯罪が自国を旗国とする船舶内で行われる場合

c　犯罪が自国の法令により登録されている航空機内で行われる場合

d　犯罪が行われた場所の刑事法に基づいて刑を科することができる場合又は犯罪がすべての国の領域的管轄の外で行われる場合において、当該犯罪が自国の国民によって行われるとき。

2　締約国は、1bからdまでの全部若しくは一部に定める裁判権に関する規則を適用しない権利又は特定の場合若しくは状況においてのみ当該規則を適用する権利を留保することができる。

3　締約国は、容疑者が自国の領域内に所在し、かつ、引渡しの請求を受けたにもかかわらず当該容疑者の国籍のみを理由として他の締約国に当該容疑者の引渡しを行わない場合において第24条1に定める犯罪についての裁判権を設定するため、必要な措置をとる。

4　この条約は、締約国が自国の国内法に従って行使する刑事裁判権を排除するものではない。

5　この条約に従って定められる犯罪が行われたとされる場合において、二以上の締約国が裁判権を主張するときは、関係締約国は、適当な場合には、訴追のために最も適した裁判権を有する国を決定するために協議する。

第3章　国際協力

第1節　一般原則

第1款　国際協力に関する一般原則

第23条　国際協力に関する一般原則

締約国は、この章の規定に従い、かつ、刑事問題についての国際協力に関する関連の国際文書、統一的又は相互主義的な法令を基礎として合意された取極及び国内法の適用を通じ、コンピュータ・システム及びコンピュータ・データに関連する犯罪に関する捜査若しくは刑事訴訟のため又は犯罪に関する電子的形態の証拠の収集のために、できる限り広範に相互に協力する。

第2款　犯罪人引渡しに関する原則

第24条　犯罪人引渡し

1 a　この条の規定は、第2条から第11条までの規定に従って定められる犯罪（双方の締約国の法令において長期1年以上自由をはく奪する刑又はこれよりも重い刑を科することができるものに限る。）に関する締約国間の犯罪人引渡しについて適用する。

b　統一的若しくは相互主義的な法令を基礎として合意された取極又は二以上の締約国間で適用可能な犯罪人引渡条約（犯罪人引渡しに関する欧州条約（ＥＴＳ第24号）等）に基づいて適用される最も軽い刑罰が異なる場合には、当該取極又は条約に定める最も軽い刑罰を適用する。

2　1に定める犯罪は、締約国間の現行の犯罪人引渡条約における引渡犯罪とみなされる。締約国は、締約国間で将来締結されるすべての犯罪人引渡条約に1に定める犯罪を引渡犯罪として含めることを約束する。

3　条約の存在を犯罪人引渡しの条件とする締約国は、自国との間に犯罪人引渡条約を締結していない他の締約国から犯罪人引渡しの請求を受けた場合には、この条約を1に定める犯罪に関する犯罪人引渡しのための法的根拠とみなすことができる。

4　条約の存在を犯罪人引渡しの条件としない締約国は、相互間で、1に定める犯罪を引渡犯罪と認める。

5　犯罪人引渡しは、請求を受けた締約国の法令に定める条件又は適用可能な犯罪人引渡条約に定める条件に従う。これらの条件には、請求を受けた締約国が犯罪人引渡しを拒否することができる理由を含む。

6　請求を受けた締約国は、1に定める犯罪に関する犯罪人引渡しにつき、引渡しを求められている者の国籍のみを理由として又は自国が当該犯罪について裁判権を有すると認めることを理由として拒否する場合には、請求を行った締約国からの要請により訴追のため自国の権限のある当局に事件を付託するものとし、適当な時期に確定的な結果を当該請求を行った締約国に報告する。当該権限のある当局は、自国の法令に定めるこれと同様の性質を有する他の犯罪の場合と同様の方法で、決定、捜査及び刑事訴訟を行う。

7 a　締約国は、署名の際又は批准書、受諾書、承認書若しくは加入書の寄託の際に、欧州評議会事務局長に対し、犯罪人引渡条約が存在しない場合に犯罪人引渡し又は仮拘禁のための請求を行い又は受けることについて責任を有する当局の名称及び所在地を通報する。

b　欧州評議会事務局長は、締約国によって指定された当局の登録簿を作成し、これを常に最新のものとする。締約国は、登録簿に記載された事項が常に正確であることを確保する。

第3款　相互援助に関する一般原則

第25条　相互援助に関する一般原則

1　締約国は、コンピュータ・システム及びコンピュータ・データに関連する犯罪に関する捜査若しくは刑事訴訟のため又は犯罪に関する電子的形態の証拠の収集のために、できる限り広範に相互に援助を提供する。

2　締約国は、第27条から第35条までに定める義務を履行するため、必要な立法その他の措置をとる。

3　締約国は、緊急の状況においては、ファクシミリ、電子メール等の緊急の通信手段が適当な水準の安全性及び認証を提供する限り（必要な場合には、暗号の使用を含む。）、このような手段により相互援助の要請又はこれに関連する通報を行うことができる。この場合において、要請を受けた締約国が要求するときは、その後正式な確認を行う。要請を受けた締約国は、このような緊急の通信手段による要請を受け入れ、そのような手段によりこれに回答する。

4　この章に別段の定めがある場合を除くほか、相互援助は、要請を受けた締約国の法令に定める条件又は適用可能な相互援助条約に定める条件に従う。これらの条件には、当該締約国が協力を拒否することができる理由を含む。当該締約国は、要請が財政に係る犯罪と認められる犯罪に関係することのみを理由として、第2条から第11条までに定める犯罪について相互援助を拒否する権利を行使してはならない。

5　要請を受けた締約国がこの章の規定に基づき双罰性を相互援助の条件とする場合において、援助が求められている犯罪の基礎を成す行為が当該締約国の法令によって犯罪とされているものであるときは、当該援助が求められている犯罪が、当該締約国の法令により、要請を行った締約国における犯罪類型と同一の犯罪類型に含まれるか否か又は同一の用語で定められているか否かにかかわらず、この条件が満たされているものとみなす。

第26条　自発的な情報提供

1　締約国は、自国が行った捜査の枠組みの中で入手した情報を他の締約国に開示することが、当該他の締約国がこの条約に従って定められる犯罪に関する捜査若しくは刑事訴訟を開始し若しくは実施するに際して役立つ可能性があると認める場合又はそのような開示により当該他の締約国がこの章の規定に基づき協力を要請することとなる可能性があると認める場合には、自国の国内法の範囲内において当該情報を事前の要請なしに当該他の締約国に送付することができる。

2　1に規定する情報を提供しようとする締約国は、当該情報を提供する前に、当該情報を秘密のものとして取り扱うこと又は一定の条件を満たす場合にのみ使用することを要請することができる。情報を受領することとなる締約国は、そのような要請に応ずることができない場合には、情報を提供しようとする締約国に対しその旨を通報する。この場合において、情報を提供しようとする締約国は、それにもかかわらず情報を提供すべきか否かについて決定する。情報を受領する締約国は、条件が付された情報を受領する場合には、当該条件に拘束される。

第4款　適用される国際協定が存在しない場合の相互援助の要請に関する手続

第27条　適用される国際協定が存在しない場合の相互援助の要請に関する手続

1　相互援助条約又は統一的若しくは相互主義的な法令を基礎とする取極であって要請を行った締約国と要請を受けた締約国との間において有効なものが存在しない場合には、2から9までの規定を適用する。そのような条約、取極又は法令が存在する場合には、関係締約国がこれらの条約、取極又は法令に代えて2から9までの規定の一部又は全部を適用することを合意したときを除くほか、この条の規定を適用しない。

2 a　締約国は、相互援助の要請を送付し及び当該要請に回答し、当該要請を実施し又は当該要請を実施する権限を有する当局に対して当該要請を送付する責任を有する一又は二以上の中央当局を指定する。

b　中央当局は、直接相互に連絡する。

c　締約国は、署名の際又は批准書、受諾書、承認書若しくは加入書の寄託の際に、欧州評議会事務局長に対し、この2の規定に従って指定した中央当局の名称及び所在地を通報する。

d　欧州評議会事務局長は、締約国によって指定された中央当局の登録簿を作成し、これを常に最新のものとする。締約国は、登録簿に記載された事項が常に正確であることを確保する。

3　この条の規定による相互援助の要請は、当該要請を受けた締約国の法令と両立しない場合を除くほか、当該要請を行った締約国が定める手続に従って実施される。

4　要請を受けた締約国は、第25条4に規定する拒否の理由がある場合に加え、次の場合には援助を拒否することができる。

a　当該要請が、政治犯罪又はこれに関連する犯罪であると自国が認める犯罪に関係する場合

b　当該要請の実施により自国の主権、安全、公の秩序その他の重要な利益を害されるおそれがあると自国が認める場合

5　要請を受けた締約国は、当該要請に基づく措置が自国の権限のある当局が行う捜査又は刑事訴訟を害することとなる場合には、当該措置をとることを延期することができる。

6　要請を受けた締約国は、援助を拒否し又は延期する前に、当該要請を行った締約国と協議し、適当な場合には、当該要請を部分的に認めるか否か又は当該要請を自国が必要と認める条件に従って認めるか否かについて検討する。

7　要請を受けた締約国は、当該要請を行った締約国に対し、援助の要請の実施の

結果を速やかに通報する。当該要請を拒否し又は延期する場合には、その理由を示さなければならない。また、当該要請を受けた締約国は、当該要請を行った締約国に対し、当該要請を実施することができない理由又は当該要請の実施を著しく遅延させるおそれのある理由を通報する。

8　要請を行った締約国は、当該要請を受けた締約国に対し、当該要請の実施に必要な範囲を除くほか、この章の規定に基づく要請の事実及び内容を秘密のものとして取り扱うことを求めることができる。当該要請を受けた締約国は、当該要請を秘密のものとして取り扱うことができない場合には、速やかにその旨を当該要請を行った締約国に通報する。この場合において、当該要請を行った締約国は、それにもかかわらず当該要請が実施されるべきか否かについて決定する。

9 a　緊急の場合には、相互援助の要請又はこれに関連する通報は、当該要請を行う締約国の司法当局が当該要請を受ける締約国の司法当局に直接行うことができる。この場合において、当該要請を受ける締約国の中央当局に対し、当該要請を行う締約国の中央当局を通じて当該要請の写しを同時に送付する。

b　この9の規定に基づく要請又は通報は、国際刑事警察機構を通じて行うことができる。

c　aの規定に基づく要請が行われたが、要請を受けた司法当局が当該要請を取り扱う権限を有していない場合には、当該司法当局は、当該要請を自国の権限のある当局に委託し、その委託の事実を当該要請を行った締約国に直接通報する。

d　この9の規定に基づいて行われる要請又は通報（強制的な措置に関するものを除く。）は、当該要請を行う締約国の権限のある当局が当該要請を受ける締約国の権限のある当局に直接行うことができる。

e　締約国は、署名の際又は批准書、受諾書、承認書若しくは加入書の寄託の際に、この9の規定に基づく要請については効率上の理由により自国の中央当局に対して行われるべきことを欧州評議会事務局長に通報することができる。

第28条　秘密性及び使用制限

1　相互援助条約又は統一的若しくは相互主義的な法令を基礎とする取極であって要請を行った締約国と要請を受けた締約国との間において有効なものが存在しない場合には、この条の規定を適用する。そのような条約、取極又は法令が存在する場合には、関係締約国がこれらの条約、取極又は法令に代えて2から4までの規定の一部又は全部を適用することを合意したときを除くほか、この条の規定を適用しない。

2　要請を受けた締約国は、当該要請に応じて情報又は資料を提供するに際し、次の条件を付することができる。

a　秘密保持の条件なしでは法律上の相互援助の要請に応じられない場合に当該情報又は資料が秘密のものとして取り扱われること。

b　要請書に記載された捜査又は刑事訴訟以外の捜査又は刑事訴訟に当該情報又は資料が使用されないこと。

3　要請を行った締約国は、2に定める条件に従うことができない場合には、速やかにその旨を当該要請を受けた締約国に通報する。この場合において、当該要請を受けた締約国は、それにもかかわらず情報を提供すべきか否かについて決定する。当該要請を行った締約国は、そのような条件を受け入れた場合には、当該条件に拘束される。

4　2に定める条件を付して情報又は資料を提供する締約国は、当該条件に関連して、要請を行った締約国に対し、当該情報又は資料がどのように使用されたかについて説明するよう要求することができる。

第2節　特別規定

第1款　暫定措置に関する相互援助

第29条　蔵置されたコンピュータ・データの迅速な保全

1　締約国は、他の締約国に対し、コンピュータ・システムによって蔵置されたコンピュータ・データであって、当該他の締約国の領域内に所在し、かつ、自国が当該データに関しその捜索若しくはこれに類するアクセス、その押収若しくはこれに類する確保又はその開示のために相互援助の要請を提出する意図を有するものについて、迅速な保全を命令し又はその他の方法によって迅速な保全を確保するよう要請することができる。

2　1の規定に基づいて行われる保全の要請書には、次の事項を明記する。

a　保全を求める当局

b　捜査又は刑事訴訟の対象となっている犯罪及び関連する事実の簡潔な要約

c　保全すべき蔵置されたコンピュータ・データ及び当該データとbに規定する犯罪との関係

d　蔵置されたコンピュータ・データの管理者又はコンピュータ・システムの所在地を特定する情報であって、利用可能なもの

e　保全の必要性

f　締約国が、蔵置されたコンピュータ・データの捜索若しくはこれに類するアクセス、その押収若しくはこれに類する確保又はその開示のために相互援助の要請を提出する意図を有すること。

3　締約国は、他の締約国から要請を受けた場合には、特定のデータを自国の国内法に従って迅速に保全するため、すべての適当な措置をとる。締約国は、要請に応ずるに当たり、双罰性をそのような保全を行うための条件として要求してはならない。

4　蔵置されたコンピュータ・データの捜索若しくはこれに類するアクセス、その押収若しくはこれに類する確保又はその開示のための相互援助の要請に応ずる条

件として双罰性を要求する締約国は、第２条から第11条までの規定に従って定められる犯罪以外の犯罪に関し、開示の時点で双罰性の条件が満たされないと信ずるに足りる理由がある場合には、この条の規定に基づく保全のための要請を拒否する権利を留保することができる。

5　保全のための要請は、４に定める場合に加え、次の場合にのみ拒否することができる。

a　当該要請が、政治犯罪又はこれに関連する犯罪であると当該要請を受けた締約国が認める犯罪に関係する場合

b　当該要請の実施により自国の主権、安全、公の秩序その他の重要な利益を害されるおそれがあると当該要請を受けた締約国が認める場合

6　要請を受けた締約国は、保全によっては当該要請に係るデータの将来における利用可能性が確保されず、又は当該要請を行った締約国の捜査の秘密性が脅かされ若しくはその他の態様で捜査が害されるであろうと信ずる場合には、当該要請を行った締約国に対し速やかにその旨を通報する。この場合において、当該要請を行った締約国は、それにもかかわらず当該要請が実施されるべきか否かについて決定する。

7　１に定める要請に応ずるために行われた保全は、当該要請を行った締約国が蔵置されたコンピュータ・データの捜索若しくはこれに類するアクセス、その押収若しくはこれに類する確保又はその開示のための要請を提出することができるようにするため60日以上の期間のものとする。当該データは、当該要請を受領した後、当該要請に関する決定が行われるまでの間引き続き保全される。

第30条　保全された通信記録の迅速な開示

1　前条の規定に基づいて行われた要請を受けた締約国は、特定の通信に関する通信記録の保全のための要請を実施する過程において、他の国のサービス・プロバイダが当該通信の伝達に関与していたことを知った場合には、要請を行った締約国に対し、当該サービス・プロバイダ及び当該通信が伝達された経路を特定するために十分な量の通信記録を迅速に開示する。

2　１の規定に基づく通信記録の開示は、次の場合にのみ行わないことができる。

a　要請が、政治犯罪又はこれに関連する犯罪であると当該要請を受けた締約国が認める犯罪に関係する場合

b　要請の実施により自国の主権、安全、公の秩序その他の重要な利益を害されるおそれがあると当該要請を受けた締約国が認める場合

第２款　捜査の権限に関する相互援助

第31条　蔵置されたコンピュータ・データに対するアクセスに関する相互援助

1　締約国は、他の締約国に対し、コンピュータ・システムによって蔵置されたコンピュータ・データ（第29条の規定に従って保全されたデータを含む。）であっ

て当該他の締約国の領域内に所在するものの捜索若しくはこれに類するアクセス、その押収若しくはこれに類する確保又はその開示を要請することができる。

2　要請を受けた締約国は、第23条に規定する国際文書、取極及び法令の適用を通じ、かつ、この章の他の関連する規定に従って、当該要請に応じなければならない。

3　要請を受けた締約国は、次の場合には、迅速に当該要請に応じなければならない。

a　関連するデータが特に滅失しやすく又は改変されやすいと信ずるに足りる理由がある場合

b　2に規定する国際文書、取極及び法令に迅速な協力について別段の定めがある場合

第32条　蔵置されたコンピュータ・データに対する国境を越えるアクセス（当該アクセスが同意に基づく場合又は当該データが公に利用可能な場合）

締約国は、他の締約国の許可なしに、次のことを行うことができる。

a　公に利用可能な蔵置されたコンピュータ・データにアクセスすること（当該データが地理的に所在する場所のいかんを問わない。）。

b　自国の領域内にあるコンピュータ・システムを通じて、他の締約国に所在する蔵置されたコンピュータ・データにアクセスし又はこれを受領すること。ただし、コンピュータ・システムを通じて当該データを自国に開示する正当な権限を有する者の合法的なかつ任意の同意が得られる場合に限る。

第33条　通信記録のリアルタイム収集に関する相互援助

1　締約国は、コンピュータ・システムによって伝達される自国の領域内における特定の通信に係る通信記録をリアルタイムで収集することについて、相互に援助を提供する。2の規定に従うことを条件として、この援助は、国内法に定める条件及び手続に従って行う。

2　締約国は、少なくとも国内の類似の事件において通信記録のリアルタイム収集を行うことができる犯罪については、1に規定する援助を提供する。

第34条　通信内容の傍受に関する相互援助

締約国は、自国に適用される条約及び国内法によって認められている範囲内で、コンピュータ・システムによって伝達される特定の通信の通信内容をリアルタイムで収集し又は記録することについて、相互に援助を提供する。

第3款　24／7ネットワーク

第35条　24／7ネットワーク

1　締約国は、コンピュータ・システム及びコンピュータ・データに関連する犯罪に関する捜査若しくは刑事訴訟のため又は犯罪に関する電子的形態の証拠の収集のために速やかに援助することを確保するため、週7日かつ1日24時間利用可能

な連絡部局を指定する。その援助には、次の措置を促進すること又は国内法及び慣行によって認められている場合には次の措置を直接とることを含む。

a 技術上の助言を提供すること。

b 第29条及び第30条の規定に従いデータを保全すること。

c 証拠を収集し、法律上の情報を提供し、及び容疑者の所在を探すこと。

2 a 締約国の連絡部局は、他の締約国の連絡部局と迅速に通信する能力を有する。

b 締約国が指定する連絡部局は、国際的な相互援助又は犯罪人引渡しについて責任を有する当該締約国の当局の一部でない場合には、当該責任を有する当局と迅速に調整を行うことができることを確保する。

3 締約国は、24／7ネットワークの運用を促進するため、訓練されかつ装備された要員が利用可能であることを確保する。

第4章 最終規定

第36条 署名及び効力発生

1 この条約は、欧州評議会の加盟国及びこの条約の作成に参加した欧州評議会の非加盟国による署名のために開放しておく。

2 この条約は、批准され、受諾され又は承認されなければならない。批准書、受諾書又は承認書は、欧州評議会事務局長に寄託する。

3 この条約は、五の国（欧州評議会の加盟国の少なくとも三の国を含むことを要する。）が、この条約に拘束されることに同意する旨を1及び2の規定に従って表明した日の後3箇月の期間が満了する日の属する月の翌月の初日に効力を生ずる。

4 この条約は、この条約に拘束されることに同意する旨をその後表明する署名国については、その旨を1及び2の規定に従って表明した日の後3箇月の期間が満了する日の属する月の翌月の初日に効力を生ずる。

第37条 この条約への加入

1 この条約の効力発生の後、欧州評議会閣僚委員会は、この条約の締約国と協議してすべての締約国の同意を得た後に、この条約の作成に参加しなかった欧州評議会の非加盟国に対してこの条約に加入するよう招請することができる。決定は、欧州評議会規程第20条dに定める多数による議決であって同委員会に出席する資格を有するすべての締約国の代表の賛成票を含むものによって行う。

2 この条約は、1の規定によりこの条約に加入する国については、加入書を欧州評議会事務局長に寄託した日の後3箇月の期間が満了する日の属する月の翌月の初日に効力を生ずる。

第38条 適用領域

1 いずれの国も、署名の際又は批准書、受諾書、承認書若しくは加入書の寄託の際に、この条約を適用する領域を特定することができる。

2　いずれの国も、その後いつでも、欧州評議会事務局長にあてた宣言により、当該宣言において特定する他の領域についてこの条約の適用を拡大することができる。この条約は、当該他の領域については、同事務局長が当該宣言を受領した日の後３箇月の期間が満了する日の属する月の翌月の初日に効力を生ずる。
3　１又は２の規定に基づいて行われたいかなる宣言も、当該宣言において特定された領域について、欧州評議会事務局長にあてた通告により撤回することができる。撤回は、同事務局長が通告を受領した日の後３箇月の期間が満了する日の属する月の翌月の初日に効力を生ずる。

第39条　この条約の効果

1　この条約は、締約国間で適用される多数国間又は２国間の条約及び取極を補足することを目的とする。これらの条約及び取極には、次のものを含む。

1957年12月13日にパリにおいて署名のために開放された犯罪人引渡しに関する欧州条約（ＥＴＳ第24号）

1959年４月20日にストラスブールにおいて署名のために開放された刑事問題についての相互援助に関する欧州条約（ＥＴＳ第30号）

1978年３月17日にストラスブールにおいて署名のために開放された刑事問題についての相互援助に関する欧州条約の追加議定書（ＥＴＳ第99号）

2　二以上の締約国は、この条約に規定する事項に関して、既に協定若しくは条約を締結し若しくは他の方法による固有の関係を確立している場合又は将来そのような協定若しくは条約を締結し若しくはそのような関係を確立する場合には、当該協定若しくは条約を適用し又は当該他の方法による関係に従って当該締約国間の関係を規律する権利を有する。締約国は、この条約に規定する事項に関しこの条約が規律する態様以外の態様でそのような関係を確立する場合には、この条約の目的及び原則に反しないように行う。
3　この条約のいかなる規定も、締約国が有する他の権利、制限、義務及び責任に影響を及ぼすものではない。

第40条　宣言

いずれの国も、欧州評議会事務局長にあてた書面による通告により、署名の際又は批准書、受諾書、承認書若しくは加入書の寄託の際に、第２条、第３条、第６条１ｂ、第７条、第９条３及び第27条９ｅに定める追加的な要件を課することを宣言することができる。

第41条　連邦条項

1　連邦制の国は、第３章に定める協力を行うことができることを条件として、第２章に定める義務を中央政府と州その他これに類する領域的主体との間の関係を規律する基本原則に適合する範囲において履行する権利を留保することができる。
2　連邦制の国は、１の規定に基づく留保を付する場合には、第２章に定める措置について規定する義務を免除し又は著しく減ずることとなる内容の留保を付してはならない。連邦制の国は、いかなる場合にも、第２章に定める措置について幅広くかつ効果的な法執行能力を規定する。

3　この条約の規定であって、州その他これに類する領域的主体の管轄の下で実施されるものであり、かつ、連邦の憲法制度によって州その他これに類する領域的主体が立法措置をとることを義務付けられていないものについては、連邦の政府は、これらの州の権限のある当局に対し、好意的な意見を付してその規定を通報し、その実施のために適当な措置をとることを奨励する。

第42条　留保

いずれの国も、欧州評議会事務局長にあてた書面による通告により、署名の際又は批准書、受諾書、承認書若しくは加入書の寄託の際に、第４条２、第６条３、第９条４、第10条３、第11条３、第14条３、第22条２、第29条４及び第41条１に定める留保を付する旨を宣言することができる。その他のいかなる留保も、付することができない。

第43条　留保の撤回

1　前条の規定に従って留保を付した締約国は、欧州評議会事務局長にあてた通告により留保の全部又は一部を撤回することができる。撤回は、同事務局長が通告を受領した日に効力を生ずる。通告において特定された日に留保の撤回が効力を生ずる旨が記載されており、かつ、当該特定された日が同事務局長による当該通告の受領の日よりも遅い日である場合には、撤回は、当該特定された日に効力を生ずる。

2　前条に規定する留保を付した締約国は、状況が許す場合には、その留保の全部又は一部を速やかに撤回する。

3　欧州評議会事務局長は、前条に規定する留保を付した締約国に対し、その留保の撤回の見込みについて定期的に照会することができる。

第44条　改正

1　いずれの締約国も、この条約の改正を提案することができる。欧州評議会事務局長は、改正案を欧州評議会の加盟国、この条約の作成に参加した欧州評議会の非加盟国及び第37条の規定によりこの条約に加入し又は加入するよう招請された国に通報する。

2　締約国が提案する改正案は、犯罪問題に関する欧州委員会（ＣＤＰＣ）に通報され、ＣＤＰＣは、当該改正案に関する意見を欧州評議会閣僚委員会に提出する。

3　欧州評議会閣僚委員会は、改正案及びＣＤＰＣによって提出された意見を検討するものとし、欧州評議会の非加盟国であってこの条約の締約国であるものと協議を行った後、当該改正案を採択することができる。

4　３の規定に従って欧州評議会閣僚委員会によって採択された改正は、受諾のため締約国に送付される。

5　３の規定に従って採択された改正は、すべての締約国が欧州評議会事務局長に対しこれを受諾する旨を通告した後30日目の日に効力を生ずる。

第45条　紛争の解決

1　犯罪問題に関する欧州委員会（ＣＤＰＣ）は、この条約の解釈及び適用に関して常時通報を受ける。

2　この条約の解釈又は適用に関して締約国間で紛争が生じた場合には、当該締約国は、交渉又はその選択する他の平和的手段（関係締約国間の合意に基づき、当該紛争をＣＤＰＣ、締約国を拘束する決定を行う仲裁裁判所又は国際司法裁判所に付託すること等）により紛争の解決に努める。

第46条　締約国間の協議

1　締約国は、適当な場合には、次のことを促進するため定期的に協議する。

a　この条約の効果的な活用及び実施（これらに関する問題の特定及びこの条約に基づいて行われた宣言又は留保の効果を含む。）

b　サイバー犯罪及び電子的形態の証拠の収集に関連する法律上、政策上又は技術上の著しい進展に関する情報の交換

c　この条約の補足又は改正の検討

2　犯罪問題に関する欧州委員会（ＣＤＰＣ）は、１に規定する協議の結果に関して定期的に通報を受ける。

3　ＣＤＰＣは、適当な場合には、１に規定する協議を促進するものとし、締約国がこの条約の補足又は改正のために努力することを支援するために必要な措置をとる。ＣＤＰＣは、この条約が効力を生じた後３年以内に、締約国と協力してこの条約のすべての規定を再検討し、必要な場合には、適当な改正を勧告する。

4　１の規定の実施に要する費用は、欧州評議会が負担する場合を除くほか、締約国が決定する方法で締約国が負担する。

5　締約国は、この条の規定に基づく任務を遂行するに当たり、欧州評議会事務局の支援を受ける。

第47条　廃棄

1　いずれの締約国も、欧州評議会事務局長にあてた通告により、いつでもこの条約を廃棄することができる。

2　廃棄は、欧州評議会事務局長が通告を受領した日の後３箇月の期間が満了する日の属する月の翌月の初日に効力を生ずる。

第48条　通報

欧州評議会事務局長は、欧州評議会の加盟国、この条約の作成に参加した欧州評議会の非加盟国及びこの条約に加入し又は加入するよう招請された国に対して次の事項を通報する。

a　署名

b　批准書、受諾書、承認書又は加入書の寄託

c　第36条及び第37条の規定による効力発生の日

d　第40条の規定に従って行われた宣言及び第42条の規定に従って付された留保
e　この条約に関して行われたその他の行為、通告又は通報

以上の証拠として、下名は、正当に委任を受けてこの条約に署名した。

2001年11月23日にブダペストで、ひとしく正文である英語及びフランス語により本書一通を作成した。本書は、欧州評議会に寄託する。欧州評議会事務局長は、欧州評議会の各加盟国、この条約の作成に参加した欧州評議会の非加盟国及びこの条約に加入するよう招請されたすべての国に対しその認証謄本を送付する。

内閣総理大臣　野田　佳彦
総務大臣　川端　達夫
法務大臣　滝　　実
外務大臣　玄葉光一郎
文部科学大臣　平野　博文
経済産業大臣　枝野　幸男

22 対人地雷の使用、貯蔵、生産及び移譲の禁止並びに廃棄に関する条約

(対人地雷禁止条約)

1997年9月18日採択(オスロ)

平成10年10月28日公布(条約第15号)
平成11年3月1日効力発生

対人地雷の使用、貯蔵、生産及び移譲の禁止並びに廃棄に関する条約をここに公布する。

対人地雷の使用、貯蔵、生産及び移譲の禁止並びに廃棄に関する条約

前　文

締約国は、

毎週数百人の人々、主として罪のないかつ無防備な文民、特に児童を殺し又はその身体に障害を与え、経済の発展及び再建を妨げ、難民及び国内の避難民の帰還を阻止しその他の深刻な結果をその敷設後長年にわたってもたらす対人地雷によって引き起こされる苦痛及び犠牲を終止させることを決意し、

世界各地に敷設された対人地雷を除去するという目標に取り組み及びこれらの対人地雷の廃棄を確保することに効果的なかつ調整の図られた方法で貢献するために全力を尽くすことが必要であると確信し、

地雷による被害者の治療及びリハビリテーション(社会的及び経済的復帰を含む。)に係る援助の提供に全力を尽くすことを希望し、

対人地雷の全面的禁止は信頼の醸成についての重要な措置にもなることを認識し、

過度に障害を与え又は無差別に効果を及ぼすことがあると認められる通常兵器の使用の禁止又は制限に関する条約に附属する1996年5月3日に改正された地雷、ブービートラップ及び他の類似の装置の使用の禁止又は制限に関する議定書の採択を歓迎し、また、同議定書を締結していないすべての国による同議定書の早期の締結を要請し、

また、対人地雷の使用、貯蔵、生産及び移譲を禁止する国際的な合意であって、効果的なかつ法的拘束力のあるものを精力的に追求するようすべての国に要請している1996年12月10日の国際連合総会決議第45S号(第51回会期)を歓迎し、

更に、対人地雷の使用、貯蔵、生産及び移譲を禁止し、制限し又は停止するためにこの数年間にわたって、一方的に及び多数国間においてとられた措置を歓迎し、

対人地雷の全面的禁止の要請に示された人道の諸原則の推進における公共の良心の役割を強調し、また、このために国際赤十字・赤新月運動、「地雷廃絶国際キャンペーン」その他の世界各地にある多数の非政府機関が行っている努力を認識し、

対人地雷の使用、貯蔵、生産及び移譲を禁止する国際的なかつ法的拘束力のある

合意について交渉することを国際社会に要請している1996年10月５日のオタワ宣言及び1997年６月27日のブラッセル宣言を想起し、

すべての国によるこの条約への参加を奨励することが望ましいことを強調し、また、すべての関連する場、特に国際連合、軍縮会議、地域的機関及び集団並びに過度に傷害を与え又は無差別に効果を及ぼすことがあると認められる通常兵器の使用の禁止又は制限に関する条約の検討のための会議において、この条約の普遍化を促進するために精力的に努力することを決意し、

武力紛争の当事者が戦闘の方法及び手段を選ぶ権利は無制限ではないという国際人道法の原則、武力紛争においてその性質上過度の傷害又は無用の苦痛を与える兵器、投射物及び物質並びに戦闘の方法を用いることは禁止されているという原則並びに文民と戦闘員とは区別されなければならないという原則に立脚して、

次のとおり協定した。

第１条　一般的義務

1　締約国は、いかなる場合にも、次のことを行わないことを約束する。

(a)　対人地雷を使用すること。

(b)　対人地雷を開発し、生産し、生産その他の方法によって取得し、貯蔵し若しくは保有し又はいずれかの者に対して直接若しくは間接に移譲すること。

(c)　この条約によって締約国に対して禁止されている活動を行うことにつき、いずれかの者に対して、援助し、奨励し又は勧誘すること。

2　締約国は、この条約に従ってすべての対人地雷を廃棄し又はその廃棄を確保することを約束する。

第２条　定義

1　「対人地雷」とは、人の存在、接近又は接触によって爆発するように設計された地雷であって、１人若しくは２人以上の者の機能を著しく害し又はこれらの者を殺傷するものをいう。人ではなく車両の存在、接近又は接触によって起爆するように設計された地雷で処理防止のための装置を備えたものは、当該装置を備えているからといって対人地雷であるとはされない。

2　「地雷」とは、土地若しくは他の物の表面に又は土地若しくは他の物の表面の下方若しくは周辺に敷設されるよう及び人又は車両の存在、接近又は接触によって爆発するように設計された弾薬類をいう。

3　「処理防止のための装置」とは、地雷を保護することを目的とする装置であって、地雷の一部を成し若しくは地雷に連接され若しくは取り付けられ又は地雷の下に設置され、かつ、地雷を処理その他の方法で故意に妨害しようとすると作動するものをいう。

4　「移譲」とは、対人地雷が領域へ又は領域から物理的に移動し、かつ、当該対人地雷に対する権原及び管理が移転することをいう。ただし、対人地雷の敷設された領域の移転に伴って生ずるものを除く。

5 「地雷敷設地域」とは、地雷の存在又は存在の疑いがあることにより危険な地域をいう。

第3条 例外

1 第1条の一般的義務にかかわらず、地雷の探知、除去又は廃棄の技術の開発及び訓練のための若干数の対人地雷の保有又は移譲は、認められる。その総数は、そのような開発及び訓練のために絶対に必要な最少限度の数を超えてはならない。

2 廃棄のための対人地雷の移譲は、認められる。

第4条 貯蔵されている対人地雷の廃棄

締約国は、前条に規定する場を除くほか、自国が所有し若しくは占有する又は自国の管轄若しくは管理の下にあるすべての貯蔵されている対人地雷につき、この条約が自国について効力を生じた後できる限り速やかに、遅くとも4年以内に、廃棄し又はその廃棄を確保することを約束する。

第5条 地雷敷設地域における対人地雷の廃棄

1 締約国は、自国の管轄又は管理の下にある地雷敷設地域におけるすべての対人地雷につき、この条約が自国について効力を生じた後できる限り速やかに、遅くとも10年以内に、廃棄し又はその廃棄を確保することを約束する。

2 締約国は、自国の管轄又は管理の下にあり、かつ、対人地雷が敷設されていることが知られ又は疑われているすべての地域を特定するためにあらゆる努力を払うものとし、自国の管轄又は管理の下にある地雷敷設地域におけるすべての対人地雷につき、当該地雷敷設地域におけるすべての対人地雷が廃棄されるまでの間文民を効果的に排除することを確保するためこれらの地域の外縁を明示し並びにこれらの地域を監視し及び囲いその他の方法によって保護することをできる限り速やかに確保する。その外縁の表示は、少なくとも、過度に傷害を与え又は無差別に効果を及ぼすことがあると認められる通常兵器の使用の禁止又は制限に関する条約に附属する1996年5月3日に改正された地雷、ブービートラップ及び他の類似の装置の使用の禁止又は制限に関する議定書に定める基準に従ったものとする。

3 締約国は、1のすべての対人地雷について1に規定する期間内に廃棄し又はその廃棄を確保することができないと認める場合には、当該対人地雷の廃棄の完了の期限を最長10年の期間延長することについて締約国会議又は検討会議に対して要請を行うことができる。

4 3の要請には、次の事項を含める。

(a) 延長しようとする期間

(b) 延長の理由についての詳細な説明（次の事項を含む。）

(i) 国の地雷除去計画によって行われる作業の準備及び状況

(ii) 自国がすべての対人地雷を廃棄するために利用可能な財政的及び技術的手段

(iii) 自国による地雷敷設地域におけるすべての対人地雷の廃棄を妨げる事情

(c) 延長から生ずる人道上の、社会的な、経済的な及び環境上の影響

(d) 延長の要請に関するその他の情報

5 締約国会議又は検討会議は、4に規定する要素を考慮の上、期間延長の要請を評価し、出席しかつ投票する締約国の票の過半数による議決で当該要請を認めるかどうかを決定する。

6 延長は、3から5までの規定を準用して新たな要請を行うことによって更新することができる。締約国は、新たな期間延長を要請するに当たり、その前の期間延長においてこの条の規定に従って実施してきたことについての関連する追加的な情報を提供する。

第6条 国際的な協力及び援助

1 締約国は、この条約に基づく義務を履行するに当たり、実現可能な場合には、可能な限りにおいて他の締約国の援助を求め及び受ける権利を有する。

2 締約国は、この条約の実施に関連する装置、資材並びに科学的な及び技術に関する情報を可能な最大限度まで交換することを容易にすることを約束するものとし、また、その交換に参加する権利を有する。締約国は、地雷の除去のための装置及び関連する技術に関する情報の人道的目的のための提供に関して不当な制限を課してはならない。

3 締約国は、可能な場合には、地雷による被害者の治療、リハビリテーション並びに社会的及び経済的復帰並びに地雷についての啓発計画のための援助を提供する。この援助は、特に、国際連合及びその関連機関、国際的、地域的若しくは国の機関、赤十字国際委員会、各国の赤十字社及び赤新月社、国際赤十字・赤新月社連盟若しくは非政府機関を通じて又は2国間で提供することができる。

4 締約国は、可能な場合には、地雷の除去及び関連する活動のための援助を提供する。この援助は、特に、国際連合及びその関連機関、国際的若しくは地域的機関若しくは非政府機関を通じて、2国間で又は「地雷の除去を援助するための任意の国際連合信託基金」若しくは他の地雷の除去に対処する地域的な基金に拠出することによって提供することができる。

5 締約国は、可能な場合には、貯蔵されている対人地雷の廃棄のための援助を提供する。

6 締約国は、国際連合及びその関連機関に設置される地雷の除去に関するデータベースに対して情報（特に、地雷の除去のための各種の方法及び技術に関する情報並びに地雷の除去に関する専門家、専門的な機関又は自国の連絡先の名簿）を提供することを約束する。

7 締約国は、国際連合、地域的機関、他の締約国その他適当な政府間又は民間の場に対し、特に次の事項を定める地雷除去計画の策定に当たって自国の当局への援助を要請することができる。

(a)　対人地雷に関する問題の程度及び範囲

(b)　当該地雷除去計画の実施に必要な資金、技術及び人的資源

(c)　自国の管轄又は管理の下にある地雷敷設地域におけるすべての対人地雷の廃棄のために必要であると見込まれる年数

(d)　地雷による傷害又は死亡の発生を減少させるための地雷についての啓発活動

(e)　地雷の被害者への援助

(f)　自国の政府と当該地雷除去計画の実施に当たる政府機関、政府間機関又は非政府機関との関係

8　この条の規定により援助を提供する締約国及び当該援助を受ける締約国は、合意された援助計画の完全かつ迅速な実施を確保するために協力する。

第7条　透明性についての措置

1　締約国は、次の事項につき、国際連合事務総長に対し、この条約が自国について効力を生じた後できる限り速やかに、遅くとも180日以内に報告する。

(a)　第9条にいう国内の実施措置

(b)　自国が所有し若しくは占有する又は自国の管轄若しくは管理の下にあるすべての貯蔵されている対人地雷の総数並びに貯蔵されている対人地雷の型式ごとの数量及び可能な場合には型式ごとのロット番号の内訳

(c)　可能な場合には、自国の管轄又は管理の下にあり、かつ、対人地雷が存在する又は存在の疑いがあるすべての地雷敷設地域の位置並びに各地雷敷設地域における対人地雷の型式ごとの数量及び敷設された時期に関する可能な限りの詳細

(d)　第3条の規定に従い、地雷の探知、除去若しくは廃棄の技術の開発及び訓練のために保有しており若しくは移譲した対人地雷又は廃棄のために移譲した対人地雷のすべての型式、数量及び可能な場合にはロット番号並びに対人地雷を保有し又は移譲することを自国によって認められた機関

(e)　対人地雷生産施設の転換又は稼働の停止のための計画の状況

(f)　第4条及び第5条の規定に基づく対人地雷の廃棄のための計画の状況（廃棄に用いる方法、廃棄を行うすべての場所の位置並びに安全及び環境についての適用可能な基準であって廃棄に際して従う必要のあるものの詳細を含む。）

(g)　この条約が自国について効力を生じた後に廃棄されたすべての対人地雷の型式及び数量（第4条及び第5条の規定に従ってそれぞれ廃棄された対人地雷の型式ごとの数量並びに第4条の規定に従って廃棄された対人地雷については、可能な場合には、型式ごとのロット番号の内訳を含む。）

(h)　自国の生産した対人地雷の各型式の技術上の特徴（判明しているものに限る。）及び自国がその時点で所有し又は占有する対人地雷の各型式の技術上の特徴であって、合理的に可能である場合には、対人地雷の識別及び除去を容易にすることができるような情報を与えるもの。この情報には、少なくとも、寸

法、信管、使用されている火薬及び金属、カラー写真その他の情報であって地雷の除去を容易にすることができるものを含める。

(i)　第5条2の規定に従って特定されたすべての地域に関して住民に対する迅速かつ効果的な警告を発するためにとられた措置

2　締約国は、この条の規定に従って提供する情報につき、直近の暦年を対象として毎年更新し、毎年4月30日までに国際連合事務総長に報告する。

3　国際連合事務総長は、受領した報告のすべてを全締約国に送付する。

第8条　遵守の促進及び遵守についての説明

1　締約国は、この条約の実施に関して相互に協議し及び協力し並びに締約国がこの条約に基づく義務を履行することを促進するために協調の精神に基づいて協力することを合意する。

2　1又は2以上の締約国は、他の締約国によるこの条約の遵守に関連する問題を明らかにし及びその解決を求めることを希望する場合には、当該他の締約国に対し、国際連合事務総長を通じて、そのような問題についての「説明の要請」を行うことができる。この要請には、すべての適当な情報を添付する。締約国は、濫用を避けるために注意を払い、根拠のない「説明の要請」を慎まなければならない。「説明の要請」を受けた締約国は、要請を行った締約国に対し、国際連合事務総長を通じて、当該問題を明らかにする上で有用なすべての情報を28日以内に提供する。

3　要請を行った締約国は、2に規定する期間内に国際連合事務総長を通じて回答が得られなかったとき又は「説明の要請」に対する回答が十分でないと認めたときは、同事務総長を通じて、次回の締約国会議に問題を付託することができる。国際連合事務総長は、すべての締約国に対し、付託された問題を、関連する「説明の要請」についてのすべての適当な情報と共に送付する。この情報は、要請を受けた締約国にすべて提示されるものとし、当該要請を受けた締約国は、意見を述べる権利を有する。

4　いずれの関係締約国も、締約国によるいずれかの会議が招集されるまでの間、国際連合事務総長に対し、要請された説明を促進するためのあっせんを行うよう要請することができる。

5　要請を行った締約国は、国際連合事務総長を通じて、問題を検討するための締約国特別会議の招集を提案することができる。国際連合事務総長は、直ちに、すべての締約国に対し、その提案及び関係締約国が提出したすべての情報を送付するものとし、締約国による当該問題の審議のための締約国特別会議の開催に賛成するかどうかを示すよう要請する。その送付の日から14日以内に締約国の3分の1以上が当該締約国特別会議の開催に賛成する場合には、国際連合事務総長は、その後の14日以内に当該締約国特別会議を招集する。当該締約国特別会議には、締約国の過半数が出席していなければならない。

6　締約国会議又は締約国特別会議は、関係締約国が提出したすべての情報を考慮の上、問題を更に検討するかどうかをまず決定する。締約国会議又は締約国特別会議は、コンセンサス方式によって決定を行うようあらゆる努力を払うものとし、この決定を行うためのあらゆる努力にもかかわらず合意に達しなかったときは、出席しかつ投票する締約国の過半数による議決で決定を行う。

7　すべての締約国は、締約国会議又は締約国特別会議による問題の検討（8の規定に従って決定される事実調査使節団の設置を含む。）を行うため、これらの会議に十分に協力する。

8　締約国会議又は締約国特別会議は、問題を更に明らかにする必要がある場合には、出席しかつ投票する締約国の過半数による議決で事実調査使節団の設置及びその任務を決定する。要請を受けた締約国は、いつでも、自国の領域への事実調査使節団の派遣を招請することができる。この場合においては、事実調査使節団は、締約国会議又は締約国特別会議の決定によることなく設置されるものとする。事実調査使節団は、9及び10の規定に従って指名され及び承認される9人以内の専門家により構成されるものとし、遵守について申し立てられた問題に直接関連する地点その他の場所であって、要請を受けた締約国の管轄又は管理の下にある場所において、追加的な情報を収集することができる。

9　国際連合事務総長は、資格を有する専門家の氏名、国籍その他関連するデータを記載した単一の名簿を、各締約国の提供する名簿に基づいて作成し及び改定し、並びにこれをすべての締約国に送付する。この単一の名簿に含められる専門家は、いずれかの締約国が書面により受け入れられない旨を宣言する場合を除くほか、すべての事実調査使節団のために指名されたものとみなす。受け入れられない場合には、受け入れられない旨が個別の事実調査使節団のための専門家の任命に先立って宣言されたときに限り、当該専門家は、受け入れられない旨の宣言を行った締約国の領域内又はその管轄若しくは管理の下にあるその他の場所において、当該事実調査使節団に参加しない。

10　国際連合事務総長は、締約国会議又は締約国特別会議の求めに応じ、要請を受けた締約国と協議した後、事実調査使節団の構成員（使節団の長を含む。）を任命する。関係する事実調査使節団の設置を決定するよう求めた締約国又は当該事実調査使節団により直接影響を受ける締約国の国民については、当該事実調査使節団に任命してはならない。事実調査使節団の構成員は、1946年2月13日に採択された国際連合の特権及び免除に関する条約第6条にいう特権及び免除を享受する。

11　事実調査使節団の構成員は、できる限り速やかに、かつ、72時間前までに通告した上で、要請を受けた締約国の領域に到着する。要請を受けた締約国は、事実調査使節団を受け入れ、輸送し及び宿泊させるために必要な行政上の措置をとり、並びに当該事実調査使節団が自国の管理の下にある領域にある間は当該事実調査使節団の安全を可能な最大限度まで確保する。

12 事実調査使節団は、要請を受けた締約国の主権を害することなく、必要な装置を、遵守について申し立てられた問題に関する情報を収集するためにのみ使用することを条件として、当該要請を受けた締約国の領域内に持ち込むことができる。事実調査使節団は、その到着に先立ち、要請を受けた締約国に対して、自己の任務の遂行において使用することとしている装置について通報する。

13 要請を受けた締約国は、事実調査使節団に対し遵守について申し立てられた問題に関連する情報を提供することができるすべての者と話す機会を与えることを確保するためにあらゆる努力を払う。

14 要請を受けた締約国は、事実調査使節団に対し自国の管理の下にあるすべての地域及び施設であって遵守についての問題に関連する事実を収集することができると予想されるものへのアクセスを認める。ただし、要請を受けた締約国が次の事項のために必要と認める措置をとることを妨げるものではない。要請を受けた締約国は、当該措置をとる場合には、この条約を遵守していることを代替的な手段により明らかにするためにあらゆる合理的な努力を払う。

(a) 機微に係る装置、情報及び地域の保護

(b) 要請を受けた締約国が財産権その他の憲法上の権利並びに捜索及び押収について負う憲法上の義務の保護

(c) 事実調査使節団の構成員の防護及び安全

15 事実調査使節団は、別段の合意がある場合を除くほか、要請を受けた締約国の領域内に14日以内（特定の施設については7日以内）の間滞在することができる。

16 秘密のものとして提供され、かつ、事実調査の対象である事項に関連しないすべての情報については、秘密のものとして取り扱う。

17 事実調査使節団は、締約国会議又は締約国特別会議に対し、国際連合事務総長を通じて、その調査結果を報告する。

18 締約国会議又は締約国特別会議は、すべての関連する情報（事実調査使節団が提出した報告を含む。）を検討するものとし、要請を受けた締約国に対し遵守についての問題を特定の期間内に取り扱う措置をとるよう求めることができる。当該要請を受けた締約国は、その求めに応じてとったすべての措置について報告する。

19 締約国会議又は締約国特別会議は、関係締約国に対し、検討中の問題を一層明らかにし又は解決するための方法及び手段（国際法に適合する適当な手続の開始を含む。）を提案することができる。締約国会議又は締約国特別会議は、問題となっている事項が要請を受けた締約国にとってやむを得ない事情によるものであると認める場合には、適当な措置（第6条に規定する協力のための措置の利用を含む。）を勧告することができる。

20 締約国会議又は締約国特別会議は、18及び19に規定する決定をコンセンサス方

式によって行うようあらゆる努力を払うものとし、合意に達しなかったときは、出席しかつ投票する締約国の3分の2以上の多数による議決で当該決定を行う。

第9条　国内の実施措置

締約国は、この条約によって締約国に対して禁止されている活動であって、自国の管轄若しくは管理の下にある者によるもの又は自国の管轄若しくは管理の下にある領域におけるものを防止し及び抑止するため、立法上、行政上その他のあらゆる適当な措置（罰則を設けることを含む。）をとる。

第10条　紛争の解決

1　締約国は、この条約の適用又は解釈に関して生ずる紛争を解決するため、相互に協議し及び協力する。締約国は、締約国会議に当該紛争を提起することができる。

2　締約国会議は、適当と認める手段（あっせんを提供すること、紛争当事国である締約国に対し当該締約国が選択する解決のための手続を開始するよう要請すること及び合意された手続に従って解決するための期限を勧告することを含む。）により、紛争の解決に貢献することができる。

3　この条の規定は、遵守の促進及び遵守についての説明に関するこの条約の規定を害するものではない。

第11条　締約国会議

1　締約国は、この条約の適用又は実施につき次の事項を含む問題を検討するために定期的に会合する。

(a)　この条約の運用及び締結状況

(b)　この条約の規定に従って提出される報告から生ずる問題

(c)　第6条の規定に従って行われる国際的な協力及び援助

(d)　対人地雷を除去する技術の開発

(e)　第8条の規定に基づき締約国により付託された問題

(f)　第5条に規定する締約国の要請に関する決定

2　第1回締約国会議については、この条約が効力を生じた後1年以内に国際連合事務総長が招集する。その後の締約国会議は、第1回検討会議が開催されるまでの間においては毎年、国際連合事務総長が招集する。

3　国際連合事務総長は、第8条に規定する条件に従って締約国特別会議を招集する。

4　締約国会議及び締約国特別会議には、この条約の締約国でない国、国際連合その他関連する国際機関、地域的機関、赤十字国際委員会及び関連する非政府機関に、合意される手続規則に従いオブザーバーとして出席するよう招請することができる。

第12条　検討会議

1　検討会議は、この条約の効力発生の5年後に国際連合事務総長が招集する。その後の検討会議は、1又は2以上の締約国の要請があった場合には、検討会議の間隔をいかなる場合にも5年以上とすることを条件として、国際連合事務総長が招集する。この条約のすべての締約国は、検討会議に招請されるものとする。

2 検討会議の目的は、次のとおりとする。

(a) この条約の運用及び締結状況を検討すること。

(b) 前条2にいう締約国会議を更に開催する必要性及び会議の間隔を検討すること。

(c) 第5条に規定する締約国の要請について決定すること。

(d) 必要な場合には、この条約の実施に関する結論を最終報告において採択すること。

3 検討会議には、この条約の締約国でない国、国際連合その他関連する国際機関、地域的機関、赤十字国際委員会及び関連する非政府機関に、合意される手続規則に従いオブザーバーとして出席するよう招請することができる。

第13条 改正

1 いずれの締約国も、この条約が効力を生じた後いつでもこの条約の改正を提案することができる。改正のための提案については、寄託者に通報するものとし、寄託者は、当該改正のための提案をすべての締約国に対して回章に付し、当該改正のための提案を検討するために改正会議を開催すべきかどうかについての締約国の見解を求める。寄託者は、締約国の過半数が当該改正のための提案を更に検討することを支持する旨を当該改正のための提案の回章の後30日以内に寄託者に通報する場合には、すべての締約国が招請される改正会議を招集する。

2 改正会議には、この条約の締約国でない国、国際連合その他関連する国際機関、地域的機関、赤十字国際委員会及び関連する非政府機関に、合意される手続規則に従いオブザーバーとして出席するよう招請することができる。

3 改正会議は、締約国の過半数が一層早期の開催を要請する場合を除くほか、締約国会議又は検討会議の後直ちに開催する。

4 改正は、改正会議に出席しかつ投票する締約国の3分の2以上の多数による議決で採択する。寄託者は、採択された改正を締約国に通報する。

5 改正は、締約国の過半数が受諾書を寄託者に寄託した時に、改正を受諾したすべての締約国について効力を生ずるものとし、その後に改正の受諾書を寄託する他の締約国については、受諾書の寄託の日に効力を生ずる。

第14条 費用

1 締約国会議、締約国特別会議、検討会議及び改正会議の費用については、適切に調整された国際連合の分担率に従い、締約国及びこれらの会議に参加するこの条約の締約国でない国が負担する。

2 第7条及び第8条の規定により国際連合事務総長が要する費用並びに事実調査使節団の費用は、適切に調整された国際連合の分担率に従って締約国が負担する。

第15条 署名

1997年9月18日にノールウェーのオスロで作成されたこの条約は、1997年12月3日及び4日にカナダのオタワにおいて並びに1997年12月5日からその効力発生までの期間はニュー・ヨークにある国際連合本部においてすべての国による署名のために開放しておく。

第16条 批准、受諾、承認又は加入

1 この条約は、署名国によって批准され、受諾され又は承認されなければならない。

2 この条約は、この条約に署名しなかった国による加入のために開放しておく。

3 批准書、受諾書、承認書又は加入書は、寄託者に寄託する。

第17条 効力発生

1 この条約は、40番目の批准書、受諾書、承認書又は加入書が寄託された月の後6番目の月の初日に効力を生ずる。

2 40番目の批准書、受諾書、承認書又は加入書が寄託された日の後に批准書、受託書、承認書又は加入書を寄託する国については、この条約は、その批准書、受諾書、承認書又は加入書が寄託された日の後6番目の月の初日に効力を生ずる。

第18条 暫定的適用

いずれの国も、自国の批准、受諾、承認又は加入の時に、この条約の効力発生までの間第1条1の規定を暫定的に適用する旨を宣言することができる。

第19条 留保

この条約の各条の規定については、留保を付することができない。

第20条 有効期間及び脱退

1 この条約の有効期間は、無期限とする。

2 締約国は、その主権を行使してこの条約から脱退する権利を有する。この権利を行使する締約国は、他のすべての締約国、寄託者及び国際連合安全保障理事会に対してその旨を通告する。脱退の通告には、脱退しようとする理由についての十分な説明を記載する。

3 脱退は、寄託者が脱退の通告を受領した後6箇月で効力を生ずる。ただし、脱退する締約国が当該6箇月の期間の満了の時において武力紛争に巻き込まれている場合には、脱退は、武力紛争の終了の時まで効力を生じない。

4 この条約からの締約国の脱退は、国際法の関連規則に基づく義務を引き続き履行することについての国の義務に何ら影響を及ぼすものではない。

第21条 寄託者

国際連合事務総長は、ここに、この条約の寄託者として指名される。

第22条 正文

アラビア語、中国語、英語、フランス語、ロシア語及びスペイン語をひとしく正文とするこの条約の原本は、国際連合事務総長に寄託する。

23　化学兵器の開発、生産、貯蔵及び使用の禁止並びに廃棄に関する条約

(化学兵器禁止条約)

1993年1月13日採択

平成9年4月21日公布（条約第3号）
平成9年4月29日効力発生

化学兵器の開発、生産、貯蔵及び使用の禁止並びに廃棄に関する条約をここに公布する。

化学兵器の開発、生産、貯蔵及び使用の禁止並びに廃棄に関する条約

前文

この条約の締約国は、

厳重かつ効果的な国際管理の下における全面的かつ完全な軍備縮小（あらゆる種類の大量破壊兵器の禁止及び廃棄を含む。）に向けての効果的な進展を図ることを決意し、

国際連合憲章の目的及び原則の実現に貢献することを希望し、

国際連合総会が、1925年6月17日にジュネーヴで署名された窒息性ガス、毒性ガス又はこれらに類するガス及び細菌学的手段の戦争における使用の禁止に関する議定書（以下「1925年のジュネーヴ議定書」という。）の原則及び目的に反するすべての行為を繰り返し非難してきたことを想起し、

この条約は、1925年のジュネーヴ議定書並びに1972年4月10日にロンドン、モスクワ及びワシントンで署名された細菌兵器（生物兵器）及び毒素兵器の開発、生産及び貯蔵の禁止並びに廃棄に関する条約の原則及び目的並びに同議定書及び同条約に基づく義務を再確認するものであることを認識し、

細菌兵器（生物兵器）及び毒素兵器の開発、生産及び貯蔵の禁止並びに廃棄に関する条約第9条に規定する目標に留意し、

全人類のため、1925年のジュネーヴ議定書に基づく義務を補完するこの条約の実施によって化学兵器の使用の可能性を完全に無くすことを決意し、

戦争の方法としての除草剤の使用の禁止が関連する協定及び国際法の原則において定められていることを認識し、

化学の分野における成果は人類の利益のためにのみ使用されるべきであることを考慮し、

すべての締約国の経済的及び技術的発展を促進するため、この条約によって禁止されていない目的のために、化学に関する活動の分野における国際協力並びに科学的及び技術的情報の交換並びに化学物質の自由な貿易を促進することを希望し、

化学兵器の開発、生産、取得、貯蔵、保有、委譲及び使用の完全かつ効果的な禁

止並びに廃棄が、これらの共通の目的を達成するために必要な措置であることを確信して、

次のとおり協定した。

第1条　一般的義務

1　締約国は、いかなる場合にも、次のことを行わないことを約束する。

(a)　化学兵器を開発し、生産その他の方法によって取得し、貯蔵し若しくは保有し又はいずれかの者に対して直接若しくは間接に移譲すること。

(b)　化学兵器を使用すること。

(c)　化学兵器を使用するための軍事的な準備活動を行うこと。

(d)　この条約によって締約国に対して禁止されている活動を行うことにつき、いずれかの者に対して、援助し、奨励し又は勧誘すること。

2　締約国は、この条約に従い、自国が所有し若しくは占有する化学兵器又は自国の管轄若しくは管理の下にある場所に存在する化学兵器を廃棄することを約束する。

3　締約国は、この条約に従い、他の締約国の領域内に遺棄したすべての化学兵器を廃棄することを約束する。

4　締約国は、この条約に従い、自国が所有し若しくは占有する化学兵器生産施設又は自国の管轄若しくは管理の下にある場所に存在する化学兵器生産施設を廃棄することを約束する。

5　締約国は、暴動鎮圧剤を戦争の方法として使用しないことを約束する。

第2条　定義及び基準

この条約の適用上、

1　「化学兵器」とは、次の物を合わせたもの又は次の物を個別にいう。

(a)　毒性化学物質及びその前駆物質。ただし、この条約によって禁止されていない目的のためのものであり、かつ、種類及び量が当該目的に適合する場合を除く。

(b)　弾薬類及び装置であって、その使用の結果放出されることとなる(a)に規定する毒性化学物質の毒性によって、死その他の害を引き起こすように特別に設計されたもの

(c)　(b)に規定する弾薬類及び装置の使用に直接関連して使用するように特別に設計された装置

2　「毒性化学物質」とは、生命活動に対する化学作用により、人又は動物に対し、死、一時的に機能を著しく害する状態又は恒久的な害を引き起こし得る化学物質（原料及び製法のいかんを問わず、また、施設内、弾薬内その他のいかなる場所において生産されるかを問わない。）をいう。

（この条約の実施上、検証措置の実施のために特定された毒性化学物質は、化学物質に関する附属書の表に掲げる。）

3　「前駆物質」とは、毒性化学物質の生産（製法のいかんを問わない。）のいずれかの段階で関与する化学反応体をいうものとし、２成分又は多成分の化学系の必須成分を含む。

（この条約の実施上、検証措置の実施のために特定された前駆物質は、化学物質に関する附属書の表に掲げる。）

4　「２成分又は多成分の化学系の必須成分」（以下「必須成分」という。）とは、最終生成物の毒性を決定する上で最も重要な役割を果たし、かつ、２成分又は多成分の化学系の中で他の化学物質と速やかに反応する前駆物質をいう。

5　「老朽化した化学兵器」とは、次のものをいう。

(a)　1925年より前に生産された化学兵器

(b)　1925年から1946年までの間に生産された化学兵器であって、化学兵器として使用することができなくなるまでに劣化したもの

6　「遺棄化学兵器」とは、1925年１月１日以降にいずれかの国が他の国の領域内に当該他の国の同意を得ることなく遺棄した化学兵器（老朽化した化学兵器を含む。）をいう。

7　「暴動鎮圧剤」とは、化学物質に関する附属書の表に掲げていない化学物質であって、短時間で消失するような人間の感覚に対する刺激又は行動を困難にする身体への効果を速やかに引き起こすものをいう。

8　「化学兵器生産施設」とは、

(a)　1946年１月１日以降のいずれかの時に、次の(i)に該当するものとして又は次の(ii)のために設計され、建造され又は使用された設備及びこれを収容する建物をいう。

(i)　化学物質の生産段階（「技術の最終段階」）の一部であって、当該設備が稼働している時に物質の流れが次のいずれかの化学物質を含むもの

(1)　化学物質に関する附属書の表１に掲げる化学物質

(2)　化学兵器のために使用され得る他の化学物質であって、締約国の領域内又はその管轄若しくは管理の下にあるその他の場所において、この条約によって禁止されていない目的のためには年間１トンを超える用途がないもの

(ii)　化学兵器の充塡《てん》（特に、化学物質に関する附属書の表１に掲げる化学物質の弾薬類、装置又はばらの状態で貯蔵するための容器への充塡《てん》、組立て式の２成分型弾薬類及び装置の部分を構成する容器への充塡《てん》、組立て式の単一成分型弾薬類及び装置の部分を構成する化学物質充塡《てん》子爆弾弾薬類への充塡《てん》並びに充塡《てん》された容器及び化学物質充塡《てん》子爆弾弾薬類の弾薬類及び装置への搭載を含む。）

(b)　もっとも、次のものを意味するものではない。

(i)　(a)(i)に規定する化学物質を合成するための生産能力を有する施設であって

当該能力が1トン未満のもの

(ii)　(a)(i)に規定する化学物質をこの条約によって禁止されていない目的のための活動の不可避の副産物として生産し又は生産した施設。ただし、当該化学物質が総生産量の3パーセントを超えないこと並びに当該施設が実施及び検証に関する附属書（以下「検証附属書」という。）に従って申告及び査察の対象となることを条件とする。

(iii)　この条約によって禁止されていない目的のために化学物質に関する附属書の表1に掲げる化学物質を生産する検証附属書第6部に規定する単一の小規模な施設

9　「この条約によって禁止されていない目的」とは、次のものをいう。

(a)　工業、農業、研究、医療又は製薬の目的その他の平和的目的

(b)　防護目的、すなわち、毒性化学物質及び化学兵器に対する防護に直接関係する目的

(c)　化学兵器の使用に関連せず、かつ、化学物質の毒性を戦争の方法として利用するものではない軍事的目的

(d)　国内の暴動の鎮圧を含む法の執行のための目的

10　「生産能力」とは、関係する施設において実際に使用されている技術的工程又はこの工程がまだ機能していない場合には使用される予定の技術的工程に基づいて特定の化学物質を1年間に製造し得る量をいう。生産能力は、標示された能力又はこれが利用可能でない場合には設計上の能力と同一であるとみなす。標示された能力は、生産施設にとっての最大量を生産するための最適な条件の下における生産量であって、1又は2以上の実験によって証明されたものとする。設計上の能力は、標示された能力に対応する理論的に計算された生産量とする。

11　「機関」とは、第8条の規定に基づいて設立する化学兵器の禁止のための機関をいう。

12　第6条の規定の適用上、

(a)　化学物質の「生産」とは、化学反応により化学物質を生成することをいう。

(b)　化学物質の「加工」とは、化学物質が他の化学物質に転換することのない物理的な工程（例えば、調合、抽出、精製）をいう。

(c)　化学物質の「消費」とは、化学物質が化学反応により他の化学物質に転換することをいう。

第3条　申告

1　締約国は、この条約が自国について効力を生じた後30日以内に、機関に対して申告を行うものとし、当該申告において、

(a)　化学兵器に関し、

(i)　自国が化学兵器を所有するか否か若しくは占有するか否か又は自国の管轄若しくは管理の下にある場所に化学兵器が存在するか否かを申告する。

(ii) 検証附属書第4部(A)の1から3までの規定に従い、自国が所有し若しくは占有する化学兵器又は自国の管轄若しくは管理の下にある場所に存在する化学兵器の正確な所在地、総量及び詳細な目録を明示する。ただし、(iii)に規定する化学兵器を除く。

(iii) 検証附属書第4部(A)4の規定に従い、他の国が所有し及び占有し、かつ、他の国の管轄又は管理の下にある場所に存在する化学兵器であって、自国の領域内にあるものを報告する。

(iv) 1946年1月1日以降自国が直接又は間接に化学兵器を移譲したか否か又は受領したか否かを申告し、及び検証附属書第4部(A)5の規定に従って化学兵器の移譲又は受領について明示する。

(v) 検証附属書第4部(A)6の規定に従い、自国が所有し若しくは占有する化学兵器又は自国の管轄若しくは管理の下にある場所に存在する化学兵器の廃棄のための全般的な計画を提出する。

(b) 老朽化した化学兵器及び遺棄化学兵器に関し、

(i) 自国の領域内に老朽化した化学兵器を有するか否かを申告し、及び検証附属書第4部(B)3の規定に従ってすべての入手可能な情報を提供する。

(ii) 自国の領域内に遺棄化学兵器が存在するか否かを申告し、及び検証附属書第4部(B)8の規定に従ってすべての入手可能な情報を提供する。

(iii) 他の国の領域内に化学兵器を遺棄したか否かを申告し、及び検証附属書第4部(B)10の規定に従ってすべての入手可能な情報を提供する。

(c) 化学兵器生産施設に関し、

(i) 1946年1月1日以降のいずれかの時に、自国が化学兵器生産施設を所有し若しくは占有するか否か若しくは所有し若しくは占有していたか否か又は自国の管轄若しくは管理の下にある場所に化学兵器生産施設が存在するか否か若しくは存在していたか否かを申告する。

(ii) 検証附属書第5部1の規定に従い、1946年1月1日以降のいずれかの時に、自国が所有し若しくは占有し若しくは所有していた若しくは占有していた化学兵器生産施設又は自国の管轄若しくは管理の下にある場所に存在し若しくは存在していた化学兵器生産施設を明示する。ただし、(iii)に規定する化学兵器生産施設を除く。

(iii) 検証附属書第5部2の規定に従い、1946年1月1日以降のいずれかの時に、他の国が所有し及び占有し又は所有していた及び占有していた化学兵器生産施設であって、他の国の管轄又は管理の下にある場所に存在し又は存在していたもの（自国の領域内にあるものに限る。）を報告する。

(iv) 1946年1月1日以降自国が直接又は間接に化学兵器の生産のための設備を移譲したか否か又は受領したか否かを申告し、及び検証附属書第5部の3から5までの規定に従って当該設備の移譲又は受領について明示する。

(v)　検証附属書第５部６の規定に従い、自国が所有し若しくは占有する化学兵器生産施設又は自国の管轄若しくは管理の下にある場所に存在する化学兵器生産施設の廃棄のための全般的な計画を提出する。

(vi)　検証附属書第５部１(i)の規定に従い、自国が所有し若しくは占有する化学兵器生産施設又は自国の管轄若しくは管理の下にある場所に存在する化学兵器生産施設の閉鎖のためにとるべき措置を明示する。

(vii)　検証附属書第５部７の規定に従い、自国が所有し若しくは占有する化学兵器生産施設又は自国の管轄若しくは管理の下にある場所に存在する化学兵器生産施設を一時的に化学兵器の廃棄施設に転換する場合には、そのための全般的な計画を提出する。

(d)　他の施設に関し、自国が所有し若しくは占有する施設又は自国の管轄若しくは管理の下にある場所に存在する施設であって、1946年１月１日以降主に化学兵器の開発のために設計され、建設され又は使用されたものの正確な所在地並びに活動の性質及び全般的な範囲を明示する。この申告には、特に、実験施設及び試験評価場を含める。

(e)　暴動鎮圧剤に関し、暴動の鎮圧のために保有する化学物質の化学名、構造式及びケミカル・アブストラクツ・サービス（以下「ＣＡＳ」という。）登録番号が付されている場合には当該番号を明示する。この申告は、その内容に変更が生じた後30日以内に改定する。

2　この条の規定及び検証附属書第４部の関連規定は、1977年１月１日前に締約国の領域内に埋められた化学兵器であって引き続き埋められたままであるもの又は1985年１月１日前に海洋に投棄された化学兵器については、当該締約国の裁量により適用しないことができる。

第４条　化学兵器

1　この条の規定及びその実施のための詳細な手続は、締約国が所有し若しくは占有するすべての化学兵器又はその管轄若しくは管理の下にある場所に存在するすべての化学兵器について適用する。ただし、検証附属書第４部(B)の規定が適用される老朽化した化学兵器及び遺棄化学兵器を除く。

2　この条の規定を実施するための詳細な手続は、検証附属書に定める。

3　１に規定する化学兵器が貯蔵され又は廃棄されるすべての場所は、検証附属書第４部(A)の規定に従い、現地査察及び現地に設置する機器による監視を通じた体系的な検証の対象とする。

4　締約国は、現地査察を通じた申告の体系的な検証のため、前条１(a)の規定に基づく申告を行った後直ちに１に規定する化学兵器へのアクセスを認める。締約国は、その後、当該化学兵器のいずれも移動させてはならないものとし、（化学兵器の廃棄施設への移動を除く。）、体系的な現地検証のため、当該化学兵器へのアクセスを認める。

5　締約国は、現地査察及び現地に設置する機器による監視を通じた体系的な検証のため、自国が所有し若しくは占有する化学兵器の廃棄施設及びその貯蔵場所又は自国の管轄若しくは管理の下にある場所に存在する化学兵器の廃棄施設及びその貯蔵場所へのアクセスを認める。

6　締約国は、検証附属書並びに合意された廃棄についての比率及び順序（以下「廃棄の規律」という。）に従い、1に規定するすべての化学兵器を廃棄する。廃棄は、この条約が自国について効力を生じた後2年以内に開始し、この条約が効力を生じた後10年以内に完了する。締約国は、当該化学兵器をより速やかに廃棄することを妨げられない。

7　締約国は、次のことを行う。

(a)　検証附属書第4部(A)29の規定に従い、1に規定する化学兵器の廃棄のための詳細な計画を各年の廃棄期間の開始の遅くとも60日前までに提出すること。その詳細な計画には、当該年の廃棄期間中に廃棄するすべての貯蔵されている化学兵器を含めるものとする。

(b)　1に規定する化学兵器の廃棄のための自国の計画の実施状況に関する申告を毎年、各年の廃棄期間の満了の後60日以内に行うこと。

(c)　廃棄の過程が完了した後30日以内に、1に規定するすべての化学兵器を廃棄したことを証明すること。

8　締約国は、6に規定する10年の廃棄のための期間が経過した後にこの条約を批准し又はこの条約に加入する場合には、1に規定する化学兵器をできる限り速やかに廃棄する。当該締約国のための廃棄の規律及び厳重な検証の手続については、執行理事会が決定する。

9　化学兵器に関する冒頭申告の後に締約国がその存在を知った化学兵器については、検証附属書第4部(A)の規定に従って、報告し、保全し及び廃棄する。

10　締約国は、化学兵器の輸送、試料採取、貯蔵及び廃棄に当たっては、人の安全を確保し及び環境を保護することを最も優先させる。締約国は、安全及び排出に関する自国の基準に従って、化学兵器の輸送、試料採取、貯蔵及び廃棄を行う。

11　締約国は、他の国が所有し若しくは占有する化学兵器又は他の国の管轄若しくは管理の下にある場所に存在する化学兵器を自国の領域内に有する場合には、この条約が自国について効力を生じた後1年以内にこれらの化学兵器が自国の領域から撤去されることを確保するため、最大限度の努力を払う。これらの化学兵器が1年以内に撤去されない場合には、当該締約国は、機関及び他の締約国に対し、これらの化学兵器の廃棄のために援助を提供するよう要請することができる。

12　締約国は、2国間で又は技術事務局を通じて化学兵器の安全かつ効率的な廃棄のための方法及び技術に関する情報又は援助の提供を要請する他の締約国に対して協力することを約束する。

13　機関は、この条の規定及び検証附属書第4部(A)の規定に従って検証活動を行うに当たり、化学兵器の貯蔵及び廃棄の検証に関する締約国間の2国間又は多数国間の協定との不必要な重複を避けるための措置を検討する。

このため、執行理事会は、次のことを認める場合には、当該2国間又は多数国間の協定に従って実施する措置を補完する措置に検証を限定することを決定する。

(a)　当該2国間又は多数国間の協定の検証に関する規定がこの条及び検証附属書第4部(A)の検証に関する規定に適合すること。

(b)　当該2国間又は多数国間の協定の実施によってこの条約の関連規定の遵守が十分に確保されること。

(c)　当該2国間又は多数国間の協定の締約国がその検証活動について機関に対し常時十分な情報の提供を行うこと。

14　執行理事会が13の規定に従って決定する場合には、機関は、13に規定する2国間又は多数国間の協定の実施を監視する権利を有する。

15　13及び14のいかなる規定も、締約国が前条、この条及び検証附属書第4部(A)の規定に従って申告を行う義務に影響を及ぼすものではない。

16　締約国は、自国が廃棄の義務を負う化学兵器の廃棄の費用を負担する。また、締約国は、執行理事会が別段の決定を行う場合を除くほか、当該化学兵器の貯蔵及び廃棄の検証の費用を負担する。執行理事会が13の規定に従い機関の検証措置を限定することを決定した場合には、機関が行う補完的な検証及び監視の費用については、第8条7に規定する国際連合の分担率に従って支払う。

17　この条の規定及び検証附属書第4部の関連規定は、1977年1月1日前に締約国の領域内に埋められた化学兵器であって引き続き埋められたままであるもの又は1985年1月1日前に海洋に投棄された化学兵器については、当該締約国の裁量により適用しないことができる。

第5条　化学兵器生産施設

1　この条の規定及びその実施のための詳細な手続は、締約国が所有し若しくは占有するすべての化学兵器生産施設又はその管轄若しくは管理の下にある場所に存在するすべての化学兵器生産施設について適用する。

2　この条の規定を実施するための詳細な手続は、検証附属書に定める。

3　1に規定するすべての化学兵器生産施設は、検証附属書第5部の規定に従い、現地査察及び現地に設置する機器による監視を通じた体系的な検証の対象とする。

4　締約国は、閉鎖のために必要な活動を除くほか、1に規定する化学兵器生産施設におけるすべての活動を直ちに停止する。

5　いかなる締約国も、化学兵器の生産又はこの条約によって禁止されているその他のすべての活動のため、新たな化学兵器生産施設を建設してはならず、又は既存の施設を変更してはならない。

6　締約国は、現地査察を通じた申告の体系的な検証のため、第3条1(C)の規定に基づく申告を行った後直ちに1に規定する化学兵器生産施設へのアクセスを認める。

7　締約国は、次のことを行う。

(a)　この条約が自国について効力を生じた後90日以内に1に規定するすべての化学兵器生産施設を検証附属書第5部の規定に従って閉鎖し、その旨を通報すること。

(b)　1に規定する化学兵器生産施設の閉鎖の後、当該施設が引き続き閉鎖されていること及びその後に廃棄されることを確保するため、現地査察及び現地に設置する機器による監視を通じた体系的な検証のために当該施設へのアクセスを認めること。

8　締約国は、検証附属書並びに合意された廃棄についての比率及び順序（以下「廃棄の規律」という。）に従い、1に規定するすべての化学兵器生産施設並びに関連する施設及び設備を廃棄する。廃棄は、この条約が自国について効力を生じた後1年以内に開始し、この条約が効力を生じた後10年以内に完了する。締約国は、当該化学兵器生産施設並びに関連する施設及び設備をより速やかに廃棄することを妨げられない。

9　締約国は、次のことを行う。

(a)　1に規定する化学兵器生産施設の廃棄のための詳細な計画を各施設の廃棄の開始の遅くとも180日前までに提出すること。

(b)　1に規定するすべての化学兵器生産施設の廃棄のための自国の計画の実施状況に関する申告を毎年、各年の廃棄期間の満了の後90日以内に行うこと。

(c)　廃棄の過程が完了した後30日以内に、1に規定するすべての化学兵器生産施設を廃棄したことを証明すること。

10　締約国は、8に規定する10年の廃棄のための期間が経過した後にこの条約を批准し又はこの条約に加入する場合には、1に規定する化学兵器生産施設をできる限り速やかに廃棄する。当該締約国のための廃棄の規律及び厳重な検証の手続については、執行理事会が決定する。

11　締約国は、化学兵器生産施設の廃棄に当たっては、人の安全を確保し及び環境を保護することを最も優先させる。締約国は、安全及び排出に関する自国の基準に従って化学兵器生産施設を廃棄する。

12　1に規定する化学兵器生産施設は、検証附属書第5部の18から25までの規定に従って化学兵器の廃棄のために一時的に転換することができる。転換した施設については、化学兵器の廃棄のために使用しなくなった場合には速やかに、いかなる場合にもこの条約が効力を生じた後10年以内に廃棄しなければならない。

13　締約国は、やむを得ず必要となる例外的な場合には、この条約によって禁止されていない目的のために1に規定する化学兵器生産施設を使用するための承認を要請することができる。締約国会議は、検証附属書第5部Dの規定に従い、執行理事会の勧告に基づき、当該要請を承認するか否かを決定し、及び承認のための条件を定める。

14 化学兵器生産施設は、工業、農業、研究、医療又は製薬の目的その他の平和的目的のために使用する施設であって、化学物質に関する附属書の表1に掲げる化学物質に関係しないものよりも、化学兵器生産施設に再転換する可能性が高くならないように転換する。

15 すべての転換した施設は、検証附属書第5部Dの規定に従い、現地査察及び現地に設置する機器による監視を通じた体系的な検証の対象とする。

16 機関は、この条の規定及び検証附属書第5部の規定に従って検証活動を行うに当たり、化学兵器生産施設及びその廃棄の検証に関する締約国間の2国間又は多数国間の協定との不必要な重複を避けるための措置を検証する。

このため、執行理事会は、次のことを認める場合には、当該2国間又は多数国間の協定に従って実施する措置を補完する措置に検証を限定することを決定する。

(a) 当該2国間又は多数国間の協定の検証に関する規定がこの条及び検証附属書第5部の検証に関する規定に適合すること。

(b) 当該2国間又は多数国間の協定の実施によってこの条約の関連規定の遵守が十分に確保されること。

(c) 当該2国間又は多数国間の協定の締約国がその検証活動について機関に対し常時十分な情報の提供を行うこと。

17 執行理事会が16の規定に従って決定する場合には、機関は、16に規定する2国間又は多数国間の協定の実施を監視する権利を有する。

18 16及び17のいかなる規定も、締約国が第3条、この条及び検証附属書第5部の規定に従って申告を行う義務に影響を及ぼすものではない。

19 締約国は、自国が廃棄の義務を負う化学兵器生産施設の廃棄の費用を負担する。また、締約国は、執行理事会が別段の決定を行う場合を除くほか、この条の規定に基づく検証の費用を負担する。執行理事会が16の規定に従い機関の検証措置を限定することを決定した場合には、機関が行う補完的な検証及び監視の費用については、第8条7に規定する国際連合の分担率に従って支払う。

第6条 この条約によって禁止されていない活動

1 締約国は、この条約に従い、この条約によって禁止されていない目的のため毒性化学物質及びその前駆物質を開発し、生産その他の方法によって取得し、保有し、移譲し及び使用する権利を有する。

2 締約国は、毒性化学物質及びその前駆物質が、自国の領域内又は自国の管轄若しくは管理の下にあるその他の場所において、この条約によって禁止されていない目的のためにのみ開発され、生産その他の方法によって取得され、保有され、移譲され及び使用されることを確保するために必要な措置をとる。このため及びこれらの活動がこの条約に規定する義務に適合していることを検証するため、締約国は、化学物質に関する附属書の表1から表3までに掲げる毒性化学物質及びその前駆物質並びにこのような化学物質に関係する施設及び検証附属書に規定するその他の施設であって、自国の領域内又は自国の管轄若しくは管理の下にあるその他の場所に存在するものを検証附属書に規定する検証措置の対象とする。

3 締約国は、化学物質に関する附属書の表1に掲げる化学物質（以下「表1の化学物質」という。）を検証附属書第6部に規定する生産、取得、保有、移譲及び使用の禁止の対象とする。締約国は、検証附属書第6部の規定に従い、表1の化学物質及び同附属書第6部に規定する施設を現地査察及び現地に設置する機器による監視を通じた体系的な検証の対象とする。

4 締約国は、検証附属書第7部の規定に従い、化学物質に関する附属書の表2に掲げる化学物質（以下「表2の化学物質」という。）及び検証附属書第7部に規定する施設を資料による監視及び現地検証の対象とする。

5 締約国は、検証附属書第8部の規定に従い、化学物質に関する附属書の表3に掲げる化学物質（以下「表3の化学物質」という。）及び検証附属書第8部に規定する施設を資料による監視及び現地検証の対象とする。

6 締約国は、検証附属書第9部22の規定に従って締約国会議が別段の決定を行う場合を除くほか、同附属書第9部の規定に従い、同附属書第9部に規定する施設を資料による監視及び最終的には現地検証の対象とする。

7 締約国は、この条約が自国について効力を生じた後30日以内に、検証附属書に従い、関連する化学物質及び施設に関する冒頭申告を行う。

8 締約国は、検証附属書に従い、関連する化学物質及び施設に関する年次申告を行う。

9 締約国は、現地検証のため、検証附属書に従って査察員に対して施設へのアクセスを認める。

10 技術事務局は、検証活動を行うに当たり、この条約によって禁止されていない目的のための締約国の化学に関する活動に対する不当な干渉を回避し、及び特に、秘密情報の保護に関する附属書（以下「秘密扱いに関する附属書」という。）に定める規定を遵守する。

11 この条の規定については、締約国の経済的又は技術的発展及びこの条約によって禁止されていない目的のための化学に関する活動の分野における国際協力（この条約によって禁止されていない目的のための化学物質の生産、加工又は使用に関する科学的及び技術的情報、化学物質並びに装置の国際的な交換を含む。）を妨げないように実施する。

第7条 国内の実施措置

一般的約束

1 締約国は、自国の憲法上の手続に従い、この条約に基づく自国の義務を履行するために必要な措置をとる。締約国は、特に、次のことを行う。

(a) 自国の領域内のいかなる場所又は国際法によって認められる自国の管轄の下

にあるその他のいかなる場所においても、自然人及び法人がこの条約によって締約国に対して禁止されている活動を行うことを禁止すること（当該活動に対する罰則を規定する法令を制定することを含む。）。

(b)　自国の管理の下にあるいかなる場所においても、この条約によって締約国に対して禁止されている活動を認めないこと。

(c)　自国の国籍を有する自然人が行った活動（場所のいかんを問わない。）であってこの条約によって締約国に対して禁止されているものに対し、国際法に従い、(a)の規定に従って制定する罰則を規定する法令を適用すること。

2　締約国は、1の規定に基づく義務の履行を容易にするため、他の締約国と協力し、及び適当な形態の法律上の援助を与える。

3　締約国は、この条約に基づく自国の義務を履行するに当たっては、人の安全を確保し及び環境を保護することを最も優先させるものとし、適当な場合にはこの点に関して他の締約国と協力する。

締約国と機関との関係

4　締約国は、この条約に基づく自国の義務を履行するため、機関及び他の締約国との効果的な連絡のための国内の連絡先となる国内当局を指定し又は設置する。締約国は、この条約が自国について効力を生ずる時に自国の国内当局を機関に通報する。

5　締約国は、この条約を実施するためにとる立法措置及び行政措置を機関に通報する。

6　締約国は、この条約の実施に関連して機関から秘密のものとして受領する情報及び資料を秘密情報として取り扱い、並びに当該情報及び資料に対し特別の取扱いを行う。締約国は、当該情報及び資料を、この条約に基づく自国の権利及び義務との関連においてのみ利用するものとし、秘密扱いに関する附属書に定める規定に従って取り扱う。

7　締約国は、機関のすべての任務の遂行に当たって機関に協力すること及び特に技術事務局に対する援助を提供することを約束する。

第8条　機関

A　一般規定

1　締約国は、この条約の趣旨及び目的を達成し、この条約の規定（この条約の遵守についての国際的な検証に関する規定を含む。）の実施を確保し並びに締約国間の協議及び協力のための場を提供するため、この条約により化学兵器の禁止のための機関を設立する。

2　すべての締約国は、機関の加盟国となる。締約国は、機関の加盟国としての地位を奪われることはない。

3　機関の本部の所在地は、オランダ王国ヘーグとする。

4　機関の内部機関として、締約国会議、執行理事会及び技術事務局をこの条約により設置する。

5　機関は、できる限り干渉の程度が低く、かつ、検証活動の目的の適時の及び効果的な達成に合致する方法で、この条約に規定する検証活動を行う。機関は、この条約に基づく自己の責任を果たすために必要な情報及び資料のみを要請する。機関は、この条約の実施を通じて知るに至った非軍事上及び軍事上の活動及び施設に関する情報の秘密を保護するためにすべての措置をとるものとし、特に、秘密扱いに関する附属書に定める規定を遵守する。

6　機関は、その検証活動を行うに当たり、科学及び技術の進歩を利用するための措置を検討する。

7　機関の活動に要する費用は、国際連合と機関との間の加盟国の相違を考慮して調整される国際連合の分担率に従い並びに第4条及び第5条に定めるところにより、締約国が払う。準備委員会に対する締約国の財政的負担については、適当な方法により、機関の通常予算に対する当該締約国の分担金から控除する。機関の予算は、運営費その他の費用に関連するもの及び検証の費用に関連するものの2の別個の項目から成る。

8　機関に対する分担金の支払が延滞している機関の加盟国は、その未払の額が当該年に先立つ2年の間に当該加盟国から支払われるべきであった分担金の額に等しい場合又はこれを超える場合には、機関において投票権を有しない。ただし、締約国会議は、支払の不履行が当該加盟国にとってやむを得ない事情によると認めるときは、当該加盟国に投票を許すことができる。

B　締約国会議

構成、手続及び意思決定

9　締約国会議（以下「会議」という。）は、機関のすべての加盟国により構成する。各加盟国は、会議において1人の代表を有するものとし、その代表は、代表代理及び随員を伴うことができる。

10　会議の第1回会期は、この条約が効力を生じた後30日以内に寄託者が招集する。

11　会議は、別段の決定を行う場合を除くほか、毎年通常会期として会合する。

12　会議の特別会期は、次のいずれかの場合に開催される。この場合において、(d)に規定する場合を除くほか、開催の要請において別段の明示がない限り、技術事務局の事務局長がその要請を受領した後30日以内に開催される。

(a)　会議が決定する場合

(b)　執行理事会が要請する場合

(c)　いずれかの加盟国が要請し、かつ、加盟国の3分の1が支持する場合

(d)　22の規定に従ってこの条約の運用について検討する場合

13　会議は、また、第15条2の規定に従って改正会議として開催される。

14　会議の会期は、会議が別段の決定を行う場合を除くほか、機関の所在地で開催される。

15 会議は、その手続規則を採択する。会議は、各通常会期の始めに、議長及び他の必要な役員を選出する。これらの者は、次の通常会期において新たな議長及び他の役員が選出されるまで在任する。

16 会議の定足数は、機関の加盟国の過半数とする。

17 機関の各加盟国は、会議において1の票を有する。

18 会議は、出席しかつ投票する加盟国の単純多数による議決で手続事項についての決定を行う。実質事項についての決定は、できる限りコンセンサス方式によって行うべきである。決定に当たりコンセンサスが得られない場合には、議長は、いかなる投票も24時間延期し、この間にコンセンサスの達成を容易にするためのあらゆる努力を払い、及び当該24時間の終了の前に会議に対して報告する。当該24時間の終了の時にコンセンサスが得られない場合には、会議は、この条約に別段の定めがある場合を除くほか、出席しかつ投票する加盟国の3分の2以上の多数による議決で決定を行う。実質事項であるか否かについて問題が生ずる場合には、会議が実質事項についての決定に必要な多数による議決で別段の決定を行わない限り、実質事項として取り扱う。

権限及び任務

19 会議は、機関の主要な内部機関であり、この条約の範囲内のいかなる問題又は事項（執行理事会及び技術事務局の権限及び任務に関するものを含む。）も検討する。会議は、締約国が提起し又は執行理事会が注意を喚起するこの条約に関するいかなる問題又は事項についても、勧告及び決定を行うことができる。

20 会議は、この条約の実施を監督し、並びにその趣旨及び目的を推進するために行動する。会議は、この条約の遵守状況を検討する。会議は、執行理事会及び技術事務局の活動も監督するものとし、この条約に従いこれらのいずれの内部機関に対してもその任務の遂行に関し指針を与えることができる。

21 会議は、次のことを行う。

(a) 執行理事会が提出する機関の報告、計画及び予算を通常会期において検討し及び採択し並びに他の報告を検討すること。

(b) 7の規定に従って締約国が支払う分担金の率につき決定すること。

(c) 執行理事会の理事国を選出すること。

(d) 技術事務局の事務局長（以下「事務局長」という。）を任命すること。

(e) 執行理事会が提出する執行理事会の手続規則を承認すること。

(f) この条約に従い会議がその任務を遂行するために必要と認める補助機関を設置すること。

(g) 平和的目的のために、化学に関する活動の分野における国際協力を促進すること。

(h) この条約の運用に影響を及ぼし得る科学的及び技術的発展を検討すること。このため、事務局長がその任務の遂行に当たり会議、執行理事会又は締約国に対してこの条約に関連する科学及び技術の分野における専門的な助言を行うことができるようにするために、科学諮問委員会を設置することを事務局長に指示すること。科学諮問委員会は、会議が採択する付託事項に従って任命される独立した専門家で構成する。

(i)　第１回会期において、準備委員会が作成する協定案、規則案及び指針案を検討し及び承認すること。

(j)　第１回会期において、第10条の規定による援助のための任意の基金を設置すること。

(k)　第12条の規定に従い、この条約の遵守を確保し並びにこの条約に違反する事態を是正し及び改善するため、必要な措置をとること。

22　会議は、この条約が効力を生じた後５年及び10年が経過した後１年以内に並びに会議が決定する場合にはその期間内の他の時期に、この条約の運用について検討するため特別会期を開催する。その検討においては、関連する科学的及び技術的発展を考慮する。その後は、別段の決定が行われる場合を除くほか、同様の目的を有する会議の特別会期は、５年ごとに開催される。

C　執行理事会

構成、手続及び意思決定

23　執行理事会は、41の理事国により構成する。締約国は、輪番の原則に従い、理事国としての任務を遂行する権利を有する。理事国は、２年の任期で会議が選出する。特に、衡平な地理的配分、化学産業の重要性並びに政治上及び安全保障上の利益に十分な考慮を払い、この条約が効果的に機能することを確保するため、執行理事会の構成は、次のとおりとする。

(a)　アフリカ地域の締約国が指名する９のアフリカの締約国。この指名の基礎として、これらの９の締約国のうち、３の国は、原則として、国際的に報告され及び公表されている資料によって当該地域において最も重要であると決定される国内化学産業を有する締約国とするものとする。更に、当該地域の集団は、これらの３の理事国を指名するに当たり、他の地域的要素も考慮することに同意する。

(b)　アジア地域の締約国が指名する９のアジアの締約国。この指名の基礎として、これらの９の締約国のうち、４の国は、原則として、国際的に報告され及び公表されている資料によって当該地域において最も重要であると決定される国内化学産業を有する締約国とするものとする。更に、当該地域の集団は、これらの４の理事国を指名するに当たり、他の地域的要素も考慮することに同意する。

(c)　東欧地域の締約国が指名する５の東欧の締約国。この指名の基礎として、これらの５の締約国のうち、１の国は、原則として、国際的に報告され及び公表されている資料によって当該地域において最も重要であると決定される国内化学産業を有する締約国とするものとする。更に、当該地域の集団は、この１の理事国を指名するに当たり、他の地域的要素も考慮することに同意する。

(d) ラテン・アメリカ及びカリブ地域の締約国が指名する7のラテン・アメリカ及びカリブの締約国。この指名の基礎として、これらの7の締約国のうち、3の国は、原則として、国際的に報告され及び公表されている資料によって当該地域において最も重要であると決定される国内化学産業を有する締約国とするものとする。更に、当該地域の集団は、これらの3の理事国を指名するに当たり、他の地域的要素も考慮することに同意する。

(e) 西欧及び他の国の地域の締約国が指名する10の西欧及び他の国の地域の締約国。この指名の基礎として、これらの10の締約国のうち、5の国は、原則として、国際的に報告され及び公表されている資料によって当該地域において最も重要であると決定される国内化学産業を有する締約国とするものとする。更に、当該地域の集団は、これらの5の理事国を指名するに当たり、他の地域的要素も考慮することに同意する。

(f) アジア地域並びにラテン・アメリカ及びカリブ地域の締約国が連続して指名する更に1の締約国。この指名の基礎として、当該締約国は、両地域から交互に選出されるものとする。

24　執行理事会の第1回の選挙においては、23に規定する定められた理事国の数の割合に十分な考慮を払い、選出される理事国のうち20の理事国の任期を1年とする。

25　第4条及び第5条の規定が完全に実施された後、会議は、執行理事会の理事国の過半数の要請により、執行理事会の構成を規律する23に規定する原則に関係する進展を考慮し、その構成を再検討することができる。

26　執行理事会は、その手続規則を作成し、承認のためこれを会議に提出する。

27　執行理事会は、その議長を理事国より選出する。

28　執行理事会は、通常会期として会合するほか、通常会期と通常会期との間においては、その権限及び任務の遂行のため必要に応じて会合する。

29　執行理事会の各理事国は、1の票を有する。執行理事会は、この条約に別段の定めがある場合を除くほか、すべての理事国の3分の2以上の多数による議決で実質事項についての決定を行う。執行理事会は、すべての理事国の単純多数による議決で手続事項についての決定を行う。実質事項であるか否かについて問題が生ずる場合には、執行理事会が実質事項についての決定に必要な多数による議決で別段の決定を行わない限り、実質事項として取り扱う。

権限及び任務

30　執行理事会は、機関の執行機関である。執行理事会は、会議に対して責任を負う。執行理事会は、この条約によって与えられる権限及び任務並びに会議によって委任される任務を遂行する。執行理事会は、これらを遂行するに当たり、会議の勧告、決定及び指針に従って行動し、並びにこれらの勧告、決定及び指針の適切かつ継続的な実施を確保する。

31　執行理事会は、この条約の効果的な実施及び遵守を促進する。執行理事会は、技術事務局の活動を監督し、締約国の国内当局と協力し、並びに締約国の要請に応じて締約国間の協議及び協力を促進する。

32　執行理事会は、次のことを行う。

(a)　機関の計画案及び予算案を検討し及び会議に提出すること。

(b)　この条約の実施に関する機関の報告案、執行理事会の活動に関する報告及び執行理事会が必要と認める特別報告又は会議が要請する場合には当該要請による特別報告を検討し及び会議に提出すること。

(c)　会議の会期のための準備（議題案の作成を含む。）を行うこと。

33　執行理事会は、会議の特別会期の開催を要請することができる。

34　執行理事会は、次のことを行う。

(a)　会議が事前に承認することを条件として、機関に代わって国及び国際機関と協定又は取決めを締結すること。

(b)　第10条の規定に関連して機関に代わって締約国と協定を締結し及び同条に規定する任意の基金を監督すること。

(c)　技術事務局が締約国と交渉する検証活動の実施に関する協定又は取決めを承認すること。

35　執行理事会は、その権限の範囲内のいかなる問題又は事項であってこの条約及びその実施に影響を及ぼすもの（この条約の遵守についての懸念及び違反を含む。）も検討し並びに、適当な場合には、締約国に通報し及び当該問題又は事項について会議の注意を喚起する。

36　執行理事会は、この条約の遵守についての疑義又は懸念及び違反（特に、この条約に規定する権利の濫用を含む。）を検討するに当たり、関係締約国と協議し及び、適当な場合には、当該締約国に対し、一定の期間内に事態を是正するために措置をとるよう要請する。執行理事会は、更に行動が必要であると認める場合には、特に、次の１又は２以上の措置をとる。

(a)　すべての締約国に対し問題又は事項を通報する。

(b)　問題又は事項について会議の注意を喚起する。

(c)　事態を是正し及びこの条約の遵守を確保するための措置に関して会議に対し勧告を行う。

執行理事会は、特に重大かつ緊急な場合には、問題又は事項（関連する情報及び判断を含む。）につき、直接に、国際連合総会及び国際連合安全保障理事会の注意を喚起する。執行理事会は、同時に、すべての締約国に対しこの措置を通報する。

D　技術事務局

37　技術事務局は、会議及び執行理事会が任務を遂行するに当たり、会議及び執行理事会を補佐する。技術事務局は、この条約に規定する検証措置を実施する。技術事務局は、この条約によって与えられるその他の任務並びに会議及び執行理事会によって委任される任務を遂行する。

38　技術事務局は、次のことを行う。

(a)　機関の計画案及び予算案を作成し及び執行理事会に提出すること。

(b)　この条約の実施に関する機関の報告案及び会議又は執行理事会が要請する場合には他の報告を作成し及び執行理事会に提出すること。

(c)　会議、執行理事会及び補助機関に対し、運営上及び技術上の援助を提供すること。

(d)　この条約の実施に関する事項につき、機関に代わり、締約国に対し通報し及び締約国からの通報を受けること。

(e)　この条約の実施に当たり、技術上の援助及び評価（化学物質に関する附属書の表に掲げる化学物質及び掲げていない化学物質の評価を含む。）を締約国に対して提供すること。

39　技術事務局は、次のことを行う。

(a)　執行理事会が承認することを条件として、検証活動の実施に関する協定又は取決めにつき締約国と交渉すること。

(b)　この条約が効力を生じた後180日以内に、第10条7の(b)及び(c)の規定に基づき、締約国による緊急の及び人道上の援助の常設的な備蓄の設置及び維持について調整すること。技術事務局は、常備されている援助が使用に供し得ることを検査することができる。常備されるべき援助の一覧表は、21(i)の規定に従って会議が検討し及び承認する。

(c)　第10条に規定する任意の基金を管理し、締約国が行う申告を取りまとめ及び、要請がある場合には、同条の規定の実施のために締約国間で締結する2国間協定又は締約国と機関との間で締結する協定を登録すること。

40　技術事務局は、任務の遂行に関連して生じた問題（検証活動の実施に当たり知るに至ったこの条約の遵守についての疑義、あいまいな点又は不確かな点であって、当該締約国との間の協議により解消することができなかったものを含む。）を執行理事会に通報する。

41　技術事務局は、技術事務局の長でありかつ首席行政官である事務局長、査察員及び科学要員、技術要員その他の必要な人員により構成する。

42　査察部は、技術事務局の1の組織であり、事務局長の監督の下で行動する。

43　事務局長は、執行理事会の勧告に基づき4年の任期で会議が任命する。その任期は、1回に限り更新することができる。

44　事務局長は、技術事務局の職員の任命、組織及び任務の遂行につき会議及び執行理事会に対して責任を負う。職員の雇用及び勤務条件の決定に当たっては、最高水準の能率、能力及び誠実性を確保することの必要性に最大の考慮を払う。締約国の国民のみが、事務局長が、査察員並びに他の専門職員及び事務職員となる。できる限り広範な地理的基礎に基づいて職員を採用することが重要であることについて、十分な考慮を払う。職員の採用に当たっては、技術事務局の責任を適切に遂行するために職員を必要な最小限度に保つという原則を指針とする。

45　事務局長は、21(h)に規定する科学諮問委員会の組織及び任務について責任を負う。事務局長は、締約国と協議の上、個人の資格において職務を遂行する科学諮問委員会の委員を任命する。当該委員は、この条約の実施に関連する特定の科学の分野における専門的知識に基づいて任命する。事務局長は、また、適当な場合には、科学諮問委員会の委員と協議の上、特定の問題について勧告を行うための科学専門家の暫定的な作業部会を設置することができる。これに関連して、締約国は、事務局長に対して専門家の名簿を提出することができる。

46　事務局長及び査察員その他の職員は、その任務の遂行に当たって、いかなる政府からも又は機関外のいかなるところからも指示を求め又は受けてはならない。これらの者は、会議及び執行理事会に対してのみ責任を有する国際公務員としての立場に影響を及ぼすおそれのあるいかなる行動も慎まなければならない。

47　締約国は、事務局長及び査察員その他の職員の責任の専ら国際的な性質を尊重するものとし、これらの者が責任を果たすに当たってこれらの者を左右しようとしてはならない。

E　特権及び免除

48　機関は、締約国の領域内又はその管轄若しくは管理の下にあるその他の場所において、機関の任務の遂行のために必要な法律上の能力並びに特権及び免除を享受する。

49　締約国の代表、その代表代理及び随員並びに執行理事会のために任命された代表、その代表代理及び随員並びに事務局長及び機関の職員は、機関に関連する自己の任務を独立して遂行するために必要な特権及び免除を享受する。

50　この条に規定する法律上の能力、特権及び免除については、機関と締約国との間の協定及び機関と機関の本部が所在する国との間の協定で定める。これらの協定は、21(i)の規定に従って会議が検討し及び承認する。

51　48及び49の規定にかかわらず、検証活動が行われている間事務局長及び技術事務局の職員が享受する特権及び免除については、検証附属書第2部Bに定める。

第9条　協議、協力及び事実調査

1　締約国は、この条約の趣旨及び目的又は実施に関連して問題が生ずる場合には、当該問題について、締約国間で直接に又は機関を通じて若しくは他の適当な国際的手続（国際連合の枠内で及び国際連合憲章に従って行われる手続を含む。）により、協議し及び協力する。

2　締約国は、この条約の遵守について疑義を引き起こす問題又はあいまいと認められる関連する事項について懸念を引き起こす問題を、まず締約国間の情報交換及び協議により明らかにし及び解決するため、可能なときはいつでもあらゆる努力を払うべきである。もっとも、すべての締約国の申立てによる査察を要請する権利は害されない。締約国は、このような疑義又は懸念を引き起こすと他の締約国が認める問題を明らかにするよう当該他の締約国から要請される場合には、できる限り速やかに、いかなる場合にも当該要請の後10日以内に、当該他の締約国に対し、提起された疑義又は懸念に答えるために十分な情報を提供し、及びその情報がどのようにして当該問題を解決するかについての説明を行う。この条約のいかなる規定も、2以上の締約国が、遵守について疑義を引き起こす問題又はあいまいと認められる関連する事項について懸念を引き起こす問題を明らかにし及び解決するため、相互の合意により締約国間で査察その他の手続について取り決める権利に影響を及ぼすものではない。このような取決めは、この条約の他の規定に基づく締約国の権利及び義務に影響を及ぼすものではない。

事態を明らかにするための説明を要請する手続

3　締約国は、あいまいと認められる事態又は他の締約国によるこの条約の違反の可能性について懸念を引き起こす事態を明らかにするに当たって援助するよう執行理事会に要請する権利を有する。執行理事会は、このような懸念に関連する自己の保有する適当な情報を提供する。

4　締約国は、あいまいと認められる事態又は他の締約国によるこの条約の違反の可能性について懸念を引き起こす事態を明らかにするための説明を当該他の締約国から得るよう執行理事会に要請する権利を有する。この場合において、次の規定を適用する。

(a)　執行理事会は、事務局長を通じ、説明の要請の受領の後24時間以内に当該他の締約国に対しこれを送付する。

(b)　説明の要請を受けた締約国は、できる限り速やかに、いかなる場合にも要請の受領の後10日以内に、執行理事会に説明を行う。

(c)　執行理事会は、(b)の規定に従って行われた説明に留意し、当該説明の受領の後24時間以内に、説明の要請を行った締約国に対しこれを送付する。

(d)　説明の要請を行った締約国が(b)の規定に従って行われた説明が十分でないと認める場合には、当該締約国は、説明の要請を受けた締約国から更に説明を得るよう執行理事会に要請する権利を有する。

(e)　(d)の規定により更に説明を得るため、執行理事会は、事務局長に対し、懸念を引き起こす事態に関連するすべての利用可能な情報及び資料を検討するために、技術事務局の職員により構成される専門家の会合又は技術事務局において適当な職員を利用することができない場合には技術事務局の職員以外の専門家の会合を設置するよう要請することができる。専門家の会合は、その検討結果に基づく事実関係についての報告を執行理事会に提出する。

(f)　説明の要請を行った締約国が(d)及び(e)の規定に基づいて得た説明が十分でな

いと認める場合には、当該締約国は、執行理事会の理事国でない関係締約国が参加することのできる執行理事会の特別会期を要請する権利を有する。執行理事会は、当該特別会期において、この問題を検討し、及び事態を解決するために適当と認める措置を勧告することができる。

5 締約国は、また、自国についてあいまいと認められた事態又は自国によるこの条約の違反の可能性について懸念を引き起こした事態について明らかにするよう執行理事会に要請する権利を有する。執行理事会は、これに対し、適当と認める援助を提供する。

6 執行理事会は、この条に規定する説明の要請について締約国に通報する。

7 締約国は、この条約の違反の可能性について自国が提起した疑義又は懸念が、説明の要請を執行理事会に提出した後60日以内に解消されなかった場合又はこのような疑義が緊急な検討を正当化するに足りるものであると信ずる場合には、前条12(c)の規定に基づき、会議の特別会期を要請することができる。もっとも、申立てによる査察を要請する当該締約国の権利は害されない。会議は、当該特別会期において、この問題を検討し、及び事態を解決するために適当と認める措置を勧告することができる。

申立てによる査察のための手続

8 締約国は、この条約の違反の可能性についての問題を明らかにし及び解決することのみを目的として他の締約国の領域内又は他の締約国の管轄若しくは管理の下にあるその他の場所におけるいかなる施設又は区域に対しても申立てによる現地査察を要請する権利並びにこの査察がいかなる場所においても事務局長が指名する査察団により遅滞なく、かつ、検証附属書に従って行われることを求める権利を有する。

9 締約国は、査察の要請をこの条約の範囲内で行う義務を負い、及びこの条約の違反の可能性について懸念を引き起こす基礎となったすべての適当な情報を検証附属書に従って当該査察の要請の中で提供する義務を負う。締約国は、濫用を避けるために注意を払い、根拠のない査察の要請を慎まなければならない。申立てによる査察は、この条約の違反の可能性に関係する事実を決定することのみを目的として行う。

10 この条約の遵守の検証のため、締約国は、技術事務局が8の規定に従い申立てによる現地査察を行うことを認める。

11 被査察締約国は、施設又は区域に対する申立てによる査察の要請及び検証附属書に規定する手続に従い、次の権利を有し、又は義務を負う。

(a) 自国によるこの条約の遵守を証明するためにあらゆる合理的な努力を払う権利及び義務並びにこのために査察団がその査察命令を遂行することができるようにする権利及び義務

(b) 専らこの条約の違反の可能性についての懸念に関連する事実を確認すること

を目的として、要請される施設又は区域内へのアクセスを認める義務

(c)　この条約に関係しない機微に係る設備を保護し並びにこの条約に関係しない秘密の情報及び資料の開示を防止するための措置をとる権利

12　オブザーバーについては、次の規定を適用する。

(a)　要請締約国は、被査察締約国の同意を得て、自国又は第3の締約国のいずれか一方の国民である代表者を申立てによる査察の実施に立ち会わせるために派遣することができる。

(b)　(a)の場合において、被査察締約国は、検証附属書に従ってオブザーバーに対してアクセスを認める。

(c)　被査察締約国は、原則として、提案されたオブザーバーを受け入れる。ただし、被査察締約国が拒否する場合には、その事実は、最終報告に記録される。

13　要請締約国は、執行理事会に対し申立てによる現地査察のための査察の要請を行い、また、速やかな手続の開始のために同時に事務局長に対して当該要請を行う。

14　事務局長は、直ちに、査察の要請が検証附属書第10部4に定める要件を満たすことを確認し及び、必要な場合には、要請締約国が当該要件に従って査察の要請を行うことを援助する。査察の要請が当該要件を満たす場合には、申立てによる査察のための準備を開始する。

15　事務局長は、被査察締約国に対し、査察団の入国地点への到着予定時刻の少なくとも12時間前までに、査察の要請を伝達する。

16　執行理事会は、査察の要請を受領した後、当該要請に基づいて事務局長がとる措置に留意するものとし、査察が行われている間を通じてこの問題を検討する。ただし、執行理事会の検討は、査察を遅滞させるものであってはならない。

17　執行理事会は、査察の要請が根拠がなく、権利を濫用するものであり又は8に定めるこの条約の範囲を明らかに超えると認める場合には、査察の要請を受領した後12時間以内に、執行理事会のすべての理事国の4分の3以上の多数による議決で、申立てによる査察の実施に反対することを決定することができる。その決定には、要請締約国及び被査察締約国は参加してはならない。執行理事会が申立てによる査察について反対することを決定する場合には、査察のための準備は停止され、査察の要請に基づく新たな措置はとられず、及び関係締約国に対しその旨の通報が行われる。

18　事務局長は、申立てによる査察の実施のための査察命令を与える。査察命令は、8及び9に規定する査察の要請を遂行するためのものであり、かつ、査察の要請に適合するものとする。

19　申立てによる査察は、検証附属書第10部の規定に従い又は化学兵器の使用若しくは戦争の方法としての暴動鎮圧剤の使用の疑いがある場合には同附属書第11部の規定に従って行う。査察団は、できる限り干渉の程度が低く、かつ、任務の効

果的な及び適時の遂行に合致する方法で申立てによる査察を行うとの原則を指針とする。

20　被査察締約国は、申立てによる査察が行われている間を通じて、査察団を援助し、及びその任務の遂行を容易にする。被査察締約国は、検証附属書第10部Cの規定に従い、この条約の遵守を証明するための措置であって十分かつ包括的なアクセスに代わるものを提案する場合には、この条約の遵守を証明することを目的として事実を確認する方法について合意に達するため、査察団との協議を通じてあらゆる合理的な努力を払う。

21　最終報告には、事実関係の調査結果並びに申立てによる査察の十分な実施のために認められたアクセス及び協力の程度及び性質についての査察団による評価を含める。事務局長は、要請締約国、被査察締約国、執行理事会及び他のすべての締約国に対し、査察団の最終報告を速やかに送付する。事務局長は、更に、執行理事会に対し、要請締約国及び被査察締約国による評価並びに評価のため他の締約国の見解が事務局長に提出される場合には当該見解を速やかに送付し、その後これらをすべての締約国に送付する。

22　執行理事会は、その権限及び任務に従い、査察団の最終報告が提出された後直ちに当該最終報告を検討し、及び次の事項について検討する。

(a)　違反があったか否か。

(b)　査察の要請がこの条約の範囲内で行われたか否か。

(c)　申立てによる査察を要請する権利が濫用されたか否か。

23　執行理事会は、その権限及び任務に従い、22の規定に関して更に措置が必要となるとの結論に到達する場合には、事態を是正し及びこの条約の遵守を確保するための適当な措置（会議に対する具体的な勧告を含む。）をとる。要請する権利が濫用された場合には、執行理事会は、要請締約国が申立てによる査察の財政的負担の一部を負うべきであるか否かについて検討する。

24　要請締約国及び被査察締約国は、22に規定する検討に参加する権利を有する。執行理事会は、このような検討の結果につき、締約国に対し及び次の会期において会議に対し報告する。

25　執行理事会が会議に対して具体的な勧告を行った場合には、会議は、第12条の規定に従って措置を検討する。

第10条　援助及び化学兵器に対する防護

1　この条の規定の適用上、「援助」とは、化学兵器に対する防護（特に、探知装置及び警報装置、防護機具、除染装置及び除染剤、解毒剤及び治療並びにこれらの防護手段に関する助言を含む。）につき調整し及び締約国に対しその防護を提供することをいう。

2　この条約のいかなる規定も、締約国が、この条約によって禁止されていない目的のため化学兵器に対する防護手段を研究し、開発し、生産し、取得し、移譲し又は使用する権利を妨げるものと解してはならない。

3 締約国は、化学兵器に対する防護手段に関する装置、資材並びに科学的及び技術的情報を可能な最大限度まで交換することを容易にすることを約束し、また、その交換に参加する権利を有する。

4 締約国は、防護目的に関係する自国の計画の透明性を増進するため、第8条21(i)の規定に基づき会議が検討し及び承認する手続に従い、毎年、当該計画に関する情報を技術事務局に提供する。

5 技術事務局は、要請する締約国の使用に供するため、化学兵器に対する各種の防護手段に関する自由に入手可能な情報及び締約国が提供する情報から成るデータバンクをこの条約が効力を生じた後180日以内に設置し及び維持する。

技術事務局は、また、その利用可能な資源の範囲内で、かつ、締約国の要請に応じ、締約国が化学兵器に対する防護能力の開発及び向上のための計画をいかなる方法で実施することができるかについて特定するに当たり、当該締約国に専門的な助言を行い、及び援助する。

6 この条約のいかなる規定も、締約国が、2国間で援助を要請し及び提供する権利並びに援助の緊急な調達に関して他の締約国と個別の協定を締結する権利を妨げるものと解してはならない。

7 締約国は、機関を通じて援助を提供すること及びこのため次の1又は2以上の措置を選択することを約束する。

(a) 会議の第1回会期において設置される援助のための任意の基金に拠出すること。

(b) この条約が自国について効力を生じた後できる限り180日以内に、要請に基づく援助の調達に関して機関と協定を締結すること。

(c) この条約が自国について効力を生じた後180日以内に、機関の要請に応じ提供することのできる援助の種類を申告すること。締約国は、その後、申告した援助を提供することができなくなった場合にも、引き続き、この7の規定に従って援助を提供する義務を負う。

8 締約国は、次のことを認める場合には、援助及び化学兵器の使用又は使用の脅威に対する防護を要請し並びに9から11までに規定する手続に従ってこれらを受ける権利を有する。

(a) 自国に対し化学兵器が使用されたこと。

(b) 自国に対し暴動鎮圧剤が戦争の方法として使用されたこと。

(c) 自国が、いずれかの国の措置又は活動であって、第1条の規定によって締約国に対し禁止されているものにより脅威を受けていること。

9 8の要請については、当該要請を裏付ける関連する情報を付して事務局長に対して行うものとし、事務局長は、当該要請を直ちに執行理事会及びすべての締約国に伝達する。事務局長は、当該要請を、7の(b)及び(c)の規定に従い、化学兵器の使用又は戦争の方法としての暴動鎮圧剤の使用の場合においては緊急の援助、化学兵器の使用又は戦争の方法としての暴動鎮圧剤の使用の重大な脅威の場合においては人道上の援助を要請の受領の後12時間以内に関係締約国に提供することを自発的に申し出た締約国に対し、直ちに伝達する。事務局長は、当該要請の受領の後24時間以内に、更にとるべき措置のための基礎を提供するために調査を開始する。事務局長は、72時間以内に調査を完了し、執行理事会に対し報告を提出する。調査を完了するために追加の期間を必要とする場合には、当該72時間以内に中間報告を提出する。調査に必要な当該追加の期間は、72時間を超えてはならない。ただし、同様の期間により更に１回又は２回以上の期間の追加をすることができる。各追加の期間の終了の時に執行理事会に報告を提出する。調査は、適当な場合には、要請及び要請に付された情報に従い、要請に関係する事実並びに必要とされる追加的な援助及び防護の種類及び範囲を確定する。

10　執行理事会は、調査の報告の受領の後24時間以内に事態を検討するために会合するものとし、技術事務局に対し追加的な援助を提供するよう指示するか否かを次の24時間以内に単純多数による議決で決定する。技術事務局は、すべての締約国及び関係国際機関に対し、当該報告及び執行理事会の決定を直ちに送付する。執行理事会が技術事務局に対し追加的な援助を提供するよう指示することを決定する場合には、事務局長は、直ちに援助を提供する。このため、事務局長は、要請した締約国、他の締約国及び関係国際機関と協力することができる。締約国は、援助を提供するために可能な最大限度の努力をする。

11　化学兵器の使用による犠牲者が存在すること及び速やかな措置が不可欠であることが実施中の調査又は他の信頼し得る情報源からの入手可能な情報により十分に明らかとなる場合には、事務局長は、すべての締約国に通報するものとし、会議がこのような事態のために事務局長の利用に供した資源を用いて援助のための緊急措置をとる。事務局長は、この11の規定に従ってとる措置を常時執行理事会に通報する。

第11条　経済的及び技術的発展

1　この条約は、締約国の経済的又は技術的発展及びこの条約によって禁止されていない目的のための化学に関する活動の分野における国際協力（この条約によって禁止されていない目的のための化学物質の生産、加工又は使用に関する科学的及び技術的情報、化学物質並びに装置の国際的な交換を含む。）を妨げないように実施する。

2　締約国は、この条約の規定に従うことを条件として、かつ、国際法の諸原則及び適用のある国際法の諸規則を害することなく、

(a)　単独で又は共同して、化学物質を研究し、開発し、生産し、取得し、保有し、移譲し及び使用する権利を有する。

(b)　この条約によって禁止されていない目的のための化学の開発及び利用に関係

する化学物質、装置並びに科学的及び技術的情報を可能な最大限度まで交換することを容易にすることを約束し、また、その交換に参加する権利を有する。

(c)　工業、農業、研究、医療又は製薬の目的その他の平和的目的のための化学の分野における貿易並びに科学的及び技術的知識の開発及び促進を妨げる制限（国際協定による制限を含む。）であって、この条約に基づく義務に反するものは、締約国間で維持してはならない。

(d)　この条約に規定され又はこの条約が認める措置以外の措置を実施するための根拠としてこの条約を利用してはならず、及びこの条約に適合しない目的を追求するために他のいかなる国際協定も利用してはならない。

(e)　この条約の趣旨及び目的に適合したものにすることを目的として、化学物質の貿易の分野における既存の国内法令を検討することを約束する。

第12条　事態を是正し及びこの条約の遵守を確保するための措置（制裁を含む。）

1　会議は、この条約の遵守を確保し並びにこの条約に違反する事態を是正し及び改善するため、2から4までに規定する必要な措置をとる。会議は、この1の規定に基づく措置を検討するに当たり、問題に関し執行理事会が提出するすべての情報及び勧告を考慮する。

2　締約国が、自国によるこの条約の遵守に関して問題を引き起こしている事態を是正する措置をとることを執行理事会により要請され、かつ、一定の期間内に当該要請に応ずることができなかった場合には、会議は、特に、執行理事会の勧告に基づき、当該締約国がこの条約に基づく義務に従うための必要な措置をとるまでの間、この条約に基づく当該締約国の権利及び特権を制限し又は停止することができる。

3　この条約の趣旨及び目的に対する重大な障害がこの条約（特に第1条の規定）によって禁止されている活動から生ずる可能性のある場合には、会議は、締約国に対して国際法に適合する集団的な措置を勧告することができる。

4　会議は、特に重大な場合には、問題（関連する情報及び判断を含む。）につき、国際連合総会及び国際連合安全保障理事会の注意を喚起する。

第13条　他の国際協定との関係

この条約のいかなる規定も、1925年のジュネーヴ議定書並びに1972年4月10日にロンドン、モスクワ及びワシントンで署名された細菌兵器（生物兵器）及び毒素兵器の開発、生産及び貯蔵の禁止並びに廃棄に関する条約に基づく各国の義務を限定し又は軽減するものと解してはならない。

第14条　紛争の解決

1　この条約の適用又は解釈に関して生ずる紛争は、この条約の関連規定に従い及び国際連合憲章の規定によって解決する。

2　この条約の解釈又は適用に関して2以上の締約国間で又は1若しくは2以上の

締約国と機関との間で紛争が生ずる場合には、関係当事者は、交渉又は当該関係当事者が選択するその他の平和的手段（この条約に規定する適当な内部機関に対し提起すること及び合意により国際司法裁判所規程に従って国際司法裁判所に付託することを含む。）によって紛争を速やかに解決するため、協議する。関係締約国は、いかなる措置がとられるかについて常時執行理事会に通報する。

3　執行理事会は、執行理事会が適当と認める手段（あっせんを提供すること、紛争当事国である締約国に対し当該締約国が選択する解決のための手続を開始するよう要請すること及び合意された手続に従って解決するための期限を勧告することを含む。）によって紛争の解決に貢献することができる。

4　会議は、締約国が提起し又は執行理事会が注意を喚起する紛争に関係する問題を検討する。会議は、必要と認める場合には、第８条21(f)の規定に従い、これらの紛争の解決に関連して補助機関を設置し又は補助機関に任務を委託する。

5　会議及び執行理事会は、それぞれ、国際連合総会が許可することを条件として、機関の活動の範囲内において生ずる法律問題について勧告的意見を与えるよう国際司法裁判所に要請する権限を与えられる。このため、機関と国際連合との間の協定を第８条34(a)の規定に基づいて締結する。

6　この条の規定は、第９条の規定又は事態を是正し及びこの条約の遵守を確保するための措置（制裁を含む。）に関する規定を害するものではない。

第15条　改正

1　いずれの締約国も、この条約の改正を提案することができるものとし、また、４に規定するこの条約の附属書の修正を提案することができる。改正のための提案は、２及び３に規定する手続に従う。４に規定する修正のための提案は、５に規定する手続に従う。

2　改正案については、すべての締約国及び寄託者に対して回章に付するため事務局長に提出する。改正案は、改正会議においてのみ検討する。改正会議は、改正案の回章の後30日以内に、３分の１以上の締約国が改正案を更に検討することを支持する旨を事務局長に通報する場合に開催される。改正会議は、改正案の検討を要請する締約国が早期の開催を要請する場合を除くほか、会議の通常会期の後直ちに開催される。いかなる場合にも、改正会議は、改正案の回章の後60日を経過するまで開催されない。

3　改正は、次の(a)及び(b)の要件が満たされる場合には、(b)に規定するすべての締約国が批准書又は受諾書を寄託した後30日で、すべての締約国について効力を生ずる。

(a)　改正会議において、いかなる締約国も反対票を投ずることなく、すべての締約国の過半数の賛成票により採択されること。

(b)　改正会議において賛成票を投じたすべての締約国が批准し又は受諾すること。

4　この条約の実行可能性及び実効性を確保するため、附属書の規定は、修正案が運営上の又は技術的な性質の事項にのみ関連する場合には、5の規定に従って行われる修正の対象とする。化学物質に関する附属書のすべての修正は、5の規定に従って行われる。秘密扱いに関する附属書のA及びCの規定、検証附属書第10部の規定並びに検証附属書第1部に規定する定義であって申立てによる査察にのみ関係するものは、5の規定に従って行われる修正の対象としない。

5　4に規定する修正については、次の手順に従って行う。

(a)　修正案は、必要な情報と共に事務局長に送付する。すべての締約国及び事務局長は、当該修正案を評価するための追加の情報を提供することができる。事務局長は、すべての締約国は、執行理事会及び寄託者に対し、当該修正案及び情報を速やかに通報する。

(b)　事務局長は、修正案の受領の後60日以内に、この条約の規定及び実施に及ぼし得るすべての影響を把握するために当該修正案を評価するものとし、その結果についての情報をすべての締約国及び執行理事会に通報する。

(c)　執行理事会は、すべての入手可能な情報に照らして修正案を検討する（当該修正案が4に定める要件を満たすか否かについての検討を含む。）。執行理事会は、当該修正案の受領の後90日以内に、適当な説明を付して、執行理事会の勧告を検討のためにすべての締約国に通報する。締約国は、10日以内にその受領を確認する。

(d)　執行理事会がすべての締約国に対し修正案を採択することを勧告する場合において、いずれの締約国もその勧告の受領の後90日以内に異議を申し立てないときは、当該修正案については、承認されたものとみなす。執行理事会が修正案を拒否することを勧告する場合において、いずれの締約国もその勧告の受領の後90日以内に異議を申し立てないときは、当該修正案については、拒否されたものとみなす。

(e)　執行理事会の勧告が(d)の規定に従って締約国によって受け入れられない場合には、会議は、次の会期において実質事項として修正案の承認についての決定（当該修正案が4に定める要件を満たすか否かについての判断を含む。）を行う。

(f)　事務局長は、この5の規定に基づく決定をすべての締約国及び寄託者に通報する。

(g)　この5に定める手続に従って承認された修正は、他の期間を執行理事会が勧告し又は会議が決定する場合を除くほか、すべての締約国につき、事務局長が当該承認を通報した日の後180日で効力を生ずる。

第16条　有効期間及び脱退

1　この条約の有効期間は、無期限とする。

2　締約国は、この条約の対象である事項に関係する異常な事態が自国の至高の利益を危うくしていると認める場合には、その主権を行使してこの条約から脱退する権利を有する。この権利を行使する締約国は、他のすべての締約国、執行理事会、寄託者及び国際連合安全保障理事会に対しその90日前にその旨を通告する。その通告には、自国の至高の利益を危うくしていると認める異常な事態についても記載する。

3　この条約からの締約国の脱退は、国際法の関連規則、特に1925年のジュネーヴ議定書に基づく義務を引き続き履行することについての国の義務に何ら影響を及ぼすものではない。

第17条　附属書の地位

附属書は、この条約の不可分の一部を成す。「この条約」というときは、附属書を含めていうものとする。

第18条　署名

この条約は、効力を生ずる前はすべての国による署名のために開放しておく。

第19条　批准

この条約は、署名国により、それぞれ自国の憲法上の手続に従って批准されなければならない。

第20条　加入

この条約が効力を生ずる前にこの条約に署名しない国は、その後はいつでもこの条約に加入することができる。

第21条　効力発生

1　この条約は、65番目の批准書が寄託された日の後180日で効力を生ずる。ただし、いかなる場合にも、署名のための開放の後２年を経過するまで効力を生じない。

2　この条約が効力を生じた後に批准書又は加入書を寄託する国については、その批准書又は加入書の寄託の日の後30日目の日に効力を生ずる。

第22条　留保

この条約の本文については、留保は付することができない。この条約の附属書については、この条約の趣旨及び目的と両立しない留保は付することができない。

第23条　寄託者

国際連合事務総長は、ここに、この条約の寄託者として指名されるものとし、特に、次のことを行う。

(a)　すべての署名国及び加入国に対し、各署名の日、各批准書又は各加入書の寄託の日、この条約の効力発生の日及びその他の事項に係る通告の受領を速やかに通報すること。

(b)　この条約の認証謄本をすべての署名国政府及び加入国政府に送付すること。

(c)　国際連合憲章第102条の規定に従ってこの条約を登録すること。

第24条　正文

この条約は、アラビア語、中国語、英語、フランス語、ロシア語及びスペイン語をひとしく正文とし、国際連合事務総長に寄託する。

24 過度に傷害を与え又は無差別に効果を及ぼすことがあると認められる通常兵器の使用の禁止又は制限に関する条約

（特定通常兵器使用禁止制限条約）

1980年10月10日採択（ジュネーヴ）

昭和58年9月16日（条約第12号）
（改正）
平成16年1月30日（条約第1号）
平成16年1月30日（外務省告示第35号）
平成16年5月18日効力発生

過度に傷害を与え又は無差別に効果を及ぼすことがあると認められる通常兵器の使用の禁止又は制限に関する条約をここに公布する。

過度に傷害を与え又は無差別に効果を及ぼすことがあると認められる通常兵器の使用の禁止又は制限に関する条約

締約国は、

国際連合憲章に基づき、各国が、その国際関係において、武力による威嚇又は武力の行使を、いかなる国の主権、領土保全又は政治的独立に対するものも、また、国際連合の目的と両立しない他のいかなる方法によるものも慎む義務を負つていることを想起し、

敵対行為の及ぼす影響から文民たる住民を保護するという一般原則を想起し、

武力紛争の当事者が戦闘の方法及び手段を選ぶ権利は無制限ではないという国際法の原則並びに武力紛争においてその性質上過度の傷害又は無用の苦痛を与える兵器、投射物及び物質並びに戦闘の方法を用いることは禁止されているという原則に立脚し、

自然環境に対して広範な、長期的なかつ深刻な損害を与えることを目的とする又は与えることが予想される戦闘の方法及び手段を用いることは禁止されていることを想起し、

文民たる住民及び戦闘員は、この条約及びこの条約の附属議定書又は他の国際取極がその対象としていない場合においても、確立された慣習、人道の諸原則及び公共の良心に由来する国際法の原則に基づく保護並びにこのような国際法の原則の支配の下に常に置かれるべきであるとの決意を確認し、

国際間の緊張の緩和、軍備競争の終止及び諸国間の信頼の醸成に貢献し、もつて、平和のうちに生活することに対するすべての人民の願望の実現に貢献することを希望し、

厳重かつ効果的な国際管理の下における全面的かつ完全な軍備縮小への進展に貢

献するためにあらゆる努力を継続することの重要性を認識し、

武力紛争の際に適用される国際法の諸規則の法典化及び漸進的発達を引き続き図ることの必要性を再確認し、

ある種の通常兵器の使用の禁止又は制限を促進することを希望し、その使用の禁止又は制限の分野において達成される成果が、当該兵器の生産、貯蔵及び拡散の終止を目的とする軍備縮小についての主要な討議を容易にすることができるものと信じ、

すべての国、特に軍事面で主要な国がこの条約及びこの条約の附属議定書の締約国となることが望ましいことを強調し、

国際連合総会及び国際連合軍縮委員会（the United Nations Disarmament Commission）が、この条約及びこの条約の附属議定書に規定する禁止及び制限の範囲を拡大する可能性について検討することを決定することができることに留意し、

軍縮委員会（the Committee on Disarmament）が、ある種の通常兵器の使用の禁止又は制限のための新たな措置の採択について審議することを決定することができることに留意して、

次のとおり協定した。

第1条　適用範囲

1　この条約及びこの条約の附属議定書は、戦争犠牲者の保護に関する1949年8月12日のジュネーヴ諸条約のそれぞれの第2条に共通して規定する事態（ジュネーヴ諸条約の追加議定書I第1条4に規定する事態を含む。）について適用する。

2　この条約及びこの条約の附属議定書は、1に規定する事態に加え、1949年8月12日のジュネーヴ諸条約のそれぞれの第3条に共通して規定する事態についても適用する。この条約及びこの条約の附属議定書は、暴動、独立の又は散発的な暴力行為その他これらに類する性質の行為等国内における騒乱及び緊張の事態については、武力紛争に当たらないものとして適用しない。

3　締結国の一の領域内に生ずる国際的性質を有しない武力紛争の場合には、各紛争当事者は、この条約及びこの条約の附属議定書に規定する禁止及び制限を適用しなければならない。

4　この条約又はこの条約の附属議定書のいかなる規定も、国の主権又は、あらゆる正当な手段によって、国の法律及び秩序を維持し若しくは回復し若しくは国の統一を維持し及び領土を保全するための政府の責任に影響を及ぼすことを目的として援用してはならない。

5　この条約又はこの条約の附属議定書のいかなる規定も、武力紛争が生じている締約国の領域内における当該武力紛争又は武力紛争が生じている締約国の国内問題若しくは対外的な問題に直接又は間接に介入することを、その介入の理由のいかんを問わず、正当化するために援用してはならない。

6　この条約及びこの条約の附属議定書を受諾した締約国でない紛争当事者に対す

るこの条約及びこの条約の附属議定書の規定の適用は、当該紛争当事者の法的地位又は紛争中の領域の法的地位を明示的又は黙示的に変更するものではない。

7　2から6までの規定は、2002年1月1日以後に採択される追加の議定書に影響を及ぼすものではなく、当該追加の議定書は、この条との関係において、これらの規定の適用範囲を適用し、除外し又は変更することができる。

第2条　他の国際取極との関係

この条約又はこの条約の附属議定書のいかなる規定も、武力紛争の際に適用される国際人道法により締約国に課される他の義務を軽減するものと解してはならない。

第3条　署名

この条約は、1981年4月10日から12箇月の間、ニューヨークにある国際連合本部において、すべての国による署名のために開放しておく。

第4条　批准、受諾、承認又は加入

1　この条約は、署名国によつて批准され、受諾され又は承認されなければならない。この条約に署名しなかつたいずれの国も、この条約に加入することができる。

2　批准書、受諾書、承認書又は加入書は、寄託者に寄託する。

3　各国は、この条約のいずれの附属議定書に拘束されることに同意するかを選択することができるものとし、この条約の批准書、受諾書、承認書又は加入書の寄託に際し、この条約の2以上の附属議定書に拘束されることに同意する旨を寄託者に通告しなければならない。

4　締約国は、この条約の批准書、受諾書、承認書又は加入書を寄託した後いつでも、自国が拘束されていないこの条約の附属議定書に拘束されることに同意する旨を寄託者に通告することができる。

5　いずれかの締約国を拘束するこの条約の附属議定書は、当該締約国について、この条約の不可分の一部を成す。

第5条　効力発生

1　この条約は、20番目の批准書、受諾書、承認書又は加入書が寄託された日の後6箇月で効力を生ずる。

2　この条約は、20番目の批准書、受諾書、承認書又は加入書が寄託された日の後に批准書、受諾書、承認書又は加入書を寄託する国については、当該国が批准書、受諾書、承認書又は加入書を寄託した日の後6箇月で効力を生ずる。

3　この条約の各附属議定書は、前条3又は4の規定に基づいて20の国が当該各附属議定書に拘束されることに同意する旨を通告した日の後6箇月で効力を生ずる。

4　20の国がこの条約のいずれかの附属議定書に拘束されることに同意する旨を通告した日の後に当該附属議定書に拘束されることに同意する旨を通告する国については、当該附属議定書は、当該国が拘束されることに同意する旨を通告した日の後6箇月で効力を生ずる。

第6条　周知

締約国は、武力紛争が生じているか生じていないかを問わず、自国において、できる限り広い範囲においてこの条約及び自国が拘束されるこの条約の附属議定書の周知を図ること並びに、特に、この条約及び当該附属議定書を自国の軍隊に周知させるため自国の軍隊の教育の課目にこの条約及び当該附属議定書についての学習を取り入れることを約束する。

第7条　この条約の効力発生の後の条約関係

1　いずれか1の紛争当事者がこの条約のいずれかの附属議定書に拘束されていない場合においても、この条約及び当該附属議定書に拘束される2以上の紛争当事者相互の関係においては、当該2以上の紛争当事者は、この条約及び当該附属議定書に拘束される。

2　締約国は、第1条に規定する事態において、この条約の締約国でない国又はこの条約のいずれかの附属議定書に拘束されていない国がこの条約又は当該附属議定書を受諾し、適用し、かつ、その旨を寄託者に通告する場合には、当該国との関係において、この条約及び当該附属議定書（自国について効力を生じていることを条件とする。）に拘束される。

3　寄託者は、2の規定により受領した通告を直ちに関係締約国に通報する。

4　1949年8月12日の戦争犠牲者の保護に関するジュネーヴ諸条約の追加議定書Ⅰ第1条4に規定する武力紛争であつてこの条約の締約国が当事者となつているものについては、この条約及び当該締約国が拘束されるこの条約の附属議定書は、次の場合に適用される。

(a)　当該締約国が追加議定書Ⅰの締約国で、追加議定書Ⅰ第96条3に規定する当局が、同条3の規定に基づいてジュネーヴ諸条約及び追加議定書Ⅰの規定を適用することを約束しており、かつ、当該武力紛争に関しこの条約及び当該締約国が拘束されるこの条約の附属議定書を適用することを約束する場合

(b)　当該締約国が追加議定書Ⅰの締約国ではなく、(a)に規定する当局が、当該武力紛争に関しジュネーヴ諸条約の義務並びにこの条約及び当該締約国が拘束されるこの条約の附属議定書の義務を受諾し、かつ、履行する場合。この受諾及び履行は、当該武力紛争に関し、次の効果を有する。

(i)　ジュネーヴ諸条約並びにこの条約及び当該締約国が拘束されるこの条約の附属議定書は、紛争当事者について直ちに効力を生ずる。

(ii)　(a)に規定する当局は、ジュネーヴ諸条約並びにこの条約及び当該締約国が拘束されるこの条約の附属議定書の締約国の有する権利及び義務と同一の権利及び義務を有する。

(iii)　ジュネーヴ諸条約並びにこの条約及び当該締約国が拘束されるこの条約の附属議定書は、すべての紛争当事者を平等に拘束する。

当該締約国及び当該当局は、相互主義に基づき、ジュネーヴ諸条約の追加議定書Ⅰの義務を受諾し及び履行することを合意することができる。

第8条 検討及び改正

1(a) いずれの締約国も、この条約の効力発生の後いつでも、この条約又は自国が拘束されるこの条約の附属議定書の改正を提案することができる。改正案は、寄託者に送付する。寄託者は、改正案をすべての締約国に通報するものとし、改正案を検討するために会議を招集するかしないかについて締約国の意見を求める。過半数の締約国（18以上の締約国であることを条件とする。）が会議の招集に同意する場合には、寄託者は、速やかにすべての締約国を招請して会議を招集する。この条約の締約国でない国は、オブザーバーとして会議に招請される。

(b) (a)に規定する会議は、この条約及びこの条約の附属議定書の改正を合意することができる。改正は、この条約及びこの条約の附属議定書の場合と同様の方式により、採択され、効力を生ずる。もつとも、この条約の改正は、締約国のみにより採択されるものとし、この条約の附属議定書の改正は、当該附属議定書によつて拘束される締約国のみにより採択されるものとする。

2(a) いずれの締約国も、この条約の効力発生の後いつでも、この条約の附属議定書の対象となつていない種類の通常兵器に関する追加の議定書を提案することができる。提案は、寄託者に送付するものとし、寄託者は、1(a)の規定によりすべての締約国に当該提案を通報する。過半数の締約国（18以上の締約国であることを条件とする。）が会議の招集に同意する場合には、寄託者は、速やかにすべての国を招請して会議を招集する。

(b) (a)に規定する会議は、出席するすべての国の完全な参加を得て追加の議定書を合意することができる。追加の議定書は、この条約の採択と同様の方式により採択され、この条約の附属議定書となり、第5条3及び4の規定の例により効力を生ずる。

3(a) この条約が効力を生じた日から10年の期間の満了の日までに1(a)又は2(a)の規定に基づき会議が招集されなかつた場合には、いずれの締約国も、寄託者に対し、この条約及びこの条約の附属議定書の適用範囲及び運用について検討するため並びにこの条約の改正案又はこの条約の附属議定書の改正案を検討するため、すべての締約国が招請される会議を招集するよう要請することができる。この条約の締約国でない国は、オブザーバーとして会議に招請される。会議は、この条約及びこの条約の附属議定書の改正を合意することができる。改正は、1(b)の定めるところにより、採択され、効力を生ずる。

(b) (a)に規定する会議においては、この条約の附属議定書の対象となつていない種類の通常兵器に関する追加の議定書の提案についても検討することができる。会議に出席するすべての国は、その検討に完全に参加することができる。追加の議定書は、この条約の採択と同様の方式により採択され、この条約の附属議定書となり、第5条3及び4の規定の例により効力を生ずる。

(c)　(a)に規定する会議は、会議後(a)に定める期間と同様の期間が経過するまでに1(a)又は2(a)の規定に基づき会議が招集されない場合に締約国の要請に基づいて新たな会議を招集することの当否につき、検討することができる。

第9条　廃棄

1　いずれの締約国も、寄託者に廃棄の通告を行うことにより、この条約又はこの条約のいずれの附属議定書も廃棄することができる。

2　廃棄は、寄託者が廃棄の通告を受領した後1年で効力を生ずる。ただし、廃棄を行う締約国は、当該1年の期間の満了の時において第1条に規定する事態に巻き込まれている場合には、武力紛争又は占領の終了の時まで、及びいかなる場合においても、武力紛争の際に適用される国際法により保護されている者の最終的解放、送還又は居住地の設定に関連する業務の終了の時まで、この条約及びこの条約の附属議定書の義務に引き続き拘束される。関係地域において国際連合の軍隊又は使節団による平和維持、監視その他これらに類する任務の遂行がある事態において当該事態に関する規定を含むこの条約の附属議定書の廃棄を行う場合には、廃棄を行う締約国は、これらの任務の終了の時まで、当該附属議定書の義務に引き続き拘束される。

3　この条約の廃棄を行う場合には、廃棄を行う締約国が拘束されているこの条約のすべての附属議定書についても廃棄を行うものとみなされる。

4　廃棄は、廃棄を行う締約国についてのみ効力を有する。

5　廃棄は、廃棄が有効となる前に行われた行為について、廃棄を行う締約国がこの条約及びこの条約の附属議定書に基づき負つている武力紛争を理由とする義務に影響を及ぼすものではない。

第10条　寄託者

1　国際連合事務総長は、この条約及びこの条約の附属議定書の寄託者とする。

2　寄託者は、通常の任務を行うほか、すべての国に対し次の事項を通報する。

(a)　第3条の規定によるこの条約への署名

(b)　第4条の規定によるこの条約の批准書、受諾書、承認書又は加入書の寄託

(c)　第4条の規定によりこの条約の附属議定書に拘束されることに同意する旨の通告

(d)　第5条の規定に基づきこの条約及びこの条約の附属議定書が効力を生ずる日

(e)　前条の規定により受領した廃棄の通告及び当該廃棄が効力を生ずる日

第11条　正文

アラビア語、中国語、英語、フランス語、ロシア語及びスペイン語をひとしく正文とするこの条約及びこの条約の附属議定書の原本は、寄託者に寄託する。寄託者は、この条約及びこの条約の附属議定書の認証謄本をすべての国に送付する。

検出不可能な破片を利用する兵器に関する議定書（議定書Ⅰ）

人体内に入つた場合にエックス線で検出することができないような破片によつて傷害を与えることを第一義的な効果とするいかなる兵器の使用も、禁止する。

地雷、ブービートラップ及び他の類似の装置の使用の禁止又は制限に関する議定書（議定書Ⅱ）

第1条　物的適用範囲

この議定書は、この議定書に定義する地雷、ブービートラップ及び他の類似の装置の陸上における使用（海岸上陸、水路横断又は渡河を阻止するための地雷の敷設を含む。）に関するものであり、海又は内水航路における対艦船用の機雷の使用については、適用しない。

第2条　定義

この議定書の適用上、

1　「地雷」とは、土地若しくは他の物の表面に又は土地若しくは他の物の表面の下方若しくは周辺に敷設され、人又は車両の存在、接近又は接触によつて起爆し又は爆発するように設計された弾薬類をいい、「遠隔散布地雷」とは、この1に定義する地雷であつて、大砲、ロケット、迫撃砲若しくはこれらと類似の手段で投射されるもの又は航空機から投下されるものをいう。

2　「ブービートラップ」とは、外見上無害な物を何人かが動かし若しくはこれに接近し又は一見安全と思われる行為を行つたとき突然に機能する装置又は物質で、殺傷を目的として設計され、組み立てられ又は用いられるものをいう。

3　「他の類似の装置」とは、殺傷し又は損害を与えることを目的として設計され、取り付けられた弾薬類及び装置であつて、遠隔操作により又は一定時間の経過後自動的に作動するものをいう。

4　「軍事目標」とは、物については、その性質、位置、用途又は使用が軍事活動に効果的に貢献する物で、その全面的又は部分的な破壊、奪取又は無効化がその時点における状況の下において明確な軍事的利益をもたらすものをいう。

5　「民用物」とは、4に定義する軍事目標以外のすべての物をいう。

6　「記録」とは、公式の記録に登録するため地雷原、地雷及びブービートラップの位置の確認を容易にするすべての入手可能な情報を取得することを目的とする物理的、行政的及び技術的作業を行うことをいう。

第3条　地雷、ブービートラップ及び他の類似の装置の使用に関する一般的制限

1　この条の規定は、次の兵器に適用する。

(a)　地雷

(b)　ブービートラップ

(c)　他の類似の装置

2　この条の規定の適用を受ける兵器は、いかなる状況の下においても、文民たる

住民全体又は個々の文民に対して攻撃若しくは防御のため又は復仇《きゆう》の手段として使用することを禁止する。

3　この条の規定の適用を受ける兵器は、無差別に使用することを禁止する。無差別に使用するとは、これらの兵器に係る次の設置をいう。

(a)　軍事目標でないものへの設置又は軍事目標を対象としない設置

(b)　特定の軍事目標のみを対象とすることのできない投射の方法及び手段による設置

(c)　予期される具体的かつ直接的な軍事的利益との比較において、過度に、巻添えによる文民の死亡、文民の傷害、民用物の損傷又はこれらの複合した事態を引き起こすことが予測される場合における設置

4　この条の規定の適用を受ける兵器の及ぼす効果から文民を保護するため、すべての実行可能な予防措置をとる。実行可能な予防措置とは、人道上及び軍事上の考慮を含めその時点におけるすべての事情を勘案して実施し得る又は実際に可能と認められる予防措置をいう。

第4条　居住地域における遠隔散布地雷以外の地雷、ブービートラップ及び他の類似の装置の使用に関する制限

1　この条の規定は、次の兵器に適用する。

(a)　遠隔散布地雷以外の地雷

(b)　ブービートラップ

(c)　他の類似の装置

2　この条の規定の適用を受ける兵器は、地上兵力による戦闘が発生していない都市、町村その他の文民の集中している地域又は地上兵力による戦闘が急迫していると認められないこれらの地域において使用することを禁止する。ただし、次の場合を除く。

(a)　これらの兵器が、敵対する者に属する軍事目標若しくはその者の支配下にある軍事目標に設置され又はこれらに極めて近接して設置される場合

(b)　これらの兵器の及ぼす効果から文民を保護するための措置、例えば、警告標識の掲示、歩哨《しよう》の配置、警告の発出又は囲いの設置の措置がとられる場合

第5条　遠隔散布地雷の使用に関する制限

1　遠隔散布地雷は、軍事目標である地域又は軍事目標を含む地域内のみで使用され、かつ、次のいずれかの条件が満たされる場合を除くほか、使用することを禁止する。

(a)　第7条1(a)の規定に基づき当該遠隔散布地雷の位置を正確に記録することができること。

(b)　効果的な無力化のための装置、すなわち、遠隔散布地雷がその設置の所期の軍事目的に役立たなくなると推定される時に当該遠隔散布地雷を無害にし若しくは破壊するように設計された自動作動装置又は遠隔散布地雷が設置の所期の

軍事目的に役立たなくなつた時に当該遠隔散布地雷を無害にし若しくは破壊することができるように設計された遠隔制御装置が個々の遠隔散布地雷に使用されていること。

2　文民たる住民に影響を及ぼす遠隔散布地雷の投射又は投下については、状況の許す限り、効果的な事前の警告を与える。

第6条　特定の種類のブービートラップの使用の禁止

1　武力紛争における背信に関する国際法の規則の適用を妨げることなく、次のブービートラップの使用は、いかなる状況の下においても、禁止する。

(a)　外見上無害で持運び可能な物の形態により、爆発生の物質を含むように、かつ、これを動かし又はこれに接近した場合起爆するように設計され及び組み立てられたブービートラップ

(b)　方法のいかんを問わず、次のものに取り付けるブービートラップ又は次のものを利用するブービートラップ

(i)　国際的に認められた保護標章、保護標識又は保護信号

(ii)　病者、傷者又は死者

(iii)　埋葬地、火葬地又は墓

(iv)　医療施設、医療機器、医療用品又は医療用輸送手段

(v)　児童のがん具又は児童の食事、健康、衛生、被服若しくは教育に役立つように考案された製品若しくは持運び可能な物

(vi)　食料又は飲料

(vii)　厨《ちゆう》房用品又は厨《ちゆう》房器具（軍事施設、軍隊所在地又は軍の補給所内にあるものを除く。）

(viii)　宗教的性質を有することの明らかな物

(ix)　国民の文化的又は精神的遺産を構成する歴史的建造物、芸術品又は礼拝所

(x)　動物又はその死体

2　過度の傷害又は無用の苦痛を引き起こすように設計されたブービートラップの使用は、いかなる状況の下においても、禁止する。

第7条　地雷原、地雷及びブービートラップの位置の記録及び公開

1　紛争当事者は、次のものの位置を記録する。

(a)　あらかじめ計画し、敷設したすべての地雷原

(b)　大規模に、かつ、あらかじめ計画の上ブービートラップを設置したすべての地域

2　紛争当事者は、設置した他のすべての地雷原、地雷及びブービートラップの位置を確実に記録するように努める。

3　1及び2に規定するすべての記録は、紛争当事者が保持する。紛争当事者は、次のことを行う。

(a)　現実の敵対行為の停止の後直ちに、次の(i)のことを行うこと及び次の(ii)又は

(iii)のいずれかのことを行うこと。

(i) 地雷原、地雷及びブービートラップの及ぼす効果から文民を保護するため、すべての必要かつ適切な措置（当該記録の利用を含む。）をとること。

(ii) 紛争当事者の兵力が敵対する紛争当事者の領域内に存在しない場合には、相互に及び国際連合事務総長に対し、敵対する紛争当事者の領域内の地雷原、地雷及びブービートラップの位置に関し自己の保有するすべての情報を利用可能にすること。

(iii) 紛争当事者の兵力が敵対する紛争当事者の領域から完全に撤退した時に、敵対する紛争当事者及び国際連合事務総長に対し、敵対する紛争当事者の領域内の地雷原、地雷及びブービートラップの位置に関し自己の保有するすべての情報を利用可能にすること。

(b) 国際連合の軍隊又は使節団が関係地域において任務を遂行している場合に、次条に規定する者に対し、同条に規定する情報を利用可能にすること。

(c) 可能な限り、相互の合意によつて、特に敵対行為の停止についての合意において、地雷原、地雷及びブービートラップの位置に関する情報の公開について定めること。

第8条 地雷原、地雷及びブービートラップの及ぼす効果からの国際連合の軍隊及び使節団の保護

1 紛争当事者は、関係地域において国際連合の軍隊又は使節団が平和維持、監視その他これらに類する任務を遂行している場合において、当該国際連合の軍隊又は使節団の長が要請するときは、可能な限り次のことを行う。

(a) 関係地域にあるすべての地雷及びブービートラップを除去し又は無害なものにすること。

(b) 国際連合の軍隊又は使節団がその任務を遂行する間、当該国際連合の軍隊又は使節団を地雷原、地雷及びブービートラップの及ぼす効果から保護するために必要な措置をとること。

(c) 関係地域の国際連合の軍隊又は使節団の長に対し、当該地域内の地雷原、地雷及びブービートラップの位置に関し自己の保有するすべての情報を利用可能にすること。

2 国際連合の事実調査使節団が関係地域において任務を遂行している場合には、紛争当事者は、同使節団に対し保護措置をとる。ただし、同使節団の規模が大きいため十分に保護措置をとることができない場合を除く。この場合には、紛争当事者は、同使節団の長に対し、当該地域内の地雷原、地雷及びブービートラップの位置に関し自己の保有する情報を利用可能にする。

第9条 地雷原、地雷及びブービートラップの除去の際における国際協力

現実の敵対行為の停止の後、紛争当事者は、紛争中に設置された地雷原、地雷及

びブービートラップを除去し又は無害なものにするため必要な情報並びに技術的及び物的援助の提供（適当な状況の下においては、共同作業を含む。）に関し、紛争当事者間の合意の達成並びに適当な場合には他の国及び国際機関との合意の達成に努める。

地雷、ブービートラップ及び他の類似の装置の使用の禁止又は制限に関する議定書（議定書Ⅱ）の技術的事項に関する附属書

記録に関する指針

議定書Ⅱに基づいて地雷原、地雷及びブービートラップの位置を記録する義務が生ずる場合には、次の指針を考慮するものとする。

1　あらかじめ計画された地雷原及び大規模な、かつ、あらかじめ計画されたブービートラップの設置に関しては、次のことを行う。

(a)　地雷原又はブービートラップの設置された地域の範囲を示す地図、図表又は他の記録を作成すること。

(b)　１の照合点を原点とする座標により、並びに当該１の照合点との関係から地雷及びブービートラップの存在する地域の範囲を推定することにより地雷原又はブービートラップの設置された地域の位置を特定すること。

2　他の地雷原、地雷及びブービートラップの設置に関しては、可能な限り、地雷原、地雷及びブービートラップの存在する地域が識別されるよう１の規定の例により関連情報を記録する。

焼夷《い》兵器の使用の禁止又は制限に関する議定書（議定書Ⅲ）

第１条　定義

この議定書の適用上、

1　「焼夷《い》兵器」とは、目標に投射された物質の化学反応によつて生ずる火炎、熱又はこれらの複合作用により、物に火災を生じさせ又は人に火傷を負わせることを第一義的な目的として設計された武器又は弾薬類をいう。

(a)　焼夷《い》兵器は、例えば、火炎発射機、火炎瓶、砲弾、ロケット弾、擲《てき》弾、地雷、爆弾及び焼夷《い》物質を入れることのできるその他の容器の形態をとることができる。

(b)　焼夷《い》兵器には、次のものを含めない。

(i)　焼夷《い》効果が付随的である弾薬類。例えば、照明弾、曳《えい》光弾、発煙弾又は信号弾

(ii)　貫通、爆風又は破片による効果と付加的な焼夷《い》効果とが複合するように設計された弾薬類。例えば、徹甲弾、破片弾、炸《さく》薬爆弾その他これらと同様の複合的効果を有する弾薬類であつて、焼夷《い》効果により人に火傷を負わせることを特に目的としておらず、装甲車両、航空機、構築物その他の施設のよう

な軍事目標に対して使用されるもの

2　「人口周密」とは、恒久的であるか一時的であるかを問わず、都市の居住地区及び町村のほか、難民若しくは避難民の野営地若しくは行列又は遊牧民の集団にみられるような文民の集中したすべての状態をいう。

3　「軍事目標」とは、物については、その性質、位置、用途又は使用が軍事活動に効果的に貢献する物で、その全面的又は部分的な破壊、奪取又は無効化がその時点における状況の下において明確な軍事的利益をもたらすものをいう。

4　「民用物」とは、3に定義する軍事目標以外のすべての物をいう。

5　「実行可能な予防措置」とは、人道上及び軍事上の考慮を含めその時点におけるすべての事情を勘案して実施し得る又は実際に可能と認められる予防措置をいう。

第2条　文民及び民用物の保護

1　いかなる状況の下においても、文民たる住民全体、個々の文民又は民用物を焼夷《い》兵器による攻撃の対象とすることは、禁止する。

2　いかなる状況の下においても、人口周密の地域内に位置する軍事目標を空中から投射する焼夷《い》兵器による攻撃の対象とすることは、禁止する。

3　人口周密の地域内に位置する軍事目標を空中から投射する方法以外の方法により焼夷《い》兵器による攻撃の対象とすることも、禁止する。ただし、軍事目標が人口周密の地域から明確に分離され、焼夷《い》効果を軍事目標に限定し並びに巻添えによる文民の死亡、文民の傷害及び民用物の損傷を防止し、また、少なくともこれらを最小限にとどめるため実行可能なすべての予防措置をとる場合を除く。

4　森林その他の植物群落を焼夷《い》兵器による攻撃の対象とすることは、禁止する。ただし、植物群落を、戦闘員若しくは他の軍事目標を覆い、隠蔽《ぺい》し若しくは偽装するために利用している場合又は植物群落自体が軍事目標となつている場合を除く。

25 過度に傷害を与え又は無差別に効果を及ぼすことがあると認められる通常兵器の使用の禁止又は制限に関する条約の追加議定書

(特定通常兵器使用禁止制限条約の追加議定書)

1995年10月13日採択（ウィーン）

平成10年7月29日公布（条約第10号）

過度に傷害を与え又は無差別に効果を及ぼすことがあると認められる通常兵器の使用の禁止又は制限に関する条約の追加議定書をここに公布する。

過度に傷害を与え又は無差別に効果を及ぼすことがあると認められる通常兵器の使用の禁止又は制限に関する条約の追加議定書

第1条　追加議定書

次の議定書は、議定書Ⅳとして過度に傷害を与え又は無差別に効果を及ぼすことがあると認められる通常兵器の使用の禁止又は制限に関する条約（以下「条約」という。）に附属する。

失明をもたらすレーザー兵器に関する議定書（議定書Ⅳ）

第1条

その唯一の戦闘のための機能又は戦闘のための機能の1として、視力の強化されていない眼（裸眼又は視力矯正装置をつけたものをいう。）に永久に失明をもたらすように特に設計されたレーザー兵器を使用することは、禁止する。締約国は、当該兵器をいかなる国又は国以外の主体に対しても移譲してはならない。

第2条

締約国は、レーザー装置を使用する場合には、視力の強化されていない眼に永久に失明をもたらすことを防止するため、すべての実行可能な予防措置をとる。当該予防措置には、軍隊の訓練及び他の実際的な措置を含む。

第3条

レーザー装置（光学機器に対して使用されるものを含む。）の正当な軍事的使用の付随的又は副次的な効果としてもたらされる失明については、この議定書に規定する禁止の対象としない。

第4条

この議定書の適用上、「永久に失明をもたらす」とは、回復不可能かつ治癒不可能な視力の低下であつて回復の見込みのない重度の視力の障害であるものをもたらすことをいう。「重度の視力の障害」とは、両眼で200分の20スネレン未満の視力と同等のものをいう。

第2条　効力発生

この議定書は、条約第5条の3及び4の規定に従って効力を生ずる。

26　過度に傷害を与え又は無差別に効果を及ぼすことがあると認められる通常兵器の使用の禁止又は制限に関する条約に附属する1996年5月3日に改正された地雷、ブービートラップ及び他の類似の装置の使用の禁止又は制限に関する議定書（1996年5月3日に改正された議定書Ⅱ）

(特定通常兵器使用禁止制限条約の改正議定書)

1996年5月3日採択（ジュネーヴ）

平成10年12月2日（条約第17号）

過度に傷害を与え又は無差別に効果を及ぼすことがあると認められる通常兵器の使用の禁止又は制限に関する条約に附属する1996年5月3日に改正された地雷、ブービートラップ及び他の類似の装置の使用の禁止又は制限に関する議定書（1996年5月3日に改正された議定書Ⅱ）をここに公布する。

過度に傷害を与え又は無差別に効果を及ぼすことがあると認められる通常兵器の使用の禁止又は制限に関する条約に附属する1996年5月3日に改正された地雷、ブービートラップ及び他の類似の装置の使用の禁止又は制限に関する議定書（1996年5月3日に改正された議定書Ⅱ）

第1条　改正された議定書

過度に傷害を与え又は無差別に効果を及ぼすことがあると認められる通常兵器の使用の禁止又は制限に関する条約（以下「条約」という。）に附属する地雷、ブービートラップ及び他の類似の装置の使用の禁止又は制限に関する議定書（議定書Ⅱ）をここに改正する。改正された議定書は、次のとおりとする。

1996年5月3日に改正された地雷、ブービートラップ及び他の類似の装置の使用の禁止又は制限に関する議定書（1996年5月3日に改正された議定書Ⅱ）

第1条　適用範囲

1　この議定書は、この議定書に定義する地雷、ブービートラップ及び他の類似の装置の陸上における使用（海岸上陸、水路横断又は渡河を阻止するための地雷の敷設を含む。）に関するものであり、海又は内水航路における対艦船用の機雷の使用については、適用しない。

2　この議定書は、条約第1条に規定する事態に加え、1949年8月12日のジュネーヴ諸条約のそれぞれの第3条に共通して規定する事態について適用する。この議定書は、暴動、独立の又は散発的な暴力行為その他これらに類する性質の行為等国内における騒乱及び緊張の事態については、武力紛争に当たらないものとして適用しない。

3　締約国の1の領域内に生ずる国際的性質を有しない武力紛争の場合には、各紛争当事者は、この議定書に規定する禁止及び制限を適用しなければならない。

4　この議定書のいかなる規定も、国の主権又は、あらゆる正当な手段によつて、国の法律及び秩序を維持し若しくは回復し若しくは国の統一を維持し及び領土を保全するための政府の責任に影響を及ぼすことを目的として援用してはならない。

5　この議定書のいかなる規定も、武力紛争が生じている締約国の領域内における当該武力紛争又は武力紛争が生じている締約国の国内問題若しくは対外的な問題に直接又は間接に介入することを、その介入の理由のいかんを問わず、正当化するために援用してはならない。

6　この議定書を受諾した締約国でない紛争当事者に対するこの議定書の規定の適用は、当該紛争当事者の法的地位又は紛争中の領域の法的地位を明示的又は黙示的に変更するものではない。

第2条　定義

この議定書の適用上、

1　「地雷」とは、土地若しくは他の物の表面に又は土地若しくは他の物の表面の下方若しくは周辺に敷設され、人又は車両の存在、接近又は接触によつて爆発するように設計された弾薬類をいう。

2　「遠隔散布地雷」とは、直接敷設されず、大砲、ミサイル、ロケット、迫撃砲若しくはこれらと類似の手段で投射される地雷又は航空機から投下される地雷をいう。ただし、陸上における設備から500メートル未満の範囲内に投射される地雷については、第5条及びこの議定書の他の関連する規定に従つて使用される場合は、遠隔散布地雷とみなさない。

3　「対人地雷」とは、人の存在、接近又は接触によつて爆発することを第1義的な目的として設計された地雷であつて、1人若しくは2人以上の者の機能を著しく害し又はこれらの者を殺傷するものをいう。

4　「ブービートラップ」とは、外見上無害な物を何人かが動かし若しくはこれに接近し又は一見安全と思われる行為を行つたとき突然に機能する装置又は物質で、殺傷を目的として設計され、組み立てられ又は用いられるものをいう。

5　「他の類似の装置」とは、殺傷し又は損害を与えることを目的として設計され、取り付けられた弾薬類及び装置（現場において作製された爆発装置を含む。）であつて、手動操作若しくは遠隔操作により又は一定時間の経過後自動的に作動するものをいう。

6　「軍事目標」とは、物については、その性質、位置、用途又は使用が軍事活動に効果的に貢献する物で、その全面的又は部分的な破壊、奪取又は無効化がその時点における状況の下において明確な軍事的利益をもたらすものをいう。

7　「民用物」とは、6に定義する軍事目標以外のすべての物をいう。

8　「地雷原」とは、地雷が敷設された特定の地域をいい、「地雷敷設地域」とは、地雷の存在により危険な地域をいう。「疑似地雷原」とは、地雷原を模した地雷のない地域をいう。「地雷原」には、疑似地雷原が含まれる。

9　「記録」とは、公式の記録に登録することを目的として、地雷原、地雷敷設地域並びに地雷、ブービートラップ及び他の類似の装置の位置の確認を容易にするすべての入手可能な情報を取得するための物理的、行政的及び技術的作業を行うことをいう。

10　「自己破壊のための装置」とは、弾薬類に内蔵され又は外部から取り付けられた自動的に機能する装置であつて、当該弾薬類の破壊を確保するためのものをいう。

11　「自己無力化のための装置」とは、弾薬類に内蔵された自動的に機能する装置であつて、当該弾薬類の機能を失わせるためのものをいう。

12　「自己不活性化」とは、弾薬類が機能するために不可欠な構成要素（例えば、電池）を不可逆的に消耗させる方法によつて当該弾薬類の機能を自動的に失わせることをいう。

13　「遠隔操作」とは、遠くからの指令によつて制御することをいう。

14　「処理防止のための装置」とは、地雷の一部を成し、地雷を保護することを目的とする地雷に連接され若しくは取り付けられ又は地雷の下に設置されている装置であつて、地雷を処理しようとすると作動するものをいう。

15　「移譲」とは、地雷が領域へ又は領域から物理的に移動し、かつ、当該地雷に対する権原及び管理が移転することをいう。ただし、地雷の敷設された領域の移転に伴つて生ずるもの除く。

第3条　地雷、ブービートラップ及び他の類似の装置の使用に関する一般的制限

1　この条件の規定は、次の兵器に適用する。

(a)　地雷

(b)　ブービートラップ

(c)　他の類似の装置

2　いずれの締約国又は紛争当事者も、自らが使用したすべての地雷、ブービートラップ及び他の類似の装置についてこの議定書の規定に従つて責任を有するものとし、第10条の定めるところによつて、それらを除去し、破壊し又は維持することを約束する。

3　過度の傷害若しくは無用の苦痛を与えるように設計された又はその性質上過

度の傷害若しくは無用の苦痛を与える地雷、ブービートラップ又は他の類似の装置の使用は、いかなる状況の下においても、禁止する。

4　この条の規定の適用を受ける兵器については、技術的事項に関する附属書においてそれぞれの特定された種類について定める基準及び制限に厳格に適合させなければならない。

5　一般に入手可能な地雷探知機の存在が、その磁気の影響その他の接触によらない影響により、探知活動における通常の使用中に弾薬類を起爆させるよう特に設計された装置を用いる地雷、ブービートラップ又は他の類似の装置の使用は、禁止する。

6　自己不活性化地雷については、地雷としての機能が失われた後においても機能するように設計された処理防止のための装置を備えたものの使用は、禁止する。

7　この条の規定の適用を受ける兵器については、いかなる状況の下においても、文民たる住民全体若しくは個々の文民又は民用物に対して攻撃若しくは防御のため又は復仇《きゅう》の手段として使用することを禁止する。

8　この条の規定の適用を受ける兵器については、無差別に使用することを禁止する。「無差別に使用する」とは、当該兵器に係る次の設置をいう。

(a)　軍事目標でないものへの設置又は軍事目標を対象としない設置。礼拝所、家屋その他の住居、学校等通常民生の目的のために供される物が、軍事活動に効果的に貢献するものとして使用されているか否かについて疑義がある場合には、そのようなものとして使用されていないと推定される。

(b)　特定の軍事目標のみを対象とすることのできない投射の方法及び手段による設置

(c)　予期される具体的かつ直接的な軍事的利益との比較において、巻き添えによる文民の死亡、文民の傷害、民用物の損傷又はこれらの複合した事態を過度に引き起こすことが予測される場合における設置

9　都市、町村その他の文民又は民用物の集中している地域に位置する複数の軍事目標で相互に明確に分離された別個のものについては、単一の軍事目標とみなしてはならない。

10　この条の規定の適用を受ける兵器の及ぼす効果から文民を保護するため、すべての実行可能な予防措置をとる。「実行可能な予防措置」とは、人道上及び軍事上の考慮を含むその時点におけるすべての事情を勘案して実施し得る又は実際に可能と認められる予防措置をいう。これらの事情には、少なくとも次のものが含まれる。

(a)　地雷原の存在する期間を通じて地雷が地域の文民たる住民に対して短期的及び長期的に及ぼす効果

(b)　文民を保護するための可能な措置（例えば、囲い、標識、警告及び監視）

(c) 代替措置の利用可能性及び実行可能性

(d) 地雷原の短期的及び長期的な軍事上の必要性

11 文民たる住民に影響を及ぼす地雷、ブービートラップ及び他の類似の装置の設置については、状況の許す限り、効果的な事前の警告を与える。

第4条 対人地雷の使用に関する制限

技術的事項に関する附属書2に定める探知不可能な対人地雷の使用は、禁止する。

第5条 遠隔散布地雷ではない対人地雷の使用に関する制限

1 この条の規定は、遠隔散布地雷ではない対人地雷に適用する。

2 この条の規定が適用される兵器であつて技術的事項に関する附属書の自己破壊及び自己不活性化に関する規定に適合しないものの使用は、禁止する。ただし、次の(a)及び(b)の条件が満たされる場合を除く。

(a) 当該兵器が、その地域から文民を効果的に排除することを確保するため、軍事上の要員によつて監視されかつ囲いその他の方法によつて保護されている地域であつて外縁が明示されたものの内に敷設されていること。ただし、その外縁の表示は、明瞭で耐久性のあるものであり、かつ、当該地域に立ち入ろうとする者にとつて少なくとも識別し得るものでなければならない。

(b) 当該兵器が、(a)の地域が放棄される前に除去されること。ただし、当該地域が、この条の規定によつて必要とされる保護措置を維持すること及びこれらの兵器を後に除去することについての責任を受け入れる他の国の軍隊に引き渡される場合は、この限りでない。

3 紛争当事者は、敵の軍事活動の結果、当該地域の支配権が強制的に失われたことによつて、2の(a)及び(b)の規定を遵守することが実行可能でなくなつた場合（敵の直接の軍事活動によつて遵守することが不可能となつた場合を含む。）に限り、当該規定を遵守する義務を免除される。当該紛争当事者は、当該地域の支配権を回復した場合には、当該規定を遵守する義務を再び負う。

4 紛争当事者の軍隊が、この条の規定の適用を受ける兵器が敷設された地域の支配権を得た場合には、当該軍隊は、当該兵器が除去されるまでの間、実行可能な最大限度まで、この条の規定によつて必要とされる保護措置を維持するものとし、必要な場合には、当該保護措置を新たにとる。

5 外縁が明示された地域の外縁を設置するために使用された装置、設備又は資材が許可なく除去され、破損され、破壊され又は隠蔽《へい》されることを防止するため、すべての実行可能な措置がとられなければならない。

6 この条の規定の適用を受ける兵器であつて、破片を90度未満の水平角にまき、かつ、土地の表面又はその上方に設置されるものについては、次の(a)及び(b)の条件が満たされる場合には、2(a)に規定する措置をとることなく最長72時間使用することができる。

(a)　当該兵器を設置した部隊に極めて近接して位置していること。

(b)　文民を効果的に排除することを確保するため、軍事上の要員によつて監視されている地域であること。

第6条　遠隔散布地雷の使用に関する制限

1　遠隔散布地雷については、技術的事項に関する附属書1(b)の規定に従つて記録されるものを除くほか、その使用を禁止する。

2　技術的事項に関する附属書の自己破壊及び自己不活性化に関する規定に適合しない遠隔散布地雷である対人地雷の使用は、禁止する。

3　対人地雷ではない遠隔散布地雷の使用については、当該遠隔散布地雷が、実行可能な限度において、効果的な自己破壊のための装置又は自己無力化のための装置及び地雷がその敷設の所期の軍事目的に役立たなくなつた時に地雷として機能しなくなるように設計された予備の自己不活性化のための機能を備えているものでない限り、禁止する。

4　文民たる住民に影響を及ぼす遠隔散布地雷の投射又は投下については、状況の許す限り、効果的な事前の警告を与える。

第7条　ブービートラップ及び他の類似の装置の使用の禁止

1　武力紛争における背信に関する国際法の規則の適用を妨げることなく、方法のいかんを問わず、次のものに取り付け又は次のものを利用するブービートラップ及び他の類似の装置の使用は、いかなる状況の下においても、禁止する。

(a)　国際的に認められた保護標章、保護標識又は保護信号

(b)　病者、傷者又は死者

(c)　埋葬地、火葬地又は墓

(d)　医療施設、医療機器、医療用品又は医療用輸送手段

(e)　児童のがん具又は児童の食事、健康、衛生、被服若しくは教育に役立つように考案された製品若しくは持運び可能な物

(f)　食料又は飲料

(g)　厨《ちゅう》房用品又は厨《ちゅう》房器具（軍事施設、軍隊所在地又は軍の補給所内にあるものを除く。）

(h)　宗教的性質を有することの明らかな物

(i)　国民の文化的又は精神的遺産を構成する歴史的建造物、芸術品又は礼拝所

(j)　動物又はその死体

2　外見上無害で持運び可能な物の形態をしたブービートラップ又は他の類似の装置で爆発性の物質を含むよう特別に設計され、組み立てられたものの使用は、禁止する。

3　この条の規定の適用を受ける兵器については、次に掲げる場合を除くほか、地上兵力による戦闘が発生していない又は地上兵力による戦闘が急迫していると認められない都市、町村その他の文民の集中している地域において使用する

ことを禁止する。ただし、第3条の規定の適用を妨げない。

(a)　当該兵器が、軍事目標に設置され又はこれに極めて近接して設置される場合

(b)　当該兵器の及ぼす効果から文民を保護するための措置、例えば、警告のための歩哨《しよう》の配置、警告の発出又は囲いの設置の措置がとられる場合

第8条　移譲

1　締約国は、この議定書の目的を推進するため、次のことを約束する。

(a)　この議定書によつて使用が禁止されているいかなる地雷の移譲も行わないこと。

(b)　いかなる地雷の移譲も、国又は受領することを認められている国の機関に対するものを除くほか、行わないこと。

(c)　この議定書によつて使用が制限されているいかなる地雷の移譲も抑制すること。特に、締約国は、この議定書に拘束されない国に対するいかなる対人地雷の移譲も、受領する国がこの議定書を適用することに合意しない限り、行わないこと。

(d)　この条の規定に従つて行われるいかなる移譲も、移譲する国及び受領する国によりこの議定書の関連する規定及び適用のある国際人道法の規範が完全に遵守されることを確保して行うこと。

2　技術的事項に関する附属書の定めるところにより、一定の地雷の使用に関する特定の規定を遵守することを延期する旨を締約国が宣言した場合であつても、1(a)の規定は、当該地雷に適用する。

3　すべての締約国は、この議定書が効力を生ずるまでの間、1(a)の規定と両立しないいかなる行為も慎むものとする。

第9条　地雷原、地雷敷設地域並びに地雷、ブービートラップ及び他の類似の装置に関する情報の記録及び利用

1　地雷原、地雷敷設地域並びに地雷、ブービートラップ及び他の類似の装置に関するすべての情報については、技術的事項に関する附属書の規定に従つて記録する。

2　1に規定するすべての記録については、紛争当事者が保持するものとし、当該紛争当事者は、現実の敵対行為の停止の後遅滞なく、その支配下にある地域において地雷原、地雷敷設地域並びに地雷、ブービートラップ及び他の類似の装置の及ぼす効果から文民を保護するため、すべての必要かつ適切な措置（当該情報を利用することを含む。）をとる。

当該紛争当事者は、同時に、その支配下になくなつた地域に自らが設置した地雷原、地雷敷設地域並びに地雷、ブービートラップ及び他の類似の装置に関し自己の保有するすべての情報を、他の紛争当事者及び国際連合事務総長に対して利用可能にする。ただし、紛争当事者の兵力が敵対する紛争当事者の領域

内に存在する場合には、いずれの紛争当事者も、いずれかの紛争当事者が他の紛争当事者の領域内に存在する間は、相互主義に従うことを条件として、安全保障上の利益のために必要な限度において国際連合事務総長及び他の紛争当事者に対する当該情報の提供を行わないことができる。その提供を行わない場合には、当該情報については、安全保障上の利益が許す限りできるだけ速やかに開示する。紛争当事者は、可能な場合にはいつでも、相互の合意により、できる限り早期に各紛争当事者の安全保障上の利益に合致するような方法によつて当該情報を公開するよう努めるものとする。

3　この条の規定は、次条及び第12条の規定の適用を妨げるものではない。

第10条　地雷原、地雷敷設地域並びに地雷、ブービートラップ及び他の類似の装置の除去並びに国際協力

1　すべての地雷原、地雷敷設地域並びに地雷、ブービートラップ及び他の類似の装置については、現実の敵対行為の停止の後遅滞なく、第3条及び第5条2の規定に従つて、除去し、破壊し又は維持する。

2　締約国及び紛争当事者は、その支配下にある地域にある地雷原、地雷敷設地域並びに地雷、ブービートラップ及び他の類似の装置に関し、1に規定する責任を負う。

3　紛争当事者は、地雷原、地雷敷設地域並びに地雷、ブービートラップ及び他の類似の装置を自らが設置した地域が支配下になくなつた場合には、当該地域を支配する2に定める紛争当事者に対し、その紛争当事者の容認する範囲内で、1に規定する責任を果たすために必要な技術的及び物的援助を提供する。

4　紛争当事者は、必要な場合にはいつでも、技術的及び物的援助の提供（適当な状況の下においては、1に規定する責任を果たすために必要な共同作業を行うことを含む。）に関し、紛争当事者間の合意の達成並びに適当な場合には他の国及び国際機関との合意の達成に努める。

第11条　技術に関する協力及び援助

1　締約国は、この議定書の実施及び地雷の除去の方法に関連する装置、資材並びに科学的な及び技術に関する情報を可能な最大限度まで交換することを容易にすることを約束するものとし、また、その交換に参加する権利を有する。締約国は、特に、地雷の除去のための装置及び関連する技術に関する情報の人道的目的のための提供に関して不当な制限を課してはならない。

2　締約国は、国際連合及びその関連機関に設置される地雷の除去に関するデータベースに対し情報（特に、地雷の除去のための各種の方法及び技術に関するもの並びに地雷の除去に関する専門家、専門的な機関又は国内の連絡先の名簿）を提供することを約束する。

3　締約国は、可能な場合には、国際連合及びその関連機関若しくは他の国際機関を通じ若しくは2国間で地雷の除去のための援助を提供し、又は「地雷の除

去を援助するための任意の国際連合信託基金」に拠出する。

4　援助を求める締約国の要請については、当該要請を裏付ける関連する情報を付して国際連合その他適当な機関又は他の国に対して提出することができる。当該要請については、国際連合事務総長に対して提出することができるものとし、同事務総長は、当該要請をすべての締約国及び関係国際機関に送付する。

5　国際連合に対して要請が行われた場合には、国際連合事務総長は、同事務総長の利用可能な資源の範囲内で、状況を評価するための適当な措置をとり、及び地雷の除去又はこの議定書の実施に関する適当な援助の提供について、要請した締約国と協力して決定することができる。同事務総長は、また、その評価並びに必要な援助の種類及び範囲について締約国に報告することができる。

6　締約国は、憲法その他法令の範囲内で、この議定書に規定する禁止及び制限の実施を容易にするために、協力し及び技術を移転することを約束する。

7　締約国は、技術的事項に関する附属書による延期の期間を短縮するため、兵器に関する技術以外の特定の関連する技術に関する技術的援助であつて必要かつ実現可能なものについて、適当な場合には、他の締約国に求め及び他の締約国より受領する権利を有する。

第12条　地雷原、地雷敷設地域並びに地雷、ブービートラップ及び他の類似の装置の及ぼす効果からの保護

1　適用

(a)　この条の規定は、2(a)(i)に規定する軍隊及び使節団を除くほか、関係地域において任務を遂行している使節団であつて、当該任務がその領域内において遂行されている締約国の同意を得ているものについてのみ適用する。

(b)　締約国でない紛争当事者に対するこの条の規定の適用は、当該紛争当事者の法的地位又は紛争中の領域の法的地位を明示的又は黙示的に変更するものではない。

(c)　この条の規定は、現存の国際人道法、適用のある他の国際文書又は国際連合安全保障理事会の決定であつて、この条の規定に従つて任務を遂行している要員に対してより高い水準の保護を与えるものを害するものではない。

2　平和維持のための軍隊及び使節団並びに他の特定の軍隊及び使節団

(a)　この2の規定は、次の軍隊又は使節団に適用する。

(i)　国際連合憲章に従い関係地域において平和維持、監視その他これらに類する任務を遂行している国際連合の軍隊又は使節団

(ii)　国際連合憲章第8章の規定によつて設けられ、紛争地域において任務を遂行している使節団

(b)　締約国又は紛争当事者は、この2の規定が適用される軍隊又は使節団の長が要請する場合には、次のことを行う。

(i)　自己の支配下にある関係地域における地雷、ブービートラップ及び他の

類似の装置の及ぼす効果から当該軍隊又は使節団を保護するために、可能な限り、必要な措置をとること。

(ii)　要員を効果的に保護するために必要な場合には、可能な限り、関係地域にあるすべての地雷、ブービートラップ及び他の類似の装置を除去し又は無害なものにすること。

(iii)　当該軍隊又は使節団の長に対し、当該軍隊又は使節団が任務を遂行している関係地域にあるすべての判明している地雷原、地雷敷設地域並びに地雷、ブービートラップ及び他の類似の装置について、その位置を通報し並びに、実行可能な限り、これらの地雷原、地雷敷設地域並びに地雷、ブービートラップ及び他の類似の装置に関し自己の保有するすべての情報を利用可能にすること。

3　国際連合及びその関連機関の人道的使節団及び事実調査使節団

(a)　この3の規定は、国際連合及びその関連機関の人道的使節団又は事実調査使節団について適用する。

(b)　締約国又は紛争当事者は、この3の規定が適用される使節団の長が要請する場合には、次のことを行う。

(i)　当該使節団の要員に対して、2(b)(i)に規定する保護のための措置をとること。

(ii)　自己の支配下にある場所への通行又は当該場所の通過が当該使節団の任務の遂行のために必要である場合には、その要員が当該場所へ安全に通行することができるよう又は当該場所を安全に通過することができるようにするため、次のいずれかのことを行うこと。

(aa)　情報が入手可能なときは、進行中の敵対行為によつて妨げられない限り、当該使節団の長に対し当該場所への安全な経路を通報すること。

(bb)　安全な経路を明らかにする情報が(aa)の規定に従つて提供されない場合には、必要かつ実行可能である限り、地雷原を通過する通路を開設すること。

4　赤十字国際委員会の使節団

(a)　この4の規定は、1949年8月12日のジュネーヴ諸条約及び、適用がある場合には、同諸条約の追加議定書に規定する受入国の同意を得て任務を遂行している赤十字国際委員会の使節団に適用する。

(b)　締約国又は紛争当事者は、この4の規定が適用される使節団の長が要請する場合には、次のことを行う。

(i)　当該使節団の要員に対して、2(b)(i)に規定する保護のための措置をとること。

(ii)　3(b)(ii)に規定する措置をとること。

5　他の人道的使節団及び調査使節団

(a)　この5の規定は、2から4までの規定が適用される場合を除くほか、紛争地域において又は紛争の犠牲者を援助するため任務を遂行している次の使節団に適用する。

(i)　各国の赤十字社若しくは赤新月社又はそれらの機関の国際連盟の人道的使節団

(ii)　公平な人道的機関の使節団（地雷の除去のための公平な人道的使節団を含む。）

(iii)　1949年8月12日のジュネーヴ諸条約及び、適用がある場合には、同諸条約の追加議定書の規定によつて設置された調査使節団

(b)　締約国又は紛争当事者は、この5の規定が適用される使節団の長が要請する場合には、実行可能な限り、次のことを行う。

(i)　当該使節団の要員に対して、2(b)(i)に規定する保護のための措置をとること。

(ii)　3(b)(ii)に規定する措置をとること。

6　秘密の取扱い

この条の規定により秘密のものとして提供されたすべての情報については、当該情報を受領した者は、厳格に秘密のものとして取り扱い、また、当該情報を提供した者の明示の許可なしに関係する軍隊又は使節団以外の者に開示してはならない。

7　法令の尊重

この条に規定する軍隊及び使節団に参加する要員は、当該要員が享受することのできる特権及び免除が害されず又は当該要員の任務が妨げられない限り次のことを行う。

(a)　受入国の法令を尊重すること。

(b)　任務の公平かつ国際的な性質と両立しないいかなる行為又は活動も慎むこと。

第13条　締約国間の協議

1　締約国は、この議定書の運用に関連するすべての問題に関して、相互に協議し及び協力することを約束する。この目的のために、締約国会議を毎年開催する。

2　年次締約国会議への参加については、合意された当該会議の手続規則によつて決定する。

3　締約国会議の活動には、次に掲げる事項に関するものが含まれる。

(a)　この議定書の運用及び状況に関する検討

(b)　4に規定する締約国の報告から生ずる問題に関する検討

(c)　検討のための会議の準備

(d)　地雷の及ぼす無差別な効果から文民を保護するための技術の開発に関する

検討

4 締約国は、次に掲げる事項の一部又は全部に関する年次報告を寄託者に提出するものとし、寄託者は、締約国会議の前にすべての締約国に対して当該報告を送付する。

(a) 自国の軍隊及び文民に対するこの議定書に関する情報の周知

(b) 地雷の除去及び復旧計画

(c) この議定書の技術上の要件を満たすためにとられた措置及び当該措置に関連する他の情報

(d) この議定書に関連する法令

(e) 技術に関する情報の国際的な交換、地雷の除去に関する国際協力並びに技術的な協力及び援助に関してとられた措置

(f) その他の関連する事項

5 締約国会議の費用は、適切に調整された国際連合の分担率に従い、締約国及び締約国会議の活動に参加する締約国でない国が負担する。

第14条 遵守

1 締約国は、その管轄若しくは管理の下にある者による又はその管轄若しくは管理の下にある領域におけるこの議定書の違反を防止し及び抑止するため、立法その他の措置を含むあらゆる適当な措置をとる。

2 1に規定する措置には、武力紛争に関連し、かつ、この議定書の規定に違反して故意に文民を殺害し又は文民に重大な傷害を加えた者に対して刑罰を科することを確保するための適当な措置及びそのような者を司法手続に付するための適当な措置が含まれる。

3 締約国は、その軍隊が適切な軍事上の命令を発し及び運用手続を整備するよう義務付けるとともに、軍隊の要員がこの議定書を遵守するためにその任務及び責任に応じた訓練を受けるよう義務付けるものとする。

4 締約国は、この議定書の解釈及び適用に関して生ずるあらゆる問題を解決するため、2国間で又は国際連合事務総長若しくは他の適当な国際的手続を通じて相互に協議し及び協力することを約束する。

技術的事項に関する附属書

1 記録

(a) 遠隔散布地雷以外の地雷、地雷原、地雷敷設地域並びにブービートラップ及び他の類似の装置の位置に関する記録については、次の規定に従つて行う。

(i) 地雷原、地雷敷設地域並びにブービートラップ及び他の類似の装置の設置された地域の位置については、少なくとも2の照合点を原点とする座標を用い、当該2の照合点との関係からこれらの兵器の存在する地域の範囲を推定することによつて正確に特定する。

(ii) 地雷原、地雷敷設地域並びにブービートラップ及び他の類似の装置の位

置を照合点との関係において示す地図、図表又は他の記録を作成する。これらの記録においては、外縁及び範囲を示すものとする。

(iii) 地雷、ブービートラップ及び他の類似の装置の探知及び除去のため、地図、図表又は他の記録には、型式、番号、設置方法、信管の型式及び寿命、設置の日時並びに、処理防止のための装置がこれらの兵器に備え付けられている場合には、当該装置に関する完全な情報並びに設置されたすべてのこれらの兵器に関する他の関連する情報を含める。地雷原の記録は、地雷の列の位置を示すことで足りる型式地雷原の場合を除くほか、実行可能な限り、すべての地雷の正確な位置を示すものでなければならない。設置されたブービートラップについては、その正確な位置及び機能の仕組みについて個別に記録する。

(b) 遠隔散布地雷の推定される位置及びその存在が推定される地域については、複数の照合点（通常は、角の点として用いられる。）を原点とする座標によつて特定し、確認し及び、実行可能な場合には、最も早い機会に地面に表示する。敷設された地雷の総数及び型式、敷設の日時並びに自己破壊のための装置が作動する時期についても記録する。

(c) 記録の写しは、その安全を可能な限り保証するのに十分な上級の指揮機関において保管する。

(d) この議定書の効力発生の後生産される地雷の使用については、次に掲げる情報が英語又はそれぞれの国の言葉によつて当該地雷に表示されていない限り、禁止する。

(i) 原産国名

(ii) 生産年月

(iii) 一連番号又はロット番号

その表示は、可能な限り、視認及び判読が可能であり、かつ、耐久性及び環境の影響に対する耐性のあるものとすべきである。

2 探知可能性に関する仕様

(a) 1997年1月1日以後に生産される対人地雷は、一般に入手可能である地雷探知のための技術的な装置によつて探知することができ、かつ、重量が8グラム以上の1の鉄の塊からの反応信号と同等の反応信号を発する物質又は装置を内蔵しているものでなければならない。

(b) 1997年1月1日前に生産された対人地雷は、一般に入手可能である地雷探知のための技術的な装置によつて探知することができ、かつ、重量が8グラム以上の1の鉄の塊からの反応信号と同等の反応信号を発する物質若しくは装置を内蔵しているものであるか、又は当該物質若しくは装置が容易に取り外すことのできない方法で当該地雷の敷設前に取り付けられたものでなければならない。

(c)　締約国が(b)の規定を直ちに遵守することができないと決定する場合には、当該締約国は、この議定書に拘束されることに同意する旨を通告するときに、この議定書の効力発生の後９年を超えない期間、(b)の規定を遵守することを延期する旨の宣言をすることができる。当該締約国は、当該期間において、(b)の規定に適合しない対人地雷の使用を実行可能な限り最小限度のものとする。

3　自己破壊及び自己不活性化に関する仕様

(a)　すべての遠隔散布地雷である対人地雷は、安全装置が解除された状態にある地雷のうち敷設後30日以内に自己破壊しないものが10パーセントを超えないように設計され、組み立てられたものでなければならない。また、すべての遠隔散布地雷である対人地雷は、自己破壊のための装置との組合せにより、安全装置が解除された状態にある地雷のうち敷設後120日目の日に地雷として機能するものが1000分の１を超えないように設計され、組み立てられた予備の自己不活性化のための機能を有しているものでなければならない。

(b)　第５条に規定する明示された地域以外の地域で使用されるすべての遠隔散布地雷ではない対人地雷は、(a)に規定する自己破壊及び自己不活性化のための要件に適合するものでなければならない。

(c)　この議定書の効力発生前に生産された地雷に関し、締約国が(a)又は(b)の規定を直ちに遵守することができないと決定する場合には、当該締約国は、この議定書に拘束されることに同意する旨を通告するときに、この議定書の効力発生の後９年を超えない期間、(a)又は(b)の規定を遵守することを延期する旨の宣言をすることができる。当該締約国は、当該期間において、次のことを行う。

(i)　(a)又は(b)の規定に適合しない対人地雷の使用を実行可能な限り最小限度のものとすること。

(ii)　遠隔散布地雷である対人地雷については自己破壊又は自己不活性化のための要件に適合するようにし、その他の対人地雷については少なくとも自己不活性化のための要件に適合するようにすること。

4　地雷原及び地雷敷設地域に関する国際的標識

地雷原及び地雷敷設地域を明示する場合には、文民たる住民が視認しかつ識別することができることを確保するため、付表に掲げる見本と同様の標識で次の要件に適合するものを使用する。

(a)　大きさ及び形状　三角形又は正方形とし、三角形については一辺の長さが28センチメートル（11インチ）でその他の二辺の長さが20センチメートル（7.9インチ）であるものより小さくないものとすること、また、正方形については一辺の長さが15センチメートル（６インチ）であるものより小さくないものとすること。

(b)　色　赤色又はオレンジ色（ただし、縁取りは、光を反射する黄色とする。）

(c)　表象　付表に掲げる表象又はそれに代わる表象で標識が掲げられる地域において当該地域が危険であることが容易に認識できるもの

(d)　言語　標識については、条約の6の公用語（アラビア語、中国語、英語、フランス語、ロシア語及びスペイン語）のいずれか1の言語及び当該地域において広く使用されている言語によつて「地雷」という文字を表記すべきである。

(e)　間隔　標識については、当該地域に接近する文民がいずれの地点においても視認し得ることを確保することのできる距離を保つて地雷原又は地雷敷設地域の周囲に配置すべきである。

付表

地雷が敷設された地域のための
警告標識

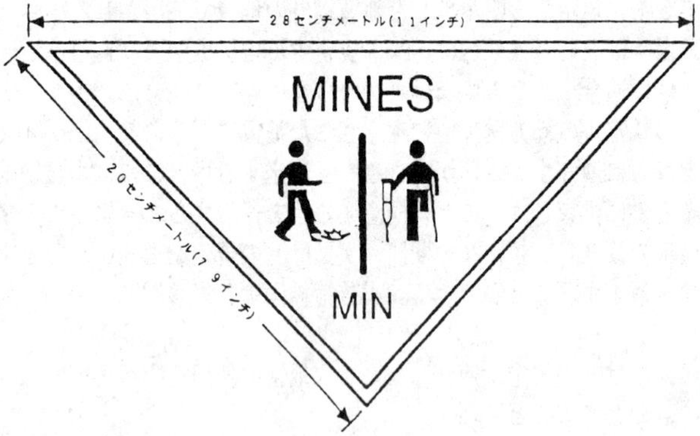

第2条　効力発生

この改正された議定書は、条約第8条1(b)の規定に従って効力を生ずる。

27 環境改変技術の軍事的使用その他の敵対的使用の禁止に関する条約

(環境改変技術敵対的使用禁止条約)　　1977年12月10日採択

昭和57年6月9日公布（条約第7号）
昭和57年6月9日効力発生

環境改変技術の軍事的使用その他の敵対的使用の禁止に関する条約をここに公布する。

環境改変技術の軍事的使用その他の敵対的使用の禁止に関する条約

この条約の締約国は、

平和を強化することの利益に導かれ、軍備競争を停止すること、厳重かつ効果的な国際管理の下における全面的かつ完全な軍備縮小を達成すること及び新たな戦争手段の使用のもたらす危険から人類を守ることに貢献することを希望し、

軍備縮小の分野において更にとるべき措置に関し効果的な進展を図るため交渉を継続することを決意し、

科学及び技術の進歩が新たな環境改変の可能性をもたらすことを認識し、

1972年6月16日にストックホルムで採択された国際連合人間環境会議の宣言を想起し、

環境改変技術の平和的目的のための使用が、人間と自然との関係を改善し得ること並びに現在及び将来の世代のための環境の保全及び改善に貢献し得ることを認め、

他方、環境改変技術の軍事的使用その他の敵対的使用が人類の福祉に極めて有害な影響を与えるおそれのあることを認識し、

環境改変技術の軍事的使用その他の敵対的使用が人類にもたらす危険を無くすため環境改変技術の軍事的使用その他の敵対的使用を効果的に禁止することを希望し、この目的の達成のために努力するとの締約国の意思を確認し、

国際連合憲章の目的及び原則に従つて諸国間の信頼の強化及び国際関係の一層の改善に貢献することを希望して、

次のとおり協定した。

第1条

1　締約国は、破壊、損害又は傷害を引き起こす手段として広範な、長期的な又は深刻な効果をもたらすような環境改変技術の軍事的使用その他の敵対的使用を他の締約国に対して行わないことを約束する。

2　締約国は、1の規定に違反する行為につき、いかなる国、国の集団又は国際機関に対しても、援助、奨励又は勧誘を行わないことを約束する。

第2条

前条にいう「環境改変技術」とは、自然の作用を意図的に操作することにより地球（生物相、岩石圏、水圏及び気圏を含む。）又は宇宙空間の構造、組成又は運動に変更を加える技術をいう。

第3条

1　この条約は、環境改変技術の平和的目的のための使用を妨げるものではなく、また、環境改変技術の平和的目的のための使用に関し一般的に認められた国際法の諸原則及び適用のある国際法の諸規則を害するものではない。

2　締約国は、環境改変技術の平和的目的のための使用に関する科学的及び技術的情報を可能な最大限度まで交換することを容易にすることを約束し、また、その交換に参加する権利を有する。締約国は、可能なときは、単独で又は他の国若しくは国際機関と共同して、世界の開発途上地域の必要に妥当な考慮を払つて、環境の保全、改善及び平和的利用に関する経済的及び科学的国際協力に貢献する。

第4条

締約国は、自国の憲法上の手続に従い、その管轄又は管理の下にあるいかなる場所においても、この条約に違反する行為を禁止し及び防止するために必要と認める措置をとることを約束する。

第5条

1　締約国は、この条約の目的に関連して生ずる問題又はこの条約の適用に際して生ずる問題の解決に当たつて相互に協議し及び協力することを約束する。この条の規定に基づく協議及び協力は、国際連合の枠内で及び国際連合憲章に従つて、適当な国際的手続により行うことができる。この国際的手続には、適当な国際機関及び2に規定する専門家協議委員会による作業を含めることができる。

2　1の規定の適用上、寄託者は、締約国から要請を受けた後1箇月以内に専門家協議委員会を招集する。いずれの締約国も、同委員会の委員として1人の専門家を任命することができる。同委員会の任務及び手続規則については、この条約の不可分の一部を成す附属書に定める。同委員会は、その作業中に得たすべての見解及び情報を織り込んだ事実認定の概要を寄託者に送付する。寄託者は、この概要をすべての締約国に配布する。

3　締約国は、他の締約国がこの条約に基づく義務に違反していると信ずるに足りる理由があるときは、国際連合安全保障理事会に苦情を申し立てることができる。苦情の申立てには、すべての関連情報及びその申立ての妥当性を裏付けるすべての証拠を含めるものとする。

4　締約国は、安全保障理事会がその受理した苦情の申立てに基づき国際連合憲章に従つて行う調査に対し協力することを約束する。同理事会は、この調査の結果を締約国に通知する。

5　締約国は、この条約の違反によりいずれかの締約国が被害を受けたと又は被害を受けるおそれがあると安全保障理事会が決定する場合には、援助又は支援を要請する当該いずれかの締約国に対し国際連合憲章に従つて援助又は支援を行うことを約束する。

第6条

1　いずれの締約国も、この条約の改正を提案することができる。改正案は、寄託者に提出するものとし、寄託者は、これをすべての締約国に速やかに送付する。

2　改正は、締約国の過半数が改正の受諾書を寄託者に寄託した時に、改正を受諾した締約国について効力を生ずる。その後は、改正は、改正の受諾書を寄託する他のいずれの締約国についても、その寄託の日に効力を生ずる。

第7条

この条約の有効期間は、無期限とする。

第8条

1　寄託者は、この条約の効力発生の5年後に、スイスのジュネーヴに締約国の会議を招集する。この会議は、この条約の目的の実現及び規定の遵守を確保するため、この条約の運用を検討するものとし、特に、環境改変技術の軍事的使用その他の敵対的使用の危険を無くす上で第1条1の規定が実効的であるかないかを審議する。

2　その後は、締約国の過半数の寄託者に対する提案に基づき、5年以上の間隔を置いて1に規定する会議と同様の目的を有する会議を招集する。

3　前回の締約国の会議の終了の日から10年以内に2の規定による会議の招集がされなかつた場合には、寄託者は、会議の招集に関してすべての締約国の意見を求める。少なくとも締約国の3分の1又は10の締約国が賛成する場合には、寄託者は、会議を招集するため速やかに措置をとる。

第9条

1　この条約は、署名のためにすべての国に開放される。3の規定に基づくこの条約の効力発生前にこの条約に署名しなかつた国は、いつでもこの条約に加入することができる。

2　この条約は、署名国によつて批准されなければならない。批准書及び加入書は、国際連合事務総長に寄託する。

3　この条約は、2の規定により20の国の政府が批准書を寄託した時に効力を生ずる。

4　この条約は、その効力発生の後に批准書又は加入書を寄託する国については、その批准書又は加入書の寄託の日に効力を生ずる。

5　寄託者は、すべての署名国及び加入国に対し、署名の日、批准書又は加入書の寄託の日、この条約及びその改正の効力発生の日並びに他の通知の受領を速やかに通報する。

6　この条約は、寄託者が国際連合憲章第102条の規定により登録する。

第10条

この条約は、英語、アラビア語、中国語、フランス語、ロシア語及びスペイン語をひとしく正文とするものとし、国際連合事務総長に寄託する。同事務総長は、この条約の認証謄本を署名国及び加入国の政府に送付する。

以上の証拠として、下名は、正当に委任を受けて、1977年5月18日にジュネーヴで署名のために開放されたこの条約に署名した。

附属書　専門家協議委員会

1　専門家協議委員会は、その招集を要請する締約国が第5条1の規定に基づき提起する問題に関し、適当な事実認定を行い及び専門的な見解を提供する。

2　専門家協議委員会の作業は、1に定める任務を遂行することのできるような方法で実施する。同委員会は、作業の実施に係る手続問題について、可能なときは意見の一致により、又は出席しかつ投票する専門家の過半数により決定する。実質問題については、投票は行わない。

3　寄託者又はその代理人は、専門家協議委員会の議長を務める。

4　各専門家は、専門家協議委員会の会合において1人以上の顧問の補佐を受けることができる。

5　各専門家は、専門家協議委員会の作業の遂行のために有益であると認める情報及び援助を同委員会の議長を通じて国及び国際機関に要請する権利を有する。

28 細菌兵器（生物兵器）及び毒素兵器の開発、生産及び貯蔵の禁止並びに廃棄に関する条約

（生物・毒素兵器禁止条約）

1972年4月10日ロンドン、モスクワ及びワシントンで作成

昭和57年6月8日公布（条約第6号）
昭和57年6月8日効力発生

細菌兵器（生物兵器）及び毒素兵器の開発、生産及び貯蔵の禁止並びに廃棄に関する条約をここに公布する。

細菌兵器（生物兵器）及び毒素兵器の開発、生産及び貯蔵の禁止並びに廃棄に関する条約

この条約の締約国は、

あらゆる種類の大量破壊兵器の禁止及び廃棄を含む全面的かつ完全な軍備縮小への効果的な進展を図ることを決意し、効果的な措置による化学兵器及び細菌兵器（生物兵器）の開発、生産及び貯蔵の禁止並びに廃棄が厳重かつ効果的な国際管理の下における全面的かつ完全な軍備縮小の達成を容易にすることを確信し、

1925年6月17日にジュネーヴで署名された窒息性ガス、毒性ガス又はこれらに類するガス及び細菌学的手段の戦争における使用の禁止に関する議定書の有する重要な意義を認識し、同議定書が戦争の恐怖の軽減に貢献しており、また、引き続きその軽減に貢献することを認識し、

同議定書の目的及び原則を堅持することを再確認し、すべての国に対しその目的及び原則を厳守することを要請し、

国際連合総会が同議定書の目的及び原則に反するすべての行為を繰り返し非難してきたことを想起し、

諸国民間の信頼の強化及び国際関係の全般的な改善に貢献することを希望し、

国際連合憲章の目的及び原則の実現に貢献することを希望し、

化学剤又は細菌剤（生物剤）を利用した兵器のような危険な大量破壊兵器を効果的な措置により諸国の軍備から除去することが重要かつ緊急であることを確信し、

細菌兵器（生物兵器）及び毒素兵器の禁止に関する取極が化学兵器の開発、生産及び貯蔵の禁止のための効果的な措置について合意を達成するための第1歩となるものであることを認識し、この合意の達成のために交渉を継続することを決意し、

全人類のため、兵器としての細菌剤（生物剤）及び毒素の使用の可能性を完全に無くすことを決意し、

このような使用が人類の良心に反するものであること及びこのような使用のおそれを最小にするためにあらゆる努力を払わなければならないことを確信して、

次のとおり協定した。

第1条

締約国は、いかなる場合にも、次の物を開発せず、生産せず、貯蔵せず若しくはその他の方法によつて取得せず又は保有しないことを約束する。

(1) 防疫の目的、身体防護の目的その他の平和的目的による正当化ができない種類及び量の微生物剤その他の生物剤又はこのような種類及び量の毒素（原料又は製法のいかんを問わない。）

(2) 微生物剤その他の生物剤又は毒素を敵対的目的のために又は武力紛争において使用するために設計された兵器、装置又は運搬手段

第2条

締約国は、この条約の効力発生の後できる限り速やかに、遅くとも9箇月以内に、自国の保有し又は自国の管轄若しくは管理の下にある前条に規定するすべての微生物剤その他の生物剤、毒素、兵器、装置及び運搬手段を廃棄し又は平和的目的のために転用することを約束する。この条の規定の実施に当たつては、住民及び環境の保護に必要なすべての安全上の予防措置をとるものとする。

第3条

締約国は、第1条に規定する微生物剤その他の生物剤、毒素、兵器、装置又は運搬手段をいかなる者に対しても直接又は間接に移譲しないこと及びこれらの物の製造又はその他の方法による取得につき、いかなる国、国の集団又は国際機関に対しても、何ら援助、奨励又は勧誘を行わないことを約束する。

第4条

締約国は、自国の憲法上の手続に従い、その領域内及びその管轄又は管理の下にあるいかなる場所においても、第1条に規定する微生物剤その他の生物剤、毒素、兵器、装置及び運搬手段の開発、生産、貯蔵、取得又は保有を禁止し及び防止するために必要な措置をとる。

第5条

締約国は、この条約の目的に関連して生ずる問題又はこの条約の適用に際して生ずる問題の解決に当たつて相互に協議し及び協力することを約束する。この条の規定に基づく協議及び協力は、国際連合の枠内で及び国際連合憲章に従つて、適当な国際的手続により行うことができる。

第6条

(1) 締約国は、他の締約国がこの条約に基づく義務に違反していると認めるときは、国際連合安全保障理事会に苦情を申し立てることができる。苦情の申立てには、同理事会に対する審議の要請のほか、その申立ての妥当性を裏付けるすべての証拠を含めるものとする。

(2) 締約国は、安全保障理事会がその受理した苦情の申立てに基づき国際連合憲章に従つて行う調査に対し協力することを約束する。同理事会は、この調査の結果

を締約国に通知する。

第7条

締約国は、この条約の違反によりいずれかの締約国が危険にさらされていると安全保障理事会が決定する場合には、援助又は支援を要請する当該いずれかの締約国に対し国際連合憲章に従つて援助又は支援を行うことを約束する。

第8条

この条約のいかなる規定も、1925年6月17日にジュネーヴで署名された窒息性ガス、毒性ガス又はこれらに類するガス及び細菌学的手段の戦争における使用の禁止に関する議定書に基づく各国の義務を限定し又は軽減するものと解してはならない。

第9条

締約国は、化学兵器についてその効果的な禁止が目標とされていることを確認し、化学兵器の開発、生産及び貯蔵の禁止並びに廃棄のための効果的な措置について並びに兵器用化学剤の生産又は使用のため特に設計された装置及び運搬手段に係る適当な措置について早期に合意に達するため、誠実に交渉を継続することを約束する。

第10条

(1) 締約国は、細菌剤（生物剤）及び毒素の平和的目的のための使用に資する装置、資材並びに科学的及び技術的情報を可能な最大限度まで交換することを容易にすることを約束し、また、その交換に参加する権利を有する。締約国は、可能なときは、単独で又は他の国若しくは国際機関と共同して、疾病の予防その他の平和的目的に資するため、細菌学（生物学）に係る科学的知見の拡大及び応用に貢献することに協力する。

(2) この条約は、締約国の経済的若しくは技術的発展又は細菌学（生物学）の平和的利用に関する国際協力を妨げないような態様で実施する。この国際協力は、この条約に従つて平和的目的のため細菌剤（生物剤）及び毒素並びにこれらの加工、使用又は生産のための装置を交換することを含む。

第11条

いずれの締約国も、この条約の改正を提案することができる。改正は、締約国の過半数が改正を受諾した時に、受諾した締約国について効力を生ずるものとし、その後に改正を受諾する他の締約国については、その受諾の日に効力を生ずる。

第12条

前文の目的の実現及びこの条約の規定（化学兵器についての交渉に関する規定を含む。）の遵守を確保するようにこの条約の運用を検討するため、この条約の効力発生の5年後に又は寄託政府に対する提案により締約国の過半数が要請する場合にはそれ以前に、スイスのジュネーヴで締約国の会議を開催する。検討に際しては、この条約に関連するすべての科学及び技術の進歩を考慮するものとする。

第13条

(1) この条約の有効期間は、無期限とする。

(2) 締約国は、この条約の対象である事項に関連する異常な事態が自国の至高の利益を危うくしていると認める場合には、主権を行使してこの条約から脱退する権利を有する。この権利を行使する締約国は、他のすべての締約国及び国際連合安全保障理事会に対し3箇月前にその旨を通知する。通知には、自国の至高の利益を危うくしていると認める異常な事態についても記載しなければならない。

第14条

(1) この条約は、署名のためすべての国に開放される。(3)の規定に基づくこの条約の効力発生前にこの条約に署名しなかつた国は、いつでもこの条約に加入することができる。

(2) この条約は、署名国によつて批准されなければならない。批准書及び加入書は、この条約により寄託政府として指定されるグレート・ブリテン及び北部アイルランド連合王国、ソヴィエト社会主義共和国連邦及びアメリカ合衆国の政府に寄託する。

(3) この条約は、寄託政府として指定される政府を含む22の政府が批准書を寄託した時に効力を生ずる。

(4) この条約は、その効力発生の後に批准書又は加入書を寄託する国については、その批准書又は加入書の寄託の日に効力を生ずる。

(5) 寄託政府は、すべての署名国及び加入国に対し、署名の日、批准書又は加入書の寄託の日、この条約の効力発生の日及び他の通知の受領を速やかに通報する。

(6) この条約は、寄託政府が国際連合憲章第102条の規定により登録する。

第15条

この条約は、英語、ロシア語、フランス語、スペイン語及び中国語をひとしく正文とするものとし、寄託政府に寄託する。この条約の認証謄本は、寄託政府が署名国及び加入国の政府に送付する。

以上の証拠として、下名は、正当に委任を受けてこの条約に署名した。

1972年4月10日にロンドン市、モスクワ市及びワシントン市で本書3通を作成した。

29 窒息性ガス、毒性ガス又はこれらに類するガス及び細菌学的手段の戦争における使用の禁止に関する議定書

(毒ガス等禁止議定書)

(1925年毒ガス等使用禁止に関するジュネーヴ議定書)

1925年6月17日ジュネーヴで作成
1928年2月8日効力発生

昭和45年5月13日国会承認
昭和45年5月19日批准の閣議決定
昭和45年5月21日批准書の寄託
昭和45年5月21日公布及び告示(条約第4号)
昭和45年5月21日効力発生

窒息性ガス、毒性ガス又はこれらに類するガス及び細菌学的手段の戦争における使用の禁止に関する議定書をここに公布する。

窒息性ガス、毒性ガス又はこれらに類するガス及び細菌学的手段の戦争における使用の禁止に関する議定書

下名の全権委員は、各自の政府の名において、

窒息性ガス、毒性ガス又はこれらに類するガス及びこれらと類似のすべての液体、物質又は考案を戦争に使用することが、文明世界の世論によつて正当にも非難されているので、

前記の使用の禁止が、世界の大多数の国が当事国である諸条約中に宣言されているので、

この禁止が、諸国の良心及び行動をひとしく拘束する国際法の一部として広く受諾されるために、

次のとおり宣言する。

締約国は、前記の使用を禁止する条約の当事国となつていない限りこの禁止を受諾し、かつ、この禁止を細菌学的戦争手段の使用についても適用すること及びこの宣言の文言に従つて相互に拘束されることに同意する。

締約国は、締約国以外の国がこの議定書に加入するように勧誘するためあらゆる努力を払うものとする。その加入は、フランス共和国政府に通告され、同政府によりすべての署名国及び加入国に通告されるものとし、同政府による通告の日に効力を生ずる。

この議定書は、フランス語及び英語の本文をともに正文とし、できる限りすみやかに批准されなければならない。この議定書には、本日の日付を付する。

この議定書の批准書は、フランス共和国政府に送付するものとし、同政府は、直ちに各署名国及び各加入国に対し当該批准書の寄託を通告する。

この議定書の批准書及び加入書は、フランス共和国政府に寄託しておく。

この議定書は、各署名国につきその批准書の寄託の日に効力を生ずるものとし、その署名国は、その時から、すでに批准書を寄託している他の署名国との関係のおいて拘束される。

以上の証拠として、全権委員は、この議定書に署名した。

30 窒息セシムヘキ瓦斯又ハ有毒質ノ瓦斯ヲ散布スルヲ唯一ノ目的トスル投射物ノ使用ヲ各自ニ禁止スル宣言書

(毒ガス使用禁止宣言)

明治33年11月22日（勅令）

朕和蘭国海牙ニ於テ万国平和会議ニ賛同シタル帝国全権委員ト各国全権委員ノ記名調印シタル窒息セシムヘキ瓦斯又ハ有毒質ノ瓦斯ヲ散布スルヲ唯一ノ目的トスル投射物ノ使用ヲ各自ニ禁止スル宣言ヲ批准シ茲ニ之ヲ公布セシム

宣言書

下ニ記名スル海牙万国平和会議ニ賛同シタル諸国ノ全権委員ハ之カ為各本国政府ノ委任ヲ受ケ1868年11月29日/12月11日ノ聖彼得堡宣言書ニ掲ケタル趣旨ヲ体シテ左ノ宣言ヲ為セリ

締盟国ハ窒息セシムヘキ瓦斯又ハ有毒質ノ瓦斯ヲ散布スルヲ唯一ノ目的トスル投射物ノ使用ヲ各自ニ禁止ス

締盟国中ノ２国又ハ数国ノ間ニ戦ヲ開キタル場合ニ限リ締盟国ハ本宣言ヲ遵守スルノ義務アルモノトス

前項ノ義務ハ締盟国間ノ戦闘ニ於テ１ノ非締盟国カ交戦国ノ一方ニ加ハリタル時ヨリ消滅スルモノトス

本宣言ハ成ルヘク速ニ批准スヘシ

批准書ハ海牙ニ保管スヘシ

各批准書ニ付１通ノ保管証書ヲ作リ其ノ認証謄本ヲ外交上ノ手続ニ依リ各締盟国ニ交付スヘシ

非記名国ハ本宣言ニ加盟スルコトヲ得ヘシ其ノ加盟ヲ締盟国ニ通知スルニハ書面ヲ以テ和蘭国政府ニ通告シ同国政府ヨリ更ニ之ヲ爾余ノ締盟国ニ通知スヘシ

若締盟国中ノ１国ニ於テ本宣言ヲ廃棄スルトキハ書面ヲ以テ其ノ旨ヲ和蘭国政府ニ通告シタル後１箇年ヲ経過スルニ非サレハ廃棄ノ効力ヲ生スルコトナシ右通告ハ和蘭国政府ヨリ直ニ爾余ノ締盟国ニ通知ス

右廃棄ノ効力ハ之ヲ通告シタル国ノミニ止ルモノトス

右証拠トシテ各全権委員ハ本宣言ニ記名調印スルモノナリ

1899年７月29日海牙ニ於テ本書１通ヲ作リ之ヲ和蘭国政府ノ記録ニ保管シ其ノ認証謄本ヲ外交上ノ手続ニ依リ締盟国ニ交付スルモノナリ

天佑ヲ保有シ万世一系ノ帝祚ヲ践ミタル日本国皇帝（御名）此書ヲ見ル有衆ニ宣示ス

朕明治32年７月29日和蘭国海牙ニ於テ万国平和会議ニ賛同シタル帝国全権委員ト各

国全権委員トノ間ニ協議決定シ記名調印シタル窒息セシムヘキ瓦斯又ハ有毒質ノ瓦斯ヲ散布スルヲ唯一ノ目的トスル投射物ノ使用ヲ各自ニ禁止スル宣言ヲ親シク閲覧点検シタルニ善ク朕カ意ニ適シ間然スル所ナキヲ以テ右宣言ヲ嘉納批准ス

神武天皇即位紀元2560年明治33年 9 月 3 日東京宮城ニ於テ親ラ名ヲ署シ璽ヲ鈐セシム

御　名　　国　璽

外務大臣　子爵　青木周蔵

31 外包硬固ナル弾丸ニシテ其ノ外包中心ノ全部ヲ蓋包セス若ハ其ノ外包ニ截刻ヲ施シタルモノノ如キ人体内ニ入テ容易ニ開展シ又ハ扁平ト為ルヘキ弾丸ノ使用ヲ各自ニ禁止スル宣言書

(ダムダム弾の禁止に関するヘーグ宣言)(ダムダム弾禁止宣言)

1899年7月29日ヘーグで署名

明治33年9月3日批准
明治33年11月22日公布(勅令)

朕和蘭国海牙ニ於テ万国平和会議ニ賛同シタル帝国全権委員ト各国全権委員ノ記名調印シタル外包硬固ナル弾丸ニシテ其ノ外包中心ノ全部ヲ蓋包セス若ハ其ノ外包ニ截刻ヲ施シタルモノノ如キ人体内ニ入テ容易ニ開展シ又ハ扁平ト為ルヘキ弾丸ノ使用ヲ各自ニ禁止スル宣言ヲ批准シ茲ニ之ヲ公布セシム

宣言書

下ニ記名スル海牙万国平和会議ニ賛同シタル諸国ノ全権委員ハ之カ為各本国政府ノ委任ヲ受ケ1868年11月29日、12月11日ノ聖彼得堡宣言書ニ掲ケタル趣旨ヲ体シテ左ノ宣言ヲ為セリ

締盟国ハ外包硬固ナル弾丸ニシテ其ノ外包中心ノ全部ヲ蓋包セス若ハ其ノ外包ニ截刻ヲ施シタルモノノ如キ人体内ニ入テ容易ニ開展シ又ハ扁平ト為ルヘキ弾丸ノ使用ヲ各自ニ禁止ス

締盟国中ノ2国又ハ数国ノ間ニ戦ヲ開キタル場合ニ限リ締盟国ハ本宣言ヲ遵守スルノ義務アルモノトス

前項ノ義務ハ締盟国間ノ戦闘ニ於テ1ノ非締盟国カ交戦国ノ一方ニ加ハリタル時ヨリ消滅スルモノトス

本宣言ハ成ルヘク速ニ批准スヘシ

批准書ハ海牙ニ保管スヘシ

各批准書ニ付1通ノ保管証書ヲ作リ其ノ認証謄本ヲ外交上ノ手続ニ依リ各締盟国ニ交付スヘシ

非記名国ハ本宣言ニ加盟スルコトヲ得ヘシ其ノ加盟ヲ締盟国ニ通知スルニハ書面ヲ以テ和蘭国政府ニ通告シ同国政府ヨリ更ニ之ヲ爾余ノ締盟国ニ通知スヘシ

若締盟国中ノ1国ニ於テ本宣言ヲ廃棄スルトキハ書面ヲ以テ其ノ旨ヲ和蘭国政府ニ

通告シタル後１箇年ヲ経過スルニ非サレハ廃棄ノ効力ヲ生スルコトナシ右通告ハ和蘭国政府ヨリ直ニ爾余ノ締盟国ニ通知ス
右廃棄ノ効力ハ之ヲ通告シタル国ノミニ止ルモノトス
右証拠トシテ各全権委員ハ本宣言ニ記名調印スルモノナリ
1899年７月29日海牙ニ於テ本書１通ヲ作リ之ヲ和蘭国政府ノ記録ニ保管シ其ノ認証謄本ヲ外交上ノ手続ニ依リ締盟国ニ交付スルモノナリ

天佑ヲ保有シ万世一系ノ帝祚ヲ践ミタル日本国皇帝（御名）此書ヲ見ル有衆ニ宣示ス
朕明治32年７月29日和蘭国海牙ニ於テ万国平和会議ニ賛同シタル帝国全権委員ト各国全権委員トノ間ニ協議決定シ記名調印シタル外包硬固ナル弾丸ニシテ其ノ外包中心ノ全部ヲ蓋包セス若ハ其ノ外包ニ截刻ヲ施シタルモノノ如キ人体内ニ入テ容易ニ開展シ又ハ扁平ト為ルヘキ弾丸ノ使用ヲ各自ニ禁止スル宣言ヲ親シク閲覧点検シタルニ善ク朕カ意ニ適シ間然スル所ナキヲ以テ右宣言ヲ嘉納批准ス
神武天皇即位紀元2560年明治33年９月３日東京宮城ニ於テ親ラ名ヲ署シ璽ヲ鈐セシム

御　名　　国　璽

外務大臣　子爵　青木周蔵

32 武器貿易条約

平成25年４月２日ニューヨークで採択
平成25年６月３日ニューヨークで署名
平成26年４月23日国会承認
平成26年５月９日受諾書の寄託
平成26年11月６日公布（条約第16号）
平成26年12月24日効力発生

武器貿易条約をここに公布する。

武器貿易条約

前文

この条約の締約国は、

国際連合憲章の目的及び原則に従い、

世界の人的及び経済的資源を軍備のために転用することを最も少なくして国際の平和及び安全の確立及び維持を促進することを目的とする国際連合憲章第26条の規定を想起し、

通常兵器の不正な取引を防止し、及び根絶するとともに、通常兵器の不正な市場への流出又は認められていない最終用途への若しくは認められていない最終使用者による流用（テロリズムの行為の実行への流用を含む。）を防止することの必要性を強調し、

通常兵器の国際貿易に関する各国の政治上、安全保障上、経済上及び商業上の正当な利益を認識し、

全ての国が専ら自国の領域内で自国の法律上又は憲法上の制度により通常兵器を規制し、及び管理する主権的権利を有することを再確認し、

平和及び安全、開発並びに人権が国際連合及びその関連機関の活動の支柱を成し、並びに集団的安全保障の基盤であることを認め、また、開発、平和及び安全並びに人権が相互に関連し、かつ、相互に補強し合うものであることを認識し、

1991年12月６日の国際連合総会決議第36号Ｈ（第46回会期）に関連する国際的な武器の移転に関する国際連合軍縮委員会の指針を想起し、

あらゆる側面において小型武器及び軽兵器の不正な取引を防止し、これと戦い、及びこれを根絶するための国際連合行動計画、国際的な組織犯罪の防止に関する国際連合条約を補足する銃器並びにその部品及び構成部分並びに弾薬の不正な製造及び取引の防止に関する議定書並びに各国が不正な小型武器及び軽兵器を適時に及び信頼することができる方法で特定し、及び追跡することを可能とするための国際文書による貢献に留意し、

通常兵器の不正な及び規制されていない取引が及ぼす安全保障上、社会上、経済上及び人道上の影響を認識し、

文民（特に女性及び児童）が、武力紛争及び武力による暴力によって悪影響を受ける者の大多数を占めることに留意し、

武力紛争の犠牲者が直面する課題並びにこれらの者が十分な看護、リハビリテーション並びに社会的及び経済的に包容されることを必要とすることを認識し、

この条約のいかなる規定も、各国がこの条約の趣旨及び目的を促進するための追加的かつ効果的な措置を維持し、及び採用することを妨げるものではないことを強調し、

レクリエーション、文化、歴史及びスポーツに係る活動のためのある種の通常兵器の正当な貿易並びに合法的な所有及び使用（当該貿易、所有及び使用が法律により許可され、又は保護される場合に限る。）に留意し、

締約国によるこの条約の実施に当たり要請に応じて当該締約国を援助する上で、地域的機関が果たすことができる役割に留意し、

この条約の趣旨及び目的についての意識を高め、並びにその実施を支援する上で、市民社会（非政府機関を含む。）及び産業が果たすことができる自発的及び積極的な役割を認識し、

通常兵器の国際貿易の規制及び通常兵器の流用の防止が、平和的目的のための国際協力並びに物品、装置及び技術の正当な貿易を妨げるべきでないことを認め、

この条約への普遍的な参加が達成されることが望ましいことを強調し、

全ての国が国際連合憲章第51条の規定において認められる個別的又は集団的自衛の固有の権利を有し、同憲章第２条３に定めるところにより国際紛争を平和的手段によって国際の平和及び安全並びに正義を危うくしないように解決し、同条４に定めるところにより国際関係において武力による威嚇又は武力の行使をいかなる国の領土保全又は政治的独立に対するものも、また、国際連合の目的と両立しない他のいかなる方法によるものも慎み、同条７に定めるところにより本質上いずれかの国の国内管轄権内にある事項に干渉せず、特に1949年のジュネーヴ諸条約に定めるところにより国際人道法を尊重しかつその尊重を確保するとともに、特に同憲章及び世界人権宣言に定めるところにより人権を尊重しかつその尊重を確保し、全ての国がそれぞれの国際的義務に基づく通常兵器の国際貿易の効果的な規制及びその流用の防止の責任並びにそれぞれの国内的な管理制度の確立及び実施の第一義的な責任を有し、自衛の権利の行使及び平和維持活動のための通常兵器の取得並びに通常兵器の生産、輸出、輸入及び移転を行う各国の正当な利益を尊重し、一貫性があり、客観的かつ無差別な方法でこの条約を実施するという原則に従って行動することを決意して、

次のとおり協定した。

第１条　趣旨及び目的

この条約は、国際的及び地域的な平和、安全及び安定に寄与し、人類の苦しみを軽減し、並びに通常兵器の国際貿易における締約国間の協力、透明性及び責任ある

行動を促進し、もって締約国間の信頼を醸成するため、通常兵器の国際貿易を規制し、又はその規制を改善するための可能な最高水準の共通の国際的基準を確立すること並びに通常兵器の不正な取引を防止し、及び根絶し、並びに通常兵器の流用を防止することを目的とする。

第2条 適用範囲

1 この条約は、次の区分の全ての通常兵器について適用する。

(a) 戦車
(b) 装甲戦闘車両
(c) 大口径火砲システム
(d) 戦闘用航空機
(e) 攻撃ヘリコプター
(f) 軍艦
(g) ミサイル及びその発射装置
(h) 小型武器及び軽兵器

2 この条約の適用上、国際貿易の活動は、輸出、輸入、通過、積替え及び仲介から成り、以下「移転」という。

3 この条約は、締約国が使用する通常兵器の国際的な移動であって、当該締約国によって又は当該締約国のために行われるものについては、適用しない。ただし、当該通常兵器が引き続き当該締約国の所有の下にある場合に限る。

第3条 弾薬類

締約国は、前条1の規定の対象となる通常兵器により発射され、打ち上げられ、又は投射される弾薬類の輸出を規制するための国内的な管理制度を確立し、及び維持し、並びに当該弾薬類の輸出を許可する前に第6条及び第7条の規定を適用する。

第4条 部品及び構成品

締約国は、部品及び構成品の輸出が第2条1の規定の対象となる通常兵器を組み立てる能力を提供する方法で行われる場合において当該部品及び構成品の輸出を規制するための国内的な管理制度を確立し、及び維持し、並びに当該部品及び構成品の輸出を許可する前に第6条及び第7条の規定を適用する。

第5条 実施全般

1 締約国は、この条約に規定する原則に留意して、一貫性があり、客観的かつ無差別な方法でこの条約を実施する。

2 締約国は、この条約の規定を実施するため、国内的な管理制度（国内的な管理リストを含む。）を確立し、及び維持する。

3 締約国は、この条約の規定を最も広い範囲の通常兵器について適用することが奨励される。第2条1(a)から(g)までの規定の対象となるいずれの区分についても、各国の定義は、この条約の効力発生時における国際連合軍備登録制度において用いられるものよりも狭い範囲の通常兵器を対象とするものであってはならない。第2条1(h)の規定の対象となる区分については、各国の定義は、この条約の効力発生時における国際連合の関連文書において用いられるものよりも狭い範囲の通常兵器を対象とするものであってはならない。

4 締約国は、自国の国内法に従い、その国内的な管理リストを事務局に提供し、事務局は、これを他の締約国の利用に供する。締約国は、その管理リストを公の利用に供することが奨励される。

5 締約国は、この条約の規定を実施するために必要な措置をとるものとし、第2条1の規定の対象となる通常兵器並びに第3条及び前条の規定の対象となる物品の移転を規制する効果的な及び透明性のある国内的な管理制度を備えるため、権限のある当局を指定する。

6 締約国は、この条約の実施に関連する事項に関する情報を交換するための1又は2以上の自国の連絡先を指定する。締約国は、第18条の規定により設置される事務局に対し、自国の連絡先を通報し、及びその情報を常に最新のものとする。

第6条 禁止

1 締約国は、第2条1の規定の対象となる通常兵器又は第3条若しくは第4条の規定の対象となる物品の移転が、国際連合憲章第7章の規定に基づいて行動する国際連合安全保障理事会によって採択された措置に基づく自国の義務（特に武器の輸出入禁止）に違反する場合には、当該移転を許可してはならない。

2 締約国は、第2条1の規定の対象となる通常兵器又は第3条若しくは第4条の規定の対象となる物品の移転が、自国が当事国である国際協定に基づく自国の関連する国際的な義務（特に、通常兵器の移転又は不正な取引に関連するもの）に違反する場合には、当該移転を許可してはならない。

3 締約国は、第2条1の規定の対象となる通常兵器又は第3条若しくは第4条の規定の対象となる物品の移転について許可を与えようとする時において、当該通常兵器又は物品が集団殺害、人道に対する犯罪、1949年のジュネーヴ諸条約に対する重大な違反行為、民用物若しくは文民として保護されるものに対する攻撃又は自国が当事国である国際協定に定める他の戦争犯罪の実行に使用されるであろうことを知っている場合には、当該移転を許可してはならない。

第7条 輸出及び輸出評価

1 輸出が前条の規定により禁止されない場合には、輸出を行う締約国は、第2条1の規定の対象となる通常兵器又は第3条若しくは第4条の規定の対象となる物品の輸出であって、自国の管轄の下で、かつ、その国内的な管理制度に従って行われるものについて許可を与えようとする前に、関連要素（輸入を行う締約国から次条1の規定に従って提供される情報を含む。）を考慮し、客観的かつ無差別な方法で、当該通常兵器又は物品が有する次の可能性について評価を行う。

(a) 平和及び安全に寄与し、又はこれらを損なう可能性

(b) 次のいずれかの目的のために使用される可能性

(i) 国際人道法の重大な違反を犯し、又はこれを助長すること。
(ii) 国際人権法の重大な違反を犯し、又はこれを助長すること。
(iii) 当該輸出を行う国が当事国であるテロリズムに関する国際条約又は議定書に基づく犯罪を構成する行為を行い、又は助長すること。
(iv) 当該輸出を行う国が当事国である国際的な組織犯罪に関する国際条約又は議定書に基づく犯罪を構成する行為を行い、又は助長すること。

2 輸出を行う締約国は、1(a)又は(b)の規定において特定される危険性を緩和するために実施され得る措置、例えば、信頼の醸成のための措置又は輸出を行う国及び輸入を行う国が共同で作成し、合意した計画があるか否かを検討する。

3 輸出を行う締約国は、1の評価を行い、及び危険性の緩和のために実施され得る措置を検討した後、1に規定するいずれかの否定的な結果を生ずる著しい危険性が存在すると認める場合には、当該輸出を許可してはならない。

4 輸出を行う締約国は、1の評価を行うに当たり、第2条1の規定の対象となる通常兵器又は第3条若しくは第4条の規定の対象となる物品が性別に基づく重大な暴力行為又は女性及び児童に対する重大な暴力行為を行い、又は助長するために使用される危険性を考慮する。

5 輸出を行う締約国は、第2条1の規定の対象となる通常兵器又は第3条若しくは第4条の規定の対象となる物品の輸出のための全ての許可が、詳細なものであり、かつ、当該輸出に先立って与えられることを確保するための措置をとる。

6 輸出を行う締約国は、自国の法律、慣行又は政策に従うことを条件として、輸入を行う締約国及び通過又は積替えが行われる締約国の要請に応じ、当該輸出に係る許可に関する適切な情報を利用に供する。

7 輸出を行う締約国は、許可を与えた後に新たな関連する情報を知った場合には、適当なときは輸入を行う国との協議の後、当該許可について評価を見直すことが奨励される。

第8条 輸入

1 輸入を行う締約国は、輸出を行う締約国が前条の規定に基づき国内の輸出評価を行うことを支援するため、輸出を行う締約国の要請に応じ、適切な及び関連する情報が自国の国内法に従って提供されることを確保するための措置をとる。その措置には、最終用途又は最終使用者に係る文書の提供を含めることができる。

2 輸入を行う締約国は、第2条1の規定の対象となる通常兵器の輸入であって自国の管轄の下で行われるものを必要なときに規制することを可能とする措置をとる。その措置には、輸入に係る諸制度の整備を含めることができる。

3 輸入を行う締約国は、自国が最終仕向国である場合には、輸出を行う締約国に対し、検討中の又は既に与えられた輸出許可に関する情報を要請することができる。

第9条 通過又は積替え

締約国は、関連国際法に従い、必要かつ実行可能な場合には、第２条１の規定の対象となる通常兵器の通過又は積替えであって、自国の管轄の下で行われるものを規制するための適切な措置をとる。

第10条　仲介

締約国は、自国の国内法に従い、第２条１の規定の対象となる通常兵器の仲介であって自国の管轄の下で行われるものを規制するための措置をとる。その措置には、仲介者に対し、仲介に従事する前に登録又は書面による許可の取得を要求することを含めることができる。

第11条　流用

1　第２条１の規定の対象となる通常兵器の移転に関与する締約国は、当該通常兵器の流用を防止するための措置をとる。

2　輸出を行う締約国は、当該輸出についての流用の危険性を評価すること並びに信頼の醸成のための措置、当該輸出を行う国及び輸入を行う国が共同で作成し、合意した計画等の危険性の緩和のための措置が実施されるか否かを検討することにより、第５条２の規定に従って確立される国内的な管理制度を通じ、第２条１の規定の対象となる通常兵器の移転についての流用を防止するよう努める。防止のための他の措置には、適当な場合には、当該輸出に関与する当事者の調査、追加的な文書、証明書及び保証の要求、輸出を許可しないことその他の適切な措置を含めることができる。

3　輸入を行う締約国、通過が行われる締約国、積替えが行われる締約国及び輸出を行う締約国は、自国の国内法に従い、適当かつ実行可能な場合には、第２条１の規定の対象となる通常兵器の移転についての流用の危険性を緩和するため、協力し、及び情報を交換する。

4　締約国は、第２条１の規定の対象となる通常兵器であって移転されたものの流用を探知する場合には、自国の国内法及び国際法に従い、当該流用に対処するための適切な措置をとる。その措置には、影響を受ける可能性がある締約国に警報を発すること、仕向地が変更された当該通常兵器の貨物を調査すること並びに捜査及び法令の実施を通じて事後措置をとることを含めることができる。

5　締約国は、第２条１の規定の対象となる通常兵器であって移転されるものの流用の更なる把握及び防止のため、流用に対処するための効果的な措置について関連する情報を相互に共有することが奨励される。当該情報は、不正な活動（腐敗行為、国際的な取引の経路、不正な仲介者、不正な供給源、秘匿のための方法、一般的な発送地点又は組織された集団が従事する流用における仕向地を含む。）に関する情報を含み得る。

6　締約国は、第２条１の規定の対象となる通常兵器であって移転されるものの流用に対処するに当たってとられた措置について、事務局を通じ他の締約国に報告することが奨励される。

第12条 記録の保存

1 締約国は、自国の国内法令に従い、第2条1の規定の対象となる通常兵器の輸出許可の発給又は実際の輸出に関する国の記録を保持する。

2 締約国は、第2条1の規定の対象となる通常兵器であって、最終仕向地として自国の領域に移転されたもの又はその管轄の下にある領域を通過し、若しくは当該領域において積み替えることを許可されたものについて、記録を保持することが奨励される。

3 締約国は、適当な場合には、1及び2に規定する記録に、第2条1の規定の対象となる通常兵器の数量、価値、モデル又は型式及び許可された国際的な移転、実際に移転された通常兵器並びに輸出を行う国、輸入を行う国、通過又は積替えが行われる国及び最終使用者の詳細を含めることが奨励される。

4 記録は、少なくとも10年間、保存するものとする。

第13条 報告

1 締約国は、この条約が第22条の規定に従い自国について効力を生じた後1年以内に、この条約の実施のためにとられた措置（国内法、国内的な管理リスト並びに他の規則及び行政措置を含む。）について事務局に最初の報告を提出する。締約国は、適当な場合には、この条約の実施のためにとられた新たな措置について事務局に報告する。これらの報告は、閲覧することができるものとし、事務局が締約国に配布する。

2 締約国は、第2条1の規定の対象となる通常兵器であって移転されるものの流用に対処する上で効果的であることが判明した措置に関する情報を事務局を通じ他の締約国に報告することが奨励される。

3 締約国は、毎年5月31日までに、第2条1の規定の対象となる通常兵器の前暦年における許可された又は実際の輸出及び輸入に関する報告を事務局に提出する。報告は、閲覧することができるものとし、事務局が締約国に配布する。事務局に提出される報告には、当該報告を提出する締約国が関連する国際連合の枠組み（国際連合軍備登録制度を含む。）に提出した情報と同一の情報を含めることができる。報告には、商業上機微な情報又は国家の安全保障に関する情報を含めないことができる。

第14条 執行

締約国は、この条約の規定を実施する国内法令を執行するための適切な措置をとる。

第15条 国際協力

1 締約国は、それぞれの安全保障上の利益及び国内法に反することなく、この条約を効果的に実施するために相互に協力する。

2 締約国は、国際協力を促進すること（それぞれの安全保障上の利益及び国内法に基づきこの条約の実施及び適用に関する相互の関心事項について情報を交換することを含む。）が奨励される。

3　締約国は、相互の関心事項について協議すること及び適当な場合にはこの条約の実施を支援するために情報を共有することが奨励される。

4　締約国は、自国の国内法に従い、この条約の規定の各国における実施の援助（不正な活動及びこれを行う者に関する情報の共有を通じて行われるものを含む。）のため並びに第2条1の規定の対象となる通常兵器の流用の防止及び根絶のために協力することが奨励される。

5　締約国は、相互に合意する場合には、自国の国内法に反することなく、この条約に従ってとられる各国の措置の違反に関する捜査、訴追及び司法手続について相互に最大限の援助を与える。

6　締約国は、第2条1の規定の対象となる通常兵器の移転が腐敗行為の対象となることを防止するため、国内措置をとり、及び相互に協力することが奨励される。

7　締約国は、この条約のあらゆる側面について得られた教訓に関する経験を共有し、及び情報を交換することが奨励される。

第16条　国際的援助

1　締約国は、この条約を実施するに当たり、援助（司法上又は立法上の援助、制度上の能力の構築及び技術的、物的又は財政的な援助を含む。）を求めることができる。求めることができる援助には、貯蔵管理、武装解除、動員解除及び社会復帰の計画、法令のひな型並びに条約の実施の効果的な方法に関するものが含まれる。このような援助を提供することができる締約国は、要請に応じて当該援助を提供する。

2　締約国は、特に、国際連合、国際的、地域的若しくは小地域的な機関、国の機関若しくは非政府機関を通じて又は2国間で、援助を要請し、提案し、又は受けることができる。

3　この条約を実施するための国際的な援助を要請する締約国を援助するため、締約国により任意の信託基金が設置される。締約国は、当該基金に拠出することが奨励される。

第17条　締約国会議

1　締約国会議は、次条の規定により設置される暫定事務局によりこの条約の効力発生の後1年以内に招集され、その後は締約国会議によって決定される時に招集される。

2　締約国会議は、第1回会合においてコンセンサス方式により手続規則を採択する。

3　締約国会議は、同会議のための財政規則及び同会議が設置する補助機関の予算を規律する財政規則並びに事務局の任務の遂行を規律する財政規定を採択する。締約国会議は、通常会合において、次の通常会合までの会計期間の予算を採択する。

4　締約国会議は、次の任務を遂行する。
(a)　この条約の実施状況（通常兵器の分野における動向を含む。）の検討
(b)　この条約の実施及び運用、特にその普遍性の促進に関する勧告の検討及び採択
(c)　第20条の規定に基づくこの条約の改正の検討
(d)　この条約の解釈から生ずる問題の検討
(e)　事務局の任務及び予算の検討及び決定
(f)　この条約の機能の改善のために必要な補助機関の設置の検討
(g)　この条約に適合するその他の任務
5　締約国会議の特別会合は、締約国会議が必要と認めるとき又はいずれかの締約国から書面による要請がある場合において締約国の少なくとも３分の２がその要請を支持するときに開催する。

第18条　事務局

1　この条約により、この条約の効果的な実施において締約国を援助するため、事務局を設置する。締約国会議の第１回会合が開催されるまでの間は、暫定事務局がこの条約に定める運営上の任務について責任を負う。
2　事務局は、適切な人数の職員を有する。職員は、事務局が３に規定する責任を効果的に遂行することができることを確保するために必要な専門知識を有するものとする。
3　事務局は、締約国に対して責任を負うものとし、最小限の組織で、次のことについて責任を遂行する。
(a)　この条約により義務付けられる報告を受領し、閲覧に供し、及び配布すること。
(b)　国内の連絡先の一覧表を保持し、及び締約国の利用に供すること。
(c)　条約の実施のための援助の提案及び要請を結び付けることを容易にし、並びに要請された国際協力を促進すること。
(d)　締約国会議の活動を容易にすること（この条約に基づく会合のための準備及び必要な役務の提供を含む。）。
(e)　締約国会議が決定する他の任務を遂行すること。

第19条　紛争解決

1　締約国は、この条約の解釈又は適用に関して締約国間に生ずることがある紛争の解決を追求するために協議し、及び相互の合意により交渉、仲介、調停、司法的解決その他の平和的手段を通じて協力する。
2　締約国は、相互の合意により、この条約の解釈又は適用に関する問題についての締約国間の紛争を解決するために仲裁を求めることができる。

第20条　改正

1　締約国は、この条約の効力発生の後６年を経過した後、この条約の改正を提案

することができる。その後、締約国会議は、提案された改正を3年ごとにのみ検討することができる。

2　この条約の改正案は、事務局に書面で提出するものとし、事務局は、1の規定により改正を検討することができる次回の締約国会議の会合の少なくとも180日前までに全ての締約国に当該改正案を配布する。当該改正案は、事務局による配布の後120日以内に締約国の過半数が当該改正案を検討することを支持する旨を事務局に通報する場合には、当該次回の締約国会議の会合において検討される。

3　締約国は、各改正案につき、コンセンサス方式により合意に達するようあらゆる努力を払う。コンセンサスのためのあらゆる努力にもかかわらず合意に達しない場合には、改正案は、最後の解決手段として、締約国会議の会合に出席し、かつ、投票する締約国の4分の3以上の多数による議決で採択される。この条の規定の適用上、「出席し、かつ、投票する 締約国」とは、出席し、かつ、賛成票又は反対票を投ずる締約国をいう。寄託者は、採択された改正を全ての締約国に送付する。

4　3の規定に従って採択された改正は、 当該改正が採択された時に締約国であった国の過半数が受諾書を寄託者に寄託した日の後90日で、その受諾書を寄託した締約国について効力を生ずる。その後は、当該改正は、当該改正の受諾書を寄託する他のいずれの締約国についても、その寄託の日の後90日で効力を生ずる。

第21条　署名、批准、受諾、承認又は加入

1　この条約は、2013年6月3日からその効力が生ずるまでの期間、ニューヨークにある国際連合本部において、全ての国による署名のために開放しておく。

2　この条約は、署名国によって批准され、受諾され、又は承認されなければならない。

3　この条約は、その効力発生の後、この条約に署名しなかった国による加入のために開放しておく。

4　批准書、受諾書、承認書又は加入書は、寄託者に寄託する。

第22条　効力発生

1　この条約は、50番目の批准書、受諾書又は承認書が寄託された日の後90日で効力を生ずる。

2　この条約は、その効力発生の後に批准書、受諾書、承認書又は加入書を寄託する国については、その批准書、受諾書、承認書又は加入書の寄託の日の後90日で効力を生ずる。

第23条　暫定的適用

いずれの国も、自国の署名又は批准書、受諾書、承認書若しくは加入書の寄託の時に、この条約が自国について効力を生ずるまでの間第6条及び第7条の規定を暫定的に適用する旨を宣言することができる。

第24条　有効期間及び脱退

1　この条約の有効期間は、無期限とする。

2　締約国は、その主権を行使してこの条約から脱退する権利を有する。この権利を行使する締約国は、寄託者に対してその旨を通告し、寄託者は、他の全ての締約国にその旨を通報する。脱退の通告には、脱退しようとする理由についての説明を記載することができる。脱退の通告は、一層遅い日が通告に明記されている場合を除くほか、寄託者が当該脱退の通告を受領した後90日で効力を生ずる。

3　いずれの国も、その脱退を理由として、この条約の締約国であった間のこの条約に基づく義務（その間に生じた財政上の義務を含む。）を免除されない。

第25条　留保

1　各国は、署名、批准、受諾、承認又は加入の時に、留保を付することができる。ただし、当該留保がこの条約の趣旨及び目的と両立する場合に限る。

2　締約国は、その留保を寄託者に宛てた通告によりいつでも撤回することができる。

第26条　他の国際協定との関係

1　この条約の実施は、締約国が当事国である既存又は将来の国際協定との関連で当該締約国が負う義務に影響を及ぼすものではない。ただし、当該義務がこの条約と両立する場合に限る。

2　この条約は、この条約の締約国の間で締結された防衛協力協定を無効とする根拠として引用してはならない。

第27条　寄託者

国際連合事務総長は、この条約の寄託者とする。

第28条　正文

アラビア語、中国語、英語、フランス語、ロシア語及びスペイン語をひとしく正文とするこの条約の原本は、国際連合事務総長に寄託する。

2013年４月２日にニューヨークで作成された。

VI

中立等に関する条約

開戦ニ関スル条約

陸戦ノ場合ニ於ケル中立国及中立人ノ権利義務ニ関スル条約

海戦ノ場合ニ於ケル中立国ノ権利義務ニ関スル条約

33 開戦ニ関スル条約

(1907年の第３ヘーグ条約)

1907年10月18日ヘーグで署名
1910年１月26日効力発生

明治44年11月６日批准
明治44年12月13日批准書寄託
明治45年１月13日公布（条約第３号）

朕枢密顧問ノ諮詢ヲ経テ明治40年10月18日和蘭国海牙ニ於テ第２回万国平和会議ニ賛同シタル帝国及各国全権委員ノ間ニ議定シ帝国全権委員ノ署名シタル開戦ニ関スル条約ヲ批准シ茲ニ之ヲ公布セシム

開戦ニ関スル条約

独逸皇帝普魯西国皇帝陛下、亜米利加合衆国大統領（以下の締約国元首名、略）ハ平和関係ノ安固ヲ期スル為戦争ハ予告ナクシテ之ヲ開始セサルヲ必要トスルコト及戦争状態ハ遅滞ナク之ヲ中立国ニ通告スルヲ必要トスルコトヲ考慮シ之カ為条約ヲ締結セムコトヲ希望シ各左ノ全権委員ヲ任命セリ

独逸皇帝普魯西国皇帝陛下（以下の締約国元首・全権委員名、略）

因テ各全権委員ハ其ノ良好妥当ナリト認メラレタル委任状ヲ寄託シタル後左ノ条項ヲ協定セリ

〔宣戦布告〕

第１条　締約国ハ理由ヲ附シタル開戦宣言ノ形式又ハ条件附開戦宣言ヲ含ム最後通牒ノ形式ヲ有スル明瞭且事前ノ通告ナクシテ其ノ相互間ニ戦争ヲ開始スヘカラサルコトヲ承認ス

〔中立国への通告〕

第２条　戦争状態ハ遅滞ナク中立国ニ通告スヘク通告受領ノ後ニ非サレハ該国ニ対シ其ノ効果ヲ生セサルモノトス

該通告ハ電報ヲ以テ之ヲ為スコトヲ得但シ中立国カ実際戦争状態ヲ知リタルコト確実ナルトキハ該中立国ハ通告ノ欠缺ヲ主張スルコトヲ得ス

〔総加入条項〕

第３条　本条約第１条ハ締約国中ノ２国又ハ数国間ノ戦争ノ場合ニ効力ヲ有スルモノトス

第２条ハ締約国タル１交戦国ト均シク締約国タル諸中立国間ノ関係ニ付拘束力ヲ有ス

〔批准手続〕

第４条　本条約ハ成ルヘク速ニ批准スヘシ

批准書ハ海牙ニ寄託ス

第１回ノ批准書寄託ハ之ニ加リタル諸国ノ代表者及和蘭国外務大臣ノ署名シタ

ル調書ヲ以テ之ヲ証ス

爾後ノ批准書寄託ハ和蘭国政府ニ宛テ且批准書ヲ添附シタル通告書ヲ以テ之ヲ為ス

第1回ノ批准書寄託ニ関スル調書、前項ニ掲ケタル通告書及批准書ノ認証謄本ハ和蘭国政府ヨリ外交上ノ手続ヲ以テ直ニ之ヲ第2回平和会議ニ招請セラレタル諸国及本条約ニ加盟スル他ノ諸国ニ交付スヘシ前項ニ掲ケタル場合ニ於テハ和蘭国政府ハ同時ニ通告書ヲ接受シタル日ヲ通知スルモノトス

第5条　記名国ニ非サル諸国ハ本条約ニ加盟スルコトヲ得

加盟セムト欲スル国ハ書面ヲ以テ其ノ意思ヲ和蘭国政府ニ通告シ且加盟書ヲ送付シ之ヲ和蘭国政府ノ文庫ニ寄託スヘシ

和蘭国政府ハ直ニ通告書及加盟書ノ認証謄本ヲ爾余ノ諸国ニ送付シ且右通告書ヲ接受シタル日ヲ通知スヘシ

第6条　本条約ハ第1回ノ批准書寄託ニ加リタル諸国ニ対シテハ其ノ寄託ノ調書ノ日附ヨリ60日ノ後又其ノ後ニ批准シ又ハ加盟スル諸国ニ対シテハ和蘭国政府カ右批准又ハ加盟ノ通告ヲ接受シタルトキヨリ60日ノ後ニ其ノ効力ヲ生スルモノトス

第7条　締約国中本条約ヲ廃棄セムト欲スルモノアルトキハ書面ヲ以テ其ノ旨和蘭国政府ニ通告スヘシ和蘭国政府ハ直ニ通告書ノ認証謄本ヲ爾余ノ諸国ニ送付シ且右通告書ヲ接受シタル日ヲ通知スヘシ

廃棄ハ其ノ通告カ和蘭国政府ニ到達シタルトキヨリ1年ノ後右通告ヲ為シタル国ニ対シテノミ効力ヲ生スルモノトス

第8条　和蘭国外務省ハ帳簿ヲ備ヘ置キ第4条第3項及第4項ニ依リ為シタル批准書寄託ノ日並加盟（第5条第2項）又ハ廃棄（第7条第1項）ノ通告ヲ接受シタル日ヲ記入スルモノトス

各締約国ハ右帳簿ヲ閲覧シ且其ノ認証抄本ヲ請求スルコトヲ得

右証拠トシテ各全権委員本条約ニ署名ス

1907年10月18日海牙ニ於テ本書1通ヲ作リ之ヲ和蘭国政府ノ文庫ニ寄託シ其ノ認証謄本ヲ外交上ノ手続ニ依リ第2回平和会議ニ招請セラレタル諸国ニ交付スヘキモノトス

34 陸戦ノ場合ニ於ケル中立国及中立人ノ権利義務ニ関スル条約

（1907年の第5ヘーグ条約）（陸戦中立条約）

1907年10月18日ヘーグで署名
1910年1月26日効力発生

明治44年11月6日批准
明治44年12月13日批准書寄託
明治45年1月13日公布（条約第5号）
明治45年2月11日効力発生

朕枢密顧問ノ諮詢ヲ経テ明治40年10月18日和蘭国海牙ニ於テ第2回万国平和会議ニ賛同シタル帝国及各国全権委員ノ間ニ議定シ帝国全権委員ノ署名シタル陸戦ノ場合ニ於ケル中立国及中立人ノ権利義務ニ関スル条約ヲ批准シ茲ニ之ヲ公布セシム

陸戦ノ場合ニ於ケル中立国及中立人ノ権利義務ニ関スル条約

独逸皇帝普魯西国皇帝陛下（以下の締約国元首・全権委員名、略）

因テ各全権委員ハ其ノ良好妥当ナリト認メラレタル委任状ヲ寄託シタル後左ノ条項ヲ協定セリ

第1章　中立国ノ権利義務

〔中立国領土の不可侵〕

第1条　中立国ノ領土ハ不可侵トス

〔中立国領土の通過禁止〕

第2条　交戦者ハ軍隊又ハ弾薬若ハ軍需品ノ輜重ヲシテ中立国ノ領土ヲ通過セシムルコトヲ得ス

〔通信に関する禁止事項〕

第3条　交戦者ハ又左ノ事項ヲ為スコトヲ得ス

イ　無線電信局又ハ陸上若ハ海上ニ於ケル交戦国兵力トノ通信ノ用ニ供スヘキ一切ノ機械ヲ中立国ノ領土ニ設置スルコト

ロ　交戦者カ戦争前ニ全然軍事上ノ目的ヲ以テ中立国ノ領土ニ設置シタル此ノ種ノ設備ニシテ公衆通信ノ用ニ供セラレサルモノヲ利用スルコト

〔部隊編成の禁止〕

第4条　交戦者ノ為中立国ノ領土ニ於テ戦闘部隊ヲ編成シ又ハ徴募事務所ヲ開設スルコトヲ得ス

第5条　中立国ハ其ノ領土ニ於テ第2条乃至第4条ニ掲ケタル一切ノ行為ヲ寛容スヘカラサルモノトス

② 中立国ハ其ノ領土ニ於テ行ハレタルモノニ非サレハ中立違反ノ行為ヲ処罰スルヲ要セサルモノトス

〔中立国の責務〕

第6条 中立国ハ交戦者ノ一方ノ勤務ニ服スル為個人カ箇箇ニ其ノ国境ヲ通過スルノ事実ニ付其ノ責ニ任セス

〔同上〕

第7条 中立国ハ交戦者ノ一方又ハ他方ノ為ニスル兵器、弾薬其ノ他軍隊又ハ艦隊ノ用ニ供シ得ヘキ一切ノ物件ノ輸出又ハ通過ヲ防止スルヲ要セサルモノトス

〔中立国の中立行為〕

第8条 中立国ハ其ノ所有ニ属スルト会社又ハ個人ノ所有ニ属スルトヲ問ハス交戦者ノ為ニ電信又ハ電話ノ線条並無線電信機ヲ使用スルコトヲ禁止シ又ハ制限スルヲ要セサルモノトス

〔公平な規定の適用〕

第9条 第7条及第8条ニ規定シタル事項ニ関シ中立国ノ定ムル一切ノ制限又ハ禁止ハ両交戦者ニ対シ一様ニ之ヲ適用スヘキモノトス

② 中立国ハ電信若ハ電話ノ線条又ハ無線電信機ノ所有者タル会社又ハ個人ヲシテ右ノ義務ヲ履行セシムル様監視スヘシ

〔中立のための兵力使用〕

第10条 中立国カ其ノ中立ノ侵害ヲ防止スル事実ハ兵力ヲ用キル場合ト雖之ヲ以テ敵対行為ト認ムルコトヲ得ス

第2章 中立国内ニ於テ留置スル交戦者及救護スル傷者

第11条 交戦国ノ軍ニ属スル軍隊カ中立国領土ニ入リタルトキハ該中立国ハ成ルヘク戦地ヨリ隔離シテ之ヲ留置スヘシ

② 中立国ハ右軍隊ヲ陣営内ニ監置シ且城寨若ハ特ニ之カ為ニ設備シタル場所ニ幽閉スルコトヲ得

③ 許可ナクシテ中立領土ヲ去ラサルノ宣誓ヲ為サシメテ将校ニ自由ヲ与フルト否トハ中立国ニ於テ之ヲ決スヘシ

第12条 特別ノ条約ナキトキハ中立国ハ其ノ留置シタル人員ニ糧食、被服及人道ニ基ク救助ヲ供与スヘシ

② 留置ノ為ニ生シタル費用ハ平和克復ニ至リ償却セラルヘシ

第13条 逃走シタル俘虜カ中立国ニ入リタルトキハ該中立国ハ之ヲ自由ニ任スヘシ若其ノ領土内ニ滞留スルコトヲ寛容スルトキハ之カ居所ヲ指定スルコトヲ得

右規定ハ中立国ノ領土ニ避退スル軍隊ノ引率シタル俘虜ニ之ヲ適用ス

第14条 中立国ハ交戦国ノ軍ニ属スル傷者又ハ病者カ其ノ領土ヲ通過スルヲ許スコトヲ得但シ之ヲ輸送スル列車ニハ戦闘ノ人員及材料ヲ搭載スルコトヲ得サルモノトス此ノ場合ニ於テハ中立国ハ之カ為必要ナル保安及監督ノ処置ヲ執ルヘキモノ

トス

② 交戦者ノ一方カ前記条件ノ下ニ中立領土内ニ引率シタル傷者又ハ病者ニシテ対手交戦者ニ属スヘキ者ハ再ヒ作戦動作ニ加ルコトヲ得サル様該中立国ニ於テ之ヲ監守スヘシ右中立国ハ自己ニ委ネラレタル他方軍隊ノ傷者又ハ病者ニ付同一ノ義務ヲ有スルモノトス

第15条　「ジェネヴァ」条約ハ中立領土ニ留置セラレタル病者及傷者ニ之ヲ適用ス

第3章　中立人

第16条　戦争ニ与ラサル国ノ国民ハ中立人トス

第17条　左ノ場合ニ於テ中立人ハ其ノ中立ヲ主張スルコトヲ得ス

イ　交戦者ニ対シ敵対行為ヲ為ストキ

ロ　交戦者ノ利益ト為ルヘキ行為ヲ為ストキ殊ニ任意ニ交戦国ノ一方ノ軍ニ入リテ服務スルトキ

右ノ場合ニ於テ交戦者ニ対シ中立ヲ守ラサリシ中立人ハ該交戦者ヨリ同一ノ行為ヲ為シタル他方交戦国ノ国民ニ比シ一層厳ナル取扱ヲ受クルコトナシ

第18条　左ニ掲クル事項ハ第17条ロ号ニ所謂交戦者ノ一方ノ利益ト為ルヘキ行為ト認メス

イ　交戦者ノ一方ニ供給ヲ為シ又ハ其ノ公債ニ応スルコト但シ供給者又ハ債主カ他方ノ交戦者ノ領土又ハ其ノ占領地ニ住居セス且供給品カ此等地方ヨリ来ラサルモノナルトキニ限ル

ロ　警察又ハ民政ニ関スル勤務ニ服スルコト

第4章　鉄道材料

第19条　中立国ノ領土ヨリ来リタル鉄道材料ニシテ該中立国又ハ私立会社若ハ個人ニ属シ及属スト認ムヘキモノハ必要已ムヲ得サル場合及程度ニ於テスルノ外交戦者ニ於テ之ヲ徴発使用スルコトヲ得ス右材料ハ成ルヘク速ニ本国ニ送還スヘシ

② 中立国モ亦必要ナル場合ニ於テハ交戦国ノ領土ヨリ来リタル材料ヲ該交戦国カ徴発使用シタル程度以内ニ於テ留置使用スルコトヲ得

右ニ関スル賠償ハ使用シタル材料及使用ノ期間ニ応シテ双方ニ於テ之ヲ為スヘシ

第5章　附則

第20条　本条約ノ規定ハ交戦国カ悉ク本条約ノ当事者ナルトキニ限締約国間ニノミ之ヲ適用ス

第21条　本条約ハ成ルヘク速ニ批准スヘシ

批准書ハ海牙ニ寄託ス

第1回ノ批准書寄託ハ之ニ加リタル諸国ノ代表者及和蘭国外務大臣ノ署名シタ

ル調書ヲ以テ之ヲ証ス

爾後ノ批准書寄託ハ和蘭国政府ニ宛テ且批准書ヲ添附シタル通告書ヲ以テ之ヲ為ス

第１回ノ批准書寄託ニ関スル調書、前項ニ掲ケタル通告書及批准書ノ認証謄本ハ和蘭国政府ヨリ外交上ノ手続ヲ以テ直ニ之ヲ第２回平和会議ニ招請セラレタル諸国及本条約ニ加盟スル他ノ諸国ニ交付スヘシ前項ニ掲ケタル場合ニ於テハ和蘭国政府ハ同時ニ通告書ヲ接受シタル日ヲ通知スルモノトス

第22条　記名国ニ非サル諸国ハ本条約ニ加盟スルコトヲ得

加盟セムト欲スル国ハ書面ヲ以テ其ノ意思ヲ和蘭国政府ニ通告シ且加盟書ヲ送付シ之ヲ和蘭国政府ノ文庫ニ寄託スヘシ

和蘭国政府ハ直ニ通告書及加盟書ノ認証謄本ヲ爾余ノ諸国ニ送付シ且右通告書ヲ接受シタル日ヲ通知スヘシ

第23条　本条約ハ第１回ノ批准書寄託ニ加リタル諸国ニ対シテハ其ノ寄託ノ調書ノ日附ヨリ60日ノ後又其ノ後ニ批准シ又ハ加盟スル諸国ニ対シテハ和蘭国政府カ右批准又ハ加盟ノ通告ヲ接受シタルトキヨリ60日ノ後ニ其ノ効力ヲ生スルモノトス

第24条　締約国中本条約ヲ廃棄セムト欲スルモノアルトキハ書面ヲ以テ其ノ旨和蘭国政府ニ通告スヘシ

和蘭国政府ハ直ニ通告書ノ認証謄本ヲ爾余ノ諸国ニ送付シ且右通告書ヲ接受シタル日ヲ通知スヘシ

廃棄ハ其ノ通告カ和蘭国政府ニ到達シタルトキヨリ１年ノ後右通告ヲ為シタル国ニ対シテノミ効力ヲ生スルモノトス

第25条　和蘭国外務省ハ帳簿ヲ備ヘ置キ第21条第３項及第４項ニ依リ為シタル批准書寄託ノ日並加盟（第22条第２項）又ハ廃棄（第24条第１項）ノ通告ヲ接受シタル日ヲ記入スルモノトス

各締約国ハ右帳簿ヲ閲覧シ且其ノ認証抄本ヲ請求スルコトヲ得

右証拠トシテ各全権委員本条約ニ署名ス

1907年10月18日海牙ニ於テ本書１通ヲ作リ之ヲ和蘭国政府ノ文庫ニ寄託シ其ノ認証謄本ヲ外交上ノ手続ニ依リ第２回平和会議ニ招請セラレタル諸国ニ交付スヘキモノトス

35 海戦ノ場合ニ於ケル中立国ノ権利義務ニ関スル条約

（1907年の第12ヘーグ条約）（海戦中立条約）

1907年10月18日ヘーグで署名
1910年1月26日効力発生

明治44年11月6日批准
明治44年12月13日批准書寄託
明治45年1月13日公布（条約第12号）
明治45年2月12日効力発生

朕枢密顧問ノ諮詢ヲ経テ明治40年10月18日和蘭国海牙ニ於テ第2回万国平和会議ニ賛同シタル帝国及各国全権委員ノ間ニ議定シ帝国全権委員カ第19条及第23条ヲ留保シテ署名シタル海戦ノ場合ニ於ケル中立国ノ権利義務ニ関スル条約ヲ批准シ茲ニ之ヲ公布セシム

海戦ノ場合ニ於ケル中立国ノ権利義務ニ関スル条約

独逸皇帝普魯西国皇帝陛下（以下の締約国元首・全権委員名、略）

因テ各全権委員ハ其ノ良好妥当ナリト認メラレタル委任状ヲ寄託シタル後左ノ条項ヲ協定セリ

〔中立国の主権の尊重〕

第1条　交戦者ハ中立国ノ主権ヲ尊重シ且中立国ニ於テ寛容ノ結果其ノ中立違反ヲ構成スルニ至ルヘキ一切ノ行為ヲ中立領土又ハ領水ニ於テ行フコトヲ避クルコトヲ要ス

〔中立侵犯行為の厳禁〕

第2条　交戦国軍艦カ中立国領水ニ於テ捕獲及臨検捜索権ノ行使其ノ他一切ノ敵対行為ヲ行フコトハ中立ノ侵犯ヲ構成スルモノトシ之ヲ厳禁ス

〔中立国領水で捕獲された船舶の取扱〕

第3条　船舶カ中立国領水ニ於テ捕獲セラレタル場合ニ於テ該国ハ捕獲セラレタル船舶カ尚其ノ管轄内ニ在ルトキハ其ノ職員及船員ト共ニ之ヲ解放スル為且捕獲者ガ右船舶ニ乗込マシメタル艦員ヲ抑留スル為施シ得ヘキ一切ノ手段ヲ尽スコトヲ要ス

右捕獲セラレタル船舶カ既ニ中立国ノ管轄外ニ在ルトキハ捕獲国政府ハ右中立国ノ要求ニ依リ該船舶ヲ其ノ職員及船員ト共ニ解放スルコトヲ要ス

〔捕獲審検所の設置〕

第4条　交戦者ハ中立領土内又ハ中立領水ニ在ル船舶内ニ捕獲審検所ヲ設クルコトヲ得ス

〔中立港等を根拠地とすることの禁止〕

第5条　交戦者ハ中立ノ港及領水ヲ以テ敵ニ対スル海軍作戦根拠地ト為スコトヲ得ス

殊ニ無線電信局又ハ陸上若ハ海上ニ於ケル交戦国兵力トノ通信ノ用ニ供スヘキ一切ノ器械ヲ設置スルコトヲ得ス

〔中立国の責務〕

第6条　中立国ハ如何ナル名義ヲ以テスルヲ問ハス交戦国ニ対シ直接又ハ間接ニ軍艦、弾薬又ハ一切ノ軍用材料ヲ交付スルコトヲ得ス

〔中立国の中立行為〕

第7条　中立国ハ交戦者ノ一方又ハ他方ノ為ニスル兵器、弾薬其ノ他軍隊又ハ艦隊ノ用ニ供シ得ヘキ一切ノ物件ノ輸出又ハ通過ヲ防止スルヲ要セサルモノトス

第8条　中立国政府ハ自己ト平和関係ヲ有スル国ニ対シ巡邏ノ用ニ供シ又ハ敵対行為ニ加ルヘキモノト信スヘキ相当ノ理由アル一切ノ船舶カ其ノ管轄内ニ於テ艤装又ハ武装セラルルコトヲ防止スル為施シ得ヘキ手段ヲ尽スコトヲ要ス

中立国政府ハ又巡邏ノ用ニ供シ又ハ敵対行為ニ加ルヘキ船舶ニシテ其ノ管轄内ニ於テ全部又ハ一部戦争ノ用途ニ適合セシメタルモノハ総テ其ノ管轄外ニ出発スルコトヲ防止スル為同様ノ監視ヲ為スコトヲ要ス

第9条　中立国ハ其ノ港、泊地又ハ領水ニ交戦国軍艦又ハ其ノ捕獲シタル船舶ヲ入ラシムルコトニ関シテ定メタル条件、制限又ハ禁止ヲ交戦者双方ニ対シテ均等ニ適用スルコトヲ要ス

②　中立国ハ其ノ定メタル命令及規則ヲ遵守スルコトヲ怠リ又ハ中立ヲ侵害シタル交戦国艦船ニ対シ其ノ港又ハ泊地ニ入ルヲ禁スルコトヲ得

第10条　交戦国軍艦及其ノ捕獲シタル船舶カ単ニ中立領水ヲ通過スルコトハ其ノ国ノ中立ヲ侵害スルモノニ非ス

第11条　中立国ハ其ノ公許水先人ヲ交戦国軍艦ニ於テ使用スルニ任スコトヲ得

第12条　中立国ノ法令中別段ノ規定ナキトキハ交戦国軍艦ハ本条約ニ規定シタル場合ヲ除クノ外24時間以上中立国ノ港、泊地又ハ領水ニ碇泊スルコトヲ得ス

第13条　開戦ノ通知ヲ受ケタル国カ自国ノ港、泊地又ハ領水ニ交戦国軍艦ノ在ルコトヲ知リタルトキハ該国ハ右軍艦ニ対シ24時間内又ハ自国法令ニ規定シタル期間内ニ出発スヘキコトヲ通告スルコトヲ要ス

第14条　交戦国軍艦ハ破損ノ為又ハ海上ノ状態ニ因ル場合ヲ除クノ外法定期間以上中立港内ノ碇泊ヲ延長スルコトヲ得ス右軍艦ハ遅延ノ原因止ムトキハ直ニ出発スヘキモノトス

中立ノ港、泊地及領水ニ於ケル碇泊ノ制限ニ関スル規則ハ専ラ宗教、学術又ハ博愛ノ任務ヲ有スル軍艦ニ之ヲ適用セス

第15条　中立国ノ法令中別段ノ規定ナキトキハ該国ノ港又ハ泊地ノ１ニ同時ニ滞在シ得ヘキ各交戦国軍艦ノ数ハ３隻ヲ超ユルコトヲ得ス

第16条　交戦国双方ノ軍艦カ同時ニ中立国ノ港又ハ泊地ノ１ニ在ルトキハ一方ノ軍艦ノ出発ト他方ノ軍艦ノ出発トノ間ニ少クモ24時間ヲ経過セシムルコトヲ要ス

②　出発ノ順序ハ到著ノ順序ニ依リテ之ヲ定ム但シ最初到著シタル軍艦ニシテ碇泊ノ法定期間ノ延長ヲ許可セラルル場合ニハ此ノ限ニ在ラス

③　交戦国軍艦ハ其ノ対手国ノ国旗ヲ掲クル商船カ中立ノ港又ハ泊地ヲ出発シタル後24時間内ニ出発スルコトヲ得ス

第17条　交戦国軍艦ハ中立ノ港及泊地ニ於テ航海ノ安全ニ欠クヘカラサル程度以上ニ其ノ破損ヲ修理シ且如何ナル方法ニ依ルヲ問ハス其ノ戦闘力ヲ増加スルコトヲ得ス

　中立国官憲ハ実行スヘキ修理ノ範囲ヲ定メ為シ得ル限速ニ之ヲ行ハシムヘシ

第18条　交戦国軍艦ハ其ノ軍需品又ハ武装ヲ更新又ハ増加スル為及其ノ艦員ヲ補充スル為中立ノ港、泊地及領水ヲ使用スルコトヲ得ス

第19条　交戦国軍艦ハ平時ニ於ケル軍需品ノ通常搭載量ヲ補充スル場合ニ限中立ノ港又ハ泊地ニ於テ其ノ積入ヲ為スコトヲ得

　右軍艦ハ又最近本国港ニ達スル為ニ必要ナル量ニ限燃料ヲ積入ルルコトヲ得

　中立国カ供給スヘキ燃料額ヲ定ムルニ付軍艦ノ燃料艙ノ全容量ヲ補充スルヲ許スノ制ヲ採レル場合ニ於テハ交戦国軍艦ハ該中立国ニ在リテハ前記ノ量ヲ補充スルニ必要ナル燃料ヲ積入ルルコトヲ得

②　中立国ノ法規ニ依リ軍艦カ其ノ到着ヨリ24時間ノ後ニ非サレハ石炭ノ供給ヲ受クルヲ得サルトキハ法定ノ碇泊期間ヲ24時間延長スルモノトス

第20条　交戦国軍艦ニシテ中立国ノ港ニ於テ燃料ヲ積入レタルモノハ３月ヲ経過スルニ非サレハ同一中立国ノ港ニ於テ再ヒ其ノ積入ヲ為スコトヲ得ス

第21条　捕獲シタル船舶ハ航海ノ不能、海上ノ険悪又ハ燃料若ハ糧食ノ欠乏ノ事由ニ因ルニ非サレハ之ヲ中立港内ニ引致スルコトヲ得ス

　右船舶ハ其ノ入港ヲ正当ナラシムルノ事由止ミタルトキハ直ニ出発スヘキモノトス出発セサルトキハ中立国ハ直ニ出発ヲ命スヘク之ニ従ハサルトキハ其ノ職員及船員ト共ニ該船舶ヲ解放シ且捕獲者カ船内ニ乗組マシメタル艦員ヲ留置スル為施シ得ヘキ手段ヲ尽スヘキモノトス

第22条　中立国ハ又捕獲セラレタル船舶ニシテ第21条ニ規定シタル条件ニ依ラスシテ引致セラレタルモノヲ解放スルコトヲ要ス

第23条　捕獲セラレタル船舶カ捕獲審検所ノ検定アル迄之ヲ拘置スル為引致セラレタル場合ニ於テハ中立国ハ其ノ護送セラルルト否トヲ問ハス之カ自国ノ港又ハ泊地ニ入ルヲ許スコトヲ得該中立国ハ右船舶ヲ自国ノ他ノ港ニ移サシムルコトヲ得ヘシ

②　捕獲セラレタル船舶カ軍艦ニ由リ護送セラレタルトキハ捕獲者カ該船ニ乗組マシメタル将校其ノ他ノ艦員ハ護送艦ニ転乗スルコトヲ許サルヘシ

③　捕獲セラレタル船舶カ単独ニ航行シ来ルトキハ捕獲者カ之ニ乗組マシメタル艦

員ハ自由ニ任スヘシ

第24条　交戦国軍艦ニシテ中立官憲ノ通告アルニ拘ラス滞留スルノ権利ヲ有セサル港ヲ去ラサルトキハ中立国ハ該軍艦ヲシテ戦争ノ継続中出航スルコト能ハサラシムル為必要ト認ムル手段ヲ執ルコトヲ得該軍艦ノ艦長ハ右手段ノ実行ヲ容易ナラシムルコトヲ要ス

② 交戦国軍艦中立国ノ為ニ抑留セラルルトキハ将校其ノ他ノ艦員モ亦均シク抑留セラルヘシ

右抑留セラレタル将校其ノ他ノ艦員ハ之ヲ該軍艦内ニ留メ又ハ他ノ船舶内若ハ陸上ニ宿泊セシムルコトヲ得ヘク且之ヲシテ必要ナリト認ムル制限的規律ニ服セシムルコトヲ得ルモノトス但シ軍艦ノ保存上必要ナル人員ヲ常ニ艦内ニ残シ置クコトヲ要ス

③ 将校ハ許可ナクシテ該中立領土ヲ去ラサル旨宣誓セシメタル上之ニ自由ヲ与フルコトヲ得

第25条　中立国ハ其ノ港、泊地及領水ニ於テ前記規定ニ対スル一切ノ違反ヲ防止セムカ為施シ得ヘキ手段ニ依ル監視ヲ行フコトヲ要ス

第26条　中立国カ本条約ニ規定スル権利ヲ実行スルコトハ之ニ関スル条項ヲ承認シタル交戦者ノ一方又ハ他方ニ於テ友誼ニ戻リタル行為ト認ムルコトヲ得サルモノトス

第27条　各締約国ハ其ノ港及領水ニ於ケル交戦国軍艦ノ取扱ヲ定メタル一切ノ法令其ノ他ノ規定ヲ適当ナル時期ニ於テ相互ニ通知スヘク之カ為当該国ヨリ和蘭国政府ニ通告ヲ為シ同国政府ヨリ直ニ之ヲ他ノ締約国ニ移牒スルモノトス

第28条　本条約ノ規定ハ交戦者カ悉ク本条約ノ当事者ナルトキニ限締約国間ニノミ之ヲ適用ス

第29条　本条約ハ成ルヘク速ニ批准スヘシ

批准書ハ海牙ニ寄託ス

第１回ノ批准書寄託ハ之ニ加リタル諸国ノ代表者及和蘭国外務大臣ノ署名シタル調書ヲ以テ之ヲ証ス

爾後ノ批准書寄託ハ和蘭国政府ニ宛テ且批准書ヲ添附シタル通告書ヲ以テ之ヲ為ス

第１回ノ批准書寄託ニ関スル調書、前項ニ掲ケタル通告書及批准書ノ認証謄本ハ和蘭国政府ヨリ外交上ノ手続ヲ以テ直ニ之ヲ第２回平和会議ニ招請セラレタル諸国及本条約ニ加盟スル他ノ諸国ニ交付スヘシ前項ニ掲ケタル場合ニ於テハ和蘭国政府ハ同時ニ通告書ヲ接受シタル日ヲ通知スルモノトス

第30条　記名国ニ非サル諸国ハ本条約ニ加盟スルコトヲ得

加盟セムト欲スル国ハ書面ヲ以テ其ノ意思ヲ和蘭国政府ニ通告シ且加盟書ヲ送付シ之ヲ和蘭国政府ノ文庫ニ寄託スヘシ

和蘭国政府ハ直ニ通告書及加盟書ノ認証謄本ヲ爾余ノ諸国ニ送付シ且右通告書

ヲ接受シタル日ヲ通知スヘシ

第31条　本条約ハ第１回ノ批准書寄託ニ加リタル諸国ニ対シテハ其ノ寄託ノ調書ノ日附ヨリ60日ノ後又其ノ後ニ批准シ又ハ加盟スル諸国ニ対シテハ和蘭国政府カ右批准又ハ加盟ノ通告ヲ接受シタルトキヨリ60日ノ後ニ其ノ効力ヲ生スルモノトス

第32条　締約国中本条約ヲ廃棄セムト欲スルモノアルトキハ書面ヲ以テ其ノ旨和蘭国政府ニ通告スヘシ和蘭国政府ハ直ニ通告書ノ認証謄本ヲ爾余ノ諸国ニ送付シ且右通告書ヲ接受シタル日ヲ通知スヘシ

廃棄ハ其ノ通告カ和蘭国政府ニ到達シタルトキヨリ１年ノ後右通告ヲ為シタル国ニ対シテノミ効力ヲ生スルモノトス

第33条　和蘭国外務省ハ帳簿ヲ備ヘ置キ第29条第３項及第４項ニ依リ為シタル批准書寄託ノ日並加盟（第30条第２項）又ハ廃棄（第32条第１項）ノ通告ヲ接受シタル日ヲ記入スルモノトス

各締約国ハ右帳簿ヲ閲覧シ且其ノ認証抄本ヲ請求スルコトヲ得

右証拠トシテ各全権委員本条約ニ署名ス

1907年10月18日海牙ニ於テ本書１通ヲ作リ之ヲ和蘭国政府ノ文庫ニ寄託シ其ノ認証謄本ヲ外交上ノ手続ニ依リ第２回平和会議ニ招請セラレタル諸国ニ交付スヘキモノトス

VII

国際組織等に関する条約

国際連合憲章

国際司法裁判所規程

国際連合要員及び関連要員の安全に関する条約

海洋法に関する国際連合条約（抄）

国際刑事裁判所に関するローマ規程

平成19年外務省告示第418号

36 国際連合憲章

(国連憲章)

昭和31年12月19日公布（条約第26号）

（改正）
昭和40年9月8日（条約第12号）
昭和43年7月27日（外務省告示第183号）
昭和48年10月23日（条約第12号）

国際連合憲章をここに公布する。

国際連合憲章

われら連合国の人民は、

われらの一生のうちに2度まで言語に絶する悲哀を人類に与えた戦争の惨害から将来の世代を救い、

基本的人権と人間の尊厳及び価値と男女及び大小各国の同権とに関する信念をあらためて確認し、

正義と条約その他の国際法の源泉から生ずる義務の尊重とを維持することができる条件を確立し、

一層大きな自由の中で社会的進歩と生活水準の向上とを促進すること

並びに、このために、

寛容を実行し、且つ、善良な隣人として互に平和に生活し、

国際の平和及び安全を維持するためにわれらの力を合わせ、

共同の利益の場合を除く外は武力を用いないことを原則の受諾と方法の設定によつて確保し、

すべての人民の経済的及び社会的発達を促進するために国際機構を用いることを決意して、

これらの目的を達成するために、われらの努力を結集することに決定した。

よつて、われらの各自の政府は、サン・フランシスコ市に会合し、全権委任状を示してそれが良好妥当であると認められた代表者を通じて、この国際連合憲章に同意したので、ここに国際連合という国際機構を設ける。

第1章　目的及び原則

第1条

国際連合の目的は、次のとおりである。

1　国際の平和及び安全を維持すること。そのために、平和に対する脅威の防止及び除去と侵略行為その他の平和の破壊の鎮圧とのため有効な集団的措置をとること並びに平和を破壊するに至る虞のある国際的の紛争又は事態の調整又は解決を平和的手段によつて且つ正義及び国際法の原則に従つて実現すること。

2　人民の同権及び自決の原則の尊重に基礎をおく諸国間の友好関係を発展させること並びに世界平和を強化するために他の適当な措置をとること。

3　経済的、社会的、文化的又は人道的性質を有する国際問題を解決することについて、並びに人種、性、言語又は宗教による差別なくすべての者のために人権及び基本的自由を尊重するように助長奨励することについて、国際協力を達成すること。

4　これらの共通の目的の達成に当つて諸国の行動を調和するための中心となること。

第2条

この機構及びその加盟国は、第1条に掲げる目的を達成するに当つては、次の原則に従つて行動しなければならない。

1　この機構は、そのすべての加盟国の主権平等の原則に基礎をおいている。

2　すべての加盟国は、加盟国の地位から生ずる権利及び利益を加盟国のすべてに保障するために、この憲章に従つて負つている義務を誠実に履行しなければならない。

3　すべての加盟国は、その国際紛争を平和的手段によつて国際の平和及び安全並びに正義を危くしないように解決しなければならない。

4　すべての加盟国は、その国際関係において、武力による威嚇又は武力の行使を、いかなる国の領土保全又は政治的独立に対するものも、また、国際連合の目的と両立しない他のいかなる方法によるものも慎まなければならない。

5　すべての加盟国は、国際連合がこの憲章に従つてとるいかなる行動についても国際連合にあらゆる援助を与え、且つ、国際連合の防止行動又は強制行動の対象となつているいかなる国に対しても援助の供与を慎まなければならない。

6　この機構は、国際連合加盟国でない国が、国際の平和及び安全の維持に必要な限り、これらの原則に従つて行動することを確保しなければならない。

7　この憲章のいかなる規定も、本質上いずれかの国の国内管轄権内にある事項に干渉する権限を国際連合に与えるものではなく、また、その事項をこの憲章に基く解決に付託することを加盟国に要求するものでもない。但し、この原則は、第7章に基く強制措置の適用を妨げるものではない。

第2章　加盟国の地位

第3条

国際連合の原加盟国とは、サン・フランシスコにおける国際機構に関する連合国会議に参加した国又はさきに1942年1月1日の連合国宣言に署名した国で、この憲章に署名し、且つ、第110条に従つてこれを批准するものをいう。

第4条

1　国際連合における加盟国の地位は、この憲章に掲げる義務を受諾し、且つ、この機構によつてこの義務を履行する能力及び意思があると認められる他のすべての平和愛好国に開放されている。

2　前記の国が国際連合加盟国となることの承認は、安全保障理事会の勧告に基いて、総会の決定によつて行われる。

第5条

安全保障理事会の防止行動又は強制行動の対象となつた国際連合加盟国に対しては、総会が、安全保障理事会の勧告に基いて、加盟国としての権利及び特権の行使を停止することができる。これらの権利及び特権の行使は、安全保障理事会が回復することができる。

第6条

この憲章に掲げる原則に執ように違反した国際連合加盟国は、総会が、安全保障理事会の勧告に基いて、この機構から除名することができる。

第3章　機関

第7条

1　国際連合の主要機関として、総会、安全保障理事会、経済社会理事会、信託統治理事会、国際司法裁判所及び事務局を設ける。

2　必要と認められる補助機関は、この憲章に従つて設けることができる。

第8条

国際連合は、その主要機関及び補助機関に男女がいかなる地位にも平等の条件で参加する資格があることについて、いかなる制限も設けてはならない。

第4章　総会

構成

第9条

1　総会は、すべての国際連合加盟国で構成する。

2　各加盟国は、総会において5人以下の代表者を有するものとする。

任務及び権限

第10条

総会は、この憲章の範囲内にある問題若しくは事項又はこの憲章に規定する機関の権限及び任務に関する問題若しくは事項を討議し、並びに、第12条に規定する場合を除く外、このような問題又は事項について国際連合加盟国若しくは安全保障理事会又はこの両者に対して勧告をすることができる。

第11条

1　総会は、国際の平和及び安全の維持についての協力に関する一般原則を、軍備縮少及び軍備規制を律する原則も含めて、審議し、並びにこのような原則について加盟国若しくは安全保障理事会又はこの両者に対して勧告をすることができる。

2　総会は、国際連合加盟国若しくは安全保障理事会によつて、又は第35条２に従い国際連合加盟国でない国によつて総会に付託される国際の平和及び安全の維持に関するいかなる問題も討議し、並びに、第12条に規定する場合を除く外、このような問題について、１若しくは２以上の関係国又は安全保障理事会あるいはこの両者に対して勧告をすることができる。このような問題で行動を必要とするものは、討議の前又は後に、総会によつて安全保障理事会に付託されなければならない。

3　総会は、国際の平和及び安全を危くする虞のある事態について、安全保障理事会の注意を促すことができる。

4　本条に掲げる総会の権限は、第10条の一般的範囲を制限するものではない。

第12条

1　安全保障理事会がこの憲章によつて与えられた任務をいずれかの紛争又は事態について遂行している間は、総会は、安全保障理事会が要請しない限り、この紛争又は事態について、いかなる勧告もしてはならない。

2　事務総長は、国際の平和及び安全の維持に関する事項で安全保障理事会が取り扱つているものを、その同意を得て、会期ごとに総会に対して通告しなければならない。事務総長は、安全保障理事会がその事項を取り扱うことをやめた場合にも、直ちに、総会又は、総会が開会中でないときは、国際連合加盟国に対して同様に通告しなければならない。

第13条

1　総会は、次の目的のために研究を発議し、及び勧告をする。

a　政治的分野において国際協力を促進すること並びに国際法の漸進的発達及び法典化を奨励すること。

b　経済的、社会的、文化的、教育的及び保健的分野において国際協力を促進すること並びに人種、性、言語又は宗教による差別なくすべての者のために人権及び基本的自由を実現するように援助すること。

2　前記の１ｂに掲げる事項に関する総会の他の責任、任務及び権限は、第９章及び第10章に掲げる。

第14条

第12条の規定を留保して、総会は、起因にかかわりなく、一般的福祉又は諸国間の友好関係を害する虞があると認めるいかなる事態についても、これを平和的に調整するための措置を勧告することができる。この事態には、国際連合の目的及び原則を定めるこの憲章の規定の違反から生ずる事態が含まれる。

第15条

1　総会は、安全保障理事会から年次報告及び特別報告を受け、これを審議する。この報告は、安全保障理事会が国際の平和及び安全を維持するために決定し、又はとつた措置の説明を含まなければならない。

2 総会は、国際連合の他の機関から報告を受け、これを審議する。

第16条

総会は、第12章及び第13章に基いて与えられる国際信託統治制度に関する任務を遂行する。この任務には、戦略地区として指定されない地区に関する信託統治協定の承認が含まれる。

第17条

1 総会は、この機構の予算を審議し、且つ、承認する。

2 この機構の経費は、総会によつて割り当てられるところに従つて、加盟国が負担する。

3 総会は、第57条に掲げる専門機関との財政上及び予算上の取極を審議し、且つ、承認し、並びに、当該専門機関に勧告をする目的で、この専門機関の行政的予算を検査する。

表決

第18条

1 総会の各構成国は、1個の投票権を有する。

2 重要問題に関する総会の決定は、出席し且つ投票する構成国の3分の2の多数によつて行われる。重要問題には、国際の平和及び安全の維持に関する勧告、安全保障理事会の非常任理事国の選挙、経済社会理事会の理事国の選挙、第86条1cによる信託統治理事会の理事国の選挙、新加盟国の国際連合への加盟の承認、加盟国としての権利及び特権の停止、加盟国の除名、信託統治制度の運用に関する問題並びに予算問題が含まれる。

3 その他の問題に関する決定は、3分の2の多数によつて決定されるべき問題の新たな部類の決定を含めて、出席し且つ投票する構成国の過半数によつて行われる。

第19条

この機構に対する分担金の支払が延滞している国際連合加盟国は、その延滞金の額がその時までの満2年間にその国から支払われるべきであつた分担金の額に等しいか又はこれをこえるときは、総会で投票権を有しない。但し、総会は、支払の不履行がこのような加盟国にとつてやむを得ない事情によると認めるときは、その加盟国に投票を許すことができる。

手続

第20条

総会は、年次通常会期として、また、必要がある場合に特別会期として会合する。特別会期は、安全保障理事会の要請又は国際連合加盟国の過半数の要請があつたとき、事務総長が招集する。

第21条

総会は、その手続規則を採択する。総会は、その議長を会期ごとに選挙する。

第22条
総会は、その任務の遂行に必要と認める補助機関を設けることができる。

第5章　安全保障理事会

構成

第23条
1　安全保障理事会は、15の国際連合加盟国で構成する。中華民国、フランス、ソヴィエト社会主義共和国連邦、グレート・ブリテン及び北部アイルランド連合王国及びアメリカ合衆国は、安全保障理事会の常任理事国となる。総会は、第1に国際の平和及び安全の維持とこの機構のその他の目的とに対する国際連合加盟国の貢献に、更に衡平な地理的分配に特に妥当な考慮を払つて、安全保障理事会の非常任理事国となる他の10の国際連合加盟国を選挙する。
2　安全保障理事会の非常任理事国は、2年の任期で選挙される。安全保障理事会の理事国の定数が11から15に増加された後の第1回の非常任理事国の選挙では、追加の4理事国のうち2理事国は、1年の任期で選ばれる。退任理事国は、引き続いて再選される資格がない。
3　安全保障理事会の各理事国は、1人の代表者を有する。

任務及び権限

第24条
1　国際連合の迅速且つ有効な行動を確保するために、国際連合加盟国は、国際の平和及び安全の維持に関する主要な責任を安全保障理事会に負わせるものとし、且つ、安全保障理事会がこの責任に基く義務を果すに当つて加盟国に代つて行動することに同意する。
2　前記の義務を果すに当つては、安全保障理事会は、国際連合の目的及び原則に従つて行動しなければならない。この義務を果すために安全保障理事会に与えられる特定の権限は、第6章、第7章、第8章及び第12章で定める。
3　安全保障理事会は、年次報告を、また、必要があるときは特別報告を総会に審議のため提出しなければならない。

第25条
国際連合加盟国は、安全保障理事会の決定をこの憲章に従つて受諾し且つ履行することに同意する。

第26条
世界の人的及び経済的資源を軍備のために転用することを最も少くして国際の平和及び安全の確立及び維持を促進する目的で、安全保障理事会は、軍備規制の方式を確立するため国際連合加盟国に提出される計画を、第47条に掲げる軍事参謀委員会の援助を得て、作成する責任を負う。

表決

第27条

1　安全保障理事会の各理事会は、1個の投票権を有する。

2　手続事項に関する安全保障理事会の決定は、9理事国の賛成投票によつて行われる。

3　その他のすべての事項に関する安全保障理事会の決定は、常任理事国の同意投票を含む9理事国の賛成投票によつて行われる。但し、第6章及び第52条3に基く決定については、紛争当事国は、投票を棄権しなければならない。

手続

第28条

1　安全保障理事会は、継続して任務を行うことができるように組織する。このために、安全保障理事会の各理事国は、この機構の所在地に常に代表者をおかなければならない。

2　安全保障理事会は、定期会議を開く。この会議においては、各理事国は、希望すれば、閣員又は特に指名する他の代表者によつて代表されることができる。

3　安全保障理事会は、その事業を最も容易にすると認めるこの機構の所在地以外の場所で、会議を開くことができる。

第29条

安全保障理事会は、その任務の遂行に必要と認める補助機関を設けることができる。

第30条

安全保障理事会は、議長を選定する方法を含むその手続規則を採択する。

第31条

安全保障理事会の理事国でない国際連合加盟国は、安全保障理事会に付託された問題について、理事会がこの加盟国の利害に特に影響があると認めるときはいつでも、この問題の討議に投票権なしで参加することができる。

第32条

安全保障理事会の理事国でない国際連合加盟国又は国際連合加盟国でない国は、安全保障理事会の審議中の紛争の当事者であるときは、この紛争に関する討議に投票権なしで参加するように勧誘されなければならない。安全保障理事会は、国際連合加盟国でない国の参加のために公正と認める条件を定める。

第6章　紛争の平和的解決

第33条

1　いかなる紛争でもその継続が国際の平和及び安全の維持を危くする虞のあるものについては、その当事者は、まず第1に、交渉、審査、仲介、調停、仲裁裁判、司法的解決、地域的機関又は地域的取極の利用その他当事者が選ぶ平和的手段による解決を求めなければならない。

2　安全保障理事会は、必要と認めるときは、当事者に対して、その紛争を前記の手段によつて解決するように要請する。

第34条

安全保障理事会は、いかなる紛争についても、国際的摩擦に導き又は紛争を発生させる虞のあるいかなる事態についても、その紛争又は事態の継続が国際の平和及び安全の維持を危くする虞があるかどうかを決定するために調査することができる。

第35条

1　国際連合加盟国は、いかなる紛争についても、第34条に掲げる性質のいかなる事態についても、安全保障理事会又は総会の注意を促すことができる。

2　国際連合加盟国でない国は、自国が当事者であるいかなる紛争についても、この憲章に定める平和的解決の義務をこの紛争についてあらかじめ受諾すれば、安全保障理事会又は総会の注意を促すことができる。

3　本条に基いて注意を促された事項に関する総会の手続は、第11条及び第12条の規定に従うものとする。

第36条

1　安全保障理事会は、第33条に掲げる性質の紛争又は同様の性質の事態のいかなる段階においても、適当な調整の手続又は方法を勧告することができる。

2　安全保障理事会は、当事者が既に採用した紛争解決の手続を考慮に入れなければならない。

3　本条に基いて勧告をするに当つては、安全保障理事会は、法律的紛争が国際司法裁判所規程の規定に従い当事者によつて原則として同裁判所に付託されなければならないことも考慮に入れなければならない。

第37条

1　第33条に掲げる性質の紛争の当事者は、同条に示す手段によつてこの紛争を解決することができなかつたときは、これを安全保障理事会に付託しなければならない。

2　安全保障理事会は、紛争の継続が国際の平和及び安全の維持を危くする虞が実際にあると認めるときは、第36条に基く行動をとるか、適当と認める解決条件を勧告するかのいずれかを決定しなければならない。

第38条

第33条から第37条までの規定にかかわらず、安全保障理事会は、いかなる紛争についても、すべての紛争当事者が要請すれば、その平和的解決のためにこの当事者に対して勧告をすることができる。

第７章　平和に対する脅威、平和の破壊及び侵略行為に関する行動

第39条

安全保障理事会は、平和に対する脅威、平和の破壊又は侵略行為の存在を決定し、

並びに、国際の平和及び安全を維持し又は回復するために、勧告をし、又は第41条及び第42条に従つていかなる措置をとるかを決定する。

第40条

事態の悪化を防ぐため、第39条の規定により勧告をし、又は措置を決定する前に、安全保障理事会は、必要又は望ましいと認める暫定措置に従うように関係当事者に要請することができる。この暫定措置は、関係当事者の権利、請求権又は地位を害するものではない。安全保障理事会は、関係当事者がこの暫定措置に従わなかつたときは、そのことに妥当な考慮を払わなければならない。

第41条

安全保障理事会は、その決定を実施するために、兵力の使用を伴わないいかなる措置を使用すべきかを決定することができ、且つ、この措置を適用するように国際連合加盟国に要請することができる。この措置は、経済関係及び鉄道、航海、航空、郵便、電信、無線通信その他の運輸通信の手段の全部又は一部の中断並びに外交関係の断絶を含むことができる。

第42条

安全保障理事会は、第41条に定める措置では不充分であろうと認め、又は不充分なことが判明したと認めるときは、国際の平和及び安全の維持又は回復に必要な空軍、海軍又は陸軍の行動をとることができる。この行動は、国際連合加盟国の空軍、海軍又は陸軍による示威、封鎖その他の行動を含むことができる。

第43条

1　国際の平和及び安全の維持に貢献するため、すべての国際連合加盟国は、安全保障理事会の要請に基き且つ１又は２以上の特別協定に従つて、国際の平和及び安全の維持に必要な兵力、援助及び便益を安全保障理事会に利用させることを約束する。この便益には、通過の権利が含まれる。

2　前記の協定は、兵力の数及び種類、その出動準備程度及び一般的配置並びに提供されるべき便益及び援助の性質を規定する。

3　前記の協定は、安全保障理事会の発議によつて、なるべくすみやかに交渉する。この協定は、安全保障理事会と加盟国との間又は安全保障理事会と加盟国群との間に締結され、且つ、署名国によつて各自の憲法上の手続に従つて批准されなければならない。

第44条

安全保障理事会は、兵力を用いることに決定したときは、理事会に代表されていない加盟国に対して第43条に基いて負つた義務の履行として兵力を提供するように要請する前に、その加盟国が希望すれば、その加盟国の兵力中の割当部隊の使用に関する安全保障理事会の決定に参加するようにその加盟国を勧誘しなければならない。

第45条

国際連合が緊急の軍事措置をとることができるようにするために、加盟国は、合同の国際的強制行動のため国内空軍割当部隊を直ちに利用に供することができるように保持しなければならない。これらの割当部隊の数量及び出動準備程度並びにその合同行動の計画は、第43条に掲げる１又は２以上の特別協定の定める範囲内で、軍事参謀委員会の援助を得て安全保障理事会が決定する。

第46条

兵力使用の計画は、軍事参謀委員会の援助を得て安全保障理事会が作成する。

第47条

1　国際の平和及び安全の維持のための安全保障理事会の軍事的要求、理事会の自由に任された兵力の使用及び指揮、軍備規制並びに可能な軍備縮少に関するすべての問題について理事会に助言及び援助を与えるために、軍事参謀委員会を設ける。

2　軍事参謀委員会は、安全保障理事会の常任理事国の参謀総長又はその代表者で構成する。この委員会に常任委員として代表されていない国際連合加盟国は、委員会の責任の有効な遂行のため委員会の事業へのその国の参加が必要であるときは、委員会によつてこれと提携するように勧誘されなければならない。

3　軍事参謀委員会は、安全保障理事会の下で、理事会の自由に任された兵力の戦略的指導について責任を負う。この兵力の指揮に関する問題は、後に解決する。

4　軍事参謀委員会は、安全保障理事会の許可を得て、且つ、適当な地域的機関と協議した後に、地域的小委員会を設けることができる。

第48条

1　国際の平和及び安全の維持のための安全保障理事会の決定を履行するのに必要な行動は、安全保障理事会が定めるところに従つて国際連合加盟国の全部又は一部によつてとられる。

2　前記の決定は、国際連合加盟国によつて直接に、また、国際連合加盟国が参加している適当な国際機関におけるこの加盟国の行動によつて履行される。

第49条

国際連合加盟国は、安全保障理事会が決定した措置を履行するに当つて、共同して相互援助を与えなければならない。

第50条

安全保障理事会がある国に対して防止措置又は強制措置をとつたときは、他の国でこの措置の履行から生ずる特別の経済問題に自国が当面したと認めるものは、国際連合加盟国であるかどうかを問わず、この問題の解決について安全保障理事会と協議する権利を有する。

第51条

この憲章のいかなる規定も、国際連合加盟国に対して武力攻撃が発生した場合には、安全保障理事会が国際の平和及び安全の維持に必要な措置をとるまでの間、個別的又は集団的自衛の固有の権利を害するものではない。この自衛権の行使に当つて加盟国がとつた措置は、直ちに安全保障理事会に報告しなければならない。また、この措置は、安全保障理事会が国際の平和及び安全の維持又は回復のために必要と認める行動をいつでもとるこの憲章に基く権能及び責任に対しては、いかなる影響も及ぼすものではない。

第8章　地域的取極

第52条

1　この憲章のいかなる規定も、国際の平和及び安全の維持に関する事項で地域的行動に適当なものを処理するための地域的取極又は地域的機関が存在することを妨げるものではない。但し、この取極又は機関及びその行動が国際連合の目的及び原則と一致することを条件とする。

2　前記の取極を締結し、又は前記の機関を組織する国際連合加盟国は、地方的紛争を安全保障理事会に付託する前に、この地域的取極又は地域的機関によつてこの紛争を平和的に解決するようにあらゆる努力をしなければならない。

3　安全保障理事会は、関係国の発意に基くものであるか安全保障理事会からの付託によるものであるかを問わず、前記の地域的取極又は地域的機関による地方的紛争の平和的解決の発達を奨励しなければならない。

4　本条は、第34条及び第35条の適用をなんら害するものではない。

第53条

1　安全保障理事会は、その権威の下における強制行動のために、適当な場合には、前記の地域的取極又は地域的機関を利用する。但し、いかなる強制行動も、安全保障理事会の許可がなければ、地域的取極に基いて又は地域的機関によつてとられてはならない。もつとも、本条2に定める敵国のいずれかに対する措置で、第107条に従つて規定されるもの又はこの敵国における侵略政策の再現に備える地域的取極において規定されるものは、関係政府の要請に基いてこの機構がこの敵国による新たな侵略を防止する責任を負うときまで例外とする。

2　本条1で用いる敵国という語は、第2次世界戦争中にこの憲章のいずれかの署名国の敵国であつた国に適用される。

第54条

安全保障理事会は、国際の平和及び安全の維持のために地域的取極に基いて又は地域的機関によつて開始され又は企図されている活動について、常に充分に通報されていなければならない。

第9章　経済的及び社会的国際協力

第55条

人民の同権及び自決の原則の尊重に基礎をおく諸国間の平和的且つ友好的関係に

必要な安定及び福祉の条件を創造するために、国際連合は、次のことを促進しなければならない。

a　一層高い生活水準、完全雇用並びに経済的及び社会的の進歩及び発展の条件

b　経済的、社会的及び保健的国際問題と関係国際問題の解決並びに文化的及び教育的国際協力

c　人種、性、言語又は宗教による差別のないすべての者のための人権及び基本的自由の普遍的な尊重及び遵守

第56条

すべての加盟国は、第55条に掲げる目的を達成するために、この機構と協力して、共同及び個別の行動をとることを誓約する。

第57条

1　政府間の協定によつて設けられる各種の専門機関で、経済的、社会的、文化的、教育的及び保健的分野並びに関係分野においてその基本的文書で定めるところにより広い国際的責任を有するものは、第63条の規定に従つて国際連合と連携関係をもたされなければならない。

2　こうして国際連合と連携関係をもたされる前記の機関は、以下専門機関という。

第58条

この機構は、専門機関の政策及び活動を調整するために勧告をする。

第59条

この機構は、適当な場合には、第55条に掲げる目的の達成に必要な新たな専門機関を設けるために関係国間の交渉を発議する。

第60条

この章に掲げるこの機構の任務を果す責任は、総会及び、総会の権威の下に、経済社会理事会に課せられる。理事会は、このために第10章に掲げる権限を有する。

第10章　経済社会理事会

構成

第61条

1　経済社会理事会は、総会によつて選挙される54の国際連合加盟国で構成する。

2　3の規定を留保して、経済社会理事会の18理事国は、3年の任期で毎年選挙される。退任理事国は、引き続いて再選される資格がある。

3　経済社会理事会の理事国の定数が27から54に増加された後の第1回の選挙では、その年の終りに任期が終了する9理事国に代わつて選挙される理事国に加えて、更に27理事国が選挙される。このようにして選挙された追加の27理事国のうち、総会の定めるところに従つて、9理事国の任期は1年の終りに、他の9理事国の任期は2年の終りに終了する。

4　経済社会理事会の各理事国は、1人の代表者を有する。

任務及び権限

第62条

1 経済社会理事会は、経済的、社会的、文化的、教育的及び保健的国際事項並びに関係国際事項に関する研究及び報告を行い、又は発議し、並びにこれらの事項に関して総会、国際連合加盟国及び関係専門機関に勧告をすることができる。

2 理事会は、すべての者のための人権及び基本的自由の尊重及び遵守を助長するために、勧告をすることができる。

3 理事会は、その権限に属する事項について、総会に提出するための条約案を作成することができる。

4 理事会は、国際連合の定める規則に従つて、その権限に属する事項について国際会議を招集することができる。

第63条

1 経済社会理事会は、第57条に掲げる機関のいずれとの間にも、その機関が国際連合と連携関係をもたされるについての条件を定める協定を締結することができる。この協定は、総会の承認を受けなければならない。

2 理事会は、専門機関との協議及び専門機関に対する勧告並びに総会及び国際連合加盟国に対する勧告によつて、専門機関の活動を調整することができる。

第64条

1 経済社会理事会は、専門機関から定期報告を受けるために、適当な措置をとることができる。理事会は、理事会の勧告と理事会の権限に属する事項に関する総会の勧告とを実施するためにとられた措置について報告を受けるため、国際連合加盟国及び専門機関と取極を行うことができる。

2 理事会は、前記の報告に関するその意見を総会に通報することができる。

第65条

経済社会理事会は、安全保障理事会に情報を提供することができる。経済社会理事会は、また、安全保障理事会の要請があつたときは、これを援助しなければならない。

第66条

1 経済社会理事会は、総会の勧告の履行に関して、自己の権限に属する任務を遂行しなければならない。

2 理事会は、国際連合加盟国の要請があつたとき、又は専門機関の要請があつたときは、総会の承認を得て役務を提供することができる。

3 理事会は、この憲章の他の箇所に定められ、又は総会によつて自己に与えられるその他の任務を遂行しなければならない。

表決

第67条

1 経済社会理事会の各理事国は、1個の投票権を有する。

2 経済社会理事会の決定は、出席し且つ投票する理事国の過半数によつて行われる。

手続

第68条

経済社会理事会は、経済的及び社会的分野における委員会、人権の伸張に関する委員会並びに自己の任務の遂行に必要なその他の委員会を設ける。

第69条

経済社会理事会は、いずれの国際連合加盟国に対しても、その加盟国に特に関係のある事項についての審議に投票権なしで参加するように勧誘しなければならない。

第70条

経済社会理事会は、専門機関の代表者が理事会の審議及び理事会の設ける委員会の審議に投票権なしで参加するための取極並びに理事会の代表者が専門機関の審議に参加するための取極を行うことができる。

第71条

経済社会理事会は、その権限内にある事項に関係のある民間団体と協議するために、適当な取極を行うことができる。この取極は、国際団体との間に、また、適当な場合には、関係のある国際連合加盟国と協議した後に国内団体との間に行うことができる。

第72条

1 経済社会理事会は、議長を選定する方法を含むその手続規則を採択する。

2 経済社会理事会は、その規則に従つて必要があるときに会合する。この規則は、理事国の過半数の要請による会議招集の規定を含まなければならない。

第11章 非自治地域に関する宣言

第73条

人民がまだ完全には自治を行うに至つていない地域の施政を行う責任を有し、又は引き受ける国際連合加盟国は、この地域の住民の利益が至上のものであるという原則を承認し、且つ、この地域の住民の福祉をこの憲章の確立する国際の平和及び安全の制度内で最高度まで増進する義務並びにそのために次のことを行う義務を神聖な信託として受諾する。

a 関係人民の文化を充分に尊重して、この人民の政治的、経済的、社会的及び教育的進歩、公正な待遇並びに虐待からの保護を確保すること。

b 各地域及びその人民の特殊事情並びに人民の進歩の異なる段階に応じて、自治を発達させ、人民の政治的願望に妥当な考慮を払い、且つ、人民の自由な政治制度の漸進的発達について人民を援助すること。

c 国際の平和及び安全を増進すること。

d 本条に掲げる社会的、経済的及び科学的目的を実際に達成するために、建設的な発展措置を促進し、研究を奨励し、且つ、相互に及び適当な場合には専門国際団体と協力すること。

e　第12章及び第13章の適用を受ける地域を除く外、前記の加盟国がそれぞれ責任を負う地域における経済的、社会的及び教育的状態に関する専門的性質の統計その他の資料を、安全保障及び憲法上の考慮から必要な制限に従うことを条件として、情報用として事務総長に定期的に送付すること。

第74条

国際連合加盟国は、また、本章の適用を受ける地域に関するその政策を、その本土に関する政策と同様に、世界の他の地域の利益及び福祉に妥当な考慮を払つた上で、社会的、経済的及び商業的事項に関して善隣主義の一般原則に基かせなければならないことに同意する。

第12章　国際信託統治制度

第75条

国際連合は、その権威の下に、国際信託統治制度を設ける。この制度は、今後の個個の協定によつてこの制度の下におかれる地域の施政及び監督を目的とする。この地域は、以下信託統治地域という。

第76条

信託統治制度の基本目的は、この憲章の第１条に掲げる国際連合の目的に従つて、次のとおりとする。

a　国際の平和及び安全を増進すること。

b　信託統治地域の住民の政治的、経済的、社会的及び教育的進歩を促進すること。各地域及びその人民の特殊事情並びに関係人民が自由に表明する願望に適合するように、且つ、各信託統治協定の条項が規定するところに従つて、自治又は独立に向つての住民の漸進的発達を促進すること。

c　人種、性、言語又は宗教による差別なくすべての者のために人権及び基本的自由を尊重するように奨励し、且つ、世界の人民の相互依存の認識を助長すること。

d　前記の目的の達成を妨げることなく、且つ、第80条の規定を留保して、すべての国際連合加盟国及びその国民のために社会的、経済的及び商業的事項について平等の待遇を確保し、また、その国民のために司法上で平等の待遇を確保すること。

第77条

1　信託統治制度は、次の種類の地域で信託統治協定によつてこの制度の下におかれるものに適用する。

a　現に委任統治の下にある地域

b　第２次世界戦争の結果として敵国から分離される地域

c　施政について責任を負う国によつて自発的にこの制度の下におかれる地域

2　前記の種類のうちのいずれの地域がいかなる条件で信託統治制度の下におかれるかについては、今後の協定で定める。

第78条

国際連合加盟国の間の関係は、主権平等の原則の尊重を基礎とするから、信託統治制度は、加盟国となつた地域には適用しない。

第79条

信託統治制度の下におかれる各地域に関する信託統治の条項は、いかなる変更又は改正も含めて、直接関係国によつて協定され、且つ、第83条及び第85条に規定するところに従つて承認されなければならない。この直接関係国は、国際連合加盟国の委任統治の下にある地域の場合には、受任国を含む。

第80条

1　第77条、第79条及び第81条に基いて締結され、各地域を信託統治制度の下におく個個の信託統治協定において協定されるところを除き、また、このような協定が締結される時まで、本章の規定は、いずれの国又はいずれの人民のいかなる権利をも、また、国際連合加盟国がそれぞれ当事国となつている現存の国際文書の条項をも、直接又は間接にどのようにも変更するものと解釈してはならない。

2　本条1は、第77条に規定するところに従つて委任統治地域及びその他の地域を信託統治制度の下におくための協定の交渉及び締結の遅滞又は延期に対して、根拠を与えるものと解釈してはならない。

第81条

信託統治協定は、各場合において、信託統治地域の施政を行うについての条件を含み、且つ、信託統治地域の施政を行う当局を指定しなければならない。この当局は、以下施政権者といい、1若しくは2以上の国又はこの機構自身であることができる。

第82条

いかなる信託統治協定においても、その協定が適用される信託統治地域の一部又は全部を含む1又は2以上の戦略地区を指定することができる。但し、第43条に基いて締結される特別協定を害してはならない。

第83条

1　戦略地区に関する国際連合のすべての任務は、信託統治協定の条項及びその変更又は改正の承認を含めて、安全保障理事会が行う。

2　第76条に掲げる基本目的は、各戦略地区の人民に適用する。

3　安全保障理事会は、国際連合の信託統治制度に基く任務で戦略地区の政治的、経済的、社会的及び教育的事項に関するものを遂行するために、信託統治理事会の援助を利用する。但し、信託統治協定の規定には従うものとし、また、安全保障の考慮が妨げられてはならない。

第84条

信託統治地域が国際の平和及び安全の維持についてその役割を果すようにすることは、施政権者の義務である。このため、施政権者は、この点に関して安全保障理事会に対して負う義務を履行するに当つて、また、地方的防衛並びに信託統治地域における法律及び秩序の維持のために、信託統治地域の義勇軍、便益及び援助を利用することができる。

第85条

1 戦略地区として指定されないすべての地区に関する信託統治協定についての国際連合の任務は、この協定の条項及びその変更又は改正の承認を含めて、総会が行う。

2 総会の権威の下に行動する信託統治理事会は、前記の任務の遂行について総会を援助する。

第13章 信託統治理事会

構成

第86条

1 信託統治理事会は、次の国際連合加盟国で構成する。

a 信託統治地域の施政を行う加盟国

b 第23条に名を掲げる加盟国で信託統治地域の施政を行つていないもの

c 総会によつて３年の任期で選挙されるその他の加盟国。その数は、信託統治理事会の理事国の総数を、信託統治地域の施政を行う国際連合加盟国とこれを行つていないものとの間に均分するのに必要な数とする。

2 信託統治理事会の各理事国は、理事会で自国を代表する特別の資格を有する者１人を指名しなければならない。

任務及び権限

第87条

総会及び、その権威の下に、信託統治理事会は、その任務の遂行に当つて次のことを行うことができる。

a 施政権者の提出する報告を審議すること。

b 請願を受理し、且つ、施政権者と協議してこれを審査すること。

c 施政権者と協定する時期に、それぞれの信託統治地域の定期視察を行わせること。

d 信託統治協定の条項に従つて、前記の行動その他の行動をとること。

第88条

信託統治理事会は、各信託統治地域の住民の政治的、経済的、社会的及び教育的進歩に関する質問書を作成しなければならない。また、総会の権限内にある各信託統治地域の施政権者は、この質問書に基いて、総会の年次報告を提出しなければならない。

表決

第89条

1　信託統治理事会の各理事国は、1個の投票権を有する。

2　信託統治理事会の決定は、出席し且つ投票する理事国の過半数によつて行われる。

手続

第90条

1　信託統治理事会は、議長を選定する方法を含むその手続規則を採択する。

2　信託統治理事会は、その規則に従つて必要があるときに会合する。この規則は、理事国の過半数の要請による会議招集の規定を含まなければならない。

第91条

信託統治理事会は、適当な場合には、経済社会理事会及び専門機関がそれぞれ関係している事項について、両者の援助を利用する。

第14章　国際司法裁判所

第92条

国際司法裁判所は、国際連合の主要な司法機関である。この裁判所は、附属の規程に従つて任務を行う。この規程は、常設国際司法裁判所規程を基礎とし、且つ、この憲章と不可分の一体をなす。

第93条

1　すべての国際連合加盟国は、当然に、国際司法裁判所規程の当事国となる。

2　国際連合加盟国でない国は、安全保障理事会の勧告に基いて総会が各場合に決定する条件で国際司法裁判所規程の当事国となることができる。

第94条

1　各国際連合加盟国は、自国が当事者であるいかなる事件においても、国際司法裁判所の裁判に従うことを約束する。

2　事件の一方の当事者が裁判所の与える判決に基いて自国が負う義務を履行しないときは、他方の当事者は、安全保障理事会に訴えることができる。理事会は、必要と認めるときは、判決を執行するために勧告をし、又はとるべき措置を決定することができる。

第95条

この憲章のいかなる規定も、国際連合加盟国が相互間の紛争の解決を既に存在し又は将来締結する協定によつて他の裁判所に付託することを妨げるものではない。

第96条

1　総会又は安全保障理事会は、いかなる法律問題についても勧告的意見を与えるように国際司法裁判所に要請することができる。

2 国際連合のその他の機関及び専門機関でいずれかの時に総会の許可を得るものは、また、その活動の範囲内において生ずる法律問題について裁判所の勧告的意見を要請することができる。

第15章 事務局

第97条

事務局は、1人の事務総長及びこの機構が必要とする職員からなる。事務総長は、安全保障理事会の勧告に基いて総会が任命する。事務総長は、この機構の行政職員の長である。

第98条

事務総長は、総会、安全保障理事会、経済社会理事会及び信託統治理事会のすべての会議において事務総長の資格で行動し、且つ、これらの機関から委託される他の任務を遂行する。事務総長は、この機構の事業について総会に年次報告を行う。

第99条

事務総長は、国際の平和及び安全の維持を脅威すると認める事項について、安全保障理事会の注意を促すことができる。

第100条

1 事務総長及び職員は、その任務の遂行に当つて、いかなる政府からも又はこの機構外のいかなる他の当局からも指示を求め、又は受けてはならない。事務総長及び職員は、この機構に対してのみ責任を負う国際的職員としての地位を損ずる虞のあるいかなる行動も慎まなければならない。

2 各国際連合加盟国は、事務総長及び職員の責任のもつぱら国際的な性質を尊重すること並びにこれらの者が責任を果すに当つてこれらの者を左右しようとしないことを約束する。

第101条

1 職員は、総会が設ける規則に従つて事務総長が任命する。

2 経済社会理事会、信託統治理事会及び、必要に応じて、国際連合のその他の機関に、適当な職員を常任として配属する。この職員は、事務局の一部をなす。

3 職員の雇用及び勤務条件の決定に当つて最も考慮すべきことは、最高水準の能率、能力及び誠実を確保しなければならないことである。職員をなるべく広い地理的基礎に基いて採用することの重要性については、妥当な考慮を払わなければならない。

第16章 雑則

第102条

1 この憲章が効力を生じた後に国際連合加盟国が締結するすべての条約及びすべての国際協定は、なるべくすみやかに事務局に登録され、且つ、事務局によつて公表されなければならない。

2　前記の条約又は国際協定で本条1の規定に従つて登録されていないものの当事国は、国際連合のいかなる機関に対しても当該条約又は協定を援用することができない。

第103条

国際連合加盟国のこの憲章に基く義務と他のいずれかの国際協定に基く義務とが抵触するときは、この憲章に基く義務が優先する。

第104条

この機構は、その任務の遂行及びその目的の達成のために必要な法律上の能力を各加盟国の領域において享有する。

第105条

1　この機構は、その目的の達成に必要な特権及び免除を各加盟国の領域において享有する。

2　これと同様に、国際連合加盟国の代表者及びこの機構の職員は、この機構に関連する自己の任務を独立に遂行するために必要な特権及び免除を享有する。

3　総会は、本条1及び2の適用に関する細目を決定するために勧告をし、又はそのために国際連合加盟国に条約を提案することができる。

第17章　安全保障の過渡的規定

第106条

第43条に掲げる特別協定でそれによつて安全保障理事会が第42条に基く責任の遂行を開始することができると認めるものが効力を生ずるまでの間、1943年10月30日にモスコーで署名された4国宣言の当事国及びフランスは、この宣言の第5項の規定に従つて、国際の平和及び安全の維持のために必要な共同行動をこの機構に代つてとるために相互に及び必要に応じて他の国際連合加盟国と協議しなければならない。

第107条

この憲章のいかなる規定も、第2次世界戦争中にこの憲章の署名国の敵であつた国に関する行動でその行動について責任を有する政府がこの戦争の結果としてとり又は許可したものを無効にし、又は排除するものではない。

第18章　改正

第108条

この憲章の改正は、総会の構成国の3分の2の多数で採択され、且つ、安全保障理事会のすべての常任理事国を含む国際連合加盟国の3分の2によつて各自の憲法上の手続に従つて批准された時に、すべての国際連合加盟国に対して効力を生ずる。

第109条

1　この憲章を再審議するための国際連合加盟国の全体会議は、総会の構成国の3分の2の多数及び安全保障理事会の9理事国の投票によつて決定される日及び場所で開催することができる。各国際連合加盟国は、この会議において1個の投票権を有する。

2　全体会議の3分の2の多数によつて勧告されるこの憲章の変更は、安全保障理事会のすべての常任理事国を含む国際連合加盟国の3分の2によつて各自の憲法上の手続に従つて批准された時に効力を生ずる。

3　この憲章の効力発生後の総会の第10回年次会期までに全体会議が開催されなかつた場合には、これを招集する提案を総会の第10回年次会期の議事日程に加えなければならず、全体会議は、総会の構成国の過半数及び安全保障理事会の7理事国の投票によつて決定されたときに開催しなければならない。

第19章　批准及び署名

第110条

1　この憲章は、署名国によつて各自の憲法上の手続に従つて批准されなければならない。

2　批准書は、アメリカ合衆国政府に寄託される。同政府は、すべての署名国及び、この機構の事務総長が任命された場合には、事務総長に対して各寄託を通告する。

3　この憲章は、中華民国、フランス、ソヴィエト社会主義共和国連邦、グレート・ブリテン及び北部アイルランド連合王国、アメリカ合衆国及びその他の署名国の過半数が批准書を寄託した時に効力を生ずる。批准書寄託調書は、その時にアメリカ合衆国政府が作成し、その謄本をすべての署名国に送付する。

4　この憲章の署名国で憲章が効力を生じた後に批准するものは、各自の批准書の寄託の日に国際連合の原加盟国となる。

第111条

この憲章は、中国語、フランス語、ロシア語、英語及びスペイン語の本文をひとしく正文とし、アメリカ合衆国政府の記録に寄託しておく。この憲章の認証謄本は、同政府が他の署名国の政府に送付する。

以上の証拠として、連合国政府の代表者は、この憲章に署名した。

1945年6月26日にサン・フランシスコ市で作成した。

37 国際司法裁判所規程

昭和29年4月2日公布（条約第2号）

第1条

国際連合の主要な司法機関として国際連合憲章によつて設置される国際司法裁判所は、この規程の規定に従つて組織され、且つ、任務を遂行する。

第1章　裁判所の構成

第2条

裁判所は、徳望が高く、且つ、各自の国で最高の司法官に任ぜられるのに必要な資格を有する者又は国際法に有能の名のある法律家のうちから、国籍のいかんを問わず、選挙される独立の裁判官の一団で構成する。

第3条

1　裁判所は、15人の裁判官で構成し、そのうちのいずれの2人も、同一国の国民であつてはならない。

2　2以上の国の国民と認められることのある者は、裁判所における裁判官の地位については、私権及び公権を通常行使する国の国民とみなす。

第4条

1　裁判所の裁判官は、常設仲裁裁判所の国別裁判官団によつて指名される者の名簿の中から、以下の規定に従つて総会及び安全保障理事会が選挙する。

2　常設仲裁裁判所に代表されない国際連合加盟国については、候補者は、国際紛争の平和的処理に関する1907年のヘーグ条約の第44条によつて常設仲裁裁判所裁判官について規定される条件と同一の条件で政府が指名のために任命する国別裁判官団が指名する。

3　この規程の当事国であるが国際連合加盟国でない国が裁判所の裁判官の選挙に参加することができるための条件は、特別の協定がない場合には、安全保障理事会の勧告に基いて総会が定める。

第5条

1　国際連合事務総長は、選挙の日の少くとも3箇月前に、この規程の当事国たる国に属する常設仲裁裁判所の裁判官及び第4条2に基いて任命される国別裁判官団の構成員に対して、裁判所の裁判官の任務を遂行する地位にある者の指名を一定の期間内に国別裁判官団ごとに行うことを書面で要請しなければならない。

2　いかなる国別裁判官団も、4人をこえて指名することができない。そのうち、自国の国籍を有する者は、2人をこえてはならない。いかなる場合にも、1国別裁判官団の指名する候補者の数は、補充すべき席の数の2倍をこえてはならない。

第6条

各国別裁判官団は、この指名をする前に自国の最高司法裁判所、法律大学及び法律学校並びに法律研究に従事する学士院及び国際学士院の自国の部の意見を求めることを勧告される。

第7条

1 事務総長は、こうして指名されるすべての者のアルファベット順の名簿を作成する。第12条2に規定する場合を除く外、これらの者のみが選挙される資格を有する。

2 事務総長は、この名簿を総会及び安全保障理事会に提出する。

第8条

総会及び安全保障理事会は、各別に裁判所の裁判官の選挙を行う。

第9条

各選挙において、選挙人は、選挙されるべき者が必要な資格を各自に具備すべきものであることのみならず、裁判官全体のうちに世界の主要文明形態及び主要法系が代表されるべきものであることに留意しなければならない。

第10条

1 総会及び安全保障理事会で投票の絶対多数を得た候補者は、当選したものとする。

2 安全保障理事会の投票は、裁判官の選挙のためのものであると第12条に規定する協議会の構成員の任命のためのものであるとを問わず、安全保障理事会の常任理事国と非常任理事国との区別なしに行う。

3 同一国の国民の2人以上が総会及び安全保障理事会の双方の投票の絶対多数を得た場合には、最年長者だけを当選したものとする。

第11条

選挙のために開かれた第1回の会の後になお補充すべき1以上の席がある場合には、第2回の会を、また、必要があるときは第3回の会を開く。

第12条

1 第3回の会の後に1以上の席がなお補充されないときは、なお空席たる各席について1人を総会及び安全保障理事会の各別の採択に付するために絶対多数の投票によつて選出する目的で、3人は総会によつて、3人は安全保障理事会によつて任命される6人からなる連合協議会を総会又は安全保障理事会のいずれかの要請によつていつでも設けることができる。

2 必要な条件をみたす者について連合協議会が全会一致で合意した場合には、この者は、第7条に掲げる指名名簿に記載されていなかつたときでも、協議会の名簿に記載されることができる。

3 連合協議会が当選者を確保することができないと認めるときは、既に選挙された裁判所の裁判官は、総会又は安全保障理事会のいずれかで投票を得た候補者のうちから選定して、安全保障理事会の定める期間内に空席の補充を行う。
4　裁判官の間で投票が同数である場合には、最年長の裁判官は、決定投票権を有する。

第13条

1　裁判所の裁判官は、9年の任期で選挙され、再選されることができる。但し、第1回の選挙で選挙された裁判官のうち、5人の裁判官の任期は3年の終に終了し、他の5人の裁判官の任期は6年の終に終了する。
2　前記の最初の3年及び6年の期間の終に任期が終了すべき裁判官は、第1回の選挙が完了した後直ちに事務総長がくじで選定する。
3　裁判所の裁判官は、後任者の補充に至るまで職務の執行を継続し、補充後も、既に着手した事件を完結しなければならない。
4　裁判所の裁判官が辞任する場合には、辞表は、裁判所長に提出され、事務総長に転達される。この転達によつて空席が生ずる。

第14条

空席は、後段の規定に従うことを条件として、第1回の選挙について定める方法と同一の方法で補充しなければならない。事務総長は、空席が生じた時から1箇月以内に第5条に規定する招請状を発するものとし、選挙の日は、安全保障理事会が定める。

第15条

任期がまだ終了しない裁判官の後任者として選挙される裁判所の裁判官は、前任者の残任期間中在任するものとする。

第16条

1　裁判所の裁判官は、政治上又は行政上のいかなる職務を行うことも、職業的性質をもつ他のいかなる業務に従事することもできない。
2　この点に関する疑義は、裁判所の裁判で決定する。

第17条

1　裁判所の裁判官は、いかなる事件においても、代理人、補佐人又は弁護人として行動することができない。
2　裁判所の裁判官は、一方の当事者の代理人、補佐人若しくは弁護人として、国内裁判所若しくは国際裁判所の裁判官として、調査委員会の構成員として、又はその他の資格において干与したことのあるいかなる事件の裁判にも参与することができない。
3　この点に関する疑義は、裁判所の裁判で決定する。

第18条

1　裁判所の裁判官は、必要な条件をみたさないようになつたと他の裁判官が全員一致で認める場合を除く外、解任することができない。
2　解任の正式の通告は、裁判所書記が事務総長に対して行う。

3　この通告によつて空席が生ずる。

第19条

裁判所の裁判官は、裁判所の事務に従事する間、外交官の特権及び免除を享有する。

第20条

裁判所の各裁判官は、職務をとる前に、公平且つ誠実にその職権を行使すべきことを公開の法廷で厳粛に宣言しなければならない。

第21条

1　裁判所は、3年の任期で裁判所長及び裁判所次長を選挙する。裁判所長及び裁判所次長は、再選されることができる。

2　裁判所は、裁判所書記を任命するものとし、その他の必要な職員の任命について規定することができる。

第22条

1　裁判所の所在地は、ヘーグとする。但し、裁判所が望ましいと認める場合に他の地で開廷して任務を遂行することを妨げない。

2　裁判所長及び裁判所書記は、裁判所の所在地に居住しなければならない。

第23条

1　裁判所は、裁判所の休暇中を除く外、常に開廷され、休暇の時期及び期間は、裁判所が定める。

2　裁判所の裁判官は、定期休暇をとる権利を有する。その時期及び期間は、ヘーグと各裁判官の家庭との間の距離を考慮して、裁判所が定める。

3　裁判所の裁判官は、休暇の場合又は病気その他裁判所長が正当と認める重大な事由による故障の場合を除く外、常に裁判所の指示の下にある義務を負う。

第24条

1　裁判所の裁判官は、特別の理由によつて特定の事件の裁判に自己が参与すべきでないと認めるときは、裁判所長にその旨を通報しなければならない。

2　裁判所長は、裁判所の裁判官が特別の理由によつて特定の事件に参与すべきでないと認めるときは、その者にその旨を通告するものとする。

3　前記のいずれの場合においても、裁判所の裁判官及び裁判所長の意見が一致しないときは、裁判所の裁判で決定する。

第25条

1　この規程に別段の明文規定がある場合を除く外、裁判所は、全員が出席して開廷する。

2　裁判所を構成するために指示の下にある裁判官の数が11人を下らないことを条件として、裁判所規則は、事情に応じ且つ順番に1人又は2人以上の裁判官の出席を免除することができる旨を規定することができる。

3　裁判所を成立させるに足りる裁判官の定足数は、9人とする。

第26条

1　裁判所は、特定の部類の事件、たとえば、労働事件並びに通過及び運輸通信に関する事件の処理のために、裁判所が決定するところにより3人以上の裁判官からなる1又は2以上の部を随時設けることができる。

2　裁判所は、特定の事件の処理のためにいつでも部を設けることができる。この部を構成する裁判官の数は、当事者の承認を得て裁判所が決定する。

3　当事者の要請があるときは、事件は、本条に規定する部が審理し、及び裁判する。

第27条

第26条及び第29条に定める部のいずれかが言い渡す判決は、裁判所が言い渡したものとみなす。

第28条

第26条及び第29条に定める部は、当事者の同意を得てヘーグ以外の地で開廷して任務を遂行することができる。

第29条

事務の迅速な処理のために、裁判所は、当事者の要請によつて簡易手続で事件を審理し、及び裁判をすることができる5人の裁判官からなる部を毎年設ける。なお、出席することができない裁判官に交替するために、2人の裁判官を選定する。

第30条

1　裁判所は、その任務を遂行するために規則を定める。裁判所は、特に、手続規則を定める。

2　裁判所規則は、裁判所又はその部に投票権なしで出席する補佐員について規定することができる。

第31条

1　各当事者の国籍裁判官は、裁判所に係属する事件について出席する権利を有する。

2　裁判所がその裁判官席に当事者の1の国籍裁判官を有する場合には、他のいずれの当事者も、裁判官として出席する者1人を選定することができる。この者は、第4条及び第5条の規定により候補者として指名された者のうちから選定されることが望ましい。

3　裁判所が裁判官席に当事者の国籍裁判官を有しない場合には、各当事者は、本条2の規定により裁判官を選定することができる。

4　本条の規定は、第26条及び第29条の場合に適用する。この場合には、裁判所長は、部を構成する裁判官中の1人又は必要があるときは2人に対して、関係当事者の国籍裁判官のために、また、国籍裁判官がないとき又は出席することができないときは当事者が特に選定する裁判官のために、席を譲るように要請しなければならない。

5　多数当事者が同一利害関係にある場合には、その多数当事者は、前記の規定の適用上、一当事者とみなす。この点に関する疑義は、裁判所の裁判で決定する。

6　本条２、３及び４の規定によつて選定される裁判官は、この規程の第２条、第17条２、第20条及び第24条が要求する条件をみたさなければならない。これらの裁判官は、その同僚と完全に平等の条件で裁判に参与する。

第32条

1　裁判所の各裁判官は、年俸を受ける。

2　裁判所長は、特別の年手当を受ける。

3　裁判所次長は、裁判所長の職務をとる各日について特別の手当を受ける。

4　第31条により選定される裁判官で裁判所の裁判官でないものは、その職務をとる各日について補償を受ける。

5　これらの俸給、手当及び補償は、総会が定めるものとし、任期中は減額してはならない。

6　裁判所書記の俸給は、裁判所の提議に基いて総会が定める。

7　裁判所の裁判官及び書記に恩給を支給する条件並びに裁判所の裁判官及び書記がその旅費の弁償を受ける条件は、総会が採択する規則によつて定める。

8　前記の俸給、手当及び補償は、すべての租税を免除されなければならない。

第33条

裁判所の費用は、総会が定める方法で国際連合が負担する。

第２章　裁判所の管轄

第34条

1　国のみが、裁判所に係属する事件の当事者となることができる。

2　裁判所は、その規則で定める条件で、裁判所に係属する事件に関係のある情報を公的国際機関から請求することができ、また、同機関が自発的に提供するこのような情報を受領する。

3　公的国際機関の組織文書又はこの文書に基いて採択される国際条約の解釈が裁判所に係属する事件において問題となる場合には、裁判所書記は、当該公的国際機関にその旨を通告し、且つ、すべての書面手続の謄本を送付する。

第35条

1　裁判所は、この規程の当事国である諸国に開放する。

2　裁判所をその他の国に開放するための条件は、現行諸条約の特別の規定を留保して、安全保障理事会が定める。但し、この条件は、いかなる場合にも、当事者を裁判所において不平等の地位におくものであつてはならない。

3　国際連合加盟国でない国が事件の当事者である場合には、裁判所は、その当事者が裁判所の費用について負担する額を定める。但し、この規定は、その国が裁判所の費用を分担しているときは、適用しない。

第36条

1　裁判所の管轄は、当事者が裁判所に付託するすべての事件及び国際連合憲章又は現行諸条約に特に規定するすべての事項に及ぶ。

2　この規程の当事国である国は、次の事項に関するすべての法律的紛争についての裁判所の管轄を同一の義務を受諾する他の国に対する関係において当然に且つ特別の合意なしに義務的であると認めることを、いつでも宣言することができる。

a　条約の解釈

b　国際法上の問題

c　認定されれば国際義務の違反となるような事実の存在

d　国際義務の違反に対する賠償の性質又は範囲

3　前記の宣言は、無条件で、多数の国若しくは一定の国との相互条件で、又は一定の期間を付して行うことができる。

4　その宣言書は、国際連合事務総長に寄託され、事務総長は、その謄本を規程の当事国及び裁判所書記に送付する。

5　常設国際司法裁判所規程第36条に基いて行われた宣言でなお効力を有するものは、この規程の当事国の間では、宣言が今後存続すべき期間中及び宣言の条項に従つて国際司法裁判所の義務的管轄を受諾しているものとみなす。

6　裁判所が管轄権を有するかどうかについて争がある場合には、裁判所の裁判で決定する。

第37条

現行諸条約が国際連盟の設けた裁判所又は常設国際司法裁判所にある事項を付託することを規定している場合には、その事項は、この規程の当事国の間では国際司法裁判所に付託される。

第38条

1　裁判所は、付託される紛争を国際法に従つて裁判することを任務とし、次のものを適用する。

a　一般又は特別の国際条約で係争国が明らかに認めた規則を確立しているもの

b　法として認められた一般慣行の証拠としての国際慣習

c　文明国が認めた法の一般原則

d　法則決定の補助手段としての裁判上の判決及び諸国の最も優秀な国際法学者の学説。但し、第59条の規定に従うことを条件とする。

2　この規定は、当事者の合意があるときは、裁判所が衡平及び善に基いて裁判をする権限を害するものではない。

第3章　手続

第39条

1　裁判所の公用語は、フランス語及び英語とする。事件をフランス語で処理することに当事者が同意したときは、判決は、フランス語で行う。事件を英語で処理することに当事者が同意したときは、判決は、英語で行う。

2 いずれの公用語を使用するかについて合意がないときは、各当事者は、その選択する公用語を争訟において使用することができ、裁判所の裁判は、フランス語及び英語で行う。この場合には、裁判所は、両本文中のいずれを正文とするかをあわせて決定する。

3 裁判所は、いずれかの当事者の要請があつたときは、この当事者がフランス語又は英語以外の言語を使用することを許可しなければならない。

第40条

1 裁判所に対する事件の提起は、場合に応じて、特別の合意の通告によつて、又は書面の請求によつて、裁判所書記にあてて行う。いずれの場合にも、紛争の主題及び当事者が示されていなければならない。

2 裁判所書記は、この請求を直ちにすべての利害関係者に通知する。

3 裁判所書記は、また、事務総長を経て国際連合加盟国に、及び裁判所で裁判を受けることができる国に通告する。

第41条

1 裁判所は、事情によつて必要と認めるときは、各当事者のそれぞれの権利を保全するためにとられるべき暫定措置を指示する権限を有する。

2 終結判決があるまでは、指示される措置は、直ちに当事者及び安全保障理事会に通告される。

第42条

1 当事者は、代理人によつて代表される。

2 当事者は、裁判所で補佐人又は弁護人の援助を受けることができる。

3 裁判所における当事者の代理人、補佐人及び弁護人は、その職務の独立の遂行に必要な特権及び免除を享有する。

第43条

1 手続は、書面及び口頭の２部分からなる。

2 書面手続とは、申述書、答弁書及び必要があるときは抗弁書並びに援用のためのすべての文書及び書類を裁判所及び当事者に送付することをいう。

3 この送付は、裁判所が定める順序及び期間内において、裁判所書記を経て行う。

4 一方の当事者から提出したすべての書類の認証謄本は、他方の当事者に送付する。

5 口頭手続とは、裁判所が証人、鑑定人、代理人、補佐人及び弁護人から行う聴取をいう。

第44条

1 代理人、補佐人及び弁護人以外の者に対するすべての通告の送達については、裁判所は、その通告が送達されるべき地の属する国の政府にあてて直接に行う。

2　1の規定は、実地について証拠を収集するために手続を行うべきすべての場合に適用する。

第45条

弁論は、裁判所長又は、所長が指揮することができないときは、裁判所次長の統制の下にあるものとし、所長及び次長がいずれも指揮することができないときは、出席する先任の裁判官が指揮するものとする。

第46条

裁判所における弁論は、公開とする。但し、裁判所が別段の決定をするとき、又は両当事者が公開としないことを請求したときは、この限りでない。

第47条

1　調書は、弁論ごとに作成し、裁判所書記及び裁判所長がこれに署名する。
2　この調書のみを公正の記録とする。

第48条

裁判所は、事件の進行について命令を発し、各当事者が陳述を完結すべき方式及び時期を定め、且つ、証拠調に関するすべての措置をとる。

第49条

裁判所は、弁論の開始前でも、書類を提出し、又は説明をするように代理人に要請することができる。拒絶があつたときは、そのことを正式に記録にとどめる。

第50条

裁判所は、その選択に従つて、個人、団体、官公庁、委員会その他の機関に、取調を行うこと又は鑑定をすることをいつでも嘱託することができる。

第51条

弁論中は、関係のある質問は、第30条に掲げる手続規則中に裁判所が定める条件に基いて、証人及び鑑定人に対して行われる。

第52条

裁判所は、証拠及び証言を裁判所が定める期間内に受理した後は、一方の当事者の同意がない限り、他方の当事者が提出することを希望する新たな人証又は書証の受理を拒否することができる。

第53条

1　一方の当事者が出廷せず、又はその事件の防禦をしない場合には、他方の当事者は、自己の請求に有利に裁判するように裁判所に要請することができる。
2　裁判所は、この裁判をする前に、裁判所が第36条及び第37条に従つて管轄権を有することのみならず、請求が事実上及び法律上充分に根拠をもつことを確認しなければならない。

第54条

1　裁判所の指揮の下に代理人、補佐人及び弁護人が事件の主張を完了したときは、裁判所長は、弁論の終結を言い渡す。

2　裁判所は、判決を議するために退廷する。
3　裁判所の評議は、公開せず、且つ、秘密とする。

第55条

1　すべての問題は、出席した裁判官の過半数で決定する。
2　可否同数のときは、裁判所長又はこれに代る裁判官は、決定投票権を有する。

第56条

1　判決には、その基礎となる理由を掲げる。
2　判決には、裁判に参与した裁判官の氏名を掲げる。

第57条

判決がその全部又は一部について裁判官の全員一致の意見を表明していないときは、いずれの裁判官も、個別の意見を表明する権利を有する。

第58条

判決には、裁判所長及び裁判所書記が署名する。判決は、代理人に正当に通告して公開の法廷で朗読する。

第59条

裁判所の裁判は、当事者間において且つその特定の事件に関してのみ拘束力を有する。

第60条

判決は、終結とし、上訴を許さない。判決の意義又は範囲について争がある場合には、裁判所は、いずれかの当事者の要請によつてこれを解釈する。

第61条

1　判決の再審の請求は、決定的要素となる性質をもつ事実で判決があつた時に裁判所及び再審請求当事者に知られていなかつたものの発見を理由とする場合に限り、行うことができる。但し、その事実を知らなかつたことが過失によらなかつた場合に限る。
2　再審の手続は、新事実の存在を確認し、この新事実が事件を再審に付すべき性質をもつものであることを認め、且つ、請求がこの理由から許すべきものであることを言い渡す裁判所の判決によつて開始する。
3　裁判所は、再審の手続を許す前に、原判決の条項に予め従うべきことを命ずることができる。
4　再審の請求は、新事実の発見の時から遅くとも６箇月以内に行わなければならない。
5　判決の日から10年を経過した後は、いかなる再審の請求も、行うことができない。

第62条

1　事件の裁判によつて影響を受けることのある法律的性質の利害関係をもつと認める国は、参加の許可の要請を裁判所に行うことができる。

2　裁判所は、この要請について決定する。

第63条

1　事件に関係する国以外の国が当事国である条約の解釈が問題となる場合には、裁判所書記は、直ちにこれらのすべての国に通告する。

2　この通告を受けた各国は、手続に参加する権利を有するが、この権利を行使した場合には、判決によつて与えられる解釈は、その国もひとしく拘束する。

第64条

裁判所が別段の決定をしない限り、各当事者は、各自の費用を負担する。

第４章　勧告的意見

第65条

1　裁判所は、国際連合憲章によつて又は同憲章に従つて要請することを許可される団体の要請があつたときは、いかなる法律問題についても勧告的意見を与えることができる。

2　裁判所の勧告的意見を求める問題は、意見を求める問題の正確な記述を掲げる請求書によつて裁判所に提出するものとする。この請求書には、問題を明らかにすることができるすべての書類を添付するものとする。

第66条

1　裁判所書記は、勧告的意見の要請を、裁判所で裁判を受けることができるすべての国に直ちに通告する。

2　裁判所書記は、また、裁判所で裁判を受けることができる国又は国際機関で問題に関する資料を提供することができると裁判所又は、開廷中でないときは、裁判所長が認めるものに対して、裁判所が裁判所長の定める期間内にこの問題に関する陳述書を受理し、又は特に開かれる公開の法廷でこの問題に関する口頭陳述を聴取する用意があることを、特別の且つ直接の通知によつて通告する。

3　裁判所で裁判を受けることができる前記の国は、本条２に掲げる特別の通知を受領しなかつたときは、陳述書を提出し、又は聴取される希望を表明することができる。裁判所は、これについて決定する。

4　書面若しくは口答の陳述又はこの双方の陳述を行つた国及び機関は、裁判所又は、開廷中でないときは、裁判所長が各個の事件について決定する形式、範囲及び期間内において、他の国又は機関が行つた陳述について意見を述べることを許される。このために、裁判所書記は、前記の書面の陳述を、同様の陳述を行つた国及び機関に適当な時期に送付する。

第67条

裁判所は、事務総長並びに直接に関係のある国際連合加盟国、その他の国及び国際機関の代表者に通告した後に、公開の法廷で勧告的意見を発表する。

第68条

勧告の任務の遂行については、以上の外、裁判所は、適用することができると認める範囲内で、係争事件に適用されるこの規程の規定による。

第5章　改正

第69条

この規程の改正は、国際連合憲章が同憲章の改正について規定する手続と同一の手続で行う。但し、総会がこの規程の当事国で国際連合加盟国でないものの参加に関して安全保障理事会の勧告に基いて採択することのある規定には従うものとする。

第70条

裁判所は、必要と認めるこの規程の改正を、第69条の規定による審議のために事務総長にあてた通告書で提案する権限を有する。

38 国際連合要員及び関連要員の安全に関する条約

(国連要員等安全条約)

1994年12月9日国連総会で採択

平成11年1月14日（条約第1号）
平成11年1月15日効力発生

国際連合要員及び関連要員の安全に関する条約をここに公布する。

国際連合要員及び関連要員の安全に関する条約

この条約の締約国は、

国際連合要員及び関連要員に対する故意の攻撃から生ずる死者及び負傷者の数が増大していることを深く憂慮し、

国際連合のために行動する要員に対する攻撃その他の不当な取扱いは、行為者のいかんを問わず、正当化し得ず、かつ、容認し難いことに留意し、

国際連合活動は、国際社会の共通の利益のために国際連合憲章の原則及び目的に従って行われるものであることを認識し、

予防外交、平和創造、平和維持、平和構築及び人道的な活動その他の活動の分野における国際連合の努力に関して国際連合要員及び関連要員が重要な貢献を行っていることを認め、

国際連合要員及び関連要員の安全を確保するために現在とられている措置、特にそのために国際連合の主要機関によりとられている措置を認識し、

それにもかかわらず、国際連合要員及び関連要員の保護のために現在とられている措置が十分でないことを認識し、

国際連合活動の実効性及び安全性は、その活動が受入国の同意及び協力を得て実施される場合に高められることを認め、

国際連合要員及び関連要員が配置されるすべての国その他これらの要員が支援を求めるすべての者に対し、国際連合活動の実施を容易にし及びその任務を遂行するための包括的な支援を与えるよう訴え、

国際連合要員及び関連要員に対する攻撃を防止し並びにそのような攻撃を行った者を処罰するための適当かつ効果的な措置を緊急にとる必要があることを確信して、

次のとおり協定した。

第1条　定義

この条約の適用上、

(a)　「国際連合要員」とは、次の者をいう。

(i)　国際連合事務総長により、国際連合活動の軍事、警察又は文民の部門の構成員として任用され又は配置された者

(ii)　国際連合、その専門機関又は国際原子力機関の職務を行うその他の職員及び専門家であって、国際連合活動が行われている地域内に公的資格で所在す

るもの

(b)　「関連要員」とは、次に掲げる者であって、国際連合活動の任務の遂行を支援する活動を行うものをいう。

(i)　国際連合の権限のある機関の同意を得て、政府又は政府間機関によって配属された者

(ii)　国際連合事務総長、専門機関又は国際原子力機関によって任用された者

(iii)　国際連合事務総長、専門機関又は国際原子力機関との合意に基づいて、人道的な目的を有する非政府機関によって配置された者

(c)　「国際連合活動」とは、国際連合憲章に従い国際連合の権限のある機関によって設けられ、かつ、国際連合の権限及び管理の下で実施される活動であって、次の(i)又は(ii)に定める条件を満たすものをいう。

(i)　当該活動が国際の平和及び安全の維持又は回復を目的とするものであること。

(ii)　この条約の適用のため、安全保障理事会又は国際連合総会が当該活動に参加する要員の安全に対して例外的な危険が存在する旨を宣言したこと。

(d)　「受入国」とは、その領域内で国際連合活動が実施される国をいう。

(e)　「通過国」とは、受入国以外の国であって、国際連合要員及び関連要員又はこれらの要員の装備が国際連合活動に関連してその領域を通過し又はその領域内に一時的に所在するものをいう。

第2条　適用範囲

1　この条約は、前条に定める国際連合要員及び関連要員並びに国際連合活動について適用する。

2　この条約は、国際連合憲章第7章の規定に基づく強制行動として安全保障理事会が認めた国際連合活動であって、その要員のいずれかが組織された軍隊との交戦に戦闘員として従事し、かつ、国際武力紛争に係る法規が適用されるものについては適用しない。

第3条　識別

1　国際連合活動の軍事及び警察の部門の構成員並びにこれらの構成員に係る車両、船舶及び航空機には、明確な標識を付する。国際連合活動に係るその他の要員、車両、船舶及び航空機は、国際連合事務総長が別段の決定を行わない限り、適切に識別されるようにする。

2　すべての国際連合要員及び関連要員は、適当な身分証明書を携帯する。

第4条　国際連合活動の地位に関する協定

受入国及び国際連合は、できる限り速やかに、国際連合活動及び当該活動に従事するすべての要員の地位に関する協定（特に当該活動の軍事及び警察の部門の構成員の特権及び免除に係る規定を含むもの）を締結する。

第5条　通過

通過国は、国際連合要員及び関連要員並びにこれらの要員の装備が受入国に入国し及び受入国から出国する際に妨げられることなく通過することを容易にする。

第6条　法令の尊重

1　国際連合要員及び関連要員は、自己の享有する特権及び免除並びに自己の職務上の義務を害されない限りにおいて、(a)受入国及び通過国の法令を尊重し、並びに(b)自己の職務の中立性及びその国際的な性質に反するいかなる行動又は活動も差し控える。

2　国際連合事務総長は、1の義務が遵守されることを確保するための適当なすべての措置をとる。

第7条　国際連合要員及び関連要員の安全を確保する義務

1　国際連合要員及び関連要員並びにこれらの要員の装備及び施設は、攻撃その他これらの要員がその任務を遂行することを妨げる行為の対象とされてはならない。

2　締約国は、国際連合要員及び関連要員の安全を確保するための適当なすべての措置をとる。特に、締約国は、自国の領域内に配置された国際連合要員及び関連要員を第9条に定める犯罪から保護するための適当なすべての措置をとる。

3　締約国は、この条約の実施に当たり、適当と認める場合、特に受入国自身が必要な措置をとることができない場合には、国際連合及び他の締約国と協力する。

第8条　捕らえられ又は拘禁された国際連合要員及び関連要員を釈放し又は送還する義務

適用のある軍隊の地位に関する協定に別段の定めがある場合を除くほか、国際連合要員又は関連要員が自己の職務の執行の過程で捕らえられ又は拘禁された場合において、その身分が確認されたときは、尋問されることなく速やかに釈放され、かつ、国際連合その他の適当な当局に送還される。そのような要員は、釈放されるまでの間、普遍的に認められている人権に関する基準並びに1949年のジュネーヴ諸条約の原則及び精神に従って取り扱われる。

第9条　国際連合要員及び関連要員に対する犯罪

1　締約国は、自国の国内法により、故意に行う次の行為を犯罪とする。

(a)　国際連合要員又は関連要員を殺し又は誘拐すること及びこれらの要員の身体又は自由に対するその他の侵害行為

(b)　国際連合要員又は関連要員の公的施設、個人的施設又は輸送手段に対する暴力的侵害行為であって、これらの要員の身体又は自由を害するおそれのあるもの

(c)　これらの行為を行うとの脅迫であって、何らかの行為を行うこと又は行わないことを自然人又は法人に対して強要することを目的とするもの

(d)　これらの行為の未遂

(e)　これらの行為若しくはその未遂に加担すること又はこれらの行為を行わせるために他の者を組織し若しくは他の者に命ずること。

2 締約国は、1に定める犯罪について、その重大性を考慮した適当な刑罰を科することができるようにする。

第10条 裁判権の設定

1 締約国は、次の場合において前条に定める犯罪についての自国の裁判権を設定するため、必要な措置をとる。

(a) 犯罪が自国の領域内で又は自国において登録された船舶若しくは航空機内で行われる場合

(b) 容疑者が自国の国民である場合

2 締約国は、次の場合において前条に定める犯罪についての自国の裁判権を設定することができる。

(a) 犯罪が自国内に常居所を有する無国籍者によって行われる場合

(b) 犯罪が自国の国民に関して行われる場合

(c) 犯罪が、何らかの行為を行うこと又は行わないことを自国に対して強要する目的で行われる場合

3 2に定める裁判権を設定した締約国は、その旨を国際連合事務総長に通報する。当該締約国は、その後に当該裁判権を廃止した場合には、その旨を国際連合事務総長に通報する。

4 締約国は、容疑者が自国の領域内に所在し、かつ、自国が1又は2の規定に従って裁判権を設定したいずれの締約国に対しても第15条の規定による当該容疑者の引渡しを行わない場合において前条に定める犯罪についての自国の裁判権を設定するため、必要な措置をとる。

5 この条約は、国内法に従って行使される刑事裁判権を排除するものではない。

第11条 国際連合要員及び関連要員に対する犯罪の防止

締約国は、特に次の方法により、第9条に定める犯罪の防止について協力する。

(a) 自国の領域内又は領域外で行われる犯罪の自国の領域内における準備を防止するためあらゆる実行可能な措置をとること。

(b) 犯罪を防止するため、適当な場合には、自国の国内法に従って情報を交換し、及び行政上の措置その他の措置を調整すること。

第12条 情報の伝達

1 第9条に定める犯罪が自国の領域内で行われた締約国は、容疑者が自国の領域から逃亡したと信ずるに足りる理由がある場合には、自国の国内法に定めるところにより、当該犯罪に関するすべての関連事実及び当該容疑者の特定に関するすべての入手可能な情報を、国際連合事務総長に通報し、及び直接又は同事務総長を通じて関係国に通報する。

2 第9条に定める犯罪が行われた場合には、その被害者及び当該犯罪の状況に関する情報を有する締約国は、国際連合事務総長及び関係国に対し、自国の国内法に定めるところにより、十分かつ速やかに当該情報を伝達するよう努める。

第13条 訴追又は引渡しを確保するための措置

1 容疑者が領域内に所在する締約国は、状況により正当である場合には、訴追又は引渡しのために当該容疑者の所在を確実にするため、自国の国内法により適当な措置をとる。

2 1の規定に基づいてとられる措置は、国内法に従って、かつ、遅滞なく、国際連合事務総長に通報し、及び直接又は同事務総長を通じて次の国に通報する。

(a) 犯罪が行われた国

(b) 容疑者の国籍国又は容疑者が無国籍者である場合には当該容疑者が領域内に常居所を有する国

(c) 被害者の国籍国

(d) その他の関係国

第14条 容疑者の訴追

容疑者が領域内に所在する締約国は、当該容疑者を引き渡さない場合には、いかなる例外もなしに、かつ、不当に遅滞することなく、自国の法令による手続を通じて訴追のため自国の権限のある当局に事件を付託する。その当局は、自国の法令に規定する通常の重大な犯罪の場合と同様の方法で決定を行う。

第15条 容疑者の引渡し

1 第9条に定める犯罪は、締約国間の現行の犯罪人引渡条約における引渡犯罪でない場合には、当該条約における引渡犯罪とみなされる。締約国は、相互間で締結されるすべての犯罪人引渡条約に同条に定める犯罪を引渡犯罪として含めることを約束する。

2 条約の存在を犯罪人引渡しの条件とする締約国は、自国との間に犯罪人引渡条約を締結していない他の締約国から犯罪人引渡しの請求を受けた場合には、随意にこの条約を第9条に定める犯罪に関する犯罪人引渡しのための法的根拠とみなすことができる。この犯罪人引渡しは、請求を受けた国の法令に定めるところによる。

3 条約の存在を犯罪人引渡しの条件としない締約国は、犯罪人引渡しの請求を受けた国の法令に定めるところにより、相互間で、第9条に定める犯罪を引渡犯罪と認める。

4 第9条に定める犯罪は、締約国間の犯罪人引渡しに関しては、当該犯罪が発生した場所のみでなく、第10条の1又は2の規定に従って裁判権を設定した締約国の領域内においても行われたものとみなされる。

第16条 刑事問題に関する相互援助

1 締約国は、第9条に定める犯罪についてとられる刑事訴訟手続に関し、相互に最大限の援助（自国が提供することができる証拠であって当該訴訟手続に必要なものの収集に係る援助を含む。）を与える。この場合には、援助を要請された国の法令が適用される。

2　1の規定は、他の条約に規定する相互援助に関する義務に影響を及ぼすものではない。

第17条　公正な取扱い

1　いずれの者も、自己につき第9条に定める犯罪のいずれかに関して捜査が行われ又は訴訟手続がとられている場合には、そのすべての段階において公正な取扱い、公正な裁判及び自己の権利の十分な保護を保障される。

2　いずれの容疑者も、次の権利を有する。

(a)　当該容疑者の国籍国その他当該容疑者の権利を保護する資格を有する国又は当該容疑者が無国籍者である場合には当該容疑者の要請に応じてその権利を保護する意思を有する国の最寄りの適当な代表と遅滞なく連絡を取る権利

(b)　(a)に規定する国の代表の訪問を受ける権利

第18条　訴訟手続の結果の通報

容疑者を訴追した締約国は、訴訟手続の確定的な結果を国際連合事務総長に通報する。同事務総長は、当該情報を他の締約国に伝達する。

第19条　周知

締約国は、できる限り広い範囲においてこの条約の周知を図ること並びに、特に、自国の軍隊の教育の課目にこの条約及び国際人道法の関係規定についての学習を取り入れることを約束する。

第20条　保留条項

この条約のいかなる規定も、次の事項に影響を及ぼすものではない。

(a)　国際連合活動並びに国際連合要員及び関連要員の保護について国際文書に定められている国際人道法及び普遍的に認められている人権に関する基準が適用されること、並びにこれらの要員がこれらの法及び基準を尊重する責任

(b)　自国の領域に人が入ることについての同意に関する締約国の権利及び義務であって国際連合憲章に合致するもの

(c)　国際連合要員及び関連要員が国際連合活動の任務に関する規定に従って行動する義務

(d)　国際連合活動に自発的に要員を派遣する国が当該活動から自国の要員を撤退させる権利

(e)　各国によって国際連合活動に自発的に派遣される者の平和維持のための役務による死亡、廃疾、負傷又は疾病に関して支払われるべき適当な補償を受ける権利

第21条　自衛のための権利

この条約のいかなる規定も、自衛のための行動をとる権利に影響を及ぼすものと解してはならない。

第22条　紛争解決

1　この条約の解釈又は適用に関する締約国間の紛争で交渉によって解決されない

ものは、いずれかの紛争当事国の要請により、仲裁に付される。仲裁の要請の日から6箇月以内に仲裁の組織について紛争当事国が合意に達しない場合には、いずれの紛争当事国も、国際司法裁判所規程に従って国際司法裁判所に紛争を付託することができる。

2　締約国は、この条約の署名、批准、受諾若しくは承認又はこの条約への加入の際に、1の全部又は一部の規定に拘束されない旨を宣言することができる。他の締約国は、そのような留保を付した締約国との関係において1の全部又はその関係部分の規定に拘束されない。

3　2の規定に基づいて留保を付した締約国は、国際連合事務総長に対する通告により、いつでもその留保を撤回することができる。

第23条　検討会合

1又は2以上の締約国からの要請がある場合において、締約国の過半数によって承認されるときは、国際連合事務総長は、この条約の実施について及びこの条約の適用に関して生ずる問題について検討するため、締約国の会合を招集する。

第24条　署名

この条約は、1995年12月31日まで、ニュー・ヨークにある国際連合本部において、すべての国による署名のために開放しておく。

第25条　批准、受諾又は承認

この条約は、批准され、受諾され又は承認されなければならない。批准書、受諾書又は承認書は、国際連合事務総長に寄託する。

第26条　加入

この条約は、すべての国による加入のために開放しておく。加入書は、国際連合事務総長に寄託する。

第27条　効力発生

1　この条約は、22の批准書、受諾書、承認書又は加入書が国際連合事務総長に寄託された後30日で効力を生ずる。

2　22番目の批准書、受諾書、承認書又は加入書が寄託された後にこの条約を批准し、受諾し若しくは承認し又はこれに加入する国については、この条約は、その批准書、受諾書、承認書又は加入書の寄託の後30日目の日に効力を生ずる。

第28条　廃棄

1　締約国は、国際連合事務総長に対して書面による通告を行うことにより、この条約を廃棄することができる。

2　廃棄は、国際連合事務総長が1の通告を受領した日の後1年で効力を生ずる。

第29条　正文

アラビア語、中国語、英語、フランス語、ロシア語及びスペイン語をひとしく正文とするこの条約の原本は、国際連合事務総長に寄託する。同事務総長は、その認証謄本をすべての国に送付する。

39 海洋法に関する国際連合条約（抄）
（国連海洋法条約）

1982年4月30日採択
1994年11月16日効力発生

平成8年7月12日公布（条約第6号）
平成8年7月20日効力発生

この条約の締約国は、

海洋法に関するすべての問題を相互の理解及び協力の精神によって解決する希望に促され、また、平和の維持、正義及び世界のすべての人民の進歩に対する重要な貢献としてのこの条約の歴史的な意義を認識し、

1958年及び1960年にジュネーヴで開催された国際連合海洋法会議以降の進展により新たなかつ一般的に受け入れられ得る海洋法に関する条約の必要性が高められたことに留意し、

海洋の諸問題が相互に密接な関連を有し及び全体として検討される必要があることを認識し、

この条約を通じ、すべての国の主権に妥当な考慮を払いつつ、国際交通を促進し、かつ、海洋の平和的利用、海洋資源の衡平かつ効果的な利用、海洋生物資源の保存並びに海洋環境の研究、保護及び保全を促進するような海洋の法的秩序を確立することが望ましいことを認識し、

このような目標の達成が、人類全体の利益及びニーズ、特に開発途上国（沿岸国であるか内陸国であるかを問わない。）の特別の利益及びニーズを考慮した公正かつ衡平な国際経済秩序の実現に貢献することに留意し、

国の管轄権の及ぶ区域の境界の外の海底及びその下並びにその資源が人類の共同の財産であり、その探査及び開発が国の地理的な位置のいかんにかかわらず人類全体の利益のために行われること等を国際連合総会が厳粛に宣言した1970年12月17日の決議第2749号（第25回会期）に規定する諸原則をこの条約により発展させることを希望し、

この条約により達成される海洋法の法典化及び漸進的発展が、国際連合憲章に規定する国際連合の目的及び原則に従い、正義及び同権の原則に基づくすべての国の間における平和、安全、協力及び友好関係の強化に貢献し並びに世界のすべての人民の経済的及び社会的発展を促進することを確信し、

この条約により規律されない事項は、引き続き一般国際法の規則及び原則により規律されることを確認して、次のとおり協定した。

第1部 序

第1条 用語及び適用範囲

1 この条約の適用上、

(1) 「深海底」とは、国の管轄権の及ぶ区域の境界の外の海底及びその下をいう。

(2) 「機構」とは、国際海底機構をいう。

(3) 「深海底における活動」とは、深海底の資源の探査及び開発のすべての活動をいう。

(4) 「海洋環境の汚染」とは、人間による海洋環境（三角江を含む。）への物質又はエネルギーの直接的又は間接的な導入であって、生物資源及び海洋生物に対する害、人の健康に対する危険、海洋活動（漁獲及びその他の適法な海洋の利用を含む。）に対する障害、海水の水質を利用に適さなくすること並びに快適性の減殺のような有害な結果をもたらし又はもたらすおそれのあるものをいう。

(5)(a) 「投棄」とは、次のことをいう。

(i) 廃棄物その他の物を船舶、航空機又はプラットフォームその他の人工海洋構築物から故意に処分すること。

(ii) 船舶、航空機又はプラットフォームその他の人工海洋構築物を故意に処分すること。

(b) 「投棄」には、次のことを含まない。

(i) 船舶、航空機又はプラットフォームその他の人工海洋構築物及びこれらのものの設備の通常の運用に付随し又はこれに伴って生ずる廃棄物その他の物を処分すること。ただし、廃棄物その他の物であって、その処分に従事する船舶、航空機又はプラットフォームその他の人工海洋構築物によって又はこれらに向けて運搬されるもの及び当該船舶、航空機又はプラットフォームその他の人工海洋構築物における当該廃棄物その他の物の処理に伴って生ずるものを処分することを除く。

(ii) 物を単なる処分の目的以外の目的で配置すること。ただし、その配置がこの条約の目的に反しない場合に限る。

2(1) 「締約国」とは、この条約に拘束されることに同意し、かつ、自国についてこの条約の効力が生じている国をいう。

(2) この条約は、第305条1の(b)から(f)までに規定する主体であって、そのそれぞれに関連する条件に従ってこの条約の当事者となるものについて準用し、その限度において「締約国」というときは、当該主体を含む。

第2部　領海及び接続水域

第1節　総則

第2条　領海、領海の上空並びに領海の海底及びその下の法的地位

1　沿岸国の主権は、その領土若しくは内水又は群島国の場合にはその群島水域に接続する水域で領海といわれるものに及ぶ。

2　沿岸国の主権は、領海の上空並びに領海の海底及びその下に及ぶ。

3　領海に対する主権は、この条約及び国際法の他の規則に従って行使される。

第2節　領海の限界

第3条　領海の幅

いずれの国も、この条約の定めるところにより決定される基線から測定して12海里を超えない範囲でその領海の幅を定める権利を有する。

第4条　領海の外側の限界

領海の外側の限界は、いずれの点をとっても基線上の最も近い点からの距離が領海の幅に等しい線とする。

第5条　通常の基線

この条約に別段の定めがある場合を除くほか、領海の幅を測定するための通常の基線は、沿岸国が公認する大縮尺海図に記載されている海岸の低潮線とする。

第6条　礁

環礁の上に所在する島又は裾《きよ》礁を有する島については、領海の幅を測定するための基線は、沿岸国が公認する海図上に適当な記号で示される礁の海側の低潮線とする。

第7条　直線基線

1　海岸線が著しく曲折しているか又は海岸に沿って至近距離に一連の島がある場所においては、領海の幅を測定するための基線を引くに当たって、適当な点を結ぶ直線基線の方法を用いることができる。

2　三角州その他の自然条件が存在するために海岸線が非常に不安定な場所においては、低潮線上の海へ向かって最も外側の適当な諸点を選ぶことができるものとし、直線基線は、その後、低潮線が後退する場合においても、沿岸国がこの条約に従って変更するまで効力を有する。

3　直線基線は、海岸の全般的な方向から著しく離れて引いてはならず、また、その内側の水域は、内水としての規制を受けるために陸地と十分に密接な関連を有しなければならない。

4　直線基線は、低潮高地との間に引いてはならない。ただし、恒久的に海面上にある灯台その他これに類する施設が低潮高地の上に建設されている場合及び低潮

高地との間に基線を引くことが一般的な国際的承認を受けている場合は、この限りでない。

5　直線基線の方法が1の規定に基づいて適用される場合には、特定の基線を決定するに当たり、その地域に特有な経済的利益でその現実性及び重要性が長期間の慣行によって明白に証明されているものを考慮に入れることができる。

6　いずれの国も、他の国の領海を公海又は排他的経済水域から切り離すように直線基線の方法を適用することができない。

第8条　内水

1　第4部に定める場合を除くほか、領海の基線の陸地側の水域は、沿岸国の内水の一部を構成する。

2　前条に定める方法に従って定めた直線基線がそれ以前には内水とされていなかった水域を内水として取り込むこととなる場合には、この条約に定める無害通航権は、これらの水域において存続する。

第9条　河口

河川が海に直接流入している場合には、基線は、河口を横切りその河川の両岸の低潮線上の点の間に引いた直線とする。

第10条　湾

1　この条は、海岸が単一の国に属する湾についてのみ規定する。

2　この条約の適用上、湾とは、奥行が湾口の幅との対比において十分に深いため、陸地に囲まれた水域を含み、かつ、単なる海岸のわん曲以上のものを構成する明白な湾入をいう。ただし、湾入は、その面積が湾口を横切って引いた線を直径とする半円の面積以上のものでない限り、湾とは認められない。

3　測定上、湾入の面積は、その海岸の低潮線と天然の入口の両側の低潮線上の点を結ぶ線とにより囲まれる水域の面積とする。島が存在するために湾入が2以上の湾口を有する場合には、それぞれの湾口に引いた線の長さの合計に等しい長さの線上に半円を描くものとする。湾入内にある島は、湾入の水域の一部とみなす。

4　湾の天然の入口の両側の低潮線上の点の間の距離が24海里を超えないときは、これらの点を結ぶ閉鎖線を引き、その線の内側の水域を内水とする。

5　湾の天然の入口の両側の低潮線上の点の間の距離が24海里を超えるときは、24海里の直線基線を、この長さの線で囲むことができる最大の水域を囲むような方法で湾内に引く。

6　この条の規定は、いわゆる歴史的湾について適用せず、また、第7条に定める直線基線の方法が適用される場合についても適用しない。

第11条　港

領海の限界の画定上、港湾の不可分の一部を成す恒久的な港湾工作物で最も外側にあるものは、海岸の一部を構成するものとみなされる。沖合の施設及び人工島は、恒久的な港湾工作物とはみなされない。

第12条　停泊地

積込み、積卸し及び船舶の投びょうのために通常使用されている停泊地は、その全部又は一部が領海の外側の限界よりも外方にある場合にも、領海とみなされる。

第13条　低潮高地

1　低潮高地とは、自然に形成された陸地であって、低潮時には水に囲まれ水面上にあるが、高潮時には水中に没するものをいう。低潮高地の全部又は一部が本土又は島から領海の幅を超えない距離にあるときは、その低潮線は、領海の幅を測定するための基線として用いることができる。

2　低潮高地は、その全部が本土又は島から領海の幅を超える距離にあるときは、それ自体の領海を有しない。

第14条　基線を決定する方法の組合せ

沿岸国は、異なる状態に適応させて、前諸条に規定する方法を適宜用いて基線を決定することができる。

第15条　向かい合っているか又は隣接している海岸を有する国の間における領海の境界画定

2の国の海岸が向かい合っているか又は隣接しているときは、いずれの国も、両国間に別段の合意がない限り、いずれの点をとっても両国の領海の幅を測定するための基線上の最も近い点から等しい距離にある中間線を越えてその領海を拡張することができない。ただし、この規定は、これと異なる方法で両国の領海の境界を定めることが歴史的権原その他特別の事情により必要であるときは、適用しない。

第16条　海図及び地理学的経緯度の表

1　第7条、第9条及び第10条の規定に従って決定される領海の幅を測定するための基線又はこれに基づく限界線並びに第12条及び前条の規定に従って引かれる境界画定線は、それらの位置の確認に適した縮尺の海図に表示する。これに代えて、測地原子を明示した各点の地理学的経緯度の表を用いることができる。

2　沿岸国は、1の海図又は地理学的経緯度の表を適当に公表するものとし、当該海図又は表の写しを国際連合事務総長に寄託する。

第3節　領海における無害通航

A　すべての船舶に適用される規則

第17条　無害通航権

すべての国の船舶は、沿岸国であるか内陸国であるかを問わず、この条約に従うことを条件として、領海において無害通航権を有する。

第18条　通航の意味

1　通航とは、次のことのために領海を航行することをいう。

(a)　内水に入ることなく又は内水の外にある停泊地若しくは港湾施設に立ち寄ることなく領海を通過すること。

(b) 内水に向かって若しくは内水から航行すること又は(a)の停泊地若しくは港湾施設に立ち寄ること。

2 通航は、継続的かつ迅速に行わなければならない。ただし、停船及び投びょうは、航行に通常付随するものである場合、不可抗力若しくは遭難により必要とされる場合又は危険若しくは遭難に陥った人、船舶若しくは航空機に援助を与えるために必要とされる場合に限り、通航に含まれる。

第19条 無害通航の意味

1 通航は、沿岸国の平和、秩序又は安全を害しない限り、無害とされる。無害通航は、この条約及び国際法の他の規則に従って行わなければならない。

2 外国船舶の通航は、当該外国船舶が領海において次の活動のいずれかに従事する場合には、沿岸国の平和、秩序又は安全を害するものとされる。

(a) 武力による威嚇又は武力の行使であって、沿岸国の主権、領土保全若しくは政治的独立に対するもの又はその他の国際連合憲章に規定する国際法の諸原則に違反する方法によるもの

(b) 兵器（種類のいかんを問わない。）を用いる訓練又は演習

(c) 沿岸国の防衛又は安全を害することとなるような情報の収集を目的とする行為

(d) 沿岸国の防衛又は安全に影響を与えることを目的とする宣伝行為

(e) 航空機の発着又は積込み

(f) 軍事機器の発着又は積込み

(g) 沿岸国の通関上、財政上、出入国管理上又は衛生上の法令に違反する物品、通貨又は人の積込み又は積卸し

(h) この条約に違反する故意のかつ重大な汚染行為

(i) 漁獲活動

(j) 調査活動又は測量活動の実施

(k) 沿岸国の通信系又は他の施設への妨害を目的とする行為

(l) 通航に直接の関係を有しないその他の活動

第20条 潜水船その他の水中航行機器

潜水船その他の水中航行機器は、領海においては、海面上を航行し、かつ、その旗を掲げなければならない。

第21条 無害通航に係る沿岸国の法令

1 沿岸国は、この条約及び国際法の他の規則に従い、次の事項の全部又は一部について領海における無害通航に係る法令を制定することができる。

(a) 航行の安全及び海上交通の規制

(b) 航行援助施設及び他の施設の保護

(c) 電線及びパイプラインの保護

(d) 海洋生物資源の保存

(e) 沿岸国の漁業に関する法令の違反の防止
(f) 沿岸国の環境の保全並びにその汚染の防止、軽減及び規制
(g) 海洋の科学的調査及び水路測量
(h) 沿岸国の通関上、財政上、出入国管理上又は衛生上の法令の違反の防止

2 1に規定する法令は、外国船舶の設計、構造、乗組員の配乗又は設備については、適用しない。ただし、当該法令が一般的に受け入れられている国際的な規則又は基準を実施する場合は、この限りでない。

3 沿岸国は、1に規定するすべての法令を適当に公表する。

4 領海において無害通航権を行使する外国船舶は、1に規定するすべての法令及び海上における衝突の予防に関する一般的に受け入れられているすべての国際的な規則を遵守する。

第22条 領海における航路帯及び分離通航帯

1 沿岸国は、航行の安全を考慮して必要な場合には、自国の領海において無害通航権を行使する外国船舶に対し、船舶の通航を規制するために自国が指定する航路帯及び設定する分離通航帯を使用するよう要求することができる。

2 沿岸国は、特に、タンカー、原子力船及び核物質又はその他の本質的に危険若しくは有害な物質若しくは原料を運搬する船舶に対し、1の航路帯のみを通航するよう要求することができる。

3 沿岸国は、この条の規定により航路帯の指定及び分離通航帯の設定を行うに当たり、次の事項を考慮する。
(a) 権限のある国際機関の勧告
(b) 国際航行のために慣習的に使用されている水路
(c) 特定の船舶及び水路の特殊な性質
(d) 交通のふくそう状況

4 沿岸国は、この条に定める航路帯及び分離通航帯を海図上に明確に表示し、かつ、その海図を適当に公表する。

第23条 外国の原子力船及び核物質又はその他の本質的に危険若しくは有害な物質を運搬する船舶

外国の原子力船及び核物質又はその他の本質的に危険若しくは有害な物質を運搬する船舶は、領海において無害通航権を行使する場合には、そのような船舶について国際協定が定める文書を携行し、かつ、当該国際協定が定める特別の予防措置をとる。

第24条 沿岸国の義務

1 沿岸国は、この条約に定めるところによる場合を除くほか、領海における外国船舶の無害通航を妨害してはならない。沿岸国は、特に、この条約又はこの条約に従って制定される法令の適用に当たり、次のことを行ってはならない。
(a) 外国船舶に対し無害通航権を否定し又は害する実際上の効果を有する要件を

課すること。

(b)　特定の国の船舶に対し又は特定の国へ、特定の国から若しくは特定の国のために貨物を運搬する船舶に対して法律上又は事実上の差別を行うこと。

2　沿岸国は、自国の領海内における航行上の危険で自国が知っているものを適当に公表する。

第25条　沿岸国の保護権

1　沿岸国は、無害でない通航を防止するため、自国の領海内において必要な措置をとることができる。

2　沿岸国は、また、船舶が内水に向かって航行している場合又は内水の外にある港湾施設に立ち寄る場合には、その船舶が内水に入るため又は内水の外にある港湾施設に立ち寄るために従うべき条件に違反することを防止するため、必要な措置をとる権利を有する。

3　沿岸国は、自国の安全の保護（兵器を用いる訓練を含む。）のため不可欠である場合には、その領海内の特定の水域において、外国船舶の間に法律上又は事実上の差別を設けることなく、外国船舶の無害通航を一時的に停止することができる。このような停止は、適当な方法で公表された後においてのみ、効力を有する。

第26条　外国船舶に対して課し得る課徴金

1　外国船舶に対しては、領海の通航のみを理由とするいかなる課徴金も課することができない。

2　領海を通航する外国船舶に対しては、当該外国船舶に提供された特定の役務の対価としてのみ、課徴金を課することができる。これらの課徴金は、差別なく課する。

B　商船及び商業的目的のために運航する政府船舶に適用される規則

第27条　外国船舶内における刑事裁判権

1　沿岸国の刑事裁判権は、次の場合を除くほか、領海を通航している外国船舶内において、その通航中に当該外国船舶内で行われた犯罪に関連していずれかの者を逮捕し又は捜査を行うために行使してはならない。

(a)　犯罪の結果が当該沿岸国に及ぶ場合

(b)　犯罪が当該沿岸国の安寧又は領海の秩序を乱す性質のものである場合

(c)　当該外国船舶の船長又は旗国の外交官若しくは領事官が当該沿岸国の当局に対して援助を要請する場合

(d)　麻薬又は向精神薬の不正取引を防止するために必要である場合

2　1の規定は、沿岸国が、内水を出て領海を通航している外国船舶内において逮捕又は捜査を行うため、自国の法令で認められている措置をとる権利に影響を及ぼすものではない。

3　1及び2に定める場合においては、沿岸国は、船長の要請があるときは、措置をとる前に当該外国船舶の旗国の外交官又は領事官に通報し、かつ、当該外交官又は領事官と当該外国船舶の乗組員との間の連絡を容易にする。緊急の場合には、その通報は、当該措置をとっている間に行うことができる。

4　沿岸国の当局は、逮捕すべきか否か、また、いかなる方法によって逮捕すべきかを考慮するに当たり、航行の利益に対して妥当な考慮を払う。

5　沿岸国は、第12部に定めるところによる場合及び第5部に定めるところにより制定する法令の違反に関する場合を除くほか、外国の港を出て、内水に入ることなく単に領海を通航する外国船舶につき、当該外国船舶が領海に入る前に船内において行われた犯罪に関連していずれかの者を逮捕し又は捜査を行うため、いかなる措置もとることができない。

第28条　外国船舶に関する民事裁判権

1　沿岸国は、領海を通航している外国船舶内にある者に関して民事裁判権を行使するために当該外国船舶を停止させてはならず、又はその航路を変更させてはならない。

2　沿岸国は、外国船舶が沿岸国の水域を航行している間に又はその水域を航行するために当該外国船舶について生じた債務又は責任に関する場合を除くほか、当該外国船舶に対し民事上の強制執行又は保全処分を行うことができない。

3　2の規定は、沿岸国が、領海に停泊しているか又は内水を出て領海を通航している外国船舶に対し、自国の法令に従って民事上の強制執行又は保全処分を行う権利を害するものではない。

C　軍艦及び非商業的目的のために運航するその他の政府船舶に適用される規則

第29条　軍艦の定義

この条約の適用上、「軍艦」とは、一の国の軍隊に属する船舶であって、当該国の国籍を有するそのような船舶であることを示す外部標識を掲げ、当該国の政府によって正式に任命されてその氏名が軍務に従事する者の適当な名簿又はこれに相当するものに記載されている士官の指揮の下にあり、かつ、正規の軍隊の規律に服する乗組員が配置されているものをいう。

第30条　軍艦による沿岸国の法令の違反

軍艦が領海の通航に係る沿岸国の法令を遵守せず、かつ、その軍艦に対して行われた当該法令の遵守の要請を無視した場合には、当該沿岸国は、その軍艦に対し当該領海から直ちに退去することを要求することができる。

第31条　軍艦又は非商業的目的のために運航するその他の政府船舶がもたらした損害についての旗国の責任

旗国は、軍艦又は非商業的目的のために運航するその他の政府船舶が領海の通航に係る沿岸国の法令、この条約又は国際法の他の規則を遵守しなかった結果として沿岸国に与えたいかなる損失又は損害についても国際的責任を負う。

第32条　軍艦及び非商業的目的のために運航するその他の政府船舶に与え

られる免除

この節のA及び前2条の規定による例外を除くほか、この条約のいかなる規定も、軍艦及び非商業的目的のために運航するその他の政府船舶に与えられる免除に影響を及ぼすものではない。

第4節　接続水域

第33条　接続水域

1　沿岸国は、自国の領海に接続する水域で接続水域といわれるものにおいて、次のことに必要な規制を行うことができる。

(a)　自国の領土又は領海内における通関上、財政上、出入国管理上又は衛生上の法令の違反を防止すること。

(b)　自国の領土又は領海内で行われた(a)の法令の違反を処罰すること。

2　接続水域は、領海の幅を測定するための基線から24海里を超えて拡張することができない。

第3部　国際航行に使用されている海峡

第1節　総則

第34条　国際航行に使用されている海峡を構成する水域の法的地位

1　この部に定める国際航行に使用されている海峡の通航制度は、その他の点については、当該海峡を構成する水域の法的地位に影響を及ぼすものではなく、また、当該水域、当該水域の上空並びに当該水域の海底及びその下に対する海峡沿岸国の主権又は管轄権の行使に影響を及ぼすものではない。

2　海峡沿岸国の主権又は管轄権は、この部の規定及び国際法の他の規則に従って行使される。

第35条　この部の規定の適用範囲

この部のいかなる規定も、次のものに影響を及ぼすものではない。

(a)　海峡内の内水である水域。ただし、第7条に定める方法に従って定めた直線基線がそれ以前には内水とされていなかった水域を内水として取り込むこととなるものを除く。

(b)　海峡沿岸国の領海を越える水域の排他的経済水域又は公海としての法的地位

(c)　特にある海峡について定める国際条約であって長い間存在し現に効力を有しているものがその海峡の通航を全面的又は部分的に規制している法制度

第36条　国際航行に使用されている海峡内の公海又は排他的経済水域の航路

この部の規定は、国際航行に使用されている海峡であって、その海峡内に航行上及び水路上の特性において同様に便利な公海又は排他的経済水域の航路が存在するものについては、適用しない。これらの航路については、この条約の他の関連する部の規定（航行及び上空飛行の自由に関する規定を含む。）を適用する。

第２節　通過通航

第37条　この節の規定の適用範囲

この節の規定は、公海又は排他的経済水域の一部分と公海又は排他的経済水域の他の部分との間にある国際航行に使用されている海峡について適用する。

第38条　通過通航権

1　すべての船舶及び航空機は、前条に規定する海峡において、通過通航権を有するものとし、この通過通航権は、害されない。ただし、海峡が海峡沿岸国の島及び本土から構成されている場合において、その島の海側に航行上及び水路上の特性において同様に便利な公海又は排他的経済水域の航路が存在するときは、通過通航は、認められない。

2　通過通航とは、この部の規定に従い、公海又は排他的経済水域の一部分と公海又は排他的経済水域の他の部分との間にある海峡において、航行及び上空飛行の自由が継続的かつ迅速な通過のためのみに行使されることをいう。ただし、継続的かつ迅速な通過という要件は、海峡沿岸国への入国に関する条件に従い当該海峡沿岸国への入国又は当該海峡沿岸国からの出国若しくは帰航の目的で海峡を通航することを妨げるものではない。

3　海峡における通過通航権の行使に該当しないいかなる活動も、この条約の他の適用される規定に従うものとする。

第39条　通過通航中の船舶及び航空機の義務

1　船舶及び航空機は、通過通航権を行使している間、次のことを遵守する。

(a)　海峡又はその上空を遅滞なく通過すること。

(b)　武力による威嚇又は武力の行使であって、海峡沿岸国の主権、領土保全若しくは政治的独立に対するもの又はその他の国際連合憲章に規定する国際法の諸原則に違反する方法によるものを差し控えること。

(c)　不可抗力又は遭難により必要とされる場合を除くほか、継続的かつ迅速な通過の通常の形態に付随する活動以外のいかなる活動も差し控えること。

(d)　この部の他の関連する規定に従うこと。

2　通過通航中の船舶は、次の事項を遵守する。

(a)　海上における安全のための一般的に受け入れられている国際的な規則、手続及び方式（海上における衝突の予防のための国際規則を含む。）

(b)　船舶からの汚染の防止、軽減及び規制のための一般的に受け入れられている国際的な規則、手続及び方式

3　通過通航中の航空機は、次のことを行う。

(a)　国際民間航空機関が定める民間航空機に適用される航空規則を遵守すること。

国の航空機については、航空規則に係る安全措置を原則として遵守し及び常に航行の安全に妥当な考慮を払って運航すること。

(b)　国際的に権限のある航空交通管制当局によって割り当てられた無線周波数又は適当な国際遭難無線周波数を常に聴守すること。

第40条　調査活動及び測量活動

外国船舶（海洋の科学的調査又は水路測量を行う船舶を含む。）は、通過通航中、海峡沿岸国の事前の許可なしにいかなる調査活動又は測量活動も行うことができない。

第41条　国際航行に使用されている海峡における航路帯及び分離通航帯

1　海峡沿岸国は、船舶の安全な通航を促進するために必要な場合には、この部の規定により海峡内に航行のための航路帯を指定し及び分離通航帯を設定することができる。

2　1の海峡沿岸国は、必要がある場合には、適当に公表した後、既に指定した航路帯又は既に設定した分離通航帯を他の航路帯又は分離通航帯に変更することができる。

3　航路帯及び分離通航帯は、一般的に受け入れられている国際的な規則に適合したものとする。

4　海峡沿岸国は、航路帯の指定若しくは変更又は分離通航帯の設定若しくは変更を行う前に、これらの採択のための提案を権限のある国際機関に行う。当該権限のある国際機関は、当該海峡沿岸国が同意する航路帯及び分離通航帯のみを採択することができるものとし、当該海峡沿岸国は、その採択の後にそれに従って航路帯の指定若しくは変更又は分離通航帯の設定若しくは変更を行うことができる。

5　ある海峡において2以上の海峡沿岸国の水域を通る航路帯又は分離通航帯が提案される場合には、関係国は、権限のある国際機関と協議の上、その提案の作成に協力する。

6　海峡沿岸国は、自国が指定したすべての航路帯及び設定したすべての分離通航帯を海図上に明確に表示し、かつ、その海図を適当に公表する。

7　通過通航中の船舶は、この条の規定により設定された適用される航路帯及び分離通航帯を尊重する。

第42条　通過通航に係る海峡沿岸国の法令

1　海峡沿岸国は、この節に定めるところにより、次の事項の全部又は一部について海峡の通過通航に係る法令を制定することができる。

(a)　前条に定めるところに従う航行の安全及び海上交通の規制

(b)　海峡における油、油性廃棄物その他の有害な物質の排出に関して適用される国際的な規則を実施することによる汚染の防止、軽減及び規制

(c)　漁船については、漁獲の防止（漁具の格納を含む。）

(d)　海峡沿岸国の通関上、財政上、出入国管理上又は衛生上の法令に違反する物

品、通貨又は人の積込み又は積卸し

2　1の法令は、外国船舶の間に法律上又は事実上の差別を設けるものであってはならず、また、その適用に当たり、この節に定める通過通航権を否定し、妨害し又は害する実際上の効果を有するものであってはならない。

3　海峡沿岸国は、1のすべての法令を適当に公表する。

4　通過通航権を行使する外国船舶は、1の法令を遵守する。

5　主権免除を享受する船舶又は航空機が1の法令又はこの部の他の規定に違反して行動した場合には、その旗国又は登録国は、海峡沿岸国にもたらしたいかなる損失又は損害についても国際的責任を負う。

第43条　航行及び安全のための援助施設及び他の改善措置並びに汚染の防止、軽減及び規制

海峡利用国及び海峡沿岸国は、合意により、次の事項について協力する。

(a)　航行及び安全のために必要な援助施設又は国際航行に資する他の改善措置の海峡における設定及び維持

(b)　船舶からの汚染の防止、軽減及び規制

第44条　海峡沿岸国の義務

海峡沿岸国は、通過通航を妨害してはならず、また、海峡内における航行上又はその上空における飛行上の危険で自国が知っているものを適当に公表する。通過通航は、停止してはならない。

第3節　無害通航

第45条　無害通航

1　第2部第3節の規定に基づく無害通航の制度は、国際航行に使用されている海峡のうち次の海峡について適用する。

(a)　第38条1の規定により通過通航の制度の適用から除外される海峡

(b)　公海又は一の国の排他的経済水域の一部と他の国の領海との間にある海峡

2　1の海峡における無害通航は、停止してはならない。

第4部　群島国

第46条　用語

この条約の適用上、

(a)　「群島国」とは、全体が1又は2以上の群島から成る国をいい、他の島を含めることができる。

(b)　「群島」とは、島の集団又はその一部、相互に連結する水域その他天然の地形が極めて密接に関係しているため、これらの島、水域その他天然の地形が本質的に一の地理的、経済的及び政治的単位を構成しているか又は歴史的にそのような単位と認識されているものをいう。

第47条　群島基線

1　群島国は、群島の最も外側にある島及び低潮時に水面上にある礁の最も外側の諸点を結ぶ直線の群島基線を引くことができる。ただし、群島基線の内側に主要な島があり、かつ、群島基線の内側の水域の面積と陸地（環礁を含む。）の面積との比率が1対1から9対1までの間のものとなることを条件とする。

2　群島基線の長さは、100海里を超えてはならない。ただし、いずれの群島についても、これを取り囲む基線の総数の3パーセントまでのものについて、最大の長さを125海里までにすることができる。

3　群島基線は、群島の全般的な輪郭から著しく離れて引いてはならない。

4　群島基線は、低潮高地との間に引いてはならない。ただし、恒久的に海面上にある灯台その他これに類する施設が低潮高地の上に建設されている場合及び低潮高地の全部又は一部が最も近い島から領海の幅を超えない距離にある場合は、この限りでない。

5　いずれの群島国も、他の国の領海を公海又は排他的経済水域から切り離すように群島基線の方法を適用してはならない。

6　群島国の群島水域の一部が隣接する国の2の部分の間にある場合には、当該隣接する国が当該群島水域の一部で伝統的に行使している現行の権利及び他のすべての適法な利益並びにこれらの国の間の合意により定められているすべての権利は、存続しかつ尊重される。

7　1の水域と陸地との面積の比率の計算に当たり、陸地の面積には、島の裾《きよ》礁及び環礁の内側の水域（急斜面を有する海台の上部の水域のうちその周辺にある一連の石灰岩の島及び低潮時に水面上にある礁によって取り囲まれ又はほとんど取り囲まれている部分を含む。）を含めることができる。

8　この条の規定に従って引かれる基線は、その位置の確認に適した縮尺の海図に表示する。これに代えて、測地原子を明示した各点の地理学的経緯度の表を用いることができる。

9　群島国は、8の海図又は地理学的経緯度の表を適当に公表するものとし、当該海図又は表の写しを国際連合事務総長に寄託する。

第48条　領海、接続水域、排他的経済水域及び大陸棚の幅の測定

領海、接続水域、排他的経済水域及び大陸棚の幅は、前条の規定に従って引かれる群島基線から測定する。

第49条　群島水域、群島水域の上空並びに群島水域の海底及びその下の法的地位

1　群島国の主権は、第47条の規定に従って引かれる群島基線により取り囲まれる水域で群島水域といわれるもの（その水深又は海岸からの距離を問わない。）に及ぶ。

2　群島国の主権は、群島水域の上空、群島水域の海底及びその下並びにそれらの

資源に及ぶ。

3 群島国の主権は、この部の規定に従って行使される。

4 この部に定める群島航路帯の通航制度は、その他の点については、群島水域（群島航路帯を含む。）の法的地位に影響を及ぼすものではなく、また、群島水域、群島水域の上空、群島水域の海底及びその下並びにそれらの資源に対する群島国の主権の行使に影響を及ぼすものではない。

第50条 内水の境界画定

群島国は、その群島水域において、第９条から第11条までの規定に従って内水の境界画定のための閉鎖線を引くことができる。

第51条 既存の協定、伝統的な漁獲の権利及び既設の海底電線

1 群島国は、第49条の規定の適用を妨げることなく、他の国との既存の協定を尊重するものとし、また、群島水域内の一定の水域における自国に隣接する国の伝統的な漁獲の権利及び他の適法な活動を認めるものとする。そのような権利を行使し及びそのような活動を行うための条件（これらの権利及び活動の性質、限度及び適用される水域を含む。）については、いずれかの関係国の要請により、関係国間における２国間の協定により定める。そのような権利は、第三国又はその国民に移転してはならず、また、第三国又はその国民との間で共有してはならない。

2 群島国は、他の国により敷設された既設の海底電線であって、陸地に接することなく自国の水域を通っているものを尊重するものとし、また、そのような海底電線の位置及び修理又は交換の意図についての適当な通報を受領した場合には、その海底電線の維持及び交換を許可する。

第52条 無害通航権

1 すべての国の船舶は、第50条の規定の適用を妨げることなく、第２部第３節の規定により群島水域において無害通航権を有する。ただし、次条の規定に従うものとする。

2 群島国は、自国の安全の保護のため不可欠である場合には、その群島水域内の特定の水域において、外国船舶の間に法律上又は事実上の差別を設けることなく、外国船舶の無害通航を一時的に停止することができる。このような停止は、適当な方法で公表された後においてのみ、効力を有する。

第53条 群島航路帯通航権

1 群島国は、自国の群島水域、これに接続する領海及びそれらの上空における外国の船舶及び航空機の継続的かつ迅速な通航に適した航路帯及びその上空における航空路を指定することができる。

2 すべての船舶及び航空機は、１の航路帯及び航空路において群島航路帯通航権を有する。

3 群島航路帯通航とは、この条約に従い、公海又は排他的経済水域の一部分と公

海又は排他的経済水域の他の部分との間において、通常の形態での航行及び上空飛行の権利が継続的な、迅速なかつ妨げられることのない通過のためのみに行使されることをいう。

4　1の航路帯及び航空路は、群島水域及びこれに接続する領海を貫通するものとし、これらの航路帯及び航空路には、群島水域又はその上空における国際航行又は飛行に通常使用されているすべての通航のための航路及び船舶に関してはその航路に係るすべての通常の航行のための水路を含める。ただし、同一の入口及び出口の間においては、同様に便利な2以上の航路は必要としない。

5　1の航路帯及び航空路は、通航のための航路の入口の点から出口の点までの一連の連続する中心線によって定める。群島航路帯を通航中の船舶及び航空機は、これらの中心線のいずれの側についても25海里を超えて離れて通航してはならない。ただし、その船舶及び航空機は、航路帯を挟んで向かい合っている島と島とを結ぶ最短距離の10パーセントの距離よりも海岸に近づいて航行してはならない。

6　この条の規定により航路帯を指定する群島国は、また、当該航路帯内の狭い水路における船舶の安全な通航のために分離通航帯を設定することができる。

7　群島国は、必要がある場合には、適当に公表した後、既に指定した航路帯又は既に設定した分離通航帯を他の航路帯又は分離通航帯に変更することができる。

8　航路帯及び分離通航帯は、一般的に受け入れられている国際的な規則に適合したものとする。

9　群島国は、航路帯の指定若しくは変更又は分離通航帯の設定若しくは変更を行うに当たり、これらの採択のための提案を権限のある国際機関に行う。当該権限のある国際機関は、当該群島国が同意する航路帯及び分離通航帯のみを採択することができるものとし、当該群島国は、その採択の後にそれに従って航路帯の指定若しくは変更又は分離通航帯の設定若しくは変更を行うことができる。

10　群島国は、自国が指定した航路帯の中心線及び設定した分離通航帯を海図上に明確に表示し、かつ、その海図を適当に公表する。

11　群島航路帯を通航中の船舶は、その条の規定により設定された適用される航路帯及び分離通航帯を尊重する。

12　群島国が航路帯又は航空路を指定しない場合には、群島航路帯通航権は、通常国際航行に使用されている航路において行使することができる。

第54条　通航中の船舶及び航空機の義務、調査活動及び測量活動、群島国の義務並びに群島航路帯通航に関する群島国の法令

第39条、第40条、第42条及び第44条の規定は、群島航路帯通航について準用する。

第5部　排他的経済水域

第55条　排他的経済水域の特別の法制度

排他的経済水域とは、領海に接続する水域であって、この部に定める特別の法制

度によるものをいう。この法制度の下において、沿岸国の権利及び管轄権並びにその他の国の権利及び自由は、この条約の関連する規定によって規律される。

第56条　排他的経済水域における沿岸国の権利、管轄権及び義務

1　沿岸国は、排他的経済水域において、次のものを有する。

(a)　海底の上部水域並びに海底及びその下の天然資源（生物資源であるか非生物資源であるかを問わない。）の探査、開発、保存及び管理のための主権的権利並びに排他的経済水域における経済的な目的で行われる探査及び開発のためのその他の活動（海水、海流及び風からのエネルギーの生産等）に関する主権的権利

(b)　この条約の関連する規定に基づく次の事項に関する管轄権

(i)　人工島、施設及び構築物の設置及び利用

(ii)　海洋の科学的調査

(iii)　海洋環境の保護及び保全

(c)　この条約に定めるその他の権利及び義務

2　沿岸国は、排他的経済水域においてこの条約により自国の権利を行使し及び自国の義務を履行するに当たり、他の国の権利及び義務に妥当な考慮を払うものとし、また、この条約と両立するように行動する。

3　この条に定める海底及びその下についての権利は、第6部の規定により行使する。

第57条　排他的経済水域の幅

排他的経済水域は、領海の幅を測定するための基線から200海里を超えて拡張してはならない。

第58条　排他的経済水域における他の国の権利及び義務

1　すべての国は、沿岸国であるか内陸国であるかを問わず、排他的経済水域において、この条約の関連する規定に定めるところにより、第87条に定める航行及び上空飛行の自由並びに海底電線及び海底パイプラインの敷設の自由並びにこれらの自由に関連し及びこの条約のその他の規定と両立するその他の国際的に適法な海洋の利用（船舶及び航空機の運航並びに海底電線及び海底パイプラインの運用に係る海洋の利用等）の自由を享有する。

2　第88条から第115条までの規定及び国際法の他の関連する規則は、この部の規定に反しない限り、排他的経済水域について適用する。

3　いずれの国も、排他的経済水域においてこの条約により自国の権利を行使し及び自国の義務を履行するに当たり、沿岸国の権利及び義務に妥当な考慮を払うものとし、また、この部の規定に反しない限り、この条約及び国際法の他の規則に従って沿岸国が制定する法令を遵守する。

第59条　排他的経済水域における権利及び管轄権の帰属に関する紛争の解決のための基礎

この条約により排他的経済水域における権利又は管轄権が沿岸国又はその他の国に帰せられていない場合において、沿岸国とその他の国との間に利害の対立が生じたときは、その対立は、当事国及び国際社会全体にとっての利益の重要性を考慮して、衡平の原則に基づき、かつ、すべての関連する事情に照らして解決する。

第60条　排他的経済水域における人工島、施設及び構築物

1　沿岸国は、排他的経済水域において、次のものを建設し並びにそれらの建設、運用及び利用を許可し及び規制する排他的権利を有する。

(a)　人工島

(b)　第56条に規定する目的その他の経済的な目的のための施設及び構築物

(c)　排他的経済水域における沿岸国の権利の行使を妨げ得る施設及び構築物

2　沿岸国は、1に規定する人工島、施設及び構築物に対して、通関上、財政上、保健上、安全上及び出入国管理上の法令に関する管轄権を含む排他的管轄権を有する。

3　1に規定する人工島、施設又は構築物の建設については、適当な通報を行わなければならず、また、その存在について注意を喚起するための恒常的な措置を維持しなければならない。放棄され又は利用されなくなった施設又は構築物は、権限のある国際機関がその除去に関して定める一般的に受け入れられている国際的基準を考慮して、航行の安全を確保するために除去する。その除去に当たっては、漁業、海洋環境の保護並びに他の国の権利及び義務に対しても妥当な考慮を払う。完全に除去されなかった施設又は構築物の水深、位置及び規模については、適当に公表する。

4　沿岸国は、必要な場合には、1に規定する人工島、施設及び構築物の周囲に適当な安全水域を設定することができるものとし、また、当該安全水域において、航行の安全並びに人工島、施設及び構築物の安全を確保するために適当な措置をとることができる。

5　沿岸国は、適用のある国際的基準を考慮して安全水域の幅を決定する。安全水域は、人工島、施設又は構築物の性質及び機能と合理的な関連を有するようなものとし、また、その幅は、一般的に受け入れられている国際的基準によって承認され又は権限のある国際機関によって勧告される場合を除くほか、当該人工島、施設又は構築物の外縁のいずれの点から測定した距離についても500メートルを超えるものであってはならない。安全水域の範囲に関しては、適当な通報を行う。

6　すべての船舶は、4の安全水域を尊重しなければならず、また、人工島、施設、構築物及び安全水域の近傍における航行に関して一般的に受け入れられている国際的基準を遵守する。

7　人工島、施設及び構築物並びにそれらの周囲の安全水域は、国際航行に不可欠な認められた航路帯の使用の妨げとなるような場所に設けてはならない。

8　人工島、施設及び構築物は、島の地位を有しない。これらのものは、それ自体

の領海を有せず、また、その存在は、領海、排他的経済水域又は大陸棚の境界画定に影響を及ぼすものではない。

第61条 生物資源の保存

1 沿岸国は、自国の排他的経済水域における生物資源の漁獲可能量を決定する。

2 沿岸国は、自国が入手することのできる最良の科学的証拠を考慮して、排他的経済水域における生物資源の維持が過度の開発によって脅かされないことを適当な保存措置及び管理措置を通じて確保する。このため、適当な場合には、沿岸国及び権限のある国際機関（小地域的なもの、地域的なもの又は世界的なもののいずれであるかを問わない。）は、協力する。

3 2に規定する措置は、また、環境上及び経済上の関連要因（沿岸漁業社会の経済上のニーズ及び開発途上国の特別の要請を含む。）を勘案し、かつ、漁獲の態様、資源間の相互依存関係及び一般的に勧告された国際的な最低限度の基準（小地域的なもの、地域的なもの又は世界的なもののいずれであるかを問わない。）を考慮して、最大持続生産量を実現することのできる水準に漁獲される種の資源量を維持し又は回復することのできるようなものとする。

4 沿岸国は、2に規定する措置をとるに当たり、漁獲される種に関連し又は依存する種の資源量をその再生産が著しく脅威にさらされることとなるような水準よりも高く維持し又は回復するために、当該関連し又は依存する種に及ぼす影響を考慮する。

5 入手することのできる科学的情報、漁獲量及び漁獲努力量に関する統計その他魚類の保存に関連するデータについては、適当な場合には権限のある国際機関（小地域的なもの、地域的なもの又は世界的なもののいずれであるかを問わない。）を通じ及びすべての関係国（その国民が排他的経済水域における漁獲を認められている国を含む。）の参加を得て、定期的に提供し及び交換する。

第62条 生物資源の利用

1 沿岸国は、前条の規定の適用を妨げることなく、排他的経済水域における生物資源の最適利用の目的を促進する。

2 沿岸国は、排他的経済水域における生物資源についての自国の漁獲能力を決定する。沿岸国は、自国が漁獲可能量のすべてを漁獲する能力を有しない場合には、協定その他の取極により、4に規定する条件及び法令に従い、第69条及び第70条の規定（特に開発途上国に関するもの）に特別の考慮を払って漁獲可能量の余剰分の他の国による漁獲を認める。

3 沿岸国は、この条の規定に基づく他の国による自国の排他的経済水域における漁獲を認めるに当たり、すべての関連要因、特に、自国の経済その他の国家的利益にとっての当該排他的経済水域における生物資源の重要性、第69条及び第70条の規定、小地域又は地域の開発途上国が余剰分の一部を漁獲する必要性、その国民が伝統的に当該排他的経済水域で漁獲を行ってきた国又は資源の調査及び識別に実質的な努力を払ってきた国における経済的混乱を最小のものにとどめる必要性等の関連要因を考慮する。

4　排他的経済水域において漁獲を行う他の国の国民は、沿岸国の法令に定める保存措置及び他の条件を遵守する。これらの法令は、この条約に適合するものとし、また、特に次の事項に及ぶことができる。

(a)　漁業者、漁船及び設備に関する許可証の発給（手数料その他の形態の報酬の支払を含む。これらの支払は、沿岸国である開発途上国の場合については、水産業に関する財政、設備及び技術の分野での十分な補償から成ることができる。）

(b)　漁獲することのできる種及び漁獲割当ての決定。この漁獲割当てについては、特定の資源若しくは資源群の漁獲、一定の期間における1隻当たりの漁獲又は特定の期間におけるいずれかの国の国民による漁獲のいずれについてのものであるかを問わない。

(c)　漁期及び漁場、漁具の種類、大きさ及び数量並びに利用することのできる漁船の種類、大きさ及び数の規制

(d)　漁獲することのできる魚その他の種の年齢及び大きさの決定

(e)　漁船に関して必要とされる情報（漁獲量及び漁獲努力量に関する統計並びに漁船の位置に関する報告を含む。）の明示

(f)　沿岸国の許可及び規制の下で特定の漁業に関する調査計画の実施を要求すること並びにそのような調査の実施（漁獲物の標本の抽出、標本の処理及び関連する科学的データの提供を含む。）を規制すること。

(g)　沿岸国の監視員又は訓練生の漁船への乗船

(h)　漁船による漁獲量の全部又は一部の沿岸国の港への陸揚げ

(i)　合弁事業に関し又はその他の協力についての取決めに関する条件

(j)　要員の訓練及び漁業技術の移転（沿岸国の漁業に関する調査を行う能力の向上を含む。）のための要件

(k)　取締手続

5　沿岸国は、保存及び管理に関する法令について適当な通報を行う。

第63条　2以上の沿岸国の排他的経済水域内に又は排他的経済水域内及び当該排他的経済水域に接続する水域内の双方に存在する資源

1　同一の資源又は関連する種の資源が2以上の沿岸国の排他的経済水域内に存在する場合には、これらの沿岸国は、この部の他の規定の適用を妨げることなく、直接に又は適当な小地域的若しくは地域的機関を通じて、当該資源の保存及び開発を調整し及び確保するために必要な措置について合意するよう努める。

2　同一の資源又は関連する種の資源が排他的経済水域内及び当該排他的経済水域に接続する水域内の双方に存在する場合には、沿岸国及び接続する水域において当該資源を漁獲する国は、直接に又は適当な小地域的若しくは地域的機関を通じ

て、当該接続する水域における当該資源の保存のために必要な措置について合意するよう努める。

第64条　高度回遊性の種

1　沿岸国その他その国民がある地域において附属書Ⅰに掲げる高度回遊性の種を漁獲する国は、排他的経済水域の内外を問わず当該地域全体において当該種の保存を確保しかつ最適利用の目的を促進するため、直接に又は適当な国際機関を通じて協力する。適当な国際機関が存在しない地域においては、沿岸国その他その国民が当該地域において高度回遊性の種を漁獲する国は、そのような機関を設立し及びその活動に参加するため、協力する。

2　1の規定は、この部の他の規定に加えて適用する。

第65条　海産哺《ほ》乳動物

この部のいかなる規定も、沿岸国又は適当な場合には国際機関が海産哺《ほ》乳動物の開発についてこの部に定めるよりも厳しく禁止し、制限し又は規制する権利又は権限を制限するものではない。いずれの国も、海産哺《ほ》乳動物の保存のために協力するものとし、特に、鯨類については、その保存、管理及び研究のために適当な国際機関を通じて活動する。

第66条　溯《さく》河性資源

1　溯《さく》河性資源の発生する河川の所在する国は、当該溯《さく》河性資源について第一義的利益及び責任を有する。

2　溯《さく》河性資源の母川国は、自国の排他的経済水域の外側の限界より陸地側のすべての水域における漁獲及び3(b)に規定する漁獲のための適当な規制措置を定めることによって溯《さく》河性資源の保存を確保する。母川国は、当該溯《さく》河性資源を漁獲する3及び4に規定する他の国と協議の後、自国の河川に発生する資源の総漁獲可能量を定めることができる。

3(a)　溯《さく》河性資源の漁獲は、排他的経済水域の外側の限界より陸地側の水域においてのみ行われる。ただし、これにより母川国以外の国に経済的混乱がもたらされる場合は、この限りでない。排他的経済水域の外側の限界を越える水域における溯《さく》河性資源の漁獲に関しては、関係国は、当該溯《さく》河性資源に係る保存上の要請及び母川国のニーズに妥当な考慮を払い、当該漁獲の条件に関する合意に達するため協議を行う。

(b)　母川国は、溯《さく》河性資源を漁獲する他の国の通常の漁獲量及び操業の形態並びにその漁獲が行われてきたすべての水域を考慮して、当該他の国の経済的混乱を最小のものにとどめるために協力する。

(c)　母川国は、(b)に規定する他の国が自国との合意により溯《さく》河性資源の再生産のための措置に参加し、特に、そのための経費を負担する場合には、当該他の国に対して、自国の河川に発生する資源の漁獲について特別の考慮を払う。

(d)　排他的経済水域を越える水域における溯《さく》河性資源に関する規制の実施は、母川国と他の関係国との間の合意による。

4 溯《さく》河性資源が母川国以外の国の排他的経済水域の外側の限界より陸地側の水域に入り又はこれを通過して回遊する場合には、当該国は、当該溯《さく》河性資源の保存及び管理について母川国と協力する。

5 溯《さく》河性資源の母川国及び当該溯《さく》河性資源を漁獲するその他の国は、適当な場合には、地域的機関を通じて、この条の規定を実施するための取極を締結する。

第67条　降河性の種

1 降河性の種がその生活史の大部分を過ごす水域の所在する沿岸国は、当該降河性の種の管理について責任を有し、及び回遊する魚が出入りすることができるようにする。

2 降河性の種の漁獲は、排他的経済水域の外側の限界より陸地側の水域においてのみ行われる。その漁獲は、排他的経済水域において行われる場合には、この条の規定及び排他的経済水域における漁獲に関するこの条約のその他の規定に定めるところによる。

3 降河性の魚が稚魚又は成魚として他の国の排他的経済水域を通過して回遊する場合には、当該魚の管理（漁獲を含む。）は、1の沿岸国と当該他の国との間の合意によって行われる。この合意は、種の合理的な管理が確保され及び1の沿岸国が当該種の維持について有する責任が考慮されるようなものとする。

第68条　定着性の種族

この部の規定は、第77条4に規定する定着性の種族については、適用しない。

第69条　内陸国の権利

1 内陸国は、自国と同一の小地域又は地域の沿岸国の排他的経済水域における生物資源の余剰分の適当な部分の開発につき、すべての関係国の関連する経済的及び地理的状況を考慮し、この条、第61条及び第62条に定めるところにより、衡平の原則に基づいて参加する権利を有する。

2 1に規定する参加の条件及び方法は、関係国が2国間の、小地域的な又は地域的な協定により定めるものとし、特に次の事項を考慮する。

(a) 沿岸国の漁業社会又は水産業に対する有害な影響を回避する必要性

(b) 内陸国が、この条の規定に基づき、現行の2国間の、小地域的な又は地域的な協定により、他の沿岸国の排他的経済水域における生物資源の開発に参加しており又は参加する権利を有する程度

(c) その他の内陸国及び地理的不利国が沿岸国の排他的経済水域における生物資源の開発に参加している程度及びその結果としていずれかの単一の沿岸国又はその一部が特別の負担を負うことを回避する必要性が生ずること。

(d) それぞれの国の国民の栄養上の必要性

3 沿岸国の漁獲能力がその排他的経済水域における生物資源の漁獲可能量のすべてを漁獲することのできる点に近づいている場合には、当該沿岸国その他の関係

国は、同一の小地域又は地域の内陸国である開発途上国が当該小地域又は地域の沿岸国の排他的経済水域における生物資源の開発について状況により適当な方法で及びすべての当事者が満足すべき条件の下で参加することを認めるため、2国間の、小地域的な又は地域的な及び衡平な取極の締結に協力する。この規定の実施に当たっては、2に規定する要素も考慮する。

4　内陸国である先進国は、この条の規定に基づき、自国と同一の小地域又は地域の沿岸国である先進国の排他的経済水域においてのみ生物資源の開発に参加することができる。この場合において、当該沿岸国である先進国がその排他的経済水域における生物資源について他の国による漁獲を認めるに当たり、その国民が伝統的に当該排他的経済水域で漁獲を行ってきた国の漁業社会に対する有害な影響及び経済的混乱を最小のものにとどめる必要性をどの程度考慮してきたかが勘案される。

5　1から4までの規定は、沿岸国が自国と同一の小地域又は地域の内陸国に対して排他的経済水域における生物資源の開発のための平等又は優先的な権利を与えることを可能にするため当該小地域又は地域において合意される取極に影響を及ぼすものではない。

第70条　地理的不利国の権利

1　地理的不利国は、自国と同一の小地域又は地域の沿岸国の排他的経済水域における生物資源の余剰分の適当な部分の開発につき、すべての関係国の関連する経済的及び地理的状況を考慮し、この条、第61条及び第62条に定めるところにより、衡平の原則に基づいて参加する権利を有する。

2　この部の規定の適用上、「地理的不利国」とは、沿岸国（閉鎖海又は半閉鎖海に面した国を含む。）であって、その地理的状況のため自国民又はその一部の栄養上の目的のための魚の十分な供給を自国と同一の小地域又は地域の他の国の排他的経済水域における生物資源の開発に依存するもの及び自国の排他的経済水域を主張することができないものをいう。

3　1に規定する参加の条件及び方法は、関係国が2国間の、小地域的な又は地域的な協定により定めるものとし、特に次の事項を考慮する。

(a)　沿岸国の漁業社会又は水産業に対する有害な影響を回避する必要性

(b)　地理的不利国が、この条の規定に基づき、現行の2国間の、小地域的な又は地域的な協定により、他の沿岸国の排他的経済水域における生物資源の開発に参加しており又は参加する権利を有する程度

(c)　その他の地理的不利国及び内陸国が沿岸国の排他的経済水域における生物資源の開発に参加している程度及びその結果としていずれかの単一の沿岸国又はその一部が特別の負担を負うことを回避する必要性が生ずること。

(d)　それぞれの国の国民の栄養上の必要性

4　沿岸国の漁獲能力がその排他的経済水域における生物資源の漁獲可能量のすべ

てを漁獲することのできる点に近づいている場合には、当該沿岸国その他の関係国は、同一の小地域又は地域の地理的不利国である開発途上国が当該小地域又は地域の沿岸国の排他的経済水域における生物資源の開発について状況により適当な方法で及びすべての当事者が満足すべき条件の下で参加することを認めるため、２国間の、小地域的な又は地域的な及び衡平な取極の締結に協力する。この規定の実施に当たっては、３に規定する要素も考慮する。

5　地理的不利国である先進国は、この条の規定に基づき、自国と同一の小地域又は地域の沿岸国である先進国の排他的経済水域においてのみ生物資源の開発に参加することができる。この場合において、当該沿岸国である先進国がその排他的経済水域における生物資源について他の国による漁獲を認めるに当たり、その国民が伝統的に当該排他的経済水域で漁獲を行ってきた国の漁業社会に対する有害な影響及び経済的混乱を最小のものにとどめる必要性をどの程度考慮してきたかが勘案される。

6　１から５までの規定は、沿岸国が自国と同一の小地域又は地域の地理的不利国に対して排他的経済水域における生物資源の開発のための平等又は優先的な権利を与えることを可能にするため当該小地域又は地域において合意される取極に影響を及ぼすものではない。

第71条　前２条の規定の不適用

前２条の規定は、沿岸国の経済がその排他的経済水域における生物資源の開発に依存する度合が極めて高い場合には、当該沿岸国については、適用しない。

第72条　権利の移転の制限

1　第69条及び第70条に定める生物資源を開発する権利は、関係国の間に別段の合意がない限り、貸借契約又は許可、合弁事業の設立その他の権利の移転の効果を有する方法によって、第三国又はその国民に対して直接又は間接に移転してはならない。

2　１の規定は、１に規定する効果をもたらさない限り、関係国が第69条及び第70条の規定に基づく権利の行使を容易にするために第三国又は国際機関から技術的又は財政的援助を得ることを妨げるものではない。

第73条　沿岸国の法令の執行

1　沿岸国は、排他的経済水域において生物資源を探査し、開発し、保存し及び管理するための主権的権利を行使するに当たり、この条約に従って制定する法令の遵守を確保するために必要な措置（乗船、検査、拿《だ》捕及び司法上の手続含む。）をとることができる。

2　拿《だ》捕された船舶及びその乗組員は、合理的な保証金の支払又は合理的な他の保証の提供の後に速やかに釈放される。

3　排他的経済水域における漁業に関する法令に対する違反について沿岸国が科する罰には、関係国の別段の合意がない限り拘禁を含めてはならず、また、その他のいかなる形態の身体刑も含めてはならない。

4 沿岸国は、外国船舶を拿《だ》捕し又は抑留した場合には、とられた措置及びその後科した罰について、適当な経路を通じて旗国に速やかに通報する。

第74条 向かい合っているか又は隣接している海岸を有する国の間における排他的経済水域の境界画定

1 向かい合っているか又は隣接している海岸を有する国の間における排他的経済水域の境界画定は、衡平な解決を達成するために、国際司法裁判所規程第38条に規定する国際法に基づいて合意により行う。

2 関係国は、合理的な期間内に合意に達することができない場合には、第15部に定める手続に付する。

3 関係国は、1の合意に達するまでの間、理解及び協力の精神により、実際的な性質を有する暫定的な取極を締結するため及びそのような過渡的期間において最終的な合意への到達を危うくし又は妨げないためにあらゆる努力を払う。暫定的な取極は、最終的な境界画定に影響を及ぼすものではない。

4 関係国間において効力を有する合意がある場合には、排他的経済水域の境界画定に関する問題は、当該合意に従って解決する。

第75条 海図及び地理学的経緯度の表

1 排他的経済水域の外側の限界線及び前条の規定に従って引かれる境界画定線は、この部に定めるところにより、それらの位置の確認に適した縮尺の海図に表示する。適当な場合には、当該外側の限界線又は当該境界画定線に代えて、測地原子を明示した各点の地理学的経緯度の表を用いることができる。

2 沿岸国は、1の海図又は地理学的経緯度の表を適当に公表するものとし、当該海図又は表の写しを国際連合事務総長に寄託する。

第6部 大陸棚

第76条 大陸棚の定義

1 沿岸国の大陸棚とは、当該沿岸国の領海を越える海面下の区域の海底及びその下であってその領土の自然の延長をたどって大陸縁辺部の外縁に至るまでのもの又は、大陸縁辺部の外縁が領海の幅を測定するための基線から200海里の距離まで延びていない場合には、当該沿岸国の領海を越える海面下の区域の海底及びその下であって当該基線から200海里の距離までのものをいう。

2 沿岸国の大陸棚は、4から6までに定める限界を越えないものとする。

3 大陸縁辺部は、沿岸国の陸塊の海面下まで延びている部分から成るものとし、棚、斜面及びコンチネンタル・ライズの海底及びその下で構成される。ただし、大洋底及びその海洋海嶺《れい》又はその下を含まない。

4(a) この条約の適用上、沿岸国は、大陸縁辺部が領海の幅を測定するための基線から200海里を超えて延びている場合には、次のいずれかの線により大陸縁辺部の外縁を設定する。

(i)　ある点における堆《たい》積岩の厚さが当該点から大陸斜面の脚部までの最短距離の1パーセント以上であるとの要件を満たすときにこのような点のうち最も外側のものを用いて7の規定に従って引いた線

(ii)　大陸斜面の脚部から60海里を超えない点を用いて7の規定に従って引いた線

(b)　大陸斜面の脚部は、反証のない限り、当該大陸斜面の基部における勾《こう》配が最も変化する点とする。

5　4(a)の(i)又は(ii)の規定に従って引いた海底における大陸棚の外側の限界線は、これを構成する各点において、領海の幅を測定するための基線から350海里を超え又は2500メートル等深線（2500メートルの水深を結ぶ線をいう。）から100海里を超えてはならない。

6　5の規定にかかわらず、大陸棚の外側の限界は、海底海嶺《れい》の上においては領海の幅を測定するための基線から350海里を超えてはならない。この6の規定は、海台、海膨、キャップ、堆《たい》及び海脚のような大陸縁辺部の自然の構成要素である海底の高まりについては、適用しない。

7　沿岸国は、自国の大陸棚が領海の幅を測定するための基線から200海里を超えて延びている場合には、その大陸棚の外側の限界線を経緯度によって定める点を結ぶ60海里を超えない長さの直線によって引く。

8　沿岸国は、領海の幅を測定するための基線から200海里を超える大陸棚の限界に関する情報を、衡平な地理的代表の原則に基づき附属書Ⅱに定めるところにより設置される大陸棚の限界に関する委員会に提出する。この委員会は、当該大陸棚の外側の限界の設定に関する事項について当該沿岸国に対し勧告を行う。沿岸国がその勧告に基づいて設定した大陸棚の限界は、最終的なものとし、かつ、拘束力を有する。

9　沿岸国は、自国の大陸棚の外側の限界が恒常的に表示された海図及び関連する情報（測地原子を含む。）を国際連合事務総長に寄託する。同事務総長は、これらを適当に公表する。

10　この条の規定は、向かい合っているか又は隣接している海岸を有する国の間における大陸棚の境界画定の問題に影響を及ぼすものではない。

第77条　大陸棚に対する沿岸国の権利

1　沿岸国は、大陸棚を探査し及びその天然資源を開発するため、大陸棚に対して主権的権利を行使する。

2　1の権利は、沿岸国が大陸棚を探査せず又はその天然資源を開発しない場合においても、当該沿岸国の明示の同意なしにそのような活動を行うことができないという意味において、排他的である。

3　大陸棚に対する沿岸国の権利は、実効的な若しくは名目上の先占又は明示の宣言に依存するものではない。

4　この部に規定する天然資源は、海底及びその下の鉱物その他の非生物資源並びに定着性の種族に属する生物、すなわち、採捕に適した段階において海底若しくはその下で静止しており又は絶えず海底若しくはその下に接触していなければ動くことのできない生物から成る。

第78条　上部水域及び上空の法的地位並びに他の国の権利及び自由

1　大陸棚に対する沿岸国の権利は、上部水域又はその上空の法的地位に影響を及ぼすものではない。

2　沿岸国は、大陸棚に対する権利の行使により、この条約に定める他の国の航行その他の権利及び自由を侵害してはならず、また、これらに対して不当な妨害をもたらしてはならない。

第79条　大陸棚における海底電線及び海底パイプライン

1　すべての国は、この条の規定に従って大陸棚に海底電線及び海底パイプラインを敷設する権利を有する。

2　沿岸国は、大陸棚における海底電線又は海底パイプラインの敷設又は維持を妨げることができない。もっとも、沿岸国は、大陸棚の探査、その天然資源の開発並びに海底パィプラィンからの汚染の防止、軽減及び規制のために適当な措置をとる権利を有する。

3　海底パイプラインを大陸棚に敷設するための経路の設定については、沿岸国の同意を得る。

4　この部のいかなる規定も、沿岸国がその領土若しくは領海に入る海底電線若しくは海底パイプラインに関する条件を定める権利又は大陸棚の探査、その資源の開発若しくは沿岸国が管轄権を有する人工島、施設及び構築物の運用に関連して建設され若しくは利用される海底電線及び海底パイプラインに対する当該沿岸国の管轄権に影響を及ぼすものではない。

5　海底電線又は海底パイプラインを敷設する国は、既に海底に敷設されている電線又はパイプラインに妥当な考慮を払わなければならない。特に、既設の電線又はパイプラインを修理する可能性は、害してはならない。

第80条　大陸棚における人工島、施設及び構築物

第60条の規定は、大陸棚における人工島、施設及び構築物について準用する。

第81条　大陸棚における掘削

沿岸国は、大陸棚におけるあらゆる目的のための掘削を許可し及び規制する排他的権利を有する。

第82条　200海里を超える大陸棚の開発に関する支払及び拠出

1　沿岸国は、領海の幅を測定する基線から200海里を超える大陸棚の非生物資源の開発に関して金銭による支払又は現物による拠出を行う。

2　支払又は拠出は、鉱区における最初の5年間の生産の後、当該鉱区におけるす

べての生産に関して毎年行われる。6年目の支払又は拠出の割合は、当該鉱区における生産額又は生産量の1パーセントとする。この割合は、12年目まで毎年1パーセントずつ増加するものとし、その後は7パーセントとする。生産には、開発に関連して使用された資源を含めない。

3　その大陸棚から生産される鉱物資源の純輸入国である開発途上国は、当該鉱物資源に関する支払又は拠出を免除される。

4　支払又は拠出は、機構を通じて行われるものとし、機構は、開発途上国、特に後発開発途上国及び内陸国である開発途上国の利益及びニーズに考慮を払い、衡平な配分基準に基づいて締約国にこれらを配分する。

第83条　向かい合っているか又は隣接している海岸を有する国の間における大陸棚の境界画定

1　向かい合っているか又は隣接している海岸を有する国の間における大陸棚の境界画定は、衡平な解決を達成するために、国際司法裁判所規程第38条に規定する国際法に基づいて合意により行う。

2　関係国は、合理的な期間内に合意に達することができない場合には、第15部に定める手続に付する。

3　関係国は、1の合意に達するまでの間、理解及び協力の精神により、実際的な性質を有する暫定的な取極を締結するため及びそのような過渡的期間において最終的な合意への到達を危うくし又は妨げないためにあらゆる努力を払う。暫定的な取極は、最終的な境界画定に影響を及ぼすものではない。

4　関係国間において効力を有する合意がある場合には、大陸棚の境界画定に関する問題は、当該合意に従って解決する。

第84条　海図及び地理学的経緯度の表

1　大陸棚の外側の限界線及び前条の規定に従って引かれる境界画定線は、この部に定めるところにより、それらの位置の確認に適した縮尺の海図に表示する。適当な場合には、当該外側の限界線又は当該境界画定線に代えて、測地原子を明示した各点の地理学的経緯度の表を用いることができる。

2　沿岸国は、1の海図又は地理学的経緯度の表を適当に公表するものとし、当該海図又は表の写しを国際連合事務総長に及び、大陸棚の外側の限界線を表示した海図又は表の場合には、これらの写しを機構の事務局長に寄託する。

第85条　トンネルの掘削

この部の規定は、トンネルの掘削により海底（水深のいかんを問わない。）の下を開発する沿岸国の権利を害するものではない。

第7部　公海

第1節　総則

第86条　この部の規定の適用

この部の規定は、いずれの国の排他的経済水域、領海若しくは内水又はいずれの群島国の群島水域にも含まれない海洋のすべての部分に適用する。この条の規定は、第58条の規定に基づきすべての国が排他的経済水域において享有する自由にいかなる制約も課するものではない。

第87条　公海の自由

1　公海は、沿岸国であるか内陸国であるかを問わず、すべての国に開放される。公海の自由は、この条約及び国際法の他の規則に定める条件に従って行使される。この公海の自由には、沿岸国及び内陸国のいずれについても、特に次のものが含まれる。

(a)　航行の自由

(b)　上空飛行の自由

(c)　海底電線及び海底パイプラインを敷設する自由。ただし、第6部の規定の適用が妨げられるものではない。

(d)　国際法によって認められる人工島その他の施設を建設する自由。ただし、第6部の規定の適用が妨げられるものではない。

(e)　第2節に定める条件に従って漁獲を行う自由

(f)　科学的調査を行う自由。ただし、第6部及び第13部の規定の適用が妨げられるものではない。

2　1に規定する自由は、すべての国により、公海の自由を行使する他の国の利益及び深海底における活動に関するこの条約に基づく権利に妥当な考慮を払って行使されなければならない。

第88条　平和的目的のための公海の利用

公海は、平和的目的のために利用されるものとする。

第89条　公海に対する主権についての主張の無効

いかなる国も、公海のいずれかの部分をその主権の下に置くことを有効に主張することができない。

第90条　航行の権利

いずれの国も、沿岸国であるか内陸国であるかを問わず、自国を旗国とする船舶を公海において航行させる権利を有する。

第91条　船舶の国籍

1　いずれの国も、船舶に対する国籍の許与、自国の領域内における船舶の登録及び自国の旗を掲げる権利に関する条件を定める。船舶は、その旗を掲げる権利を有する国の国籍を有する。その国と当該船舶との間には、真正な関係が存在しなければならない。

2　いずれの国も、自国の旗を掲げる権利を許与した船舶に対し、その旨の文書を発給する。

第92条　船舶の地位

1　船舶は、1の国のみの旗を掲げて航行するものとし、国際条約又はこの条約に明文の規定がある特別の場合を除くほか、公海においてその国の排他的管轄権に服する。船舶は、所有権の現実の移転又は登録の変更の場合を除くほか、航海中又は寄港中にその旗を変更することができない。

2　2以上の国の旗を適宜に使用して航行する船舶は、そのいずれの国の国籍も第三国に対して主張することができないものとし、また、このような船舶は、国籍のない船舶とみなすことができる。

第93条　国際連合、その専門機関及び国際原子力機関の旗を掲げる船舶

前諸条の規定は、国際連合、その専門機関又は国際原子力機関の公務に使用され、かつ、これらの機関の旗を掲げる船舶の問題に影響を及ぼすものではない。

第94条　旗国の義務

1　いずれの国も、自国を旗国とする船舶に対し、行政上、技術上及び社会上の事項について有効に管轄権を行使し及び有効に規制を行う。

2　いずれの国も、特に次のことを行う。

(a)　自国を旗国とする船舶の名称及び特徴を記載した登録簿を保持すること。ただし、その船舶が小さいため一般的に受け入れられている国際的な規則から除外されているときは、この限りでない。

(b)　自国を旗国とする船舶並びにその船長、職員及び乗組員に対し、当該船舶に関する行政上、技術上及び社会上の事項について国内法に基づく管轄権を行使すること。

3　いずれの国も、自国を旗国とする船舶について、特に次の事項に関し、海上における安全を確保するために必要な措置をとる。

(a)　船舶の構造、設備及び堪《たん》航性

(b)　船舶における乗組員の配乗並びに乗組員の労働条件及び訓練。この場合において、適用のある国際文書を考慮に入れるものとする。

(c)　信号の使用、通信の維持及び衝突の予防

4　3の措置には、次のことを確保するために必要な措置を含める。

(a)　船舶が、その登録前に及びその後は適当な間隔で、資格のある船舶検査員による検査を受けること並びに船舶の安全な航行のために適当な海図、航海用刊行物、航行設備及び航行器具を船内に保持すること。

(b)　船舶が、特に運用、航海、通信及び機関について適当な資格を有する船長及び職員の管理の下にあること並びに乗組員の資格及び人数が船舶の型式、大き

さ、機関及び設備に照らして適当であること。

(c) 船長、職員及び適当な限度において乗組員が海上における人命の安全、衝突の予防、海洋汚染の防止、軽減及び規制並びに無線通信の維持に関して適用される国際的な規則に十分に精通しており、かつ、その規則の遵守を要求されていること。

5 いずれの国も、3及び4に規定する措置をとるに当たり、一般的に受け入れられている国際的な規則、手続及び慣行を遵守し並びにその遵守を確保するために必要な措置をとることを要求される。

6 船舶について管轄権が適正に行使されず又は規制が適正に行われなかったと信ずるに足りる明白な理由を有する国は、その事実を旗国に通報することができる。旗国は、その通報を受領したときは、その問題の調査を行うものとし、適当な場合には、事態を是正するために必要な措置をとる。

7 いずれの国も、自国を旗国とする船舶の公海における海事損害又は航行上の事故であって、他の国の国民に死亡若しくは重大な傷害をもたらし又は他の国の船舶若しくは施設若しくは海洋環境に重大な損害をもたらすものについては、適正な資格を有する者によって又はその立会いの下で調査が行われるようにしなければならない。旗国及び他の国は、海事損害又は航行上の事故について当該他の国が行う調査の実施において協力する。

第95条 公海上の軍艦に与えられる免除

公海上の軍艦は、旗国以外のいずれの国の管轄権からも完全に免除される。

第96条 政府の非商業的役務にのみ使用される船舶に与えられる免除

国が所有し又は運航する船舶で政府の非商業的役務にのみ使用されるものは、公海において旗国以外のいずれの国の管轄権からも完全に免除される。

第97条 衝突その他の航行上の事故に関する刑事裁判権

1 公海上の船舶につき衝突その他の航行上の事故が生じた場合において、船長その他当該船舶に勤務する者の刑事上又は懲戒上の責任が問われるときは、これらの者に対する刑事上又は懲戒上の手続は、当該船舶の旗国又はこれらの者が属する国の司法当局又は行政当局においてのみとることができる。

2 懲戒上の問題に関しては、船長免状その他の資格又は免許の証明書を発給した国のみが、受有者がその国の国民でない場合においても、適正な法律上の手続を経てこれらを取り消す権限を有する。

3 船舶の拿《だ》捕又は抑留は、調査の手段としても、旗国の当局以外の当局が命令してはならない。

第98条 援助を与える義務

1 いずれの国も、自国を旗国とする船舶の船長に対し、船舶、乗組員又は旅客に重大な危険を及ぼさない限度において次の措置をとることを要求する。

(a) 海上において生命の危険にさらされている者を発見したときは、その者に援助を与えること。

(b) 援助を必要とする旨の通報を受けたときは、当該船長に合理的に期待される限度において、可能な最高速力で遭難者の救助に赴くこと。

(c) 衝突したときは、相手の船舶並びにその乗組員及び旅客に援助を与え、また、可能なときは、自己の船舶の名称、船籍港及び寄港しようとする最も近い港を相手の船舶に知らせること。

2 いずれの沿岸国も、海上における安全に関する適切かつ実効的な捜索及び救助の機関の設置、運営及び維持を促進し、また、状況により必要とされるときは、このため、相互間の地域的な取極により隣接国と協力する。

第99条 奴隷の運送の禁止

いずれの国も、自国の旗を掲げることを認めた船舶による奴隷の運送を防止し及び処罰するため並びに奴隷の運送のために自国の旗が不法に使用されることを防止するため、実効的な措置をとる。いずれの船舶（旗国のいかんを問わない。）に避難する奴隷も、避難したという事実によって自由となる。

第100条 海賊行為の抑止のための協力の義務

すべての国は、最大限に可能な範囲で、公海その他いずれの国の管轄権にも服さない場所における海賊行為の抑止に協力する。

第101条 海賊行為の定義

海賊行為とは、次の行為をいう。

(a) 私有の船舶又は航空機の乗組員又は旅客が私的目的のために行うすべての不法な暴力行為、抑留又は略奪行為であって次のものに対して行われるもの

(i) 公海における他の船舶若しくは航空機又はこれらの内にある人若しくは財産

(ii) いずれの国の管轄権にも服さない場所にある船舶、航空機、人又は財産

(b) いずれかの船舶又は航空機を海賊船舶又は海賊航空機とする事実を知って当該船舶又は航空機の運航に自発的に参加するすべての行為

(c) (a)又は(b)に規定する行為を扇動し又は故意に助長するすべての行為

第102条 乗組員が反乱を起こした軍艦又は政府の船舶若しくは航空機による海賊行為

前条に規定する海賊行為であって、乗組員が反乱を起こして支配している軍艦又は政府の船舶若しくは航空機が行うものは、私有の船舶又は航空機が行う行為とみなされる。

第103条 海賊船舶又は海賊航空機の定義

船舶又は航空機であって、これを実効的に支配している者が第101条に規定するいずれかの行為を行うために使用することを意図しているものについては、海賊船舶又は海賊航空機とする。当該いずれかの行為を行うために使用された船舶又は航空機であって、当該行為につき有罪とされる者により引き続き支配されているもの

についても、同様とする。

第104条　海賊船舶又は海賊航空機の国籍の保持又は喪失

船舶又は航空機は、海賊船舶又は海賊航空機となった場合にも、その国籍を保持することができる。国籍の保持又は喪失は、当該国籍を与えた国の法律によって決定される。

第105条　海賊船舶又は海賊航空機の拿《だ》捕

いずれの国も、公海その他いずれの国の管轄権にも服さない場所において、海賊船舶、海賊航空機又は海賊行為によって奪取され、かつ、海賊の支配下にある船舶又は航空機を拿《だ》捕し及び当該船舶又は航空機内の人を逮捕し又は財産を押収することができる。拿《だ》捕を行った国の裁判所は、科すべき刑罰を決定することができるものとし、また、善意の第三者の権利を尊重することを条件として、当該船舶、航空機又は財産についてとるべき措置を決定することができる。

第106条　十分な根拠なしに拿《だ》捕が行われた場合の責任

海賊行為の疑いに基づく船舶又は航空機の拿《だ》捕が十分な根拠なしに行われた場合には、拿《だ》捕を行った国は、その船舶又は航空機がその国籍を有する国に対し、その拿《だ》捕によって生じたいかなる損失又は損害についても責任を負う。

第107条　海賊行為を理由とする拿《だ》捕を行うことが認められる船舶及び航空機

海賊行為を理由とする拿《だ》捕は、軍艦、軍用航空機その他政府の公務に使用されていることが明らかに表示されておりかつ識別されることのできる船舶又は航空機でそのための権限を与えられているものによってのみ行うことができる。

第108条　麻薬又は向精神薬の不正取引

1　すべての国は、公海上の船舶が国際条約に違反して麻薬及び向精神薬の不正取引を行うことを防止するために協力する。

2　いずれの国も、自国を旗国とする船舶が麻薬又は向精神薬の不正取引を行っていると信ずるに足りる合理的な理由がある場合には、その取引を防止するため他の国の協力を要請することができる。

第109条　公海からの許可を得ていない放送

1　すべての国は、公海からの許可を得ていない放送の防止に協力する。

2　この条約の適用上、「許可を得ていない放送」とは、国際的な規則に違反して公海上の船舶又は施設から行われる音響放送又はテレビジョン放送のための送信であって、一般公衆による受信を意図するものをいう。ただし、遭難呼出しの送信を除く。

3　許可を得ていない放送を行う者については、次の国の裁判所に訴追することができる。

(a)　船舶の旗国

(b)　施設の登録国

(c)　当該者が国民である国
(d)　放送を受信することができる国
(e)　許可を得ている無線通信が妨害される国
4　3の規定により管轄権を有する国は、公海において、次条の規定に従い、許可を得ていない放送を行う者を逮捕し又はそのような船舶を拿《だ》捕することができるものとし、また、放送機器を押収することができる。

第110条　臨検の権利

1　条約上の権限に基づいて行われる干渉行為によるものを除くほか、公海において第95条及び第96条の規定に基づいて完全な免除を与えられている船舶以外の外国船舶に遭遇した軍艦が当該外国船舶を臨検することは、次のいずれかのことを疑うに足りる十分な根拠がない限り、正当と認められない。
(a)　当該外国船舶が海賊行為を行っていること。
(b)　当該外国船舶が奴隷取引に従事していること。
(c)　当該外国船舶が許可を得ていない放送を行っており、かつ、当該軍艦の旗国が前条の規定に基づく管轄権を有すること。
(d)　当該外国船舶が国籍を有していないこと。
(e)　当該外国船舶が、他の国の旗を掲げているか又は当該外国船舶の旗を示すことを拒否したが、実際には当該軍艦と同一の国籍を有すること。
2　軍艦は、1に規定する場合において、当該外国船舶がその旗を掲げる権利を確認することができる。このため、当該軍艦は、疑いがある当該外国船舶に対し士官の指揮の下にボートを派遣することができる。文書を検閲した後もなお疑いがあるときは、軍艦は、その船舶内において更に検査を行うことができるが、その検査は、できる限り慎重に行わなければならない。
3　疑いに根拠がないことが証明され、かつ、臨検を受けた外国船舶が疑いを正当とするいかなる行為も行っていなかった場合には、当該外国船舶は、被った損失又は損害に対する補償を受ける。
4　1から3までの規定は、軍用航空機について準用する。
5　1から3までの規定は、政府の公務に使用されていることが明らかに表示されておりかつ識別されることのできるその他の船舶又は航空機で正当な権限を有するものについても準用する。

第111条　追跡権

1　沿岸国の権限のある当局は、外国船舶が自国の法令に違反したと信ずるに足りる十分な理由があるときは、当該外国船舶の追跡を行うことができる。この追跡は、外国船舶又はそのボートが追跡国の内水、群島水域、領海又は接続水域にある時に開始しなければならず、また、中断されない限り、領海又は接続水域の外において引き続き行うことができる。領海又は接続水域にある外国船舶が停船命令を受ける時に、その命令を発する船舶も同様に領海又は接続水域にあることは必要でない。外国船舶が第33条に定める接続水域にあるときは、追跡は、当該接続水域の設定によって保護しようとする権利の侵害があった場合に限り、行うことができる。

2　追跡権については、排他的経済水域又は大陸棚（大陸棚上の施設の周囲の安全水域を含む。）において、この条約に従いその排他的経済水域又は大陸棚（当該安全水域を含む。）に適用される沿岸国の法令の違反がある場合に準用する。

3　追跡権は、被追跡船舶がその旗国又は第三国の領海に入ると同時に消滅する。

4　追跡は、被追跡船舶又はそのボート若しくは被追跡船舶を母船としてこれと一団となって作業する舟艇が領海又は、場合により、接続水域、排他的経済水域若しくは大陸棚の上部にあることを追跡船舶がその場における実行可能な手段により確認しない限り、開始されたものとされない。追跡は、視覚的又は聴覚的停船信号を外国船舶が視認し又は聞くことができる距離から発した後にのみ、開始することができる。

5　追跡権は、軍艦、軍用航空機その他政府の公務に使用されていることが明らかに表示されておりかつ識別されることのできる船舶又は航空機でそのための権限を与えられているものによってのみ行使することができる。

6　追跡が航空機によって行われる場合には、

(a)　1から4までの規定を準用する。

(b)　停船命令を発した航空機は、船舶を自ら拿《だ》捕することができる場合を除くほか、自己が呼び寄せた沿岸国の船舶又は他の航空機が到着して追跡を引き継ぐまで、当該船舶を自ら積極的に追跡しなければならない。当該船舶が停船命令を受け、かつ、当該航空機又は追跡を中断することなく引き続き行う他の航空機若しくは船舶によって追跡されたのでない限り、当該航空機が当該船舶を違反を犯したもの又は違反の疑いがあるものとして発見しただけでは、領海の外における拿《だ》捕を正当とするために十分ではない。

7　いずれかの国の管轄権の及ぶ範囲内で拿《だ》捕され、かつ、権限のある当局の審理を受けるためその国の港に護送される船舶は、事情により護送の途中において排他的経済水域又は公海の一部を航行することが必要である場合に、その航行のみを理由として釈放を要求することができない。

8　追跡権の行使が正当とされない状況の下に領海の外において船舶が停止され又は拿《だ》捕されたときは、その船舶は、これにより被った損失又は損害に対する補償を受ける。

第112条　海底電線及び海底パイプラインを敷設する権利

1　すべての国は、大陸棚を越える公海の海底に海底電線及び海底パイプラインを敷設する権利を有する。

2　第79条5の規定は、1の海底電線及び海底パイプラインについて適用する。

第113条　海底電線又は海底パイプラインの損壊

いずれの国も、自国を旗国とする船舶又は自国の管轄権に服する者が、故意又は過失により、電気通信を中断し又は妨害することとなるような方法で公海にある海底電線を損壊し、及び海底パイプライン又は海底高圧電線を同様に損壊することが処罰すべき犯罪であることを定めるために必要な法令を制定する。この法令の規定は、その損壊をもたらすことを意図し又はその損壊をもたらすおそれのある行為についても適用する。ただし、そのような損壊を避けるために必要なすべての予防措置をとった後に自己の生命又は船舶を守るという正当な目的のみで行動した者による損壊については、適用しない。

第114条　海底電線又は海底パイプラインの所有者による他の海底電線又は海底パイプラインの損壊

いずれの国も、自国の管轄権に服する者であって公海にある海底電線又は海底パイプラインの所有者であるものが、その海底電線又は海底パイプラインを敷設し又は修理するに際して他の海底電線又は海底パイプラインを損壊したときにその修理の費用を負担すべきであることを定めるために必要な法令を制定する。

第115条　海底電線又は海底パイプラインの損壊を避けるための損失に対する補償

いずれの国も、海底電線又は海底パイプラインの損壊を避けるためにいかり、網その他の漁具を失ったことを証明することができる船舶の所有者に対し、当該船舶の所有者が事前にあらゆる適当な予防措置をとったことを条件として当該海底電線又は海底パイプラインの所有者により補償が行われることを確保するために必要な法令を制定する。

第2節　公海における生物資源の保存及び管理

第116条　公海における漁獲の権利

すべての国は、自国民が公海において次のものに従って漁獲を行う権利を有する。

(a)　自国の条約上の義務

(b)　特に第63条2及び第64条から第67条までに規定する沿岸国の権利、義務及び利益

(c)　この節の規定

第117条　公海における生物資源の保存のための措置を自国民についてとる国の義務

すべての国は、公海における生物資源の保存のために必要とされる措置を自国民についてとる義務及びその措置をとるに当たって他の国と協力する義務を有する。

第118条　生物資源の保存及び管理における国の間の協力

いずれの国も、公海における生物資源の保存及び管理について相互に協力する。2以上の国の国民が同種の生物資源を開発し又は同一の水域において異なる種類の生物資源を開発する場合には、これらの国は、これらの生物資源の保存のために必

要とされる措置をとるために交渉を行う。このため、これらの国は、適当な場合には、小地域的又は地域的な漁業機関の設立のために協力する。

第119条　公海における生物資源の保存

1　いずれの国も、公海における生物資源の漁獲可能量を決定し及び他の保存措置をとるに当たり、次のことを行う。

(a)　関係国が入手することのできる最良の科学的証拠に基づく措置であって、環境上及び経済上の関連要因（開発途上国の特別の要請を含む。）を勘案し、かつ、漁獲の態様、資源間の相互依存関係及び一般的に勧告された国際的な最低限度の基準（小地域的なもの、地域的なもの又は世界的なもののいずれであるかを問わない。）を考慮して、最大持続生産量を実現することのできる水準に漁獲される種の資源量を維持し又は回復することのできるようなものをとること。

(b)　漁獲される種に関連し又は依存する種の資源量をその再生産が著しく脅威にさらされることとなるような水準よりも高く維持し又は回復するために、当該関連し又は依存する種に及ぼす影響を考慮すること。

2　入手することのできる科学的情報、漁獲量及び漁獲努力量に関する統計その他魚類の保存に関連するデータは、適当な場合には権限のある国際機関（小地域的なもの、地域的なもの又は世界的なもののいずれであるかを問わない。）を通じ及びすべての関係国の参加を得て、定期的に提供し、及び交換する。

3　関係国は、保存措置及びその実施がいずれの国の漁業者に対しても法律上又は事実上の差別を設けるものではないことを確保する。

第120条　海産哺《ほ》乳動物

第65条の規定は、公海における海産哺《ほ》乳動物の保存及び管理についても適用する。

第8部　島の制度

第121条　島の制度

1　島とは、自然に形成された陸地であって、水に囲まれ、高潮時においても水面上にあるものをいう。

2　3に定める場合を除くほか、島の領海、接続水域、排他的経済水域及び大陸棚は、他の領土に適用されるこの条約の規定に従って決定される。

3　人間の居住又は独自の経済的生活を維持することのできない岩は、排他的経済水域又は大陸棚を有しない。

第9部　閉鎖海又は半閉鎖海

第122条　定義

この条約の適用上、「閉鎖海又は半閉鎖海」とは、湾、海盆又は海であって、2以上の国によって囲まれ、狭い出口によって他の海若しくは外洋につながっているか又はその全部若しくは大部分が２以上の沿岸国の領海若しくは排他的経済水域から成るものをいう。

第123条　閉鎖海又は半閉鎖海に面した国の間の協力

同一の閉鎖海又は半閉鎖海に面した国は、この条約に基づく自国の権利を行使し及び義務を履行するに当たって相互に協力すべきである。このため、これらの国は、直接に又は適当な地域的機関を通じて、次のことに努める。

(a)　海洋生物資源の管理、保存、探査及び開発を調整すること。

(b)　海洋環境の保護及び保全に関する自国の権利の行使及び義務の履行を調整すること。

(c)　自国の科学的調査の政策を調整し及び、適当な場合には、当該水域における科学的調査の共同計画を実施すること。

(d)　適当な場合には、この条の規定の適用の促進について協力することを関係を有する他の国又は国際機関に要請すること。

第10部　内陸国の海への出入りの権利及び通過の自由

第124条　用語

1　この条約の適用上、

(a)　「内陸国」とは、海岸を有しない国をいう。

(b)　「通過国」とは、内陸国と海との間に位置しており、その領域において通過運送が行われる国（海岸の有無を問わない。）をいう。

(c)　「通過運送」とは、人、荷物、物品及び輸送手段の１又は２以上の通過国の領域における通過をいう。ただし、その通過が、積換、倉入れ、荷分け又は輸送方法の変更を伴うかどうかを問わず、内陸国の領域内に始まり又は終わる全行程の一部にすぎないときに限る。

(d)　「輸送手段」とは、次のものをいう。

(i)　鉄道車両並びに海洋用、湖用及び河川用船舶並びに道路走行車両

(ii)　現地の状況が必要とする場合には、運搬人及び積載用動物

2　内陸国及び通過国は、相互間の合意により、パイプライン（ガス用輸送管を含む。）及び１(d)に規定するもの以外の輸送の手段を輸送手段に含めることができる。

第125条　海への出入りの権利及び通過の自由

1　内陸国は、公海の自由及び人類の共同の財産に関する権利を含むこの条約に定める権利の行使のために海への出入りの権利を有する。このため、内陸国は、通過国の領域においてすべての輸送手段による通過の自由を享有する。

2　通過の自由を行使する条件及び態様については、関係する内陸国と通過国との間の２国間の、小地域的な又は地域的な協定によって合意する。

3　通過国は、自国の領域における完全な主権の行使として、この部に定める内陸

国の権利及び内陸国のための便益が自国の正当な利益にいかなる害も及ぼさないようすべての必要な措置をとる権利を有する。

第126条 最恵国条項の適用除外

内陸国の特別な地理的位置を理由とする権利及び便益を定めるこの条約及び海への出入りの権利の行使に関する特別の協定は、最恵国条項の適用から除外する。

第127条 関税、租税その他の課徴金

1 通過運送に対しては、いかなる関税、租税その他の課徴金も課してはならない。ただし、当該通過運送に関連して提供された特定の役務の対価として課される課徴金を除く。

2 内陸国に提供され又は内陸国により利用される通過のための輸送手段及び他の便益に対しては、通過国の輸送手段の利用に対して課される租税又は課徴金よりも高い租税又は課徴金を課してはならない。

第128条 自由地帯及び他の通関上の便益

通過運送の便宜のため、通過国と内陸国との間の合意により、通過国の出入港において自由地帯及び他の通関上の便益を設けることができる。

第129条 輸送手段の建設及び改善における協力

通過国において通過の自由を実施するための輸送手段がない場合又は現存の手段（港の施設及び設備を含む。）が何らかの点で不十分な場合には、関係する通過国及び内陸国は、そのような輸送手段又は現存の手段の建設及び改善について協力することができる。

第130条 通過運送における遅延又はその他の困難で技術的性質のものを回避し又は無くすための措置

1 通過国は、通過運送における遅延又はその他の困難で技術的性質のものを回避するためすべての適当な措置をとる。

2 1の遅延又は困難が生じたときは、関係する通過国及び内陸国の権限のある当局は、その遅延又は困難を迅速に無くすため協力する。

第131条 海港における同等の待遇

内陸国を旗国とする船舶は、海港において他の外国船舶に与えられる待遇と同等の待遇を与えられる。

第132条 通過のための一層大きい便益の供与

この条約は、この条約に定める通過のための便益よりも大きい便益であって、締約国間で合意され又は締約国が供与するものの撤回をもたらすものではない。この条約は、また、将来において一層大きい便益が供与されることを排除するものではない。

（第11部 深海底　第12部 海洋環境の保護及び保全　第13部 海洋の科学的調査　第14部 海洋技術の発展及び移転　第15部 紛争の解決　第16部 一般規定　第17部 最終規定　附属書）省略

40 国際刑事裁判所に関するローマ規程

（国際刑事裁判所ローマ規程）

採　　択　1998年7月17日
効力発生　2002年7月1日
平成19年7月17日国連に加入書を寄託
平成19年7月20日公布（条約6号）
平成19年10月1日効力発生

前文

この規程の締約国は、

すべての人民が共通のきずなで結ばれており、その文化が共有された遺産によって継ぎ合わされていることを意識し、また、この繊細な継ぎ合わされたものがいつでも粉々になり得ることを懸念し、

20世紀の間に多数の児童、女性及び男性が人類の良心に深く衝撃を与える想像を絶する残虐な行為の犠牲者となってきたことに留意し、

このような重大な犯罪が世界の平和、安全及び福祉を脅かすことを認識し、

国際社会全体の関心事である最も重大な犯罪が処罰されずに済まされてはならないこと並びにそのような犯罪に対する効果的な訴追が国内的な措置をとり、及び国際協力を強化することによって確保されなければならないことを確認し、

これらの犯罪を行った者が処罰を免れることを終わらせ、もってそのような犯罪の防止に貢献することを決意し、

国際的な犯罪について責任を有する者に対して刑事裁判権を行使することがすべての国家の責務であることを想起し、

国際連合憲章の目的及び原則並びに特に、すべての国が、武力による威嚇又は武力の行使を、いかなる国の領土保全又は政治的独立に対するものも、また、国際連合の目的と両立しない他のいかなる方法によるものも慎まなければならないことを再確認し、

これに関連して、この規程のいかなる規定も、いずれかの国の武力紛争又は国内問題に干渉する権限を締約国に与えるものと解してはならないことを強調し、

これらの目的のため並びに現在及び将来の世代のために、国際連合及びその関連機関と連携関係を有し、国際社会全体の関心事である最も重大な犯罪についての管轄権を有する独立した常設の国際刑事裁判所を設立することを決意し、

この規程に基づいて設立する国際刑事裁判所が国家の刑事裁判権を補完するものであることを強調し、国際正義の永続的な尊重及び実現を保障することを決意して、

次のとおり協定した。

第１部　裁判所の設立

第１条　裁判所

この規程により国際刑事裁判所（以下「裁判所」という。）を設立する。裁判所は、常設機関とし、この規程に定める国際的な関心事である最も重大な犯罪を行った者に対して管轄権を行使する権限を有し、及び国家の刑事裁判権を補完する。裁判所の管轄権及び任務については、この規程によって規律する。

第２条　裁判所と国際連合との連携関係

裁判所は、この規程の締約国会議が承認し、及びその後裁判所のために裁判所長が締結する協定によって国際連合と連携関係をもつ。

第３条　裁判所の所在地

1　裁判所の所在地は、オランダ（以下「接受国」という。）のハーグとする。

2　裁判所は、接受国と本部協定を結ぶ。この協定は、締約国会議が承認し、その後裁判所のために裁判所長が締結する。

3　裁判所は、この規程に定めるところにより、裁判所が望ましいと認める場合に他の地で開廷することができる。

第４条　裁判所の法的地位及び権限

1　裁判所は、国際法上の法人格を有する。また、裁判所は、任務の遂行及び目的の達成に必要な法律上の能力を有する。

2　裁判所は、この規程に定めるところによりいずれの締約国の領域においても、及び特別の合意によりその他のいずれの国の領域においても、任務を遂行し、及び権限を行使することができる。

第２部　管轄権、受理許容性及び適用される法

第５条　裁判所の管轄権の範囲内にある犯罪

1　裁判所の管轄権は、国際社会全体の関心事である最も重大な犯罪に限定する。裁判所は、この規程に基づき次の犯罪について管轄権を有する。

(a)　集団殺害犯罪

(b)　人道に対する犯罪

(c)　戦争犯罪

(d)　侵略犯罪

2　第121条及び第123条の規定に従い、侵略犯罪を定義し、及び裁判所がこの犯罪について管轄権を行使する条件を定める規定が採択された後に、裁判所は、この犯罪について管轄権を行使する。この規定は、国際連合憲章の関連する規定に適合したものとする。

第６条　集団殺害犯罪

この規程の適用上、「集団殺害犯罪」とは、国民的、民族的、人種的又は宗教的

な集団の全部又は一部に対し、その集団自体を破壊する意図をもって行う次のいずれかの行為をいう。

(a) 当該集団の構成員を殺害すること。

(b) 当該集団の構成員の身体又は精神に重大な害を与えること。

(c) 当該集団の全部又は一部に対し、身体的破壊をもたらすことを意図した生活条件を故意に課すること。

(d) 当該集団内部の出生を妨げることを意図する措置をとること。

(e) 当該集団の児童を他の集団に強制的に移すこと。

第7条　人道に対する犯罪

1　この規程の適用上、「人道に対する犯罪」とは、文民たる住民に対する攻撃であって広範又は組織的なものの一部として、そのような攻撃であると認識しつつ行う次のいずれかの行為をいう。

(a) 殺人

(b) 絶滅させる行為

(c) 奴隷化すること。

(d) 住民の追放又は強制移送

(e) 国際法の基本的な規則に違反する拘禁その他の身体的な自由の著しいはく奪

(f) 拷問

(g) 強姦《かん》、性的な奴隷、強制売春、強いられた妊娠状態の継続、強制断種その他あらゆる形態の性的暴力であってこれらと同等の重大性を有するもの

(h) 政治的、人種的、国民的、民族的、文化的又は宗教的な理由、3に定義する性に係る理由その他国際法の下で許容されないことが普遍的に認められている理由に基づく特定の集団又は共同体に対する迫害であって、この1に掲げる行為又は裁判所の管轄権の範囲内にある犯罪を伴うもの

(i) 人の強制失踪《そう》

(j) アパルトヘイト犯罪

(k) その他の同様の性質を有する非人道的な行為であって、身体又は心身の健康に対して故意に重い苦痛を与え、又は重大な傷害を加えるもの

2　1の規定の適用上、

(a) 「文民たる住民に対する攻撃」とは、そのような攻撃を行うとの国若しくは組織の政策に従い又は当該政策を推進するため、文民たる住民に対して1に掲げる行為を多重的に行うことを含む一連の行為をいう。

(b) 「絶滅させる行為」には、住民の一部の破壊をもたらすことを意図した生活条件を故意に課すること（特に食糧及び薬剤の入手の機会のはく奪）を含む。

(c) 「奴隷化すること」とは、人に対して所有権に伴ういずれか又はすべての権限を行使することをいい、人（特に女性及び児童）の取引の過程でそのような権限を行使することを含む。

(d)　「住民の追放又は強制移送」とは、国際法の下で許容されている理由によることなく、退去その他の強制的な行為により、合法的に所在する地域から関係する住民を強制的に移動させることをいう。

(e)　「拷問」とは、身体的なものであるか精神的なものであるかを問わず、抑留されている者又は支配下にある者に著しい苦痛を故意に与えることをいう。ただし、拷問には、専ら合法的な制裁に固有の又はこれに付随する苦痛が生ずることを含まない。

(f)　「強いられた妊娠状態の継続」とは、住民の民族的な組成に影響を与えること又は国際法に対するその他の重大な違反を行うことを意図して、強制的に妊娠させられた女性を不法に監禁することをいう。この定義は、妊娠に関する国内法に影響を及ぼすものと解してはならない。

(g)　「迫害」とは、集団又は共同体の同一性を理由として、国際法に違反して基本的な権利を意図的にかつ著しくはく奪することをいう。

(h)　「アパルトヘイト犯罪」とは、1に掲げる行為と同様な性質を有する非人道的な行為であって、1の人種的集団が他の1以上の人種的集団を組織的に抑圧し、及び支配する制度化された体制との関連において、かつ、当該体制を維持する意図をもって行うものをいう。

(i)　「人の強制失踪《そう》」とは、国若しくは政治的組織又はこれらによる許可、支援若しくは黙認を得た者が、長期間法律の保護の下から排除する意図をもって、人を逮捕し、拘禁し、又は拉《ら》致する行為であって、その自由をはく奪していることを認めず、又はその消息若しくは所在に関する情報の提供を拒否することを伴うものをいう。

3　この規程の適用上、「性」とは、社会の文脈における両性、すなわち、男性及び女性をいう。「性」の語は、これと異なるいかなる意味も示すものではない。

第8条　戦争犯罪

1　裁判所は、戦争犯罪、特に、計画若しくは政策の一部として又は大規模に行われたそのような犯罪の一部として行われるものについて管轄権を有する。

2　この規程の適用上、「戦争犯罪」とは、次の行為をいう。

(a)　1949年8月12日のジュネーヴ諸条約に対する重大な違反行為、すなわち、関連するジュネーヴ条約に基づいて保護される人又は財産に対して行われる次のいずれかの行為

(i)　殺人

(ii)　拷問又は非人道的な待遇（生物学的な実験を含む。）

(iii)　身体又は健康に対して故意に重い苦痛を与え、又は重大な傷害を加えること。

(iv)　軍事上の必要性によって正当化されない不法かつ恣《し》意的に行う財産の広範な破壊又は徴発

(v) 捕虜その他の被保護者を強制して敵国の軍隊において服務させること。
(vi) 捕虜その他の被保護者からの公正な正式の裁判を受ける権利のはく奪
(vii) 不法な追放、移送又は拘禁
(viii) 人質をとること。

(b) 確立された国際法の枠組みにおいて国際的な武力紛争の際に適用される法規及び慣例に対するその他の著しい違反、すなわち、次のいずれかの行為

(i) 文民たる住民それ自体又は敵対行為に直接参加していない個々の文民を故意に攻撃すること。
(ii) 民用物、すなわち、軍事目標以外の物を故意に攻撃すること。
(iii) 国際連合憲章の下での人道的援助又は平和維持活動に係る要員、施設、物品、組織又は車両であって、武力紛争に関する国際法の下で文民又は民用物に与えられる保護を受ける権利を有するものを故意に攻撃すること。
(iv) 予期される具体的かつ直接的な軍事的利益全体との比較において、攻撃が、巻き添えによる文民の死亡若しくは傷害、民用物の損傷又は自然環境に対する広範、長期的かつ深刻な損害であって、明らかに過度となり得るものを引き起こすことを認識しながら故意に攻撃すること。
(v) 手段のいかんを問わず、防衛されておらず、かつ、軍事目標でない都市、町村、住居又は建物を攻撃し、又は砲撃し若しくは爆撃すること。
(vi) 武器を放棄して又は防衛の手段をもはや持たずに自ら投降した戦闘員を殺害し、又は負傷させること。
(vii) ジュネーヴ諸条約に定める特殊標章のほか、休戦旗又は敵国若しくは国際連合の旗若しくは軍隊の記章及び制服を不適正に使用して、死亡又は重傷の結果をもたらすこと。
(viii) 占領国が、その占領地域に自国の文民たる住民の一部を直接若しくは間接に移送すること又はその占領地域の住民の全部若しくは一部を当該占領地域の内において若しくはその外に追放し若しくは移送すること。
(ix) 宗教、教育、芸術、科学又は慈善のために供される建物、歴史的建造物、病院及び傷病者の収容所であって、軍事目標以外のものを故意に攻撃すること。
(x) 敵対する紛争当事国の権力内にある者に対し、身体の切断又はあらゆる種類の医学的若しくは科学的な実験であって、その者の医療上正当と認められるものでも、その者の利益のために行われるものでもなく、かつ、その者を死に至らしめ、又はその健康に重大な危険が生ずるものを受けさせること。
(xi) 敵対する紛争当事国又は軍隊に属する個人を背信的に殺害し、又は負傷させること。
(xii) 助命しないことを宣言すること。
(xiii) 敵対する紛争当事国の財産を破壊し、又は押収すること。ただし、戦争の

必要性から絶対的にその破壊又は押収を必要とする場合は、この限りでない。

(xiv) 敵対する紛争当事国の国民の権利及び訴権が消滅したこと、停止したこと又は裁判所において受理されないことを宣言すること。

(xv) 敵対する紛争当事国の国民が戦争の開始前に本国の軍役に服していたか否かを問わず、当該国民に対し、その本国に対する軍事行動への参加を強制すること。

(xvi) 襲撃により占領した場合であるか否かを問わず、都市その他の地域において略奪を行うこと。

(xvii) 毒物又は毒を施した兵器を使用すること。

(xviii) 窒息性ガス、毒性ガス又はこれらに類するガス及びこれらと類似のすべての液体、物質又は考案物を使用すること。

(xix) 人体内において容易に展開し、又は扁《へん》平となる弾丸（例えば、外包が硬い弾丸であって、その外包が弾芯《しん》を全面的には被覆しておらず、又はその外包に切込みが施されたもの）を使用すること。

(xx) 武力紛争に関する国際法に違反して、その性質上過度の傷害若しくは無用の苦痛を与え、又は本質的に無差別な兵器、投射物及び物質並びに戦闘の方法を用いること。ただし、これらの兵器、投射物及び物質並びに戦闘の方法が、包括的な禁止の対象とされ、かつ、第121条及び第123条の関連する規定に基づく改正によってこの規程の附属書に含められることを条件とする。

(xxi) 個人の尊厳を侵害すること（特に、侮辱的で体面を汚す待遇）。

(xxii) 強姦《かん》、性的な奴隷、強制売春、前条2(f)に定義する強いられた妊娠状態の継続、強制断種その他あらゆる形態の性的暴力であって、ジュネーヴ諸条約に対する重大な違反行為を構成するものを行うこと。

(xxiii) 文民その他の被保護者の存在を、特定の地点、地域又は軍隊が軍事行動の対象とならないようにするために利用すること。

(xxiv) ジュネーヴ諸条約に定める特殊標章を国際法に従って使用している建物、物品、医療組織、医療用輸送手段及び要員を故意に攻撃すること。

(xxv) 戦闘の方法として、文民からその生存に不可欠な物品をはく奪すること（ジュネーヴ諸条約に規定する救済品の分配を故意に妨げることを含む。）によって生ずる飢餓の状態を故意に利用すること。

(xxvi) 15歳未満の児童を自国の軍隊に強制的に徴集し若しくは志願に基づいて編入すること又は敵対行為に積極的に参加させるために使用すること。

(c) 国際的性質を有しない武力紛争の場合には、1949年8月12日のジュネーヴ諸条約のそれぞれの第3条に共通して規定する著しい違反、すなわち、敵対行為に直接に参加しない者（武器を放棄した軍隊の構成員及び病気、負傷、抑留その他の事由により戦闘能力のない者を含む。）に対する次のいずれかの行為

(i) 生命及び身体に対し害を加えること（特に、あらゆる種類の殺人、身体の

切断、虐待及び拷問)。

(ii)　個人の尊厳を侵害すること（特に、侮辱的で体面を汚す待遇)。

(iii)　人質をとること。

(iv)　一般に不可欠と認められるすべての裁判上の保障を与える正規に構成された裁判所の宣告する判決によることなく刑を言い渡し、及び執行すること。

(d)　(c)の規定は、国際的性質を有しない武力紛争について適用するものとし、暴動、独立の又は散発的な暴力行為その他これらに類する性質の行為等国内における騒乱及び緊張の事態については、適用しない。

(e)　確立された国際法の枠組みにおいて国際的性質を有しない武力紛争の際に適用される法規及び慣例に対するその他の著しい違反、すなわち、次のいずれかの行為

(i)　文民たる住民それ自体又は敵対行為に直接参加していない個々の文民を故意に攻撃すること。

(ii)　ジュネーヴ諸条約に定める特殊標章を国際法に従って使用している建物、物品、医療組織、医療用輸送手段及び要員を故意に攻撃すること。

(iii)　国際連合憲章の下での人道的援助又は平和維持活動に係る要員、施設、物品、組織又は車両であって、武力紛争に関する国際法の下で文民又は民用物に与えられる保護を受ける権利を有するものを故意に攻撃すること。

(iv)　宗教、教育、芸術、科学又は慈善のために供される建物、歴史的建造物、病院及び傷病者の収容所であって、軍事目標以外のものを故意に攻撃すること。

(v)　襲撃により占領した場合であるか否かを問わず、都市その他の地域において略奪を行うこと。

(vii)　強姦《かん》、性的な奴隷、強制売春、前条2(f)に定義する強いられた妊娠状態の継続、強制断種その他あらゆる形態の性的暴力であって、ジュネーヴ諸条約のそれぞれの第3条に共通して規定する著しい違反を構成するものを行うこと。

(vii)　15歳未満の児童を軍隊若しくは武装集団に強制的に徴集し若しくは志願に基づいて編入すること又は敵対行為に積極的に参加させるために使用すること。

(viii)　紛争に関連する理由で文民たる住民の移動を命ずること。ただし、その文民の安全又は絶対的な軍事上の理由のために必要とされる場合は、この限りでない。

(ix)　敵対する紛争当事者の戦闘員を背信的に殺害し、又は負傷させること。

(x)　助命しないことを宣言すること。

(xi)　敵対する紛争当事者の権力内にあるものに対し、身体の切断又はあらゆる種類の医学的若しくは科学的な実験であって、その者の医療上正当と認めら

れるものでも、その者の利益のために行われるものでもなく、かつ、その者を死に至らしめ、又はその健康に重大な危険が生ずるものを受けさせること。

(xii) 敵対する紛争当事者の財産を破壊し、又は押収すること。ただし、紛争の必要性から絶対的にその破壊又は押収を必要とする場合は、この限りではない。

(f) (e)の規定は、国際的性質を有しない武力紛争について適用するものとし、暴動、独立の又は散発的な暴力行為その他これらに類する性質の行為等国内における騒乱及び緊張の事態については、適用しない。同規定は、政府当局と組織された武装集団との間又はそのような集団相互の間の長期化した武力紛争がある場合において、国の領域内で生ずるそのような武力紛争について適用する。

3 2(c)及び(e)の規定は、あらゆる正当な手段によって、国内の法及び秩序を維持し若しくは回復し、又は国の統一を維持し、及び領土を保全するための政府の責任に影響を及ぼすものではない。

第9条 犯罪の構成要件に関する文書

1 裁判所は、前3条の規定の解釈及び適用に当たり、犯罪の構成要件に関する文書を参考とする。犯罪の構成要件に関する文書は、締約国会議の構成国の3分の2以上の多数による議決で採択される。

2 犯罪の構成要件に関する文書の改正は、次の者が提案することができる。

(a) 締約国

(b) 絶対多数による議決をもって行動する裁判官

(c) 検察官

この改正は、締約国会議の構成国の3分の2以上の多数による議決で採択される。

3 犯罪の構成要件に関する文書及びその改正は、この規程に適合したものとする。

第10条

この部のいかなる規定も、この規程の目的以外の目的のために現行の又は発展する国際法の規則を制限し、又はその適用を妨げるものと解してはならない。

第11条 時間についての管轄権

1 裁判所は、この規程が効力を生じた後に行われる犯罪についてのみ管轄権を有する。

2 いずれかの国がこの規程が効力を生じた後にこの規程の締約国となる場合には、裁判所は、この規程が当該国について効力を生じた後に行われる犯罪についてのみ管轄権を行使することができる。ただし、当該国が次条3に規定する宣言を行った場合は、この限りでない。

第12条 管轄権を行使する前提条件

1 この規程の締約国となる国は、第5条に規定する犯罪についての裁判所の管轄権を受諾する。

2　裁判所は、次条(a)又は(c)に規定する場合において、次の(a)又は(b)に掲げる国の1又は2以上がこの規程の締約国であるとき又は3の規定に従い裁判所の管轄権を受諾しているときは、その管轄権を行使することができる。

(a)　領域内において問題となる行為が発生した国又は犯罪が船舶内若しくは航空機内で行われた場合の当該船舶若しくは航空機の登録国

(b)　犯罪の被疑者の国籍国

3　この規程の締約国でない国が2の規定に基づき裁判所の管轄権の受諾を求められる場合には、当該国は、裁判所書記に対して行う宣言により、問題となる犯罪について裁判所が管轄権を行使することを受諾することができる。受諾した国は、第9部の規定に従い遅滞なくかつ例外なく裁判所に協力する。

第13条　管轄権の行使

裁判所は、次の場合において、この規程に基づき、第5条に規定する犯罪について管轄権を行使することができる。

(a)　締約国が次条の規定に従い、これらの犯罪の1又は2以上が行われたと考えられる事態を検察官に付託する場合

(b)　国際連合憲章第7章の規定に基づいて行動する安全保障理事会がこれらの犯罪の1又は2以上が行われたと考えられる事態を検察官に付託する場合

(c)　検察官が第15条の規定に従いこれらの犯罪に関する捜査に着手した場合

第14条　締約国による事態の付託

1　締約国は、裁判所の管轄権の範囲内にある犯罪の1又は2以上が行われたと考えられる事態を検察官に付託することができるものとし、これにより、検察官に対し、そのような犯罪を行ったことについて1人又は2人以上の特定の者が訴追されるべきか否かを決定するために当該事態を捜査するよう要請する。

2　付託については、可能な限り、関連する状況を特定し、及び事態を付託する締約国が入手することのできる裏付けとなる文書を添付する。

第15条　検察官

1　検察官は、裁判所の管轄権の範囲内にある犯罪に関する情報に基づき自己の発意により捜査に着手することができる。

2　検察官は、取得した情報の重大性を分析する。このため、検察官は、国、国際連合の諸機関、政府間機関、非政府機関その他の自己が適当と認める信頼し得る情報源に対して追加的な情報を求めることができるものとし、裁判所の所在地において書面又は口頭による証言を受理することができる。

3　検察官は、捜査を進める合理的な基礎があると結論する場合には、収集した裏付けとなる資料とともに捜査に係る許可を予審裁判部に請求する。被害者は、手続及び証拠に関する規則に従い、予審裁判部に対して陳述をすることができる。

4　予審裁判部は、3に規定する請求及び裏付けとなる資料の検討に基づき、捜査を進める合理的な基礎があり、かつ、事件が裁判所の管轄権の範囲内にあるもの

と認める場合には、捜査の開始を許可する。ただし、この許可は、事件の管轄権及び受理許容性について裁判所がその後に行う決定に影響を及ぼすものではない。

5　予審裁判部が捜査を不許可としたことは、検察官が同一の事態に関し新たな事実又は証拠に基づいてその後に請求を行うことを妨げるものではない。

6　検察官は、1及び2の規定の下での予備的な検討の後、提供された情報が捜査のための合理的な基礎を構成しないと結論する場合には、その旨を当該情報を提供した者に通報する。このことは、検察官が同一の事態に関し新たな事実又は証拠に照らして自己に提供される追加的な情報を検討することを妨げるものではない。

第16条　捜査又は訴追の延期

いかなる捜査又は訴追についても、安全保障理事会が国際連合憲章第7章の規定に基づいて採択した決議により裁判所に対してこれらを開始せず、又は続行しないことを要請した後12箇月の間、この規程に基づいて開始し、又は続行することができない。安全保障理事会は、その要請を同一の条件において更新することができる。

第17条　受理許容性の問題

1　裁判所は、前文の第10段落及び第1条の規定を考慮した上で、次の場合には、事件を受理しないことを決定する。

(a)　当該事件がそれについての管轄権を有する国によって現に捜査され、又は訴追されている場合。ただし、当該国にその捜査又は訴追を真に行う意思又は能力がない場合は、この限りでない。

(b)　当該事件がそれについての管轄権を有する国によって既に捜査され、かつ、当該国が被疑者を訴追しないことを決定している場合。ただし、その決定が当該国に訴追を真に行う意思又は能力がないことに起因する場合は、この限りでない。

(c)　被疑者が訴えの対象となる行為について既に裁判を受けており、かつ、第20条3の規定により裁判所による裁判が認められない場合

(c)　当該事件が裁判所による新たな措置を正当化する十分な重大性を有しない場合

2　裁判所は、特定の事件において捜査又は訴追を真に行う意思がないことを判定するため、国際法の認める適正な手続の原則を考慮した上で、妥当な場合には、次の1又は2以上のことが存在するか否かを検討する。

(a)　第5条に規定する裁判所の管轄権の範囲内にある犯罪についての刑事責任から被疑者を免れさせるために手続が行われた若しくは行われていること又はそのために国の決定が行われたこと。

(b)　その時の状況において被疑者を裁判に付する意図に反する手続上の不当な遅延があったこと。

(c)　手続が、独立して又は公平に行われなかった又は行われておらず、かつ、そ

の状況において被疑者を裁判に付する意図に反する方法で行われた又は行われていること。

3　裁判所は、特定の事件において捜査又は訴追を真に行う能力がないことを判定するため、国が自国の司法制度の完全又は実質的な崩壊又は欠如のために、被疑者を確保し、若しくは必要な証拠及び証言を取得することができないか否か又はその他の理由から手続を行うことができないか否かを検討する。

第18条　受理許容性についての予備的な決定

1　検察官は、事態が第13条(a)の規定に従って裁判所に付託されており、かつ、捜査を開始する合理的な基礎があると決定している場合又は同条(c)及び第15条の規定に従って捜査に着手する場合には、すべての締約国及び利用可能な情報を考慮して問題となる犯罪について裁判権を通常行使し得る国に通報する。検察官は、これらの国に対し情報を秘密のものとして通報することができるものとし、また、関係者を保護し、証拠の破壊を防止し、又は被疑者の逃亡を防止するために必要と認める場合には、これらの国に提供する情報の範囲を限定することができる。

2　国は、1に規定する通報を受領した後1箇月以内に、裁判所に対し、第5条に規定する犯罪を構成する可能性のある犯罪行為であって各国に対する通報において提供された情報に関連するものに関し、自国の裁判権の範囲内にある自国民その他の者を現に捜査しており、又は既に捜査した旨を通報することができる。検察官は、自己の請求に基づき予審裁判部が捜査を許可することを決定しない限り、当該国の要求により、これらの者に対する当該国が行う捜査にゆだねる。

3　国の行う捜査にゆだねたことについては、ゆだねた日の後6箇月を経過した後又は当該国に当該捜査を真に行う意思若しくは能力がないことに基づく著しい状況の変化があった場合にはいつでも、検察官が再検討することができる。

4　関係国又は検察官は、第82条の規定に従い予審裁判部の決定に対して上訴裁判部に上訴をすることができる。当該上訴については、迅速に審理する。

5　検察官は、2の規定に従って関係国に捜査をゆだねた場合には、当該関係国に対しその捜査の進捗《ちょく》状況及びその後の訴追について定期的に自己に報告するよう要請することができる。締約国は、不当に遅延することなくその要請に応ずる。

6　検察官は、予審裁判部による決定がなされるまでの間において、又はこの条の規定に従って捜査をゆだねた場合にはいつでも、重要な証拠を得るための得難い機会が存在し、又はそのような証拠がその後に入手することができなくなる著しい危険が存在するときは、例外的に、証拠を保全するために必要な捜査上の措置をとることについて予審裁判部の許可を求めることができる。

7　この条の規定に従い予審裁判部の決定について上訴をした国は、追加的な重要な事実又は著しい状況の変化を理由として、次条の規定に従い事件の受理許容性について異議を申し立てることができる。

第19条　裁判所の管轄権又は事件の受理許容性についての異議の申立て

1　裁判所は、提起された事件について管轄権を有することを確認する。裁判所は、職権により第17条の規定に従って事件の受理許容性を決定することができる。

2　裁判所の管轄権についての異議の申立て又は第17条の規定を理由とする事件の受理許容性についての異議の申立ては、次の者が行うことができる。

(a)　被告人又は第58条の規定に従って逮捕状若しくは召喚状が発せられている者

(b)　当該事件について裁判権を有する国であって、当該事件を現に捜査し若しくは訴追しており、又は既に捜査し若しくは訴追したことを理由として異議の申立てを行うもの

(c)　第12条の規定に従って裁判所の管轄権の受諾を求められる国

3　検察官は、管轄権又は受理許容性の問題に関して裁判所による決定を求めることができる。また、第13条の規定に従って事態を付託した者及び被害者は、管轄権又は受理許容性に関する手続において、裁判所に対して意見を提出することができる。

4　裁判所の管轄権又は事件の受理許容性については、異議の申立てを２に規定する者が１回のみ行うことができる。異議の申立ては、公判の前又は開始時に行う。裁判所は、例外的な状況において、異議の申立てが２回以上行われること又は公判の開始時よりも遅い時に行われることについて許可を与えることができる。公判の開始時において又はその後に裁判所の許可を得て行われる事件の受理許容性についての異議の申立ては、第17条１(c)の規定にのみ基づいて行うことができる。

5　２(b)及び(c)に掲げる国は、できる限り早い機会に異議の申立てを行う。

6　裁判所の管轄権についての異議の申立て又は事件の受理許容性についての異議の申立ては、犯罪事実の確認の前は予審裁判部に対して行い、犯罪事実の確認の後は第１審裁判部に対して行う。管轄権又は受理許容性に関する決定については、第82条の規定に従い上訴裁判部に上訴をすることができる。

7　異議の申立てが２(b)又は(c)に掲げる国によって行われる場合には、検察官は、裁判所が第17条の規定に従って決定を行うまでの間、捜査を停止する。

8　検察官は、裁判所が決定を行うまでの間、次のことについて裁判所の許可を求めることができる。

(a)　前条６に規定する措置と同種の必要な捜査上の措置をとること。

(b)　証人から供述若しくは証言を取得すること又は異議の申立てが行われる前に開始された証拠の収集及び見分を完了すること。

(c)　関係国との協力の下に、第58条の規定に従って既に逮捕状を請求した者の逃亡を防止すること。

9　異議の申立ては、当該異議の申立てが行われる前に検察官が行ったいかなる行為又は裁判所が発したいかなる命令若しくは令状の有効性にも影響を及ぼすものではない。

10　裁判所が第17条の規定に従って事件を受理しないことを決定した場合において、

検察官は、先に同条の規定に従って事件を受理しないとされた根拠を否定する新たな事実が生じたと認めるときは、その決定の再検討を要請することができる。

11　検察官は、第17条に規定する事項を考慮して関係国に捜査をゆだねる場合には、当該関係国に対して自己が手続に関する情報を入手することができるよう要請することができる。当該情報は、当該関係国の要請により、秘密とする。検察官は、その後捜査を続行することを決定するときは、その旨を当該関係国に通報する。

第20条　一事不再理

1　いかなる者も、この規程に定める場合を除くほか、自己が裁判所によって既に有罪又は無罪の判決を受けた犯罪の基礎を構成する行為について裁判所によって裁判されることはない。

2　いかなる者も、自己が裁判所によって既に有罪又は無罪の判決を受けた第５条に規定する犯罪について他の裁判所によって裁判されることはない。

3　第６条から第８条までの規定によっても禁止されている行為について他の裁判所によって裁判されたいかなる者も、当該他の裁判所における手続が次のようなものであった場合でない限り、同一の行為について裁判所によって裁判されることはない。

(a)　裁判所の管轄権の範囲内にある犯罪についての刑事責任から当該者を免れさせるためのものであった場合

(b)　国際法の認める適正な手続の規範に従って独立して又は公平に行われず、かつ、その時の状況において当該者を裁判に付する意図に反するような態様で行われた場合

第21条　適用される法

1　裁判所は、次のものを適用する。

(a)　第１に、この規程、犯罪の構成要件に関する文書及び手続及び証拠に関する規則

(b)　第２に、適当な場合には、適用される条約並びに国際法の原則及び規則（確立された武力紛争に関する国際法の原則を含む。）

(c)　(a)及び(b)に規定するもののほか、裁判所が世界の法体系の中の国内法から見いだした法の一般原則（適当な場合には、その犯罪について裁判権を通常行使し得る国の国内法を含む。）。ただし、これらの原則がこの規程、国際法並びに国際的に認められる規範及び基準に反しないことを条件とする。

2　裁判所は、従前の決定において解釈したように法の原則及び規則を適用することができる。

3　この条に規定する法の適用及び解釈は、国際的に認められる人権に適合したものでなければならず、また、第７条３に定義する性、年齢、人種、皮膚の色、言語、宗教又は信条、政治的意見その他の意見、国民的、民族的又は社会的出身、貧富、出生又は他の地位等を理由とする不利な差別をすることなく行われなけれ

ばならない。

第3部　刑法の一般原則

第22条　「法なくして犯罪なし」

1　いずれの者も、問題となる行為が当該行為の発生した時において裁判所の管轄権の範囲内にある犯罪を構成しない限り、この規程に基づく刑事上の責任を有しない。

2　犯罪の定義については、厳格に解釈するものとし、類推によって拡大してはならない。あいまいな場合には、その定義については、捜査され、訴追され、又は有罪の判決を受ける者に有利に解釈する。

3　この条の規定は、この規程とは別に何らかの行為を国際法の下で犯罪とすることに影響を及ぼすものではない。

第23条　「法なくして刑罰なし」

裁判所によって有罪の判決を受けた者については、この規程に従ってのみ処罰することができる。

第24条　人に関する不遡《そ》及

1　いかなる者も、この規程が効力を生ずる前の行為についてこの規程に基づく刑事上の責任を有しない。

2　確定判決の前にその事件に適用される法に変更がある場合には、捜査され、訴追され、又は有罪の判決を受ける者に一層有利な法が適用される。

第25条　個人の刑事責任

1　裁判所は、この規程に基づき自然人について管轄権を有する。

2　裁判所の管轄権の範囲内にある犯罪を行った者は、この規程により、個人として責任を有し、かつ、刑罰を科される。

3　いずれの者も、次の行為を行った場合には、この規程により、裁判所の管轄権の範囲内にある犯罪について刑事上の責任を有し、かつ、刑罰を科される。

(a)　単独で、他の者と共同して、又は他の者が刑事上の責任を有するか否かにかかわりなく当該他の者を通じて当該犯罪を行うこと。

(b)　既遂又は未遂となる当該犯罪の実行を命じ、教唆し、又は勧誘すること。

(c)　当該犯罪の実行を容易にするため、既遂又は未遂となる当該犯罪の実行をほう助し、唆し、又はその他の方法で援助すること（実行のための手段を提供することを含む。）。

(d)　共通の目的をもって行動する人の集団による既遂又は未遂となる当該犯罪の実行に対し、その他の方法で寄与すること。ただし、故意に行われ、かつ、次のいずれかに該当する場合に限る。

(i)　当該集団の犯罪活動又は犯罪目的の達成を助長するために寄与する場合。ただし、当該犯罪活動又は犯罪目的が裁判所の管轄権の範囲内にある犯罪の実行に関係する場合に限る。

(ii)　当該犯罪を実行するという当該集団の意図を認識しながら寄与する場合

(e)　集団殺害犯罪に関し、他の者に対して集団殺害の実行を直接にかつ公然と扇動すること。

(f)　実質的な行為によって犯罪の実行を開始させる行動をとることにより当該犯罪の実行を試みること（その者の意図にかかわりない事情のために当該犯罪が既遂とならない場合を含む。）。ただし、当該犯罪を実行する試みを放棄し、又は犯罪の完遂を防止する者は、完全かつ自発的に犯罪目的を放棄した場合には、当該犯罪の未遂についてこの規程に基づく刑罰を科されない。

4　個人の刑事責任に関するこの規程のいかなる規定も、国際法の下での国家の責任に影響を及ぼすものではない。

第26条　18歳未満の者についての管轄権の除外

裁判所は、犯罪を実行したとされる時に18歳未満であった者について管轄権を有しない。

第27条　公的資格の無関係

1　この規程は、公的資格に基づくいかなる区別もなく、すべての者についてひとしく適用する。特に、元首、政府の長、政府若しくは議会の一員、選出された代表又は政府職員としての公的資格は、いかなる場合にも個人をこの規程に基づく刑事責任から免れさせるものではなく、また、それ自体が減刑のための理由を構成するものでもない。

2　個人の公的資格に伴う免除又は特別な手続上の規則は、国内法又は国際法のいずれに基づくかを問わず、裁判所が当該個人について管轄権を行使することを妨げない。

第28条　指揮官その他の上官の責任

裁判所の管轄権の範囲内にある犯罪についての刑事責任であってこの規程に定める他の事由に基づくもののほか、

(a)　軍の指揮官又は実質的に軍の指揮官として行動する者は、その実質的な指揮及び管理の下にあり、又は状況に応じて実質的な権限及び管理の下にある軍隊が、自己が当該軍隊の管理を適切に行わなかった結果として裁判所の管轄権の範囲内にある犯罪を行ったことについて、次の(i)及び(ii)の条件が満たされる場合には、刑事上の責任を有する。

(i)　当該指揮官又は当該者が、当該軍隊が犯罪を行っており若しくは行おうとしていることを知っており、又はその時における状況によって知っているべきであったこと。

(ii)　当該指揮官又は当該者が、当該軍隊による犯罪の実行を防止し若しくは抑止し、又は捜査及び訴追のために事案を権限のある当局に付託するため、自己の権限の範囲内ですべての必要かつ合理的な措置をとることをしなかったこと。

(b)　(a)に規定する上官と部下との関係以外の上官と部下との関係に関し、上官は、その実質的な権限及び管理の下にある部下が、自己が当該部下の管理を適切に行わなかった結果として裁判所の管轄権の範囲内にある犯罪を行ったことについて、次の(i)から(iii)までのすべての条件が満たされる場合には、刑事上の責任を有する。

(i)　当該上官が、当該部下が犯罪を行っており若しくは行おうとしていることを知っており、又はこれらのことを明らかに示す情報を意識的に無視したこと。

(ii)　犯罪が当該上官の実質的な責任及び管理の範囲内にある活動に関係していたこと。

(iii)　当該上官が、当該部下による犯罪の実行を防止し若しくは抑止し、又は捜査及び訴追のために事案を権限のある当局に付託するため、自己の権限の範囲内ですべての必要かつ合理的な措置をとることをしなかったこと。

第29条　出訴期限の不適用

裁判所の管轄権の範囲内にある犯罪は、出訴期限の対象とならない。

第30条　主観的な要素

1　いずれの者も、別段の定めがある場合を除くほか、故意に及び認識して客観的な要素を実行する場合にのみ、裁判所の管轄権の範囲内にある犯罪について刑事上の責任を有し、かつ、刑罰を科される。

2　この条の規定の適用上、次の場合には、個人に故意があるものとする。

(a)　行為に関しては、当該個人がその行為を行うことを意図している場合

(b)　結果に関しては、当該個人がその結果を生じさせることを意図しており、又は通常の成り行きにおいてその結果が生ずることを意識している場合

3　この条の規定の適用上、「認識」とは、ある状況が存在し、又は通常の成り行きにおいてある結果が生ずることを意識していることをいう。「知っている」及び「知って」は、この意味に従って解釈するものとする。

第31条　刑事責任の阻却事由

1　いずれの者も、この規程に定める他の刑事責任の阻却事由のほか、その行為の時において次のいずれかに該当する場合には、刑事上の責任を有しない。

(a)　当該者が、その行為の違法性若しくは性質を判断する能力又は法律上の要件に適合するようにその行為を制御する能力を破壊する精神疾患又は精神障害を有する場合

(b)　当該者が、その行為の違法性若しくは性質を判断する能力又は法律上の要件に適合するようにその行為を制御する能力を破壊する酩酊《めいてい》又は中毒の状態にある場合。ただし、当該者が、酩酊《めいてい》若しくは中毒の結果として裁判所の管轄権の範囲内にある犯罪を構成する行為を行うおそれがあることを知っており、又は

その危険性を無視したような状況において、自ら酩酊《めいてい》又は中毒の状態となった場合は、この限りでない。

(c)　当該者が、自己その他の者又は戦争犯罪の場合には自己その他の者の生存に不可欠な財産若しくは軍事上の任務の遂行に不可欠な財産を急迫したかつ違法な武力の行使から防御するため、自己その他の者又は財産に対する危険の程度と均衡のとれた態様で合理的に行動する場合。ただし、当該者が軍隊が行う防衛行動に関与した事実それ自体は、この(c)の規定に基づく刑事責任の阻却事由を構成しない。

(d)　裁判所の管轄権の範囲内にある犯罪を構成するとされる行為が、当該者又はその他の者に対する切迫した死の脅威又は継続的な若しくは切迫した重大な傷害の脅威に起因する圧迫によって引き起こされ、かつ、当該者がこれらの脅威を回避するためにやむを得ずかつ合理的に行動する場合。ただし、当該者が回避しようとする損害よりも大きな損害を引き起こす意図を有しないことを条件とする。そのような脅威は、次のいずれかのものとする。

(i)　他の者により加えられるもの

(ii)　その他の当該者にとつてやむを得ない事情により生ずるもの

2　裁判所は、裁判所に係属する事件について、この規程に定める刑事責任の阻却事由の適用の可否を決定する。

3　裁判所は、裁判において、1に規定する刑事責任の阻却事由以外の刑事責任の阻却事由であって、第21条に定める適用される法から見いだされるものを考慮することができる。そのような事由を考慮することに関する手続は、手続及び証拠に関する規則において定める。

第32条　事実の錯誤又は法律の錯誤

1　事実の錯誤は、犯罪の要件となる主観的な要素を否定する場合にのみ、刑事責任の阻却事由となる。

2　特定の類型の行為が裁判所の管轄権の範囲内にある犯罪であるか否かについての法律の錯誤は、刑事責任の阻却事由とならない。ただし、法律の錯誤は、その犯罪の要件となる主観的な要素を否定する場合又は次条に規定する場合には、刑事責任の阻却事由となり得る。

第33条　上官の命令及び法律の規定

1　裁判所の管轄権の範囲内にある犯罪が政府又は上官（軍人であるか文民であるかを問わない。）の命令に従ってある者によって行われたという事実は、次のすべての条件が満たされない限り、当該者の刑事責任を阻却するものではない。

(a)　当該者が政府又は当該上官の命令に従う法的義務を負っていたこと。

(b)　その命令が違法であることを当該者が知らなかったこと。

(c)　その命令が明白に違法ではなかったこと。

2　この条の規定の適用上、集団殺害犯罪又は人道に対する犯罪を実行するよう命令することは、明白に違法である。

第4部　裁判所の構成及び運営

第34条　裁判所の機関

裁判所は、次の機関により構成される。

(a)　裁判所長会議

(b)　上訴裁判部門、第1審裁判部門及び予審裁判部門

(c)　検察局

(d)　書記局

第35条　裁判官の職務の遂行

1　すべての裁判官は、裁判所の常勤の裁判官として選出されるものとし、その任期の開始の時から常勤で職務を遂行することができるようにする。

2　裁判所長会議を構成する裁判官は、選任された後直ちに常勤で職務を遂行する。

3　裁判所長会議は、裁判所の仕事量に基づいて及び裁判所の裁判官と協議の上、他の裁判官がどの程度まで常勤で職務を遂行する必要があるかについて随時決定することができる。そのような措置は、第40条の規定の適用を妨げるものではない。

4　常勤で職務を遂行する必要のない裁判官のための財政措置については、第49条の規定に従ってとるものとする。

第36条　裁判官の資格、指名及び選挙

1　裁判所の裁判官は、2の規定に従うことを条件として、18人とする。

2(a)　裁判所を代表して行動する裁判所長会議は、1に定める裁判官の人数を増加させることを、それが必要かつ適当と認められる理由を示して提案することができる。裁判所書記は、その提案をすべての締約国に直ちに通報する。

(b)　(a)に規定する提案は、その後、第112条の規定に従って招集される締約国会議の会合において検討される。当該提案は、当該会合において締約国会議の構成国の3分の2以上の多数による議決で承認される場合には採択されたものとし、締約国会議が定める時に効力を生ずる。

(c)(i)　裁判官の人数を増加させるための提案が(b)の規定に従って採択された後、追加的な裁判官の選挙は、3から8まで及び次条2の規定に従い締約国会議の次回の会合において行う。

(ii)　裁判官の人数を増加させるための提案が(b)及び(c)(i)の規定に従って採択され、及び効力を生じた後において、裁判所長会議は、裁判所の仕事量にかんがみて適当と認めるときは、裁判官の人数を減少させることをいつでも提案することができる。ただし、裁判官の人数は、1に定める人数を下回らないことを条件とする。その提案は、(a)及び(b)に定める手続に従って取り扱われる。当該提案が採択された場合には、裁判官の人数は、職務を遂行している

裁判官の任期の終了に合わせて、必要とされる人数となるまで段階的に減少させる。

3(a)　裁判官は、徳望が高く、公平であり、誠実であり、かつ、各自の国で最高の司法官に任ぜられるのに必要な資格を有する者のうちから選出される。

(b)　裁判官の選挙のための候補者は、次のいずれかの能力及び経験を有する者とする。

(i)　刑事法及び刑事手続についての確立した能力並びに裁判官、検察官若しくは弁護士としての又は他の同様の資格の下での刑事手続における必要な関連する経験

(ii)　国際人道法、人権に関する法等の国際法に関連する分野における確立した能力及び法律に係る専門的な資格であって裁判所の司法業務に関連するものの下での広範な経験

(c)　裁判官の選挙のための候補者は、裁判所の常用語の少なくとも一について卓越した知識を有し、かつ、堪《たん》能でなければならない。

4(a)　この規程のいずれの締約国も、裁判官の選挙のための候補者の指名を行うことができるものとし、指名は、次のいずれかの手続によって行う。

(i)　当該締約国における最高の司法官に任ぜられる候補者を指名するための手続

(ii)　国際司法裁判所規程に定める国際司法裁判所の裁判官の候補者を指名するための手続

指名には、候補者が3に規定する要件をどのように満たしているかについて必要な程度に詳細に明記した説明を付する。

(b)　各締約国は、いずれの選挙にも1人の候補者を指名することができる。ただし、候補者は、必ずしも当該各締約国の国民であることを要しないが、いかなる場合にも締約国の国民とする。

(c)　締約国会議は、適当な場合には、指名に関する諮問委員会の設置を決定することができる。この場合には、諮問委員会の構成及び権限については、締約国会議が定める。

5　選挙のための候補者の名簿は、次の二とする。

3(b)(i)に規定する資格を有する候補者の氏名を記載した名簿A

3(b)(ii)に規定する資格を有する候補者の氏名を記載した名簿B

両方の名簿に記載されるための十分な資格を有する候補者は、いずれの名簿に記載されるかを選択することができる。最初の裁判官の選挙において、名簿Aの中から少なくとも9人の裁判官及び名簿Bの中から少なくとも5人の裁判官を選出する。その後の選挙は、二の名簿に記載される資格を有する裁判官が裁判所において同様の割合で維持されるよう実施する。

6(a)　裁判官は、第112条の規定に従って選挙のために招集される締約国会議の会

合において秘密投票によって選出される。7の規定に従うことを条件として、出席し、かつ、投票する締約国によって投じられた票の最多数で、かつ、3分の2以上の多数の票を得た18人の候補者をもって、裁判官に選出された者とする。

(b)　1回目の投票において十分な数の裁判官が選出されなかった場合には、残りの裁判官が選出されるまで、(a)に定める手続に従って引き続き投票を行う。

7　裁判官については、そのうちのいずれの2人も、同一の国の国民であってはならない。裁判所の裁判官の地位との関連でいずれかの者が2以上の国の国民であると認められる場合には、当該者は、市民的及び政治的権利を通常行使する国の国民とみなされる。

8(a)　締約国は、裁判官の選出に当たり、裁判所の裁判官の構成において次のことの必要性を考慮する。

(i)　世界の主要な法体系が代表されること。

(ii)　地理的に衡平に代表されること。

(iii)　女性の裁判官と男性の裁判官とが公平に代表されること。

(b)　締約国は、特定の問題（特に、女性及び児童に対する暴力を含む。）に関する法的知見を有する裁判官が含まれる必要性も考慮する。

9(a)　裁判官は、(b)の規定に従うことを条件として9年間在任するものとし、(c)及び次条2の規定が適用される場合を除くほか、再選される資格を有しない。

(b)　最初の選挙において、くじ引による選定により、選出された裁判官のうち、3分の1は3年の任期で、また、3分の1は6年の任期で在任する。残りの裁判官は、9年の任期で在任する。

(c)　(b)の規定によって3年の任期で在任することが選定された裁判官は、9年の任期で再選される資格を有する。

10　9の規定にかかわらず、第39条の規定に従って第1審裁判部又は上訴裁判部に配属された裁判官は、これらの裁判部において審理が既に開始されている第1審又は上訴を完了させるために引き続き在任する。

第37条　裁判官の空席

1　裁判官の空席が生じた場合には、その空席を補充するために前条の規定に従って選挙を行う。

2　空席を補充するために選出された裁判官は、前任者の残任期間中在任するものとし、その残任期間が3年以下の場合には、前条の規定に従い9年の任期で再選される資格を有する。

第38条　裁判所長会議

1　裁判所長、裁判所第一次長及び裁判所第二次長は、裁判官の絶対多数による議決で選出される。これらの者は、それぞれ、3年の期間又は裁判官としてのそれぞれの任期の終了までの期間のいずれか早い満了の時まで在任するものとし、1

回に限って再選される資格を有する。

2　裁判所第一次長は、裁判所長に支障がある場合又は裁判所長がその資格を失った場合には、裁判所長に代わって行動する。裁判所第二次長は、裁判所長及び裁判所第一次長の双方に支障がある場合又はこれらの者がその資格を失った場合には、裁判所長に代わって行動する。

3　裁判所長は、裁判所第一次長及び裁判所第二次長と共に裁判所長会議を構成するものとし、同会議は、次の事項について責任を有する。

(a)　裁判所（検察局を除く。）の適正な運営

(b)　その他の任務であってこの規程によって裁判所長会議に与えられるもの

4　裁判所長会議は、3(a)の規定の下での責任を果たすに当たり、相互に関心を有するすべての事項について検察官と調整し、及びその同意を求める。

第39条　裁判部

1　裁判所は、裁判官の選挙の後できる限り速やかに、第34条(b)に規定する裁判部門を組織する。上訴裁判部門は裁判所長及び他の４人の裁判官で、第１審裁判部門は６人以上の裁判官で、また、予審裁判部門は６人以上の裁判官で構成する。裁判官の裁判部門への配属は、各裁判部門が遂行する任務の性質並びに選出された裁判官の資格及び経験に基づき、刑事法及び刑事手続についての専門的知識と国際法についての専門的知識とが各裁判部門において適当に組み合わされるように行う。第１審裁判部門及び予審裁判部門は、主として刑事裁判の経験を有する裁判官で構成する。

2(a)　裁判所の司法上の任務は、各裁判部門において遂行する。

(b)(i)　上訴裁判部は、上訴裁判部門のすべての裁判官で構成する。

(ii)　第１審裁判部の任務は、第１審裁判部門の３人の裁判官が遂行する。

(iii)　予審裁判部の任務は、この規程及び手続及び証拠に関する規則に従い予審裁判部門の３人の裁判官又は予審裁判部門の１人の裁判官が遂行する。

(c)　この２の規定は、裁判所の仕事量の効率的な管理に必要となる場合には、２以上の第１審裁判部又は予審裁判部を同時に設置することを妨げるものではない。

3(a)　第１審裁判部門又は予審裁判部門に配属された裁判官は、その裁判部門に３年間在任し、及びその後その裁判部門において審理が既に開始されている事件が完了するまで在任する。

(b)　上訴裁判部門に配属された裁判官は、その裁判部門に自己の任期の全期間在任する。

4　上訴裁判部門に配属された裁判官は、その裁判部門にのみ在任する。この条のいかなる規定も、裁判所長会議が裁判所の仕事量の効率的な管理に必要と認める場合には、裁判官を第１審裁判部門から予審裁判部門に又は予審裁判部門から第１審裁判部門に一時的に配属することを妨げるものではない。ただし、いかなる

場合にも、いずれかの事件の予審裁判段階に関与した裁判官は、当該事件の審理を行う第1審裁判部の一員となる資格を有しない。

第40条　裁判官の独立

1　裁判官は、独立してその任務を遂行する。

2　裁判官は、その司法上の任務を妨げ、又はその独立性についての信頼に影響を及ぼすおそれのあるいかなる活動にも従事してはならない。

3　裁判所の所在地において常勤で職務を遂行することを求められる裁判官は、他のいかなる職業的性質を有する業務にも従事してはならない。

4　2及び3の規定の適用に関する問題は、裁判官の絶対多数による議決で決定する。その問題が個々の裁判官に関係する場合には、当該裁判官は、その決定に参加してはならない。

第41条　裁判官の回避及び除斥

1　裁判所長会議は、手続及び証拠に関する規則に従い、裁判官の要請により、当該裁判官をこの規程に定める任務の遂行から回避させることができる。

2(a)　裁判官は、何らかの理由により自己の公平性について合理的に疑義が生じ得る事件に関与してはならない。裁判官は、特に、裁判所に係属する事件又は被疑者若しくは被告人に係る国内における関連する刑事事件に何らかの資格において既に関与したことがある場合には、この2の規定に従い当該事件から除斥される。裁判官は、手続及び証拠に関する規則に定める他の理由によっても除斥される。

(b)　検察官、被疑者又は被告人は、この2の規定に基づいて裁判官の除斥を申し立てることができる。

(c)　いずれかの裁判官の除斥に関する問題は、裁判官の絶対多数による議決で決定する。当該いずれかの裁判官は、この事項について意見を提出する権利を有するが、その決定に参加してはならない。

第42条　検察局

1　検察局は、裁判所内の別個の組織として独立して行動する。検察局は、裁判所の管轄権の範囲内にある犯罪の付託及びその裏付けとなる情報の受理及び検討並びに捜査及び裁判所への訴追について責任を有する。検察局の構成員は、同局外から指示を求めてはならず、また、同局外からの指示に基づいて行動してはならない。

2　検察局の長は、検察官とする。検察官は、検察局（職員、設備その他資産を含む。）の管理及び運営について完全な権限を有する。検察官は、1人又は2人以上の次席検察官の補佐を受けるものとし、次席検察官は、この規程に基づき検察官に求められる行為を行う権限を有する。検察官と次席検察官とは、それぞれ異なる国籍を有する者とする。これらの者は、常勤で職務を遂行する。

3　検察官及び次席検察官は、徳望が高く、かつ、刑事事件の訴追又は裁判について高い能力及び広範な実務上の経験を有する者とし、裁判所の常用語の少なくとも一について卓越した知識を有し、かつ、堪《たん》能でなければならない。

4　検察官は、秘密投票によって締約国会議の構成国の絶対多数による議決で選出される。次席検察官は、検察官が提供する候補者名簿の中から同様の方法によって選出される。検察官は、選出される次席検察官のそれぞれの職について3人の候補者を指名する。選挙の際に一層短い任期が決定されない限り、検察官及び次席検察官は、9年の任期で在任するものとし、再選される資格を有しない。

5　検察官及び次席検察官は、その訴追上の任務を妨げ、又はその独立性についての信頼に影響を及ぼすおそれのあるいかなる活動にも従事してはならないものとし、他のいかなる職業的性質を有する業務にも従事してはならない。

6　裁判所長会議は、検察官又は次席検察官の要請により、当該検察官又は次席検察官を特定の事件についての任務の遂行から回避させることができる。

7　検察官及び次席検察官は、何らかの理由により自己の公平性について合理的に疑義が生じ得る事案に関与してはならない。検察官及び次席検察官は、特に、裁判所に係属する事件又は被疑者若しくは被告人に係る国内における関連する刑事事件に何らかの資格において既に関与したことがある場合には、この7の規定に従い当該事件から除斥される。

8　検察官又は次席検察官の特定の事件からの除斥に関する問題は、上訴裁判部が決定する。

(a)　被疑者又は被告人は、この条に規定する理由に基づきいつでも検察官又は次席検察官の特定の事件からの除斥を申し立てることができる。

(b)　(a)に規定する検察官又は次席検察官は、適当と認める場合には、この事項について意見を提出する権利を有する。

9　検察官は、特定の問題（特に、性的暴力及び児童に対する暴力を含む。）に関する法的知見を有する顧問を任命する。

第43条　書記局

1　書記局は、前条の規定に基づく検察官の任務及び権限を害することなく、裁判所の運営及び業務のうち司法の分野以外の分野について責任を有する。

2　書記局の長は、裁判所書記とするものとし、裁判所書記は、裁判所の首席行政官である。裁判所書記は、裁判所長から権限を与えられた任務を遂行する。

3　裁判所の書記及び次席書記は、徳望が高く、かつ、高い能力を有していなければならないものとし、裁判所の常用語の少なくとも一について卓越した知識を有し、かつ、堪《たん》能でなければならない。

4　裁判官は、締約国会議の勧告を考慮して、秘密投票によって絶対多数による議決で裁判所書記を選出する。裁判官は、裁判所次席書記の必要が生じた場合には、裁判所書記の勧告に基づいて、同様の方法によって裁判所次席書記を選出する。

5　裁判所書記は、5年の任期で在任し、及び1回のみ再選される資格を有するものとし、常勤で職務を遂行する。裁判所次席書記は、5年の任期又は裁判官の絶対多数による議決で決定される一層短い任期で在任するものとし、必要に応じて職務の遂行が求められることを前提として選出される。

6　裁判所書記は、書記局内に被害者・証人室を設置する。この室は、検察局と協議の上、証人、出廷する被害者その他証人が行う証言のために危険にさらされる者に対し、保護及び安全のための措置、カウンセリングその他の適当な援助を提供する。この室には、心的外傷（性的暴力の犯罪に関連するものを含む。）に関する専門的知識を有する職員を含める。

第44条　職員

1　検察官及び裁判所書記は、それぞれの局が必要とする資格を有する職員を任命する。検察官の場合には、その任命には、捜査官の任命を含む。

2　検察官及び裁判所書記は、職員の雇用に際し、最高水準の能率、能力及び誠実性を確保するものとし、第36条8に定める基準を準用して考慮する。

3　裁判所書記は、裁判所長会議及び検察官の同意を得て、職員規則（裁判所職員の任命、報酬及び解雇に関する条件を含む。）を提案する。この職員規則については、締約国会議が承認する。

4　裁判所は、例外的な状況において、裁判所のいずれかの組織の業務を援助するため、締約国、政府間機関又は非政府機関により提供される無給の人員の専門的知識を用いることができる。検察官は、検察局のためにその提供を受け入れることができる。そのような無給の人員については、締約国会議が定める指針に従って雇用する。

第45条　厳粛な約束

裁判官、検察官、次席検察官、裁判所書記及び裁判所次席書記は、この規程に基づくそれぞれの職務に就く前に、公開の法廷において、公平かつ誠実にそれぞれの任務を遂行することを厳粛に約束する。

第46条　解任

1　裁判官、検察官、次席検察官、裁判所書記又は裁判所次席書記は、次の場合において、2の規定に従って解任の決定がなされたときは、解任される。

(a)　手続及び証拠に関する規則に定める重大な不当行為又はこの規程に基づく義務の重大な違反を行ったことが判明した場合

(b)　この規程が求める任務を遂行することができない場合

2　1の規定に基づく裁判官、検察官又は次席検察官の解任についての決定は、締約国会議が秘密投票によって次の議決で行う。

(a)　裁判官については、他の裁判官の3分の2以上の多数による議決で採択される勧告に基づく締約国の3分の2以上の多数による議決

(b)　検察官については、締約国の絶対多数による議決

(c)　次席検察官については、検察官の勧告に基づく締約国の絶対多数による議決

3　裁判所の書記又は次席書記の解任についての決定は、裁判官の絶対多数による議決で行う。

4　この規程により求められる職務を遂行する行為及び能力についてこの条の規定により異議を申し立てられている裁判官、検察官、次席検察官、裁判所書記又は裁判所次席書記は、手続及び証拠に関する規則に従い、証拠を提示し、及び入手し、並びに意見を述べる十分な機会を有する。異議を申し立てられた者は、その他の方法でこの問題の検討に参加してはならない。

第47条　懲戒処分

前条1に規定する不当行為よりも重大でない性質の不当行為を行った裁判官、検察官、次席検察官、裁判所書記又は裁判所次席書記は、手続及び証拠に関する規則に従って懲戒処分を受ける。

第48条　特権及び免除

1　裁判所は、その目的の達成に必要な特権及び免除を各締約国の領域において享有する。

2　裁判官、検察官、次席検察官及び裁判所書記は、裁判所の事務に従事する間又は裁判所の事務に関し、外交使節団の長に与えられる特権及び免除と同一の特権及び免除を享有する。また、任期の満了後、公的資格で行った口頭又は書面による陳述及び行為に関してあらゆる種類の訴訟手続からの免除を引き続き与えられる。

3　裁判所次席書記、検察局の職員及び書記局の職員は、裁判所の特権及び免除に関する協定により、任務の遂行に必要な特権、免除及び便宜を享有する。

4　弁護人、専門家、証人その他裁判所への出廷を求められる者は、裁判所の特権及び免除に関する協定により、裁判所の適切な任務の遂行に必要な待遇を与えられる。

5　特権及び免除に関し、

(a)　裁判官又は検察官については、裁判官の絶対多数による議決で放棄することができる。

(b)　裁判所書記については、裁判所長会議が放棄することができる。

(c)　次席検察官及び検察局の職員については、検察官が放棄することができる。

(d)　裁判所次席書記及び書記局の職員については、裁判所書記が放棄することができる。

第49条　俸給、手当及び経費

裁判官、検察官、次席検察官、裁判所書記及び裁判所次席書記は、締約国会議が決定する俸給、手当及び経費を受ける。これらの俸給及び手当については、任期中は減額してはならない。

第50条　公用語及び常用語

1　裁判所の公用語は、アラビア語、中国語、英語、フランス語、ロシア語及びスペイン語とする。裁判所の判決その他裁判所における基本的な問題を解決するための決定は、公用語で公表する。裁判所長会議は、手続及び証拠に関する規則に定める基準に従い、この1の規定の適用上いずれの決定が基本的な問題を解決するためのものと認められるかを決定する。

2 裁判所の常用語は、英語及びフランス語とする。手続及び証拠に関する規則は、他の公用語を常用語として使用することのできる場合について定める。

3 裁判所は、手続の当事者又は手続への参加が認められる国の要請により、これらの当事者又は国が英語及びフランス語以外の言語を使用することを許可する。ただし、その許可は、裁判所が十分に正当な理由があると認める場合に限る。

第51条 手続及び証拠に関する規則

1 手続及び証拠に関する規則は、締約国会議の構成国の3分の2以上の多数による議決で採択された時に効力を生ずる。

2 手続及び証拠に関する規則の改正は、次の者が提案することができる。

(a) 締約国

(b) 絶対多数による議決をもって行動する裁判官

(c) 検察官

この改正は、締約国会議の構成国の3分の2以上の多数による議決で採択された時に効力を生ずる。

3 手続及び証拠に関する規則の採択後、同規則に定めていない緊急を要する特別の状況が裁判所において生じた場合には、裁判官は、3分の2以上の多数による議決で暫定的な規則を作成することができるものとし、締約国会議の次回の通常会合又は特別会合において採択され、改正され、又は否決されるまでこれを適用する。

4 手続及び証拠に関する規則及びその改正並びに暫定的な規則は、この規程に適合したものとする。手続及び証拠に関する規則の改正及び暫定的な規則は、捜査され、訴追され、又は有罪の判決を受けた者について不利に遡《そ》及して適用してはならない。

5 この規程と手続及び証拠に関する規則とが抵触する場合には、この規程が優先する。

第52条 裁判所規則

1 裁判官は、この規程及び手続及び証拠に関する規則に従い、裁判所の日常の任務の遂行に必要な裁判所規則を絶対多数による議決で採択する。

2 検察官及び裁判所書記は、裁判所規則の作成及びその改正に当たって協議を受ける。

3 裁判所規則及びその改正は、裁判官が別段の決定を行わない限り、採択された時に効力を生ずる。裁判所規則及びその改正は、採択後直ちに意見を求めるために締約国に通報されるものとし、6箇月以内に締約国の過半数から異議が申し立てられない場合には、引き続き効力を有する。

第5部 捜査及び訴追

第53条 捜査の開始

1 検察官は、入手することのできた情報を評価した後、この規程に従って手続を進める合理的な基礎がないと決定しない限り、捜査を開始する。検察官は、捜査を開始するか否かを決定するに当たり、次の事項を検討する。

(a) 利用可能な情報により、裁判所の管轄権の範囲内にある犯罪が行われた又は行われていると信ずるに足りる合理的な基礎が認められるか否か。

(b) 事件について第17条に規定する受理許容性があるか否か又は受理許容性があり得るか否か。

(c) 犯罪の重大性及び被害者の利益を考慮してもなお捜査が裁判の利益に資するものでないと信ずるに足りる実質的な理由があるか否か。

検察官は、手続を進める合理的な基礎がないと決定し、及びその決定が専ら(c)の規定に基づく場合には、予審裁判部に通知する。

2 検察官は、捜査に基づき、次のことを理由として訴追のための十分な根拠がないと結論する場合には、予審裁判部及び第14条の規定に基づいて付託を行った国又は第13条(b)に規定するときは安全保障理事会に対し、その結論及びその理由を通報する。

(a) 第58条の規定に基づく令状又は召喚状を求めるための法的な又は事実に係る根拠が十分でないこと。

(b) 事件について第17条に規定する受理許容性がないこと。

(c) すべての事情（犯罪の重大性、被害者の利益、被疑者の年齢又は心身障害及び被疑者が行ったとされる犯罪における当該者の役割を含む。）を考慮して、訴追が裁判の利益のためにならないこと。

3(a) 第14条の規定に基づいて付託を行った国又は第13条(b)に規定するときは安全保障理事会の要請により、予審裁判部は、手続を進めない旨の1又は2の規定に基づく検察官の決定を検討することができるものとし、検察官に対し当該決定を再検討するよう要請することができる。

(b) 予審裁判部は、手続を進めない旨の検察官の決定が専ら1(c)又は2(c)の規定に基づく場合には、職権によって当該決定を検討することができる。そのような場合には、検察官の決定は、予審裁判部が追認するときにのみ効力を有する。

4 検察官は、新たな事実又は情報に基づき、捜査又は訴追を開始するか否かの決定をいつでも再検討することができる。

第54条 捜査についての検察官の責務及び権限

1 検察官は、次のことを行う。

(a) 真実を証明するため、この規程に基づく刑事責任があるか否かの評価に関連するすべての事実及び証拠を網羅するよう捜査を及ぼし、並びにその場合において罪があるものとする事情及び罪がないものとする事情を同等に捜査すること。

(b)　裁判所の管轄権の範囲内にある犯罪の効果的な捜査及び訴追を確保するために適切な措置をとり、その場合において被害者及び証人の利益及び個人的な事情（年齢、第７条３に定義する性及び健康を含む。）を尊重し、並びに犯罪（特に、性的暴力又は児童に対する暴力を伴う犯罪）の性質を考慮すること。

(c)　この規程に基づく被疑者の権利を十分に尊重すること。

2　検察官は、次の(a)又は(b)の場合には、いずれかの国の領域において捜査を行うことができる。

(a)　第９部の規定に基づく場合

(b)　第57条３(d)の規定に基づく予審裁判部の許可がある場合

3　検察官は、次の行為を行うことができる。

(a)　証拠を収集し、及び検討すること。

(b)　被疑者、被害者及び証人の出頭を要請し、並びにこれらの者を尋問すること。

(c)　国若しくは政府間機関による協力又は政府間取極に基づく協力であってそれぞれの権限又は任務に基づくものを求めること。

(d)　国、政府間機関又は個人の協力を促進するために必要な取決め又は取極であってこの規程に反しないものを締結すること。

(e)　手続のいずれの段階においても、専ら新たな証拠を得るために秘密を条件として自己が入手する文書又は情報について、これらの情報の提供者が同意しない限り開示しないことに同意すること。

(f)　情報の秘密性、関係者の保護又は証拠の保全を確保するために必要な措置をとること又は必要な措置をとるよう要請すること。

第55条　捜査における被疑者の権利

1　被疑者は、この規程による捜査に関し、次の権利を有する。

(a)　自己負罪又は有罪の自白を強要されないこと。

(b)　あらゆる形態の強制、強迫若しくは脅迫、拷問又はその他のあらゆる形態の残虐な、非人道的な若しくは体面を汚す待遇若しくは処罰を与えられないこと。

(c)　自己が十分に理解し、かつ、話す言語以外の言語によって尋問される場合には、有能な通訳の援助及び公正の要件を満たすために必要な翻訳を無償で与えられること。

(d)　恣《し》意的に逮捕され、又は抑留されないこと。また、この規程に定める理由及び手続によらない限り、その自由を奪われないこと。

2　被疑者が裁判所の管轄権の範囲内にある犯罪を行ったと信ずるに足りる理由があり、かつ、当該被疑者が検察官により又は第９部の規定に基づく請求によって国内当局により尋問されようとしている場合には、当該被疑者は、次の権利も有するものとし、その旨を尋問に先立って告げられる。

(a)　尋問に先立ち、当該被疑者が裁判所の管轄権の範囲内にある犯罪を行ったと信ずるに足りる理由があることを告げられること。

(b)　黙秘をすること。この黙秘は、有罪又は無罪の決定において考慮されない。

(c)　自ら選任する弁護人を持つこと。また、弁護人がおらず、かつ、裁判の利益のために必要な場合には、十分な支払手段を有しないときは自らその費用を負担することなく、弁護人を付されること。

(d)　自ら任意に弁護人に係る権利を放棄した場合を除くほか、弁護人の立会いの下に尋問されること。

第56条　得難い捜査の機会に関する予審裁判部の役割

1(a)　検察官は、ある捜査が証人から証言若しくは供述を取得し、又は証拠を見分し、収集し若しくは分析するための得難い機会を提供するものであり、かつ、これらの証言、供述又は証拠を後に公判のために利用することができなくなるおそれがあると判断する場合には、その旨を予審裁判部に通知する。

(b)　(a)に規定する通知があった場合には、予審裁判部は、検察官の要請により、手続の効率性及び信頼性を確保し、並びに特に被疑者の権利を保護するために必要な措置をとることができる。

(c)　検察官は、予審裁判部が別段の命令を発しない限り、(a)に規定する捜査に関連して逮捕された者又は召喚状に応じて出頭した者に対し、当該者がその事案について陳述を行うことができるように関連情報を提供する。

2　1(b)に規定する措置には、次のことを含めることができる。

(a)　従うべき手順に関して勧告し、又は命令すること。

(b)　手続の記録を作成するよう指示すること。

(c)　支援する専門家を任命すること。

(d)　逮捕された者若しくは召喚状に応じて裁判所に出頭した者のための弁護人が手続に参加することを許可すること又は逮捕若しくは出頭がいまだなされていない場合若しくは弁護人が指定されていない場合には、手続に参加し、及び被疑者の利益を代表する弁護人を任命すること。

(e)　証拠の収集及び保全並びに関係者の尋問について監視し、及び勧告又は命令を行うため、予審裁判部のうちから裁判官１人又は必要な場合には予審裁判部門若しくは第１審裁判部門のうちから対応可能な裁判官１人を指名すること。

(f)　証拠を収集し、又は保全するために必要なその他の措置をとること。

3(a)　予審裁判部は、検察官がこの条の規定に基づく措置を求めなかった場合であっても、裁判において被告人のために不可欠であると認める証拠を保全するためにそのような措置をとることが必要であると判断するときは、検察官が当該措置を要請しなかったことに十分な理由があるか否かについて検察官と協議する。予審裁判部は、その協議により、検察官が当該措置を要請しなかったことが正当化されないと結論する場合には、職権によって当該措置をとることができる。

(b)　職権によって措置をとる旨のこの3の規定に基づく予審裁判部の決定について、検察官は、異議を申し立てることができる。その異議の申立てについては、迅速に審理する。

4　この条の規定に従って公判のために保全され若しくは収集される証拠又はその記録の許容性は、第69条の規定に従って公判において規律され、及び第1審裁判部が決定する重要性を与えられる。

第57条　予審裁判部の任務及び権限

1　予審裁判部は、この規程に別段の定めがある場合を除くほか、この条の規定に従って任務を遂行する。

2(a)　第15条、第18条、第19条、第54条2、第61条7及び第72条の規定に従ってなされる予審裁判部の命令又は決定は、その裁判官の過半数の同意を得なければならない。

(b)　(a)に規定する場合以外の場合には、手続及び証拠に関する規則に別段の定めがあるとき又は予審裁判部の過半数により別段の定めをするときを除くほか、予審裁判部の1人の裁判官がこの規程に定める任務を遂行することができる。

3　予審裁判部は、この規程に定める他の任務のほか、次の任務を遂行することができる。

(a)　検察官の要請により、捜査のために必要とされる命令及び令状を発すること。

(b)　逮捕された者又は次条の規定に基づく召喚状に応じて出頭した者の要請により、防御の準備において当該者を支援するために必要な命令（前条に規定する措置を含む。）を発し、又は第9部の規定に基づく協力を求めること。

(c)　必要な場合には、被害者及び証人の保護並びにこれらの者のプライバシーの保護、証拠の保全、逮捕された者又は召喚状に応じて出頭した者の保護並びに国家の安全保障に関する情報の保護のための措置をとること。

(d)　検察官に対し、第9部の規定に基づく締約国の協力を確保することなく当該締約国の領域内において特定の捜査上の措置をとることを許可すること。ただし、その事件について、可能な場合には当該締約国の見解を考慮した上で、当該協力を実施する権限を有する当局又は司法制度の構成要素の欠如のために当該締約国が当該協力を明らかに実施することができない旨の決定を予審裁判部が行った場合に限る。

(e)　次条の規定に従って逮捕状又は召喚状が発せられている場合には、この規程及び手続及び証拠に関する規則の規定に従い、証拠の証明力及び関係当事者の権利を十分に考慮した上で、第93条1(k)の規定に基づき締約国の協力を求めることにより、特に被害者の最終的な利益のために没収のための保全措置をとること。

第58条　予審裁判部による逮捕状又は召喚状の発付

1　予審裁判部は、捜査の開始後いつでも、検察官の請求により、当該請求及び検察官が提出した証拠その他の情報を検討した上で、次の(a)及び(b)の要件に該当していると認める場合には、被疑者に係る逮捕状を発する。

(a)　当該被疑者が裁判所の管轄権の範囲内にある犯罪を行ったと信ずるに足りる合理的な理由が存在すること。

(b)　当該被疑者の逮捕が次のいずれかのことに必要と認められること。

(i)　当該被疑者の出廷を確保すること。

(ii)　当該被疑者が捜査又は訴訟手続を妨害せず、又は脅かさないことを確保すること。

(iii)　妥当な場合には、当該被疑者が当該犯罪又は裁判所の管轄権の範囲内にあり、かつ、同一の状況から生ずる関連する犯罪を継続して行うことを防止すること。

2　検察官の請求には、次の事項を含める。

(a)　被疑者の氏名その他当該被疑者を特定する関連情報

(b)　裁判所の管轄権の範囲内にある犯罪であって当該被疑者が行ったとされるものに関する具体的な言及

(c)　当該犯罪を構成するとされる事実の簡潔な説明

(d)　当該被疑者が当該犯罪を行ったと信ずるに足りる合理的な理由を証明する証拠その他の情報の要約

(e)　検察官が当該被疑者を逮捕することが必要であると信ずる理由

3　逮捕状には、次の事項を含める。

(a)　被疑者の氏名その他当該被疑者を特定する関連情報

(b)　裁判所の管轄権の範囲内にある犯罪であって当該被疑者の逮捕が求められているものに関する具体的な言及

(c)　当該犯罪を構成するとされる事実の簡潔な説明

4　逮捕状は、裁判所が別段の命令を発するまでの間、効力を有する。

5　裁判所は、逮捕状に基づき、第９部の規定により被疑者の仮逮捕又は逮捕及び引渡しを請求することができる。

6　検察官は、予審裁判部に対し、逮捕状に記載された犯罪を変更し、又はこれに追加することにより当該逮捕状を修正するよう要請することができる。予審裁判部は、変更され、又は追加された犯罪を被疑者が行ったと信ずるに足りる合理的な理由があると認める場合には、当該逮捕状をそのように修正する。

7　検察官は、逮捕状を求めることに代わるものとして、被疑者に出頭を命ずる召喚状を予審裁判部が発することを請求することができる。予審裁判部は、当該被疑者が行ったとされる犯罪を行ったと信ずるに足りる合理的な理由があり、かつ、その出頭を確保するために召喚状が十分なものであると認める場合には、当該被疑者に出頭を命ずる召喚状を発する（国内法に定めがあるときは、自由を制限する条件（抑留を除く。）を付するか否かを問わない。)。召喚状には、次の事項を含めるものとし、これを当該被疑者に送付する。

(a)　当該被疑者の氏名その他当該被疑者を特定する関連情報

(b)　当該被疑者が出頭すべき特定の日

(c)　裁判所の管轄権の範囲内にある犯罪であって当該被疑者が行ったとされるものに関する具体的な言及

(d)　当該犯罪を構成するとされる事実の簡潔な説明

第59条　拘束を行う国における逮捕の手続

1　仮逮捕又は逮捕及び引渡しの請求を受けた締約国は、その国内法及び第９部の規定に従い、被疑者を逮捕するための措置を直ちにとる。

2　逮捕された者は、拘束を行う国の権限のある司法当局に遅滞なく引致されるものとし、当該司法当局は、自国の国内法に従って次のことを判断する。

(a)　当該者が逮捕状の対象とされていること。

(b)　当該者が適正な手続に従って逮捕されたこと。

(c)　当該者の権利が尊重されていること。

3　２に規定する者は、拘束を行う国の権限のある当局に対し、引渡しまでの間暫定的な釈放を請求する権利を有する。

4　拘束を行う国の権限のある当局は、３に規定する請求について決定を行うに当たり、行われたとされる犯罪の重大性にかんがみ、暫定的な釈放を正当化する緊急かつ例外的な状況が存在するか否か及び当該拘束を行う国が２に規定する者を裁判所に引き渡す義務を履行することができることを確保するために必要な保障措置が存在するか否かを検討する。当該当局は、逮捕状が前条１(a)及び(b)の規定に従って適切に発せられたか否かを検討することはできない。

5　予審裁判部は、暫定的な釈放の請求について通報されるものとし、拘束を行う国の権限のある当局に対して勧告を行う。当該当局は、その決定を行う前に、当該勧告（２に規定する者の逃亡を防止するための措置に関する勧告を含む。）に十分な考慮を払う。

6　２に規定する者に暫定的な釈放が認められた場合には、予審裁判部は、その暫定的な釈放の状況について定期的に報告するよう要請することができる。

7　２に規定する者は、拘束を行う国が引渡しを決定した後、できる限り速やかに裁判所に引き渡される。

第60条　裁判所における最初の手続

1　被疑者が裁判所に引き渡され、又は自発的に若しくは召喚状に応じて出頭した場合には、予審裁判部は、当該被疑者が行ったとされる犯罪及びこの規程に基づく被疑者の権利（公判までの間暫定的な釈放を請求する権利を含む。）について、当該被疑者が告げられていることを確認する。

2 逮捕された者は、公判までの間暫定的な釈放を請求することができる。予審裁判部は、第58条1に定める要件に該当していると認める場合には当該者を引き続き拘禁し、そのように認めない場合には条件付又は無条件で当該者を釈放する。

3 予審裁判部は、2に規定する者の拘禁又は釈放についての決定を定期的に再検討するものとし、また、検察官又は当該者の要請によっていつでもその決定を再検討することができる。予審裁判部は、そのような再検討に当たり、状況の変化によって必要と認める場合には、拘禁、釈放又は釈放の条件についての決定を修正することができる。

4 予審裁判部は、被疑者が検察官による許容されない遅延のために公判前に不合理な期間拘禁されないことを確保する。そのような遅延が生じた場合には、裁判所は、条件付又は無条件で当該被疑者を釈放することを検討する。

5 予審裁判部は、必要な場合には、釈放された者の出頭を確保するために逮捕状を発することができる。

第61条 公判前の犯罪事実の確認

1 予審裁判部は、2の規定に従うことを条件として、被疑者の引渡し又は自発的な出頭の後合理的な期間内に、検察官が公判を求めようとしている犯罪事実を確認するための審理を行う。その審理は、検察官並びに訴追された者及びその弁護人の立会いの下に行う。

2 予審裁判部は、訴追された者の立会いがなくても、検察官の要請又は自己の職権により、次の場合には、検察官が公判を求めようとしている犯罪事実を確認するために審理を行うことができる。

(a) 当該者が自己の立会いの権利を放棄した場合

(b) 当該者が逃亡した場合又は当該者を発見することができない場合であって、当該者の出頭を確保し、並びに当該者に対して犯罪事実及びその犯罪事実を確認するための審理が行われることを通知するためのすべての合理的な措置がとられたとき。

これらの場合において、予審裁判部が裁判の利益のためになると判断するときは、当該者は、弁護人によって代表される。

3 訴追された者に対しては、審理の前の合理的な期間内に、次のものを提供する。

(a) 検察官が当該者を裁判に付そうとしている犯罪事実を記載した文書の写し

(b) 審理において検察官が依拠しようとしている証拠についての通知

予審裁判部は、審理のための情報の開示に関する命令を発することができる。

4 審理の前、検察官は、捜査を継続し、及び犯罪事実の改定又は撤回を行うことができる。訴追された者は、審理の前に犯罪事実の改定又は撤回について妥当な通知を受ける。検察官は、犯罪事実を撤回する場合には、予審裁判部に対してその撤回の理由を通知する。

5 審理において、検察官は、訴追された者が訴追された犯罪を行ったと信ずるに足りる実質的な理由を証明するために十分な証拠をもってそれぞれの犯罪事実を裏付けなければならない。検察官は、証拠書類又はその要約に依拠することができるものとし、公判における証言が予定されている証人を招致する必要はない。

6　審理において、訴追された者は、次のことを行うことができる。

(a)　犯罪事実について異議を申し立てること。

(b)　検察官が提出する証拠について異議を申し立てること。

(c)　証拠を提出すること。

7　予審裁判部は、審理に基づき、訴追された者が訴追されたそれぞれの犯罪を行ったと信ずるに足りる実質的な理由を証明するために十分な証拠が存在するか否かを決定し、その決定に基づいて次のことを行う。

(a)　十分な証拠が存在すると決定した犯罪事実について確認し、及び確認された犯罪事実について当該者を公判のために第1審裁判部に送致すること。

(b)　十分な証拠が存在しないと決定した犯罪事実についての確認を拒否すること。

(c)　審理を延期し、かつ、検察官に対して次のことを検討するよう要請すること。

(i)　特定の犯罪事実について更なる証拠を提出し、又は更に捜査を行うこと。

(ii)　提出された証拠が裁判所の管轄権の範囲内にある異なる犯罪を証明すると認められることを理由として犯罪事実を改定すること。

8　検察官は、予審裁判部が犯罪事実についての確認を拒否する場合であっても、追加的な証拠によって要請が裏付けられるときは、その後に確認の要請を行うことを妨げられない。

9　検察官は、犯罪事実が確認されてから公判が開始されるまでの間、予審裁判部の許可を得て、かつ、被告人に通知した後に犯罪事実を改定することができる。検察官が追加的な犯罪事実を加え、又は一層重大な犯罪事実に改めることを求める場合には、これらの犯罪事実を確認するためのこの条の規定に基づく審理が行われなければならない。検察官は、公判の開始後、第1審裁判部の許可を得て犯罪事実を撤回することができる。

10　既に発せられたいかなる令状も、予審裁判部により確認されなかった犯罪事実又は検察官により撤回された犯罪事実について効力を失う。

11　この条の規定に従って犯罪事実が確認された後、裁判所長会議は、第1審裁判部を組織する。第1審裁判部は、9及び第64条4の規定に従いその後の手続を行う責任を有するものとし、これらの手続において関連し、かつ、適用することができる予審裁判部の任務を遂行することができる。

第6部　公判

第62条　公判の場所

公判の場所は、別段の決定が行われる場合を除くほか、裁判所の所在地とする。

第63条　被告人の在廷による公判

1　被告人は、公判の間在廷するものとする。

2　第1審裁判部は、在廷している被告人が公判を妨害し続ける場合には、当該被告人を退廷させることができるものとし、必要な場合には通信技術を使用することにより、被告人が法廷の外から公判を観察し、及び弁護人に指示することができるようにするための措置をとる。このような措置については、他の合理的な代替措置が十分でないことが判明した後の例外的な状況においてのみ、かつ、真に必要な期間においてのみとるものとする。

第64条　第1審裁判部の任務及び権限

1　この条に規定する第1審裁判部の任務及び権限は、この規程及び手続及び証拠に関する規則に従って行使する。

2　第1審裁判部は、公判が、公正かつ迅速なものであること並びに被告人の権利を十分に尊重して、かつ、被害者及び証人の保護に十分な考慮を払って行われることを確保する。

3　この規程に従って事件の公判を割り当てられたときは、当該事件を取り扱う第1審裁判部は、次のことを行う。

(a)　当事者と協議し、公判手続の公正かつ迅速な実施を促進するために必要な手続を採用すること。

(b)　公判で使用する1又は2以上の言語を決定すること。

(c)　この規程の他の関連する規定に従うことを条件として、事前に開示されていない文書又は情報を、公判のために十分な準備をすることができるよう公判の開始前に十分な余裕をもって開示するための措置をとること。

4　第1審裁判部は、効果的かつ公正な任務の遂行に必要な場合には、予備的な問題を予審裁判部に又は必要なときは予審裁判部門における対応可能な裁判官に付託することができる。

5　第1審裁判部は、適当な場合には、当事者に通知することにより、2人以上の被告人に対する犯罪事実に関して併合し、又は分離することを指示することができる。

6　第1審裁判部は、公判前に又はその過程において任務を遂行するに当たり、必要に応じて次のことを行うことができる。

(a)　第61条11に規定する予審裁判部の任務を遂行すること。

(b)　必要な場合にはこの規程に基づき国の援助を得ることにより、証人の出席及び証言並びに文書その他の証拠の提出を求めること。

(c)　秘密の情報を保護するための措置をとること。

(d)　当事者が公判前に既に収集し、又は公判の間に提出した証拠に加え、証拠の提出を命ずること。

(e)　被告人、証人及び被害者を保護するための措置をとること。

(f)　その他の関連する事項について決定すること。

7　公判は、公開で行う。ただし、第１審裁判部は、第68条に規定する目的のため又は証拠として提出される秘密の若しくは機微に触れる情報を保護するため、特別の事情により特定の公判手続を非公開とすることを決定することができる。
8(a)　公判の開始時において、第１審裁判部は、予審裁判部が事前に確認した犯罪事実を被告人に対して読み聞かせ、当該被告人が当該犯罪事実の性質を理解していることを確認する。第１審裁判部は、当該被告人に対し、次条の規定に従って有罪を自認する機会又は無罪の陳述をする機会を与える。
(b)　公判において、裁判長は、公判手続の実施（公正かつ公平な態様によって実施されることを確保することを含む。）について指示を与えることができる。当事者は、裁判長の指示に従うことを条件として、この規程に従って証拠を提出することができる。
9　第１審裁判部は、当事者の申立て又は自己の職権により、特に次のことを行う権限を有する。
(a)　証拠の許容性又は関連性を決定すること。
(b)　審理の過程において秩序を維持するために必要なすべての措置をとること。
10　第１審裁判部は、公判の完全な記録であって公判手続を正確に反映したものが作成され、及び裁判所書記によって保持され、かつ、保存されることを確保する。

第65条　有罪の自認についての公判手続

1　第１審裁判部は、被告人が前条８(a)の規定に従って有罪を自認する場合には、次のことが認められるか否かを判断する。
(a)　被告人が有罪を自認することの性質及び結果を理解していること。
(b)　被告人が弁護人と十分に協議した後に自発的に自認していること。
(c)　有罪の自認が、次に掲げるものに含まれる事件の事実によって裏付けられていること。
(i)　検察官が提起し、かつ、被告人が自認した犯罪事実
(ii)　検察官が提示する資料であって、犯罪事実を補足し、かつ、被告人が受け入れるもの
(iii)　証人の証言等検察官又は被告人が提出するその他の証拠
2　第１審裁判部は、１に規定することが認められる場合には、提出された追加的な証拠とともに有罪の自認を当該有罪の自認に係る犯罪の立証に求められるすべての不可欠な事実を証明するものとして認めるものとし、被告人を当該犯罪について有罪と決定することができる。
3　第１審裁判部は、１に規定することが認められない場合には、有罪の自認がなされなかったものとみなす。この場合には、この規程に定める通常の公判手続に従って公判を続けることを決定するものとし、また、事件を他の第１審裁判部に移送することができる。
4　第１審裁判部は、裁判の利益、特に被害者の利益のために事件について一層完

全な事実の提示が必要であると認める場合には、次のことを行うことができる。

(a)　検察官に対し、証人の証言を含む追加的な証拠の提出を求めること。

(b)　この規程に定める通常の公判手続に従って公判を続けることを決定すること。この場合には、有罪の自認がなされなかったものとみなし、事件を他の第1審裁判部に移送することができる。

5　検察官と被告人との間の協議であって、犯罪事実の改定、有罪の自認又は科される刑罰に関するものは、裁判所を拘束しない。

第66条　無罪の推定

1　いずれの者も、適用される法に基づいて裁判所において有罪とされるまでは無罪と推定される。

2　被告人の有罪を証明する責任は、検察官にある。

3　裁判所は、被告人を有罪と決定するためには、合理的な疑いを超えて当該被告人の有罪を確信していなければならない。

第67条　被告人の権利

1　被告人は、犯罪事実の決定に当たり、この規程を考慮した上で公開審理を受ける権利、公正かつ公平な審理を受ける権利及び少なくとも次の保障を十分に平等に受ける権利を有する。

(a)　自己が十分に理解し、かつ、話す言語で、犯罪事実の性質、理由及び内容を速やかにかつ詳細に告げられること。

(b)　防御の準備のために十分な時間及び便益を与えられ、並びに自ら選任する弁護人と自由かつ内密に連絡を取ること。

(c)　不当に遅延することなく裁判に付されること。

(d)　第63条2の規定に従うことを条件として、公判に出席すること、直接に又は自ら選任する弁護人を通じて防御を行うこと、弁護人がいない場合には弁護人を持つ権利を告げられること及び裁判の利益のために必要な場合には、十分な支払手段を有しないときは自らその費用を負担することなく、裁判所によって弁護人を付されること。

(e)　自己に不利な証人を尋問し、又はこれに対して尋問させること並びに自己に不利な証人と同じ条件で自己のための証人の出席及びこれに対する尋問を求めること。また、防御を行うこと及びこの規程に基づいて許容される他の証拠を提出すること。

(f)　裁判所の公判手続又は裁判所に提示される文書が自己が十分に理解し、かつ、話す言語によらない場合には、有能な通訳の援助及び公正の要件を満たすために必要な翻訳を無償で与えられること。

(g)　証言又は有罪の自白を強要されないこと及び黙秘をすること。この黙秘は、有罪又は無罪の決定において考慮されない。

(h)　自己の防御において宣誓せずに口頭又は書面によって供述を行うこと。

(i)　自己に挙証責任が転換されず、又は反証の責任が課されないこと。

2　検察官は、この規程に定める他の開示のほか、被告人に対し、できる限り速やかに、自己が保持し、又は管理する証拠であって、当該被告人の無罪を示し若しくは無罪を示すことに資すると信じ若しくは当該被告人の罪を軽減することに資すると信ずるもの又は訴追に係る証拠の信頼性に影響を及ぼし得るものを開示する。この2の規定の適用について疑義がある場合には、裁判所が決定する。

第68条　被害者及び証人の保護及び公判手続への参加

1　裁判所は、被害者及び証人の安全、心身の健康、尊厳及びプライバシーを保護するために適切な措置をとる。裁判所は、その場合において、すべての関連する要因（年齢、第7条3に定義する性、健康及び犯罪（特に、性的暴力又は児童に対する暴力を伴う犯罪）の性質を含む。）を考慮する。検察官は、特にこれらの犯罪の捜査及び訴追の間このような措置をとる。当該措置は、被告人の権利及び公正かつ公平な公判を害するものであってはならず、また、これらと両立しないものであってはならない。

2　裁判所の裁判部は、前条に規定する公開審理の原則の例外として、被害者及び証人又は被告人を保護するため、公判手続のいずれかの部分を非公開で行い、又は証拠の提出を電子的手段その他特別な手段によって行うことを認めることができる。これらの措置については、特に、性的暴力の被害者である場合又は児童が被害者若しくは証人である場合には、裁判所が別段の命令を発する場合を除くほか、すべての事情、特に被害者又は証人の意見を尊重して実施する。

3　裁判所は、被害者の個人的な利益が影響を受ける場合には、当該被害者の意見及び懸念が、裁判所が適当と判断する公判手続の段階において並びに被告人の権利及び公正かつ公平な公判を害さず、かつ、これらと両立する態様で、提示され、及び検討されることを認める。これらの意見及び懸念は、裁判所が適当と認めるときは、手続及び証拠に関する規則に従い被害者の法律上の代理人が提示することができる。

4　被害者・証人室は、検察官及び裁判所に対し、第43条6に規定する適当な保護及び安全のための措置、カウンセリングその他の援助について助言することができる。

5　この規程に基づく証拠又は情報の開示が証人又はその家族の安全に重大な危険をもたらし得る場合には、検察官は、公判の開始前に行われるいかなる手続のためにも、当該証拠又は情報の提供を差し控え、これらに代えてその要約を提出することができる。これらの措置については、被告人の権利及び公正かつ公平な公判を害さず、かつ、これらと両立する態様で実施する。

6　国は、自国の職員又は代理人の保護及び秘密の又は機微に触れる情報の保護について必要な措置をとるよう要請することができる。

第69条　証拠

1　証人は、証言する前に、手続及び証拠に関する規則に従い、自己が真実の証拠を提供することを約束する。

2　公判における証人の証言は、前条又は手続及び証拠に関する規則に定める措置によって提供される場合を除くほか、証人自らが行う。裁判所は、この規程に従うことを条件として、かつ、手続及び証拠に関する規則に従い、ビデオ又はオーディオ技術の手段による証人の直接の又は記録された証言を提供すること及び文書又は反訳した文書を提出することを許可することができる。これらの措置は、被告人の権利を害するものであってはならず、また、これと両立しないものであってはならない。

3　当事者は、第64条の規定に従って事件に関連する証拠を提出することができる。裁判所は、真実を確定するために必要と認めるすべての証拠の提出を求める権限を有する。

4　裁判所は、証拠の許容性及び関連性について、特に証拠の証明力及び証拠が公正な公判又は証人の証言の公正な評価に与え得る不利益を考慮して、手続及び証拠に関する規則に従って決定を行うことができる。

5　裁判所は、手続及び証拠に関する規則に定める秘密性に関する特権の定めを尊重し、及び遵守する。

6　裁判所は、公知の事実の立証を要求してはならないが、その事実を裁判上顕著なものと認めることができる。

7　この規程に違反する方法又は国際的に認められた人権を侵害する方法によって得られた証拠は、次の場合には、許容性がないものとする。

(a)　その違反又は侵害が当該証拠の信頼性に著しい疑いをもたらす場合

(b)　当該証拠を許容することが公判手続の健全性にもとり、かつ、これを著しく害し得る場合

8　裁判所は、国が収集した証拠の許容性及び関連性を決定するに当たり、当該国の国内法の適用に関する決定を行わない。

第70条　裁判の運営に対する犯罪

1　裁判所は、その裁判の運営に対する次に掲げる犯罪であって故意に行われたものについて管轄権を有する。

(a)　前条1の規定に従って真実を述べる義務を有するにもかかわらず虚偽の証言を行うこと。

(b)　当事者が虚偽の又は偽造された証拠と知りながらこれを提出すること。

(c)　証人を買収し、証人の出席若しくは証言について妨害し若しくは干渉し、証言を行ったことに対して証人に報復を行い、証拠を破壊し若しくは改ざんし、又は証拠の収集を妨げること。

(d)　裁判所の構成員に対し、その職務を遂行しないこと又は不適正に遂行することを強要し、又は説得する目的で、妨害し、脅迫し、又は買収すること。

(e)　裁判所の構成員に対し、当該構成員又は他の構成員が職務を遂行したことに関して報復を行うこと。
(f)　裁判所の構成員がその公の職務に関連して賄賂《ろ》を要求し、又は受け取ること。

2　この条に規定する犯罪についての裁判所の管轄権の行使を規律する原則及び手続は、手続及び証拠に関する規則に定める原則及び手続とする。この条の規定に基づく手続に関し、裁判所に対して国際協力を提供する条件は、被請求国の国内法によって規律される。

3　裁判所は、有罪判決の場合には、5年を超えない期間の拘禁刑若しくは手続及び証拠に関する規則に定める罰金又はその双方を科することができる。

4(a)　締約国は、自国の捜査上又は司法上の手続の健全性に係る犯罪を処罰する自国の刑事法の適用範囲を、この条に規定する裁判の運営に対する犯罪であって自国の領域において又は自国民によって行われたものまで拡張する。
(b)　締約国は、裁判所が適当と認める場合にはその要請により、訴追のために自国の権限のある当局に事件を付託する。当該当局は、この事件を誠実に取り扱うものとし、これを効果的に処理することができるようにするために十分な資源を充てるものとする。

第71条　裁判所における不当行為に対する制裁

1　裁判所は、在廷する者であって不当行為（公判手続を混乱させ、又は裁判所の指示に従うことを故意に拒否することを含む。）を行うものに対し、手続及び証拠に関する規則に定める一時的又は恒久的な退廷、過料その他これらに類する措置等拘禁以外の行政上の措置によって制裁を科することができる。

2　1に規定する措置の適用を規律する手続は、手続及び証拠に関する規則に定める手続とする。

第72条　国家の安全保障に関する情報の保護

1　この条の規定は、国が、その情報又は文書の開示が自国の安全保障上の利益を害し得ると判断する案件について適用する。そのような案件には、第56条2及び3、第61条3、第64条3、第67条2、第68条6、第87条6並びに第93条の規定の適用を受ける案件並びにそのような開示が問題となる案件であってその他の手続の段階において生ずるものを含む。

2　この条の規定は、情報又は証拠の提供を要請された者が、その開示がいずれかの国の安全保障上の利益を害し得ることを理由としてその提供を拒否し、又は当該国にその問題を付託する場合であって、当該国がその開示が自国の安全保障上の利益を害し得ると判断していることを確認するときについても、適用する。

3　この条のいかなる規定も、第54条3(e)及び(f)の規定に基づいて適用される秘密性に関する要求又は次条の規定の適用を妨げるものではない。

4　いずれの国も、手続のいずれかの段階において自国の情報又は文書が開示されていること又は開示されるおそれがあることを知り、かつ、その開示が自国の安全保障上の利益を害し得ると判断する場合には、この条の規定に従ってこの問題の解決を得るために手続に参加する権利を有する。

5　いずれの国も、情報の開示が自国の安全保障上の利益を害し得ると判断する場合には、この問題を協力的な手段によって解決するため、場合に応じて、検察官、被告人、予審裁判部又は第1審裁判部と共に行動して、これらの者が次に掲げるすべての合理的な措置をとるよう求める。

(a)　援助についての請求の修正又は明確化

(b)　求められる情報若しくは証拠の関連性についての裁判所の判断又は関連性がある場合であっても自国以外の情報源から証拠を入手することができるか否か若しくは既に入手しているか否かについての裁判所の判断

(c)　異なる情報源からの又は異なる形態による情報又は証拠の入手

(d)　援助を提供することができる条件（特に、要約又は編集した文書の提出、開示の制限、非公開による又はいずれか一方の当事者による手続の利用その他この規程及び手続及び証拠に関する規則に基づいて認められる保護措置を含む。）についての同意の取得

6　いずれの国も、問題を協力的な手段によって解決するためのすべての合理的な措置をとった後、自国の安全保障上の利益を害することなく情報又は文書を提供し、又は開示し得る手段又は条件がないと認める場合には、検察官又は裁判所に対してその旨を具体的な理由を付して通報する。ただし、その理由を具体的に記載することそれ自体が自国の安全保障上の利益を必然的に害し得る結果となるときは、この限りでない。

7　その後に裁判所は、これらの証拠が関連性を有し、かつ、被告人の有罪又は無罪を証明するために必要であると判断する場合には、次の措置をとることができる。

(a)　情報又は文書の開示が第9部に規定する協力についての請求又は2に規定する状況において求められ、かつ、国が第93条4に規定する拒否の理由を援用している場合には、次のことを行うことができる。

(i)　(ii)に規定する結論を出す前に、当該国の意見を検討するために更なる協議を要請すること。その協議には、適当な場合には、非公開かついずれか一方の当事者による審理を含む。

(ii)　その事件の状況にかんがみ被請求国が第93条4に規定する拒否の理由を援用することによってこの規程の下での義務に従って行動していないと結論を下す場合には、その理由を明示して第87条7の規定に従って問題を付託すること。

(iii)　その状況において適当な場合には、事実の存否について被告人の公判において推定を行うこと。

(b)　(a)に規定する状況以外の状況においては、次のことを行うことができる。

(i)　情報又は文書の開示を命ずること。
(ii)　情報又は文書の開示を命じない場合には、その状況において適当なときは、事実の存否について被告人の公判において推定を行うこと。

第73条　第三者の情報又は文書

締約国は、自国が保管し、保有し、又は管理する文書又は情報であって、他の国、政府間機関又は国際機関より自国に対して秘密のものとして提供されたものの提出を裁判所により請求される場合には、当該文書又は情報の開示のためにその出所元の同意を求める。出所元が締約国である場合には、当該締約国は、当該文書若しくは情報の開示に同意し、又は前条の規定に従って開示の問題を裁判所との間で解決する。出所元が締約国ではなく、かつ、開示への同意を拒否する場合には、被請求国は、裁判所に対し、秘密性についての出所元に対する既存の義務のために当該文書又は情報を提供することができないことを通報する。

第74条　判決のための要件

1　第1審裁判部のすべての裁判官は、公判の各段階に出席し、及び評議に終始参加する。裁判所長会議は、個々の事例に応じ、対応可能な場合には、1人又は2人以上の補充の裁判官を指名することができる。これらの補充の裁判官は、公判の各段階に出席するものとし、第1審裁判部の裁判官が出席し続けることができない場合には、当該第1審裁判部の裁判官と交代する。
2　第1審裁判部の判決は、証拠及び手続全体の評価に基づいて行う。判決は、犯罪事実及びその改定に記載された事実及び状況を超えるものであってはならない。裁判所は、公判において裁判所に提出され、かつ、裁判所において審理された証拠にのみ基づいて判決を行うことができる。
3　第1審裁判部の裁判官は、判決において全員一致の合意を得るよう努めるものとし、全員一致の合意が得られない場合には、判決は、第1審裁判部の裁判官の過半数をもって行う。
4　第1審裁判部の評議は、秘密とする。
5　判決については、書面によるものとし、第1審裁判部の証拠に関する認定及び結論についての十分な、かつ、詳しい理由を付した説明を記載する。第1審裁判部は、1の判決を行う。全員一致の合意が得られない場合には、第1審裁判部の判決には、多数意見及び少数意見を記載する。判決又はその要約については、公開の法廷で言い渡す。

第75条　被害者に対する賠償

1　裁判所は、被害者に対する又は被害者に係る賠償（原状回復、補償及びリハビリテーションの提供を含む。）に関する原則を確立する。その確立された原則に基づき、裁判所は、その判決において、請求により又は例外的な状況においては職権により、被害者に対する又は被害者に係る損害、損失及び傷害の範囲及び程度を決定することができるものとし、自己の行動に関する原則を説明する。

2　裁判所は、有罪の判決を受けた者に対し、被害者に対する又は被害者に係る適切な賠償（原状回復、補償及びリハビリテーションの提供を含む。）を特定した命令を直接発することができる。

裁判所は、適当な場合には、第79条に規定する信託基金を通じて賠償の裁定額の支払を命ずることができる。

3　裁判所は、この条の規定に基づき命令を発する前に、有罪の判決を受けた者、被害者その他の関係者若しくは関係国又はこれらの代理人の意見を求めることができるものとし、それらの意見を考慮する。

4　裁判所は、この条に基づく権限を行使するに当たり、いずれかの者が裁判所の管轄権の範囲内にある犯罪について有罪の判決を受けた後、この条の規定に基づいて発することができる命令を執行するため、第93条1の規定に基づく措置を求めることが必要か否かを決定することができる。

5　締約国は、第109条の規定の例により、この条の規定に基づく命令を執行する。

6　この条のいかなる規定も、国内法又は国際法に基づく被害者の権利を害するものと解してはならない。

第76条　刑の言渡し

1　第1審裁判部は、有罪判決の場合には、科すべき適切な刑を検討するものとし、公判の間に提出された証拠及び述べられた意見であって刑に関連するものを考慮する。

2　第1審裁判部は、第65条の規定が適用される場合を除くほか、公判の終了前に、手続及び証拠に関する規則に従い、刑に関連する追加的な証拠又は意見を審理するための追加的な審理を職権によって行うことができるものとし、検察官又は被告人の要請があるときは、当該追加的な審理を行うものとする。

3　2の規定の適用がある場合には、前条の規定に基づく意見は、2に規定する追加的な審理の間及び必要なときは更なる審理の間に審理される。

4　刑については、公開の場で及び可能な限り被告人の在廷の下に言い渡す。

第7部　刑罰

第77条　適用される刑罰

1　裁判所は、第110条の規定に従うことを条件として、第5条に規定する犯罪について有罪の判決を受けた者に対し、次のいずれかの刑罰を科することができる。

(a)　最長30年を超えない特定の年数の拘禁刑

(b)　犯罪の極度の重大さ及び当該有罪の判決を受けた者の個別の事情によって正当化されるときは終身の拘禁刑

2　裁判所は、拘禁刑のほか、次のものを命ずることができる。

(a)　手続及び証拠に関する規則に定める基準に基づく罰金

(b)　1に規定する犯罪によって直接又は間接に生じた収益、財産及び資産の没収。

ただし、善意の第三者の権利を害することのないように行う。

第78条　刑の量定

1　裁判所は、刑の量定に当たり、手続及び証拠に関する規則に従い、犯罪の重大さ、有罪の判決を受けた者の個別の事情等の要因を考慮する。

2　裁判所は、拘禁刑を科するに当たり、裁判所の命令に従って既に拘禁された期間がある場合にはその期間を刑期に算入するものとし、また、犯罪の基礎を構成する行為に関連する他の拘禁された期間を刑期に算入することができる。

3　1人の者が2以上の犯罪について有罪の判決を受けた場合には、裁判所は、各犯罪についての刑及びそれらを併合した刑（拘禁刑の全期間を特定したもの）を言い渡す。当該全期間は、少なくとも言い渡された各犯罪についての刑のうちの最長の期間とするものとし、30年の拘禁刑又は前条1(b)の規定に基づく終身の拘禁刑の期間を超えないものとする。

第79条　信託基金

1　締約国会議の決定により、裁判所の管轄権の範囲内にある犯罪の被害者及びその家族のために信託基金を設置する。

2　裁判所は、その命令により、罰金として又は没収によって徴収された金銭その他の財産を信託基金に移転することを命ずることができる。

3　信託基金は、締約国会議が決定する基準に従って管理される。

第80条　国内における刑罰の適用及び国内法への影響の否定

この部のいかなる規定も、各国の国内法に定める刑罰の適用を妨げるものではなく、また、この部に規定する刑罰を定めていない国の法律に影響を及ぼすものでもない。

第8部　上訴及び再審

第81条　無罪若しくは有罪の判決又は刑の量定に対する上訴

1　第74条の規定に基づく判決に対しては、手続及び証拠に関する規則に従い、次のとおり上訴をすることができる。

(a)　検察官は、次のいずれかを理由として上訴をすることができる。

(i)　手続上の誤り

(ii)　事実に関する誤り

(iii)　法律上の誤り

(b)　有罪の判決を受けた者又は当該者のために行動する検察官は、次のいずれかを理由として上訴をすることができる。

(i)　手続上の誤り

(ii)　事実に関する誤り

(iii)　法律上の誤り

(iv)　その他の理由であって手続又は判決の公正性又は信頼性に影響を及ぼすも

の

2(a)　検察官又は有罪の判決を受けた者は、犯罪と刑との間の不均衡を理由として、手続及び証拠に関する規則に従って当該刑の量定に対して上訴をすることができる。

(b)　裁判所は、刑の量定に対する上訴に関し、有罪判決の全部又は一部を取り消し得る理由があると認める場合には、検察官及び有罪の判決を受けた者に対して1(a)又は(b)の規定に基づく理由の提示を求めることができるものとし、また、第83条の規定に基づいて有罪判決に関する決定を行うことができる。

(c)　裁判所は、専ら1の規定に基づく有罪判決に対する上訴に関し、(a)の規定の下で減刑のための理由があると認める場合には、(b)に規定する手続と同一の手続を適用する。

3(a)　有罪の判決を受けた者は、第1審裁判部が別段の命令を発する場合を除くほか、上訴の手続の間、引き続き拘禁される。

(b)　有罪の判決を受けた者の拘禁の期間が科された拘禁刑の期間を超える場合には、当該者は、釈放される。ただし、検察官も上訴をしているときは、その釈放は、(c)に規定する条件に従って行われる。

(c)　無罪判決の場合には、被告人は、次の(i)及び(ii)の規定が適用されることを条件として、直ちに釈放される。

(i)　第1審裁判部は、例外的な状況において、特に、具体的な逃亡の危険性、訴追された犯罪の重大性及び上訴が認められる可能性を考慮した上で、検察官の要請により、上訴の手続の間、当該被告人の拘禁を継続することができる。

(ii)　(i)の規定に基づく第1審裁判部の決定に対しては、手続及び証拠に関する規則に従って上訴をすることができる。

4　判決又は刑の執行は、3(a)及び(b)の規定に従うことを条件として、上訴が許される期間及び上訴の手続の間、停止する。

第82条　他の決定に対する上訴

1　いずれの当事者も、手続及び証拠に関する規則に従い、次の決定のいずれに対しても上訴をすることができる。

(a)　管轄権又は受理許容性に関する決定

(b)　捜査され、又は訴追されている者の釈放を認める又は認めない旨の決定

(c)　第56条3の規定に基づいて職権によって措置をとるとの予審裁判部の決定

(d)　手続の公正かつ迅速な実施又は公判の結果に著しい影響を及ぼし得る問題に係る決定であって、上訴裁判部によって速やかに解決されることにより手続を実質的に進めることができると予審裁判部又は第1審裁判部が認めるもの

2　関係国又は検察官は、予審裁判部の許可を得た上で第57条3(d)の規定に基づく予審裁判部の決定に対して上訴をすることができる。当該上訴については、迅速

に審理する。

3　上訴それ自体は、上訴裁判部が手続及び証拠に関する規則に基づく要請により別段の命令を発しない限り、手続の停止の効力を有しない。

4　被害者の法律上の代理人、有罪の判決を受けた者又は第75条の規定に基づく命令によって不利な影響を受ける財産の善意の所有者は、手続及び証拠に関する規則に定めるところにより、賠償の命令に対して上訴をすることができる。

第83条　上訴についての手続

1　上訴裁判部は、第81条及びこの条の規定に基づく手続を行うに当たり、第１審裁判部のすべての権限を有する。

2　上訴裁判部は、上訴の対象となった手続が判決若しくは刑の量定の信頼性に影響を及ぼすほど不公正であったと認める場合又は上訴の対象となった判決若しくは刑の量定が事実に関する誤り、法律上の誤り若しくは手続上の誤りによって実質的に影響を受けたと認める場合には、次のいずれかのことを行うことができる。

(a)　判決又は刑の量定を破棄し、又は修正すること。

(b)　異なる第１審裁判部において新たに公判を行うことを命ずること。

これらの目的のため、上訴裁判部は、原判決をした第１審裁判部に対して事実に係る問題を決定させ、及びその決定を報告させるために当該問題を差し戻し、又は当該問題を決定するために自ら証拠を請求することができる。有罪の判決を受けた者又は当該者のために行動する検察官のみが判決又は刑の量定に対して上訴をしているときは、上訴裁判部は、当該判決又は刑の量定を当該者について不利に修正することができない。

3　上訴裁判部は、刑の量定に対する上訴において刑が犯罪に比して不均衡であると認める場合には、第７部の規定に従って当該刑を変更することができる。

4　上訴裁判部の判決については、裁判官の過半数をもって行い、公開の法廷で言い渡す。判決には、その理由を明示する。全員一致の合意が得られない場合には、上訴裁判部の判決には、多数意見及び少数意見を記載するが、いずれの裁判官も、法律問題に関して個別の意見又は反対意見を表明することができる。

5　上訴裁判部は、無罪の判決を受けた者又は有罪の判決を受けた者が在廷しない場合であっても、判決を言い渡すことができる。

第84条　有罪判決又は刑の量定の再審

1　有罪の判決を受けた者若しくはその死亡後は配偶者、子、親若しくは当該有罪の判決を受けた者の死亡の時に存命していた者であって当該有罪の判決を受けた者から再審の請求を行うことについて書面による明示の指示を受けていたもの又は当該被告人のために行動する検察官は、有罪の確定判決又は刑の量定の再審を、次の理由に基づいて上訴裁判部に申し立てることができる。

(a)　次の(i)及び(ii)の条件を満たす新たな証拠が発見されたこと。

(i)　公判の時に利用することができず、かつ、そのことの全部又は一部が再審を申し立てる当事者の責めに帰すべきものではなかったこと。

(ii)　公判において証明されていたならば異なる判決となっていた可能性があるほど十分に重要なものであること。

(b)　公判において考慮され、かつ、有罪判決の依拠した決定的な証拠が虚偽の、偽造された又は変造されたものであったことが新たに発見されたこと。

(c)　有罪判決又は犯罪事実の確認に参加した裁判官のうち1人又は2人以上が、その事件において、第46条の規定に従ってこれらの裁判官の解任が正当化されるほどの重大な不当行為又は義務の重大な違反を行っていたこと。

2　上訴裁判部は、申立てに根拠がないと認める場合には、当該申立てを却下する。上訴裁判部は、当該申立てに根拠があると認める場合には、手続及び証拠に関する規則に定める態様によって各当事者からの聴取を行った後、判決を変更すべきか否かについての決定を行うため、必要に応じ、次のいずれかのことを行うことができる。

(a)　原判決をした第1審裁判部を再招集すること。

(b)　新たな第1審裁判部を組織すること。

(c)　この事案について自己が管轄を保持すること。

第85条　逮捕され、又は有罪の判決を受けた者に対する補償

1　違法に逮捕され、又は拘禁された者は、補償を受ける権利を有する。

2　確定判決によって有罪と決定された場合において、その後に、新たな事実又は新しく発見された事実により誤審のあったことが決定的に立証されたことを理由としてその有罪判決が破棄されたときは、当該有罪判決の結果として刑に服した者は、法律に基づいて補償を受ける。ただし、その知られなかった事実が適当な時に明らかにされなかったことの全部又は一部が当該者の責めに帰するものであることが証明される場合は、この限りでない。

3　裁判所は、重大かつ明白な誤審のあったことを立証する決定的な事実を発見するという例外的な状況において、無罪の確定判決又はそのような理由による公判手続の終了の後に釈放された者に対し、手続及び証拠に関する規則に定める基準に従い、自己の裁量によって補償を与えることができる。

第9部　国際協力及び司法上の援助

第86条　協力を行う一般的義務

締約国は、この規程に従い、裁判所の管轄権の範囲内にある犯罪について裁判所が行う捜査及び訴追において、裁判所に対し十分に協力する。

第87条　協力の請求についての一般規定

1(a)　裁判所は、締約国に対して協力を求める権限を有する。このような請求については、外交上の経路又は各締約国が批准、受諾、承認又は加入の際に指定する他の適当な経路を通じて送付する。

締約国は、その指定のその後の変更については、手続及び証拠に関する規則に従って行う。

(b) 請求については、適当な場合には、(a)の規定の適用を妨げない限りにおいて、国際刑事警察機構又は適当な地域的機関を通じて送付することができる。

2 協力の請求及び請求の裏付けとなる文書については、被請求国が批准、受諾、承認又は加入の際にした選択に従い、被請求国の公用語若しくは裁判所の常用語のうちの1によって行い、又はこれらの言語のうちの1による訳文を添付することによって行う。

その選択のその後の変更については、手続及び証拠に関する規則に従って行う。

3 被請求国は、協力の請求及び請求の裏付けとなる文書を秘密のものとして取り扱う。ただし、請求内容を実施するために開示が必要となる限度においては、この限りでない。

4 裁判所は、この部の規定に従って提供される援助を求めることとの関連で、被害者及び証人となる可能性のある者並びにこれらの者の家族の安全又は心身の健康を確保するために必要な措置（情報の保護に関する措置を含む。）をとることができる。裁判所は、この部の規定に基づいて入手することのできる情報が被害者及び証人となる可能性のある者並びにこれらの者の家族の安全又は心身の健康を保護する方法によって提供され、及び取り扱われるよう要請することができる。

5(a) 裁判所は、この規程の締約国でない国に対し、当該国との特別の取極又は協定その他の適当な根拠に基づき、この部の規定に従って援助を提供するよう求めることができる。

(b) 裁判所は、この規程の締約国でない国であって裁判所と特別の取極又は協定を締結したものがこれらの取極又は協定に基づく請求に協力しない場合には、締約国会議又はこの事案が安全保障理事会によって裁判所に付託されたものであるときは安全保障理事会に対し、その旨を通報することができる。

6 裁判所は、政府間機関に対して情報又は文書の提供を要請することができる。また、裁判所は、そのような機関の権限又は任務に基づくその他の形態の協力及び援助であって当該機関との合意によって定めるものを要請することができる。

7 締約国がこの規程に反して裁判所による協力の請求に応ぜず、それにより裁判所のこの規程に基づく任務及び権限の行使を妨げた場合には、裁判所は、その旨の認定を行うことができるものとし、締約国会議又はこの事案が安全保障理事会によって裁判所に付託されたものであるときは安全保障理事会に対し、その問題を付託することができる。

第88条 国内法の手続の確保

締約国は、自国の国内法の手続がこの部に定めるすべての形態の協力のために利用可能であることを確保する。

第89条 裁判所への人の引渡し

1　裁判所は、ある者の逮捕及び引渡しの請求を第91条に規定するその裏付けとなる資料とともに、当該者がその領域に所在するとみられる国に対して送付することができるものとし、当該者の逮描及び引渡しにおいて当該国の協力を求める。締約国は、この部の規定及び自国の国内法の手続に従って逮捕及び引渡しの請求に応ずる。

2　引渡しを求められた者が第20条に規定する一事不再理の原則に基づいて国内裁判所に異議の申立てを行う場合には、被請求国は、受理許容性についての関連する決定が行われているか否かを確認するために直ちに裁判所と協議する。事件を受理することが決定されているときは、被請求国は、請求された引渡しの実施を続行する。受理許容性についての決定がなされていないときは、被請求国は、裁判所が受理許容性についての決定を行うまで当該引渡しの実施を延期することができる。

3(a)　締約国は、他の国が裁判所に引き渡す者を自国の領域内を通過して護送することについて、自国内の通過が引渡しを妨げ、又は遅延させ得るものでない限り、自国の国内法の手続に従って承認する。

(b)　裁判所による通過についての請求は、第87条の規定に従って送付される。通過についての請求には、次の事項を含める。

(i)　護送される者に関する記述

(ii)　犯罪事実及びその法的な評価に関する簡潔な説明

(iii)　逮捕及び引渡しのための令状

(c)　護送される者は、通過の問抑留される。

(d)　護送される者が空路によって護送される場合において通過国の領域に着陸する予定がないときは、その承認は、必要とされない。

(e)　通過国は、その領域において予定外の着陸が行われる場合には、(b)に規定する裁判所による通過についての請求を求めることができる。通過国は、通過についての請求を受領して当該通過が行われるようになるまで護送される者を抑留する。ただし、この(e)に規定する目的のための抑留は、請求が予定外の着陸から96時間以内に受領されない限り、当該時間を超える期間にわたることができない。

4　被請求国は、裁判所への引渡しを求められている者に関し、自国において引渡しを求められている犯罪とは異なる犯罪について訴訟手続がとられており、又は当該者が服役している場合には、請求を認める決定を行った後に裁判所と協議する。

第90条　請求の競合

1　前条の規定に基づいて裁判所からある者の引渡しの請求を受ける締約国は、裁判所が当該者の引渡しを求める犯罪の基礎を構成する同一の行為に関し、他の国からも当該者について犯罪人引渡しの請求を受ける場合には、その事実を裁判所及び請求国に通報する。

2　請求国が締約国である場合には、被請求国は、次のときは、裁判所からの請求を優先する。

(a)　裁判所が、引渡しを求める事件を第18条又は第19条の規定に従って受理することを決定しており、かつ、その決定において請求国がその犯罪人引渡しの請求に関して行った捜査又は訴追を考慮しているとき。

(b)　裁判所が１の規定に基づく被請求国からの通報の後に(a)に規定する決定を行うとき。

3　被請求国は、２(a)に規定する決定が行われていない場合には、自国の裁量により、２(b)に規定する裁判所による決定がなされるまでの間、請求国からの犯罪人引渡しの請求についての処理を進めることができるものの、裁判所が事件を受理しないことを決定するまでは、１に規定する者についての犯罪人引渡しを行わないものとする。裁判所の決定は、迅速に行う。

4　被請求国は、請求国がこの規程の締約国でない国であり、かつ、請求国に対して１に規定する者についての犯罪人引渡しを行う国際的な義務を有していない場合であって、裁判所が事件を受理することを決定しているときは、裁判所からの引渡しの請求を優先する。

5　４に規定する場合であって裁判所が事件を受理することを決定していないときは、被請求国は、自国の裁量により、請求国からの犯罪人引渡しの請求についての処理を進めることができる。

6　被請求国は、自国がこの規程の締約国でない請求国に対して１に規定する者についての犯罪人引渡しを行う国際的な義務を有する場合であって、裁判所が事件を受理することを決定しているときは、当該者を裁判所に引き渡すか又は請求国に対して当該者についての犯罪人引渡しを行うかを決定する。被請求国は、その決定に当たり、次の事項を含むすべての関連する事項を考慮する。

(a)　それぞれの請求の日付

(b)　請求国の利益（適当な場合には、犯罪が請求国の領域内で行われたか否か並びに被害者及び引渡しを求められている者の国籍を含む。）

(c)　裁判所と請求国との間においてその後に引渡しが行われる可能性

7　被請求国は、裁判所が当該者の引渡しを求める犯罪を構成する行為以外の行為に関して他の国から当該者についての犯罪人引渡しの請求を受ける場合には、次のことを行う。

(a)　請求国に対して当該者についての犯罪人引渡しを行う国際的な義務を有していない場合には、裁判所からの請求を優先すること。

(b)　請求国に対して当該者についての犯罪人引渡しを行う国際的な義務を有している場合には、当該者を裁判所に引き渡すか又は請求国に対して犯罪人引渡しを行うかを決定すること。被請求国は、その決定に当たり、６に規定する事項を含むすべての関連する事項を考慮するものとし、当該行為の相対的な重大性及び性質に特別の考慮を払う。

8　被請求国は、この条の規定に基づく通報の後に裁判所が事件を受理しないことを決定し、その後に自国が請求国への犯罪人引渡しを拒否する場合には、裁判所にその拒否の決定を通報する。

第91条　逮捕及び引渡しの請求の内容

1　逮捕及び引渡しの請求は、書面によって行う。緊急の場合には、請求は、第87条1(a)に定める経路を通じて確認されることを条件として、文書による記録を送付することができる媒体によって行うことができる。

2　第58条の規定に従って予審裁判部により逮捕状が発せられている者の逮捕及び引渡しの請求の場合には、当該請求については、次のものを含め、又はこれらによって裏付ける。

(a)　引渡しを求める者について記述されている情報であって当該者の特定に十分なもの及び当該者の予想される所在地に関する情報

(b)　逮捕状の写し

(c)　被請求国における引渡しの手続に関する要件を満たすために必要な文書、説明又は情報。ただし、この要件は、被請求国と他の国との間の条約又は取極に基づく犯罪人引渡しの請求に適用される要件よりも負担を重くすべきではなく、また、可能なときは、裁判所の特性を考慮して軽くすべきである。

3　既に有罪の判決を受けた者の逮捕及び引渡しの請求の場合には、当該請求については、次のものを含め、又はこれらによって裏付ける。

(a)　当該者に係る逮捕状の写し

(b)　有罪判決の写し

(c)　引渡しを求める者が有罪判決にいう者であることを証明する情報

(d)　引渡しを求める者が刑の言渡しを受けている場合には、刑の言渡し書の写し並びに拘禁刑のときは既に刑に服した期間及び服すべき残りの期間に関する説明

4　締約国は、裁判所の要請により、2(c)の規定に基づいて適用する自国の国内法に定める要件に関し、一般的に又は個別の事項について裁判所と協議する。その協議の過程において、当該締約国は、自国の国内法に定める個別の要件を裁判所に通報する。

第92条　仮逮捕

1　裁判所は、緊急の場合において、引渡しを求める者について、前条に規定する引渡しの請求及びその請求の裏付けとなる文書を提出するまでの間、仮逮捕の請求を行うことができる。

2　仮逮捕の請求については、文書による記録を送付することができる媒体によって行い、次のものを含める。

(a) 引渡しを求める者について記述されている情報であって当該者の特定に十分なもの及び当該者の予想される所在地に関する情報
(b) 当該者の逮捕が求められる犯罪及びこれらの犯罪を構成するとされる事実（可能な場合には犯罪の日時及び場所を含む。）に関する簡潔な説明
(c) 当該者に係る逮捕状又は有罪判決が存在することに関する説明
(d) 当該者の引渡しの請求を行うこととなる旨の説明

3 被請求国は、前条に規定する引渡しの請求及びその請求の裏付けとなる文書を手続及び証拠に関する規則に定める期限までに受領しなかった場合には、仮に逮捕した者を釈放することができる。ただし、当該者は、被請求国の法律が許容する場合には、当該期限の満了前に引き渡されることに同意することができる。この場合において、被請求国は、できる限り速やかに当該者を裁判所に引き渡す。

4 引渡しを求められている者が3の規定に基づいて釈放されたことは、その後に引渡しの請求及びその請求の裏付けとなる文書が送付される場合において、当該者を逮捕し、引き渡すことを妨げるものではない。

第93条 他の形態の協力

1 締約国は、この部の規定及び国内法の手続に従い、捜査及び訴追に関連する次の援助の提供についての裁判所による請求に応ずる。
(a) 人の特定及び人の所在又は物の所在地の調査
(b) 証拠（宣誓した上での証言を含む。）の取得及び証拠（裁判所にとつて必要な専門家の意見及び報告を含む。）の提出
(c) 捜査され、又は訴追されている者に対する尋問
(d) 文書（裁判上の文書を含む。）の送達
(e) 証人又は専門家として個人が裁判所に自発的に出頭することを容易にすること。
(f) 7に規定する者の一時的な移送
(g) 場所の見分（墓所の発掘及び見分を含む。）
(h) 捜索及び差押えの実施
(i) 記録及び文書（公式の記録及び文書を含む。）の提供
(j) 被害者及び証人の保護並びに証拠の保全
(k) 善意の第三者の権利を害することなく、最終的な没収のために犯罪の収益、財産、資産及び道具を特定し、追跡し、及び凍結又は差押えをすること。
(l) 裁判所の管轄権の範囲内にある犯罪の捜査及び訴追を容易にするため、その他の形態の援助であって被請求国の法律が禁止していないものを行うこと。裁判所は、裁判所に出頭する証人又は専門家に対し、これらの証人又は専門家が被請求国からの出国に先立ついかなる作為又は不作為についても裁判所によって訴追されず、拘束されず、又は身体の自由に対するいかなる制限も課されないとの保証を与える権限を有する。

3　1の規定に従って提出される請求に詳述されている援助に係る特定の措置の実施が、被請求国において一般的に適用される現行の基本的な法的原則に基づいて禁止されている場合には、被請求国は、問題の解決に努めるために裁判所と速やかに協議する。この協議においては、援助を他の方法によって又は条件を付して与えることができるか否かを考慮すべきである。協議を経ても問題を解決することができないときは、裁判所は、請求に対して必要な修正を行う。

4　締約国は、自国の安全保障に関連する文書の提出又は証拠の開示についての請求の場合にのみ、第72条の規定に基づいて援助についての請求の全部又は一部を拒否することができる。

5　被請求国は、1(l)に規定する援助についての請求を拒否する前に、特定の条件を付して援助を提供することができるか否か又は後日若しくは他の方法によって援助を提供することができるか否かを検討する。裁判所又は検察官は、条件が付された援助を受け入れる場合には、その条件を遵守する。

6　被請求国は、援助についての請求を拒否する場合には、その拒否の理由を裁判所又は検察官に対して速やかに通報する。

7(a)　裁判所は、特定、証言の取得その他の援助のため、拘禁されている者の一時的な移送を請求することができる。被請求国は、次の(i)及び(ii)の条件が満たされる場合には、当該者を移送することができる。

(i)　当該者が移送について事情を知らされた上で任意に同意すること。被請求国が裁判所との間で合意する条件に従って移送することに同意すること。

(ii)　被請求国が裁判所との間で合意する条件に従って移送することに同意すること。

(b)　移送される当該者は、引き続き拘禁される。裁判所は、移送による目的が満たされたときは、当該者を被請求国に遅滞なく送還する。

8(a)　裁判所は、請求において記載されている捜査及び手続に必要となる場合を除くほか、文書及び情報の秘密を確保する。

(b)　被請求国は、必要な場合には、検察官に対し文書及び情報を秘密のものとして送付することができる。検察官は、これらの文書及び情報については新たな証拠を取得するためにのみ用いることができる。

(c)　被請求国は、その発意により又は検察官の要請により、その後にそのような文書又は情報を開示することに同意することができる。その場合には、これらの文書又は情報は、第5部及び第6部の規定並びに手続及び証拠に関する規則に従って証拠として用いることができる。

9(a)(i)　締約国は、引渡し又は犯罪人引渡し以外に係る請求に関し、裁判所から受ける請求と国際的な義務に基づいて他の国から受ける請求とが競合する場合には、裁判所及び当該他の国と協議の上、必要に応じていずれかの請求を延期し、又はいずれかの請求に条件を付することによって双方の請求に応ずるよう努める。
(ii)　(i)の規定による解決が得られないときは、競合する請求については、第90条に定める原則に従って解決する。
(b)　裁判所からの請求が国際約束によって第三国又は国際機関の管理の下にある情報、財産又は個人に関するものである場合には、被請求国は、その旨を裁判所に通報するものとし、裁判所は、その請求を当該第三国又は国際機関に対して行う。
10(a)　裁判所は、締約国の請求により、裁判所の管轄権の範囲内にある犯罪を構成し、又は当該締約国の国内法に定める重大な犯罪を構成する行為について捜査又は裁判を行う当該締約国に協力し、及び援助を提供することができる。
(b)(i)　(a)に規定する援助には、特に次のものを含む。
a　裁判所による捜査又は裁判の過程において得られた陳述、文書その他の形態の証拠の送付
b　裁判所の命令によって拘禁されている者に対する尋問
(ii)　(i)の規定に基づく援助の場合であって、
a　文書その他の形態の証拠がいずれかの国の援助によって得られたときは、その送付には、当該国の同意を必要とする。
b　陳述、文書その他の形態の証拠が証人又は専門家によって提供されたときは、その送付は、第68条の規定に従って行う。
c　裁判所は、この10に定める条件の下で、この規程の締約国でない国からのこの10に規定する援助についての請求に応ずることができる。

第94条　進行中の捜査又は訴追に関する請求内容の実施の延期

1　被請求国は、請求内容を即時に実施することが当該請求内容に係る事件と異なる事件について進行中の捜査又は訴追を妨げ得る場合には、当該請求内容の実施を裁判所と合意した期間延期することができる。ただし、その延期は、被請求国における当該捜査又は訴追を完了するために必要な期間を超えてはならない。被請求国は、延期の決定を行う前に、一定の条件を付して援助を直ちに提供することができるか否かを検討すべきである。
2　1の規定に従って延期の決定が行われる場合であっても、検察官は、前条1(j)の規定に基づき証拠を保全する措置を求めることができる。

第95条　受理許容性についての異議の申立ての際の請求内容の実施の延期

裁判所が第18条又は第19条の規定に従い受理許容性についての異議の申立てを審議している場合には、被請求国は、この部の規定に基づく請求内容の実施を裁判所による決定がなされるまでの間延期することができる。ただし、裁判所がこれらの条の規定に従い検察官が証拠の収集を行うことができることを特に決定している場合は、この限りでない。

第96条　第93条に規定する他の形態の援助についての請求の内容

1　第93条に規定する他の形態の援助についての請求は、書面によって行う。緊急の場合には、請求は、第87条1(a)に定める経路を通じて確認されることを条件として、文書による記録を送付することができる媒体によって行うことができる。

2　請求については、該当する場合には、次のものを含め、又はこれらによって裏付ける。

(a)　請求の目的及び求める援助の簡潔な説明（請求の法的根拠及び理由を含む。）

(b)　求める援助が提供されるための可能な限り詳細な情報であって、発見し又は特定しなければならないいずれかの者又は場所の所在地又は特定に関するもの

(c)　請求の基礎となる重要な事実の簡潔な説明

(d)　従うべき手続又は要件の理由及び詳細

(e)　請求内容を実施するために被請求国の法律に従って必要とされる情報

(f)　求める援助が提供されるためのその他の関連情報

3　締約国は、裁判所の要請により、2(e)の規定に基づいて適用する自国の国内法に定める要件に関し、一般的に又は個別の事項について裁判所と協議する。その協議の過程において、当該締約国は、自国の国内法に定める個別の要件を裁判所に通報する。

4　この条の規定は、必要な場合には、裁判所に対してなされる援助についての請求にも適用する。

第97条　協議

締約国は、この部の規定に基づく請求であって、その関係において、その請求内容の実施を遅らせ、又は妨げるおそれのある問題があると認めるものを受けるときは、この事態を解決するために裁判所と遅滞なく協議する。この問題には、特に次のようなものを含めることができる。

(a)　当該請求内容を実施するためには情報が不十分であること。

(b)　引渡しの請求のときは、最善の努力にもかかわらず引渡しを求められている者を発見することができないという事実又は行われた捜査により被請求国にいる者が明らかに令状に示された者でないと判断されたという事実

(c)　被請求国が当該請求内容をそのままの形態によって実施することが他の国との関係において負っている既存の条約上の義務に違反し得るという事実

第98条　免除の放棄及び引渡しへの同意に関する協力

1　裁判所は、被請求国に対して第三国の人又は財産に係る国家の又は外交上の免除に関する国際法に基づく義務に違反する行動を求めることとなり得る引渡し又は援助についての請求を行うことができない。ただし、裁判所が免除の放棄について当該第三国の協力をあらかじめ得ることができる場合は、この限りでない。

2　裁判所は、被請求国に対して派遣国の国民の裁判所への引渡しに当該派遣国の同意を必要とするという国際約束に基づく義務に違反する行動を求めることとなり得る引渡しの請求を行うことができない。ただし、裁判所が引渡しへの同意に

ついて当該派遣国の協力をあらかじめ得ることができる場合は、この限りでない。

第99条　第93条及び第96条の規定に基づく請求内容の実施

1　援助についての請求は、被請求国の法律の関連する手続に従い、当該法律によって禁止されていない限り、請求において特定されている方法（請求において示されている手続に従うこと又は請求において特定されている者が実施の過程に立ち会い、及びこれを補助することを認めることを含む。）により実施する。

2　緊急の請求の場合には、これに応じて提供する文書又は証拠については、裁判所の要請により、早急に送付する。

3　被請求国の回答については、その国元来の言語及び様式により送付する。

4　検察官は、この部の他の条の規定の適用を妨げることなく、強制的な措置によることなく実施することができる請求内容（特に、個人の任意に基づき当該個人と面会し、又は当該個人から証拠を取得すること（当該請求内容を実施するために不可欠である場合には被請求国の当局の立会いを伴うことなくこれらを行うことを含む。）及び公共の場所を変更することなく見分を行うことを含む。）の効果的な実施に必要な場合には、いずれかの国の領域において当該請求内容を次のとおり直接実施することができる。

(a)　被請求国がその領域において犯罪が行われたとされる国であり、かつ、第18条又は第19条の規定に従って受理許容性の決定が行われている場合には、検察官は、被請求国とのすべての可能な協議の後、当該請求内容を直接実施することができる。

(b)　(a)に規定する場合以外の場合には、検察官は、被請求国との協議の後、当該被請求国が提起する正当な条件又は関心に従って当該請求内容を実施することができる。被請求国は、この(b)の規定に基づく請求内容の実施について問題があると認めるときは、この事態を解決するために裁判所と遅滞なく協議する。

5　裁判所が聴取し、又は尋問した者に対して国家の安全保障に関連する秘密の情報の開示を防止するための制限を援用することを認める第72条の規定は、この条の規定に基づく援助についての請求内容の実施についても、適用する。

第100条　費用

1　被請求国の領域内において請求内容の実施に要する通常の費用は、裁判所が負担する次の費用を除くほか、当該被請求国が負担する。

(a)　証人及び専門家の旅費及び安全に関する費用又は第93条の規定に基づく拘禁されている者の移送に関する費用

(b)　翻訳、通訳及び反訳に係る費用

(c)　裁判官、検察官、次席検察官、裁判所書記、裁判所次席書記及び裁判所の機関の職員の旅費及び滞在費

(d)　裁判所が請求する専門家の意見又は報告に係る費用

(e)　拘束を行う国によって裁判所に引き渡される者の護送に関する費用

(f)　請求内容の実施から生ずる可能性のある特別の費用であって協議によって認められるもの

2　1の規定は、適当な場合には、締約国による裁判所に対する請求について適用する。この場合において、実施に要する通常の費用は、裁判所が負担する。

第101条　特定性の原則

1　この規程に従って裁判所に引き渡された者は、行為又は一連の行為であって自己が引き渡された犯罪の基礎を構成するものを除き、引渡しの前に行った行為のために、訴訟手続に付されず、処罰されず、又は拘禁されない。

2　裁判所は、1に規定する者を裁判所に引き渡した国に対して1に規定する条件を放棄するよう要請することができるものとし、必要な場合には、第91条の規定に従って追加的な情報を提供する。締約国は、裁判所に対して放棄を行う権限を有するものとし、放棄を行うよう努めるべきである。

第102条　用語

この規程の適用上、

(a)　「引渡し」とは、この規程に基づき、国がいずれかの者を裁判所に引き渡すことをいう。

(b)　「犯罪人引渡し」とは、条約、協定又は国内法に基づき、1の国がいずれかの者を他の国に引き渡すことをいう。

第10部　刑の執行

第103条　拘禁刑の執行における国の役割

1(a)　拘禁刑は、刑を言い渡された者を受け入れる意思を裁判所に対して明らかにした国の一覧表の中から裁判所が指定する国において執行される。

(b)　国は、刑を言い渡された者を受け入れる意思を宣言する際に、裁判所が同意し、かつ、この部の規定に適合した受入れについての条件を付することができる。

(c)　個別の事件に関して指定された国は、裁判所の指定を受け入れるか否かを裁判所に対して速やかに通報する。

2(a)　刑を執行する国は、拘禁の期間又は程度に実質的に影響を及ぼし得るあらゆる状況（1の規定に従って合意された条件の実施を含む。）を裁判所に通報する。裁判所に対する既知の又は予想し得るそのような状況についての通報は、少なくとも45日前までに行う。その間、刑を執行する国は、第110条に規定する義務に違反するおそれのある行動をとつてはならない。

(b)　裁判所は、(a)に規定する状況について同意することができない場合には、その旨を刑を執行する国に通報するとともに、次条1の規定に基づいて手続を進める。

3　裁判所は、1の規定に基づく指定を行う裁量を行使するに当たり、次の事項を考慮する。

(a)　締約国が手続及び証拠に関する規則に定める衡平な配分の原則に従い拘禁刑を執行する責任を共有すべきであるとの原則

(b)　被拘禁者の処遇を規律する広く受け入れられている国際条約上の基準の適用

(c)　刑を言い渡された者の意見

(d)　刑を言い渡された者の国籍

(e)　犯罪若しくは刑を言い渡された者の事情又は効果的な刑の執行に関するその他の要素であって刑を執行する国を指定するに当たり適当と認めるもの

4　いずれの国にも1の規定に基づく指定がなされない場合には、拘禁刑は、第3条2に規定する本部協定に定める条件に従い、接受国が提供する刑務所において執行される。その場合には、拘禁刑の執行によって生ずる費用は、裁判所が負担する。

第104条　刑を執行する国の指定の変更

1　裁判所は、刑を言い渡された者を他の国の刑務所に移送することをいつでも決定することができる。

2　刑を言い渡された者は、裁判所に対し、刑を執行する国から移送されることをいつでも申し立てることができる。

第105条　刑の執行

1　拘禁刑は、第103条1(b)の規定により特定した条件に従うことを条件として、締約国に対して拘束力を有するものとし、締約国は、いかなる場合にも当該拘禁刑を修正してはならない。

2　裁判所のみが上訴及び再審の申立てについて決定する権限を有する。刑を執行する国は、刑を言い渡された者がそのような申立てを行うことを妨げてはならない。

第106条　刑の執行の監督及び拘禁の条件

1　拘禁刑の執行については、裁判所の監督の対象となるものとし、また、被拘禁者の処遇を規律する広く受け入れられている国際条約上の基準に適合したものとする。

2　拘禁の条件は、刑を執行する国の法律によって規律され、かつ、被拘禁者の処遇を規律する広く受け入れられている国際条約上の基準に適合したものとする。この条件は、いかなる場合にも刑を執行する国における同様の犯罪について有罪の判決を受けた被拘禁者に与えられる条件と同等のものとする。

3　刑を言い渡された者と裁判所との間の連絡は、妨げられず、かつ、秘密とされる。

第107条　刑を終えた者の移送

1　刑を終えた者であって刑を執行する国の国民でないものについては、当該刑の終了後、刑を執行する国の法律に従い、当該者を受け入れる義務を有する国又は当該者を受け入れることに同意する他の国に移送することができるものとし、その際、これらの国に移送されることとなる当該者の希望を考慮する。ただし、刑を執行する国が当該者に対してその領域内に引き続きとどまることを許可する場合は、この限りでない。

2　いずれの国も1に規定する者の1の規定に基づく他の国への移送に要する費用を負担しない場合には、その費用は、裁判所が負担する。

3　刑を執行する国は、次条の規定に従うことを条件として、その国内法に従い、1に規定する者について裁判又は刑の執行のために犯罪人引渡しを請求している国に犯罪人引渡しを行うことができる。

第108条　他の犯罪の訴追又は処罰の制限

1　刑を執行する国によって拘禁されている刑を言い渡された者は、当該者が当該刑を執行する国に移送される前に行った行為について訴追、処罰又は第三国への犯罪人引渡しの対象とされない。ただし、当該刑を執行する国の要請により、そのような訴追、処罰又は犯罪人引渡しが裁判所によって認められている場合は、この限りでない。

2　裁判所は、1に規定する者の意見を聴取した後に1に規定する事項を決定する。

3　1の規定は、1に規定する者が裁判所によって科された刑を終えた後に刑を執行する国の領域内に任意に30日を超えて滞在している場合又は当該国の領域から離れた後に当該国の領域に戻る場合には、適用しない。

第109条　罰金及び没収に係る措置の実施

1　締約国は、自国の国内法の手続に従い、善意の第三者の権利を害することなく、第7部の規定に基づいて裁判所が発する罰金又は没収の命令を執行する。

2　締約国は、自国が没収の命令を執行することができない場合には、善意の第三者の権利を害することなく、裁判所が没収することを命じた収益、財産又は資産の価値を回復するための措置をとる。

3　財産又は不動産若しくは適当な場合にはその他の財産の売却による収益であって裁判所の判決を執行した結果として締約国が取得したものは、裁判所に移転される。

第110条　減刑に関する裁判所の再審査

1　刑を執行する国は、裁判所が言い渡した刑期の終了前にその刑を言い渡された者を釈放してはならな

2　裁判所のみが減刑を決定する権限を有する。裁判所は、1に規定する者の意見を聴取した後にこの事項についての決定を行う。

3　裁判所は、1に規定する者が刑期の3分の2の期間又は終身の拘禁刑の場合には25年間刑に服した時に、減刑をすべきか否かを決定するためにこれらの刑を再審査する。このような再審査は、これらの時よりも前に行ってはならない。

4　裁判所は、3に規定する再審査に当たり、次の1又は2以上の要素が存在する

と認める場合には、減刑をすることができる。

(a) 1に規定する者の裁判所の捜査及び訴追に協力するとの早い時期からの継続的な意思

(b) 1に規定する者の自発的な援助であって、他の事件における裁判所の判決及び命令の執行を可能にするもの。特に、被害者の利益のために用いられる罰金、没収又は賠償の命令の対象となる資産の発見のために提供する援助

(c) 手続及び証拠に関する規則に定めるその他の要素であって、減刑を正当化するのに十分な明白かつ重大な状況の変化を証明するもの

5 裁判所は、3の規定に基づく最初の再審査において減刑が適当でないと決定する場合であっても、その後、手続及び証拠に関する規則に定める間隔を置いて及び同規則に定める基準を適用して、減刑の問題を再審査する。

第111条 逃亡

有罪の判決を受けた者が拘禁を逃れ、刑を執行する国から逃亡する場合には、当該国は、裁判所と協議の上、現行の2国間又は多数国間の取極に基づき当該者が所在する国に対して当該者の引渡しを請求し、又は裁判所に対して第9部の規定に基づいて当該者の引渡しを求めるよう要請することができる。裁判所は、当該者が刑に服していた国又は裁判所が指定した他の国に当該者を引き渡すよう指示することができる。

第11部 締約国会議

第112条 締約国会議

1 この規程によりこの規程の締約国会議を設置する。各締約国は、締約国会議において1人の代表を有するものとし、代表は、代表代理及び随員を伴うことができる。その他の国であってこの規程又は最終文書に署名したものは、締約国会議においてオブザーバーとなることができる。

2 締約国会議は、次の任務を遂行する。

(a) 適当な場合には、準備委員会の勧告を検討し、及び採択すること。

(b) 裁判所の運営に関して裁判所長会議、検察官及び裁判所書記に対する管理監督を行うこと。

(c) 3の規定により設置される議長団の報告及び活動を検討し、並びにこれらについて適当な措置をとること。

(d) 裁判所の予算を検討し、及び決定すること。

(e) 第36条の規定に従い裁判官の人数を変更するか否かを決定すること。

(f) 第87条5及び7に規定する請求に協力しないことに関する問題を検討すること。

(g) その他の任務であってこの規程又は手続及び証拠に関する規則に適合するものを遂行すること。

3(a)　締約国会議には、3年の任期で締約国会議によって選出される1人の議長、2人の副議長及び18人の構成員から成る議長団を置く。

(b)　議長団は、特に、配分が地理的に衡平に行われること及び世界の主要な法体系が適切に代表されることを考慮して、代表としての性質を有するものとする。

(c)　議長団は、必要に応じ、少なくとも年1回会合する。議長団は、締約国会議が任務を遂行するに当たって同会議を補助する。

4　締約国会議は、裁判所の効率性及び経済性を高めるため、必要に応じ、補助機関（裁判所を検査し、評価し、及び調査するための独立した監督機関を含む。）を設置することができる。

5　裁判所長、検察官及び裁判所書記又はこれらの代理人は、適当な場合には、締約国会議及び議長団の会合に出席することができる。

6　締約国会議は、裁判所の所在地又は国際連合本部において年1回会合するものとし、必要な場合には、特別会合を開催する。この規程に別段の定めがある場合を除くほか、特別会合は、議長団の発意により又は締約国の3分の1の要請により招集される。

7　各締約国は、1の票を有する。締約国会議及び議長団においては、決定をコンセンサス方式によって行うようあらゆる努力を払う。コンセンサスに達することができない場合には、この規程に別段の定めがあるときを除くほか、次のとおり決定を行う。

(a)　実質事項についての決定は、出席し、かつ、投票する締約国の3分の2以上の多数による議決で承認されることにより行わなければならない。この場合において、締約国の絶対多数をもって投票のための定足数とする。

(b)　手続事項についての決定は、出席し、かつ、投票する締約国の単純多数による議決で行う。

8　裁判所の費用に対する分担金の支払が延滞している締約国は、その延滞金の額がその時までの満2年間に当該締約国が支払うべきであった分担金の額に等しいか又はこれを超える場合には、締約国会議及び議長団における投票権を失う。ただし、締約国会議は、支払の不履行が当該締約国にとつてやむを得ない事情によると認めるときは、当該締約国に締約国会議及び議長団における投票を認めることができる。

9　締約国会議は、その手続規則を採択する。

10　締約国会議の公用語及び常用語は、国際連合総会の公用語及び常用語とする。

第12部　財政

第113条　財政規則

裁判所及び締約国会議（議長団及び補助機関を含む。）の会合に関するすべての財政事項については、明示的に別段の定めがある場合を除くほか、この規程及び締約国会議が採択する財政規則によって規律する。

第114条　費用の支払

裁判所及び締約国会議（議長団及び補助機関を含む。）の費用については、裁判所の資金から支払う。

第115条　裁判所及び締約国会議の資金

裁判所及び締約国会議（議長団及び補助機関を含む。）の費用は、締約国会議が決定する予算に定めるところに従い、次の財源より充てる。

(a)　締約国が支払う分担金

(b)　国際連合総会の承認を受けて国際連合が提供する資金、特に安全保障理事会による付託のために要する費用に関連する資金

第116条　任意拠出金

裁判所は、前条の規定の適用を妨げることなく、追加的な資金として、締約国会議が採択する関連する基準に従い、政府、国際機関、個人、法人その他の主体からの任意拠出金を受領し、及び使用することができる。

第117条　分担金の額の決定

締約国の分担金については、合意する分担率に従って決定する。合意する分担率は、国際連合がその通常予算のために採択した分担率を基礎とし、かつ、当該分担率が立脚する原則に従って調整される。

第118条　年次会計検査

裁判所の記録、帳簿及び決算報告（年次会計報告を含む。）については、独立の会計検査専門家が毎年検査する。

第13部　最終規定

第119条　紛争の解決

1　裁判所の司法上の任務に関する紛争については、裁判所の決定によって解決する。

2　その他の２以上の締約国間の紛争であってこの規程の解釈又は適用に関するもののうち、交渉によってその開始から３箇月以内に解決されないものについては、締約国会議に付託する。締約国会議は、当該紛争を自ら解決するよう努め、又は当該紛争を解決するための追加的な方法（国際司法裁判所規程に基づく国際司法裁判所への付託を含む。）について勧告を行うことができる。

第120条　留保

この規程には、いかなる留保も付することができない。

第121条　改正

1　締約国は、この規程の効力発生から７年を経過した後、その改正を提案することができる。改正案については、国際連合事務総長に提出するものとし、同事務総長は、これをすべての締約国に対して速やかに通報する。

2　締約国会議は、通報の日から3箇月以後に開催するその次回の会合において、出席し、かつ、投票する締約国の過半数による議決で改正案を取り上げるか否かを決定する。締約国会議は、当該改正案を直接取り扱い、又は関係する問題により正当化される場合には、検討会議を招集することができる。

3　締約国会議の会合又は検討会議における改正の採択については、コンセンサスに達することができない場合には、締約国の3分の2以上の多数による議決を必要とする。

4　改正は、5に規定する場合を除くほか、国際連合事務総長に対する締約国の8分の7による批准書又は受諾書の寄託の後1年ですべての締約国について効力を生ずる。

5　第5条から第8条までの規定の改正は、当該改正を受諾した締約国については、その批准書又は受諾書の寄託の後1年で効力を生ずる。当該改正を受諾していない締約国については、裁判所は、当該改正に係る犯罪であって、当該締約国の国民によって又は当該締約国の領域内において行われたものについて管轄権を行使してはならない。

6　改正が4の規定に従い締約国の8分の7によって受諾されたときは、当該改正を受諾していない締約国は、当該改正の効力発生の後1年以内に通告を行うことによってこの規程から脱退することができる。この脱退は、第127条1の規定にかかわらず、直ちに効力を生ずるが、同条2の規定に従うことを条件とする。

7　国際連合事務総長は、締約国会議の会合又は検討会議において採択された改正をすべての締約国に通報する。

第122条　制度的な性質を有する規定の改正

1　いずれの締約国も、専ら制度的な性質を有する規定、すなわち、第35条、第36条8及び9、第37条、第38条、第39条1（第1文及び第2文）、2及び4、第42条4から9まで、第43条2及び3、第44条、第46条、第47条並びに第49条の規定の改正について、前条1の規定にかかわらず、いつでも提案することができる。改正案については、国際連合事務総長又は締約国会議が指名する他の者に対して提出するものとし、これらの者は、これをすべての締約国及び締約国会議に参加する他の者に対して速やかに通報する。

2　この条の規定に基づく改正については、コンセンサスに達することができない場合には、締約国会議又は検討会議が締約国の3分の2の多数による議決で採択する。その改正は、締約国会議又は検討会議による採択の後6箇月ですべての締約国について効力を生ずる。

第123条　この規程の検討

1　国際連合事務総長は、この規程の効力発生の後7年目にこの規程の改正を審議するために検討会議を招集する。この規程の検討には、少なくとも第5条に規定する犯罪を含めることができる。検討会議は、締約国会議に参加する者に同一の条件で開放される。

2 その後いつでも、いずれかの締約国の要請があるときは、国際連合事務総長は、1に規定する目的のため、締約国の過半数による承認を得て検討会議を招集する。

3 第121条3から7までの規定は、検討会議において審議されるこの規程の改正の採択及びその効力発生について適用する。

第124条 経過規定

いずれの国も、第12条1及び2の規定にかかわらず、この規程の締約国になる際、この規程が当該国について効力を生じてから7年の期間、ある犯罪が当該国の国民によって又は当該国の領域内において行われたとされる場合には、第8条に規定する犯罪類型に関して裁判所が管轄権を有することを受諾しない旨を宣言することができる。この条の規定に基づく宣言は、いつでも撤回することができる。この条の規定については、前条1の規定に従って招集される検討会議で審議する。

第125条 署名、批准、受諾、承認又は加入

1 この規程は、1998年7月17日に、ローマにある国際連合食糧農業機関本部において、すべての国による署名のために開放するものとし、その後は、1998年10月17日まで、ローマにあるイタリア外務省において署名のために開放しておく。その日の後、この規程は、2000年12月31日まで、ニューヨークにある国際連合本部において署名のために開放しておく。

2 この規程は、署名国によって批准され、受諾され、又は承認されなければならない。批准書、受諾書又は承認書は、国際連合事務総長に寄託する。

3 この規程は、すべての国による加入のために開放しておく。加入書は、国際連合事務総長に寄託する。

第126条 効力発生

1 この規程は、60番目の批准書、受諾書、承認書又は加入書が国際連合事務総長に寄託された日の後60日目の日の属する月の翌月の初日に効力を生ずる。

2 60番目の批准書、受諾書、承認書又は加入書が寄託された後にこの規程を批准し、受諾し若しくは承認し、又はこれに加入する国については、この規程は、その批准書、受諾書、承認書又は加入書の寄託の後60日目の日の属する月の翌月の初日に効力を生ずる。

第127条 脱退

1 締約国は、国際連合事務総長にあてた書面による通告によってこの規程から脱退することができる。脱退は、一層遅い日が通告に明記されている場合を除くほか、その通告が受領された日の後1年で効力を生ずる。

2 いずれの国も、その脱退を理由として、この規程の締約国であった間のこの規程に基づく義務（その間に生じた財政上の義務を含む。）を免除されない。脱退は、脱退する国が協力する義務を有している捜査及び手続であって、当該脱退が効力を生ずる日の前に開始されたものに関する裁判所との協力に影響を及ぼすも

のではなく、また、当該脱退が効力を生ずる日の前に裁判所が既に審議していた問題について審議を継続することを妨げるものでもない。

第128条　正文

アラビア語、中国語、英語、フランス語、ロシア語及びスペイン語をひとしく正文とするこの規程の原本は、国際連合事務総長に寄託する。同事務総長は、その認証謄本をすべての国に送付する。

以上の証拠として、下名は、各自の政府から正当に委任を受けてこの規程に署名した。

1998年7月17日にローマで作成した。

○平成19年外務省告示第418号

日本国政府は、平成10年7月17日にローマで作成された「国際刑事裁判所に関するローマ規程」の加入書を平成19年7月17日に国際連合事務総長に寄託した。

よって、同規程は、その126条2の規定に従い、平成19年10月1日に日本国について効力を生ずる。

なお、同規程の締約国は、平成19年7月1日現在、次のとおりである。

アフガニスタン・イスラム共和国、アルバニア共和国、アンドラ公国、アンティグア・バーブーダ、アルゼンチン共和国、オーストラリア連邦、オーストリア共和国、バルバドス、ベルギー王国、ベリーズ、ベナン共和国、ボリビア共和国、ボスニア・ヘルツェゴビナ、ボツワナ共和国、ブラジル連邦共和国、ブルガリア共和国、ブルキナファソ、ブルンジ共和国、カンボジア王国、カナダ、中央アフリカ共和国、チャド共和国、コロンビア共和国、コモロ連合、コンゴ民主共和国、コンゴ共和国、コスタリカ共和国、クロアチア共和国、キプロス共和国、デンマーク王国、ジブチ共和国、ドミニカ国、ドミニカ共和国、エクアドル共和国、エストニア共和国、フィジー諸島共和国、フィンランド共和国、フランス共和国、ガボン共和国、ガンビア共和国、グルジア、ドイツ連邦共和国、ガーナ共和国、ギリシャ共和国、ギニア共和国、ガイアナ協同共和国、ホンジュラス共和国、ハンガリー共和国、アイスランド共和国、アイルランド、イタリア共和国、ヨルダン・ハシェミット王国、ケニア共和国、大韓民国、ラトビア共和国、レソト王国、リベリア共和国、リヒテンシュタイン公国、リトアニア共和国、ルクセンブルク大公国、マケドニア旧ユーゴスラビア共和国、マラウイ共和国、マリ共和国、マルタ共和国、マーシャル諸島共和国、モーリシャス共和国、メキシコ合衆国、モンゴル国、モンテネグロ共和国、ナミビア共和国、ナウル共和国、オランダ王国、ニュージーランド、ニジェール共和国、ナイジェリア連邦共和国、ノルウェー王国、パナマ共和国、パラグアイ共和国、ペルー共和国、ポーランド共和国、ポルトガル共和国、ルーマニア、セントクリストファー・ネーヴィス、セントビンセント及びグレナディーン諸島、サモア独立国、サンマリノ共和国、セネガル共和国、セルビア共和国、シエラレオネ共和国、スロバキア共和国、スロベニア共和国、南アフリカ共和国、スペイン、スウェーデン王国、スイス連邦、タジキスタン共和国、タンザニア連合共和国、東ティモール民主共和国、トリニダード・トバゴ共和国、ウガンダ共和国、グレートブリテン及び北アイルランド連合王国、ウルグアイ東方共和国、ベネズエラ・ボリバル共和国、ザンビア共和国

平成19年７月20日

VIII 日米安全保障条約

日米安全保障条約

交換公文

在日米軍地位協定

日米物品役務相互提供協定

41 日本国とアメリカ合衆国との間の相互協力及び安全保障条約

(日米安保条約)

昭和35年1月19日署名(ワシントン)

昭和35年6月23日公布(条約第6号)

日本国及びアメリカ合衆国は、

両国の間に伝統的に存在する平和及び友好の関係を強化し、並びに民主主義の諸原則、個人の自由及び法の支配を擁護することを希望し、

また、両国の間の一層緊密な経済的協力を促進し、並びにそれぞれの国における経済的安定及び福祉の条件を助長することを希望し、

国際連合憲章の目的及び原則に対する信念並びにすべての国民及びすべての政府とともに平和のうちに生きようとする願望を再確認し、

両国が国際連合憲章に定める個別的又は集団的自衛の固有の権利を有していることを確認し、

両国が極東における国際の平和及び安全の維持に共通の関心を有することを考慮し、

相互協力及び安全保障条約を締約することを決意し、

よつて、次のとおり協定する。

第1条 〔関係国際紛争の平和的解決等〕

締約国は、国際連合憲章に定めるところに従い、それぞれが関係することのある国際紛争を平和的手段によつて国際の平和及び安全並びに正義を危うくしないように解決し、並びにそれぞれの国際関係において、武力による威嚇又は武力の行使を、いかなる国の領土保全又は政治的独立に対するものも、また、国際連合の目的と両立しない他のいかなる方法によるものも慎むことを約束する。

締約国は、他の平和愛好国と協同して、国際の平和及び安全を維持する国際連合の任務が一層効果的に遂行されるように国際連合を強化することに努力する。

第2条 〔国際協力及び経済的協力〕

締約国は、その自由な諸制度を強化することにより、これらの制度の基礎をなす原則の理解を促進することにより、並びに安定及び福祉の条件を助長することによつて、平和的かつ友好的な国際関係の一層の発展に貢献する。締約国は、その国際経済政策におけるくい違いを除くことに努め、また、両国の間の経済的協力を促進する。

第3条 〔防衛力の増強〕

締約国は、個別的に及び相互に協力して、継続的かつ効果的な自助及び相互援助により、武力攻撃に抵抗するそれぞれの能力を、憲法上の規定に従うことを条件と

して、維持し発展させる。

第4条 〔協議〕

締約国は、この条約の実施に関して随時協議し、また、日本国の安全又は極東における国際の平和及び安全に対する脅威が生じたときはいつでも、いずれか一方の締約国の要請により協議する。

第5条 〔防衛〕

各締約国は、日本国の施政の下にある領域における、いずれか一方に対する武力攻撃が、自国の平和及び安全を危うくするものであることを認め、自国の憲法上の規定及び手続に従つて共通の危険に対処するように行動することを宣言する。

前記の武力攻撃及びその結果として執つたすべての措置は、国際連合憲章第51条の規定に従つて直ちに国際連合安全保障理事会に報告しなければならない。その措置は、安全保障理事会が国際の平和及び安全を回復し及び維持するために必要な措置を執つたときは、終止しなければならない。

第6条 〔合衆国軍隊に対する施設及び区域の提供〕

日本国の安全に寄与し、並びに極東における国際の平和及び安全の維持に寄与するため、アメリカ合衆国は、その陸軍、空軍及び海軍が日本国において施設及び区域を使用することを許される。

前記の施設及び区域の使用並びに日本国における合衆国軍隊の地位は、1952年2月28日に東京で署名された日本国とアメリカ合衆国との間の安全保障条約第3条に基く行政協定（改正を含む。）に代わる別個の協定及び合意される他の取極により規律される。

第7条 〔国際連合憲章に基づく権利義務等との関係〕

この条約は、国際連合憲章に基づく締約国の権利及び義務又は国際の平和及び安全を維持する国際連合の責任に対しては、どのような影響も及ぼすものではなく、また、及ぼすものと解釈してはならない。

第8条 〔批准〕

この条約は、日本国及びアメリカ合衆国により各自の憲法上の手続に従つて批准されなければならない。この条約は、両国が東京で批准書を交換した日〔昭和35年6月23日〕に効力を生ずる。

第9条 〔旧条約の失効〕

1951年9月8日にサン・フランシスコ市で署名された日本国とアメリカ合衆国との間の安全保障条約は、この条約の効力発生の時に効力を失う。

第10条 〔有効期間〕

この条約は、日本区域における国際の平和及び安全の維持のため十分な定めをする国際連合の措置が効力を生じたと日本国政府及びアメリカ合衆国政府が認める時まで効力を有する。

もつとも、この条約が10年間効力を存続した後は、いずれの締約国も、他方の締約国に対しこの条約を終了させる意思を通告することができ、その場合には、この条約は、そのような通告が行なわれた後1年で終了する。

○条約第6条の実施に関する交換公文

内閣総理大臣から合衆国国務長官にあてた書簡

書簡をもつて啓上いたします。本大臣は、本日署名された日本国とアメリカ合衆国との間の相互協力及び安全保障条約に言及し、次のことが同条約第6条の実施に関する日本国政府の了解であることを閣下に通報する光栄を有します。

合衆国軍隊の日本国への配置における重要な変更、同軍隊の装備における重要な変更並びに日本国から行なわれる戦闘作戦行動（前記の条約第5条の規定に基づいて行なわれるものを除く。）のための基地としての日本国内の施設及び区域の使用は、日本国政府との事前の協議の主題とする。

本大臣は、閣下が、前記のことがアメリカ合衆国政府の了解でもあることを貴国政府に代わつて確認されれば幸いであります。

本大臣は、以上を申し進めるに際し、ここに重ねて閣下に向かつて敬意を表します。

1960年1月19日にワシントンで

岸　　信　介

アメリカ合衆国国務長官

クリスチャン・A・ハーター　閣下

合衆国国務長官から内閣総理大臣にあてた書簡

書簡をもつて啓上いたします。本長官は、本日付けの閣下の次の書簡を受領したことを確認する光栄を有します。

書簡をもつて啓上いたします。本大臣は、本日署名された日本国とアメリカ合衆国との間の相互協力及び安全保障条約に言及し、次のことが同条約第６条の実施に関する日本国政府の了解であることを閣下に通報する光栄を有します。

合衆国軍隊の日本国への配置における重要な変更、同軍隊の装備における重要な変更並びに日本国から行なわれる戦闘作戦行動（前記の条約第５条の規定に基づいて行なわれるものを除く。）のための基地としての日本国内の施設及び区域の使用は、日本国政府との事前の協議の主題とする。

本大臣は、閣下が、前記のことがアメリカ合衆国政府の了解でもあることを貴国政府に代わつて確認されれば幸いであります。

本大臣は、以上を申し進めるに際し、ここに重ねて閣下に向かつて敬意を表します。

本長官は、前記のことがアメリカ合衆国政府の了解でもあることを本国政府に代わつて確認する光栄を有します。

本長官は、以上を申し進めるに際し、ここに重ねて閣下に向かつて敬意を表します。

1960年１月19日

アメリカ合衆国国務長官
クリスチャン・A・ハーター

日本国総理大臣　岸　　信介　閣下

42 日本国とアメリカ合衆国との間の相互協力及び安全保障条約第６条に基づく施設及び区域並びに日本国における合衆国軍隊の地位に関する協定
(在日米軍地位協定)

昭和35年１月19日署名（ワシントン）

昭和35年６月23日公布（条約第７号）

日本国及びアメリカ合衆国は、1960年１月19日にワシントンで署名された日本国とアメリカ合衆国との間の相互協力及び安全保障条約第６条の規定に従い、次に掲げる条項によりこの協定を締結した。

第１条

この協定において、

(a)　「合衆国軍隊の構成員」とは、日本国の領域にある間におけるアメリカ合衆国の陸軍、海軍又は空軍に属する人員で現に服役中のものをいう。

(b)　「軍属」とは、合衆国の国籍を有する文民で日本国にある合衆国軍隊に雇用され、これに勤務し、又はこれに随伴するもの（通常日本国に居住する者及び第14条１に掲げる者を除く。）をいう。この協定のみの適用上、合衆国及び日本国の二重国籍者で合衆国が日本国に入れたものは、合衆国国民とみなす。

(c)　「家族」とは、次のものをいう。

(1)　配偶者及び21才未満の子

(2)　父、母及び21才以上の子で、その生計費の半額以上を合衆国軍隊の構成員又は軍属に依存するもの

第２条

1(a)　合衆国は、相互協力及び安全保障条約第６条の規定に基づき、日本国内の施設及び区域の使用を許される。個個の施設及び区域に関する協定は、第25条に定める合同委員会を通じて両政府が締結しなければならない。「施設及び区域」には、当該施設及び区域の運営に必要な現存の設備、備品及び定着物を含む。

(b)　合衆国が日本国とアメリカ合衆国との間の安全保障条約第３条に基く行政協定の終了の時に使用している施設及び区域は、両政府が(a)の規定に従つて合意した施設及び区域とみなす。

2　日本国政府及び合衆国政府は、いずれか一方の要請があるときは、前記の取極を再検討しなければならず、また、前記の施設及び区域を日本国に返還すべきこと又は新たに施設及び区域を提供することを合意することができる。

3　合衆国軍隊が使用する施設及び区域は、この協定の目的のため必要でなくなつ

たときは、いつでも、日本国に返還しなければならない。合衆国は、施設及び区域の必要性を前記の返還を目的としてたえず検討することに同意する。

4(a)　合衆国軍隊が施設及び区域を一時的に使用していないときは、日本国政府は、臨時にそのような施設及び区域をみずから使用し、又は日本国民に使用させることができる。ただし、この使用が、合衆国軍隊による当該施設及び区域の正規の使用の目的にとつて有害でないことが合同委員会を通じて両政府間に合意された場合に限る。

(b)　合衆国軍隊が一定の期間を限つて使用すべき施設及び区域に関しては、合同委員会は、当該施設及び区域に関する協定中に、適用があるこの協定の規定の範囲を明記しなければならない。

第3条

1　合衆国は、施設及び区域内において、それらの設定、運営、警護及び管理のため必要なすべての措置を執ることができる。日本国政府は、施設及び区域の支持、警護及び管理のための合衆国軍隊の施設及び区域への出入の便を図るため、合衆国軍隊の要請があつたときは、合同委員会を通ずる両政府間の協議の上で、それらの施設及び区域に隣接し又はそれらの近傍の土地、領水及び空間において、関係法令の範囲内で必要な措置を執るものとする。合衆国も、また、合同委員会を通ずる両政府間の協議の上で前記の目的のため必要な措置を執ることができる。

2　合衆国は、1に定める措置を、日本国の領域への、領域からの又は領域内の航海、航空、通信又は陸上交通を不必要に妨げるような方法によつては執らないことに同意する。合衆国が使用する電波放射の装置が用いる周波数、電力及びこれらに類する事項に関するすべての問題は、両政府の当局間の取極により解決しなければならない。日本国政府は、合衆国軍隊が必要とする電気通信用電子装置に対する妨害を防止し又は除去するためのすべての合理的な措置を関係法令の範囲内で執るものとする。

3　合衆国軍隊が使用している施設及び区域における作業は、公共の安全に妥当な考慮を払つて行なわなければならない。

第4条

1　合衆国は、この協定の終了の際又はその前に日本国に施設及び区域を返還するに当たつて、当該施設及び区域をそれらが合衆国軍隊に提供された時の状態に回復し、又はその回復の代りに日本国に補償する義務を負わない。

2　日本国は、この協定の終了の際又はその前における施設及び区域の返還の際、当該施設及び区域に加えられている改良又はそこに残される建物若しくはその他の工作物について、合衆国にいかなる補償をする義務も負わない。

3　前記の規定は、合衆国政府が日本国政府との特別取極に基づいて行なう建設には適用しない。

第5条

1 合衆国及び合衆国以外の国の船舶及び航空機で、合衆国によつて、合衆国のために又は合衆国の管理の下に公の目的で運航されるものは、入港料又は着陸料を課されないで日本国の港又は飛行場に出入することができる。この協定による免除を与えられない貨物又は旅客がそれらの船舶又は航空機で運送されるときは、日本国の当局にその旨の通告を与えなければならず、その貨物又は旅客の日本国への入国及び同国からの出国は、日本国の法令による。

2 1に掲げる船舶及び航空機、合衆国政府所有の車両（機甲車両を含む。）並びに合衆国軍隊の構成員及び軍属並びにそれらの家族は、合衆国軍隊が使用している施設及び区域に出入し、これらのものの間を移動し、及びこれらのものと日本国の港又は飛行場との間を移動することができる。合衆国の軍用車両の施設及び区域への出入並びにこれらのものの間の移動には、道路使用料その他の課徴金を課さない。

3 1に掲げる船舶が日本国の港に入る場合には、通常の状態においては、日本国の当局に適当な通告をしなければならない。その船舶は、強制水先を免除される。もつとも、水先人を使用したときは、応当する料率で水先料を支払わなければならない。

第6条

1 すべての非軍用及び軍用の航空交通管理及び通信の体系は、緊密に協調して発達を図るものとし、かつ、集団安全保障の利益を達成するため必要な程度に整合するものとする。この協調及び整合を図るため必要な手続及びそれに対するその後の変更は、両政府の当局間の取極によつて定める。

2 合衆国軍隊が使用している施設及び区域並びにそれらに隣接し又はそれらの近傍の領水に置かれ、又は設置される燈火その他の航行補助施設及び航空保安施設は、日本国で使用されている様式に合致しなければならない。これらの施設を設置した日本国及び合衆国の当局は、その位置及び特徴を相互に通告しなければならず、かつ、それらの施設を変更し、又は新たに設置する前に予告をしなければならない。

第7条

合衆国軍隊は、日本国政府の各省その他の機関に当該時に適用されている条件よりも不利でない条件で、日本国政府が有し、管理し、又は規制するすべての公益事業及び公共の役務を利用することができ、並びにその利用における優先権を享有するものとする。

第8条

日本国政府は、両政府の当局間の取極に従い、次の気象業務を合衆国軍隊に提供することを約束する。

(a) 地上及び海上からの気象観測（気象観測船からの観測を含む。）

(b) 気象資料（気象庁の定期的概報及び過去の資料を含む。）

(c)　航空機の安全かつ正確な運航のため必要な気象情報を報ずる電気通信業務
(d)　地震観測の資料（地震から生ずる津波の予想される程度及びその津波の影響を受ける区域の予報を含む。）

第９条

1　この条の規定に従うことを条件として、合衆国は、合衆国軍隊の構成員及び軍属並びにそれらの家族である者を日本国に入れることができる。

2　合衆国軍隊の構成員は、旅券及び査証に関する日本国の法令の適用から除外される。合衆国軍隊の構成員及び軍属並びにそれらの家族は、外国人の登録及び管理に関する日本国の法令の適用から除外される。ただし、日本国の領域における永久的な居所又は住所を要求する権利を取得するものとみなされない。

3　合衆国軍隊の構成員は、日本国への入国又は日本国からの出国に当たつて、次の文書を携帯しなければならない。

(a)　氏名、生年月日、階級及び番号、軍の区分並びに写真を掲げる身分証明書
(b)　その個人又は集団が合衆国軍隊の構成員として有する地位及び命令された旅行の証明となる個別的又は集団的旅行の命令書

合衆国軍隊の構成員は、日本国にある間の身分証明のため、前記の身分証明書を携帯していなければならない。身分証明書は、要請があるときは日本国の当局に提示しなければならない。

4　軍属、その家族及び合衆国軍隊の構成員の家族は、合衆国の当局が発給した適当な文書を携帯し、日本国への入国若しくは日本国からの出国に当たつて又は日本国にある間その身分を日本国の当局が確認することができるようにしなければならない。

5　１の規定に基づいて日本国に入国した者の身分に変更があつてその者がそのような入国の資格を有しなくなつた場合には、合衆国の当局は、日本国の当局にその旨を通告するものとし、また、その者が日本国から退去することを日本国の当局によつて要求されたときは、日本国政府の負担によらないで相当の期間内に日本国から輸送することを確保しなければならない。

6　日本国政府が合衆国軍隊の構成員若しくは軍属の日本国の領域からの送出を要請し、又は合衆国軍隊の旧構成員若しくは旧軍属に対し若しくは合衆国軍隊の構成員、軍属、旧構成員若しくは旧軍属の家族に対し退去命令を出したときは、合衆国の当局は、それらの者を自国の領域内に受け入れ、その他日本国外に送出することにつき責任を負う。この項の規定は、日本国民でない者で合衆国軍隊の構成員若しくは軍属として又は合衆国軍隊の構成員若しくは軍属となるために日本国に入国したもの及びそれらの者の家族に対してのみ適用する。

第10条

1　日本国は、合衆国が合衆国軍隊の構成員及び軍属並びにそれらの家族に対して発給した運転許可証若しくは運転免許証又は軍の運転許可証を、運転者試験又は

手数料を課さないで、有効なものとして承認する。

2　合衆国軍隊及び軍属用の公用車両は、それを容易に識別させる明確な番号標又は個別の記号を付けていなければならない。

3　合衆国軍隊の構成員及び軍属並びにそれらの家族の私有車両は、日本国民に適用される条件と同一の条件で取得する日本国の登録番号標を付けていなければならない。

第11条

1　合衆国軍隊の構成員及び軍属並びにそれらの家族は、この協定中に規定がある場合を除くほか、日本国の税関当局が執行する法令に服さなければならない。

2　合衆国軍隊、合衆国軍隊の公認調達機関又は第15条に定める諸機関が合衆国軍隊の公用のため又は合衆国軍隊の構成員及び軍属並びにそれらの家族の使用のため輸入するすべての資材、需品及び備品並びに合衆国軍隊が専用すべき資材、需品及び備品又は合衆国軍隊が使用する物品若しくは施設に最終的には合体されるべき資材、需品及び備品は、日本国に入れることを許される。この輸入には、関税その他の課徴金を課さない。前記の資材、需品及び備品は、合衆国軍隊、合衆国軍隊の公認調達機関又は第15条に定める諸機関が輸入するものである旨の適当な証明書（合衆国軍隊が専用すべき資材、需品及び備品又は合衆国軍隊が使用する物品若しくは施設に最終的には合体されるべき資材、需品及び備品にあつては、合衆国軍隊が前記の目的のために受領すべき旨の適当な証明書）を必要とする。

3　合衆国軍隊の構成員及び軍属並びにそれらの家族に仕向けられ、かつ、これらの者の私用に供される財産には、関税その他の課徴金を課する。ただし、次のものについては、関税その他の課徴金を課さない。

(a)　合衆国軍隊の構成員若しくは軍属が日本国で勤務するため最初に到着した時に輸入し、又はそれらの家族が当該合衆国軍隊の構成員若しくは軍属と同居するため最初に到着した時に輸入するこれらの者の私用のための家具及び家庭用品並びにこれらの者が入国の際持ち込む私用のための身回品

(b)　合衆国軍隊の構成員又は軍属が自己又はその家族の私用のため輸入する車両及び部品

(c)　合衆国軍隊の構成員及び軍属並びにそれらの家族の私用のため合衆国において通常日常用として購入される種類の合理的な数量の衣類及び家庭用品で、合衆国軍事郵便局を通じて日本国に郵送されるもの。

4　2及び3で与える免除は、物の輸入の場合のみに適用するものとし、関税及び内国消費税がすでに徴収された物を購入する場合に、当該物の輸入の際税関当局が徴収したその関税及び内国消費税を払いもどすものと解してはならない。

5　税関検査は、次のものの場合には行なわないものとする。

(a)　命令により日本国に入国し、又は日本国から出国する合衆国軍隊の部隊

(b)　公用の封印がある公文書及び合衆国軍事郵便路線上にある公用郵便物

(c)　合衆国政府の船荷証券により船積みされる軍事貨物

6　関税の免除を受けて日本国に輸入された物は、日本国及び合衆国の当局が相互間で合意する条件に従つて処分を認める場合を除くほか、関税の免除を受けて当該物を輸入する権利を有しない者に対して日本国内で処分してはならない。

7　2及び3の規定に基づき関税その他の課徴金の免除を受けて日本国に輸入された物は、関税その他の課徴金の免除を受けて再輸出することができる。

8　合衆国軍隊は、日本国の当局と協力して、その条の規定に従つて合衆国軍隊、合衆国軍隊の構成員及び軍属並びにそれらの家族に与えられる特権の濫用を防止するため必要な措置を執らなければならない。

9(a)　日本国の当局及び合衆国軍隊は、日本国政府の税関当局が執行する法令に違反する行為を防止するため、調査の実施及び証拠の収集について相互に援助しなければならない。

(b)　合衆国軍隊は、日本国政府の税関当局によつて又はこれに代わつて行なわれる差押えを受けるべき物件がその税関当局に引き渡されることを確保するため、可能なすべての援助を与えなければならない。

(c)　合衆国軍隊は、合衆国軍隊の構成員若しくは軍属又はそれらの家族が納付すべき関税、租税及び罰金の納付を確保するため、可能なすべての援助を与えなければならない。

(d)　合衆国軍隊に属する車両及び物件で、日本国政府の関税又は財務に関する法令に違反する行為に関連して日本国政府の税関当局が差し押えたものは、関係部隊の当局に引き渡さなければならない。

第12条

1　合衆国は、この協定の目的のため又はこの協定で認められるところにより日本国で供給されるべき需品又は行なわれるべき工事のため、供給者又は工事を行なう者の選択に関して制限を受けないで契約することができる。そのような需品又は工事は、また、両政府の当局間で合意されるときは、日本国政府を通じて調達することができる。

2　現地で供給される合衆国軍隊の維持のため必要な資材、需品、備品及び役務でその調達が日本国の経済に不利な影響を及ぼすおそれがあるものは、日本国の権限のある当局との調整の下に、また、望ましいときは日本国の権限のある当局を通じて又はその援助を得て、調達しなければならない。

3　合衆国軍隊又は合衆国軍隊の公認調達機関が適当な証明書を附して日本国で公用のため調達する資材、需品、備品及び役務は、日本の次の租税を免除される。

(a)　物品税

(b)　通行税

(c)　揮発油税

(d)　電気ガス税

最終的には合衆国軍隊が使用するため調達される資材、需品、備品及び役務は、合衆国軍隊の適当な証明書があれば、物品税及び揮発油税を免除される。両政府は、この条に明示していない日本の現在の又は将来の租税で、合衆国軍隊によつて調達され、又は最終的には合衆国軍隊が使用するため調達される資材、需品、備品及び役務の購入価格の重要なかつ容易に判別することができる部分をなすと認められるものに関しては、この条の目的に合致する免税又は税の軽減を認めるための手続について合意するものとする。

4　現地の労務に対する合衆国軍隊及び第15条に定める諸機関の需要は、日本国の当局の援助を得て充足される。

5　所得税、地方住民税及び社会保障のための納付金を源泉徴収して納付するための義務並びに、相互間で別段の合意をする場合を除くほか、賃金及び諸手当に関する条件その他の雇用及び労働の条件、労働者の保護のための条件並びに労働関係に関する労働者の権利は、日本国の法令で定めるところによらなければならない。

6　合衆国軍隊又は、適当な場合には、第15条に定める機関により労働者が解職され、かつ、雇用契約が終了していない旨の日本国の裁判所又は労働委員会の決定が最終的のものとなつた場合には、次の手続が適用される。

(a)　日本国政府は、合衆国軍隊又は前記の機関に対し、裁判所又は労働委員会の決定を通報する。

(b)　合衆国軍隊又は前記の機関が当該労働者を就労させることを希望しないときは、合衆国軍隊又は前記の機関は、日本国政府から裁判所又は労働委員会の決定について通報を受けた後7日以内に、その旨を日本国政府に通告しなければならず、暫定的にその労働者を就労させないことができる。

(c)　前記の通告が行なわれたときは、日本国政府及び合衆国軍隊又は前記の機関は、事件の実際的な解決方法を見出すため遅滞なく協議しなければならない。

(d)　(c)の規定に基づく協議の開始の日から30日の期間内にそのような解決に到達しなかつたときは、当該労働者は、就労することができない。このような場合には、合衆国政府は、日本国政府に対し、両政府間で合意される期間の当該労働者の雇用の費用に等しい額を支払わなければならない。

7　軍属は、雇用の条件に関して日本国の法令に服さない。

8　合衆国軍隊の構成員及び軍属並びにそれらの家族は、日本国における物品及び役務の個人的購入について日本国の法令に基づいて課される租税又は類似の公課の免除をこの条の規定を理由として享有することはない。

9　3に掲げる租税の免除を受けて日本国で購入した物は、日本国及び合衆国の当局が相互間で合意する条件に従つて処分を認める場合を除くほか、当該租税の免除を受けて当該物を購入する権利を有しない者に対して日本国内で処分してはならない。

第13条

1　合衆国軍隊は、合衆国軍隊が日本国において保有し、使用し、又は移転する財産について租税又は類似の公課を課されない。

2　合衆国軍隊の構成員及び軍属並びにそれらの家族は、これらの者が合衆国軍隊に勤務し、又は合衆国軍隊若しくは第15条に定める諸機関に雇用された結果受ける所得について、日本国政府又は日本国にあるその他の課税権者に日本の租税を納付する義務を負わない。この条の規定は、これらの者に対し、日本国の源泉から生ずる所得についての日本の租税の納付を免除するものではなく、また、合衆国の所得税のために日本国に居所を有することを申し立てる合衆国市民に対し、所得についての日本の租税の納付を免除するものではない。これらの者が合衆国軍隊の構成員若しくは軍属又はそれらの家族であるという理由のみによつて日本国にある期間は、日本の租税の賦課上、日本国に居所又は住所を有する期間とは認めない。

3　合衆国軍隊の構成員及び軍属並びにそれらの家族は、これらの者が一時的に日本国にあることのみに基づいて日本国に所在する有体又は無体の動産の保有、使用、これらの者相互間の移転又は死亡による移転についての日本国における租税を免除される。ただし、この免除は、投資若しくは事業を行なうため日本国において保有される財産又は日本国において登録された無体財産権には適用しない。この条の規定は、私有車両による道路の使用について納付すべき租税の免除を与える義務を定めるものではない。

第14条

1　通常合衆国に居住する人（合衆国の法律に基づいて組織された法人を含む。）及びその被用者で、合衆国軍隊のための合衆国との契約の履行のみを目的として日本国にあり、かつ、合衆国政府が2の規定に従い指定するものは、この条に規定がある場合を除くほか、日本国の法令に服さなければならない。

2　1にいう指定は、日本国政府との協議の上で行なわれるものとし、かつ、安全上の考慮、関係業者の技術上の適格要件、合衆国の標準に合致する資材若しくは役務の欠如又は合衆国の法令上の制限のため競争入札を実施することができない場合に限り行なわれるものとする。

前記の指定は、次のいずれかの場合には、合衆国政府が取り消すものとする。

(a)　合衆国軍隊のための合衆国との契約の履行が終わつたとき。

(b)　それらの者が日本国において合衆国軍隊関係の事業活動以外の事業活動に従事していることが立証されたとき。

(c)　それらの者が日本国で違法とされる活動を行なつているとき。

3　前記の人及びその被用者は、その身分に関する合衆国の当局の証明があるときは、この協定による次の利益を与えられる。

(a)　第5条2に定める出入及び移動の権利

(b)　第9条の規定による日本国への入国
(c)　合衆国軍隊の構成員及び軍属並びにそれらの家族について第11条3に定める関税その他の課徴金の免除
(d)　合衆国政府により認められたときは、第15条に定める諸機関の役務を利用する権利
(e)　合衆国軍隊の構成員及び軍属並びにそれらの家族について第19条2に定めるもの
(f)　合衆国政府により認められたときは、第20条に定めるところにより軍票を使用する権利
(g)　第21条に定める郵便施設の利用
(h)　雇用の条件に関する日本国の法令の適用からの除外

4　前記の人及びその被用者は、その身分の者であることが旅券に記載されていなければならず、その到着、出発及び日本国にある間の居所は、合衆国軍隊が日本国の当局に随時に通告しなければならない。

5　前記の人及びその被用者が1に掲げる契約の履行のためにのみ保有し、使用し、又は移転する減価償却資産（家屋を除く。）については、合衆国軍隊の権限のある官憲の証明があるときは、日本の租税又は類似の公課を課されない。

6　前記の人及びその被用者は、合衆国軍隊の権限のある官憲の証明があるときは、これらの者が一時的に日本国にあることのみに基づいて日本国に所在する有体又は無体の動産の保有、使用、死亡による移転又はこの協定に基づいて租税の免除を受ける権利を有する人若しくは機関への移転についての日本国における租税を免除される。ただし、この免除は、投資のため若しくは他の事業を行なうため日本国において保有される財産又は日本国において登録された無体財産権には適用しない。この条の規定は、私有車両による道路の使用について納付すべき租税の免除を与える義務を定めるものではない。

7　1に掲げる人及びその被用者は、この協定に定めるいずれかの施設又は区域の建設、維持又は運営に関して合衆国政府と合衆国において結んだ契約に基づいて発生する所得について、日本国政府又は日本国にあるその他の課税権者に所得税又は法人税を納付する義務を負わない。この項の規定は、これらの者に対し、日本国の源泉から生ずる所得についての所得税又は法人税の納付を免除するものではなく、また、合衆国の所得税のために日本国に居所を有することを申し立てる前記の人及びその被用者に対し、所得についての日本の租税の納付を免除するものではない。これらの者が合衆国政府との契約の履行に関してのみ日本国にある期間は、前記の租税の賦課上、日本国に居所又は住所を有する期間とは認めない。

8　日本国の当局は、1に掲げる人及びその被用者に対し、日本国において犯す罪で日本国の法令によつて罰することができるものについて裁判権を行使する第1次の権利を有する。日本国の当局が前記の裁判権を行使しないことに決定した場

合には、日本国の当局は、できる限りすみやかに合衆国の軍当局にその旨を通告しなければならない。この通告があつたときは、合衆国の軍当局は、これらの者に対し、合衆国の法令により与えられた裁判権を行使する権利を有する。

第15条

1(a)　合衆国の軍当局が公認し、規制する海軍販売所、ピー・エックス、食堂、社交クラブ、劇場、新聞その他の歳出外資金による諸機関は、合衆国軍隊の構成員及び軍属並びにそれらの家族の利用に供するため、合衆国軍隊が使用している施設及び区域内に設置することができる。これらの諸機関は、この協定に別段の定めがある場合を除くほか、日本の規制、免許、手数料、租税又は類似の管理に服さない。

(b)　合衆国の軍当局が公認し、かつ、規制する新聞が一般の公衆に販売されるときは、当該新聞は、その頒布に関する限り、日本の規制、免許、手数料、租税又は類似の管理に服する。

2　これらの諸機関による商品及び役務の販売には、1(b)に定める場合を除くほか、日本の租税を課さず、これらの諸機関による商品及び需品の日本国内における購入には、日本の租税を課する。

3　これらの諸機関が販売する物品は、日本国及び合衆国の当局が相互間で合意する条件に従つて処分を認める場合を除くほか、これらの諸機関から購入することを認められない者に対して日本国内で処分してはならない。

4　この条に掲げる諸機関は、日本国の当局に対し、日本国の税法が要求するところにより資料を提供するものとする。

第16条

日本国において、日本国の法令を尊重し、及びこの協定の精神に反する活動、特に政治的活動を慎むことは、合衆国軍隊の構成員及び軍属並びにそれらの家族の義務である。

第17条

1　この条の規定に従うことを条件として、

(a)　合衆国の軍当局は、合衆国の軍法に服するすべての者に対し、合衆国の法令により与えられたすべての刑事及び懲戒の裁判権を日本国において行使する権利を有する。

(b)　日本国の当局は、合衆国軍隊の構成員及び軍属並びにそれらの家族に対し、日本国の領域内で犯す罪で日本国の法令によつて罰することができるものについて、裁判権を有する。

2(a)　合衆国の軍当局は、合衆国の軍法に服する者に対し、合衆国の法令によつて罰することができる罪で日本国の法令によつては罰することができないもの（合衆国の安全に関する罪を含む。）について、専属的裁判権を行使する権利を有する。

(b) 日本国の当局は、合衆国軍隊の構成員及び軍属並びにそれらの家族に対し、日本国の法令によつて罰することができる罪で合衆国の法令によつては罰することができないもの（日本国の安全に関する罪を含む。）について、専属的裁判権を行使する権利を有する。

(c) 2及び3の規定の適用上、国の安全に関する罪は、次のものを含む。

(i) 当該国に対する反逆

(ii) 妨害行為（サボタージュ）、諜《ちよう》報行為又は当該国の公務上若しくは国防上の秘密に関する法令の違反

3 裁判権を行使する権利が競合する場合には、次の規定が適用される。

(a) 合衆国の軍当局は、次の罪については、合衆国軍隊の構成員又は軍属に対して裁判権を行使する第1次の権利を有する。

(i) もつぱら合衆国の財産若しくは安全のみに対する罪又はもつぱら合衆国軍隊の他の構成員若しくは軍属若しくは合衆国軍隊の構成員若しくは軍属の家族の身体若しくは財産のみに対する罪

(ii) 公務執行中の作為又は不作為から生ずる罪

(b) その他の罪については、日本国の当局が、裁判権を行使する第1次の権利を有する。

(c) 第1次の権利を有する国は、裁判権を行使しないことに決定したときは、できる限りすみやかに他方の国の当局にその旨を通告しなければならない。第1次の権利を有する国の当局は、他方の国がその権利の放棄を特に重要であると認めた場合において、その他方の国の当局から要請があつたときは、その要請に好意的考慮を払わなければならない。

4 前諸項の規定は、合衆国の軍当局が日本国民又は日本国に通常居住する者に対し裁判権を行使する権利を有することを意味するものではない。ただし、それらの者が合衆国軍隊の構成員であるときは、この限りでない。

5(a) 日本国の当局及び合衆国の軍当局は、日本国の領域内における合衆国軍隊の構成員若しくは軍属又はそれらの家族の逮捕及び前諸項の規定に従つて裁判権を行使すべき当局へのそれらの者の引渡しについて、相互に援助しなければならない。

(b) 日本国の当局は、合衆国の軍当局に対し、合衆国軍隊の構成員若しくは軍属又はそれらの家族の逮捕についてすみやかに通告しなければならない。

(c) 日本国が裁判権を行使すべき合衆国軍隊の構成員又は軍属たる被疑者の拘禁は、その者の身柄が合衆国の手中にあるときは、日本国により公訴が提起されるまでの間、合衆国が引き続き行なうものとする。

6(a) 日本国の当局及び合衆国の軍当局は、犯罪についてのすべての必要な捜査の実施並びに証拠の収集及び提出（犯罪に関連する物件の押収及び相当な場合にはその引渡しを含む。）について、相互に援助しなければならない。ただし、

それらの物件の引渡しは、引渡しを行なう当局が定める期間内に還付されることを条件として行なうことができる。

(b)　日本国の当局及び合衆国の軍当局は、裁判権を行使する権利が競合するすべての事件の処理について、相互に通告しなければならない。

7(a)　死刑の判決は、日本国の法制が同様の場合に死刑を規定していない場合には、合衆国の軍当局が日本国内で執行してはならない。

(b)　日本国の当局は、合衆国の軍当局がこの条の規定に基づいて日本国の領域内で言い渡した自由刑の執行について合衆国の軍当局から援助の要請があつたときは、その要請に好意的考慮を払わなければならない。

8　被告人がこの条の規定に従つて日本国の当局又は合衆国の軍当局のいずれかにより裁判を受けた場合において、無罪の判決を受けたとき、又は有罪の判決を受けて服役しているとき、服役したとき、若しくは赦免されたときは、他方の国の当局は、日本国の領域内において同一の犯罪について重ねてその者を裁判してはならない。ただし、この項の規定は、合衆国の軍当局が合衆国軍隊の構成員を、その者が日本国の当局により裁判を受けた犯罪を構成した作為又は不作為から生ずる軍紀違反について、裁判することを妨げるものではない。

9　合衆国軍隊の構成員若しくは軍属又はそれらの家族は、日本国の裁判権に基づいて公訴を提起された場合には、いつでも、次の権利を有する。

(a)　遅滞なく迅速な裁判を受ける権利

(b)　公判前に自己に対する具体的な訴因の通知を受ける権利

(c)　自己に不利な証人と対決する権利

(d)　証人が日本国の管轄内にあるときは、自己のために強制的手続により証人を求める権利

(e)　自己の弁護のため自己の選択する弁護人をもつ権利又は日本国でその当時通常行なわれている条件に基づき費用を要しないで若しくは費用の補助を受けて弁護人をもつ権利

(f)　必要と認めたときは、有能な通訳を用いる権利

(g)　合衆国の政府の代表者と連絡する権利及び自己の裁判にその代表者を立ち会わせる権利

10(a)　合衆国軍隊の正規に編成された部隊又は編成隊は、第２条の規定に基づき使用する施設及び区域において警察権を行なう権利を有する。合衆国軍隊の軍事警察は、それらの施設及び区域において、秩序及び安全の維持を確保するためすべての適当な措置を執ることができる。

(b)　前記の施設及び区域の外部においては、前記の軍事警察は、必ず日本国の当局との取極に従うことを条件とし、かつ、日本国の当局と連絡して使用されるものとし、その使用は、合衆国軍隊の構成員の間の規律及び秩序の維持のため必要な範囲内に限るものとする。

11 相互協力及び安全保障条約第５条の規定が適用される敵対行為が生じた場合には、日本国政府及び合衆国政府のいずれの一方も、他方の政府に対し60日前に予告を与えることによつて、この条のいずれの規定の適用も停止させる権利を有する。この権利が行使されたときは、日本国政府及び合衆国政府は、適用を停止される規定に代わるべき適当な規定を合意する目的をもつて直ちに協議しなければならない。

12 この条の規定は、この協定の効力発生前に犯したいかなる罪にも適用しない。それらの事件に対しては、日本国とアメリカ合衆国との間の安全保障条約第３条に基く行政協定第17条の当該時に存在した規定を適用する。

第18条

1 各当事国は、自国が所有し、かつ、自国の陸上、海上又は航空の防衛隊が使用する財産に対する損害については、次の場合には、他方の当事国に対するすべての請求権を放棄する。

(a) 損害が他方の当事国の防衛隊の構成員又は被用者によりその者の公務の執行中に生じた場合

(b) 損害が他方の当事国が所有する車両、船舶又は航空機でその防衛隊が使用するものの使用から生じた場合。ただし、損害を与えた車両、船舶若しくは航空機が公用のため使用されていたとき、又は損害が公用のため使用されている財産に生じたときに限る。

海難救助についての一方の当事国の他方の当事国に対する請求権は、放棄する。ただし、救助された船舶又は積荷が、一方の当事国が所有し、かつ、その防衛隊が公用のため使用しているものであつた場合に限る。

2(a) いずれか一方の当事国が所有するその他の財産で日本国内にあるものに対して１に掲げるようにして損害が生じた場合には、両政府が別段の合意をしない限り、(b)の規定に従つて選定される一人の仲裁人が、他方の当事国の責任の問題を決定し、及び損害の額を査定する。仲裁人は、また、同一の事件から生ずる反対の請求を裁定する。

(b) (a)に掲げる仲裁人は、両政府間の合意によつて、司法関係の上級の地位を現に有し、又は有したことがある日本国民の中から選定する。

(c) 仲裁人が行なつた裁定は、両当事国に対して拘束力を有する最終的のものとする。

(d) 仲裁人が裁定した賠償の額は、５(e)(i)、(ii)及び(iii)の規定に従つて分担される。

(e) 仲裁人の報酬は、両政府間の合意によつて定め、両政府が、仲裁人の任務の遂行に伴う必要な費用とともに、均等の割合で支払う。

(f) もつとも、各当事国は、いかなる場合においても1400合衆国ドル又は50万4000円までの額については、その請求権を放棄する。これらの通貨の間の為替相場に著しい変動があつた場合には、両政府は、前記の額の適当な調整について合意するものとする。

3 1及び2の規定の適用上、船舶について「当事国が所有する」というときは、その当事国が裸用船した船舶、裸の条件で徴発した船舶又は拿《だ》捕した船舶を含む。ただし、損失の危険又は責任が当該当事国以外の者によつて負担される範囲については、この限りでない。

4 各当事国は、自国の防衛隊の構成員がその公務の執行に従事している間に被つた負傷又は死亡については、他方の当事国に対するすべての請求権を放棄する。

5 公務執行中の合衆国軍隊の構成員若しくは被用者の作為若しくは不作為又は合衆国軍隊が法律上責任を有するその他の作為、不作為若しくは事故で、日本国において日本国政府以外の第三者に損害を与えたものから生ずる請求権（契約による請求権及び6又は7の規定の適用を受ける請求権を除く。）は、日本国が次の規定に従つて処理する。

(a) 請求は、日本国の自衛隊の行動から生ずる請求権に関する日本国の法令に従つて、提起し、審査し、かつ、解決し、又は裁判する。

(b) 日本国は、前記のいかなる請求をも解決することができるものとし、合意され、又は裁判により決定された額の支払を日本円で行なう。

(c) 前記の支払（合意による解決に従つてされたものであると日本国の権限のある裁判所による裁判に従つてされたものであるとを問わない。）又は支払を認めない旨の日本国の権限のある裁判所による確定した裁判は、両当事国に対し拘束力を有する最終的のものとする。

(d) 日本国が支払をした各請求は、その明細並びに(e)(i)及び(ii)の規定による分担案とともに、合衆国の当局に通知しなければならない。2箇月以内に回答がなかつたときは、その分担案は、受諾されたものとみなす。

(e) (a)から(d)まで及び2の規定に従い請求を満たすために要した費用は、両当事国が次のとおり分担する。

(i) 合衆国のみが責任を有する場合には、裁定され、合意され、又は裁判により決定された額は、その25パーセントを日本国が、その75パーセントを合衆国が分担する。

(ii) 日本国及び合衆国が損害について責任を有する場合には、裁定され、合意され、又は裁判により決定された額は、両当事国が均等に分担する。損害が日本国又は合衆国の防衛隊によつて生じ、かつ、その損害をこれらの防衛隊のいずれか一方又は双方の責任として特定することができない場合には、裁定され、合意され、又は裁判により決定された額は、日本国及び合衆国が均等に分担する。

(iii) 比率に基づく分担案が受諾された各事件について日本国が6箇月の期間内に支払つた額の明細書は、支払要請書とともに、6箇月ごとに合衆国の当局に送付する。その支払は、できる限りすみやかに日本円で行なわなければならない。

(f)　合衆国軍隊の構成員又は被用者（日本の国籍のみを有する被用者を除く。）は、その公務の執行から生ずる事項については、日本国においてその者に対して与えられた判決の執行手続に服さない。

(g)　この項の規定は、(e)の規定が２に定める請求権に適用される範囲を除くほか、船舶の航行若しくは運用又は貨物の船積み、運送若しくは陸揚げから生じ、又はそれらに関連して生ずる請求権には適用しない。ただし、４の規定の適用を受けない死亡又は負傷に対する請求権については、この限りでない。

6　日本国内における不法の作為又は不作為で公務執行中に行なわれたものでないものから生ずる合衆国軍隊の構成員又は被用者（日本国民である被用者又は通常日本国に居住する被用者を除く。）に対する請求権は、次の方法で処理する。

(a)　日本国の当局は、当該事件に関するすべての事情（損害を受けた者の行動を含む。）を考慮して、公平かつ公正に請求を審査し、及び請求人に対する補償金を査定し、並びにその事件に関する報告書を作成する。

(b)　その報告書は、合衆国の当局に交付するものとし、合衆国の当局は、遅滞なく、慰謝料の支払を申し出るかどうかを決定し、かつ、申し出る場合には、その額を決定する。

(c)　慰謝料の支払の申出があつた場合において、請求人がその請求を完全に満たすものとしてこれを受諾したときは、合衆国の当局は、みずから支払をしなければならず、かつ、その決定及び支払つた額を日本国の当局に通知する。

(d)　この項の規定は、支払が請求を完全に満たすものとして行なわれたものでない限り、合衆国軍隊の構成員又は被用者に対する訴えを受理する日本国の裁判所の裁判権に影響を及ぼすものではない。

7　合衆国軍隊の車両の許容されていない使用から生ずる請求権は、合衆国軍隊が法律上責任を有する場合を除くほか、６の規定に従つて処理する。

8　合衆国軍隊の構成員又は被用者の不法の作為又は不作為が公務執行中にされたものであるかどうか、また、合衆国軍隊の車両の使用が許容されていたものであるかどうかについて紛争が生じたときは、その問題は、２(b)の規定に従つて選任された仲裁人に付託するものとし、この点に関する仲裁人の裁定は、最終的のものとする。

9(a)　合衆国は、日本国の裁判所の民事裁判権に関しては、５(f)に定める範囲を除くほか、合衆国軍隊の構成員又は被用者に対する日本国の裁判所の裁判権からの免除を請求してはならない。

(b)　合衆国軍隊が使用している施設及び区域内に日本国の法律に基づき強制執行を行なうべき私有の動産（合衆国軍隊が使用している動産を除く。）があるときは、合衆国の当局は、日本国の裁判所の要請に基づき、その財産を差し押えて日本国の当局に引き渡さなければならない。

(c) 日本国及び合衆国の当局は、この条の規定に基づく請求の公平な審理及び処理のための証拠の入手について協力するものとする。

10 合衆国軍隊による又は合衆国軍隊のための資材、需品、備品、役務及び労務の調達に関する契約から生ずる紛争でその契約の当事者によつて解決されないものは、調停のため合同委員会に付託することができる。ただし、この項の規定は、契約の当事者が有することのある民事の訴えを提起する権利を害するものではない。

11 この条にいう「防衛隊」とは、日本国についてはその自衛隊をいい、合衆国についてはその軍隊をいうものと了解される。

12 2及び5の規定は、非戦闘行為に伴つて生じた請求権についてのみ適用される。

13 この条の規定は、この協定の効力発生前に生じた請求権には適用しない。それらの請求権は、日本国とアメリカ合衆国との間の安全保障条約第3条に基く行政協定第18条の規定によつて処理する。

第19条

1 合衆国軍隊の構成員及び軍属並びにそれらの家族は、日本国政府の外国為替管理に服さなければならない。

2 1の規定は、合衆国ドル若しくはドル証券で、合衆国の公金であるもの、合衆国軍隊の構成員及び軍属がこの協定に関連して勤務し、若しくは雇用された結果取得したもの又はこれらの者及びそれらの家族が日本国外の源泉から取得したものの日本国内又は日本国外への移転を妨げるものと解してはならない。

3 合衆国の当局は、2に定める特権の濫用又は日本国の外国為替管理の回避を防止するため適当な措置を執らなければならない。

第20条

1(a) ドルをもつて表示される合衆国軍票は、合衆国によつて認可された者が、合衆国軍隊の使用している施設及び区域内における相互間の取引のため使用することができる。合衆国政府は、合衆国の規則が許す場合を除くほか、認可された者が軍票を用いる取引に従事することを禁止するよう適当な措置を執るものとする。日本国政府は、認可されない者が軍票を用いる取引に従事することを禁止するため必要な措置を執るものとし、また、合衆国の当局の援助を得て、軍票の偽造又は偽造軍票の使用に関する者で日本国の当局の裁判権に服すべきものを逮捕し、及び処罰するものとする。

(b) 合衆国の当局が、認可されない者に対し軍票を行使する合衆国軍隊の構成員及び軍属並びにそれらの家族を逮捕し、及び処罰すること並びに、日本国における軍票の許されない使用の結果として、合衆国又はその機関が、その認可されない者又は日本国政府若しくはその機関に対していかなる義務をも負うことはないことが合意される。

2 軍票の管理を行なうため、合衆国は、その監督の下に、合衆国が軍票の使用を認可した者の用に供する施設を維持し、及び運営する一定のアメリカの金融機関を指定することができる。軍用銀行施設を維持することを認められた金融機関は、その施設を当該機関の日本国における商業金融業務から場所的に分離して設置し、及び維持するものとし、これに、この施設を維持し、かつ、運営することを唯一の任務とする職員を置く。この施設は、合衆国通貨による銀行勘定を維持し、かつ、この勘定に関するすべての金融取引（第19条2に定める範囲内における資金の受領及び送付を含む。）を行なうことを許される。

第21条

合衆国は、合衆国軍隊の構成員及び軍属並びにそれらの家族が利用する合衆国軍事郵便局を、日本国にある合衆国軍事郵便局間及びこれらの軍事郵便局と他の合衆国郵便局との間における郵便物の送達のため、合衆国軍隊が使用している施設及び区域内に設置し、及び運営することができる。

第22条

合衆国は、日本国に在留する適格の合衆国市民で合衆国軍隊の予備役団体への編入の申請を行なうものを同団体に編入し、及び訓練することができる。

第23条

日本国及び合衆国は、合衆国軍隊、合衆国軍隊の構成員及び軍属並びにそれらの家族並びにこれらのものの財産の安全を確保するため随時に必要となるべき措置を執ることについて協力するものとする。日本国政府は、その領域において合衆国の設備、備品、財産、記録及び公務上の情報の十分な安全及び保護を確保するため、並びに適用されるべき日本国の法令に基づいて犯人を罰するため、必要な立法を求め、及び必要なその他の措置を執ることに同意する。

第24条

1　日本国に合衆国軍隊を維持することに伴うすべての経費は、2に規定するところにより日本国が負担すべきものを除くほか、この協定の存続期間中日本国に負担をかけないで合衆国が負担することが合意される。

2　日本国は、第2条及び第3条に定めるすべての施設及び区域並びに路線権（飛行場及び港における施設及び区域のように共同に使用される施設及び区域を含む。）をこの協定の存続期間中合衆国に負担をかけないで提供し、かつ、相当の場合には、施設及び区域並びに路線権の所有者及び提供者に補償を行なうことが合意される。

3　この協定に基づいて生ずる資金上の取引に適用すべき経理のため、日本国政府と合衆国政府との間に取極を行なうことが合意される。

第25条

1　この協定の実施に関して相互間の協議を必要とするすべての事項に関する日本国政府と合衆国政府との間の協議機関として、合同委員会を設置する。合同委員会は、特に、合衆国が相互協力及び安全保障条約の目的の遂行に当たつて使用するため必要とされる日本国内の施設及び区域を決定する協議機関として、任務を行なう。

2　合同委員会は、日本国政府の代表者1人及び合衆国政府の代表者1人で組織し、各代表者は、1人又は2人以上の代理及び職員団を有するものとする。合同委員会は、その手続規則を定め、並びに必要な補助機関及び事務機関を設ける。合同委員会は、日本国政府又は合衆国政府のいずれか一方の代表者の要請があるときはいつでも直ちに会合することができるように組織する。

3　合同委員会は、問題を解決することができないときは、適当な経路を通じて、その問題をそれぞれの政府にさらに考慮されるように移すものとする。

第26条

1　この協定は、日本国及び合衆国によりそれぞれの国内法上の手続に従つて承認されなければならず、その承認を通知する公文が交換されるものとする。

2　この協定は、1に定める手続が完了した後、相互協力及び安全保障条約の効力発生の日〔昭和35年6月23日〕に効力を生じ、1952年2月28日に東京で署名された日本国とアメリカ合衆国との間の安全保障条約第3条に基く行政協定（改正を含む。）は、その時に終了する。

3　この協定の各当事国の政府は、この協定の規定中その実施のため予算上及び立法上の措置を必要とするものについて、必要なその措置を立法機関に求めることを約束する。

第27条

いずれの政府も、この協定のいずれの条についてもその改正をいつでも要請することができる。その場合には、両政府は、適当な経路を通じて交渉するものとする。

第28条

この協定及びその合意された改正は、相互協力及び安全保障条約が有効である間、有効とする。ただし、それ以前に両政府間の合意によつて終了させたときは、この限りでない。

43 日本国の自衛隊とアメリカ合衆国軍隊との間における後方支援、物品又は役務の相互の提供に関する日本国政府とアメリカ合衆国政府との間の協定

（日米物品役務相互提供協定）

平成28年９月26日署名（東京）
平成29年４月25日公布（条約第７号）
平成29年４月25日効力発生（外務省告示第156号）

日本国政府及びアメリカ合衆国政府（以下個別に「当事国政府」といい、「両当事国政府」と総称する。）は、

日本国の自衛隊とアメリカ合衆国軍隊との間における後方支援、物品又は役務の相互の提供に関する枠組みを設けることが、日本国の自衛隊とアメリカ合衆国軍隊との間の緊密な協力を促進し、1960年１月19日にワシントンで署名された日本国とアメリカ合衆国との間の相互協力及び安全保障条約（以下「条約」という。）の円滑なかつ効果的な運用に寄与することを認識し、

このような枠組みを設けることが、相互の後方支援について、日米防衛協力のための指針において言及されている２国間協力の実効性に寄与することを認識し、

このような枠組みを設けることが、日本国の自衛隊及びアメリカ合衆国軍隊が行う活動においてそれぞれの役割を一層効率的に果たすことを促進し、並びに国際の平和及び安全に積極的に寄与することを理解して、

次のとおり協定した。

第１条

1　この協定の適用上、次の用語は、次のとおり定義される。

a　「後方支援、物品又は役務」とは、後方支援において提供される物品又は役務をいう。この協定に基づいて提供される後方支援、物品又は役務は、次に掲げる区分に係るものとする。

食料、水、宿泊、輸送（空輸を含む。）、燃料・油脂・潤滑油、被服、通信業務、衛生業務、基地活動支援（基地活動支援に付随する建設を含む。）、保管業務、施設の利用、訓練業務、部品・構成品、修理・整備業務（校正業務を含む。）、空港・港湾業務及び弾薬

それぞれの区分に係る後方支援、物品又は役務の例については、付表１において定める。

i　後方支援、物品又は役務には、汎用車両その他の非致死性の軍事上の装備品の一時的な使用であって、それぞれ自国の国内法令により認められるものを含む。

ii　後方支援、物品又は役務の提供には、日本国の自衛隊による武器の提供又はアメリカ合衆国軍隊による武器システムの提供を含まない。

b 「重要影響事態」とは、日本国の平和及び安全に重要な影響を与える事態をいう。

c 「武力攻撃事態」とは、日本国に対する武力攻撃が発生した事態又は日本国に対する武力攻撃が発生する明白な危険が切迫していると認められるに至った事態をいう。

d 「武力攻撃予測事態」とは、武力攻撃事態には至っていないが、事態が緊迫し、日本国に対する武力攻撃が予測されるに至った事態をいう。

e 「存立危機事態」とは、日本国と密接な関係にある国に対する武力攻撃が発生し、これにより日本国の存立が脅かされ、日本国民の生命、自由及び幸福追求の権利が根底から覆される明白な危険がある事態をいう。

2　この協定は、日本国の自衛隊及びアメリカ合衆国軍隊がそれぞれ自国の法令に従って行う活動であって、次条から第6条までに定めるもののための後方支援、物品又は役務の日本国の自衛隊とアメリカ合衆国軍隊との間における相互の提供に関する基本的な条件を定めることを目的とする。

3　この協定は、相互主義の原則に基づく後方支援、物品又は役務の提供のための枠組みについて定める。

4　この協定に基づいて提供される後方支援、物品又は役務の使用は、国際連合憲章その他の適用可能な国際法と両立するものでなければならない。

5　この協定に基づいて行われる後方支援、物品又は役務の要請、提供、受領及び決済については、日本国の自衛隊及びアメリカ合衆国軍隊（この協定の適用上、アメリカ合衆国国防省の全ての機関を含む。）が実施する。

第2条

いずれか一方の当事国政府が、日本国の自衛隊及びアメリカ合衆国軍隊の双方の参加を得て行われる訓練のための後方支援、物品又は役務の提供を他方の当事国政府に対してこの協定に基づいて要請する場合には、当該他方の当事国政府は、その権限の範囲内で、要請された後方支援、物品又は役務を提供することができる。

第3条

1 a　いずれか一方の当事国政府が、日本国の自衛隊若しくはアメリカ合衆国軍隊が行う国際連合平和維持活動、国際連携平和安全活動若しくは人道的な国際救援活動又は大規模な災害に係る活動のための後方支援、物品又は役務の提供を他方の当事国政府に対してこの協定に基づいて要請する場合には、当該他方の当事国政府は、その権限の範囲内で、要請された後方支援、物品又は役務を提供することができる。

b　aに規定する大規模な災害に係る活動とは、アメリカ合衆国軍隊が災害救援活動を行い、かつ、日本国の自衛隊が国際連合平和維持活動等に対する協力に関する法律（平成4年法律第79号）に定める業務を実施する場合における当該活動を意味する。

2　日本国の自衛隊が1の規定に基づいてアメリカ合衆国軍隊により後方支援、物品又は役務の提供を要請される場合には、日本国の自衛隊によるアメリカ合衆国軍隊に対する後方支援、物品又は役務の提供は、1ｂに規定する法律に従って行われるものと了解される。

第4条

1　いずれか一方の当事国政府が、重要影響事態に際して日本国の自衛隊又はアメリカ合衆国軍隊が行う活動であって、条約の目的の達成に寄与するもの又はその他の国際連合憲章の目的の達成に寄与するもののための後方支援、物品又は役務の提供を他方の当事国政府に対してこの協定に基づいて要請する場合には、当該他方の当事国政府は、その権限の範囲内で、要請された後方支援、物品又は役務を提供することができる。

2　日本国の自衛隊が1の規定に基づいてアメリカ合衆国軍隊により後方支援、物品又は役務の提供を要請される場合には、日本国の自衛隊によるアメリカ合衆国軍隊に対する後方支援、物品又は役務の提供は、重要影響事態に対処するための日本国の措置について定めた日本国の関連の法律に従って行われるものと了解される。

第5条

1　いずれか一方の当事国政府が、日本国の自衛隊又はアメリカ合衆国軍隊が行う次の活動のための後方支援、物品又は役務の提供を他方の当事国政府に対してこの協定に基づいて要請する場合には、当該他方の当事国政府は、その権限の範囲内で、要請された後方支援、物品又は役務を提供することができる。

a　武力攻撃事態又は武力攻撃予測事態に際して、日本国に対する武力攻撃を排除するために必要な活動

b　存立危機事態に際して、日本国と密接な関係にある国に対する武力攻撃であって、これにより日本国の存立が脅かされ、日本国民の生命、自由及び幸福追求の権利が根底から覆される明白な危険があるものを排除するために必要な活動

2　日本国の自衛隊が1の規定に基づいてアメリカ合衆国軍隊により後方支援、物品又は役務の提供を要請される場合には、日本国の自衛隊によるアメリカ合衆国軍隊に対する後方支援、物品又は役務の提供は、武力攻撃事態、武力攻撃予測事態及び存立危機事態に対処するための日本国の措置について定めた日本国の関連の法律に従って行われるものと了解される。

第6条

1　いずれか一方の当事国政府が、第2条から前条までの規定の適用を受ける活動以外の活動であって、国際の平和及び安全に寄与するための国際社会の努力の促

進、大規模災害への対処その他の目的のために日本国の自衛隊又はアメリカ合衆国軍隊が行うもののための後方支援、物品又は役務の提供を他方の当事国政府に対してこの協定に基づいて要請する場合には、当該他方の当事国政府は、その権限の範囲内で、要請された後方支援、物品又は役務を提供することができる。

2 日本国の自衛隊が1の規定に基づいてアメリカ合衆国軍隊により後方支援、物品又は役務の提供を要請される場合には、日本国の自衛隊によるアメリカ合衆国軍隊に対する後方支援、物品又は役務の提供は、国際社会の平和及び安全を脅かす事態であって、国際社会が共同して対処するものに対処するための日本国の措置について定めた日本国の関連の法律又は付表2に定める日本国の法律の規定であってその時に有効なものに従って行われるものと了解される。

第7条

1 この協定に基づく後方支援の提供に係る決済の手続は、次のとおりとする。

a 物品の提供については、

i 物品を受領した当事国政府（以下「受領当事国政府」という。）は、当該物品を提供した当事国政府（以下「提供当事国政府」という。）にとって満足のできる状態及び方法で当該物品を返還する。ただし、iiの規定の適用を妨げるものではない。

ii 提供された物品が消耗品である場合又は受領当事国政府が当該物品を提供当事国政府にとって満足のできる状態及び方法で返還することができない場合には、受領当事国政府は、同種、同等及び同量の物品を提供当事国政府にとって満足のできる状態及び方法で返還する。ただし、iiiの規定の適用を妨げるものではない。

iii 受領当事国政府が提供された物品と同種、同等及び同量の物品を提供当事国政府にとって満足のできる状態及び方法で返還することができない場合には、受領当事国政府は、提供当事国政府に対して提供当事国政府の指定する通貨により償還する。

b 役務の提供については、提供当事国政府の指定する通貨により提供された役務を償還するか又は同種であり、かつ、同等の価値を有する役務を提供することによって決済する。決済の方法については、当該役務が提供される前に両当事国政府の間で合意する。

2 両当事国政府は、それぞれの国の法律が許容する範囲内で又は適用される国際協定に基づき、この協定に基づいて提供される後方支援、物品又は役務に対していかなる税も課されないことを確保する。いずれの当事国政府も、この協定に基づいて提供される役務に対して内国消費税を課さないものとする。

第8条

前条1aiii及びbの規定に従って償還される後方支援、物品又は役務の価格は、第10条に規定する手続取極に定める関連規定に基づいて決定される。

第9条

この協定に基づいて提供される後方支援、物品又は役務については、提供当事国政府の書面による事前の同意を得ないで、一時的であれ又は永続的であれ、いかなる手段によっても日本国の自衛隊又はアメリカ合衆国軍隊以外の者又は団体に移転してはならない。

第10条

この協定に基づいて行われる後方支援、物品又は役務の要請、提供、受領及び決済の実施については、この協定の下で締結され、及びこの協定により規律され、並びに条件の補足的な細目及び手続であってこの協定を実施するためのものを定める手続取極にのみ従うものとする。手続取極は、日本国防衛省とアメリカ合衆国国防省との間で締結される。

第11条

1　この協定は、1960年1月19日にワシントンで署名された日本国とアメリカ合衆国との間の相互協力及び安全保障条約第6条に基づく施設及び区域並びに日本国における合衆国軍隊の地位に関する協定に基づく両当事国政府の権利及び義務に影響を及ぼすものではない。

2　両当事国政府は、この協定の実施に関し相互に緊密に協議する。

3　この協定及び手続取極の解釈又は適用に関するいかなる事項も、両当事国政府の間の協議によってのみ解決されるものとする。

第12条

1　この協定は、日本国及びアメリカ合衆国によりそれぞれの国内法上の手続に従って承認されなければならない。この協定は、その承認を通知する外交上の公文が交換された日に効力を生ずる。この協定は、10年間効力を有するものとし、その後は、いずれか一方の当事国政府がそれぞれの10年の期間が満了する少なくとも6箇月前に他方の当事国政府に対してこの協定を終了させる意思を書面により通告しない限り、順次それぞれ10年の期間、自動的に効力を延長されるものとする。

2　1の規定にかかわらず、各当事国政府は、他方の当事国政府に対して1年前に書面により通告することによって、いつでもこの協定を終了させることができる。この協定の終了の後においても、この協定の条件に従った財政上の義務及び合意された移転は、別段の合意がない限り、履行されるまで拘束力を有する。

3　この協定は、両当事国政府の書面による合意によって改正することができる。この協定の改正は、アメリカ合衆国政府が日本国政府から日本国が当該改正を承認した旨の書面による通告を受領した日に効力を生じ、この協定が有効である限り効力を有する。ただし、この協定の付表2は、両当事国政府の書面による合意により、この協定を改正することなく修正することができる。付表2の修正は、両当事国政府間の外交上の公文の交換によって確認された日に効力を生ずる。

4　1996年4月15日に東京で署名された日本国の自衛隊とアメリカ合衆国軍隊との間における後方支援、物品又は役務の相互の提供に関する日本国政府とアメリカ合衆国政府との間の協定（1998年4月28日及び2004年2月27日にそれぞれ東京で署名された日本国の自衛隊とアメリカ合衆国軍隊との間における後方支援、物品又は役務の相互の提供に関する日本国政府とアメリカ合衆国政府との間の協定を改正する協定による改正を含む。）（以下「1996年協定」という。）は、この協定の効力発生の日に効力を失う。1996年協定の条件に従った財政上の義務及び合意された移転は、別段の合意がない限り、履行されるまで拘束力を有する。

以上の証拠として、下名は、各自の政府から正当に委任を受けてこの協定に署名した。

2016年9月26日に東京で、ひとしく正文である日本語及び英語により本書2通を作成した。

付表1

区　分	各区分の例
食料	食料、食事の提供、調理器具及びこれらに類するもの
水	水、給水、給水に必要な用具及びこれらに類するもの
宿泊	宿泊設備及び入浴設備の利用、寝具類並びにこれらに類するもの
輸送（空輸を含む。）	人又は物の輸送、輸送用資材及びこれらに類するもの
燃料・油脂・潤滑油	燃料、油脂及び潤滑油、給油、給油に必要な用具並びにこれらに類するもの
被服	被服、被服の補修及びこれらに類するもの
通信業務	通信設備の利用、通信業務、通信機器及びこれらに類するもの
衛生業務	診療、衛生機具及びこれらに類するもの
基地活動支援（基地活動支援に付随する建設を含む。）	廃棄物の収集及び処理、洗濯、給電、環境面の支援、建設、消毒機具及び消毒並びにこれらに類するもの
保管業務	倉庫又は冷蔵貯蔵室における一時的保管及びこれに類するもの
施設の利用	建物、施設及び土地の一時的利用並びにこれらに類するもの
訓練業務	指導員の派遣、教育訓練用資材、訓練用消耗品及びこれらに類するもの

部品・構成品	軍用航空機、軍用車両及び軍用船舶の部品又は構成品並びにこれらに類するもの
修理・整備業務（校正業務を含む。）	修理及び整備、修理及び整備用機器並びにこれらに類するもの
空港・港湾業務	航空機の離発着及び艦船の出入港に対する支援、積卸作業並びにこれらに類するもの
弾薬	弾薬、弾薬の提供、弾薬の提供に必要な用具及びこれらに類するもの

付表2

日本国の法律の規定
自衛隊法（昭和29年法律第165号）第100条の6（同条第1項第1号に掲げるアメリカ合衆国の軍隊に対する物品又は役務の提供に係る部分を除く。）

IX

関連防衛法令〔条約を実施するための国内法的処置〕

捕虜取扱法
捕虜取扱法施行令
捕虜取扱法施行規則
外国軍用品等海上輸送規制法
国際人道法違反行為処罰法
重要文化財保護政令
武力紛争の際の文化財の保護に関する法律
対人地雷の製造の禁止及び所持の規制等に関する法律
化学兵器の禁止及び特定物質の規制等に関する法律
生物兵器禁止条約の実施に関する法律
領海及び接続水域に関する法律

海洋基本法
海上保安庁法
警察官職務執行法
排他的経済水域及び大陸棚に関する法律
海洋構築物等に係る安全水域の設定等に関する法律
排他的経済水域における漁業等に関する主権的権利の行使等に関する法律
国際刑事裁判所に対する協力等に関する法律
日本赤十字社法
赤十字標章及び衛生要員等の身分証明書に関する訓令
赤十字の標章及び名称等の使用の制限に関する法律

○武力攻撃事態及び存立危機事態における捕虜等の取扱いに関する法律

（捕虜取扱法）

平一六・六・一八
法一一七

最終改正 平二九・六・二 法四二

目次

第一章　総則

（目的）

第一条　この法律は、武力攻撃事態及び存立危機事態における捕虜等の拘束、抑留その他の取扱いに関し必要な事項を定めることにより、武力攻撃又は存立危機武力攻撃を排除するために必要な自衛隊の行動が円滑かつ効果的に実施されるようにするとともに、武力攻撃事態及び存立危機事態において捕虜の待遇に関する千九百四十九年八月十二日のジュネーヴ条約（以下「第三条約」という。）その他の捕虜等の取扱いに係る国際人道法の的確な実施を確保することを目的とする。

（基本原則）

第二条　国は、武力攻撃事態及び存立危機事態においてこの法律の規定により拘束され又は抑留された者（以下この条において「捕虜等」という。）の取扱いに当たっては、第三条約その他の国際的な武力紛争において適用される国際人道法に基づき、常に人道的な待遇を確保するとともに、捕虜等の生命、身体、健康及び名誉を尊重し、これらに対する侵害又は危難から常に保護しなければならない。

2　この法律（これに基づく命令を含む。）の規定により捕虜等に対して与えられる保護は、人種、国籍、宗教的又は政治的意見その他これに類する基準に基づく不当に差別的なものであってはならない。

3　何人も、捕虜等に対し、武力攻撃又は存立危機武力攻撃に対する報復として、いかなる不利益をも与えてはならない。

（定義）

第三条　この法律において、次の各号に掲げる用語の意義は、それぞれ当該各号に定めるところによる。

一　武力攻撃　武力攻撃事態等及び存立危機事態における我が国の平和と独立並びに国及び国民の安全の確保に関する法律（平成十五年法律第七十九号。以下この条において「事態対処法」という。）第二条第一号に規定する武力攻撃をいう。

二　武力攻撃事態　事態対処法第二条第二号に規定する武力攻撃事態をいう。

三　存立危機武力攻撃　事態対処法第二条第八号ハ(1)に規定する存立危機武力攻撃をいう。

四　存立危機事態　事態対処法第二条第四号に規定する存立危機事態をいう。

五　敵国軍隊等　武力攻撃事態又は存立危機事態において、武力攻撃又は存立危機武力攻撃を行っている外国の軍隊その他これに類する組織をいう。

六　抑留対象者　次のイからルまでのいずれかに該当する外国人をいう。

イ　敵国軍隊等の構成員（ホ、ト、リ及びヌに掲げる者を除く。）

ロ　敵国軍隊等に随伴する者（敵国軍隊等の構成員を除く。）であって、当該敵国軍隊等からその随伴を許可されているもの（ヘ及びチに掲げる者を除く。）

ハ　船舶（軍艦及び各国政府が所有し又は運航する船舶であって非商業的目的のみに使用されるもの（以下「軍艦等」という。）を除く。）であって敵国軍隊等の軍艦等に警護されるもの又は武力攻撃事態及び存立危機事態における外国軍用品等の海上輸送の規制に関する法律（平成十六年法律第百十六号）第二条第三号に規定する外国軍用品等（ニにおいて「外国軍用品等」という。）を輸送しているものの乗組員（武力攻撃又は存立危機武力攻撃を行っている外国の国籍を有する者に限る。）

ニ　国際民間航空条約第三条に規定する民間航空機であって敵国軍用航空機（敵国軍隊等に属し、かつ、その軍用に供する航空機をいう。）に警護されるもの又は外国軍用品等を輸送しているものの乗組員（同条約第三十二条(a)に規定する運航乗組員であって、武力攻撃又は存立危機武力攻撃を行っている外国の国籍を有するものに限る。）

ホ　戦地にある軍隊の傷者及び病者の状態の改善に関する千九百四十九年八月十二日のジュネーヴ条約（以下「第一条約」という。）第二十四条に規定する傷者若しくは病者の捜索、収容、輸送若しくは治療若しくは疾病の予防に専ら従事する衛生要員又は敵国軍隊等の衛生部隊及び衛生施設の管

理に専ら従事する職員

ヘ　第一条約第二十六条第一項に規定する武力攻撃又は存立危機武力攻撃を行っている外国の赤十字社その他の篤志救済団体で当該外国の政府が正当に認めたものの職員のうち、ホに掲げる者と同一の任務に当たるもの

ト　第一条約第二十四条に規定する敵国軍隊等に随伴する宗教要員

チ　第一条約第二十六条第一項に規定する武力攻撃又は存立危機武力攻撃を行っている外国の赤十字社その他の篤志救済団体で当該外国の政府が正当に認めたものの職員のうち、トに掲げる者と同一の任務に当たるもの

リ　敵国軍隊等の構成員であって、千九百四十九年八月十二日のジュネーヴ諸条約の国際的な武力紛争の犠牲者の保護に関する追加議定書（議定書Ⅰ）（以下「第一追加議定書」という。）第四十四条3に規定する義務に違反し、捕虜として取り扱われる権利を失うこととなるもの

ヌ　敵国軍隊等の構成員であって、第一追加議定書第四十六条の規定により間諜《ちょう》として取り扱われることとなるもの

ル　第一追加議定書第四十七条2に規定する傭《よう》兵

七　捕虜　第二章第三節又は第四章第二節に規定する手続により前号イからニまでに掲げる外国人に該当する旨の抑留資格認定又は裁決を受けて抑留される者をいう。

八　衛生要員　第二章第三節又は第四章第二節に規定する手続により第六号ホ又はヘに掲げる外国人に該当する旨の抑留資格認定又は裁決を受けて抑留される者をいう。

九　宗教要員　第二章第三節又は第四章第二節に規定する手続により第六号ト又はチに掲げる外国人に該当する旨の抑留資格認定又は裁決を受けて抑留される者をいう。

十　区別義務違反者　第二章第三節又は第四章第二節に規定する手続により第六号リに掲げる外国人に該当する旨の抑留資格認定又は裁決を受けて抑留される者をいう。

十一　間諜　第二章第三節又は第四章第二節に規定する手続により第六号ヌに掲げる外国人に該当する旨の抑留資格認定又は裁決を受けて抑留される者をいう。

十二　傭兵　第二章第三節又は第四章第二節に規定する手続により第六号ルに掲げる外国人に該当する旨の抑留資格認定又は裁決を受けて抑留される者をいう。

十三　資格認定審査請求　第十四条第一項、第十七条第四項及び第百六条第一項の規定による抑留資格認定に関する審査の請求をいう。

十四　懲戒審査請求　第百二十五条の規定による懲戒処分に関する審査の請求をいう。

十五　捕虜収容所　自衛隊法（昭和二十九年法律第百六十五号）第二十四条第三項に規定する捕虜収容所をいう。

十六　捕虜収容所長　自衛隊法第二十九条の二第二項に規定する所長をいう。

十七　捕虜代表　第三条約第八十条に規定する任務を遂行する者として、捕虜収容所長から指名されたものをいう。

十八　利益保護国　第一追加議定書第二条(c)に規定する利益保護国をいう。

十九　利益保護国代理　第一追加議定書第二条(d)に規定する代理をいう。

二十　利益保護国代表　我が国領域内において第三条約又は第一追加議定書の規定による利益保護国又は利益保護国代理としての任務を遂行する者であって、我が国政府が承認を与えたものをいう。

第二章　拘束及び抑留資格認定の手続

第一節　拘束

（拘束措置）

第四条　自衛隊法第七十六条第一項の規定により出動を命ぜられた自衛隊の自衛官（以下「出動自衛官」という。）は、武力攻撃が発生した事態又は存立危機事態において、服装、所持品の形状、周囲の状況その他の事情に照らし、抑留対象者に該当すると疑うに足りる相当の理由がある者があるときは、これを拘束することができる。

（危険物等の検査）

第五条　出動自衛官は、前条の規定により拘束した者（以下「被拘束者」という。）については、その所持品又は身体について危険物（銃砲、銃剣、銃砲弾、爆発物その他の軍用の武器及びこれらに準ずる物であって、人の生命又は身体に危険を生じさせるものをいう。次項において同じ。）又は軍用書類（地図、軍用規則、命令書、計画書その他の軍用に供する書類をいう。以下同じ。）を所持しているかどうかを調べることができる。

2　出動自衛官は、前項の規定による検査の結果、危険物又は軍用書類を発見したときは、次条第一項又は第二項の規定による引渡しの時までこれを取り上げ、又は直ちに廃棄することができる。

（被拘束者の引渡し等）

第六条　出動自衛官は、第四条の規定による拘束をしたときは、防衛大臣の定めるところにより、速やかに、被拘束者を指定部隊長（自衛隊法第八条に規定する部隊等であって、連隊、自衛艦その他の防衛省令で定めるものの長をいう。以下同じ。）に引き渡さなければならない。

2　出動自衛官は、前項の規定にかかわらず、指定部隊長よりも近傍に抑留資格認定官（方面総監、地方総監又は航空方面隊司令官その他政令で定める部隊等の長をいう。以下同じ。）が所在するときは、防衛大臣の定めるところにより、被拘束者を当該抑留資格認定官に引き渡すことができる。

3　出動自衛官は、前二項の規定による引渡しをする場合には、防衛省令で定めるところにより、拘束の日時及び場所その他必要な事項をその引渡しをする指定部隊長又は抑留資格認定官に報告しなければならない。

（被拘束者に対する特例措置）

第七条　出動自衛官は、前条第一項又は第二項の規定にかかわらず、被拘束者の心身の状況、利用可能な輸送手段その他の事情を考慮し、被拘束者がこれらの規定による引渡しのための移動に耐えられないと認めるに足りる相当の理由があるときは、戦闘行為の直接の危険から回避することができる近傍の場所への移動、適切な医薬品等の給与その他の当該被拘束者の状況に応じて可能な範囲の安全措置を講じた上で、直ちに当該被拘束者を放免することができる。

第二節　指定部隊長による確認

（指定部隊長による確認）

第八条　指定部隊長は、第六条第一項の規定により被拘束者の引渡しを受けたときは、速やかに、当該被拘束者について、その氏名、階級又は地位（以下「階級等」という。）、生年月日及び身分証明書番号等（身分証明書番号、個人番号その他これに類する個人を識別するために付された数字、記号又は符号をいう。以下同じ。）を確認しなければならない。

2　指定部隊長は、前項の規定による確認を行うために必要な範囲内において、被拘束者に対し、質問し、又は身分証明書その他の所持品を検査することができる。

3　指定部隊長は、第一項の規定による確認の結果について、確認記録を作成しなければならない。

4　確認記録には、次に掲げる事項を記載し、かつ、指定部隊長がその識別符号（個人を識別するために防衛大臣の定めるところにより指定部隊長に付された数字、記号又は符号をいう。）を記入しなければならない。

一　被拘束者の氏名、階級等、生年月日及び身分証明書番号等
二　拘束の日時及び場所
三　作成年月日
四　その他防衛省令で定める事項

5　指定部隊長は、防衛大臣の定めるところによりその指揮監督する自衛官の中から指定した者に、第二項の規定による処分を行わせることができる。

（確認後の措置）

第九条　指定部隊長は、前条第一項の規定による確認の結果、被拘束者が抑留対象者に該当しないと判断したときは、直ちに、当該被拘束者にその旨の通知をしなければならない。

2　前項の通知をする場合には、指定部隊長は、当該被拘束者に対し、次条に規定する抑留資格認定官による抑留資格認定を受けることができる旨を告知しな

ければならない。

3　第一項の場合において、被拘束者が抑留対象者に該当しない旨の判断に同意したときは、指定部隊長は、当該被拘束者に対し、当該判断に同意する旨を記載した文書に署名させるとともに、前条第四項の規定による確認記録の写しを交付の上、直ちにこれを放免しなければならない。

4　前項の規定により放免する場合を除き、指定部隊長は、防衛大臣の定めるところにより、遅滞なく、被拘束者を確認記録とともに管轄の抑留資格認定官に引き渡さなければならない。

第三節　抑留資格認定

（抑留資格認定）

第十条　抑留資格認定官は、第六条第二項又は前条第四項の規定により被拘束者の引渡しを受けたときは、速やかに、当該被拘束者が抑留対象者に該当するかどうかの認定（抑留対象者に該当する場合にあっては、第三条第六号イからルまでのいずれに該当するかの認定を含む。以下「抑留資格認定」という。）をしなければならない。

（抑留資格認定のための調査）

第十一条　抑留資格認定官は、抑留資格認定のため必要があるときは、被拘束者を取り調べることができる。

2　抑留資格認定官は、抑留資格認定のため必要があるときは、参考人の出頭を求め、当該参考人を取り調べることができる。この場合において、当該参考人が他の抑留資格認定官の管理する収容区画等（第百七十二条第一項に規定する区画又は施設をいう。）に留め置かれ、又は捕虜収容所に収容されている者であるときは、抑留資格認定官は、当該他の抑留資格認定官又は捕虜収容所長に対し、当該参考人の取調べを依頼することができる。

3　抑留資格認定官は、抑留資格認定のため必要があるときは、被拘束者の所持品又は身体の検査をすることができる。ただし、女性の被拘束者の身体を検査する場合には、緊急を要するときを除き、女性の自衛隊員（自衛隊法第二条第五項に規定する隊員をいう。第百六十八条第一項において同じ。）にこれを行わせなければならない。

4　抑留資格認定官は、抑留資格認定のため必要があるときは、公務所又は公私の団体に照会して必要な事項の報告を求めることができる。

5　抑留資格認定官は、防衛大臣の定めるところによりその指揮監督する自衛官の中から指定した者（以下この節において「認定補佐官」という。）に、前各項の規定による調査を行わせることができる。

（認定調査記録の作成）

第十二条　抑留資格認定官は、前条第一項から第四項までの規定による調査を行ったときは、その結果について、認定調査記録を作成し、かつ、自らこれに署名しなければならない。ただし、同条第五項の規定により認定補佐官が当該調査を行ったときは、当該認定補佐官が、その認定調査記録を作成し、かつ、これに署名するものとする。

2　前条第二項の規定により参考人の取調べを依頼された抑留資格認定官又は捕虜収容所長についても、前項と同様とする。

（放免）

第十三条　抑留資格認定官は、調査の結果、被拘束者が抑留対象者に該当しない旨の抑留資格認定をしたときは、防衛省令で定めるところにより、直ちに、当該被拘束者にその旨の通知をしなければならない。

2　前項の通知をする場合には、抑留資格認定官は、当該被拘束者に対し、次条第一項の規定による資格認定審査請求をすることができる旨を告知しなければならない。

3　第一項の場合において、被拘束者が同項の抑留資格認定に同意したときは、抑留資格認定官は、当該被拘束者に対し、当該認定に同意する旨を記載した文書に署名させるとともに、次項の規定による放免書を交付の上、直ちにこれを放免しなければならない。第一項の通知を受けた被拘束者が次条第一項の規定による資格認定審査請求をしなかったときも、同様とする。

4　前項の規定により交付される放免書には、次に掲げる事項を記載し、かつ、抑留資格認定官がこれに記名押印しなければならない。

一　被拘束者の氏名及び生年月日
二　拘束の日時及び場所
三　放免の理由
四　交付年月日
五　その他防衛省令で定める事項

（資格認定審査請求）

第十四条　前条第一項の通知を受けた被拘束者は、同項の抑留資格認定に不服があるときは、その通知を受けた時から二十四時間以内に、政令で定めるところにより、不服の理由を記載した書面（次項において「審査請求書」という。）を抑留資格認定官に提出して、捕虜資格認定等審査会に対し、資格認定審査請求をすることができる。

2　抑留資格認定官は、前項の資格認定審査請求があったときは、捕虜資格認定等審査会に対し、審査請求書、認定調査記録その他の関係書類を送付しなければならない。

（仮収容）

第十五条　抑留資格認定官は、被拘束者が前条第一項の資格認定審査請求をしたときは、次項の規定による仮収容令書を発付し、当該被拘束者を仮に収容するものとする。

2　前項の規定により発付される仮収容令書には、次に掲げる事項を記載し、かつ、抑留資格認定官がこれに記名押印しなければならない。
一　被拘束者の氏名及び生年月日
二　拘束の日時及び場所
三　発付年月日
四　その他防衛省令で定める事項

3　仮収容令書は、認定補佐官が執行するものとする。

4　認定補佐官は、仮収容令書を執行するときは、その仮に収容される者に仮収容令書を示して、速やかに、その者を捕虜収容所長に引き渡さなければならない。

5　捕虜収容所長は、前項の規定による引渡しを受けたときは、当該引渡しを受けた者を捕虜収容所に収容するものとする。

（抑留資格認定に係る処分）

第十六条　抑留資格認定官は、被拘束者が抑留対象者（第三条第六号ロ、ハ又はニに掲げる者（以下この条、次条及び第百二十一条第二項において「軍隊等非構成員捕虜」という。）を除く。）に該当する旨の抑留資格認定をしたときは、防衛省令で定めるところにより、直ちに、当該被拘束者にその旨の通知をしなければならない。

2　抑留資格認定官は、被拘束者が抑留対象者（軍隊等非構成員捕虜に限る。）に該当する旨の抑留資格認定をする場合においては、併せて、当該被拘束者を抑留する必要性についての判定をしなければならない。この場合において、当該被拘束者の抑留は、武力攻撃又は存立危機武力攻撃を排除するために必要な自衛隊の行動を円滑かつ効果的に実施するため特に必要と認めるときに限るものとし、抑留資格認定官は、あらかじめ、その判定について、防衛大臣の承認を得なければならない。

3　抑留資格認定官は、被拘束者が抑留対象者（軍隊等非構成員捕虜に限る。）に該当する旨の抑留資格認定をしたときは、防衛省令で定めるところにより、直ちに、当該被拘束者にその旨及び前項の判定の結果を通知しなければならない。

4　第一項又は前項の通知をする場合には、被拘束者（軍隊等非構成員捕虜に該当する旨の抑留資格認定を受け、かつ、第二項の規定により抑留する必要性がない旨の判定を受けた者を除く。）に対し、第百六条第一項の資格認定審査請求をすることができる旨を告知しなければならない。

5　抑留資格認定官は、第一項又は第三項の通知及び前項の告知をした後、同項に規定する被拘束者に対し、速やかに、第十八条の規定による抑留令書を発付し、これを抑留するものとする。

（放免）

第十七条　抑留資格認定官は、被拘束者（軍隊等非構成員捕虜に該当する旨の抑

留資格認定を受け、かつ、前条第二項の規定により抑留する必要性がない旨の判定を受けた者に限る。）に対し、同条第三項の通知をする場合には、第四項の資格認定審査請求をすることができる旨を告知しなければならない。

2　前項の場合において、同項に規定する被拘束者が、軍隊等非構成員捕虜に該当する旨の抑留資格認定及び前条第二項の規定による抑留する必要性がない旨の判定に同意したときは、これに同意する旨を記載した文書に署名させるとともに、次項の規定による放免書を交付の上、直ちにこれを放免しなければならない。前項に規定する被拘束者が第四項の資格認定審査請求をしなかったときも、同様とする。

3　前項の規定により交付する放免書には、次に掲げる事項を記載し、抑留資格認定官がこれに記名押印しなければならない。

一　被拘束者の氏名、階級等、生年月日及び身分証明書番号等

二　拘束の日時及び場所

三　放免の理由

四　交付年月日

五　その他防衛省令で定める事項

4　第一項に規定する被拘束者は、軍隊等非構成員捕虜に該当する旨の抑留資格認定又は前条第二項の規定による抑留する必要性がない旨の判定に不服があるときは、同条第三項の通知を受けた時から二十四時間以内に、政令で定めるところにより、不服の理由を記載した書面を抑留資格認定官に提出して、捕虜資格認定等審査会に対し、資格認定審査請求をすることができる。

5　第十四条第二項及び第十五条の規定は、前項の資格認定審査請求があった場合について準用する。

（抑留令書の方式）

第十八条　第十六条第五項の規定により発付される抑留令書には、次に掲げる事項を記載し、抑留資格認定官がこれに記名押印しなければならない。

一　被拘束者の氏名、階級等、生年月日及び身分証明書番号等

二　拘束の日時及び場所

三　抑留資格（抑留資格認定において当該被拘束者が該当すると認められた第三条第六号イからルまでの区分をいう。以下同じ。）

四　発付年月日

五　その他防衛省令で定める事項

（抑留令書の執行）

第十九条　抑留令書は、認定補佐官が執行する。

2　認定補佐官は、抑留令書を執行するときは、その抑留される者に抑留令書を示して、速やかに、その者を捕虜収容所長に引き渡さなければならない。

3　捕虜収容所長は、前項の規定による引渡しを受けたときは、当該引渡しを受けた者を捕虜収容所に収容するものとする。

（逃走者に対する措置）

第二十条　抑留資格認定官は、第六条第二項又は第九条第四項の規定により被拘束者の引渡しを受けた場合において、当該被拘束者が抑留令書によって抑留されていた者であって逃走したものであることが判明したときは、第十六条の規定にかかわらず、当該被拘束者に対し、当該抑留令書により再び抑留する旨を告げた上、直ちにこれを捕虜収容所長に引き渡すものとする。

2　捕虜収容所長は、前項の規定による引渡しを受けたときは、その引渡しを受けた者に対し、できる限り速やかに抑留令書を示さなければならない。

（防衛省令への委任）

第二十一条　この節に定めるもののほか、抑留資格認定の手続に必要な事項は、防衛省令で定める。

第四節　他の法令による手続との関係等

（他の法令による身体拘束手続との関係）

第二十二条　抑留資格認定官は、次に掲げる者であって抑留対象者に該当すると思料するものがある場合には、第四条の規定によりその身体を拘束しないときであっても、その者について第十一条（第三項を除く。）の規定の例により抑留資格認定のための調査を行うことができる。

一　刑事事件又は少年の保護事件に関する法令の規定によりその身体を拘束さ

れている者

二　出入国管理及び難民認定法（昭和二十六年政令第三百十九号。以下「入管法」という。）第四十条に規定する収容令書又は入管法第五十一条に規定する退去強制令書の発付を受けて収容されている者

2　抑留資格認定官は、前項の規定による調査の結果、同項第二号に掲げる者が抑留対象者に該当すると認めるときは、その者について、第十六条の規定の例により、抑留令書を発付した上、入国警備官（入管法第二条第十三号に規定する入国警備官をいう。）からその者の引渡しを受け、これを抑留することができる。

（第三条約の締約国からの移入）

第二十三条　抑留資格認定官は、第三条約の我が国以外の締約国の軍隊その他これに類する組織によりその身体を拘束されている外国人であって抑留対象者に該当すると思料するものがある場合には、防衛大臣の定めるところにより、第四条の規定によりその身体を拘束しないときであっても、その者について第十一条（第三項を除く。）の規定の例により抑留資格認定のための調査を行うことができる。

2　前項の規定による調査の結果、同項の外国人が抑留対象者に該当し、かつ、我が国において抑留することが相当であると認めるときは、当該外国人について、第十六条の規定の例により、抑留令書を発付した上、同項の締約国の官憲から当該外国人の引渡しを受け、これを抑留することができる。

第三章　捕虜収容所における抑留及び処遇

第一節　通則

（基本原則）

第二十四条　捕虜収容所長は、捕虜収容所の適正な管理運営を図り、被収容者（抑留令書により捕虜収容所に収容されている捕虜、衛生要員、宗教要員、区別義務違反者、間諜及び傭兵並びに仮収容令書により捕虜収容所に収容されている者（以下「仮収容者」という。）をいう。以下同じ。）の人権を尊重しつつ、被収容者の抑留資格、階級等、性別及び年齢、その属する国における風俗慣習及び生活様式等に応じた適切な処遇を行うものとする。

2　被収容者には、捕虜収容所の規律及び秩序の維持その他管理運営上支障がない範囲内において、できる限りの自由が与えられなければならない。

（利益保護国等への配慮）

第二十五条　捕虜収容所長は、利益保護国代表並びに指定赤十字国際機関（赤十字国際機関であって政令で定めるものをいう。以下同じ。）及び指定援助団体（防衛大臣が指定する被収容者への援助を目的とする団体をいう。以下同じ。）の代表が第三条約及び第一追加議定書の規定により遂行するそれらの任務を尊重し、その遂行に支障が生じないよう特に配慮しなければならない。

（階級等の区分）

第二十六条　捕虜収容所長は、被収容者（仮収容者を除く。）について、その階級等に応じた適切な処遇を行うため、防衛大臣の定める階級等の基準に従い、将校、准士官、下士官及び兵の区分を指定するものとする。

第二節　収容の開始

（収容開始時の告知）

第二十七条　捕虜収容所長は、被収容者に対し、その収容の開始に際し、次に掲げる事項を告知するものとする。

一　保健衛生及び医療に関する事項

二　宗教に関する事項

三　第四十四条第一項に規定する遵守事項

四　懲戒処分に関する事項

五　物品の貸与等及び自弁に関する事項

六　書籍等の閲覧に関する事項

七　面会及び信書の発受に関する事項

八　苦情の申出に関する事項

2　前項の規定による告知は、防衛省令で定めるところにより、書面で行う。

（写真撮影・指紋の採取）

第二十八条　捕虜収容所長は、被収容者につき、その収容の開始に際し、防衛省令で定めるところにより、その者の識別のため必要な限度で、写真の撮影、指紋の採取その他の措置をとるものとする。その後必要が生じたときも、同様とする。

第三節　保健衛生及び医療

（保健衛生及び医療の原則）

第二十九条　捕虜収容所においては、被収容者の心身の状況を把握することに努め、被収容者の健康及び捕虜収容所内の衛生を保持するため適切な保健衛生上又は医療上の措置を講ずるものとする。

（被収容者の清潔義務）

第三十条　被収容者は、身体、着衣及び所持品並びに居住区画（被収容者が主として休息及び就寝のために使用する場所として捕虜収容所長が指定した区画をいう。第四十五条において同じ。）その他日常使用する場所を清潔にしなければならない。

（健康診断）

第三十一条　捕虜収容所においては、収容の開始後速やかに、及び毎月一回以上定期的に、被収容者の健康診断を行うものとする。捕虜収容所における保健衛生上必要があるときも、同様とする。

2　被収容者は、前項の規定による健康診断を受けなければならない。この場合においては、その健康診断の実施のため必要な限度内における採血、エックス線撮影その他の医学的処置を拒むことはできない。

（医療）

第三十二条　捕虜収容所長は、被収容者が負傷し、若しくは疾病にかかった場合又はこれらの疑いがある場合には、速やかに、防衛省令で定めるところにより、診療その他必要な措置を講ずるものとする。

2　捕虜収容所長は、前項に規定する措置を講ずるに当たっては、その措置を受ける被収容者の意思を十分に尊重するとともに、被収容者がその属する国の衛生要員による診療を受けることができるよう配慮しなければならない。

3　捕虜収容所長は、被収容者が感染症の予防及び感染症の患者に対する医療に関する法律（平成十年法律第百十四号）第十二条第一項各号に掲げる者に該当すると認めるときは、防衛大臣の定めるところにより、当該被収容者の隔離、入院その他の必要な措置を講ずるものとする。

（医師相当衛生要員等）

第三十三条　捕虜及び衛生要員のうち、捕虜収容所長が外国において医師に相当する資格を有する者と認めたもの（以下「医師相当衛生要員等」という。）は、医師法（昭和二十三年法律第二百一号）第十七条の規定にかかわらず、自衛隊病院等（自衛隊法第二十七条に規定する病院その他防衛省令で定める自衛隊の病院又は診療所をいう。以下同じ。）において、被収容者に対し、医業をすることができる。

2　医師法第十九条、第二十条及び第二十三条から第二十四条の二までの規定は、医師相当衛生要員等について準用する。

3　第一項の規定により医業をする場合における医師相当衛生要員等は、医師とみなして、保健師助産師看護師法（昭和二十三年法律第二百三号）第六条及び第三十七条、歯科衛生士法（昭和二十三年法律第二百四号）第十三条の三、診療放射線技師法（昭和二十六年法律第二百二十六号）第二条第二項、第二十四条の二、第二十六条及び第二十八条第一項、臨床検査技師等に関する法律（昭和三十三年法律第七十六号）第二条及び第二十条の二、薬剤師法（昭和三十五年法律第百四十六号）第十九条及び第二十二条から第二十四条まで並びに臨床工学技士法（昭和六十二年法律第六十号）第二条第二項及び第三十八条の規定を適用する。

（歯科医師相当衛生要員等）

第三十四条　捕虜及び衛生要員のうち、捕虜収容所長が外国において歯科医師に相当する資格を有する者と認めたもの（以下「歯科医師相当衛生要員等」という。）は、歯科医師法（昭和二十三年法律第二百二号）第十七条の規定にかかわらず、自衛隊病院等において、被収容者に対し、歯科医業をすることができる。

2　歯科医師法第十九条、第二十条及び第二十二条から第二十三条の二までの規定は、歯科医師相当衛生要員等について準用する。

3　第一項の規定により歯科医業をする場合における歯科医師相当衛生要員等は、歯科医師とみなして、保健師助産師看護師法第六条及び第三十七条、歯科衛生士法第二条第一項、第十三条の二及び第十三条の三、診療放射線技師法第二条第二項、第二十四条の二、第二十六条及び第二十八条第一項、歯科技工士法（昭和三十年法律第百六十八号）第二条第一項ただし書及び第十八条ただし書、臨床検査技師等に関する法律第二条及び第二十条の二並びに薬剤師法第十九条及び第二十二条から第二十四条までの規定を適用する。

（薬剤師相当衛生要員等）

第三十五条　捕虜及び衛生要員のうち、捕虜収容所長が外国において薬剤師に相当する資格を有する者と認めたもの（以下「薬剤師相当衛生要員等」という。）は、薬剤師法第十九条の規定にかかわらず、自衛隊病院等において、被収容者に対し、授与の目的で調剤することができる。

2　薬剤師法第二十一条から第二十六条までの規定は、薬剤師相当衛生要員等について準用する。この場合において、同法第二十二条ただし書中「医師若しくは歯科医師」とあるのは「医師、歯科医師、医師相当衛生要員等若しくは歯科医師相当衛生要員等」と、同法第二十三条及び第二十四条中「医師、歯科医師又は獣医師」とあるのは「医師、歯科医師、医師相当衛生要員等又は歯科医師相当衛生要員等」と読み替えるものとする。

（看護師相当衛生要員等）

第三十六条　捕虜及び衛生要員のうち、捕虜収容所長が外国において看護師に相当する資格を有する者と認めたもの（以下「看護師相当衛生要員等」という。）は、保健師助産師看護師法第三十一条第一項の規定にかかわらず、自衛隊病院等において、被収容者に対し、同法第五条に規定する業をすることができる。

2　保健師助産師看護師法第三十七条の規定は、看護師相当衛生要員等について準用する。この場合において、同条中「主治の医師又は歯科医師」とあるのは、「主治の医師、歯科医師、医師相当衛生要員等又は歯科医師相当衛生要員等」と読み替えるものとする。

3　第一項の規定により保健師助産師看護師法第五条に規定する業をする場合における看護師相当衛生要員等は、看護師とみなして、同法第六条の規定を適用する。

（准看護師相当衛生要員等）

第三十七条　捕虜及び衛生要員のうち、捕虜収容所長が外国において准看護師に相当する資格を有する者と認めたもの（以下「准看護師相当衛生要員等」という。）は、保健師助産師看護師法第三十二条の規定にかかわらず、自衛隊病院等において、被収容者に対し、医師、歯科医師、看護師、医師相当衛生要員等、歯科医師相当衛生要員等又は看護師相当衛生要員等の指示を受けて、同法第六条に規定する業をすることができる。

2　保健師助産師看護師法第三十七条の規定は、准看護師相当衛生要員等について準用する。この場合において、同条中「主治の医師又は歯科医師」とあるのは、「主治の医師、歯科医師、医師相当衛生要員等又は歯科医師相当衛生要員等」と読み替えるものとする。

（秘密を守る義務）

第三十八条　医師相当衛生要員等、歯科医師相当衛生要員等、薬剤師相当衛生要員等、看護師相当衛生要員等又は准看護師相当衛生要員等は、正当な理由がなく、その業務上知り得た人の秘密を漏らしてはならない。医師相当衛生要員等、歯科医師相当衛生要員等、薬剤師相当衛生要員等、看護師相当衛生要員等又は准看護師相当衛生要員等でなくなった後においても、同様とする。

（管理者の任務）

第三十九条　自衛隊病院等の管理者は、当該自衛隊病院等において医療に関する業務に従事する医師相当衛生要員等、歯科医師相当衛生要員等、薬剤師相当衛生要員等、看護師相当衛生要員等、准看護師相当衛生要員等その他の衛生要員及び第六十八条の規定により第六十四条第三号に掲げる業務に従事することを許された捕虜の業務遂行に欠けるところのないよう、必要な注意をしなければならない。

第四節　宗教

（自ら行う宗教上の行為）

第四十条　捕虜収容所内において被収容者が自ら個別に行う礼拝その他の宗教上の行為は、これを禁止し、又は制限してはならない。ただし、捕虜収容所の規律及び秩序の維持その他管理運営上支障を生ずるおそれがある場合は、この限りでない。

（宗教上の儀式行事）

第四十一条　捕虜収容所長は、捕虜収容所内において被収容者が希望する場合には、宗教要員その他の宗教家の行う説教、礼拝その他の宗教上の儀式行事に参加することができる機会を設けるように努めなければならない。

2　捕虜収容所長は、捕虜収容所の規律及び秩序の維持その他管理運営上支障を生ずるおそれがある場合には、被収容者を前項に規定する宗教上の儀式行事に参加させないことができる。

（宗教要員等の行為）

第四十二条　宗教要員等（宗教要員及び第六十九条の規定により第六十四条第四号に掲げる業務に従事することを許された捕虜をいう。第八十四条第三項において同じ。）は、捕虜収容所内において、被収容者の行う第四十条に規定する宗教上の行為を補助し、又は前条第一項に規定する宗教上の儀式行事を行うことができる。

第五節　規律及び秩序の維持

第一款　通則

（捕虜収容所の規律及び秩序）

第四十三条　捕虜収容所の規律及び秩序は、厳正に維持されなければならない。

2　前項の目的を達成するためこの章の規定によりとる措置は、被収容者の収容を確保し、並びにその処遇のための適切な環境及びその安全かつ平穏な共同生活を維持するため必要な限度を超えてはならない。

（遵守事項等）

第四十四条　捕虜収容所長は、捕虜収容所内の規律及び秩序を維持するため必要な被収容者の遵守すべき事項（以下「遵守事項」という。）を定めるものとする。

2　前項の規定により定められるもののほか、捕虜収容所長又はその指定する職員は、捕虜収容所の規律及び秩序を維持するため必要があるときは、被収容者に対し、その生活及び行動について指示することができる。

第二款　制止等の措置等

（身体の検査等）

第四十五条　捕虜収容所長の指定する自衛官は、捕虜収容所の規律及び秩序を維持するため必要があるときは、被収容者の身体、着衣、所持品及び居住区画を検査し、並びに被収容者の所持品を取り上げて一時保管することができる。ただし、女性の被収容者の身体及び着衣を検査する場合には、捕虜収容所長の指定する女性の自衛官が行わなければならない。

（制止等の措置）

第四十六条　捕虜収容所に勤務する自衛官は、被収容者が逃走し、自己若しくは他人に危害を与え、捕虜収容所の職員の職務の執行を妨げ、その他捕虜収容所の規律及び秩序を著しく害する行為をし、又はこれらの行為をしようとするときは、合理的に必要と判断される限度で、その行為を制止し、当該被収容者を拘束し、その他その行為を抑止するため必要な措置をとることができる。

（用具の使用）

第四十七条　捕虜収容所に勤務する自衛官は、前条の規定による措置をとる場合又は被収容者を護送する場合には、防衛大臣の定めるところにより、手錠その他の防衛省令で定める用具を使用することができる。

第三款　懲戒

（懲戒処分）

第四十八条　懲戒権者（捕虜収容所長又は捕虜収容所に勤務する幹部自衛官（防衛省設置法（昭和二十九年法律第百六十四号）第十五条第一項に規定する幹部自衛官をいう。）であって政令で定める者をいう。以下同じ。）は、被収容者が次の各号のいずれかの行為をしたときは、当該被収容者に対し、懲戒処分を行

うことができる。

一　逃走すること（第三条約第九十一条第一項(1)から(3)までのいずれかに該当するものを除く。）又は逃走しようとすること。

二　自己又は他人に危害を与えること、捕虜収容所の職員の職務の執行を妨げること、遵守事項を遵守しないことその他の抑留業務の円滑な実施を妨げること。

三　信書の発信その他の方法により我が国の防衛上支障のある通信を試みることその他の武力攻撃又は存立危機武力攻撃に資する行為を行うこと。

四　前三号に掲げる行為を準備し、共謀し、あおり、唆し、又は援助すること。

（懲戒処分の種類）

第四十九条　懲戒処分の種類は、次のとおりとする。

一　第七十四条の規定により給付金計算高に加算すべき捕虜等抑留給付金の二分の一以内の削減

二　一日につき二時間以内の防衛省令で定める業務への従事

三　他の被収容者から分離して行う拘禁

2　懲戒処分を行う期間は、三十日以内とする。前条各号に掲げる行為（以下「反則行為」という。）に該当する二以上の行為に対して同時に懲戒処分を行うときも、同様とする。

3　懲戒処分は、同一の行為につき、二種類以上を併せて行ってはならない。

4　第一項第二号に掲げる懲戒処分は、被収容者（仮収容者を除く。）のうち、下士官又は兵として指定された者に対してのみこれを行うことができる。

5　第一項第二号に掲げる懲戒処分において従事した業務については、第七十四条の規定による業務従事報奨金の加算はしない。

6　第一項第三号に掲げる懲戒処分においては、防衛省令で定めるところにより、懲戒権者が指定する階級等及び性別ごとに分離した区画において拘禁する。この場合において、当該懲戒処分を受ける者から、次に掲げる行為の求めがあったときは、これを許さなければならない。

一　苦情の申出及び請願をすること。

二　利益保護国代表及び捕虜代表と連絡をとること。

三　一日につき二時間を下回らない防衛大臣が定める範囲内で希望する時間の戸外における運動をすること。

四　書籍等の閲覧をすること。

五　第十節第二款の規定により信書を発受すること。

7　女性の被収容者に対し第一項第三号に掲げる懲戒処分を行うときは、当該被収容者を男性の捕虜収容所の職員のみの監視の下に置いてはならない。

（懲戒処分の基準）

第五十条　懲戒処分を行うに当たっては、反則行為をした被収容者の年齢、心身の状態及び行状、反則行為の性質、軽重、動機及び捕虜収容所の運営に及ぼした影響、反則行為後における当該被収容者の態度その他の事情を考慮しなければならない。

（懲戒処分を行う手続等）

第五十一条　懲戒権者は、被収容者が反則行為をした疑いがあると思料するときは、反則行為の有無及び前条の規定により考慮すべき事情について、できる限り速やかに調査を行わなければならない。

2　前項の調査のため必要があるときは、防衛省令で定めるところにより、反則行為をした疑いのある被収容者を他の被収容者から隔離することができる。この場合において、当該被収容者を隔離する期間は、十四日を超えてはならない。

3　懲戒処分を行うときは、あらかじめ、反則行為をした疑いのある被収容者に事実の要旨を告げた上、弁解の機会を与えなければならない。この場合において、当該被収容者は、通訳人による通訳を求めることができる。

4　前項の事実を告げられた被収容者は、必要な参考人の陳述を求めることができる。

5　懲戒権者は、被収容者に懲戒処分を行うことを決定したときは、防衛省令で定めるところにより、当該被収容者及び捕虜代表に対し、その旨及び当該懲戒処分の内容を通知しなければならない。

6　捕虜収容所長は、防衛省令で定めるところにより、懲戒処分に係る記録を作

成し、及び保存しなければならない。

7 捕虜収容所長は、懲戒処分を受けた被収容者、利益保護国代表その他防衛省令で定める者から前項の記録の閲覧を求められたときは、これを許可しなければならない。

（懲戒処分の執行）

第五十二条 懲戒処分の執行は、捕虜収容所内において行わなければならない。

2 懲戒処分の執行は、前条第五項の規定による通知の時から一月を経過したときは、これを開始してはならない。

3 懲戒処分の執行は、直近の懲戒処分の執行が終了した後三日以内は、これをすることはできない。ただし、当該懲戒処分の期間及び当該直近の懲戒処分の期間がいずれも十日に満たないときは、この限りでない。

（懲戒処分の不執行等）

第五十三条 懲戒権者は、懲戒処分の通知を受けた被収容者について、その通知の後における当該被収容者の態度その他の事情を考慮し、相当の理由があると認めるときは、当該懲戒処分の全部又は一部の執行をしないことができる。

（懲戒処分執行後の監視）

第五十四条 捕虜収容所長は、第四十八条第一号に掲げる行為をしたことを理由に懲戒処分を受けた被収容者については、当該懲戒処分の執行が終了した後、これを防衛省令で定める監視の下に置くことができる。

（防衛省令への委任）

第五十五条 この款に定めるもののほか、懲戒処分に関する手続に関し必要な事項は、防衛省令で定める。

第六節 捕虜代表及び捕虜代表補助者

（捕虜代表及び捕虜代表補助者の指名）

第五十六条 捕虜収容所長は、防衛大臣の定めるところにより、捕虜代表及び捕虜代表を補佐する者（以下「捕虜代表補助者」という。）を指名するものとする。

（便益の提供）

第五十七条 捕虜収容所長は、抑留業務の円滑な実施を妨げない範囲内において、捕虜代表及び捕虜代表補助者に対し、これらの任務を遂行するために必要な便益を与えなければならない。

第七節 被収容者の処遇

（物品の貸与等の原則）

第五十八条 被収容者には、捕虜収容所における日常生活のために必要な衣類及び寝具を貸与し、並びに食事及び湯茶を支給する。

2 被収容者には、前項に定めるもののほか、日用品、筆記具その他の捕虜収容所における日常生活のために必要な物品を貸与し、又は支給することができる。

3 前二項の規定により貸与し、又は支給される物品は、被収容者の健康を保持するに足り、かつ、国民生活の実情等を勘案し、被収容者としての地位に照らして、適当と認められるものでなければならない。

（自弁の物品の使用等）

第五十九条 捕虜収容所長は、被収容者が、次に掲げる物品で防衛省令で定める品目のものについて、自弁のものを使用し、又は摂取することを申請した場合には、捕虜収容所の規律及び秩序の維持その他管理運営上支障がない限り、これを許すものとする。

一 衣類及び寝具
二 食料品及び飲料
三 日用品、文房具その他の捕虜収容所における日常生活に用いる物品
四 し好品
五 その他防衛省令で定める物品

（書籍の閲覧の機会及び時事の報道に接する機会）

第六十条 捕虜収容所長は、被収容者に対し、捕虜収容所の規律及び秩序の維持その他管理運営上支障がない限り、書籍の閲覧の機会及び時事の報道に接する機会を与えるよう努めなければならない。

（日課）

第六十一条 捕虜収容所長は、防衛省令で定める基準に従い、捕虜収容所におけ

る日課を定め、これを被収容者に告知するものとする。

（活動等への援助）

第六十二条　捕虜収容所長は、防衛省令で定めるところにより、被収容者に対し、知的、教育的及び娯楽的活動、運動競技その他の活動について、援助を与えるものとする。

2　捕虜収容所長は、防衛省令で定めるところにより、被収容者のうち、将校、准士官又は下士官として指定された者に対し、自己契約作業（これらの者が捕虜収容所の外部の者との請負契約により行う物品の製作その他の作業をいう。）について、援助を与えるものとする。

（防衛省令への委任）

第六十三条　この節に定めるもののほか、被収容者の処遇に関し必要な事項は、防衛省令で定める。

第八節　捕虜の業務

（業務の種類）

第六十四条　捕虜収容所長は、次に掲げる業務を捕虜に行わせることができる。

一　捕虜収容所の維持運営に関する業務

二　通訳又は翻訳の業務

三　被収容者に対する医療に関する業務

四　被収容者の宗教上の行為の補助その他の宗教活動に関する業務

（将校及び准士官の業務）

第六十五条　捕虜収容所長は、将校及び准士官として指定された捕虜に、その希望により、前条第一号又は第二号に掲げる業務に従事することを許すことができる。

（下士官の業務）

第六十六条　捕虜収容所長は、下士官として指定された捕虜に、第六十四条第一号に掲げる業務（監督者として行うものに限る。）に従事させることができる。

2　捕虜収容所長は、下士官として指定された捕虜に、その希望により、第六十四条第一号又は第二号に掲げる業務に従事することを許すことができる。

（兵の業務）

第六十七条　捕虜収容所長は、兵として指定された捕虜に、第六十四条第一号に掲げる業務に従事させることができる。

2　捕虜収容所長は、兵として指定された捕虜に、その希望により、第六十四条第二号に掲げる業務に従事することを許すことができる。

（医療に関する業務）

第六十八条　捕虜収容所長は、捕虜に、その希望により、第六十四条第三号に掲げる業務に従事することを許すことができる。

（宗教上の行為の補助等に関する業務）

第六十九条　捕虜収容所長は、捕虜のうち、宗教、祈禱《とう》又は祭祀《し》の職にあった者に、その希望により、第六十四条第四号に掲げる業務に従事することを許すことができる。

（業務の実施）

第七十条　捕虜の業務は、できる限り、その年齢、性別、階級等、身体的適性及び健康状態その他の事情を考慮した上、実施するものとする。

（業務の条件）

第七十一条　捕虜収容所長は、業務を行う捕虜の安全及び衛生を確保するため必要な措置を講じなければならない。

2　捕虜は、捕虜収容所長が前項の規定に基づき講ずる措置に応じて、必要な事項を守らなければならない。

3　第一項の規定により捕虜収容所長が講ずべき措置及び前項の規定により捕虜が守らなければならない事項は、労働安全衛生法（昭和四十七年法律第五十七号）その他の法令に定める労働者の安全及び衛生を確保するため事業者が講ずべき措置及び労働者が守らなければならない事項の例により、防衛大臣が定める。

（防衛省令への委任）

第七十二条　この節に定めるもののほか、業務の方法その他業務の実施に関し必要な事項は、防衛省令で定める。

第九節　捕虜等抑留給付金

（捕虜等抑留給付金）

第七十三条　捕虜収容所における捕虜、衛生要員及び宗教要員（以下この節において「給付対象捕虜等」という。）に対しては、捕虜等抑留給付金として、この節に定めるところにより、基礎的給付金（第三条約第六十条に規定する俸給の前払に相当するものをいう。以下同じ。）及び業務従事報奨金（前節の規定により従事した業務に対応する給付金をいう。以下同じ。）を支給するものとする。

2　捕虜収容所長は、防衛省令で定めるところにより、給付金台帳を作成し、給付対象捕虜等ごとに捕虜等抑留給付金の計算高（以下この節において「給付金計算高」という。）を記録して、これを管理しなければならない。

（捕虜等抑留給付金の額及び加算）

第七十四条　給付金計算高に加算すべき捕虜等抑留給付金の額は、次の各号に掲げる区分に応じ、当該各号に定める額とする。

一　基礎的給付金　給付対象捕虜等の階級等ごとに防衛省令で定める月額

二　業務従事報奨金　防衛省令で定めるところにより、捕虜が業務を行った日の属する月ごとに、業務の種類及び内容、当該業務に要する知識及び技能の程度等を考慮して防衛大臣が定める基準に従い、その月の業務に対応するものとして算出した金額

2　捕虜等抑留給付金の額は、毎月一回の防衛大臣が定める日に、基礎的給付金にあってはその月の月額の全額、業務従事報奨金にあってはその月の前月における金額の全額を給付金計算高に加算するものとする。

（捕虜等抑留給付金の支給等）

第七十五条　捕虜収容所長は、給付対象捕虜等から、第五十九条の規定により使用し、又は摂取することを許された物品の購入（次項において「自弁物品の購入」という。）のため、捕虜等抑留給付金の支給を受けることを希望する旨の申出があったときは、基礎的給付金にあっては当該申出のあった日の属する月の月額及び業務従事報奨金にあっては当該申出のあった日の属する月の前月における金額の合計額の範囲内で支給するものとする。

2　捕虜収容所長は、給付対象捕虜等から、自弁物品の購入以外の目的で、又は前項に規定する合計額を超えて捕虜等抑留給付金の支給を受けることを希望する旨の申出があった場合において、その支給が抑留業務の効率的かつ円滑な運営に支障がないと認めるときは、当該給付対象捕虜等に係る給付金計算高の範囲内で、当該申出の額の全部又は一部を支給することができる。

3　前二項の規定により捕虜等抑留給付金を支給した場合には、その支給額を給付金計算高から減額する。

（捕虜等抑留給付金の加算の制限）

第七十六条　第五十八条第二項の規定により給付対象捕虜等に物品が貸与され、又は支給された場合には、その貸与又は支給の日の属する月の基礎的給付金の全部又は一部を給付金計算高に加算しないことができる。

（抑留終了時の捕虜等抑留給付金の支給等）

第七十七条　捕虜収容所長は、給付対象捕虜等が次の各号のいずれかに該当することとなった場合には、当該給付対象捕虜等に対し、基礎的給付金にあってはその給付金計算高を証する書面を交付し、業務従事報奨金にあってはその給付金計算高の全額を支給するものとする。

一　第百四十四条の規定により送還されるとき。

二　第百四十六条の規定により許可されて退去するとき。

三　第百四十七条の規定により移出をされるとき。

四　第百四十九条の規定により放免されるとき。

（給付金台帳の閲覧）

第七十八条　給付対象捕虜等、捕虜代表又は利益保護国代表は、防衛省令で定めるところにより、第七十三条第二項に規定する給付金台帳を閲覧することができる。

（防衛省令への委任）

第七十九条　この節に定めるもののほか、捕虜等抑留給付金の支給、給付金台帳の管理及び記録その他捕虜等抑留給付金の取扱いに関し必要な事項は、防衛省

令で定める。

第十節　外部との交通

第一款　面会

（利益保護国代表等による面会）

第八十条　捕虜収容所長は、被収容者に対し、次に掲げる者から面会の申出があったときは、これを許可するものとする。この場合において、捕虜収容所の職員による立会いは、行わない。

一　利益保護国代表
二　指定赤十字国際機関の代表
三　被収容者の刑事事件における弁護人

2　捕虜収容所長は、前項の規定により面会を許可するときは、防衛省令で定めるところにより、面会の相手方の用務の処理の目的を妨げない範囲内において、面会の時間及び場所その他の捕虜収容所の管理運営上著しい支障を及ぼさないようにするための必要最小限の事項について指定することができる。

（その他の者との面会）

第八十一条　捕虜収容所長は、被収容者に対し、前条第一項各号に掲げる者以外の者から面会の申出があった場合において、面会を必要とする特段の事情があり、かつ、当該面会を許可することが捕虜収容所の管理運営上支障がないと認めるときは、防衛大臣の定めるところにより、これを許可することができる。

2　前項の面会には、面会の相手方の用務の処理の目的に反しない限り、捕虜収容所の職員による立会いを行うものとする。

3　面会の立会いに当たる捕虜収容所の職員は、被収容者又は面会の相手方が面会の許可に係る用務の処理のために必要な範囲を明らかに逸脱する行為又は発言を行ったときは、その行為若しくは発言を制止し、又はその面会を一時停止させることができる。この場合においては、面会の一時停止のため、面会の場所から被収容者又は面会の相手方を退出させることその他必要な処置をとることができる。

4　捕虜収容所長は、前項の規定により面会が一時停止された場合において、面会を継続させることが相当でないと認めるときは、その面会を終わらせることができる。

（面会の停止等）

第八十二条　防衛大臣は、武力攻撃又は存立危機武力攻撃を排除するために必要な自衛隊が実施する武力の行使、部隊等の展開その他の武力攻撃事態又は存立危機事態への対処に係る状況に照らし、我が国の防衛上特段の必要がある場合には、捕虜収容所長に対し、期間及び捕虜収容所の施設を指定して、前二条の規定による面会の制限又は停止を命ずることができる。

2　防衛大臣は、前項の面会の制限又は停止の必要がなくなったと認めるときは、捕虜収容所長に対し、直ちに、当該面会の制限又は停止の解除を命じなければならない。

第二款　信書及び電信等の発受

（信書の発受）

第八十三条　被収容者については、この節の規定によるもののほか、信書を発し、又はこれを受けることを差し止め、又は制限することができない。

（信書に関する制限）

第八十四条　捕虜収容所長は、防衛省令で定めるところにより、被収容者が発する信書の作成要領及び通数並びに被収容者の信書の発受の方法について、抑留業務の円滑な実施のため必要な制限をすることができる。ただし、捕虜代表又は捕虜代表補助者が国若しくは地方公共団体の機関、利益保護国、指定赤十字国際機関又は指定援助団体に対して発する信書であって、第三条約第八十条その他の規定による捕虜代表又は捕虜代表補助者の権限に属する事項を含むものについては、この限りでない。

2　前項の場合において、被収容者が発する信書の通数を制限するときは、当該通数は、毎月、第三条約第七十一条第一項に規定する手紙に相当するものとして防衛省令で定めるものにあっては二通、同項に規定する葉書に相当するものとして防衛省令で定めるものにあっては四通を下回ることができない。

3　第一項の規定にかかわらず、宗教要員等が第四十二条の規定により被収容者

の宗教上の行為を補助し、又は宗教上の儀式行事を行うために必要な宗教団体に対して発する信書については、抑留業務の円滑な実施に著しい支障を生ずるおそれがある場合を除き、その通数についての制限をすることができない。

（信書の検査）

第八十五条　捕虜収容所長は、被収容者が発する信書及び受ける信書について、その内容の検査を行うときは、速やかに行うものとする。

2　前項の規定にかかわらず、被収容者が国又は地方公共団体の機関から受ける信書については、その旨を確認するため必要な限度において、これを検査するものとする。

（信書の内容による差止め等）

第八十六条　捕虜収容所長は、前条第一項の検査の結果、被収容者が発する信書又は受ける信書について、その全部又は一部が次の各号のいずれかに該当する場合には、その発信若しくは受信を差し止め、又はその該当箇所を削除し、若しくは抹消することができる。

一　暗号の使用その他の理由によって、その内容が理解できないものであるとき。

二　その発信又は受信によって、我が国の防衛上支障を生ずるおそれがあるとき。

三　その発信又は受信によって、刑罰法令に触れることとなり、又は刑罰法令に触れる結果を生ずるおそれがあるとき。

四　その発信又は受信によって、逃走その他被収容者の取扱いに際しての規律及び秩序を害する結果を生ずるおそれがあるとき。

五　被収容者の処遇その他被収容者の取扱いの状況に関し、明らかに虚偽の記述があるとき。

2　前項の規定にかかわらず、被収容者が利益保護国又は指定赤十字国際機関との間で発受する信書であって、第三条約又は第一追加議定書の規定によるそれらの権限に属する事項を含むものについては、当該事項に係る部分の全部又は一部が同項第五号に該当することを理由としては、その発信若しくは受信を差し止め、又はその該当箇所を削除し、若しくは抹消することができない。

3　第一項の規定にかかわらず、被収容者が国又は地方公共団体の機関に対して発する信書であってその機関の権限に属する事項を含むもの及び被収容者が弁護士との間で発受する信書であってその被収容者に係る弁護士法（昭和二十四年法律第二百五号）第三条第一項に規定する弁護士の職務に属する事項を含むものについては、これらの事項に係る部分の全部又は一部が第一項第五号に該当することを理由としては、その発信若しくは受信を差し止め、又はその該当箇所を削除し、若しくは抹消することができない。

4　第一項の規定にかかわらず、捕虜代表又は捕虜代表補助者が国又は地方公共団体の機関に対して発する信書であってその機関の権限に属する事項を含むもの及び捕虜代表又は捕虜代表補助者が利益保護国、指定赤十字国際機関又は指定援助団体との間で発受する信書であって第三条約又は第一追加議定書の規定による捕虜代表、捕虜代表補助者、利益保護国、指定赤十字国際機関又は指定援助団体の権限に属する事項を含むものについては、その発信又は受信を差し止めることができない。

5　第一項の規定にかかわらず、捕虜代表又は捕虜代表補助者が国又は地方公共団体の機関に対して発する信書であってその機関の権限に属する事項を含むもの及び捕虜代表又は捕虜代表補助者が利益保護国、指定赤十字国際機関又は指定援助団体との間で発受する信書であって第三条約又は第一追加議定書の規定による捕虜代表、捕虜代表補助者、利益保護国、指定赤十字国際機関又は指定援助団体の権限に属する事項を含むものについては、これらの事項に係る部分の全部又は一部が同項第五号に該当することを理由としては、その該当箇所を削除し、又は抹消することができない。

（被収容者が発する電信等）

第八十七条　捕虜収容所長は、被収容者が信書によってはその配偶者又は三親等以内の親族と連絡を取ることができない場合その他の防衛省令で定める場合には、電信その他防衛省令で定める電気通信役務を利用して行う通信（以下「電信等」という。）を被収容者が発することを許可することができる。

2　捕虜収容所長は、防衛省令で定めるところにより、被収容者が発する電信等の作成要領並びに発信の回数及び方法について、抑留業務の円滑な実施のために必要な制限をすることができる。
3　第八十五条第一項及び前条第一項の規定は、被収容者が発する電信等について準用する。
4　前三項の規定にかかわらず、捕虜代表又は捕虜代表補助者が国若しくは地方公共団体の機関、利益保護国、指定赤十字国際機関又は指定援助団体に対して発する電信等であって、第三条約第八十条その他の規定による捕虜代表又は捕虜代表補助者の権限に属する事項を含むものについては、信書とみなして、第八十三条から前条までの規定を適用する。

（被収容者が受ける電信等）
第八十八条　被収容者が受ける電信等については、被収容者が受ける信書とみなして、第八十三条、第八十四条第一項、第八十五条及び第八十六条の規定を適用する。

（防衛省令への委任）
第八十九条　この節に定めるもののほか、信書及び電信等の発受に関し必要な事項は、防衛省令で定める。

第十一節　苦情

（捕虜収容所長に対する苦情の申出）
第九十条　被収容者は、自己に対する捕虜収容所長の措置その他自己が受ける処遇について、捕虜収容所長に対し、口頭又は書面で、苦情の申出をすることができる。

（防衛大臣等に対する苦情の申出）
第九十一条　被収容者は、自己に対する捕虜収容所長の措置その他自己が受ける処遇について、防衛大臣又は防衛大臣の定める幕僚長（自衛隊法第九条に規定する幕僚長をいう。）に対し、書面で、苦情の申出をすることができる。
2　前項の苦情の申出は、被収容者が自ら作成し、封をした書面を捕虜収容所長を経由して提出することによって行う。
3　捕虜収容所長は、前項の書面を検査してはならない。
4　捕虜収容所長は、被収容者が自己に対する捕虜収容所長の措置その他自己が受ける処遇について、捕虜代表又は利益保護国代表に対し連絡することを妨げてはならない。

（防衛省令への委任）
第九十二条　この節に定めるもののほか、苦情の申出及びその処理の手続に関し必要な事項は、防衛省令で定める。

第四章　資格認定審査請求及び懲戒審査請求

第一節　捕虜資格認定等審査会の組織

（捕虜資格認定等審査会）
第九十三条　資格認定審査請求及び懲戒審査請求の事件を取り扱うため、防衛省本省に、臨時に捕虜資格認定等審査会（以下「審査会」という。）を置く。

（組織）
第九十四条　審査会は、委員十五人以内で組織する。
2　委員は、非常勤とする。

（委員の任命）
第九十五条　委員は、人格が高潔であって、安全保障に関する識見を有し、かつ、第三条約その他の国際的な武力紛争において適用される国際人道法又は防衛に関する法令に学識経験を有する者のうちから、防衛大臣が任命する。

（職権の行使）
第九十六条　委員は、独立してその職権を行う。

（任期）
第九十七条　委員の任期は、三年とする。ただし、補欠の委員の任期は、前任者の残任期間とする。
2　委員は、再任されることができる。
3　委員の任期が満了したときは、当該委員は、後任者が任命されるまで引き続きその職務を行うものとする。

4 審査会が廃止される場合には、委員の任期は、第一項の規定にかかわらず、その廃止の時に満了する。

（身分保障）

第九十八条 委員は、次の各号のいずれかに該当する場合を除いては、在任中、その意に反して罷免されることがない。

一 破産の宣告を受けたとき。

二 禁錮以上の刑に処せられたとき。

三 審査会により、心身の故障のため職務の執行ができないと認められたとき、又は職務上の義務違反その他委員たるに適しない行為があると認められたとき。

（罷免）

第九十九条 防衛大臣は、委員が前条各号のいずれかに該当するときは、その委員を罷免しなければならない。

（会長）

第百条 審査会に会長を置き、委員の互選により委員のうちからこれを定める。

2 会長は、会務を総理し、審査会を代表する。

3 審査会は、あらかじめ、会長に故障があるときにその職務を代理する委員を定めておかなければならない。

（合議体）

第百一条 審査会は、委員のうちから審査会が指名する者三人をもって構成する合議体で、資格認定審査請求及び懲戒審査請求の事件（以下「審査請求事件」という。）を取り扱う。

2 前項の規定にかかわらず、審査会が定める場合においては、委員の全員をもって構成する合議体で、審査請求事件を取り扱う。

第百二条 前条第一項又は第二項の各合議体を構成する者を審査員とし、うち一人を審査長とする。

2 前条第一項の合議体のうち、会長がその構成に加わるものにあっては、会長が審査長となり、その他のものにあっては、審査会の指名する委員が審査長となる。

3 前条第二項の合議体にあっては、会長が審査長となり、会長に故障があるときは、第百条第三項の規定により会長を代理する委員が審査長となる。

第百三条 第百一条第一項の合議体は、その合議体を構成するすべての審査員の、同条第二項の合議体は、審査員の総数の三分の二以上の者の出席がなければ、会議を開き、議決をすることができない。

2 第百一条第一項の合議体の議事は、その合議体を構成する審査員の過半数をもって決し、同条第二項の合議体の議事は、審査員の総数の過半数をもって決する。

（委員会議）

第百四条 審査会の会務の処理（審査請求事件を除く。）は、委員の全員の会議（以下この条において「委員会議」という。）の議決によるものとする。

2 委員会議は、会長を含む過半数の委員の出席がなければ、これを開き、議決をすることができない。

3 委員会議の議事は、出席した委員の過半数をもって決する。

4 審査会が第九十八条第三号の規定による認定をするには、前項の規定にかかわらず、出席した委員のうちの本人を除く全員の一致がなければならない。

（特定行為の禁止）

第百五条 委員は、在任中、国会若しくは地方公共団体の議会の議員その他公選による公職の候補者となり、又は積極的に政治活動をしてはならない。

第二節 資格認定審査請求の手続

（抑留された者の資格認定審査請求）

第百六条 第十八条の規定による抑留令書の発付を受けた者は、第十六条第一項又は第三項の抑留資格認定（同項の抑留資格認定にあっては、同条第二項の規定による抑留する必要性についての判定を含む。第百二十一条第二項及び第三項を除き、以下同じ。）に不服があるときは、政令で定めるところにより、書面又は口頭で、審査会に対し、資格認定審査請求をすることができる。

2 前項の資格認定審査請求は、第十九条第二項の規定により抑留令書が示され

た日の翌日から起算して六十日以内にしなければならない。ただし、正当な事由によりこの期間内に資格認定審査請求をすることができなかったことを疎明したときは、この限りでない。

3　第一項の資格認定審査請求は、抑留資格認定官又は捕虜収容所長を経由してすることができる。

4　前項の場合における資格認定審査請求の期間の計算については、その経由した機関に資格認定審査請求書を提出し、又は口頭で陳述した時に資格認定審査請求があったものとみなす。

（却下）

第百七条　資格認定審査請求が不適法であって補正することができないものであるときは、審査会は、裁決をもって、これを却下しなければならない。

（補正）

第百八条　資格認定審査請求が不適法であって補正することができるものであるときは、審査会は、相当の期間を定めて、補正を命じなければならない。

2　審査会は、資格認定審査請求をした者（以下「資格認定審査請求人」という。）が前項の期間内に補正をしないときは、裁決をもって、資格認定審査請求を却下することができる。ただし、その不適法が軽微なものであるときは、この限りでない。

（審理の期日及び場所）

第百九条　審査会は、審理の期日及び場所を定め、あらかじめ資格認定審査請求人及び捕虜収容所長に通知しなければならない。

2　捕虜収容所長は、前項の規定により通知された審理の期日及び場所に資格認定審査請求人を出頭させなければならない。

3　資格認定審査請求人は、前項の場合において、審査会の許可を得て、通訳人その他の補佐人とともに出頭することができる。

（通訳の求め）

第百十条　資格認定審査請求人は、通訳人の立会いを必要とするときは、審査会に対してこれを求めることができる。

（審理の公開）

第百十一条　審理は、公開しなければならない。ただし、資格認定審査請求人又は第百十四条第二項第一号に規定する参考人の申立てがあったときは、これを公開しないことができる。

（審理の指揮）

第百十二条　審理期日における審理の指揮は、審査長が行う。

（口頭による意見の陳述等）

第百十三条　審査会は、審理期日において、資格認定審査請求人に口頭で意見を述べる機会を与えなければならない。

2　資格認定審査請求人は、裁決があるまでは、いつでも審査会に対し意見書を提出することができる。

（審理のための処分）

第百十四条　審査会は、審理を行うため必要があるときは、資格認定審査請求人を審問することができる。

2　審査会は、審理を行うため必要があるときは、資格認定審査請求人の申立てにより又は職権で、次に掲げる処分をすることができる。

一　参考人の出頭を求めて審問し、又はその意見若しくは報告を徴すること。

二　文書その他の物件の所有者、所持者若しくは保管者に対し、当該物件の提出を求め、又は提出された物件を留め置くこと。

三　鑑定人に鑑定させること。

3　審査会は、審査員に、前項第一号に掲げる処分をさせることができる。

（調書）

第百十五条　審査会は、審理の期日における経過について、調書を作成しなければならない。

2　資格認定審査請求人は、審査会の許可を得て、前項の調書を閲覧することができる。

（合議）

第百十六条　審査会の合議は、公開しない。

（資格認定審査請求の取下げ）

第百十七条　資格認定審査請求人は、裁決があるまでは、いつでも資格認定審査請求を取り下げることができる。

２　資格認定審査請求の取下げは、書面でしなければならない。

（本案の裁決）

第百十八条　審査会は、審理を終えたときは、資格認定審査請求を棄却し、又は抑留資格認定を取り消し、若しくは変更する裁決をしなければならない。ただし、資格認定審査請求人の不利益に当該認定を変更することはできない。

（裁決の方式）

第百十九条　裁決は、文書をもって行い、かつ、理由を付し、合議に関与した審査員が、これに署名押印しなければならない。合議に関与した審査員が署名押印することができないときは、合議に関与した他の審査員が、その事由を付記して署名押印しなければならない。

（裁決の効力発生）

第百二十条　裁決は、資格認定審査請求人に送達された時に、その効力を生ずる。

２　裁決の送達は、裁決書の謄本を送付することによって行う。ただし、送達を受けるべき者の所在が知れないときは、公示の方法によってすることができる。

３　公示の方法による送達は、審査会が裁決書の謄本を保管し、いつでもその送達を受けるべき者に交付する旨を審査会が職務を行う場所の掲示場に掲示し、かつ、その旨を官報その他の公報に少なくとも一回掲載してするものとする。この場合においては、その掲示を始めた日の翌日から起算して二週間を経過した時に裁決書の謄本の送付があったものとみなす。

（捕虜収容所長の処置）

第百二十一条　第十四条第一項又は第十七条第四項の資格認定審査請求が、第百七条若しくは第百八条第二項の規定により裁決で却下され、第百十七条第一項の規定により取り下げられ、又は第百十八条の規定により裁決で棄却されたときは、捕虜収容所長は、当該資格認定審査請求人を直ちに放免しなければならない。

２　第十四条第一項の資格認定審査請求について、第百十八条の規定により裁決で抑留資格認定が変更され、抑留資格（軍隊等非構成員捕虜に区分される抑留資格にあっては、第十六条第二項に規定する抑留する必要性があるものに限る。次項、第五項及び次条において同じ。）が認められたときは、捕虜収容所長は、当該資格認定審査請求人に対し、速やかに、第四項の規定による抑留令書を発付しなければならない。

３　第十七条第四項の資格認定審査請求について、第百十八条の規定により裁決で抑留資格認定又は第十六条第二項の規定による抑留する必要性がない旨の判定が変更され、抑留資格が認められたときも、前項と同様とする。

４　前二項の抑留令書は、捕虜収容所長の指定する自衛官が、当該資格認定審査請求人にこれを示すことにより執行する。

５　第二項又は第三項の規定により発付される抑留令書には、次に掲げる事項を記載し、捕虜収容所長がこれに記名押印しなければならない。

一　拘束の日時及び場所

二　資格認定審査請求人の氏名、階級等、生年月日及び身分証明書番号等

三　抑留資格

四　発付年月日

五　その他防衛省令で定める事項

第百二十二条　第百六条第一項の資格認定審査請求について、第百十八条の規定により裁決で抑留資格認定が取り消され、抑留資格が認められなかったときは、捕虜収容所長は、当該資格認定審査請求人を直ちに放免しなければならない。

２　第百六条第一項の資格認定審査請求について、第百十八条の規定により裁決で抑留資格認定が変更され、当該認定に係る抑留資格と異なる抑留資格が認められたときは、捕虜収容所長は、速やかに、当該資格認定審査請求人に発付されている抑留令書を訂正しなければならない。

３　前項の規定による抑留令書の訂正は、裁決書の写しを当該抑留令書に添付することにより行うものとする。この場合において、捕虜収容所長の指定する自衛官は、その訂正された抑留令書を当該資格認定審査請求人に示さなければな

らない。

（文書その他の物件の返還）

第百二十三条　審査会は、裁決をしたときは、速やかに、事件につき提出された文書その他の物件をその提出人に返還しなければならない。

（裁決書の更正）

第百二十四条　裁決書に誤記その他明白な誤りがあるときは、審査会は、資格認定審査請求人の申立てにより又は職権で、いつでも更正することができる。

2　審査会は、前項の規定により裁決書を更正したときは、その旨を裁決書の原本に付記するとともに、当該資格認定審査請求人にこれを通知しなければならない。

第三節　懲戒審査請求の手続

（懲戒審査請求）

第百二十五条　被収容者は、第四十八条の規定による懲戒処分に不服があるときは、防衛省令で定めるところにより、書面で、審査会に対し懲戒審査請求をすることができる。

（懲戒処分の執行の停止等）

第百二十六条　懲戒審査請求は、懲戒処分の執行を停止しない。ただし、審査会は、審理に必要があると認めるときは、職権でその執行を停止することができる。

2　審査会は、いつでも前項の執行の停止を取り消すことができる。

3　執行の停止及び執行の停止の取消しは、文書により、かつ、理由を付し、懲戒権者に通知することによって行う。

（審理の方式）

第百二十七条　懲戒審査請求の審理は、書面により行うものとする。ただし、審査会は、懲戒審査請求をした者（以下「懲戒審査請求人」という。）の申立てがあったときは、懲戒審査請求人に口頭で意見を述べる機会を与えなければならない。

（審理の期日及び場所等）

第百二十八条　審査会は、前条ただし書の規定により懲戒審査請求人に意見を述べさせ、又は第百三十条第一項の規定により懲戒審査請求人若しくは参考人を審問するときは、その審理の期日及び場所を定めるものとする。

2　審査会は、前項の審理（懲戒審査請求人に係るものに限る。）の期日及び場所を定めたときは、あらかじめ懲戒審査請求人及び捕虜収容所長に通知しなければならない。

3　捕虜収容所長は、前項の規定により通知された期日及び場所に懲戒審査請求人を出頭させなければならない。

4　懲戒審査請求人は、前項の場合において、審査会の許可を得て、通訳人その他の補佐人とともに出頭することができる。

5　第一項の審理は、公開しない。

（手続の併合又は分離）

第百二十九条　審査会は、必要があると認めるときは、数個の懲戒審査請求を併合し、又は併合された数個の懲戒審査請求を分離することができる。

（審理のための処分）

第百三十条　審査会は、審理を行うため必要があるときは、懲戒審査請求人の申立てにより又は職権で、次に掲げる処分をすることができる。

一　懲戒審査請求人若しくは参考人の出頭を求めて審問し、又はこれらの者から意見若しくは報告を徴すること。

二　文書その他の物件の所有者、所持者若しくは保管者に対し、当該物件の提出を求め、又は提出された物件を留め置くこと。

三　鑑定人に鑑定させること。

2　審査会は、審査員に、前項第一号に掲げる処分をさせることができる。

（本案の裁決）

第百三十一条　審査会は、審理を終えたときは、懲戒審査請求を棄却し、又は懲戒処分の全部若しくは一部を取り消し、若しくは変更する裁決をしなければならない。ただし、懲戒審査請求人の不利益に当該処分を変更することはできない。

（裁決の結果とるべき措置）

第百三十二条　捕虜収容所長は、第四十九条第一項各号に掲げる懲戒処分の全部若しくは一部を取り消し、又は変更する裁決があったときは、防衛大臣の定めるところにより、懲戒審査請求人がその処分によって受けた不当な結果を是正するため、その処分によって失われた捕虜等抑留給付金の加算その他の措置をとらなければならない。

（懲戒審査請求に関する手続の準用）

第百三十三条　第百六条第二項から第四項まで、第百七条、第百八条、第百十条、第百十二条、第百十三条第二項、第百十五条から第百十七条まで、第百十九条、第百二十条、第百二十三条及び第百二十四条の規定は、懲戒審査請求について準用する。この場合において、第百六条第二項中「第十九条第二項の規定により抑留令書が示された日」とあるのは「第五十一条第五項の規定により懲戒処分の通知を受けた日」と、同条第三項中「抑留資格認定官又は捕虜収容所長」とあるのは「懲戒処分権者」と、同条第四項中「提出し、又は口頭で陳述した」とあるのは「提出した」と読み替えるものとする。

第四節　雑則

（資格認定審査請求及び懲戒審査請求と訴訟との関係）

第百三十四条　この法律の規定による抑留資格認定又は懲戒処分の取消しの訴えは、これらの処分についての資格認定審査請求又は懲戒審査請求に対する捕虜資格認定等審査会の裁決を経た後でなければ、提起することができない。

（防衛省令への委任）

第百三十五条　この章に定めるもののほか、資格認定審査請求及び懲戒審査請求の手続は、防衛省令で定める。

第五章　抑留の終了

第一節　通則

（抑留の終了事由）

第百三十六条　被収容者の抑留は、死亡又は第百二十二条第一項の規定による放免のほか、この章に定めるところにより終了する。

第二節　送還基準等

（基準の作成）

第百三十七条　防衛大臣は、武力攻撃事態又は存立危機事態に際して、遅滞なく、次に掲げる武力攻撃事態又は存立危機事態における捕虜、衛生要員及び宗教要員の送還に関する基準を作成するものとする。

一　重傷病認定基準（抑留されている捕虜、衛生要員又は宗教要員が送還対象重傷病者（第三条約第百十条第一項(1)から(3)までに掲げる者に該当し、かつ、移動に適する状態にあるものをいう。以下同じ。）に該当するかどうかの認定の基準をいう。以下同じ。）

二　衛生要員送還基準（被収容者の人数に応じて抑留することができる衛生要員の人数の上限及びその業務内容の区分に応じて抑留することができる衛生要員の人数の上限並びにこれらの上限を超える場合における衛生要員の送還に関する基準並びに抑留すべき衛生要員の交代に伴う送還に関する基準をいう。以下同じ。）

三　宗教要員送還基準（被収容者の人数に応じて抑留することができる宗教要員の人数の上限及びその業務内容の区分に応じて抑留することができる宗教要員の人数の上限並びにこれらの上限を超える場合における宗教要員の送還に関する基準をいう。以下同じ。）

2　防衛大臣は、武力攻撃事態又は存立危機事態の終了後、速やかに、送還令書を発付すべき被収容者の順序、被収容者の引渡しを行うべき地（以下「送還地」という。）、送還地までの交通手段、送還時に携行を許可すべき携帯品の内容その他の送還の実施に必要な基準（以下「終了時送還基準」という。）を作成するものとする。

3　前二項に規定するもののほか、防衛大臣は、次に掲げる武力攻撃事態又は存立危機事態における捕虜の送還に関する基準を作成することができる。

一　宣誓解放送還基準（第三条約第二十一条第二項に規定する宣誓又は約束に基づく捕虜の解放のための送還に関する基準をいう。以下同じ。）

二　捕虜交換等送還基準（敵国軍隊等の属する外国の政府その他これに準ずるものとの間における捕虜の交換のための送還その他我が国の防衛上抑留の必要性がないと認められるに至った捕虜の送還に関する基準をいう。以下同じ。）

4　前三項に規定するもののほか、防衛大臣は、武力攻撃事態又は存立危機事態に際して、武力攻撃又は存立危機武力攻撃を行っていない第三条約の締約国に対する次に掲げる措置を講ずるための捕虜の引渡し（以下「移出」という。）に関する基準（以下「移出基準」という。）を作成することができる。

一　第三条約第十二条第二項の規定による当該締約国への移送

二　第三条約第百九条第二項の規定による当該締約国における入院又は抑留

5　防衛大臣は、前各項の規定により重傷病認定基準、衛生要員送還基準、宗教要員送還基準、終了時送還基準、宣誓解放送還基準、捕虜交換等送還基準又は移出基準（以下「送還等諸基準」という。）を作成したときは、速やかに、当該送還等諸基準を捕虜収容所長に通知するものとする。

6　送還等諸基準は、第三条約その他の国際約束の内容に適合するものでなければならない。

（文書等の発受）

第百三十八条　送還等諸基準の作成に必要な外国の政府又はこれに準ずるものとの間の文書及び通知の発受は、外務大臣が行う。ただし、緊急その他の特別の事情がある場合において、外務大臣が同意したときは、防衛大臣が行うものとする。

（重傷病捕虜等の送還）

第百三十九条　捕虜収容所長は、武力攻撃事態又は存立危機事態において、捕虜収容所に収容されている捕虜、衛生要員又は宗教要員のうち、送還対象重傷病者に該当すると認めるものがあるときは、速やかに、その者に対し、その旨及び送還に同意する場合には送還される旨の通知をしなければならない。

2　前項の通知を受けた者が、防衛省令の定めるところにより送還に同意したときは、捕虜収容所長は、速やかに、第百四十三条の規定による送還令書を発付するものとする。

3　防衛大臣は、前項の規定により送還令書を発付すべき者について、速やかに、その送還地、送還地までの交通手段、送還時に携行を許可すべき携帯品の内訳その他の送還の実施に必要な事項を定めなければならない。

4　第一項の場合において、送還対象重傷病者に該当するかどうかの認定は、第百六十八条に規定する混成医療委員の診断を経て行わなければならない。

5　捕虜代表は、自らがその利益を代表すべき範囲の捕虜、衛生要員又は宗教要員に送還対象重傷病者に該当すると思料する者があるときは、捕虜収容所長に対し、混成医療委員にその者の診断を行わせるよう求めることができる。

6　前項の規定による求めがあったときは、捕虜収容所長は、混成医療委員に同項に規定する者の診断を行うよう求めなければならない。

（武力攻撃事態又は存立危機事態における衛生要員及び宗教要員の送還）

第百四十条　捕虜収容所長は、武力攻撃事態又は存立危機事態において、抑留されている衛生要員の人数が衛生要員送還基準に定める人数の上限を超えたときは、当該衛生要員送還基準に従い、その超えた人数に相当する人数の衛生要員について、速やかに、第百四十三条の規定による送還令書を発付するものとする。

2　捕虜収容所長は、武力攻撃事態又は存立危機事態において、衛生要員送還基準に従い、抑留されている衛生要員と交代してその任務を行うために入国する者（次項において「交代要員」という。）に対し、同項の規定により抑留令書が発付される場合には、その抑留令書の発付を受ける者の人数に相当する人数の衛生要員について、速やかに、第百四十三条の規定による送還令書を発付するものとする。

3　抑留資格認定官は、防衛大臣の定めるところにより、前項の交代要員について、第四条の規定によりその身体を拘束しないときであっても、その者が抑留対象者（第三条第六号ホに掲げる者に限る。）に該当すると認めるときは、第十六条の規定の例により抑留令書を発付することができる。

4　第一項の規定は、宗教要員について準用する。

（武力攻撃事態又は存立危機事態の終了後の送還）

第百四十一条　捕虜収容所長は、第百三十七条第五項の規定により終了時送還基準の通知を受けたときは、遅滞なく、当該終了時送還基準に従い送還の実施に係る計画（以下「送還実施計画」という。）の案を作成し、防衛大臣の承認を受けるものとする。送還実施計画を変更する場合も、同様とする。

2　捕虜収容所長は、前項の送還実施計画の定めるところにより送還すべき要件に該当する被収容者については、速やかに、第百四十三条の規定による送還令書を発付しなければならない。

（宣誓解放送還及び捕虜交換等送還）

第百四十二条　捕虜収容所長は、第百三十七条第五項の規定により宣誓解放送還基準又は捕虜交換等送還基準の通知を受けたときは、これらの基準に従い、送還すべき捕虜に該当すると認める者について、速やかに、次条の規定による送還令書を発付するものとする。

第三節　送還等の実施

（送還令書の方式）

第百四十三条　第百三十九条第三項、第百四十条第一項（第四項において準用する場合を含む。）若しくは第二項、第百四十一条第二項又は前条の規定により発付される送還令書には、次に掲げる事項を記載し、かつ、捕虜収容所長がこれに記名押印するものとする。

一　送還される被収容者の氏名、階級等、生年月日及び身分証明書番号等
二　国籍
三　送還の理由
四　送還地
五　送還地までの交通手段その他の執行方法
六　発付年月日
七　その他防衛省令で定める事項

（送還令書の執行）

第百四十四条　送還令書は、防衛大臣の定めるところにより、捕虜収容所に勤務する自衛官その他の自衛官が執行するものとする。

2　前項の自衛官は、同項の規定により送還令書を執行するときは、送還される被収容者に対し、送還令書又はその写しを示して、速やかに、その者を前条第四号の送還地において敵国軍隊等が属する外国の政府その他これに準ずるもの（同条第五号の執行方法として外国の政府その他これに準ずるもの以外の機関が指定されている場合にあっては、当該機関）の代表者に引き渡すものとする。

（送還方法の変更）

第百四十五条　送還令書を執行する自衛官は、送還令書を発付された被収容者の体調の変化、送還地までの交通機関の運航の停止その他の送還令書に記載された執行方法による送還を困難とする事情が生じたときは、直ちに、捕虜収容所長に報告しなければならない。

2　前項の報告を受けた捕虜収容所長は、速やかに、送還地又は交通手段の変更その他の必要と認める措置を講ずるものとする。この場合において、必要があるときは、送還令書の記載内容を変更するものとする。

（送還の特例）

第百四十六条　送還令書の発付を受けた者が、第三条第六号ロ、ヘ又はチに掲げる者に該当し、かつ、敵国軍隊等が属する外国以外の国籍を有する者であるときは、防衛大臣は、その者の希望により、その国籍又は市民権の属する国に向け、我が国から退去することを許可することができる。

2　前項の規定により我が国から退去することを許可された者については、防衛省令で定めるところにより、我が国から退去した時にその者に係る送還令書が執行されたものとみなす。

（移出）

第百四十七条　捕虜収容所長は、第百三十七条第五項の規定により移出基準の通知を受けたときは、当該移出基準に従い、移出をすべき捕虜に該当すると認める者の移出をすることができる。

2　前項の規定により移出基準に定められた第三条約の締約国に移出として捕虜を引き渡したときは、その者に係る抑留令書は、当該引渡しの時に失効するも

のとする。

第四節　雑則

（捕虜代表への通知等）

第百四十八条　捕虜収容所長は、第百三十七条第五項の規定により送還等諸基準の通知を受けたときは、速やかに、捕虜代表にこれを通知するものとする。

2　捕虜収容所長は、第百四十一条第一項の規定により送還実施計画を作成し、又は変更したときは、その都度、捕虜代表にこれを通知するものとする。

3　捕虜収容所長は、防衛省令で定めるところにより、送還及び移出の実績を捕虜代表に通知するものとする。

4　捕虜収容所長は、防衛省令で定めるところにより、被収容者に対し、送還実施計画及び送還実績を周知するため必要な措置を講ずるものとする。

（防衛大臣による放免）

第百四十九条　防衛大臣は、送還令書の発付を受けた被収容者について、送還実施計画に基づき送還することが当該被収容者の利益を著しく害すると認める特段の事情があるときは、捕虜収容所長に当該被収容者を放免するよう命ずることができる。

2　前項の規定により被収容者が放免されたときは、当該被収容者に係る送還令書は、その放免の時に失効するものとする。

（抑留の取消し）

第百五十条　防衛大臣は、抑留令書の発付を受けた被収容者であって現に刑事事件又は少年の保護事件に関する法令の規定によりその身体を拘束されているもの（以下この条において「刑事事件等被拘束者」という。）以外のすべての被収容者について送還等（送還その他の事由による抑留の終了をいう。次条において同じ。）が完了したときは、捕虜収容所長に対し、当該刑事事件等被拘束者に対する抑留令書に係る抑留の処分の取消しを命ずることができる。

（逃走者の取扱い）

第百五十一条　前条の送還等が完了した時点において、捕虜収容所から逃走した被収容者が第百六十一条の規定により再拘束されていないときは、その者に係る抑留令書は、当該送還等の完了の日に失効するものとする。

第六章　補則

第一節　武器の使用

第百五十二条　出動自衛官は、第四条の規定による拘束をする場合においては、その事態に応じ、合理的に必要と判断される限度において、武器を使用することができる。ただし、次の各号のいずれかに該当する場合のほか、人に危害を与えてはならない。

一　刑法（明治四十年法律第四十五号）第三十六条又は第三十七条に該当するとき。

二　その本人が、その者に対する出動自衛官の職務の執行に対して抵抗し、若しくは逃走しようとする場合又は第三者がその者を逃がそうとして出動自衛官に抵抗する場合において、これを防ぐために他に手段がないと当該出動自衛官において信ずるに足りる相当の理由があるとき。

2　抑留令書、仮収容令書若しくは送還令書の執行、抑留令書若しくは送還令書による再拘束、被拘束者若しくは被収容者の拘束、収容、護送若しくは送還又はこれらの者の収容のための施設の警備に係る職務に従事する自衛官（以下「捕虜等警備自衛官」という。）は、その職務の執行に関し、その事態に応じ、合理的に必要と判断される限度において、武器を使用することができる。ただし、次の各号のいずれかに該当する場合のほか、人に危害を与えてはならない。

一　刑法第三十六条又は第三十七条に該当するとき。

二　その本人が、その者に対する捕虜等警備自衛官の職務の執行に対して抵抗し、若しくは逃走しようとする場合又は第三者がその者を逃がそうとして捕虜等警備自衛官に抵抗する場合において、これを防ぐために他に手段がないと当該捕虜等警備自衛官において信ずるに足りる相当の理由があるとき。

第二節　領置

（自衛隊の部隊等における領置）

第百五十三条　指定部隊長又は抑留資格認定官は、第六条第一項若しくは第二項

又は第九条第四項の規定による引渡しを受けた被拘束者がその引渡しの際に所持する現金及び物品（以下「金品」という。）を領置することができる。ただし、次に掲げる物品については、領置してはならない。

一　ヘルメット、防毒マスクその他の専ら身体の防護のために用いられる物品

二　制服、身分証明書、階級章その他の地位又は身分を示す記章及び勲章その他の功績を示す記章

三　前二号に掲げるもののほか、防衛省令で定める私用の物品

2　前項の規定により金品を領置するときは、同項に規定する引渡しを受けた者に対し、受領証を発給しなければならない。ただし、領置した物品のうち、領置武器等（武器その他の装備品（同項第一号に掲げるものを除く。）及び軍用書類をいう。以下同じ。）については、この限りでない。

3　指定部隊長又は抑留資格認定官は、第一項の規定により領置した領置武器等については、これを領置している間、いつでも廃棄することができる。

4　指定部隊長又は抑留資格認定官は、第九条第三項、第十三条第三項又は第十七条第二項の規定により被拘束者を放免するときは、その領置している金品を当該被拘束者に返還しなければならない。

（捕虜収容所における領置）

第百五十四条　捕虜収容所長は、被収容者がその収容の際に所持する金品及び次条の規定により許されて交付を受けた金品（前条第一項第二号又は第三号に掲げるものを除く。）その他の収容中に取得した金品を領置する。ただし、その物品が次の各号のいずれかに該当する場合には、領置することを要しない。

一　保管に不便なものであるとき。

二　腐敗し、又は滅失するおそれがあるものであるとき。

三　危険を生ずるおそれがあるものであるとき。

四　価値のないものであるとき。

2　前条第二項の規定は、前項の規定により金品を領置する場合について準用する。

3　捕虜収容所長は、前項において準用する前条第二項の規定により発給する受領証について、その控えを作成し、これを保存しなければならない。

4　被収容者又は利益保護国代表は、防衛省令で定めるところにより、前項の受領証の控えを閲覧することができる。

5　捕虜収容所長は、第一項の規定により領置した領置武器等については、これを領置している間、いつでも廃棄することができる。

6　第一項各号のいずれかに該当する物品について被収容者が被収容者以外の者への交付その他相当の処分をしない場合には、捕虜収容所長は、これを売却してその代金を領置する。ただし、売却することができないものは、廃棄することができる。

7　第一項の規定により物品を領置すべき場合において、その被収容者の物品が著しく多量であるため捕虜収容所における被収容者の物品の適正な管理に支障を生ずるおそれがあるときは、捕虜収容所長は、同項の規定にかかわらず、その全部又は一部を領置しないことができる。

8　第六項の規定は、前項の規定により領置しない物品について準用する。

（差入物の取扱い）

第百五十五条　捕虜収容所長又はその指定する職員は、被収容者以外の者が被収容者に交付するため捕虜収容所に持参し、又は送付した金品については、防衛省令で定めるところにより、その内容の検査を行うことができる。

2　捕虜収容所長は、前項の規定により検査を行った金品が第五十九条各号に掲げる物品又は現金である場合には、被収容者がその交付を受けることを許さなければならない。ただし、次の各号のいずれかに該当する場合は、この限りでない。

一　その物品が前条第一項ただし書又は同条第七項の規定により領置しないものであるとき。

二　その金品の交付を受けることを許すことにより、捕虜収容所の規律及び秩序を害するおそれがあるとき。

3　前項の規定により交付を受けることを許さない金品又は被収容者が交付を受けることを拒んだ金品については、その金品を持参し、又は送付した被収容者

以外の者にその旨を通知して、その金品を引き取るよう求めるものとする。

4 前項の金品を引き取るべき者の所在が分からないことその他の事由により、その金品を引き取らせることができない場合には、現金を除き、これを廃棄することができる。

5 刑事訴訟法（昭和二十三年法律第百三十一号）第四百九十九条第一項及び第三項の規定は、前項に規定する事由により現金を引き取らせることができない場合について準用する。この場合において、同条第一項中「検察官」とあるのは、「捕虜収容所長」と読み替えるものとする。

（領置金の使用）

第百五十六条　捕虜収容所長は、被収容者から、第五十九条の規定により使用し、又は摂取することを許された物品の購入のため、領置されている現金を使用する旨の申出があったときは、当該物品の購入に必要な金額の現金の領置を解いて、その使用を許すものとする。

（領置物の返還）

第百五十七条　捕虜収容所長は、被収容者が次の各号のいずれかに該当することとなった場合には、領置している金品（領置武器等を除く。次条において同じ。）を当該被収容者に返還しなければならない。

一　第百四十四条の規定により送還されるとき。

二　第百四十六条の規定により許可されて退去するとき。

三　第百四十七条の規定により移出をされるとき。

四　第百四十九条の規定により放免されるとき。

（死亡者等の遺留物）

第百五十八条　被拘束者又は被収容者の死亡その他防衛省令で定める場合において、当該被拘束者又は被収容者から領置していた現金又は物品であって遺留されたものがあるときは、防衛省令で定めるところにより、これを返還しなければならない。ただし、当該物品が腐敗し、若しくは滅失するおそれがあるもの又は価値のないものであるときは、廃棄することができる。

（領置武器等の帰属）

第百五十九条　領置武器等については、武力攻撃事態又は存立危機事態の終了の時までに廃棄されていないときは、同日に国庫に帰属する。

（防衛省令への委任）

第百六十条　この節に定めるもののほか、領置に関し必要な事項は、防衛省令で定める。

第三節　逃走時の措置

（逃走捕虜等の再拘束）

第百六十一条　抑留令書又は送還令書（以下この節において「諸令書」という。）の発付を受けて収容されている者が逃走したときは、捕虜等警備自衛官は、その逃走した者（以下この節において「逃走捕虜等」という。）を当該諸令書により再拘束することができる。

（再拘束の手続）

第百六十二条　捕虜等警備自衛官は、前条の規定により再拘束をするときは、当該諸令書を逃走捕虜等に示さなければならない。

2 捕虜等警備自衛官は、諸令書を所持しないためこれを示すことができない場合において、急速を要するときは、前項の規定にかかわらず、当該逃走捕虜等に対し、諸令書により再拘束する旨を告げて、再拘束することができる。ただし、諸令書は、できるだけ速やかに、当該逃走捕虜等に示さなければならない。

（再拘束について必要な調査及び報告の要求）

第百六十三条　捕虜等警備自衛官は、逃走捕虜等の再拘束の目的を達するため必要な調査をすることができる。

2 捕虜等警備自衛官は、逃走捕虜等の再拘束について、公務所又は公私の団体に照会して必要な事項の報告を求めることができる。

（立入り等）

第百六十四条　捕虜等警備自衛官は、逃走捕虜等の再拘束について、逃走捕虜等が土地又は建物（以下この条において「土地等」という。）の中にいると疑うに足りる相当の理由があるときは、当該土地等に立ち入り、又はその土地等の所有者、占有者若しくは管理者に対し、質問をし、若しくは文書の提示を求め

ることができる。

2　前項の規定により建物、宅地又は垣、さく等で囲まれた土地に立ち入る場合には、あらかじめその旨をその所有者、占有者又は管理者に通知しなければならない。

3　捕虜等警備自衛官は、再拘束しようとして追跡中の逃走捕虜等が土地等に入った場合において、これを再拘束するためやむを得ないと認めるときは、合理的に必要と判断される限度において、その場所（人の住居を除く。）に立ち入ることができる。

4　何人も、正当な理由がなく、第一項又は前項の規定による立入りを拒んではならない。

（証票の携帯）

第百六十五条　捕虜等警備自衛官が、前条第一項の規定により立ち入り、質問をし、若しくは文書の提示の求めをし、又は同条第三項の規定により立ち入る場合においては、その身分を示す証明書を携帯し、関係人の請求があったときは、これを提示しなければならない。

（権限の解釈）

第百六十六条　第百六十四条第一項及び第三項の規定による捕虜等警備自衛官の権限は、犯罪捜査のために認められたものと解釈してはならない。

第四節　捕虜等情報の取扱い

第百六十七条　抑留資格認定官は、防衛大臣の定めるところにより、現にその身体を拘束している被拘束者について、防衛大臣に定期的に報告しなければならない。

2　捕虜収容所長は、防衛大臣の定めるところにより、捕虜収容所における被収容者の収容状況について、防衛大臣に定期的に報告しなければならない。

3　前項に規定するもののほか、捕虜収容所における被収容者に関する情報の取扱いについては、防衛省令で定める。

第五節　混成医療委員

（混成医療委員の指定）

第百六十八条　防衛大臣は、武力攻撃事態又は存立危機事態に際して、被収容者に対する医療業務の実施に関して必要な勧告その他の措置をとるとともに第百三十七条第一項第一号に規定する送還対象重傷病者に該当するかどうかの認定に係る診断を行う者（以下「混成医療委員」という。）として、医師である自衛隊員一名及び外国において医師に相当する者であって指定赤十字国際機関が推薦するもの（以下「外国混成医療委員」という。）二名を指定するものとする。

2　防衛大臣は、やむを得ない事由により外国混成医療委員を指定することができないときは、これに代えて、混成医療委員として日本赤十字社が推薦する医師を指定するものとする。

（外国混成医療委員の医業）

第百六十九条　外国混成医療委員は、医師法第十七条の規定にかかわらず、被収容者に対し、医業をすることができる。

2　医師法第二十条及び第二十四条の規定は、外国混成医療委員について準用する。

（秘密を守る義務）

第百七十条　外国混成医療委員は、正当な理由がなく、その業務上知り得た人の秘密を漏らしてはならない。外国混成医療委員でなくなった後においても、同様とする。

第六節　死亡時の措置

第百七十一条　墓地、埋葬等に関する法律（昭和二十三年法律第四十八号）第四条及び第五条第一項の規定は、武力攻撃事態に際して、被拘束者がその身体を拘束されている間に死亡した場合（捕虜収容所において死亡した場合を除く。）におけるその死体の埋葬及び火葬については、適用しない。

2　前項に規定するもののほか、被拘束者又は被収容者が死亡した場合における措置については、防衛省令で定める。

第七節　施設に関する基準

第百七十二条　防衛大臣は、第二章に定める手続を行うため必要な被拘束者を留

め置く区画又は施設の設置要領、当該区画又は施設における安全確保のために講ずべき措置の内容その他の被拘束者の管理に必要な事項に関する基準を定めるものとする。

２　防衛大臣は、被収容者を収容する捕虜収容所の施設の設置に関する基準を定めるものとする。

第八節　特例規定等

（被拘束者への食事等の提供）

第百七十三条　自衛隊の部隊等の長は、被拘束者に対し、出動自衛官の例により、食事を無料で支給することができる。

２　被拘束者は、管轄の抑留資格認定官が指定する自衛隊病院（自衛隊法第二十七条に規定する病院をいう。）又は防衛省令で定める医療若しくは救護の業務を行う自衛隊の部隊において、出動自衛官の例により、その心身の状況に応じて必要な医療の提供を受けることができる。

（麻薬等の取扱いの特例）

第百七十四条　捕虜、衛生要員及び宗教要員は、麻薬及び向精神薬取締法（昭和二十八年法律第十四号）第二十四条第一項の規定にかかわらず、自衛隊病院等のうち同法第二条第二十二号に規定する麻薬診療施設（以下「自衛隊麻薬診療施設」という。）の開設者に麻薬（同法第二条第一号に規定する麻薬のうち、同法第十二条第一項及び第二項に規定する麻薬を除いたものをいう。以下同じ。）を譲り渡すことができる。

２　自衛隊麻薬診療施設の開設者は、麻薬及び向精神薬取締法第二十六条第三項の規定にかかわらず、捕虜、衛生要員及び宗教要員からの麻薬の譲渡の相手方となることができる。

３　医師相当衛生要員等又は歯科医師相当衛生要員等は、自衛隊麻薬診療施設において医業又は歯科医業をするに当たっては、麻薬及び向精神薬取締法第二十四条第一項第二号及び第三号、第二十六条第一項第一号及び第二項、第二十七条第一項から第三項まで、第四項（ただし書を除く。）及び第六項、第二十八条第一項及び第二項、第三十三条第三項並びに第四十一条の規定の適用についてはこれらに規定する麻薬施用者と、同法第二十八条第一項及び第五十条の三十八第一項の規定の適用についてはこれらに規定する麻薬取扱者とみなす。この場合において、同法第二十七条第六項中「免許証の番号」とあるのは、「身分証明書番号」とする。

４　捕虜、衛生要員及び宗教要員は、麻薬及び向精神薬取締法第五十条の十六第一項の規定にかかわらず、自衛隊病院等の開設者に向精神薬（同法第二条第六号に規定する向精神薬をいう。第百七十六条第一項において同じ。）を譲り渡すことができる。

第百七十五条　捕虜、衛生要員及び宗教要員は、覚せい剤取締法（昭和二十六年法律第二百五十二号）第十七条第三項の規定にかかわらず、自衛隊病院等のうち同法第三条第一項の規定により指定を受けた覚せい剤施用機関（以下「自衛隊覚せい剤施用機関」という。）に覚せい剤を譲り渡すことができる。

２　自衛隊覚せい剤施用機関は、覚せい剤取締法第十七条第二項の規定にかかわらず、捕虜、衛生要員及び宗教要員から覚せい剤を譲り受けることができる。

３　前二項の場合において、覚せい剤取締法第十八条第一項の規定は、適用しない。

４　捕虜、衛生要員及び宗教要員は、覚せい剤取締法第三十条の九の規定にかかわらず、自衛隊病院等の開設者に医薬品である覚せい剤原料を譲り渡すことができる。

５　自衛隊病院等の開設者は、覚せい剤取締法第三十条の九の規定にかかわらず、捕虜、衛生要員及び宗教要員から医薬品である覚せい剤原料を譲り受けることができる。

６　前二項の場合において、覚せい剤取締法第三十条の十第一項の規定は、適用しない。

７　医師相当衛生要員等若しくは歯科医師相当衛生要員等又は薬剤師相当衛生要員等が自衛隊病院等において医業若しくは歯科医業をし、又は授与の目的で調剤を行うに当たっては、当該医師相当衛生要員等にあっては覚せい剤取締法第十四条第一項並びに第二項第一号及び第三号、第十七条第三項、第十九条第二

号及び第四号、第二十条第一項から第四項まで、第三十条の七第八号、第十一号及び第十二号、第三十条の九第三号、第三十条の十一第三号並びに第三十二条第一項の規定の適用についてはこれらに規定する医師と、当該歯科医師相当衛生要員等にあっては同法第三十条の七第八号、第十一号及び第十二号、第三十条の九第三号並びに第三十条の十一第三号の規定の適用についてはこれらに規定する歯科医師と、当該薬剤師相当衛生要員等にあっては同法第三十条の七第八号及び第十二号、第三十条の九第三号並びに第三十条の十一第三号の規定の適用についてはこれらに規定する薬剤師とみなす。

第百七十六条　第百四十条第三項の規定により抑留令書の発付を受けた衛生要員のうち防衛大臣が指定する者（以下「指定衛生要員」という。）は、麻薬及び向精神薬取締法第十三条第一項若しくは第五十条の八又は覚せい剤取締法第十三条若しくは第三十条の六第一項の規定にかかわらず、次に掲げる事項について防衛大臣が厚生労働大臣と協議の上指定するところにより、麻薬、向精神薬、覚せい剤又は医薬品である覚せい剤原料を輸入することができる。

一　輸入の品名及び数量

二　指定衛生要員の氏名、階級等及び身分証明書番号等

三　輸入の日

四　輸送の方法

五　輸入港名

2　防衛大臣は、前項の規定による指定をしたときは、直ちに、その指定に係る事項を財務大臣に通知するものとする。

（関税法の特例）

第百七十七条　税関長は、関税定率法（明治四十三年法律第五十四号）第十五条第一項第三号に規定する救じゅつのために寄贈された給与品に該当する貨物であって、被収容者にあてられたものに係る関税法（昭和二十九年法律第六十一号）第六十九条第二項の許可を受けた者が同法第百条第三号の規定により納付すべき手数料については、免除する。

（入管法の特例）

第百七十八条　入管法第六十三条第一項の規定は、入管法第二十四条各号（第一号及び第二号を除く。）のいずれかに該当する外国人について捕虜収容所において抑留令書による抑留の手続が行われる場合について準用する。

2　第百四十四条の規定により送還され、第百四十六条の規定により許可されて我が国から退去し、又は第百四十七条の規定により移出をされて出国した被収容者に対して入管法第五十一条に規定する退去強制令書が発付されていた場合には、当該被収容者は、入管法第五条第一項第五号の二、第九号及び第十号の規定の適用については、当該退去強制令書により本邦からの退去を強制された者とみなす。

（行政手続法の適用除外）

第百七十九条　この法律の規定による処分については、行政手続法（平成五年法律第八十八号）第二章から第四章までの規定は、適用しない。

（行政不服審査法の規定による審査請求の制限）

第百八十条　この法律の規定による処分又はその不作為については、行政不服審査法（平成二十六年法律第六十八号）の規定による審査請求をすることができない。

（刑事事件等との関係）

第百八十一条　被拘束者又は被収容者に対しては、刑事事件又は少年の保護事件に関する法令の規定によりその身体を拘束することを妨げない。

2　捕虜収容所長は、被収容者が刑事事件に関する裁判手続に出頭することについて、必要な協力をするものとする。

（関係機関との連絡及び協力）

第百八十二条　自衛官がこの法律の規定による被拘束者又は被収容者の抑留、送還その他の措置を講ずるに当たっては、当該自衛官と関係のある警察機関、出入国管理機関その他の国又は地方公共団体の機関は、相互に緊密に連絡し、及び協力するものとする。

第七章　罰則

第百八十三条 第三十八条及び第百七十条の規定に違反して、業務上知り得た人の秘密を漏らした者は、六月以下の懲役又は十万円以下の罰金に処する。

2 前項の罪は、告訴がなければ公訴を提起することができない。

附 則（抄）

（施行期日）

第一条 この法律は、第一追加議定書が日本国について効力を生ずる日〔平一七・二・二八〕から施行する。

附 則〔平二九・六・二法四二〕（抄）

（施行期日）

第一条 この法律は、平成三十年三月三十一日までの間において政令で定める日から施行する。ただし、次の各号に掲げる規定は、当該各号に定める日から施行する。

一 〔略〕

二 〔前略〕附則第四条の規定 公布の日から起算して三月を超えない範囲内において政令で定める日〔平二九・七・一〕

○武力攻撃事態及び存立危機事態における捕虜等の取扱いに関する法律施行令

（捕虜取扱法施行令）

平一六・一二・一〇
政令三九三

最終改正 平二八・三・二五 政令八四

（法第十四条第一項及び第十七条第四項の資格認定審査請求）

第一条 武力攻撃事態及び存立危機事態における捕虜等の取扱いに関する法律（平成十六年法律第百十七号。以下「法」という。）第十四条第一項又は第十七条第四項に規定する書面には、法第十四条第一項又は第十七条第四項に規定する事項のほか、次に掲げる事項を記載しなければならない。

一 資格認定審査請求（法第三条第十三号に規定する資格認定審査請求をいう。以下同じ。）をする者（以下「資格認定審査請求人」という。）の氏名及び生年月日

二 法第十三条第一項又は第十六条第三項の通知を受けた年月日時

三 資格認定審査請求の年月日時

2 前項の書面には、資格認定審査請求人が署名しなければならない。

（指定赤十字国際機関）

第二条 法第二十五条に規定する政令で定める赤十字国際機関は、赤十字国際委員会とする。

（法第百六条第一項の資格認定審査請求）

第三条 法第百六条第一項の規定により書面で資格認定審査請求をするときは、当該書面には、次に掲げる事項を記載しなければならない。

一 資格認定審査請求人の氏名及び生年月日

二 資格認定審査請求の趣旨及び理由

三 法第十九条第二項の規定により抑留令書が示された年月日

四 資格認定審査請求の年月日

2 前項の書面には、資格認定審査請求人が署名しなければならない。

3 法第百六条第一項の規定により口頭で資格認定審査請求をするときは、資格認定審査請求人は、第一項に規定する事項を陳述しなければならない。

4 前項の資格認定審査請求があったときは、同項の陳述を聴取した捕虜資格認定等審査会の庶務を処理する防衛省本省の職員（法第百六条第三項の規定により抑留資格認定官又は捕虜収容所長を経由する場合においては、抑留資格認定官若しくはそのあらかじめ指名する職員又は捕虜収容所長若しくはそのあらかじめ指名する職員）は、当該陳述の内容を録取した書面を作成した上、これを陳述人に読み聞かせて誤りのないことを確認し、陳述人に署名を求めなければならない。

5 法第百六条第三項の規定により抑留資格認定官又は捕虜収容所長を経由して資格認定審査請求があったときは、その経由した抑留資格認定官又は捕虜収容所長は、第一項又は前項の書面を、直ちに、捕虜資格認定等審査会に送付しなければならない。

（押収物還付等公告令の準用）

第四条 押収物還付等公告令（昭和二十八年政令第三百四十二号）第二条、第三条第一項（第二号を除く。）及び第四条の規定は、法第百五十五条第五項において準用する刑事訴訟法第四百九十九条第一項の規定に基づく公告について準用する。この場合において、同令第二条第一項中「検察官が行う場合にあつては検察庁の掲示場に、司法警察員が行う場合にあつてはその所属する官公署の掲示場に、それぞれ」とあるのは「捕虜収容所の掲示場に」と、同令第三条第一項中「検察官が刑事訴訟法第四百九十九条第一項又は第二項」とあるのは「捕虜収容所長が武力攻撃事態及び存立危機事態における捕虜等の取扱いに関する法律（平成十六年法律第百十七号）第百五十五条第五項において準用する刑事訴訟法第四百九十九条第一項」と、同項第一号中「刑事訴訟法第四百九十九条第一項又は第二項」とあるのは「武力攻撃事態及び存立危機事態における

捕虜等の取扱いに関する法律第百五十五条第五項において準用する刑事訴訟法第四百九十九条第一項」と、同項第三号中「事件名及び押収番号」とあるのは「現金の持参又は送付の年月日その他これを特定するに足りる事項」と、同項第四号中「品名及び数量」とあるのは「金額」と、同令第四条第二項中「検察官又は司法警察員」とあるのは「捕虜収容所長」と読み替えるものとする。

附　則（抄）

（施行期日）

第一条　この政令は、法の施行の日〔平一七・二・二八〕から施行する。

附　則〔平二八・三・二五政令八四〕（抄）

（施行期日）

第一条　この政令は、我が国及び国際社会の平和及び安全の確保に資するための自衛隊法等の一部を改正する法律の施行の日（平成二十八年三月二十九日）から施行する。

○武力攻撃事態及び存立危機事態における捕虜等の取扱いに関する法律施行規則

（捕虜取扱法施行規則）

平一七・二・二五
府令九

最終改正 平二九・六・二三 省令九

目次

第一章 拘束及び抑留資格認定の手続

（法第六条第一項に規定する部隊等）

第一条 武力攻撃事態及び存立危機事態における捕虜等の取扱いに関する法律（平成十六年法律第百十七号。以下「法」という。）第六条第一項に規定する防衛省令で定める部隊等（自衛隊法（昭和二十九年法律第百六十五号）第八条に規定する部隊等をいう。以下この条及び第三十四条において同じ。）は、次に掲げる部隊等とする。

一 連隊
二 群
三 団に準ずる隊であって防衛大臣が定めるもの
四 特科隊
五 後方支援隊
六 駐屯地司令（自衛隊法施行令（昭和二十九年政令第百七十九号）第五十一条第一項に規定する駐屯地司令をいい、方面総監部又は前各号に掲げる部隊の所在する駐屯地の駐屯地司令を除く。）が所属する部隊等（自衛隊地区病院を除く。）
七 自衛艦
八 航空基地隊（地方総監部の所在地に所在する航空基地隊を除く。）
九 基地隊
十 防備隊
十一 基地司令（自衛隊法施行令第五十一条の三第一項に規定する基地司令をいい、航空方面隊司令部の所在する基地の基地司令を除く。）が所属する部隊等
十二 前各号に掲げる部隊等に準ずるものとして防衛大臣が定める部隊等

（引渡し時の報告）

第二条 法第六条第三項に規定する報告は引渡しをする出動自衛官（法第四条に規定する出動自衛官をいう。）が書面により行うものとし、その様式は防衛大臣が定めるものとする。

（確認記録）

第三条 法第八条第四項第四号に規定する防衛省令で定める事項は、確認記録の番号とする。

2 法第八条第三項に規定する確認記録は、防衛大臣の定める様式により作成するものとする。

（判断通知書）

第四条 法第九条第一項に規定する被拘束者（法第五条第一項に規定する被拘束

者をいう。以下同じ。）に対する通知は、別記様式第一号の判断通知書により行うものとする。

（判断同意書）

第五条　法第九条第三項に規定する被拘束者が署名する文書の様式は、別記様式第二号による。

（抑留資格認定官の管轄）

第六条　法第九条第四項に規定する抑留資格認定官の管轄は、別表の上欄の組織の区分に従い、それぞれ同表の中欄に掲げる抑留資格認定官について、同表の下欄のとおりとする。

（供述調書の作成）

第七条　抑留資格認定官又は法第十一条第五項に規定する認定補佐官（次条第二項及び第九条第一項において「抑留資格認定官等」という。）は、法第十一条第一項又は第二項の規定による取調べにおいて必要と認めるときは、防衛大臣の定めるところにより、供述調書を作成するものとする。

2　捕虜収容所長は、法第十一条第二項の規定により抑留資格認定官から依頼された参考人の取調べを行うときは、防衛大臣の定めるところにより、供述調書を作成するものとする。

（参考人の出頭の要求等）

第八条　法第十一条第二項の規定による参考人の出頭の求めは、別記様式第三号の呼出通知書により行うものとする。

2　抑留資格認定官等は、自ら管理する法第十一条第二項に規定する収容区画等に留め置かれている者については、同項の規定による参考人の出頭を求めることなく、その承諾を得て、参考人として取り調べることができる。

（身体検査調書）

第九条　抑留資格認定官等は、法第十一条第三項の規定により身体の検査を行ったときは、身体検査調書を作成するものとする。

2　前項の身体検査調書の様式は、防衛大臣が定めるものとする。

（公務所等への照会の方式）

第十条　法第十一条第四項の規定により公務所又は公私の団体に照会して必要な事項の報告を求めるときは、別記様式第四号の抑留資格認定事項照会書により行うものとする。

（認定調査記録）

第十一条　法第十二条第一項又は第二項の規定により作成する認定調査記録の様式は、別記様式第五号による。

（抑留資格認定書）

第十二条　法第十三条第一項並びに第十六条第一項及び第三項の規定による抑留資格認定並びに同条第二項の規定による抑留する必要性についての判定は、別記様式第六号の抑留資格認定書により行うものとする。

（抑留資格認定通知書）

第十三条　法第十三条第一項又は第十六条第三項（同条第二項の規定により抑留する必要性がない旨の判定をした場合に限る。）の規定による被拘束者への通知は、別記様式第七号の抑留資格認定通知書（甲）により行うものとする。

2　法第十六条第一項又は第三項（同条第二項の規定により抑留する必要性がない旨の判定をした場合を除く。）の規定による被拘束者への通知は、別記様式第八号の抑留資格認定通知書（乙）により行うものとする。

（認定等同意書）

第十四条　法第十三条第三項及び第十七条第二項に規定する被拘束者が署名する文書の様式は、別記様式第九号による。

（放免書）

第十五条　法第十三条第四項及び第十七条第三項に規定する放免書の様式は、別記様式第十号による。

（仮収容令書）

第十六条　法第十五条第二項（法第十七条第五項において準用する場合を含む。）に規定する仮収容令書の様式は、別記様式第十一号による。

（抑留令書）

第十七条　法第十八条に規定する抑留令書の様式は、別記様式第十二号による。

第二章　抑留の終了

（送還への同意）

第十八条　法第百三十九条第二項に規定する同意は、別記様式第十三号の重傷病捕虜等送還同意書へ署名することによりするものとする。

2　法第百三十九条第一項の規定により通知を受けた者が、傷病の程度その他やむを得ない事情により重傷病捕虜等送還同意書に自ら署名することができないときは、当該者の利益を代表すべき捕虜代表が代わりに署名することができる。この場合において、当該捕虜代表は、その代わりに署名した理由を記載するものとする。

（送還令書の様式）

第十九条　法第百四十三条に規定する送還令書の様式は、別記様式第十四号による。

（送還令書を執行したとみなす方法）

第二十条　法第百四十六条第一項の規定により我が国から退去することを許可された者に係る送還令書は、防衛大臣の定めるところにより捕虜収容所長が指定した出国便を運航する運送業者へ当該者を引き渡した時に執行されたものとみなす。

（送還実績等の通知）

第二十一条　法第百四十八条第三項に規定する捕虜収容所長が送還及び移出の実績を捕虜代表に通知する方法は、次の各号に掲げる区分に応じ、当該各号に定めるところによるものとする。

一　送還　法第百四十四条第一項の規定により執行され、法第百四十六条第二項の規定により執行されたものとみなされ、又は法第百四十九条第二項の規定により失効した送還令書の写しの送付

二　移出　法第百四十七条第二項の規定により失効した抑留令書の写しの送付

（送還計画等の周知）

第二十二条　捕虜収容所長は、法第百四十一条第一項の規定により送還実施計画（同項に規定する送還実施計画をいう。次項において同じ。）を作成し、又は変更したときは、捕虜収容所内に掲示するものとする。

2　捕虜収容所長は、前項の規定による送還実施計画の掲示に際して、当該送還実施計画の根拠となる国際約束の概要を、併せて掲示するものとする。

3　捕虜収容所長は、毎月一回以上定期的に次に掲げる実績を、捕虜収容所内に掲示するものとする。

一　法第百四十四条の規定による送還

二　法第百四十六条の規定による退去

三　法第百四十七条の規定による移出

四　法第百四十九条の規定による放免

第三章　部隊等における領置

（領置してはならない私用の物品）

第二十三条　法第百五十三条第一項第三号に規定する防衛省令で定める私用の物品は、結婚指輪又はこれに準ずる宝飾品とする。

（領置金品の記録）

第二十四条　指定部隊長又は抑留資格認定官は、法第百五十三条第一項の規定により被拘束者から領置した金品（同項に規定する金品をいう。）について品目、員数その他必要な事項を記録する帳簿を作成しなければならない。

第四章　遺留物

（被拘束者又は被収容者の死亡以外で遺留物を返還しなければならない場合）

第二十五条　法第百五十八条に規定する防衛省令で定める場合は、被拘束者又は被収容者（法第二十四条第一項に規定する被収容者をいう。）が逃走した場合とする。

（遺留物の返還）

第二十六条　法第百五十八条に規定する遺留物の返還は、抑留される者が法第百四十四条の規定により送還される際に携行を許可されない物品の取扱いの例に

より防衛大臣が定めるところにより、捕虜収容所長が行うものとする。ただし、特段の国際約束があるときはこれによるものとする。

第五章　補則

（混成医療委員の指定）

第二十七条　防衛大臣は、法第百六十八条第一項の規定により混成医療委員（同項に規定する混成医療委員をいう。次項において同じ。）を指定したときは、指定した者に対し次に掲げる事項を記載した書面を交付するものとする。

一　氏名及び生年月日

二　身分証明書番号等

三　その他防衛大臣が定める事項

2　混成医療委員は、法第百六十八条第一項に規定する措置をとる場合又は診断を行う場合には、前項に規定する書面をその見やすい位置に着用しなければならない。

3　第一項の書面の様式は、防衛大臣が定める。

（外国混成医療委員への告知）

第二十八条　防衛大臣は、前条の場合において、法第百六十八条第一項に規定する外国混成医療委員に対して、法第百六十九条、第百七十条及び第百八十三条の規定の内容について告知しなければならない。

（被拘束者の死亡時の措置）

第二十九条　被拘束者を拘束している指定部隊長又は抑留資格認定官は、当該被拘束者が死亡したときは、医師である隊員の検案を求める等適切な措置を講ずるとともに、死亡の年月日、場所、死因その他必要な事項について防衛大臣の定めるところにより記録しておかなければならない。

2　前項の規定によるもののほか、被拘束者が死亡した場合の措置については、防衛大臣が定める。

（麻薬の譲受け）

第三十条　法第百七十四条第二項の規定により、自衛隊麻薬診療施設（同条第一項に規定する自衛隊麻薬診療施設をいう。次項において同じ。）の開設者が麻薬（麻薬及び向精神薬取締法（昭和二十八年法律第十四号）第二条第一号に規定する麻薬のうち、同法第十二条第一項及び第二項に規定する麻薬を除いたものをいう。）の譲渡の相手方となるときは、防衛大臣の定めるところにより作成した麻薬譲受確認証の副本をその相手方に交付しなければならない。

2　前項の麻薬譲受確認証の正本は、譲渡の相手方となった自衛隊麻薬診療施設の開設者が、譲渡の相手方となった日から二年間、保存しなければならない。

（向精神薬の譲受け）

第三十一条　法第百七十四条第四項の規定により、自衛隊病院等（法第三十三条第一項に規定する自衛隊病院等をいう。次項及び第三十三条において同じ。）の開設者が向精神薬（麻薬及び向精神薬取締法第二条第六号に規定する向精神薬をいう。次項において同じ。）を譲り受ける場合には、防衛大臣の定めるところにより作成した向精神薬譲受確認証の副本を相手方に交付しなければならない。

2　前項の向精神薬譲受確認証の正本は、当該向精神薬を譲り受けた自衛隊病院等の開設者が、譲り受けた日から二年間、保存しなければならない。

（覚せい剤の譲受け）

第三十二条　法第百七十五条第二項の規定により、自衛隊覚せい剤施用機関（同条第一項に規定する自衛隊覚せい剤施用機関をいう。次項において同じ。）が覚せい剤を譲り受ける場合には、防衛大臣の定めるところにより作成した覚せい剤譲受確認証の副本を相手方に交付しなければならない。

2　前項の覚せい剤譲受確認証の正本は、当該覚せい剤を譲り受けた自衛隊覚せい剤施用機関において、譲り受けた日から二年間、保存しなければならない。

（医薬品である覚せい剤原料の譲受け）

第三十三条　法第百七十五条第五項の規定により、自衛隊病院等の開設者が医薬品である覚せい剤原料を譲り受ける場合には、防衛大臣の定めるところにより作成した医薬品である覚せい剤原料譲受確認証の副本を相手方に交付しなければならない。

2　前項の医薬品である覚せい剤原料譲受確認証の正本は、当該覚せい剤を譲り受けた自衛隊病院等の開設者が、譲り受けた日から二年間、保存しなければならない。

（雑則）

第三十四条　この省令に定めるもののほか、抑留資格認定の手続及び部隊等における領置に関し必要な事項は、防衛大臣が定める。

附　則（抄）

（施行期日）

第一条　この府令は、法の施行の日〔平一七・二・二八〕から施行する。

附　則〔平二八・三・二五省令七〕

この省令は、我が国及び国際社会の平和及び安全の確保に資するための自衛隊法等の一部を改正する法律の施行の日（平成二十八年三月二十九日）から施行する。

附　則〔平二九・六・二三省令九〕

この省令は、平成二十九年七月一日から施行する。

別表（第六条関係）

区分	抑留資格認定官	管轄
陸上自衛隊	北部方面総監 東北方面総監 東部方面総監 中部方面総監 西部方面総監	この項の抑留資格認定官欄の各官職が自衛隊法施行令第十四条及び別表第二において責任者とされている警備区域の区域
海上自衛隊	大湊地方総監 横須賀地方総監 呉地方総監 佐世保地方総監 舞鶴地方総監	この項の抑留資格認定官欄の各官職が長である地方隊が自衛隊法施行令第二十七条及び別表第四において責任部隊とされている警備区域の区域
航空自衛隊	北部航空方面隊司令官	北海道、青森県、岩手県、秋田県
	中部航空方面隊司令官	宮城県、山形県、福島県、茨城県、栃木県、群馬県、埼玉県、千葉県、東京都、神奈川県、新潟県、富山県、石川県、福井県、山梨県、長野県、岐阜県、静岡県、愛知県、三重県、滋賀県、京都府、大阪府、兵庫県、奈良県、和歌山県、徳島県、香川県
	西部航空方面隊司令官	鳥取県、島根県、岡山県、広島県、山口県、愛媛県、高知県、福岡県、佐賀県、長崎県、熊本県、大分県、宮崎県、鹿児島県
	南西航空方面隊司令官	沖縄県

別記様式第1号（第4条関係）

番　　号
年 月 日

日本国自衛隊

判断通知書

殿

あなたに対し、武力攻撃事態及び存立危機事態における捕虜等の取扱いに関する法律第8条第1項の規定により確認した結果抑留対象者に該当しないと判断したので、同法第9条第1項の規定により通知します。

理　由

上記の判断に同意するときは放免されます。それ以外の場合、抑留資格認定官による抑留対象者に該当するかどうかの認定を受けることができます。

自衛隊

指定部隊長（識別符号　　）

別記様式第2号（第5条関係）

受付番号
受付年月日

判断同意書

自衛隊

指定部隊長　殿

私は、武力攻撃事態及び存立危機事態における捕虜等の取扱いに関する法律第9条第1項の規定により通知された抑留対象者に該当しない旨の判断に同意します。

年　月　日

（本人）＿＿＿＿＿＿（署名）

別記様式第３号（第８条関係）

番　　号
年　月　日

日本国自衛隊

呼　出　通　知　書

殿

武力攻撃事態及び存立危機事態における捕虜等の取扱いに関する法律第１１条第２項の規定により、下記のとおりあなたに参考人として訪ねたいことがありますので、出頭して下さい。出頭の際は、この通知書を持参して下さい。

1　参　考　人

氏　　名 ＿＿＿＿＿＿＿＿＿＿（男・女）

国　　籍 ＿＿＿＿＿＿＿＿＿＿

住　　所 ＿＿＿＿＿＿＿＿＿＿

2　出頭を求める日時及び場所

年　　月　　日　　時

3　出頭を求める理由

自衛隊

抑留資格認定官　　印

注　不要の文字は横線で抹消して使用すること。

別記様式第４号（第10条関係）

番　　号
年　月　日

日本国自衛隊

抑留資格認定事項照会書

殿

抑留資格認定官　　印

抑留資格認定のため必要があるので、下記事項につき至急回答願いたく、武力攻撃事態及び存立危機事態における捕虜等の取扱いに関する法律第１１条第４項の規定により照会します。

記

照　会　事　項

別記様式第５号（第11条関係）

年　月　日第　　号

認定調査記録

1　調査対象者		
	氏名	（男・女）
	階級等	
	生年月日	年　月　日
	身分証明書番号等	
2　調査結果		
	取調べ	
	参考人取調べ	
	検査	
	所持品	
	身体	
	照会事項	
3　作成者		
	抑留資格認定官・認定補佐官 捕虜収容所長	（署名）

注　不要の文字は横線で抹消して使用すること。

別記様式第６号（第12条関係）

番　号
年 月 日

抑留資格認定書

氏　　名 ＿＿＿＿＿＿＿＿（男・女）

階 級 等 ＿＿＿＿＿＿＿＿

生年月日 ＿＿年　月　日＿＿

身分証明書番号等 ＿＿＿＿＿＿＿＿

拘束日時 ＿＿年　月　日　時　頃

拘束場所 ＿＿＿＿＿＿＿＿

武力攻撃事態及び存立危機事態における捕虜等の取扱いに関する法律｛第６条第２項／第９条第４項｝の規定により引渡しを受けた上記被拘束者について、下記のとおり認定する。

認定要旨

1　認定結果

2　抑留の必要性の判定

3　証拠

4　参考事項

自衛隊

抑留資格認定官 ＿＿＿＿＿＿ 印

注　不要な文字は横線で抹消して使用すること。

別記様式第7号（第13条関係）

番　号
年月日

日本国自衛隊

抑留資格認定通知書（甲）

殿

あなたに対し下記のとおり（認　定／認定及び判定）したので、武力攻撃事態及び存立危機事態における捕虜等の取扱いに関する法律（第１３条／第１６条）（第１項／第３項）の規定により通知します。

要　旨

上記の（認　定／認定又は判定）に不服があるときは、この通知を受けた時から２４時間以内に、本職へ不服の理由、氏名及び生年月日、本通知を受けた年月日時並びに申立てを行う年月日を記載した書面を提出して、捕虜資格認定等審査会に対し資格確定審査請求をすることができます。

なお、資格認定審査請求をしたときは、捕虜資格認定等審査会による裁判があるまでの間、捕虜収容所に仮に収容されます。

自衛隊

抑留資格認定官　＿＿＿＿＿＿＿＿　印

通知日時：　年　月　日　時　分

注１　不要の文字は横線で抹消して使用すること。
注２　本通知書を通知対象者に交付する際、通知日時を記入すること。

別記様式第８号（第13条関係）

番　号
年月日

日本国自衛隊

抑留資格認定通知書（乙）

殿

あなたに対し下記のとおり（認　定／認定及び判定）したので、武力攻撃事態及び存立危機事態における捕虜等の取扱いに関する法律第16条（第１項／第３項）の規定により通知します。

要　旨

上記の（認　定／認定又は判定）に不服があるときは、抑留令書が示された日の翌日から起算して６０日以内に、本職又は捕虜収容所長へ、氏名及び生年月日、不服の趣旨及び理由、抑留令書が提示された年月日並びに不服申立てを行う年月日を記載した書面を提出し又はこれらの事項を口頭で述べることにより、捕虜資格認定等審査会に対し資格認定審査請求をすることができます。

自衛隊

抑留資格認定官　＿＿＿＿＿＿＿＿　印

注　不要の文字は横線で抹消して使用すること。

別記様式第9号（第14条関係）

受付番号	
受付年月日	

認定等同意書

自衛隊

抑留資格認定官　殿

私は、

□ 武力攻撃事態及び存立危機事態における捕虜等の取扱いに関する法律第13条第1項の規定により通知された抑留対象者に該当しない旨の認定

□ 武力攻撃事態及び存立危機事態における捕虜等の取扱いに関する法律第16条第3項の規定により通知された抑留対象者に該当する旨の認定及び抑留する必要がない旨の判定

に同意します。

年　月　日

（本人）＿＿＿＿＿＿＿＿（署名）

注　□のいずれか該当する箇所にレを記入すること。

別記様式第10号（第15条関係）

番号	
年月日	

日本国自衛隊

放免書

氏名＿＿＿＿＿＿＿＿（男・女）

階級等＿＿＿＿＿＿＿＿

生年月日　　年　月　日

身分証明書番号等＿＿＿＿＿＿＿＿

拘束日時　　年　月　日　時　頃

拘束場所＿＿＿＿＿＿＿＿

武力攻撃事態及び存立危機事態における捕虜等の取扱いに関する法律｛第13条第3項／第17条第2項｝の規定により、下記のとおり放免したことを証明します。

(1) 放免した日　　年　月　日

(2) 放免の理由

自衛隊

抑留資格認定官＿＿＿＿＿＿＿＿印

注　不要の文字は横線で抹消して使用すること。

別記様式第11号（第16条関係）

（表）

番　号
年 月 日

日本国自衛隊

仮収容令書

氏　　　名 ＿＿＿＿＿＿＿＿＿＿（男・女）

生 年 月 日 ＿＿＿＿年　月　日

拘 束 日 時 ＿＿＿＿年　月　日　時　頃

拘 束 場 所 ＿＿＿＿＿＿＿＿＿＿

上記の者を、武力攻撃事態及び存立危機事態における捕虜等の取扱いに関する法律｛第１５条第１項／第１７条第５項において準用する第１５条第１項｝の規定により、仮に収容する。

自衛隊

抑留資格認定官 ＿＿＿＿＿＿ 印

提　示	認定補佐官 ＿＿＿＿＿＿ ㊞

注　不要の文字は横線で抹消して使用すること。

（裏）

執行経過			
年月日時 執行場所 執行者	年　月　日　時　分 認定補佐官 ＿＿＿＿＿＿ ㊞		
年月日 収容場所 取扱者	年　月　日 ＿＿＿＿＿＿ ㊞		
執行の終了	年月日	年　月　日	取扱者 ＿＿＿＿＿＿ ㊞
	理　由		
備　考			

別記様式第12号（第17条関係）

（表）

番　　号
年 月 日

日本国自衛隊

抑留令書

氏　　　　名 ＿＿＿＿＿＿＿＿＿＿＿＿（男・女）

階　　級　　等 ＿＿＿＿＿＿＿＿＿＿＿＿

生　年　月　日 ＿＿＿＿年　　月　　日

身分証明書番号等 ＿＿＿＿＿＿＿＿＿＿＿＿

拘　束　日　時 ＿＿＿＿年　　月　　日　　時　　頃

拘　束　場　所 ＿＿＿＿＿＿＿＿＿＿＿＿

拘　留　資　格 ＿＿＿＿＿＿＿＿＿＿＿＿

上記の者を、武力攻撃事態及び存立危機事態における捕虜等の取扱いに関する法律第１６条第５項の規定により、抑留する。

自衛隊

抑留資格認定官 ＿＿＿＿＿＿＿＿ 印

提　示	認定補佐官 ＿＿＿＿＿＿＿＿ ㊞

注　不要の文字は横線で抹消して使用すること。

（裏）

執行経過			
年月日時 執行場所 執　行　者	年　　月　　日　　時　　分 認定補佐官 ＿＿＿＿＿＿ ㊞		
年　月　日 収容場所 取　扱　者	年　　月　　日 ＿＿＿＿＿＿ ㊞		
執行の終了	年月日	年　　月　　日	取扱者 ＿＿＿＿＿＿ ㊞
	理　由		
備　　考			

別記様式第13号（第18条関係）

受付番号
受付年月日

重傷病捕虜等送還同意書

捕虜収容所長　殿

私は、武力攻撃事態及び存立危機事態における捕虜等の取扱いに関する法律第１３９条第１項の規定により通知された送還対象重傷病者に該当する旨の認定に服し、同法の規定による送還に同意します。

氏　　名　＿＿＿＿＿＿＿＿＿＿（男・女）

階 級 等　＿＿＿＿＿＿＿＿＿＿

生年月日　＿＿＿＿年　月　日（　歳）

身分証明書番号等　＿＿＿＿＿＿＿＿＿＿

本　　人　＿＿＿＿＿＿＿＿＿＿
（署名）

注　不要の文字は横線で抹消して使用すること。

別記様式第14号（第19条関係）

日本国自衛隊

番　号
年 月 日

送還令書

氏　　名　＿＿＿＿＿＿＿＿＿＿（男・女）

階 級 等　＿＿＿＿＿＿＿＿＿＿

生年月日　＿＿＿＿年　月　日

身分証明書番号等　＿＿＿＿＿＿＿＿＿＿

国　　籍　＿＿＿＿＿＿＿＿＿＿

上記の者を、武力攻撃事態及び存立危機事態における捕虜等の取扱いに関する法律第１４４条第２項の規定により、以下のとおり送還する。

(1)　送還理由

(2)　送還地

(3)　執行方法

自衛隊

捕虜収容所長　＿＿＿＿＿＿　印

執行経過	執行者	㊞

注　不要の文字は横線で抹消して使用すること。

○武力攻撃事態及び存立危機事態における外国軍用品等の海上輸送の規制に関する法律

（外国軍用品等海上輸送規制法）

平一六・六・一八
法一一六

最終改正　平二八・六・三　法五四

目次

第一章　総則

（目的）

第一条　この法律は、武力攻撃事態（武力攻撃事態等及び存立危機事態における我が国の平和と独立並びに国及び国民の安全の確保に関する法律（平成十五年法律第七十九号）第二条第二号に規定する武力攻撃事態をいう。以下同じ。）及び存立危機事態（同条第四号に規定する存立危機事態をいう。以下同じ。）に際して、外国軍用品等の海上輸送を規制するため、自衛隊法（昭和二十九年法律第百六十五号）第七十六条第一項の規定により出動を命ぜられた海上自衛隊の部隊が実施する停船検査及び回航措置の手続並びに防衛庁に設置する外国軍用品審判所における審判の手続等を定め、もって我が国の平和と独立並びに国及び国民の安全の確保に資することを目的とする。

（定義）

第二条　この法律において、次の各号に掲げる用語の意義は、それぞれ当該各号に定めるところによる。

一　外国軍隊等　武力攻撃事態又は存立危機事態において、武力攻撃（武力攻撃事態等及び存立危機事態における我が国の平和と独立並びに国及び国民の安全の確保に関する法律第二条第一号に規定する武力攻撃をいう。第十六条において同じ。）又は存立危機武力攻撃（同法第二条第八号ハ(1)に規定する存立危機武力攻撃をいう。次号において同じ。）を行っている外国の軍隊その他これに類する組織をいう。

二　外国軍用品　次のイからチまでのいずれかに掲げる物品（政令で指定するものに限る。）で外国軍隊等が所在する地域を仕向地とするもの及び次のリからヲまでのいずれかに掲げる物品（政令で指定するものに限る。）で、武力攻撃事態においては外国軍隊等が所在する我が国の領域又は我が国周辺の公海（海洋法に関する国際連合条約に規定する排他的経済水域を含む。以下同じ。）上の地域を、存立危機事態においては外国軍隊等が所在する存立危機武力攻撃を受けている外国の領域又は当該外国周辺の公海上の地域を仕向

地とするものをいう。

イ 核兵器、化学兵器、生物兵器若しくは毒素兵器（これらの運搬の用に供されるミサイルその他のこれらの運搬手段を含む。）又は対人地雷

ロ 銃砲

ハ 銃砲弾又は軍用の爆発物（イに掲げるものを除く。）

ニ 軍用の武器（イからハまでに掲げるものを除く。）

ホ 軍用の航空機、ロケット、船舶又は車両（イに掲げるものを除く。）

ヘ 軍用の通信機器又は電子機器

ト イからヘまでに掲げるものの部分品又は附属品

チ 軍用の火薬類（爆発物を除く。）又は軍用の燃料

リ 装甲板、軍用ヘルメット、防弾衣その他軍用の装備品（イからトまでに掲げるものを除く。）

ヌ 航空機、ロケット、船舶若しくは車両の修理若しくは整備に用いられる装置又はその部分品若しくは附属品

ル 航空機、ロケット、船舶又は自動車の燃料（チに掲げるものを除く。）、潤滑油又は作動油

ヲ 食糧（外国軍隊等に仕向けられたものに限る。）

三 外国軍用品等 外国軍用品又は外国軍隊等の構成員をいう。

四 船舶 軍艦等（軍艦及び各国政府が所有し、又は運航する船舶であって、非商業的目的のみに使用されるものをいう。以下同じ。）以外の船舶をいう。

五 船長等 船舶の船長又は船長に代わって船舶を指揮する者をいう。

六 艦長等 第四条第一項の規定により第四章の規定による措置を命ぜられた海上自衛隊の自衛艦その他の部隊の長をいう。

七 停船検査 外国軍用品等を輸送しているかどうかを確かめるため、船舶の進行を停止させて立入検査をし、又は乗組員及び旅客（以下「乗組員等」という。）に対して必要な質問をすることをいう。

八 回航措置 停船検査を行った船舶の船長等に対し、我が国の港（政令で指定するものに限る。第二十八条第一項において同じ。）へ回航すべき旨を命じ、当該命令の履行を確保するために必要な監督をすることをいう。

（国際法規の遵守）

第三条 第四章の規定による措置その他この法律に基づく手続を実施するに当たり、国際の法規及び慣例によるべき場合にあっては、これを遵守しなければならない。

第二章 外国軍用品等の海上輸送の規制

（海上自衛隊の部隊による措置）

第四条 防衛大臣は、自衛隊法第七十六条第一項の規定により海上自衛隊の全部又は一部に出動が命ぜられた場合において、我が国領海、外国の領海（海上自衛隊の部隊が第四章の規定による措置を行うことについて当該外国の同意がある場合に限る。）又は公海において外国軍用品等の海上輸送を規制する必要があると認めるときは、内閣総理大臣の承認を得て、同項の規定により出動を命ぜられた海上自衛隊の部隊に、同章の規定による措置を命ずることができる。

2 防衛大臣は、前項の規定による命令をするときは、停船検査を実施する区域（以下「実施区域」という。）を告示して定めなければならない。

（関係機関等に対する周知）

第五条 防衛大臣は、前条第二項の告示をしたときは、直ちに、外務大臣にその旨を通知するものとする。

2 外務大臣は、前項の通知を受けたときは、遅滞なく、関係する外国政府及び国際機関に対して、外国軍用品の範囲及び実施区域を周知させる措置をとらなければならない。

（外国軍用品等の輸送の規制）

第六条 外国軍用品審判所は、第二十七条第三項の規定による送致を受けた積荷又は第三十四条の規定による送致を受けた事件に係る船舶の積荷（以下この条及び第五十二条第一項から第三項までにおいて「積荷」と総称する。）が第二条第二号イに該当する外国軍用品であるときは、第五章に規定する手続に従い、これを廃棄しなければならない。

2　外国軍用品審判所は、積荷が第二条第二号ロからチまでのいずれかに該当する外国軍用品であるときは、第五章に規定する手続に従い、その輸送を停止しなければならない。

3　外国軍用品審判所は、積荷が第二条第二号リからヲまでのいずれかに該当する外国軍用品である場合において、必要があると認めるときは、第五章に規定する手続に従い、その輸送を停止することができる。

4　外国軍用品審判所は、第三十四条の規定による送致を受けた事件に係る船舶が外国軍用品等を輸送しており、かつ、次の各号のいずれかに該当する場合において、当該船舶が外国軍用品等の海上輸送を反復して行うことを防止するため必要があると認めるときは、第五章に規定する手続に従い、その航行を停止することができる。

一　当該船舶の傭《よう》船者が外国軍隊等であるとき。

二　前号に掲げるもののほか、当該船舶の船長等が外国軍隊等の指揮監督を受けるとき。

三　当該船舶の旅客の相当数が外国軍隊等の構成員であるとき。

四　前三号に準ずるものとして政令で定めるとき。

第三章　外国軍用品審判所

（設置）

第七条　防衛省に、臨時に、特別の機関として、外国軍用品審判所を置く。

2　外国軍用品審判所の設置の場所及び期間は、政令で定める。

（任務）

第八条　外国軍用品審判所は、艦長等が停船検査を行った船舶に係る事件（以下単に「事件」という。）の調査及び審判を行うことを任務とする。

（所掌事務）

第九条　外国軍用品審判所は、前条の任務を達成するため、次に掲げる事務をつかさどる。

一　事件について必要な調査に関すること。

二　審判に関すること。

三　審決の執行に関すること。

（外国軍用品審判所長）

第十条　外国軍用品審判所の長は、外国軍用品審判所長とし、第十二条第一項の審判官をもって充てる。

（支部）

第十一条　外国軍用品審判所の事務の一部を取り扱わせるため、所要の地に、支部を置くことができる。

2　支部の名称、位置、管轄区域及び内部組織は、政令で定める。

（審判官及び事務官）

第十二条　外国軍用品審判所に審判官及び事務官を置く。

2　審判官は、法律（国際法規を含む。）、防衛又は海事に関し知識経験を有する者であって、政令で定める資格を有するもののうちから、防衛大臣が任命する。

3　審判官の定数は、政令で定める。

4　事務官は、命を受け、事務に従事する。

（審判官の職権の独立）

第十三条　審判官は、独立してその職権を行う。

（構成）

第十四条　外国軍用品審判所は、審判官五名をもって構成する合議体で、事件について必要な調査及び審判を行う。

2　合議体の合議は、過半数により決する。

3　外国軍用品審判所長は、各事件について、第一項の合議体を構成すべき審判官を指定しなければならない。

4　外国軍用品審判所長は、前項の規定により指定した審判官のうち一人を審判長として指定しなければならない。

5　審判長は、その事件について必要な調査及び審判に関する事務を総理する。

（事務局）

第十五条　外国軍用品審判所の事務を処理させるため、外国軍用品審判所に事務

局を置く。

2　事務局の内部組織は、政令で定める。

第四章　停船検査及び回航措置

第一節　停船検査

（停船検査）

第十六条　艦長等は、武力攻撃が発生した事態又は存立危機事態において、実施区域を航行している船舶が外国軍用品等を輸送していることを疑うに足りる相当な理由があるときは、この節の定めるところにより、当該実施区域において、当該船舶について停船検査を行うことができる。ただし、当該船舶が軍艦等に警護されている場合は、この限りでない。

（停船命令）

第十七条　艦長等は、停船検査を行おうとするときは、あらかじめ、無線その他の通信手段を用いて、当該船舶に対し、進行の停止を命ずるものとする。

2　艦長等は、前項の規定により進行の停止を命じた場合において、当該船舶がこれに従わないときは、接近、追尾、伴走又は進路前方における待機を行って、繰り返し進行の停止を命ずるものとする。

3　前二項の場合において、艦長等は、自衛艦旗を掲げるほか、必要に応じ、呼びかけ、信号弾及び照明弾の使用その他の適当な手段により、自己の存在を示すものとする。

（船上検査の実施）

第十八条　艦長等は、前条第一項又は第二項の規定による命令を受けた船舶が停止したときは、海上自衛隊の三等海尉以上の自衛官を当該船舶に乗り込ませ、第二十条から第二十二条までの規定による検査（以下「船上検査」という。）を行わせるものとする。

（船長等に対する告知）

第十九条　前条の自衛官（以下「船上検査官」という。）は、船上検査を行う船舶に乗船したときは、その船長等に対し、船上検査を行う旨及び船上検査の手続に関し苦情があるときは艦長等に対し理由を記載した文書を提出して苦情の申出をすることができる旨を告知するものとする。

（船舶書類の検査）

第二十条　船上検査官は、船長等に対し、次に掲げる書類（以下「船舶書類」という。）の提示を求めることができる。

一　船舶国籍証書その他の船舶の国籍を証明する書類
二　乗組員等の名簿
三　航海日誌その他の航行の状況を記録する書類
四　船荷証券その他の積荷に関する書類

（乗組員等への質問）

第二十一条　船上検査官は、必要があると認めるときは、乗組員等に質問をすることができる。

（積荷の検査）

第二十二条　船上検査官は、前二条の規定による検査を行った場合においても、なお当該船舶が外国軍用品等を輸送している疑いがあると認めるときは、船長等を立ち会わせて、積荷を検査することができる。

（出入禁止）

第二十三条　船上検査官は、船上検査を行う間は、乗組員等（船長等を除く。）に対し、許可を得ないでその場所に出入りすることを禁止することができる。

（身分証明書の提示等）

第二十四条　船上検査官は、船上検査を行うときは、その身分を示す証明書を携帯し、船長等の請求があるときは、これを提示しなければならない。

2　第二十条から前条までの規定による権限は、犯罪捜査のために認められたものと解してはならない。

（艦長等への報告）

第二十五条　船上検査官は、船上検査を行ったときは、直ちにその結果を艦長等に報告しなければならない。

（停船検査の終了）

第二十六条　艦長等は、前条の報告を受けたときは、次条第一項の規定による引渡しの求め又は第二十八条第一項の規定による命令をするときを除き、速やかに、停船検査を終了しなければならない。

第二節　回航措置

（外国軍用品の引渡し）

第二十七条　第二十五条の報告を受けた艦長等は、当該報告に係る船舶の積荷が外国軍用品であると認められ、かつ、当該積荷をその自衛艦に収容することができる場合において、第六条第四項各号のいずれにも該当しないと認めるときは、当該船舶の船長等に対し、当該積荷の引渡しを求めることができる。

2　艦長等は、前項の引渡しを受けたときは、調書を作成し、当該船舶の船長等に交付しなければならない。

3　艦長等は、第一項の引渡しを受けたときは、速やかに、書類及び当該積荷とともに事件を外国軍用品審判所に送致しなければならない。

（回航命令）

第二十八条　第二十五条の報告を受けた艦長等は、次の各号のいずれかに該当するときは、当該報告に係る船舶の船長等に対し、我が国の港へ回航すべきことを命ずることができる。

一　当該船長等が前条第一項の規定による外国軍用品の引渡しの求めに応じないとき。

二　当該船舶が外国軍用品等を輸送していると認めるとき（前条第一項の規定により外国軍用品の引渡しを求めることができる場合を除く。）。

三　当該報告のほか、当該船舶の外観、航海の態様、乗組員等の異常な挙動その他周囲の事情等から判断して、なお当該船舶が外国軍用品等を輸送している疑いがあると認めるとき（前二号に該当するときを除く。）。

2　艦長等は、前項の規定による命令をしようとするときは、あらかじめ、船長等に対し、弁明を記載した文書を提出する機会を与えなければならない。

（監視措置）

第二十九条　艦長等は、前条第一項の規定による命令をしたときは、船上検査官に、当該船舶の船舶書類及びその積荷のうち外国軍用品であるもの（外国軍用品の疑いがあるものを含む。）の移動を監視するために必要な封印をさせ、又は装置を取り付けさせることができる。

（回航監督官の派遣）

第三十条　艦長等は、第二十八条第一項の規定による命令をしたときは、当該命令の履行の確保に必要な監督をさせるため、海上自衛隊の三等海尉以上の自衛官を当該命令に係る船舶（以下「回航船舶」という。）に乗り込ませるものとする。

（船長等に対する告知）

第三十一条　前条の自衛官（以下「回航監督官」という。）は、回航船舶に乗船したときは、その船長等に対し、第二十八条第一項の規定による命令の内容及び回航措置の手続に関し苦情があるときは艦長等に対し理由を記載した文書を提出して苦情の申出をすることができる旨を告知するものとする。

（回航監督官の権限）

第三十二条　回航監督官は、第二十八条第一項の規定による命令の履行の確保又は航行の安全若しくは船内の秩序維持のため必要があると認めるときは、回航船舶の船長等に対し、必要な措置をとるべきことを指示することができる。

2　回航監督官は、船長等が前項の規定による指示に従わない場合において、やむを得ない必要があるときは、自ら当該指示に係る措置をとることができる。

3　艦長等は、回航監督官に、第二十九条に規定する措置を講じさせることができる。

（回航船舶への自衛艦旗の掲揚）

第三十三条　回航監督官は、回航船舶に、当該船舶の旗国（海洋法に関する国際連合条約第九十一条に規定するその旗を掲げる権利を有する国をいう。）の国旗及び自衛艦旗を掲げさせるものとする。

（外国軍用品審判所への送致）

第三十四条　艦長等は、回航船舶が我が国の港に到着したときは、速やかに、書類とともに事件を外国軍用品審判所に送致しなければならない。

第三節　雑則

（防衛大臣への報告）

第三十五条　艦長等は、停船検査を行ったとき、又は回航措置をとったときは、速やかに、当該停船検査又は回航措置に関する報告書を作成し、防衛大臣に提出しなければならない。

2　艦長等は、第二十八条第一項の規定による命令をしたとき、又は船長等から第十九条若しくは第三十一条に規定する苦情の申出があったときは、直ちにその旨を防衛大臣に報告しなければならない。

3　防衛大臣は、前項の規定による報告を受けたときは、必要に応じ、関係機関への連絡その他の措置を講ずるものとする。

（艦長等の配慮義務）

第三十六条　艦長等並びに船上検査官及び回航監督官は、停船検査を行い、又は回航措置をとるときは、その対象となる船舶が必要以上に予定の航路を変更することのないように配慮しなければならない。

（武器の使用）

第三十七条　警察官職務執行法（昭和二十三年法律第百三十六号）第七条の規定は、この章の規定による措置を命ぜられた海上自衛隊の部隊の自衛官の職務の執行について準用する。

2　前項において準用する警察官職務執行法第七条の規定により武器を使用する場合のほか、同項に規定する自衛官は、艦長等が第十七条第二項の規定に基づき当該船舶の進行の停止を繰り返し命じても乗組員等がこれに応ぜずなお当該自衛官の職務の執行に抵抗し、又は逃亡しようとする場合において、当該船舶の進行を停止させるために他に手段がないと信ずるに足りる相当な理由があるときは、艦長等の命令により、その事態に応じ合理的に必要と判断される限度において、武器を使用することができる。

（抑留対象者の取扱い）

第三十八条　停船検査を行う船舶又は回航船舶内に抑留対象者（武力攻撃事態及び存立危機事態における捕虜等の取扱いに関する法律（平成十六年法律第百十七号）第三条第六号に規定する抑留対象者をいう。）がある場合におけるその取扱いについては、同法の定めるところによる。

第五章　審判手続

（送致事件の調査）

第三十九条　外国軍用品審判所は、第二十七条第三項又は第三十四条の規定による事件の送致を受けたときは、当該事件について必要な調査をしなければならない。

（調査のための強制処分）

第四十条　外国軍用品審判所は、第三十四条の規定による事件の送致を受けたときは、当該事件に係る船舶の船長等に対し、当該船舶の出航を禁止することができる。

2　前項の規定により出航を禁止する期間は、事件が送致された日から起算して一月とする。ただし、外国軍用品審判所は、通じて一月を超えない範囲で、当該期間を延長することができる。

3　外国軍用品審判所は、第四十五条第一項又は第二項の規定による決定をしたとき、その他第一項の船舶の出航を禁止する必要がなくなったときは、前項の期間内であっても、第一項の規定による命令を取り消さなければならない。

第四十一条　外国軍用品審判所は、事件について必要な調査をするため、次に掲げる処分をすることができる。

一　当該事件に係る船舶の乗組員その他の関係者又は参考人に出頭を命じて審問し、又はこれらの者から意見若しくは報告を徴すること。

二　鑑定人に出頭を命じて鑑定させること。

三　当該事件に係る船舶の船舶書類、積荷その他当該船舶に関する物件の所持者に対し、当該物件の提出を命じ、又は提出された物件若しくは第二十七条第三項の規定による送致を受けた積荷を留置すること。

四　当該事件に係る船舶その他必要な場所に立ち入り、前号に規定する物件を検査すること。

2　外国軍用品審判所は、相当と認めるときは、外国軍用品審判所の事務官を調査官に指定し、前項の処分をさせることができる。

3　前項の規定により立入検査をする調査官は、その身分を示す証明書を携帯し、関係者の請求があるときは、これを提示しなければならない。

4　第一項又は第二項の規定による立入検査の権限は、犯罪捜査のために認められたものと解してはならない。

（留置物件の保管等）

第四十二条　外国軍用品審判所は、前条第一項第三号の規定により留置した物件（以下「留置物件」という。）のうち運搬又は保管に不便なものについては、看守者を置き、又は適当と認める者に、その承諾を得て、これを保管させることができる。

2　外国軍用品審判所は、留置物件のうち、人の生命又は財産を害する急迫した危険を生ずるおそれがあるものを廃棄することができる。

（留置物件の返還）

第四十三条　外国軍用品審判所は、留置物件について留置の必要がなくなったときは、その返還を受けるべき者にこれを還付しなければならない。

2　外国軍用品審判所は、前項の留置物件の返還を受けるべき者の住所若しくは居所がわからないため、又はその他の事由によりこれを還付することができない場合においては、政令で定めるところにより、その旨を公告しなければならない。

3　前項の公告に係る留置物件について、公告の日から六月を経過しても還付の請求がないときは、その留置物件は、国庫に帰属する。

4　前項の期間内であっても、価値のない留置物件は、これを廃棄し、保管に不便な物件は、政令で定めるところにより、これを売却してその代価を保管することができる。

（調書の作成）

第四十四条　外国軍用品審判所は、事件について必要な調査をしたときは、その要旨を調書に記載し、かつ、特に第四十条第一項又は第四十一条第一項の規定による処分があったときは、その結果を明らかにしておかなければならない。

（審判の開始）

第四十五条　外国軍用品審判所は、事件について必要な調査の結果、第六条各項に規定する場合のいずれかに該当すると認めるときは、審判を開始する旨の決定をしなければならない。

2　外国軍用品審判所は、前項に規定する場合を除き、審判を開始しない旨の決定をしなければならない。

3　第四十条の規定は、外国軍用品審判所が、事件について必要な調査の結果、第六条第四項に規定する場合に該当すると認めて、第一項の規定による審判開始決定をしたときについて準用する。この場合において、第四十条第二項本文中「事件が送致された日」とあるのは「第四十五条第一項の規定による審判開始決定の日」と、「一月」とあるのは「三月」と、同項ただし書中「通じて一月を超えない範囲で、当該期間を延長する」とあるのは「特に必要があると認めるときは、一月ごとに当該期間を更新する」と、同条第三項中「第四十五条第一項又は第二項の規定による決定」とあるのは「第五十二条第四項又は第五項の審決」と読み替えるものとする。

第四十六条　外国軍用品審判所は、前条第一項の規定による審判開始決定をしたときは、政令で定めるところにより、その旨を公告しなければならない。

2　前項の公告があったときは、利害関係者は、公告の日から三十日以内に、外国軍用品審判所に意見書を提出することができる。

3　外国軍用品審判所は、前項の期間が経過した後、審判を開始するものとする。

4　第二項の規定にかかわらず、利害関係者は、外国軍用品審判所がやむを得ない事情があると認めるときは、同項の期間が経過した後であっても、意見書を提出することができる。

（調査官の権限）

第四十七条　第四十一条第二項の規定により指定された調査官は、審判に立ち会い、証拠の申出その他必要な行為をすることができる。

（審判の公開）

第四十八条　審判は、これを公開しなければならない。ただし、国の安全が害されるおそれ又は外国政府との交渉上不利益を被るおそれがあると認めるときは、これを公開しないことができる。

（審判長の権限）

第四十九条　審判長は、開廷中審判を指揮し、審判廷の秩序を維持する。

2　審判長は、審判を妨げる者に対し退廷を命じ、その他審判廷の秩序を維持するため必要な措置をとることができる。

（証拠の取調べ）

第五十条　外国軍用品審判所は、申立により、又は職権で、必要な証拠を取り調べることができる。

2　刑事訴訟法（昭和二十三年法律第百三十一号）第百四十三条、第百四十四条から第百四十七条まで、第百四十九条、第百五十四条から第百五十六条まで、第百六十五条及び第百六十六条の規定は、外国軍用品審判所が、審判に際して、参考人を審問し、又は鑑定人に鑑定を命ずる手続について準用する。この場合において、同法第百四十三条及び第百六十五条中「裁判所」とあるのは「外国軍用品審判所」と、同法第百四十三条、第百四十四条、第百四十五条第一項、第百五十四条及び第百五十六条第一項中「証人」とあるのは「参考人」と、同法第百四十三条、第百四十四条及び第百四十五条第一項中「尋問する」とあるのは「審問する」と、同法第百四十九条ただし書中「、証言の拒絶が被告人のためのみにする権利の濫用と認められる場合（被告人が本人である場合を除く。）その他裁判所の規則で」とあるのは「その他外国軍用品審判所が」と、同法第百五十五条第一項中「尋問しなければ」とあるのは「審問しなければ」と読み替えるものとする。

（利害関係者の意見の陳述等）

第五十一条　第四十六条第二項又は第四項の規定により意見書を提出した利害関係者又はその代理人は、外国軍用品審判所に対し、審判廷における意見の陳述を申し出、又は証拠を提出することができる。

2　外国軍用品審判所は、前項の申出があるときは、審判の期日において、その意見を陳述させるものとする。ただし、審判の状況その他の事情を考慮して、相当でないと認めるときは、意見の陳述に代えて意見を記載した書面を提出させ、又は意見の陳述をさせないことができる。

（審決）

第五十二条　外国軍用品審判所は、審判手続を経た後、積荷が第二条第二号イに該当する外国軍用品であると認めるときは、当該積荷について廃棄の審決をしなければならない。

2　外国軍用品審判所は、審判手続を経た後、積荷が第二条第二号ロからチまでのいずれかに該当する外国軍用品であると認めるときは、当該積荷について輸送停止の審決をしなければならない。

3　外国軍用品審判所は、審判手続を経た後、積荷が第二条第二号リからヲまでのいずれかに該当する外国軍用品であると認める場合において、必要があると認めるときは、当該積荷について輸送停止の審決をしなければならない。

4　外国軍用品審判所は、審判手続を経た後、第三十四条の規定による送致を受けた事件に係る船舶が外国軍用品等を輸送しており、かつ、第六条第四項各号のいずれかに該当すると認める場合において、当該船舶が外国軍用品等の海上輸送を反復して行うことを防止するため必要があると認めるときは、航行停止の審決をしなければならない。

5　外国軍用品審判所は、審判手続を経た後、第六条各項に規定する場合のいずれにも該当しないと認めるときは、その旨を明らかにする審決をしなければならない。

（証拠による事実認定）

第五十三条　前条の審決においては、公知の事実を除き、審判手続において取り調べた証拠によって事実を認定しなければならない。

（審決の方式）

第五十四条　第五十二条の審決においては、認定した事実、証拠の標目及び法令の適用を示さなければならない。

（審決の効力発生時期）

第五十五条　審決は、審判廷における言渡しによってその効力を生ずる。

（審決の公告）

第五十六条　外国軍用品審判所は、第五十二条の審決をしたときは、政令で定めるところにより、その旨を公告しなければならない。

（審決の取消し）

第五十七条　外国軍用品審判所は、第五十二条第二項から第四項までの審決をした後、当該審決に係る積荷又は船舶についてその所有権の移転、仕向地の変更その他の事由により当該審決の要件である事実が消滅し、又は当該事実に変更があったと認めるときは、審決をもってこれを取り消すことができる。

第五十八条　外国軍用品審判所は、第五十二条第二項から第四項までの審決をした後、武力攻撃事態又は存立危機事態が終結したときは、遅滞なく、審決をもってこれを取り消さなければならない。

（事件記録の閲覧、審決書の謄本の交付等）

第五十九条　利害関係者は、外国軍用品審判所に対し、審判開始決定後、事件記録の閲覧若しくは謄写又は審決書の謄本若しくは抄本の交付を求めることができる。

（防衛省令への委任）

第六十条　この法律に定めるもののほか、外国軍用品審判所の審判の手続に関し必要な事項は、防衛省令で定める。

第六章　審決の執行

（審決の執行者）

第六十一条　審決は、外国軍用品審判所長が指定する外国軍用品審判所の事務官（以下「審決執行官」という。）がこれを執行する。

（廃棄の審決の執行）

第六十二条　審決執行官は、第五十二条第一項の審決があったときは、当該審決に係る積荷の無害化のための措置を講じた上で、これを廃棄しなければならない。

（輸送停止の審決の執行）

第六十三条　審決執行官は、第五十二条第二項又は第三項の審決があったときは、当該審決に係る積荷を占有して保管しなければならない。

2　審決執行官は、前項の積荷が腐敗し、若しくは変質したとき、又は腐敗若しくは変質のおそれがあるときは、政令で定めるところにより、これを売却してその代価を保管することができる。

3　審決執行官は、第一項の積荷のうち、人の生命若しくは財産を害する急迫した危険を生ずるおそれがあるもの又は腐敗、変質その他やむを得ない理由により著しく価値が減少したもので買受人がないものを廃棄することができる。

（航行停止の審決の執行）

第六十四条　審決執行官は、第五十二条第四項の審決があったときは、第二十条第一号に掲げる書類その他の当該審決に係る船舶の航行のために必要な文書を取り上げて保管するとともに、当該船舶の出航を禁止しなければならない。

（取消し審決の執行）

第六十五条　審決執行官は、第五十七条又は第五十八条の規定により、第五十二条第二項又は第三項の審決を取り消す審決があったときは、第六十三条第一項又は第二項の規定により保管する当該審決に係る積荷又はその代価をその返還を受けるべき者に還付しなければならない。

2　第四十三条第二項から第四項までの規定は、前項の場合について準用する。

3　審決執行官は、第五十七条又は第五十八条の規定により、第五十二条第四項の審決を取り消す審決があったときは、取り消された審決に係る船舶の船長等に前条の規定により保管する文書を還付するとともに、当該船舶の出航を許可しなければならない。

第七章　補償

第六十六条　外国軍用品審判所が第四十五条第二項の規定による審判を開始しない旨の決定をしたとき、第五十二条第五項の審決をしたとき、又は外国軍用品審判所の審決を取り消す裁判が確定したときは、当該決定又は審決に係る船舶

の所有者、賃借人又は傭《よう》船者は、国に対し、当該船舶の回航措置により生じた損失（外国軍用品審判所が第四十条第一項（第四十五条第三項において準用する場合を含む。第六十九条において同じ。）の規定による命令をした場合にあっては、当該命令により生じた損失を含む。）の補償を請求することができる。

第六十七条　国は、前条の補償を行った場合においては、同一の事由については、その価額の限度において、国家賠償法（昭和二十二年法律第百二十五号）又は民法（明治二十九年法律第八十九号）による損害賠償の責めを免れる。

第八章　雑則

（参考人等の費用の請求）

第六十八条　第四十一条第一項第一号若しくは第二号又は第二項の規定により出頭又は鑑定を命ぜられた参考人又は鑑定人は、政令で定めるところにより、旅費、日当その他の費用を請求することができる。

（乗組員等への便宜供与）

第六十九条　外国軍用品審判所は、第四十条第一項又は第六十四条の規定により出航を禁止された船舶の乗組員等の本邦への上陸又は本邦からの出国に際して、これらの者が出入国管理及び難民認定法（昭和二十六年政令第三百十九号）等の法令による手続を行う場合においてその手続を円滑に行うことができるようにするため、必要な便宜を供与するものとする。

（行政手続法の適用除外）

第七十条　この法律に基づく処分については、行政手続法（平成五年法律第八十八号）第三章の規定は、適用しない。

（審査請求の制限）

第七十一条　この法律に基づく処分については、審査請求をすることができない。

（政令への委任）

第七十二条　この法律に特別の定めがあるもののほか、この法律の実施のため必要な事項は、政令で定める。

第九章　罰則

第七十三条　第五十条第二項の規定により宣誓した参考人又は鑑定人が虚偽の陳述又は鑑定をしたときは、三月以上十年以下の懲役に処する。

2　前項の罪を犯した者が、審判手続終了前であって、かつ、犯罪の発覚する前に自白したときは、その刑を軽減又は免除することができる。

第七十四条　第四十一条第一項第四号の規定による検査を拒み、妨げ、又は忌避した者は、一年以下の懲役又は五十万円以下の罰金に処する。

第七十五条　第四十条第一項（第四十五条第三項において準用する場合を含む。）の規定による処分に違反した者は、六月以下の懲役又は三十万円以下の罰金に処する。

第七十六条　次の各号のいずれかに該当する者は、三十万円以下の罰金に処する。

一　第四十一条第一項第一号又は第二項の規定による船舶関係者又は参考人に対する処分に違反して出頭せず、陳述をせず、虚偽の陳述をし、又は報告をせず、若しくは虚偽の報告をした者

二　第四十一条第一項第二号又は第二項の規定による鑑定人に対する処分に違反して出頭せず、鑑定をせず、又は虚偽の鑑定をした者

三　第四十一条第一項第三号又は第二項の規定による物件の所持者に対する処分に違反して物件を提出しない者

四　第五十条第二項において準用する刑事訴訟法第百五十四条又は第百六十六条の規定による参考人又は鑑定人に対する命令に違反して宣誓をしない者

第七十七条　第四十九条第二項の規定による審判長の命令に従わなかった者は、五万円以下の過料に処する。

附　則（抄）

（施行期日）

第一条　この法律は、公布の日から起算して六月を超えない範囲内において政令で定める日〔平一六・一二・一七〕から施行する。

附　則〔平一八・六・三法五四〕（抄）

（施行期日）

第一条　この法律は、公布の日から起算して三年を超えない範囲内において政令で定める日から施行する。ただし、次の各号に掲げる規定は、当該各号に定める日から施行する。

一・二　〔略〕

三　〔前略〕附則〔中略〕第十二条〔中略〕の規定　公布の日から起算して六月を超えない範囲内において政令で定める日〔平二八・一二・一〕

四　〔略〕

○国際人道法の重大な違反行為の処罰に関する法律

（国際人道法違反行為処罰法）

平一六・六・一八
法 一一五

（目的）

第一条 この法律は、国際的な武力紛争において適用される国際人道法に規定する重大な違反行為を処罰することにより、刑法（明治四十年法律第四十五号）等による処罰と相まって、これらの国際人道法の的確な実施の確保に資することを目的とする。

（定義）

第二条 この法律において、次の各号に掲げる用語の意義は、それぞれ当該各号に定めるところによる。

一 捕虜 次のイ又はロに掲げる者であって、捕虜の待遇に関する千九百四十九年八月十二日のジュネーヴ条約（以下「第三条約」という。）及び千九百四十九年八月十二日のジュネーヴ諸条約の国際的な武力紛争の犠牲者の保護に関する追加議定書（議定書Ｉ）（以下「第一追加議定書」という。）において捕虜として取り扱われるものをいう。

イ 第三条約第四条に規定する者

ロ 第一追加議定書第四十四条1に規定する者（同条2から4までの規定により捕虜となる権利を失う者を除く。）

二 傷病捕虜 捕虜であって、第三条約第百十条第一項(1)から(3)までに該当する者をいう。

三 文民 次のイ又はロに掲げる者であって、戦時における文民の保護に関する千九百四十九年八月十二日のジュネーヴ条約（以下「第四条約」という。）及び第一追加議定書において被保護者として取り扱われるものをいう。

イ 第四条約第四条第一項に規定する者（同条第二項及び第四項の規定により被保護者と認められない者を除く。）

ロ 第一追加議定書第七十三条に規定する者

（重要な文化財を破壊する罪）

第三条 次に掲げる事態又は武力紛争において、正当な理由がないのに、その戦闘行為として、歴史的記念物、芸術品又は礼拝所のうち、重要な文化財として政令で定めるものを破壊した者は、七年以下の懲役に処する。

一 第一追加議定書第一条3に規定する事態であって、次のイ又はロに掲げるもの

イ 第一追加議定書の締約国間におけるもの

ロ 第一追加議定書第九十六条2の規定により第一追加議定書の規定を受諾し、かつ、適用する第一追加議定書の非締約国と第一追加議定書の締約国との間におけるもの

二 第一追加議定書第一条4に規定する武力紛争（第一追加議定書第九十六条3の規定により寄託者にあてた宣言が受領された後のものに限る。）

（捕虜の送還を遅延させる罪）

第四条 捕虜の送還に関する権限を有する者が、捕虜の抑留の原因となった武力紛争が終了した場合において、正当な理由がないのに、当該武力紛争の相手国（当該武力紛争の当事者間において合意された地を含む。次項において「送還地」という。）への捕虜の送還を遅延させたときは、五年以下の懲役に処する。

2 前項に規定する者が、正当な理由がないのに、送還に適する状態にある傷病捕虜の送還地への送還を遅延させたときも、同項と同様とする。

（占領地域に移送する罪）

第五条 第三条第一号に掲げる事態において、占領に関する措置の一環としてその国が占領した地域（以下「占領地域」という。）に入植させる目的で、当該国の国籍を有する者又は当該国の領域内に住所若しくは居所を有する者を当該占領地域に移送した者は、五年以下の懲役に処する。

（文民の出国等を妨げる罪）

第六条　出国の管理に関する権限を有する者が、正当な理由がないのに、文民の出国を妨げたときは、三年以下の懲役に処する。

2　占領地域からの出域（被占領国からの出国又は被占領国の国境を越えない占領地域外への移動をいう。以下同じ。）の管理に関する権限を有する者が、正当な理由がないのに、文民（被占領国の国籍を有する者を除く。）の占領地域からの出域を妨げたときも、前項と同様とする。

（国外犯）

第七条　第三条から前条までの罪は、刑法第四条の二の例に従う。

附　則（抄）

（施行期日）

第一条　この法律は、第一追加議定書が日本国について効力を生ずる日（平一七・二・二八）から施行する。ただし、附則第三条の規定は、公布の日から起算して二十日を経過した日から施行する。

（経過措置）

第二条　第七条の規定は、この法律の施行の日以後に日本国について効力を生ずる条約により日本国外において犯したときであっても罰すべきものとされる罪に限り適用する。

○国際人道法の重大な違反行為の処罰に関する法律第三条の重要な文化財を定める政令

（重要文化財保護政令）

平一六・八・六
政令二五四

最終改正　平一九・一一・三〇　政令三四八

内閣は、国際人道法の重大な違反行為の処罰に関する法律（平成十六年法律第百十五号）第三条の規定に基づき、この政令を制定する。

国際人道法の重大な違反行為の処罰に関する法律第三条の重要な文化財として政令で定めるものは、次の各号のいずれかに該当する歴史的記念物、芸術品又は礼拝所とする。

一　武力紛争の際の文化財の保護に関する条約第八条6の規定により登録された歴史的記念物、芸術品又は礼拝所

二　武力紛争の際の文化財の保護に関する条約第八条6の規定により登録された建造物又は地区内にある歴史的記念物、芸術品又は礼拝所

三　千九百九十九年三月二十六日にハーグで作成された武力紛争の際の文化財の保護に関する千九百五十四年のハーグ条約の第二議定書（以下「第二議定書」という。）第一条(h)に規定する一覧表に記載された歴史的記念物、芸術品又は礼拝所（第二議定書第二十四条1に規定する武力紛争の際の文化財の保護に関する委員会（次号において「委員会」という。）が、第二議定書第十一条9の規定により暫定的な強化された保護を付与する旨の決定をしたものを含み、第二議定書第十四条1又は2の規定により強化された保護を停止したものを除く。）

四　第二議定書第一条(h)に規定する一覧表に記載された建造物又は地区（委員会が、第二議定書第十一条9の規定により暫定的な強化された保護を付与する旨の決定をしたものを含み、第二議定書第十四条1又は2の規定により強化された保護を停止したものを除く。）内にある歴史的記念物、芸術品又は礼拝所

附　則

この政令は、国際人道法の重大な違反行為の処罰に関する法律の施行の日から施行する。

附　則〔平一九・一一・三〇政令三四八〕

この政令は、武力紛争の際の文化財の保護に関する条約及び千九百九十九年三月二十六日にハーグで作成された武力紛争の際の文化財の保護に関する千九百五十四年のハーグ条約の第二議定書が日本国について効力を生ずる日（平成十九年十二月十日）から施行する。

○武力紛争の際の文化財の保護に関する法律

平一九・四・二七
法三二

改正　平二七・九・三〇　法七六

（目的）

第一条　この法律は、武力紛争の際の文化財の保護に関する条約（附則第二項を除き、以下「条約」という。）、武力紛争の際の文化財の保護に関する議定書（以下「議定書」という。）及び一九九九年三月二十六日にハーグで作成された武力紛争の際の文化財の保護に関する一九五四年のハーグ条約の第二議定書（以下「第二議定書」という。）の適確な実施を確保するため、被占領地域流出文化財の輸入の規制等に関する措置を講じ、もって現在及び将来の世代にわたる人類の貴重な文化的資産である文化財の国際的な保護に資することを目的とする。

（定義）

第二条　この法律において、次の各号に掲げる用語の意義は、当該各号に定めるところによる。

一　国内文化財　次に掲げるものをいう。

イ　条約第一条(a)に掲げるもののうち、重要文化財（文化財保護法（昭和二十五年法律第二百十四号）第二十七条第一項に規定する重要文化財をいう。）、重要有形民俗文化財（同法第七十八条第一項に規定する重要有形民俗文化財をいう。）又は史跡名勝天然記念物（同法第百九条第一項に規定する史跡名勝天然記念物をいう。）であるもの

ロ　特定文化財（次条第一項の規定により文部科学大臣が指定したものをいう。）

二　議定書締約国文化財　条約第一条(a)、(b)又は(c)に掲げるもののうち、議定書の締約国である外国が議定書により保護の義務を負うものとして定めたものをいう。

三　第二議定書締約国等文化財　条約第一条(a)、(b)又は(c)に掲げるもののうち、第二議定書の締約国又は第二議定書適用国（第二議定書第三条2の規定により第二議定書の規定を受諾し、かつ、適用する第二議定書の非締約国をいう。以下同じ。）である外国が第二議定書により保護の義務を負うものとして定めたものをいう。

四　被占領地域流出文化財　議定書締約国文化財のうち、第四条第二項の規定により文部科学大臣が指定したものをいう。

五　特別保護文化財　条約第一条(a)、(b)又は(c)に掲げるもののうち、条約第八条6の規定により登録されたものをいう。

六　強化保護文化財　国内文化財又は第二議定書締約国等文化財のうち、一覧表（第二議定書第一条(h)に規定する一覧表をいう。以下同じ。）に記載されたもの（第二議定書第二十四条1に規定する武力紛争の際の文化財の保護に関する委員会（次条第二項において「委員会」という。）が、第二議定書第十一条9の規定により暫定的な強化された保護を付与する旨の決定をしたものを含み、第二議定書第十四条1の規定により強化された保護を停止したものを除く。）をいう。

七　特殊標章　条約第十六条1に規定する特殊標章をいう。

八　身分証明書　武力紛争の際の文化財の保護に関する条約の施行規則（第六条第三項において「施行規則」という。）第二十一条2に規定する身分証明書をいう。

（特定文化財の指定等）

第三条　文部科学大臣は、条約第一条(b)又は(c)に掲げるもの（国内にあるものに限る。）のうち、文部科学省令で定める基準に該当するものを、文部科学省令で定めるところにより、特定文化財として指定するものとする。

2　政府は、第二議定書第十一条1の規定により国内文化財のうち強化された保護の付与が必要と認められるものを記載した表を委員会に提出し、同条2の規定により一覧表に記載することを要請するものとする。

3　文部科学大臣は、第一項の規定による指定をしたとき、前項の規定による要請が行われた国内文化財が一覧表に記載されたとき又は第二議定書第十一条9の規定により国内文化財について暫定的な強化された保護を付与する旨の決定がされたときは、その旨を官報に公示しなければならない。

（被占領地域流出文化財）

第四条　外務大臣は、議定書の締約国から次に掲げる議定書締約国文化財を管理すべき旨の要請を受けたときは、遅滞なく、その内容を文部科学大臣に通知するものとする。

一　当該締約国が他の議定書の締約国の地域を占領している場合において、当該占領している地域から輸出された議定書締約国文化財

二　当該締約国の地域が他の議定書の締約国に占領されている場合において、当該占領されている地域から輸出された議定書締約国文化財

2　文部科学大臣は、前項の規定により外務大臣から通知を受けたときは、当該通知に係る議定書締約国文化財を、文部科学省令で定めるところにより、被占領地域流出文化財として指定するものとする。

3　文部科学大臣は、前項の規定による指定をしようとするときは、経済産業大臣に協議しなければならない。

4　文部科学大臣は、第二項の規定による指定をしたときは、その旨を官報に公示しなければならない。

（輸入の承認）

第五条　被占領地域流出文化財を輸入しようとする者は、外国為替及び外国貿易法（昭和二十四年法律第二百二十八号）第五十二条の規定により、輸入の承認を受ける義務を課せられるものとする。

（特殊標章の使用等）

第六条　何人も、次項から第四項までに規定する場合を除くほか、武力攻撃事態（武力攻撃事態等及び存立危機事態における我が国の平和と独立並びに国及び国民の安全の確保に関する法律（平成十五年法律第七十九号）第二条第二号に規定する武力攻撃事態（条約の締約国又は条約適用国（条約第十八条3の規定により条約の規定を受諾し、かつ、適用する条約の非締約国をいう。）からの武力攻撃に係るものに限る。）をいう。以下同じ。）において、特殊標章（これに類似する標章を含む。第十一条において同じ。）を使用してはならない。

2　国内文化財を正当な権原に基づき管理する者は、武力攻撃事態において、当該国内文化財又は当該国内文化財の輸送（条約第十二条又は第十三条に定める条件に従って行われるものに限る。）のために使用する車両その他の輸送手段を識別させるため、文部科学省令で定めるところにより、特殊標章を使用することができる。ただし、不動産である国内文化財を識別させるため特殊標章を使用しようとする場合（当該国内文化財を文部科学大臣が管理している場合を除く。）においては、文部科学大臣の許可（当該国内文化財を文部科学大臣以外の各省各庁の長（国有財産法（昭和二十三年法律第七十三号）第四条第二項に規定する各省各庁の長をいう。）が管理している場合にあっては、文部科学大臣の同意）を受けなければならない。

3　文部科学大臣は、国内文化財の保護に関する職務を行う国又は地方公共団体の職員、利益保護国の代表（施行規則第三条の規定により任命された者をいう。以下この項において同じ。）、文化財管理官（施行規則第四条1の規定により選定され、又は同条2の規定により任命された者をいう。以下この項において同じ。）、査察員（施行規則第七条1の規定により文化財管理官がその派遣先の国に対し推薦し、その承認を得て任命した者をいう。以下この項において同じ。）及び専門家（同条2の規定により利益保護国の代表、文化財管理官又は査察員がそれらの派遣先の国に対し推薦し、その承認を得て任命した者をいう。）に対し、武力攻撃事態において、これらの者を識別させるため、文部科学省令で定めるところにより、特殊標章を表示した腕章及び身分証明書を交付するものとする。

4　前項の規定により特殊標章を表示した腕章及び身分証明書の交付を受けた者

は、その職務を行うに際し、当該腕章を着用し、かつ、当該身分証明書を携帯するものとする。

5　前三項に規定するもののほか、特殊標章の使用に関する手続その他必要な事項は、文部科学省令で定める。

（罰則）

第七条　次に掲げる事態（次項及び次条において「武力紛争事態」という。）において、正当な理由がないのに、その戦闘行為として、国内文化財又は第二議定書締約国等文化財（これらのうち特別保護文化財又は強化保護文化財であるものに限る。）を損壊した者（第二議定書の締約国又は第二議定書適用国の軍隊その他これに類する組織の構成員である者に限る。）は、七年以下の懲役に処する。

一　第二議定書の締約国間において生ずる武力紛争又は第二議定書の締約国と第二議定書適用国との間において生ずる武力紛争の事態

二　第二議定書の締約国の領域が他の第二議定書の締約国に占領される事態、第二議定書の締約国の領域が第二議定書適用国に占領される事態又は第二議定書適用国の領域が第二議定書の締約国に占領される事態

三　第二議定書第二十二条1に規定する武力紛争の事態

2　武力紛争事態において、正当な理由がないのに、その戦闘行為として、国内文化財又は第二議定書締約国等文化財（これらのうち特別保護文化財又は強化保護文化財であるものを除く。）を損壊した者（第二議定書の締約国又は第二議定書適用国の軍隊その他これに類する組織の構成員である者に限る。）は、五年以下の懲役に処する。

3　前二項の罪の未遂は、罰する。

4　第一項及び第二項の規定は、これらの規定の罪に当たる行為が国際人道法の重大な違反行為の処罰に関する法律（平成十六年法律第百十五号）第三条の罪に触れるときは、適用しない。

第八条　武力紛争事態において、正当な理由がないのに、強化保護文化財又はその周囲を戦闘行為又は戦闘行為を支援するための活動の用に供し、もって当該強化保護文化財について、当該武力紛争の相手方の戦闘行為による損壊の危険を生じさせた者（第二議定書の締約国又は第二議定書適用国の軍隊その他これに類する組織の構成員である者に限る。）は、三年以下の懲役に処する。

第九条　第四条第四項の規定により公示された被占領地域流出文化財であって本邦に輸入されたものを損壊し、又は廃棄した者は、五年以下の懲役若しくは禁《きん》錮《こ》又は三十万円以下の罰金に処する。

2　前項に規定する者が当該被占領地域流出文化財の所有者であるときは、二年以下の懲役若しくは禁錮《きんこ》又は二十万円以下の罰金若しくは科料に処する。

第十条　第四条第四項の規定により公示された被占領地域流出文化財であって本邦に輸入されたものを譲り渡し、又は譲り受けた者は、一年以下の懲役又は百万円以下の罰金に処する。ただし、同条第一項に規定する要請をした議定書の締約国又は当該締約国が指定する者に譲り渡すときは、この限りでない。

第十一条　第六条第一項の規定に違反して特殊標章を使用した者は、六月以下の懲役又は三十万円以下の罰金に処する。

第十二条　第七条第一項から第三項まで及び第八条の罪は、刑法（明治四十年法律第四十五号）第四条の二の例に従う。

附　則

（施行期日）

1　この法律は、条約、議定書及び第二議定書が日本国について効力を生ずる日から施行する。

（経過措置）

2　第十二条の規定は、この法律の施行の日以後に日本国について効力を生ずる条約により日本国外において犯したときであっても罰すべきものとされる罪に限り適用する。

附　則〔平二七・九・三〇法七六〕（抄）

（施行期日）

第一条　この法律は、公布の日から起算して六月を超えない範囲内において政令で定める日〔平二八・三・二九〕から施行する。

○対人地雷の製造の禁止及び所持の規制等に関する法律

平一〇・一〇・七
法　一一六

最終改正　平一八・一二・一二　法一一八

目次

第一章　総則

（目的）

第一条　この法律は、対人地雷の使用、貯蔵、生産及び移譲の禁止並びに廃棄に関する条約（以下「条約」という。）の適確な実施を確保するため、対人地雷の製造を禁止するとともに、対人地雷の所持を規制する等の措置を講ずることを目的とする。

（定義）

第二条　この法律において「対人地雷」とは、人の存在、接近又は接触によって爆発するように設計された地雷をいう。

第二章　対人地雷の製造の禁止

（製造の禁止）

第三条　何人も、対人地雷を製造してはならない。

第三章　対人地雷の所持等の規制

（所持の禁止）

第四条　何人も、次の各号のいずれかに該当する場合を除いては、対人地雷を所持してはならない。

一　次条第一項の許可を受けた者（以下「許可所持者」という。）が、同項の許可（第八条第一項の規定による変更の許可があったときは、その変更後のもの）に係る対人地雷を所持するとき。

二　第十条第一項の輸入の承認を受けた者（以下「承認輸入者」という。）が、その輸入した対人地雷を許可所持者に譲り渡すまでの間所持するとき。

三　第十一条第一項の規定により対人地雷を廃棄し、又は引き渡さなければならない者が、廃棄し、又は引き渡すまでの間所持するとき。

四　前三号に掲げる者から運搬を委託された者が、その委託に係る対人地雷を当該運搬のために所持するとき。

五　前各号に掲げる者の従業者が、その職務上対人地雷を所持するとき。

（所持の許可）

第五条　対人地雷を所持しようとする者は、経済産業大臣の許可を受けなければならない。ただし、前条第二号、第四号又は第五号に掲げる者がそれぞれ同条第二号、第四号又は第五号に規定する所持をしようとする場合は、この限りでない。

2　前項の許可を受けようとする者は、経済産業省令で定めるところにより、次の事項を記載した申請書を経済産業大臣に提出しなければならない。

一　氏名又は名称及び住所並びに法人にあっては、その代表者の氏名

二　所持しようとする対人地雷の型式及びその数量
三　所持の目的及び方法
四　その他経済産業省令で定める事項

（欠格事由）
第六条　次の各号のいずれかに該当する者は、前条第一項の許可を受けることができない。
一　この法律又はこの法律に基づく命令の規定に違反し、罰金以上の刑に処せられ、その執行を終わり、又は執行を受けることがなくなった日から三年を経過しない者
二　第九条の規定により許可を取り消され、その取消しの日から三年を経過しない者
三　他の法令の規定に違反し、罰金以上の刑に処せられ、その執行を終わり、又は執行を受けることがなくなった日から三年を経過しない者で、その情状が対人地雷の所持をする者として不適当なもの
四　成年被後見人
五　法人であって、その業務を行う役員のうちに前各号のいずれかに該当する者があるもの

（所持の許可の基準）
第七条　経済産業大臣は、第五条第一項の許可の申請が次の各号のいずれにも適合していると認めるときでなければ、同項の許可をしてはならない。
一　対人地雷が条約で認められた目的のために所持されることが確実であること。
二　その他条約の適確な実施に支障を及ぼすおそれがないこと。

（変更の許可等）
第八条　許可所持者は、第五条第二項第三号に掲げる事項を変更しようとするときは、経済産業省令で定めるところにより、経済産業大臣の許可を受けなければならない。
2　許可所持者は、第五条第二項第一号に掲げる事項に変更があったときは、遅滞なく、その旨を経済産業大臣に届け出なければならない。
3　前条の規定は、第一項の許可に準用する。

（所持の許可の取消し）
第九条　経済産業大臣は、許可所持者が次の各号のいずれかに該当するときは、その許可を取り消すことができる。
一　第六条第一号又は第三号から第五号までのいずれかに該当するに至ったとき。
二　不正の手段により第五条第一項又は前条第一項の許可を受けたとき。
三　前条第一項の規定により許可を受けなければならない事項を同項の許可を受けないで変更したとき。
四　第十二条第一項の規定により第五条第一項又は前条第一項の許可に付された条件に違反したとき。

（輸入の承認及び制限）
第十条　対人地雷を輸入しようとする者は、外国為替及び外国貿易法（昭和二十四年法律第二百二十八号）第五十二条の規定により、輸入の承認を受ける義務を課せられるものとする。
2　前項の輸入の承認は、許可所持者からその許可に係る対人地雷の輸入の委託を受けた者がその委託に係る対人地雷を輸入する場合、又は許可所持者自らがその許可に係る対人地雷を輸入する場合でなければ、これを行わないものとする。

（廃棄等）
第十一条　次の各号のいずれかに該当する場合において、当該各号に掲げる者が対人地雷を所持しているときは、その者は、遅滞なく、その対人地雷（第一号に該当する場合にあっては、所持することを要しなくなった部分に限る。）を廃棄し、又は当該対人地雷について新たに許可所持者となった者に引き渡さなければならない。
一　許可所持者が、その許可に係る対人地雷の全部又は一部について所持することを要しなくなったとき。

二　許可所持者が、第九条の規定によりその許可を取り消されたとき。

三　承認輸入者が、許可所持者に譲り渡すために対人地雷の輸入をした場合において、その許可所持者がその対人地雷を譲り受ける前に、第九条の規定によりその許可を取り消されたとき。

2　前項の規定により対人地雷を廃棄し、又は引き渡さなければならない者（以下「廃棄等義務者」という。）が、当該対人地雷を廃棄しようとするときは、経済産業省令で定めるところにより、廃棄する対人地雷の型式及びその数量を経済産業大臣に届け出なければならない。

3　廃棄等義務者が、当該対人地雷を引き渡したときは、経済産業省令で定めるところにより、その旨を経済産業大臣に届け出なければならない。

（許可の条件）

第十二条　第五条第一項又は第八条第一項の許可には、条件を付し、及びこれを変更することができる。

2　前項の条件は、条約の適確な実施を確保し、又は許可に係る事項の確実な実施を図るため必要な最小限度のものに限り、かつ、許可を受ける者に不当な義務を課することとなるものであってはならない。

（承継）

第十三条　許可所持者について相続又は合併があったときは、相続人（相続人が二人以上ある場合において、その全員の同意により承継すべき相続人を選定したときは、その者）又は合併後存続する法人若しくは合併により設立した法人は、許可所持者の地位を承継する。

2　前項の規定により許可所持者の地位を承継した者は、遅滞なく、その事実を証する書面を添えて、その旨を経済産業大臣に届け出なければならない。

（所持の届出）

第十四条　許可所持者又は承認輸入者は、対人地雷を所持することとなったときは、経済産業省令で定めるところにより、その旨を経済産業大臣に届け出なければならない。

（帳簿）

第十五条　許可所持者は、帳簿を備え、その所持に係る対人地雷に関し経済産業省令で定める事項を記載しなければならない。

2　前項の帳簿は、経済産業省令で定めるところにより、保存しなければならない。

第四章　国際連合事務総長の指定する者の検査等

（国際連合事務総長の指定する者の検査等）

第十六条　国際連合事務総長が条約の定めるところにより指定する者は、外務大臣の指定するその職員及び経済産業大臣の指定するその職員の立会いの下に、条約で定める範囲内で、対人地雷を取り扱う場所その他の場所に立ち入り、帳簿、書類その他の物件を検査し、又は関係者に質問することができる。

2　前項の規定により検査又は質問に立ち会う職員は、当該検査又は質問が条約の範囲内で、適確かつ円滑に行われることを確保するよう努めなければならない。

3　第一項の規定により検査又は質問に立ち会う職員は、その身分を示す証明書を携帯し、関係者に提示しなければならない。

第五章　雑則

（報告徴収）

第十七条　経済産業大臣は、この法律の施行に必要な限度において、許可所持者、承認輸入者又は廃棄等義務者に対し、その業務に関し報告させることができる。

2　経済産業大臣は、国際連合事務総長から条約の定めるところにより要請があった場合にあっては、国際連合事務総長に対して説明を行うために必要な限度において、対人地雷を取り扱う者その他の者に対し、その要請に係る事項に関し報告させることができる。

（立入検査）

第十八条　経済産業大臣は、この法律の施行に必要な限度において、その職員に、許可所持者、承認輸入者又は廃棄等義務者の事務所、工場その他の事業所に立

ち入り、帳簿、書類その他の物件を検査させ、又は関係者に質問させることができる。

2　前項の規定により職員が立ち入るときは、その身分を示す証明書を携帯し、関係者に提示しなければならない。

3　第一項の規定による権限は、犯罪捜査のために認められたものと解釈してはならない。

（自衛隊についての特例）

第十九条　自衛隊が行う条約で認められた目的のための対人地雷の所持は、次条の規定により読み替えられた第五条第一項又は第八条第一項の承認を受けたものとみなす。

2　第十七条第二項の規定は、前項の規定により所持の承認を受けたものとみなされた対人地雷に係る事項については、適用しない。

3　国際連合事務総長が条約の定めるところにより指定する者が自衛隊の施設に立ち入り、検査又は質問を行う場合には、第十六条第一項中「経済産業大臣」とあるのは、「防衛大臣」とする。

（国に対する適用）

第二十条　この法律の規定は、次章の規定を除き、国に適用があるものとする。この場合において、「許可」とあるのは、「承認」と読み替えるものとする。

（経過措置）

第二十一条　この法律の規定に基づき命令を制定し、又は改廃する場合においては、その命令で、その制定又は改廃に伴い合理的に必要と判断される範囲内において、所要の経過措置（罰則に関する経過措置を含む。）を定めることができる。

第六章　罰則

第二十二条　第三条の規定に違反した者は、七年以下の懲役又は三百万円以下の罰金に処する。

2　前項の未遂罪は、罰する。

第二十三条　対人地雷をみだりに所持した者は、七年以下の懲役又は三百万円以下の罰金に処する。

第二十四条　前二条の罪は、刑法（明治四十年法律第四十五号）第三条の例に従う。

第二十五条　次の各号の一に該当する者は、一年以下の懲役又は五十万円以下の罰金に処する。

一　第八条第一項の規定に違反して第五条第二項第三号に掲げる事項を変更した者

二　第十一条第一項の規定に違反した者

第二十六条　次の各号の一に該当する者は、三十万円以下の罰金に処する。

一　第十一条第二項の規定による届出をしないで対人地雷を廃棄した者又は虚偽の届出をした者

二　第十一条第三項又は第十四条の規定による届出をせず、又は虚偽の届出をした者

三　第十五条第一項の規定に違反して帳簿を備えず、又は帳簿に記載せず、若しくは虚偽の記載をした者

四　第十五条第二項の規定に違反して帳簿を保存しなかった者

五　第十六条第一項の規定による検査を拒み、妨げ、若しくは忌避し、又は質問に対して答弁をせず、若しくは虚偽の答弁をした者

六　第十七条の規定による報告をせず、又は虚偽の報告をした者

七　第十八条第一項の規定による検査を拒み、妨げ、若しくは忌避し、又は質問に対して答弁をせず、若しくは虚偽の答弁をした者

第二十七条　法人の代表者又は法人若しくは人の代理人、使用人その他の従業者が、その法人又は人の業務に関し、第二十三条の罪を犯し、又は第二十二条若しくは前二条の違反行為をしたときは、行為者を罰するほか、その法人又は人に対して各本条の罰金刑を科する。

第二十八条　第八条第二項又は第十三条第二項の規定による届出をせず、又は虚偽の届出をした者は、二十万円以下の過料に処する。

附　則〔抄〕

（施行期日）

第一条　この法律は、条約が日本国について効力を生ずる日〔平一一・三・一〕から施行する。

附　則〔平一八・一二・二二法一一八〕〔抄〕

（施行期日）

第一条　この法律は、公布の日から起算して三月を超えない範囲内において政令で定める日〔平一九・一・九〕から施行する。（以下略）

○化学兵器の禁止及び特定物質の規制等に関する法律

平七・四・五
法　六　五

最終改正　平二六・六・一三　法六九

目次

第一章　総則

（目的）

第一条　この法律は、化学兵器の開発、生産、貯蔵及び使用の禁止並びに廃棄に関する条約（以下「化学兵器禁止条約」という。）及びテロリストによる爆弾使用の防止に関する国際条約の適確な実施を確保するため、化学兵器の製造、所持、譲渡し及び譲受けを禁止するとともに、特定物質の製造、使用等を規制する等の措置を講ずることを目的とする。

（定義等）

第二条　この法律において「毒性物質」とは、人が吸入し、又は接触した場合に、これを死に至らしめ、又はその身体の機能を一時的若しくは持続的に著しく害する性質（以下「毒性」という。）を有する物質であって、化学兵器禁止条約の規定に即して政令で定めるものをいう。

2　この法律において「化学兵器」とは、砲弾、ロケット弾その他の政令で定める兵器であって、毒性物質又はこれと同等の毒性を有する物質を充てんしたもの（その他の物質を充てんしたものであって、その内部で化学的変化を生ぜしめ、毒性物質又はこれと同等の毒性を有する物質を生成させるものを含む。）をいう。

3　この法律において「特定物質」とは、毒性物質及び毒性物質の原料となる物質（以下「原料物質」という。）のうち、化学兵器の製造の用に供されるおそれが高いものとして政令で定めるものをいう。

4　この法律において「指定物質」とは、特定物質以外の毒性物質及び原料物質のうち、化学兵器の製造の用に供されるおそれがあるものとして政令で定めるものをいう。

5　この法律において「第一種指定物質」とは、指定物質のうち化学兵器以外の用途に使用されることが少ないものとして政令で定めるものをいい、「第二種指定物質」とは、第一種指定物質以外の指定物質をいう。

6　前三項の政令は、化学兵器禁止条約の規定に即して定めるものとする。

7　この法律において特定物質又は指定物質の製造には、他の物質の製造工程において特定物質又は指定物質を一時的に生成させることが含まれるものとし、特定物質又は指定物質の使用には、当該一時的に生成された特定物質又は指定物質を他の物質に変化させることが含まれるものとする。

8　この法律において「国際機関」とは、化学兵器禁止条約により設立される化学兵器の禁止のための機関をいう。

第二章　化学兵器の製造等の禁止

（禁止行為）

第三条 何人も、化学兵器を製造してはならない。

2 何人も、化学兵器を所持し、譲り渡し、又は譲り受けてはならない。

3 何人も、化学兵器の製造の用に供する目的をもって、毒性物質若しくはこれと同等の毒性を有する物質又はこれらの物質の原料となる物質を製造し、所持し、譲り渡し、又は譲り受けてはならない。

4 何人も、専ら化学兵器に使用される部品又は専ら化学兵器を使用する場合に用いられる機械器具であって、政令で定めるものを製造し、所持し、譲り渡し、又は譲り受けてはならない。

第三章 特定物質の製造等の規制

（製造の許可）

第四条 特定物質の製造（抽出を含む。以下この章、第三十一条第一項、第三十四条第一項、第四十三条第一号及び第四十四条第二号において同じ。）をしようとする者は、事業所ごとに、経済産業大臣の許可を受けなければならない。

2 前項の許可を受けようとする者は、経済産業省令で定めるところにより、次の事項を記載した申請書を経済産業大臣に提出しなければならない。

一 氏名又は名称及び住所並びに法人にあっては、その代表者の氏名

二 製造をしようとする事業所の所在地

三 製造をしようとする特定物質

四 製造の方法及びこれに用いる器具、機械又は装置

五 その他経済産業省令で定める事項

（欠格事由）

第五条 次の各号のいずれかに該当する者は、前条第一項の許可を受けることができない。

一 この法律又はこの法律に基づく命令の規定に違反し、罰金以上の刑に処せられ、その執行を終わり、又は執行を受けることがなくなった日から三年を経過しない者

二 第九条第一項の規定により許可を取り消され、その取消しの日から三年を経過しない者

三 他の法令の規定に違反し、罰金以上の刑に処せられ、その執行を終わり、又は執行を受けることがなくなった日から三年を経過しない者で、その情状が特定物質の製造をする者として不適当なもの

四 成年被後見人

五 法人であって、その業務を行う役員のうちに前各号のいずれかに該当する者があるもの

（製造の許可の基準）

第六条 経済産業大臣は、第四条第一項の許可の申請が次の各号のいずれにも適合していると認めるときでなければ、同項の許可をしてはならない。

一 その者の特定物質の製造をする能力が化学兵器禁止条約の規定に即して経済産業省令で定める限度を超えないこと。

二 その許可をすることによって、我が国全体の特定物質の製造をする能力が化学兵器禁止条約で定める限度を超えることとならないこと。

三 その他化学兵器禁止条約の適確な実施に支障を及ぼすおそれがないこと。

（変更の許可等）

第七条 第四条第一項の許可を受けた者（以下「許可製造者」という。）は、同条第二項第三号又は第四号に掲げる事項を変更しようとするときは、経済産業大臣の許可を受けなければならない。ただし、同号に掲げる事項の変更であって、経済産業省令で定める軽微なものをしようとするときは、この限りでない。

2 許可製造者は、第四条第二項第二号に掲げる事項を変更しようとするときは、経済産業省令で定めるところにより、その旨を経済産業大臣に届け出なければならない。

3 許可製造者は、次に掲げる場合には、遅滞なく、その旨を経済産業大臣に届け出なければならない。

一 第四条第二項第一号に掲げる事項に変更があったとき。

二 第一項ただし書の経済産業省令で定める軽微な変更をしたとき。

4　前条の規定は、第一項の許可に準用する。

（製造の廃止の届出）

第八条　許可製造者は、特定物質の製造を廃止したときは、遅滞なく、その旨を経済産業大臣に届け出なければならない。

2　前項の規定による届出があったときは、第四条第一項の許可は、その効力を失う。

（製造の許可の取消し等）

第九条　経済産業大臣は、許可製造者が次の各号の一に該当するときは、その許可を取り消し、又は期間を定めてその製造の停止を命ずることができる。

一　第五条第一号又は第三号から第五号までの一に該当するに至ったとき。

二　不正の手段により第四条第一項又は第七条第一項の許可を受けたとき。

三　第七条第一項の規定により許可を受けなければならない事項を同項の許可を受けないで変更したとき。

四　第十四条第一項の規定に違反して特定物質の製造をしたとき。

五　第十九条第一項の規定により第四条第一項の許可に付された条件に違反したとき。

2　経済産業大臣は、許可製造者が二年以上引き続き特定物質の製造をしないときは、その許可を取り消すことができる。

（使用の許可）

第十条　特定物質の使用をしようとする者は、経済産業大臣の許可を受けなければならない。

2　前項の許可を受けようとする者は、経済産業省令で定めるところにより、次の事項を記載した申請書を経済産業大臣に提出しなければならない。

一　氏名又は名称及び住所並びに法人にあっては、その代表者の氏名

二　使用をしようとする特定物質及びその数量

三　使用の目的及び方法

四　使用の時期及び場所

五　その他経済産業省令で定める事項

3　経済産業大臣は、第一項の許可をしたときは、その許可に係る特定物質及びその数量を記載した使用許可証を交付しなければならない。

4　使用許可証の再交付及び返納その他使用許可証に関する手続的事項は、経済産業省令で定める。

（使用の許可の基準）

第十一条　経済産業大臣は、前条第一項の許可の申請が次の各号のいずれにも適合していると認めるときでなければ、同項の許可をしてはならない。

一　特定物質が化学兵器禁止条約で認められた目的に使用されることが確実であること。

二　その数量の特定物質が製造又は輸入されることにより、我が国全体の当該年における製造又は輸入に係る特定物質の総量及び我が国に存する特定物質の総量が化学兵器禁止条約で定める限度を超えることとならないこと。

三　その他化学兵器禁止条約の適確な実施に支障を及ぼすおそれがないこと。

2　第五条の規定は、前条第一項の許可に準用する。この場合において、第五条第二号中「第九条第一項」とあるのは、「第十二条」と読み替えるものとする。

（使用の許可の取消し）

第十二条　経済産業大臣は、第十条第一項の許可を受けた者（以下「許可使用者」という。）が次の各号の一に該当する場合において、その許可に係る特定物質の使用を終えていないときは、その許可を取り消すことができる。

一　前条第二項において準用する第五条第一号又は第三号から第五号までの一に該当するに至ったとき。

二　不正の手段により第十条第一項の許可を受けたとき。

三　第十九条第一項の規定により第十条第一項の許可に付された条件に違反したとき。

（輸入の承認）

第十三条　特定物質を輸入しようとする者は、外国為替及び外国貿易法（昭和二十四年法律第二百二十八号）第五十二条の規定により、輸入の承認を受ける義務を課せられるものとする。

（製造及び輸入の制限）

第十四条　許可使用者に譲り渡すためにその使用の許可に係る特定物質（その使用の許可に係る数量の範囲内のものに限る。以下同じ。）の製造をする場合（自らが許可使用者である場合において、その使用の許可に係る特定物質の製造をする場合を含む。）でなければ、特定物質の製造をしてはならない。ただし、経済産業省令で定める場合は、この限りでない。

2　前条の輸入の承認は、許可使用者に譲り渡すために、又は許可使用者自らが、その使用の許可に係る特定物質を輸入する場合でなければ、これを行わないものとする。

3　許可使用者に譲り渡すために特定物質の製造又は輸入をしようとする者は、その使用の許可に係る特定物質を使用許可証によって確認するものとする。

（譲渡し及び譲受けの制限）

第十五条　何人も、次の各号の一に該当する場合のほか、特定物質を譲り渡し、又は譲り受けてはならない。

一　許可製造者が、許可使用者にその使用の許可に係る特定物質を譲り渡す場合

二　第十三条の輸入の承認を受けた者（以下「承認輸入者」という。）が、許可使用者にその使用の許可に係る特定物質を譲り渡す場合

三　許可使用者が、その使用の許可に係る特定物質を許可製造者又は承認輸入者から譲り受ける場合

2　許可製造者又は承認輸入者は、その製造又は輸入に係る特定物質を許可使用者に譲り渡した場合には、遅滞なく、その旨を経済産業大臣に届け出なければならない。

（所持の制限）

第十六条　何人も、法令に基づく場合又は次の各号の一に該当する場合のほか、特定物質を所持してはならない。

一　許可製造者が、その製造した特定物質を許可使用者に譲り渡すまでの間所持する場合

二　承認輸入者が、その輸入した特定物質を許可使用者に譲り渡すまでの間所持する場合

三　許可使用者が、特定物質を使用するまでの間所持する場合

四　第十八条第一項の規定により特定物質を廃棄しなければならない者が、廃棄するまでの間所持する場合

五　前各号に掲げる者から運搬又は廃棄を委託された者が、その委託に係る特定物質を当該運搬又は廃棄のために所持する場合

六　前各号に掲げる者の従業者が、その職務上特定物質を所持する場合

2　前項各号に掲げる者は、その所持する特定物質を、かぎをかけた堅固な設備内に保管しなければならない。

（運搬）

第十七条　許可製造者、承認輸入者、許可使用者又は次条第一項の規定により特定物質を廃棄しなければならない者は、特定物質を運搬しようとする場合（他に委託して運搬する場合を含み、船舶又は航空機により運搬する場合を除く。）は、国家公安委員会規則で定めるところにより、その旨を都道府県公安委員会に届け出て、届出を証明する文書（以下「運搬証明書」という。）の交付を受けなければならない。

2　都道府県公安委員会は、前項の規定による届出があった場合において、当該届出に係る運搬において特定物質が盗取され、又は所在不明となることを防ぐため必要があると認めるときは、運搬の日時、経路その他国家公安委員会規則で定める事項について、必要な指示をすることができる。

3　都道府県公安委員会は、前項の指示をしたときは、その指示の内容を運搬証明書に記載しなければならない。

4　特定物質を運搬する者は、運搬証明書を携帯し、かつ、当該運搬証明書に記載された内容に従って運搬しなければならない。

5　運搬証明書の書換え、再交付及び不要となった場合における返納並びに運搬が二以上の都道府県にわたることとなる場合における第一項の届け出、第二項の指示並びに運搬証明書の交付、書換え、再交付及び返納に関し必要な都道府県

県公安委員会の間の連絡については、政令で定める。

（廃棄）

第十八条　次の各号の一に該当する場合において、当該各号に掲げる者が特定物質を所持しているときは、その者は、遅滞なく、その特定物質（第三号に該当する場合にあっては、同号に規定する数量を超える部分に限る。）を廃棄しなければならない。

一　許可製造者が、第八条第一項の規定による届出をしたとき。

二　許可製造者が、第九条の規定によりその許可を取り消されたとき。

三　許可製造者が、第十条第一項の許可に係る数量を超えて特定物質の製造をしたとき。

四　許可使用者が、第十二条の規定によりその許可を取り消されたとき。

五　許可使用者が、その許可に係る特定物質を使用することを要しなくなったとき。

六　許可製造者又は承認輸入者が、許可使用者に譲り渡すために特定物質の製造又は輸入をした場合において、その許可使用者がその特定物質を譲り受ける前に、第十二条の規定によりその許可を取り消されたとき。

2　前項の規定により特定物質を廃棄しなければならない者（以下「廃棄義務者」という。）は、経済産業省令で定めるところにより、廃棄すべき特定物質及びその数量並びにその廃棄の方法を経済産業大臣に届け出なければならない。

3　経済産業大臣は、前項の規定による届出に係る廃棄の方法が適当でないと認めるときは、その変更をすべきこと（廃棄を他の者に委託することを含む。）を命ずることができる。

（許可の条件）

第十九条　第四条第一項又は第十条第一項の許可には、条件を付し、及びこれを変更することができる。

2　前項の条件は、化学兵器禁止条約の適確な実施を確保し、又は許可に係る事項の確実な実施を図るため必要な最小限度のものに限り、かつ、許可を受ける者に不当な義務を課することとなるものであってはならない。

（承継）

第二十条　許可製造者又は許可使用者について相続又は合併があったときは、相続人（相続人が二人以上ある場合において、その全員の同意により承継すべき相続人を選定したときは、その者）又は合併後存続する法人若しくは合併により設立した法人は、許可製造者又は許可使用者の地位を承継する。

2　前項の規定により許可製造者又は許可使用者の地位を承継した者は、遅滞なく、その事実を証する書面を添えて、その旨を経済産業大臣に届け出なければならない。

（製造又は使用に係る数量等の届出）

第二十一条　許可製造者は、その製造に係る特定物質に関し、経済産業省令で定めるところにより、毎年、前年において製造をした数量、前年における最大保有量その他経済産業省令で定める事項を経済産業大臣に届け出なければならない。

2　許可使用者は、その許可に係る特定物質の使用をした場合には、経済産業省令で定めるところにより、使用をした数量その他経済産業省令で定める事項を経済産業大臣に届け出なければならない。

（記録）

第二十二条　許可製造者は、日誌を備え、その製造に係る特定物質に関し次に掲げる事項を記録しなければならない。

一　製造をした数量

二　他の者に譲り渡した場合にあっては、譲り渡した者及び数量

三　自ら使用した場合にあっては、使用した数量及び用途

四　保有量

五　その他経済産業省令で定める事項

2　前項の日誌は、経済産業省令で定めるところにより、保存しなければならない。

（事故届）

第二十三条　許可製造者、承認輸入者、許可使用者若しくは廃棄義務者又はこれ

らの者から運搬若しくは廃棄を委託された者は、その所持する特定物質が盗取され、又は所在不明となったときは、遅滞なく、その旨を警察官又は海上保安官に届け出なければならない。

第四章　指定物質の製造等に係る届出

（第一種指定物質の製造等の予定数量）

第二十四条　第一種指定物質の製造又は抽出若しくは精製（以下「製造等」という。）をする者は、翌年において製造等をしようとする第一種指定物質のその事業所ごと及び物質ごとの数量が経済産業省令で定める数量を超えると見込まれるときは、経済産業省令で定めるところにより、翌年に当該事業所において製造等をしようとする当該第一種指定物質の数量その他経済産業省令で定める事項を経済産業大臣に届け出るものとする。

2　第一種指定物質の製造等をする者は、その年において製造等をする第一種指定物質のその事業所ごと及び物質ごとの数量が前項の経済産業省令で定める数量を超えるときは、あらかじめ、経済産業省令で定めるところにより、その旨並びにその年に当該事業所において製造等をしようとする当該第一種指定物質の数量及び同項の経済産業省令で定める事項を経済産業大臣に届け出なければならない。ただし、当該年に当該事業所において製造等をしようとする当該第一種指定物質の数量について同項の規定による届出がされている場合は、この限りでない。

3　前三年のいずれかの年において製造等をした第一種指定物質のその事業所ごと及び物質ごとの数量が第一項の経済産業省令で定める数量を超えた者及びその年のその事業所における製造等に係る第一種指定物質の数量について前二項の規定による届出をした者は、経済産業省令で定めるところにより、翌年に当該事業所において製造等をしようとする当該第一種指定物質の数量及び第一項の経済産業省令で定める事項を経済産業大臣に届け出なければならない。ただし、その数量について同項の規定による届出をする場合は、この限りでない。

4　前三項の規定による届出をした者は、当該年において製造等をする当該第一種指定物質の数量がその届出に係る数量を著しく上回る場合として経済産業省令で定める場合には、あらかじめ、経済産業省令で定めるところにより、その旨を経済産業大臣に届け出なければならない。ただし、前項の規定による届出をした者がその届出に係る年に当該事業所において製造等をしようとする当該第一種指定物質の数量について第二項の規定による届出をしなければならない場合は、この限りでない。

（第一種指定物質の製造等の実績数量）

第二十五条　前条第一項から第三項までの規定による届出をした者は、経済産業省令で定めるところにより、その届出に係る年に当該事業所において製造等をした当該第一種指定物質の数量その他経済産業省令で定める事項を経済産業大臣に届け出なければならない。

（第一種指定物質等の使用への準用）

第二十六条　前二条の規定は、第一種指定物質（第一種指定物質を含む物であって、経済産業省令で定めるものを含む。）の使用であって、経済産業省令で定めるものをする者及びその使用をする第一種指定物質の数量（第一種指定物質を含む物にあっては、これに含まれる第一種指定物質の数量）に準用する。

（第二種指定物質の製造への準用）

第二十七条　第二十四条及び第二十五条の規定は、第二種指定物質の製造をする者及びその製造をする第二種指定物質の数量に準用する。この場合において、第二十四条第三項中「前三年のいずれかの年」とあるのは、「前年」と読み替えるものとする。

（指定物質等の輸出入の実績数量）

第二十八条　指定物質（指定物質を含む物であって、経済産業省令で定めるものを含む。）の輸出又は輸入をした者は、経済産業省令で定めるところにより、毎年、前年に輸出又は輸入をした指定物質の数量（指定物質を含む物にあっては、これに含まれる指定物質の数量）を経済産業大臣に届け出なければならない。

（有機化学物質の製造の実績数量の区分）

第二十九条　特定物質及び指定物質以外の有機化学物質であって、政令で定めるもの（以下単に「有機化学物質」という。）の製造（政令で定めるものを除く。以下この条において同じ。）をする者は、前年に製造をした有機化学物質のその事業所ごとの数量が経済産業省令で定める数量を超えたときは、経済産業省令で定めるところにより、その旨及び前年に当該事業所において製造をした有機化学物質の数量が経済産業省令で定める区分のいずれに属するかを経済産業大臣に届け出なければならない。

2　りん、硫黄又はふっ素を含む有機化学物質であって、政令で定めるもの（以下「特定有機化学物質」という。）の製造をする者は、前年に製造をした特定有機化学物質のその事業所ごとの数量が経済産業省令で定める数量を超えたときは、経済産業省令で定めるところにより、その旨及び前年に当該事業所において製造をした特定有機化学物質の数量が経済産業省令で定める区分のいずれに属するかを経済産業大臣に届け出なければならない。

第五章　国際機関による検査等

（国際機関に指定する者の検査等）

第三十条　国際機関の指定する者は、経済産業大臣の指定するその職員（政令で定める場合にあっては、経済産業大臣の指定するその職員及び外務大臣の指定するその職員）の立会いの下に、化学兵器禁止条約で定める範囲内で、毒性物質若しくはこれと同等の毒性を有する物質又はこれらの物質の原料となる物質を取り扱う場所その他の場所であって、国際機関が指定するものに立ち入り、帳簿、書類その他の物件を検査し、若しくは撮影し、関係者に質問し、又は試験のために必要な最小限度の分量に限り試料を無償で収去することができる。

2　化学兵器禁止条約の締約国たる外国の政府（以下「締約国政府」という。）の指定する者は、条約で定める範囲内で、前項の規定による検査若しくは撮影、質問又は収去（以下「検査等」という。）に立ち会うことができる。

3　第一項の規定により検査等に立ち会う職員は、当該検査等が化学兵器禁止条約の範囲内で、適確かつ円滑に行われることを確保するよう努めなければならない。

4　第一項の規定により検査等に立ち会う職員は、その身分を示す証明書を携帯し、関係者に提示しなければならない。

5　経済産業大臣は、必要があると認めるときは、独立行政法人製品評価技術基盤機構（以下「機構」という。）に、第一項の規定による検査等に立ち会わせることができる。

6　経済産業大臣は、前項の規定により機構に検査等に立ち会わせる場合には、機構に対し、当該検査等の場所その他必要な事項を示してこれを実施すべきことを指示するものとする。

7　第五項の規定により検査等に立ち会う機構の職員は、その身分を示す証明書を携帯し、関係者に提示しなければならない。

（封印又は監視装置の取付け）

第三十一条　国際機関の指定する者は、経済産業大臣の指定するその職員の立会いの下に、化学兵器禁止条約で定める範囲内で、許可製造者の工場その他の事業場内において、特定物質の製造又は移動を監視するために必要な封印をし、又は装置を取り付けることができる。

2　前条第三項及び第四項の規定は、前項の規定により封印又は装置の取付けに立ち会う職員に準用する。

3　何人も、第一項の規定によりされた封印又は取り付けられた装置を、正当な理由がないのに、取り外し、又はき損してはならない。

4　許可製造者は、第一項の規定によりされた封印又は取り付けられた装置について、滅失、破損その他の事故が生じたときは、遅滞なく、その旨を経済産業大臣に届け出なければならない。

第六章　雑則

（報告徴収）

第三十二条　経済産業大臣又は都道府県公安委員会は、この法律（都道府県公安委員会にあっては、第十七条第二項の規定）の施行に必要な限度において、許

可製造者、承認輸入者、許可使用者又は廃棄義務者に対し、その業務に関し報告させることができる。

2 経済産業大臣は、国際機関又は締約国政府から化学兵器禁止条約の定めるところにより要請があった場合にあっては、国際機関又は当該締約国政府に対して説明を行うために必要な限度において、毒性物質若しくはこれと同等の毒性を有する物質又はこれらの物質の原料となる物質を取り扱う者その他の者に対し、その要請に係る事項に関し報告させることができる。

3 経済産業大臣は、第三十条第一項の規定による検査等が行われた場合にあっては、国際機関に対して説明を行うために必要な限度において、関係者に対し、当該検査等の対象となった活動に関し報告させることができる。

（立入検査）

第三十三条 経済産業大臣は、この法律の施行に必要な限度において、その職員に、許可製造者、承認輸入者、許可使用者又は廃棄義務者の事務所、工場その他の事業所に立ち入り、帳簿、書類その他の物件を検査させ、関係者に質問させ、又は試験のため必要な最小限度の分量に限り試料を無償で収去させることができる。

2 都道府県公安委員会は、第十七条第二項の規定の施行に必要な限度において、警察職員に、許可製造者、承認輸入者、許可使用者又は廃棄義務者の事務所、工場その他の事業所に立ち入り、帳簿、書類その他の物件を検査させ、又は関係者に質問させることができる。

3 前二項の規定により職員が立ち入るときは、その身分を示す証明書を携帯し、関係者に提示しなければならない。

4 経済産業大臣は、必要があると認めるときは、機構に、第一項の規定による立入検査、質問又は収去を行わせることができる。

5 経済産業大臣は、前項の規定により機構に立入検査、質問又は収去を行わせる場合には、機構に対し、当該立入検査の場所その他必要な事項を示してこれを実施すべきことを指示するものとする。

6 機構は、前項の指示に従って第四項に規定する立入検査、質問又は収去を行ったときは、その結果を経済産業大臣に報告しなければならない。

7 第四項の規定により機構の職員が立ち入るときは、その身分を示す証明書を携帯し、関係者に提示しなければならない。

8 第一項及び第二項の規定による権限は、犯罪捜査のために認められたものと解釈してはならない。

（機構に対する命令）

第三十三条の二 経済産業大臣は、第三十条第五項の規定による立会い又は前条第四項に規定する立入検査、質問若しくは収去の業務の適正な実施を確保するため必要があると認めるときは、機構に対し、当該業務に関し必要な命令をすることができる。

（機構の収去についての審査請求）

第三十三条の三 機構が行う収去について不服がある者は、経済産業大臣に対して審査請求をすることができる。この場合において、経済産業大臣は、行政不服審査法（平成二十六年法律第六十八号）第二十五条第二項及び第三項並びに第四十七条の規定の適用については、機構の上級行政庁とみなす。

（特定施設についての特例）

第三十四条 特定施設（国の施設であって、特定物質の毒性から人の身体を守る方法に関する研究（以下「特定研究」という。）のために特定物質の製造をする施設として、一を限り政令で指定するものをいう。以下同じ。）において国が行う政令で定める数量の範囲内の特定物質の製造は、第三十六条の規定により読み替えられた第四条第一項の承認を受けて行うものとみなし、特定施設において国が行う当該政令で定める数量の範囲内の特定物質の特定研究のための使用は、第三十六条の規定により読み替えられた第十条第一項の承認を受けたものとみなす。

2 第十八条第一項並びに第三十二条第二項及び第三項の規定は、前項の規定により使用の承認を受けたものとみなされた特定物質及び当該特定物質に係る事項については、適用しない。

3 国際機関の指定する者が特定施設に立ち入り、検査等を行う場合及び国際機

関の指定する者が特定施設において封印をし、又は装置を取り付ける場合には、第三十条第一項及び第三十一条第一項中「経済産業大臣」とあるのは、「特定施設に係る行政機関の長」とする。

（経済産業大臣と国家公安委員会等との関係）

第三十五条　経済産業大臣は、第四条第一項、第九条、第十条第一項若しくは第十二条の規定による処分をしたとき、又は第七条第二項若しくは第三項（第二号を除く。）、第八条第一項、第二十条第二項若しくは第二十一条第二項の規定による届出があったときは、遅滞なく、その旨を国家公安委員会に通知しなければならない。第十八条第二項の規定による届出があった場合において、廃棄が他の者に委託されるとき、又は同条第三項の規定により廃棄を他の者に委託することを命じたときも、同様とする。

2　警察官又は海上保安官は、第二十三条の規定による届出があったときは、遅滞なく、その旨を経済産業大臣に通報しなければならない。

3　経済産業大臣及び国家公安委員会は、特定物質が盗取され、又は所在不明となることを防ぐことについて、相互に協力するものとする。

（国に対する適用）

第三十六条　この法律の規定は、次章の規定を除き、国に適用があるものとする。この場合において、「許可」とあるのは、「承認」と読み替えるものとする。

（経過措置）

第三十七条　この法律の規定に基づき命令を制定し、又は改廃する場合においては、その命令で、その制定又は改廃に伴い合理的に必要と判断される範囲内において、所要の経過措置（罰則に関する経過措置を含む。）を定めることができる。

第七章　罰則

第三十八条　化学兵器を使用して、当該化学兵器に充てんされ、又は当該化学兵器の内部で生成された毒性物質又はこれと同等の毒性を有する物質を発散させた者は、無期若しくは二年以上の懲役又は千万円以下の罰金に処する。

2　毒性物質又はこれと同等の毒性を有する物質をみだりに発散させて人の生命、身体又は財産に危機を生じさせた者は、十年以下の懲役又は五百万円以下の罰金に処する。

3　前二項の未遂罪は罰する。

第三十九条　第三条第一項の規定に違反した者は、一年以上の有期懲役又は七百万円以下の罰金に処する。

2　第三条第二項の規定に違反した者は、十年以下の懲役又は五百万円以下の罰金に処する。

3　第三条第三項又は第四項の規定に違反した者は、七年以下の懲役又は三百万円以下の罰金に処する。

4　前三項の未遂罪は罰する。

第四十条　第三十八条第一項の罪を犯す目的でその予備をした者は、五年以下の懲役又は二百万円以下の罰金に処する。

第四十一条　第三十九条第一項の罪を犯す目的でその予備をした者は、三年以下の懲役又は百万円以下の罰金に処する。

第四十二条　第三十八条第一項及び第三項（同条第一項に係る部分に限る。）の罪は刑法（明治四十年法律四十五号）第三条及び第四条の二の例に、第三十八条第二項及び第三項（同条第二項に係る部分に限る。）の罪は同法第四条の二の例に、前三条の罪は同法第三条の例に従う。

第四十三条　次の各号の一に該当する者は、三年以下の懲役若しくは百万円以下の罰金に処し、又はこれを併科する。

一　第四条第一項の許可を受けないで特定物質の製造をした者

二　第九条第一項の規定による命令に違反した者

三　第十条第一項の許可を受けないで特定物質の使用をした者

第四十四条　次の各号の一に該当する者は、一年以下の懲役若しくは五十万円以下の罰金に処し、又はこれを併科する。

一　第七条第一項の規定に違反して第四条第二項第三号又は第四号に掲げる事項を変更した者

二　第十四条第一項の規定に違反して特定物質の製造をした者
三　第十五条第一項、第十六条第一項又は第十八条第一項の規定に違反した者
四　第十八条第三項の規定による命令に違反して特定物質を廃棄した者

第四十五条　次の各号の一に該当する者は、三十万円以下の罰金に処する。
一　第七条第二項、第十七条第一項、第十八条第二項、第二十一条、第二十三条、第二十四条第二項から第四項まで若しくは第二十五条（これらの規定を第二十六条又は第二十七条において準用する場合を含む。）、第二十八条、第二十九条又は第三十一条第四項の規定による届出をせず、又は虚偽の届出をした者
二　第十六条第二項、第十七条第五項又は第三十一条第三項の規定に違反した者
三　第二十二条第一項の規定に違反して日誌を備えず、又は日誌に記録せず、若しくは虚偽の記録をした者
四　第二十二条第二項の規定に違反して日誌を保存しなかった者
五　第三十条第一項の規定による検査、撮影若しくは収去を拒み、妨げ、若しくは忌避し、又は質問に対して答弁をせず、若しくは虚偽の答弁をした者
六　第三十条第二項の規定による立会いを拒み、妨げ、又は忌避した者
七　第三十一条第一項の規定による封印又は装置の取付けを拒み、妨げ、又は忌避した者
八　第三十二条の規定による報告をせず、又は虚偽の報告をした者
九　第三十三条第一項の規定による検査若しくは収去を拒み、妨げ、若しくは忌避し、又は質問に対して答弁をせず、若しくは虚偽の答弁をした者
十　第三十三条第二項の規定による検査を拒み、妨げ、若しくは忌避し、又は質問に対して答弁をせず、若しくは虚偽の答弁をした者

第四十六条　法人の代表者又は法人若しくは人の代理人、使用人その他の従業者が、その法人又は人の業務に関し、第三十八条若しくは第四十条の罪を犯し、又は第三十九条、第四十一条若しくは前三条の違反行為をしたときは、行為者を罰するほか、その法人又は人に対して各本条の罰金刑を科する。

第四十七条　第七条第三項、第八条第一項、第十五条第二項又は第二十条第二項の規定による届出をせず、又は虚偽の届出をした者は、二十万円以下の過料に処する。

第四十八条　第三十三条の二の規定による命令に違反した場合には、その違反行為をした機構の役員は、二十万円以下の過料に処する。

附　則（抄）

（施行期日）

第一条　この法律は、公布の日から起算して三月を超えない範囲内において政令で定める日（平七・五・五）から施行する。（以下略）

附　則（平二六・六・一三法六九）（抄）

（施行期日）

第一条　この法律は、行政不服審査法（平成二十六年法律第六十八号）の施行の日（平二八・四・一）から施行する。

○細菌兵器（生物兵器）及び毒素兵器の開発、生産及び貯蔵の禁止並びに廃棄に関する条約等の実施に関する法律

（生物兵器禁止条約の実施に関する法律）

昭五七・六・八
法　六　一

最終改正　平二九・六・二一　法六七

（目的）

第一条　この法律は、細菌兵器（生物兵器）及び毒素兵器の開発、生産及び貯蔵の禁止並びに廃棄に関する条約（以下「生物兵器禁止条約」という。）及びテロリストによる爆弾使用の防止に関する国際条約の的確な実施を確保するため、生物兵器及び毒素兵器の製造、所持、譲渡し及び譲受けを禁止するとともに、生物剤及び毒素を発散させる行為を規制する等の措置を講ずることを目的とする。

（定義）

第二条　この法律において「生物剤」とは、微生物であつて、人、動物若しくは植物の生体内で増殖する場合にこれらを発病させ、死亡させ、若しくは枯死させるもの又は毒素を産生するものをいう。

2　この法律において「毒素」とは、生物によつて産生される物質であつて、人、動物又は植物の生体内に入つた場合にこれらを発病させ、死亡させ、又は枯死させるものをいい、人工的に合成された物質で、その構造式がいずれかの毒素の構造式と同一であるものを含むものとする。

3　この法律において「生物兵器」とは、武力の行使の手段として使用される物で、生物剤又は生物剤を保有しかつ媒介する生物を充てんしたものをいう。

4　この法律において「毒素兵器」とは、武力の行使の手段として使用される物で、毒素を充てんしたものをいう。

（生物剤又は毒素の開発等の基本原則等）

第三条　生物剤又は毒素の開発、生産、貯蔵、取得又は保有（第五条において「開発等」という。）が認められるのは、防疫の目的、身体防護の目的その他の平和的目的をもつてする場合に限るものとする。

2　外務大臣及び主務大臣は、生物兵器禁止条約及びこの法律の要旨の周知を図るため、適当な措置をとるものとする。

（禁止行為）

第四条　何人も、生物兵器又は毒素兵器を製造してはならない。

2　何人も、生物兵器又は毒素兵器を所持し、譲り渡し、又は譲り受けてはならない。

（報告徴収）

第五条　主務大臣は、防疫の目的、身体防護の目的その他の平和的目的以外の目的をもつてする生物剤又は毒素の開発等を防止するため必要な限度において、業として生物剤又は毒素を取り扱う者に対し、その業務に関して必要な報告を求めることができる。

2　前項の場合において必要な事項は、政令で定める。

（外務大臣の協力要請）

第六条　外務大臣は、生物兵器禁止条約を実施するため必要があると認めるときは、関係行政機関の長に対し、資料又は情報の提供その他必要な協力を求めることができる。

（主務大臣）

第七条　この法律における主務大臣は、政令で定める。

（国等に対する適用除外）

第八条　第五条の規定は、国及び地方公共団体に適用しない。

（罰則）

第九条　生物兵器又は毒素兵器を使用して、当該生物兵器又は当該毒素兵器に充

てんされた生物剤又は毒素を発散させた者は、無期若しくは二年以上の懲役又は千万円以下の罰金に処する。

2　生物剤又は毒素をみだりに発散させて人の生命、身体又は財産に危険を生じさせた者は、十年以下の懲役又は五百万円以下の罰金に処する。

3　前二項の罪の未遂は、罰する。

第十条　第四条第一項の規定に違反した者は、一年以上の有期懲役又は五百万円以下の罰金に処する。

2　第四条第二項の規定に違反した者は、十年以下の懲役又は三百万円以下の罰金に処する。

3　第一項の罪の未遂は、罰する。

第十一条　前二条の罪は、刑法（明治四十年法律第四十五号）第四条の二の例に従う。

第十二条　第五条第一項の規定による報告をせず、又は虚偽の報告をした者は、一年以下の懲役又は五十万円以下の罰金に処する。

第十三条　法人の代表者又は法人若しくは人の代理人、使用人その他の従業者が、その法人又は人の業務に関して第九条の罪を犯し、又は第十条若しくは前条の違反行為をしたときは、行為者を罰するほか、その法人又は人に対して各本条の罰金刑を科する。

附　則

この法律は、条約が日本国について効力を生ずる日〔昭五七・六・八〕から施行する。

附　則〔平二九・六・二一法六七〕（抄）

（施行期日）

第一条　この法律は、公布の日から起算して二十日を経過した日から施行する。ただし、次の各号に掲げる規定は、当該各号に定める日から施行する。

一　〔前略〕第四条から第七条までの規定〔中略〕国際的な組織犯罪の防止に関する国際連合条約が日本国について効力を生ずる日〔平二九・八・一〇〕

二　〔略〕

○領海及び接続水域に関する法律

昭五二・五・二
法　三　〇

最終改正　平八・六・一四　法七三

（領海の範囲）

第一条　我が国の領海は、基線からその外側十二海里の線（その線が基線から測定して中間線を超えているときは、その超えている部分については、中間線（我が国と外国との間で合意した中間線に代わる線があるときは、その線）とする。）までの海域とする。

2　前項の中間線は、いずれの点をとつても、基線上の最も近い点からの距離と、我が国の海岸と向かい合つている外国の海岸に係るその外国の領海の幅を測定するための基線上の最も近い点からの距離とが等しい線とする。

（基線）

第二条　基線は、低潮線、直線基線及び湾口若しくは湾内又は河口に引かれる直線とする。ただし、内水である瀬戸内海については、他の海域との境界として政令で定める線を基線とする。

2　前項の直線基線は、海洋法に関する国際連合条約（以下「国連海洋法条約」という。）第七条に定めるところに従い、政令で定める。

3　前項に定めるもののほか、第一項に規定する線を基線として用いる場合の基準その他基線を定めるに当たつて必要な事項は、政令で定める。

（内水又は領海からの追跡に関する我が国の法令の適用）

第三条　我が国の内水又は領海から行われる国連海洋法条約第百十一条に定めるところによる追跡に係る我が国の公務員の職務の執行及びこれを妨げる行為については、我が国の法令（罰則を含む。第五条において同じ。）を適用する。

（接続水域）

第四条　我が国が国連海洋法条約第三十三条1に定めるところにより我が国の領域における通関、財政、出入国管理及び衛生に関する法令に違反する行為の防止及び処罰のために必要な措置を執る水域として、接続水域を設ける。

2　前項の接続水域（以下単に「接続水域」という。）は、基線からその外側二十四海里の線（その線が基線から測定して中間線（第一条第二項に規定する中間線をいう。以下同じ。）を超えているときは、その超えている部分については、中間線（我が国と外国との間で合意した中間線に代わる線があるときは、その線）とする。）までの海域（領海を除く。）とする。

3　外国との間で相互に中間線を超えて国連海洋法条約第三十三条1に定める措置を執ることが適当と認められる海域の部分においては、接続水域は、前項の規定にかかわらず、政令で定めるところにより、基線からその外側二十四海里の線までの海域（外国の領海である海域を除く。）とすることができる。

（接続水域における我が国の法令の適用）

第五条　前条第一項に規定する措置に係る接続水域における我が国の公務員の職務の執行（当該職務の執行に関して接続水域から行われる国連海洋法条約第百十一条に定めるところによる追跡に係る職務の執行を含む。）及びこれを妨げる行為については、我が国の法令を適用する。

附　則

（施行期日）

1　この法律は、公布の日から起算して二月を超えない範囲内において政令で定める日〔昭五二・七・一〕から施行する。

（特定海域に係る領海の範囲）

2　当分の間、宗谷海峡、津軽海峡、対馬海峡東水道、対馬海峡西水道及び大隅海峡（これらの海域にそれぞれ隣接し、かつ、船舶が通常航行する経路からみてこれらの海域とそれぞれ一体をなすと認められる海域を含む。以下「特定海域」という。）については、第一条の規定は適用せず、特定海域に係る領海は、それぞれ、基線からその外側三海里の線及びこれと接続して引かれる線までの海域とする。

3　特定海域の範囲及び前項に規定する線については、政令で定める。

附　則〔平八・六・一四法七三〕

この法律は、海洋法に関する国際連合条約が日本国について効力を生ずる日〔平八・七・二〇〕から施行する。

○海洋基本法

平一九・四・二七
法　三三

改正　平二七・九・一一　法六六

目次

第一章　総則

（目的）

第一条　この法律は、地球の広範な部分を占める海洋が人類をはじめとする生物の生命を維持する上で不可欠な要素であるとともに、海に囲まれた我が国において、海洋法に関する国際連合条約その他の国際約束に基づき、並びに海洋の持続可能な開発及び利用を実現するための国際的な取組の中で、我が国が国際的協調の下に、海洋の平和的かつ積極的な開発及び利用と海洋環境の保全との調和を図る新たな海洋立国を実現することが重要であることにかんがみ、海洋に関し、基本理念を定め、国、地方公共団体、事業者及び国民の責務を明らかにし、並びに海洋に関する基本的な計画の策定その他海洋に関する施策の基本となる事項を定めるとともに、総合海洋政策本部を設置することにより、海洋に関する施策を総合的かつ計画的に推進し、もって我が国の経済社会の健全な発展及び国民生活の安定向上を図るとともに、海洋と人類の共生に貢献することを目的とする。

（海洋の開発及び利用と海洋環境の保全との調和）

第二条　海洋については、海洋の開発及び利用が我が国の経済社会の存立の基盤であるとともに、海洋の生物の多様性が確保されることその他の良好な海洋環境が保全されることが人類の存続の基盤であり、かつ、豊かで潤いのある国民生活に不可欠であることにかんがみ、将来にわたり海洋の恵沢を享受できるよう、海洋環境の保全を図りつつ海洋の持続的な開発及び利用を可能とすることを旨として、その積極的な開発及び利用が行われなければならない。

（海洋の安全の確保）

第三条　海洋については、海に囲まれた我が国にとって海洋の安全の確保が重要であることにかんがみ、その安全の確保のための取組が積極的に推進されなければならない。

（海洋に関する科学的知見の充実）

第四条　海洋の開発及び利用、海洋環境の保全等が適切に行われるためには海洋に関する科学的知見が不可欠である一方で、海洋については科学的に解明されていない分野が多いことにかんがみ、海洋に関する科学的知見の充実が図られなければならない。

（海洋産業の健全な発展）

第五条　海洋の開発、利用、保全等を担う産業（以下「海洋産業」という。）については、我が国の経済社会の健全な発展及び国民生活の安定向上の基盤であることにかんがみ、その健全な発展が図られなければならない。

（海洋の総合的管理）

第六条　海洋の管理は、海洋資源、海洋環境、海上交通、海洋の安全等の海洋に関する諸問題が相互に密接な関連を有し、及び全体として検討される必要があることにかんがみ、海洋の開発、利用、保全等について総合的かつ一体的に行われるものでなければならない。

（海洋に関する国際的協調）

第七条 海洋が人類共通の財産であり、かつ、我が国の経済社会が国際的な密接な相互依存関係の中で営まれていることにかんがみ、海洋に関する施策の推進は、海洋に関する国際的な秩序の形成及び発展のために先導的な役割を担うことを旨として、国際的協調の下に行われなければならない。

（国の責務）

第八条 国は、第二条から前条までに定める基本理念（以下「基本理念」という。）にのっとり、海洋に関する施策を総合的かつ計画的に策定し、及び実施する責務を有する。

（地方公共団体の責務）

第九条 地方公共団体は、基本理念にのっとり、海洋に関し、国との適切な役割分担を踏まえて、その地方公共団体の区域の自然的社会的条件に応じた施策を策定し、及び実施する責務を有する。

（事業者の責務）

第十条 海洋産業の事業者は、基本理念にのっとりその事業活動を行うとともに、国又は地方公共団体が実施する海洋に関する施策に協力するよう努めなければならない。

（国民の責務）

第十一条 国民は、海洋の恵沢を認識するとともに、国又は地方公共団体が実施する海洋に関する施策に協力するよう努めなければならない。

（関係者相互の連携及び協力）

第十二条 国、地方公共団体、海洋産業の事業者、海洋に関する活動を行う団体その他の関係者は、基本理念の実現を図るため、相互に連携を図りながら協力するよう努めなければならない。

（海の日の行事）

第十三条 国及び地方公共団体は、国民の祝日に関する法律（昭和二十三年法律第百七十八号）第二条に規定する海の日において、国民の間に広く海洋についての理解と関心を深めるような行事が実施されるよう努めなければならない。

（法制上の措置等）

第十四条 政府は、海洋に関する施策を実施するために必要な法制上、財政上又は金融上の措置その他の措置を講じなければならない。

（資料の作成及び公表）

第十五条 政府は、海洋の状況及び政府が海洋に関して講じた施策に関する資料を作成し、適切な方法により随時公表しなければならない。

第二章　海洋基本計画

第十六条 政府は、海洋に関する施策の総合的かつ計画的な推進を図るため、海洋に関する基本的な計画（以下「海洋基本計画」という。）を定めなければならない。

2　海洋基本計画は、次に掲げる事項について定めるものとする。

一　海洋に関する施策についての基本的な方針

二　海洋に関する施策に関し、政府が総合的かつ計画的に講ずべき施策

三　前二号に掲げるもののほか、海洋に関する施策を総合的かつ計画的に推進するために必要な事項

3　内閣総理大臣は、海洋基本計画の案につき閣議の決定を求めなければならない。

4　内閣総理大臣は、前項の規定による閣議の決定があったときは、遅滞なく、海洋基本計画を公表しなければならない。

5　政府は、海洋に関する情勢の変化を勘案し、及び海洋に関する施策の効果に関する評価を踏まえ、おおむね五年ごとに、海洋基本計画の見直しを行い、必要な変更を加えるものとする。

6　第三項及び第四項の規定は、海洋基本計画の変更について準用する。

7　政府は、海洋基本計画について、その実施に要する経費に関し必要な資金の確保を図るため、毎年度、国の財政の許す範囲内で、これを予算に計上する等その円滑な実施に必要な措置を講ずるよう努めなければならない。

第三章　基本的施策

（海洋資源の開発及び利用の推進）

第十七条　国は、海洋環境の保全並びに海洋資源の将来にわたる持続的な開発及び利用を可能とすることに配慮しつつ海洋資源の積極的な開発及び利用を推進するため、水産資源の保存及び管理、水産動植物の生育環境の保全及び改善、漁場の生産力の増進、海底又はその下に存在する石油、可燃性天然ガス、マンガン鉱、コバルト鉱等の鉱物資源の開発及び利用の推進並びにそのための体制の整備その他の必要な措置を講ずるものとする。

（海洋環境の保全等）

第十八条　国は、海洋が地球温暖化の防止等の地球環境の保全に大きな影響を与えること等にかんがみ、生育環境の保全及び改善等による海洋の生物の多様性の確保、海洋に流入する水による汚濁の負荷の低減、海洋への廃棄物の排出の防止、船舶の事故等により流出した油等の迅速な防除、海洋の自然景観の保全その他の海洋環境の保全を図るために必要な措置を講ずるものとする。

2　国は、前項の措置については、科学的知見を踏まえつつ、海洋環境に対する悪影響を未然に防止する観点から、これを実施するとともに、その適切な見直しを行うよう努めるものとする。

（排他的経済水域等の開発等の推進）

第十九条　国は、排他的経済水域等（排他的経済水域及び大陸棚に関する法律（平成八年法律第七十四号）第一条第一項の排他的経済水域及び同法第二条の大陸棚をいう。以下同じ。）の開発、利用、保全等（以下「排他的経済水域等の開発等」という。）に関する取組の強化を図ることの重要性にかんがみ、海域の特性に応じた排他的経済水域等の開発等の推進、排他的経済水域等における我が国の主権的権利を侵害する行為の防止その他の排他的経済水域等の開発等の推進のために必要な措置を講ずるものとする。

（海上輸送の確保）

第二十条　国は、効率的かつ安定的な海上輸送の確保を図るため、日本船舶の確保、船員の育成及び確保、国際海上輸送網の拠点となる港湾の整備その他の必要な措置を講ずるものとする。

（海洋の安全の確保）

第二十一条　国は、海に囲まれ、かつ、主要な資源の大部分を輸入に依存する我が国の経済社会にとって、海洋資源の開発及び利用、海上輸送等の安全が確保され、並びに海洋における秩序が維持されることが不可欠であることにかんがみ、海洋について、我が国の平和及び安全の確保並びに海上の安全及び治安の確保のために必要な措置を講ずるものとする。

2　国は、津波、高潮等による災害から国土並びに国民の生命、身体及び財産を保護するため、災害の未然の防止、災害が発生した場合における被害の拡大の防止及び災害の復旧（以下「防災」という。）に関し必要な措置を講ずるものとする。

（海洋調査の推進）

第二十二条　国は、海洋に関する施策を適正に策定し、及び実施するため、海洋の状況の把握、海洋環境の変化の予測その他の海洋に関する施策の策定及び実施に必要な調査（以下「海洋調査」という。）の実施並びに海洋調査に必要な監視、観測、測定等の体制の整備に努めるものとする。

2　国は、地方公共団体の海洋に関する施策の策定及び実施並びに事業者その他の者の活動に資するため、海洋調査により得られた情報の提供に努めるものとする。

（海洋科学技術に関する研究開発の推進等）

第二十三条　国は、海洋に関する科学技術（以下「海洋科学技術」という。）に関する研究開発の推進及びその成果の普及を図るため、海洋科学技術に関し、研究体制の整備、研究開発の推進、研究者及び技術者の育成、国、独立行政法人（独立行政法人通則法（平成十一年法律第百三号）第二条第一項に規定する独立行政法人をいう。以下同じ。）、都道府県及び地方独立行政法人（地方独立行政法人法（平成十五年法律第百十八号）第二条第一項に規定する地方独立行政法人をいう。以下同じ。）の試験研究機関、大学、民間等の連携の強化その他の必要な措置を講ずるものとする。

（海洋産業の振興及び国際競争力の強化）

第二十四条　国は、海洋産業の振興及びその国際競争力の強化を図るため、海洋産業に関し、先端的な研究開発の推進、技術の高度化、人材の育成及び確保、競争条件の整備等による経営基盤の強化及び新たな事業の開拓その他の必要な措置を講ずるものとする。

（沿岸域の総合的管理）

第二十五条　国は、沿岸の海域の諸問題がその陸域の諸活動等に起因し、沿岸の海域について施策を講ずることのみでは、沿岸の海域の資源、自然環境等がもたらす恵沢を将来にわたり享受できるようにすることが困難であることにかんがみ、自然的社会的条件からみて一体的に施策が講ぜられることが相当と認められる沿岸の海域及び陸域について、その諸活動に対する規制その他の措置が総合的に講ぜられることにより適切に管理されるよう必要な措置を講ずるものとする。

2　国は、前項の措置を講ずるに当たっては、沿岸の海域及び陸域のうち特に海岸が、厳しい自然条件の下にあるとともに、多様な生物が生息し、生育する場であり、かつ、独特の景観を有していること等にかんがみ、津波、高潮、波浪その他海水又は地盤の変動による被害からの海岸の防護、海岸環境の整備及び保全並びに海岸の適正な利用の確保に十分留意するものとする。

（離島の保全等）

第二十六条　国は、離島が我が国の領海及び排他的経済水域等の保全、海上交通の安全の確保、海洋資源の開発及び利用、海洋環境の保全等に重要な役割を担っていることにかんがみ、離島に関し、海岸等の保全、海上交通の安全の確保並びに海洋資源の開発及び利用のための施設の整備、周辺の海域の自然環境の保全、住民の生活基盤の整備その他の必要な措置を講ずるものとする。

（国際的な連携の確保及び国際協力の推進）

第二十七条　国は、海洋に関する国際約束等の策定に主体的に参画することその他の海洋に関する国際的な連携の確保のために必要な措置を講ずるものとする。

2　国は、海洋に関し、我が国の国際社会における役割を積極的に果たすため、海洋資源、海洋環境、海洋調査、海洋科学技術、海上における犯罪の取締り、防災、海難救助等に係る国際協力の推進のために必要な措置を講ずるものとする。

（海洋に関する国民の理解の増進等）

第二十八条　国は、国民が海洋についての理解と関心を深めることができるよう、学校教育及び社会教育における海洋に関する教育の推進、海洋法に関する国際連合条約その他の国際約束並びに海洋の持続可能な開発及び利用を実現するための国際的な取組に関する普及啓発、海洋に関するレクリエーションの普及等のために必要な措置を講ずるものとする。

2　国は、海洋に関する政策課題に的確に対応するために必要な知識及び能力を有する人材の育成を図るため、大学等において学際的な教育及び研究が推進されるよう必要な措置を講ずるよう努めるものとする。

第四章　総合海洋政策本部

（設置）

第二十九条　海洋に関する施策を集中的かつ総合的に推進するため、内閣に、総合海洋政策本部（以下「本部」という。）を置く。

（所掌事務）

第三十条　本部は、次に掲げる事務をつかさどる。

一　海洋基本計画の案の作成及び実施の推進に関すること。

二　関係行政機関が海洋基本計画に基づいて実施する施策の総合調整に関すること。

三　前二号に掲げるもののほか、海洋に関する施策で重要なものの企画及び立案並びに総合調整に関すること。

（組織）

第三十一条　本部は、総合海洋政策本部長、総合海洋政策副本部長及び総合海洋政策本部員をもって組織する。

（総合海洋政策本部長）

第三十二条　本部の長は、総合海洋政策本部長（以下「本部長」という。）とし、

内閣総理大臣をもって充てる。

2　本部長は、本部の事務を総括し、所部の職員を指揮監督する。

（総合海洋政策副本部長）

第三十三条　本部に、総合海洋政策副本部長（以下「副本部長」という。）を置き、内閣官房長官及び海洋政策担当大臣（内閣総理大臣の命を受けて、海洋に関する施策の集中的かつ総合的な推進に関し内閣総理大臣を助けることをその職務とする国務大臣をいう。）をもって充てる。

2　副本部長は、本部長の職務を助ける。

（総合海洋政策本部員）

第三十四条　本部に、総合海洋政策本部員（以下「本部員」という。）を置く。

2　本部員は、本部長及び副本部長以外のすべての国務大臣をもって充てる。

（資料の提出その他の協力）

第三十五条　本部は、その所掌事務を遂行するため必要があると認めるときは、関係行政機関、地方公共団体、独立行政法人及び地方独立行政法人の長並びに特殊法人（法律により直接に設立された法人又は特別の法律により特別の設立行為をもって設立された法人であって、総務省設置法（平成十一年法律第九十一号）第四条第一項第九号の規定の適用を受けるものをいう。）の代表者に対して、資料の提出、意見の表明、説明その他必要な協力を求めることができる。

2　本部は、その所掌事務を遂行するために特に必要があると認めるときは、前項に規定する者以外の者に対しても、必要な協力を依頼することができる。

（事務）

第三十六条　本部に関する事務は、内閣府において処理する。

（主任の大臣）

第三十七条　本部に係る事項については、内閣法（昭和二十二年法律第五号）にいう主任の大臣は、内閣総理大臣とする。

（政令への委任）

第三十八条　この法律に定めるもののほか、本部に関し必要な事項は、政令で定める。

附　則（抄）

（施行期日）

1　この法律は、公布の日から起算して三月を超えない範囲内において政令で定める日（平一九・七・二〇）から施行する。

附　則〔平二七・九・一一〕（抄）

改正　平二八・四・二七法三三

（施行期日）

第一条　この法律は、平成二十八年四月一日から施行する。ただし、次の各号に掲げる規定は、当該各号に定める日から施行する。

一　（略）

二　第二十九条中海洋基本法第三十五条第一項の改正規定　平成二十八年四月一日又は有人国境離島地域の保全及び特定有人国境離島地域に係る地域社会の維持に関する特別措置法（平成二十八年法律第三十三号）の公布の日（平二八・四・二七）のいずれか遅い日

三　（前略）第二十九条中海洋基本法第三十六条の改正規定　平成二十九年四月一日

○海上保安庁法

昭二三・四・二七
法 二八

最終改正 平二四・九・五 法七一

第一章 組織

第一条 海上において、人命及び財産を保護し、並びに法律の違反を予防し、捜査し、及び鎮圧するため、国家行政組織法（昭和二十三年法律第百二十号）第三条第二項の規定に基づいて、国土交通大臣の管理する外局として海上保安庁を置く。

2 河川の口にある港と河川との境界は、港則法（昭和二十三年法律第百七十四号）第二条の規定に基づく政令で定めるところによる。

第二条 海上保安庁は、法令の海上における励行、海難救助、海洋汚染等の防止、海上における船舶の航行の秩序の維持、海上における犯罪の予防及び鎮圧、海上における犯人の捜査及び逮捕、海上における船舶交通に関する規制、水路、航路標識に関する事務その他海上の安全の確保に関する事務並びにこれらに附帯する事項に関する事務を行うことにより、海上の安全及び治安の確保を図ることを任務とする。

2 従来運輸大臣官房、運輸省海運総局の長官官房、海運局、船舶局及び船員局、海難審判所の理事官、灯台局、水路部並びにその他の行政機関の所掌に属する事務で前項の事務に該当するものは、海上保安庁の所掌に移るものとする。

第三条 削除

第四条 海上保安庁の船舶及び航空機は、航路標識を維持し、水路測量及び海象観測を行い、海上における治安を維持し、遭難船員に援助を与え、又は海難に際し人命及び財産を保護するのに適当な構造、設備及び性能を有する船舶及び航空機でなければならない。

2 海上保安庁の船舶は、番号及び他の船舶と明らかに識別し得るような標識を附し、国旗及び海上保安庁の旗を掲げなければならない。

3 海上保安庁の航空機は、番号及び他の航空機と明らかに識別し得るような標識を附さなければならない。

第五条 海上保安庁は、第二条第一項の任務を達成するため、次に掲げる事務をつかさどる。

一 法令の海上における励行に関すること。

二 海難の際の人命、積荷及び船舶の救助並びに天災事変その他救済を必要とする場合における援助に関すること。

三 遭難船舶の救護並びに漂流物及び沈没品の処理に関する制度に関すること。

四 海難の調査（運輸安全委員会及び海難審判所の行うものを除く。）に関すること。

五 船舶交通の障害の除去に関すること。

六 海上保安庁以外の者で海上において人命、積荷及び船舶の救助を行うもの並びに船舶交通に対する障害を除去するものの監督に関すること。

七 旅客又は貨物の海上運送に従事する者に対する海上における保安のため必要な監督に関すること。

八 航法及び船舶交通に関する信号に関すること。

九 港則に関すること。

十 船舶交通がふくそうする海域における船舶交通の安全の確保に関すること。

十一 海洋汚染等（海洋汚染等及び海上災害の防止に関する法律（昭和四十五年法律第百三十六号）第三条第十五号の二に規定する海洋汚染等をいう。）及び海上災害の防止に関すること。

十二 海上における船舶の航行の秩序の維持に関すること。

十三 沿岸水域における巡視警戒に関すること。

十四 海上における暴動及び騒乱の鎮圧に関すること。

十五 海上における犯罪の予防及び鎮圧に関すること。

十六　海上における犯人の捜査及び逮捕に関すること。
十七　留置業務に関すること。
十八　国際捜査共助に関すること。
十九　警察庁及び都道府県警察（以下「警察行政庁」という。）、税関、検疫所その他の関係行政庁との間における協力、共助及び連絡に関すること。
二十　国際緊急援助隊の派遣に関する法律（昭和六十二年法律第九十三号）に基づく国際緊急援助活動に関すること。
二十一　水路の測量及び海象の観測に関すること。
二十二　水路図誌及び航空図誌の調製及び供給に関すること。
二十三　船舶交通の安全のために必要な事項の通報に関すること。
二十四　灯台その他の航路標識の建設、保守、運用及び用品に関すること。
二十五　灯台その他の航路標識の附属の設備による気象の観測及びその通報に関すること。
二十六　海上保安庁以外の者で灯台その他の航路標識の建設、保守又は運用を行うものの監督に関すること。
二十七　所掌事務に係る国際協力に関すること。
二十八　政令で定める文教研修施設において所掌事務に関する研修を行うこと。
二十九　所掌事務を遂行するために使用する船舶及び航空機の建造、維持及び運用に関すること。
三十　所掌事務を遂行するために使用する通信施設の建設、保守及び運用に関すること。
三十一　前各号に掲げるもののほか、第二条第一項に規定する事務

第六条から第九条まで　削除

第十条　海上保安庁の長は、海上保安庁長官とする。
2　海上保安庁長官は、国土交通大臣の指揮監督を受け、庁務を統理し、所部の職員を指揮監督する。ただし、国土交通大臣以外の大臣の所管に属する事務については、各々その大臣の指揮監督を受ける。

第十一条　削除

第十二条　全国及び沿岸水域を海上保安管区に分かち、海上保安管区ごとに管区海上保安本部を置き、海上保安庁の所掌事務を分掌させる。
2　海上保安管区の区域及び名称並びに管区海上保安本部の名称及び位置は、政令で定める。
3　管区海上保安本部に、政令で定めるところにより、次長を置くことができる。
4　管区海上保安本部に、政令で定める数の範囲内において、国土交通省令で定めるところにより、部を置くことができる。
5　前二項に定めるもののほか、管区海上保安本部の内部組織は、国土交通省令で定める。
6　国土交通大臣は、航路標識の管理その他の業務の円滑な遂行のため特に必要があると認める場合は、海上保安管区の境界付近の区域に関するものに限り、一の管区海上保安本部の所掌事務の一部を他の管区海上保安本部に分掌させることができる。

第十三条　国土交通大臣は、管区海上保安本部の所掌事務の一部を分掌させるため、所要の地に、管区海上保安本部の事務所を置くことができる。その名称、位置、管轄区域、所掌事務の範囲及び内部組織は、国土交通省令で定める。

第十四条　海上保安庁に海上保安官及び海上保安官補を置く。
2　海上保安官及び海上保安官補の階級は、政令でこれを定める。
3　海上保安官は、上官の命を受け、第二条第一項に規定する事務を掌る。
4　海上保安官補は、海上保安官の職務を助ける。

第十五条　海上保安官がこの法律の定めるところにより法令の励行に関する事務を行う場合には、その権限については、当該海上保安官は、各々の法令の施行に関する事務を所管する行政官庁の当該官吏とみなされ、当該法令の励行に関する事務に関し行政官庁の制定する規則の適用を受けるものとする。

第十六条　海上保安官は、第五条第二号に掲げる職務を行うため若しくは犯人を逮捕するに当たり、又は非常事変に際し、必要があるときは、付近にある人及び船舶に対し、協力を求めることができる。

第十七条　海上保安官は、その職務を行うため必要があるときは、船長又は船長

に代わつて船舶を指揮する者に対し、法令により船舶に備え置くべき書類の提出を命じ、船舶の同一性、船籍港、船長の氏名、直前の出発港又は出発地、目的港又は目的地、積荷の性質又は積荷の有無その他船舶、積荷及び航海に関し重要と認める事項を確かめるため船舶の進行を停止させて立入検査をし、又は乗組員及び旅客並びに船舶の所有者若しくは賃借人又は用船者その他海上の安全及び治安の確保を図るため重要と認める事項について知つていると認められる者に対しその職務を行うために必要な質問をすることができる。

2　海上保安官は、前項の規定により立入検査をし、又は質問するときは、制服を着用し、又はその身分を示す証票を携帯しなければならない。

3　海上保安官の服制は、国土交通省令で定める。

第十八条　海上保安官は、海上における犯罪が正に行われようとするのを認めた場合又は天災事変、海難、工作物の損壊、危険物の爆発等危険な事態がある場合であつて、人の生命若しくは身体に危険が及び、又は財産に重大な損害が及ぶおそれがあり、かつ、急を要するときは、他の法令に定めのあるもののほか、次に掲げる措置を講ずることができる。

一　船舶の進行を開始させ、停止させ、又はその出発を差し止めること。

二　航路を変更させ、又は船舶を指定する場所に移動させること。

三　乗組員、旅客その他船内にある者（以下「乗組員等」という。）を下船させ、又はその下船を制限し、若しくは禁止すること。

四　積荷を陸揚げさせ、又はその陸揚げを制限し、若しくは禁止すること。

五　他船又は陸地との交通を制限し、又は禁止すること。

六　前各号に掲げる措置のほか、海上における人の生命若しくは身体に対する危険又は財産に対する重大な損害を及ぼすおそれがある行為を制止すること。

2　海上保安官は、船舶の外観、航海の態様、乗組員等の異常な挙動その他周囲の事情から合理的に判断して、海上における犯罪が行われることが明らかであると認められる場合その他海上における公共の秩序が著しく乱されるおそれがあると認められる場合であつて、他に適当な手段がないと認められるときは、前項第一号又は第二号に掲げる措置を講ずることができる。

第十九条　海上保安官及び海上保安官補は、その職務を行うため、武器を携帯することができる。

第二十条　海上保安官及び海上保安官補の武器の使用については、警察官職務執行法（昭和二十三年法律第百三十六号）第七条の規定を準用する。

2　前項において準用する警察官職務執行法第七条の規定により武器を使用する場合のほか、第十七条第一項の規定に基づき船舶の進行の停止を繰り返し命じても乗組員等がこれに応ぜずなお海上保安官又は海上保安官補の職務の執行に対して抵抗し、又は逃亡しようとする場合において、海上保安庁長官が当該船舶の外観、航海の態様、乗組員等の異常な挙動その他周囲の事情及びこれらに関連する情報から合理的に判断して次の各号のすべてに該当する事態であると認めたときは、海上保安官又は海上保安官補は、当該船舶の進行を停止させるために他に手段がないと信ずるに足りる相当な理由のあるときには、その事態に応じ合理的に必要と判断される限度において、武器を使用することができる。

一　当該船舶が、外国船舶（軍艦及び各国政府が所有し又は運航する船舶であつて非商業的目的のみに使用されるものを除く。）と思料される船舶であつて、かつ、海洋法に関する国際連合条約第十九条に定めるところによる無害通航でない航行を我が国の内水又は領海において現に行つていると認められること（当該航行に正当な理由がある場合を除く。）。

二　当該航行を放置すればこれが将来において繰り返し行われる蓋《がい》然性があると認められること。

三　当該航行が我が国の領域内において死刑又は無期若しくは長期三年以上の懲役若しくは禁錮《こ》に当たる凶悪な罪（以下「重大凶悪犯罪」という。）を犯すのに必要な準備のため行われているのではないかとの疑いを払拭《しよく》することができないと認められること。

四　当該船舶の進行を停止させて立入検査をすることにより知り得べき情報に基づいて適確な措置を尽くすのでなければ将来における重大凶悪犯罪の発生を未然に防止することができないと認められること。

第二十一条　海上保安庁長官は、海上保安官の中から港長を命ずる。

2　港長は、海上保安庁長官の指揮監督を受け、港則に関する法令に規定する事務を掌る。

第二十二条　削除

第二十三条　海上保安庁の職員の服務に関する規則は、国家公務員に関する法令に触れない範囲内で、国土交通大臣が、これを定める。

第二十四条　航路標識を維持し、密貿易を防止し、及び遭難船員に援助を与えるため、海上保安庁長官は、必要に応じ船舶の基地及び担任区域を定める。

第二十五条　この法律のいかなる規定も海上保安庁又はその職員が軍隊として組織され、訓練され、又は軍隊の機能を営むことを認めるものとこれを解釈してはならない。

第二章　削除

第二十六条　削除

第三章　共助等

第二十七条　海上保安庁及び警察行政庁、税関その他の関係行政庁は、連絡を保たなければならず、又、犯罪の予防若しくは鎮圧又は犯人の捜査及び逮捕のため必要があると認めるときは、相互に協議し、且つ、関係職員の派遣その他必要な協力を求めることができる。

2　前項の規定による協力を求められた海上保安庁、警察行政庁、税関その他の関係行政庁は、できるだけその求に応じなければならない。

第二十八条　前条の場合において派遣された職員は、その派遣を求めた行政庁の指揮を受けなければならない。

第二十八条の二　海上保安官及び海上保安官補は、本土から遠隔の地にあることその他の理由により警察官が速やかに犯罪に対処することが困難であるものとして海上保安庁長官及び警察庁長官が告示する離島において、海上保安庁長官が警察庁長官に協議して定めるところにより、当該離島における犯罪に対処することができる。

2　警察官職務執行法第二条、第五条並びに第六条第一項、第三項及び第四項の規定は、前項の規定による海上保安官及び海上保安官補の職務の執行について準用する。この場合において、同法第二条第二項中「警察署、派出所又は駐在所」とあるのは「海上保安庁の施設、船舶又は航空機」と、同条第三項中「警察署、派出所若しくは駐在所」とあるのは「海上保安庁の施設、船舶若しくは航空機」と読み替えるものとする。

第二十八条の三　海上保安庁長官は、国際連合平和維持活動等に対する協力に関する法律（平成四年法律第七十九号）の定めるところにより、海上保安庁の任務遂行に支障を生じない限度において、その船舶又は航空機の乗組員たる海上保安庁の職員に、国際平和協力業務を行わせ、及び輸送の委託を受けてこれを実施させることができる。

第四章　補則

第二十九条　海上保安庁長官は、その職権（第二十条第二項に規定するものを除く。）の一部を所部の職員に委任することができる。

第三十条　海上保安庁長官に事故のあるとき、又は、海上保安庁長官が欠けたときは、海上保安庁の職員が、あらかじめ国土交通大臣の定める順序により、臨時に海上保安庁長官の職務を行う。

第三十一条　海上保安官及び海上保安官補は、海上における犯罪について、海上保安庁長官の定めるところにより、刑事訴訟法（昭和二十三年法律第百三十一号）の規定による司法警察職員として職務を行う。

2　海上保安官及び海上保安官補は、第二十八条の二第一項に規定する場合において、同項の離島における犯罪について、海上保安庁長官が警察庁長官に協議して定めるところにより、刑事訴訟法の規定による司法警察職員として職務を行う。

第三十二条　海上保安庁の船舶以外の船舶は、第四条第二項に規定する標識若しくは海上保安庁の旗又はこれらに紛らわしい標識若しくは旗を附し、又は掲げてはならない。

2　海上保安庁の航空機以外の航空機は、第四条第三項に規定する標識又はこれに紛らわしい標識を附してはならない。

第三十三条　この法律に定めるものの外、海上保安庁の職員の種類及び所掌事項その他海上保安庁の職員に関し必要な事項は、政令でこれを定める。

第三十三条の二　第五条第二十八号の文教研修施設の名称、位置及び内部組織は、海上保安庁令で定める。

附　則（抄）

第三十四条　この法律施行の期日は、政令〔昭二三・五・一〕でこれを定める。但し、その期日は、昭和二十三年五月一日後であつてはならない。

第三十五条　削除

第三十六条　削除

第三十七条　この法律のいかなる規定も、予算がないのに、この法律に規定する機能及び活動を行うために、その際の職員の定員を超えて職員を採用することを認めるものとこれを解釈してはならない。

第三十八条　削除

第三十九条　この法律施行の際現に存する法令（連合国最高司令官の指示に従い制定された法令を除く。）の規定でこの法律の規定に反するものは、その効力を失う。

第四十三条　灯台局官制及び水路部官制は、これを廃止する。

附　則〔平二四・九・五法七一〕（抄）

（施行期日）

1　この法律は、公布の日から起算して二十日を経過した日〔平二四・九・二五〕から施行する。

○警察官職務執行法

昭二三・七・一二
法　一三六

最終改正　平一八・六・二三　法九四

（この法律の目的）

第一条　この法律は、警察官が警察法（昭和二十九年法律第百六十二号）に規定する個人の生命、身体及び財産の保護、犯罪の予防、公安の維持並びに他の法令の執行等の職権職務を忠実に遂行するために、必要な手段を定めることを目的とする。

2　この法律に規定する手段は、前項の目的のため必要な最小の限度において用いるべきものであつて、いやしくもその濫用にわたるようなことがあつてはならない。

（質問）

第二条　警察官は、異常な挙動その他周囲の事情から合理的に判断して何らかの犯罪を犯し、若しくは犯そうとしていると疑うに足りる相当な理由のある者又は既に行われた犯罪について、若しくは犯罪が行われようとしていることについて知つていると認められる者を停止させて質問することができる。

2　その場で前項の質問をすることが本人に対して不利であり、又は交通の妨害になると認められる場合においては、質問するため、その者に附近の警察署、派出所又は駐在所に同行することを求めることができる。

3　前二項に規定する者は、刑事訴訟に関する法律の規定によらない限り、身柄を拘束され、又はその意に反して警察署、派出所若しくは駐在所に連行され、若しくは答弁を強要されることはない。

4　警察官は、刑事訴訟に関する法律により逮捕されている者については、その身体について凶器を所持しているかどうかを調べることができる。

（保護）

第三条　警察官は、異常な挙動その他周囲の事情から合理的に判断して次の各号のいずれかに該当することが明らかであり、かつ、応急の救護を要すると信ずるに足りる相当な理由のある者を発見したときは、取りあえず警察署、病院、救護施設等の適当な場所において、これを保護しなければならない。

一　精神錯乱又は泥酔のため、自己又は他人の生命、身体又は財産に危害を及ぼすおそれのある者

二　迷い子、病人、負傷者等で適当な保護者を伴わず、応急の救護を要すると認められる者（本人がこれを拒んだ場合を除く。）

2　前項の措置をとつた場合においては、警察官は、できるだけすみやかに、その者の家族、知人その他の関係者にこれを通知し、その者の引取方について必要な手配をしなければならない。責任ある家族、知人等が見つからないときは、すみやかにその事件を適当な公衆保健若しくは公共福祉のための機関又はこの種の者の処置について法令により責任を負う他の公の機関に、その事件を引き継がなければならない。

3　第一項の規定による警察の保護は、二十四時間をこえてはならない。但し、引き続き保護することを承認する簡易裁判所（当該保護をした警察官の属する警察署所在地を管轄する簡易裁判所をいう。以下同じ。）の裁判官の許可状のある場合は、この限りでない。

4　前項但書の許可状は、警察官の請求に基き、裁判官において已むを得ない事情があると認めた場合に限り、これを発するものとし、その延長に係る期間は、通じて五日をこえてはならない。この許可状には已むを得ないと認められる事情を明記しなければならない。

5　警察官は、第一項の規定により警察で保護をした者の氏名、住所、保護の理由、保護及び引渡の時日並びに引渡先を毎週簡易裁判所に通知しなければならない。

（避難等の措置）

第四条　警察官は、人の生命若しくは身体に危険を及ぼし、又は財産に重大な損

害を及ぼす虞のある天災、事変、工作物の損壊、交通事故、危険物の爆発、狂犬、奔馬の類等の出現、極端な雑踏等危険な事態がある場合においては、その場に居合わせた者、その事物の管理者その他関係者に必要な警告を発し、及び特に急を要する場合においては、危害を受ける虞のある者に対し、その場の危害を避けしめるために必要な限度でこれを引き留め、若しくは避難させ、又はその場に居合わせた者、その事物の管理者その他関係者に対し、危害防止のため通常必要と認められる措置をとることを命じ、又は自らその措置をとることができる。

2 前項の規定により警察官がとつた処置については、順序を経て所属の公安委員会にこれを報告しなければならない。この場合において、公安委員会は他の公の機関に対し、その後の処置について必要と認める協力を求めるため適当な措置をとらなければならない。

（犯罪の予防及び制止）

第五条 警察官は、犯罪がまさに行われようとするのを認めたときは、その予防のため関係者に必要な警告を発し、又、もしその行為により人の生命若しくは身体に危険が及び、又は財産に重大な損害を受ける虞があつて、急を要する場合においては、その行為を制止することができる。

（立入）

第六条 警察官は、前二条に規定する危険な事態が発生し、人の生命、身体又は財産に対し危害が切迫した場合において、その危害を予防し、損害の拡大を防ぎ、又は被害者を救助するため、已むを得ないと認めるときは、合理的に必要と判断される限度において他人の土地、建物又は船車の中に立ち入ることができる。

2 興行場、旅館、料理屋、駅その他多数の客の来集する場所の管理者又はこれに準ずる者は、その公開時間中において、警察官が犯罪の予防又は人の生命、身体若しくは財産に対する危害予防のため、その場所に立ち入ることを要求した場合においては、正当の理由なくして、これを拒むことができない。

3 警察官は、前二項の規定による立入に際しては、みだりに関係者の正当な業務を妨害してはならない。

4 警察官は、第一項又は第二項の規定による立入に際して、その場所の管理者又はこれに準ずる者から要求された場合には、その理由を告げ、且つ、その身分を示す証票を呈示しなければならない。

（武器の使用）

第七条 警察官は、犯人の逮捕若しくは逃走の防止、自己若しくは他人に対する防護又は公務執行に対する抵抗の抑止のため必要であると認める相当な理由のある場合においては、その事態に応じ合理的に必要と判断される限度において、武器を使用することができる。但し、刑法（明治四十年法律第四十五号）第三十六条（正当防衛）若しくは同法第三十七条（緊急避難）に該当する場合又は左の各号の一に該当する場合を除いては、人に危害を与えてはならない。

一 死刑又は無期若しくは長期三年以上の懲役若しくは禁こにあたる兇悪な罪を現に犯し、若しくは既に犯したと疑うに足りる充分な理由のある者がその者に対する警察官の職務の執行に対して抵抗し、若しくは逃亡しようとするとき又は第三者がその者を逃がそうとして警察官に抵抗するとき、これを防ぎ、又は逮捕するために他に手段がないと警察官において信ずるに足りる相当な理由のある場合。

二 逮捕状により逮捕する際又は勾引状若しくは勾留状を執行する際その本人がその者に対する警察官の職務の執行に対して抵抗し、若しくは逃亡しようとするとき又は第三者がその者を逃がそうとして警察官に抵抗するとき、これを防ぎ、又は逮捕するために他に手段がないと警察官において信ずるに足りる相当な理由のある場合。

（他の法令による職権職務）

第八条 警察官は、この法律の規定によるの外、刑事訴訟その他に関する法令及び警察の規則による職権職務を遂行すべきものとする。

附　則

この法律は、公布の日から、これを施行する。

附　則 〔平一八・六・二三法九四〕

この法律は、公布の日から起算して六月を経過した日〔平一八・一二・二三〕から施行する。

○排他的経済水域及び大陸棚に関する法律

平八・六・一四
法　七　四

（排他的経済水域）

第一条　我が国が海洋法に関する国際連合条約（以下「国連海洋法条約」という。）に定めるところにより国連海洋法条約第五部に規定する沿岸国の主権的権利その他の権利を行使する水域として、排他的経済水域を設ける。

2　前項の排他的経済水域（以下単に「排他的経済水域」という。）は、我が国の基線（領海及び接続水域に関する法律（昭和五十二年法律第三十号）第二条第一項に規定する基線をいう。以下同じ。）から、いずれの点をとっても我が国の基線上の最も近い点からの距離が二百海里である線（その線が我が国の基線から測定して中間線（いずれの点をとっても、我が国の基線上の最も近い点からの距離と、我が国の海岸と向かい合っている外国の海岸に係るその外国の領海の幅を測定するための基線上の最も近い点からの距離とが等しい線をいう。以下同じ。）を超えているときは、その超えている部分については、中間線（我が国と外国との間で合意した中間線に代わる線があるときは、その線）とする。）までの海域（領海を除く。）並びにその海底及びその下とする。

（大陸棚）

第二条　我が国が国連海洋法条約に定めるところにより沿岸国の主権的権利その他の権利を行使する大陸棚（以下単に「大陸棚」という。）は、次に掲げる海域の海底及びその下とする。

一　我が国の基線から、いずれの点をとっても我が国の基線上の最も近い点からの距離が二百海里である線（その線が我が国の基線から測定して中間線を超えているときは、その超えている部分については、中間線（我が国と外国との間で合意した中間線に代わる線があるときは、その線及びこれと接続して引かれる政令で定める線）とする。）までの海域（領海を除く。）

二　前号の海域（いずれの点をとっても我が国の基線上の最も近い点からの距離が二百海里である線によってその限界が画される部分に限る。）の外側に接する海域であって、国連海洋法条約第七十六条に定めるところに従い、政令で定めるもの

（我が国の法令の適用）

第三条　次に掲げる事項については、我が国の法令（罰則を含む。以下同じ。）を適用する。

一　排他的経済水域又は大陸棚における天然資源の探査、開発、保存及び管理、人工島、施設及び構築物の設置、建設、運用及び利用、海洋環境の保護及び保全並びに海洋の科学的調査

二　排他的経済水域における経済的な目的で行われる探査及び開発のための活動（前号に掲げるものを除く。）

三　大陸棚の掘削（第一号に掲げるものを除く。）

四　前三号に掲げる事項に関する排他的経済水域又は大陸棚に係る水域における我が国の公務員の職務の執行（当該職務の執行に関してこれらの水域から行われる国連海洋法条約第百十一条に定めるところによる追跡に係る職務の執行を含む。）及びこれを妨げる行為

2　前項に定めるもののほか、同項第一号の人工島、施設及び構築物については、国内に在るものとみなして、我が国の法令を適用する。

3　前二項の規定による我が国の法令の適用に関しては、当該法令が適用される水域が我が国の領域外であることその他当該水域における特別の事情を考慮して合理的に必要と認められる範囲内において、政令で、当該法令の適用関係の整理又は調整のため必要な事項を定めることができる。

（条約の効力）

第四条　この法律に規定する事項に関して条約に別段の定めがあるときは、その定めるところによる。

附　則（抄）

（施行期日）

第一条　この法律は、国連海洋法条約が日本国について効力を生ずる日〔平八・七・二〇〕から施行する。

○海洋構築物等に係る安全水域の設定等に関する法律

平一九・四・二七
法　　三　四

（趣旨）

第一条　この法律は、海洋構築物等の安全及び当該海洋構築物等の周辺の海域における船舶の航行の安全を確保するため、海洋法に関する国際連合条約に定めるところにより、海洋構築物等に係る安全水域の設定等について必要な措置を定めるものとする。

（定義）

第二条　この法律において「海洋構築物等」とは、排他的経済水域及び大陸棚に関する法律（平成八年法律第七十四号）第一条第一項の排他的経済水域又は同法第二条の大陸棚（以下「大陸棚」という。）における同法第三条第一項第一号から第三号までに規定する行為（以下「特定行為」という。）に係る工作物（その新設又は除去に関する工事の途中のものを含む。）及び大陸棚の掘削に従事する船舶（掘削をするために進行を停止しているものに限る。）をいう。

2　この法律において「安全水域」とは、海洋法に関する国際連合条約第六十条4（同条約第八十条において準用する場合を含む。）に規定する安全水域であって、海洋構築物等の周辺に次条第一項の規定により設定されるものをいう。

3　この法律において「特定行政機関の長」とは、海洋構築物等に係る特定行為を行う事業者の事業を所管する行政機関の長をいう。

（安全水域の設定等）

第三条　国土交通大臣は、海洋構築物等の安全及び当該海洋構築物等の周辺の海域における船舶の航行の安全を確保するため、海洋法に関する国際連合条約に定めるところにより、安全水域を設定することができる。

2　前項に規定する安全水域の設定は、特定行政機関の長の要請に基づき行うものとする。

3　国土交通大臣は、安全水域を設定しようとするときは、外務大臣、農林水産大臣、経済産業大臣、防衛大臣その他の関係行政機関の長に協議しなければならない。これを廃止しようとするときも、同様とする。

4　安全水域は、海洋構築物等の性質及び機能に応じ合理的に必要とされるものでなければならない。

5　安全水域の幅は、海洋構築物等の外縁のいずれの点から測定した距離についても五百メートルを超えるものであってはならない。

6　安全水域は、国際航行に不可欠と認められた航行帯の使用の妨げとなるような海域に設定してはならない。

第四条　国土交通大臣は、安全水域を設定したときは、遅滞なく、当該安全水域の位置及びその範囲を告示しなければならない。これを廃止したときも、同様とする。

2　国土交通大臣は、安全水域を設定したときは、当該安全水域に係る前条第二項に規定する要請を行った特定行政機関の長に対し、当該安全水域の付近を航行する船舶に当該安全水域の位置及びその範囲を周知させるために必要な措置を講ずべきことを要請することができる。

（安全水域への入域の禁止等）

第五条　何人も、国土交通省令で定めるところにより、国土交通大臣の許可を受けなければ、安全水域に入域してはならない。ただし、次の各号のいずれかに該当する場合は、この限りでない。

一　船舶の運転の自由を失った場合
二　人命又は急迫した危険のある船舶の救助に従事する場合
三　国又は都道府県の機関が海上の安全及び治安の確保のための業務を実施する場合
四　当該安全水域に係る海洋構築物等の業務に従事する場合

2　国土交通大臣は、前項の許可の申請があった場合において、海洋構築物等の

安全の確保に支障がないと認められるとき、又は災害の復旧その他公益上必要やむを得ず、かつ、一時的なものと認められるときでなければ、同項の許可をしてはならない。

3　国土交通大臣は、第一項の許可をしようとするときは、あらかじめ、当該安全水域に係る第三条第二項に規定する要請を行った特定行政機関の長に協議しなければならない。

4　国土交通大臣は、第一項の許可に、必要な条件を付することができる。

5　国の機関又は地方公共団体が安全水域に入域しようとする場合（第一項ただし書に規定する場合を除く。）においては、当該国の機関又は地方公共団体と国土交通大臣との協議が成立することをもって第一項の許可があったものとみなす。

6　第三項の規定は、国土交通大臣が前項の規定による協議を受けた場合について準用する。

（国際約束の誠実な履行）

第六条　この法律の施行に当たっては、我が国が締結した条約その他の国際約束の誠実な履行を妨げることがないよう留意しなければならない。

（罰則）

第七条　次の各号のいずれかに該当する者は、一年以下の懲役又は五十万円以下の罰金に処する。

一　第五条第一項の規定に違反した者

二　第五条第四項の規定により国土交通大臣が付した条件に違反した者

2　法人の代表者又は法人若しくは人の代理人、使用人その他の従業者が、その法人又は人の業務に関し、前項の違反行為をしたときは、行為者を罰するほか、その法人又は人に対して同項の罰金刑を科する。

附　則

この法律は、公布の日から起算して三月を超えない範囲内において政令で定める日〔平一九・七・二〇〕から施行する。

○排他的経済水域における漁業等に関する主権的権利の行使等に関する法律

平八・六・一四
法　七　六

最終改正　平二六・一一・二七　法一一九

（趣旨）

第一条　この法律は、海洋法に関する国際連合条約に定める権利を的確に行使することにより海洋生物資源の適切な保存及び管理を図るため、排他的経済水域における漁業等に関する主権的権利の行使等について必要な措置を定めるものとする。

（定義）

第二条　この法律において「漁業」とは、水産動植物の採捕又は養殖の事業（漁業等付随行為を含む。）をいう。

2　この法律において「漁業等付随行為」とは、水産動植物の採捕又は養殖に付随する探索、集魚、漁獲物の保蔵又は加工、漁獲物又はその製品の運搬、船舶への補給その他これらに準ずる行為で農林水産省令で定めるものをいう。

3　この法律において「探索」とは、水産動植物の採捕に資する水産動植物の生息状況の調査であって水産動植物の採捕を伴わないものをいい、「探査」とは、探索のうち漁業等付随行為に該当しないものをいう。

4　この法律において「外国人」とは、次に掲げるものをいう。

一　日本の国籍を有しない者。ただし、適法に我が国に在留する者で農林水産大臣の指定するものを除く。

二　外国、外国の公共団体若しくはこれに準ずるもの又は外国法に基づいて設立された法人その他の団体

（排他的経済水域における外国人の漁業等に関する法令の適用等）

第三条　外国人が我が国の排他的経済水域（以下単に「排他的経済水域」という。）において行う漁業、水産動植物の採捕（漁業に該当するものを除き、漁業等付随行為を含む。以下同じ。）及び探査（以下この条において「排他的経済水域における外国人の漁業等」という。）に関しては、この法律の定めるところによる。

2　排他的経済水域における外国人の漁業等に関しては、排他的経済水域及び大陸棚に関する法律（平成八年法律第七十四号）第三条第一項の規定にかかわらず、漁業法（昭和二十四年法律第二百六十七号）（第七十四条第一項、第二項、第四項及び第五項を除く。）その他政令で定める法律（これらに基づく命令を含む。）の規定は、適用しない。

3　排他的経済水域における外国人の漁業等に関する漁業法第七十四条の規定の適用については、同条第一項中「農林水産大臣又は都道府県知事」とあるのは「農林水産大臣」と、「漁業監督官又は漁業監督吏員」とあるのは「漁業監督官」とする。

4　前項に定めるもののほか、排他的経済水域における外国人の漁業等に関する法令の適用に関する技術的読替えについては、政令で必要な規定を設けることができる。

（漁業等の禁止）

第四条　外国人は、排他的経済水域のうち次に掲げる海域（その海底を含む。以下「禁止海域」という。）においては、漁業又は水産動植物の採捕を行ってはならない。ただし、その水産動植物の採捕が農林水産省令で定める軽易なものであるときは、この限りでない。

一　領海及び接続水域に関する法律（昭和五十二年法律第三十号）附則第二項に規定する特定海域である海域（我が国の基線（同法第二条第一項に規定する基線をいう。以下この号において同じ。）から、いずれの点をとっても我が国の基線上の最も近い点からの距離が十二海里である線までの海域に限

る。）

二　海洋生物資源の保護又は漁業調整のため必要な海域として農林水産大臣の定める海域

２　外国人は、禁止海域（前項第一号の海域に限る。）においては、政令で定める場合を除き、漁獲物又はその製品を転載し、又は積み込んではならない。

（漁業等の許可）

第五条　外国人は、排他的経済水域（禁止海域を除く。次条第一項及び第二項、第八条並びに第九条において同じ。）においては、農林水産省令で定めるところにより、漁業又は水産動植物の採捕に係る船舶ごとに、農林水産大臣の許可を受けなければ、漁業又は水産動植物の採捕を行ってはならない。ただし、次の各号の一に該当するときは、この限りでない。

一　その水産動植物の採捕が前条第一項ただし書の農林水産省令で定める軽易なものであるとき。

二　その水産動植物の採捕が第八条の承認を受けて行われるものであるとき。

三　その漁業等付随行為が第九条の承認を受けて行われるものであるとき。

２　農林水産大臣は、前項の許可をしたときは、農林水産省令で定めるところにより、その外国人に許可証を交付する。

３　第一項の許可を受けた外国人は、農林水産省令で定めるところにより、その行う漁業又は水産動植物の採捕に係る船舶にその旨を見やすいように表示し、かつ、当該船舶に前項の許可証を備え付けておかなければならない。

（許可の基準等）

第六条　農林水産大臣は、前条第一項の許可の申請があった場合において、その申請に係る漁業又は水産動植物の採捕が、国際約束その他の措置により的確に実施されること、外国人が排他的経済水域において行う漁業又は水産動植物の採捕につき農林水産省令で定める区分ごとに農林水産大臣の定める漁獲量の限度を超えないことその他政令で定める基準に適合すると認められるときでなければ、当該申請に係る許可をしてはならない。

２　前項の規定による漁獲量の限度の決定は、政令で定めるところにより、排他的経済水域における科学的根拠を有する海洋生物資源の動向及び我が国漁業者の漁獲の実情を基礎とし、排他的経済水域における外国人による漁業の状況、外国周辺水域における我が国漁業の状況等を総合的に考慮して行われなければならない。

３　海洋生物資源の保存及び管理に関する法律（平成八年法律第七十七号）第二条第二項に規定する漁獲可能量を定める同条第六項に規定する第一種特定海洋生物資源について第一項の規定による漁獲量の限度の決定を行う場合には、前項に定めるところによるほか、当該漁獲可能量を基礎としなければならない。

（入漁料）

第七条　外国人は、第五条第二項の規定により許可証の交付を受けるときに、政令で定める額の入漁料を国に納付しなければならない。

２　特別の事由がある場合には、政令で定めるところにより、前項の入漁料を減額し、又は免除することができる。

３　前二項に定めるもののほか、入漁料に関し必要な事項は、政令で定める。

（試験研究等のための水産動植物の採捕の承認）

第八条　外国人は、排他的経済水域において、試験研究その他の農林水産省令で定める目的のために水産動植物の採捕を行おうとするときは、農林水産省令で定めるところにより、水産動植物の採捕に係る船舶ごとに、農林水産大臣の承認を受けなければならない。ただし、その水産動植物の採捕が第四条第一項ただし書の農林水産省令で定める軽易なものであるとき、又はその漁業等付随行為が次条の承認を受けて行われるものであるときは、この限りでない。

（外国人以外の者が行う漁業に係る漁業等付随行為等の承認）

第九条　外国人は、排他的経済水域において、外国人以外の者が当該水域において行う漁業又は水産動植物の採捕に係る漁業等付随行為を行おうとするときは、農林水産省令で定めるところにより、漁業等付随行為に係る船舶ごとに、農林水産大臣の承認を受けなければならない。

（探査の承認）

第十条　外国人は、排他的経済水域において、探査を行おうとするときは、農林

水産省令で定めるところにより、探査に係る船舶ごとに、農林水産大臣の承認を受けなければならない。

（手数料等）

第十一条　前三条の承認の申請をする外国人は、実費を勘案して政令で定める額の手数料を国に納付しなければならない。

2　第五条第二項及び第三項の規定は前三条の承認について、第七条第二項の規定は前項の手数料について準用する。

（制限又は条件）

第十二条　第五条第一項の許可又は第八条から第十条までの承認には、制限又は条件を付し、及びこれを変更することができる。

（許可等の取消し等）

第十三条　農林水産大臣は、第五条第一項の許可又は第九条の承認を受けた外国人が法令又は前条の制限若しくは条件に違反したときは、期間を定めて排他的経済水域における漁業又は水産動植物の採捕の停止を命じ、又は第五条第一項の許可又は第九条の承認を取り消すことができる。

2　農林水産大臣は、第八条又は第十条の承認を受けた外国人が法令又は前条の制限若しくは条件に違反したときは、第八条又は第十条の承認を取り消すことができる。

（大陸棚の定着性種族に係る漁業等への準用等）

第十四条　第三条から前条までの規定は、大陸棚（排他的経済水域及び大陸棚に関する法律第二条に規定する区域をいう。）であって排他的経済水域でない区域の定着性種族（海洋法に関する国際連合条約第七十七条4に規定する定着性の種族に属する生物をいう。次項において同じ。）に係る漁業、水産動植物の採捕及び探査について準用する。この場合において、必要な技術的読替えは、政令で定める。

2　前項において読み替えて準用する第四条第一項、第五条第一項及び第八条から第十条までの定着性種族は、農林水産大臣が告示する。

（溯《さく》河性資源の保存及び管理）

第十五条　我が国は、排他的経済水域の外側の海域においても我が国の内水面において産卵する溯《さく》河性資源について、海洋法に関する国際連合条約第六十六条1の第一義的利益及び責任を有する。

（立入検査）

第十五条の二　漁業監督官は、この法律を施行するため必要があると認めるときは、漁場、船舶、事業場、事務所、倉庫等に立ち入り、その状況若しくは帳簿書類その他の物件を検査し、又は関係者に対し質問をすることができる。

2　前項の規定による権限は、犯罪捜査のために認められたものと解釈してはならない。

（行政手続法の適用除外）

第十六条　この法律の規定による処分については、行政手続法（平成五年法律第八十八号）第二章及び第三章の規定は、適用しない。

（政令等への委任）

第十七条　この法律の規定に基づき政令又は農林水産省令を制定し、又は改廃する場合においては、その政令又は農林水産省令で、その制定又は改廃に伴い合理的に必要と判断される範囲内において、所要の経過措置（罰則に関する経過措置を含む。）を定めることができる。

2　この法律に別段の定めがあるものを除くほか、第二十四条から第二十六条までの規定の実施に必要な手続その他これらの規定の施行に必要な事項については、主務省令で、その他この法律の実施に必要な手続その他その施行に必要な事項については、農林水産省令で定める。

（罰則）

第十七条の二　第四条第一項（第十四条第一項において準用する場合を含む。）又は第五条第一項（第十四条第一項において準用する場合を含む。次条第二号において同じ。）の規定に違反した者は、三千万円以下の罰金に処する。

第十八条　次の各号のいずれかに該当する者は、千万円以下の罰金に処する。

一　第四条第二項又は第十条（第十四条第一項において準用する場合を含む。第十九条において同じ。）の規定に違反した者

二　第十二条（第十四条第一項において準用する場合を含む。以下この号及び第十九条において同じ。）の規定により第五条第一項の許可に付された制限又は条件（第十二条の規定により変更されたものを含む。）に違反した者

三　第十三条第一項（第十四条第一項において準用する場合を含む。）の規定による命令に違反した者

第十八条の二　第十五条の二第一項の規定による漁業監督官の検査を拒み、妨げ、若しくは忌避し、又はその質問に対し答弁をせず、若しくは虚偽の陳述をした者は、三百万円以下の罰金に処する。

第十九条　第十二条の規定により第八条（第十四条第一項において準用する場合を含む。）、第九条（第十四条第一項において準用する場合を含む。）又は第十条の承認に付された制限又は条件（第十二条の規定により変更されたものを含む。）に違反した者は、五十万円以下の罰金に処する。

第二十条　第十七条の二、第十八条又は前条の場合においては、犯人が所有し、又は所持する漁獲物及びその製品、船舶又は漁具その他漁業、水産動植物の採捕若しくは探査の用に供される物は、没収することができる。ただし、犯人が所有していたこれらの物件の全部又は一部を没収することができないときは、その価額を追徴することができる。

第二十一条　第五条第三項（第十四条第一項において準用する場合を含む。）又は第十一条第二項において準用する第五条第三項（第十四条第一項において準用する場合を含む。）の規定に違反した者は、二十万円以下の罰金に処する。

第二十二条　法人の代表者又は法人若しくは人の代理人、使用人その他の従業者が、その法人又は人の業務又は財産に関して、第十八条、第十九条又は前条の違反行為をしたときは、行為者を罰するほか、その法人又は人に対し、各本条の刑を科する。

（第一審の裁判権の特例）

第二十三条　この法律の規定に違反した罪に係る訴訟の第一審の裁判権は、地方裁判所にも属する。

（担保金等の提供による釈放等）

第二十四条　この法律の規定に違反した罪その他の政令で定める罪に当たる事件（以下「事件」という。）に関して拿《だ》捕（船舶を押収し、又は船長その他の乗組員を逮捕することをいう。以下同じ。）が行われた場合には、司法警察員である者であって政令で定めるもの（以下「取締官」という。）は、当該拿《だ》捕に係る船舶の船長（船長に代わってその職務を行う者を含む。）及び違反者に対し、遅滞なく、次に掲げる事項を告知しなければならない。ただし、事件が政令で定める外国人が行う漁業、水産動植物の採捕又は探査に係るものであるときは、この限りでない。

一　担保金又はその提供を保証する書面が次条第一項の政令で定めるところにより主務大臣に対して提供されたときは、遅滞なく、違反者は釈放され、及び船舶その他の押収物（以下「押収物」という。）は返還されること。

二　提供すべき担保金の額

2　前項第二号の担保金の額は、事件の種別及び態様その他の情状に応じ、政令で定めるところにより、主務大臣の定める基準に従って、取締官が決定するものとする。

第二十五条　前条第一項の規定により告知した額の担保金又はその提供を保証する書面が政令で定めるところにより主務大臣に対して提供されたときは、主務大臣は、遅滞なく、その旨を取締官又は検察官に通知するものとする。

2　取締官は、前項の規定による通知を受けたときは、遅滞なく、違反者を釈放し、及び押収物を返還しなければならない。

3　検察官は、第一項の規定による通知を受けたときは、遅滞なく、違反者の釈放及び押収物の返還に関し、必要な措置を講じなければならない。

第二十六条　担保金は、主務大臣が保管する。

2　担保金は、事件に関する手続において、違反者がその求められた期日及び場所に出頭せず、又は返還された押収物で提出を求められたものがその求められた期日及び場所に提出されなかったときは、当該期日の翌日から起算して一月を経過した日に、国庫に帰属する。ただし、当該期日の翌日から起算して三月を経過する日までに、当該期日の翌日以前の特

定の日に出頭し又は当該押収物を提出する旨の申出があったときは、この限りでない。

3　前項ただし書の場合において、当該申出に係る特定の日に違反者が出頭せず、又は当該押収物が提出されなかったときは、担保金は、その日の翌日に、国庫に帰属する。

4　担保金は、事件に関する手続が終結した場合等その保管を必要としない事由が生じた場合には、返還する。

（主務大臣等）

第二十七条　前三条における主務大臣及び第十七条第二項における主務省令は、政令で定める。

附　則

（施行期日）

第一条　この法律は、海洋法に関する国際連合条約が日本国について効力を生ずる日〔平八・七・二〇〕から施行する。

（対象水域の明確化）

第一条の二　第三条第一項の規定の適用については、当分の間、同項中「排他的経済水域」とあるのは「排他的経済水域及び大陸棚に関する法律（平成八年法律第七十四号）第四条の条約の規定により我が国が漁業、水産動植物の採捕（漁業に該当するものを除き、漁業等付随行為を含む。以下同じ。）及び探査に関する主権的権利を行使する水域の範囲について調整が行われるときは、その調整後の水域とする。」と、「水産動植物の採捕（漁業に該当するものを除き、漁業等付随行為を含む。以下同じ。」とあるのは「水産動植物の採捕」とする。

第一条の三　前条の規定により読み替えて適用される第三条第一項に規定する調整が行われる場合における同項に規定する主権的権利に関する排他的経済水域及び大陸棚に関する法律第三条の規定の適用については、同条第一項第一号中「排他的経済水域」とあるのは、「排他的経済水域（排他的経済水域における漁業等に関する主権的権利の行使等に関する法律（平成八年法律第七十六号）附則第一条の二の規定により読み替えて適用される同法第三条第一項の排他的経済水域をいう。以下この条において同じ。）」とする。

（適用の特例）

第二条　第四条から第十三条まで（第十四条第一項において準用する場合を含む。）及び第十四条第二項の規定については、政令で、当該規定ごとに外国人及び海域を指定して適用しないこととすることができる。ただし、政令で期限を定めたときは、その期限までの間に限る。

（漁業水域に関する暫定措置法の廃止）

第三条　漁業水域に関する暫定措置法（昭和五十二年法律第三十一号）は、廃止する。

（旧法の規定に基づく処分又は手続の効力）

第四条　この法律による廃止前の漁業水域に関する暫定措置法（以下「旧法」という。）又はこれに基づく命令の規定によってした許可、承認その他の処分又は申請その他の手続は、この附則に別段の定めがある場合を除き、この法律又はこれに基づく命令の相当規定によってした許可、承認その他の処分又は申請その他の手続とみなす。

（許可証又は承認証に関する経過措置）

第五条　この法律の施行の際現に旧法の規定により交付されている許可証又は承認証は、この法律の相当規定により交付された許可証又は承認証とみなす。

（罰則の適用に関する経過措置）

第六条　この法律の施行前にした行為に対する罰則の適用については、なお従前の例による。

（第一審の裁判権の特例に関する経過措置）

第七条　旧法の規定に違反した罪に係る訴訟の第一審の裁判権の特例に関する旧法の規定の適用については、なお従前の例による。

（担保金等の提供による釈放等に関する経過措置）

第八条　旧法第二十三条第一項に規定する事件に関する同条から旧法第二十六条までの規定の適用に関しては、なお従前の例による。

（政令への委任）

第九条　附則第四条から前条までに規定するもののほか、この法律の施行に関して必要な経過措置は、政令で定める。

附　則〔平二六・一一・二七法一一九〕

（施行期日）

1　この法律は、公布の日から起算して十日を経過した日〔平二六・一二・七〕から施行する。

（経過措置）

2　この法律の施行前にした行為に対する罰則の適用については、なお従前の例による。

○国際刑事裁判所に対する協力等に関する法律

平一九・五・一一
法三七

最終改正　平二九・六・二一　法六七

目次

第一章　総則

（目的）

第一条　この法律は、国際刑事裁判所に関するローマ規程（以下「規程」という。）が定める集団殺害犯罪その他の国際社会全体の関心事である最も重大な犯罪について、国際刑事裁判所の捜査、裁判及び刑の執行等についての必要な協力に関する手続を定めるとともに、国際刑事裁判所の運営を害する行為についての罰則を定めること等により、規程の的確な実施を確保することを目的とする。

（定義）

第二条　この法律において、次の各号に掲げる用語の意義は、それぞれ当該各号に定めるところによる。

一　国際刑事裁判所　規程第一条に規定する国際刑事裁判所をいう。

二　管轄刑事事件　規程第五条1及び第七十条1の規定により国際刑事裁判所が管轄権を有する犯罪について国際刑事裁判所がその管轄権を行使する事件をいう。

三　重大犯罪　規程第五条1の規定により国際刑事裁判所が管轄権を有する国際社会全体の関心事である最も重大な犯罪として規程に定める犯罪をいう。

四　証拠の提供　規程第九十三条1の規定による国際刑事裁判所の請求により、国際刑事裁判所の捜査又は裁判に係る手続（以下「国際刑事裁判所の手続」という。）に必要な証拠を国際刑事裁判所に提供することをいう。

五　裁判上の証拠調べ　規程第九十三条1の規定による国際刑事裁判所の請求により、規程第三十九条2に規定する上訴裁判部又は第一審裁判部が行う証拠調べについての援助として日本国の裁判所が行う証拠調べをいう。

六　書類の送達　規程第九十三条1の規定による国際刑事裁判所の請求により、規程第三十九条2に規定する上訴裁判部、第一審裁判部又は予審裁判部が行う書類の送達についての援助として日本国の裁判所が行う書類の送達をいう。

七　受刑者証人等移送　規程第九十三条1及び7の規定による国際刑事裁判所

の請求により、証人その他の国際刑事裁判所の手続における関係人（国際刑事裁判所の捜査又は裁判の対象とされる者を除く。）として出頭させることを可能とするため、国内受刑者（日本国において懲役刑若しくは禁錮刑又は国際受刑者移送法（平成十四年法律第六十六号）第二条第二号に定める共助刑の執行として拘禁されている者をいう。以下同じ。）を移送することをいう。

八　引渡犯罪人の引渡し　規程第八十九条1又は第百十一条の規定による国際刑事裁判所の引渡しの請求により、その引渡しの対象とされた者（以下「引渡犯罪人」という。）の引渡しをすることをいう。

九　仮拘禁　規程第九十二条1の規定による国際刑事裁判所の仮逮捕の請求により、その仮逮捕の対象とされた者（以下「仮拘禁犯罪人」という。）を仮に拘禁することをいう。

十　執行協力　規程第七十五条5若しくは第百九条1の規定により罰金刑（国際刑事裁判所が規程第七十条3又は第七十七条2(a)の規定により命ずる罰金をいう。以下同じ。）、没収刑（国際刑事裁判所が規程第七十七条2(b)の規定により命ずる没収をいう。以下同じ。）若しくは被害回復命令（国際刑事裁判所が規程第七十五条2の規定により発する命令をいう。以下同じ。）の確定裁判の執行をすること又は規程第七十五条4若しくは第九十三条1の規定により没収刑若しくは被害回復命令のための保全をすることをいう。

十一　協力　証拠の提供、裁判上の証拠調べ、書類の送達、受刑者証人等移送、引渡犯罪人の引渡し、仮拘禁及び執行協力をいう。

十二　請求犯罪　協力（引渡犯罪人の引渡し及び仮拘禁を除く。）の請求において犯されたとされている犯罪をいう。

十三　引渡犯罪　引渡犯罪人の引渡し又は仮拘禁に係る協力の請求において当該引渡犯罪人又は仮拘禁犯罪人が犯したとされている犯罪をいう。

第二章　国際刑事裁判所に対する協力

第一節　通則

（協力の請求の受理等）

第三条　国際刑事裁判所に対する協力に関する次に掲げる事務は、外務大臣が行う。

一　国際刑事裁判所からの協力の請求の受理

二　国際刑事裁判所との協議及び国際刑事裁判所に対して行うべき通報

三　国際刑事裁判所に対する証拠の送付及び罰金刑、没収刑又は被害回復命令の確定裁判の執行に係る財産の引渡し並びに書類の送達についての結果の通知

（外務大臣の措置）

第四条　外務大臣は、国際刑事裁判所から協力の請求を受理したときは、請求の方式が規程に適合しないと認める場合を除き、国際刑事裁判所が発する協力請求書又は外務大臣の作成した協力の請求があったことを証明する書面に関係書類を添付し、意見を付して、これを法務大臣に送付するものとする。

（国際刑事裁判所との協議）

第五条　外務大臣は、国際刑事裁判所に対する協力に関し、必要に応じ、国際刑事裁判所と協議するものとする。

2　法務大臣は、国際刑事裁判所に対する協力に関し、国際刑事裁判所との協議が必要であると認めるときは、外務大臣に対し、前項の規定による協議をすることを求めるものとする。

第二節　証拠の提供等

第一款　証拠の提供

（法務大臣の措置）

第六条　法務大臣は、外務大臣から第四条の規定により証拠の提供に係る協力の請求に関する書面の送付を受けた場合において、次の各号のいずれにも該当しないときは、次項又は第三項に規定する措置をとるものとする。

一　当該協力の請求が国際捜査共助等に関する法律（昭和五十五年法律第六十九号）第一条第一号に規定する共助（以下この号及び第三十九条第一項第二号において「捜査共助」という。）の要請と競合し、かつ、規程の定めると

ころによりその要請を優先させることができる場合において、当該捜査共助をすることが相当であると認めるとき。

二　当該協力の請求に応ずることにより、規程第九十八条1に規定する国際法に基づく義務に反することとなるとき。

三　当該協力の請求に応ずることにより、日本国の安全が害されるおそれがあるとき。

四　請求犯罪が規程第七十条1に規定する犯罪である場合において、当該請求犯罪に係る行為が日本国内において行われたとした場合にその行為が日本国の法令によれば罪に当たるものでないとき。

五　当該協力の請求に応ずることにより、請求犯罪以外の罪に係る事件で日本国の検察官、検察事務官若しくは司法警察職員によって捜査され又は日本国の裁判所に係属しているものについて、その捜査又は裁判を妨げるおそれがあり、直ちに当該請求に応ずることが相当でないと認めるとき。

六　その他直ちに当該協力の請求に応じないことに正当な理由があるとき。

2　前項の規定により法務大臣がとる措置は、次項に規定する場合を除き、次の各号のいずれかとする。

一　相当と認める地方検察庁の検事正に対し、関係書類を送付して、証拠の提供に係る協力に必要な証拠の収集を命ずること。

二　国家公安委員会に証拠の提供に係る協力の請求に関する書面を送付すること。

三　海上保安庁長官その他の刑事訴訟法（昭和二十三年法律第百三十一号）第百九十条に規定する司法警察職員として職務を行うべき者の置かれている国の機関の長に証拠の提供に係る協力の請求に関する書面を送付すること。

3　第一項に規定する協力の請求が裁判所、検察官又は司法警察員の保管する訴訟に関する書類の提供に係るものであるときは、法務大臣は、その書類の保管者に協力の請求に関する書面を送付するものとする。

4　法務大臣は、前二項に規定する措置その他の証拠の提供に係る協力に関する措置をとるため必要があると認めるときは、関係人の所在その他必要な事項について調査を行うことができる。

（国家公安委員会の措置）

第七条　国家公安委員会は、前条第二項第二号の書面の送付を受けたときは、相当と認める都道府県警察に対し、関係書類を送付して、証拠の提供に係る協力に必要な証拠の収集を指示するものとする。

（協力の実施）

第八条　国際捜査共助等に関する法律第七条、第八条、第十条、第十二条及び第十三条の規定は、第六条第一項の請求による証拠の提供に係る協力について準用する。この場合において、同法第七条第一項中「第五条第一項第一号」とあるのは「国際刑事裁判所に対する協力等に関する法律（平成十九年法律第三十七号）第六条第二項第一号」と、同条第二項中「前条」とあるのは「国際刑事裁判所に対する協力等に関する法律第七条」と、同条第三項中「第五条第一項第三号」とあるのは「国際刑事裁判所に対する協力等に関する法律第六条第二項第三号」と、同法第十三条中「この法律に特別の定めがある」とあるのは「国際刑事裁判所に対する協力等に関する法律第八条において準用する第八条、第十条及び前条に規定する」と読み替えるものとする。

（虚偽の証明書の提出に対する罰則）

第九条　前条において準用する国際捜査共助等に関する法律第八条第三項の規定による証明書の提出を求められた者が、虚偽の証明書を提出したときは、一年以下の懲役又は五十万円以下の罰金に処する。

2　前項の規定は、刑法（明治四十年法律第四十五号）又は第四章の罪に触れるときは、これを適用しない。

（処分を終えた場合等の措置）

第十条　検事正は、証拠の提供に係る協力に必要な証拠の収集を終えたときは、速やかに、意見を付して、法務大臣に対し、収集した証拠を送付しなければならない。第六条第二項第三号の国の機関の長が協力に必要な証拠の収集を終えたときも、同様とする。

2　都道府県公安委員会は、都道府県警察の警視総監又は道府県警察本部長が協

力に必要な証拠の収集を終えたときは、速やかに、意見を付して、国家公安委員会に対し、収集した証拠を送付しなければならない。

3　国家公安委員会は、前項の証拠の送付を受けたときは、速やかに、意見を付して、法務大臣に対し、これを送付するものとする。

4　第六条第三項の規定により証拠の提供に係る協力の請求に関する書面の送付を受けた訴訟に関する書類の保管者は、速やかに、意見を付して、法務大臣に対し、当該書類又はその謄本を送付しなければならない。ただし、直ちにこれを送付することに支障があると認めるときは、速やかに、法務大臣に対し、その旨を通知しなければならない。

（証拠の提供の条件）

第十一条　法務大臣は、前条第一項、第三項又は第四項の規定により送付を受けた証拠を国際刑事裁判所に提供する場合において、必要があると認めるときは、当該証拠の使用又は返還に関する条件を定めるものとする。

（協力をしない場合の通知）

第十二条　法務大臣は、第六条第二項第二号若しくは第三号又は第三項の規定による措置をとった後において、同条第一項第一号から第四号までのいずれかに該当すると認めて、証拠の提供に係る協力をしないこととするときは、遅滞なく、その旨を証拠の提供に係る協力の請求に関する書面の送付を受けた者に通知するものとする。

（外務大臣等との協議）

第十三条　法務大臣は、次の各号のいずれかに該当する場合には、あらかじめ、外務大臣と協議するものとする。

一　第六条第一項第一号から第三号までのいずれかに該当することを理由として、証拠の提供に係る協力をしないこととするとき。

二　第六条第一項第五号又は第六号のいずれかに該当することを理由として、証拠の提供に係る協力をすることを留保するとき。

三　第十一条の条件を定めるとき。

2　国際捜査共助等に関する法律第十六条第二項の規定は、証拠の提供に係る協力の請求に関し法務大臣が第六条第二項各号の措置をとることとする場合について準用する。

第二款　裁判上の証拠調べ及び書類の送達

（法務大臣の措置）

第十四条　法務大臣は、外務大臣から第四条の規定により裁判上の証拠調べ又は書類の送達に係る協力の請求に関する書面の送付を受けた場合において、第六条第一項各号のいずれにも該当しないときは、相当と認める地方裁判所に対し、当該協力の請求に関する書面を送付するものとする。

（裁判所の措置等）

第十五条　外国裁判所ノ嘱託ニ因ル共助法（明治三十八年法律第六十三号）第一条第二項、第一条ノ二第一項（第一号、第五号及び第六号を除く。）、第二条及び第三条の規定は、裁判上の証拠調べ又は書類の送達に係る協力について準用する。

2　前条の地方裁判所は、裁判上の証拠調べ又は書類の送達を終えたときは、速やかに、法務大臣に対し、当該裁判上の証拠調べにより得られた証拠を送付し、又は書類の送達の結果を通知しなければならない。

（準用）

第十六条　第十二条及び第十三条第一項（第三号を除く。）の規定は、法務大臣が第十四条の規定による裁判上の証拠調べ又は書類の送達に係る協力に係る措置をとった場合について準用する。この場合において、第十二条中「同条第一項第一号」とあるのは、「第六条第一項第一号」と読み替えるものとする。

第三款　受刑者証人等移送

（受刑者証人等移送の決定等）

第十七条　法務大臣は、外務大臣から第四条の規定により受刑者証人等移送に係る協力の請求に関する書面の送付を受けた場合において、第六条第一項第四号及び次の各号のいずれにも該当せず、かつ、当該請求に応ずることが相当であると認めるときは、三十日を超えない範囲内で国内受刑者を移送する期間を定めて、当該受刑者証人等移送の決定をするものとする。

一　国内受刑者の書面による同意がないとき。
二　国内受刑者が二十歳に満たないとき。
三　国内受刑者の犯した罪に係る事件が日本国の裁判所に係属するとき。

2　法務大臣は、前項の決定をする場合において、必要があると認めるときは、受刑者証人等移送に関する条件を定めるものとする。

3　法務大臣は、第一項の請求に応ずることが相当でないと認めて受刑者証人等移送をしないこととするとき及び前項の条件を定めるときは、あらかじめ、外務大臣と協議するものとする。

4　国際捜査共助等に関する法律第十九条第三項の規定は、第一項の決定をした場合について準用する。

（国内受刑者の引渡しに関する措置等）

第十八条　法務大臣は、前条第四項において準用する国際捜査共助等に関する法律第十九条第三項の規定による命令をしたときは、外務大臣に受領許可証を送付しなければならない。

2　外務大臣は、前項の規定による受領許可証の送付を受けたときは、直ちに、これを国際刑事裁判所に送付しなければならない。

3　第一項に規定する命令を受けた刑事施設の長又はその指名する刑事施設の職員は、速やかに、国内受刑者を国際刑事裁判所の指定する場所に護送し、国際刑事裁判所の指定する者であって受領許可証を有するものに対し、当該国内受刑者を引き渡さなければならない。

4　国際捜査共助等に関する法律第二十一条及び第二十二条の規定は、前項の規定による国際刑事裁判所の指定する者に対する引渡しに係る国内受刑者について準用する。この場合において、同法第二十一条中「受刑者証人移送」とあるのは、「国際刑事裁判所に対する協力等に関する法律第二条第七号に規定する受刑者証人等移送」と読み替えるものとする。

第三節　引渡犯罪人の引渡し等

第一款　引渡犯罪人の引渡し

（引渡犯罪人の引渡しの要件）

第十九条　引渡犯罪人の引渡しは、引渡犯罪が重大犯罪である場合には、次の各号のいずれかに該当する場合を除き、これを行うことができる。
一　引渡犯罪に係る事件が日本国の裁判所に係属するとき。ただし、当該事件について、国際刑事裁判所において、規程第十七条1の規定により事件を受理する旨の決定をし、又は公判手続を開始しているときは、この限りでない。
二　引渡犯罪に係る事件について日本国の裁判所において確定判決を経たとき。ただし、当該事件について、国際刑事裁判所において、規程第十七条1の規定により事件を受理する旨の決定をし、又は有罪の判決の言渡しをしているときは、この限りでない。
三　引渡犯罪について国際刑事裁判所において有罪の判決の言渡しがある場合を除き、引渡犯罪人が引渡犯罪を行っていないことが明らかに認められるとき。

2　引渡犯罪人の引渡しは、引渡犯罪が規程第七十条1に規定する犯罪である場合には、次の各号のいずれかに該当する場合を除き、これを行うことができる。
一　引渡犯罪に係る行為が日本国内において行われたとした場合において、当該行為が日本国の法令により死刑又は無期若しくは長期三年以上の懲役若しくは禁錮に処すべき罪に当たるものでないとき。
二　引渡犯罪に係る行為が日本国内において行われ、又は引渡犯罪に係る裁判が日本国の裁判所において行われたとした場合において、日本国の法令により引渡犯罪人に刑罰を科し、又はこれを執行することができないと認められるとき。
三　引渡犯罪について国際刑事裁判所において有罪の判決の言渡しがある場合を除き、引渡犯罪人がその引渡犯罪に係る行為を行ったことを疑うに足りる相当な理由がないとき。
四　引渡犯罪に係る事件が日本国の裁判所に係属するとき、又はその事件について日本国の裁判所において確定判決を経たとき。
五　引渡犯罪人の犯した引渡犯罪以外の罪に係る事件が日本国の裁判所に係属するとき、又はその事件について引渡犯罪人が日本国の裁判所において刑に

処せられ、その執行を終わらず、若しくは執行を受けないこととなっていないとき。

六　引渡犯罪人が日本国民であるとき。

（法務大臣の措置）

第二十条　法務大臣は、外務大臣から第四条の規定により引渡犯罪人の引渡しに係る協力の請求に関する書面の送付を受けたときは、次の各号のいずれかに該当する場合を除き、東京高等検察庁検事長に対し、関係書類を送付して、引渡犯罪人を引き渡すことができる場合に該当するかどうかについて東京高等裁判所に審査の請求をすべき旨を命ずるものとする。

一　明らかに前条第一項各号又は第二項各号のいずれかに該当すると認めるとき。

二　当該協力の請求が逃亡犯罪人引渡法（昭和二十八年法律第六十八号）第三条に規定する逃亡犯罪人の引渡しの請求又は同法第二十三条第一項に規定する犯罪人を仮に拘禁することの請求と競合し、かつ、規程の定めるところによりこれらの請求を優先させることができる場合において、当該逃亡犯罪人の引渡し又は犯罪人を仮に拘禁することが相当であると認めるとき。

三　当該協力の請求に応ずることにより、規程第九十八条に規定する国際法に基づく義務又は国際約束に基づく義務に反することとなるとき。

四　当該協力の請求に応ずることにより、引渡犯罪以外の罪に係る事件で日本国の検察官、検察事務官若しくは司法警察職員によって捜査されているもの又は引渡犯罪以外の罪に係る事件（引渡犯罪人以外の者が犯したものに限る。）で日本国の裁判所に係属しているものについて、その捜査又は裁判を妨げるおそれがあり、直ちに当該請求に応ずることが相当でないと認めるとき。

五　その他直ちに当該協力の請求に応じないことに正当な理由があるとき。

2　法務大臣は、前項の規定による命令その他引渡犯罪人の引渡しに関する措置をとるため必要があると認めるときは、引渡犯罪人の所在その他必要な事項について調査を行うことができる。

（引渡犯罪人の拘禁）

第二十一条　東京高等検察庁検事長は、前条第一項の規定による命令を受けたときは、引渡犯罪人が仮拘禁許可状により拘禁され、又は仮拘禁許可状による拘禁を停止されている場合を除き、東京高等検察庁の検察官をして、東京高等裁判所の裁判官があらかじめ発する拘禁許可状により、引渡犯罪人を拘禁させなければならない。

2　逃亡犯罪人引渡法第五条第二項及び第三項、第六条並びに第七条の規定は、前項の拘禁許可状による引渡犯罪人の拘禁について準用する。この場合において、同法第五条第三項中「請求国の名称、有効期間」とあるのは、「有効期間」と読み替えるものとする。

（審査の請求）

第二十二条　東京高等検察庁の検察官は、第二十条第一項の規定による命令があったときは、引渡犯罪人の現在地が分からない場合を除き、速やかに、東京高等裁判所に対し、引渡犯罪人を引き渡すことができる場合に該当するかどうかについて審査の請求をしなければならない。

2　逃亡犯罪人引渡法第八条第一項後段、第二項及び第三項の規定は、引渡犯罪人の引渡しに係る前項の審査の請求について準用する。

（東京高等裁判所の審査）

第二十三条　東京高等裁判所は、審査の結果に基づいて、次の各号に掲げる区分に応じ、当該各号に定める決定をしなければならない。

一　前条第一項の審査の請求が不適法であるとき　却下する決定

二　引渡犯罪人を引き渡すことができる場合に該当するとき　その旨の決定

三　引渡犯罪人を引き渡すことができる場合に該当しないとき　その旨の決定

2　逃亡犯罪人引渡法第九条の規定は前条第一項の審査の請求に係る東京高等裁判所の審査について、同法第十条第二項及び第三項の規定は前項の決定について、同法第十一条の規定は第二十条第一項の規定による命令の取消しについて、同法第十二条の規定は引渡犯罪人の釈放について、同法第十三条の規定は当該審査に係る裁判書の謄本について、それぞれ準用する。この場合において、同

法第九条第三項ただし書中「次条第一項第一号又は第二号」とあるのは「国際刑事裁判所に対する協力等に関する法律（平成十九年法律第三十七号）第二十三条第一項第一号又は第三号」と、同法第十一条第一項中「第三条の」とあるのは「国際刑事裁判所に対する協力等に関する法律第四条の」と、「請求国」とあるのは「国際刑事裁判所」と、「受け、又は第三条第二号に該当するに至つた」とあるのは「受けた」と、同条第二項中「第四条第一項の」とあるのは「国際刑事裁判所に対する協力等に関する法律第二十条第一項の」と、「第四条第一項各号」とあるのは「同条第一項各号」と、「第八条第三項」とあるのは「同法第二十二条第二項において準用する第八条第三項」と、同法第十二条中「第十条第一項第一号若しくは第二号」とあるのは「国際刑事裁判所に対する協力等に関する法律第二十三条第一項第一号若しくは第三号」と読み替えるものとする。

（審査手続の停止）

第二十四条　東京高等裁判所は、前条第二項において準用する逃亡犯罪人引渡法第九条の審査において、引渡犯罪人から、引渡犯罪に係る事件が外国の裁判所に係属すること又は当該事件について外国の裁判所において確定判決を経たことを理由として、当該引渡犯罪人の引渡しが認められない旨の申立てがされた場合には、国際刑事裁判所において当該事件につき規程第十七条1の規定により事件を受理するかどうかが決定されるまでの間、決定をもって、審査の手続を停止することができる。

2　東京高等検察庁検事長は、前項の申立てがあったときは、速やかに、法務大臣に対し、その旨の報告をしなければならない。

3　法務大臣は、前項の報告を受けたときは、外務大臣に対し、第一項の申立てがあった旨の通知をするものとする。

4　外務大臣は、前項の通知を受けたときは、国際刑事裁判所に対し、第一項の申立てがあった旨の通報をするとともに、引渡犯罪につき規程第十七条1の規定による事件を受理するかどうかの決定に関し、国際刑事裁判所と協議するものとする。

5　東京高等検察庁の検察官は、第一項の規定により審査の手続が停止された場合において、必要と認めるときは、引渡犯罪人の拘禁の停止をすることができる。この場合において、必要と認めるときは、当該引渡犯罪人を親族その他の者に委託し、又は当該引渡犯罪人の住居を制限するものとする。

6　東京高等検察庁の検察官は、前項の規定による拘禁の停止がされている場合において、国際刑事裁判所において引渡犯罪につき規程第十七条1の規定により事件を受理する旨の決定があったときは、その拘禁の停止を取り消さなければならない。

7　逃亡犯罪人引渡法第二十二条第三項から第六項までの規定は、前項の規定により引渡犯罪人の拘禁の停止を取り消した場合について準用する。

8　第一項の規定により審査の手続が停止された場合における前条第二項において準用する逃亡犯罪人引渡法第九条第一項の規定の適用については、同項中「二箇月」とあるのは、「二箇月（国際刑事裁判所に対する協力等に関する法律第二十四条第一項の規定により審査の手続が停止された期間を除く。）」とする。

（引渡犯罪人の引渡しに関する法務大臣の命令等）

第二十五条　法務大臣は、第二十三条第一項第二号の決定があった場合において、第二十条第一項第二号から第五号までのいずれにも該当しないと認めるときは、東京高等検察庁検事長に対し引渡犯罪人の引渡しを命ずるとともに、引渡犯罪人にその旨を通知しなければならない。この場合において、当該引渡犯罪人が拘禁許可状により拘禁されているときは、その引渡しの命令は、当該決定があった日から十日以内にしなければならない。

2　法務大臣は、前項に規定する決定があった場合において、第二十条第一項第二号又は第三号のいずれかに該当すると認めるときは、直ちに東京高等検察庁検事長及び引渡犯罪人にその旨を通知するとともに、東京高等検察庁検事長に対し拘禁許可状により拘禁されている引渡犯罪人の釈放を命じなければならない。

3　東京高等検察庁の検察官は、前項の規定による命令があったときは、直ちに、拘禁許可状により拘禁されている引渡犯罪人を釈放しなければならない。

4　法務大臣は、第一項に規定する決定があった場合において、第二十条第一項第四号又は第五号のいずれかに該当すると認めるときは、東京高等検察庁検事長に対し、その旨を通知するとともに、拘禁許可状により拘禁されている引渡犯罪人の拘禁の停止をするよう命じなければならない。

5　東京高等検察庁の検察官は、前項の規定による拘禁の停止の命令があったときは、直ちに、拘禁許可状により拘禁されている引渡犯罪人の拘禁の停止をしなければならない。この場合においては、前条第五項後段の規定を準用する。

6　法務大臣は、第四項の規定による拘禁の停止の命令をした後において、第二十条第一項第四号及び第五号のいずれにも該当しないこととなったときは、第一項の規定による引渡しの命令をしなければならない。

7　東京高等検察庁の検察官は、前項の引渡しの命令があったときは、第五項の規定による拘禁の停止を取り消さなければならない。

8　逃亡犯罪人引渡法第二十二条第三項から第六項までの規定は、前項の規定により引渡犯罪人の拘禁の停止を取り消した場合について準用する。

（引渡犯罪人の引渡しの命令の延期）

第二十六条　法務大臣は、前条第一項に規定する場合（引渡犯罪が重大犯罪である場合に限る。）において、次の各号のいずれかに該当し、かつ、直ちに引渡犯罪人の引渡しをすることが相当でないと認めるときは、同項の規定にかかわらず、その引渡しの命令を延期することができる。

一　引渡犯罪人の犯した引渡犯罪以外の罪に係る事件が日本国の裁判所に係属するとき。

二　前号に規定する事件について、引渡犯罪人が日本国の裁判所において刑に処せられ、その執行を終わらず、又は執行を受けないこととなっていないとき。

2　法務大臣は、前項の規定により引渡犯罪人の引渡しの命令を延期するときは、東京高等検察庁検事長に対し、その旨を通知するとともに、拘禁許可状により拘禁されている引渡犯罪人の拘禁の停止をするよう命じなければならない。

3　東京高等検察庁の検察官は、前項の規定による命令があったときは、直ちに、拘禁許可状により拘禁されている引渡犯罪人の拘禁の停止をしなければならない。この場合においては、第二十四条第五項後段の規定を準用する。

4　法務大臣は、第二項の規定による拘禁の停止の命令をした後において、第一項各号のいずれにも該当しないこととなったとき、又は当該引渡犯罪人を引き渡すことが相当でないと認める事由がなくなったときは、東京高等検察庁検事長に対し、前条第一項の規定による引渡しの命令をしなければならない。

5　東京高等検察庁の検察官は、前項の引渡しの命令があったときは、第三項の規定による拘禁の停止を取り消さなければならない。

6　逃亡犯罪人引渡法第二十二条第三項から第六項までの規定は、前項の規定により引渡犯罪人の拘禁の停止を取り消した場合について準用する。

（拘禁が困難な場合における拘禁の停止及びその取消し）

第二十七条　東京高等検察庁の検察官は、拘禁許可状により拘禁されている引渡犯罪人の申立てにより又は職権で、拘禁によって著しく引渡犯罪人の健康を害するおそれがあるときその他拘禁を継続することが困難であると認めるときは、当該引渡犯罪人の拘禁の停止をすることができる。

2　東京高等検察庁検事長は、前項の申立てがあったとき又は東京高等検察庁の検察官が職権で拘禁の停止をしようとするときは、法務大臣に対し、その旨の報告をしなければならない。

3　法務大臣は、前項の報告を受けたときは、外務大臣に対し、その旨の通知をするものとする。

4　外務大臣は、前項の通知を受けたときは、国際刑事裁判所に対し、引渡犯罪人の拘禁の停止に関する意見を求めるものとする。

5　東京高等検察庁の検察官は、第一項の規定により拘禁の停止をするかどうかの判断に当たっては、前項の意見を尊重するものとする。ただし、急速を要し、当該意見を聴くいとまがないときは、これを待たないで当該拘禁の停止をすることができる。

6　第二十四条第五項後段の規定は、第一項の規定により拘禁の停止をする場合について準用する。

7　東京高等検察庁の検察官は、必要と認めるときは、いつでも、第一項の規定による拘禁の停止を取り消すことができる。

8　逃亡犯罪人引渡法第二十二条第三項から第六項までの規定は、前項の規定により引渡犯罪人の拘禁の停止を取り消した場合について準用する。

（拘禁の停止中の失効）

第二十八条　次の各号のいずれかに該当するときは、第二十四条第五項、第二十五条第五項、第二十六条第三項又は前条第一項の規定により停止されている拘禁は、その効力を失う。

一　引渡犯罪人に対し、第二十三条第一項第一号又は第三号の決定の裁判書の謄本が送達されたとき。

二　引渡犯罪人に対し、第二十三条第二項において準用する逃亡犯罪人引渡法第十一条第二項の規定による通知があったとき。

三　引渡犯罪人に対し、第二十五条第二項の規定により法務大臣から第二十条第一項第二号又は第三号のいずれかに該当する旨の通知があったとき。

（引渡犯罪人の引渡しの期限）

第二十九条　第二十五条第一項の規定による命令に基づく引渡犯罪人の引渡しは、当該命令の日（拘禁の停止がされているときは、当該拘禁の停止の取消しにより引渡犯罪人が拘禁された日）から三十日以内にしなければならない。

2　第二十五条第一項の規定による命令があった後に第二十七条第一項の規定により拘禁の停止がされた場合における前項の規定の適用については、当該拘禁の停止がされていた期間は、同項の期間に算入しないものとする。

（外務大臣との協議）

第三十条　法務大臣は、次の各号のいずれかに該当する場合には、あらかじめ、外務大臣と協議するものとする。

一　第二十条第一項第一号（第十九条第一項に係る部分に限る。）に該当することを理由として、第二十条第一項の規定による命令を留保するとき。

二　第二十条第一項第二号又は第三号のいずれかに該当することを理由として、引渡犯罪人の引渡しに係る協力をしないこととするとき。

三　第二十条第一項第四号又は第五号のいずれかに該当することを理由として、同項の規定による命令を留保し、又は第二十五条第四項の規定による措置をとるとき。

四　第二十六条第一項の規定により引渡犯罪人の引渡しの命令を延期するとき。

（引渡犯罪人の引渡しに関する措置）

第三十一条　逃亡犯罪人引渡法第十六条第一項から第三項まで、第十七条第一項、第十八条及び第十九条の規定は、第二十五条第一項の規定による引渡しの命令に係る引渡犯罪人の引渡しについて準用する。この場合において、同法第十八条中「前条第五項又は第二十二条第六項の規定による報告」とあるのは「国際刑事裁判所に対する協力等に関する法律第二十五条第八項、第二十六条第六項又は第二十七条第八項において準用する第二十二条第六項の規定による報告（同法第二十七条第八項において準用する場合にあっては、同法第二十五条第一項の規定による引渡しの命令があった後に拘禁の停止の取消しがされた場合における報告に限る。）」と、同法第十九条中「請求国」とあるのは「国際刑事裁判所」と読み替えるものとする。

2　前項において準用する逃亡犯罪人引渡法第十六条第一項の引渡状及び同条第三項の受領許可状には、引渡犯罪人の氏名、引渡犯罪名、引渡しの場所、引渡しの期限及び発付の年月日並びに国際刑事裁判所の言い渡した拘禁刑の執行中に逃亡した引渡犯罪人の引渡しにあっては国際刑事裁判所が引渡先として指定する外国の名称を記載し、法務大臣が記名押印しなければならない。

第三十二条　前条第一項において準用する逃亡犯罪人引渡法第十七条第一項の規定による指揮を受けた刑事施設の長又はその指名する刑事施設の職員は、引渡犯罪人を、引渡状に記載された引渡しの場所に護送し、国際刑事裁判所の指定する者であって受領許可状を有するものに引き渡さなければならない。

第三十三条　前条の規定により引渡犯罪人の引渡しを日本国内において受けた者は、速やかに、当該引渡犯罪人を国際刑事裁判所又は第三十一条第二項に規定する引渡先として指定された外国に護送するものとする。

第二款　仮拘禁

（仮拘禁の命令）

第三十四条　法務大臣は、外務大臣から第四条の規定により仮拘禁に係る協力の請求に関する書面の送付を受けたときは、第二十条第一項各号（第一号については、第十九条第一項第三号に係る部分を除く。）のいずれかに該当すると認める場合を除き、東京高等検察庁検事長に対し、仮拘禁をすべき旨を命じなければならない。

（仮拘禁に関する措置）

第三十五条　東京高等検察庁検事長は、前条の規定による命令を受けたときは、東京高等検察庁の検察官をして、東京高等裁判所の裁判官があらかじめ発する仮拘禁許可状により、仮拘禁犯罪人を拘禁させなければならない。

2　逃亡犯罪人引渡法第五条第二項及び第三項、第六条並びに第七条の規定は前項の仮拘禁許可状による仮拘禁犯罪人の拘禁について、同法第二十六条の規定は仮拘禁許可状により拘禁されている仮拘禁犯罪人の釈放について、同法第二十七条の規定は仮拘禁許可状が発せられている仮拘禁犯罪人について第二十条第一項の規定による命令があった場合について、同法第二十八条の規定は前条に規定する書面の送付があった後に国際刑事裁判所から仮拘禁犯罪人の引渡しの請求をしない旨の通知があった場合について、同法第二十九条の規定は仮拘禁許可状により拘禁されている仮拘禁犯罪人について、それぞれ準用する。この場合において、同法第五条第三項中「請求国の名称、有効期間」とあるのは「有効期間」と、同法第二十六条第一項中「第三条の規定による引渡しの請求に関する」とあるのは「国際刑事裁判所に対する協力等に関する法律第二十条第一項に規定する」と、「第四条第一項各号」とあるのは「同項各号」と、同法第二十七条第三項中「第八条第一項」とあるのは「国際刑事裁判所に対する協力等に関する法律第二十二条第二項において準用する第八条第一項後段」と、同法第二十九条中「拘束された日から二箇月（引渡条約に二箇月より短い期間の定めがあるときは、その期間）」とあるのは「拘束された日の翌日から六十日」と読み替えるものとする。

3　東京高等検察庁の検察官は、仮拘禁許可状により拘禁されている仮拘禁犯罪人の申立てにより又は職権で、拘禁によって著しく仮拘禁犯罪人の健康を害するおそれがあるときその他拘禁の継続が困難であると認めるときは、当該仮拘禁犯罪人の拘禁の停止をすることができる。

4　第二十七条第二項から第七項まで及び逃亡犯罪人引渡法第二十二条第三項から第五項までの規定は、前項の規定による仮拘禁犯罪人の拘禁の停止及び当該拘禁の停止を取り消した場合について準用する。

5　第三項の規定により仮拘禁許可状による拘禁の停止があった場合において、仮拘禁犯罪人に対し第二項において準用する逃亡犯罪人引渡法第二十七条第一項の規定による告知がされたときは、当該仮拘禁許可状による拘禁の停止は、第二十七条第一項の規定による拘禁の停止とみなす。

6　第三項の規定により仮拘禁許可状による拘禁の停止があった場合において、次の各号のいずれかに該当するときは、停止されている仮拘禁許可状による拘禁は、その効力を失う。

一　仮拘禁犯罪人に対し、第二項において準用する逃亡犯罪人引渡法第二十六条第一項又は第二十八条第二項の規定による通知があったとき。

二　仮拘禁犯罪人が仮拘禁許可状により拘束された日の翌日から六十日以内に、当該仮拘禁犯罪人に対し、第二項において準用する逃亡犯罪人引渡法第二十七条第一項の規定による告知がないとき。

第三款　雑則

（行政手続法等の適用除外）

第三十六条　前二款の規定に基づいて行う処分については、行政手続法（平成五年法律第八十八号）第三章の規定は、適用しない。

2　前二款の規定に基づいて行う処分（行政事件訴訟法（昭和三十七年法律第百三十九号）第三条第二項に規定する処分をいう。）又は裁決（同条第三項に規定する裁決をいう。）に係る抗告訴訟（同条第一項に規定する抗告訴訟をいう。）については、同法第十二条第四項及び第五項（これらの規定を同法第三十八条第一項において準用する場合を含む。）の規定は、適用しない。

（準用）

第三十七条　逃亡犯罪人引渡法第三十二条の規定は、前二款に定める東京高等裁判所若しくはその裁判官又は東京高等検察庁の検察官の職務の執行について準用する。

第四節　執行協力

（執行協力の要件）

第三十八条　執行協力は、請求犯罪が重大犯罪である場合には、次の各号のいずれかに該当する場合を除き、これを行うことができる。

一　没収刑のための保全に係る執行協力については、請求犯罪に係る事件が日本国の裁判所に係属するとき。ただし、当該事件について、国際刑事裁判所において、規程第十七条1の規定により事件を受理する旨の決定をし、又は公判手続を開始しているときは、この限りでない。

二　没収刑のための保全に係る執行協力については、請求犯罪に係る事件について日本国の裁判所において確定判決を経たとき。ただし、当該事件について、国際刑事裁判所において、規程第十七条1の規定により事件を受理する旨の決定をし、又は有罪の判決の言渡しをしているときは、この限りでない。

三　没収刑のための保全に係る執行協力については、請求犯罪につき日本国において刑罰を科すとした場合において、日本国の法令によれば当該執行協力の請求に係る財産が没収保全をすることができる財産に当たるものでないとき（当該請求に係る財産が、請求犯罪に係る行為によりその被害を受けた者から得た財産である場合には、その者又はその一般承継人に帰属することを理由として没収保全をすることができる財産に当たるものでないときを除く。）。

四　被害回復命令のための保全であってその内容及び性質を考慮して日本国の法令によれば没収の保全に相当するものに係る執行協力については、請求犯罪につき日本国において刑罰を科すとした場合において、日本国の法令によれば当該執行協力の請求に係る財産が没収保全をすることができる財産に当たるものでないとき（当該請求に係る財産が、重大犯罪に係る行為によりその被害を受けた者から得た財産であって、被害回復命令によりその者又はその一般承継人に返還すべきものである場合には、それらの者に帰属することを理由として没収保全をすることができる財産に当たるものでないときを除く。）。

五　被害回復命令のための保全であってその内容及び性質を考慮して日本国の法令によれば追徴の保全に相当するものに係る執行協力については、請求犯罪につき日本国において刑罰を科すとした場合において、日本国の法令によれば当該執行協力の請求に係る財産が追徴保全をすることができる財産に当たるものでないとき。

2　執行協力は、請求犯罪が規程第七十条1に規定する犯罪である場合には、次の各号のいずれかに該当する場合を除き、これを行うことができる。

一　請求犯罪に係る行為が日本国内において行われたとした場合において、日本国の法令によればこれについて刑罰を科すことができないと認められるとき。

二　請求犯罪に係る事件が日本国の裁判所に係属するとき、又はその事件について日本国の裁判所において確定判決を経たとき。

三　没収刑のための保全に係る執行協力については、請求犯罪につき日本国において刑罰を科すとした場合において、日本国の法令によれば当該執行協力の請求に係る財産が没収保全をすることができる財産に当たるものでないとき（当該請求に係る財産が、請求犯罪に係る行為によりその被害を受けた者から得た財産である場合には、その者又はその一般承継人に帰属することを理由として没収保全をすることができる財産に当たるものでないときを除く。）。

（法務大臣の措置）

第三十九条　法務大臣は、外務大臣から第四条の規定により執行協力の請求に関する書面の送付を受けたときは、次の各号のいずれかに該当する場合を除き、相当と認める地方検察庁の検事正に対し、関係書類を送付して、執行協力に必要な措置をとるよう命ずるものとする。

一　前条第一項各号又は第二項各号のいずれかに該当すると認めるとき。

二　執行協力の請求が組織的な犯罪の処罰及び犯罪収益の規制等に関する法律（平成十一年法律第百三十六号。以下「組織的犯罪処罰法」という。）第五十九条第一項の規定による共助、国際的な協力の下に規制薬物に係る不正行為を助長する行為等の防止を図るための麻薬及び向精神薬取締法等の特例等に関する法律（平成三年法律第九十四号）第二十一条の規定による共助又は捜査共助の要請と競合し、かつ、規程の定めるところによりその要請を優先させることができる場合において、当該要請に係る措置をとることが相当であると認めるとき。

三　執行協力の請求に応ずることにより、規程第九十八条1に規定する国際法に基づく義務に反することとなるとき。

四　執行協力の請求に応ずることにより、請求犯罪以外の罪に係る事件で日本国の検察官、検察事務官若しくは司法警察職員によって捜査され又は日本国の裁判所に係属しているものについて、その捜査又は裁判を妨げるおそれがあり、直ちに当該請求に応ずることが相当でないと認めるとき。

五　その他直ちに執行協力の請求に応じないことに正当な理由があるとき。

2　法務大臣は、次の各号のいずれかに該当する場合には、あらかじめ、外務大臣と協議するものとする。

一　前項第二号又は第三号のいずれかに該当することを理由として、執行協力に係る協力をしないこととするとき。

二　前項第一号（前条第一項第一号及び第二号に係る部分に限る。）、第四号又は第五号のいずれかに該当することを理由として、前項の規定による命令を留保するとき。

3　第六条第四項の規定は、第一項の規定による命令その他執行協力に関する措置をとる場合について準用する。

（検事正の措置及び審査の請求）

第四十条　前条第一項の規定による命令を受けた検事正は、その庁の検察官に執行協力に必要な措置をとらせ、執行協力の実施に係る財産を保管しなければならない。

2　前項の検察官は、執行協力の請求が罰金刑、没収刑又は被害回復命令の確定裁判の執行に係るものであるときは、裁判所に対し、執行協力をすることができる場合に該当するかどうかについて審査の請求をしなければならない。この場合において、当該請求が被害回復命令の確定裁判の執行に係るものであるときは、当該被害回復命令の内容及び性質を考慮し、これが日本国の法令によれば没収又は追徴の確定裁判のいずれに相当するかについて、意見を付さなければならない。

（裁判所の審査等）

第四十一条　裁判所は、審査の結果に基づいて、次の各号に掲げる区分に応じ、当該各号に定める決定をしなければならない。

一　前条第二項の審査の請求が不適法であるとき　却下する決定

二　執行協力の請求に係る確定裁判の全部又は一部について執行協力をすることができる場合に該当するとき　その旨の決定

三　執行協力の請求に係る確定裁判の全部について執行協力をすることができる場合に該当しないとき　その旨の決定

2　裁判所は、被害回復命令の確定裁判に係る執行協力の請求について、前項第二号に定める決定をするときは、当該被害回復命令の内容及び性質に応じ、当該確定裁判が日本国の法令によれば没収又は追徴の確定裁判のいずれに相当するかを示さなければならない。

3　裁判所は、没収刑の確定裁判の執行に係る執行協力の請求について、第一項第二号に定める決定をするときは、滅失、毀《き》損その他の事由により当該確定裁判を執行することができない場合にこれに代えて当該確定裁判を受けた者から追徴すべき日本円の金額を同時に示さなければならない。被害回復命令の確定裁判の執行に係る執行協力の請求について、同号に定める決定をする場合において、前項の規定により当該確定裁判が没収の確定裁判に相当する旨を示すべきときも、同様とする。

4　裁判所は、没収刑の確定裁判の執行に係る執行協力の請求について、第一項第二号に定める決定をする場合において、請求犯罪につき日本国において刑罰

を科すとした場合において日本国の法令によれば当該請求に係る財産が没収の裁判をすることができる財産に当たるものでないと認めるとき（当該請求に係る財産が、請求犯罪に係る行為によりその被害を受けた者から得た財産である場合には、その者又はその一般承継人に帰属することを理由として没収の裁判をすることができる財産に当たるものでないと認めるときを除く。）は、その旨及び当該確定裁判の執行に代えて当該確定裁判を受けた者から追徴すべき日本円の金額を同時に示さなければならない。

5　裁判所は、被害回復命令の確定裁判に係る執行協力の請求について、第一項第二号に定める決定をする場合（第二項の規定により当該確定裁判が没収の確定裁判に相当する旨を示すべきときに限る。）において、請求犯罪につき日本国において刑罰を科すとした場合において日本国の法令によれば当該請求に係る財産が没収の裁判をすることができる財産に当たるものでないと認めるとき（当該請求に係る財産が、重大犯罪に係る行為によりその被害を受けた者から得た財産であって、被害回復命令によりその者又はその一般承継人に返還すべきものである場合には、それらの者に帰属することを理由として没収の裁判をすることができる財産に当たるものでないと認めるときを除く。）は、その旨及び当該確定裁判の執行に代えて当該確定裁判を受けた者から追徴すべき日本円の金額を同時に示さなければならない。

6　裁判所は、没収刑の確定裁判の執行に係る執行協力の請求について、第一項第二号に定める決定をする場合において、当該確定裁判に係る目的とされている財産を有し又はその財産の上に地上権、抵当権その他の権利を有すると思料するに足りる相当な理由のある者が、自己の責めに帰することのできない理由により、当該確定裁判に係る手続において自己の権利を主張することができなかったと認めるときは、その旨及び当該確定裁判の執行に代えて当該確定裁判を受けた者から追徴すべき日本円の金額を同時に示さなければならない。被害回復命令の確定裁判の執行に係る執行協力の請求について、同号に定める決定をする場合（第二項の規定により当該確定裁判が没収の確定裁判に相当する旨を示すべきときに限る。）においても、同様とする。

7　前条第二項の規定による審査に関しては、没収刑の確定裁判の執行に係る執行協力の請求について、当該請求に係る財産を有し若しくはその財産の上に地上権、抵当権その他の権利を有すると思料するに足りる相当な理由のある者又はこれらの財産若しくは権利について没収刑のための保全がされる前に強制競売の開始決定、強制執行による差押え若しくは仮差押えの執行がされている場合における差押債権者若しくは仮差押債権者が、当該審査請求事件の手続への参加を許されていないときは、第一項第二号に定める決定をすることができない。被害回復命令の確定裁判であってその内容及び性質を考慮して日本国の法令によれば没収の確定裁判に相当すると認めるものに係る同号に定める決定についても、同様とする。

8　組織的犯罪処罰法第五十九条第三項及び第六十二条第三項の規定は没収刑の確定裁判の執行に係る執行協力の請求について第一項第二号に定める決定をする場合（被害回復命令の確定裁判の執行に係る執行協力の請求について、第一項第二号に定める決定をする場合において、第二項の規定により当該確定裁判が没収の確定裁判に相当する旨を示すべきときを含む。）について、同条第五項及び第七項から第九項までの規定は執行協力の請求に係る前条第二項の規定による審査について、組織的犯罪処罰法第六十三条の規定は前条第二項の審査の請求に係る決定に対する抗告について、それぞれ準用する。

（執行協力の実施に関する決定の効力等）

第四十二条　次の各号に掲げる確定裁判の執行に係る執行協力の請求について、前条第一項第二号に定める決定が確定したときは、当該確定裁判は、執行協力の実施に関しては、それぞれ、当該各号に定める日本国の裁判所が言い渡した確定裁判とみなす。

一　罰金刑の確定裁判　罰金の確定裁判

二　没収刑及び前条第二項の規定により没収の確定裁判に相当する旨が示された被害回復命令の確定裁判（次号に掲げるものを除く。）　没収の確定裁判

三　没収刑又は前条第二項の規定により没収の確定裁判に相当する旨が示された被害回復命令であって、同条第四項から第六項までの規定により追徴すべ

き日本円の金額が示されたものの確定裁判追徴の確定裁判

四　前条第二項の規定により追徴の確定裁判に相当する旨が示された被害回復命令の確定裁判追徴の確定裁判

2　前項第二号に掲げる確定裁判についての執行協力を実施する場合において、その没収刑又は被害回復命令の目的とされている財産について、滅失、毀損その他の事由により当該確定裁判を執行することができないときは、同項の規定にかかわらず、当該確定裁判は、これを受けた者から前条第三項の規定により示された金額を追徴する旨の日本国の裁判所が言い渡した確定裁判とみなす。

3　検察官は、第一項第二号に掲げる確定裁判についての執行協力の実施に係る財産で、国際刑事裁判所への送付に適さないものについては、これを売却することができる。この場合において、その代価は、当該確定裁判についての執行協力の実施に係る財産とみなす。

4　検事正は、罰金刑、没収刑又は被害回復命令の確定裁判の執行に係る執行協力の実施を終えたときは、速やかに、その執行協力の実施に係る財産を法務大臣に引き渡さなければならない。

5　組織的犯罪処罰法第六十五条の規定は、第一項に規定する執行協力の請求に係る前条第一項第二号に定める決定の取消しについて準用する。この場合において、組織的犯罪処罰法第六十五条第二項中「没収」とあるのは「罰金、没収」と、同条第三項中「第六十三条」とあるのは「国際刑事裁判所に対する協力等に関する法律（平成十九年法律第三十七号）第四十一条第八項において準用する第六十三条」と読み替えるものとする。

（没収保全の請求）

第四十三条　検察官は、執行協力の請求が、没収刑のための保全に係るものであるとき、又は被害回復命令のための保全に係るものであってその内容及び性質を考慮して日本国の法令によれば没収の保全に相当するものであると認めるときは、裁判官に、没収保全命令を発して当該請求に係る財産についてその処分を禁止することを請求しなければならない。この場合において、検察官は、必要と認めるときは、附帯保全命令を発して当該財産の上に存在する地上権、抵当権その他の権利の処分を禁止することを請求することができる。

2　第四十条第二項の審査の請求があった後は、前項の没収刑又は被害回復命令のための保全に関する処分は、その審査の請求を受けた裁判所が行う。

（没収保全命令）

第四十四条　裁判所又は裁判官は、前条第一項前段の規定による請求を受けた場合において、第三十八条第一項各号及び第二項各号のいずれにも該当しないと認めるときは、没収保全命令を発して、当該請求に係る財産について、この節の定めるところにより、その処分を禁止するものとする。

2　裁判所又は裁判官は、地上権、抵当権その他の権利がその上に存在する財産について没収保全命令を発した場合又は発しようとする場合において、当該権利が没収刑の執行によって消滅すると思料するに足りる相当な理由がある場合であってその執行のため必要があると認めるとき、又は当該権利が仮装のものであると思料するに足りる相当な理由があると認めるときは、検察官の請求により、附帯保全命令を別に発して、当該権利の処分を禁止することができる。

3　組織的犯罪処罰法第二十二条第三項、第四項及び第六項並びに第二十三条第六項の規定は、第一項の没収保全命令又は前項の附帯保全命令について準用する。この場合において、組織的犯罪処罰法第二十二条第三項中「被告人」とあるのは「国際刑事裁判所に対する協力等に関する法律第二条第十号に規定する没収刑又は被害回復命令の裁判を受けるべき者」と、「公訴事実」とあるのは「同条第十二号に規定する請求犯罪」と、同条第四項中「第一項若しくは第二項」とあるのは「国際刑事裁判所に対する協力等に関する法律第四十四条第一項若しくは第二項」と、組織的犯罪処罰法第二十三条第六項中「第一項又は第四項」とあるのは「国際刑事裁判所に対する協力等に関する法律第四十三条第一項」と読み替えるものとする。

4　第一項の没収保全命令又は第二項の附帯保全命令については、国際刑事裁判所において規程第六十一条1に規定する審理が行われる前であっても、これをすることができる。

5　組織的犯罪処罰法第二十三条第七項及び第六十八条の規定は、前項の場合に

おける没収保全命令について準用する。この場合において、組織的犯罪処罰法第二十三条第七項中「公訴の提起があった」とあるのは「国際刑事裁判所に関するローマ規程第六十一条1に規定する審理が開始された」と、「被告人」とあるのは「当該審理の対象とされる者」と、組織的犯罪処罰法第六十八条第一項中「没収又は追徴のための保全の共助の要請が公訴の提起されていない」とあるのは「国際刑事裁判所に対する協力等に関する法律第二条第十号に規定する没収刑又は被害回復命令のための保全に係る同号に規定する執行協力の請求が国際刑事裁判所に関するローマ規程第六十一条1に規定する審理が開始されていない」と、「要請国」とあるのは「国際刑事裁判所」と、「公訴が提起された」とあるのは「当該審理が開始された」と、同条第二項中「要請国」とあるのは「国際刑事裁判所」と、「公訴を提起できない」とあるのは「国際刑事裁判所に関するローマ規程第六十一条1に規定する審理を行うことができない」と読み替えるものとする。

6　前項において準用する組織的犯罪処罰法第六十八条第二項の規定による更新の裁判は、検察官に告知された時にその効力を生ずる。

（追徴保全の請求）

第四十五条　検察官は、執行協力の請求が、被害回復命令のための保全に係るものであってその内容及び性質を考慮して日本国の法令によれば追徴の保全に相当するものであると認めるときは、裁判官に、追徴保全命令を発して被害回復命令の裁判を受けるべき者に対しその財産の処分を禁止することを請求しなければならない。

2　第四十三条第二項の規定は、前項の被害回復命令のための保全に関する処分について準用する。

（追徴保全命令）

第四十六条　裁判所又は裁判官は、前条第一項の規定による請求を受けた場合において、第三十八条第一項各号及び第二項各号のいずれにも該当しないと認めるときは、追徴保全命令を発して、被害回復命令の裁判を受けるべき者に対し、その財産の処分を禁止するものとする。

2　組織的犯罪処罰法第二十二条第四項、第二十三条第六項及び第四十二条第二項から第四項までの規定は、前項の追徴保全命令について準用する。この場合において、組織的犯罪処罰法第二十二条第四項中「第一項若しくは第二項」とあるのは「国際刑事裁判所に対する協力等に関する法律第四十六条第一項」と、組織的犯罪処罰法第二十三条第六項中「第一項又は第四項」とあるのは「国際刑事裁判所に対する協力等に関する法律第四十五条第一項」と、組織的犯罪処罰法第四十二条第三項及び第四項中「被告人」とあるのは「国際刑事裁判所に対する協力等に関する法律第二条第十号に規定する被害回復命令の裁判を受けるべき者」と、同項中「公訴事実」とあるのは「同条第十二号に規定する請求犯罪」と読み替えるものとする。

（準用）

第四十七条　この節に特別の定めがあるもののほか、裁判所若しくは裁判官のする審査、処分若しくは令状の発付、検察官若しくは検察事務官のする処分又は裁判所の審査への利害関係人の参加については組織的犯罪処罰法第三章、第四章（第二十二条、第二十三条、第三十二条、第三十三条、第四十二条、第四十三条、第四十七条及び第四十八条を除く。）及び第六十九条から第七十二条まで、刑事訴訟法（第一編第二章及び第五章から第十三章まで、第二編第一章、第三編第一章及び第四章並びに第七編に限る。）、刑事訴訟費用に関する法令並びに刑事事件における第三者所有物の没収手続に関する応急措置法（昭和三十八年法律第百三十八号）の規定を、執行協力の請求を受理した場合における措置については逃亡犯罪人引渡法第八条第二項並びに第十一条第一項及び第二項の規定を、それぞれその性質に反しない限り、準用する。

（政令への委任）

第四十八条　この節に定めるもののほか、没収保全命令による処分の禁止と滞納処分との手続の調整について必要な事項で、滞納処分に関するものは、政令で定める。

第五節　雑則

（通過護送の承認）

第四十九条　外務大臣は、国際刑事裁判所から通過護送（外国の官憲又は国際刑事裁判所の指定する者（次条において「外国官憲等」という。）が規程第八十九条1の規定による引渡しの対象となる者（次条において「引渡対象者」という。）を日本国内を通過して護送することをいう。次条において同じ。）の承認の請求があったときは、請求の方式が規程に適合しないと認める場合を除き、これを承認するものとする。

（護送中の着陸があった場合の措置）

第五十条　警察官又は入国警備官は、外国官憲等が護送（前条の規定による承認を受けた通過護送を除く。）中の引渡対象者が搭乗する航空機が天候その他やむを得ない理由により日本国内に着陸した場合において、当該引渡対象者を発見したときは、外国官憲等に引き渡すため、これを拘束することができる。

2　入国警備官は、前項の規定により引渡対象者を拘束したときは、これを直ちに警察官に引き渡すものとする。この場合において、警察官は、当該引渡対象者を引き続き拘束することができる。

3　前二項の規定による引渡対象者の拘束は、着陸の時から九十六時間を超えて行うことができない。

4　第一項の規定により引渡対象者を拘束した警察官又は第二項の規定により引渡対象者の引渡しを受けた警察官は、外務大臣に対し、その旨を通知するものとする。

5　外務大臣は、前項の通知を受けたときは、国際刑事裁判所に対し、引渡対象者を拘束した旨を通報するものとする。

6　外務大臣は、国際刑事裁判所から前条の通過護送の承認の請求を受理したときは、第四項の警察官に対し、その旨を通知するものとする。

7　第三項に規定する期間内に前条の通過護送の承認の請求が受理された場合には、警察官は、同項の規定にかかわらず、引渡対象者の護送を行う外国官憲等に引渡対象者を引き渡すまでの間、当該引渡対象者を引き続き拘束することができる。ただし、外務大臣から当該通過護送の承認をしない旨の通知を受けた場合には、その拘束を続けることができない。

8　警察官は、第三項又は前項の規定により引渡対象者の拘束を続けることができなくなったときは、これを入国警備官に引き渡すものとする。

9　前各項に定めるもののほか、警察官による引渡対象者の拘束に関する手続について必要な事項は、国家公安委員会規則で定める。

（最高裁判所規則）

第五十一条　この章に定めるもののほか、証拠の提供に関する令状の発付、証人尋問及び不服申立てに関する手続、引渡犯罪人の引渡し及び仮拘禁に関する裁判所の審査及び令状の発付に関する手続並びに執行協力に関する手続について必要な事項は、最高裁判所規則で定める。

第三章　国際刑事警察機構に対する措置

第五十二条　国家公安委員会は、国際刑事裁判所から国際刑事警察機構を通じて管轄刑事事件の捜査に関する措置の請求を受けたときは、第六条第一項第四号に該当する場合を除き、次の各号のいずれかの措置をとることができる。

一　相当と認める都道府県警察に必要な調査を指示すること。

二　第六条第二項第三号の国の機関の長に当該措置の請求に関する書面を送付すること。

2　国際捜査共助等に関する法律第十八条第三項から第八項までの規定は、前項に規定する請求に係る措置について準用する。この場合において、同条第四項中「同項第二号」とあり、及び同条第七項中「第一項第二号」とあるのは「国際刑事裁判所に対する協力等に関する法律第五十二条第一項第二号」と、同条第六項中「第一項第一号」とあるのは「国際刑事裁判所に対する協力等に関する法律第五十二条第一項第一号」と読み替えるものとする。

第四章　国際刑事裁判所の運営を害する罪

（証拠隠滅等）

第五十三条　他人の管轄刑事事件に関する証拠を隠滅し、偽造し、若しくは変造し、又は偽造若しくは変造の証拠を使用した者は、三年以下の懲役又は三十万

円以下の罰金に処する。

2　犯人の親族が犯人の利益のために前項の罪を犯したときは、その刑を免除することができる。

（証人等威迫）

第五十四条　自己若しくは他人の管轄刑事事件の捜査若しくは裁判に必要な知識を有すると認められる者又はその親族に対し、その事件に関して、正当な理由がないのに面会を強請し、又は強談威迫の行為をした者は、二年以下の懲役又は三十万円以下の罰金に処する。

（証人等買収）

第五十五条　自己又は他人の管轄刑事事件に関し、証言をしないこと、若しくは虚偽の証言をすること、又は証拠を隠滅し、偽造し、若しくは変造すること、若しくは偽造若しくは変造の証拠を使用することの報酬として、金銭その他の利益を供与し、又はその申込み若しくは約束をした者は、二年以下の懲役又は三十万円以下の罰金に処する。

（組織的な犯罪に係る証拠隠滅等）

第五十六条　規程が定める罪に当たる行為が、団体（共同の目的を有する多数人の継続的結合体であって、その目的又は意思を実現する行為の全部又は一部が組織（指揮命令に基づき、あらかじめ定められた任務の分担に従って構成員が一体として行動する人の結合体をいう。以下この項において同じ。）により反復して行われるものをいう。次項において同じ。）の活動として、当該行為を実行するための組織により行われた場合において、その罪に係る管轄刑事事件について前三条（第五十三条第二項を除く。次項において同じ。）のいずれかに該当する行為をした者は、五年以下の懲役又は五十万円以下の罰金に処する。

2　規程が定める罪が、団体に不正権益（団体の威力に基づく一定の地域又は分野における支配力であって、当該団体の構成員による犯罪その他の不正な行為により当該団体又はその構成員が継続的に利益を得ることを容易にすべきものをいう。以下この項において同じ。）を得させ、又は団体の不正権益を維持し、若しくは拡大する目的で犯された場合において、その罪に係る管轄刑事事件について前三条のいずれかに該当する行為をした者も、前項と同様とする。

（偽証等）

第五十七条　規程第六十九条1に定めるところに従って宣誓した証人が虚偽の陳述をしたときは、三月以上十年以下の懲役に処する。

2　前項の罪を犯した者が、その証言をした管轄刑事事件について、その裁判が確定する前に自白したときは、その刑を減軽し、又は免除することができる。

3　国際刑事裁判所における手続に従って宣誓した鑑定人、通訳人又は翻訳人が虚偽の鑑定、通訳又は翻訳をしたときは、前二項の例による。

（収賄、受託収賄及び事前収賄）

第五十八条　国際刑事裁判所の裁判官、検察官その他の職員（以下「国際刑事裁判所職員」という。）が、その職務に関し、賄賂《ろ》を収受し、又はその要求若しくは約束をしたときは、五年以下の懲役に処する。この場合において、請託を受けたときは、七年以下の懲役に処する。

2　国際刑事裁判所職員になろうとする者が、その担当すべき職務に関し、請託を受けて、賄賂を収受し、又はその要求若しくは約束をしたときは、国際刑事裁判所職員となった場合において、五年以下の懲役に処する。

（第三者供賄）

第五十九条　国際刑事裁判所職員が、その職務に関し、請託を受けて、第三者に賄賂を供与させ、又はその供与の要求若しくは約束をしたときは、五年以下の懲役に処する。

（加重収賄及び事後収賄）

第六十条　国際刑事裁判所職員が前二条の罪を犯し、よって不正な行為をし、又は相当の行為をしなかったときは、一年以上の有期懲役に処する。

2　国際刑事裁判所職員が、その職務上不正な行為をしたこと又は相当の行為をしなかったことに関し、賄賂を収受し、若しくはその要求若しくは約束をし、又は第三者にこれを供与させ、若しくはその供与の要求若しくは約束をしたときも、前項と同様とする。

3　国際刑事裁判所職員であった者が、その在職中に請託を受けて職務上不正な

行為をしたこと又は相当の行為をしなかったことに関し、賄賂を収受し、又はその要求若しくは約束をしたときは、五年以下の懲役に処する。

（あっせん収賄）

第六十一条　国際刑事裁判所職員が請託を受け、他の国際刑事裁判所職員に職務上不正な行為をさせるように、又は相当の行為をさせないようにあっせんをすること又はしたことの報酬として、賄賂を収受し、又はその要求若しくは約束をしたときは、五年以下の懲役に処する。

（没収及び追徴）

第六十二条　犯人又は情を知った第三者が収受した賄賂は、没収する。その全部又は一部を没収することができないときは、その価額を追徴する。

（贈賄）

第六十三条　第五十八条から第六十一条までに規定する賄賂を供与し、又はその申込み若しくは約束をした者は、三年以下の懲役又は二百五十万円以下の罰金に処する。

（職務執行妨害及び職務強要）

第六十四条　国際刑事裁判所職員が職務を執行するに当たり、これに対して暴行又は脅迫を加えた者は、三年以下の懲役若しくは禁錮又は五十万円以下の罰金に処する。

2　国際刑事裁判所職員に、ある処分をさせ、若しくはさせないため、又はその職を辞させるために、暴行又は脅迫を加えた者も、前項と同様とする。

（国民の国外犯）

第六十五条　この章の罪は、刑法第三条の例に従う。

附　則（抄）

（施行期日）

第一条　この法律は、規程が日本国について効力を生ずる日〔平一九・一〇・一〕から施行する。

（経過措置）

第二条　この法律の施行前に犯された請求犯罪又は引渡犯罪に係る協力の請求については、第二章の規定は、次の各号のいずれかに該当する場合を除き、適用しない。

一　国際刑事裁判所が規程第十三条(b)の規定により管轄権を行使するとき。

二　当該請求犯罪又は引渡犯罪が、規程の締約国である外国について規程が効力を生じた後に、当該外国内若しくはその国籍を有する船舶若しくは航空機内で犯され、又は当該外国の国籍を有する者により犯されたものであるとき。

三　当該請求犯罪又は引渡犯罪が、規程第十二条3の規定により当該請求犯罪若しくは引渡犯罪について国際刑事裁判所の管轄権の行使を受諾した国の国内若しくはその国籍を有する船舶若しくは航空機内で犯され、又は当該国の国籍を有する者により犯されたものであるとき。

2　前項の規定は、国際刑事警察機構を通じた管轄刑事事件の捜査に関する措置の請求に係る第三章の規定の適用について準用する。

附　則〔平二八・六・三法五四〕（抄）

（施行期日）

第一条　この法律は、公布の日から起算して三年を超えない範囲内において政令で定める日から施行する。ただし、次の各号に掲げる規定は、当該各号に定める日から施行する。

一　〔略〕

二　〔前略〕第八条の規定〔中略〕　公布の日から起算して二十日を経過した日〔平二八・六・二三〕

三・四　〔略〕

附　則〔平二九・六・二一法六七〕（抄）

（施行期日）

第一条　この法律は、公布の日から起算して二十日を経過した日〔平二九・七・一一〕から施行する。〔ただし書略〕

○日本赤十字社法

昭二七・八・一四
法 三 〇 五

最終改正 平二五・六・二一 法五四

目次

第一章 総則

（目的）

第一条 日本赤十字社は、赤十字に関する諸条約及び赤十字国際会議において決議された諸原則の精神にのつとり、赤十字の理想とする人道的任務を達成することを目的とする。

（国際性）

第二条 日本赤十字社は、赤十字に関する国際機関及び各国赤十字社と協調を保ち、国際赤十字事業の発展に協力し、世界の平和と人類の福祉に貢献するように努めなければならない。

（自主性の尊重）

第三条 日本赤十字社の特性にかんがみ、この自主性は、尊重されなければならない。

（法人格及び組織）

第四条 日本赤十字社は、法人とする。

2 日本赤十字社は、社員をもつて組織する。

（標章）

第五条 日本赤十字社は、その標章として、白地赤十字を使用する。

（主たる事務所）

第六条 日本赤十字社は、主たる事務所を東京都に置く。

（定款）

第七条 日本赤十字社は、定款をもつて、左に掲げる事項を規定しなければならない。

一 目的
二 名称
三 事務所の所在地
四 社員に関する事項
五 役員、理事会、代議員及び代議員会に関する事項
六 業務及びその執行に関する事項
七 資産及び会計に関する事項
八 公告の方法

2 定款は、厚生労働大臣の認可を受けて変更することができる。

（登記）

第八条 日本赤十字社は、主たる事務所の変更その他政令で定める事項について、政令で定める手続により登記しなければならない。

2 前項の規定により登記を必要とする事項は、登記の後でなければ、これをもつて第三者に対抗することができない。

（解散）

第九条 日本赤十字社につき解散を必要とする事由が発生した場合において、そ

の処置に関しては、別に法律で定める。

（一般社団法人及び一般財団法人に関する法律の準用）

第十条　一般社団法人及び一般財団法人に関する法律（平成十八年法律第四十八号）第四条（住所）及び第七十八条（代表者の行為についての損害賠償責任）の規定は、日本赤十字社について準用する。この場合において、同条中「代表理事その他の代表者」とあるのは、「社長、副社長、理事その他の代理人」と読み替えるものとする。

第二章　社員

（社員の平等取扱）

第十一条　何人も、社員となるにつき、及び社員の権利義務につき、人種、国籍、信条、性別、社会的身分又は門地によつて、差別されることがない。

（社員の加入）

第十二条　日本赤十字社は、社員として加入しようとする者があるときは、正当な理由がないのに、その加入を拒んではならない。

（社員の脱退）

第十三条　社員は、何時でも、脱退することができる。

2　社員は、左に掲げる事由によつて脱退する。

一　死亡

二　社費の未納額が定款で定める額に達したこと。

三　除名

3　前項第三号の除名は、定款で定める事由に該当する社員につき、定款の定めるところにより、代議員会の議決によつてすることができる。

4　除名は、除名した社員にその旨を通知しなければ、これをもつてその社員に対抗することができない。

（社員の権利）

第十四条　社員は、左に掲げる権利を有する。

一　この法律の定めるところにより、日本赤十字社の役員及び代議員を選出し、並びにこれらの者に選出されること。

二　毎事業年度の日本赤十字社の業務及び収支決算の報告を受けること。

三　日本赤十字社に対し、その業務の運営に関し、代議員を通じて意見を述べること。

2　日本赤十字社は、公告をもつて、前項第二号の報告に代えることができる。

（社費）

第十五条　社員は、定款の定めるところにより、社費を納めるものとする。

第三章　管理

（役員）

第十六条　日本赤十字社に、役員として、社長一人、副社長二人以内、理事六十一人以内及び監事三人以内を置く。

（役員の職務権限）

第十七条　社長は、日本赤十字社を代表し、その業務を総理する。

2　副社長は、定款の定めるところにより、日本赤十字社を代表し、社長を補佐して日本赤十字社の業務を掌理し、社長に事故があるときはその職務を代行し、社長が欠員のときはその職務を行う。

3　理事は、定款の定めるところにより、日本赤十字社を代表し、社長及び副社長を補佐して日本赤十字社の業務を掌理し、社長及び副社長にともに事故があるときは社長の職務を代行し、社長及び副社長がともに欠員のときは社長の職務を行う。

4　監事は、日本赤十字社の業務を監査する。

（副社長又は理事の代表権の制限）

第十七条の二　副社長又は理事の代表権に加えた制限は、善意の第三者に対抗することができない。

（仮理事）

第十七条の三　社長、副社長及び理事が欠けた場合において、事務が遅滞することにより損害を生じるおそれがあるときは、厚生労働大臣は、利害関係人の請

求により又は職権で、仮理事を選任しなければならない。

（利益相反行為）

第十七条の四　日本赤十字社と社長、副社長又は理事との利益が相反する事項については、社長、副社長又は理事は、代表権を有しない。この場合においては、監事が日本赤十字社を代表する。

（役員の選出）

第十八条　役員は、社員の中から、代議員会において、選出する。

（役員の任期）

第十九条　役員の任期は、三年とする。

（理事会）

第二十条　社長、副社長及び理事をもつて理事会を構成する。

2　理事会は、定款の定めるところにより、日本赤十字社の重要な業務の執行について審議する。

（代議員会）

第二十一条　日本赤十字社に代議員会を置く。

2　代議員会は、定款の定めるところにより社員の中から選出された代議員をもつて組織する。

3　代議員会は、少くとも毎年一回、定款の定めるところにより、招集する。

（代議員会の議決事項）

第二十二条　左に掲げる事項は、代議員会の議決を経なければならない。但し、代議員会が軽微と認めた事項は、この限りでない。

一　収支予算

二　事業計画

三　収支決算の承認

四　定款の変更

五　その他定款で定めた事項

（代議員の任期）

第二十三条　代議員の任期は、三年とする。但し、補欠の代議員の任期は、前任者の残任期間とする。

（役員の解任）

第二十四条　代議員会は、役員が心身の故障のため職務の執行の任にたえないと認めるとき、又は役員に職務上の義務違反その他役員たるに適しない非行があると認めるときは、その役員の解任の議決をすることができる。

（事業年度）

第二十五条　日本赤十字社の事業年度は、毎年四月一日に始まり、翌年三月三十一日に終る。

第二十六条　削除

第四章　業務

（業務）

第二十七条　日本赤十字社は、第一条の目的を達成するため、左に掲げる業務を行う。

一　赤十字に関する諸条約に基く業務に従事すること。

二　非常災害時又は伝染病流行時において、傷病その他の災やくを受けた者の救護を行うこと。

三　常時、健康の増進、疾病の予防、苦痛の軽減その他社会奉仕のために必要な事業を行うこと。

四　前各号に掲げる業務のほか、第一条の目的を達成するために必要な業務

2　前項第一号及び第二号に掲げる業務には、第三十三条第一項の規定により国の委託を受けて行うものを含むものとする。

（救護員の確保）

第二十八条　日本赤十字社は、前条第一項第一号及び第二号に掲げる業務（以下「救護業務」という。）に従事させるために必要な者（以下「救護員」という。）を常時確保しておかなければならない。

（救護員の養成）

第二十九条　日本赤十字社は、前条の救護員を確保するために、必要があるとき

は、医師、看護師その他の特殊技能者を養成しなければならない。

2　前項の養成は、日本赤十字社が学資その他の費用を負担して日本赤十字社の目的、特に日本赤十字社の行う救護業務に深い理解を有する者について行う。

3　前二項の規定による養成を受けた者は、日本赤十字社が、これらの者が救護員として救護業務に従事するのでなければその救護業務を適正に行うことができないと認めて、救護業務に従事すべきことを求めたときは、これに応ずるように努めなければならない。

（使用者の協力）

第三十条　前条第一項及び第二項の規定による養成を受けた者を雇用しようとするとき、又は雇用している場合において、使用者は、その者が、同条第三項の規定により、救護員として日本赤十字社の行う救護業務に従事する場合のあること又は従事したことを理由として、不当な取扱をしてはならない。

2　前条第一項及び第二項の規定による養成を受けた者が、同条第三項の規定により、救護員として日本赤十字社の行う救護業務に従事しようとする場合においては、使用者は、これに協力するように努めなければならない。

（実費弁償）

第三十一条　日本赤十字社は、救護員が日本赤十字社の行う救護業務に従事した場合においては、その実費を弁償しなければならない。

（扶助金の支給）

第三十二条　日本赤十字社は、救護員が日本赤十字社の行う救護業務に従事し、そのために負傷し、疾病にかかり、又は死亡した場合においては、災害救助法（昭和二十二年法律第百十八号）第七条（従事命令）の規定により救助に関する業務に従事した者に係る扶助金に関する同法の規定の例により、扶助金を支給しなければならない。

（国の救護に関する業務の委託）

第三十三条　国は、赤十字に関する諸条約に基く国の業務及び非常災害時における国の行う救護に関する業務を日本赤十字社に委託することができる。

2　前項の場合において、国は、同項の規定により委託すべき業務の実施に必要な施設又は設備を、あらかじめ、整備すべきことを日本赤十字社に命ずることができる。

3　国は、日本赤十字社が第一項の規定により委託された業務を実施するために支弁した費用を補償する。但し、他の法律に別段の定があるときは、その定に従う。

4　国は、日本赤十字社が第一項の規定により委託された業務を実施するため必要な施設又は設備を整備する場合においては、その整備に要する費用の全部又は一部を負担する。

（運送及び通信に関する便宜供与）

第三十四条　鉄道事業者その他運送又は運送取扱を業とする者は、日本赤十字社が迅速かつ適正に救護業務を実施することができるように、救護員又は救護用の物資の運送に関し、便宜を与えるように努めなければならない。

2　総務大臣、電気通信事業者又は基幹放送事業者（放送法（昭和二十五年法律第百三十二号）第二条第二十三号に規定する基幹放送事業者をいい、放送大学学園（放送大学学園法（平成十四年法律第百五十六号）第三条に規定する放送大学学園をいう。）を除く。）は、日本赤十字社が迅速かつ適正に救護業務を実施することができるように、救護業務に関する通信に関し、便宜を与えるように努めなければならない。

（社会福祉事業の経営）

第三十五条　日本赤十字社は、社会福祉法（昭和二十六年法律第四十五号）の定めるところにより、同法に規定する第一種社会福祉事業及び第二種社会福祉事業を経営するものとする。

2　日本赤十字社が前項の規定により社会福祉事業を経営する場合においては、社会福祉法第七章（社会福祉事業）の規定及びこれに係る罰則並びに独立行政法人福祉医療機構法（平成十四年法律第百六十六号）の適用については、日本赤十字社は、社会福祉法人とみなす。

第五章　監督及び助成

（報告及び検査）

第三十六条　厚生労働大臣は、日本赤十字社に法令、法令に基いてする行政庁の処分又は定款を守らせるために必要があると認めるときは、日本赤十字社に対し、その業務若しくは財産の状況に関し報告をさせ、又はその職員をして日本赤十字社の事務所その他の場所に立ち入り、業務若しくは財産の状況若しくは帳簿、書類その他の物件を検査させることができる。

2　前項の職員は、同項の規定により立入検査をする場合においては、その身分を示す証票を携帯し、関係人の請求があつたときは、これを呈示しなければならない。

3　第一項の規定による立入検査の権限は、犯罪捜査のために認められたものと解釈してはならない。

（監督処分）

第三十七条　厚生労働大臣は、日本赤十字社が、その業務に関し、法令、法令に基いてする行政庁の処分又は定款に違反したときは、日本赤十字社に対し、必要な措置を採るべき旨を命ずることができる。

（解任勧告）

第三十八条　厚生労働大臣は、日本赤十字社の役員が、日本赤十字社の業務に関し法令、法令に基いてする行政庁の処分若しくは定款に違反し、又は著しく公益を害する行為をしたときは、日本赤十字社に対し、その役員の解任を勧告することができる。

（助成）

第三十九条　国又は地方公共団体は、日本赤十字社が、その業務の実施に必要な施設又は設備を整備する場合において、必要があると認めるときは、日本赤十字社に対し、補助金を支出し、又は通常の条件よりも日本赤十字社に有利な条件で、貸付金を支出し、若しくはその他の財産を譲渡し、若しくは貸し付けることができる。但し、国有財産法（昭和二十三年法律第七十三号）及び地方財政法（昭和二十三年法律第百九号）第八条第一項（財産の管理及び処分）並びに私立図書館の事業についての補助金の交付に関する図書館法（昭和二十五年法律第百十八号）第二十六条（国及び地方公共団体との関係）の規定の適用を妨げない。

2　日本赤十字社が、左の各号の一に該当するときは、前項の規定により交付した補助金若しくは貸付金又は譲渡し、若しくは貸し付けたその他の財産の全部又は一部の返還を命ずることができる。

一　施設又は設備の全部又は一部を他の用途に供したこと。

二　助成の条件に違反したこと。

第六章　罰則

第四十条　日本赤十字社の役員又は職員が第三十六条第一項の規定による報告をせず、若しくは虚偽の報告をし、又は同条の規定による検査を拒み、妨げ、若しくは忌避したときは、一万円以下の罰金に処する。

第四十一条　日本赤十字社の役員がこの法律に基く政令の規定による登記を怠り、又は不実の登記をしたときは、一万円以下の過料に処する。

附　則（抄）

（施行期日）

1　この法律は、公布の日から施行する。

附　則〔平二二・一二・三法六五〕（抄）

（施行期日）

第一条　この法律は、公布の日から起算して九月を超えない範囲内において政令で定める日〔平二三・六・三〇〕（以下「施行日」という。）から施行する。

（以下略）

附　則〔平二三・六・二四法七四〕（抄）

（施行期日）

第一条　この法律は、公布の日から起算して二十日を経過した日〔平二三・七・一四〕から施行する。（以下略）

附　則〔平二五・六・二一法五四〕（抄）

（施行期日）

第一条　この法律は、公布の日から施行する。ただし、次の各号に掲げる規定は、当該各号に定める日から施行する。

一　〔前略〕附則〔中略〕第九条〔中略〕の規定　公布の日から起算して六月を超えない範囲内において政令で定める日〔平二五・一〇・一〕

二～五　〔略〕

○赤十字標章及び衛生要員等の身分証明書に関する訓令

平一七・一一・一五
防衛庁訓令七七

最終改正 平一九・一・五 庁訓一

目次

第一章 総則

（趣旨）

第一条 この訓令は、戦地にある軍隊の傷者及び病者の状態の改善に関する一九四九年八月十二日のジュネーヴ条約（以下「第一条約」という。）、海上にある軍隊の傷者、病者及び難船者の状態の改善に関する一九四九年八月十二日のジュネーヴ条約（以下「第二条約」という。）、一九四九年八月十二日のジュネーヴ諸条約の国際的な武力紛争の犠牲者の保護に関する追加議定書（議定書Ⅰ）（以下「第一追加議定書」という。）及び一九四九年八月十二日のジュネーヴ諸条約の非国際的な武力紛争の犠牲者の保護に関する追加議定書（議定書Ⅱ）（以下「第二追加議定書」という。）を実施するため、自衛隊における赤十字標章及び衛生要員等の身分証明書に関して、必要な事項を定めるものとする。

2 幕僚長等は、この訓令に規定するもののほか、赤十字標章及び衛生要員等の身分証明書に関する第一条約、第二条約、第一追加議定書及び第二追加議定書の各規定の実施を確保しなければならない。

（定義）

第二条 この訓令において、次の各号に掲げる用語の意義は、当該各号に定めるところによる。

(1) 赤十字標章 白地に赤十字の標章をいう。

(2) 赤十字旗 赤十字標章を表示した旗をいう。

(3) 特殊信号 第一追加議定書第八条(m)に規定する、専ら医療組織又は医療用輸送手段の識別のために用いる信号又は通報をいう。

(4) 幕僚長等 防衛大学校長、防衛医科大学校長、統合幕僚長、陸上幕僚長、海上幕僚長又は航空幕僚長をいう。

(5) 衛生要員 陸上における衛生要員及び海上における衛生要員をいう。

(6) 陸上における衛生要員 防衛大学校、防衛医科大学校、陸上自衛隊、海上自衛隊又は航空自衛隊において傷者若しくは病者の捜索、収容、輸送、診断若しくは治療又は疾病の予防に専ら従事する者として幕僚長等が指定した隊員及び衛生機関又は臨時衛生組織の管理に専ら従事する隊員（次号に規定する者を除く。）をいう。

(7) 海上における衛生要員 海上において傷者、病者又は難船者の捜索、収容、輸送、診断若しくは治療又は疾病の予防に専ら従事する者として幕僚長等が指定した隊員及び病院船のすべての乗組員である隊員をいう。

(8) 特別要員 防衛大学校、防衛医科大学校、陸上自衛隊、海上自衛隊又は航空自衛隊において補助衛生員、補助看護員又は補助担架手として傷者若しくは病者の収容、輸送又は治療に当たるために特別の訓練を受けた者として幕僚長等が指定した第一条約第二十五条に該当する隊員をいう。

(9) 臨時衛生要員 役務契約又は自衛隊法（昭和二十九年法律第百六十五号）第百三条第二項の規定に基づき、傷者若しくは病者の捜索、収容、輸送、診

断若しくは治療又は疾病の予防に専ら従事する者として幕僚長等が指定した隊員以外の者及び衛生機関又は臨時衛生組織の管理に専ら従事する隊員以外の者をいう。

(10) 衛生要員等　陸上における衛生要員、海上における衛生要員、特別要員及び臨時衛生要員をいう。

(11) 衛生機関　防衛大学校、防衛医科大学校、陸上自衛隊、海上自衛隊又は航空自衛隊において傷者若しくは病者の捜索、収容、輸送、診断若しくは治療又は疾病の予防を行う衛生部隊及び衛生施設として幕僚長等が指定したものをいう。

(12) 臨時衛生組織　契約又は自衛隊法第百三条第一項若しくは第二項の規定に基づき、傷者、病者又は難船者の捜索、収容、輸送、診断若しくは治療又は疾病の予防を行うための施設及び組織をいう。

(13) 臨時衛生資機材　契約又は自衛隊法第百三条第一項若しくは第二項の規定に基づき、臨時衛生組織が使用する医療機器、医療用品又は医療用輸送手段をいう。

第二章　赤十字標章

(衛生機関が使用する装備品等及び臨時衛生資機材の標識)

第三条　幕僚長等（統合幕僚長、陸上幕僚長、海上幕僚長又は航空幕僚長の委任を受けた者を含む。以下第六条までにおいて同じ。）は、衛生機関が使用する装備品等（第一条約第三十五条第一項の傷者及び病者又は衛生材料の輸送手段、第二条約第二十七条第二項の沿岸固定施設及び同条約第二十八条の艦艇内の病室を含む。）及び臨時衛生資機材に赤十字標章を表示させるものとする。

(衛生要員の腕章)

第四条　衛生要員が着用する腕章は、幕僚長等が衛生要員に対し発給するものとし、その制式は別表第一のとおりとする。

2　前項の腕章の発給を受けた者は、これを着用の資格のないものに貸与してはならない。

3　幕僚長等は衛生要員に対して、自衛隊法第六章の行動に際しその職務に従事しているとき及びそのための訓練に従事しているとき、その他勤務の性質上腕章を着用する必要があるときは、第一項の腕章をその左腕に着用させるものとする。

(特別要員の腕章)

第五条　特別要員が着用する腕章は、幕僚長等が特別要員に対しそれを使用させる必要が生じた場合において発給し、左腕に着用させるものとし、その制式は別表第二のとおりとする。

2　前条第二項の規定は、前項の腕章について準用する。

(臨時衛生要員の腕章)

第六条　臨時衛生要員が着用する腕章は、幕僚長等が臨時衛生要員に対し発給するものとし、その制式は別表第一のとおりとする。

2　幕僚長等は、前項の腕章を発給した場合には、これを当該発給を受けた者以外のものに貸与させてはならない。

3　幕僚長等は、臨時衛生要員がその職務に従事しているときは、第一項の腕章をその左腕に着用させるものとする。

(赤十字旗)

第七条　赤十字旗は、幕僚長等の定めるところに従い、衛生機関又は臨時衛生組織に掲揚するものとし、その制式は別表第三のとおりとする。

2　幕僚長等は、赤十字旗の掲揚に代えて、又は赤十字旗を掲揚するほか、衛生機関又は臨時衛生組織の建造物の屋根、壁その他適当な箇所にこれと同一の制式による標識を塗装その他の方法によって表示するよう定めることができる。

(衛生航空機及び病院船の赤十字標章等)

第八条　衛生航空機及び病院船の赤十字標章並びに病院船の赤十字旗の制式については、防衛大臣が別に定める。

(特殊信号)

第九条　幕僚長等は、衛生機関及び臨時衛生組織に対し、この章に定める赤十字標章に併せ、特殊信号を使用させることができる。

2　特殊信号の制式は、防衛大臣が別に定める。

第三章　衛生要員等の身分証明書

（衛生身分証明書の発行等）

第十条　幕僚長等は、衛生要員に対して、その身分証明書（以下「衛生身分証明書」という。）を発行し、これを交付するものとする。

2　衛生身分証明書には、衛生要員の氏名、生年月日、階級、認識番号、身体の特徴（血液型を含む。）及び資格を記載し、並びにその者の写真、署名及び指紋を付さなければならない。この場合において、資格の欄には、医師、歯科医師その他の職務の名称を記入するものとし、医師にあっては更にその専門の科目を明らかにするものとする。

3　前項の衛生身分証明書は、大学校印又は幕僚監部印を浮き出しにして押すものとし、かつ、幕僚長等が押印して証明しなければならない。

4　衛生身分証明書の規格及び様式は、別表第四のとおりとする。

（臨時衛生身分証明書の発行等）

第十一条　幕僚長等は、臨時衛生要員に対して、その身分証明書（以下「臨時衛生身分証明書」という。）を発行し、これを交付するものとする。

2　臨時衛生身分証明書には、臨時衛生要員の氏名、生年月日、身体の特徴（血液型を含む。）及び資格を記載し、並びにその者の写真及び署名若しくは拇印又はその双方を付さなければならない。この場合において、資格の欄には、医師、歯科医師その他の職種の名称を記入するものとし、医師にあっては更にその専門の科目を明らかにするものとする。

3　前項の臨時衛生身分証明書は、大学校印又は幕僚監部印を浮き出しにして押すものとし、かつ、幕僚長等が押印して証明しなければならない。

4　臨時衛生身分証明書の規格及び様式は、別表第五のとおりとする。

（衛生身分証明書及び臨時衛生身分証明書の携帯）

第十二条　衛生要員は、自衛隊法第六章の行動に際して、その職務に従事しているとき及びそのための訓練に従事しているとき、その他勤務の性質上腕章を着用する必要があるときは、衛生身分証明書を携帯しなければならない。

2　幕僚長等は、臨時衛生要員がその職務に従事しているときは、臨時衛生身分証明書を携帯させなければならない。

（衛生身分証明書及び臨時衛生身分証明書の再交付等）

第十三条　幕僚長等は、衛生要員が衛生身分証明書を亡失し、又は使用に堪えない程度に汚損若しくは破損した場合には、再交付を行うものとする。

2　幕僚長等は、衛生要員の氏名、階級又は資格その他衛生身分証明書の記載事項に異動があった場合には、衛生身分証明書の訂正又は再交付を行うものとする。

3　前二項の規定により再交付を行う場合は、亡失した場合を除き、従前の衛生身分証明書と引換えに行うものとする。

4　前三項の規定は、臨時衛生身分証明書の再交付等を行う場合について準用する。

（衛生身分証明書及び臨時衛生身分証明書の返還）

第十四条　衛生要員は、衛生要員としての身分を失ったとき又は離職したときは、その際に衛生身分証明書を返還しなければならない。

2　幕僚長等は、臨時衛生要員が臨時衛生要員でなくなったときは、その際に臨時衛生身分証明書を返還させなければならない。

（特別要員の通常の身分証明書への記入事項）

第十五条　特別要員に該当する自衛官の通常の身分証明書を発行する者は、これにその者が受けた特別訓練の内容、その任務が一時的なものであること及びその者が第五条に規定する腕章を着ける権利を有することを明記しなければならない。

第四章　雑則

（委任規定）

第十六条　この訓令の実施に関し必要な事項は、幕僚長等があらかじめ防衛大臣の承認を得て定める。

附　則（抄）

（施行期日）

1　この訓令は、平成十九年一月九日から施行する。

（衛生身分証明書に関する経過措置）

7　この訓令の施行前に赤十字標章及び衛生要員等の身分証明書に関する訓令第十条第一項の規定により発行され、防衛庁設置法等の一部を改正する法律（平成十八年法律第百十八号）の施行に伴い、同訓令第十三条第二項規定にかかわらず、当分の間、従前の通り使用することができる。

（腕章に関する経過措置）

8　この訓令の施行前に、現に所持している赤十字標章及び衛生要員等の身分証明書に関する訓令第四条第一項及び第五条第一項に該当する腕章については、当分の間、従前のとおり使用することができる。

別表第1（第4条、第6条関係）

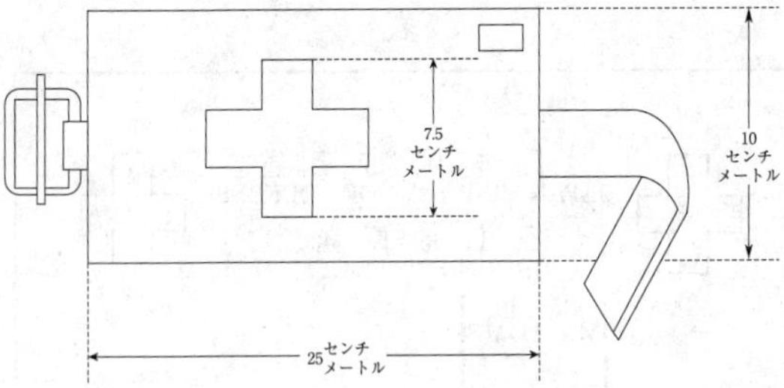

地質は、白色防水布二重とする。赤十字を中央に染め出す。表面の右上すみに幕僚長等の官職印を押す。

別表第2（第5条関係）

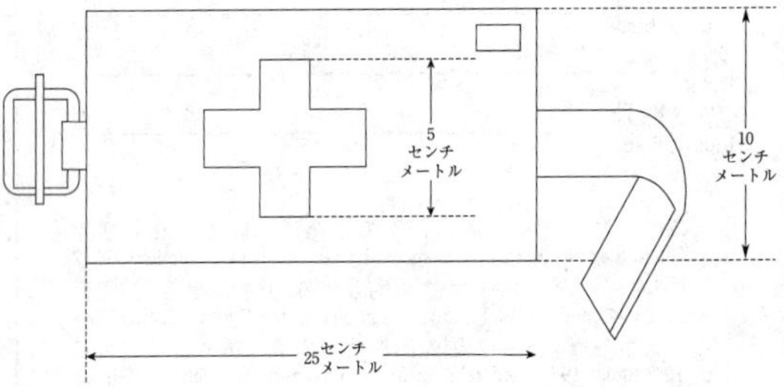

地質は、白色防水布二重とする。赤十字を中央に染め出す。表面の右上すみに幕僚長等の官職印を押す。

別表第3（第7条関係）

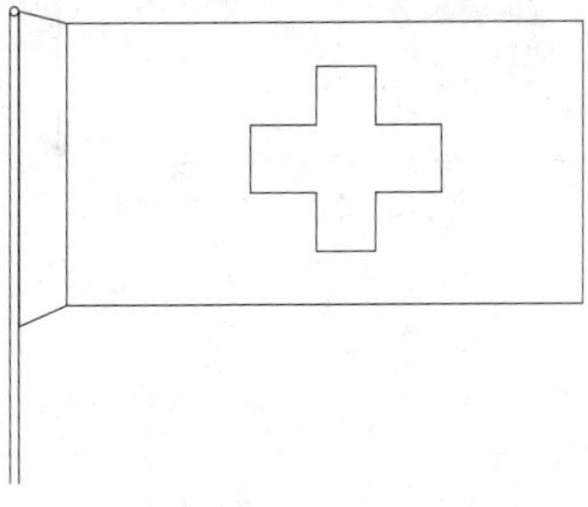

地質は、白色防水布とし、赤十字を旗面の中央に染め出す。
横は、縦の1½とする。
赤十字の縦画の長さは、旗の縦の¾とし、その幅は縦画の長さの¼とする。
旗の大きさは、縦1メートル以上で状況に応じて幕僚長等が定める。

別表第4（第10条関係）

表

日本国防衛省
JAPAN MINISTRY OF DEFENSE
陸上幕僚監部
GROUND STAFE OFFICE
（海上 MARITIME 航空 AIR）

身分証明書
IDENTITY CARD
衛生要員
Medical personnel

氏名
Name --
生年月日
Date of birth --
階級
Rank --
認識番号
Identity No. --

この証明書の所持者は、次の資格において１９４９年
The holder of this card is protected by the Geneva Conventions of 12
８月１２日のジュネーヴ諸条約及び１９４９年８月１２日
August 1949 and by the Protocol Additional to the Geneva Conventions
のジュネーヴ諸条約の国際的な武力紛争の犠牲者の保護に
of 12 August 1949, and relating to the Protection of Victims of Inter-
関する追加議定書（議定書Ｉ）により保護される。
national Armed Conflicts (Protocol I) in his capacity as below.

（資格）
Capacity --

発給年月日　　　　証明書番号
Date of issue　　　　NO.of card

10センチメートル

6.5センチメートル

身分証明書の紙質は、防水性のものとし、透明な不燃性のプラスティックをもつて被覆するものとする。

身分証明書は日本語及び英語による表記を基本とするが、英語表記の部分につき、必要に応じ適当な言語で表記することができるものとする。

防衛大学校及び防衛医科大学校にあっては、陸上、海上又は航空幕僚監部とあるのをそれぞれ、防衛大学校又は防衛医科大学校とするものとする。

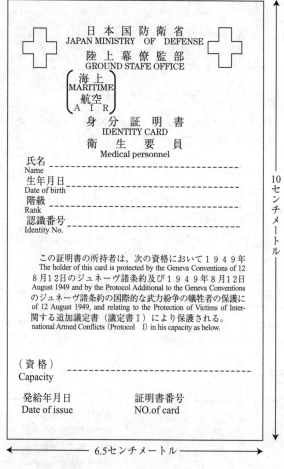

裏

所持者の
写　　真

浮出印

署名及び指紋
Signature of holder
and fingerprint

身　長 Height	眼の色 Eyes	頭髪の色 Hair

その他の特徴又は情報
Other distinguishing marks or information

別表第５（第11条関係）

表

日本国防衛省
JAPAN MINISTRY OF DEFENSE
陸上幕僚監部
GROUND STAFE OFFICE
（海上
MARITIME
航空
A I R）
身分証明書
IDENTITY CARD
臨時衛生要員
for TEMPORARY MEDICAL PERSONNEL

氏名
Name ------------------------------------

生年月日
Date of birth ------------------------------------

この証明書の所持者は、次の資格において１９４９年
The holder of this card is protected by the Geneva Conventions of 12
８月１２日のジュネーヴ諸条約及び１９４９年８月１２日
August 1949 and by the Protocol Additional to the Geneva Conventions
のジュネーヴ諸条約の国際的な武力紛争の犠牲者の保護に
of 12 August 1949, and relating to the Protection of Victims of Inter-
関する追加議定書（議定書Ⅰ）により保護される。
national Armed Conflicts（Protocol Ⅰ）in his capacity as below.

（資格）
Capacity ------------------------------------

発給年月日
Date of issue ------------ 証明書番号
NO.of card ------------

発給当局の署名
Signature of issuing authority

有効期間の満了日
Date of expiry ------------------------------------

10.5センチメートル
7.4センチメートル

身分証明書の紙質は、防水性のものとし、透明な不燃性のプラスティックをもつて被覆するものとする。

身分証明書は日本語及び英語による表記を基本とするが、英語表記の部分につき、必要に応じ適当な言語で表記することができるものとする。

防衛大学校及び防衛医科大学校にあっては、陸上、海上又は航空幕僚監部とあるのをそれぞれ、防衛大学校又は防衛医科大学校とするものとする。

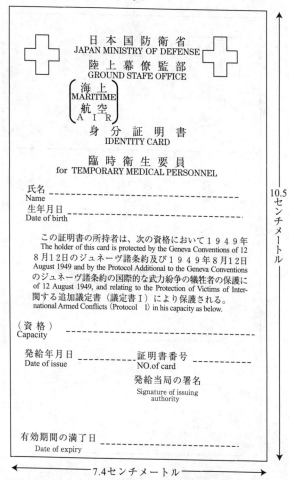

裏

身　長 Height	眼の色 Eyes	頭髪の色 Hair

その他の特徴及び情報

Other distinguishing marks or information

所持者の写真

Photo of holder

印章 Stamp	所持者の署名若しくは 拇《ほ》印又はその双方 Signature of holder or thumbprint or both

○赤十字の標章及び名称等の使用の制限に関する法律

昭二二・一二・一〇
法一五九

最終改正　平一六・六・一八　法一一二

第一条　白地に赤十字、赤新月若しくは赤のライオン及び太陽の標章若しくは赤十字、ジュネーブ十字、赤新月若しくは赤のライオン及び太陽の名称又はこれらに類似する記章若しくは名称は、みだりにこれを用いてはならない。

第二条　日本赤十字社は、前条の規定にかかわらず、白地に赤十字の標章及び赤十字の名称を用いることができる。

第三条　傷者又は病者の無料看護に専ら充てられる救護の場所を表示するために、白地に赤十字、赤新月又は赤のライオン及び太陽の標章を用いようとする者は、日本赤十字社の許可を受けてこれを用いることができる。

第四条　第一条の規定に違反した者は、これを六月以下の懲役又は三十万円以下の罰金に処する。

附　則

この法律は、昭和二十三年一月一日からこれを施行する。

附　則〔平一六・六・一八法一一二〕

この法律は、公布の日から起算して三月を超えない範囲内において政令で定める日〔平一六・九・一七〕から施行する。

関連防衛法令〔日米共同等〕

米軍行動関連措置法
特定公共施設等利用法
重要影響事態安全確保法
船舶検査活動法
領海等外国船舶航行法
クラスター国内法
海賊行為の処罰及び海賊行為への対処に関する法律
航空法

○武力攻撃事態等及び存立危機事態におけるアメリカ合衆国等の軍隊の行動に伴い我が国が実施する措置に関する法律

（米軍行動関連措置法）

平一六・六・一八
法 一一三

最終改正 平二七・九・三〇 法七六

（目的）

第一条 この法律は、武力攻撃事態等において日本国とアメリカ合衆国との間の相互協力及び安全保障条約（以下「日米安保条約」という。）に従って武力攻撃を排除するために必要なアメリカ合衆国の軍隊の行動が円滑かつ効果的に実施されるための措置、武力攻撃事態等又は存立危機事態において自衛隊と協力して武力攻撃又は存立危機武力攻撃を排除するために必要な外国軍隊の行動が円滑かつ効果的に実施されるための措置その他のこれらの行動に伴い我が国が実施する措置について定めることにより、我が国の平和と独立並びに国及び国民の安全の確保に資することを目的とする。

（定義）

第二条 この法律において、次の各号に掲げる用語の意義は、それぞれ当該各号に定めるところによる。

一 武力攻撃事態等 武力攻撃事態等及び存立危機事態における我が国の平和と独立並びに国及び国民の安全の確保に関する法律（平成十五年法律第七十九号。以下「事態対処法」という。）第一条に規定する武力攻撃事態等をいう。

二 武力攻撃 事態対処法第二条第一号に規定する武力攻撃をいう。

三 武力攻撃事態 事態対処法第二条第二号に規定する武力攻撃事態をいう。

四 存立危機事態 事態対処法第二条第四号に規定する存立危機事態をいう。

五 存立危機武力攻撃 事態対処法第二条第八号ハ(1)に規定する存立危機武力攻撃をいう。

六 特定合衆国軍隊 武力攻撃事態等において、日米安保条約に従って武力攻撃を排除するために必要な行動を実施しているアメリカ合衆国の軍隊をいう。

七 外国軍隊 武力攻撃事態等又は存立危機事態において、自衛隊と協力して武力攻撃又は存立危機武力攻撃を排除するために必要な行動を実施している外国の軍隊（特定合衆国軍隊を除く。）をいう。

八 行動関連措置 次に掲げる措置であって、対処基本方針（事態対処法第九条第一項に規定する対処基本方針をいう。以下同じ。）に基づき、自衛隊その他の指定行政機関（事態対処法第二条第五号に規定する指定行政機関をいう。以下同じ。）が実施するものをいう。

イ 武力攻撃事態等において、特定合衆国軍隊の行動（第六号に規定する行動（武力攻撃が発生した事態以外の武力攻撃事態等にあっては、日米安保条約に従って武力攻撃を排除するために必要な準備のための同号に規定する行動）をいう。以下同じ。）が円滑かつ効果的に実施されるための措置その他の特定合衆国軍隊の行動に伴い我が国が実施する措置

ロ 武力攻撃事態等又は存立危機事態において、外国軍隊の行動（前号に規定する行動（武力攻撃が発生した事態以外の武力攻撃事態等にあっては、自衛隊と協力して武力攻撃を排除するために必要な準備のための同号に規定する行動）をいう。以下同じ。）が円滑かつ効果的に実施されるための措置その他の外国軍隊の行動に伴い我が国が実施する措置

（政府の責務）

第三条 政府は、武力攻撃事態等及び存立危機事態においては、的確かつ迅速に行動関連措置を実施し、我が国の平和と独立並びに国及び国民の安全の確保に努めるものとする。

（行動関連措置の基本原則）

第四条　行動関連措置は、武力攻撃及び存立危機武力攻撃を排除する目的の範囲内において、事態に応じ合理的に必要と判断される限度を超えるものであってはならない。

（地方公共団体及び事業者の責務）

第五条　地方公共団体及び事業者は、指定行政機関から武力攻撃事態等において行動関連措置に関し協力を要請されたときは、その要請に応じるよう努めるものとする。

（合衆国政府等との連絡）

第六条　政府は、第三条の責務を果たすため、武力攻撃事態等の状況の認識及び武力攻撃事態等への対処に関し、日米安保条約に基づき、アメリカ合衆国政府と常に緊密な連絡を保つよう努めるものとする。

2　前項に規定するもののほか、政府は、第三条の責務を果たすため、武力攻撃事態等又は存立危機事態の状況の認識及び武力攻撃事態等又は存立危機事態への対処に関し、関係する外国政府と緊密な連絡を保つよう努めるものとする。

（情報の提供）

第七条　政府は、武力攻撃事態等又は存立危機事態においては、国民に対し、特定合衆国軍隊の行動又は外国軍隊の行動（以下「特定合衆国軍隊等の行動」という。）に係る地域その他の特定合衆国軍隊等の行動に関する状況及び行動関連措置の実施状況について、必要な情報の提供を適切に行うものとする。

（地方公共団体との連絡調整）

第八条　政府は、特定合衆国軍隊等の行動又は行動関連措置の実施が地方公共団体の実施する対処措置（事態対処法第二条第八号に規定する対処措置をいう。）に影響を及ぼすおそれがあるときは、関係する地方公共団体との連絡調整を行うものとする。

（特定合衆国軍隊の行為に係る通知）

第九条　防衛大臣は、武力攻撃事態（自衛隊法（昭和二十九年法律第百六十五号）第七十六条第一項の規定による防衛出動命令があった場合に限る。第十四条第一項において同じ。）において、特定合衆国軍隊から、同法第百十五条の十一第一項若しくは第二項又は第百十五条の十六第一項に規定する行為をし、又はした旨の連絡を受けたときは、これらの規定の例に準じて通知するものとする。

（自衛隊による行動関連措置としての物品及び役務の提供の実施）

第十条　防衛大臣又はその委任を受けた者は、行動関連措置としての自衛隊に属する物品の提供を実施することができる。

2　自衛隊法第七十六条第一項の規定により出動を命ぜられた自衛隊は、行動関連措置としての役務の提供を実施することができる。

3　前項に規定するもののほか、防衛大臣は、内閣総理大臣の承認を得て、防衛省の機関又は自衛隊の部隊等（自衛隊法第八条に規定する部隊等をいう。以下同じ。）に、行動関連措置としての役務の提供の実施を命ずることができる。

4　第一項の規定による自衛隊に属する物品の提供及び前二項の規定による自衛隊による役務の提供として行う業務は、補給（武器の提供を行う補給を除く。）、輸送、修理若しくは整備、医療、通信、空港若しくは港湾に関する業務、基地に関する業務、宿泊、保管、施設の利用又は訓練に関する業務（これらの業務にそれぞれ附帯する業務を含む。）とする。

（指定行政機関による行動関連措置の実施）

第十一条　前二条に規定するもののほか、指定行政機関は、法令及び対処基本方針に基づき、必要な行動関連措置を実施するものとする。

（武器の使用）

第十二条　第十条第三項の規定により行動関連措置としての役務の提供の実施を命ぜられた自衛隊の部隊等の自衛官は、その職務を行うに際し、自己又は自己と共に当該職務に従事する自衛隊員若しくはその職務を行うに伴い自己の管理の下に入った者の生命又は身体の防護のためやむを得ない必要があると認める相当の理由がある場合には、その事態に応じ合理的に必要と判断される限度で武器を使用することができる。ただし、刑法（明治四十年法律第四十五号）第三十六条又は第三十七条に該当する場合のほか、人に危害を与えてはならない。

（行動関連措置に関する指針の作成）

第十三条　事態対策本部長（事態対処法第十一条第一項に規定する事態対策本部長をいう。）は、行動関連措置を的確かつ迅速に実施するため、対処基本方針に基づき、行動関連措置に関する指針を定めることができる。

2　指定行政機関は、前項に規定する指針が定められたときは、当該指針に基づき、必要な行動関連措置を適切に実施しなければならない。

（損失の補償）

第十四条　国は、特定合衆国軍隊の次の各号に掲げる行為により損失を受けた者がある場合においては、それぞれ当該各号に定める法律の規定の例により、その損失を補償しなければならない。

一　武力攻撃事態において、特定合衆国軍隊の行動に係る地域内を緊急に移動するに際して、通行に支障がある場所をう回するために行う自衛隊法第九十二条の二前段に規定する場所の通行　同条後段

二　武力攻撃事態において、道路交通法（昭和三十五年法律第百五号）第百十四条の五第一項の規定により同項に規定する自衛隊等の使用する車両以外の車両の道路における通行が禁止され、又は制限されている区域又は道路の区間を特定合衆国軍隊車両（特定合衆国軍隊の使用する車両をいう。以下この号において同じ。）により通行する場合において、車両その他の物件が通行の妨害となることにより特定合衆国軍隊の行動の実施に著しい支障を生ずるおそれがあり、かつ、警察官又は当該車両その他の物件の占有者、所有者若しくは管理者のいずれもがその場にいないときに、特定合衆国軍隊車両の円滑な通行の確保に必要な措置をとるためやむを得ない限度において行う当該車両その他の物件の破損　災害対策基本法（昭和三十六年法律第二百二十三号）第八十二条第一項

2　前項の規定は、他の法律の規定により国が損害賠償又は損失補償の責めに任ずべき損失については、適用しない。

（土地の使用等）

第十五条　防衛大臣は、武力攻撃事態において、特定合衆国軍隊の用に供するため土地又は家屋（以下「土地等」という。）を緊急に必要とする場合において、その土地等を特定合衆国軍隊の用に供することが適正かつ合理的であり、かつ、武力攻撃を排除する上で不可欠であると認めるときは、その告示して定めた地域内に限り、日本国とアメリカ合衆国との間の相互協力及び安全保障条約第六条に基づく施設及び区域並びに日本国における合衆国軍隊の地位に関する協定の実施に伴う土地等の使用等に関する特別措置法（昭和二十七年法律第百四十号）の規定にかかわらず、期間を定めて、当該土地等を使用することができる。

2　前項の規定により土地を使用する場合において、当該土地の上にある立木その他土地に定着する物件（家屋を除く。以下「立木等」という。）が特定合衆国軍隊の行動の実施の妨げとなると認められるときは、防衛大臣は、当該立木等を移転することができる。この場合において、事態に照らし移転が著しく困難であると認めるときは、当該立木等を処分することができる。

3　第一項の規定により家屋を使用する場合において、特定合衆国軍隊の行動の実施のためやむを得ない必要があると認められるときは、防衛大臣は、その必要な限度において、当該家屋の形状を変更することができる。

4　自衛隊法第百三条第七項から第十項まで、第十七項及び第十八項の規定は前三項の規定により土地等を使用し、立木等を移転し、若しくは処分し、又は家屋の形状を変更する場合について、同条第十三項、第十五項及び第十六項の規定は第一項の規定により土地等を使用する場合について準用する。この場合において、同条第七項及び第十三項中「都道府県知事」とあるのは「防衛大臣」と、同条第十項中「都道府県（第一項ただし書の場合にあつては、国）」とあるのは「国」と、同条第十三項中「その職員」とあるのは「その指名する職員」と読み替えるものとする。

5　前各項の規定により防衛大臣の権限に属する事務は、政令で定めるところにより、その所属の職員に委任することができる。

（政令への委任）

第十六条　この法律に特別の定めがあるもののほか、この法律の実施のための手続その他この法律の施行に関し必要な事項は、政令で定める。

（罰則）

第十七条　第十五条第四項において読み替えて準用する自衛隊法第百三条第十三項の規定による立入検査を拒み、妨げ、又は忌避した者は、二十万円以下の罰金に処する。

2　法人の代表者又は法人若しくは人の代理人、使用人その他の従業員が、その法人又は人の業務に関し前項の違反行為をしたときは、行為者を罰するほか、その法人又は人に対しても、同項の刑を科する。

附　則（抄）

（施行期日）

第一条　この法律は、日本国の自衛隊とアメリカ合衆国軍隊との間における後方支援、物品又は役務の相互の提供に関する日本国政府とアメリカ合衆国政府との間の協定を改正する協定の効力発生の日から施行する。ただし、第十三条、第十四条第一項第二号、第十五条、第十七条及び附則第四条の規定は、公布の日から起算して三月を超えない範囲内において政令で定める日〔平一六・九・一七〕から施行する。

附　則〔平二七・九・三〇法七六〕（抄）

（施行期日）

第一条　この法律は、公布の日から起算して六月を超えない範囲内において政令で定める日〔平二八・三・二九〕から施行する。

○武力攻撃事態等における特定公共施設等の利用に関する法律

（特定公共施設等利用法）

平一六・六・一八
法一一四

最終改正　平二七・九・三〇　法七六

目次

第一章　総則

（目的）

第一条　この法律は、武力攻撃事態等における特定公共施設等の利用に関し、指針の策定その他の必要な事項を定めることにより、その総合的な調整を図り、もって対処措置等の的確かつ迅速な実施を図ることを目的とする。

（定義）

第二条　この法律において「武力攻撃事態等」、「武力攻撃」、「指定行政機関」、「指定公共機関」、「対処基本方針」及び「対策本部長」の意義は、それぞれ武力攻撃事態等及び存立危機事態における我が国の平和と独立並びに国及び国民の安全の確保に関する法律（平成十五年法律第七十九号。以下「事態対処法」という。）第一条、第二条第一号、同条第五号、同条第七号、第九条第一項及び第十一条第一項に規定する当該用語の意義による。

2　この法律において「対処措置等」とは、事態対処法第二条第八号イ(1)及び(2)に掲げる措置並びに対処基本方針が定められてから廃止されるまでの間に武力攻撃事態等を終結させるためにその推移に応じてアメリカ合衆国の軍隊が実施する日本国とアメリカ合衆国との間の相互協力及び安全保障条約に従って武力攻撃を排除するために必要な行動及び外国軍隊（武力攻撃事態等及び存立危機事態におけるアメリカ合衆国等の軍隊の行動に伴い我が国が実施する措置に関する法律（平成十六年法律第百十三号）第二条第七号に規定する外国軍隊をいう。）が実施する自衛隊と協力して武力攻撃を排除するために必要な行動並びに国民の保護のための措置（武力攻撃事態等における国民の保護のための措置に関する法律（平成十六年法律第百十二号）第二条第三項の国民の保護のための措置をいう。第十八条第一項第一号において同じ。）をいう。

3　この法律において「特定公共施設等」とは、港湾施設、飛行場施設、道路、海域、空域及び電波をいう。

4　この法律において「港湾施設」とは、港湾法（昭和二十五年法律第二百十八号）第二条第五項各号の港湾施設（国有財産法（昭和二十三年法律第七十三号）第三条第三項又は地方自治法（昭和二十二年法律第六十七号）第二百三十八条第四項の普通財産であるものを除く。）をいう。

5　この法律において「飛行場施設」とは、空港法（昭和三十一年法律第八十号）第四条第一項各号に掲げる空港及び同法第五条第一項に規定する地方管理空港の施設並びに当該空港及び地方管理空港以外の政令で定める公共の用に供する飛行場（航空法（昭和二十七年法律第二百三十一号）第五十六条の四第一

項の規定に基づき公共の用に供すべきものとして指定された着陸帯その他の施設のある自衛隊の設置する飛行場を含む。）の施設をいう。

6　この法律において「道路」とは、道路法（昭和二十七年法律第百八十号）第二条第一項の道路、道路運送法（昭和二十六年法律第百八十三号）第二条第八項の一般自動車道その他の一般交通の用に供する道をいう。

7　この法律において「電波」とは、電波法（昭和二十五年法律第百三十一号）第二条第一号の電波をいう。

（対策本部長の責務）

第三条　対策本部長は、対処措置等の的確かつ迅速な実施を図るためには特定公共施設等の円滑かつ効果的な利用の確保が不可欠であることにかんがみ、特定公共施設等の利用に関する総合的な調整を図るに際しては、国民の理解と協力を得つつ、適切にこれを行うものとする。

（港湾管理者等の責務）

第四条　港湾管理者及び飛行場施設の管理者は、対処措置等の的確かつ迅速な実施を図るためには港湾施設及び飛行場施設の円滑かつ効果的な利用の確保が不可欠であることにかんがみ、港湾施設及び飛行場施設を管理運営するに際しては、これらの利用に関する指針を踏まえ、対策本部長との緊密な連携を図りつつ、適切にこれを行うものとする。

（指定行政機関等の責務）

第五条　前条に規定するもののほか、指定行政機関、地方公共団体、指定公共機関及び指定地方公共機関（武力攻撃事態等における国民の保護のための措置に関する法律第二条第二項の指定地方公共機関をいう。）は、対処措置等の的確かつ迅速な実施を図るためには特定公共施設等の円滑かつ効果的な利用の確保が不可欠であることにかんがみ、対処措置等を実施するに際しては、対策本部長がそれぞれの特定公共施設等ごとに定めるその利用に関する指針を踏まえ、適切にこれを利用し、又は利用させるものとする。

第二章　港湾施設の利用

（港湾施設の利用指針）

第六条　対策本部長は、武力攻撃事態等において、対処措置等の的確かつ迅速な実施を図るため、対処基本方針に基づき、港湾施設の利用に関する指針（以下この条及び次条において「港湾施設の利用指針」という。）を定めることができる。

2　港湾施設の利用指針は、特定の地域における港湾施設に関し、特定の者の優先的な利用を確保する必要がある対処措置等の概要及びその期間その他の対処措置等の的確かつ迅速な実施を図るために必要と認められる基本的な事項について定めるものとする。

3　対策本部長は、港湾施設の利用指針を定める場合には、関係する地方公共団体の長その他の執行機関及び指定公共機関の意見を聴かなければならない。

4　対策本部長は、港湾施設の利用指針を定めるため必要があると認めるときは、関係する地方公共団体の長その他の執行機関及び指定公共機関に対し、必要な情報の提供を求めることができる。

5　対策本部長は、港湾施設の利用指針を定めたときは、関係する指定行政機関の長、地方公共団体の長その他の執行機関及び指定公共機関に通知するとともに、公にすることにより国の安全が害されるおそれがある事項を除き、その内容を公示するものとする。

6　対策本部長は、事態の推移に応じ、適時に港湾施設の利用指針の見直しを行うものとする。

7　第三項から第五項までの規定は、港湾施設の利用指針を変更し、又は廃止する場合について準用する。

（港湾施設の利用の要請）

第七条　対策本部長は、特定の港湾施設に関し、対処措置等の的確かつ迅速な実施を図る上で特定の者の優先的な利用を確保することが特に必要であると認めるときは、港湾施設の利用指針に基づき、当該特定の港湾施設の名称、特定の者の優先的な利用を確保する必要がある対処措置等の内容及びその期間その他の具体的な事項を明らかにして、当該特定の港湾施設の港湾管理者に対し、当

該特定の港湾施設の全部又は一部を特定の者に優先的に利用させるよう要請することができる。

2 前項の要請を受けた港湾管理者は、同項の要請に関し、対策本部長に対して意見を申し出ることができる。

（港湾施設の許可の変更等）

第八条 港湾管理者は、前条第一項の要請に基づきその管理する特定の港湾施設を利用させる場合において、必要があると認めるときは、当該特定の港湾施設の利用に係る許可その他の処分を変更し、又は取り消すことができる。

2 港湾管理者は、前項の規定により当該特定の港湾施設の利用に係る許可その他の処分を変更し、又は取り消した場合において、現に停泊中の船舶の移動が必要であると認めるときは、当該船舶の船長その他の当該船舶の運航に責任を有する者（次条第四項において「当該船舶の船長等」という。）に対し、当該船舶の移動を命ずることができる。

（港湾施設の利用に関する内閣総理大臣の措置）

第九条 内閣総理大臣は、特定の港湾施設について第七条第一項の要請に基づく所要の利用が確保されない場合において、国民の生命、身体若しくは財産の保護又は武力攻撃の排除を図るため特に必要があると認めるときは、対策本部長の求めに応じ、当該特定の港湾施設の港湾管理者に対し、当該所要の利用を確保すべきことを指示することができる。

2 前条の規定は、港湾管理者が前項の指示に従いその管理する特定の港湾施設を利用させる場合について準用する。

3 内閣総理大臣は、第一項の指示を行ってもなお所要の利用が確保されないとき、又は国民の生命、身体若しくは財産の保護若しくは武力攻撃の排除を図るため特に必要があると認める場合であって事態に照らし緊急を要すると認めるときは、対策本部長の求めに応じ、当該港湾管理者に通知した上で、国土交通大臣を指揮し、当該特定の港湾施設の利用に係る許可その他の処分又は許可その他の処分の変更若しくは取消しを行わせることができる。

4 内閣総理大臣は、前項の規定により当該特定の港湾施設の利用に係る許可その他の処分又は許可その他の処分の変更若しくは取消しを行わせた場合において、現に停泊中の船舶の移動が必要であると認めるときは、国土交通大臣を指揮し、当該船舶の船長等に対し、当該船舶の移動を命じさせることができる。

第三章 飛行場施設の利用

（飛行場施設の利用指針）

第十条 対策本部長は、武力攻撃事態等において、対処措置等の的確かつ迅速な実施を図るため、対処基本方針に基づき、飛行場施設の利用に関する指針（以下この条及び次条において「飛行場施設の利用指針」という。）を定めることができる。

2 第六条第二項から第七項までの規定は、飛行場施設の利用指針について準用する。この場合において、同条第二項中「特定の地域における港湾施設」とあるのは、「特定の地域における飛行場施設」と読み替えるものとする。

（準用）

第十一条 第七条から第九条までの規定は、特定の飛行場施設の利用の確保について準用する。この場合において、次の表の上欄に掲げる規定中同表の中欄に掲げる字句は、それぞれ同表の下欄に掲げる字句に読み替えるものとする。

第七条第一項	港湾施設の利用指針	飛行場施設の利用指針
	港湾管理者	管理者
第七条第二項	前項	第十一条において準用する第七条第一項
第七条第二項並びに第九条第二項及び第三項	港湾管理者	飛行場施設の管理者（国土交通大臣及び防衛大臣を除く。）
第八条第一項及び第二項	港湾管理者	飛行場施設の管理者
第八条第一項	前条第一項	第十一条において準用する

		第七条第一項
	許可その他の処分を変更し、又は取り消す	必要な指示をし、又は条件を付し、若しくは変更をする
第八条第二項	前項	第十一条において準用する第八条第一項
	許可その他の処分を変更し、又は取り消した	必要な指示をし、又は条件を付し、若しくは変更をした
第八条第二項及び第九条第四項	停泊中の船舶	駐機中の航空機
第八条第二項	当該船舶の船長その他の当該船舶の運航に責任を有する者（次条第四項において「当該船舶の船長等」という。）	当該航空機の機長その他の当該航空機の運航に責任を有する者（第十一条において準用する第九条第四項において「当該航空機の機長等」という。）
第八条第二項及び第九条第四項	当該船舶の移動	当該航空機の移動
第九条第一項	第七条第一項	第十一条において準用する第七条第一項
	港湾管理者	管理者（国土交通大臣及び防衛大臣を除く。）
第九条第二項	前条	第十一条において準用する第八条
	前項	第十一条において準用する第九条第一項
第九条第三項	第一項	第十一条において準用する第九条第一項
	許可その他の処分又は許可その他の処分の変更若しくは取消しを行わせる	必要な指示をさせ、又は条件を付させ、若しくは変更をさせる
第九条第四項	前項	第十一条において準用する第九条第三項
	許可その他の処分又は許可その他の処分の変更若しくは取消しを行わせた	必要な指示をさせ、又は条件を付させ、若しくは変更をさせた
	当該船舶の船長等	当該航空機の機長等

第四章　道路の利用

（道路の利用指針）

第十二条　対策本部長は、武力攻撃事態等において、対処措置等の的確かつ迅速な実施を図るため、対処基本方針に基づき、道路の利用に関する指針（以下この条において「道路の利用指針」という。）を定めることができる。

2　第六条第二項から第七項までの規定は、道路の利用指針について準用する。この場合において、同条第二項中「特定の地域における港湾施設」とあるのは、「特定の地域における道路」と読み替えるものとする。

第五章　海域の利用

（海域の利用指針）

第十三条　対策本部長は、武力攻撃事態等において、対処措置等の的確かつ迅速な実施を図るため、対処基本方針に基づき、海域の利用に関する指針（以下この条、次条及び第二十一条において「海域の利用指針」という。）を定めることができる。

2　第六条第二項から第七項までの規定は、海域の利用指針について準用する。この場合において、同条第二項中「特定の地域における港湾施設」とあるのは、「特定の海域」と読み替えるものとする。

（船舶の航行制限等）

第十四条　海上保安庁長官は、海域の利用指針に基づき、船舶の航行の安全を確保するため、告示により、特定の海域に関し、範囲又は期間を定めて、当該特定の海域を航行することができる船舶又は時間を制限することができる。ただし、特定の海域を航行することができる船舶又は時間を制限する緊急の必要がある場合において、当該海域を告示により定めるいとまがないときは、他の適当な方法によることができる。

2　海上保安庁長官は、船舶乗組員に対し、海域の利用指針の内容及び前項の処分に係る情報を迅速に提供しなければならない。

第六章　空域の利用

（空域の利用指針）

第十五条　対策本部長は、武力攻撃事態等において、対処措置等の的確かつ迅速な実施を図るため、対処基本方針に基づき、空域の利用に関する指針（以下この条及び次条において「空域の利用指針」という。）を定めることができる。

2　第六条第二項から第七項までの規定は、空域の利用指針について準用する。この場合において、同条第二項中「特定の地域における港湾施設」とあるのは、「特定の空域」と読み替えるものとする。

（航空機の飛行制限等）

第十六条　国土交通大臣は、空域の利用指針に基づき、航空機の航行の安全を確保するため、航空法第八十条、第九十六条及び第九十九条の規定による措置を適切に実施しなければならない。

第七章　電波の利用

（電波の利用指針）

第十七条　対策本部長は、武力攻撃事態等において、対処措置等の的確かつ迅速な実施を図るため、対処基本方針に基づき、電波の利用に関する指針（以下この条及び次条において「電波の利用指針」という。）を定めることができる。

2　第六条第二項から第七項までの規定は、電波の利用指針について準用する。この場合において、同条第二項中「特定の地域における港湾施設」とあるのは、「特定の電波」と読み替えるものとする。

（電波の利用調整）

第十八条　総務大臣は、無線局（電波法第二条第五号の無線局をいう。以下この条において同じ。）が行う第一号に掲げる無線通信のうち特定のものを、他の無線局が行う同号又は第二号に掲げる無線通信に優先させるため特に必要があると認めるときは、電波の利用指針に基づき、当該特定の無線通信を行う無線局について、電波法第百四条の二第一項の規定により付した免許の条件の変更、自衛隊法（昭和二十九年法律第百六十五号）第百十二条第三項の規定による総務大臣の定めの変更その他当該無線局の運用に関し必要な措置を講ずることができる。

一　事態対処法第二条第八号イ(1)若しくは(2)に掲げる措置又は国民の保護のための措置を実施するために必要な無線通信

二　電波法第百二条の二第一項各号に掲げる無線通信（前号に掲げる無線通信を除く。）

2　前項の規定により総務大臣が特定の無線通信を行う無線局について必要な措置を講じた場合においては、当該無線局により当該特定の無線通信を行った者は、総務大臣による無線通信の秩序の維持その他無線局の適正な運用の確保に資するため、遅滞なく、その旨を総務大臣に報告しなければならない。

3　第一項第一号に掲げる無線通信を行う無線局は、同項の規定により総務大臣が特定の無線通信を行う無線局について必要な措置を講じた場合において当該無線局により当該特定の無線通信を行うときを除き、同項各号に掲げる無線通信を行う他の無線局に対し、その運用を阻害するような混信その他の妨害を与えないように運用しなければならない。

4　第一項第一号に掲げる無線通信を行う無線局については、電波法第五十六条の規定は、適用しない。

第八章　雑則

（損失の補償）

第十九条　国は、第八条第一項（第九条第二項（第十一条において準用する場合を含む。）及び第十一条において準用する場合を含む。）及び第九条第三項（第十一条において準用する場合を含む。）の規定による処分が行われたときは、それぞれ、当該処分により通常生ずべき損失を補償しなければならない。

２　前項に定めるもののほか、損失の補償に関し必要な事項は、政令で定める。

（罰則）

第二十条　第十四条第一項の規定による海上保安庁長官の処分の違反となるような行為をした者は、三月以下の懲役又は三十万円以下の罰金に処する。

（緊急対処事態における特定公共施設等の利用）

第二十一条　政府は、緊急対処事態（事態対処法第二十二条第一項の緊急対処事態をいう。）においては、これに的確かつ迅速に対処し、特定公共施設等の円滑かつ効果的な利用を確保するため、第六条、第七条（第十一条において準用する場合を含む。）、第十条、第十二条、第十三条、第十四条第二項（海域の利用指針の内容に係る部分に限る。）及び第十五条から第十七条までの規定に準じ、特定公共施設等の利用に関する指針の策定その他の必要な措置を適切に講ずるものとする。

（政令への委任）

第二十二条　この法律に定めるもののほか、この法律の実施のために必要な事項は、政令で定める。

附　則

この法律は、公布の日から起算して三月を超えない範囲内において政令で定める日〔平一六・九・一七〕から施行する。

附　則〔平二七・九・三〇法七六〕（抄）

（施行期日）

第一条　この法律は、公布の日から起算して六月を超えない範囲内において政令で定める日〔平二八・三・二九〕から施行する。

○重要影響事態に際して我が国の平和及び安全を確保するための措置に関する法律

（重要影響事態安全確保法）

平一一・五・二八
法　六〇

最終改正　平二七・九・三〇　法七六

（目的）

第一条 この法律は、そのまま放置すれば我が国に対する直接の武力攻撃に至るおそれのある事態等我が国の平和及び安全に重要な影響を与える事態（以下「重要影響事態」という。）に際し、合衆国軍隊等に対する後方支援活動等を行うことにより、日本国とアメリカ合衆国との間の相互協力及び安全保障条約（以下「日米安保条約」という。）の効果的な運用に寄与することを中核とする重要影響事態に対処する外国との連携を強化し、我が国の平和及び安全の確保に資することを目的とする。

（重要影響事態への対応の基本原則）

第二条 政府は、重要影響事態に際して、適切かつ迅速に、後方支援活動、捜索救助活動、重要影響事態等に際して実施する船舶検査活動に関する法律（平成十二年法律第百四十五号）第二条に規定する船舶検査活動（重要影響事態に際して実施するものに限る。以下「船舶検査活動」という。）その他の重要影響事態に対応するため必要な措置（以下「対応措置」という。）を実施し、我が国の平和及び安全の確保に努めるものとする。

2 対応措置の実施は、武力による威嚇又は武力の行使に当たるものであってはならない。

3 後方支援活動及び捜索救助活動は、現に戦闘行為（国際的な武力紛争の一環として行われる人を殺傷し又は物を破壊する行為をいう。以下同じ。）が行われている現場では実施しないものとする。ただし、第七条第六項の規定により行われる捜索救助活動については、この限りでない。

4 外国の領域における対応措置については、当該対応措置が行われることについて当該外国（国際連合の総会又は安全保障理事会の決議に従って当該外国において施政を行う機関がある場合にあっては、当該機関）の同意がある場合に限り実施するものとする。

5 内閣総理大臣は、対応措置の実施に当たり、第四条第一項に規定する基本計画に基づいて、内閣を代表して行政各部を指揮監督する。

6 関係行政機関の長は、前条の目的を達成するため、対応措置の実施に関し、相互に協力するものとする。

（定義等）

第三条 この法律において、次の各号に掲げる用語の意義は、それぞれ当該各号に定めるところによる。

一 合衆国軍隊等　重要影響事態に対処し、日米安保条約の目的の達成に寄与する活動を行うアメリカ合衆国の軍隊及びその他の国際連合憲章の目的の達成に寄与する活動を行う外国の軍隊その他これに類する組織をいう。

二 後方支援活動　合衆国軍隊等に対する物品及び役務の提供、便宜の供与その他の支援措置であって、我が国が実施するものをいう。

三 捜索救助活動　重要影響事態において行われた戦闘行為によって遭難した戦闘参加者について、その捜索又は救助を行う活動（救助した者の輸送を含む。）であって、我が国が実施するものをいう。

四 関係行政機関　次に掲げる機関で政令で定めるものをいう。

イ 内閣府並びに内閣府設置法（平成十一年法律第八十九号）第四十九条第一項及び第二項に規定する機関並びに国家行政組織法（昭和二十三年法律第百二十号）第三条第二項に規定する機関。

ロ 内閣府設置法第四十条及び第五十六条並びに国家行政組織法第八条の三に規定する特別の機関。

2　後方支援活動として行う自衛隊に属する物品の提供及び自衛隊による役務の提供（次項後段に規定するものを除く。）は、別表第一に掲げるものとする。

3　捜索救助活動は、自衛隊の部隊等（自衛隊法（昭和二十九年法律第百六十五号）第八条に規定する部隊等をいう。以下同じ。）が実施するものとする。この場合において、捜索救助活動を行う自衛隊の部隊等において、その実施に伴い、当該活動に相当する活動を行う合衆国軍隊等の部隊に対して後方支援活動として行う自衛隊に属する物品の提供及び自衛隊による役務の提供は、別表第二に掲げるものとする。

（基本計画）

第四条　内閣総理大臣は、重要影響事態に際して次に掲げる措置のいずれかを実施することが必要であると認めるときは、当該措置を実施すること及び対応措置に関する基本計画（以下「基本計画」という。）の案につき閣議の決定を求めなければならない。

一　前条第二項の後方支援活動

二　前号に掲げるもののほか、関係行政機関が後方支援活動として実施する措置であって特に内閣が関与することにより総合的かつ効果的に実施する必要があるもの

三　捜索救助活動

四　船舶検査活動

2　基本計画に定める事項は、次のとおりとする。

一　重要影響事態に関する次に掲げる事項

イ　事態の経緯並びに我が国の平和及び安全に与える影響

ロ　我が国が対応措置を実施することが必要であると認められる理由

二　前号に掲げるもののほか、対応措置の実施に関する基本的な方針

三　前項第一号又は第二号に掲げる後方支援活動を実施する場合における次に掲げる事項

イ　当該後方支援活動に係る基本的事項

ロ　当該後方支援活動の種類及び内容

ハ　当該後方支援活動を実施する区域の範囲及び当該区域の指定に関する事項

ニ　当該後方支援活動を自衛隊が外国の領域で実施する場合には、当該後方支援活動を外国の領域で実施する自衛隊の部隊等の規模及び構成並びに装備並びに派遣期間

ホ　その他当該後方支援活動の実施に関する重要事項

四　捜索救助活動を実施する場合における次に掲げる事項

イ　当該捜索救助活動に係る基本的事項

ロ　当該捜索救助活動を実施する区域の範囲及び当該区域の指定に関する事項

ハ　当該捜索救助活動の実施に伴う前条第三項後段の後方支援活動の実施に関する重要事項（当該後方支援活動を実施する区域の範囲及び当該区域の指定に関する事項を含む。）

ニ　当該捜索救助活動又はその実施に伴う前条第三項後段の後方支援活動を自衛隊が外国の領域で実施する場合には、これらの活動を外国の領域で実施する自衛隊の部隊等の規模及び構成並びに装備並びに派遣期間

ホ　その他当該捜索救助活動の実施に関する重要事項

五　船舶検査活動を実施する場合における重要影響事態等に際して実施する船舶検査活動に関する法律第四条第一項に規定する事項

六　前三号に掲げるもののほか、自衛隊が実施する対応措置のうち重要なものの種類及び内容並びにその実施に関する重要事項

七　第三号から前号までに掲げるもののほか、関係行政機関が実施する対応措置のうち特に内閣が関与することにより総合的かつ効果的に実施する必要があるものの実施に関する重要事項

八　対応措置の実施について地方公共団体その他の国以外の者に対して協力を求め又は協力を依頼する場合におけるその協力の種類及び内容並びにその協力に関する重要事項

九　対応措置の実施のための関係行政機関の連絡調整に関する事項

3　前条第二項の後方支援活動又は捜索救助活動若しくはその実施に伴う同条第三項後段の後方支援活動を外国の領域で実施する場合には、当該外国（第二条第四項に規定する機関がある場合にあっては、当該機関）と協議して、実施する区域の範囲を定めるものとする。

4　第一項及び前項の規定は、基本計画の変更について準用する。

（国会の承認）

第五条　基本計画に定められた自衛隊の部隊等が実施する後方支援活動、捜索救助活動又は船舶検査活動については、内閣総理大臣は、これらの対応措置の実施前に、これらの対応措置を実施することにつき国会の承認を得なければならない。ただし、緊急の必要がある場合には、国会の承認を得ないで当該後方支援活動、捜索救助活動又は船舶検査活動を実施することができる。

2　前項ただし書の規定により国会の承認を得ないで後方支援活動、捜索救助活動又は船舶検査活動を実施した場合には、内閣総理大臣は、速やかに、これらの対応措置の実施につき国会の承認を求めなければならない。

3　政府は、前項の場合において不承認の議決があったときは、速やかに、当該後方支援活動、捜索救助活動又は船舶検査活動を終了させなければならない。

（自衛隊による後方支援活動としての物品及び役務の提供の実施）

第六条　防衛大臣又はその委任を受けた者は、基本計画に従い、第三条第二項の後方支援活動としての自衛隊に属する物品の提供を実施するものとする。

2　防衛大臣は、基本計画に従い、第三条第二項の後方支援活動としての自衛隊による役務の提供について、実施要項を定め、これについて内閣総理大臣の承認を得て、防衛省の機関又は自衛隊の部隊等にその実施を命ずるものとする。

3　防衛大臣は、前項の実施要項において、実施される必要のある役務の提供の具体的内容を考慮し、防衛省の機関又は自衛隊の部隊等がこれを円滑かつ安全に実施することができるように当該後方支援活動を実施する区域（以下この条において「実施区域」という。）を指定するものとする。

4　防衛大臣は、実施区域の全部又は一部において、自衛隊の部隊等が第三条第二項の後方支援活動を円滑かつ安全に実施することが困難であると認める場合又は外国の領域で実施する当該後方支援活動についての第二条第四項の同意が存在しなくなったと認める場合には、速やかに、その指定を変更し、又はそこで実施されている活動の中断を命じなければならない。

5　第三条第二項の後方支援活動のうち我が国の領域外におけるものの実施を命ぜられた自衛隊の部隊等の長又はその指定する者は、当該後方支援活動を実施している場所又はその近傍において、戦闘行為が行われるに至った場合又は付近の状況等に照らして戦闘行為が行われることが予測される場合には、当該後方支援活動の実施を一時休止するなどして当該戦闘行為による危険を回避しつつ、前項の規定による措置を待つものとする。

6　第二項の規定は、同項の実施要項の変更（第四項の規定により実施区域を縮小する変更を除く。）について準用する。

（捜索救助活動の実施等）

第七条　防衛大臣は、基本計画に従い、捜索救助活動について、実施要項を定め、これについて内閣総理大臣の承認を得て、自衛隊の部隊等にその実施を命ずるものとする。

2　防衛大臣は、前項の実施要項において、実施される必要のある捜索救助活動の具体的内容を考慮し、自衛隊の部隊等がこれを円滑かつ安全に実施することができるように当該捜索救助活動を実施する区域（以下この条において「実施区域」という。）を指定するものとする。

3　捜索救助活動を実施する場合において、戦闘参加者以外の遭難者が在るときは、これを救助するものとする。

4　前条第四項の規定は、実施区域の指定の変更及び活動の中断について準用する。

5　前条第五項の規定は、我が国の領域外における捜索救助活動の実施を命ぜられた自衛隊の部隊等の長又はその指定する者について準用する。この場合において、同項中「前項」とあるのは、「次条第四項において準用する前項」と読み替えるものとする。

6　前項において準用する前条第五項の規定にかかわらず、既に遭難者が発見さ

れ、自衛隊の部隊等がその救助を開始しているときは、当該部隊等の安全が確保される限り、当該遭難者に係る捜索救助活動を継続することができる。

7　第一項の規定は、同項の実施要項の変更（第四項において準用する前条第四項の規定により実施区域を縮小する変更を除く。）について準用する。

8　前条の規定は、捜索救助活動の実施に伴う第三条第三項後段の後方支援活動について準用する。

（関係行政機関による対応措置の実施）

第八条　前二条に定めるもののほか、防衛大臣及びその他の関係行政機関の長は、法令及び基本計画に従い、対応措置を実施するものとする。

（国以外の者による協力等）

第九条　関係行政機関の長は、法令及び基本計画に従い、地方公共団体の長に対し、その有する権限の行使について必要な協力を求めることができる。

2　前項に定めるもののほか、関係行政機関の長は、法令及び基本計画に従い、国以外の者に対し、必要な協力を依頼することができる。

3　政府は、前二項の規定により協力を求められ又は協力を依頼された国以外の者が、その協力により損失を受けた場合には、その損失に関し、必要な財政上の措置を講ずるものとする。

（国会への報告）

第十条　内閣総理大臣は、次の各号に掲げる事項を、遅滞なく、国会に報告しなければならない。

一　基本計画の決定又は変更があったときは、その内容

二　基本計画に定める対応措置が終了したときは、その結果

（武器の使用）

第十一条　第六条第二項（第七条第八項において準用する場合を含む。第五項及び第六項において同じ。）の規定により後方支援活動としての自衛隊の役務の提供の実施を命ぜられ、又は第七条第一項の規定により捜索救助活動の実施を命ぜられた自衛隊の部隊等の自衛官は、自己又は自己と共に現場に所在する他の自衛隊員（自衛隊法第二条第五項に規定する隊員をいう。第六項において同じ。）若しくはその職務を行うに伴い自己の管理の下に入った者の生命又は身体の防護のためやむを得ない必要があると認める相当の理由がある場合には、その事態に応じ合理的に必要と判断される限度で武器（自衛隊が外国の領域で当該後方支援活動又は当該捜索救助活動を実施している場合については、第四条第二項第三号ニ又は第四号ニの規定により基本計画に定める装備に該当するものに限る。以下この条において同じ。）を使用することができる。

2　前項の規定による武器の使用は、当該現場に上官が在るときは、その命令によらなければならない。ただし、生命又は身体に対する侵害又は危難が切迫し、その命令を受けるいとまがないときは、この限りでない。

3　第一項の場合において、当該現場に在る上官は、統制を欠いた武器の使用によりかえって生命若しくは身体に対する危険又は事態の混乱を招くこととなることを未然に防止し、当該武器の使用が同項及び次項の規定に従いその目的の範囲内において適正に行われることを確保する見地から必要な命令をするものとする。

4　第一項の規定による武器の使用に際しては、刑法（明治四十年法律第四十五号）第三十六条又は第三十七条に該当する場合のほか、人に危害を与えてはならない。

5　第六条第二項の規定により後方支援活動としての自衛隊の役務の提供の実施を命ぜられ、又は第七条第一項の規定により捜索救助活動の実施を命ぜられた自衛隊の部隊等の自衛官は、外国の領域に設けられた当該部隊等の宿営する宿営地（宿営のために使用する区域であって、囲障が設置されることにより他と区別されるものをいう。以下この項において同じ。）であって合衆国軍隊等の要員が共に宿営するものに対する攻撃があった場合において、当該宿営地以外にその近傍に自衛隊の部隊等の安全を確保することができる場所がないときは、当該宿営地に所在する者の生命又は身体を防護するための措置をとる当該要員と共同して、第一項の規定による武器の使用をすることができる。この場合において、同項から第三項まで及び次項の規定の適用については、第一項中「現場に所在する他の自衛隊員（自衛隊法第二条第五項に規定する隊員をいう。第

六項において同じ。）若しくはその職務を行うに伴い自己の管理の下に入った者」とあるのは「その宿営する宿営地（第五項に規定する宿営地をいう。次項及び第三項において同じ。）に所在する者」と、「その事態」とあるのは「第五項に規定する合衆国軍隊等の要員による措置の状況をも踏まえ、その事態」と、第二項及び第三項中「現場」とあるのは「宿営地」と、次項中「自衛隊員」とあるのは「自衛隊員（同法第二条第五項に規定する隊員をいう。）」とする。

6　自衛隊法第九十六条第三項の規定は、第六条第二項の規定により後方支援活動としての自衛隊の役務の提供（我が国の領域外におけるものに限る。）の実施を命ぜられ、又は第七条第一項の規定により捜索救助活動（我が国の領域外におけるものに限る。）の実施を命ぜられた自衛隊の部隊等の自衛官については、自衛隊員以外の者の犯した犯罪に関しては適用しない。

（政令への委任）

第十二条　この法律に特別の定めがあるもののほか、この法律の実施のための手続その他この法律の施行に関し必要な事項は、政令で定める。

附　則（抄）

（施行期日）

1　この法律は、公布の日から起算して三月を超えない範囲内において政令で定める日〔平一一・八・二五〕から施行する。

附　則〔平二七・九・三〇法七六〕（抄）

（施行期日）

第一条　この法律は、公布の日から起算して六月を超えない範囲内において政令で定める日〔平二八・三・二九〕から施行する。

別表第一（第三条関係）

種類	内容
補給	給水、給油、食事の提供並びにこれらに類する物品及び役務の提供
輸送	人員及び物品の輸送、輸送用資材の提供並びにこれらに類する物品及び役務の提供
修理及び整備	修理及び整備、修理及び整備用機器並びに物品及び構成品の提供並びにこれらに類する物品及び役務の提供
医療	傷病者に対する医療、衛生機具の提供並びにこれらに類する物品及び役務の提供
通信	通信設備の利用、通信機器の提供並びにこれらに類する物品及び役務の提供
空港及び港湾業務	航空機の離発着及び船舶の出入港に対する支援、積卸作業並びにこれらに類する物品及び役務の提供
基地業務	廃棄物の収集及び処理、給電並びにこれらに類する物品及び役務の提供
宿泊	宿泊設備の利用、寝具の提供並びにこれらに類する物品及び役務の提供
保管	倉庫における一時保管、保管容器の提供並びにこれらに類する物品及び役務の提供
施設の利用	土地又は建物の一時的な利用並びにこれらに類する物品及び役務の提供
訓練業務	訓練に必要な指導員の派遣、訓練用器材の提供並びにこれらに類する物品及び役務の提供

備考　物品の提供には、武器の提供を含まないものとする。

別表第二（第三条関係）

種類	内容
補給	給水、給油、食事の提供並びにこれらに類する物品及び役務の提供
輸送	人員及び物品の輸送、輸送用資材の提供並びにこれらに類する物品及び役務の提供
修理及び整備	修理及び整備、修理及び整備用機器並びに物品及び構成品の提供並びにこれらに類する物品及び役務の提供
医療	傷病者に対する医療、衛生機具の提供並びにこれらに類する物品及び役務の提供
通信	通信設備の利用、通信機器の提供並びにこれらに類する物品及び役務の提供
宿泊	宿泊設備の利用、寝具の提供並びにこれらに類する物品及び役務の提供
消毒	消毒、消毒機具の提供並びにこれらに類する物品及び役務の提供
備考　物品の提供には、武器の提供を含まないものとする。	

○重要影響事態等に際して実施する船舶検査活動に関する法律

（船舶検査活動法）

平一二・一二・六
法　一　四　五

最終改正　平二七・九・三〇　法七六

（目的）

第一条　この法律は、重要影響事態（重要影響事態に際して我が国の平和及び安全を確保するための措置に関する法律（平成十一年法律第六十号。以下「重要影響事態安全確保法」という。）第一条に規定する重要影響事態をいう。以下同じ。）又は国際平和共同対処事態（国際平和共同対処事態に際して我が国が実施する諸外国の軍隊等に対する協力支援活動等に関する法律（平成二十七年法律第七十七号。以下「国際平和協力支援活動法」という。）第一条に規定する国際平和共同対処事態をいう。以下同じ。）に対応して我が国が実施する船舶検査活動に関し、その実施の態様、手続その他の必要な事項を定め、重要影響事態安全確保法及び国際平和協力支援活動法と相まって、我が国及び国際社会の平和及び安全の確保に資することを目的とする。

（定義）

第二条　この法律において「船舶検査活動」とは、重要影響事態又は国際平和共同対処事態に際し、貿易その他の経済活動に係る規制措置であって我が国が参加するものの厳格な実施を確保する目的で、当該厳格な実施を確保するために必要な措置を執ることを要請する国際連合安全保障理事会の決議に基づいて、又は旗国（海洋法に関する国際連合条約第九十一条に規定するその旗を掲げる権利を有する国をいう。）の同意を得て、船舶（軍艦及び各国政府が所有し又は運航する船舶であって非商業的目的のみに使用されるもの（以下「軍艦等」という。）を除く。）の積荷及び目的地を検査し、確認する活動並びに必要に応じ当該船舶の航路又は目的港若しくは目的地の変更を要請する活動であって、我が国が実施するものをいう。

（船舶検査活動の実施）

第三条　重要影響事態における船舶検査活動は、自衛隊の部隊等（自衛隊法（昭和二十九年法律第百六十五号）第八条に規定する部隊等をいう。以下同じ。）が実施するものとする。この場合において、重要影響事態における船舶検査活動を行う自衛隊の部隊等において、その実施に伴い、当該活動に相当する活動を行う合衆国軍隊等（重要影響事態安全確保法第三条第一項第一号に規定する合衆国軍隊等をいう。）の部隊に対して後方支援活動（同項第二号に規定する後方支援活動をいう。以下同じ。）として行う自衛隊に属する物品の提供及び自衛隊による役務の提供は、重要影響事態安全確保法別表第二に掲げるものとする。

2　国際平和共同対処事態における船舶検査活動は、自衛隊の部隊等が実施するものとする。この場合において、国際平和共同対処事態における船舶検査活動を行う自衛隊の部隊等において、その実施に伴い、当該活動に相当する活動を行う諸外国の軍隊等（国際平和協力支援活動法第三条第一項第一号に規定する諸外国の軍隊等をいう。）の部隊に対して協力支援活動（同項第二号に規定する協力支援活動をいう。以下同じ。）として行う自衛隊に属する物品の提供及び自衛隊による役務の提供は、国際平和協力支援活動法別表第二に掲げるものとする。

（基本計画に定める事項）

第四条　重要影響事態における船舶検査活動の実施に際しては、次に掲げる事項を重要影響事態安全確保法第四条第一項に規定する基本計画に定めるものとする。

一　当該船舶検査活動に係る基本的事項

二　当該船舶検査活動を行う自衛隊の部隊等の規模及び構成並びに当該船舶検査活動又はその実施に伴う前条第一項後段の後方支援活動を外国の領域で実

施する場合には、これらの活動を外国の領域で実施する自衛隊の部隊等の装備及び派遣期間

三　当該船舶検査活動を実施する区域の範囲及び当該区域の指定に関する事項

四　第二条に規定する規制措置の対象物品の範囲

五　当該船舶検査活動の実施に伴う前条第一項後段の後方支援活動の実施に関する重要事項（当該後方支援活動を実施する区域の範囲及び当該区域の指定に関する事項を含む。）

六　その他当該船舶検査活動の実施に関する重要事項

2　国際平和共同対処事態における船舶検査活動の実施に際しては、次に掲げる事項を国際平和協力支援活動法第四条第一項に規定する基本計画に定めるものとする。

一　当該船舶検査活動に係る基本的事項

二　当該船舶検査活動を行う自衛隊の部隊等の規模及び構成並びに当該船舶検査活動又はその実施に伴う前条第二項後段の協力支援活動を外国の領域で実施する場合には、これらの活動を外国の領域で実施する自衛隊の部隊等の装備及び派遣期間

三　当該船舶検査活動を実施する区域の範囲及び当該区域の指定に関する事項

四　第二条に規定する規制措置の対象物品の範囲

五　当該船舶検査活動の実施に伴う前条第二項後段の協力支援活動の実施に関する重要事項（当該協力支援活動を実施する区域の範囲及び当該区域の指定に関する事項を含む。）

六　その他当該船舶検査活動の実施に関する重要事項

3　船舶検査活動又は重要影響事態における船舶検査活動の実施に伴う前条第一項後段の後方支援活動若しくは国際平和共同対処事態における船舶検査活動の実施に伴う同条第二項後段の協力支援活動を外国の領域で実施する場合には、当該外国（重要影響事態安全確保法第二条第四項又は国際平和協力支援活動法第二条第四項に規定する機関がある場合にあっては、当該機関）と協議して、実施する区域の範囲を定めるものとする。

第五条（船舶検査活動の実施の態様等）　防衛大臣は、前条第一項又は第二項の基本計画（第五項において単に「基本計画」という。）に従い、船舶検査活動について、実施要項を定め、これについて内閣総理大臣の承認を得て、自衛隊の部隊等にその実施を命ずるものとする。

2　防衛大臣は、前項の実施要項において、実施される必要のある船舶検査活動の具体的内容を考慮し、自衛隊の部隊等がこれを円滑かつ安全に実施することができるように当該船舶検査活動を実施する区域（以下この条において「実施区域」という。）を指定するものとする。この場合において、実施区域は、当該船舶活動が外国による船舶検査活動に相当する活動と混交して行われることがないよう、かかる活動が実施される区域と明確に区別して指定しなければならない。

3　船舶検査活動の実施の態様は、別表に掲げるものとする。

4　防衛大臣は、実施区域の全部又は一部において、自衛隊の部隊等が船舶検査活動を円滑かつ安全に実施することが困難であると認める場合又は重要影響事態において外国の領域で実施する船舶検査活動についての重要影響事態安全確保法第二条第四項の同意若しくは国際平和共同対処事態において外国の領域で実施する船舶検査活動についての国際平和協力支援活動法第二条第四項の同意が存在しなくなったと認める場合には、速やかに、その指定を変更し、又はそこで実施されている活動の中断を命じなければならない。

5　前項に定めるもののほか、防衛大臣は、実施区域の全部又は一部がこの法律又は基本計画に定められた要件を満たさないものとなった場合には、速やかに、その指定を変更し、又はそこで実施されている活動の中断を命じなければならない。

6　第一項の規定は、同項の実施要項の変更（前二項の規定により実施区域を縮小する変更を除く。）について準用する。

7　重要影響事態安全確保法第六条の規定は重要影響事態における船舶検査活動の実施に伴う第三条第一項後段の後方支援活動について、国際平和協力支援活

動法第七条の規定は国際平和共同対処事態における船舶検査活動の実施に伴う第三条第二項後段の協力支援活動について、それぞれ準用する。

（武器の使用）

第六条　前条第一項の規定により船舶検査活動の実施を命ぜられ、又は同条第七項において準用する重要影響事態安全確保法第六条第二項の規定により重要影響事態における船舶検査活動の実施に伴う第三条第一項後段の後方支援活動としての自衛隊の役務の提供の実施を命ぜられ、若しくは前条第七項において準用する国際平和協力支援活動法第七条第二項の規定により国際平和共同対処事態における船舶検査活動の実施に伴う第三条第二項後段の協力支援活動としての自衛隊の役務の提供の実施を命ぜられた自衛隊の部隊等の自衛官は、自己又は自己と共に現場に所在する他の自衛隊員（自衛隊法第二条第五項に規定する隊員をいう。第五項において同じ。）若しくはその職務を行うに伴い自己の管理の下に入った者の生命又は身体の防護のためやむを得ない必要があると認める相当の理由がある場合には、その事態に応じ合理的に必要と判断される限度で武器（自衛隊が外国の領域で当該船舶検査活動又は当該後方支援活動若しくは当該協力支援活動を実施している場合については、第四条第一項第二号又は第二項第二号の規定により基本計画に定める装備に該当するものに限る。以下この条において同じ。）を使用することができる。

2　前項の規定による武器の使用は、当該現場に上官が在るときは、その命令によらなければならない。ただし、生命又は身体に対する侵害又は危難が切迫し、その命令を受けるいとまがないときは、この限りでない。

3　第一項の場合において、当該現場に在る上官は、統制を欠いた武器の使用によりかえって生命若しくは身体に対する危険又は事態の混乱を招くこととなることを未然に防止し、当該武器の使用が同項及び次項の規定に従いその目的の範囲内において適正に行われることを確保する見地から必要な命令をするものとする。

4　第一項の規定による武器の使用に際しては、刑法（明治四十年法律第四十五号）第三十六条又は第三十七条に該当する場合のほか、人に危害を与えてはならない。

5　自衛隊法第九十六条第三項の規定は、前条第一項の規定により船舶検査活動（我が国の領域外におけるものに限る。）の実施を命ぜられ、又は同条第七項において準用する重要影響事態安全確保法第六条第二項の規定により重要影響事態における船舶検査活動の実施に伴う第三条第一項後段の後方支援活動としての自衛隊の役務の提供（我が国の領域外におけるものに限る。）の実施を命ぜられ、若しくは前条第七項において準用する国際平和協力支援活動法第七条第二項の規定により国際平和共同対処事態における船舶検査活動の実施に伴う第三条第二項後段の協力支援活動としての自衛隊の役務の提供（我が国の領域外におけるものに限る。）の実施を命ぜられた自衛隊の部隊等の自衛官については、自衛隊員以外の者の犯した犯罪に関しては適用しない。

（政令への委任）

第七条　この法律に特別の定めがあるもののほか、この法律の実施のための手続その他この法律の施行に関し必要な事項は、政令で定める。

附　則（抄）

（施行期日）

1　この法律は、公布の日から起算して三月を超えない範囲内において政令で定める日（平一三・三・一）から施行する。

附　則〔平二七・九・三〇法七六〕（抄）

（施行期日）

第一条　この法律は、公布の日から起算して六月を超えない範囲内において政令で定める日〔平二八・三・二九〕から施行する。

別表（第五条関係）

番号	区分	実施の態様
一	航行状況の監視	船舶の航行状況を監視すること。
二	自己の存在の顕示	航行する船舶に対し、必要に応じて、呼びかけ、信号弾及び照明弾の使用その他の適当な手段（実弾の使用を除く。）により自己の存在を示すこと。
三	船舶の名称等の照会	無線その他の通信手段を用いて、船舶の名称、船籍港、船長の氏名、直前の出発港又は出発地、目的港又は目的地、積荷その他の必要な事項を照会すること。
四	乗船しての検査、確認	船舶（軍艦等を除く。以下同じ。）の船長又は船長に代わって船舶を指揮する者（以下「船長等」という。）に対し当該船舶の停止を求め、船長等の承諾を得て、停止した当該船舶に乗船して書類及び積荷を検査し、確認すること。
五	航路等の変更の要請	船舶に第二条に規定する規制措置の対象物品が積載されていないことが確認できない場合において、当該船舶の船長等に対しその航路又はその目的港若しくは目的地の変更を要請すること。
六	船長等に対する説得	四の項の求め又は五の項の変更の要請に応じない船舶の船長に対し、これに応じるよう説得を行うこと。
七	接近、追尾等	六の項の説得を行うため必要な限度において、当該船舶に対し、接近、追尾、伴走及び進路前方における待機を行うこと。

○領海等における外国船舶の航行に関する法律

（領海等外国船舶航行法）

平二〇・六・一一
法六四

最終改正 平二四・九・五 法七一

目次

第一章 総則

（目的）

第一条 この法律は、海に囲まれた我が国にとって海洋の安全を確保することが我が国の安全を確保する上で重要であることにかんがみ、領海等における外国船舶の航行方法、外国船舶の航行の規制に関する措置その他の必要な事項を定めることにより、領海等における外国船舶の航行の秩序を維持するとともにその不審な行動を抑止し、もって領海等の安全を確保することを目的とする。

（定義）

第二条 この法律において、次の各号に掲げる用語の意義は、それぞれ当該各号に定めるところによる。

一 領海等 我が国の領海及び内水をいう。

二 新内水 我が国の内水のうち、領海及び接続水域に関する法律（昭和五十二年法律第三十号）第二条第一項に規定する直線基線により新たに我が国の内水となった部分をいう。

三 外国船舶 船舶法（明治三十二年法律第四十六号）第一条に規定する日本船舶以外の船舶（軍艦及び各国政府が所有し又は運航する船舶であって非商業的目的のみに使用されるものを除く。）をいう。

四 船長等 船長又は船長に代わって船舶を指揮する者をいう。

五 水域施設 我が国の港にある泊地その他の船舶の停留又はびょう泊の用に供する施設又は場所として国土交通省令で定めるものをいう。

六 係留施設 我が国の港にある岸壁その他の船舶の係留の用に供する施設又は場所として国土交通省令で定めるものをいう。

七 水域施設等 水域施設又は係留施設をいう。

第二章 外国船舶の航行方法等

（領海等における外国船舶の航行方法）

第三条 領海等における外国船舶の航行は、通過（内水においては、新内水に係るものに限る。）又は水域施設等との往来を目的として継続的かつ迅速に行われるものでなければならない。

第四条 外国船舶の船長等は、領海等において、当該外国船舶に次に掲げる行為（以下「停留等」という。）を伴う航行をさせてはならない。ただし、当該停留等について荒天、海難その他の危難を避ける場合、人命、他の船舶又は航空機を救助する場合、海上衝突予防法（昭和五十二年法律第六十二号）その他の法令の規定を遵守する場合その他の国土交通省令で定めるやむを得ない理由がある場合は、この限りでない。

一 停留（水域施設におけるものを除く。）

二 びょう泊（水域施設におけるものを除く。）

三 係留（係留施設にするものを除く。）

四　はいかい等（気象、海象、船舶交通の状況、進路前方の障害物の有無その他周囲の事情に照らして、船舶の航行において通常必要なものとは認められない進路又は速力による進行をいう。）

2　前項に定めるもののほか、外国船舶の船長等は、内水（新内水を除く。以下同じ。）において、当該外国船舶に水域施設等に到着し、又は水域施設等から出発するための航行以外の航行（以下「通過航行」という。）をさせてはならない。ただし、同項ただし書に規定する場合は、この限りでない。

（外国船舶の通報義務）

第五条　外国船舶の船長等は、領海等において当該外国船舶に停留等をさせ、又は内水において当該外国船舶に通過航行をさせる必要があるときは、国土交通省令で定めるところにより、あらかじめ、当該外国船舶の名称、船籍港、停留等又は通過航行をさせようとする理由その他の国土交通省令で定める事項（次項において「通報事項」という。）を最寄りの海上保安庁の事務所に通報しなければならない。ただし、停留等又は通過航行をさせようとする理由が明らかである場合として国土交通省令で定める場合は、この限りでない。

2　前項の場合において、急迫した危険を避けるためあらかじめ通報することができないときは、外国船舶の船長等は、当該危険を避けた後直ちに、通報事項を最寄りの海上保安庁の事務所に通報しなければならない。

3　前二項の規定により外国船舶の船長等がしなければならない通報は、当該外国船舶の所有者又は船長等若しくは所有者の代理人もすることができる。

4　第一項又は第二項の規定による通報（前項の規定によりされたものを含む。次条第一項において同じ。）を受けた海上保安庁の事務所の長は、必要があると認めるときは、当該通報に係る外国船舶の船長等に対して、助言又は指導をするものとする。

（外国船舶に対する立入検査）

第六条　海上保安庁長官は、領海等において現に停留等を伴う航行を行っており、又は内水において現に通過航行を行っている外国船舶と思料される船舶があり、当該停留等又は当該通過航行について、前条第一項若しくは第二項の規定による通報がされておらず、又はその通報の内容に虚偽の事実が含まれている疑いがあると認められる場合において、周囲の事情から合理的に判断して、当該船舶の船長等が第四条の規定に違反している疑いがあると認められ、かつ、この法律の目的を達成するため、当該船舶が当該停留等を伴う航行又は当該通過航行を行っている理由を確かめる必要があると認めるときは、海上保安官に、当該船舶に立ち入り、書類その他の物件を検査させ、又は当該船舶の乗組員その他の関係者に質問させることができる。

2　前項の規定による立入検査をする海上保安官は、制服を着用し、又はその身分を示す証明書を携帯し、かつ、関係者の請求があるときは、これを提示しなければならない。

3　第一項の規定による立入検査の権限は、犯罪捜査のために認められたものと解釈してはならない。

（外国船舶に対する勧告）

第七条　海上保安官は、領海等において現に停留等を伴う航行を行っている外国船舶と認められる船舶があり、当該船舶の外観、航海の態様、乗組員等の挙動その他周囲の事情から合理的に判断して、当該船舶の船長等が第四条第一項の規定に違反していることが明らかであると認められるときは、当該船長等に対し、領海等において当該船舶に停留等を伴わない航行をさせるべきことを勧告することができる。

（外国船舶に対する退去命令）

第八条　海上保安庁長官は、第六条第一項の規定による立入検査の結果、当該船舶の船長等が第四条の規定に違反していると認めるときは、当該船長等に対し、当該船舶を領海等から退去させるべきことを命ずることができる。

2　海上保安庁長官は、前条の勧告を受けた船長等が当該勧告に従わない場合であって、領海等における外国船舶の航行の秩序を維持するために必要があると認めるときは、当該船長等に対し、当該船舶を領海等から退去させるべきことを命ずることができる。

第三章　雑則

（権限の委任）

第九条　この法律の規定により海上保安庁長官の権限に属する事項は、国土交通省令で定めるところにより、管区海上保安本部長に行わせることができる。

（行政手続法の適用除外）

第十条　第八条の規定による命令については、行政手続法（平成五年法律第八十八号）第三章の規定は、適用しない。

（国際約束の誠実な履行）

第十一条　この法律の施行に当たっては、我が国が締結した条約その他の国際約束の誠実な履行を妨げることがないよう留意しなければならない。

第四章　罰則

第十二条　第八条の規定による命令に違反した船長等は、一年以下の懲役又は五十万円以下の罰金に処する。

第十三条　第六条第一項の規定による立入り若しくは検査を拒み、妨げ、若しくは忌避し、又は質問に対して答弁をせず、若しくは虚偽の陳述をした者は、六月以下の懲役又は三十万円以下の罰金に処する。

附　則（抄）

（施行期日）

1　この法律は、公布の日から起算して二十日を経過した日から施行する。

附　則〔平二四・九・五法七二〕（抄）

（施行期日）

1　この法律は、公布の日から起算して二十日を経過した日〔平二四・九・二五〕から施行する。

○クラスター弾等の製造の禁止及び所持の規制等に関する法律

（クラスター国内法）

平二一・七・一七
法　八五

目次

第一章　総則

（目的）

第一条　この法律は、クラスター弾に関する条約（以下「条約」という。）の適確な実施を確保するため、クラスター弾等の製造を禁止するとともに、クラスター弾等の所持を規制する等の措置を講ずることを目的とする。

（定義）

第二条　この法律において「クラスター弾等」とは、クラスター弾、子弾及び小型爆弾をいう。

2　この法律において「クラスター弾」とは、複数の子弾を内蔵し、当該複数の子弾を散布するように設計された砲弾、ロケット弾、爆弾その他の弾薬であって、次に掲げるもの以外のものをいう。

一　地雷

二　専らミサイルその他の物体を空中において破壊するように設計されたもの

三　十個未満の子弾（次に掲げるすべての要件を満たすものに限る。）のみを内蔵するもの

イ　それぞれの子弾の重量が四キログラムを超えるものであること。

ロ　それぞれの子弾が殺傷又は破壊の対象となる単一の対象を探知し、かつ、その対象を殺傷し、又は破壊するように設計されているものであること。

ハ　それぞれの子弾が主要な起爆装置のほかに、それぞれの子弾自体を自動的に破壊するための電子式の装置を内蔵するものであること。

ニ　それぞれの子弾が、爆発するために不可欠な電子式の部分品又は附属品の機能を自動的に失わせるための機能を有するものであること。

3　この法律において「子弾」とは、小型弾薬（地雷以外の弾薬であって、人の殺傷又は物の破壊のために使用されるもののうち、その重量が二十キログラム未満のものをいう。次項において同じ。）のうち、専ら砲弾、ロケット弾、爆弾その他の弾薬に内蔵されるように設計され、かつ、当該砲弾、ロケット弾、爆弾その他の弾薬から散布された後に爆発するように設計されたもの（専ら前項各号に掲げるものに内蔵されるように設計されたものを除く。）をいう。

4　この法律において「小型爆弾」とは、小型弾薬のうち、専ら容器（複数の小型弾薬を収納し、当該複数の小型弾薬を散布するように設計されたものであって、航空機に取り付けられるものに限る。）に収納されるように設計され、かつ、当該容器から散布された後に爆発するように設計されたもの（ロケット弾、ミサイルその他の散布された後に推力を得るための推進薬を使用するものを除く。）をいう。

第二章　クラスター弾等の製造の禁止

第三条　何人も、クラスター弾等を製造してはならない。

第三章　クラスター弾等の所持等の規制

（所持の禁止）

第四条　何人も、次の各号のいずれかに該当する場合を除いては、クラスター弾等を所持してはならない。

一　次条第一項の許可を受けた者（以下「許可所持者」という。）が、同項の許可（第八条第一項の規定による変更の許可があったときは、その変更後のもの）に係るクラスター弾等を所持するとき。

二　第十条第一項の輸入の承認を受けた者（以下「承認輸入者」という。）が、その輸入したクラスター弾等を許可所持者に譲り渡すまでの間所持するとき。

三　第十一条第一項の規定によりクラスター弾等を廃棄し、輸出し、又は引き渡さなければならない者が、廃棄し、輸出し、又は引き渡すまでの間所持するとき。

四　運搬を委託された者が、その委託に係るクラスター弾等を当該運搬のために所持するとき（この条の規定に違反してクラスター弾等を所持する者から運搬を委託された場合を除く。）。

五　前各号に規定する者の従業者が、その職務上クラスター弾等を所持するとき。

（所持の許可）

第五条　クラスター弾等を所持しようとする者は、経済産業大臣の許可を受けなければならない。ただし、前条第二号、第四号又は第五号に規定する者がそれぞれ同条第二号、第四号又は第五号に規定する所持をしようとする場合は、この限りでない。

2　前項の許可を受けようとする者は、経済産業省令で定めるところにより、次の事項を記載した申請書を経済産業大臣に提出しなければならない。

一　氏名又は名称及び住所並びに法人にあっては、その代表者の氏名

二　所持しようとするクラスター弾等の型式及びその数量

三　所持の目的、期間及び方法

四　その他経済産業省令で定める事項

（欠格事由）

第六条　次の各号のいずれかに該当する者は、前条第一項の許可を受けることができない。

一　この法律又はこの法律に基づく命令の規定に違反し、罰金以上の刑に処せられ、その執行を終わり、又は執行を受けることがなくなった日から三年を経過しない者

二　第九条の規定により許可を取り消され、その取消しの日から三年を経過しない者

三　他の法令の規定に違反し、罰金以上の刑に処せられ、その執行を終わり、又は執行を受けることがなくなった日から三年を経過しない者で、その情状がクラスター弾等の所持をする者として不適当なもの

四　成年被後見人

五　法人であって、その業務を行う役員のうちに前各号のいずれかに該当する者があるもの

（所持の許可の基準）

第七条　経済産業大臣は、第五条第一項の許可の申請が次の各号のいずれにも適合していると認めるときでなければ、同項の許可をしてはならない。

一　クラスター弾等が条約で認められた目的のために所持されることが確実であること。

二　その他条約の適確な実施に支障を及ぼすおそれがないこと。

（変更の許可等）

第八条　許可所持者は、第五条第二項第三号に掲げる事項を変更しようとするときは、経済産業省令で定めるところにより、経済産業大臣の許可を受けなければならない。

2　許可所持者は、第五条第二項第一号に掲げる事項に変更があったときは、遅滞なく、その旨を経済産業大臣に届け出なければならない。

3　前条の規定は、第一項の許可に準用する。

（所持の許可の取消し）

第九条　経済産業大臣は、許可所持者が次の各号のいずれかに該当するときは、その許可を取り消すことができる。

一　第六条第一号又は第三号から第五号までのいずれかに該当するに至ったとき。

二　不正の手段により第五条第一項又は前条第一項の許可を受けたとき。

三　前条第一項の規定により許可を受けなければならない事項を同項の許可を受けないで変更したとき。

四　第十二条第一項の規定により第五条第一項又は前条第一項の許可に付された条件に違反したとき。

（輸入の承認及び制限）

第十条　クラスター弾等を輸入しようとする者は、外国為替及び外国貿易法（昭和二十四年法律第二百二十八号）第五十二条の規定により、輸入の承認を受ける義務を課せられるものとする。

2　前項の輸入の承認は、許可所持者からその許可に係るクラスター弾等の輸入の委託を受けた者がその委託に係るクラスター弾等を輸入する場合又は許可所持者自らがその許可に係るクラスター弾等を輸入する場合であって、条約の締約国である外国（以下「締約国」という。）から輸入する場合でなければ、これを行わないものとする。

（廃棄等）

第十一条　次の各号のいずれかに該当する場合において、当該各号に規定する者がクラスター弾等を所持しているときは、その者は、遅滞なく、そのクラスター弾等（第一号に該当する場合にあっては、所持することを要しなくなった部分に限る。）を廃棄し、締約国に輸出し、又は当該クラスター弾等について新たに許可所持者となった者に引き渡さなければならない。

一　許可所持者が、その許可に係るクラスター弾等の全部又は一部について所持することを要しなくなったとき。

二　許可所持者が、第九条の規定によりその許可を取り消されたとき。

三　承認輸入者が、許可所持者に譲り渡すためにクラスター弾等の輸入をした場合において、その許可所持者がそのクラスター弾等を譲り受ける前に、第九条の規定によりその許可を取り消されたとき。

2　前項の規定によりクラスター弾等を廃棄し、輸出し、又は引き渡さなければならない者（以下「廃棄等義務者」という。）が、当該クラスター弾等を廃棄し、輸出し、又は引き渡したときは、経済産業省令で定めるところにより、廃棄し、輸出し、又は引き渡したクラスター弾等の型式及びその数量を経済産業大臣に届け出なければならない。

（許可の条件）

第十二条　第五条第一項又は第八条第一項の許可には、条件を付し、及びこれを変更することができる。

2　前項の条件は、条約の適確な実施を確保し、又は許可に係る事項の確実な実施を図るため必要な最小限度のものに限り、かつ、許可を受ける者に不当な義務を課することとなるものであってはならない。

（承継）

第十三条　許可所持者について相続又は合併があったときは、相続人（相続人が二人以上ある場合において、その全員の同意により承継すべき相続人を選定したときは、その者）又は合併後存続する法人若しくは合併により設立した法人は、許可所持者の地位を承継する。

2　前項の規定により許可所持者の地位を承継した者は、遅滞なく、その事実を証する書面を添えて、その旨を経済産業大臣に届け出なければならない。

（所持の届出）

第十四条　許可所持者又は承認輸入者は、クラスター弾等を所持することとなったときは、経済産業省令で定めるところにより、その旨を経済産業大臣に届け出なければならない。

（帳簿）

第十五条　許可所持者は、帳簿を備え、その所持に係るクラスター弾等に関し経済産業省令で定める事項を記載しなければならない。

2　前項の帳簿は、経済産業省令で定めるところにより、保存しなければならない。

第四章　雑則

（報告徴収）

第十六条　経済産業大臣は、この法律の施行に必要な限度において、許可所持者、承認輸入者又は廃棄等義務者に対し、その業務に関し報告させることができる。

2　経済産業大臣は、国際連合事務総長から条約の定めるところにより要請があった場合にあっては、国際連合事務総長に対して説明を行うために必要な限度において、クラスター弾等を取り扱う者その他の者に対し、その要請に係る事項に関し報告させることができる。

（立入検査）

第十七条　経済産業大臣は、この法律の施行に必要な限度において、その職員に、許可所持者、承認輸入者又は廃棄等義務者の事務所、工場その他の事業所に立ち入り、帳簿、書類その他の物件を検査させ、又は関係者に質問させることができる。

2　前項の規定により職員が立ち入るときは、その身分を示す証明書を携帯し、関係者に提示しなければならない。

3　第一項の規定による権限は、犯罪捜査のために認められたものと解釈してはならない。

（自衛隊についての特例）

第十八条　自衛隊が行う条約で認められた目的のためのクラスター弾等の所持は、次条の規定により読み替えられた第五条第一項又は第八条第一項の承認を受けたものとみなす。

2　第十六条第二項の規定は、前項の規定により所持の承認を受けたものとみなされたクラスター弾等に係る事項については、適用しない。

（国に対する適用）

第十九条　この法律の規定は、次章の規定を除き、国に適用があるものとする。この場合において、「許可」とあるのは、「承認」と読み替えるものとする。

（経過措置）

第二十条　この法律の規定に基づき命令を制定し、又は改廃する場合においては、その命令で、その制定又は改廃に伴い合理的に必要と判断される範囲内において、所要の経過措置（罰則に関する経過措置を含む。）を定めることができる。

第五章　罰則

第二十一条　第三条の規定に違反した者は、七年以下の懲役又は三百万円以下の罰金に処する。

2　前項の未遂罪は、罰する。

第二十二条　クラスター弾等をみだりに所持した者は、七年以下の懲役又は三百万円以下の罰金に処する。

第二十三条　前二条の罪は、刑法（明治四十年法律第四十五号）第三条の例に従う。

第二十四条　次の各号のいずれかに該当する者は、一年以下の懲役又は五十万円以下の罰金に処する。

一　第八条第一項の規定に違反して第五条第二項第三号に掲げる事項を変更した者

二　第十一条第一項の規定に違反した者

第二十五条　次の各号のいずれかに該当する者は、三十万円以下の罰金に処する。

一　第十一条第二項又は第十四条の規定による届出をせず、又は虚偽の届出をした者

二　第十五条第一項の規定に違反して帳簿を備えず、又は帳簿に記載せず、若しくは虚偽の記載をした者

三　第十五条第二項の規定に違反して帳簿を保存しなかった者

四　第十六条の規定による報告をせず、又は虚偽の報告をした者

五　第十七条第一項の規定による検査を拒み、妨げ、若しくは忌避し、又は質問に対して答弁をせず、若しくは虚偽の答弁をした者

第二十六条　法人の代表者又は法人若しくは人の代理人、使用人その他の従業者が、その法人又は人の業務に関し、第二十二条の罪を犯し、又は第二十一条若しくは前二条の違反行為をしたときは、行為者を罰するほか、その法人又は人に対して各本条の罰金刑を科する。

第二十七条　第八条第二項又は第十三条第二項の規定による届出をせず、又は虚偽の届出をした者は、二十万円以下の過料に処する。

附　則（抄）

（施行期日）

第一条　この法律は、条約が日本国について効力を生ずる日〔平二二・八・一〕から施行する。

（経過措置）

第二条　この法律の施行の際クラスター弾等を所持している者は、この法律の施行の日から三十日を経過するまでの間（以下この条において「猶予期間」という。）に第五条第一項の許可の申請をしなかった場合にあっては猶予期間の経過後遅滞なく、猶予期間に申請した同項の許可を拒否された場合にあってはその処分後遅滞なく、その所持する当該クラスター弾等を廃棄し、締約国に輸出し、又は当該クラスター弾等について新たに許可所持者となった者に引き渡さなければならない。

2　この法律の施行の際クラスター弾等を所持している者は、次に掲げる期間は、第四条の規定にかかわらず、そのクラスター弾等を所持することができる。その者の従業者がその職務上所持する場合も、同様とする。

一　猶予期間

二　猶予期間にした第五条第一項の許可の申請についての処分があるまでの間

三　前項の規定により廃棄し、輸出し、又は引き渡すまでの間

3　第十一条第二項の規定は、この法律の施行の際クラスター弾等を所持する者がそのクラスター弾等を廃棄し、輸出し、又は引き渡した場合に準用する。

4　前三項の規定は、この法律の施行の際自衛隊が所持するクラスター弾等については、適用しない。

第三条　前条第一項の規定に違反した者は、一年以下の懲役又は五十万円以下の罰金に処する。

2　前条第三項において準用する第十一条第二項の規定による届出をせず、又は虚偽の届出をした者は、三十万円以下の罰金に処する。

3　法人の代表者又は法人若しくは人の代理人、使用人その他の従業者が、その法人又は人の業務に関し、前二項の違反行為をしたときは、行為者を罰するほか、その法人又は人に対して当該各項の罰金刑を科する。

第四条　前二条に定めるもののほか、この法律の施行に関して必要な経過措置は、政令で定める。

○海賊行為の処罰及び海賊行為への対処に関する法律

平二一・六・二四
法　五五

最終改正　平二四・九・五　法七一

（目的）

第一条　この法律は、海に囲まれ、かつ、主要な資源の大部分を輸入に依存するなど外国貿易の重要度が高い我が国の経済社会及び国民生活にとって、海上輸送の用に供する船舶その他の海上を航行する船舶の航行の安全の確保が極めて重要であること、並びに海洋法に関する国際連合条約においてすべての国が最大限に可能な範囲で公海等における海賊行為の抑止に協力するとされていることにかんがみ、海賊行為の処罰について規定するとともに、我が国が海賊行為に適切かつ効果的に対処するために必要な事項を定め、もって海上における公共の安全と秩序の維持を図ることを目的とする。

（定義）

第二条　この法律において「海賊行為」とは、船舶（軍艦及び各国政府が所有し又は運航する船舶を除く。）に乗り組み又は乗船した者が、私的目的で、公海（海洋法に関する国際連合条約に規定する排他的経済水域を含む。）又は我が国の領海若しくは内水において行う次の各号のいずれかの行為をいう。

一　暴行若しくは脅迫を用い、又はその他の方法により人を抵抗不能の状態に陥れて、航行中の他の船舶を強取し、又はほしいままにその運航を支配する行為

二　暴行若しくは脅迫を用い、又はその他の方法により人を抵抗不能の状態に陥れて、航行中の他の船舶内にある財物を強取し、又は財産上不法の利益を得、若しくは他人にこれを得させる行為

三　第三者に対して財物の交付その他義務のない行為をすること又は権利を行わないことを要求するための人質にする目的で、航行中の他の船舶内にある者を略取する行為

四　強取され若しくはほしいままにその運航が支配された航行中の他の船舶内にある者又は航行中の他の船舶内において略取された者を人質にして、第三者に対し、財物の交付その他義務のない行為をすること又は権利を行わないことを要求する行為

五　前各号のいずれかに係る海賊行為をする目的で、航行中の他の船舶に侵入し、又はこれを損壊する行為

六　第一号から第四号までのいずれかに係る海賊行為をする目的で、船舶を航行させて、航行中の他の船舶に著しく接近し、若しくはつきまとい、又はその進行を妨げる行為

七　第一号から第四号までのいずれかに係る海賊行為をする目的で、凶器を準備して船舶を航行させる行為

（海賊行為に関する罪）

第三条　前条第一号から第四号までのいずれかに係る海賊行為をした者は、無期又は五年以上の懲役に処する。

2　前項の罪（前条第四号に係る海賊行為に係るものを除く。）の未遂は、罰する。

3　前条第五号又は第六号に係る海賊行為をした者は、五年以下の懲役に処する。

4　前条第七号に係る海賊行為をした者は、三年以下の懲役に処する。ただし、第一項又は前項の罪の実行に着手する前に自首した者は、その刑を減軽し、又は免除する。

第四条　前条第一項又は第二項の罪を犯した者が、人を負傷させたときは無期又は六年以上の懲役に処し、死亡させたときは死刑又は無期懲役に処する。

2　前項の罪の未遂は、罰する。

（海上保安庁による海賊行為への対処）

第五条　海賊行為への対処は、この法律、海上保安庁法（昭和二十三年法律第二十八号）その他の法令の定めるところにより、海上保安庁がこれに必要な措置を実施するものとする。

2　前項の規定は、海上保安庁法第五条第十九号に規定する警察行政庁が関係法令の規定により海賊行為への対処に必要な措置を実施する権限を妨げるものと解してはならない。

第六条　海上保安官又は海上保安官補は、海上保安庁法第二十条第一項において準用する警察官職務執行法（昭和二十三年法律第百三十六号）第七条の規定により武器を使用する場合のほか、現に行われている第三条第三項の罪に当たる海賊行為（第二条第六号に係るものに限る。）の制止に当たり、当該海賊行為を行っている者が、他の制止の措置に従わず、なお船舶を航行させて当該海賊行為を継続しようとする場合において、当該船舶の進行を停止させるために他に手段がないと信ずるに足りる相当な理由のあるときには、その事態に応じ合理的に必要と判断される限度において、武器を使用することができる。

（海賊対処行動）

第七条　防衛大臣は、海賊行為に対処するため特別の必要がある場合には、内閣総理大臣の承認を得て、自衛隊の部隊に海上において海賊行為に対処するため必要な行動をとることを命ずることができる。この場合においては、自衛隊法（昭和二十九年法律第百六十五号）第八十二条の規定は、適用しない。

2　防衛大臣は、前項の承認を受けようとするときは、関係行政機関の長と協議して、次に掲げる事項について定めた対処要項を作成し、内閣総理大臣に提出しなければならない。ただし、現に行われている海賊行為に対処するために急を要するときは、必要となる行動の概要を内閣総理大臣に通知すれば足りる。

一　前項の行動（以下「海賊対処行動」という。）の必要性
二　海賊対処行動を行う海上の区域
三　海賊対処行動を命ずる自衛隊の部隊の規模及び構成並びに装備並びに期間
四　その他海賊対処行動に関する重要事項

3　内閣総理大臣は、次の各号に掲げる場合には、当該各号に定める事項を、遅滞なく、国会に報告しなければならない。

一　第一項の承認をしたとき　その旨及び前項各号に掲げる事項
二　海賊対処行動が終了したとき　その結果

（海賊対処行動時の自衛隊の権限）

第八条　海上保安庁法第十六条、第十七条第一項及び第十八条の規定は、海賊対処行動を命ぜられた海上自衛隊の三等海曹以上の自衛官の職務の執行について準用する。

2　警察官職務執行法第七条の規定及び第六条の規定は、海賊対処行動を命ぜられた自衛隊の自衛官の職務の執行について準用する。この場合において、同条中「海上保安庁法第二十条第一項」とあるのは、「第八条第二項」と読み替えるものとする。

3　自衛隊法第八十九条第二項の規定は、前項において準用する警察官職務執行法第七条及び同項において準用する第六条の規定により自衛官が武器を使用する場合について準用する。

（我が国の法令の適用）

第九条　第五条から前条までに定めるところによる海賊行為への対処に関する日本国外における我が国の公務員の職務の執行及びこれを妨げる行為については、我が国の法令（罰則を含む。）を適用する。

（関係行政機関の協力）

第十条　関係行政機関の長は、第一条の目的を達成するため、海賊行為への対処に関し、海上保安庁長官及び防衛大臣に協力するものとする。

（国等の責務）

第十一条　国は、海賊行為による被害の防止を図るために必要となる情報の収集、整理、分析及び提供に努めなければならない。

2　海上運送法（昭和二十四年法律第百八十七号）第二十三条の三第二項に規定する船舶運航事業者その他船舶の運航に関係する者は、海賊行為による被害の防止に自ら努めるとともに、海賊行為に係る情報を国に適切に提供するよう努めなければならない。

（国際約束の誠実な履行等）

第十二条　この法律の施行に当たっては、我が国が締結した条約その他の国際約束の誠実な履行を妨げることがないよう留意するとともに、確立された国際法規を遵守しなければならない。

（政令への委任）

第十三条　この法律に定めがあるもののほか、この法律の実施のための手続その他この法律の施行に関し必要な事項は、政令で定める。

附　則

（施行期日）

第一条　この法律は、公布の日から起算して三十日を経過した日（平二一・七・二四）から施行する。

第二条　削除

（経過措置）

第三条　第三条第四項ただし書の規定は、この法律の施行後に自首した者がその施行前にした行為についても、適用する。

第四条　この法律の施行の際現に自衛隊法第八十二条の規定により行動を命ぜられている自衛隊の部隊の当該行動については、第七条第一項後段の規定は、適用しない。

附　則〔平二三・六・二四法七四〕（抄）

（施行期日）

第一条　この法律は、公布の日から起算して二十日を経過した日（平二三・七・一四）から施行する。（以下略）

附　則〔平二四・九・五法七一〕（抄）

（施行期日）

1　この法律は、公布の日から起算して二十日を経過した日（平二四・九・二五）から施行する。

○航空法（抄）

昭二七・七・一五
法　二　三　一

最終改正　平二七・九・一一　法六七

第九章　無人航空機

（飛行の禁止空域）

第百三十二条　何人も、次に掲げる空域においては、無人航空機を飛行させてはならない。ただし、国土交通大臣がその飛行により航空機の航行の安全並びに地上及び水上の人及び物件の安全が損なわれるおそれがないと認めて許可した場合においては、この限りでない。

一　無人航空機の飛行により航空機の航行の安全に影響を及ぼすおそれがあるものとして国土交通省令で定める空域

二　前号に掲げる空域以外の空域であつて、国土交通省令で定める人又は家屋の密集している地域の上空

（飛行の方法）

第百三十二条の二　無人航空機を飛行させる者は、次に掲げる方法によりこれを飛行させなければならない。ただし、国土交通省令で定めるところにより、あらかじめ、次の各号に掲げる方法のいずれかによらずに飛行させることが航空機の航行の安全並びに地上及び水上の人及び物件の安全を損なうおそれがないことについて国土交通大臣の承認を受けたときは、その承認を受けたところに従い、これを飛行させることができる。

一　日出から日没までの間において飛行させること。

二　当該無人航空機及びその周囲の状況を目視により常時監視して飛行させること。

三　当該無人航空機と地上又は水上の人又は物件との間に国土交通省令で定める距離を保つて飛行させること。

四　祭礼、縁日、展示会その他の多数の者の集合する催しが行われている場所の上空以外の空域において飛行させること。

五　当該無人航空機により爆発性又は易燃性を有する物件その他人に危害を与え、又は他の物件を損傷するおそれがある物件で国土交通省令で定めるものを輸送しないこと。

六　地上又は水上の人又は物件に危害を与え、又は損傷を及ぼすおそれがないものとして国土交通省令で定める場合を除き、当該無人航空機から物件を投下しないこと。

（捜索、救助等のための特例）

第百三十二条の三　前二条の規定は、都道府県警察その他の国土交通省令で定める者が航空機の事故その他の事故に際し捜索、救助その他の緊急性があるものとして国土交通省令で定める目的のために行う無人航空機の飛行については、適用しない。

附　則（抄）

（施行期日）

1　この法律は、公布の日から施行する。〔ただし書略〕

附　則　〔平二七・九・一一法六七〕（抄）

（施行期日）

第一条　この法律は、公布の日から起算して三月を超えない範囲内において政令で定める日〔平二七・一二・一〇〕から施行する。

（検討）

第二条　政府は、無人航空機（この法律による改正後の第二条第二十二項に規定する無人航空機をいう。以下この条において同じ。）に関連する技術の進歩の状況、無人航空機の利用の多様化の状況その他の事情を勘案し、無人航空機の飛行の安全に一層寄与し、かつ、無人航空機を使用する事業の健全な発展に資

する方策について検討を加え、その結果に基づいて必要な措置を講ずるものとする。

関連防衛法令〔日米共同等〕

国内法編　目次

Ⅸ　関連防衛法令〔条約を実施するための国内法的処置〕

自衛官国際法小六法
［平成30年度］

定価 2,812円
（本体2,556円＋税10％）

平成 13 年 5 月 10 日　初　版　発　行
平成 30 年 3 月 13 日　平成 30 年版発行
令和 4 年 4 月 1 日　3　刷　発　行

監　修　防衛法規研究会
発行者　佐　久　間　重　嘉

発行所　学　陽　書　房
〒102－0072　東京都千代田区飯田橋1－9－3
TEL（03）3261-1111（代）
FAX 03-5211-3300

ISBN978-4-313-95811-1　C2031

MEMO

MEMO

MEMO

MEMO

MEMO

MEMO

MEMO

MEMO

MEMO

MEMO

MEMO